Nachlassformationen

Katrin von Boltenstern

Nachlassformationen

Studien zum literarischen Archiv: Richard Leising und Helga M. Novak

BRILL
FINK

Bibliografische Information der Deutschen Nationalbibliothek

Die Deutsche Nationalbibliothek verzeichnet diese Publikation in der Deutschen Nationalbibliografie; detaillierte bibliografische Daten sind im Internet über http://dnb.d-nb.de abrufbar.

Zgl. Dissertation an der Humboldt-Universität zu Berlin, 2020

www.fink.de

Einbandgestaltung: Evelyn Ziegler, München
Herstellung: Brill Deutschland GmbH, Paderborn

ISBN 978-3-7705-6693-8 (hardback)
ISBN 978-3-8467-6693-4 (e-book)

Inhalt

Einleitung

Von literarischen Nachlässen geht eine starke literaturgeschichtliche Wirkkraft aus. Sie können ein Gesamtwerk umwerten, Autorbilder verändern, Aufmerksamkeit generieren sowie posthume Autorschaft begründen.[1] Nicht selten kommt es vor, dass Autorinnen und Autoren[2] auf dieses wirkungsgeschichtliche Potenzial reagieren. Arno Schmidt beispielsweise ließ sich 1976–1978 ein eigenes Archivgebäude in seinen Garten bauen, das bis heute als Bewahrungsstätte seines Nachlasses fungiert.[3] Auch Friedrich Dürrenmatt sorgte vor und bot der Schweizer Eidgenossenschaft 1988 die Schenkung seines literarischen Nachlasses an – geknüpft an die Bedingung, dass sie im Gegenzug ein nationales Literaturarchiv errichtet.[4] Thomas Bernhard wiederum verfügte kurz vor seinem Tod 1989 testamentarisch, dass aus seinem gesamten Nachlass innerhalb der Staatsgrenzen Österreichs nichts gedruckt, vorgetragen, noch aufgeführt werden dürfe.[5] Elfriede Jelinek inszeniert medial wie literarisch das Motiv der Nachlassvernichtung, spricht vom geplanten ‚Schreddern ihrer Dichtung', unterstützt aber parallel das Elfriede Jelinek-Forschungszentrum bei seiner Archivierungs- und Dokumentationsarbeit.[6]

Seit der Institutionalisierung des Nachlasswesens und der Professionalisierung der Neuphilologie im mittleren 19. und 20. Jahrhundert beeinflussen Autorinnen und Autoren zunehmend die Rolle ihres künftigen Nachlasses im Hinblick auf ihr literarisches Wirken.[7] Sie treffen verschiedene Vorkehrungen, heben ihre Papiere bewusst auf, ordnen sie vor oder vernichten sie gezielt. Damit hat sich die Bedeutung des literarischen Nachlasses für Autoren, Philologie und Archivträger paradigmatisch gewandelt; die Annahme einer

1 Vgl. Sina/Spoerhase 2013: Nachlassbewusstsein, S. 622 f.

2 Im Folgenden wird aus Gründen der besseren Lesbarkeit das generische Maskulinum verwendet. Immer wieder werden weibliche Sprachformen miteinbezogen, um zu verdeutlichen, dass mit den Personenbezeichnungen stets mehrere Geschlechter gemeint sind.

3 Vgl. Fischer 2021: Reste und Ränder, S. 38. Und: Schmidt, Alice an Pohl, o. N., Bargfeld, 13.3.1976. In: Archiv der Arno Schmidt Stiftung. Für diesen Hinweis danke ich Michaela Nowotnick.

4 Vgl. Wirtz 2013: Der Eigensinn der Nachlässe, S. 82.

5 Vgl. o. V.: Genau kalkuliert. In: Der Spiegel, 27.2.1989.

6 Vgl. Janke/Kovac 2013: Publikationsformen und Werküberlieferung, S. 27 u. 32. Und: Janke 2015: Elfriede Jelineks Werk und Wirkung. Eine Überforderung. Unter: https://fpjelinek.univie.ac.at/fileadmin/user_upload/proj_ejfz/PDF-Downloads/vortrag-janke-2015-hp.pdf, zuletzt abgerufen am 16.11.2021. Für diesen Hinweis danke ich Vivien Petras und Marlene Moser.

7 Vgl. Sina/Spoerhase 2013: Nachlassbewusstsein, S. 619 f.

zufälligen Überlieferung ist nicht mehr haltbar.[8] In der Literaturwissenschaft allerdings wurde diese Entwicklung lange kaum berücksichtigt – erst seit kurzem rückt der literarische Nachlass, begriffen als eigenständiges und geformtes Konstrukt, in den Fokus. Dienten die Archivbestände der Literaturarchive bisher in der Regel als Materialgrundlage für Editionen und textgenetische Untersuchungen oder wurden für die Interpretation von Einzelwerken herangezogen, so haben literarische Nachlässe in den letzten Jahren einen qualitativen Zugangswechsel erfahren: Sie sind zu einem eigenständigen Untersuchungsgegenstand avanciert. Der innovative Forschungsschub, der sich insbesondere in Beiträgen von Detlev Schöttker, Kai Sina, Carlos Spoerhase, Ulrich von Bülow und Irmgard M. Wirtz ausgedrückt hat, eröffnet dabei eine große Spannbreite an Zugängen: von der Untersuchung der historischen Herausbildung eines ‚Nachlassbewusstseins'[9] und der Rolle der Nachwelt[10] über Ansätze in Form von Termini wie ‚Nachlasspolitik'[11] oder ‚Nachlasspoetik'[12] bis hin zu Eckpfeilern einer ‚archivarischen Hermeneutik'[13]. Die Zahl ganz unterschiedlich fundierter Publikationen zum Thema wächst rasch und beständig. Ausschließlich in Aufsatzform und in Sammelbänden vorliegend, nehmen die Veröffentlichungen jedoch nur bedingt aufeinander Bezug. Es bedarf einer grundlegenden Systematisierung, Einordnung und Weiterentwicklung.

Die vorliegende Studie widmet sich diesem Desiderat und stellt den literarischen Nachlass als literaturwissenschaftlichen Interpretationsgegenstand in ihr Zentrum. Unter dem offenen Begriff der Nachlassformation[14] werden die bereits existierenden Herangehensweisen aufgegriffen, geprüft und im Hinblick auf eine praktische Anwendbarkeit zusammengebracht. Im Fokus steht dabei zum einen der Nachlass als historisch gewordene, kulturelle Formation,[15] sowie zum anderen der Nachlass als singuläres Gebilde, das jeweils durch diverse Kräfte und Faktoren geformt wurde.[16] Ziel der Studie

8 Vgl. hierzu: Ebd., S. 607–623.

9 Vgl. u. a.: Sina/Spoerhase 2017: Nachlassbewusstsein.

10 Vgl. u. a.: Schöttker 2002: Der Autor als Star der Nachwelt, S. 248–265. Und: Schöttker 2008: Adressat: Nachwelt.

11 Vgl. Mehring 2008: Nachlasspolitik bei Heidegger und Carl Schmitt, S. 107–123. / Mehring 2016: Heideggers „große Politik". / Sina/Spoerhase 2013: Nachlassbewusstsein, S. 622.

12 Vgl. Wirtz 2013: Einführung, S. 7–10.

13 Vgl. Bülow 2018: Papierarbeiter, S. 11.

14 Aufgegriffen wird der Begriff der ‚Nachlassformation' von Spoerhase, der ihn allerdings mit anderer Stoßrichtung verwendet. Vgl. Spoerhase 2017: Neuzeitliches Nachlassbewusstsein, S. 35–38.

15 Vgl. ebd., S. 21.

16 Vgl. Bülow 2018: Papierarbeiter, S. 23.

ist es, einen theoretischen Ansatz zur Analyse von literarischen Nachlässen zu erarbeiten und dabei mit einer Doppelperspektive zu operieren: Eine historische Einordnung und eine dezidierte, an die aktuelle Forschung anknüpfende Theoriediskussion werden an zwei groß angelegte Fallstudien gekoppelt. Thematisch konkretisiert und fokussiert wird die Untersuchung durch den historischen Kontext der DDR und der deutschen Zweistaatlichkeit. Fragen nach dem Status von Werk und Nachlass sowie nach einem spezifischen Nachlassverhalten und dem Adressaten ,Nachwelt' stellen sich vor diesem Hintergrund in besonderer Weise.

Parallel ermöglicht es dieser Zugang, das Untersuchungsfeld der sogenannten ,DDR-Literatur' aus einer politischen Verengung heraus in ein theoretisch aufschlussreiches Terrain zu überführen, das eine differenzierte Auseinandersetzung ermöglicht. Die literarischen Archive von Richard Leising und Helga M. Novak, die beide im Deutschen Literaturarchiv Marbach (DLA) bewahrt werden, bieten sich in ihrer spezifischen Beschaffenheit für einen solchen Zugriff in besonderer Weise an. An ihnen lässt sich nicht nur eine große Spannbreite von Nachlassfunktionen analysieren, auch kann an ihnen die Thematik ,DDR, Literatur und Nachlass' divergent und prononciert zugleich diskutiert werden. Gleichzeitig kristallisiert sich an diesen Beispielen ein für das Nachlassphänomen zentrales Problemfeld heraus: die Rolle der literarischen Öffentlichkeit.

So werden mit Richard Leising und Helga M. Novak ein Autor und eine Autorin gleicher Generationszugehörigkeit zum Gegenstand dieser Studie, die sich den Mechanismen der Literaturbetriebe in Ost- und Westdeutschland auf ganz unterschiedliche Art und Weise zu entziehen suchten und die die Forschung mit gutem Grund als ,literarische Außenseiter' von Rang taxiert.[17] Obwohl beide in den 1960er Jahren, in der Zeit der Lyrikwelle in der DDR, erstmals als Dichter hervortraten, blieben sie – anders als beispielsweise Sarah Kirsch oder Wolf Biermann – am Rande der sich rasch formierenden Lyrikszene. Der Einzelgänger Leising avancierte zum Geheimtipp und auch Novak, nach Harald Hartung „zu den wichtigen Namen der deutschen Literatur"[18] gehörend, blieb im Schatten der literarischen Öffentlichkeit. Wie der Autor und die Autorin ihr Schreiben in dieser Zurückgezogenheit anlegten und organisierten und welche Rolle dabei die Kategorien Werk und Nachlass

---

17 Vgl. Bessen 2014: Novak, Helga M. Unter: http://www.munzinger.de/document/16000000424, zuletzt abgerufen am 16.11.2021. Und: Schulz 2009: Leising, Richard, S. 187–189.

18 Hartung: Helga M. Novak in allen ihren Versen. In: Frankfurter Allgemeine Zeitung, 30.11.1999.

spielten, hat sich auf charakteristische Weise in ihre literarischen Archive eingeschrieben.

Forschungsgegenstand, Problemstellung und Fallbeschreibung

Mit dem Vorhaben, einen Ansatz zur Interpretation literarischer Nachlässe zu entwickeln und ihn im Rahmen von zwei Fallstudien anzuwenden, stellt sich eine Reihe von Fragen, die nicht nur das ‚wie', sondern auch das ‚warum' betreffen: Warum und in welchen Fällen kann es für die Literaturwissenschaft lohnend sein, sich literarischen Nachlässen als eigenständigem Interpretationsgegenstand zuzuwenden? Welche Erkenntnisse lassen sich aus der Beschreibung und Analyse von literarischen Archiven ziehen und auf welche Weise können diese zu produktiven, weiterführenden Ergebnissen führen? An welchen Aspekten kann sich die Nachlassbetrachtung orientieren, ohne die Rückbindung an das literarische Schaffen des jeweiligen Autors zu verlieren? Und wo verlaufen die Grenzen einer solchen Vorgehensweise?

Auf fruchtbaren Boden fallen solche Fragen dort, wo ein Forschungsfeld mithilfe archivbasierter Verfahrensweisen neu erschließbar wird. Dies trifft in besonderer Weise auf eine Literatur zu, die von der deutschen Literaturwissenschaft nicht selten marginalisiert wird und bei deren Erforschung „ein nicht klar abgegrenzter Gegenstandsbereich und eine konzeptuelle Ratlosigkeit kulminieren in einer kontroversen Forschungssituation"[19], die sich noch immer in einem „(methodischen) Niemandsland"[20] befindet: auf den Korpus an Texten und Autoren, der gemeinhin mit der Kategorie der ‚DDR-Literatur' gefasst und dessen Bezeichnung zugleich immer wieder diskutiert und hinterfragt wird.[21] Für diese Literatur ist, so hat es Roland Berbig jüngst exemplifiziert, der „Weg ins Archiv […] unerlässlich"[22]. Zu einem Zeitpunkt, an dem Konzepte zur ‚DDR-Literatur' an Tragfähigkeit verlieren und nach einer „neuen Objektivität im Umgang mit der DDR-Literatur"[23] gesucht wird, öffnet eine archivbasierte Arbeitsweise differenzierte Zugangsweisen:

19 Ostheimer 2016: Chronotopographie der DDR-Literatur, S. 345.

20 Albert 2009: „Zwei getrennte Literaturgebiete"?, S. 184.

21 Vgl. ebd., S. 187. Vgl. außerdem: Eke 2013: „Nach der Mauer der Abgrund"?, S. 18 f. / Ostheimer 2016: Chronotopographie der DDR-Literatur, S. 345. Sowie Ludwig/Meuser 2009: Die Geschichte der DDR-Literatur in vier Generationen engagierter Literaten, S. 26–29.

22 Berbig 2018: DDR-Literatur – archiviert, S. 21.

23 Ludwig/Meuser 2009: Die Geschichte der DDR-Literatur in vier Generationen engagierter Literaten, S. 13.

> „Die Schriftstellergenerationen, die Forschung und Leserschaft mit dem Begriff ‚DDR-Literatur' verbinden, rücken entschieden aus der Gegenwart in die Vergangenheit. [...] Wer ein Ende des Gegenstandes vermutet, sieht sich plötzlich konfrontiert mit einem schier endlosen Archivbestand zur Sache. Damit einher geht eine bemerkenswerte Beobachtung, reich an Konsequenzen: Der mit ideologischem und anderem Ballast beschwerte Vorhang, der den Begriff von ‚DDR-Literatur' seit seinem Aufkommen verschleiert hat, lässt sich mit einem Male lüften, möglicherweise sogar gänzlich fortziehen. Was, so die Frage, gibt der nun ungehinderte Blick frei?"[24]

Die wachsende zeitliche Distanz und die außerordentlich gute Quellenlage, gespeist aus umfangreichen Beständen institutioneller Archive sowie einer Vielzahl an Autoren-Nachlässen in den Literaturarchiven, ermöglicht eine Neubearbeitung des Forschungsfelds: „Gerade die unveröffentlichten Dokumente sind in diesem Fall besonders wichtig: Wer nur die ‚offizielle' Seite einer Literatur kennt, die unter den Bedingungen einer reglementierten und zensierten Öffentlichkeit entstand, gewinnt kein vollständiges Bild,"[25] konstatieren auch Sabine Wolf und Ulrich von Bülow. Mit den in der Regel noch nicht erforschten literarischen Nachlässen rücken unveröffentlichte Texte, individuelle Lebens- und Schreibumstände der Autorinnen und Autoren sowie deren Selbstwahrnehmung in den Fokus, die in ihrer Pluralität anhand der Bestände untersucht werden können, ohne dass der Blick im Vorhinein durch ein starres Begriffsraster verengt wird.

Der hier zu erarbeitende Analyseansatz soll folglich mit dem Anspruch einhergehen, literarische Nachlässe so zu betrachten, dass sie – statt sie zu kategorisieren – in ihrer Singularität beschreibbar werden. Dementsprechend wird es im Folgenden nicht darum gehen, eine festgefügte Methodik zu entwickeln, sondern vielmehr um den Entwurf eines frei anwendbaren und flexiblen Arsenals an möglichen Zugängen, Perspektiven und Ansatzpunkten, mit dem das jeweilige literarische Archiv in seiner Gesamtheit fassbar wird. Zu fragen ist nach der Anlage des Nachlasses, seiner Formierung, Gestaltung und inneren Struktur sowie nach seinen Funktionen und Bedeutungsschichten: Wie ist der jeweilige Nachlass zusammengesetzt und beschaffen, welche Faktoren und Praktiken haben seine Genese und Überlieferung bestimmt und welche Rolle spielen nachlasspolitische Strategien? Welches Autorbild bzw. welcher Selbstentwurf des Autors entsteht im Nachlass und inwieweit bestimmte der historische Kontext das Schreibverhalten, die Selbstarchivierung und die Nachlassgestaltung von Autorinnen und Autoren? Darüber

24 Berbig 2018: DDR-Literatur – archiviert, S. 20 f.

25 Bülow/Wolf 2014: Vorwort, S. 9.

hinaus stellt sich die Frage nach der sich daraus ergebenden Konstellation: Wie lässt sich das Verhältnis der veröffentlichten Werke zum Nachlass beschreiben, welche Funktion kommt dem Nachlass in Bezug auf das Gesamtwerk zu und wie beeinflusst die Betrachtung eines literarischen Archivs das jeweilige Autorbild?

Hierbei wird der literarische Nachlass als ein Objekt verstanden, in dem sowohl das Leben als auch das Werk eines Autors Niederschlag gefunden haben und das auf diese Weise genauso ein historisches wie ein ästhetisches Zeugnis ist: Es belegt die Entstehung einzelner Werke und ist von literarischen Schreibweisen geprägt, während es gleichzeitig die Biografie eines Autors im Kontext spezifischer historischer Vorgänge spiegelt.[26] Im Rahmen der beiden Fallstudien soll dieser doppelten Ausrichtung des Gegenstands Rechnung getragen werden – wiewohl der Schwerpunkt auf dem jeweiligen literarischen Schaffen und Schreiben liegt. Die literarischen Archive von Richard Leising und Helga M. Novak begünstigen eine Analyse, bei der die Vielgestaltigkeit der Nachlassthematik zum Ausdruck kommt, ohne dass dabei eine Dominanz an werk- und nachlasspolitischen Inszenierungsstrategien den Blick einseitig lenkt. Dass beide Nachlässe zugänglich sind, aber zum Zeitpunkt der vorgenommenen Forschungsarbeit nur grob erschlossen vorlagen, prädestinierte sie außerdem als Fallbeispiel: Noch nicht vollständig in die archivalischen Ordnungskategorien und die Systematik des DLA eingegliedert, war es möglich, die auf die Autoren zurückgehenden Strukturierungen weitgehend zu rekonstruieren und nachzuvollziehen.

Leisings und Novaks jeweils besonderes Verhältnis zur literarischen Öffentlichkeit und ihre Rückzugstendenzen haben ihre Auswahl als Fallbeispiele ebenfalls motiviert, genauso wie ihr gleiches Alter. Einer Autorengeneration angehörend, die den Nationalsozialismus und den Zweiten Weltkrieg als Kinder erlebten, wuchsen sie in der neu gegründeten DDR auf und trugen den angestrebten Aufbau des Sozialismus zunächst mit, wenn auch nicht kritiklos. Durch den Umstand, dass Richard Leising anders als Helga M. Novak die DDR nicht verließ und er, ebenfalls im Unterschied zu Novak, nur sieben Jahre nach 1989/90 verstarb, kann der in dieser Studie gesetzte historische Bezugspunkt DDR auf ganz unterschiedliche Weise ausgeleuchtet werden. Sowohl Leising als auch Novak werden in der Forschungsliteratur vornehmlich als ‚DDR-Autoren' bezeichnet.[27] Und doch sind es

26 Vgl. Schmidt 2016: (Selbst-)Archivierung als künstlerische Selbstvergewisserung, S. 24.

27 Vgl. Emmerich 1996: Kleine Literaturgeschichte der DDR, S. 225, 236 f., 418, 420, 481, 487, 513 f. Und in: Opitz/Hofmann 2009: Metzler-Lexikon DDR-Literatur. Vgl. die Einträge: Schulz 2009: Leising, Richard, S. 187 ff. Und: Köhler 2009: Novak, Helga M., S. 240 f.

zwei verschiedene Werkprofile, zwei differierende Biografien und letztlich zwei unterschiedliche, individuell konturierte Nachlässe, die in dieser Studie zu betrachten sind. Aus der Gegenüberstellung beider literarischer Archive und der Analyse des jeweiligen Verhältnisses von öffentlichem und nicht öffentlichem Schreiben ergeben sich einige fruchtbare Vergleichsebenen, die aufschlussreiche Divergenzen, aber auch Parallelen sichtbar machen.

Der Dichter und Dramaturg Richard Leising, 1934 in Chemnitz geboren und bis zu deren Ende in der DDR lebend, gab trotz zahlreicher Angebote von Verlegern und ungeachtet des fördernden Zuspruchs von Kollegen wie Sarah Kirsch und Hans Magnus Enzensberger äußerst zögerlich eigene Gedichte zur Publikation frei. „Über Leising hatte das Gerücht kursiert, er besitze eine ganze Truhe voll mit eigener Lyrik, gebe aber nichts davon raus“[28], berichtet beispielsweise Yaak Karsunke. 1997, als Leising in Berlin verstarb, lagen nur rund 40 veröffentlichte Gedichte von ihm vor. Mit seinem literarischen Nachlass hinterließ er jedoch über 70 selbst angelegte, sorgsam geordnete und genau datierte Mappen und Notizbücher. Die große Zahl der darin enthaltenen unveröffentlichten Texte und Aufzeichnungen bildet einen frappierenden Gegensatz zu den wenigen veröffentlichten Texten. Von der Forschung bisher nicht wahrgenommen, muss zweifellos das Gesamtgefüge des Geschriebenen betrachtet werden: Wie ist dieses öffentlich nicht vorhandene Schreibwerk angelegt, welche Formen nimmt das Schreiben in ihm an, welche Intentionen verfolgt es und an welche Bedingungen ist es gebunden? In welchem Verhältnis steht der vergleichsweise umfangreiche Nachlass zu dem Wenigen an Publiziertem?

Dem übersichtlichen, wohl strukturierten Nachlass Leisings steht das literarische Archiv Novaks gegenüber: Der vom Umfang her mehr als viermal so große Bestand erweckt zunächst den Eindruck, die Autorin, die mehrere autobiografische Romane vorlegte, aber nie Tagebuch schrieb, hätte sich den Belangen ihres Nachlasses nur wenig gewidmet: keine Vollständigkeit, abgesehen von den Briefen kaum Datierungen, keine kommentierenden

Emmerich zählt Novak zu den Autorinnen, „denen man verweigerte, DDR-Autorinnen zu sein oder überhaupt erst zu werden“, zählt aber „Helga M. Novaks autobiographischen Rückblick ‚Vogel federlos‘ […] ebenfalls zur DDR-Literatur“. Emmerich 1996: Kleine Literaturgeschichte der DDR, S. 236 f. Von Nause werden Novaks literarische Autobiografien als „Vorläufer von Nachwendetexten“ bezeichnet. Vgl. Nause 2002: Inszenierung von Naivität, S. 49. Sie betont jedoch, dass man Novak weder „vorbehaltlos der DDR-Literatur jener Jahre zuschlagen“ könne, noch „zur bundesdeutschen Literaturszene“. Und so schlussfolgert Nause, „dass Novak mit ihrem Schreiben immer zwischen allen Stühlen saß und […] auch in die bislang erschienenen Literaturgeschichten kaum einzuordnen ist.“ Ebd., S. 57.

28 Karsunke, Yaak zit. nach Berbig/Blackmore 2005: Gespräch mit Yaak Karsunke, S. 195.

Verweise wie bei Leising. Und doch gewinnt der Nachlass resp. Vorlass für Novaks Schaffen in einer späten Lebens- und Schaffensphase eine zentrale Bedeutung. Novak, 1935 in Berlin-Köpenick geboren und 2013 in Rüdersdorf bei Berlin gestorben, begann ab 1965 zu publizieren – ihr Gesamtwerk umfasst Gedicht- und Erzählbände, drei autobiografische Romane sowie viele Hörspiele. Obwohl man ihr keine Publikationsscheu attestieren kann, mied sie den öffentlichen Auftritt, gab wenige Interviews und nahm kaum an Lesungen teil. Auch geografisch entzog sie sich. Nachdem sie 1966 mit dem Verbot der Wiedereinreise aus der DDR ausgewiesen wurde, lebte die viel reisende Schriftstellerin längere Zeit in Island, Frankfurt am Main, Westberlin, Jugoslawien und in Polen. Trotz ihrer ständig wechselnden Aufenthaltsorte bemühte sie sich, „Manuskripte, Briefe, Gedichte, – kiloweise"[29] von einem Land ins andere zu transportieren, vernichtete aber in der Regel die Materialien zu veröffentlichten Werken. Charakteristisch für Novaks Schreibverhalten sind die Korrespondenzen, die gleichsam das Kernstück des Nachlasses bilden. Das Briefeschreiben an Freunde und Kollegen, das die Autorin exzessiv betrieb, ersetzte ihr die Notizen ins Tagebuch und ermöglichte eine schriftliche Verbindung zu Menschen und Orten, von denen sie räumlich entfernt war. Für ihren letzten, kurz vor ihrem Tod 2013 veröffentlichten autobiografischen Roman „Im Schwanenhals" griff Novak schließlich auf ihre Briefe zurück und integrierte sie auf verschiedene Weise in den Text. Parallel ordnete sie ihr literarisches Archiv im Hinblick auf eine Nachwelt vor und übergab einen Teil dem DLA als Vorlass – obwohl sich ihr Nachlassbewusstsein durch eine ausgeprägte Vorlasskritik auszeichnete. Welche Rolle spielen solche Paradoxa im und für den novakschen Nachlass? Welche Funktion kommt dem nicht-öffentlichen Schreiben zu, wie verhält es sich in Bezug auf die Werkbildung und welche Bedeutung erhält die schriftliche Hinterlassenschaft mit Novaks Tod?

Die literarischen Nachlässe von Helga M. Novak und Richard Leising stellen zwei heterogene Fallbeispiele dar, anhand derer die Bedeutung literarischer Archive sowie das Forschungsfeld der ‚DDR-Literatur' kritisch und ganz unterschiedlich diskutiert werden: Welche Perspektive eröffnet das Archivmaterial auf die Autorprofile derer, die als DDR-Autoren bezeichnet werden, und welche Rückschlüsse lassen sich aus dem induktiven, vom Archiv ausgehenden Vorgehen ziehen?[30]

---

29 Novak, Helga M. an Kirsch, Sarah, 15.1.1991. In: DLA Marbach, A: Novak, Briefe von ihr an Kirsch, Sarah.

30 Vgl. dazu: Dahlke 2018: Kanonkämpfe und Deutungskonkurrenzen nach 1989, S. 246.

Aufbau, Verfahrensweisen, Umgang mit den Quellen

Ein ausgearbeiteter Ansatz zur Interpretation von literarischen Nachlässen liegt bislang weder in der Literaturwissenschaft noch in anderen Disziplinen vor. Stützen kann sich diese Studie deshalb nur auf die bereits existierenden Überlegungen zum Gegenstand, die es zu systematisieren und weiterzuentwickeln gilt. Bestimmt wird die Untersuchung dabei von einer gegenstandsorientierten, literaturwissenschaftlichen Verfahrensweise, die methodenpluralistisch operiert und interdisziplinäre Zusammenhänge, also archiv- und bibliothekswissenschaftliche, kultur- und geschichtswissenschaftliche sowie rechtswissenschaftliche Aspekte berücksichtigt. Die vorherrschende Perspektive ist aber eine literaturwissenschaftliche: Hermeneutische, editionswissenschaftliche und autorbezogene, das heißt biografische und entstehungsgeschichtliche Ansätze laufen hier ebenso zusammen wie Elemente des Close Readings und der Quellenforschung, die durch kontextbezogene Vorgehensweisen der sozial- sowie kulturgeschichtlichen Literaturwissenschaft ergänzt werden.[31] Darüber hinaus zielt ein praxeologischer Ansatz darauf ab,[32] zu betrachten, wie sich philologische und archivarische Arbeitspraktiken auf der einen sowie Schreib- und Archivierungspraktiken der Autorinnen und Autoren auf der anderen Seite wechselseitig bedingen und wie diese Beziehung den literarischen Nachlass als epistemisches Objekt hervorgebracht und geprägt hat.

Um ein grundlegendes Verständnis für den Gegenstand zu schaffen, steht der literarische Nachlass dementsprechend zunächst als historisch gewordene und kulturelle Formation im Fokus, die in ihrer Entstehung mit dem institutionellen Rahmen der Literaturarchive verbunden ist. Nach der Herausbildung des Nachlasses als Erkenntnisgegenstand im 19. und 20. Jahrhundert, die in Kapitel 1.1 erörtert wird, rückt in Kapitel 1.2 die Entwicklung der Literaturarchive in Deutschland nach 1945, während und nach der deutschen Teilung in den Blick sowie die Rolle der Schriftstellernachlässe vor dem historischen Kontext DDR. Im Anschluss sind in Kapitel 1.3 und 1.4 wichtige terminologische Abgrenzungen und Begriffsbestimmungen vorzunehmen: Zum einen die Abgrenzung der sich korrelativ zueinander verhaltenden Termini ‚Werk' und ‚Nachlass' und zum anderen die Abgrenzung der häufig

31 Vgl. Nünning/Nünning 2010: Methoden als planvoll und systematisch eingesetzte Problemlösungsstrategien, S. 15–20.

32 Vgl. Martus/Spoerhase 2009: Praxeologie der Literaturwissenschaft, S. 89–96. / Johannsen 2013: To pimp our minds, S. 179–186. Und: Martus/Spoerhase 2013: Die Quellen der Praxis, S. 221–225.

synonym verwendeten, aber verschieden konnotierten Begriffe: Nachlass resp. Vorlass, literarisches Archiv, Hinterlassenschaften, Bestand und literarisches Erbe. Auf Basis einer solchen, bisher noch fehlenden begrifflichen Bestimmung können die Termini nicht nur voneinander unterschieden,[33] sondern auch verschiedene terminologische Akzentuierungen aufgezeigt werden, mithilfe derer der literarische Nachlass, dabei als Überbegriff verstanden, auf eine differenzierte Weise beschreibbar wird. Auf diesen Ausführungen aufbauend stellt das Kapitel 1.5 zentrale Zugänge und Perspektiven vor, die die Betrachtung eines Nachlasses als Gesamtgefüge leiten können und mithilfe derer es möglich wird, seine Formationsprinzipien zu beschreiben sowie seine Funktionen und Bedeutungen zu analysieren. Sechs Punkte bilden dabei den Rahmen: (1.) die Konstellation, mit der die Zusammensetzung, die materielle Beschaffenheit des jeweiligen Nachlasses und schließlich das Werk-Nachlassverhältnis fassbar wird. Ein wichtiger Zugang stellt außerdem (2.) die Rekonstruktion der Genese eines Nachlasses dar: die Betrachtung seiner Entstehung und Überlieferungsgeschichte sowie (3.) der kulturellen Praktiken des jeweiligen Autors bzw. der Autorin, die ihn maßgeblich geformt haben. Die Rolle des Nachlassbewusstseins und der Nachlasspolitik eröffnen dabei (4.) eine weitere aufschlussreiche Perspektive hinsichtlich der Fragen nach Kontrolle, gesteuerter Überlieferung und antizipierter Wirkungsgeschichte. Relevant ist darüber hinaus (5.), welcher Selbstentwurf, welches Bild von Autorschaft dem Nachlass eingeschrieben ist und wie die damit verbundenen Schreibweisen einzuordnen sind. Einen letzten Analysepunkt stellt (6.) die Dokumentationsebene dar, auf Basis derer der Nachlass als Zeugnis von Lebens- und Zeitgeschichte begriffen wird und die ihn im Zusammenhang von Gedächtnis, Erinnerung und Tod perspektiviert. Der mit diesen Fokussetzungen abgesteckte Ansatz bedarf der kritischen Reflexion. Demzufolge wird in Kapitel 1.6 diskutiert, welche Problematiken entstehen, wenn der Nachlass ins Zentrum des Interesses rückt und welche Konsequenzen daraus für den wissenschaftlichen Umgang mit diesem Gegenstand zu ziehen sind. Abgeschlossen werden die ‚historischen und theoretischen Grundlagen' mit einer knappen literaturgeschichtlichen sowie zeithistorischen Verortung des Autors und der Autorin, deren Nachlässe daran anschließend untersucht werden (1.7). Das Generationsparadigma, an dem sich dabei in kritisch-diskursiver Weise orientiert wird, stellt eine Vergleichsebene zwischen Richard Leising und Helga M. Novak her: 1934 bzw. 1935 geboren, wuchsen beide in der DDR auf, studierten dort und traten in den 1960er Jahren mit ersten Lyrik-Publikationen hervor. Ihre weiteren Biografien und Werkprofile divergieren jedoch. Die Generation als ein Konstrukt,

33 Vgl. Spoerhase 2017: Neuzeitliches Nachlassbewusstsein, S. 23.

das einen Zusammenhang zwischen dem Autor und der Autorin herstellt, ermöglicht nicht nur eine Kontextualisierung, sondern beinhaltet hinsichtlich der kulturellen Aspekte des Erbes, der Übertragung und des Nachlebens auch implizite Berührungspunkte zur Nachlassthematik.[34]

Das dritte und letzte große Kapitel dieser Arbeit setzt sich aus den zwei Fallstudien (2.1 und 2.2) zusammen. Beide sind analog zueinander aufgebaut und folgen der im zweiten Kapitel entwickelten Verfahrensweise zur Analyse literarischer Nachlässe. Einen Ausganspunkt bilden jeweils eine kurze Biografie (2.1.1 und 2.2.1) sowie eine Schreib- und Werkbiografie (2.1.2 und 2.2.2). Neben einigen Eckpunkten zum Leben und Schaffen stehen hier Publikationsverläufe sowie die Rezeption der Werke im Zentrum, nicht jedoch ihre Interpretation. Ein solcher lebens- und werkgeschichtlicher Überblick bildet die Basis für eine Einordnung des jeweiligen Nachlasses, der dazu in Beziehung gesetzt werden kann. Insbesondere in den ersten beiden Abschnitten der Fallstudien stellen die beiden Nachlässe im Zuge dessen weniger Gegenstand, als vielmehr eine wichtige Quelle dar: Mit ihrer Hilfe ist es möglich, trotz der äußert lückenhaften Forschung zu Leben und Werk von Leising und Novak eine überblicksartige Grundlage zu schaffen. Dies gilt auch für das Verhältnis der beiden Autoren zur literarischen Öffentlichkeit, das im Anschluss untersucht wird (2.1.3 und 2.2.3), und das für die jeweilige Nachlassformation eine wesentliche Rolle spielte.

Die folgenden Abschnitte der Fallstudie widmen sich dann der Nachlassbeschreibung und -analyse, beginnend mit einem Nachlassprofil zu Umfang, Zusammensetzung und Genese (2.1.4 und 2.2.4). Anschließend werden kulturelle Praktiken herausgearbeitet, die das literarische Archiv geprägt (2.1.5 und 2.2.5), sowie die Selbstentwürfe, die sich darin niedergeschlagen haben (2.1.6 und 2.2.6). Ein Fokus liegt auf dem Verhältnis von Schreiben und DDR sowie dem Selbstbild in Bezug auf eine zur Disposition stehende DDR-Autorschaft. Die Rolle von Nachlassbewusstsein, Nachlasspolitik und Nachleben wird dann bei Leising und Novak, je nach Art der Nachlasskonstellation, mit unterschiedlichen Schwerpunktsetzungen diskutiert. So werden in der Novak-Fallstudie, anders als bei Leising, die Ambivalenzen untersucht, die sich daraus ergeben, dass dem Nachlassbewusstsein der Autorin ein kritisches Vorlassbewusstsein inhärent ist (2.2.7). Auch die besondere Bedeutung der Nachlassverwalterin sowie die damit einhergehende Eigendynamik der Nachlasspolitik, die sich am Beispiel Novaks exemplarisch zeigt, verdient gesonderte Aufmerksamkeit (2.2.8). Mit der Leising-Fallstudie wird dagegen ein stärkerer Akzent auf die Verbindung von Tod und Schreiben sowie den Aspekt des Nachlebens gelegt

34 Vgl. Parnes/Vedder et al. 2008: Das Konzept der Generation, S. 18.

(2.1.7). Die Werk-Archiv-Korrelationen sowie die Funktion des Nachlasses werden in beiden Fallstudien ebenfalls differierend diskutiert: Während bei Leising die Rolle seines Nachlasses als Werkersatz im Zentrum steht (2.1.8), sind es bei Novak vor allem die besondere Rolle der Briefe, die Verbindung von Autobiografie und Nachlasspolitik (2.2.9) sowie der Nachlass als prekäres Zeugnis (2.2.10), die als signifikante Charakteristika abschließend diskutiert werden.

Um beide Nachlässe zu beschreiben und ihre wesentlichen Merkmale und Bedeutungen herauszuarbeiten, werden jeweils innere Strukturen, spezifische Konstellationen, Kontexte sowie wiederkehrende Narrative untersucht und dabei exemplarische Nachlassdokumente detailbezogen analysiert. Zu beachten ist der besondere Status der Zitate aus dem Nachlass: Sie zeigen stets nur einen kleinen Ausschnitt eines umfangreichen Korpus, aus dem sie herausgelöst wurden. Im Falle von Briefen und anderen persönlichen Aufzeichnungen handelt es sich oftmals um spontane, subjektive und variable Aussagen, die auch widersprüchlich sein können und deshalb, wenn möglich, durch mehrere Zeugnisse belegt werden sollten. Die gebotene Fundierung erfordert einen entsprechenden Fußnotenapparat, der die getroffenen Annahmen zusätzlich stützt. Für die Verweise auf einzelne Archivalien wird, um im konkreten Zusammenhang immer alle erforderlichen Daten vorliegend zu haben, mit keinem Siglenverzeichnis gearbeitet, sondern stets mit der vollständigen Signatur und allen relevanten formalen Angaben.[35] Die Primär- und Sekundärliteratur wird hingegen mit Kurztiteln zitiert. Unbeabsichtigte Fehler in den Zitaten aus unveröffentlichtem Material wurden, sofern sie nicht auf die alte Rechtschreibung, umgangssprachliche Wendungen, Abweichungen der Groß- und Kleinschreibung oder Schreibgewohnheiten der Autorin und des Autors zurückzuführen sind, korrigiert und in eckige Klammern gesetzt. Da die Materialität des Einzeldokuments in dieser Studie nicht im Fokus steht, sondern vielmehr größere Zusammenhänge und Strukturen, können fehlende Abbildungen durch die Beschreibung der materiellen Beschaffenheit des Gesamtkorpus sowie durch den Hinweis auf materielle Besonderheiten von einzelnen Archivalien kompensiert werden.

Entsprechend der hier verwendeten Definition (1.4.1), nach der ein Nachlass das ist, was in einem Literaturarchiv aus einer Provenienz übernommen wurde, wird sich im Rahmen der Fallstudien auf die Materialien aus den sich

35 Die Verweise auf Briefe Novaks werden mit einer Ortsangabe versehen, oder, wenn diese auf dem entsprechenden Dokument nicht verzeichnet ist, als fehlend markiert. Bei Verweisen auf die Briefe Leisings unterbleibt diese Angabe, da der Dichter seine Briefe ausschließlich mit einem Datum, nicht aber mit einem Ort versah.

im DLA Marbach befindlichen Beständen ‚A:Leising, Richard' und ‚A:Novak, Helga M.' konzentriert. Dokumente aus anderen Beständen und Archiven sowie Zeugnisse, die sich im Privatbesitz befinden, wurden zwar ebenfalls gesichtet, aber nur in einem erforderlichen Maße ergänzend hinzugezogen.

Thematische Eingrenzung und begriffliche Differenzierung

Der Untersuchungsgegenstand dieser Studie berührt verschiedene Forschungsfelder und bedarf der thematischen Eingrenzung. Im Zentrum steht das literarische Archiv, das Autorinnen und Autoren nach ihrem Tod hinterlassen. Ausgespart werden Nachlässe anderer Persönlichkeiten und Personengruppen, die in den Bereich der damit zusammenhängenden Disziplinen wie der Geschichtswissenschaft, Politikwissenschaft oder Kunstgeschichte fallen. Auch Nachlässe von Philosophen und Wissenschaftlern, die Literaturarchive als ‚Gelehrtennachlässe' zunehmend sammeln, bleiben unberücksichtigt, ebenfalls Übersetzernachlässe. Diese Art von Beständen, ihre Anlagen und spezifischen Entstehungshintergründe unterscheiden sich von literarischen Nachlässen in wesentlichen Punkten, sodass für diese gesondert Ansätze zu entwickeln sind, an die komparative Betrachtungen anschließen können.[36]

Ferner ist in dieser Arbeit die Perspektive auf den literarischen Nachlass zeitlich einzugrenzen. Gegenstand der Auseinandersetzung ist der ‚analoge' Nachlass, der sich zu Großteilen aus handschriftlichen Manuskripten und Aufzeichnungen zusammensetzt sowie aus Papieren, die mit Schreibmaschine verfasst wurden. Der Schwerpunkt liegt damit auf Nachlässen, deren Voraussetzung die Zeit der „Aufschreibesysteme 1800/1900"[37] ist und die sich bis ins beginnende 21. Jahrhundert hinein gebildet haben, ohne in einem relevanten Maße von der einsetzenden Digitalisierung geprägt zu sein. Im Zuge des epochalen Wandels, den die digitale Entwicklung mit sich bringt, wird sich jedoch die Bedeutung von literarischen Nachlässen, ihre Genese, ihr Umfang, sowie ihre Funktion und Überlieferung noch einmal paradigmatisch verändern:

> „Sobald das papierne Pantheon durch eine digitale ‚Wolke' abgelöst wird, die die gesamte aktuelle literarische Produktion eines Schriftstellers unmittelbar abspiegelt, wird dies den Nachlass gänzlich überflüssig machen: weil damit

36 Vgl. dazu weiterführend: Lepper 2012: Dichter- und Philologennachlässe im Archiv, S. 64–65. / Borck 2014: Was vom Forschen übrig blieb. Und: Knott: Nomaden der Mehrsprachigkeit. In: Frankfurter Allgemeine Zeitung, 8.2.2020.

37 Vgl. Kittler 1985: Aufschreibesysteme 1800/1900.

> das moderne Prinzip ‚Nachlass' die gesamte literarische Gegenwart vollständig unterworfen haben wird. Das poetische Paradigma der Zukunft wird nicht, wie Kierkegaard dachte, das postume Werk sein, sondern, wie seine Landsleute zeigen, der permanent aktualisierte *anthume* Selbstarchivierungs-Server. Wer so schreibt, arbeitet schon heute an einem digitalen Nachlass zu Lebzeiten."[38]

Der digitale Nachlass und die damit zusammenhängenden Praktiken, Materialität, Archivierungsmechanismen und urheberrechtliche Fragen sowie der Unterschied zwischen öffentlichem und privatem Schreiben werden die Debatte um den Zusammenhang von Werk und Nachlass entsprechend unter neue Vorzeichen setzen.[39] Welche genau das sein werden, hängt unter anderem von den Entscheidungen ab, die derzeit in den Literaturarchiven getroffen werden. Seit dem beginnenden 21. Jahrhundert ziehen Nachlässe mit digitalen Beständen in die Literaturarchive ein. Abschließende Lösungen für die neu entstehenden Herausforderungen, beispielsweise hinsichtlich der angestrebten Langzeitarchivierung, sind noch nicht gefunden.[40] Auch wie zukünftig mit Netzliteratur und Inhalten von Webseiten sowie Messengerdiensten von Autorinnen und Autoren umgegangen werden soll, ist noch offen. Daher scheint es ratsam, zunächst eine theoretische Grundlage für den papierenen Nachlass zu diskutieren, ohne dabei auf den digitalen Nachlass vorzugreifen.

Querverbindungen zu einem Archivbegriff, wie ihn der ‚archival turn' in den Kulturwissenschaften vor einiger Zeit hervorgebracht hat, sind in dieser Arbeit ebenfalls nicht vertiefend zu behandeln. Die Verwendung des Terminus als epistemischer Begriff und (kultur-)theoretische Denkfigur lenkt die Aufmerksamkeit auf Funktionsweisen und Strukturen des Archivs als Medium der Gedächtnisbildung und eröffnet Möglichkeiten der kritischen Reflexion solcher Mechanismen.[41] Maßgeblich angestoßen wurde dieser Gebrauch durch die wissensarchäologischen Forschungen Michel Foucaults Ende der 1960er Jahre. Mit dem Begriff des ‚Archiv' bezeichnet Foucault die Voraussetzungen und Bedingungen, die das Entstehen von Aussagen und damit die Verteilung von Wissen in einer Kultur regeln: das „Gesetz dessen, was gesagt werden kann, das System, das das Erscheinen der Aussagen als einzelner

38 Spoerhase 2014: Postume Papiere, S. 511.

39 Vgl. Danneberg/Gilbert et al. 2019: Zur Gegenwart des Werks, S. 6–12.

40 Vgl. Digitale Bestandserhaltung. Unter: https://www.dla-marbach.de/digitale-bestandserhaltung/, zuletzt abgerufen am 16.11.2021.

41 Vgl. Friedrich 2013: Die Geburt des Archivs, S. 21 ff. Vgl. außerdem: Ernst 2002: Das Rumoren der Archive. / Ernst 2007: Das Gesetz des Gedächtnisses. / Ebeling/Günzel 2009: Archivologie. / Farge 2011: Der Geschmack des Archivs.

Ereignisse beherrscht"[42]. Auf das konkrete historische Archiv, die Institution, zielt Foucault also nicht. Auch Jacques Derridas Überlegungen zum Archiv in den 1990er Jahren, veröffentlicht unter dem Titel „Mal d'Archive" bzw. „Dem Archiv verschrieben"[43], haben zu einer Erweiterung der Begrifflichkeit beigetragen. Derrida knüpft seine Diskussion des Archivs an eine Auseinandersetzung mit der Psychoanalyse sowie den Vorgängen des Erinnerns und Vergessens.[44] Metaphorisch aufgeladen steht der kulturwissenschaftliche Archivbegriff auf diese Weise einer archivwissenschaftlichen Terminologie gegenüber, die sich auf konkrete Objekte bezieht und die eine praktische Arbeit mit diesen ermöglichen soll. Der Archivar Dietmar Schenk konstatiert:

> „Das Thema ‚Archiv' wird in den Kulturwissenschaften seit ungefähr zwei Jahrzehnten in einem Diskurs aufgegriffen, der mit der ‚klassischen' Archivwissenschaft nichts zu tun hat, in den bibliothekarisch geprägten Literaturarchiven aber auf Resonanz stößt. Zumindest in Deutschland herrscht zwischen beiden Seiten eine erstaunliche Sprachlosigkeit [...]. Als archivarischer Praktiker hat man manchmal den Eindruck, dass ein Foucault- oder Derrida-Zitat aushelfen soll, wenn es darum geht, die Leerstelle des fehlenden Archivbegriffs in der Bibliotheks- und Informationswissenschaft zu überdecken."[45]

Zugunsten einer sachbezogenen Erörterung des Nachlassbegriffs soll in dieser Arbeit deshalb die kulturwissenschaftliche Prägung des Terminus weitestgehend ausgeklammert werden.

Eine ganz andere terminologische Schwierigkeit bringt die Begrifflichkeit der ‚DDR-Literatur' mit sich, unter der der hier behandelte Autor ebenso wie die hier behandelte Autorin in der Regel subsumiert werden. Der Begriff ist in Form einer pragmatischen und flexiblen Verwendungsweise etabliert,[46] obwohl sich mit ihm sowohl ein diffiziles Bezeichnungsproblem verbindet[47] als auch eine ideologisch aufgeladene Begriffsgeschichte.[48] Noch immer ist der Terminus kein wertfreier, noch immer erweist sich ein von ihm ausgehend konzipierter Zugriff auf den Gegenstand häufig als starr.[49] Zudem ist bislang ungeklärt, was damit bezeichnet werden soll: die in der DDR entstandene Literatur, die dort veröffentlichte, die offizielle, die kritische, die affirmative, die

42 Foucault 1973: Archäologie des Wissens, S. 187.
43 Vgl. Derrida 1997: Dem Archiv verschrieben.
44 Vgl. Friedrich 2013: Die Geburt des Archivs, S. 22.
45 Schenk 2018: Getrennte Welten? Über Literaturarchive und Archivwissenschaft, S. 26 f.
46 Vgl. Eke 2013: „Nach der Mauer der Abgrund"?, S. 19 f.
47 Vgl. Frohn 2014: Literaturaustausch im geteilten Deutschland, S. 18.
48 Vgl. Ludwig/Meuser 2009: Die Geschichte der DDR-Literatur in vier Generationen engagierter Literaten, S. 16–20.
49 Vgl. Gelberg 2018: Poetik und Politik der Grenze, S. 14 f.

thematisch auf das Staatsgebiet der DDR Bezug nehmende, eine bestimmte formale oder die in der DDR gelesene? Ähnliche Fragen stellen sich auch im Hinblick auf das Konzept der DDR-Autorschaft. Was sind die entscheidenden Kriterien: Herkunft, Lebenszeit in der DDR, Thematiken des Schreibens oder der Verbleib im Land?[50] Was und wer gerät mit der jeweiligen Setzung aus dem bzw. ins Blickfeld?[51] „Mehr als je zuvor scheint überdies heute fraglich, was unter ‚DDR-Literatur' verstanden werden kann"[52], heißt es bei Norbert Eke. Eine Lösung für diese Problematiken soll und kann in dieser Arbeit nicht gefunden werden.[53] Stattdessen gilt es, einen Beitrag zu leisten zu einer von „Wissenschaftlern westlicher wie östlicher Provenienz"[54] einhellig eingeforderten Neubetrachtung des Gegenstands.[55] Unabhängig von den begrifflichen Diskussionen kann dabei die besondere Verschränkung von Literatur und Gesellschaft in der DDR nicht unberücksichtigt bleiben:

> „In historisch einmaliger Weise wurde Literatur in der DDR als maßgebliches Instrument zur Herstellung, ja sogar Erziehung einer neuen Gesellschaft verstanden – und das von allen am Literaturbetrieb Beteiligten. Die unterhalb dieser Einigkeit über die Bedeutung von Literatur stattfindenden Debatten und Kanones, ästhetische Vorschriften, Formen und Inhalte sind demgegenüber als Richtungskämpfe innerhalb eines Grundkonsens zu bewerten. Weiterhin existierte wohl in der Geschichte kaum je ein Staat, der Literatur derart gezielt in sein politisches Programm eingebaut und dergestalt akribisch überwacht, verwaltet, über sie Buch geführt hat."[56]

Doch ist die unter solchen Bedingungen entstandene Literatur nicht als isolierte zu begreifen, da während der deutschen Zweistaatlichkeit ein

50 Vgl. Ludwig/Meuser 2009: Die Geschichte der DDR-Literatur in vier Generationen engagierter Literaten, S. 26 f.

51 Vgl. dazu: Max 2016: Zur Standortbestimmung der gegenwärtigen DDR-Literatur-Forschung, S. 13–26.

52 Eke 2013: „Nach der Mauer der Abgrund"?, S. 18.

53 Vgl. dazu: „Es gibt immer mehr als eine ‚DDR-Literatur'. Die im Osten geförderte Literatur ist nicht notwendig die, die im Westen wahrgenommen wird. Die Literatur der DDR ist nicht homogen und es ist daher naheliegend, dass der Terminus der ‚DDR-Literatur' zu kurz greift. Der Gegenstand ‚DDR-Literatur' ist trotz unterschiedlicher Publikations- und Produktionsbedingungen, sowie DDR-spezifischen literarischen Traditionen nicht eindeutig zu definieren." Gelberg 2018: Poetik und Politik der Grenze, S. 14.

54 Ludwig/Meuser 2009: Die Geschichte der DDR-Literatur in vier Generationen engagierter Literaten, S. 12.

55 Vgl. ebd.

56 Ebd., S. 34.

Austausch zwischen den Literaturbetrieben in Ost und West existierte,[57] und „Migrations- und Transferbewegungen“[58] einer strikten Trennung in zwei Literaturen zuwiderlaufen. Nicht zuletzt die Beschäftigung mit der Autorin Helga M. Novak, die für solche Bewegungen paradigmatisch steht, erfordert einen Ansatz wie den sich aktuell entwickelnden, der versucht, die „geteilte Literaturgeschichte als eine gemeinsame zu betrachten, ohne die beobachtbaren Unterschiede zu verschweigen.“[59] Die Begrifflichkeit der ‚Literatur im geteilten Deutschland‘ kann in dieser Hinsicht weiterführen.[60] Wenn im Folgenden doch vereinzelt von ‚DDR-Literatur‘ gesprochen wird, dann stets unter Vorbehalt und in historischer Perspektive bzw. bezüglich der diesen Terminus verwendenden Forschung. Sichtbar gemacht wird dies durch Anführungszeichen, alternative Wendungen oder durch Bezugnahme auf eine bundesdeutsche Literatur, die ebenfalls unter der Annahme einer ‚Literatur im geteilten Deutschland‘ subsumiert wird.

Forschungsstand

Zum Themenkomplex Nachlass ist in den vergangenen Jahren ein kleiner, wenn auch lückenhafter Bestand an Forschungsliteratur entstanden; zu den Werken und den literarischen Archiven von Richard Leising und Helga M. Novak existieren hingegen nur sehr wenige wissenschaftliche Beiträge. In der Studie ist darauf im Einzelnen einzugehen und die vorliegende Forschungsliteratur im Kontext der entsprechenden Kapitel zu diskutieren – an dieser Stelle soll der Forschungsstand deshalb nur knapp skizziert werden.

Wie im Vorangegangenen schon dargelegt, ist der literarische Nachlass erst im Verlauf der letzten zwanzig Jahre zu einem eigenständigen, ausgewiesenen Untersuchungsgegenstand der Literaturwissenschaft avanciert. Die entstandenen Ansätze, auf die eine anhaltende Publikation von wissenschaftlichen Aufsätzen und ein reges Interesse des Feuilletons folgte,[61] sind unterschiedlich

57 Vgl. Gelberg 2018: Poetik und Politik der Grenze, S. 10. Vgl. auch Frohn 2014: Literaturaustausch im geteilten Deutschland. Und: Berbig 2005: Stille Post.

58 Gelberg 2018: Poetik und Politik der Grenze, S. 16.

59 Ebd.

60 Vgl. Dahlke 2018: Kanonkämpfe und Deutungskonkurrenzen nach 1989, S. 235–247. Vgl. außerdem: Netzwerk Literatur im geteilten Deutschland. Unter: https://www.literatur.hu-berlin.de/de/forschung/forschungsprojekte/literatur-im-geteilten-deutschland/literatur-im-geteilten-deutschland-1, zuletzt abgerufen am 16.11.2021.

61 Vgl. beispielsweise: Schwilk: Marbach. Im Endlager der deutschen Literatur. In: Die Welt, 29.12.2010. / Rüdenauer: Literarische Vor- und Nachlässe – und der Nachruhm der Autoren. In: Deutschlandradio Kultur, 21.11. 2014. / Miessgang: Der Vorlasshandel. In: Die

grundiert und eröffnen eine Spannbreite von Zugängen.[62] Auf die Aspekte der literarischen Ruhmbildung, des Nachlebens und der Nachweltadressierung hat Detlev Schöttker früh aufmerksam gemacht und dabei die biografische Dimension sowie die Verbindung von Autorschaft und Archivbewusstsein betont.[63] Schöttkers praktikabler Entwurf des Autors als ‚imaginäres Subjekt', das sich im Zuge der Rezeption konstituiert, stellt einen gewinnbringenden Ausgangspunkt im Umgang mit dem literarischen Nachlass dar.[64] Mit dem von ihnen geprägten Begriff des ‚Nachlassbewusstseins' gelang es Kai Sina und Carlos Spoerhase die literatur- und wissenschaftshistorische Aufarbeitung der Geschichte des literarischen Nachlasses grundlegend voranzutreiben. Das von ihnen 2013 in den Forschungsdiskurs eingebrachte Konzept wurde vielfach aufgegriffen und erweist sich als fruchtbarer Ansatz.[65] Allerdings trug der von ihnen differenziert ausgearbeitete Zugriff auf den Gegenstand auch zu einer schwerpunktmäßigen Fokussierung bei, sodass andere Aspekte der Thematik wie der doppelte, sowohl ästhetische als auch historische Zeugnischarakter, auf den Dörte Schmidt hingewiesen hat, in Gefahr sind, aus dem Blick zu geraten.[66]

Auffällig ist außerdem, dass ein überwiegender Teil der Forschungsliteratur zum literarischen Nachlass aus dem Umfeld der Literaturarchive, Archive und Bibliotheken stammt. Exemplarisch anzuführen sind dafür

Zeit, 9.4.2015. / Ellmenreich: Im Gespräch mit Ulrich Raulff. Eine Käfersammlung schreibt Literaturgeschichte. In: Deutschlandfunk, 11.7.2018. / Küveler: Eine erste Expedition ins Archiv. In: Die Welt, 10.12.2019.

62 Vorausschauend und wegweisend: Zeller 1981: Autor, Nachlaß, Erben. / Vgl. außerdem u. a.: Hobbs 2001: The Character of Personal Archives, S. 126–135. Meyer 2002: Pedanten und Chaoten, S. 53–58. / Weigel 2005: An-Archive. Archivtheoretisches zu Hinterlassenschaften, S. 4–7. / Mehring 2008: Nachlasspolitik bei Heidegger und Carl Schmitt, S. 107–123. Willer 2008: Die Schreibszene des Nachlasses, S. 67–82. / Fetz 2009: Zum Status biographischer Quellen, S. 103–154. / Kölbl 2009: Der Ort der Literaturarchive, S. 351–376. / Raulff 2009: Ökonomien des literarischen Archivs, S. 223–232. / Thaler 2011: Zur Geschichte des Literaturarchivs, S. 361–374. / Raulff 2013: Nachlass und Nachleben, S. 17–34. / Müller 2014: Weiße Magie. / Willer 2014: Erbfälle. / Benne 2015: Die Erfindung des Manuskripts. / Töteberg/Vasa 2021: Ins Archiv, fürs Archiv, aus dem Archiv.

63 Vgl. Schöttker 2000: Ruhm und Rezeption, S. 427–487. / Schöttker 2002: Der literarische Souverän, S. 277–290. / Schöttker 2002: Der Autor als Star der Nachwelt, S. 248–265. / Schöttker 2008: Adressat: Nachwelt. / Schöttker 2014: Vom mythischen ins digitale Alexandria, S. 277–286. / Schöttker 2016: Posthume Präsenz, S. 237–246.

64 Vgl. Schöttker 2000: Ruhm und Rezeption, S. 472 f.

65 Vgl. dazu: Sina/Spoerhase 2013: Nachlassbewusstsein, S. 607–623. / Sina 2013: Kafkas Nachlassbewusstsein, S. 218–235. / Spoerhase 2014: Postume Papiere, S. 502–511. Und: Sina/Spoerhase 2017: Nachlassbewusstsein. Darin: Spoerhase 2017: Neuzeitliches Nachlassbewusstsein, S. 21–48. / Sina 2017: Die vergangene Zukunft der Literatur, S. 49–74.

66 Vgl. Schmidt 2016: (Selbst-)Archivierung als künstlerische Selbstvergewisserung, S. 21–37.

das 2016 erschienene „Handbuch Archiv“[67] aus dem Kontext des DLA Marbach sowie die seit 2017 bei De Gruyter erscheinende Reihe „Literatur und Archiv“[68], herausgegeben von Petra Maria Dallinger, Leiterin des Adalbert-Stifter-Instituts des Landes Oberösterreich, sowie von Klaus Kastberger, Professor am Franz-Nabl-Institut, Graz.[69] Auch etliche andere Beiträge zum Thema stammen von Wissenschaftlerinnen und Wissenschaftlern, die in der (Literatur-)Archivpraxis arbeite(te)n. Als Beispiele zu nennen wären: Bernhard Fetz, Christine Grond-Rigler, Catherine Hobbs, Klaus Kastberger, Andrea Pia Kölbl, Christoph König, Anett Lütteken, Jochen Meyer, Ulrich Raulff, Dietmar Schenk, Jürgen Thaler, Ulrich von Bülow, Dirk Weisbrod, Magnus Wieland, Irmgard M. Wirtz, Sabine Wolf und Bernhard Zeller. Beiträge, die sich dem literarischen Nachlass als Interpretationsgegenstand und seiner Beschreibung widmen, stammen ausschließlich aus dem Kontext der Literaturarchive: So hat Jochen Meyer, früherer Leiter der Handschriftenabteilung des DLA, 2002 den ersten Versuch einer kleinen Nachlasser-Typologie vorgelegt,[70] zu der die 2013 veröffentliche Charakterisierung des ‚Eigensinns der Nachlässe‘ von Irmgard M. Wirtz, der Leiterin des Schweizerischen Literaturarchivs, eine produktive Erweiterung und wichtige Einordnung darstellt.[71] Die weiteren Beiträge von Wirtz zu der Thematik zeichnen sich durch ihre Facettenvielfalt aus, die mannigfaltige Aspekte des Gegenstands berühren, aber selten vertiefend diskutieren: die Rolle der Praktiken,[72] den Selbstentwurf,[73] Nachlassbewusstsein und Nachleben,[74] die Wechselbeziehung zu Institutionen[75] sowie das Verhältnis von Werk und Nachlass.[76] Diese breitgefächerten Betrachtungen sowie ein Aufsatz von Christine Grond-Rigler, die einen ersten systematischen Ansatz zur Beschreibung von literarischen Archiven vorgelegt hat,[77] stellen

67 Vgl. Lepper/Raulff 2016: Handbuch Archiv.

68 Vgl. Kastberger/Maurer 2017: Die Werkstatt des Dichters. / Dallinger & Hofer et al. 2018: Archive für Literatur. / Kastberger & Maurer et al. 2019: Schauplatz Archiv. / Dallinger/Hofer 2020: Logiken der Sammlung. / Kastberger/Neuhuber 2021: Archive in/aus Literatur.

69 Zu beiden Instituten gehört ein Literaturarchiv.

70 Vgl. Meyer 2002: Pedanten und Chaoten, S. 52–58.

71 Vgl. Wirtz 2013: Der Eigensinn der Nachlässe, S. 77–88.

72 Vgl. Wirtz 2009: Elias Canettis „Aufzeichnungen“, S. 173–180. / Wirtz/Wieland 2017: Paperworks.

73 Vgl. Wirtz 2012: Autobiographie als Autofiktion, S. 193–203.

74 Vgl. Wirtz 2015: Lebenslang und danach, S. 203–2017.

75 Vgl. Cudré-Mauroux/Wirtz 2013: Literaturarchiv – Literarisches Archiv. Und: Wirtz/Weber et al. 2015: Literatur – Verlag – Archiv.

76 Vgl. Wirtz 2003: Wie der Nachlass Friedrich Dürrenmatts den klassischen Werkbegriff sprengt, S. 351–356.

77 Vgl. Grond-Rigler 2018: Auktoriale Inszenierung in Vorlässen, S. 163–180.

einen Ausgangspunkt der hier vorgeschlagenen Analysezugänge dar. Ein weiterer maßgeblicher Beitrag aus jüngster Zeit stammt von Ulrich von Bülow, momentaner Leiter der Handschriftenabteilung des DLA, der mit seinem mehrfach publizierten Aufsatz zum literarischen Nachlass eine fundierte Darstellung des Gegenstands vorgelegt hat. Sie umfasst den kulturgeschichtlichen Hintergrund ebenso wie archivpraktische Dimensionen und die Faktoren der Überlieferung und Genese.[78] Mit den zentralen Termini ‚Person', ‚Eigentum', ‚Materialität' und ‚Selbstkommunikation' entwirft von Bülow einen für diese Arbeit dienlichen Ansatz zu einer „archivarischen Hermeneutik"[79], die von ihm selbst allerdings nicht in größerem Rahmen entfaltet wird. Auch in den kurzen, anregenden Aufsätzen, die von Bülow im Zuge seiner Arbeit am DLA zu verschiedenen Nachlässen verfasst und 2018 gebündelt veröffentlicht hat, bezieht er sich vornehmlich auf Einzelaspekte und -bestandteile und nur in zwei Fällen auf Nachlassstrukturen.[80] Der Forschungsliteratur aus der Archivpraxis ist die genaue Kenntnis des Gegenstands, welche die Beiträgerinnen und Beiträger aus ihrer täglichen Arbeit mitbringen, deutlich anzumerken. Allerdings fehlt vielfach eine dezidierte Auseinandersetzung mit den bisher in den Forschungsdiskurs eingebrachten Überlegungen und Konzepten, sodass diese häufig undiskutiert bleiben. Beispiele dafür sind die Begriffe der Nachlasspolitik und der Nachlasspoetik, die divergent und ohne gegenseitige Bezugnahmen verwendet werden.[81] Wenn es um eine Problematisierung der Nachlassthematik geht, zeigt sich ebenfalls, dass ein institutionell nicht involvierter Blick auf den Gegenstand nottut. Einzig Anett Lütteken, Leiterin der Handschriftenabteilung der Zentralbibliothek Zürich,[82] und Catherine Hobbs, wissenschaftliche Mitarbeiterin der kanadischen Nationalbibliothek (Library and Archives Canada),[83] gelingen aus der internen Perspektive

---

78 Vgl. Bülow 2016: Nachlässe, S. 143–152. Und: Bülow 2017: Der Nachlass als materialisiertes Gedächtnis und archivarische Überlieferungsform, S. 75–91. Sowie etwas überarbeitet unter dem Titel: Der Nachlass als Ausdrucks- und Überlieferungsform. In: Bülow 2018: Papierarbeiter, S. 12–29.

79 Ebd., S. 11.

80 Vgl. hierzu: Vom Verschwinden des Autors im Archiv. Die Box files von W. G. Sebald, S. 33–49. Und: „Hand-Werk" des Denkens Martin Heideggers Papiere, S. 50–73. In: Ebd.

81 Vgl. u. a. Mehring 2008: Nachlasspolitik bei Heidegger und Carl Schmitt, S. 107–123. / Sina/Spoerhase 2013: Nachlassbewusstsein, S. 607–623. / Wirtz 2013: Einführung, S. 7–10. / Böttcher 2017: Nachlassbewusstsein bei Rühmkorf, S. 364–408. / Spoerhase 2017: Neuzeitliches Nachlassbewusstsein, S. 21–48. / Sina 2017: Die vergangene Zukunft der Literatur, S. 49–74.

82 Vgl. Lütteken 2018: Das Literaturarchiv – Vorgeschichte(n), S. 63–88.

83 Vgl. Hobbs 2012: Personal Ethics, S. 181–192.

heraus eine intensivere, kritische Auseinandersetzung mit dem literarischen Nachlass resp. dem Literaturarchiv. Weitere Forschungslücken, die in den entsprechenden Kapiteln auszuführen sind, betreffen die Geschichte der deutschsprachigen Literaturarchive nach 1945, die begriffliche Bestimmung und Abgrenzung von Werk und Nachlass sowie die Abgrenzung von synonym verwendeten Termini.

Auch die wissenschaftliche Literatur zu dem Themenkomplex DDR, Literatur und Archiv soll im Weiteren gesondert diskutiert werden. An dieser Stelle sei lediglich angemerkt, dass bisherige Untersuchungen zu dem abgeschlossenen, jedoch nur unzureichend erforschten[84] Sammelgebiet der ‚DDR-Literatur' kaum auf einem Zugang über Autorennachlässe basieren.[85] Erste wichtige Ausgangsüberlegungen zu einem solchen Zugriff stammen von Sabine Wolf und Ulrich von Bülow sowie von Roland Berbig.[86] Bereits vermehrt Anwendung in der DDR-Literatur-Forschung gefunden hat dagegen das Generationenkonzept,[87] das jedoch nicht unproblematisch ist.[88] Es wird deshalb im Folgenden nicht vorbehaltlos auf Richard Leising und Helga M. Novak bezogen, sondern kritisch-diskursiv mit Bezug zum aktuellen Forschungsstand als Möglichkeit der heuristischen Einordnung vorgestellt.

Die literarischen Nachlässe sowie die Werke Leisings und Novaks stellen weitestgehend unerforschtes Terrain dar. Obwohl die Bedeutung der Autorin und des Autors außer Zweifel steht, fehlt es an Forschungsliteratur, die ihrem Rang gerecht wird. So sind es nur vereinzelte Aufsätze und ältere Monographien, auf die sich im Rahmen der beiden Fallstudien gestützt werden kann.

---

84 Vgl. Albert 2009: „Zwei getrennte Literaturgebiete"?, S. 186.

85 Vgl. Berbig 2018: DDR-Literatur – archiviert, S. 21.

86 Vgl. Bülow 2014: Strukturelle Merkmale von Archivalien aus der DDR, S. 92–113. / Berbig 2018: DDR-Literatur – archiviert, S. 17–44. Vgl. außerdem: Dahlke 2016: Die DDR im Tagebuch, S. 316–331.

87 Vgl. u. a.: Emmerich 2005: Das Generationsparadigma in der DDR-Literaturgeschichte, S. 61–80. / Emmerich 2008: Generationen – Archive – Diskurse, S. 15–29. / Emmerich 2010: Die Bedeutung von Generationen, S. 15–29. Ludwig/Meuser 2009: Die Geschichte der DDR-Literatur in vier Generationen engagierter Literaten, S. 11–71. / Anz 2012: Generationskonstrukte, S. 83–96.

88 Ein Hauptproblem liegt bei der vorbehaltlosen Voraussetzung der Existenz von Generationen: „Die Empirizität von Generationen, ihr tatsächliches Vorhandensein in der Gesellschaft, wird dabei in der Regel kaum oder gar nicht problematisiert; es scheint ein gewisser Konsens darüber zu herrschen, *dass es Generationen gibt*." Parnes/Vedder et al. 2008: Das Konzept der Generation, S. 218.

Wichtige, wenn auch sehr kurze Beiträge zu Leising und seinen Gedichten stammen von Kristin Schulz[89] sowie von Robert Gillett[90]. Den Mythos des wenig schreibenden Dichters, der eine zentrale Figur für Kollegen und Freunde darstellte und Eingang in ihre Gedichte fand, behandelt Holger Helbig.[91] Einen längeren, indes ins Feuilletonistische tendierenden Text zu Leisings Leben und Schreiben hat Jürgen Serke verfasst, dessen Darstellungen primär auf Gesprächsmaterial basieren und zum Teil wenig fundiert erscheinen.[92] Der literarische Nachlass Leisings wird erst seit dem vorliegenden Forschungsprojekt[93] und einer parallel dazu entstehenden Dissertation an der Universität Rostock gründlich wissenschaftlich untersucht. Die zeitgleich von Isabel Haberkorn verfasste Arbeit mit dem Arbeitstitel „Ich weiß keinen Weg und den gehe ich. Der Lyriker Richard Leising" legt einen Schwerpunkt auf das dichterische Werk Leisings sowie auf die Textgenese. Bestand seit Beginn beider Projekte ein reger und vertrauensvoller Austausch im Sinne der wissenschaftlichen Forschung, so entstanden die jeweiligen Promotionsschriften doch unabhängig voneinander. Durch die Vielfalt des beiden Arbeiten zugrunde liegenden Nachlassmaterials kann es zu ähnlichen oder abweichenden Interpretationen, Folgerungen und Thesen kommen. Beide Dissertationen sind aufgrund ihrer unterschiedlichen Fragestellung und Methodik als Ergänzung zueinander zu lesen und dienen dem Anstoß einer eingehenderen Beschäftigung mit dem Autor.

Die Forschungslage zu Helga M. Novak ist ebenfalls dünn. Zwar konstatiert Michael Lentz: „Wer über deutschsprachige Poesie verhandelt und den Namen Helga M. Novak Außer acht lässt, hat Stromausfall"[94], doch gilt die Autorin als „mehr oder weniger vergessen"[95]. Die Rede ist vom „geräuschlosen Ruhm"[96]

89 Vgl. Schulz 2009: Leising, Richard, S. 187–189. / Schulz 2012: Rotzfahne auf Halbmast, S. 229–241.

90 Vgl. Gillett 2010: Leising, Richard, S. 319 f. Und: Gillett 2014: Translating Richard Leising's „Wendegedichte", S. 87–97. Außerdem aufschlussreich sind: Emmerich 2008: Richard Leising, der leise Poet, S. 111–114. Und: Reinecke 2014: Der Lyriker Richard Leising, S. 31–36.

91 Vgl. Helbig 2004: Der imaginäre Freund, S. 435–450. Vgl. außerdem: Helbig 2000: Zum ewigen Frieden, S. 167–168. Und: Helbig 2006: Zauberschwarze Welt, bewohnt.

92 Vgl. Serke 1998: Zu Hause im Exil, S. 163–186. Vgl. auch Haberkorn [im Erscheinen]: Der Lyriker Richard Leising.

93 Parallel dazu entstanden sind die Aufsätze: Boltenstern 2018: Richard Leising – ein Nachlassporträt, S. 399–412. Und: Boltenstern 2018: Der kommentierte Zeitungsausschnitt bei Richard Leising, S. 188–197.

94 Lentz 2011: Herkunft Heimat, S. 339.

95 Verdofsky: Vor und nach der Mauer. Eine poetische Selbstbehauptung, die bleiben wird: Die ‚Gesammelten Gedichte' von Helga M. Novak in einer erweiterten Ausgabe. In: Badische Zeitung, 9.8.2008.

96 Vgl. o. V.: Novak, Helga M. Unter: http://www.munzinger.de/document/00000015920, zuletzt abgerufen am 16.11.2021.

der „Literaturaußenseiterin“[97] – ein Befund, der von dem kleinen, überschaubaren Bestand an Sekundärliteratur bestätigt wird. Einen kompakten Forschungsüberblick hat Marion Brandt 2017 vorgelegt und unterstrichen, dass sich die wenigen wissenschaftlichen Beiträge zu Novak vor allem auf ihre autobiografischen Romane „Die Eisheiligen“ (1979) und „Vogel federlos“ (1982) beziehen.[98] Dabei konzentrieren die sich ab Ende der 1980er Jahre bis Anfang der 2000er verfassten Studien vor allem auf die „Engführung von Leben und Werk“[99], heben eine schonungslose Aufrichtigkeit hervor oder wenden sich Mutter-Tochter-Beziehungen[100] und den damit zusammenhängenden Weiblichkeitsbildern[101] zu –Schwerpunktsetzungen, die in der Forschungsliteratur zu Autorinnen nicht untypisch sind.[102] Zusätzlich geraten Widerständigkeit und Auflehnung in den Blick, die als zentrale Thematiken Novaks ausgemacht werden.[103] Oliver Sill analysiert in seiner noch immer gültigen Untersuchung zu „Die Eisheiligen“ außerdem die signifikante Rolle der Erinnerung in Novaks Autobiografie.[104]

Eine eklatante Forschungslücke besteht hinsichtlich der Lyrik Novaks, mit der sich in der Literaturwissenschaft bisher lediglich im Rahmen von Nachworten, einzelnen Gedichtinterpretationen und kurzen Aufsätzen auseinandergesetzt wurde.[105] Berücksichtigt wurde sie unter anderem von Izabela Surynt, die mehrere Beiträge zu Novaks Werken verfasst hat und an der beispielhaft deutlich wird, dass das Interesse an Novak in der internationalen Germanistik größer zu sein scheint als in der deutschen. Sich sowohl auf die

97 Ebd.

98 Vgl. insbesondere: Salzmann 1988: Die Kommunikationsstruktur der Autobiographie. / Sill 1991: Zerbrochene Spiegel. / Nause 2002: Inszenierung von Naivität.

99 Brandt 2017: Zugänge zum Werk von Helga M. Novak, S. 8.

100 Vgl. beispielsweise: Aulls 1993: Verbunden und gebunden. / Dernedde 1994: Mutterschatten – Schattenmütter / Kraft/Kosta 1993: Das Angstbild der Mutter, S. 215–242. Puchalová 2007: Identität und Sprache, S. 147–159.

101 Vgl. Brandt 2017: Zugänge zum Werk von Helga M. Novak, S. 7–13.

102 Vgl. Keck/Günter 2001: Weibliche Autorschaft und Literaturgeschichte, S. 207 ff.

103 Vgl. Brandt 2017: Zugänge zum Werk von Helga M. Novak, S. 8. / Surynt 2017: Über die subversive Kraft des Erzählens im Werk Helga M. Novaks, S. 23–38. Vgl. Salzmann 1988: Die Kommunikationsstruktur der Autobiographie, S. 116–121. / Aulls 1993: Verbunden und gebunden, S. 164–186.

104 Vgl. Sill 1991: Zerbrochene Spiegel.

105 Vgl. beispielsweise: Demski: Allerleirauh. Nachwort. In: Novak 2008: solange noch Liebesbriefe eintreffen, S. 181–187. / Lentz 2005: Herkunft Heimat. Eine Lektüre, S. 213–226. / Ulmer 2014: Ungebunden, ungehorsam, ungezügelt. Unter: Unter: http://www.bpb.de/180114, zuletzt abgerufen am 16.11.2021. / Und: Tokarzewska 2017: Helga M. Novaks Wissenspoetik, S. 141–159. / Jorek 2017: Suche nach Ursprung und Wahrheit in Helga M. Novaks letzten Texten, S. 105–116. Sowie weitere in: Brandt 2017: Unterwegs und zurückgesehnt.

Lyrik als auch auf die Prosa Novaks beziehend, nicht allerdings auf die bisher von der Forschung weitestgehend unbeachteten Hörspiele,[106] stellt Surynt Themen der Gewalt verbunden mit Identitätsproblematiken, subversives Erzählen, die literarische Erinnerung, Heimat- und Wurzellosigkeit sowie das sich in den Texten konstituierende Polenbild in den Fokus ihrer Beschäftigung mit der Autorin,[107] operiert jedoch mit dem nicht unproblematischen Begriff des deutsch-deutschen Literaturexils.[108]

Den einzigen Gesamtüberblick über die Werke Novaks hat Ursula Bessen in ihrem aufschlussreichen Aufsatz im „Kritischen Lexikon zur deutschsprachigen Gegenwartsliteratur" verfasst, allerdings ohne verwendete Zitate exakt nachzuweisen. Auffällig ist außerdem, dass Bessen in Bezug auf die autobiografischen Romane „Die Eisheiligen" (1979) und „Vogel federlos" (1982) zwischen Protagonistin/Erzählerin und Autorin unterscheidet, dies aber bei „Im Schwanenhals" (2013) unterlässt.[109] Damit steht Bessen symptomatisch für mehrere nach 2013 erschienene Aufsätze, die „Im Schwanenhals" häufig als einzige Quelle verwenden, wenn sie Novaks Leben ab 1954 darstellen.[110] Dies mag unter anderem daran liegen, dass keine mehrseitige Biografie Novaks vorliegt, alle Darstellungen ihres komplizierten Lebensverlaufs sind kurz und lückenhaft.[111] Der 2017 von Marion Brandt herausgegebene, internationale Tagungsband „Unterwegs und zurückgesehnt. Studien zum Werk von Helga M. Novak" stellt zwar einige biografische Beiträge bereit,[112] enthält

106 Eine Ausnahme bildet: Hischenhuber 1985: Gesellschaftsbilder im deutschsprachigen Hörspiel. / Und: Bessen 2014: Novak, Helga M. Unter: http://www.munzinger.de/document/16000000424, zuletzt abgerufen am 16.11.2021.

107 Vgl. Surynt 2007: Zur Problematik von Identität und Gewalt im Werk Helga M. Novaks, S. 119–143. / Surynt 2011: Zwischenräume, S. 13–39. / Surynt 2012: Unterwegs: das geteilte Leben von Helga M. Novak, S. 247–269. / Surynt 2017: Über die subversive Kraft des Erzählens im Werk Helga M. Novaks, S. 23–38. / Surynt 2017: Schuld – Scham – Schmerz im Werk Helga M. Novaks, S. 17–28.

108 Surynt 2009: Leben als Exil, S. 173–187.

109 Vgl. Bessen 2014: Novak, Helga M. Unter: http://www.munzinger.de/document/16000000424, zuletzt abgerufen am 16.11.2021.

110 Vgl. Stoye-Balk 2016: Die Dichterin Helga M. Novak. Und: Schäfer-Newiger [o. J.]: Sprache. Freiheit. Melancholie. In: Signaturen. Unter: http://signaturen-magazin.de/ulrich-schaefer-newiger---sprache.-freiheit.-melancholie.-ueber-helga-m.-novak-als-dichterin.html, zuletzt abgerufen am 16.11.2021. Winfried Woesler tut dies schon in Bezug auf „Die Eisheiligen" und „Vogel federlos". Vgl. Woesler 2017: „... bin verloren ohne Wald", S. 251–262.

111 Vgl. Jäger 1995: Schriftsteller aus der DDR (Bd. 1), S. 469–478. Und: Jäger 1995: Schriftsteller aus der DDR (Bd. 2), S. 33–38. / Jorek 2014: Helga M. Novak – Biographie, S. 113–118. / Köhler 2009: Novak, Helga M., S. 240 f. / Stoye-Balk 2016: Die Dichterin Helga M. Novak.

112 z. B. Kamińska-Ossowska 2017: Nachgetragene Biografien, S. 119–133. / Nowotnick 2017: Helga M. Novak und die rumäniendeutsche Literatur, S. 81–89. / Vgl. außerdem: Berbig 2018: Helga M. Novak und Robert Havemann, S. 101–119.

erste Forschungsliteratur zu „Im Schwanenhals“[113] sowie erste Bezüge zu dem bisher noch weitestgehend unerforschten Nachlass Novaks,[114] doch vermag er die großen existierenden Forschungslücken kaum zu füllen.[115] Mit der vorliegenden Untersuchung verbindet sich demnach die Herausforderung, mit einem Forschungsstand umzugehen, der hinsichtlich der zentralen Problemfelder nicht weit entwickelt ist.

Reflexion

Abzuschließen ist diese Einleitung mit einem notwendigen Nachsatz zu der Arbeit mit den literarischen Nachlässen von Richard Leising und Helga M. Novak. Eine Nachlassanalyse, verbunden mit einer Beschreibung, Einordnung und Interpretation der Materialien, eröffnet eine spezifische Perspektive auf das Vorgefundene und impliziert eine Positionierung zu dem imaginären Autorsubjekt,[116] das bei der Betrachtung eines literarischen Archivs ins Zentrum rückt (vgl. 1.5.5). Auch wenn im Zuge einer Recherche eine komplette Sichtung der Materialien vorgenommen wird, kann die forschende Person nicht alle Nachlass-Texte direkt in ihre Untersuchungen miteinbeziehen, sondern diese nur ausschnittsweise darstellen: Sie setzt mit ihrer Auswahl stets eigene Akzente, sodass zum Selbstentwurf des Autors im Nachlass der vom Wissenschaftler gezeichnete Entwurf des Autors in der Forschung hinzukommt.

Vor allem im Falle von Autorinnen und Autoren, deren Werke noch kaum literaturwissenschaftlich untersucht worden sind, hat so ein Entwurf entschiedenen Einfluss auf die künftige wissenschaftliche Rezeption. Auch hinsichtlich der in Abschnitt 1.6 erörterten „Problematik des Nachlasses“ soll deshalb an dieser Stelle eine kurze Reflexion aufzeigen, wie die Verfasserin dieser Studie ihren Umgang mit den Materialien einordnet. Indem sie bestimmte Entscheidungen reflektiert, ist es ihr möglich, auf Probleme hinzuweisen, mit denen sie sich bei der Arbeit konfrontiert sah. Dass es sich hierbei um eine subjektive Stellungnahme handelt, signalisiert eine punktuelle Verwendung der Ich-Form.

***

113 Vgl. Surynt 2017: Schuld – Scham – Schmerz im Werk Helga M. Novaks, S. 17–28.
114 Vgl. Boltenstern 2017: Briefeschreiben in Werk und Nachlass von Helga M. Novak, S. 61–72.
115 Vgl. Brandt 2017: Unterwegs und zurückgesehnt.
116 Vgl. Schöttker 2000: Ruhm und Rezeption, S. 472 f.

Ich habe mich über mehrere Jahre hinweg mit den literarischen Nachlässen Richard Leisings und Helga M. Novaks auseinandergesetzt: mit dem Nachlass Leisings, einschließlich Unterbrechungen, von 2012 bis 2019 und mit dem Novaks von 2015 bis 2019. Beide Nachlässe sichtete ich jeweils komplett und zwar fokussiert in einem Durchgang während mehrerer Monate. Darüber hinaus habe ich den Nachlass Novaks für das DLA Marbach grob erschlossen und eine Bestandsübersicht erstellt. Die intensive Arbeit mit den Nachlässen führte dazu, dass ich auf besondere Weise mit der den Zeugnissen eigenen Aura in Kontakt kam. Zu dem imaginären Autorsubjekt, das sich im Prozess der Materialsichtung konstituierte, entwickelte ich beinahe zwangsläufig eine Nähe, lernte es Stück für Stück näher kennen und gewann Einblicke, die man auf diese spezifische Weise nur ausnahmsweise in Biografien erhält (vgl. 1.6). Umso nachhaltiger hatte die vor der Recherche schon formulierte Fragestellung Anteil daran, dass mein Blick von Beginn an gezielt durch das Material gelenkt wurde und mir half, mich nicht in den Papieren zu verlieren. In einer begrenzten Zeit mussten sehr große Mengen an Material gesichtet, ausgewertet und, da sich das Kopieren oder Abfotografieren weitgehend verbot, transkribiert werden. Weil eine mehrfache Gesamtsichtung zeitlich schlicht nicht zu realisieren war, galt es den Inhalt jeder Mappe genau, aber knapp zu fixieren und umgehend Entscheidungen für oder gegen eine Transkription zu treffen, auch wenn eine Darstellung des Nachlasses als Ganzes noch fehlte.

Ausgesprochen wichtig erscheint es mir, auf die materialbedingte Schwerpunktsetzung hinzuweisen, aufgrund derer nur bestimmte Bereiche des Schreibens von Leising und Novak in den Fokus dieser Studie gerückt sind. Dies darf der künftigen Forschung in keinem Fall den Blick auf die übrigen Bereiche verstellen. In der Leising-Studie liegt das Augenmerk, der Überlieferungslage entsprechend, auf den autobiografischen Aufzeichnungen, den poetologischen Reflexionen und den Gedichten. Obwohl sich mehrere Theaterstückbearbeitungen in Leisings Nachlass befinden, werden sie in meiner Fallstudie nur am Rande behandelt. Diese Entscheidung habe ich getroffen, da sich der Autor in den für den Nachlass signifikanten Reflexionen und Aufzeichnungen nur wenig auf seine Theatertexte bezieht. Unbestrittenes Zentrum seines Schreibens und Reflektierens ist die Lyrik. Bei einer grundlegenden Studie zu seinem Gesamtwerk darf indes ein Kapitel zur Dramatik nicht fehlen.

Ähnliches gilt für die Fallstudie Novak. Auch hier ist die Beschreibung ihres Nachlasses in keinem Fall mit der Beschreibung ihres Gesamtwerks zu verwechseln. Entsprechend der Anlage des Nachlasses ist die Lyrik Novaks in meiner Studie kein Thema von Gewicht, ihr Nachlass enthält kaum Lyrikmanuskripte, die eine Werkgenese dokumentieren, noch einen nennenswerten

Bestand an Reflexionen zur Lyrik. Auf diese Weise wird an der Nachlassformation nachdrücklich deutlich: Die Lyrik Novaks steht separiert vom Nachlass, sie bleibt – unabhängig von den nachgelassenen Materialien – Kern des novakschen Œuvre. Daran ändert der Umstand, dass sich meine Arbeit ausschließlich mit dem Nachlass Novaks beschäftigt nichts – natürlich nicht. Wäre zu der Lyrik Novaks schon umfangreich geforscht worden, so würde diese materialbedingte Ausrichtung kein Problem darstellen. So aber, ohne die angemessene Repräsentation des lyrischen Werks Novaks in der literaturwissenschaftlichen Forschung, besteht die Gefahr, dass ein Bild dominiert, das die sich erst in der Lyrik voll entfaltende Größe der Autorin nur im Ansatz zeigen kann.

Insgesamt – im Hinblick auf beide Nachlass-Werk-Konstellationen – lässt sich resümieren, dass der Umgang mit dem literarischen Archiv Leisings mich anders herausgefordert hat als das ungleich umfangreichere Archiv Novaks. Leisings Nachlass gleicht – im Gegensatz zum novakschen – trotz aller Komplexität in Bezug auf das Nachlassbewusstsein und das Nachleben einem Fall, der sich gut auf die vorhandenen Theoriekonzepte übertragen lässt (vgl. 2.1.8). Darüber hinaus ist dem Nachlass die Funktion als Werkersatz inhärent und damit seine Anlage schon auf eine literaturwissenschaftliche Durchdringung hin ausgerichtet (2.1.8.4).

Novaks Nachlass dagegen, dies wird noch zu zeigen sein (vgl. 2.2.10), erscheint hinsichtlich einer Analyse widerständiger. Hier eine angemessene, ausgewogene und nichtsdestotrotz kritische Betrachtung vorzunehmen, die der Heterogenität des Materials gerecht wird, ist eine diffizile Aufgabe. Insbesondere die Wechselhaftigkeit und Impulsivität, die die Briefe Novaks geprägt haben, ist zu reflektieren und einzuordnen, ohne sie durch die wissenschaftliche Darstellung zu nivellieren (vgl. 2.2.5.2 und 2.2.7.1).

Zudem hat der Aspekt der Privatsphäre (vgl. 1.6) in dieser Arbeit durch den Nachlass Novaks eine besondere Bedeutung erhalten (vgl. 2.2.7.1). Wiederholt war ich mit intimen Details konfrontiert, die ich, sofern für die Fragestellung irrelevant, in der Regel ausgeblendet habe. Auf die in den Nachlässen ganz unterschiedlich präsente Alkoholproblematik, deren Rolle für beide Autoren nicht ignoriert werden kann, bin ich, je nach Bedeutung im Nachlassmaterial, zwar eingegangen, habe mich ihr aber nicht vertiefend gewidmet.

Ähnliches gilt für den Aspekt der zwischenmenschlichen Beziehungen. Schon durch das Medium des Briefwechsels kommt das Verhältnis zu anderen in literarischen Nachlässen immer wieder zum Tragen. Bei den in der Leising-Studie verwendeten Zeugnissen war in dieser Hinsicht wenig Diskretion geboten, da alles für diese Untersuchung Wichtige meiner Ansicht nach nicht die Grenzen der Privatsphäre sprengt. In Bezug auf die Novak-Fallstudie lag die Sache etwas anders. Zwar konnte ich durch meine Fragestellung viele in Novaks Nachlass überlieferten Beziehungen und Konflikte unbeachtet lassen, jedoch nicht alle.

Zu diesen, nicht unproblematischen Fällen gehören die Ereignisse im Herbst 1991 nach der Veröffentlichung von Novaks offenem Brief in der Zeitschrift „Der Spiegel" (vgl. 2.2.1 u. 2.2.6.2). Im Anschluss an diese Publikation wurde Klaus Schlesinger durch die Verbreitung unwahrer Tatsachen verleumdet – eine schwerwiegende Denunziation, die Novak zugeschrieben wird. Ich beziehe mich in dieser Arbeit am Rande darauf, da mit ihr mögliche Inkonsistenzen in Novaks Selbstentwurf markiert werden können (vgl. 2.2.6.2). Dennoch konnte es nicht gelingen, diese Geschichte und die Rollen der involvierten Personen Helga M. Novak, Klaus Schlesinger, Jürgen Serke und Sarah Kirsch abschließend einzuordnen. Übernimmt die Biografin Schlesingers, Astrid Köhler, in ihrem Kommentar zu Schlesingers Tagebucheintrag die darin enthaltene Auslegung, ohne die entsprechenden Selbstzeugnisse Novaks und Kirschs hinzuzuziehen oder Serke nach den Abläufen zu befragen,[117] so kann ich nur auf die differierenden, nicht zusammenpassenden Darstellungen von Schlesinger und Kirsch (vgl. 2.2.2) sowie von Novak (vgl. 2.2.6.2) verweisen.

Eine besondere Herausforderung war außerdem die Thematik der Freundschaft zwischen Novak und ihrer Nachlassverwalterin Rita Jorek, die eine zentrale Rolle für die Nachlassformation spielt (vgl. 2.2.8). Meine Beschreibung dieser Verbindung bleibt sehr technisch und ist bemüht, den Einfluss der Freundschaft auf Werk- und Nachlass zu berücksichtigen, ohne dabei Persönliches zu berühren. Auch in dieser Hinsicht ließe sich sagen, dass es mein Anspruch war, die Nachlassformationen kritisch zu betrachten, sie so genau wie möglich zu wägen und den damit in Verbindung stehenden Personen mit Abstand zu begegnen.

117 Vgl. Schlesinger 2014: „Eine Art Beweisnotstand", S. 323–343.

KAPITEL 1

Historische und theoretische Grundlagen

Den Ausgangspunkt der folgenden nachlasstheoretischen Überlegungen soll eine historische Perspektive bilden, die aufzeigt, wie sich der Schriftstellernachlass als Erkenntnisgegenstand, gekoppelt an die Entstehung der Institution des Literaturarchivs im deutschsprachigen Raum, im 19. Jahrhundert herausgebildet hat. Nach einem kurzen kulturhistorischen Abriss dieses komplexen Bedingungsgefüges, der verdeutlicht, dass die Formation des literarischen Nachlasses nur im Zusammenhang mit der Geschichte der Literaturarchive verstanden werden kann, liegt der Fokus auf der Zeit nach 1945. Dabei geht es um die zwei wichtigen, die deutschsprachige Literatur des 20. Jahrhunderts sammelnden Literaturarchive während und nach der deutschen Teilung sowie um die Rolle der Schriftstellernachlässe in den Literaturarchiven vor dem historischen Kontext DDR. Obwohl ein Schwerpunkt dabei auf dem Literaturarchiv[1] der Akademie der Künste der DDR liegt, kann das DLA Marbach als westdeutscher Gegenpol und wichtigstes deutsches Literaturarchiv nicht ausgespart werden. Eine detaillierte Entstehungsgeschichte beider Archive soll und kann kein Gegenstand der folgenden Darstellungen sein. Die Forschungsliteratur zu der ‚Historizität der Institution Literaturarchiv'[2] beschränkt sich auf einige Aufsätze, die Geschichte der einzelnen Institutionen wurde bisher nur von diesen selbst in kleinem Umfang aufgearbeitet.[3] Eine europäische

1 Wenn im Folgenden von dem Archiv bzw. den Archiven der Akademie der Künste Berlin gesprochen wird, ist dabei stets die Abteilung Literaturarchiv gemeint – die anderen Sparten können hier nicht berücksichtigt werden.

2 Vgl. dazu vor allem: Kölbl 2009: Der Ort der Literaturarchive, S. 351–376. Vgl. außerdem: Thaler 2011: Zur Geschichte des Literaturarchivs, S. 361–374. / Thaler 2018: Zur Ordnung des Nachlasses, S. 89–101. / Sina/Spoerhase 2013: Nachlassbewusstsein, S. 607–623. / Schenk 2018: Getrennte Welten? Über Literaturarchive und Archivwissenschaft, S. 13–29. Und: Lütteken 2018: Das Literaturarchiv – Vorgeschichte(n), S. 63–88.

3 Vgl. u. a.: Die Mitarbeiter des Schiller-Nationalmuseums und Deutschen Literaturarchivs 1999: Marbach. / Zeller 1995: Marbacher Memorabilien. / Zeller 2000: Marbacher Memorabilien II. / Und: Trautwein 2013: Ein neues, gesamtdeutsches Archiv, S. 8–23. / Trautwein 2005: Die Künstlerarchive der Akademie, S. 10–51. / Wolf 2013: Literaturarchiv, S. 203 f. / Wolf 2005: Einladung ins Literaturarchiv, S. 43–49. Auffällig ist, dass das Schweizer Literaturarchiv in den vergangenen Jahren in einigen Schriftenreihen die Institution Literaturarchiv und seine Interferenzen zu Schriftsteller- oder Verlagsarchiven intensiver zum Thema gemacht hat. Vgl. dazu die Sammelbände: Wirtz 2011: Literaturarchive. / Cudré-Mauroux/Wirtz 2013: Literaturarchiv – Literarisches Archiv. / Wirtz/Weber et al. 2015: Literatur – Verlag – Archiv.

 | DOI:10.30965/9783846766934_002

bzw. internationale Kulturgeschichte des Literaturarchivs existiert bisher noch nicht.

1.1 Der Schriftstellernachlass im Literaturarchiv – eine historische Formation

Als „[w]issenschaftliche Institution für Nachlässe und Sammlungen von Schriftstellern und Gelehrten" bestimmt Christoph König im Reallexikon der Deutschen Literaturwissenschaft das Literaturarchiv und hebt dabei hervor, dass es sich um „weich definierte Institutionen zwischen Archiv, Bibliothek und Universität" handelt, die „historische, regionale, nationale und selbst persönliche Einflüsse aufnehmen"[4]. Diese immer wieder zu Unsicherheiten bei der Einordnung führende Hybridität fußt auf einer voraussetzungsreichen Entstehungsgeschichte,[5] die in der Institutionalisierung des Literaturarchivs kulminiert und in der Etablierung des Schriftstellernachlasses als epistemischer Formation mündet.[6]

Lange war das Interesse an literarischen Nachlässen im deutschsprachigen Raum nicht stark ausgeprägt;[7] sie stellten weder für Archivare und Philologen eine relevante Größe dar, noch gab es institutionelle Regelungen im Umgang mit ihnen. Wurden Nachlässe oder Teile davon in der Frühen Neuzeit in seltenen Fällen doch erhalten, so waren es in der Regel die Hinterlassenschaften von Gelehrten, die in klassischen Bibliotheken zusammen mit mittelalterlichen Buchhandschriften bewahrt wurden.[8] Auch bei Familien und Freunden lagerten mitunter einzelne Nachlässe, die bei der Weitergabe jedoch häufig verstreut

4 König 2007: Literaturarchiv, S. 448.

5 Vgl. König 1996: Literaturwissenschaft und Wissenschaftsgeschichte in einem Literaturarchiv, S. 42. Die Nähe zum Archiv ergibt sich vor allem durch die weitgehende Singularität und Originalität der zum Teil handschriftlichen Sammlungen und Nachlässe, die nicht nach einem bibliothekarischen System als Einzeldokumente verzeichnet, sondern üblicherweise als Bestände behandelt und im Rahmen von Provenienz und Kontext erfasst werden. Anders als zum Beispiel bei Verwaltungsarchiven greift jedoch die bibliothekarische Größe des Autors. Auch müssen die Nachlässe ähnlich wie in Bibliotheken erst erworben werden; sie wachsen dem Archiv nicht organisch zu. Vgl. Kölbl 2009: Der Ort der Literaturarchive, S. 367 f.

6 Vgl. Sina/Spoerhase 2017: „Gemachtwordenheit", S. 7–17.

7 Vgl. Kölbl 2009: Der Ort der Literaturarchive, S. 358.

8 König präzisiert: „Fürstliche und Universitäts-Bibliotheken sammelten seit dem 16. Jh. die handschriftlichen Nachlässe von Gelehrten; wenn Dichter auch Gelehrte waren, überdauerten ihre Papiere." König 2007: Literaturarchiv, S. 450. Als einer der ersten im Ganzen erhaltenen Nachlässe gilt der von Gottfried Wilhelm Leibniz. Vgl. Bülow 2016: Nachlässe, S. 144.

wurden.[9] Den handschriftlichen Papieren kam allenfalls instrumenteller Wert im Zuge einer Weiterverarbeitung, einer Publikation einzelner unveröffentlichter Werke oder im Rahmen von politischen Repräsentationszwecken zu;[10] als bleibend und überdauernd galt ausschließlich das Gedruckte:[11] „Selbst noch in der Mitte des 18. Jahrhunderts wurden die Bibliotheken und mit ihnen häufig auch Papiere und Briefe bekannter Schriftsteller nach deren Ableben umstandslos versteigert und in alle Windrichtungen zerstreut."[12] Zur gleichen Zeit, um 1840, wurden auch die Manuskripte Friedrich Schillers noch zertrennt und zerteilt, um die Einzelteile, Reliquien nicht unähnlich, zum Gedenken an den Dichter unter seinen Verehrern zu verteilen.[13]

Der Nachlass Christian Fürchtegott Gellerts, der von Zeitgenossen des Dichters und Philosophen nach seinem Tod 1769 mit Fokus auf den schriftstellerischen Teilbestand aufbewahrt wurde, gehört zu den wenigen Einzelfällen, die schon eine Tendenz zum Erhalt der gesammelten Manuskripte andeuten.[14] Dazu zählt unzweifelhaft auch der Nachlass Johann Wilhelm Ludwig Gleims, der zu „den wichtigsten Präfigurationen der Institution Literaturarchiv im deutschsprachigen Raum"[15] gehört. Das von dem Dichter, Literaturmäzen und Sammler selbst angelegte persönliche Archiv, das eine Porträt- und Büchersammlung, verschiedene museale Stücke, Nachlassteile anderer Dichter und umfangreiche Korrespondenzen mit zentralen Persönlichkeiten der Zeit umfasst, entwickelte sich „zum Grundstock einer bedeutenden Dokumentation des literarischen Lebens des 18. Jahrhunderts"[16] und wurde im ehemaligen Wohnhaus des Dichters – dem sogenannten ‚Halberstädter Freundschaftstempel' – in der ursprünglichen Sammlungskonzeption erhalten.[17]

9 Vgl. Thaler 2011: Zur Geschichte des Literaturarchivs, S. 361. Und: Sina/Spoerhase 2013: Nachlassbewusstsein, S. 611. Sowie: Bülow 2016: Nachlässe, S. 144. Von Petrarca und Leonardo da Vinci ist bekannt, dass sie Autografen von sich weitergaben bzw. vererbten, die jedoch nur vereinzelt erhalten blieben. Vgl. ebd.

10 Vgl. Sina/Spoerhase 2013: Nachlassbewusstsein, S. 611

11 Vgl. Lütteken 2018: Das Literaturarchiv – Vorgeschichte(n), S. 73. Und: Spoerhase 2017: Neuzeitliches Nachlassbewusstsein, S. 24.

12 Lütteken 2018: Das Literaturarchiv – Vorgeschichte(n), S. 73.

13 Vgl. Sina/Spoerhase 2013: Nachlassbewusstsein, S. 609 f. Und: Sina/Spoerhase 2017: „Gemachtwordenheit", S. 8.

14 Vgl. Lütteken 2018: Das Literaturarchiv – Vorgeschichte(n), S. 74.

15 Ebd., S. 75.

16 Ebd.

17 Vgl. ebd., S. 75 f. Vgl. auch: Gleimhaus. Museum der deutschen Aufklärung. Unter: https://www.gleimhaus.de/sammlungen.html, zuletzt abgerufen am 16.11.2021.

Der paradigmatische Wandel im Umgang mit Schriftstellernachlässen und die beginnende Institutionalisierung der Literaturarchive in Deutschland wird in der Forschung jedoch insbesondere mit Johann Wolfgang von Goethes 1823 erschienenem Aufsatz „Archiv des Dichters und Schriftstellers“[18] und Wilhelm Diltheys programmatischem Vortrag „Archive für Literatur“[19] von 1889 markiert. Entgegen der zu dieser Zeit nicht unüblichen Zerstreuung von Manuskripten betont Goethe in seinem für den modernen Schriftstellernachlass zentralen Text, dass von seinen hinterlassenen Papieren „nichts vernachlässigt noch unwürdig geachtet werden“[20] und der Nachlass folglich als Einheit erhalten bleiben solle. Diesen auch testamentarisch festgehaltenen Wunsch manifestierte er außerdem dadurch, dass er seine zukünftigen Hinterlassenschaften nach archivischen Prinzipien sortieren ließ und diesen Prozess schriftlich dokumentierte:[21]

> „Dieses Geschäft ist nun vollbracht; ein junger, frischer, in Bibliotheks- und Archivgeschäften wohlbewanderter Mann [Friedrich Theodor Kräuter, KvB] hat es diesen Sommer über dergestalt geleistet, daß nicht allein Gedrucktes und Ungedrucktes, Gesammeltes und Zerstreutes vollkommen geordnet beisammen steht, sondern auch die Tagebücher, eingegangene und abgesendete Briefe in einem Archiv beschlossen sind, worüber nicht weniger ein Verzeichniß, nach allgemeinen und besondern Rubriken, Buchstaben und Nummern aller Art gefertigt, vor mir liegt, so daß mir sowohl jede vorzunehmende Arbeit höchst erleichtert, als auch den Freunden, die sich meines Nachlasses annehmen möchten, zum besten in die Hände gearbeitet ist.“[22]

Deutlich wird hier der Gedanke eines Gesamtgebildes, in dem alles Verschriftlichte, sei es veröffentlicht worden oder nicht, zu einer nach einem bestimmten System geordneten Einheit zusammengefügt wird. Die Selbstarchivierung geschieht jedoch nicht nur mit Blick auf die Nachwelt, sondern auch, um die eigene schriftstellerische Produktivität zu befördern und das Weiterarbeiten anzuregen.[23]

Auf Grundlage dieses Nachlasses und auf Initiative der Großherzogin Sophie von Sachsen-Weimar wurde 1885 das Goethe-Archiv in Weimar gegründet, das 1889 durch das Hinzukommen des Nachlasses Schillers zum Goethe- und Schiller-Archiv erweitert wurde und als das älteste professionell

---

18 Vgl. Goethe 1987: Archiv des Dichters und Schriftstellers, S. 25–28.

19 Dilthey 1991: Archive für Literatur, S. 1–16.

20 Goethe 1987: Archiv des Dichters und Schriftstellers, S. 27.

21 Vgl. Kölbl 2009: Der Ort der Literaturarchive, S. 359.

22 Goethe 1987: Archiv des Dichters und Schriftstellers, S. 27.

23 Vgl. Willer 2008: Die Schreibszene des Nachlasses, S. 74.

organisierte Literaturarchiv Deutschlands gilt.[24] Der nach Goethes Maßgaben eingerichtete Nachlass und die erste Gründung eines Literaturarchivs verbanden sich gleichzeitig mit der Professionalisierung der sich herausbildenden Neuphilologie Mitte des 19. Jahrhunderts, die die textkritischen Verfahren der bereits etablierten klassischen Altphilologie für die Erforschung der neueren Literatur übernahm:[25]

> „Im Nachlass erkannten die Forscher – ganz in Goethes Sinne – die Grundlage für eine letztgültige Werkedition und eine umfassende, abschließende Biografie. Angesichts dieser entscheidenden Stellung des Nachlasses für die Vorhaben, die Verfahren, ja mehr noch: für den Aufbau und die Einrichtung einer ganzen wissenschaftlichen Disziplin kann es kaum verwundern, dass schon bald die Forderung nach Institutionen für die professionelle Bewahrung, Erschließung und Erforschung von Nachlässen laut wurde."[26]

Das erste, auf einer philologisch-historischen Argumentation basierende Dokument einer solchen Forderung stammt von Wilhelm Dilthey:[27] Dieser insistiert in seinem 1889 vor der neu gegründeten „Gesellschaft für Literatur" in Berlin gehaltenen Vortrag auf die Einrichtung von Zentralarchiven für Literatur, welche „die Erhaltung der Handschriften, ihre angemessene Vereinigung und ihre richtige Verwertung"[28] ermöglichen und in der Differenz zwischen Archiv und der Bibliothek ein Drittes bilden sollen.[29] Angelehnt an die Bedeutung

24 Vgl. Kölbl 2009: Der Ort der Literaturarchive, S. 359. Und: Thaler 2011: Zur Geschichte des Literaturarchivs, S. 364.

25 Vgl. Spoerhase 2017: Neuzeitliches Nachlassbewusstsein, S. 38.

26 Sina/Spoerhase 2017: „Gemachtwordenheit", S. 10. Bei Kölbl heißt es: „Die Neuere deutsche Literaturwissenschaft und die Literaturarchive wurden nicht nur etwa zeitgleich institutionalisiert, sie befanden und befinden sich vielmehr in wechselseitiger Abhängigkeit. Die archivierten Nachlässe und Sammlungen liefern den Stoff, aus dem die historisch-kritischen Werkausgaben sind. Sie sind die Quellen für Dichterbiographien und Literaturgeschichtsschreibung. Literaturarchive versichern Germanisten mit Existenzberechtigung. Die Germanisten ihrerseits können den Materialien der Literaturarchive Bedeutung zuschreiben und auf diese Weise deren Existenz argumentativ begründen." Kölbl 2009: Der Ort der Literaturarchive, S. 357 f.

27 Vgl. ebd., S. 359 f. Vgl. dazu außerdem: Thaler 2011: Zur Geschichte des Literaturarchivs, S. 361–374.

28 Dilthey 1991: Archive für Literatur, S. 7.

29 „Die Entwicklung drängt zu solchen selbständigen, von den Bibliotheken getrennten Anstalten hin. Wie aus der Natur der politischen Papiere das Staatsarchiv seinen Charakter und den besonderen in ihm wirkenden Geist erhielt, so wird in diesen neuen Räumen gleichsam ein genius loci sich ausbilden; aus der Natur des Nachlasses bedeutender Schriftsteller wird der Charakter und das Gesetz der Archive sich entwickeln, die ihnen gewidmet sind." Ebd., S. 8.

der Staatsarchive für die Geschichtswissenschaft, dachte Dilthey die Literaturarchive als grundlegend für die Literaturwissenschaft.[30]

Während er die Arbeit am Weimarer Goethe-Archiv lobend hervorhebt,[31] skizziert er die allgemeine Situation literarischer deutschsprachiger Nachlässe – an verschiedenen Orten verstreut sowie meist zersplittert und ungeordnet in Familienarchiven aufbewahrt – als „[u]nerträglich"[32]. Da laut Dilthey die handschriftlichen Quellen der Literaturgeschichte für „Genuß und Verständnis"[33] der gedruckten Literatur wesentlich und für die wissenschaftliche Erforschung derselben „unschätzbar"[34] seien, empfiehlt er die Einrichtung zentraler Literaturarchive mit thematischen Profilen bzw. Epochen-Schwerpunkten, die Überführung literarischer Nachlässe ins öffentliche Eigentum und ihre systematische Sammlung, Erschließung und Durcharbeitung. Ähnlich wie insgesamt in der Philologie zu dieser Zeit, verbindet sich bei Dilthey, der sich von den Handschriften einen Einblick in den „lebendigen seelischen" Entstehungszusammenhang eines Werks sowie in die „Kausalverhältnisse"[35] der Literaturgeschichte verspricht, nach Sina und Spoerhase die „Forderung nach übergreifenden und ganzheitlichen Erklärungsmustern"[36]. Hinzu kommt ein ‚hermeneutisch-psychologisches'[37] und biografisches Interesse, bei dem der Fokus nicht nur auf der Werkgenese,[38] sondern vor allem auf dem Autor, mehr noch auf dem Menschen selbst liegt, der „hinter ihnen [den Büchern] steht"[39]. Den gedruckten Büchern als ‚kühle' und begriffliche Abstrakta, als „Kräfte in einem abgeleiteten Sinne"[40], stellt Dilthey damit emphatisch verklärend die Selbstzeugnisse entgegen, die aufgrund der von ihnen ausgehenden „Farbe, Wärme und Wirklichkeit des Lebens"[41] den „inneren lebensvollen Zusammenhang"[42] der Literatur vermitteln könnten. Eingerahmt wird Diltheys Argumentation mit einem Rekurs auf die Bedeutung eines nationalen

30 Vgl. Thaler 2018: Zur Ordnung des Nachlasses, S. 92.
31 Vgl. Dilthey 1991: Archive für Literatur, S. 8.
32 Ebd., S. 9.
33 Ebd., S. 4.
34 Ebd.
35 Ebd., S. 5.
36 Sina/Spoerhase 2013: Nachlassbewusstsein, S. 617.
37 Vgl. ebd.
38 Der Ästhetiker, müsse, folge er seinem Interesse, bei dem Dichter in der „Werkstatt sitzen". Dilthey 1991: Archive für Literatur, S. 6.
39 Ebd., S. 4.
40 Ebd.
41 Ebd., S. 5.
42 Ebd. Vgl. außerdem: Sina/Spoerhase 2017: „Gemachtwordenheit", S. 11.

Kulturerbes am Anfang und Ende seines Vortrags.[43] Wie es in ähnlicher Weise auch für Goethe belegt ist,[44] spricht Dilthey von der Literatur als „einigende[s] Band“ und „geistige[s] Besitztum unseres Volkes“[45]. Auf Ideen nationaler Repräsentation und gemeinsamer kultureller Identitäten abzielend, verdeutlichen diese Argumentationen, dass die Entstehung des Nachlasswesens im 19. Jahrhundert vor dem historischen Hintergrund der Bildung von Nationalstaaten zu betrachten ist.[46]

Diltheys Forderungen schlugen sich unmittelbar jedoch nur in der Gründung einer Gesellschaft für Literaturarchive nieder. Eine organisierte Einrichtung von Zentralarchiven und eine Registrierung der Nachlässe, wie sie ihm vorschwebte, konnten nicht realisiert werden: „Literarische Nachlässe wurden weiter vor allem von Bibliotheken gesammelt.“[47] In zeitlicher Parallelität zu Diltheys Entwurf des Literaturarchivs als Forschungseinrichtung entstand Mitte des 19. Jahrhunderts aber vermehrt ein Typus von Einrichtung, der sich in der heutigen Konstitution der Literaturarchive wiedererkennen lässt: die einem Autor gewidmete museale Gedenkstätte. Exemplarisch dafür ist das 1859 in Frankfurt am Main als Bürgerbildungsverein gegründete Freie Deutsche Hochstift, das 1863 Goethes Geburtshaus erwarb und darin ein Museum einrichtete. Neben der Organisation von Vorträgen und Ausstellungen wurden hier bald Dichterhandschriften aus der deutschen Romantik gesammelt.[48] Auch das Literaturarchiv, das 1903 zu Ehren Schillers in Marbach am Neckar eröffnet wurde und als eine zwischen Handschriftenarchiv, Spezialbibliothek und Museum angesiedelte „Bildungs- und Forschungsstätte für die neuzeitliche Literatur Schwabens“[49] fungieren sollte, geht ursprünglich auf die schon 1859 erfolgte Einrichtung des Geburtshauses Schillers als museale Gedenkstätte zurück.[50] Wie eng die Entstehung von Literaturarchiven an Formen der lokalen Dichterverehrung gebunden war, zeigt nicht zuletzt die

---

43 Vgl. Sina/Spoerhase 2013: Nachlassbewusstsein, S. 618.

44 Vgl. ebd.

45 Dilthey 1991: Archive für Literatur, S. 4.

46 Bis heute spielen Kulturpolitik und Nationalität eine Rolle, wenn über Nachlassfragen verhandelt wird. Vgl. Leader 2013: Cultural Nationalism and Modern Manuscripts, S. 160–193. Vgl. außerdem: Sina/Spoerhase 2013: Nachlassbewusstsein, S. 618.

47 Kölbl 2009: Der Ort der Literaturarchive, S. 360.

48 Vgl. Weisbrod 2018: Prospektiv statt retrospektiv, S. 20.

49 Kölbl 2009: Der Ort der Literaturarchive, S. 360.

50 Vgl. König 2007: Literaturarchiv, S. 450. Der Verein, der die Gedenkstätteneinrichtung initiierte und 1895 auf Wunsch des Württembergischen Königs zum ‚Schwäbischen Schillerverein‘ wurde, bereitete den finanziellen und organisatorischen Boden für das Bauvorhaben des Schiller-Archivs und Museums. Vgl. Kölbl 2009: Der Ort der Literaturarchive, S. 360 f. Und: o. V. 1979: Zur Geschichte des Schiller-Nationalmuseums, S. 8.

Umfunktionierung des Weimarer Wohnhauses Goethes zum Nationalmuseum zeitgleich zur Archivgründung 1885.[51]

Zu beachten ist jedoch, dass, wie Detlev Schöttker herausstellt, die Geschichte der Literaturarchive nicht auf ihre Institutionalisierung im 19. Jahrhundert verkürzt werden sollte.[52] Er führt in diesem Zusammenhang einen seit der Antike existierenden Anspruch an,

> „der Dichter bis in die Gegenwart beschäftigt: die Hoffnung auf dauerhafte Präsenz in Texten, die eng mit der Angst vor Auslöschung der Autorschaft verbunden ist. Hoffnung und Angst führten zu unterschiedlichen Formen der Archivierung dichterischer Aktivitäten, die von autobiographischen Darstellungen über Sammlungen von Manuskripten bis hin zur Gründung von Literaturarchiven reichen."[53]

Daneben werden in der Forschung zahlreiche weitere Faktoren genannt, die der Entstehung der Literaturarchive als Voraussetzungen vorausgingen, wie die Entwicklung eines modernen Archivwesens[54] und die schon angesprochene Nationalstaatenbildung. Eine weitere wesentliche Grundbedingung war zuvor die Erfindung des Buchdrucks und damit verbunden die Entstehung eines modernen Literaturmarkts sowie ein neues, von der religiösen Funktion emanzipiertes Kunstverständnis, für das das ‚schöpferische Individuum' und der ‚genuine Schöpfungsakt einzelner' zentral wurde.[55] Mit der Einführung des Urheberrechts im Verlauf des 18. und 19. Jahrhunderts, das darauf zielt,

---

51 Vgl. König 2007: Literaturarchiv Und: Kölbl 2009: Der Ort der Literaturarchive, S. 361. Vgl. außerdem: Lütteken 2018: Das Literaturarchiv – Vorgeschichte(n), S. 63–88. Vertiefend: Kahl 2015: Die Erfindung des Dichterhauses.

52 Vgl. Schöttker: Von der Wiege bis zur Bahre begleiten uns die Archivare. In: Frankfurter Allgemeine Zeitung, 25.9.2013. Auch die Kulturgeschichte des persönlichen Nachlasses „als einer Ansammlung von Dingen, die ein Mensch nach seinen Tod zurücklässt" könnte man im weitesten Sinne bis zu den „Beilagen prähistorischer Gräber" oder den „Berührungsreliquien der christlichen Kirche" ausdehnen. Vgl. Bülow 2016: Nachlässe, S. 143.

53 Schöttker 2014: Vom mythischen ins digitale Alexandria, S. 277. Vgl. hierzu auch Abschnitt 1.5.4.

54 Vgl. Thaler 2018: Zur Ordnung des Nachlasses, S. 91. Die Parallele zwischen diesen Entstehungsprozessen beschreibt Sina wie folgt: „Wie die modernen Archive, die Museen und die Geisteswissenschaften wird das ungefähr zeitgleich entstehende Nachlasswesen zum ‚Kompensationsorgan' einer ‚Welt des Fortschritts und des Ausrangierens'. Es ist eben dieser genuin moderne Charakter, der nicht nur die allgemeine Funktion, sondern auch die komplexe Struktur des Nachlasses grundlegend bestimmt." Sina 2017: Die vergangene Zukunft der Literatur, S. 50 f.

55 Vgl. Thaler 2018: Zur Ordnung des Nachlasses, S. 91. Und: Kölbl 2009: Der Ort der Literaturarchive, S. 355.

Werke als geistiges Eigentum und immateriellen Wert zu schützen, avancierten Manuskripte zu Belegen bzw. zu Zeugnissen des Schaffensprozesses und der ästhetischen Originalität: „So wurde das eigenhändige Manuskript des Autors zum äußeren, sichtbaren Zeichen seines inneren, unsichtbaren Genies."[56] In der Differenz zum Druck erhielten Handschriften und ihr unikaler Charakter als Spur eines individuellen Schreibakts einen Eigenwert – die Emergenz des modernen Manuskripts wurde möglich.[57]

> „Die Wertschätzung dieser Dokumentenart ließ sie zum Handelsgut in Europa werden. In Deutschland entwickelte sich ein regulärer Autographenhandel in den 1830er Jahren als Nebenzweig des Buchhandels. In der Absetzung zum Druckwerk gelten Handschriften nun als authentische Zeugnisse von Personen oder singulären Lebensmomenten."[58]

Ausgehend von den skizzierten Hintergründen unterscheidet Carlos Spoerhase zwischen zwei Nachlassformationen:[59] Im Rahmen der ersten, die schon um 1800 aufkam, waren die nachgelassenen Handschriften nur insoweit interessant, als dass sie in gedruckte Ausgaben, in Nachlassausgaben überführt und publizistisch vermarktet werden konnten. Innerhalb der zweiten wurde das Nachlassmanuskript als handschriftliches und einzigartiges Objekt relevant, „das *per se* nicht in druckschriftliche Editionen konvertiert werden kann."[60] Im Zusammenhang mit dem entstehenden neuphilologischen Interesse im 19. Jahrhundert und der in etwa gleichzeitig erfolgenden Institutionalisierung der Neueren deutschen Literaturwissenschaft und der Literaturarchive wurde der Nachlass dann zu einer epistemischen Formation, in der bis heute beide Aspekte wirksam sind und durch die sich die Bedeutung unveröffentlichter Texte grundlegend verändert hat.[61] Das historisch in Bibliotheken, staatlichen und kommunalen Archiven, Universitäten sowie in Literaturarchiven verankerte Nachlasswesen hat sich

> „zu einer *kulturellen Praxis* entwickelt, an der Philologen, Nachlassverwalter, Archivträger sowie nicht zuletzt die Autoren selbst mitwirken. Dieser Status gilt im Grundsatz bis in die Gegenwart hinein und hat […] Auswirkungen auf das

---

56 Chartier 2010: Die Hand des Autors, S. 505.

57 Vgl. Kölbl 2009: Der Ort der Literaturarchive, S. 352 f. Und: Müller 2010: Das Ungedruckte Autorisieren, S. 17. Dazu außerdem grundlegend: Benne 2015: Die Erfindung des Manuskripts.

58 Kölbl 2009: Der Ort der Literaturarchive, S. 354. Vgl. dazu auch: Chartier 2010: Die Hand des Autors, S. 496–511.

59 Vgl. Spoerhase 2017: Neuzeitliches Nachlassbewusstsein, S. 25–41.

60 Ebd., S. 32.

61 Vgl. ebd., S. 37 f. Vgl. auch: Kölbl 2009: Der Ort der Literaturarchive, S. 357.

> Selbstverständnis moderner Autoren. Ein Autor, der zu Lebzeiten eine gewisse Resonanzschwelle der öffentlichen Aufmerksamkeit überschritten hat, muss spätestens seit der zweiten Hälfte des 19. Jahrhunderts damit rechnen, […] dass nicht nur das Werk, sondern auch der Nachlass Gegenstand der Philologie werden wird."[62]

Um diesen Paradigmenwechsel beschreibbar zu machen, haben Kai Sina und Carlos Spoerhase den Begriff des ‚Nachlassbewusstseins' eingeführt: Bedingt durch das Bewusstsein für die Relevanz des eigenen Nachlasses beginnen Autorinnen und Autoren zunehmend Vorkehrungen für ihren künftigen Nachlass zu treffen, Manuskripte und Notizen bewusst aufzuheben, die Papiere vorzuordnen oder sie gezielt zu vernichten (vgl. 1.5.4). Parallel dazu sind die Literaturarchive zu einflussreichen Institutionen geworden, die das literarische Leben in Deutschland wesentlich mitgestalten und die Literaturwissenschaft nachhaltig prägen: Sie sammeln und bewahren nicht nur literarische Vor- und Nachlässe, sondern ermöglichen und initiieren auch Forschungen, Publikationen, Editionen, Ausstellungen, Tagungen sowie andere Veranstaltungen. Indem sie über die Aufnahme eines Vor- oder Nachlasses entscheiden, beeinflussen sie die zukünftige Rezeption der Autorinnen und Autoren.[63] Irmgard M. Wirtz schreibt:

> „In der Vita eines Autors ist die Aufnahme und der Eintritt ins Archiv – nach der Suche oder Wahl des renommierten Verlags, den Auszeichnungen mit Preisen und Stipendien – auch eine Beglaubigung seine Lebenswerks und vielleicht die stärkste Form der öffentlichen Anerkennung. Die Literaturarchive gewährleisten nicht ein Leben nach dem Tod, aber sie schaffen die Voraussetzungen für das Fortwirken der Werke."[64]

1.2 Literaturarchive, literarische Nachlässe und die DDR

Trotz der sich ausweitenden Institutionalisierung der Literaturarchive im 20. Jahrhundert, an deren Anfang die Gründung der Literaturarchive in Weimar und Marbach steht, war nach Andrea Pia Kölbl „noch bis in die 1930er Jahre hinein das Interesse an Nachlässen von Schriftstellern, die nicht zu den berühmten ‚Klassikern' gehörten, in Deutschland nicht sehr groß"[65]. Auch

62 Sina/Spoerhase 2013: Nachlassbewusstsein, S. 619 f.

63 Vgl. Kölbl 2009: Der Ort der Literaturarchive, S. 372. Vgl. zur Rolle der Literaturarchive auch: Bülow 2013: Literaturarchive im literarischen Feld, S. 141–147.

64 Wirtz 2015: Lebenslang und danach, S. 208.

65 Kölbl 2009: Der Ort der Literaturarchive, S. 362.

hatten sich die Literaturarchive noch nicht als neue Archiv-Gattung im Feld der Archive und Bibliotheken etabliert. Dies wandelte sich in der Nachkriegszeit, in der literarische Nachlässe zunehmend an Bedeutung gewannen, ihr Status intensiver diskutiert wurde und sich das Feld der Literaturarchive weiter ausdifferenzierte:[66] Anfang der 1950er Jahre wurde das Archiv der Akademie der Künste der DDR in Ostberlin gegründet, 1955 ging das Deutsche Literaturarchiv als überregionale Institution aus dem Marbacher Schiller-Archiv hervor und 1956 wurde in Westberlin das Archiv der Akademie der Künste (West) zur Sicherung des Nachlasses Georg Kaisers eingerichtet.[67] Für alle drei Archive stellte die Literatur des 20. Jahrhunderts ein Sammlungsschwerpunkt dar, wobei das Archiv der West-Akademie auf dem entstehenden Markt für Schriftstellernachlässe, auch bedingt durch das sich in der Bundesrepublik rasch etablierende DLA, lange nicht wirklich Fuß fassen konnte.[68] 1993 entstand durch den Zusammenschluss der Akademie-Archive Ost und West in Berlin ein gesamtdeutsches, multidisziplinäres Archiv, dessen Literaturabteilung zusammen mit dem DLA und dem Goethe- und Schillerarchiv in Weimar zu den wichtigsten Literaturarchiven in Deutschland zählt.[69]

Die Entwicklungen auf dem Feld der deutschen Literaturarchive in den 1950er Jahren standen in einem engen Zusammenhang mit der Situation literarischer Kulturgüter nach 1945. Nach dem Zweiten Weltkrieg und dem Nationalsozialismus, der viele deutschsprachige Schriftsteller ins Exil gezwungen hatte, waren etliche Nachlässe und Autografensammlungen zerstreut, unvollständig oder von Verlust und Vernichtung betroffen.[70] Während die Bibliotheken nach 1945 begannen, die Literatur, die aus ihren Beständen

66 Vgl. ebd. Und außerdem: Thaler 2018: Zur Ordnung des Nachlasses, S. 94.

67 Vgl. Kölbl 2009: Der Ort der Literaturarchive, S. 362 ff. Neben dem Deutschen Literaturarchiv Marbach, dem Goethe- und Schiller-Archiv in Weimar und dem Archiv der Akademie der Künste in Berlin gibt es in Deutschland weitere, kleinere Literaturarchive mit spezialisierten Sammlungsschwerpunkten. Dazu zählen unter anderem das Mitte der 1920er Jahre entstandene Literaturarchiv der Monacensia, das einen Fokus auf den Raum München hat, das 1977 eröffnete Literaturarchiv Sulzbach-Rosenberg, das Handschriften und Nachlässe zur deutschsprachigen Literatur seit 1945 sammelt, sowie das 2001 gegründete Westfälische Literaturarchiv in Münster, das sich ebenfalls durch einen regionalen Schwerpunkt auszeichnet. Hinzu kommen Archive, in deren Mittelpunkt meist der Nachlass eines Autors oder einer Autorin steht und die häufig an Universitäten, Bibliotheken, Staatsarchiven oder musealen Gedenkstätten angeschlossen sind. Vgl. König 2007: Literaturarchiv, S. 450 f.

68 Vgl. Trautwein 2005: Die Künstlerarchive der Akademie, S. 21. Erst ab 1980, stark unterstützt durch das Land Berlin, gelangen grundlegende Erwerbungen u. a. zur Literatur des Expressionismus sowie rund um die Gruppe 47. Vgl. ebd., S. 31 f.

69 Vgl. Grisko 2007: Literaturarchiv, S. 445.

70 Vgl. Kölbl 2009: Der Ort der Literaturarchive, S. 363.

entfernt worden war, wieder verfügbar zu machen, erweiterten manche staatlichen Archive ihre Sammlungstätigkeit gezielt auch auf den Literatur- und Kulturbereich.[71] In den sich im Verlauf der 1950er Jahre neu konstituierenden Literaturarchiven in Ostberlin und in Marbach wurde das Sammeln von Nachlässen exilierter Autorinnen und Autoren von Beginn an zu einem zentralen Schwerpunkt. Im DLA entstand eine bedeutende, nach dem Verlegerehepaar Helen und Kurt Wolff benannte Exilsammlung.[72] Für die Gründung des Archivs der Akademie der Künste (Ost) gab, ähnlich wie im Falle des Archivs der West-Akademie, der Nachlass eines Exilautors den Ausschlag: Heinrich Mann, der von 1930 bis zur Machtübernahme der Nationalsozialisten 1933 der Sektion für Dichtkunst der Preußischen Akademie der Künste[73] als Präsident vorgestanden hatte, zeigte sich im amerikanischen Exil gewillt, neuer Präsident der Deutschen Akademie der Künste in der DDR zu werden. Als er 1950 kurz vor seiner Rückkehr nach Deutschland verstarb, erwarb die im selben Jahr neugegründete Nachkriegsakademie seinen Nachlass und überführte ihn in die DDR. Weitere Nachlässe erster Mitglieder der Akademie (Ost), überwiegend von in die DDR/SBZ zurückgekehrten Emigranten, kamen durch deren frühen Tod bald hinzu.[74] Aufgrund eines produktiven Austauschs mit dem Goethe- und Schiller-Archiv in Weimar begann man rasch mit einer „professionell betriebene[n] Archivierung"[75], die nicht nur literarische Nachlässe, sondern auch hinzukommende Bestände aus der Musik sowie der bildenden und

71 Vgl. Schenk 2018: Getrennte Welten? Über Literaturarchive und Archivwissenschaft, S. 19.

72 Vgl. Helen und Kurt Wolff-Archiv. Unter: https://www.dla-marbach.de/archiv/exil-helen-und-kurt-wolff-archiv/, zuletzt abgerufen am 16.11.2021. Vgl. außerdem: Grisko 2007: Literaturarchiv, S. 446.

73 Die Preußische Akademie der Künste entstand im 17. Jahrhundert als Stiftung des Markgrafen von Brandenburg Friedrich III. (später Friedrich I.) in Berlin. Doch erst 1926 bildete sich die Sektion für Dichtkunst. Nach dem Zweiten Weltkrieg wurde die AdK zuerst im Osten Deutschlands 1950, wo sie direkt dem Zentralkomitee der Sozialistischen Einheitspartei unterstand, und 1954 im Westen neugegründet. Vgl. ebd., S. 445. Die Kunstsammlung der Preußischen Akademie fiel nach dem Krieg der Ost-Akademie, das Aktenarchiv der West-Akademie zu. Vgl. Trautwein 2013: Ein neues, gesamtdeutsches Archiv, S. 9.

74 Darunter die Nachlässe Friedrich Wolfs (gestorben 1953, Archiveinrichtung 1953), Erich Weinerts (gestorben 1953, Archiveinrichtung 1955), Bernhard Kellermanns (gestorben 1951, Archiveinrichtung 1955), F.C. Weiskopfs (gestorben 1955, Archiveinrichtung 1956), Bertolt Brechts (gestorben 1956, Archiveinrichtung 1956 durch Helene Weigel), Louis Fürnbergs (gestorben 1957, Archiveinrichtung 1964) und der Johannes R. Bechers (gestorben 1958, Archiveinrichtung 1959). Vgl. Trautwein 2005: Die Künstlerarchive der Akademie, S. 15.

75 Bülow/Wolf 2014: Vorwort, S. 10.

darstellenden Kunst umfasste.[76] Damit wurde die Frage nach dem Charakter der Institution und nach der Ordnung des Nachlasses virulent: 1954 gab die AdK (Ost) im Zuge der Einrichtung der Abteilung Archive bei Willy Flach und Heinrich Otto Meisner[77] ein ‚Gutachten über das Wesen und die Behandlung schriftlicher Nachlässe von Dichtern, Schriftstellern und Künstlern'[78] in Auftrag. Die Archivare Flach und Meisner empfahlen darin, literarische Nachlässe entgegen der zu diesem Zeitpunkt verbreiteten Auffassung nicht als Bibliotheks-, sondern als Archivgut zu betrachten und ebenso zu verwalten.[79] Dieser in Vorträgen und Veröffentlichungen publik gemachte Standpunkt prägte nach Dietmar Schenk die anschließende Debatte nachhaltig:

> „Was das Verhältnis von Literaturarchiv und Archivwissenschaft in den Jahrzehnten nach 1945 angeht, so kann die DDR nicht übergangen werden. Die offensive Position, welche die Archivare dort mit Blick auf die Betreuung literarischer Nachlässe einnahmen, ist gewiss davon beeinflusst, dass das Goethe- und Schiller-Archiv in Weimar, das älteste deutsche Literaturarchiv, unter die Fittiche des Archivwesens gelangte, und das war in den Grenzen des nicht sehr großen ostdeutschen Staates eben keine Kleinigkeit."[80]

Wie oben erwähnt, bemühte sich das Schiller-Archiv in Marbach Mitte der 1950er Jahre, parallel zu den Entwicklungen an der Akademie Ost, darum, sein Profil um einen überregionalen Sammlungsauftrag zu erweitern. Schon 1947 zog der Direktor des Schillernationalmuseums Erwin Ackerknecht in

76 Vgl. Trautwein 2013: Ein neues, gesamtdeutsches Archiv, S. 9. Charakteristisch für die Archive der AdK ist auch heute noch, dass sie multidisziplinär sind, sich also aus einem Archiv für Bildende Kunst, Baukunst, Literatur, Musik, Darstellende Kunst und Film- und Medienkunst zusammensetzen.

77 Willy Flach wurde 1953 Leiter des Goethe- und Schiller-Archivs und war wie Heinrich Otto Meisner in den 1950er Jahren sowohl Dozent am Institut für Archivwissenschaften in Potsdam sowie Professor für Historische Hilfswissenschaften an der Humboldt-Universität zu Berlin. Vgl. Thaler 2018: Zur Ordnung des Nachlasses, S. 95.

78 Zit. nach Wahl 2005: Unter dem Dach der NFG, S. 41.

79 Vgl. Flach 1955: Literaturarchive, S. 7.

80 Schenk 2018: Getrennte Welten? Über Literaturarchive und Archivwissenschaft, S. 20. Thaler weist außerdem darauf hin, dass sich mit dieser Einschätzung auch eine ideologische Positionierung in der Debatte zwischen Ost und West verband, da sich sowohl Flach als auch Meisner auf die Moskauer Entscheidung von 1941 zur Einrichtung eines ‚Zentralen Staatlichen Literaturarchivs' beziehen: „In Moskau, darauf wird in der DDR-Literatur zum Thema immer wieder Bezug genommen, gelten also literarische Nachlässe als Archivgut, weil sie Registraturgut sind: Der Autor ist als Behörde zu denken oder, was Kittler vielleicht als richtig angesehen hat, die Behörde ist ein Autor, die unentwegt Papier produziert." Thaler 2018: Zur Ordnung des Nachlasses, S. 96. Vgl. außerdem ebd., S. 94–98.

Erwägung, „das einzige literarische Museum und Archiv im großen Stil außerhalb der russischen Zone [...] über die schwäbischen Stammesgrenzen hinaus auszudehnen“[81]. Auf einer Arbeitstagung von Germanisten, Bibliothekaren und Archivaren aus beiden Teilen Deutschlands empfahl man im Rahmen der Entschließung „Wesen und Aufgaben eines Literaturarchivs“ 1956, „das Schiller-Nationalmuseum in Marbach und das Goethe- und Schiller-Archiv in Weimar weiter auszubauen, um damit im Westen wie im Osten Deutschlands ein Literaturarchiv überregionalen Charakters zu schaffen“[82]. Bereits ein Jahr zuvor war die Gründung des ‚Deutschen Literaturarchivs‘ in Stuttgart beschlossen worden. Seitdem wurde und wird in Marbach die gesamte deutschsprachige Literatur ab 1750 gesammelt, nach und nach kristallisierte sich allerdings ein Schwerpunkt auf dem 20. Jahrhundert heraus.[83] Anders hingegen in der DDR, wo statt einer Erweiterung Weimars zu einem Zentralarchiv[84] „verbindliche Zuständigkeiten“ angestrebt wurden, nach denen, so der langjährige Direktor der Archive der AdK Wolfgang Trautwein, „das Akademie-Archiv für die Zeit nach 1900, Weimar für die Jahre von 1750 bis 1900 zuständig war; die Berliner Staatsbibliothek (Ost), ihrerseits für die Zeit vor 1750 zuständig, hielt sich allerdings nicht immer an diese Regelung.“[85]

Wie das gesamte staatliche Archivwesen der DDR, das einer politischen Instrumentalisierung sowie ab den 1960er Jahren einem umfassenden Überwachungssystem ausgesetzt war,[86] unterstanden auch die Literaturarchive der DDR der staatlichen Kontrolle, allerdings mit einem zum Teil etwas „größeren politischen Bewegungsspielraum“[87]. Nichtsdestotrotz bedeutete die Einordnung persönlicher Nachlässe als Archivgut einen „Anspruch des Staates auf

81 Zit. nach o. V. 1979: Zur Geschichte des Schiller-Nationalmuseums, S. 8.

82 Zit. nach o. V. 1979: Marbacher Chronik 1953–1979, S. 37.

83 Vgl. Bülow 2013: Literaturarchive im literarischen Feld, S. 142.

84 Flach riet in seinem mit Meisner für die AdK angefertigten Gutachten und einem Aufsatz in der Zeitschrift ‚Archivmitteilungen‘ ausdrücklich zu einem Ausbau Weimars zu einem Zentralarchiv: „Auch in Westdeutschland wird jetzt mit besonderem Nachdruck der Ausbau des Schiller-National-Museums in Marbach zu einem Literaturarchiv von gesamtdeutscher Bedeutung, insbesondere zur Erfassung von freiwerdenden literarischen Nachlässen und von einzelnen Handschriften, angestrebt. Jedenfalls liegt in der Deutschen Demokratischen Republik der Gedanke außerordentlich nahe – und man sollte ihn daher immer wieder und gründlich überlegen und fördern –, statt der Einrichtung aller möglichen literarischen Einzelarchive das Goethe- und Schiller-Archiv weiter zu einem Literaturarchiv von Weltrang auszubauen.“ Flach 1955: Literaturarchive, S. 9 f.

85 Trautwein 2005: Die Künstlerarchive der Akademie, S. 15.

86 Vgl. Schreyer 2011: Das staatliche Archivwesen der DDR S. 40–47.

87 Ebd., S. 52.

den Besitz persönlicher und privater Dokumente in einem totalitären Herrschaftssystem […]"[88].

Nach der Gründungsphase in den 1950er Jahren begannen die Literaturarchive der Akademie in den 1960er Jahren, aktiv und zielgerichtet ihre mittlerweile ca. 40 Bestände zu erweitern:[89] „sie hatten in der DDR ein Monopol und waren seit dem Mauerbau auch vor etwaiger Abwanderung sicher"[90], heißt es bei Trautwein. Die bereits bestehenden Außenarchive, die zum Teil mit angeschlossenen musealen Gedenkstätten in den ehemaligen Wohnstätten einiger ausgewählter Autoren eingerichtet worden waren, wurden um neu hinzukommende ergänzt.[91] Fast ausnahmslos regelte man die Nachlassübernahmen in den Literaturarchiven der Ost-Akademie bis Ende der 1970er Jahre als Schenkung.[92]

Als Sammlungsschwerpunkt nennt eine 1981 veröffentlichte Charakteristik der Literaturarchive der AdK „das Werk der proletarisch-revolutionären Schriftsteller der zwanziger und dreißiger Jahre, der Exilschriftsteller nach 1933 und profilierter Vertreter der DDR-Literatur seit 1945"[93]. Das Literaturarchiv, als wichtige „Stätte der Erbepflege"[94], sollte eine gesellschaftspolitische Funktion

---

88 Schenk 2018: Getrennte Welten? Über Literaturarchive und Archivwissenschaft, S. 20.

89 Vgl. Trautwein 2005: Die Künstlerarchive der Akademie, S. 17.

90 Ebd., S. 25.

91 Zu den Außenarchiven zählten u. a.: Friedrich Wolf-Archiv in Lehnitz bei Oranienburg (zunächst private Einrichtung ab 1953), Johannes R. Becher-Archiv in Berlin-Pankow (Einrichtung ab 1959), Louis-Fürnberg-Archiv in Weimar (Einrichtung ab 1964), Ehm Welk-Archiv in Bad Doberan (Einrichtung ab 1967), Kurt Barthel (Kuba)-Archiv in Rostock-Warnemünde (Einrichtung ab 1969), Arnold Zweig-Archiv in Berlin-Pankow (Einrichtung ab 1969/70), Brecht-Weigel-Archiv in Berlin-Mitte (offizielle Einrichtung ab 1971, Eröffnung 1978), Anna Seghers-Archiv in Berlin-Adlershof (Einrichtung ab 1984). Vgl. ebd., S. 15. u. 25. Mit der Gründung der „Nationalen Forschungs- und Gedenkstätten der DDR für deutsche Kunst und Literatur des 20. Jahrhunderts" 1985, die quasi als Pendant zu den NFG in Weimar alle Forschungsabteilungen der Akademie zentralisierend zusammenfasste, erfuhren die Archive eine weitere finanzielle Förderung und einen strukturellen Ausbau. Vgl. ebd., S. 36.

92 Die Nachlässe von Bertolt Brecht, Hanns Eisler, Franz Fühmann und Walter Felsenstein wurden der Akademie als Deposita, das heißt ohne Eigentumsübertragung, übergeben. Vgl. ebd., S. 27. Anna Seghers war die erste Autorin in der DDR, die das Überlassen ihres Nachlasses nach ihrem Tod 1983 an eine Bedingung knüpfte. So hielt sie in ihrem Testament fest, dass von den Erlösen der Nachlasspublikationen „zur Förderung junger Künstler – hauptsächlich junger Schriftsteller aus der DDR und aus Entwicklungsländern […] – durch die Akademie der Künste regelmäßig Stipendien vergeben werden" sollen. Vgl. Baumgart: Ein großes literarisches Erbe liebevoll bewahrt und lebendig. In: Neues Deutschland, 27.8.1985.

93 Riedel 1981: Die Literatur-Archive der Akademie, S. 208.

94 Ebd., S. 208.

erfüllen und war eng verknüpft mit dem aus der marxistisch-leninistischen Kulturtheorie stammenden und für die Kulturpolitik der DDR zentralen Begriff des kulturellen resp. literarischen Erbes, das als kulturpolitische Lehre nach Stefan Willer rückblickend nicht viel mehr enthielt „als eine offiziöse und gedankenlos wiederholte Beschwörung des sozialistischen, realistischen, humanistischen, klassischen Erbes (mit mehr oder weniger freier Kombinierbarkeit der Beiwörter)."[95]

Laut der zitierten Charakteristik war es eine wichtige Aufgabe des Literaturarchivs der AdK, nicht nur orientiert an der Literaturgeschichte zu sammeln, sondern „den gegenwärtigen literarischen Prozeß als das Erbe von morgen zu erfassen."[96] Bei der Übernahme der Nachlässe berücksichtige man deshalb, so heißt es weiter, nicht nur speziell Mitglieder der Akademie,[97] auch würden diese zum Teil „bereits zu Lebzeiten einen Teil ihrer Manuskripte der Akademie übergeben"[98]. Einen besonderen Fall stellt in diesem Zusammenhang der Schriftsteller Leonhard Frank dar, der, obwohl er in der Bundesrepublik lebte, korrespondierendes Mitglied der Akademie der Künste (Ost) war und dessen Papiere 1960, als der Autor noch lebte, in die DDR überführt wurden.[99] Andere Autoren wie zum Beispiel Arnold Zweig, F. C. Weiskopf und Johannes R. Becher hatten vor ihrem Tod Erbverträge mit der Akademie geschlossen. Franz Fühmann indes begann 1966, als erstes Akademiemitglied, seine abgeschlossenen Manuskripte sukzessive – und vorerst in Form eines Depositums – als ‚Archiv zu Lebzeiten' im Akademie-Archiv zu hinterlegen.[100]

Am DLA Marbach setzte die Praktik, die Dokumente eines Autors schon zu seinen Lebzeiten als sogenannten Vorlass anzuwerben, im Verlauf der 1970er Jahre ein. Zwar hatte schon Hermann Hesse 1906, als 29-Jähriger, dem neu gegründeten Schillermuseum und -archiv einige seiner Handschriften und

---

95 Willer 2014: Erbfälle, S. 309. Vgl. zu dem Begriff des Erbes in der Kulturpolitik der DDR vertiefend Willers Kapitel „‚Erbrecht der sozialistischen Gesellschaft'. Die Erbetheorie in den Weimarer Beiträgen, 1970–1981" in: Ebd., S. 309–327.

96 Vgl. Riedel 1981: Die Literatur-Archive der Akademie, S. 209.

97 Vgl. ebd., S. 208. Zudem wurden auch Nachlässe von Nicht-Mitgliedern wie der Rudolf Leonhards, Walter Benjamins, Egon Erwin Kischs oder Gerhart Hauptmanns in das Literaturarchiv aufgenommen. Vgl. Trautwein 2005: Die Künstlerarchive der Akademie, S. 17.

98 Riedel führt in diesem Zusammenhang Arnold Zweig, Alfred Kurella und Eduard Claudius an. Vgl. Riedel 1981: Die Literatur-Archive der Akademie, S. 209.

99 Ein solcher Transfer in die DDR, der beispielsweise auch die Nachlässe der im Westen lebenden Autoren Hans José Rehfisch, Leo Weismantel und Günther Weisenborn betraf, bedeutete immer auch „einen politischen Prestigegewinn in der Konkurrenz des Kalten Kriegs." Trautwein 2005: Die Künstlerarchive der Akademie, S. 17.

100 Vgl. Bülow/Wolf 2014: Vorwort, S. 10.

Erstausgaben überlassen,[101] doch galt diese Übergabe zu Lebzeiten noch als „kuriose Ausnahme“[102]. 1970 gab dann Martin Heidegger einige Manuskripte bereits erschienener Werke nach Marbach, und auch Alfred Andersch überließ dem Archiv 1978, zwei Jahre vor seinem Tod, einen größeren Teil seiner Dokumente.[103] Korrespondierend mit einem wachsenden Interesse der Literaturwissenschaft für die Literatur der Gegenwart,[104] begann sich die Praxis des ‚Vorlassens‘ dann ab den 1990er Jahren im Zuge prominenter Vorlassgaben wie der von Heinrich Böll und Peter Rühmkorf zu etablieren.[105]

Der politische Umbruch 1989/90 veränderte die Sammlungssituation insbesondere des Literaturarchivs der AdK (Ost), aber auch der sich vermehrt der Gegenwartsliteratur widmenden Literaturarchive insgesamt. Schon Ende der 1970er Jahre, im Zuge der gehäuften Ausreise von Autorinnen und Autoren infolge der Biermann-Ausbürgerung und Arbeitsaufenthalten im Westen, war das DLA Marbach mehr und mehr in Reichweite von aus der DDR stammenden Autoren gerückt und „das archivarische Monopol der DDR-Akademie bereits in Frage gestellt“[106]. In den 1990er Jahren entstand dann eine direktere Konkurrenz zwischen den beiden hier im Fokus stehenden Literaturarchiven.[107] Die Literaturarchive der Akademie entschieden sich dafür, ihre Sammlung für die gesamte deutschsprachige Literatur und Kunst des 20. und 21. Jahrhunderts offen zu halten und nicht den Empfehlungen des Wissenschaftsrats für die Einrichtungen eines Forschungsarchivs zur DDR zu folgen:

> „Ohne weiteren Materialzuwachs wären die verzeichnenden Archivare früher oder später überflüssig geworden. […] Kunst und Kultur der DDR als abgeschlossenen Bereich festzuschreiben, wäre zudem mit dem Selbstverständnis und dem weiterhin entstehenden Werk der Akademie-Mitglieder aus dem Osten nicht zu vereinbaren gewesen.“[108]

---

101 Vgl. Schwilk: Marbach. Im Endlager der deutschen Literatur. In: Die Welt, 29.12.2010.

102 Bülow 2013: Literaturarchive im literarischen Feld, S. 141.

103 Vgl. ebd., S. 142.

104 Vgl. Spoerhase 2017: Neuzeitliches Nachlassbewusstsein, S. 45.

105 Vgl. Raulff 2013: Nachlass und Nachleben, S. 17. Vgl. auch: Bülow 2013: Literaturarchive im literarischen Feld, S. 142. Der Begriff des ‚Vorlasses‘ markiert nach Weisbrod eine prospektive Erwerbungs-Strategie der Literaturarchive, die sich in den US-amerikanischen Hochschulbibliotheken herausbildete und in einem Zusammenhang mit ihrem bildungspolitischen und ökonomischen Hintergrund steht. Vgl. Weisbrod 2018: Prospektiv statt retrospektiv, S. 19 f.

106 Trautwein 2005: Die Künstlerarchive der Akademie, S. 36.

107 1990 kursierten zudem „vertrauliche Überlegungen des Bundesinnenministeriums über eine Auflösung des Ost-Archivs und eine geplante Übergabe der Literaturbestände an das Deutsche Literaturarchiv in Marbach/ a. N.“, verbunden mit der Erwägung, das DLA von Marbach in die Mitte Deutschlands zu verlegen. Vgl. Trautwein 2013: Ein neues, gesamtdeutsches Archiv, S. 9.

108 Ebd.

Zugleich blieb, auch nach der Vereinigung der Akademien der Künste Ost und West 1993 und dem damit einhergehenden Zusammenschlusses der beiden Archive,[109] der Sammlungsschwerpunkt ‚Kunst und Kultur der DDR' erhalten. Der Darstellung Trautweins gemäß waren die Literaturarchive der beiden Akademien in dieser Situation jedoch anfangs benachteiligt:

> „Gerade in den Jahren vor 1993, als die Akademie-Archive wegen der Vereinigungsproblematik so gut wie keine Erwerbungsmittel hatten und danach, als solche gleichfalls fehlten, kauften andere Einrichtungen nachhaltig Archive aus der ehemaligen DDR, die eigentlich in den Kontext des Akademie-Archivs gepaßt hätten."[110]

Bezeichnend ist, dass der Erwerb von Vorlässen laut dem Bibliothekar Dirk Weisbrod in Deutschland gerade in dieser Zeit, geprägt von einer neuen – aber im Verhältnis zu anderen Ländern immer noch maßvollen – Wettbewerbssituation, zunahm:[111] „Erst ab 1990 traten dann neben den retrospektiven auch prospektive Erwerbungsstrategien häufiger auf, sodass man heute auf eine kaum mehr als dreißigjährige Praxis zurückblicken kann."[112]

In Marbach hatte man 1986 mit dem Nachlass Peter Huchels begonnen, Bestände mit DDR-Bezug zu sammeln, 1987 folgten die Vorlässe von Sarah Kirsch[113] und Joachim Seyppel sowie der Nachlass von Hans Franck. Ab 1991 kamen kontinuierlich weitere Bestände hinzu – darunter waren in den zehn Jahren nach 1989/90 fünf Nachlässe und acht Vorlässe: die Nachlässe von Johannes Bobrowski (1991), Heinar Kipphardt (1992), Martin Gregor-Dellin (1994), Walter Janka (1995) und Irmtraut Morgner (1996) sowie die damaligen

109 Vgl. dazu ausführlich: Ebd., S. 8–23.

110 Trautwein 2005: Die Künstlerarchive der Akademie, S. 41.

111 Weisbrod erklärt diese im Vergleich zum amerikanischen und angelsächsischen Raum verhältnismäßig spät einsetzende und relativ maßvolle Entwicklung mit der sehr viel weniger expliziten Wettbewerbssituation in Deutschland. Da die Literaturarchive hier durch öffentliche Mittel finanziert werden, müssen sich die Institutionen bei Erwerbungen absprechen, um ein gegenseitiges Überbieten zu verhindern. Darüber hinaus beugen nach Weisbrod die sich in der Regel unterscheidenden Sammlungsprofile einer stärkeren Konkurrenz vor. Vgl. Weisbrod 2018: Prospektiv statt retrospektiv, S. 25.

112 Ebd.

113 Sarah Kirsch hat dem DLA Marbach ihre Papiere im mehreren, unterschiedlich großen Tranchen übergeben. Die erste Stiftung fand 1987 statt, der Hauptteil kam 1994 hinzu und dann schließen sich Nachträge von 1995, 1997, 1998/99, 2000, 2003, 2005/06, 2008, 2012, 2014, 2016, 2018 an (die letzten nach ihrem Tod). Vgl. E-Mail von Dorit Krusche an Katrin von Boltenstern am 24.9.2018 (unveröffentlicht).

Vorlässe[114] von Fritz J. Raddatz (1993), Stephan Hermlin (1994), Fritz Rudolf Fries (1995), Hans Joachim Schädlich (1995), Karl Mickel (1996), Günter Kunert (1999), Günter de Bruyn (2000) und Heinz Czechowski (2000).[115]

Trotz der sich überschneidenden Sammlungsprofile zwischen Marbach und den zusammengeführten Akademie-Archiven verzeichneten letztere nach 1990 die „umfangreichsten Zuwächse"[116] in ihrer Geschichte. Trautwein begründet das wie folgt:

> „Die Wende von 1989 brachte auch einen vermehrten Zugang von Mitgliederarchiven und Beständen anderer Künstler, insbesondere solcher, die sich der kulturellen Tradition der DDR verpflichtet fühlten. Die Akademie-Archive galten – wie sich herausstellen sollte zu Recht – als sicherer Ort, der seine bedeutende archivarische Substanz unbeschadet bewahren würde."[117]

1990 gelangten beispielsweise die Nachlässe der Akademiemitglieder Alexander Abusch und Otto Gotsche in das Archiv.[118] Nach 1993 wurden dann vermehrt auch die Vor- und Nachlässe der nächsten, sogenannten mittleren Generation von Autorinnen und Autoren aus der DDR in das Akademie-Archiv gegeben.[119] Dazu zählen einige Archive zu Lebzeiten wie die der Akademiemitglieder Rainer Kirsch, Christa Wolf (1994), Friedrich Dieckmann (1998) und Helga Königsdorf (1999)[120] sowie das nach seinem Tod erworbene Archiv Heiner Müllers (1998). Zudem kamen die Bestände von Autorinnen und Autoren hinzu, die die DDR verlassen hatten, wie der damalige Vorlass von Thomas Brasch (1998) oder die Nachlässe von Jurek Becker (2000), Klaus Schlesinger (2004) und Wolfgang Hilbig (2008).[121] Heute sind die Vor- und Nachlässe der meisten namhaften Autoren mit DDR-Bezug auf die beiden großen Literaturarchive in Berlin[122]

114 Das Jahr bezieht sich dabei auf die erste erfolgte Übergabe.

115 Vgl. E-Mail von Ulrich von Bülow an Katrin von Boltenstern, am 21.9.2018 (unveröffentlicht).

116 Bülow/Wolf 2014: Vorwort, S. 10.

117 Trautwein 2005: Die Künstlerarchive der Akademie, S. 37.

118 Vgl. ebd.

119 Vgl. Wolf 2014: Berliner Bestände zur DDR-Literatur, S. 83. „Die Ausnahme ist Uwe Greßmann, dessen Nachlass schon nach seinem frühen Tod im Jahr 1969 gesichert wurde." Ebd., S. 83 f.

120 Vgl. Trautwein 2005: Die Künstlerarchive der Akademie, S. 45.

121 Vgl. Wolf 2014: Berliner Bestände zur DDR-Literatur, S. 84. Und: Trautwein 2005: Die Künstlerarchive der Akademie, S. 45.

122 Unter den aktuell ungefähr 170 Beständen mit DDR-Bezug aus privater und institutioneller Provenienz befinden sich die Nachlässe von: Alexander Abusch, Bruno Apitz, Kurt Bartsch, Johannes R. Becher, Jurek Becker, Thomas Brasch, Bertolt Brecht, Willi Bredel, Eduard Claudius, Fritz Erpenbeck, Jan Faktor, Franz Fühmann, Otto Gotsche, Uwe

oder Marbach[123] verteilt – Ausnahmen bilden der Nachlass Uwe Johnsons, der in Rostock liegt, sowie der Nachlass Brigitte Reimanns in Neubrandenburg.

Im Zuge des politischen Umbruchs 1989/90 veränderte sich nicht nur die Situation der Literaturarchive, sondern auch ihre Rolle vor dem Hintergrund des historischen Kontextes der DDR: „Kennzeichnend für die Situation der 1990er Jahre, zumal in Berlin und im Osten Deutschlands, war […] ein Bewusstseinswandel im Hinblick auf die Bedeutung von Archiven für das gesellschaftliche Gedächtnis und Selbstverständnis"[124], erläutern die stellvertretende Direktorin des Archivs der AdK Sabine Wolf und der Leiter der Handschriftenabteilung des DLA Ulrich von Bülow, ohne einen Beleg für diese Beobachtung anzuführen. Von Bülow, der ungeachtet dessen diese These vertieft, geht davon aus, dass angesichts der Flüchtigkeit ideologischer Konstruktionen und eines plötzlichen Wertewandels historische Quellen und die sie bewahrenden Archive eine neue Qualität von Anerkennung erfuhren:

> „Je schneller eine Gesellschaft sich ändert und je skeptischer die ‚großen Geschichten' der Ideologen beurteilt werden, desto dringlicher wird das Bedürfnis, anhand konkreter Dokumente die Vergangenheit zu rekonstruieren, desto attraktiver werden Archive und Museen, weil sie als Institutionen des kulturellen

---

Greßmann, Wolfgang Hilbig, Karl-Heinz Jakobs, Rainer Kirsch, Uwe Kolbe, Helga Königsdorf, Jan Koplowitz, Hartmut Lange, Hans Marchwitza, Heiner Müller, Inge Müller, Gert Neumann, Bert Papenfuß, Walther Pollatscheck, Jürgen Rennert, Thomas Rosenlöcher, Maximilian Scheer, Klaus Schlesinger, Stefan Schütz, Anna Seghers, Georg Seidel, Kurt und Jeanne Stern, Erwin und Eva Strittmatter, Bodo Uhse, Walther Victor, Bernd Wagner, Fred und Maxie Wander, Alex Wedding, Bettina Wegner, Erich Weinert, F.C. Weiskopf, Christa Wolf, Friedrich Wolf, Hedda Zinner, Arnold Zweig. Vgl. Bülow/Wolf 2014: Vorwort, S. 10 f.

123 Zu den wichtigsten zählen in Reihenfolge ihres Erwerbs: „Sarah Kirsch, Johannes Bobrowski, Heinar Kipphardt, Fritz J. Raddatz, Martin Gregor-Dellin, Stephan Hermlin, Fritz Rudolf Fries, Walter Janka, Hans Joachim Schädlich, Karl Mickel, Irmtraud Morgner, Günter Kunert, Günter de Bruyn, Heinz Czechowski, Richard Leising, Peter Hacks, Jurij Brězan, Durs Grünbein, Christa Reinig, Hermann Kant, Dieter Noll, Wulf Kirsten, Walther Petri und Helga M. Novak" Ebd., S. 12.

124 Bülow/Wolf 2014: DDR-Literatur, S. 11. Anders jedoch die Situation der literarischen Gedenkstätten. Die in der DDR an diesen Orten praktizierte Verehrung von bestimmten Autoren wird rückblickend als oktroyierte dargestellt. In der ‚Neuen Zeit' vom 1. Februar 1991 heißt es: „Die Besuche in den Gedenkstätten von Brecht, Becher, Wolf glichen für die Berliner Schüler einer obligatorischen Pflichterfüllung. Abgesehen vom Brechtzentrum liegen die Literaturgedenkstätten heute einsam und verlassen da". Miethke: Über das Schicksal Ostberliner Literaturgedenkstätten. In: Neue Zeit, 1.2.1991. Die Mehrheit der Außenarchive, mit Ausnahme der Brecht/Weigel- und der Anna Seghers-Gedenkstätte, wurde dann, vor allem aus finanziellen Gründen, sehr bald geschlossen. Vgl. Trautwein 2013: Ein neues, gesamtdeutsches Archiv, S. 12.

Gedächtnisses Dauer versprechen. Nicht zuletzt nutzen Autorinnen und Autoren zunehmend die Möglichkeit, sich hier ihrer Tradition zu vergewissern."[125]

Die Literaturwissenschaftlerin und Autorin Sigrid Damm, die für ihre Arbeiten auch schon vor der Wende häufiger ein Archiv konsultierte, führt ihre persönliche Verbundenheit zu diesem Ort auf die Lebensumstände in der DDR zurück, formuliert dies aber als eine individuelle Erfahrung. Sie beschreibt das Archiv als Gegenwelt zu der DDR-Realität, als Möglichkeit, nachzuprüfen und Dingen ‚auf den Grund' zu gehen:

> „In einem von Ideologie überfluteten Land erschien das Dokument, das Archivierte, wie ein Rettungsanker, mit dem die Wahrheit festzumachen, Boden unter die Füße zu bekommen war. Das Überfüttern mit ‚illusionsfördernden Lügen' weckte den Hunger nach dem ‚Aktenmäßigen', dem Archivierten. Das durchlebte Gefühl, daß Geschichte ausgesetzt werde, still stehe, weckte die Gier nach ihr. [...] In meiner Biographie fallen Interesse für das Archiv und die Anfänge meines Schreibens zusammen, d.h., die Liebe zum Archiv ist nicht meiner germanistischen Ausbildung, meiner Herkunft von der Wissenschaft geschuldet, sondern ursächlich an die beschriebene DDR- oder ostspezifische Geschichtserfahrung geknüpft."[126]

Für die wissenschaftliche Auseinandersetzung mit der ostdeutschen Literatur des geteilten Deutschlands sind die Archive heute, wie schon in der Einleitung erläutert, grundlegend. Erst dort zeigen sich die Voraussetzungen einer Literatur, die in ein zentralistisch organisiertes, von Unterdrückung und Überwachung durchzogenes Gesellschaftssystem eingebettet war und die von der Politik in ihrer Entstehung gelenkt und kontrolliert wurde.[127] Carsten Gansel betont deshalb, vor allem mit Fokus auf die institutionellen Archive:

> „Die Öffnung der Archive nach dem Ende der DDR bietet daher – und darüber dürfte Konsens herrschen – für Forschungen zur Literatur in der DDR eine einzigartige Chance, ein Literatursystem zu rekonstruieren und dabei in besonderer Weise den Zusammenhang zwischen inneren und äußeren Bedingungen von Autorschaft herauszustellen. Die Archivalien ermöglichen nämlich neue Einblicke in das Handlungs- und Symbolsystem Literatur."[128]

Die Literaturproduktion in der DDR sowie deren Bedingungen und Einschränkungen sind ungewöhnlich gut – anders als andere Abschnitte der

---

125 Bülow 2013: Literaturarchive im literarischen Feld, S. 144.
126 Damm 1996: Schriftsteller und Archiv, S. 22 f.
127 Vgl. Gansel 2008: Archivöffnung als Aufstörung, S. 151.
128 Ebd.

deutschen Literaturgeschichte – durch unveröffentlichte und nun zugängliche Quellen und Archivalien dokumentiert: durch erhaltene Registraturen des staatlichen Verwaltungsapparats, der Parteien und Verbände, durch die Akten des Ministeriums für Staatssicherheit der DDR sowie durch die stetig wachsende Anzahl an Nachlässen in den Literaturarchiven.[129] Ein besonderes Augenmerk der Forschung liegt dabei auf den umfangreichen, akribisch geführten Akten des Ministeriums für Staatssicherheit, das wie alle gesellschaftlichen Bereiche auch das literarische Leben in der DDR in hohem Maße observierte.[130] Obwohl diese Dokumente laut Joachim Walther unter der Prämisse genauer Informationsgewinnung entstanden sind, da nur mehrfach überprüfte und fehlerfreie Angaben von der Stasi für ihre repressiven Zwecke verwendet werden konnten, sind insbesondere in den personenbezogenen Akten auch Fehleinschätzungen zu finden.[131] Zudem liefern die heute im Stasi-Unterlagen-Archiv (Bundesarchiv) bewahrten und der wissenschaftlichen Recherche zugänglich gemachten Dokumente ein einseitiges Bild: So „spiegeln die Archivalien des MfS allein die Sicht dieses Apparates auf die Realität wider."[132]

Auch aus diesem Grund ist die Untersuchung literarischer Nachlässe, im privaten Raum entstanden, für die Forschungen zur ‚DDR-Literatur' so wichtig: Sie bilden ein Pendant zu den Quellen aus den politischen Institutionen der DDR. Zudem ergänzen sie den Blick auf die offizielle literarische Öffentlichkeit der DDR, bei der es sich, durch Zensur kontrolliert, um keinen freien Buchmarkt handelte. Um die Strukturen der literarischen Öffentlichkeit in der DDR beschreibbar zu machen, unterscheidet David Bathrick zwischen drei in Verbindung zueinander stehenden Formen: der „offizielle[n]

129 Vgl. Bülow/Wolf 2014: Vorwort, S. 9 f.

130 Vgl. Gansel 2008: Archivöffnung als Aufstörung, S. 150. Vgl. dazu grundlegend: Walther 1999: Sicherungsbereich Literatur.

131 Vgl. ebd., S. 21 f. Obwohl er ‚Wahrnehmungsdefizite' beim MfS erkennt, meint Walther: „Von allen hinterlassenen DDR-Dokumenten kommen die MfS-Akten der DDR-Wirklichkeit am nächsten, da die konspirative Informationsgewinnung und deren Zweck dem Zwang zum Schönfärben nicht in dem Maße unterworfen waren wie die anderen DDR-Informationssysteme. Im übrigen hätte ein Geheimdienst, dessen Basis falsche oder ideologisch verfälschte Informationen wären, etwa den Gebrauchswert eines Autos ohne Räder. Freilich waren die in Treffberichten notierten Informationen der IM durch den sprachlichen und gedanklichen Filter des operativen Mitarbeiters gegangen und erhielten somit durch Verkürzung und Verdichtung eine MfS-spezifische Einfärbung." Ebd., S. 21 f.

132 Ebd., S. 24. Dazu vertiefend auch: Kührer-Wielach/Nowotnick 2018: Aus den Giftschränken des Kommunismus. Darin: Kührer-Wielach/ Nowotnick 2018: Einführung, S. 9–16. Und: Braun 2018: Stasi-Akten und Literaturgeschichtsschreibung, S. 219–232.

Partei-Öffentlichkeit"[133], der durch BRD-Medien erzeugten Öffentlichkeit, und einer Öffentlichkeit „aus gegenoffiziellen Stimmen", die sich „in den jeweiligen halbautonomen und inoffiziell öffentlichen Enklaven"[134] herausbildete.

Erst durch die Zugänglichkeit der Schriftstellernachlässe wird eine Perspektive auf diese letztgenannte Sphäre möglich sowie auf ein literarisches Leben, das in der offiziellen Partei-Öffentlichkeit aus verschiedenen Gründen nicht oder nur eingeschränkt vertreten war.[135]

Ähnlich argumentieren Joachim Walther und Ines Geipel im Zusammenhang mit dem von ihnen 2001 initiierten Projekt des ‚Archivs unterdrückter Literatur in der DDR', dessen Ziel es ist, unbekannte literarische Texte zu sammeln, die in der DDR geschrieben worden sind, dort aber aus politischen Gründen nie publiziert werden konnten.[136] Durch den Fokus auf nicht kanonisierte, unterdrückte Autorinnen und Autoren gilt es, „den Blick auf den Literaturraum und das totalitäre Projekt DDR zu weiten. Zugleich zeigen die in der DDR unveröffentlichten Texte ein vielfältigeres Bild und eine stärkere Polarisierung ostdeutscher Literatur, als es die publizierten Texte bisher vermittelt haben."[137]

Doch während bei diesem Projekt in erster Linie die literarischen Texte und ihre Veröffentlichung im Fokus stehen, bieten Literaturarchive den Zugang zu ganzen Schriftstellernachlässen und damit zu vielfältigen Materialien, die die Untersuchung verschiedenster Schreibformen und Dokumente ermöglichen. Welche neuen und vielfältigen Zugänge sich dadurch für das Forschungsfeld der sogenannten ‚DDR-Literatur' ergeben und wie ein archivbasierter Zugriff das es rubrizierende Schlagwort unsicher werden lässt, hat Roland Berbig

133 Bathrick 2000: Die Intellektuellen und die Macht, S. 244.

134 Ebd.

135 Vgl. Bülow 2014: Strukturelle Merkmale von Archivalien aus der DDR, S. 112. Vgl. außerdem: Bülow/Wolf 2014: Vorwort, S. 9.

136 Vgl. Walther 2007: Das „Archiv unterdrückter Literatur in der DDR", S. 265. Und: Buchholz 2013: Von der Ohnmacht unterdrückter Autorinnen und Autoren, S. 165–187.

137 Walther 2007: Das „Archiv unterdrückter Literatur in der DDR", S. 267. Bemerkenswert erscheint auch, dass in der Bundesrepublik in den 1970er Jahren von Jörg Bernhard Bilke und Erwin Leibfried ein „Archiv für DDR-Literatur und DDR-Germanistik" gegründet worden war. Nach der Eröffnung des Archivs in Mainz 1972 war es von 1975 bis 1977 zwischenzeitlich in der Lüneburger Ost-Akademie untergebracht bis es 1977 nach Bonn, in die Karl-Arnold-Bildungsstätte umzog. Die weitere Entwicklung und der Verbleib des Archivs, das „die umfassendste Sammlung zur DDR-Literatur und DDR-Germanistik in Westdeutschland seit 1961" enthalten sollte (Vgl. o. V. 1978: Das Archiv für DDR-Literatur, S. 146), ist schwer zu ermitteln.

exemplarisch aufgezeigt.[138] Als einen möglichen Ansatz hat er dabei unter anderem den Fokus auf das private Schreiben vorgeschlagen:

> „Noch kaum ernstlich erforscht ist die literarische Brief- und Tagebuchkultur der mit der DDR verbundenen Schriftstellerinnen und Schriftsteller in ihren Eigenarten und ihrer Vielgestalt. Sie hat, so eine weitere These, basierend auf breit gefächerten Archivstichproben, offenbar originelle Profile herausbildet, die sich durch zunehmende Literarisierung auszeichneten und Anspruch erhoben, Werkbestandteil, wenn nicht Werkersatz zu sein. Die Intention war: innerhalb dieser ambivalenten Form sich so auszudrücken, wie man es in den eigentlich literarischen Formen nicht vermochte, nicht durfte, nicht wollte. Erfahrungen aus der Welt, der man ausgesetzt war, wurden hier abgelagert und in eine scheinbar arglose Nicht-Kunstform überführt, deren artifizieller Zug dabei nachhaltig zunahm."[139]

Einen Zugang über das Nachlassmaterial verfolgt auch von Bülow, der sich aus einer systemtheoretischen Perspektive anhand von Beständen des DLA mit der Frage auseinandersetzt, ob Archivalien von ostdeutschen Autorinnen und Autoren für die DDR typische, strukturelle Merkmale aufweisen. In seiner Kernthese geht er davon aus, dass ‚Vor- oder Nachlässe aus der DDR'[140] „spezifische Kommunikationsstrukturen einer vormodernen entdifferenzierten Gesellschaft"[141]

138 Vgl. Berbig 2018: DDR-Literatur – archiviert, S. 17–44.

139 Ebd., S. 39 f. Vgl. dazu auch: Dahlke 2016: Die DDR im Tagebuch, S. 316–331.

140 Obwohl von Bülow mit seinem Fokus auf die literarischen Nachlässe die Debatte um „Sinn und Unsinn des Begriffs DDR-Literatur" umgehen möchte, kann er sich mit der von ihm aufgestellten Kategorie der ‚DDR-Nachlässe' einigen damit verbundenen Fragen nicht entziehen: Ab wann stammt nach dieser Kategorisierung ein Nachlass aus der DDR? Wie viele der in ihm enthaltenen Dokumente müssen für eine solche Einordnung in der DDR entstandenen sein? Was bedeutet es, wenn in diesem Zusammenhang der Nachlass Helga M. Novaks genannt wird, obwohl die Autorin von 78 Lebensjahren nur etwas mehr als zehn Jahre in der DDR lebte? Vgl. Bülow 2014: Strukturelle Merkmale von Archivalien aus der DDR, S. 92. u. 110.

141 Ebd., S. 112. Der Soziologe Pollack formuliert diese These zur Beschreibung der DDR-Gesellschaft weniger absolut: „So charakteristisch die Ebenendiffusion für die Konstruktion der DDR-Gesellschaft war, so wenig wäre es doch aber andererseits berechtigt zu behaupten, dass die für moderne Gesellschaften typische Ebenendifferenzierung in der DDR überhaupt nicht anzutreffen war." Pollack 2003: Auf dem Weg zu einer Theorie des Staatssozialismus, S. 26. Gansel, der auch systemtheoretisch argumentiert, geht davon aus, dass „im weiten Sinne die DDR natürlich zu den modernen Gesellschaften" zählt. Gansel 2008: Archivöffnung als Aufstörung, S. 155. Zugleich vertritt er ebenfalls die Annahme, dass die DDR-Gesellschaft von starken Tendenzen der funktionalen Entdifferenzierung durchzogen war, die sich auch am Literatursystem der DDR festmachen lassen: „Unter dem Primat der Politik gibt es bereits früh den Versuch, die notwendige Differenzierung zwischen materiellem Prozeß und dessen reflexiver Bewertung durch das kulturelle System, von der man für moderne Gesellschaften

widerspiegeln,[142] stellt in seiner Analyse jedoch jeweils Einzeldokumente verschiedener Autorinnen und Autoren in den Fokus, statt ihre Nachlässe im Gesamten zu untersuchen.

Auch er betont die Bedeutung der Korrespondenzen und privaten Aufzeichnungen, die einen anderen Ausdruck als in der reglementierten Öffentlichkeit erlaubten. Demnach hat die informelle Kommunikation und Netzwerkbildung vielen literarischen Archiven eine besondere Prägung gegeben:[143]

> „Für Schriftstellerinnen und Schriftsteller, die die inszenierten Formen der Öffentlichkeit ablehnten – und ihre Zahl nahm im Lauf der Jahre zu –, wurde der private Austausch besonders wichtig. Ein Charakteristikum von Vor- und Nachlässen aus der DDR ist meiner Meinung nach die spezifische Bedeutung von Korrespondenzen, die meist nicht nur vergleichsweise umfang- und inhaltsreich sind, sondern auch besonders sorgfältig gesammelt und aufbewahrt wurden."[144]

Eine weitere nachlassprägende Praktik, die sich entsprechend der Analyse des Leiters der Handschriftenabteilung des DLA in ostdeutschen Nachlässen signifikant abzeichnet, und von ihm als Reaktion auf die gelenkte Medienöffentlichkeit gedeutet wird, sind kommentierende Formen der Zeitungslektüre

ausgeht, einzuschränken bzw. durch verbindliche politisch-ideologische Vorgaben zu ersetzen." Ebd., S. 156. In der Geschichtswissenschaft hat sich der Zugang über das Konzept von „Eigen-Sinn und Herrschaft" als fruchtbar erwiesen, das zu der „diskrete[n] Unterminierung apriorischer Definitionen und Begriffe, insbesondere auch der sich in diesen manifestierenden Selbstgewissheiten auf Seiten der Forscher" führen soll: „Dieses Differenzierungsgebot des Konzepts geht von der Grundannahme aus, dass Herrschaft nie genau so funktioniert, wie sich das die Herrschenden im optimalen Falle wünschen, dass Vorstellungen und Konzepte auch totaler Herrschaft nie oder nur in ganz seltenen Situationen in eine Realität totaler Herrschaft umschlagen. Vom Standpunkt ihrer Reproduktion betrachtet, steht ‚Eigen-Sinn' damit zugleich für die gewissermaßen ‚betriebsbedingten', intrinsischen Reibungsverluste jeglicher Herrschaftspraxis wie auch für die von den Herrschenden hinzunehmenden Abstriche vom Design, die dadurch entstehen, dass Herrschen auf Dauer ohne das eigene und auch ohne das eigen-sinnige Zutun der Herrschaftsunterworfenen nicht möglich ist." Lindenberger 2014: Eigen-Sinn, Herrschaft und kein Widerstand. Unter: http://docupedia.de/zg/lindenberger_eigen-sinn_v1_de_2014, zuletzt abgerufen am 16.11.2021.

142 Abgesehen davon wird der DDR-Kontext eines Nachlasses nach von Bülow an landesspezifischen Lebensdokumenten wie Pässen und Ausweisen und anhand der Materialität der Dokumente deutlich: Papiere mit hohem Säuregehalt, die häufige Verwendung von Klemmmappen und Schreibmaschinen-Durchschläge zeichnen viele in der DDR entstandene Nachlässe aus. Vgl. Bülow 2014: Strukturelle Merkmale von Archivalien aus der DDR, S. 92 u. 112.

143 Vgl. ebd., S. 93.

144 Ebd.

verbunden mit der Anfertigung von Ausschnitten.[145] Darüber hinaus beobachtet von Bülow, dass einige Korrespondenzen von der ‚Vermischung von Sphären' zeugen: demnach zeigt sich in vielen Briefwechseln, wie eng der Literaturbetrieb der DDR mit anderen gesellschaftlichen Teilbereichen wie der Politik und Wirtschaft verflochten war. So spiegelt der briefliche Kontakt von Autorinnen und Autoren mit Wirtschaftsbetrieben oder Politikern nach von Bülow die Diffusion der in ihrer Autonomie eingeschränkten Funktionssysteme der DDR.[146] Wie wichtig eine genaue Untersuchung solcher Art von Verflechtungen – bei bewusstem Verzicht auf einen systemtheoretischen Ansatz – für die DDR-Literaturforschung ist, betont Berbig:

> „Ohne ein systematisches Aufarbeiten dieses Geflechts von Personen, Institutionen, informellen Kreisen, Privatem und Halbprivatem, das alle möglichen Quellen nutzt, wird es keine verlässlichen und haltbaren Auskünfte über ‚DDR-Literatur' in ihrer wechselnden historischen Gestalt, Auslegung und Beschaffenheit geben."[147]

Eine weitere leichte Divergenz beider Ansätze betrifft den letzten Punkt in von Bülows Typologie. Als spezifisch bezeichnet dieser, dass in Nachlässen von Autorinnen und Autoren, die in der DDR gelebt haben, oft Aufzeichnungen und andere Materialien zu West-Reisen zu finden sind; darunter Berichte, die nach offiziellen West-Reisen für die zuständigen Dienststellen verfasst werden mussten.[148] Doch auch darüber hinaus sind nach von Bülow vermehrt Beschreibungen von Besuchen in der Bundesrepublik zu finden, da diese für die Schriftsteller aufgrund des restriktiven Genehmigungsverfahrens

---

145 Exemplarische Studien, die diese Thematik vertiefen, finden sich in folgendem Sammelband: Berbig 2018: Auslaufmodell „DDR-Literatur". Vgl. im Einzelnen: Berbig 2018: DDR-Demontage mit Schere und Stift, S. 164–176. / Hähner 2018: Franz Fühmanns Zeitungsdokumentationen, S. 177–187. Und: Boltenstern 2018: Der kommentierte Zeitungsausschnitt bei Richard Leising, S. 188–197. Berbig weist gleichzeitig darauf hin, dass insgesamt viele „Schriftstellerinnen und Schriftsteller in der Regel aufmerksame Zeitungsleser sind" und „die Vielfalt literarischer Verwertung nicht zu überschauen" ist. Berbig 2018: DDR-Demontage mit Schere und Stift, S. 164. Vgl. dazu zum Beispiel: Bellettini 2008: Arthur Schnitzlers Zeitungsausschnittsammlung als zeithistorisches Archiv, S. 188–200. Ob der Umgang mit dieser Gattung bei Autorinnen und Autoren mit DDR-Bezug im Unterschied zu anderen besonders charakteristisch ist, bleibt insofern zu prüfen.

146 Vgl. Bülow 2014: Strukturelle Merkmale von Archivalien aus der DDR, S. 96–105. Beispielhaft deutlich wird das in folgender Analyse: Klinkenbusch 2018: Briefe zwischen Peter Hacks, Alfred Kurella und Bernt von Kügelgen 1961/62, S. 246–258.

147 Berbig 2018: DDR-Literatur – archiviert, S. 37.

148 Vgl. Bülow 2014: Strukturelle Merkmale von Archivalien aus der DDR, S. 105–110.

ein besonderes Ereignis darstellten.[149] Jedoch darf bei einer solchen These nicht unberücksichtigt bleiben, dass, wie Berbig bemerkt, die „staatlichen Behörden der DDR, die Reisefreiheit im Kulturbereich von der allgemeinen Praxis abweichend"[150] regelten. Demnach gehört es „zu den Phänomenen der DDR-Literaturforschung, dass die Tragweite dieser Entscheidung weitgehend marginalisiert worden ist. Man weiß darum, scheut jedoch vor einer empirischen Erhebung und systematischen Erschließung."[151] So glichen West-Reisen für Christa Wolf, Franz Fühmann, Volker Braun, Heiner Müller und andere, die ohne große Umstände die deutsch-deutsche Grenze überqueren konnten, einer Selbstverständlichkeit.[152]

Während von Bülow spezifische Charakteristika von Nachlässen herauszuarbeiten versucht, die einen DDR-Bezug haben, ist es Berbigs Anliegen zu zeigen, wie gerade die Untersuchung solcher Nachlässe zum Aufbrechen der Kategorisierung ‚DDR-Literatur' bzw. zu ihrer Differenzierung führen kann. Materialorientierte Einzelanalysen und systematische Untersuchungen können demnach die Pluralität des literarischen Lebens in der DDR und die individuellen, heterogenen Entstehungshintergründe einer Literatur aufzeigen, bei der die Gefahr besteht, ihren Facettenreichtum durch einen einseitigen und starren Zugriff zu nivellieren. Daher regt Berbig „zur gezielten Erschließung der ins Archiv gedrungenen ungedruckten Vielgestalt von Schreib- und Lebenszeugnissen" an und zielt damit auf eine „Reanimierung umfassender Formen, in denen schreibend Existenzen begründet wurden, bei gleichzeitigem Entfalten von Kartons und Entsorgen von Schubfächern und Löschen von genormten Datenbänken."[153] Birgit Dahlke, die Berbigs Ansatz aufgreift, resümiert befürwortend: „Die Analyse von Nachlassprofilen als ein neuer methodischer Zugriff auf dem Feld der ‚DDR-Literatur' könnte nicht nur verbreitete Autor_innenbilder korrigieren, sondern auch das Gesamtbild dieser Literatur verändern."[154] Im Folgenden soll deshalb die Basis für

149 Vgl. ebd., S. 105.

150 Berbig 2018: DDR-Literatur – archiviert, S. 29 f.

151 Ebd., S. 30.

152 Vgl. ebd.

153 Ebd., S. 44. Um die mannigfaltigen Prägungen herauszuarbeiten, empfiehlt Berbig neben vielen anderen Punkten die „Rekonstruktionen tatsächlicher Beziehungen innerhalb der literarisch-kulturellen und -künstlerischen Welt und tatsächlicher Gegebenheiten, die von Schreibenden ausgehen und auf sie zurückweisen." Ebd., S. 23. Darunter fallen beispielsweise die Analyse variantenreicher „grenzüberschreitende Dichterbeziehungen" (ebd., S. 25) mithilfe von Kontaktprofilen jenseits des Literaturbetriebs der DDR (Vgl. ebd., S. 26), und die Betrachtung individueller Lebens- und Schreibumstände. Vgl. ebd., S. 24 f.

154 Dahlke 2018: Kanonkämpfe und Deutungskonkurrenzen nach 1989, S. 246.

eine solche Analyse geschaffen und der Gegenstand ‚Schriftstellernachlass' theoretisch diskutiert werden, ohne durch einen unmittelbaren Fokus auf die DDR den Zugriff zu verengen.

1.3 Begriffliche Abgrenzung I: Werk und Nachlass

„Was ist bei Benjamin ‚Werk', was ‚Nachlass'?"[155] fragt Schöttker in seinem Aufsatz von 2011 in Bezug auf die seit 2008 erscheinende kritische Gesamtausgabe „Walter Benjamin. Werke und Nachlaß". Die Begriffe Werk und Nachlass stehen in einem korrelativen Verhältnis und sind begriffsgeschichtlich miteinander verbunden,[156] aber wie sie sich zueinander verhalten und welche Elemente sich zu welchem Konzept ordnen lassen, ist in denen mit ihnen operierenden Wissenschaften nicht abschließend geklärt. Kaum ein definitorischer Ansatz zum literarischen Werk- oder Nachlassbegriff, sei es in literaturwissenschaftlichen Nachschlagewerken oder Publikationen der Editions- oder Archivwissenschaft, thematisiert das Verhältnis beider Termini zueinander. Erstmals 2019, in einem Aufsatz von Magnus Wieland,[157] rückt die Relation dieser Begrifflichkeiten explizit und vertiefend in den Fokus. In der Regel aber werden die Begriffe eigenständig für sich problematisiert und wenn, dann nur am Rande aufeinander bezogen.

Dabei hat Michel Foucault schon 1969 markiert, dass sich an die Frage „Was ist ein Autor?", auch die Frage nach dem Werk und seiner Abgrenzung zu den schriftlichen Hinterlassenschaften anschließt:

> „‚Was ist ein Werk? Worin besteht diese merkwürdige Einheit, die man als Werk bezeichnet? Aus welchen Elementen besteht es? Ist ein Werk nicht das, was derjenige geschrieben hat, der der Autor ist?' Man sieht gleich die Schwierigkeiten, die sich ergeben: Wenn jemand kein Autor ist, könnte man dann sagen, dass das, was er geschrieben oder gesagt hat, das, was er in seinen Papieren hinterlassen hat, das, was man von seinen Äußerungen berichten kann, ‚Werk' genannt werden könnte? […] Aber nehmen wir an, dass man es mit einem Autor zu tun hat: ist dann alles, was er geschrieben hat, alles, was er hinterlassen hat, Teil seines Werks? Ein zugleich theoretisches und praktisches Problem. […] Wie lässt sich aus den Millionen von Spuren, die jemand nach seinem Tod hinterlässt, ein Werk definieren? Die Theorie des Werks existiert nicht, und denen, die naiv daran gehen, Werke herauszugeben, fehlt eine solche Theorie, und ihre empirische Arbeit kommt rasch zum Erliegen."[158]

---

155 Schöttker 2011: Was ist bei Benjamin „Werk", was „Nachlass"?, S. 341–347.

156 Vgl. Wieland 2019: Werkgenesen: Anfang und Ende des Werks im Archiv, S. 216 f.

157 Vgl. ebd., S. 213–235.

158 Foucault 2007: Was ist ein Autor?, S. 1009 f.

In Bezug auf die ‚Theorie des Werks' gilt der Befund Foucaults noch immer. Die Verhältnisbestimmung von Werk- und Nachlass wird anhaltend dadurch erschwert, dass sich der Werkbegriff, ähnlich wie der im nächsten Kapitel genauer zu betrachtende Nachlassbegriff, auf keine feststehende Definition und keine einheitliche theoretische Fundierung stützen kann.[159] Trotz seiner starken Aufladung im Bereich des Ästhetischen ist das Werk, so stellt unter anderem Martin Kölbel 2005 fest, bis in die Gegenwart „merkwürdig unterbestimmt geblieben"[160]. 2019 beklagen die Herausgeber eines umfassenden Sammelbands zur Aktualität des Werkbegriffs noch immer „ein erstaunliches Theoriedefizit"[161].

In der Regel wird der Begriff wie selbstverständlich vorausgesetzt, ohne die historisch-divergierenden Bestimmungen des Terminus, die an verschiedene Kunstauffassungen und -theorien gebunden sind und unterschiedliche methodologische Konsequenzen nach sich ziehen, zu reflektieren.[162] In Verbindung mit der theoretischen Mannigfaltigkeit überlagern sich in der Diskussion um den literarischen Werkbegriff, der im Folgenden im Fokus stehen soll, philosophie-ästhetische, literaturwissenschaftliche und editionswissenschaftliche Ansätze, hinter denen verschiedene Interessen und Konzepte stehen.[163]

Vor dem Hintergrund dieser komplexen Problemlage soll in dem vorliegenden Kapitel, ausgehend von der historischen Verankerung des Werkbegriffs, umrissen werden, welche Positionen zu einer Relationsbestimmung zwischen literarischem Werk und literarischem Nachlass aktuell vorliegen. Dass in diesem Rahmen weder ein detaillierter begriffshistorischer Abriss, noch ein neuer Beitrag zur Werktheorie geleistet werden kann, leuchtet angesichts der skizzierten Schwierigkeiten ein. Gleichwohl rückt die Frage nach dem Verhältnis von Werk- und Nachlassbegriff einen in den Debatten bisher vernachlässigten Aspekt ins Zentrum und erlaubt zugleich eine für die Zwecke dieser Arbeit praktikable Bestimmung des Werkbegriffs. Zunächst ist dabei die Rede vom Werk als ‚Opus', als Einzelwerk.

159 Vgl. Reuß 2005: Text, Entwurf, Werk, S. 1.

160 Kölbel 2005: Das literarische Werk, S. 27. Auch Spoerhase konstatiert, dass anders als die intensiv diskutierte Frage nach dem Autor, „die Frage nach dem Werk weitgehend ignoriert" wird. Spoerhase 2007: Was ist ein Werk, S. 282.

161 Danneberg/Gilbert et al. 2019: Zur Gegenwart des Werks, S. 3.

162 Vgl. Thierse 1990: Geschichte des Werkbegriffs, S. 380.

163 Vgl. Spoerhase 2007: Was ist ein Werk, S. 282. Vgl. auch: Nutt-Kofoth 2015: Konzepte der Fragmentedition, S. 27.

Zu Beginn seines noch immer einschlägigen Beitrags zur Begriffsgeschichte legt Wolfgang Thierse im „Historischen Wörterbuch ästhetischer Grundbegriffe“ 1990 dar, dass die praktisch-intuitive Verwendung des Werkbegriffs von einer historisch begründeten, bis in die Antike und auf Aristoteles zurückgehenden ‚Werk-Konvention‘ dominiert wird:[164] „Als ein gewissermaßen institutionalisiertes Moment der künstlerischen Kommunikation, das tradiert wird, prägt die Werk-Konvention [...] unsere ästhetische Erfahrung, steuert der Werkbegriff [...] die Selektion und Rezeption von Werken.“[165] Über mehrere Epochen hinweg wurden, das betont auch Hubert Thüring, bestimmte Vorstellungen im Zusammenhang mit dem Werkbegriff in verschiedenen Ausformungen konventionalisiert:

> „Seit den verschiedenen Genie-Konzeptionen der Antike, der Renaissance und der Klassik (inklusive Sturm und Drang) wird das ‚Werk‘ in näherer oder fernerer Analogie zur göttlichen oder natürlichen Schöpfung für das Einzel- oder Gesamtprodukt der spontanen oder arbeitsamen, plötzlichen oder prozesshaften Gestaltung eines schaffenden Subjekts gedacht. Je nachdem sind auch die elementaren Attribute der Ganzheit, Einheit und Abgeschlossenheit stärker oder schwächer ausgeprägt.“[166]

Dass sich diese Entwicklung auch in gegenwärtigen Definitionen niederschlägt, zeigt sich an Horst Thomés vielzitiertem Eintrag im Reallexikon der Literaturwissenschaft von 2007, der das Werk bestimmt als „das fertige und abgeschlossene Ergebnis der literarischen Produktion, das einem Autor zugehört und in fixierter, die Zeit überdauernder Form vorliegt“[167].

Aus werkgeschichtlicher Perspektive, ausführlicher dargestellt bei Thierse und Steffen Martus,[168] gilt hinsichtlich der historischen Herausbildung der Leitorientierungen der „Überzeitlichkeit, Geschlossenheit, Einheitlichkeit

---

164 Vgl. Thierse 1990: Geschichte des Werkbegriffs, S. 383. In der Fortführung des groß angelegten Projektes eines „Historischen Wörterbuchs ästhetischer Grundbegriffe“ hat den Beitrag zum Werk Pudelek verfasst. Vgl. Pudelek 2005: Werk, S. 520–588.

165 Thierse 1990: Geschichte des Werkbegriffs, S. 383. Dass das Werk bis heute eine wirkmächtige Kategorie darstellt, betont auch Martus: „In bestimmten Zusammenhängen, die theoretisch und praktisch die Perspektiven und das Vorgehen der Literaturwissenschaft wesentlich bestimmt haben und noch immer bestimmen, definiert das Werk Grenzen der Interpretation.“ Martus 2007: Werkpolitik, S. 14.

166 Thüring 2016: Philologische Produktivität, S. 263.

167 Vgl. Thomé 2007: Werk, S. 832.

168 Vgl. Martus Studie „Werkpolitik. Zur Literaturgeschichte kritischer Kommunikation vom 17. bis ins 20. Jahrhundert“, in der sich ein wichtiger „Beitrag zur Geschichte der Theorie und Praxis des Werks“ findet. Martus 2007: Werkpolitik, S. 10 u. 13–51.

sowie der literarischen Wertigkeit“[169] der um 1800 entstandene emphatische Werkbegriff als besonders einflussreich.[170] Während der Ausdifferenzierung des modernen Systems der Künste in dieser Zeit und im Zuge des Funktionswandels der Kunst hin zu Autonomisierung und Ästhetisierung wird die Werkkategorie zu einem ästhetischen Schlüsselbegriff mit normativer Ausrichtung.[171] Die deutsche Werkästhetik, prominent vertreten durch Karl Phillip Moritz, entbindet die Kunst von direkten politischen, sozialen und religiösen Funktionen, indem sie das Werk, seine Schönheit und innere Vollendung als Selbstzweck setzt.[172] So offenbart sich nach Moritz das Schöne durch

> „*vorhergegangne ruhige Betrachtung der Natur und Kunst, als eines einzigen großen Ganzen*, das in allen seinen Teilen sich in sich selber spiegelnd, da den reinsten Abdruck läßt, wo alle Beziehung aufhört, in dem echten Kunstwerke, das, so wie sie, in sich selbst vollendet, den Endzweck und die Absicht seines Daseins in sich selber hat“[173].

Auch Georg Wilhelm Friedrich Hegels Ästhetik im Geiste des deutschen Idealismus fasst wesentliche Grundzüge wie Ganzheit, Geschlossenheit sowie Einheit von Inhalt und Form, die sich in den emphatischen Werkbegriff eingeschrieben haben.[174] Das Werk, „ein in sich unendlicher Organismus“[175], erscheint bei Hegel als Ausdruck der Wahrheit im Kunstschönen, das auf ein Allgemeines und insofern Bleibendes, auf einen zeitlich überdauernden Sinn verweist.[176]

---

169 Ebd., S. 17.

170 Vgl. ebd., S. 21. Ausdrücklich konstatiert Martus an anderer Stelle: „Bis hin zur sogenannten Werkimmanenz, die ihren Standpunkt in den 1930er Jahren festigt, die die ästhetischen Normen und literaturwissenschaftlichen Vorgehensweisen nach 1945 bis in die 1960er Jahre hinein in besonderem Maß prägt und die auch darüber hinaus noch die ‚Regeln der Kunst‘ bestimmt, zeigt sich die Bedeutung des emphatischen Werkbegriffs.“ Ebd., S. 34.

171 Vgl. Thierse 1990: Geschichte des Werkbegriffs, S. 387.

172 Vgl. ebd., S. 394 u. 404.

173 Moritz 1997: Über die bildende Nachahmung [1788], S. 983.

174 Exemplarisch heißt es in Hegels Vorlesungen über die Ästhetik in Bezug auf das ‚wahrhaft poetische Kunstwerk‘, es sei: „gehaltreich und diesen Inhalt in entsprechender Erscheinung entfaltend; einheitsvoll, doch nicht in Form und Zweckmäßigkeit, die das Besondere abstrakt unterwirft, sondern im Einzelnen von derselben lebendigen Selbstständigkeit, in welcher sich das Ganze ohne scheinbare Absicht zu vollendeter Rundung in sich zusammenschließt […].“ Hegel 1986: Vorlesungen über die Ästhetik III, S. 270.

175 Ebd., S. 270.

176 So erklärt Hegel: „Denn in der Kunst haben wir es mit keinem bloß angenehmen oder nützlichen Spielwerk, sondern mit der Befreiung des Geistes vom Gehalt und den Formen der Endlichkeit, mit der Präsenz und Versöhnung des Absoluten im Sinnlichen und Erscheinenden, mit einer Entfaltung der Wahrheit zu tun […].“ Ebd., S. 573.

Die Wirkmächtigkeit dieses emphatischen Werkbegriff zeigt sich auf mehrfache Weise. Zum einen in der Hermeneutik als methodisches Pendant: Das im Werkganzen eingebettete unerschöpfliche Bedeutungsreservoir, das im Zusammenspiel der einzelnen Teile über sich hinausweist, wird in der hermeneutischen Auslegung entfaltet.[177]

Zum anderen hat sich das so verstandene Werk auch ökonomisch und eigentumsrechtlich etabliert. Das um 1800 in Europa entstehende moderne Urheberrecht schützt das Werk eines Autors als sein geistiges Eigentum, also als ein immaterielles Gut, das nicht dem vervielfältigbaren und ökonomisch verwertbaren Druckwerk entspricht.[178] Im Zusammenhang mit den aufkommenden Genie- und Originalitätsvorstellungen im ausgehenden 18. Jahrhundert, die das Werk als einzigartige Schöpfung eines Individuums begreifen – als ein persönlicher Ausdruck, der im Überindividuellen aufgeht[179] –, werden ‚Autor' und ‚Werk' zu den zentralen, eng aufeinander bezogenen Begrifflichkeiten.[180] Wie Heinrich Bosse mit der Formel „Autorschaft ist Werkherrschaft" gezeigt hat, manifestiert das Urheberrecht diese Beziehung: Der Autor wird zum Souverän seines Werks, der die Vervielfältigung seiner Texte bestimmen sowie Eingriffe kontrollieren kann. Nach der Fertigstellung löst sich das Werk einerseits als ein Selbstständiges vom Autor ab, bleibt aber andererseits diesem zugehörig und markiert das ihm Eigene durch die Abgrenzung vom Fremden.[181]

Im 20. Jahrhundert problematisieren verschiedene Tendenzen den emphatischen Werkbegriff und stoßen eine Dekonstruktion und Destruktion an. Die entstehenden Avantgardebewegungen beginnen das Werk als gegebenes und selbstverständliches Konzept provokant in Frage zu stellen, das Kriterium der

177 Vgl. Thierse 1990: Geschichte des Werkbegriffs, S. 406. Und: Martus 2007: Werkpolitik, S. 15 f.

178 Vgl. Bosse 2014: Autorschaft ist Werkherrschaft, S. 7 u. 13 f. Sowie: Thierse 1990: Geschichte des Werkbegriffs, S. 397.

179 „Das bildende Genie will, wo möglich, alle die in ihm schlummernden Verhältnisse jener großen Harmonie, deren Umfang größer, als seine eigne Individualität ist, *selbst umfassen:* das kann es nun nicht anders, als in *verschiednen Momenten*, schaffend, bildend, aus seiner eignen eingeschränkten Individualität gleichsam heraus in ein Werk, das außer ihm sich darstellt, hinüberschreitend und *mit* diesem Werke nun das *umfassend*, was seine Ichheit selber vorher nicht fassen konnte." Moritz 1997: Über die bildende Nachahmung [1788], S. 981.

180 Vgl. Thierse 1990: Geschichte des Werkbegriffs, S. 395–398.

181 Vgl. Bosse 2014: Autorschaft ist Werkherrschaft, S. 14. Und Bosse 1981: Autorisieren, S. 122. Auch Michel Foucault hat die Wirkmächtigkeit dieser im 18. Jahrhundert entstandenen engen Verbindung von ‚Autor' und ‚Werk' aufgezeigt: „Bei jedem Text der Poesie oder der Fiktion fragt man danach, woher er kommt, wer ihn geschrieben hat, zu welchem Zeitpunkt, unter welchen Umständen oder in welcher Absicht." Foucault 2007: Was ist ein Autor?, S. 1017.

Autonomie durch die Überführung der Kunst in eine Lebenspraxis zu unterlaufen sowie die Kategorien der individuellen Produktion und der davon getrennten Rezeption zu negieren.[182] Gegenüber den Vorstellungen einer harmonischen und organischen Werk-Einheit betonen sie beispielsweise das Nicht-Organische, die Heterogenität einzelner, montierter Teile.[183]

Ab den 1960er und 1970er Jahren entstehen außerdem zunehmend theoretische Ansätze, die sich an dem Werkbegriff des 18./19. Jahrhunderts kritisch abarbeiten. Unter vielen anderen[184] beispielhaft genannt sei hier Roland Barthes, der schon mit dem Titel seines Aufsatzes „Vom Werk zum Text" (1971) die Stoßrichtung seiner Werkkritik deutlich macht: Dem Werk, das ein „Bruchstück Substanz"[185] darstellt und zum Beispiel ein Buch sein kann, setzt Barthes einen von Entgrenzung, Pluralität und Unabschließbarkeit geprägten Textbegriff und, auf Julia Kristeva aufbauend, das Konzept der Intertextualität entgegen.[186] Foucault wiederum zielt, zwei Jahre vor Barthes, auf eine Desautomatisierung der Verwendung des Werkbegriffs, indem er die Funktion ‚Werk' in Verbindung mit der Autorfunktion als Instrument der Selektion und Zentrierung von Texten im literarischen Diskurs beschreibt.[187] Die in den 1970er Jahren entstehende „critique génétique" stellt dem emphatischen Werkbegriff eine Fokussierung auf Schreibprozesse und Textgenese entgegen und strebt mit dem Terminus des „Avant-texte" eine gleichrangige Behandlung „aller überlieferten und chronologisch geordneten schriftlichen Zeugen zur Genese eines (vollendeten oder unvollendeten) Werkes"[188] an.

Die Krise des Werkbegriffs im 20. Jahrhundert mündet so in einer historisch bedingten „disparaten Vielheit von Werkkonzepten"[189] mit verschiedenen methodologischen Implikationen.

In dieser Arbeit soll an jene Konzepte angeknüpft werden, die an dem Werkbegriff festhalten bzw. diesen wieder zu rehabilitieren versuchen. Darunter fallen – durchaus unterschiedlich ausgerichtet – insbesondere Ansätze in der

182 Vgl. Bürger 2017: Theorie der Avantgarde, S. 73.

183 Vgl. ebd., S. 75–107. Vgl. auch: Pudelek 2005: Werk, S. 523. Und: Thierse 1990: Geschichte des Werkbegriffs, S. 407 f.

184 Eine Zusammenfassung der „Geschichte der Werktheorie in unterschiedlichen methodischen Kontexten", verstanden „als sukzessive Auflösung und Erläuterung des emphatischen Werkbegriffs", findet sich bei Martus. Wobei er jedoch darauf hinweist, dass es „keinen Kanon an werktheoretisch einschlägigen Texten gibt." Martus 2007: Werkpolitik, S. 36.

185 Barthes 2006: Vom Werk zum Text, S. 65.

186 Vgl. ebd., S. 64–72. Und: Reuß 2005: Text, Entwurf, Werk, S. 1 f.

187 Vgl. Foucault 2007: Was ist ein Autor?, S. 109 f. Und: Martus 2007: Werkpolitik, S. 42.

188 Grésillon 1999: Literarische Handschriften, S. 293.

189 Kölbel 2005: Das literarische Werk, S. 28.

Editionsphilologie[190] unter anderem von Siegfried Scheibe,[191] Roland Reuß[192] und Gunter Martens,[193] aber auch Entwicklungen in der Literaturwissenschaft, die wie Spoerhase dafür plädieren, den Werkbegriff, in einem ‚klassischen' Sinne als ein Produkt eines künstlerischen Prozesses verstanden, aufrechtzuerhalten[194] bzw. die ganz aktuell die ‚Wiederkehr des Werks' diskutieren.[195] Eine solche Annahme erscheint in diesem Kontext insofern angemessen, da in Bezug auf den Nachlass stets auch die Kategorie des Werks eine Rolle spielt.[196] Stand diese Bezugnahme lange unter dem Zeichen der „Opposition von Werk und Nachlass"[197], so hat Alexander Nebrig bereits angedeutet, dass sich dieser Gegensatz in einer Auflösung befindet.[198]

Vor einer genaueren Betrachtung dieses Sachverhalts sind angrenzende und im Kontext dieser Arbeit relevante Begrifflichkeiten zu klären. Darunter fällt die Unterscheidung zwischen dem Einzelwerk als ‚Opus' und dem Gesamtwerk als ‚Œuvre', auf die Scheibe schon 1971 mit Hinweis auf ein Definitionsdefizit aufmerksam gemacht hat,[199] die jedoch meist ohne genauere Ausführungen aufgegriffen wird.[200] Martens spricht sich in einer Fußnote dafür aus, das

---

190 „Die *Editionswissenschaft* unterscheidet, im Prinzipiellen übereinstimmend, aber mit Kontroversen im Detail, zwischen ‚Werken' […] und sonstigen, einer Ausgabe beigegebenen Materialien (z. B. Notizen, Entwürfen, Fragmenten)." Thomé 2007: Werk, S. 832.

191 Vgl. Scheibe 1971: Zu einigen Grundprinzipien einer historisch-kritischen Ausgabe, S. 1–44. / Scheibe 1991: Werk und Edition, S. 11–22. / Scheibe 1991: Editorische Grundmodelle, S. 23–48.

192 Vgl. Reuß 2005: Text, Entwurf, Werk, S. 1–12.

193 Vgl. Martens 2004: Das Werk als Grenze, S. 175–186.

194 Vgl. Spoerhase 2007: Was ist ein Werk, S. 285.

195 2015 fand in Hannover eine Tagung mit dem Titel „Wiederkehr des Werks? Symposium zur Gegenwart des literarischen Werkbegriffs" statt. Der von Danneberg, Gilbert und Spoerhase herausgegebene Tagungsband „Das Werk. Verschwinden und Fortwirken eines Grundbegriffs" ist kurz vor Abschluss dieser Arbeit erschienen: Danneberg/Gilbert et al. 2019: Das Werk.

196 Vgl. beispielsweise: RNA 2010, S. 63. Unter: http://kalliope-verbund.info/_Resources/Persistent/5bf5cd96ea4448bfec20caf2e3d3063344d76b58/rna-berlin-wien-mastercopy-08-02-2010.pdf, zuletzt abgerufen am 16.11.2021.

197 Nebrig 2017: Expressionistische Nachlassgeburten, S. 359.

198 Vgl. ebd.

199 Vgl. Scheibe 1971: Zu einigen Grundprinzipien einer historisch-kritischen Ausgabe, S. 16.

200 In Einführungen in die Editionswissenschaft wie der „Einführung in die Editionsphilologie der neueren deutschen Literatur" 1991 von Kanzog sowie in Plachtas Reclamband „Editionswissenschaft" von 1997 fehlen solche Ausführungen genauso wie in Klausnitzers Buch „Literaturwissenschaft. Begriffe, Verfahren, Arbeitstechniken", wo ebenfalls ohne weitere Erläuterung auf die Differenz hingewiesen wird. Vgl. Klausnitzer 2012: Literaturwissenschaft, S. 281. In dem von Berning, Jordans und Kruschwitz 2015 herausgegebenen

Gesamtwerk „als Beziehungssystem aller einzelnen Texte, die den *Werk*status erlangt haben, aufzufassen"[201], während Martus erklärt:

> „Das Gesamtwerk ist mithin eine vom Einzelwerk aktivierbare größere Bezugseinheit, die gegebenenfalls das ‚Verstandenwerden' des einbezogenen Textes begünstigt. […] Das Interesse für ein Gesamtwerk entwickelt sich über den besonderen Wert einzelner Werke; umgekehrt vermag das Gesamtwerk dann diesen Wert zu bestimmen. Auf diese Weise werden die Grenzen des Werks, das insbesondere als Gesamtwerk seine Gravitationskraft entfaltet, durchlässig."[202]

Spoerhase wiederum setzt den Begriff des Gesamtwerks mit dem der Überlieferung als „Gesamtheit aller textuellen Überbleibsel" gleich und bezeichnet als Œuvre die „Werkausgaben als Editionstypen"[203]. Vergleichbar, aber auf eine Begrenzung abzielend, meint Kölbel: „In ein Gesamtwerk lassen sich alle jene Textsorten eingliedern, deren genauer Bezug auf die artworld nicht eindeutig zu bestimmen ist: Briefe, Tagebücher, Exzerpte, Wortfetzen in einem Notizbuch"[204]. In der Vermittlung dieser Auffassungen soll hier als Gesamtwerk eines Autors ein Gebilde aus Texten mit Werkstatus und den damit in einem engeren oder ferneren Zusammenhang stehenden textuellen Überbleibseln verstanden werden, dessen Grenzen jedoch im Rahmen einer philologischen-interpretatorischen Analyse abgesteckt werden müssen.[205] Der Begriff der Überlieferung soll sich auf die erhaltenen Zeugen eines Einzelwerks beziehen, die seine Entstehung dokumentieren,[206] sodass einer Ineinssetzung von Gesamtwerk, Überlieferung und Nachlass entgegengewirkt wird. ‚Texte' werden hier

Band „Fragment und Gesamtwerk. Relationsbestimmungen in Edition und Interpretation" fehlt ebenfalls eine Definition des Gesamtwerks.

201 Der gesamte Wortlaut der auf den Begriff des Gesamtwerks bezogenen Fußnote bei Martens lautet: „Wenn man diesen Begriff des Werks, der im Deutschen im Sinne von Œuvre neben dem des Opus schon immer mitgedacht werden muß, wirklich terminologisch ernst nimmt, müßte er als das Gesamte aller einzelnen *Werke* eigentlich auf die veröffentlichten bzw. zur Veröffentlichung vorgesehenen Texte beschränkt bleiben. Es wäre immerhin bedenkenswert, dieses Gesamt*werk* als Beziehungssystem aller einzelnen Texte, die den *Werk*status erlangt haben, aufzufassen." Martens 2004: Das Werk als Grenze, S. 186.

202 Martus 2019: Die Praxis des Werks, S. 115.

203 Spoerhase 2007: Was ist ein Werk, S. 286.

204 Kölbel 2005: Das literarische Werk, S. 44.

205 Am Ende dieses Abschnitts wird auf diesen Gesamtwerk-Begriff, für den auch die Überlegungen von Wirtz aufschlussreich sind, noch einmal zurückzukommen sein. Vgl. Wirtz 2003: Wie der Nachlass Friedrich Dürrenmatts den klassischen Werkbegriff sprengt, S. 351–356.

206 Vgl. Grubmüller 2007: Überlieferung, S. 717. / Scheibe 1971: Zu einigen Grundprinzipien einer historisch-kritischen Ausgabe, S. 7. / Plachta 1997: Editionswissenschaft, S. 141.

in Anlehnung an Martens verstanden als fixierte „Zeichen, genauer: eine (begrenzte) Menge von Zeichen, die als solche wiederum als ein Zeichen gelesen werden können."[207] Das Text-Sein ist dabei nicht genauer bestimmt und kann flexible Konturen annehmen. Martens geht daher davon aus, dass „Texte zwei Seiten haben, eine ‚statische', vom Textträger (‚Zeugen') festgelegte, und eine sich verändernde, ‚dynamische', die vom Rezipienten mitbestimmt wird."[208]

Den Nachlass im Verhältnis zu den Einzelwerken definieren Spoerhase und Sina gewissermaßen im Ausschlussprinzip wie folgt: „Der Nachlass ist zunächst einmal das, was zu Lebzeiten des Autors keine Werkförmigkeit erlangt hat [...]"[209]. Dementsprechend ist zu fragen, wie der beibehaltene Werkbegriff gegenwärtig diskutiert und wie im Umkehrschluss das Nicht-Werkförmige davon abgegrenzt wird. Wenn sich dabei mehrfach auf Spoerhase bezogen wird, dann deshalb, da er bisher der einzige ist, der sich intensiver sowohl mit dem Werkbegriff als auch mit dem Forschungsgegenstand Nachlass auseinandergesetzt hat.[210]

Einen Ausgangspunkt bietet seine Zusammenfassung der Kriterien, die in Bezug auf den Übergang vom Text zum Werk (Opus) einzeln oder in Kombination in den einschlägigen editionswissenschaftlichen Debatten ab den 1970ern, aber insbesondere in den 1990ern und 2000ern genannt werden:[211]

> „(a) ein Werk konstituiert sich durch einen Titel (paratextuelles Kriterium), (b) durch einen Veröffentlichungsakt (institutionelles Kriterium), (c) durch die Autorabsicht (intentionales Kriterium) oder (d) durch seinen Geschlossenheitsgrad (Anfang und Ende) bzw. Vollendungsgrad (ästhetisches Kriterium)."[212]

---

207 Martens 2004: Das Werk als Grenze, S. 185.

208 Ebd., S. 185. Erstmals definierte Martens ‚Text' auf diese Weise in folgendem Aufsatz: Martens 1991: Was ist – aus editorischer Sicht – ein Text?, S. 135–156.

209 Sina/Spoerhase 2013: Nachlassbewusstsein, S. 622.

210 Vgl. Spoerhase 2007: Was ist ein Werk, S. 276–344. / Sina/Spoerhase 2013: Nachlassbewusstsein, S. 607–623. / Spoerhase 2014: Postume Papiere, S. 502–511. / Spoerhase 2017: Neuzeitliches Nachlassbewusstsein, S. 21–48. / Danneberg/Gilbert et al. 2019: Zur Gegenwart des Werks, S. 3–26.

211 Kanzog fasst die verschiedenen bis 1991 vorliegenden Ansätze ähnlich strukturiert zusammen. Vgl. Kanzog 1991: Einführung in die Editionsphilologie, S. 134 f.

212 Spoerhase 2007: Was ist ein Werk, S. 288.

Weder in Verbindung mit dem paratextuellen[213] noch in Verbindung mit dem ästhetischen Kriterium, das dem Werk das nicht vollendete oder unvollständige Fragment gegenüberstellt,[214] wird der Nachlassbegriff explizit genannt.[215] Demgegenüber werden das institutionelle sowie das intentionale Kriterium, die sich beide auf den Aspekt der Veröffentlichung beziehen, vermehrt auf den Nachlassbegriff bezogen, quasi ex negativo zum Werkbegriff.

Das intentionale Kriterium, in der Editionswissenschaft unter anderem vertreten von Scheibe, Klaus Kanzog und Martens, wertet als kennzeichnend für ein Werk die Autorintention zur Publikation eines Textes.[216] Keine Werke sind demnach, laut Scheibe, Aufzeichnungen, die „in erster Linie für private, nicht für öffentliche Zwecke bestimmt"[217] sind. Und Martens erklärt entschieden: „Was ist nun mit Texten, die der Autor selbst nicht veröffentlicht oder auch nicht für eine Veröffentlichung vorgesehen hat? Sie fallen zunächst einmal allesamt in den großen Topf des ‚Nachlasses'."[218] In der Nachlass-Definition im Reallexikon der deutschen Literaturwissenschaft schlägt sich ein solcher Ansatz ebenfalls nieder, indem hier zwischen „zur Veröffentlichung bestimmten oder

---

213 Hurlebusch bezeichnet als Werk einen „Text, der durch einen Titel benannt bzw. gekennzeichnet ist oder werden kann. Durch den Titel erhält ein Text sozusagen einen Namen, mit Hilfe dessen allein [...] er identifiziert und zitiert werden kann. Texte, die nicht durch Titel unterschieden werden können, sind z. B. Briefe, ausgenommen die fingierten." Hurlebusch 1971: Zur Aufgabe und Methode der philologischen Forschung, S. 127.

214 Vgl. Thomé 2007: Werk, S. 832. Kanzog verbindet das ästhetische mit den intentionalen und institutionellen Kriterien: „Als Texttypus ist ein als Fragment intendierter und publizierter Text ein Werk, während eine fragmentarische Überlieferung immer nur Teil eines Projekts ist". Kanzog 1991: Einführung in die Editionsphilologie, S. 135. Strohschneider wendet in seinem Artikel im Reallexikon der deutschen Literaturwissenschaft ein: „Allgemeine Kriterien, nach denen Fragmentarizität je gattungs- oder epochenspezifisch historisch konkret zu bestimmen wäre, existieren bislang offenbar nicht: Dies nicht allein wegen der Vielfältigkeit und jeweiligen Besonderheit des Überlieferten, sondern vor allem, weil jeder Fragmentbegriff – nach der Beziehungsregel von Teil und Ganzem – Standards für textuelle Vollständigkeit voraussetzt (die er für den Einzelfall oft nur unterstellen, allenfalls sekundär begründen kann)." Strohschneider 2007: Fragment, S. 624 f.

215 Allerdings bezieht sich Nutt-Kofoth auf eine angrenzende Begrifflichkeit: „Es steht heute editionswissenschaftlich außer Frage, dass die fragmentarischen Texte elementare Bestandteile des Gesamtwerks eines Autors, des Oeuvre, sind [...]." Nutt-Kofoth 2015: Konzepte der Fragmentedition, S. 24.

216 Vgl. Martens 2004: Das Werk als Grenze, S. 178 f. Vgl. darüber hinaus: Scheibe 1991: Werk und Edition, S. 14. Und: Kanzog 1991: Einführung in die Editionsphilologie, S. 134.

217 Scheibe 1991: Werk und Edition, S. 14.

218 Martens 2004: Das Werk als Grenze, S. 183.

dafür geeigneten Werke[n]"[219] und ihrem Entstehungshintergrund, dem Nachlass unterschieden wird.

Eine andere Differenzierung bietet das institutionelle Kriterium an: Unabhängig von der Autorintention wird ein Text demnach durch den Eintritt in die Öffentlichkeit, durch die Publikation und die Möglichkeit der Rezeption zu einem Werk.[220] Neben Miroslav Červenka[221] vertritt Kölbel diesen Standpunkt: „Die Öffentlichkeit, in die das Erzeugnis eintritt, und nicht der Autor, ‚bildet' das Werk"[222], schreibt er. Dementsprechend wird im Metzler Lexikon Literatur der Nachlass als das „private, unveröffentlichte Archiv eines Autors"[223] bezeichnet.

Der Aspekt der intendierten oder unabhängig davon realisierten Öffentlichkeit, die Unterscheidung zwischen öffentlich und privat, hat sich in Bezug auf die Abgrenzung von Werk und Nachlass etabliert. Kölbl skizziert aus einer praktischen, das heißt archivarisch-bibliothekarischen Perspektive heraus, wie diese Unterscheidung den Literaturbetrieb, aber auch die Entstehung der Literaturarchive geprägt hat:

> „Die tendenzielle Zuordnung von Handschriftlichem ins Reich des Privaten bzw. Exklusiven und die des Gedruckten ins Reich der Öffentlichkeit ist auch in das moderne ‚Werk'-Verständnis eingegangen. Alle Manifestationen eines Texts vor dessen Publikation werden zu den ‚Manuskripten' gerechnet. Diese werden stets als vorläufige Stadien gesehen. Erst durch den Druck wird ein Text Bestandteil eines Werks. Mit dieser Unterscheidung arbeitet noch heute das Verlagswesen. Literaturarchive fußen auf ihr [… .]."[224]

Zugleich zeigt Kölbl, wie insbesondere die Literaturarchive und die Editionspraxis eine rigorose Unterscheidung zwischen Werk und Nachlass, ausgehend von dem Verständnis, das Werk sei ein publiziertes Druckwerk, zunehmend aufweichen: „einerseits, indem sie zum Druck bringen, was bis dahin nur in ihren Archiven einzusehen ist, andererseits, indem sie die Authentizität veröffentlichter Texte und damit ihren ‚Werkcharakter' hinterfragen."[225]

Auch das intentionale Kriterium, das Werk und Nachlass auf Grundlage der Autorabsicht voneinander trennt, erhält durch die Entwicklungen im Nachlass- und Vorlasswesen sowie durch die Archivpraxis sowohl auf Seiten

219 Baumann-Eisenack 2007: Nachlaß, S. 672.
220 Vgl. dazu auch Kölbel 2005: Das literarische Werk, S. 31.
221 Vgl. Červenka 1971: Textologie und Semiotik, S. 147.
222 Kölbel 2005: Das literarische Werk, S. 39.
223 Stritzke 2007: Nachlass, S. 527.
224 Kölbl 2009: Der Ort der Literaturarchive, S. 353.
225 Ebd.

der Institutionen als auch der Autorinnen und Autoren eine Erweiterung. Wenn Bosse aus einer urheberrechtlichen Perspektive schlussfolgert, „[e]in Werk, das ist eine autorisierte Rede“[226], ergänzt Wirtz, aus der archivarischen Praxis kommend: „Neben dem autorisierten Werk, der autorisierten Ausgabe steht neu der autorisierte Nachlass. Auch dem Begriff des Vorlasses ist diese Autorisierung inhärent.“[227] Wieland führt diesen Gedanken weiter aus:

> „Was früher mehr oder weniger der Arbitrarität der Überlieferung geschuldet war, ist heute ein vom Autor zu Lebzeiten bis zu einem gewissen Grad intentional geformte Masse. Diese neue Situation hat auch Auswirkungen auf den Werkbegriff, zieht man zudem in Betracht, dass die Übergabe eines Vorlasses aus der privaten Sphäre in die öffentliche Hand des Archivs als starkes Indiz eines Veröffentlichungswunsches gewertet werden kann.“[228]

Einhergehend mit der von Sina und Spoerhase nachgezeichneten Entstehung eines Nachlassbewusstseins beeinflussen Autorinnen und Autoren bewusst, welche Materialien zu ihrem Vorlass oder Nachlass gehören und in welcher Form und Anordnung diese an ein Archiv übergeben werden sollen (vgl. 1.5.4). Nicht nur die theoretischen Entwicklungen ab dem 20. Jahrhundert, auch die mittlerweile etablierten Archiv- und Nachlasspraktiken lassen kaum mehr eine finite Bestimmung des Werkbegriffs und eine eindeutige Abgrenzung zum Nachlassbegriff zu. Laut Wieland ist „aufgrund des erstarkten Nachlassbewusstseins vermehrt mit Nachlass-Inszenierungen zu rechnen, das heißt, mit abnehmendem Quellenwert, dafür zunehmender Werkförmigkeit oder auch Artifizialität von Nachlässen“[229]. Wirtz fragt dementsprechend pointiert: „Sind die archivalischen Formationen der Autoren folglich Teil der Autobiographik oder ist diese ein Teil eines umfassenderen Werkarchivs, des unedierten Werks letzter Hand?“[230]. Sie bezeichnet den Nachlass damit verbunden als „Konstrukt, das Leben und Werk umschließt“[231]. Ähnlich schlussfolgert Christian Benne: „Der Werkbegriff selbst bleibt vom Nachlassbewusstsein freilich insofern nicht unberührt, als dieses die strikte Trennung zwischen gedruckter Literatur und unveröffentlichtem Manuskript nach und nach aufweicht.“[232] Benne begreift

---

226 Bosse 1981: Autorisieren, S. 122.

227 Wirtz 2013: Der Eigensinn der Nachlässe, S. 83.

228 Wieland 2019: Werkgenesen: Anfang und Ende des Werks im Archiv, S. 230.

229 Ebd., S. 231.

230 Wirtz 2013: Einführung, S. 7.

231 Ebd., S. 7. Wieland erklärt nicht unähnlich, dass „Leben und Werk des Autors im Archiv als integrales Lebenswerk sichtbar werden“. Wieland 2019: Werkgenesen: Anfang und Ende des Werks im Archiv, S. 228.

232 Benne 2017: Nachlassbewusstsein und Nachlass-Selbstbewusstsein bei Jean Paul, S. 217.

den Nachlass als einen das Werk einschließenden Komplex – Druckwerke erscheinen auf diese Weise als verschiedene Ausprägungsarten des Schreibkomplexes Nachlasses. Diese Auslegung setzt den Nachlass als eine übergeordnete Kategorie, die Einzelwerke miteinschließt. So konstatiert Benne, dass seit der Emergenz des literarischen Manuskripts

> „Werk und Nachlass gar nicht mehr zu trennen sind, dass vielmehr der Nachlass das eigentliche Werk (Singularis) wird, wovon die einzelnen Werke (Pluralis) nur die Spitze des Eisbergs darstellen. Entscheidend dafür, und das zeigt Martus letztlich dann doch im Detail, ist die Philologie, die als zur Literatur komplementäre Institution aus dem Nachlass eine Ansammlung von Spuren macht."[233]

Anders als die Ansätze von Wirtz, Benne und Klaus Kastberger,[234] die (Gesamt-) Werk und Nachlass mehr und mehr in eins setzen,[235] hält Spoerhase an einer expliziten Unterscheidung zwischen beiden Termini fest und argumentiert mit einem Kriterium, das die Debatten um den Werkbegriff nicht dominant bestimmt: dem der Materialität. Obwohl sich Spoerhase auch auf die enge funktionale Bezogenheit von Werk und Nachlass bezieht und das Bild einer Tiefenschicht in seiner Argumentation ebenfalls verwendet, plädiert er im Unterschied zu Benne für einen separierenden Ansatz, indem er den unikalen sowie individuellen Status von Handschriften in Abgrenzung zum Druckwerk betont:

> „Und diese Form von Handschriftlichkeit ist es auch, die für weite Teile eines Nachlasses charakteristisch ist, der gerade nicht im gedruckten Werk aufgehen kann, sondern in Abgrenzung zur Werkausgabe eine schriftförmige Gegen- oder Unterwelt aufbaut, die schon aufgrund ihrer materiellen Eigenheiten grundsätzlich nie vollständig in eine gedruckte Nachlassausgabe transportiert werden kann."[236]

---

233 Benne 2015: Die Erfindung des Manuskripts, S. 231 f. Wirtz verwendet in Bezug auf den Nachlass Friedrich Dürrenmatts eine ähnliche Metapher: „Diese umfassende Dokumentation seiner Schaffensprozesse ermöglicht eine neue Lektüre altbekannter Werke, die nun wie kleine Eisberge aus einem gewaltigen Schaffensmeer herausragen […]." Wirtz 2003: Wie der Nachlass Friedrich Dürrenmatts den klassischen Werkbegriff sprengt, S. 351.

234 „Der Nachlass ist das Werk plus das Werk-Außerhalb minus dem Autor. […] Die Grenze zwischen Werk und Werk-Außerhalb aber kann in einem Nachlass niemals genau bestimmt werden." Kastberger 2017: Nachlassbewusstsein, Vorlass-Chaos und die Gesetze des Archivs, S. 420.

235 Der Bibliothekar Teitge geht schon 1972 von einer solchen Gesamtheit aus. Vgl. Teitge 1972: Literarische Nachlässe, S. 144.

236 Spoerhase 2014: Postume Papiere, S. 504.

Spoerhases Abgrenzung gründet sich damit auf der historischen Herausbildung des Nachlasses als moderner kultureller Formation, die als ein zu den Werken qualitativ Anderes entstanden ist.[237] Obwohl beide Kategorien eng miteinander verbunden sind, der Nachlass den schriftförmigen Entstehungshintergrund und -kontext von Werken (ab)-bildet sowie bezeugt und die in ihm enthaltenen Textträger ihr Gegenstück in gedruckten, buchförmigen Werken haben können,[238] kann der Nachlasskorpus aufgrund seiner Beschaffenheit selbst kein Werk (Opus) sein.[239] Auch sind „die Papiere eines Schriftstellers zu seinen Lebzeiten und auch zum Zeitpunkt seines Ablebens (Nachlassmaterial im engeren Sinne) zu unterscheiden von der postumen gedruckten Nachlassausgabe […].“[240]

Ein weiteres Differenzierungsmerkmal lässt sich unter Einbezug der juristischen Perspektive herauskristallisieren. Zwar wird das Verhältnis von Werk und Nachlass rechtswissenschaftlich kaum diskutiert, doch wenn dies geschieht, dann in Bezug auf das Kriterium der Veröffentlichung und § 6 des deutschen Urheberrechtsgesetzes.[241] Hatte der Jurist und Bibliothekar Harald Müller 1983 noch dafür plädiert, die unter Zustimmung des Erblassers erfolgte Übergabe eines Nachlasses an ein Archiv gemäß § 6 Abs. 1 UrhRG als Veröffentlichung zu betrachten, da sie einem unbegrenzten Kreis von Personen Zugang zu diesem verschafft,[242]erklärt dagegen ein Urteil vom OLG Zweibrücken 1997:

237 Spoerhase schreibt dazu an anderer Stelle: „Um den Nachlass als moderne kulturelle Formation in den Blick zu bekommen, ist es deshalb zentral, auch dasjenige am Nachlass wahrzunehmen, was nicht Teil einer umfassenden Werkpolitik ist – und das, gerade weil es nicht Werkgestalt erhalten kann, ein Eigenrecht auch jenseits des Werks allererst erhält.“ Spoerhase 2017: Neuzeitliches Nachlassbewusstsein, S. 30.

238 Dass sich der Zusammenhang von Werken und Texten nicht immer nur durch ein eins zu eins Verhältnis beschreiben lässt, beschreibt Spoerhase im Hinblick auf Werkasymmetrien. Vgl. Spoerhase 2007: Was ist ein Werk, S. 290–296.

239 Vgl. dazu auch die Darstellung Wielands: „Im Archiv, worunter im Folgenden die spezifische Institution des Literaturarchivs gemeint ist, werden demnach gerade keine Werke aufbewahrt, sondern allerlei Schriftstücke – Fassungen, Entwürfe, Vorstufen, Avant-Texte, Briefe, Tagebücher und Notizzettel –, die außerhalb des publizierten Werks liegen, aber einen mehr oder weniger erkennbaren Bezug zum Werk unterhalten.“ Wieland 2019: Werkgenesen: Anfang und Ende des Werks im Archiv, S. 214.

240 Spoerhase 2017: Neuzeitliches Nachlassbewusstsein, S. 37.

241 § 6 UrhRG besagt: „(1) Ein Werk ist veröffentlicht, wenn es mit Zustimmung des Berechtigten der Öffentlichkeit zugänglich gemacht worden ist. (2) Ein Werk ist erschienen, wenn mit Zustimmung des Berechtigten Vervielfältigungsstücke des Werkes nach ihrer Herstellung in genügender Anzahl der Öffentlichkeit angeboten oder in Verkehr gebracht worden sind.“

242 Vgl. Müller 1983: Rechtsprobleme bei Nachlässen, S. 155 f.

„Der Kl. hat jedoch seine Gesamtdokumentation der Stadt L. übergeben, wo sie im Stadtarchiv verwahrt wird und laut Auskunft der Stadt L. und der beigefügten Benutzungsordnung für das Archiv nur bei Nachweis eines besonderen Interesses eingesehen werden darf. Dies stellt keine Veröffentlichung an einen unbestimmten Personenkreis dar (vgl. Schricker/Katzenberger, a.a.O., § 6 Rdn. 14)."[243]

Diese Differenzierung kann, auch wenn sie eine andere Disziplin betrifft, für die vorliegenden Überlegungen fruchtbar gemacht werden: Werk und Nachlass erscheinen in dieser Perspektive als zwei verschiedene und voneinander zu unterscheidende Möglichkeiten der öffentlichen Zugänglichkeit bzw. der Öffentlichkeitsadressierung. Das Einzelwerk erreicht die literarische Öffentlichkeit direkt durch eine Publikation zu Lebzeiten eines Autors – die Vervielfältigung im Druck ermöglicht vielen Personen einen Zugang. Der Nachlass in seinem materiellen Eigenwert wird dagegen erst posthum und als Einzelstück ausschließlich im Archiv zugänglich – was die Genehmigung eines Benutzerantrags voraussetzt und die Möglichkeit des Zugriffs beschränkt. Um das Verhältnis von Werk und Nachlass zu bestimmen und zu bewerten, sind Fragen nach der Zugänglichkeit, des jeweiligen Öffentlichkeitsbezugs sowie der Adressierung folglich wichtige Ansatzpunkte.

Insofern wird in dieser Arbeit von der Differenz zwischen der Gesamtheit aller gedruckten Einzelwerke und dem Nachlass als einem aus unikalen Zeugnissen zusammengesetzten Gebilde singulärer und nicht reproduzierbarer Materialität ausgegangen, das posthum einem bestimmten Kreis an Personen zugänglich wird.[244] Das Einzelwerk, das wie der literarische Nachlass in Bezug auf einen Autornamen abgrenzbar wird,[245] soll hier dementsprechend zunächst einmal als ein von einem Autor autorisierter und publizierter, das heißt gedruckter und vervielfältigter literarischer Text verstanden werden.

---

243 OLG Zweibrücken, 21.02.1997, 2 U 30/96, „Jüdische Friedhöfe", GRUR 1997, S. 364. In einer Kommentierung des Urheberrechtsgesetzes wird darauf Bezug genommen und resümiert: „Keine Veröffentlichung iSv § 6 Abs. 1 liegt dagegen vor etwa [...] beim Verbreiten einzelner Werkexemplare an Freunde, Lektoren oder Kritiker; bei der Aufbewahrung von Werken in nicht öffentlich zugänglichen Archiven (OLG Zweibrücken GRUR 1997, 363 – Jüdische Friedhöfe: keine Veröffentlichung bei Zugang nur gegen Nachweis eines besonderen Interesses)." Dreier in Schulze/Dreier, UrhG § 6 Rn. 11.

244 Dass durch den Aspekt der Materialität Literatur in verschiedenen Formen in Erscheinung tritt, betont auch Raulff: „Die Literatur muss ins Archiv eingehen, will sie in ihrer spröden und fragilen Materialität erhalten bleiben. Aber sie verlässt sie, publiziert, ausgestellt oder vorgetragen, in einem anderen Aggregatzustand, fast möchte man sagen: einer anderen Seinsform." Raulff 2009: Ökonomien des literarischen Archivs, S. 224.

245 Vgl. dazu Spoerhase 2007: Was ist ein Werk, S. 296–300.

Ein solcher, behelfsmäßiger Werkbegriff bietet sich in diesem Kontext an, da der Terminus eine praktische Virulenz besitzt und sich im Umgang mit Nachlässen und Editionen als Differenzierungskriterium etabliert hat. Obwohl keine theoretisch fundierte Bestimmung existiert, was ein Nachlass in Abgrenzung zum Werk ist, sammeln Literaturarchive Vor- und Nachlässe, die sie – unter anderem aufgrund ihrer Beschaffenheit – anders als Druckwerke behandeln.[246]

Sich in einem Nachlass befindliche literarische Texte, die nach dem Ableben eines Autors veröffentlicht und durch die Herausgabe als Werke konstituiert werden, sollen in dieser Studie explizit als posthume oder nachgelassene Werke bezeichnet werden. Ihr Status unterscheidet sich von den zu Lebzeiten eines Autors publizierten Texten. Ob eine posthume Publikation Werkstatus erlangt, hängt von der Rezeption sowie von kollektiven Kommunikationskreisläufen, kulturellen Praktiken und Institutionen ab.[247] Hier greift zum einen der Ansatz von Reuß: „Werk und Wirkungsgeschichte bringen sich wechselseitig allererst im Verlauf der Geschichte hervor."[248] Zum anderen ist in dieser Hinsicht die Bestimmung von Lutz Danneberg, Annette Gilbert und Carlos Spoerhase aufschlussreich:

> „Der Werkbegriff ist also ein Konzept, das nicht nur abstrakt auf einen bestimmten literaturwissenschaftlichen Untersuchungsgegenstand verweist, sondern vielmehr ein Konzept, das auf ein komplexes Gefüge an sozialen Institutionen, Interaktionspraktiken und Verhaltensnormen verweist, die überhaupt erst Werkförmigkeit ermöglichen."[249]

Dass die so verwendeten Begrifflichkeiten keine starren und allgemein verbindlichen sind, ihnen vielmehr – im Zusammenspiel mit den Entwicklungen in Theorie und Praxis – ein historisch variabler Konstruktcharakter anhaftet,[250] hat der Blick auf die Begriffsgeschichte gezeigt.

Entsprechend wird auch in der aktuellen Forschung entschieden betont, „dass die Zusprechung von Werkstatus eine kontextrelative Zuschreibung ist und der philologische Umgang mit literarischen Werken zu einem großen Teil

246 Vgl. dazu auch: Dilthey 1991: Archive für Literatur, S. 1–16. „Tatsächlich wird der handschriftliche Nachlass von Dilthey aber als ein Gegenreich zur Welt der gedruckten Bücher konzipiert." Spoerhase 2017: Neuzeitliches Nachlassbewusstsein, S. 35.

247 Vgl. Danneberg/Gilbert et al. 2019: Zur Gegenwart des Werks, S. 19.

248 Reuß 2005: Text, Entwurf, Werk, S. 10.

249 Danneberg/Gilbert et al. 2019: Zur Gegenwart des Werks, S. 19.

250 Vgl. Martus 2007: Werkpolitik, S. 21.

von Wertzuschreibungen grundiert ist, die ihrerseits eng an bestimmte Vorstellungen von Literatur gebunden sind."[251]

Unter Berücksichtigung des Erörterten soll der Begriff des Gesamtwerks in dieser Studie – mit Fokus auf den jeweiligen Einzelfall – die Möglichkeit bieten, am Material orientierte Verhältnisbestimmungen vorzunehmen, die aufzeigen, auf welche Weise und wie eng die Einzelwerke und der literarische Nachlass eines Autors aufeinander bezogen sind und wie das durch diese spezifische Konstellation deutlich werdende Gefüge die Perspektive auf das jeweilige literarische Schaffen prägt. Nachlass und Gesamtwerk sollen dabei jedoch nicht, wie bei Benne, in eins gesetzt werden. Vielmehr erscheint das Gesamtwerk als ein Drittes, in dem Teile des Nachlasses (oder der ganze Textkorpus) und die Einzelwerke in Form eines eigenen Gebildes ineinandergreifen, dessen Wirkkraft die Betrachtung der einzelnen Elemente verändern kann. Wie oben angemerkt muss dieses Gebilde, ausgehend von der Masse der hinterlassenen Texte und mit Bezug auf die Werke letzter Hand, analytisch durch eine Literaturwissenschaftlerin oder einen Literaturwissenschaftler bestimmt werden.[252] Auch das Verhältnis der Teile im Gesamtwerk zueinander kann nur geltend für diesen Einzelfall beschrieben werden (vgl. 1.5.1).

1.4 Begriffliche Abgrenzung II: Nachlassterminologie

Wer mit dem Begriff des ‚literarischen Nachlasses' operiert, ist sogleich mit einer mehrfach gelagerten definitorischen Problematik konfrontiert. Neben der oben skizzierten problematischen Abgrenzung zum Werkbegriff kommt erschwerend hinzu, dass eine systematische und begriffsgeschichtliche Bestimmung des Nachlassbegriffs bisher noch aussteht.[253] Ein Grund hierfür könnte mit dem Umstand verbunden sein,

251 Danneberg/Gilbert et al. 2019: Das Werk, S. 10.

252 Obwohl Wirtz nicht genauer bestimmt, ob sie von dem Werk als Opus oder Œuvre spricht, sind ihre Überlegungen im Hinblick auf den hier favorisierten Gesamtwerk-Begriff aufschlussreich. Sie schreibt: „Der Literaturwissenschaftler steht folglich vor der verantwortungsvollen Aufgabe, einen Werkbegriff zu generieren, der einerseits der gesamten Masse der hinterlassenen Texte gerecht wird und andererseits für Leser zugänglich ist. Was ist ein Werk? Was das Werk ausmacht, ergibt sich aus einem Kompromiss zwischen hinterlassenen Texten und der pragmatischen Lektürekompetenz und -kapazität des realen Lesers." Wirtz 2003: Wie der Nachlass Friedrich Dürrenmatts den klassischen Werkbegriff sprengt, S. 352.

253 Vgl. Sina/Spoerhase 2013: Nachlassbewusstsein, S. 622.

> „dass lange ein spezifisch kultureller oder gar literarischer Nachlassbegriff gar nicht vorlag […] und dass die Sache des kulturellen oder literarischen Nachlasses (oder zumindest Aspekte davon) seit dem 18. Jahrhundert mit einer beträchtlichen Vielfalt von Ausdrücken benannt worden ist."[254]

Auch in der aktuellen Debatte kursieren einige synonym zum Nachlass-Terminus verwendete Begrifflichkeiten, deren Verhältnis zueinander unklar ist. In diesem Abschnitt sollen die mitunter diffusen Verwendungsweisen und Implikationen des literarischen Nachlassbegriffs markiert und eine praktikable terminologische Bestimmung gefunden werden. Die Abgrenzung zu den von verschiedenen Diskursen geprägten, bedeutungsähnlichen Termini ‚literarisches Archiv', ‚literarische Hinterlassenschaft', ‚Bestand' und ‚literarisches Erbe' ermöglicht im Anschluss jeweils eine bestimmte Perspektivierung der Nachlassproblematik. Durch die Betrachtung der verschiedenen Verwendungsweisen werden vier Zugänge aufgezeigt, mithilfe derer in der folgenden Untersuchung unterschiedliche Facetten der Nachlassthematik akzentuiert werden können.

1.4.1 *Der literarische Nachlass resp. Vorlass*

Der Begriff ‚Nachlass' findet vor allem in zwei Bereichen Anwendung: im juristischen Kontext und im Zusammenhang mit den Institutionen, die schriftliche Nachlässe in der Regel aufbewahren, den Archiven, Bibliotheken und Literaturarchiven (vgl. 1.1). Bezieht sich der Terminus auf Autorinnen und Autoren, Gelehrte und Wissenschaftlerinnen und Wissenschaftler und meint ihre hinterlassenen, posthumen Papiere, wird in der Regel von einem literarischen Nachlass gesprochen. In diesem Sinne ist der Begriff allerdings erst seit Mitte bzw. Ende des 18. Jahrhunderts gebräuchlich:[255] „Der *Nachlass* ist als Begriff ein Kind der ‚Sattelzeit' um 1780 und erhält seine moderne, bis heute gültige Semantik – als literarische Hinterlassenschaft eines Autors – im Umkreis der Weimarer Klassik."[256]

Juristisch ist der Begriff des Nachlasses nicht deutlich von dem der Erbschaft unterschieden. Beide Termini bezeichnen nach § 1922 Abs. 1 BGB das „Vermögen", das „[m]it dem Tode einer Person (Erbfall) […] als Ganzes auf eine oder mehrere andere Personen (Erben)" übergeht. Während der Ausdruck

254 Spoerhase 2017: Neuzeitliches Nachlassbewusstsein, S. 24.

255 Vgl. Bülow 2016: Nachlässe, S. 147. „Der 1889 erschienene Band 13 des Deutschen Wörterbuchs der Brüder Grimm führt das Substantiv ‚Nachlaß' noch nicht. Doch bildet sich der Begriff des literarischen Nachlasses schon heraus, bevor er juristisch und philologisch kodifiziert wurde." Müller 2014: Weiße Magie, S. 282.

256 Raulff 2013: Nachlass und Nachleben, S. 25.

„Erbschaft“ dabei meist die „Beziehungen des Erben zu dem hinterlassenen Vermögen“ betonen soll, bezeichnet „der Begriff Nachlass im Allgemeinen das Vermögen des Erblassers als solches ohne unmittelbaren Bezug zu seinem rechtlichen Träger“[257].

Der Gebrauch des Nachlassbegriffs in Archiven und Bibliotheken unterscheidet sich insofern von der juristischen Definition, als dass er nur einen Teil des Hinterlassenen meint, nicht das Vermögen als Ganzes.[258] Dennoch bleibt der Terminus, der seit seiner Etablierung im 19. und 20. Jahrhundert keine wesentliche Konkretisierung erfahren hat[259] und aktuell eine Konjunktur erfährt, ein unscharfer.[260] Die seit den 1950er Jahren nicht vollständig gelöste Auseinandersetzung zwischen Bibliotheken und Archiven, ob Nachlässe als Sammlungs- oder Archivgut zu behandeln seien (vgl. 1.2 und 1.4.4), und der je vom Diskurs abhängige Bezugspunkt des Nachlassbegriffs tragen unter anderem zu der ungenauen Verwendung bei. Die Archivwissenschaft[261] und die an die Archiv- bzw. Bibliothekspraxis gerichteten Explikationen und Leitfäden wie die in deutschsprachigen Ländern etablierten „Regeln zur Erschließung von Nachlässen und Autographen“ (RNA)[262] bzw. die neueren Regeln „Ressourcenerschließung mit Normdaten in Archiven und Bibliotheken“ (RNAB)[263] beziehen sich allgemein auf den Nachlass, auch privater Nachlass oder Personennachlass genannt, der von einer nicht genauer definierten Person hinterlassen worden ist, sei es beispielsweise von einem Politiker, einem Geistlichen oder einem Intellektuellen.[264] Ansätze, die in der Hauptsache aus der Literaturwissenschaft oder der Praxis der Literaturarchive stammen, wie beispielsweise Definitionen im Reallexikon der deutschen

257 Müller-Christmann in BeckOK BGB, § 1922 Rn. 11.

258 Vgl. auch Bülow 2016: Nachlässe, S. 145.

259 Vgl. Sina/Spoerhase 2013: Nachlassbewusstsein, S. 622.

260 Vgl. dazu auch: Mommsen 1971: Die Nachlässe in den deutschen Archiven, S. XIX.

261 Vgl. insbesondere: Bülow 2016: Nachlässe, S. 143–152. / Franz 2010: Einführung in die Archivkunde. / Boden 2008: Steuerung der Nachlassübernahme, S. 47–79. / Mommsen 1971: Die Nachlässe in den deutschen Archiven. / Meisner 1969: Archivalienkunde vom 16. Jahrhundert bis 1918. Und: Flach 1955: Literaturarchive, S. 4–10.

262 Vgl. RNA 2010, S. 1–84. Unter: https://www.onb.ac.at/koop-litera/standards/RNA-R2015-20151013.pdf, zuletzt abgerufen am 16.11.2021./ Noll 2015: Nachlass. Unter: http://www.archivschule.de/uploads/Forschung/ArchivwissenschaftlicheTerminologie/Terminologie.html, zuletzt abgerufen am 16.11.2021./ Und: König 1988: Verwaltung und wissenschaftliche Erschließung von Nachlässen.

263 Vgl. RNAB 2019, S. 3–115. Unter: https://d-nb.info/1186104252/34, zuletzt abgerufen am: 16.11.2021.

264 Vgl. Franz 2010: Einführung in die Archivkunde, S. 67.

Literaturwissenschaft[265] oder im Metzler Lexikon Literatur[266] fokussieren hingegen das Hinterlassene von Autorinnen, Autoren und Gelehrten, was zum Teil durch das Attribut ‚literarisch' angezeigt wird.[267]

Zudem existiert, wie der Historiker und Archivar Wolfgang Mommsen schon 1971 anmerkte[268] und von Bülow jüngst noch einmal zeigte,[269] zwischen den Archiven und Bibliotheken sowie in der dazugehörigen Forschung keine einheitliche Definition, die festlegt, was zu einem privaten bzw. literarischen Nachlass gehört und was nicht.[270] Welche Gegenstände, Materialien und Dokumente aus der Summe der Besitztümer, die eine Person bzw. ein Autor nach seinem Tod hinterlässt, bilden den (literarischen) Nachlass?

Nicht nur in der Anwendung haben die Archive diesbezüglich jeweils eigene Auswahlpraktiken, auch theoretisch besteht Unstimmigkeit darüber, was zu einem Nachlass gehört – die Ansätze variieren zwischen extensiv und eher eng gefasst. Die RNA führen, vermutlich unbeabsichtigt, diese Spannbreite vor Augen: Während in der ‚Erläuterung der Arten von Beständen' der Nachlass weit gefasst und als „Summe aller Materialien" bestimmt wird, „die sich zu Lebzeiten einer Person bei ihr zusammengefunden haben"[271], schränkt der Glossar desselben Regelwerks den Begriff sehr viel stärker ein und spricht von der „Summe aller Werke, Arbeitspapiere, Korrespondenzen, (Lebens-)Dokumente und Sammlungen, die sich bei einem Bestandsbildner nach dessen Tod zusammengefunden haben"[272]. Die Differenz zwischen

265 Vgl. Baumann-Eisenack 2007: Nachlaß, S. 672.

266 Vgl. Stritzke 2007: Nachlass, S. 527.

267 Auch wenn sich diese Definitionen ausdrücklich auf den Nachlass von Autoren, also auf ihr literarisches Schaffen, auf Werke und Manuskripte beziehen, sprechen sie jedoch nicht zwingend von einem ‚literarischen Nachlass'. Der einzige Aufsatz, der sich ausdrücklich auf den literarischen Nachlass bezieht und ihn als Gegenstand im Unterschied zu anderen Personennachlässen ausführlich diskutiert, stammt von dem ehemaligen Leiter der Handschriftenabteilung der Deutschen Staatsbibliothek in der DDR Hans-Erich Teitge. Vgl. Teitge 1972: Literarische Nachlässe, S. 131–152.

268 Vgl. Mommsen 1971: Die Nachlässe in den deutschen Archiven, S. XXVI.

269 Vgl. Bülow 2016: Nachlässe, S. 145.

270 In einigen literaturwissenschaftlichen Nachschlagewerken fehlt der Eintrag zu diesem Terminus gänzlich Vgl. Sina/Spoerhase 2013: Nachlassbewusstsein, S. 622. Einträge fehlen zum Beispiel in: Lauer/ Ruhrberg 2011: Lexikon Literaturwissenschaft. / Meid 2000: Sachlexikon Literatur. / Gfrereis 1999: Grundbegriffe der Literaturwissenschaft.

271 RNA 2010, S. 10. Unter: https://www.onb.ac.at/koop-litera/standards/RNA-R2015-20151013.pdf, zuletzt abgerufen am 16.11.2021. In den Regeln zur RNAB wird der Nachlass ebenfalls weit gefasst als „Komplex von Ressourcen (Bestandsart), die eine/ein Akteurin/ Akteur (Person) hinterlässt". RNAB 2019, S. 113. Unter: https://d-nb.info/1186104252/34, zuletzt abgerufen am: 16.11.2021.

272 Ebd., S. 63.

beiden Erläuterungen ist groß: Ein weiter Nachlassbegriff, der die Kriterien für die Bestimmung eines Nachlasses nicht genauer benennt, erscheint, wegen der großen Offenheit, des daraus resultierenden weiten Ermessensspielraums und der Gefahr einer uneinheitlichen Praxis, als wenig praktikabel. Jede Konkretisierung birgt jedoch ebenfalls Schwierigkeiten, da ein zu starres Modell die individuellen Ausprägungen der von schöpferischer und anderer Tätigkeit geprägten (Autoren)-Nachlässe nicht fassen kann. Was also ist in dieser Studie mit dem Begriff Nachlass gemeint?

Nachlass – ein institutionell eingebettetes Gebilde

„Im engeren, archivischen Kontext werden als N.[Nachlässe, KvB] nur die Unterlagen einer Person bezeichnet, die von einem Archiv oder gegebenenfalls einer Bibliothek oder einem Museum übernommen wurden“[273], heißt es in der Terminologie der Archivschule Marburg. Die Frage, inwieweit die Übernahme in ein Archiv den Nachlass erst als solchen auszeichnet, wird in der Forschung jedoch nicht ausführlicher diskutiert und oft auch nicht als erstes Definitionskriterium angeführt. Für die Begriffsverwendung in dieser Arbeit scheint dieser Punkt jedoch entscheidend, da er eine Möglichkeit darstellt, mit dem offenen und vagen Terminus umzugehen, ihn auf einen konkreten Gegenstand zu beziehen – auf das von einer Institution oder Person als solches abgegrenztes Gebilde – und seinen Status als institutionell verankerte, von verschiedenen Praktiken geprägte Formation herauszustellen.[274]

Bei einem Nachlass handelt es sich, so betont es Spoerhase, um eine ‚moderne Institution‘ – eine Konfiguration also, die erst im Laufe des 19. Jahrhunderts von einer nicht weiter spezifisch bezeichneten hinterlassenen Papiermenge zu einer durch kulturelle Praktiken geformten, etablierten und stabilen Einrichtung, zum Nachlass, geworden ist (vgl. 1.1).[275] Für die ‚kulturelle Institution Nachlass‘ ist der Akt der Übernahme, der Übertragungsakt und damit der Umgang mit dem Gebilde innerhalb eines bestimmten Regel- und Bedeutungssystems ein signifikantes Charakteristikum. Schon der Wortbedeutung nach impliziert der Begriff, dass etwas Zurück- und Dagelassenes jemandem, den Nachkommenden, im Nachhinein überlassen, übertragen wurde. Ein Nachlass als „privates, unveröffentlichtes Archiv eines Autors“, heißt es dementsprechend auch im Reallexikon der deutschen Literaturwissenschaft, „geht

273 Noll 2015: Nachlass. Unter: http://www.archivschule.de/uploads/Forschung/Archivwissenschaftliche Terminologie/Terminologie.html, zuletzt abgerufen am 16.11.2021.

274 Vgl. Spoerhase 2017: Neuzeitliches Nachlassbewusstsein, S. 45. Einen ähnlichen Ansatz wählte kürzlich Wieland. Vgl. Wieland 2019: Werkgenesen: Anfang und Ende des Werks im Archiv, S. 215.

275 Vgl. Spoerhase 2014: Postume Papiere, S. 504.

somit nach dem Tod dessen, der es schuf, in den Besitz erbrechtlich oder testamentarisch dafür vorgesehener Personen oder Institutionen über."[276] In ein Archiv gelangt ein Nachlass nicht automatisch, sondern im Zuge eines weiteren Übertragungsakts als Ankauf, Schenkung oder Depositum.[277]

Der Begriff Nachlass bezeichnet im Rahmen dieser Arbeit folglich immer schon die Auswahl, die eine dritte Person, ein Nachlassverwalter oder eine entsprechende Institution bei der Übernahme aus der Gesamtheit der hinterlassenen Materialien eines Nachlassers getroffen hat. Außerdem steht hier, auch wenn zum Teil auch auf allgemeinere archivwissenschaftliche Ansätze Bezug genommen wird, der literarische, also der Autoren-Nachlass, im Mittelpunkt.

Von dieser Annahme ausgehend sollen im Folgenden weitere Facetten und Aspekte benannt werden, die für den Nachlassbegriff signifikant sind: Der Tod eines Schriftstellers als konstituierendes Element, die Ausnahme Vorlass, der Personenzusammenhang und die Singularität eines jeden Nachlasses sowie das Provenienzprinzip, das die Übernahme unter anderem steuert. Anschließend wird das Thema der Auswahl noch einmal aufgegriffen und in Bezug auf die Praxis der Kassation diskutiert, um die arbiträren Züge des Konstrukts Nachlass aufzuzeigen.

Nachlass – ein durch den Tod konstituiertes Gebilde

Erst durch das Ableben eines Autors werden seine Materialien zu einem Nachlass – der Tod ist in diesem Fall also das konstitutive Element. Der Autor verliert auf diese Weise den Zugriff auf seine Papiere und kann an deren Formung nicht mehr teilhaben – dem Nachlass ist demzufolge eine gewisse Ohnmacht eingeschrieben, er ist „der Verfügungsgewalt des Nachlassers entzogen"[278] (vgl. dazu 1.5.4). Das Gefüge, das zuvor von Bewegung und Veränderung geprägt war, formiert sich erst ab diesem Punkt zu dem mehr oder weniger zufälligen, aber einigermaßen stabilen und abgeschlossenen Gebilde Nachlass – es kann nicht mehr weitergebildet werden.[279] Die Zäsur Tod stellt Schaffens- und Ordnungsprozesse still; das heißt, dass die Gestalt eines Nachlasses maßgeblich von dem eintretenden Todeszeitpunkt abhängt: von der Lebens- und Schaffensphase, in der sich der Autor gerade befand, von der Ausgeprägtheit seines Nachlassbewusstseins zu dieser Zeit, und auch von

276 Baumann-Eisenack 2007: Nachlaß, S. 672.

277 Vgl. Noll 2015: Nachlass. Unter: http://www.archivschule.de/uploads/Forschung/ArchivwissenschaftlicheTerminologie/Terminologie.html, zuletzt abgerufen am 16.11.2021.

278 Sina/Spoerhase 2013: Nachlassbewusstsein, S. 622.

279 Vgl. Bülow 2016: Nachlässe, S. 148. Vgl. auch: Wieland 2019: Werkgenesen: Anfang und Ende des Werks im Archiv, S. 216.

den vorherrschenden politischen und gesellschaftlichen Verhältnissen (vgl. 1.5.2).[280]

Vorlass – ein zu Lebzeiten übergebenes Gebilde

Übergibt ein Autor seine schriftlichen Materialien einem Archiv schon zu Lebzeiten, spricht man – solange der Autor lebt – von einem ‚Vorlass'.[281]

Da es sich hierbei um eine direkte, vom Autor geregelte und in Auftrag gegebene Übergabe handelt und meist sukzessive weitere Materialien folgen, unterscheidet sich der Vorlass bzw. der zu einem Nachlass gewordene Vorlass von einem genuinen Nachlass. Die getroffenen Absprachen mit dem Archiv, das gesteigerte Bewusstsein und der Akt der Übergabe(n) formen den Materialbestand in besonderer Weise.[282] (vgl. 1.5.2. und 1.5.4) Auch die zeitliche Distanz zwischen der Entstehung der Papiere und ihrem Archivtransfer unterscheidet sich in der Regel vom Nachlass, von Bülow konstatiert: „Mittlerweile erreichen Manuskripte das Literaturarchiv bereits vor ihrer Drucklegung. Günter Kunert beispielsweise schickt Gedichte oft nur wenige Tage nach der Niederschrift. Der Abstand zwischen Produktion und Archivierung tendiert bei elektronischen Texten potentiell gegen null."[283] Während sich der genuine Nachlass als literarisches Archiv in den Privaträumen eines Autors formiert,

280 Angelehnt an die Quellentypologie Johann Gustav Droysens wird für die Bewertung des Nachlasses mitunter die Unterscheidung zwischen ‚Überrest' und ‚Tradition' herangezogen: Dem Überrest als unabsichtlich, oft unvollständig Hinterlassenen steht die Tradition gegenüber, die etwas bewusst und absichtlich Vermachtes bezeichnen soll, hinter dem eine bestimmte Mitteilung an die Nachwelt stehen kann. Vgl. Hollmann 2016: Bestandspolitik, S. 199. / Bülow 2016: Nachlässe, S. 147 u. 150. / Pareigis 2015: Hinterlassenschaften, S. 43. Außerdem: Schenk 2008: Kleine Theorie des Archivs, S. 48. Für einen Nachlass erscheint diese Einteilung etwas schablonenhaft, da er beispielsweise ungeordnet, aber doch in dem Bewusstsein einer Nachwelt hinterlassen worden sein kann oder aber die ihn auszeichnende Ordnung aus dem Arbeitsprozess resultiert und nicht allein auf die Nachwelt gerichtet ist. Auch die Annahme Gérard Genettes, dass hinter jedem Nachlass eine gewisse Absicht zum Erhalt steht (Vgl. Genette 1989: Paratexte, S. 377 f.), zeigt, dass die Unterscheidung Droysens in Bezug auf Nachlässe nicht sehr weit führt. Wie im Zusammenhang mit dem Konzept des ‚Nachlassbewusstseins' in Abschnitt 1.5.4 erläutert wird, ist es deshalb von Relevanz, den Grad des bewussten Hinterlassens und den Kontext, in den das Hinterlassen eingebettet ist, zu bestimmen.

281 Die Wortprägung stammt vermutlich von Jochen Meyer, dem ehemaligen Leiter der Handschriftenabteilung des Deutschen Literaturarchivs in Marbach. Vgl. Miessgang, Thomas: Der Vorlasshandel. In: Die Zeit, 9.4.2015.

282 Vgl. dazu vertiefend: Engelmeier 2018: Selbsteinlieferung oder: Vorlass nach Marbach!, S. 33–46. / Grond-Rigler 2018: Auktoriale Inszenierung in Vorlässen, S. 163–180. Und: Weisbrod 2018: Prospektiv statt retrospektiv, S. 19–30.

283 Bülow 2013: Literaturarchive im literarischen Feld, S. 144.

kann der Vorlass aus verschiedenen, zu unterschiedlichen Zeitpunkten einem Archiv überantworteten Bestandteilen bestehen. Obwohl der Vorlasser bis zu seinem Tod die Verfügungsgewalt über seine Materialien behält, sind diese ab dem Zeitpunkt der Übergabe seinem unmittelbaren Zugriff entzogen.

Nachlass – ein personengebundenes und singuläres Gebilde

Ein Nachlass ist, dies gilt es als ein weiteres wichtiges Kriterium anzuführen, personengebunden (vgl. 3.5.5). Zum Privateigentum einer Person gehörend, unterscheidet er sich in dieser Hinsicht grundlegend von einem institutionellen Aktenarchiv und erscheint als individuell und informell.[284] Von Bülow hat im Zuge dessen den Zusammenhang von „Eigentum, Person und Wille"[285] und die einschlägigen eigentumstheoretischen Diskussionen im 18./19. Jahrhundert, auch um Fragen des geistigen Eigentums, berechtigterweise hervorgehoben.[286]

Anders als im Falle der Verwaltungsregistratur, die von einer Behörde oder einer anderen Institution „nach regelbasierten Prozessen formiert"[287] wird und dem Archiv nach und nach zuwächst, ist der zukünftige Nachlasser als Privatperson bei der Formierung an keine Regeln gebunden. Er kann zu Lebzeiten nach eigenem Ermessen[288] mit den persönlichen Papieren umgehen; das heißt, diese nach Belieben aufbewahren, ordnen oder vernichten. Ein Nachlass zeichnet sich also durch eine individuelle und heterogene Zusammensetzung von Materialien aus, die in hohem Maße von dem Nachlassbildner, seiner Handschrift und speziell von seinem Leben und Schaffen abhängt. Es handelt sich um ein singuläres Gebilde mit ganz eigener, nicht in ein Druckwerk zu überführender Materialität und Ästhetik:[289]

> „Selbst wenn hinterlassene Papiere nach dem Tod des Autors ediert, in Buchform gebracht und vervielfältigt werden, bleibt doch jeder Nachlass ein Unikat, das als solches – in seiner Handschriftlichkeit, in der Art, wie die Schriftstücke und Dokumente angeordnet sind – nicht reproduzierbar ist."[290]

---

284 Vgl. Weisbrod 2016: Was ist ein persönliches Archiv?, S. 146. Und: Schöttker 2016: Posthume Präsenz, S. 237.

285 Bülow 2016: Nachlässe, S. 146.

286 Vgl. ebd.

287 Weisbrod 2016: Was ist ein persönliches Archiv?, S. 144.

288 Sofern keine zu Lebzeiten geschlossenen Verträge mit einem Archiv vorliegen.

289 Vgl. Spoerhase 2014: Postume Papiere, S. 504. / Benne 2015: Die Erfindung des Manuskripts, S. 32.

290 Willer 2013: Kulturelles Erbe, S. 190.

Diese Singularität führt wiederum dazu, dass sich bei Nachlasskuratoren der Befund durchgesetzt hat, dass „Nachlässe nicht mit den üblichen bibliothekarischen und archivarischen Begriffen zu fassen sind."[291]

Der literarische Nachlass als Teil des Privateigentums einer Person ist nach deren Tod gemäß § 28 UrhG vererblich (vgl. 1.4.5) und 70 Jahre lang urheberrechtlich geschützt (§ 64 UrhG) – im Anschluss gilt er als gemeinfrei.[292] Darüber hinaus gibt es keine allgemeine Regelung, was mit den Papieren und Materialien nach dem Ableben einer Person passieren soll; eine Archivzuständigkeit ist nicht gesetzlich festgelegt. Jeder Nachlassübernahme durch das Archiv gehen folglich testamentarische Bestimmungen, vertragliche Regelungen oder Verhandlungen mit den Erben voraus. Wird der literarische Nachlass nach dem Tod des Erblassers einem Archiv übergeben, bleibt der ursprüngliche Personenbezug konstitutiv und bildet das Differenzkriterium zu anderen Nachlässen.

Bestandteil eines Nachlasses können jedoch auch Dokumente und Materialien Anderer, seien es dem Autor geschenkte oder geschickte Manuskripte, Autografen oder Briefe, sein: „Jeder Vor- oder Nachlass enthält immer auch einen Anteil von Alterität, der die Verhältnisse kompliziert."[293] Dies betrifft nicht zuletzt die rechtliche Seite – insbesondere dann, wenn es sich um Manuskripte oder Briefe dritter, lebender Personen handelt. Durch das allgemeine Persönlichkeitsrecht und das Urheberrecht geschützt (BGHZ 13, 334), dürfen diese Dokumente, genauso wie ein Vorlass, nur mit dem Einverständnis der betroffenen Personen eingesehen und veröffentlicht werden.[294]

Nachlass – ein Gebilde übernommen nach dem Provenienzprinzip

Seit Ende des 19. Jahrhunderts ist es üblich, Nachlässe „als geschlossene Einheiten"[295] nach dem Provenienzprinzip zu übernehmen. Damit zählen zu einem Nachlass nur die Materialien eines Herkunftszusammenhangs; ihre Struktur soll das Archiv so weit wie möglich übernehmen. Inwieweit der ursprüngliche Zusammenhang der Papiere bei einer Übernahme jedoch

291 Weisbrod 2016: Was ist ein persönliches Archiv?, S. 145.

292 Vgl. Müller 1983: Rechtsprobleme bei Nachlässen, S. 154.

293 Raulff 2013: Nachlass und Nachleben, S. 25.

294 „Briefe oder sonstige private Aufzeichnungen dürfen in der Regel nicht ohne Zustimmung des noch lebenden Verfassers und nur in der vom Verfasser gebilligten Weise veröffentlicht werden. Das folgt aus dem in Artt. 1, 2 GrundG verankerten Schutz der Persönlichkeit und gilt daher auch dann, wenn die Aufzeichnungen nicht die individuelle Formprägung aufweisen, die für einen Urheberrechtsschutz erforderlich ist." BGHZ 13, 334.

295 RNA 2010, S. 9. Unter: https://www.onb.ac.at/koop-litera/standards/RNA-R2015-20151013.pdf, zuletzt abgerufen am 16.11.2021.

wirklich erhalten bleibt, hängt stark von dem jeweiligen Archiv, dem Nachlass und seiner Überlieferungsgeschichte ab und sollte deshalb im Einzelnen immer reflektiert werden (vgl. 1.5.2).

Angelehnt an das Provenienzprinzip hat Mommsen die mittlerweile übliche Unterscheidung zwischen echten, angereicherten und unechten Nachlässen eingeführt. Während der echte Nachlass ausschließlich das bei dem Nachlasser Vorgefundene enthält, beinhaltet der angereicherte Nachlass auch nachträglich, zur Ergänzung Hinzugefügtes aus anderen Provenienzen wie zum Beispiel versendete Briefe. Unter einem unechten Nachlass werden Sammlungen verstanden, die nach dem Tod einer Person zu dieser mit zusammengesuchten Materialien von ihr angelegt wurden.[296] Ist ein Nachlass zersplittert und werden ein oder mehrere seiner Teile an einem anderen Orten aufbewahrt, spricht man von einem Teilnachlass.[297]

Anders als bei Mommsens sehr strenger Definition, nach der zu einem echten Nachlass „nicht einmal vom Nachlasser geschriebene Briefe [gehören, KvB], die er noch zu Lebzeiten eingesammelt hat“[298], sollen im Anschluss an neuere Definitionen im Folgenden als Bestandteile eines echten Nachlasses diejenigen Materialien zählen, die ein Autor bei sich aufbewahrte und die nach seinem Tod bei ihm aufgefunden wurden – seien es das einst Zurückgeforderte oder bei ihm gefundene Manuskripte Dritter.[299]

Allerdings übernimmt ein Archiv in der Regel nicht die Gesamtheit der aufgefundenen Materialien einer Provenienz als Nachlass, sondern trifft eine Auswahl. Was also wird üblicherweise als Nachlass übernommen und was nicht?

Nachlass – ein durch Auswahl und Kassation geformtes Gebilde

Ein Nachlass entspricht nicht der Gesamtheit des von einer Person Hinterlassenen; er besteht vielmehr nur aus einer Teilmenge, die aus dieser Gesamtheit einer Provenienz herausgelöst wird. Wo aber die Grenzen des Nachlasses liegen, was genau zu seinen Bestandteilen zählt und was also letztlich als Nachlass zu übernehmen ist, wird in der Praxis nicht durch einheitliche

296 Vgl. Mommsen 1971: Die Nachlässe in den deutschen Archiven, S. XIX–XXIII. Und: Noll 2005: Nachlass, o. S. Als Kryptonachlass bezeichnet man „Materialien fremder Provenienz innerhalb eines Bestands.“ RNA 2010, S. 62. Unter: https://www.onb.ac.at/koop-litera/standards/RNA-R2015-20151013.pdf, zuletzt abgerufen am 16.11.2021.

297 Vgl. Baumann-Eisenack 2007: Nachlaß, S. 673. Jedoch ist auch heute nicht genau definiert, was Mommsen schon 1972 konstatierte: Welchen „Umfang und welche Bedeutung ein Nachlaß oder Nachlaßteil haben muß, um als Nachlaß bezeichnet werden zu können […]“. Mommsen 1971: Die Nachlässe in den deutschen Archiven, S. XXVI.

298 Ebd., S. XIV.

299 Vgl. Bülow 2016: Nachlässe, S. 145.

Regelungen bestimmt und in der Forschung differierend und unterschiedlich konkret beantwortet.

Zählt Eckhart G. Franz in seiner ‚Einführung in die Archivkunde' zu einem Nachlass schlicht die „nachgelassene private Registratur einer Persönlichkeit"[300], also ausschließlich Schriftliches, schließt er andere körperliche Gegenstände wie Fotos damit aus. Die Terminologie der Archivschule Marburg dagegen stellt die Singularität eines jeden Nachlass in Abhängigkeit zum Nachlasser heraus und betont: „Die Zusammensetzung des N. [Nachlasses, KvB] ist durch das private, berufliche und gesellschaftliche Wirken des jeweiligen Nachlassers bzw. der jeweiligen Nachlasserin bestimmt und er kann daher alle Arten von Archivgut enthalten."[301] Letztlich fällt damit die Entscheidung auf die auswählende Instanz zurück, deren Ermessensspielraum auf diese Weise sehr groß gehalten wird.

Das Reallexikon der deutschen Literaturwissenschaft wiederum rückt in seiner ausführlichen Aufzählung[302] von Nachlassbestandteilen die Person des Autors und sein literarisches Wirken, also den Werkbildungsprozess in den Fokus. Während damit sämtliche Pläne, Notizen, Exzerpte, Materialsammlungen, Entwürfe und Fassungen zu veröffentlichten und unveröffentlichten Werken einbezogen sind sowie alle Korrespondenzen als den Arbeitsprozess begleitende Zeugnisse, werden die Arbeitsbibliothek sowie Selbstzeugnisse wie Tagebücher als mögliche Ergänzung gewertet. Lebensdokumente, wie Lebensläufe, Verträge oder Zeugnisse, die Literaturarchive durchaus auch als Teil eines Schriftstellernachlasses übernehmen, werden nicht aufgeführt.

Von Bülow, um noch ein letztes Beispiel zu nennen, differenziert nicht zwischen Arbeitspapieren und biografischen Selbstzeugnissen, sondern zählt zu einem Nachlass ganz allgemein: „körperliche Gegenstände, vor

300 Franz 2010: Einführung in die Archivkunde, S. 67.

301 Noll 2015: Nachlass. Unter: http://www.archivschule.de/uploads/Forschung/Archivwissenschaftliche Terminologie/Terminologie.html, zuletzt abgerufen am 16.11.2021.

302 „Der Nachlaß eines Schriftstellers setzt sich im Idealfall aus Vorstufen und vollständigen Fassungen der von ihm zur Veröffentlichung bestimmten oder dafür geeigneten Werke zusammen, seien es Gedichte, Prosatexte, dramatische Dichtungen oder Sachprosa (Rezensionen, Essays, Vorträge und wissenschaftliche Abhandlungen). Jede dieser Textformen kann vorliegen als Entwurf, als Reinschrift, als maschinenschriftlicher Durchschlag oder als Kopie, als korrigierte Druckfahne und Druckvorlage. Dazu können alle Arten von Vorarbeiten gehören wie Materialsammlungen, Exzerpte sowie Fotos, Ton- und Filmdokumente; ferner Korrespondenzen, die im besten Fall aus Abschriften oder Kopien der vom Autor abgesandten Briefe und aus den Originalen der vom Autor empfangenen Briefe bestehen. Autobiographische Texte und Tagebücher sowie die Bibliothek des Autors können einen Nachlaß ergänzen." Baumann-Eisenack 2007: Nachlaß, S. 672 f.

allem […] unikale Schriftstücke, zunehmend gehören auch digitale Nachlassteile dazu“[303]. Eine solche Formulierung lässt wiederum die Frage offen, ob damit jegliche Art von schriftlicher Notiz – vom Einkaufszettel bis hin zur Abrechnung – zum literarischen Nachlass gehört. Auch bei den von ihm aufgeführten Nachlassbestandteilen wie „Drucke, Arbeitsbibliotheken, Bilder und Objekte (Erinnerungsstücke), die meist nur in knapper Auswahl übernommen werden“[304], bleibt unklar, an was sich eine solche Auswahl orientiert. Wovon hängt die Übernahme der Arbeitsbibliothek beispielsweise ab? Ebenfalls nicht eindeutig ist, ob es sich im Falle des in Klammern gesetzten Zusatzes um Erinnerungsstücke vom oder an den Autor handelt und was sie als solche auszeichnet. Nicht aus dem Wirken des Autors hervorgegangen, droht im Falle der Erinnerungsstücke die Differenz zwischen Nachlassbestandteil und potentiellem musealem Exponat zu verwischen.[305]

An diesen Beispielen wird deutlich, wie undurchsichtig es ist, „welche Kriterien für sammlungswürdiges Material in Literaturarchiven überhaupt wirksam sind“[306] und wie groß demzufolge der Ermessensspielraum bezüglich der Grenzen des literarischen Nachlasses in Theorie und Praxis ist.[307]

Hinzu kommt, dass Archive aufgrund ihrer begrenzten räumlichen Kapazitäten die übernommenen Nachlässe meist nicht in ihrer Gänze erhalten können und Teile davon vernichten – man spricht dann von einer Kassation. In den RNA wird darunter „[d]ie Vernichtung von Teilen eines Bestands“ verstanden, „die keinen Beitrag zu Tätigkeit, Werk und Biographie des Bestandsbildners bieten.“[308]

303 Bülow 2016: Nachlässe, S. 145.

304 Ebd.

305 Unter der Bezeichnung ‚Erinnerungsstücke‘ werden im Deutschen Literaturarchiv Marbach Objekte wie der Rucksack W.G. Sebalds aufbewahrt oder die Pistole, mit der sich Wolfgang Herrndorf erschoss. Vgl. Encke: Herrndorfs Revolver. In: Frankfurter Allgemeine Zeitung, 13.7.2016. Vgl. dazu außerdem: Günther 2018: Schaustücke der Literatur?

306 Engelmeier 2018: Selbsteinlieferung oder: Vorlass nach Marbach!, S. 35.

307 Exemplarisch dafür sind auch die Ausführungen Müllers, dessen Studie zu rechtlichen Problemen bei Nachlässen noch immer als einschlägig gilt. Er schreibt 1983: „Sodann enthält ein Nachlaß oft auch persönliche Erinnerungsstücke des Erblassers, wie Postkarten, Telephonnotizen, Zeitungsausschnitte über allgemein den Erblasser interessierende Ereignisse, Prospekte, Theaterprogramme und vieles mehr. Sofern nun solches Material keine besondere Aussagekraft zur Person und dem Schicksal des Erblassers zeigt, also ohne weiteren wissenschaftlichen und kulturellen Wert erscheint, so muß es als nicht aufbewahrungswürdig angesehen werden.“ Müller 1983: Rechtsprobleme bei Nachlässen, S. 104.

308 RNA 2010, S. 62. Unter: https://www.onb.ac.at/koop-litera/standards/RNA-R2015-20151013.pdf, zuletzt abgerufen am 16.11.2021. Vgl. auch: RNAB 2019, S. 111. Unter: https://d-nb.info/1186104252/34, zuletzt abgerufen am: 16.11.2021.

Genauso wie keine einheitlichen Kriterien für die Bestimmung der Nachlassgrenzen existieren, ist auch die Kassation nicht näher als durch das Zitierte geregelt – die diesbezügliche Bewertung des Bestands liegt beim Archiv. Dieses wiederum legt weder offen, mit was für einem Nachlassbegriff es arbeitet, noch macht es für den Nutzer kenntlich, welche Materialien es aus der Gesamtheit des Hinterlassenen nicht übernommen bzw. was es kassiert hat.[309] Die von den Größen Selektion und Kassation abhängende Zusammensetzung eines Nachlasses und die damit zusammenhängende Unbestimmtheit muss sich bei der Arbeit mit Nachlässen immer wieder vor Augen geführt werden (vgl. 1.4.4).

Zwischenfazit – der literarische Nachlass

Resümierend lässt sich sagen, dass mit dem Begriff Nachlass einerseits ein statisches Gebilde gemeint ist, das in Bezug auf den Hinterlassenden eine abgeschlossene Menge von Materialien meint. Anderseits ist das Gebilde Nachlass einer Dynamik ausgesetzt, die durch die Übernahme, konkrete Auswahl und Kassation einzelner Bestandteile entsteht. In diesem Sinne ist mit dem Begriff Nachlass in dieser Arbeit ein singuläres Gebilde aus vorwiegend schriftlichen, unikalen Dokumenten einer Provenienz gemeint, das nach dem Tod des Schriftstellers von einer dritten Person oder Institution aufgefunden sowie übernommen wurde und das dem Zugriff des Autors entzogen ist. Aus der Gesamtheit der vorgefundenen Materialien trifft die übernehmende Person oder Institution eine Auswahl, deren Zentrum in der Regel dem Arbeitsprozess entstammende Papiere – eingeschlossen aller Entwürfe, Fassungen und Vorstufen veröffentlichter bzw. unveröffentlichter Werke sowie Materialsammlungen, Notizen, Korrespondenzen und autografische Aufzeichnungen – bilden, zu denen aber, abhängig von der selektierenden Instanz, auch Material- und Bildersammlungen, Lebensdokumente (darunter auch Foto-, Film- und Tondokumente) und eine Autorenbibliothek hinzukommen können.

Offen und nicht unproblematisch bleibt der Zusatz des ‚literarischen', der den Nachlass eines Schriftstellers kennzeichnet. Handelt es sich bei den in ihm enthaltenden Dokumenten um Literarisches oder sind diese, verwahrt in einem Archiv, vielmehr als historische Zeugnisse zu betrachten? Was signalisiert dieser Zusatz und was bedeutet er für den Umgang mit dem literarischen Nachlass? Jacques Derrida formuliert diese Problematik wie folgt:

309 Die Regeln zur RNAB empfehlen jedoch ein Kassationsprotokoll. Vgl. RNAB 2019, S. 12. Unter: https://d-nb.info/1186104252/34, zuletzt abgerufen am: 16.11.2021.

> „Daß diese (Ganz)Andere-All-Macht (Toute-puissance-autre) uns unter dem Namen der Literatur des Rechts oder der Fähigkeit (pouvoir) beraubt, zwischen dem Literarischen und dem Nicht-Literarischen, zwischen der Fiktion und dem dokumentarischen Zeugnis zu entscheiden, das ist eine Situation, die in der Welt und in der Geschichte der Menschheit ohne Beispiel ist. […] Der Bibliotheksarchivar wird stets Schwierigkeiten haben zu entscheiden, ob der Referent solcher Texte und Dokumente real oder fiktiv ist, ja sogar im Falle der Traumtexte – noch unbestimmter zwischen Realität und Fiktion, Material ohne Verwendung, wenn ich so sagen kann, oder Material, das noch nicht literarisch ist im Hinblick auf die Literatur, verfügbar für die Literatur, explizit oder implizit für seine literarische Ins-Werk-setzung bestimmt, also *bereits* literarisch, obwohl *noch nicht* literarisch, und so fort."[310]

Derrida setzt also dem literarischen Werk das Vor-Literarische entgegen, das, da es womöglich in das Literarische eingehen wird, schon selbst literarisch ist. Ähnlich argumentiert Benne, der sich an Rüdiger Campes[311] Begriff des Literarischen anlehnt und die Zeugnisse der Manuskriptkultur wie Briefe, Formen des autobiografischen Schreibens sowie das auf die literarische Produktion bezogene, nichtpublizierte Material als literarisch begreift und konstatiert, „dass das Literarische identisch mit dem Noch-nicht-Literatur-Gewordenen ist"[312]. Nachlassdokumente wie beispielsweise Briefe oder Manuskripte, die in einem wie auch immer gearteten Verhältnis zum Prozess des literarischen Arbeitens stehen, zeichnen sich durch eine eigene literarische Gegenständlichkeit aus; hier zeigen sich spezifische Erscheinungsformen der Literatur, die nicht vollkommen in einem gedruckten Text aufgehen können:

> „Der Begriff des Literarischen ist, verstanden als Gegensatz zum Begriff der Literatur, Ausdruck für den Bedarf an einer prozessualen Zwischenstufe, auf der die Semiotik des Humanen schon vergegenständlicht ist, aber noch nicht textualisiert im Sinne der zeitgenössischen Publikationskonventionen. Ebendas leistet die literarische Handschrift. Sie kann es aber nur, weil sie nicht vollständig semiotisierbar ist. Die ‚Erfindung' der literarischen Handschrift bezeichnet den Prozess der Umwertung von Nichtliteratur zu Literatur."[313]

So gehen Notizen, Briefe und Entwürfe nicht nur aus der literarischen Arbeit hervor, sie fließen in einem wechselseitigen Prozess auch immer wieder in

310 Derrida 2006: Genesen, Genealogien, Genres und das Genie, S. 62.

311 Campe bezeichnet mit dem Begriff des Literarischen „die Behandlung ehemals rhetorischer, zukünftig hermeneutischer Beziehungen in ihrer Beziehung auf eine Semiotik des ‚Humanen' (nicht notwendigerweise des schon ‚Individuellhumanen')". Campe 1990: Affekt und Ausdruck, S. XVI.

312 Benne 2015: Die Erfindung des Manuskripts, S. 424.

313 Ebd.

sie ein – der literarische Nachlass ist der Ort, der das ‚Noch-nicht-Literatur-Gewordene' bündelt und als literarisches Gebilde zugänglich macht.

Wie im Vorangegangenen gezeigt wurde, ist ‚Nachlass' ein relativer Begriff, der je nach Diskurs und Perspektive variieren kann. Mit der folgenden Erläuterung synonym zum Nachlassbegriff verwendeter Begriffe sollen unterschiedliche Perspektivierungen bzw. Auslegungen des Nachlassbegriffs aufgezeigt, diese aber sprachlich voneinander abgegrenzt werden. Spricht man dementsprechend mit Blick auf die Kulturpraktik des Archivierens von einem literarischen Archiv,[314] kulturtheoretisch unterlegt von einer Hinterlassenschaft,[315] in der Archivpraxis von einem Bestand[316] oder eingebettet in einen weiteren kulturwissenschaftlichen Kontext von einem literarischen Erbe,[317] treten konkrete Facetten hervor, deren Reflexion einen differenzierteren Umgang ermöglichen und verschiedene Zugänge zu dem Gegenstand Nachlass markieren.

1.4.2 *Das literarische Archiv*

Der Begriff ‚Archiv' ist mit unterschiedlichen Bedeutungen verschiedener Diskurse besetzt und wird nicht allein für die Bezeichnung der Archivalien aufbewahrenden und zugänglich machenden Institution verwendet. Seit dem 17. Jahrhundert hat sich unter anderem, alle anderen Konnotationen einmal ausgespart, ein Gebrauch des Archivbegriffs für die Bezeichnung einer „Sammlung von Schriftstücken"[318] herausgebildet, der auch als archivarischer Fachausdruck für einen Schriftgutkomplex verwendet wird.[319] In einer Definition von Johannes Papritz, dem ehemaligen Leiter der Archivschule Marburg, heißt es:

> „Ein ‚Archiv' (in der Bedeutung des Wortes als Bezeichnung eines Schriftgutkomplexes) ist die Gesamtheit oder eine eigenständige Abteilung der Dokumentation einer juristischen oder physischen Person bzw. Personengruppe, die im Geschäftsgang oder Privatverkehr organisch gewachsen und zur dauerhaften Aufbewahrung bestimmt ist."[320]

So unterscheidet man je nach Provenienz zwischen dem institutionellen und dem persönlichen Archiv: Zu ersterem zählen alle Unterlagen und Materialien,

314 Vgl. u .a.: Sprecher 2006: Literarische Archive, S. 19–41. Und: Weisbrod 2016: Was ist ein persönliches Archiv?, S. 142–146.

315 Vgl. Pareigis 2015: Hinterlassenschaften, S. 40–51.

316 Vgl. Raulff 2009: Ökonomien des literarischen Archivs, S. 223–232.

317 Vgl. Willer 2014: Erbfälle.

318 Wegmann 2001: Archiv, S. 53.

319 Vgl. Papritz 1976: Archivwissenschaft, S. 91.

320 Ebd., S. 90.

die sich im Zuge der Geschäftstätigkeit einer Institution bei dieser angesammelt haben, beispielsweise in Form von Unternehmens-, Behörden- oder Verlagsarchiven.[321] Der Begriff des persönlichen bzw. literarischen Archivs wird dagegen immer häufiger synonym für Vor- und manchmal auch für Nachlässe verwendet – wobei der Gebrauch teilweise noch uneinheitlich ist.[322]

Obwohl auch im Archivkontext der Vor- und Nachlassbegriff etablierter ist als der des persönlichen Archivs, mehren sich in der archivwissenschaftlichen Forschung die Stimmen, die für einen differenzierten Umgang mit beiden Termini plädieren und Nachlässe als „ehemalige persönliche Archive“[323] bezeichnen.[324]

Eine solche Verwendung stützt sich auf einen funktionalen Archivbegriff, der die Funktion des bezeichneten Komplexes in den Mittelpunkt rückt.

> „Demnach zeichnen sich Archive durch einen besonderen funktionalen Zusammenhang ihrer Archivalien aus. Dieser wird nicht – wie etwa in einer Bibliothek – durch die Aufstellung nach einem Ordnungssystem a posteriori hergestellt, sondern ist durch den Bezug der Archivalien aufeinander und auf den Bestandsbildner a priori gegeben“[325],

schreibt Weisbrod, der eine erste ausführlichere Auseinandersetzung mit dem Begriff vorgelegt hat.[326] Ein Archiv entsteht nach Weisbrod, sobald eine Gruppe von Materialien als ein solches genutzt wird, das heißt längerfristig bewahrt und gegebenenfalls wiederverwendet wird – es konstituiert sich also ausgehend von einer archivarischen Praxis.[327]

Auch Thomas Sprecher betrachtet das ‚Archiv‘ in dieser Weise als Resultat einer gängigen kulturellen Praxis.[328] Zusammengehörige, bei einer Person oder Institution aufbewahrte Sammlungen, ganz gleich welchen Inhalts,

---

321 Vgl. RNA 2010, S. 60. Unter: https://www.onb.ac.at/koop-litera/standards/RNA-R2015-20151013.pdf, zuletzt abgerufen am 16.11.2021. Vgl. auch RNAB 2019, S. 108. Unter: https://d-nb.info/1186104252/34, zuletzt abgerufen am: 16.11.2021.

322 Während im Regelwerk der RNA der Ausdruck ‚persönliches Archiv‘ als Synonym bzw. Alternative zum Vorlassbegriff rangiert, wird in der Praxis des Archivs der Akademie der Künste auch von einem literarischen Archiv gesprochen, wenn der Autor schon verstorben ist. Vgl. ebd. Und: Trautwein 2005: Die Künstlerarchive der Akademie, S. 10–51.

323 Weisbrod 2016: Was ist ein persönliches Archiv?, S. 142.

324 Vgl. ebd.

325 Ebd., S. 143.

326 Vgl. ebd., S. 142–146.

327 Vgl. ebd., S. 143.

328 „Ursprünglich stellten Archive nichts anderes dar als die Fortsetzung der Kanzlei: Urkunden und Akten, welche für die laufende Tätigkeit nicht mehr benötigt wurden, gelangten in separate Räume, wurden dort sauber und sicher aufbewahrt, so dass sie zum Nachweis der Rechtstitel oder als Information Verwaltung und Behörden auf Dauer zur Verfügung standen. Historisch war die erste Funktion von Archivalien, ihrem Eigentümer

bilden nach seinem Verständnis ein Archiv: „Deshalb haben die meisten Leute Archive. Sie sammeln Fotos, empfangene Briefe, vielleicht Opernbillette."[329] Die Literatur- und Kulturwissenschaftlerin Aleida Assmann spezifiziert diesen Ansatz, indem sie das Archiv „im Sinne einer Ansammlung von nachhaltig bewahrenswerten Dokumenten"[330] versteht und damit der Sammlung,[331] die als ein „gegliedertes Ganzes, ein Ordnungssystem"[332] eine spezielle Anlage und Systematik impliziert, die ‚Ansammlung' zur Seite stellt:

> „Die thematische, materielle oder geschmackliche Kohärenz, die in der Sammlung herrscht, verliert sich in der Ansammlung. Sie ist zunächst nicht mehr und nicht weniger als ein Fundus materieller Relikte, die durch ihren historischen oder sentimentalen Wert aufgehoben oder aus Schwäche und Nachlässigkeit nicht entsorgt worden sind. Sie gehen als Hinterlassenschaft an die nächste Generation über, die dann ihrerseits eine Grenze ziehen muss zwischen ‚Nachlass' und ‚Müll'."[333]

Mit diesen Perspektiven lässt sich eine Nuancierung betonen, die der Vor- und Nachlassbegriff auf diese Weise nicht abbilden kann: Der Fokus liegt auf der kulturellen Praktik des Archivierens als eine „Summe von Tätigkeiten und Handlungen"[334], die nicht unmittelbar an die Übergabe an eine Nachwelt und eine Institution gekoppelt ist, sondern dieser vielmehr vorausgeht: „Archive speichern Archive; die Praxis existiert vor der Institution."[335]

Die Perspektive auf den Gegenstand Nachlass wird durch den Begriff des literarischen Archivs dabei insofern modifiziert, als dass er keine Betrachtungsweise ‚post mortem' beinhaltet[336] und den Fokus auf die Papiere vor einer Archivübergabe lenkt: „Persönliche Archive werden durch die Hand einer Privatperson formiert, zum Archivgut werden sie erst nach

---

zu ermöglichen, Rechtsansprüche geltend zu machen." Sprecher 2006: Literarische Archive, S. 19.

329 Ebd. Vgl. auch Brachmann 2000: Außensichten auf Archive und archivarisches Selbstverständnis, S. 17.

330 Assmann 2008: Sammeln, Sammlungen, Sammler, S. 350.

331 Die Definition des literarischen Archivs als einer Sammlung von Dokumenten führt insofern zu einer begrifflichen Problematik, als dass in den Archivwissenschaften zwischen einem Nachlass und einer Sammlung unterschieden wird. Sammlungen entstammen im Unterschied zu einem Nachlass nicht einer Provenienz, sondern werden themen- oder personenbezogen von Institutionen wie Bibliotheken, Archiven und Museen angelegt.

332 Ebd., S. 349.

333 Ebd.

334 Friedrich 2013: Die Geburt des Archivs, S. 17.

335 Loyen 2016: Archivproliferation, S. 99.

336 Vgl. Raulff 2013: Nachlass und Nachleben, S. 25 f.

ihrer Übernahme als Nachlass durch eine Archivinstitution“[337], so Weisbrod. Der Begriff des persönlichen bzw. literarischen Archivs stellt nicht das nach dem Tod abgeschlossene, von Dritten aufgefundene und durch Grenzziehung bestimmte Gebilde heraus, sondern die bewegliche, von Veränderung geprägte und individuell (un)geordnete Sammlung bzw. Ansammlung, die ein Autor aus verschiedenen Gründen aufbewahrt (hat), zum Beispiel um mit ihr zu arbeiten oder aus Sentimentalität. Indem der funktionale Archivbegriff auf das von einer Person über längere Zeit Bewahrte abzielt, „fokussiert die funktionale Sichtweise über den Entstehungszusammenhang den Formierungsprozess eines Archivs“[338]. Da ein von einer Archivinstitution übernommenes persönliches Archiv jedoch auch nach der Übernahme als ein solches bezeichnet werden kann und insofern verschiedene Zustände miteinschließt, existiert in der Archivwissenschaft die Unterscheidung zwischen der ‚präkustodialen Phase‘ und der ‚kustodialen Phase‘. Erstere meint ein persönliches Archiv vor seiner Übergabe an eine Archivinstitution, die zweite beschreibt dieses nach der Übertragung.[339]

Der Ausdruck des literarischen Archivs, der den Blick für Funktion und Formung dieses Gefüges öffnet, kann insofern sowohl die gesammelten Dokumente und Materialien noch lebender, aber auch verstorbener Autorinnen und Autoren, also ihr früheres Archiv zu Lebzeiten, meinen. Dabei ermöglicht ein so ausgelegter Begriff, den Umgang eines Autors mit seinen gesammelten Papieren differenziert zu beschreiben und nicht den Akt des Hinterlassens allein in den Fokus zu stellen (vgl. 1.5.3).[340] Zu beachten ist jedoch, dass je

337 Weisbrod 2016: Was ist ein persönliches Archiv?, S. 144. Um die Differenz zwischen einem persönliche Archiv und einer Archivinstitution zu betonen, greift Weisbrod auf die Unterscheidung zwischen Einheitsarchiven und zusammengesetzten Archiven zurück: „Ein persönliches Archiv oder eine Registratur sind demnach Einheitsarchive, weil sie Archivalien enthalten, die sich ausschließlich auf e i n e n Bestandsbildner – eine Privatperson (persönliches Archiv) oder eine juristische Person (Registratur, Unternehmensarchiv etc.) beziehen – und unter dem Merkmal der Provenienz nicht mehr weiter aufgeteilt werden können. Der Bestand eines historischen Archivs oder eines Literaturarchivs besteht hingegen in der Regel aus einer Mehrzahl von Einheitsarchiven, etwa aus Registraturgut diverser Provenienz oder wie im Falle eines Literaturarchivs aus literarischen Nachlässen. Sie vereinen als zusammengesetzte Archive mehrere funktional zusammengehörende Einheitsarchive, ihre Binnenstruktur wird durch die jeweiligen Archivgesetze oder das Sammelgebiet der Institution vorgegeben.“ Ebd., S. 143.

338 Ebd.

339 Vgl. ebd., S. 144.

340 Dafür als Beispiel die Gegenüberstellung zweier Aussagen: Die Äußerung, ‚ein Autor ordnete seinen Vorlass bzw. künftigen Nachlass‘, impliziert, dass dies ein auf die Nachwelt gerichteter Vorgang ist; die Aussage ‚ein Autor ordnete sein literarisches Archiv‘, akzentuiert stärker den Vorgang als solchen im Kontext der schriftstellerischen Arbeit.

nach gemeintem Zeitpunkt verschiedene Archive eines Autors existieren; das Archiv einer frühen Schaffensphase ist anders geartet als dasjenige, das er schließlich nach seinem Tod – als Nachlass – hinterlässt. Der Akzent liegt bei der Verwendung jedoch stets auf dem Reservoir von Materialien eines Autors, das sich durch eine private wie auch immer geartete Ansammlung und Aufbewahrung gebildet hat.[341]

1.4.3 *Hinterlassenschaften*

Im Gegensatz zu den Begriffen Nachlass und literarisches Archiv, die meist Disziplinen gebunden Anwendung erfahren, ist der Terminus der Hinterlassenschaften eher im allgemeinen Wortgebrauch verbreitet und wird seit dem 19. Jahrhundert verwendet, um etwas Zurückgelassenes oder ein Erbe zu bezeichnen.[342] In den verschiedenen Diskursen erscheinen Hinterlassenschaften dabei stets „als Überreste oder Rückstände in der Folge von Prozessen des Vergehens, Verschwindens und Verlusts, verursacht durch Tod und Zerfall, Zerstörung oder Auslöschung – von Personen und Dingen, Ereignissen und Geschehnissen."[343] Der ebenfalls synonym zum Nachlass verwendete Begriff wird allerdings in Fachlexika sowie in literatur- bzw. archivwissenschaftlichen Studien in dieser Hinsicht nicht weiter ausgeführt. Einzig Sigrid Weigel und Christina Pareigis unterscheiden den Begriff der Hinterlassenschaften in seiner Bedeutung präzis von Termini wie Nachlass und Archiv und markieren damit verschiedene Herangehensweisen an diese Konstrukte.[344] Auch sie führen das institutionelle Kriterium als Differenzierungsmerkmal an: So unterscheidet sich nach Weigel ein Nachlass „als eine Art Institution von zerstreuten und/oder privaten Hinterlassenschaften"[345].

In dieser Perspektive steht mit den Hinterlassenschaften ein Konzept im Zentrum, das sich durch seinen zeitlichen und räumlichen Index von den oben genannten Begriffen abhebt und ihnen vorgängig ist:

> „Als Hinterlassenschaften werden etwa Schriften *vor* ihrer Formierung als Vermächtnis oder Erbe, als Nachlass oder Zeugnis bezeichnet; ihnen eignet die Möglichkeit *zukünftiger* Akte von Übertragung, etwa indem sie der Rechtsform

---

341 So betrachtet muss ein literarisches Archiv nicht immer aktiv vom Autor als geordnetes Aufbewahrungssystem angelegt sein, sondern kann auch bloß einer passiven Ablage, einer dauerhaften Ansammlung gleichen.

342 Vgl. DWDS: Hinterlassenschaft. Unter: http://www.dwds.de/?qu=hinterlassenschaft, zuletzt abgerufen am 16.11.2021.

343 Pareigis 2015: Hinterlassenschaften, S. 40.

344 Vgl. ebd., S. 40–51. Weigel 2006: Hinterlassenschaften, Archiv, Biographie, S. 33–48. Und: Weigel 2005: An-Archive. Archivtheoretisches zu Hinterlassenschaften, S. 4–7.

345 Weigel 2006: Hinterlassenschaften, Archiv, Biographie, S. 40.

> einer Erbschaft unterstellt, in die institutionelle Ordnung eines Archivs transferiert oder als Zeugnis identifiziert und gelesen werden. Vor ihrer Überführung in etwaige Deutungs- und Ordnungszusammenhänge, mit der zumeist ein räumlicher Transfer einhergeht, stellen sie sich als ungeordnetes Material dar, das zurückbleibt, wenn das Leben einer Person oder die Existenz einer Körperschaft zu Ende geht."[346]

Hinterlassenschaften erscheinen auf diese Weise als das noch nicht Institutionalisierte, als die bloße Papiermasse, die nach dem Tod eines Autors noch nicht als Nachlass erkannt, aufgefunden und gedeutet wurde. Als etwas durch eine Zäsur Abgetrenntes stehen sie zwischen zwei Ordnungen: der des Eigentums zu der sie gehörten und einer potentiellen neuen, in die sie möglicherweise überführt werden könnten. Zwar ist ihnen das Potential aufgefunden und transferiert zu werden inhärent, doch müssen diese Prozesse nicht zwangsläufig einsetzen – Hinterlassenschaften könnten auch unentdeckt bleiben oder als Abfall betrachtet und weggeworfen werden.[347]

Ausgehend von der „zeitlichen wie räumlichen Existenz auf der Schwelle zwischen Verborgenheit und Instituierung" fasst Pareigis vier wesentliche Merkmale von Hinterlassenschaften zusammen:

> „(1) ihre paradoxe Temporalität, denn im *monumentum* ihres Gewahrwerdens erhalten sie *ex post* ihre etwaige Bedeutung, die immer schon auf zukünftige Lesbarkeit hin gedacht ist; (2) das Moment der Entstellung, da der Prozess des Findens, Bewahrens und Entzifferns stets mit einem Eingriff in ihren Zustand zum Zeitpunkt der Entdeckung einhergeht; (3) damit verbunden ihr transitorisches Potenzial, das mit der Überführung, dem Neu-Ordnen und Gelesenwerden aktiviert wird; (4) ihre Eigenschaft als Kippfigur, die je nach Blickwinkel die Gestalt von Spuren oder Nachlass annimmt."[348]

Versucht man diese Betrachtungsweise für das Phänomen Nachlass fruchtbar zu machen, bedeutet das, den Fokus auf den Zustand der Papiere vor ihrer Formierung zum Nachlass zu lenken. Dabei gilt es, die Wege und Handlungen, die einen Nachlass geformt haben, also die Mechanismen, die die Hinterlassenschaft zum Nachlass haben werden lassen, nachzuvollziehen: „Die Recherche ist dabei auf die Rekonstruktion und den Nachvollzug möglicher zurückliegender und zurückgelegter Wege und potentieller Aufbewahrungsorte von Zeugnissen verwiesen, auf Transferkunde im Konjunktiv"[349]. Im Fokus stehen

346 Pareigis 2015: Hinterlassenschaften, S. 40.

347 Vgl. ebd., S. 42.

348 Ebd.

349 Weigel 2005: An-Archive. Archivtheoretisches zu Hinterlassenschaften, S. 5.

damit die Transferprozesse, die die „*noch nicht* inventarisierten"[350] Hinterlassenschaften aus ihrer ursprünglichen Anordnung bzw. Unordnung und Einbindung in Zusammenhänge, aus einem Raum der Latenz heraus in ein neues Ordnungssystem beispielsweise das Archiv übertragen und mit „biographische[r], kulturgeschichtliche[r] o.a. Bedeutung"[351] aufgeladen haben.

Gelangen literarische Hinterlassenschaften in ein Literaturarchiv, verändern sich Raum, Besitzer, Rechtsform und das Interesse an dem Gegenstand – die Hinterlassenschaften sind zu einem Forschungsgegenstand und nicht zuletzt zu einem ökonomischen Wert transformiert worden.[352] Die Differenzierung zwischen Nachlass und Hinterlassenschaft bietet folglich die Möglichkeit, Übertragungsprozesse und Neuordnungen, die sich nach dem Tod eines Schriftstellers an seinen Papieren vollzogen haben, in den Fokus zu rücken und nach den ursprünglich vorgefundenen Zusammenhängen, den beteiligten Akteuren, verschiedenen Aufbewahrungsorten, Selektionen und Eingriffen durch Erben und Institutionen zu fragen (vgl. 1.5.2). Auch kann auf noch unentdeckte Hinterlassenschaften, Lücken und Leerstellen aufmerksam gemacht werden, die sich nicht in einem Nachlass und außerhalb des Archivs befinden.

1.4.4 *Bestand*

Nicht nur im Zusammenhang mit Bibliotheken und Archiven, sondern beispielsweise auch in der Forstwirtschaft, in der Ökologie und im Bauwesen spricht man von einem Bestand.[353] Der Begriff bezeichnet im Allgemeinen eine bestimmte vorhandene oder bevorratete Menge oder einen Güterstock und steht in einem Bedeutungszusammenhang mit dem Verb „bestehen", ist also auch mit der Vorstellung von Dauer, Beständigkeit und Permanenz verbunden. Im Kontext von Archiven handelt es sich dem Glossar der RNA gemäß um einen „[ü]bergeordnete[n] Begriff für Nachlässe, Vorlässe sowie andere Bestandsarten, z. B. Institutionsarchive, Sammlungen und Autographensammlungen."[354] Nach der etwas ausführlicheren „Terminologie der Archivwissenschaft", bereitgestellt von der Archivschule in Marburg, bezeichnet der Terminus Bestand:

350 Pareigis 2015: Hinterlassenschaften, S. 46.

351 Ebd., S. 40.

352 Vgl. Weigel 2006: Hinterlassenschaften, Archiv, Biographie, S. 42.

353 Vgl. Raulff 2009: Ökonomien des literarischen Archivs, S. 228.

354 RNA 2010, S. 60. Unter: https://www.onb.ac.at/koop-litera/standards/RNA-R2015-20151013.pdf, zuletzt abgerufen am 16.11.2021. Vg. auch: RNAB 2019, S. 109. Unter: https://d-nb.info/1186104252/34, zuletzt abgerufen am: 16.11.2021.

> „[…] eine Gruppe von Unterlagen, die nach logisch nachvollziehbaren Gesichtspunkten wie ihrer Herkunft, ihrem Entstehungszusammenhang (Provenienzprinzip), ihrem Sachinhalt (Pertinenzprinzip), formalen oder materiellen Merkmalen (Sammlungsgut, Selekt) zu einer Einheit zusammengefasst werden. B.e [Bestände, KvB] fungieren als zentrale Gliederungsebene der Tektonik eines Archivs."[355]

Bei einem Archivbestand muss es sich folglich nicht immer um einen Vor- oder Nachlass handeln, doch jeder in einem Archiv oder in einer Bibliothek bewahrte Nachlass wird als ein Bestand betrachtet. In der hier vorgenommenen Begriffsbestimmung und terminologischen Abgrenzung bildet der Terminus ‚Bestand' das Gegenstück zum Begriff der literarischen Hinterlassenschaft.

Eine literarische Hinterlassenschaft, die als Nachlass von einer dritten Person aufgefunden und somit schon als eine institutionalisierte Form betrachtet wird, erfährt mit der Übergabe in ein Archiv oder in eine Bibliothek eine weitere Objektivierung.[356] Die vormals bloße ‚Skriptomasse'[357], eine Ansammlung von Papieren, wechselt mit ihren Eintritt in ein Archiv ihren ‚Aggregatszustand'[358], ihren Status und ihre Konstitution. Der von einem Archiv oder einer Bibliothek erworbene Nachlass wird nicht nur Teil des Archivbestands, er ist ab diesem Zeitpunkt, sobald er sich in den Archivräumen befindet, selbst ein Bestand – auch wenn er nicht weiter von Archiv-Seite bearbeitet wird. Ulrich Raulff legt jedoch dar, dass mit dem Statuswechsel in der Regel auch verschiedene Vorgänge einhergehen, die eng an den Bestandsbegriff gekoppelt sind und die sich in den „Dreiklang von Erwerbung, Erhaltung und Erschließung"[359] fügen. Nach einem wie auch immer juristisch gearteten Übertragungsakt (als Schenkung oder Kauf beispielsweise) setzt zunächst ein „Komplex praktischer Sorge"[360], das heißt Praktiken der Bestandserhaltung ein, die konservatorisch wirken sollen. Im Rahmen der Erschließung werden die Papiere geordnet, bewertet, klassifiziert und verzeichnet. Der Umgang mit dem Nachlass differiert dabei jedoch in Abhängigkeit mit der jeweiligen Erschließungstradition der bewahrenden Institution, sei es ein Archiv, eine Bibliothek oder ein Literaturarchiv:

355 Konzen/Trosse 2015: Bestand. Unter: http://www.archivschule.de/uploads/Forschung/ArchivwissenschaftlicheTerminologie/Terminologie.html, zuletzt abgerufen am 16.11.2021.

356 Vgl. zu der Übernahme von Nachlässen in ein Archiv: Boden 2008: Steuerung der Nachlassübernahme, S. 47–79.

357 Raulff 2009: Ökonomien des literarischen Archivs, S. 228.

358 Ebd., S. 224.

359 Ebd., S. 228.

360 Ebd.

> „In Archiven fungiert der Nachlasser bzw. die Nachlasserin vor allem als Bestandsbildner, wobei der Bestand als geschlossene Überlieferung angesehen wird. Eine Einzelblattverzeichnung ist selten. In Bibliotheken steht eher die Autorenschaft des Nachlassers oder der Nachlasserin im Vordergrund, der oder die Dokumente verfasst hat. Daher findet hier in größerem Maße eine Verzeichnung einzelner Autographen statt."[361]

Obwohl noch immer keine einheitlichen Grundsätze existieren,[362] ob Nachlässe als Bibliotheks- oder als Archivgut erschlossen werden sollten (vgl. 1.2),[363] hat sich ein archivarisches Denken, das sich an Provenienzen, Zusammenhängen und Kontexten orientiert, im Zusammenhang mit der bibliothekarischen Kategorie des Autors bei der Erschließung von Nachlässen in Literaturarchiven mittlerweile durchgesetzt.[364] Dies belegt auch das bis heute einschlägige Ordnungsmodell, das Karl Dachs für die „Erschließung von Nachlässen unter Verwendung bibliothekarischer und archivarischer Methoden"[365] 1982 vorgelegt hat.[366] Dementsprechend werden auch heute Nachlässe überwiegend nach folgenden vier Bestandsgliederungsgruppen geordnet: 1. Werke, 2. Korrespondenzen, 3. Lebensdokumente, 4. Sammelstücke.[367]

Im DLA Marbach ordnet man den sogenannten ‚handschriftlichen' Nachlass, in Anlehnung daran, nach folgendem Modell:

---

361 Noll 2015: Nachlass. Unter: http://www.archivschule.de/uploads/Forschung/Archivwissenschaftliche Terminologie/Terminologie.html, zuletzt abgerufen am 16.11.2021.

362 „Unterschiedliche Erschließungstraditionen in Archiven und Bibliotheken spiegeln sich auch heute noch im unterschiedlichen Umgang mit N. wider. [...] Gleichzeitig ist die Verzeichnung in Bibliotheken durch eine größere Einheitlichkeit gekennzeichnet, da die ‚Regeln für die Erschließung von Nachlässen und Autographen' (RNA) angewendet werden". Ebd.

363 Zum Archivgut wird das Registraturgut gezählt, dessen Zweck vor der Archivierung in der rechtlich-geschäftlichen Verwaltung lag und im Archiv nach dem Provenienzprinzip übernommen wird. Das Bibliotheksgut dagegen gilt als Sammelgut, das meist einen literarischen Zweck erfüllt oder der Forschung und Information dient. Die Einzelstücke, die in der Regel gedruckt vorliegen, werden entsprechend dem Autornamen katalogisiert. Vgl. Zeller 1974: Archive für Literatur, S. 17.

364 Vgl. Schweizerisches Literaturarchiv 2011: Editorial, S. 7. In Bezug auf die Erwerbung stehen Literaturarchive den Bibliotheken nahe, da auch sie das Material kaufen oder gestiftet bekommen müssen; es wächst ihnen nicht automatisch zu. Vgl. Kölbl 2009: Der Ort der Literaturarchive, S. 368. Vgl. außerdem: Schenk 2018: Getrennte Welten? Über Literaturarchive und Archivwissenschaft, S. 21.

365 Dachs 1982: Erschließung von Nachlässen, S. 3–24.

366 Vgl. dazu auch: Thaler 2018: Zur Ordnung des Nachlasses, S. 98.

367 Vgl. RNAB 2019, S. 9. Unter: https://d-nb.info/1186104252/34, zuletzt abgerufen am: 16.11.2021.

> „*Materialien des Bestandsbildners:* 1. Manuskripte (a. Werke, b. Gedichte, c. Versepen, d. Dramatisches, e. Prosa, f. Kompositionen, g. Zeichnungen, h. Bearbeitungen, i. Übersetzungen, j. Herausgegebenes, k. Verschiedenes), 2. Briefwechsel, 3. Briefe von, 4. Briefe an, 5. Dokumente (zum Bestandsbildner). *Materialien anderer Personen / Körperschaften:* 6. Manuskripte Anderer (a. Werke, b. Gedichte, c. Versepen, d. Dramatisches, e. Prosa, f. Kompositionen, g. Zeichnungen, h. Bearbeitungen, i. Übersetzungen, j. Herausgegebenes, k. Verschiedenes), 7. Briefwechsel ohne Bestandsbildner, 8. Briefe Anderer, 9. Dokumente Anderer."[368]

Neben der Erschließung impliziert der Begriff Bestand darüber hinaus „einen Vorgang der Neutralisierung und des Entzugs der Attribute"[369]. So wird das Material in einheitlichen, säurefreien Mappen und Kästen gelagert und quantifizierbar gemacht.[370] Nicht zuletzt geht mit der Bestandsbildung ein Selektionsprozess einher: Nur ausgewählte Nachlässe gelangen ins Archiv und werden Bestände – dabei existieren jedoch keine festgelegten Kriterien, die die Frage der Archivwürdigkeit eines Nachlasses regeln. In einem zweiten Schritt wird das Ausgewählte – unter anderem aufgrund räumlich begrenzter Kapazitäten – in der Regel dezimiert und begrenzt, nicht als archivwürdig Betrachtetes muss notwendigerweise kassiert, sprich vernichtet werden (vgl. 1.4.1): „Die primäre Herausforderung des Archivars ist nicht die Bewahrung, sondern Kassation von Material – Datenkompression"[371], heißt es bei Wolfgang Ernst. Der Begriff des Bestands verdeutlicht also die Eingriffe und die regulierende Macht des Archivs, die nicht nur über den Eintritt eines Nachlasses und damit über die zukünftige Überlieferung entscheidet, sondern auch die Form, in der er sich dem Benutzer darbietet, maßgeblich mitbestimmt.

1.4.5 *Literarisches Erbe*

Wie in der Rechtswissenschaft, wo keine genaue begriffliche Differenzierung zwischen Erbschaft und Nachlass existiert (vgl. 1.4.1), wird auch der literarische Nachlass mitunter mit dem Synonym ‚literarisches Erbe' bezeichnet.[372] Dem Konstrukt Nachlass ist als ehemaliger Teil der persönlichen Eigentumsrechte einer Person die potenzielle Vererbbarkeit immer schon eingeschrieben: durch den gesetzlichen Übergang der hinterlassenen Materialien nach dem Tod eines Autors an eine andere Person. Aber auch die Vorstellung einer symbolischen

368 ORDNUNG von NACHLÄSSEN und AUTOGRAPHEN, DLA, Stand: 1.8.2016. Freundlicherweise vom DLA Marbach zur Verfügung gestellt.

369 Raulff 2009: Ökonomien des literarischen Archivs, S. 229.

370 Vgl. ebd.

371 Ernst 2009: Das Archiv als Gedächtnisort, S. 188.

372 Vgl. Raulff 2013: Nachlass und Nachleben, S. 24.

Weitergabe des Werks und des Nachlasses in Form einer Überlieferung an nachfolgende Generationen ist mit dem Begriff des Erbes verknüpft.

Der Terminus Erbe, der für ein zentrales Übertragungskonzept der Moderne steht, hat sich nach Willer in seinen verschiedenen Ausprägungen Ende des 18. Jahrhunderts herausgebildet, „als ein privatrechtlicher Begriff von Eigentum, eine in sich konsistente wissenschaftliche Biologie und ein kollektivistisches, insbesondere nationales Konzept von Kultur“[373]. Während der literarische Nachlass begriffen als Erbe sowohl erstere als auch letztere Auffassung betrifft, „als Nachlaß (im konkreten und juristischen Sinne) und als Vermächtnis im Sinne einer intellektuellen Summe der Schriften“[374], erscheint dabei das Erbe stets als eine generationenverbindende Übertragung, die ein Verhältnis zwischen Erblasser, Vererbtem und Erben konstituiert:[375] So wird „in Übertragungen durch Erbschaften und Vererbungen immer etwas bereits Bestehendes aus der Vergangenheit in die Zukunft transferiert oder tradiert“[376]. Vererbung bedeutet die wie auch immer geartete Möglichkeit, einen Übergang zu schaffen und ein Weiterwirken zu initiieren.[377] Eng verknüpft mit dem Erbkonzept ist deshalb die Vorstellung eines Nachlebens nach dem Tod bzw. die Vorstellung des Fortlebens bestimmter historischer Ideen, Eigenschaften oder Werke in der Gegenwart und Zukunft (vgl. 1.5.6).[378]

Dieser Prozess betrifft auch den als literarisches Erbe verstandenen Nachlass in seinen zwei Dimensionen: den Nachlass als privates Erbe in Verbindung mit den juristischen Implikationen und ökonomischen Interessen sowie den mit ideeller Bedeutung aufgeladenen Nachlass als literarisches bzw. kulturelles Erbe, das „im späten 19. Jahrhundert in Deutschland geradezu zum Inbegriff eines kollektiven Interesses an der Pflege kultureller Überlieferung“[379] wurde.

Der Nachlass als privates Erbe wird durch eine testamentarische Verfügung vom ursprünglichen Eigentümer, dem Autor, auf eine andere Person, ein Familienmitglied oder einen Nachlassverwalter[380] übertragen und geht in ihren Besitz über. Die erbende Person kann dann über den Nachlass verfügen, ihn zum Beispiel privat bewahren, verkaufen oder einem öffentlichen Archiv übertragen. Die Weitergabe der schriftlichen Zeugnisse bedeutet nicht

---

373 Willer 2014: Erbfälle, S. 11.

374 Weigel 2003: Ingeborg Bachmann, S. 323.

375 Vgl. Jussen/Weigel et al. 2013: Erbe, Erbschaft, Vererbung, S. 7 f.

376 Willer 2014: Erbfälle, S. 11.

377 Vgl. Vedder 2006: Das Nachleben der Toten, S. 17.

378 Vgl. ebd.

379 Willer 2014: Erbfälle, S. 19.

380 Die Rollen des Nachlassverwalters und Erben können sowohl zwei verschiedene Personen betreffen als auch in einer zusammenfallen.

nur einen wie auch immer gearteten Erhalt, sondern auch einen Wechsel der äußeren Verhältnisse und Gegebenheiten, der die Hinterlassenschaft verändert.

Die Erben, die zum einen eine konkrete Person oder Institution und zum anderem eine kulturelle Gemeinschaft, zukünftige Leser- und Forschergenerationen sein können, haben zu dem Nachlass als Erbe ein gleichermaßen passives wie ein aktives Verhältnis. Obgleich sie das Übertragene passiv empfangen, folgt darauf Antritt und Aneignung, also der Umgang und die Auseinandersetzung mit dem aus der Vergangenheit Überlieferten in der jeweiligen Gegenwart. Mit dem Transfer sind also nicht nur komplexe zeitliche Verhältnisse verbunden, sondern auch ein Transformations- und Aneignungsprozess.[381]

Nicht selten stehen sich die Familienerben und die Vertreter der kulturellen Überlieferung mit unterschiedlichen Interessen gegenüber, sodass eine „Konkurrenz zwischen zivirechtlichen [sic!] Erbregelungen und den Ansprüchen der literarischen Öffentlichkeit“[382] besteht. Da das Urheberrecht nach § 28 UrhG vererblich ist, sodass nach dem Ableben eines Autors die jeweiligen Erben die übergegangenen Rechte wahrnehmen, können diese (und andere, wenn sie ihre Persönlichkeitsrechte in dem Geschriebenen verletzt sehen) in Form von Sperrungen über Einsichtnahmen verfügen und über Veröffentlichungen entscheiden: Ihnen obliegt dann nach § 31 UrhG die Einräumung von Nutzungsrechten. In einigen Fällen führen die verschiedenen Ansprüche, die an einen literarischen Nachlass gestellt werden, privatrechtliche einerseits, kulturelle und wissenschaftliche andererseits, zu Konflikten: „Die Widersprüche zwischen familiärem und öffentlichem Interesse sind vielfältig; die Gemengelage aus privaten und kollektiven Besitzansprüchen erweist sich immer wieder als juristisch schwer kontrollierbar.“[383]

Durch die Perspektivierung des Nachlassbegriffs im Zusammenhang mit den Termini literarisches Archiv, literarische Hinterlassenschaften, Bestand und literarisches Erbe entstehen also vier verschieden geartete Zugänge zum Konstrukt Nachlass: Der Begriffs des literarischen Archivs lenkt den Blick auf die Arbeitsprozesse des Autors, auf seine Tätigkeit des Archivierens und seine aktive Formung der Materialien. Als Hinterlassenschaft erscheint die bloße Ansammlung von Papieren eines Autors ‚vor dem Archiv‘ – der Begriff rückt äußere Übertragungsprozesse, Zusammenhänge und Bedeutungszuschreibungen in den Fokus, die die Institution Nachlass erst entstehen

381 Vgl. ebd., S. 58.
382 Ebd., S. 20.
383 Willer 2013: Kulturelles Erbe, S. 173.

lassen. Im Gegensatz dazu wird der Nachlass im Archiv als Bestand bezeichnet. Auf diese Weise werden die Eingliederung in das Ordnungssystem Archiv und die damit zusammenhängenden Eingriffe markiert. Bezeichnet man einen Nachlass als literarisches Erbe, liegt der Akzent auf dem Zusammenspiel von Weitergabe, Weiterwirken und Bewahrung sowie auf dem komplexen Zeitverhältnis von Vergangenheit, Gegenwart und Zukunft, das dem Nachlass eingeschrieben ist. Gleichzeitig wird der Bezug zu den Erben herausgestellt, die als eine wichtige Gruppe von Akteuren im Prozess der Überlieferung auftreten und diesen wesentlich beeinflussen.

1.5 Formation Nachlass – Zugänge und Perspektiven

In der Literaturwissenschaft gehört die Arbeit mit Archivbeständen zu einem festen Bestandteil der Disziplin. Doch während beispielsweise Manuskripte und Vorstufen im Rahmen einer textgenetischen Betrachtung analysiert[384] und Briefwechsel oder Tagebücher von Autorinnen Autoren in Bezug auf deren Schreiben untersucht werden,[385] existieren keine ausführlicher ausgearbeiteten Ansätze zur Beschreibung des literarischen Nachlasses als Gesamtgefüge:[386] „Im Gegensatz zur Interpretation einzelner Schriftstücke gibt es bislang kaum methodologische Vorschläge zu einer Interpretation des Nachlasses als einer Gesamtheit von Dingen."[387]

Dass jeder Nachlass – geformt durch individuelle Arbeitsprozesse, spezifische Lebens- und Schreibumstände und bewusste (Un-)Ordnungen – eine singuläre Prägung aufweist und dass sich dieser ‚Eigensinn der Nachlässe'[388] aufschlussreich beschreiben lässt, betonen insbesondere Stimmen aus der Archivpraxis. Während Wirtz von einem interpretierbaren ‚Gesamttext'

384 Vgl. u. a.: Hurlebusch 1998: Den Autor besser verstehen, S. 7–51. / Grésillon 1999: Literarische Handschriften. / Hughes 2008: Schreibprozesse. / Thüring/Jäger-Trees et al. 2009: Anfangen zu schreiben.

385 Vgl. u. a.: Hahn 1994: Brief und Werk, S. 145–156. / Košenina 2002: Vom Briefschreiber zum Autor, S. 241–257. / Strobel 2006: Vom Verkehr mit Dichtern und Gespenstern. / Gold/Holm et al. 2008: Absolut privat!? / Bohnenkamp/Wiethölter 2010: Der Brief – Ereignis & Objekt. / Gisi/Meyer et al. 2013: Medien der Autorschaft. / Sommerfeld 2013: Zwischen Augenblicksnotat und Lebensbilanz. / Schiffermüller/Conterno 2015: Briefkultur.

386 Die wenigen bisher vorliegenden Ansätze stammen bisher ausschließlich von Forschenden mit archivpraktischem Bezug. Vgl. Zeller 1981: Autor, Nachlaß, Erben. / Meyer 2002: Pedanten und Chaoten, S. 52–58. / Wirtz 2013: Der Eigensinn der Nachlässe, S. 77–88. / Grond-Rigler 2018: Auktoriale Inszenierung in Vorlässen, S. 163–180.

387 Bülow 2016: Nachlässe, S. 148.

388 Wirtz 2013: Der Eigensinn der Nachlässe, S. 77–88.

ausgeht,[389] erklärt von Bülow: „Nachlässe stellen bei näherer Betrachtung eine Art Kosmos dar, sie besitzen so etwas wie einen Charakter, eine Gestalt, die wie eine Landschaft zur Deutung einlädt."[390]

So kann die Beschreibung eines Nachlasses – die Erstellung eines Nachlassprofils –[391] die Perspektive auf das Schreiben und Wirken eines Autors vervollständigen und gegebenenfalls modifizieren. Auch für die Einordnung eines Einzeltextes – sei es in Verbindung mit einer Edition oder Interpretation – ist die Betrachtung des dazugehörigen Nachlasses ein hilfreiches Instrument, um Einblicke in die korrespondierenden Kontexte zu erhalten. Der Gründungsdirektor des DLA Marbach Bernhard Zeller verdeutlicht dies schon 1981 in seiner Schrift „Autor, Nachlaß, Erben", in der er mögliche Zugänge skizziert. Zeller schreibt:

> „Die kritische Untersuchung des Textes hat nicht erst bei den überlieferten Textzeugen, sondern bei seiner Entstehung und der Überlieferung selbst einzusetzen, hat also die Arbeitsweise des Autors zu prüfen, sein Verhältnis zu den eigenen Texten zu betrachten, den Materialien seiner Arbeit, seinen Beziehungen zu Verlegern, Lesern und Rezensenten nachzugehen und dann weiter zu fragen nach dem Inhalt und nach der Geschichte des Nachlasses, seiner Verwahrung, Erhaltung und Ordnung, und das heißt, auch nach dem Verhalten der Erben. Ein Vorfeld der verschiedenartigsten Spannungsverhältnisse, ein Kontext vielfältiger, meist sehr subjektiver und natürlich auch zeit- und gesellschaftsgebundener Momente muß berücksichtigt werden – vom Editor zunächst, aber auch vom Interpreten."[392]

Allerdings haben sich Herangehensweisen wie die von Zeller vorgeschlagene bisher kaum durchgesetzt.[393] Stattdessen lässt sich in der Literaturwissenschaft häufig noch immer ein relativ unkritischer Umgang mit dem vermeintlich authentischen und unmittelbaren[394] Archivmaterial beobachten, das unhinterfragt und isoliert, ohne Kontextualisierung und Bewertung in die Forschungen miteinbezogen wird:

> „Anders als vergleichbare Disziplinen, denen im 19. Jahrhundert aus der Emergenz des Archivs gleichfalls eine Gloriole erwuchs, ist die Literaturwissenschaft von einer kritischen Reflexion ihres methodischen Begründungszusammenhanges eher weit entfernt. Historiker haben erkannt, dass der

---

389 Vgl. Wirtz 2013: Einführung, S. 7.

390 Bülow 2016: Nachlässe, S. 148.

391 Vgl. dazu: Berbig 2017: Das Archiv des „Tunnel über der Spree", S. 329.

392 Zeller 1981: Autor, Nachlaß, Erben, S. 7.

393 Bülow bemerkt diesbezüglich: „Werkeditionen erhalten so gut wie nie ausführlichere Beschreibungen der Entstehungs- und Überlieferungsgeschichte des Nachlasses, obwohl sich daraus wichtige Aufschlüsse gewinnen ließen." Bülow 2016: Nachlässe, S. 148.

394 Vgl. Sina/Spoerhase 2017: „Gemachtwordenheit", S. 15.

> Aussagewert des Dokuments von der Formation des Archivs abhängt, in dem es steckt und aus dem es gezogen wurde. [...] Literarische Nachlässe hingegen tun innerhalb der Szenarien, in denen sie stecken, meist noch immer so, als wären sie unschuldige Kinder. Aber auch sie haben eine spezifische Geschichte und spezifische Formationsprinzipien"[395],

erklärt Kastberger. Den Nachlass als Gesamtkomplex zu betrachten bedeutet auch, ihn, wie in Abschnitt 1.1 dargelegt, als kulturelle Formation zu untersuchen, die

> „[...] in Institutionen wie der Universität und dem Archiv fest verankert ist, die ganz eigene Arbeitsformen und Untersuchungsverfahren im Hinblick auf Literatur hervorbringt und die eine nachlasspolitische und nachlasspoetische Bezugsgröße für das Selbstverständnis und die Schreibverfahren von Schriftstellern wird"[396].

Die Einbettung des literarischen Nachlasses in einen Zusammenhang verschiedener kultureller Praktiken setzt den Rahmen für seine Beschreibung und Interpretation: Praktiken der Bewahrung, Erschließung und Erforschung sind ebenso gestaltgebend wie Schreibverhalten, Nachlassbewusstsein und Nachlasspolitik auf Seiten der Autorinnen und Autoren.[397] Dies berücksichtigend, sollen in diesem Kapitel, unter anderem gestützt durch bereits vorliegende Ansätze von von Bülow, Christine Grond-Rigler, Jochen Meyer, Dörte Schmidt, Sina, Spoerhase, Wirtz und Zeller, Zugänge und Perspektiven aufgezeigt werden, die die Betrachtung eines Nachlasses als Gesamtgefüge ermöglichen und seine Formationsprinzipen beschreibbar machen. Während die Genannten sich in ihren Aufsätzen in der Regel auf Fallbeispiele beziehen, soll hier das vereinzelt bereits existierende Handwerkszeug erst einmal zusammengetragen werden, bevor es auf die zwei Fallbeispiele dieser Arbeit angewandt wird.

Einen klammersetzenden Ausgangs- sowie Endpunkt eines Nachlassprofils kann die Beschreibung der Konstellation darstellen: beginnend bei der Zusammensetzung und materiellen Beschaffenheit der sich im Archiv befindlichen posthumen Papiere, und mündend in der Bewertung des Verhältnisses der hinterlassenen Materialien zu den veröffentlichten und autorisierten Texten. Dazwischen ist nach der Entstehung dieses Gebildes zu fragen, nach den internen und externen Einflussfaktoren sowie nach der Überlieferungsgeschichte. Ein weiterer Fokus liegt auf formgebenden Praktiken des jeweiligen Autors bzw. der Autorin: das Schreiben, Kommunizieren und

395 Kastberger 2017: Nachlassbewusstsein, Vorlass-Chaos und die Gesetze des Archivs, S. 410.

396 Spoerhase 2017: Neuzeitliches Nachlassbewusstsein, S. 21.

397 Vgl. Sina 2017: Die vergangene Zukunft der Literatur, S. 50.

Archivieren. Daran schließt der Aspekt der Kontrolle an und die Rolle des Nachlassbewusstseins und der Nachlasspolitik. Der bewusste Umgang eines Autors mit seinem literarischen Archiv führt dann zu der Frage, welches Bild von Autorschaft, welcher Selbstentwurf dem Nachlass eingeschrieben ist. Nicht zuletzt ist daran anknüpfend die Dokumentationsebene zu berücksichtigen, in deren Rahmen der Nachlass als Zeugnis von Lebens- und Zeitgeschichte begriffen wird und die ihn im Zusammenhang von Gedächtnis und Erinnerung beschreibbar macht.

Die Analyse der spezifischen Formation eines Nachlasses und ihrer Bedingungen ist stark fallgebunden, sodass über die Gewichtung, Anordnung und Anwendung der im Folgenden skizzierten Zugänge im Einzelnen entschieden werden muss. Auf Aspekte, die sich bei der Betrachtung von Vorlässen signifikant unterscheiden, wird explizit hingewiesen – häufig lassen sich die Annahmen aber auf beide Formen beziehen, sodass Forschungsliteratur, die sich dem Gegenstand Vorlass widmet, in vielen Punkten auch für Nachlässe geltend gemacht werden kann.[398]

1.5.1 *Konstellation: Zusammensetzung, Beschaffenheit und Werk-Nachlassverhältnis*

Der Fokus ‚Konstellation' richtet sich zunächst auf den Nachlass als Bestand (vgl. 1.4.4), das heißt auf das unter einer persönlichen Provenienz in einem Archiv Bewahrte und Eingegliederte, und zielt auf die Erfassung des Vorliegenden. Die Konstellationsbeschreibung hat dabei jedoch eine doppelte Ausrichtung, die Anfang und Schlusspunkt einer Nachlassbetrachtung umfasst: Sie bezieht sich zu Beginn auf die innere Zusammensetzung und Beschaffenheit des Nachlasses und abschließend auf das äußere Verhältnis der nachgelassenen Papiere zu den autorisierten und publizierten Texten, den Werken. Schließlich geht mit der Bewertung dieser inneren und äußeren Konstellation die Frage nach dem Status des Gebildes einher.

Unter dem am Anfang stehenden Aspekt der Zusammensetzung und Beschaffenheit fallen zunächst der archivarische Ordnungs- und Verzeichnungsgrad sowie die Art des Nachlasses,[399] also die Unterscheidung zwischen einem echten, angereichertem bzw. Teil- oder Kryptonachlass (vgl. 1.4.1). Neben der Angabe des Umfangs insgesamt[400] und der zeitlichen Einordnung

398 Dieser Punkt gilt insbesondere für folgenden Aufsatz: Grond-Rigler 2018: Auktoriale Inszenierung in Vorlässen, S. 163–180.

399 Vgl. dazu Fetz 2009: Zum Status biographischer Quellen, S. 104 ff.

400 Hier hat jedes Literaturarchiv unterschiedliche Maßeinheiten: beispielsweise Angaben in Blatt, laufenden Metern, Konvoluten oder Kästen.

des Bestands stellt sich die Frage, „welche Materialarten überhaupt enthalten sind und in welchem Größenverhältnis sie zueinander stehen."[401] Anhand der in den Archiven üblichen Gliederungsgruppen Werke, Korrespondenzen, Lebensdokumente und Sammelstücke[402] lassen sich diese internen Relationen und die Merkmale der verschiedenen Gruppen näher beschreiben: Welche Werke sind auf welcher Materialgrundlage vertreten, inwieweit sind die Entstehungsprozesse dokumentiert, liegen neben Eingangskorrespondenzen auch Ausgangskorrespondenzen vor, um welchen Personenkreis handelt es sich und welcher Art sind Lebensdokumente, Sammlungen und Objekte?[403]

Im Zusammenhang mit der Beschreibung der Materialität, der verwendeten Schreibwerkzeuge, der Art der Textträger und ihrer Beschaffenheit bzw. Besonderheiten bildet die genaue Erläuterung der Zusammensetzung den Ausgangspunkt, um die Formationsprinzipien des Nachlasses ableiten und deuten können. Hinzuweisen ist dabei schon auf den

> „[…] *Formationsgrad* des Nachlasses: Befindet sich der Nachlass im Aggregatzustand eines bloßen Papierkonvoluts oder einer (vom Nachlasser selbst oder einem Nachlassverwalter bewirkten) Ordnung, Auswahl, werkpolitischen Konfiguration oder gar einer (zukünftige Fragen antizipierenden) Katalogisierung/Systematisierung?"[404]

Ebenso aufschlussreich ist das quantitative Verhältnis von unveröffentlichten, unautorisierten Materialien zu autorisierten und zu Lebzeiten veröffentlichten Texten sowie zu solchen, die vom Autor zur posthumen Veröffentlichung bestimmt wurden.[405]

Im Nachgang der Beschreibung eines Nachlasses kann dann schlussfolgernd gefragt werden, in welchem Zusammenhang diese Texte zueinander stehen und wie sie zueinander gewichtet werden können, sodass unter Einbezug anderer Aspekte der spezifischen Nachlassformation eine Bewertung der Gesamtkonstellation möglich ist:

> „Es stellt sich also die Frage, welche Effekte vom Archiv und den darin aufbewahrten Dokumenten auf das Werk und dessen öffentliche Wahrnehmung

401 Grond-Rigler 2018: Auktoriale Inszenierung in Vorlässen, S. 177.

402 Vgl. RNAB 2019, S. 9. Unter: https://d-nb.info/1186104252/34, zuletzt abgerufen am: 16.11.2021.

403 Vgl. Grond-Rigler 2018: Auktoriale Inszenierung in Vorlässen, S. 177.

404 Mellmann 2017: Stichproben zur Nachlasspraxis, S. 273.

405 Vgl. Grond-Rigler 2018: Auktoriale Inszenierung in Vorlässen, S. 177.

> ausgehen, und ebenso stellt sich die Frage nach dem Einfluss von Archiv- und Nachlasspolitik auf Werkkonzept bzw. Werkverständnis",[406]

konstatiert Wieland. Schon Robert Musil hat in einem Entwurf eines Vorworts, befindlich in seinem zwischen 1937 und 1941 angefertigten Tagebuch-Heft, darauf hingewiesen, wie unterschiedlich geartet literarische Nachlässe sein können und dass sie, in Abhängigkeit von ihrer Beschaffenheit, verschiedenste Bedeutungen und Funktionen für die Rezeption des jeweiligen Autors und seiner Werke haben. Musil erklärt:

> „Man muß genauer sein, wenn man schon darüber reden will. Es gibt fünf Arten Nachlässe. Erstens, die blühenden. Der Lebende kann gerade in einer Wandlung gewesen sein; oder er war in seinem öffentlichen Werk von ästhetischen Repräsentationspflichten behindert, die er sich selbst auferlegt hat, und ist dort, wo er sich unbefangen gibt, quellenreicher, als man dachte. In diese Gruppe gehören als geheimes Anstück auch die nicht zu veröffentlichenden Nachlässe und die im voraus erst zur posthumen Veröffentlichung bestimmten Urteile über Zeitgenossen und Zeiterscheinungen. Eine zweite Gruppe bilden die Nachlässe, durch die ein Autor überhaupt erst nachträglich ersteht; ich glaube, Büchner wäre ein großes Beispiel dafür, aber auch Novalis. Eine dritte Gruppe bilden die lehrreichen. Unfertige Zustände, wie der prachtvoll angelegte Lucien Leuwen Stendhals, der doch noch nirgends die letzte Farbe hat; Abwandlungen wie die Schriften Nietzsches bei schon deutlicher Krankheit gehören dazu: auch Vorstudien u. ä. Das erlaubt ungemein wichtige Schlüsse, die allerdings meist auf sich warten lassen, gehörte aber eher in die ästhetische Prosektur als hinter offene Türen. Die letzte Gruppe der Nachlässe bilden dann erst die überflüssigen. Zu diesen wird jedenfalls der meine gehören."[407]

Ähnliche Beziehungslogiken im Spannungsfeld von Werk und Nachlass identifiziert Wieland 2019:[408] Was bei Musil an vierter Stelle genannt wird und ihm

406 Wieland 2019: Werkgenesen: Anfang und Ende des Werks im Archiv, S. 214.

407 Musil 1981: Vorwort IV, S. 965 f.

408 Vgl. Wieland 2019: Werkgenesen: Anfang und Ende des Werks im Archiv, S. 213–235. Auch Mehring hat, den Nachlass Martin Heideggers zum Anlass nehmend, einen Ansatz zu einer solchen Verhältnisbestimmung entwickelt: „Das Verhältnis publizierter Werke und nachgelassener Notate lässt sich grundsätzlich in drei Richtungen interpretieren: als Gleichordnung, Über- oder Unterordnung." Mehring 2016: Heideggers „große Politik", S. 244. Die Gleichordnung begreift er – vermutlich in Anlehnung an den Begriff des „Avant-Texte" der critique génétique und dem Fokus auf den Schreibprozess – als eine gleichgestellte Betrachtung des gesamten Textmaterials in deren Rahmen den Werken keine herausgehobene Bedeutung zugeschrieben werden kann. Ein Nachlass kann demgegenüber, laut Mehring, den Werken untergeordnet werden, wenn die Voraussetzung der Werkherrschaft des Autors, eines starken Werkkonzepts und einer idealen Kommunikationsgemeinschaft erfüllt wird. Die Überordnung des Nachlasses, die Mehring nur implizit erläutert, erfolgt aus den entgegengesetzten Gründen. Vgl. ebd.

zufolge nicht öffentlich gemacht werden sollte, sondern in die pathologisch-anatomische Abteilung gehöre, nennt Wieland „Nachlass als Zeugnis der Werkentstehung“[409]. Bei dieser Verhältnisbestimmung liegt der Fokus auf der Zeugnisfunktion des Nachlasses: Die in ihm enthaltenen Vorstufen, Fassungen und Entwürfe belegen den früheren Arbeitsprozess an einem Werk.[410] Das Pendant dazu bildet der Typus des „Nachlass[es] als Gefährdung des Werkideals“[411]. Lässt ein Nachlass Rückschlüsse auf die Genese eines Werks zu, so schlussfolgert Wieland, kann das Material auch dazu führen, dass Werkideale oder Genievorstellungen in Frage gestellt werden.[412] Hinterlässt ein Autor keinen Nachlass oder vernichtet die entsprechenden Zeugnisse der Werkentstehung, wird eine segregierende Tendenz beobachtbar: Das Werk soll vom Nachlass möglichst unberührt bleiben. Musil spricht in dieser Hinsicht von den überflüssigen, das heißt für eine Autor- und Werkbetrachtung nicht relevanten Nachlässen. Als eine weitere denkbare Werk-Nachlass-Konstellation führt Wieland den „Nachlass als Basis der Werkbildung“ an und nennt Franz Kafka, Georg Christoph Lichtenberg und Walter Benjamin als Beispiele.[413] Auf Grundlage der Nachlässe dieser Autoren sind, so Wieland, posthum Werke gebildet worden, die die Relationen und Verhältnisse innerhalb des jeweiligen Gesamtwerks verschoben bzw. erweitert haben.[414] Musil, der sich ebenfalls auf Formen der posthumen Autorschaft bezieht, verweist auf Georg Büchner und Novalis. Nicht zuletzt bestehen Parallelen zwischen Musils Kategorie der ‚blühenden Nachlässe‘ und dem, was Wieland „Nachlass als Werkvollendung“[415] bezeichnet.[416] Wenn Musil hinzufügt, dass sich in den ‚blühenden Nachlässen‘ zur posthumen Veröffentlichung Bestimmtes finden lässt, deckt sich das mit Wielands Erläuterungen. An gezielt für eine posthume Publikation vorbereiteten Vor- und Nachlässen erkennt er Tendenzen der Artifizialität und Werkförmigkeit, die eine Unterscheidung zwischen den

---

409 Wieland 2019: Werkgenesen: Anfang und Ende des Werks im Archiv, S. 221.

410 Vgl. ebd., S. 222.

411 Ebd., S. 223.

412 Vgl. ebd., S. 224.

413 Vgl. ebd., S. 226–229. Nebrig, der im Zusammenhang mit dem Phänomen der posthumen Autorschaft die Fälle Georg Heym und Georg Trakl erörtert, spricht von einem „Werk, das dem Willen des Autors gänzlich entzogen ist“. Nebrig 2017: Expressionistische Nachlassgeburten, S. 358.

414 Vgl. Wieland 2019: Werkgenesen: Anfang und Ende des Werks im Archiv, S. 226 f.

415 Vgl. ebd., S. 228.

416 Wieland ordnet Musils „Nachlaß zu Lebzeiten“ in diese Gruppe der auktorialen Werkantizipation (Vgl. ebd., S. 229), während Musil selbst, seinen Nachlass zu der Gruppe der überflüssigen zählt. Vgl. Musil 1981: Vorwort IV, S. 966.

Konstrukten Werk und Nachlass zunehmend aufweichen.[417] Literaturwissenschaftliche Betrachtungen solcher Fälle finden sich auch bei Philipp Böttcher und Wirtz. So zeigt Böttcher am Beispiel des Nachlasses von Peter Rühmkorf und seinem Werkverständnis sowie seiner Werkpolitik, wie die wechselseitige Perspektivierung von autorisierten Werken und dem literarischen Archiv zur Sprengung der Grenze zwischen Werk und Nachlass führt.[418] Mit Bezug auf Ludwig Hohl, Christoph Geiser und Matthias Zschokke bringt Wirtz wiederum die bewusste Vorordnung und Sammlung der eigenen Papiere von Seiten der Autoren in Verbindung mit einem „Schreiben als Existenzform“[419], das sie als Kennzeichen für ein „Parallelwerk“[420] versteht.

Voraussetzungen solcher Konstellationsbeschreibungen – so verschieden sie ausfallen – sind zum einen aus der Evidenz des Materials ableitbare Kriterien infolge einer umfassenden Nachlassbeschreibung und zum anderen eine Offenlegung des bei der Beurteilung verwendeten Werkbegriffs. Entsprechend den Ausführungen in Abschnitt 1.3 (Begriffliche Abgrenzung I: Werk und Nachlass) wird der sich auf das Gesamtwerk beziehende Werkbegriff im Unterschied zum feststehenden Terminus des Einzelwerks in dieser Arbeit verwendet, um den Zusammenhang der autorisierten und publizierten Texte sowie der unveröffentlichten Texte flexibel beschreibbar zu machen. Das Werkkonzept des Autors, Werkpolitik und Werkpraktiken spielen bei der Analyse ebenso eine Rolle wie Schreibverhalten, Nachlassgestaltung und posthume Rezeption. Die Beantwortung der Frage, in welcher Hinsicht Teilen des Nachlasses oder diesem im Gesamten Werkförmigkeit zugeschrieben werden kann oder auch nicht, liegt im Aufgabenbereich des Literaturwissenschaftlers, der – mit Wirtz gesprochen – „innerhalb der überlieferten Texte das Werk definiert“[421]. Eine wissenschaftliche und kritische Bestimmung von Werk-Nachlasskonstellationen erscheint umso wichtiger, da, wie Wieland betont, dieser Gesamtzusammenhang folgenreich ist: „Das Archiv besitzt […]

417 Vgl. Wieland 2019: Werkgenesen: Anfang und Ende des Werks im Archiv, S. 230 f.

418 Vgl. Böttcher 2017: Nachlassbewusstsein bei Rühmkorf, S. 369. Diese Konstellation von Werk und Nachlass bei Peter Rühmkorf beschreibt Böttcher wie folgt: „Der Nachlass selbst wird zu seinem letzten Werk – ein Werk, das in seiner unsystematischen, organisch gewachsenen Struktur noch einmal das poetologische ‚Wappenemblem‘ des Dichters spiegelt; ein ‚Organismus‘, der mehr ist als die Summe seiner Teile und in dem alles mit allem verknüpft ist; ein großer Werkzusammenhang, in dem Werk und Archiv ineinander übergehen, in dem die Werkpoetik auf die Nachlasspoetik hin verlängert und die Poetologie durch Struktur und Gestalt des ‚Nachlasskörpers‘ beglaubigt wird.“ Ebd., S. 388 f.

419 Wirtz 2015: Lebenslang und danach, S. 209.

420 Ebd.

421 Wirtz 2003: Wie der Nachlass Friedrich Dürrenmatts den klassischen Werkbegriff sprengt, S. 353.

bis zu einem gewissen Grad die Macht[,] wenn nicht zwingend der Werk-, so doch der Aufmerksamkeitssteuerung, indem es als Drehscheibe zwischen Forschung und Vermittlung im Literaturbetrieb verschiedentlich Impulse setzen kann."[422] Zudem, das stellt Wieland genauso wie Wirtz heraus,[423] bildet der Nachlass den Hintergrund, vor dem sich das Gesamtwerk überhaupt erst beschreiben lässt:

> „Insofern Leben und Werk des Autors im Archiv als integrales Lebenswerk sichtbar werden, ist der Nachlass auch mehr als bloß die Dokumentation des publizierten Werks, sondern er schafft überhaupt erst den (biographischen) Kontext, von dem aus das Werk in seiner Gesamtheit wahrgenommen werden kann."[424]

Grundlage für einen reflektierten Umgang mit den Werken und dem Nachlass eines Autors ist folglich die Betrachtung des gesamten Komplexes.

1.5.2 *Genese: Entstehung, Einflussfaktoren, Überlieferung*

Ein literarischer Nachlass besteht, wie in Abschnitt 1.4.1 gezeigt wurde, aus einer einigermaßen statischen, abgeschlossenen Menge von Materialien, die sich durch das Ableben eines Autors bzw. einer Autorin und der Auswahl einer dritten Person und/oder Instanz ergibt. Die Entstehung dieses Gebildes ist jedoch durch eine ständige Dynamik gekennzeichnet: Es befindet sich im Verlauf des tägliche Arbeitens und Lebens in permanenter Veränderung, wird geformt durch verschiedenste Handlungen, Umstände und Kräfte und ist in seiner Gestalt abhängig von diversen Akteuren, die die Papiere letztlich sichern und bewahren.[425] Eine Reflexion der Einflüsse und Bedingungen des Zustandekommens einer spezifischen Nachlassformation ermöglicht nicht nur die kritische Einordnung des jeweiligen Nachlasses als Quelle und Forschungsgegenstand, sondern setzt auch die Vorzeichen für den interpretatorischen Umgang mit diesem: „Die Geschichte der Nachlässe bietet ein Stück literarischer Wirkungsgeschichte eigener Art. Nicht nur das Überlieferte, sondern zugleich auch die Wege der Überlieferung zu kennen, ist daher Voraussetzung für jede eindringlichere wissenschaftliche Beschäftigung mit einem Autor."[426]

---

422 Wieland 2019: Werkgenesen: Anfang und Ende des Werks im Archiv, S. 228 f.
423 Vgl. Wirtz 2013: Einführung, S. 7.
424 Wieland 2019: Werkgenesen: Anfang und Ende des Werks im Archiv, S. 228.
425 Vgl. Bülow 2016: Nachlässe, S. 148.
426 Zeller 1981: Autor, Nachlaß, Erben, S. 16.

Die Genese eines Nachlasses lässt sich in verschiedene Abschnitte unterteilen, die auch mit den in der terminologischen Abgrenzung II diskutierten Begriffen markiert werden können und jeweils von unterschiedlichen Formationsgraden zeugen: Die Entstehungsstufe, die das ‚literarische Archiv' betrifft, ist in erster Linie im Privaten, im Arbeits- und Lebensumfeld des Autors bzw. der Autorin situiert, befindet sich in permanenter Bewegung und ist keinen direkten Regularien unterworfen.[427] Durch den Tod des Schriftstellers wird diese Materialdynamik unterbrochen und es formiert sich eine ‚Hinterlassenschaft', deren Beschaffenheit sich ändert, sobald sie entdeckt und verschiedenen Transferprozessen unterworfen wird. Dazu zählt die Übertragung der Papiermasse als ‚Erbe' mit dem sich gegebenenfalls verschiedene Überlieferungswege verbinden. An die Übergabe in ein Archiv sind wiederum bestimmte archivarische Eingriffe geknüpft, die den ‚Bestand' konstituieren (vgl. 1.4). Handelt es sich bei den archivarisch bewahrten Papieren eines Autors um einen Vorlass, verkürzt sich die skizzierte Abfolge auf die Stufen Schriftstellerarchiv und Bestand.[428]

Die Rekonstruktion dieser Genese, die neben den einzelnen Entwicklungsstadien insbesondere die Übergänge in den Blick zu nehmen hat und dabei bestenfalls invers und schichtweise abtragend vorgeht, kann keinen Anspruch auf Vollständigkeit erheben, sondern sich stets nur auf einzelne Aspekte beziehen, die sich aus der Zusammensetzung und Beschaffenheit des Materials ableiten lassen oder die anderweitig dokumentiert sind.

Zu Beginn steht die Frage, ob es sich um einen originären Nachlass oder einen (vormaligen) Vorlass handelt. Hiervon hängt die Perspektive auf die Formierung ab:

> „Wenn eine Autorin oder ein Autor hingegen zu Lebzeiten beschließt, das Material einem Archiv zu übergeben, bestimmt sie/er selbst, welche Materialien übergeben werden und in welcher Form dies geschieht. Die Übergabe-Ordnung kann und wird sich von der Ursprungsordnung zwar unterscheiden, nachdem jedoch der Autor in die Übergabe involviert ist, kann man den Übergabe-Zustand (wenn nicht als authentisch) so zumindest als autorisiert betrachten."[429]

Gleichwohl gilt sowohl für einen Nachlass als auch für einen Vorlass, dass eine genetische Beschreibung bestrebt sein sollte, den Grad der Transformation, der sich mit einer Archivübernahme vollzieht, soweit wie möglich nachzuzeichnen: die Bedingungen der Übernahme und Auswahl sowie die

427 Vgl. Bülow 2016: Nachlässe, S. 151.
428 Vgl. Spoerhase 2017: Neuzeitliches Nachlassbewusstsein, S. 36 f.
429 Grond-Rigler 2018: Auktoriale Inszenierung in Vorlässen, S. 166.

archivarischen Eingriffe beispielsweise in Ordnung und Systematik oder durch Kassation.[430] Dass die Literaturarchive diese Vorgänge bisher nicht offenlegen und zum Beispiel Übernahme- und Erschließungsprotokolle nicht zugänglich machen (können), erschwert ein solches Unterfangen. Zu fragen ist, in welchem Maße der bearbeitete Bestand noch Rückschlüsse auf die anderen Stadien der Entstehung zulässt.

In einem nächsten Schritt kann dann versucht werden, zurückzuverfolgen, inwieweit dem Archiv vorgelagerten Übertragungsakte und Transferprozesse die Beschaffenheit, Struktur und Konstellation des jeweiligen Gebildes geformt haben. Hier geraten beteiligte Akteure wie Nachlassverwalter und Erben sowie ihre Interessen in den Blick:

> „Wenn eine Person stirbt und keine Vorkehrungen bezüglich des Nachlasses getroffen hat, gerät deren Hinterlassenschaft unweigerlich in andere Hände, oft in jene von Familienmitgliedern: es kommt zu Eingriffen in die ursprüngliche Ordnung, es wird um- und aussortiert, hinzugefügt, selektiert, vernichtet, verloren, verschenkt, umgeschrieben, ausgebessert, moralisch bereinigt oder in anderer Weise manipuliert, zum Beispiel um das Ansehen des Clans – oder sogar den Autor vor sich selbst zu schützen oder den Wert des Nachlasses zu erhöhen."[431]

Vor diesem Hintergrund kann schließlich der Fokus auf jenen Abschnitt gelenkt werden, der im engen Bezug zu dem jeweiligen Nachlasser bzw. der Nachlasserin steht. Wichtig ist in diesem Zusammenhang der Verweis auf den Zeitpunkt, zu dem eine Hinterlassenschaft als solche entstanden ist: der Moment des Ablebens. Zuvor ist das betreffende Archiv „stets in Bewegung und ändert fortwährend seine Gestalt. In jedem Augenblick des Lebens würde eine Inventur des Gesamtvermögens ein anderes Bild ergeben."[432] Der Todeszeitpunkt eines Autors, der diesen Bewegungsprozess unterbricht, führt demzufolge stets zu einer ganz spezifischen Momentaufnahme, die der Formation den Prägestempel gibt und einen Fluchtpunkt der Rekonstruktion darstellt. Ist der Grund der Stockung der Materialbewegung nicht das Lebensende, sondern die selbstständig bestimmte, geplante und organisierte Vorlassgabe, schreibt sich der zeitliche Kontext unter anderen, stärker kontrollierbaren Bedingungen in die Formierung ein.

Von diesem, eine spezifische Lebens- und Schaffensphase des Autors betreffenden Punkt aus lassen sich die Entwicklungen seines literarischen Archivs, Voraussetzungen und Zäsuren nachzeichnen. Selbstaussagen des

---

430 Vgl. Bülow 2016: Nachlässe, S. 151.

431 Grond-Rigler 2018: Auktoriale Inszenierung in Vorlässen, S. 166.

432 Bülow 2016: Nachlässe, S. 148.

Autors oder anderen Beschreibungen, beispielsweise den Arbeitsplatz betreffend, können dabei hilfreich sein.[433] Außerdem empfiehlt sich eine zeitliche Perspektivierung der angesammelten Papiere, die sich neben Datierungen auch anhand von Schrift, Material oder anderen Hinweisen ableiten lässt.[434] Im Rahmen der chronologischen Betrachtung werden je nach Zeitabschnitt verschiedene Überlieferungsintensitäten deutlich, die von einer detaillierten und kontinuierlichen Dokumentation bis hin zu einer fragmentarischen oder lückenhaften Quellenlage reichen können.[435] Häufig nimmt die Nachlassdichte zu, umso älter ein Autor wird und umso intensiver er sich mit Nachlassfragen auseinandersetzt.[436] Ebenso aufschlussreich wie die Frage, was in welcher Form warum erhalten wurde ist darüber hinaus die Frage, was aus welchen Gründen fehlt:

> „Von Quellen zu sprechen, heißt von Lücken zu sprechen. Von Überlieferung zu sprechen, heißt von lückenhafter Überlieferung zu sprechen. Von Erinnerung zu sprechen, heißt vom Vergessen zu sprechen. Von Archiven zu sprechen, heißt von unterdrückten, vergessenen, von nach hierarchischen Kategorien geordneten Dokumenten zu sprechen“[437],

betont Bernhard Fetz. Die möglichen, mannigfaltigen Einflussfaktoren, auf die die Beschaffenheit von literarischen Archiven zurückführbar ist, unterteilt von Bülow in solche, die im Inneren, also autorbezogen wirken und solche, die äußere Ursachen haben:[438] „Interne und externe Faktoren zu unterscheiden, ist ein Gebot der Quellenkritik; nur so lassen sich falsche Zuschreibungen und Interpretationen vermeiden.“[439]

Die externen Faktoren liegen nicht im direkten Einflussbereich des Schriftstellers: Dazu zählen zum einen finanzielle und materielle Lebensumstände wie die Wohnsituation und damit verbundene Raumverhältnisse und Lagerkapazitäten, Umzüge oder verschieden bedingte Wohnungslosigkeit zum Beispiel durch Vertreibung, Exil oder längere Reisen. Zum anderen zählen dazu Ereignisse wie Kriege, Beschlagnahmungen und Diebstahl sowie Umwelteinflüsse wie Klima, Verwitterung, Überschwemmungen oder Brände.[440] Unter die Kategorie der internen Faktoren fallen die Art und Weise der Beziehungen

433 Vgl. Grond-Rigler 2018: Auktoriale Inszenierung in Vorlässen, S. 164.
434 Vgl. Bülow 2016: Nachlässe, S. 148.
435 Vgl. ebd.
436 Vgl. Wieland 2019: Werkgenesen: Anfang und Ende des Werks im Archiv, S. 230.
437 Fetz 2009: Zum Status biographischer Quellen, S. 106.
438 Vgl. Bülow 2016: Nachlässe, S. 148.
439 Ebd., S. 150.
440 Vgl. ebd. Und: Grond-Rigler 2018: Auktoriale Inszenierung in Vorlässen, S. 164.

und Umgangsweisen eines Autors mit seinen Papieren und Materialien insbesondere Arbeits- und Kommunikationssysteme.[441] Also all jene Praktiken, die in irgendeiner Form die mehr oder weniger bewusste Bewahrung oder Selektion betreffen und die sich in verschiedene, für den Autor relevante Bedeutungszusammenhänge einordnen lassen. Diese Prozesse, die sich zu Lebzeiten eines Autors und über einen längeren Zeitraum hinweg in sein literarisches Archiv einschreiben, bilden das Zentrum des jeweiligen Gefüges und seiner charakteristischen Formierung. Eine Beschreibung dieser kulturellen Praktiken lässt über den Nachvollzug der Genese hinaus wesentliche Schlüsse auf die Bedeutung und Funktion des jeweiligen literarischen Archivs und späteren Nachlasses zu.

1.5.3 *Praktiken: Schreiben, (Selbst-)Kommunizieren, Archivieren*

Die Spannbreite der möglichen Praktiken, die ein literarisches Archiv geformt haben können, ist groß und lässt sich nur in Grundzügen andeuten: Von Praktiken des Schreibens wie dem literarischen Schreiben, dem Aufschreiben, Notieren, Entwerfen, Exzerpieren, Überarbeiten, Kommentieren und Korrespondieren spannt sich der Bogen über gestalterische Tätigkeiten des Bastelns, Klebens, Schneidens und Zeichnens zu verschiedenen Archivierungspraktiken unter die das Sammeln, Bewahren, Selektieren, (Vor-) Ordnen, Datieren, Beschriften, Klassifizieren, Verzeichnen, aber auch das Vernichten zu fassen wäre. Entsprechend vielfältig sind die daraus resultierenden Objekte und ihre jeweiligen Funktionen.[442]

Die wissenschaftliche Auseinandersetzung mit Nachlassmaterialien konzentriert sich meist auf einzelne Aspekte[443] dieses komplexen Ineinandergreifens verschiedener Praktiken. Verbreitet dabei ist insbesondere der Ansatz, anhand der überlieferten Archivmaterialien die Entstehung einzelner Texte nachvollziehen zu wollen.[444] Beispielhaft dafür ist die in den 1980er Jahren in Paris entstandene Forschungsrichtung der critique génétique, die die Rekonstruktion von Schreibprozessen anstrebt und sich dabei auf überlieferte Archivmaterialien stützt, indem sie aus ausgewählten Manuskripten,

441 Vgl. Bülow 2016: Nachlässe, S. 148.

442 Vgl. dazu die Ausführungen Grésillons über die Vielfalt von Schreibprozessen: Grésillon 1995: Über die allmähliche Verfertigung von Texten beim Schreiben, S. 3.

443 Betrachtungsansätze mit dem Fokus auf diese Einzelpraktiken bieten folgende Beiträge: Assmann 2008: Sammeln, Sammlungen, Sammler, S. 345–353. / Winzen 1997: Sammeln, S. 10–19. / Jaegle 2007: Ordnung. Eine unendliche Geschichte. / Atze 2007: „Und kaum blieb etwas verschont“, S. 91–105.

444 Vgl. Sina/Spoerhase 2017: „Gemachtwordenheit“, S. 16. Und: Schmidt 2016: (Selbst-)Archivierung als künstlerische Selbstvergewisserung, S. 25.

Entwürfen und Notizen sogenannte ‚dossiers génétique' zusammenstellt.[445] Die neuere deutsche Editionswissenschaft wiederum diskutiert die Frage nach Werkgenesen im Hinblick auf eine geeignete editorische Abbildung.[446]

Schon Wilhelm Dilthey hat die Relevanz des Erhalts von literarischen Handschriften unter anderem damit begründet, dass diese einen Einblick in die „Regeln des Schaffens und die Entwicklung der Technik" erlauben würden und einen in die „Werkstatt"[447] des Autors versetzen könnten. Die Problematik solcher Perspektiven liegt nicht nur in der Ausblendung der Frage, ob komplexe kreative Vorgänge überhaupt anhand von schriftlichen Zeugnissen nachvollzogen werden können, sondern auch in der Tendenz eines verengenden Zugangs.[448] So sind Nachlässe seit dem Aufkommen eines Nachlassbewusstseins in der Moderne nicht nur Figurationen von Schreibzusammenhängen, sondern auch Schauplätze von Ordnungsbemühungen, Vorausplanungen, Reflexionen und Inszenierungen.[449] Schmidt betont deshalb, dass Künstler- und Musikernachlässe durch ihre Situierung im Bereich des Ästhetischen und aufgrund ihrer speziellen Verschränkung von Leben und Werk stark aufgeladen sind (vgl. dazu auch 1.5.5), was bei der Untersuchung berücksichtigt werden müsse:

> „Selbst wenn man als Musikhistoriker oder -historikerin alle Regeln der Quellenkritik beherrscht, hat man es immer noch eben mit jener spezifischen, selten wirklich explizit gemachten Emphase zu tun, mit der die Überlieferer die Quelle ausgestattet haben – sei es durch die Strukturierung der Sammlung, in der sie ihren Platz findet, sei es aber auch in der Konstitution des Zeugnisses selbst. Und an genau dieser Stelle trifft sich das Ästhetische mit dem Biografischen: Deshalb sind solche Bedingungen in der Konstitution der Überlieferungsstrukturen durch die Autoren selbst und speziell deren Überlieferungsstrategien gerade bei Künstlern auch für die Historiografie so wichtig und so interessant."[450]

---

445 Vgl. Grésillon 1995: Über die allmähliche Verfertigung von Texten beim Schreiben, S. 1–36. / Grésillon 1999: Literarische Handschriften, S. 139–216. Und: Hay 1984: Die dritte Dimension der Literatur, S. 307–323. Vgl. dazu außerdem: Bülow 2016: Nachlässe, S. 149.

446 Vgl. Neumann 2010: Schreiben und Edieren, S. 339–364. Und: Scheibe 1998: Die Arbeitsweise des Autors, S. 18–27. Außerdem: Zeller/Martens 1998: Textgenetische Edition.

447 Dilthey 1991: Archive für Literatur, S. 6.

448 Vgl. Spoerhase 2014: Postume Papiere, S. 504. Lütteken merkt außerdem kritisch an, dass „die totale Rekonstruierbarkeit der Textgenese wie des zugehörigen Schreibprozesses zu einem Wert an sich geworden" sei. Lütteken 2018: Das Literaturarchiv – Vorgeschichte(n), S. 65.

449 Vgl. Kastberger 2017: Nachlassbewusstsein, Vorlass-Chaos und die Gesetze des Archivs, S. 416. Und: Sina/Spoerhase 2017: „Gemachtwordenheit", S. 16.

450 Schmidt 2016: (Selbst-)Archivierung als künstlerische Selbstvergewisserung, S. 26.

Eine Betrachtung der Umgangsweisen eines Autors oder Künstlers mit seinem Archiv, die Art und Weise seiner Bewahrungs- und Überlieferungstechniken, zeigt nach Schmidt also auf, wie sich die Verbindung von Leben und Werk in den Nachlass einschreibt und gleichzeitig mit ihm präsentiert wird.[451] Statt eines Zugriffs über den ‚Schaffensprozess', der „die Relikte aus der reinen Praxis auf die Ebene der Poiesis"[452] hebt, wird in diesem Unterkapitel ein Vorgehen vorgeschlagen, das erlaubt, das literarische Archiv zunächst einmal als das Ergebnis von verschiedenen, einander bedingenden Prozessen und Praktiken zu beschreiben, die ganz unterschiedliche Zwecke haben können. Im Fokus stehen dabei das Bewahren bzw. (Selbst)-Archivieren,[453] das Schreiben bzw. die Arbeitsweise[454] und die (Selbst)-Kommunikation[455] – Aspekte, die immer auch in einem Wechselverhältnis zueinander stehen. Die unterschiedlichen Funktionen und Dimensionen dieser Praktiken sind erst in einem nächsten Schritt zu untersuchen (vgl. 1.5.4, 1.5.5 und 1.5.6).

Da bei einem solchen Zugang der Fokus der Beschreibung auf dem literarischen Archiv liegt, also auf dem Verhältnis des Autors zu seinen Papieren zu Lebzeiten, ist die Frage, ob diese später als ein genuiner Nachlass oder Vorlass in ein Literaturarchiv gelangt sind, an dieser Stelle zunächst sekundär. Sie wird dann wieder relevant, wenn sich Praktiken wie die Vorordnungen des Vorlasses oder auch Nachlassvorbereitungen dezidiert auf eine Archivübergabe beziehen (vgl. 1.5.4). Die hier erläuterte Herangehensweise an die Beschreibung archivformender Praktiken kann für beide Bestandsarten gelten.

In einem ersten Schritt sind die Bewahrungs- und Ordnungspraktiken eines Autors oder einer Autorin zu betrachten, die der Gesamtheit der Materialien eine charakteristische Prägung verleihen. Grond-Riglers kleine katalogartige Zusammenfassung von Analysekriterien zur Beschreibung von

451 Vgl. ebd.

452 Ebd., S. 25.

453 Vgl. dazu die Typologien von Wirtz und Meyer: Wirtz 2013: Der Eigensinn der Nachlässe, S. 77–88. Und: Meyer 2002: Pedanten und Chaoten, S. 52–58. Vgl. darüber hinaus: Schmidt 2016: (Selbst-)Archivierung als künstlerische Selbstvergewisserung, S. 21–37. Und: Schaffner/Winzen 1997: Deep storage. Arsenale der Erinnerung.

454 Die Frage, welche Aussagen sich anhand von Nachlassmaterialen über literarische Arbeitsprozesse treffen lassen, wird in dem von Kastberger und Maurer herausgegebenen und aus einer Tagung hervorgegangenen Sammelband „Die Werkstatt des Dichters" erörtert. Vgl. Kastberger/Maurer 2017: Die Werkstatt des Dichters.

455 Um Nachlässe im Gesamten und nicht einzig mit dem Fokus auf Schaffensprozesse beschreiben zu können, schlägt von Bülow die Betrachtung „unter dem Aspekt der Selbstkommunikation" vor. Vgl. Bülow 2016: Nachlässe, S. 149.

Vorlass-Vorordnungen[456] kann dabei, aus den eben erläuterten Gründen, auch für Nachlässe fruchtbar gemacht werden: Wie hat der Autor sein literarisches Archiv insgesamt angelegt, welche Materialien hat er bewahrt, ausgewählt und wie zusammengestellt? Was wurde nachweislich vernichtet (vgl. 1.5.2)? Daran schließt die Frage an, ob, wie und welche Teile[457] der Autor geordnet hat, ob und wie er die Materialien beschriftet, datiert, klassifiziert, verpackt und kommentiert sowie an welchen Stellen er ergänzt oder manipuliert hat. In diesem Zusammenhang stellt Grond-Rigler heraus, dass Meta- und Paratexte wie Kommentierungen und Datierungen nicht immer verlässlich sein müssen.[458]

Jochen Meyer und Wirtz haben jeweils den Versuch unternommen, solche Umgangsweisen zu typologisieren und damit aufgezeigt, wie sehr die charakteristische Form eines Nachlasses oder Vorlasses nicht nur das sich daraus ergebende Bild des Bestandsbildners prägt (vgl. 1.5.5), sondern auch den wissenschaftlichen Zugang zu den Materialien bestimmt.[459] Die Parallelen dieser Typologien, die sich beide auf archivpraktische Erfahrungen und konkrete Beispiele stützen, legen nahe, dass trotz der Singularität jedes Nachlasses bestimmte Verallgemeinerungen hinsichtlich der Bewahrungspraktiken von Autorinnen und Autoren getroffen werden können, die sich in Abstufungen und Variationen als Anhaltspunkte für die Beschreibung verschiedener Erscheinungsformen von Nachlässen verwenden lassen.

Dem von Meyer entworfenen Extrem des ‚Pedanten' bzw. des ‚Archivars seiner selbst', der sein Archiv sorgsam und penibel organisiert und ordnet,[460] entspricht weitestgehend die etwas ausführlicher von Wirtz beschriebene Kategorie des ‚Nachlasses als Registratur'. Die Anlage dieser disziplinierten und anhaltenden Selbst-Archivierung verortet Wirtz in einem stark durch Recherche und Materialsammlungen gestützten Schreibprozess, dessen gesamter Kontext in geordneter Weise dokumentiert wird:

---

456 Vgl. zu dieser Begrifflichkeit: Grond-Rigler 2018: Auktoriale Inszenierung in Vorlässen, S. 163.

457 Vgl. dazu: Bülow 2016: Nachlässe, S. 150.: „Selten behandelt ein Eigentümer seine Papiere mit gleichmäßiger Sorgfalt. Mitunter werden lediglich bestimmte Bereiche geordnet, beispielsweise nur die Manuskripte der Werke oder nur die privaten Korrespondenzen – auch daraus lassen sich Schlüsse auf ihre Bedeutung für den Nachlasser ziehen."

458 Vgl. Grond-Rigler 2018: Auktoriale Inszenierung in Vorlässen, S. 167 u. 177 f.

459 Bezogen auf den Vorlass formuliert dies Grond-Rigler wie folgt: „Mit der Auswahl und Ordnung der Vorlassmaterialien übermittelt der Autor nicht nur Inhalte, sondern auch einen Rahmen für das Verständnis und die Nutzung der angebotenen Quellen." Ebd., S. 178.

460 Vgl. Meyer 2002: Pedanten und Chaoten, S. 55.

„Die unterschiedlichen Träger von Notizen sind dort genauso wie die Terminkalender über Jahre nachgeführt und lückenlos überliefert, der Autor führt ein ebenso übersichtliches wie komplettes Archiv, auf das er jederzeit zurückgreifen kann. Lückenlose Vollständigkeit, Übersichtlichkeit und säuberliche Verzeichnung erlauben eine rasche Orientierung."[461]

In einer Nähe zueinander stehen auch der von Meyer beschriebene Typ des ‚Bastlers' mit seinen speziellen Bewahrungsformen[462] und der von Wirtz skizzierte ‚Nachlass als Ausschnitt der Lebenswelt'. Dieser wird als stark objekthaltig charakterisiert und zeichnet sich dadurch aus, dass die Manuskripte eng an Gegenstände der Lebensumgebung des Autors oder der Autorin gebunden sind. Wie die persönliche Lebenswelt ist auch der Nachlass „als museale[r] Raum organisiert, in dem Gegenstände, Bilder und medienübergreifende Schrift- und Tondokumente auf unterschiedlichen Trägern, sogar Kryptonachlässe versammelt sind [...]"[463].

Das Archiv des ‚Chaotikers' hingegen weist nach Meyer keine erkennbaren Ordnungsstrukturen oder Selektionsprinzipien auf,[464] ähnlich wie der ‚Nachlass Typus Midas' bei Wirtz. Die Anlage dieses Archivs folgt keiner Systematik, sondern ergibt sich nach dem Gelegenheits- und Zufallsprinzip, sodass die Materialien sich aneinanderfügen, ohne voneinander abgrenzbar zu sein:[465] „Insofern der Autor nichts entsorgt, sondern alles aufhebt, wächst der Bestand, solange Platz ist, er führt ein Eigenleben, die Unübersichtlichkeit und die Wucherung macht den Autor zum Opfer dieser Wucherungen."[466]

Darüber hinaus führt Meyer noch den Typ des ‚Bestandserweiterers bzw. -verstärkers' an, „der alles mit Mappen, Umschlägen, kommentierenden Beilagen für Mit- und Nachwelt, mit An- und Verweisungen für spätere Bearbeiter versieht" und den ‚Bestandsverminderer oder -vertilger', „der seine Spuren verwischen, Entstehungsprozesse auslöschen und nur Fertiges, Hinterlassungsfähiges überliefern will"[467]. Das Autodafé, die Vernichtung der eigenen Aufzeichnungen, wäre hier exemplarisch.[468]

461 Wirtz 2013: Der Eigensinn der Nachlässe, S. 85.
462 Vgl. Meyer 2002: Pedanten und Chaoten, S. 55.
463 Wirtz 2013: Der Eigensinn der Nachlässe, S. 85.
464 Vgl. Meyer 2002: Pedanten und Chaoten, S. 55.
465 Vgl. Wirtz 2013: Der Eigensinn der Nachlässe, S. 87 f.
466 Ebd., S. 87.
467 Meyer 2002: Pedanten und Chaoten, S. 55.
468 Vgl. dazu: Atze 2007: „Und kaum blieb etwas verschont", S. 91–105.

Nur bei Wirtz wiederum findet sich die Beschreibung des ‚Nachlass als Korrespondenzen-Netzwerk': Zum einen meint sie damit die an verschiedenen Orten verstreuten und dezentral archivierten posthumen Papiere eines Autors oder einer Autorin und zum anderen das überwiegend aus Briefschaften bestehende literarische Archiv.[469]

Ausgehend von diesen Charakterisierungen, die die Möglichkeiten verschiedener Erscheinungsformen des literarischen Archivs ausloten, heben Meyer und Wirtz zweierlei hervor: Zum einen, dass diese Gebilde nicht ohne die Berücksichtigung der „Interaktion zwischen Archiv und Archivierte[m]"[470] zu betrachten sind und die Kollision von individuellen Bewahrungspraktiken mit den homogenisierenden Verfahrensweisen der Literaturarchive oftmals als ein reziprokes Verhältnis erscheint (vgl. 1.5.2).[471]

Zum anderen betonen beide – und das führt zur zweiten Analyseebene –, dass die Art und Weise des Umgangs eines Autors bzw. einer Autorin mit dem eigenen literarischen Archiv eng an das jeweilige Schreibverhalten und die Arbeitsweise gekoppelt ist, aber nicht uneingeschränkt damit in Eins gesetzt werden kann.[472] Insofern ist stets zu fragen, inwieweit Vor- und Nachlässe Schreibzusammenhänge und Schreibverhalten abbilden und in welchem Verhältnis diese zu den individuellen Bewahrungs- und Selbstarchivierungspraktiken eines Autors oder einer Autorin stehen. Um einen literarischen Nachlass als ein Gesamtgefüge und als Resultat verschiedenster Praktiken in den Blick zu nehmen, kann dabei also nicht allein die Genese eines Textes oder die Arbeitsweise eines Autors an einem Werk im Zentrum stehen wie bei der critique génétique oder der neueren Editionswissenschaft.[473] Zwar können mithilfe der von diesen Forschungsrichtungen getroffenen groben Unterscheidungen zwischen Kopf- oder Papierarbeiter,[474] werkgenetischem oder

469 Vgl. Wirtz 2013: Der Eigensinn der Nachlässe, S. 86 f.

470 Ebd., S. 88.

471 Vgl. ebd. Und: Meyer 2002: Pedanten und Chaoten, S. 55 f.

472 Vgl. ebd., S. 55. Und: Wirtz 2013: Der Eigensinn der Nachlässe, S. 83 f.

473 Vgl. Bülow 2016: Nachlässe, S. 149.

474 Der sogenannte ‚Kopfarbeiter' entwirft nach Scheibe seine Werke vor der ersten Niederschrift fast vollständig im Geiste und hiterlässt anders als der ‚Papierarbeiter', der seinen Text im und beim Schreiben erst erarbeitet, kaum Entwürfe, Vorstufen und Fassungen mit vielen Sofortkorrekturen. Vgl. Scheibe 1998: Variantendarstellung, S. 172 f.

psychogenetischem[475] sowie zwischen produkt- oder prozessorientiertem[476] Schreiben Aussagen über das gesamte Nachlassmaterial gemacht werden: zum Beispiel in welchem Maße im Zuge der literarische Produktion überhaupt Materialien entstanden sind, die hätten bewahrt werden können, und worauf das in den Materialien manifestierte Schreiben überwiegend ausgerichtet ist, auf ein Resultat, ein Werk oder die Tätigkeit des Schreibens selbst. Doch sind solche Kategorisierungen, wie auch Wirtz anmerkt,[477] wenig spezifisch und blenden viele andere wichtige Aspekte aus, sodass darüber hinaus zu fragen ist, welche Formen des Schreibens im Nachlass zu finden sind, welche ‚lebenslangen Schreibpraktiken' und Schreibgewohnheiten ihn dominierend geprägt haben und in welchem Verhältnis diese zueinander stehen. Wirtz deutet die Möglichkeitsvielfalt nur an: von Tagebüchern und Traumbüchern, über verschiedenste Formen des Notizbuchs, zu Kalendern, Planungsskizzen, Zeitabläufen, Verzeichnissen und Zettelkästen.[478] Auch die Frage nach einem prägenden gestalterischem Umgang, einer charakteristischen Medien-, Material- und Schreibgerätverwendung gehört in diesem Zusammenhang.

Da aber die Interferenz der verschiedenen nachlassformenden Praktiken im Fokus steht, wenn es um den Nachlass im Gesamten geht, gilt das Augenmerk nicht nur den einzelnen Erscheinungsformen, sondern vor allem dem speziellen Zusammenspiel von Schreiben und Bewahren. Deshalb schlägt von Bülow vor, als ihr verbindendes Element den Aspekt der Selbstkommunikation und -reflexion zu untersuchen, der sich in ein literarisches Archiv einschreibt.[479]

---

475 Hurlebusch führt die Kategorie des ‚vorherrschend reproduktiven, werkgenetischen Schreibens' ein, das sich durch die *„finite zielgerichtete Reproduktion* eines gedanklichen Gehalts" ausdrückt und die *„stabile Linearität des Textes"* anstrebt. Dieses grenzt er von dem ‚vorherrschend konstruktiven, psychogenetischen Schreiben' ab, das als unabschließbarer Schreibprozess zu einer Daseinsform geworden ist. „Texte sind nicht mehr Ziele des Schreibprozesses, sondern nur noch zurückgelassene Resultate, Durchgangsstationen; das Ziel ist die freie geistige Selbstvergewisserung, Vervollkommnung des Autors […]." Hurlebusch 1998: Den Autor besser verstehen, S. 37 u. 40.

476 Das produktorientierte Schreiben folgt nach Grésillon einem im Vorhinein entworfenen Plan, während der Text beim prozessorientierten Schreiben ohne Vorbereitung aus dem Schreiben heraus entsteht. Vgl. Grésillon 1999: Literarische Handschriften, S. 132–138 u. 297. Ähnlich unterscheidet Hay zwischen einem ‚programmierten', den Text planenden, und einem ‚immanenten Schreiben', das aus der Arbeit an der Sprache, aus einem Satz heraus entsteht. Vgl. Hay 1984: Die dritte Dimension der Literatur, S. 311–314.

477 Vgl. Wirtz 2015: Lebenslang und danach, S. 212. Eine Kritik an diesen ‚groben Antinomien', mit denen sich der konkrete Materialbefund nicht immer leicht in Übereinstimmung zu bringen ist, findet sich auch bei Kammer. Vgl. Kammer 2003: Figurationen und Gesten des Schreibens, S. 91.

478 Vgl. Wirtz 2015: Lebenslang und danach, S. 209–212.

479 Vgl. Bülow 2016: Nachlässe, S. 149.

Wird etwas, beispielsweise ein Gedanke, eine Idee oder eine Erinnerung, in Schrift ausgedrückt, ist es in dieser fixierten Schriftform nicht nur konservierbar, es wird sofort auch rezipierbar und zwar zuallererst für den Schreibenden selbst als eine Art Selbstlektüre:[480] „Für jeden Schreibenden bietet die Sichtung des einmal Geschriebenen vielfältige Gelegenheit zur Selbstbeobachtung, Selbstreflexion, Selbstrezeption und Selbstarchivierung."[481] Diese Selbstauseinandersetzung schlägt sich im literarischen Archiv auf verschiedenen Ebenen nieder: Sie geschieht nicht nur bei der Ordnung der eigenen Materialien, sie findet auch bei der Lektüre, Überarbeitung und Kommentierung von eigenen Texten und Entwürfen statt sowie auf besondere Art und Weise in Briefen, Tagebüchern und anderen selbstreflexiven Aufzeichnungen. Die Spuren dieser Selbstrezeption geben Aufschluss über die Bedeutung und Funktion der einzelnen Teile des literarischen Archivs für den Autor oder die Autorin. An welchen Teilen zeichnen sich Selbstlektüren sowie Revisions- und Ordnungsprozesse ab, welche Art von Selbstbezugnahmen werden an welchen Stellen deutlich?[482]

Betrachtet man den Nachlass auf diese Weise lassen sich die Wechselverhältnisse von Schreiben, Bewahren und Reflexion in ihren verschiedenen Dimensionen aufzeigen. Das Ordnen des literarischen Archivs muss nicht immer einer nachlasspolitischen Strategie entsprechen (vgl. 1.5.4), es kann auch im Rahmen von Werkbildung oder Erinnerungsarbeit (1.5.6) erfolgen oder sich bedingen.[483] Dass Vorordnungen des literarischen Archivs nicht nur häufig durch die literarische Arbeit angestoßen werden, sondern auch in eine solche münden können, stellen Sina und Spoerhase heraus:

> „Wer seinen Nachlass vorbereitet, liest sich selber. Sollte das sortierende Sich-selber-Lesen in ein Schreiben münden, kann der Nachlass zu einem Antrieb poetischer Produktivität, zu einer werkbildenden Kraft werden. Über die Nachlassgestaltung hinaus kann die Arbeit am Nachlass also in eine eigene, mit poetischer Produktivkraft versehene Nachlasspoetik münden. Nicht zu vernachlässigen sind in diesem Zusammenhang die fiktionalen Thematisierungen des Nachlasses, die zum jeweiligen Autor und dessen Nachlasspraktiken ins Verhältnis zu setzen wären."[484]

Raulff spricht diesbezüglich von der ‚schöpferischen Unruhe' des Archivs und seiner ‚kritisch-energetischen Funktion', die die monumentalisch-bewahrende

480 Vgl. Giuriato/Stingelin et al. 2008: Einleitung, S. 9–17.
481 Willer 2008: Die Schreibszene des Nachlasses, S. 67.
482 Vgl. Bülow 2016: Nachlässe, S. 149.
483 Vgl. Raulff 2013: Nachlass und Nachleben, S. 22.
484 Sina/Spoerhase 2013: Nachlassbewusstsein, S. 621.

ergänzt.[485] Die Bewegungen des Schreibens aus dem und in das Archiv bilden damit einen wichtigen Untersuchungsgegenstand.[486]

Ein weiterer, im literarischen Nachlass häufig zu findender Ausdruck der Selbstkommunikation stellen selbstreflexive Aufzeichnungen wie Tagebücher,[487] Traumbücher oder Briefe[488] dar, in denen der Schreibende mit sich selbst sowie gleichzeitig über sich ins Gespräch kommt und deren Verfassen nicht unbedingt in einem direkten Zusammenhang mit der literarischen Arbeit eines Autors oder einer Autorin stehen muss.

Michel Foucault hat diese Formen des Schreibens im Zuge seines Konzeptes der ‚Technologien des Selbst' am Beispiel der antiken griechisch-römischen Kultur untersucht:

> „Das Schreiben war gleichfalls bedeutsam in einer Kultur der Sorge um sich selbst. Zu den wichtigsten Praktiken der Sorge um sich selbst gehörte es, dass man Aufzeichnungen über sich selbst machte, in der Absicht, sie später wieder einmal zu lesen; dass man Abhandlungen und Briefe an Freunde schickte, die ihnen helfen sollten; dass man Tagebuch führte, um die Wahrheiten, deren man bedurfte, für sich selbst reaktivieren zu können."[489]

In seinem Aufsatz „Über sich selbst Schreiben", der im Zuge der Studien über die „Künste des Selbst" entstand und in dem sich Foucault ebenfalls auf die Selbstbeherrschung in der Antike bezieht, geht er auf zwei Formen der Selbstauseinandersetzung und der Selbstbildung im Schreiben näher ein.[490] Er beruft sich zum einen auf die ‚hypomnêmata', eine Art Notizbuch, in dem Verschiedenstes nebeneinander, ohne unmittelbaren Zusammenhang festgehalten wurde:

> „Man notierte dort Zitate, Auszüge aus Büchern, Exempel und Taten, die man selbst erlebt oder von denen man gelesen hatte, Reflexionen und Gedankengänge, von denen man gehört hatte oder die einem in den Sinn gekommen waren. Sie bildeten gleichsam ein materielles Gedächtnis des Gelesenen, Gehörten und Gedachten, einen zur neuerlichen Lektüre und weiteren Reflexion bestimmten Schatz an Wissen und Gedanken."[491]

---

485 Vgl. Raulff 2013: Nachlass und Nachleben, S. 33.

486 Vgl. dazu Gretz/Pethes 2016: Archiv/Fiktionen.

487 Vgl. dazu Sommerfeld 2013: Zwischen Augenblicksnotat und Lebensbilanz. / Gisi/Meyer et al. 2013: Medien der Autorschaft. / Gold/Holm et al. 2008: Absolut privat!?

488 Vgl. dazu u. a.: Schöttker 2008: Archive der Subjektivität, S. 19–36. Vgl. außerdem: Strobel 2006: Figuren der Autorschaft in der Briefkultur, S. 7–32. Und: Zanetti 2010: Spielräume der Adressierung, S. 42–45. (Vgl. 1.5).

489 Foucault 2005: Technologien des Selbst, S. 977 f.

490 Vgl. Foucault 2005: Über sich selbst schreiben, S. 503.

491 Ebd., S. 507.

Diese Form des sammelnden und zusammentragenden Aufschreibens, das „eine ‚Vergangenheit' schafft, auf die man stets zugreifen oder sich zurückziehen kann"[492], grenzt Foucault von der Selbstergründung im Tagebuch ab, dessen Zielsetzung wiederum eher eine Reinigung durch intime Bekenntnisse sei, die sich in der christlichen Morallehre verorten ließe.[493] Statt dem Ungesagten widmen sich die ‚hypomnêmata' dem bereits Gesagten und Gelesenen und werden durch das wiederholte Lesen und Schreiben zu einer Übung des Selbst. Diese führt zur Gedächtnisbildung, Schulung des Denkens sowie zur Aneignung des Disparaten und liefert zugleich das Material, um „Gespräche mit sich selbst und anderen führen"[494] und eigene Texte zu verfassen. Foucault bezeichnet die ‚hypomnêmata' als Instrument zur Handlungsermächtigung und zur „Konstituierung des Selbst"[495], das heißt als Mittel der Identitätsbildung.[496]

Die zweite Form des Schreibens als Selbstdisziplinierung,[497] die Foucault beschreibt, ist die Korrespondenz. Diese entfaltet nicht nur bei dem Empfänger, sondern durch das Schreiben und wiederholte Lesen auch beim Absender eine Wirkung und erfüllt damit eine Doppelfunktion.[498] Der Schreibende schildert im Brief dem Anderen sein körperliches und seelisches Empfinden, das er auf diese Weise gleichzeitig reflektiert wie er sich auch durch die Beschreibung von Alltäglichem sich seine Lebensweise vergegenwärtigt. Mit dieser Introspektion vollzieht sich eine Öffnung gegenüber dem Anderen, der durch die Adressierung im Schreiben einerseits gleichsam angesehen wird, dessen Blick sich der Schreibende anderseits aber ebenfalls aussetzt. Die Korrespondenz gleicht so einer beidseitigen Beobachtung und Selbstbeobachtung:[499] „Sie ist zugleich eine Form, sich dem anderen und sich selbst zu zeigen."[500]

Insofern das literarische Archiv insgesamt ein Resultat sich wechselseitig bedingender Praktiken des Schreibens, Bewahrens, Lesens und Reflektierens ist, wird es über das Briefeschreiben hinaus zu einem Schauplatz der Selbst-, aber auch der möglichen Fremdbeobachtung. Der wiederholte Umgang mit den eigenen Texten und Materialien, die wiederholte Selbstlektüre während

492 Ebd., S. 509.
493 Vgl. ebd., S. 508. u. 521. Sowie: Zanetti 2015: Einleitung, S. 9.
494 Foucault 2005: Über sich selbst schreiben, S. 507.
495 Ebd., S. 508.
496 Vgl. ebd., S. 512. Und: Zanetti 2015: Einleitung, S. 9. Zur Rolle des Tagesbuchs in Bezug auf Selbstbeobachtung und Reflexion Vgl. Rössler 2017: Autonomie, S. 177–230.
497 Vgl. Zanetti 2015: Einleitung, S. 8.
498 Vgl. Foucault 2005: Über sich selbst schreiben, S. 512 f.
499 Vgl. ebd., S. 512–521.
500 Ebd., S. 515.

des Schreibens setzt, so betonen es Davide Giuriato, Martin Stingelin und Sandro Zanetti, „stets die – mit Angst oder mit Lustgefühlen besetzte – Möglichkeit voraus, auch von einem anderen beobachtet, gelesen und wiederum beschrieben zu werden […].“[501] Unabhängig davon, ob das Geschriebene an eine Öffentlichkeit, eine andere Person oder nur an den Schreibenden selbst gerichtet ist, ist es potenziell immer auch für andere lesbar.[502] Wissen Autorinnen und Autoren darüber hinaus um die Möglichkeit, dass ihre Papiere in ein Literaturarchiv gelangen können, mündet das nicht selten in verschiedene Versuche, diesen Zugriff durch andere zu kontrollieren.

1.5.4 *Kontrolle: Nachlassbewusstsein und Nachlasspolitik*

Vor dem Hintergrund des paradigmatischen Wandels im Umgang mit schriftstellerischen Hinterlassenschaften im Zuge der Professionalisierung des Nachlasswesens in der Moderne hat sich die Bedeutung des Nachlasses für Autorinnen und Autoren sowie der Stellenwert unpublizierter Texte grundlegend verändert (vgl. 1.1). Mit dem Konzept des Nachlassbewusstseins stellen Sina und Spoerhase heraus, dass Nachlassdokumente aufgrund des Wissens von Schriftstellern um deren mögliche Relevanz nicht als scheinbar authentisch und unmittelbar betrachtet werden können, sondern vielmehr „als Objekte der schriftstellerischen Vorausschau, Reflexion und Planung, ja mitunter sogar der künstlerischen Bearbeitung“[503] gelten müssen.

Das Nachlassbewusstsein begründet eine bestimmte Haltung von Autorinnen und Autoren gegenüber ihrem literarischen Archiv, die das Verhalten zu den künftigen Nachlassmaterialien beeinflusst:

> „‚Nachlassbewusstsein‘ ist eine spezifische Verhaltensweise im Umgang mit sich selbst. Eine Lesart der eigenen Papiere, die so tut, als würden diese schon jetzt der eigene Nachlass sein. ‚Selbsthistorisierung‘ und ‚Obsorge für den Nachruhm‘ sind Funktionalisierungen dieser Lektüreform. Wesentlich an ihr ist, dass der Autor an seinen Materialien hier in einem quasi testamentarischen Akt eine Art von Autorschaft und damit eine singuläre Definitionsmacht übt, sich aber dabei gleichzeitig so liest, als wäre er als Autor gar nicht mehr vorhanden. So findet in dem Augenblick, in dem der Nachlasser seinen Nachlass entstehen lässt, eine Transferleistung hin zu künftigen und potenziellen Lesern des Nachlasses statt.“[504]

501 Giuriato/Stingelin et al. 2008: Einleitung, S. 15.

502 Vgl. ebd.

503 Sina/Spoerhase 2017: „Gemachtwordenheit“, S. 15.

504 Kastberger 2017: Nachlassbewusstsein, Vorlass-Chaos und die Gesetze des Archivs, S. 415.

Kastberger nennt hier die wesentlichen Punkte, die zu untersuchen sind, wenn der literarische Nachlass eines Autors unter dem Gesichtspunkt des Nachlassbewusstseins beschrieben werden soll und die in folgende Fragen münden: Welche Selbstauslegung (vgl. 1.5.5), welche Nachlass- und Übertragungskonzepte des Autors zeichnen sich an der Nachlassformation ab und welche Bedeutungen und Funktionen knüpft der Schriftsteller an seine Hinterlassenschaften? Inwieweit und auf welche Weise steuert er gezielt die Überlieferung seiner Papiere im Hinblick auf die Nachwelt?

Während die Frage der Autorschaft im nächsten Unterkapitel eingehender behandelt wird, sollen an dieser Stelle Ausprägungen eines Nachlassbewusstseins im Zentrum stehen,[505] die sich auf die Nachlassgestaltung auswirken. Unter dem Vorzeichen der Kontrolle sollen dabei die Begrifflichkeiten der Werk- und Nachlasspolitik sowie die der Selbsthistorisierung und Posteritätspräzeption den Beschreibungsrahmen abstecken.

Eine wesentliche Rolle spielt in diesem Zusammenhang das dem Nachlass inhärente Moment der Ohnmacht: Erst durch das Ableben eines Autors wird sein literarisches Archiv oder sein Vorlass zu einem Nachlass. Gleichzeitig verliert er durch den Tod den Zugriff auf seine unveröffentlichten Papiere und kann den künftigen Umgang damit nicht mehr beeinflussen. Oftmals versuchen Autorinnen und Autoren jedoch, diesem Kontrollverlust entgegenzuwirken und mithilfe verschiedener Maßnahmen ihre Verfügungsgewalt auf die Zeit nach ihrem Tod zu verlängern.[506] In Bezug auf Martus' Konzept der ‚Werkpolitik' haben Reinhard Mehring und nach ihm Sina und Spoerhase für solche Versuche der Kontrollausübung den Begriff der ‚Nachlasspolitik' angeregt.[507]

Mit seinen Überlegungen zur Werkpolitik erweitert Martus Bosses Darlegungen zur Werkherrschaft[508] (vgl. 1.3), legt dabei einen besonderen Akzent auf die „Aushandlungen von Mächtigkeit"[509] im Zuge der Beschäftigung mit einem Werk und stellt das Wechselverhältnis von literarischer Produktion und literarischer bzw. kritischer Kommunikation (Kritik und Philologie) ins Zentrum. Vor dem Hintergrund der Entwicklung einer Kultur der selektionslosen Aufmerksamkeit seit dem 17. Jahrhundert und den darauf reagierenden

505 Belege für ein Nachlassbewusstsein stellen zum Beispiel die Verwendung des Nachlassbegriffs, der Kontakt mit Archiven, die Auseinandersetzung mit veröffentlichten oder unveröffentlichten Nachlassmaterialien anderer Autoren und literarische Verarbeitungen des Nachlass-Themas dar.

506 Vgl. Sina/Spoerhase 2013: Nachlassbewusstsein, S. 622.

507 Vgl. Mehring 2008: Nachlasspolitik bei Heidegger und Carl Schmitt, S. 108. Und: Sina/Spoerhase 2013: Nachlassbewusstsein, S. 622.

508 Vgl. Bosse 2014: Autorschaft ist Werkherrschaft.

509 Martus 2007: Werkpolitik, S. 13.

Bewältigungsstrategien von Autoren[510] behandelt Werkpolitik „das Problem, wie Beobachter so positioniert werden, daß sie den Eindruck haben, den Appell eines Textes zu hören [...].“[511] So lassen sich mit dem Konzept der Werkpolitik implizite Poetiken, das heißt textinhärente Merkmale und Rahmenbedingungen beschreiben, die zu bestimmten Textumgangsformen und Lektürehaltungen führen sowie Aufmerksamkeit lenken.[512]

Da der Begriff in der Forschung viel Anklang gefunden und sich zugleich fortentwickelt hat, soll er im Folgenden ebenfalls etwas weiter gefasst werden und im Begriff der Nachlasspolitik sein korrespondierendes Gegenstück finden.[513] Mit Werkpolitik sind hier also in einem weiteren Sinne die Positionierung der gedruckten Werke sowie damit verbundene Anforderungen und Strategien[514] gemeint, die darauf zielen, Aufmerksamkeit, Interesse und Rezeption zu lenken sowie das Gesamtwerk auf längere Sicht in einer bestimmten Form und Zusammensetzung zu etablieren.

Anders als beim Begriff der Werkpolitik existieren zum Begriff der Nachlasspolitik keine längeren Ausführungen, sondern nur kurze Bezugnahmen mit verschiedenen Akzentuierungen, die eine Definitionsunsicherheit in Bezug auf die Abgrenzung zur Werkpolitik erkennen lassen. So bezeichnet Mehring Nachlasspolitik als „Inbegriff von Strategien, durch die Autoren den posthumen Umgang mit ihrem Werk regeln“[515] und fokussiert damit einen werkzentrierten Zugriff. Auch Wirtz trifft unter der Kapitelüberschrift ‚Nachlasspolitik – ein Versuch‘ keine Unterscheidung zwischen Werk- und Nachlasspolitik und setzt die Kapitelunterpunkte ‚Lebenslange Schreibpraktiken‘, ‚Einrichtung von Schreibplätzen‘ und ‚Die Werkpolitik und rechtliche Maßnahmen für den Todesfall‘ in kein Verhältnis zu dem von ihr gewählten Überbegriff.[516] Spoerhase wiederum bezeichnet Umgangsweisen mit Nachlassmaterial, die wie bei Schelling ausschließlich auf eine Überführung in eine gedruckte Ausgabe abzielen und den übrigen Handschriften keinerlei Wert zumessen,[517] als Werkpolitik bzw. als Teil „einer übergreifenden Werkstrategie und Editionspolitik“[518]. Ähnlich verfährt Rüdiger Nutt-Kofoth, der Nachlasspolitik als eine „Instrumentalisierung des

510 Vgl. ebd., S. 5.
511 Ebd., S. 8.
512 Vgl. ebd., S. 7.
513 Vgl. Berbig 2018: DDR-Literatur – archiviert, S. 33.
514 Vgl. dazu auch Spoerhase 2007: Was ist ein Werk, S. 320–325.
515 Mehring 2016: Heideggers „große Politik“, S. 232.
516 Vgl. Wirtz 2015: Lebenslang und danach, S. 209–215.
517 Vgl. Spoerhase 2017: Neuzeitliches Nachlassbewusstsein, S. 28.
518 Ebd., S. 30.

Nachlasses"[519] auffasst und schreibt, dass es sich bei einer Nachlasspolitik, die wie im Fall Goethes den Nachlass für das Werk funktionalisiert, eigentlich um eine Werkpolitik handele.[520] Nutt-Kofoth ergänzt ebenfalls außerdem den Terminus der Editionspolitik, was bei ihm jedoch in der Verkürzung mündet: „Nachlassbewusstsein ist Editionspolitik"[521].

In dieser Arbeit soll der Begriff der „Nachlasspolitik" dagegen so gewichtet werden, dass er verschiedenste Maßnahmen und Vorsorgepraktiken abdeckt, die sich auf das Nachlassmaterial beziehen und mit denen Autorinnen und Autoren den posthumen Umgang mit ihren späteren Nachlässen sowie deren Rezeption zu kontrollieren und zu steuern versuchen bzw. ihr Nachleben sichern wollen. Darunter können sowohl Bestrebungen der Initiierung und Steuerung von zukünftigen Editionen und Gesamtausgaben fallen als auch das Bemühen um Deutungshoheit durch die Vorgabe von (Selbst-) Interpretationen und Leitlinien sowie die Regelung des Zugriffs oder eine Aufmerksamkeitslenkung – insoweit dabei das Nachlassmaterial den Ausgangspunkt bildet.[522] Dass ein Spannungsverhältnis zwischen der Werk- und der Nachlasspolitik eines Autors oder einer Autorin entstehen kann, haben Sina und Spoerhase herausgestellt, wobei sie sich dabei ausschließlich auf den Einfluss von Nachlasspublikationen, auf die durch Autorisation und Publikation zustande gekommene Werkkonstellation und eventuelle Zentrumsverschiebungen beziehen:[523] „[…] mit der Publikation des Nachlasses kann eine Umwertung des Gesamtwerks eines Dichters einhergehen."[524] In dieser Arbeit soll diese Annahme der möglichen Umwertung auch für andere Formen der Nachlasspolitik geltend gemacht werden.

Unterschieden werden die ‚Politiken' durch ihren Bezugspunkt: Zielen sie auf zu Lebzeiten veröffentlichte und autorisierte Texte – auf die Werke – oder auf bis zum Tod des Autors oder der Autorin genuin unveröffentlichtes Material. Sowohl die Werk- als auch die Nachlasspolitik können indes unterschiedlich stark aufeinander aufbauend oder miteinander konkurrierend – auf die Gestalt des Gesamtwerks einwirken.

519 Nutt-Kofoth 2017: Zum Verhältnis von Nachlasspolitik und Editionskonzeption, S. 93.

520 Vgl. ebd., S. 99.

521 Ebd., S. 92.

522 Die auf Mehring zurückgehende Unterscheidung zwischen ‚Nachlass-Editionspolitik' und ‚Nachlass-Interpretationspolitik' soll hier zwar als Differenzierung berücksichtigt, aber nicht begrifflich übernommen werden. Vgl. Mehring 2008: Nachlasspolitik bei Heidegger und Carl Schmitt, S. 108.

523 Vgl. Sina/Spoerhase 2013: Nachlassbewusstsein, S. 622.

524 Ebd.

Das Spektrum der potenziellen nachlasspolitischen Vorsorgepraktiken, mit denen Autorinnen und Autoren versuchen, den Umgang der Nachwelt mit ihrem Nachlass zu kontrollieren und zu lenken, ist – wie es bereits von der Forschung an verschiedenen Stellen skizziert wurde – breit.[525] Möglich sind zum Beispiel: eine detaillierte Selbstarchivierung,[526] eine gezielte Ordnung und Gestaltung des literarischen Archivs,[527] aber auch Vernichtungen, intentionale Hinzufügungen, Ergänzungen, Kommentierungen, Sperrungen, Tilgungen und Manipulationen[528] sowie das Lancieren von posthum zu veröffentlichenden Texten, das Erstellen von testamentarischen Verfügungen[529] sowie der Einsatz von Nachlassverwaltern.[530] Insbesondere bei Formen der Ordnung und Selbstarchivierung muss es sich jedoch nicht immer zwangsläufig um nachlasspolitische Vorkehrungen handeln, sodass diese Praktiken und ihr Zusammenhang differenziert zu beschreiben sind (vgl. 1.5.4 und 1.5.6).

Im Fall von Vorlässen gehen Praktiken der Vorsorge in der Regel mit der Übergabe der Materialien an ein Archiv einher, sodass hier meist von Vorordnungen[531] bzw. Vor- und Aus-Sortierungen im Hinblick auf die Nachwelt auszugehen ist:[532] „Die Autoren teilen dem Archiv zu, was für die Nachwelt und ihr Nachleben bestimmt ist, und definieren so die Überlieferung, die sodann die künftigen Forscher, aber auch Biographen oder Editoren antreffen – oder vergeblich suchen."[533] Die Übergabe zu Lebzeiten gleicht somit, ähnlich wie detaillierte Testamente, einer Autorisation der entsprechenden, explizit für das Archiv bestimmten Dokumente.[534] Aussagekräftig ist dabei, wie Gérard Genette in Anlehnung an Marshall McLuhan schreibt, die „Wahl des Kanals"[535]: die Entscheidung, welche Dokumente auf welche Weise, d.h. über welches Medium einer literarischen Öffentlichkeit zugänglich werden sollen. Im Zusammenhang mit den an Vorlassgaben gebundenen Vorkehrungen

525 Vgl. ebd., S. 620 f.

526 Vgl. Schmidt 2016: (Selbst-)Archivierung als künstlerische Selbstvergewisserung, S. 21–37.

527 Deecke definiert Nachlasspolitik zum Beispiel „schlicht als Entscheidung darüber […], welche Dokumente in welcher Ordnung für die Nachwelt verwahrt werden und wem sie zugänglich sein sollen." Deecke 2013: Die Grimm'sche Nachlasspolitik, S. 89.

528 Vgl. Wirtz 2015: Lebenslang und danach, S. 214 f.

529 Vgl. insbesondere das Kapitel „Hauptmann nach Hauptmann: Die Testamente" in: Katins-Riha 2017: Nachlassbewusstsein, Nachlasspolitik und Nachlassverwaltung, S. 19–48.

530 Vgl. ebd., S. 83–114.

531 Vgl. Grond-Rigler 2018: Auktoriale Inszenierung in Vorlässen, S. 163–180.

532 Vgl. Wirtz 2015: Lebenslang und danach, S. 215.

533 Wirtz 2013: Der Eigensinn der Nachlässe, S. 82 f.

534 Vgl. ebd., S. 83.

535 Genette 1989: Paratexte, S. 384.

sollte nichtsdestotrotz zwischen den Beweggründen für die Archivübergabe differenziert werden. „Die Übergabe der eigenen Papiere zu Lebzeiten, daraus folgende Ausstellungen oder Tagungen, über die in den Medien berichtet wird – all dies bedeutet symbolisches Kapital“[536], konstatiert von Bülow. Welche Rolle spielt also der Wunsch nach Ruhm, Nachruhm[537] und Überlieferung und welche Rolle spielen demgegenüber finanzielle Gründe bzw. das Bestreben, die eigenen Papiere auszulagern und ordnen zu lassen?[538] Ablesen lässt sich dies unter anderem an Korrespondenzen, Verträgen (soweit diese einsehbar sind) und an entsprechenden Äußerungen in Texten und Ego-Dokumenten. Hinsichtlich des Nachlasses und der Frage, welche Funktion diesem zukommt und wie ein Autor sein Nachwirken zu regeln versucht, können oftmals testamentarische Verfügungen als eine wichtige Quelle herangezogen werden.[539]

Testamente organisieren, laut Ulrike Vedder,

> „als juristische Regelungen, [...] Hinterlassenschaften in Form von Erbschaften und Vermächtnissen; sie formulieren den rechtswirksamen letzten Willen eines dadurch authentifizierten Testators – und lassen sich insofern auch als vorgezogene letzte Worte verstehen -; sie halten zu Lebzeiten fest, was erst nach dem Tod des testierenden Subjekts wirksam werden wird [...]“[540].

Insofern beziehen sich testamentarische Bestimmungen in einer paradoxalen Verschränkung auf die Grenze zwischen Leben und Tod.[541] Mit der eigentümlichen Verbindung von Anwesenheit und Abwesenheit, Sprechen und Schweigen schafft das Testament gegenüber der radikalen Zäsur des Todes einen Übergang und verlängert angesichts des totalen Kontrollverlusts den Einflussbereich des testierenden Subjekts, indem es eine an die Nachwelt gerichtete Verpflichtung enthält.[542] Willer betont wie Vedder die spezielle Zeitsemantik von testamentarischen Bestimmungen, die als Vor- und als Nachwort zugleich fungieren:

---

536 Bülow 2013: Literaturarchive im literarischen Feld, S. 144.

537 Vgl. dazu Schöttker 2000: Ruhm und Rezeption, S. 427–487. Und: Schöttker 2007: Die Bewunderung des Autors, S. 34–42.

538 Vgl. Raulff 2009: Ökonomien des literarischen Archivs, S. 231 f.

539 Vgl. Katins-Riha 2017: Nachlassbewusstsein, Nachlasspolitik und Nachlassverwaltung, S. 21. Und: Zeller 1981: Autor, Nachlaß, Erben, S. 8.

540 Vedder 2011: Das Testament als literarisches Dispositiv, S. 14.

541 Vgl. ebd.

542 Vgl. ebd., S. 153. Vgl. außerdem: Katins-Riha 2017: Nachlassbewusstsein, Nachlasspolitik und Nachlassverwaltung, S. 20.

> „Um ein Nachwort handelt es sich im klassischen Sinn des letzten Wortes, insofern diese Verfügung das letztgültige Rechtshandeln des Subjekts darstellt – verfaßt im Leben, aber gültig erst nach dem Ableben, und somit das Nachwort zum eigenen Leben. Um eine Vorbemerkung handelt es sich, insofern nun erst all das in Gang gesetzt wird, was die Inventarisierung, Monetarisierung und Verwaltung des Erbes betrifft: So gesehen ist die ‚Verfügung von Todes wegen' das Vorwort zum eigenen Nachleben."[543]

Von besonderer Relevanz für das Nachleben ist die Frage der Nachlassverwaltung: Bestimmt ein Autor testamentarisch einen Nachlassverwalter, so überträgt er diesem im Todesfall das Recht, über zukünftige, den Nachlass betreffende Angelegenheiten zu entscheiden. Der Nachlassverwalter bzw. die Nachlassverwalterin vertritt ab diesem Zeitpunkt den Nachlasser und übernimmt eine Kontrollfunktion, die den Verlust der Verfügungsgewalt des Verstorbenen eindämmen soll. Da nicht nur die Sicherung, Pflege und Auswertung des Nachlasses als literarisches Erbe,[544] sondern auch seine Zugänglichkeit, das Zustandekommen von posthumen Publikationen und damit die weitere Rezeption maßgeblich vom Agieren des Nachlassverwalters abhängt, ist der Entschluss, ob und wen ein Autor als solchen einsetzt, nachlasspolitisch gewichtig:[545]

> „Von ihnen [den Erben, KvB] wird es also in besonderem Maß abhängen, in welcher Weise literarisches Gut erhalten, rezipiert und weiterwirken oder dem Vergessenwerden anheimfallen wird. Die Frage, wer zur Vollstreckung eines Testaments, wer zur Wahrung der Rechte, zur Sicherung eines geistigen Erbes eingesetzt wird, ist daher für den Autor, der sich Dauer für sein Werk wünscht, wie für seine Nachwelt von entscheidender Bedeutung."[546]

Mit der Nachlassverwaltung, die zwar Teil einer autorschaftlichen Nachlasspolitik ist, kommen immer auch weitere, die Überlieferung bestimmende Interessen und Intentionen hinzu,[547] die zu einer Nachlassverwalterpolitik[548] mit ganz eigenen Zielsetzungen führen können. Der Versuch des Autors, das Nachleben zu steuern, entwickelt dann ein Eigenleben. Dementsprechend sollte die mit literarischen Nachlässen arbeitende Wissenschaftlerin nicht

543 Willer 2008: Die Schreibszene des Nachlasses, S. 82.
544 Vgl. Zeller 1981: Autor, Nachlaß, Erben, S. 16.
545 Vgl. Schöttker 2014: Vom mythischen ins digitale Alexandria, S. 277.
546 Zeller 1981: Autor, Nachlaß, Erben, S. 16.
547 Vgl. Grond-Rigler 2018: Auktoriale Inszenierung in Vorlässen, S. 166.
548 Auf der wissenschaftlichen Tagung in Marbach zum ‚Nachlassbewusstsein' 2013 hat Trilcke angeregt, von ‚Nachlassverwalterbewusstsein' zu sprechen. Vgl. Korn 2014: Nachlassbewusstsein (Tagungsbericht), S. 379.

nur die Nachlasspolitik eines Autors reflektieren, sondern auch offenlegen, inwieweit die Entscheidungen und Rechtevergaben des zuständigen Nachlassverwalters die eigene Arbeit beeinflussen.

Betrachtet man literarische Nachlässe, wie in diesem Abschnitt, unter den Aspekten des Nachlassbewusstseins, der Kontrolle und des Nachwirkens können die modernitätsspezifischen Kategorien der ‚Präzeption' und der ‚Selbsthistorisierung' der Kontextualisierung dienen.[549] Hermann Lübbe zitierend und auf seine Studien zur Zeitstruktur der Moderne bezugnehmend, beschreibt Sina die bewusste Planung und die gezielte Vorbereitung literarischer Nachlässe durch Autoren als Form einer „Praxis vorauseilender Selbsthistorisierung aus der Erfahrung von Schwierigkeiten mit der Selbstüberlieferung der Gegenwart an die Zukunft"[550].

Die Selbsthistorisierung von Autorinnen und Autoren, als eine Weise sich selbst zu Lebzeiten schon als geschichtlich zu betrachten, führt im Rahmen der Nachlassplanung zu einer Selbstinterpretation und Selbstüberlieferung, bei der mit Blick auf die Philologie die zukünftige Wahrnehmung der eigenen Autorschaft und des Gesamtwerks durch die Nachwelt zu kontrollieren versucht wird:[551]

> „Einerseits geht es um die eigenständige Verortung eines Autors und seines Werks in einem bestimmten historiografischen Ordnungsrahmen (hier: ‚literaturhistorisch'), andererseits um die Planung und Überlieferung der eigenen ‚Werkbiografie', und dies sogar über den Tod hinaus (‚postum'). Demnach beruht Selbsthistorisierung auf einer doppelten zeitlichen Semantik – der Ausstattung des schriftstellerischen ‚Selbst' mit literaturgeschichtlicher Bedeutsamkeit bei gleichzeitiger Anregung einer zukünftigen, die eigene Lebenszeit überdauernden Überlieferung."[552]

Die Arbeit am künftigen Nachlass im Hinblick auf die Nachwelt verbindet sich somit auch mit einer Antizipation dessen, wie und was eine nachfolgende Leserschaft und Forschung am literarischen Archiv als geschichtlichen

549 Vgl. Sina 2017: Die vergangene Zukunft der Literatur, S. 58 f.

550 Lübbe 1992: Im Zug der Zeit, S. 162. Vgl. Sina 2017: Die vergangene Zukunft der Literatur, S. 8.

551 Vgl. ebd., S. 54 ff. Sina hebt zugleich hervor, dass sich Formen der Selbsthistorisierung nicht nur auf die Vorbereitung des Nachlasses beziehen müssen: „Das Spektrum ist viel weiter gefasst. Es reicht vom Verfassen autobiografischer Lebenserinnerungen, poetologischer Selbstkommentare oder bestimmter Typen von Spätwerken über die Musealisierung der eigenen Autorschaft (etwa in Form eines Dichterhauses) bis hin zur Einsetzung von Agenten zur postumen Werkpflege oder der Erstellung von Werkeditionen ‚letzter Hand'." Ebd., S. 52.

552 Ebd., S. 53.

Gegenstand als wichtig erachten könnte. Sina und Spoerhase sprechen in diesem Zusammenhang, wieder angelehnt an Lübbe[553] und mit dem Verweis auf eine Formel Reinhart Kosellecks,[554] von einer ‚Posteritätspräzeption'‚[555] einer auf die Nachwelt bezogene Vorausschätzung, die auf der unhistorischen Annahme beruht, „die Kultur einer fernen Zukunft sei derjenigen der Gegenwart mindestens so ähnlich, dass ihre Erkenntnisinteressen und -verfahren antizipierbar seien"[556]. Insofern Autorinnen und Autoren ihre künftigen Nachlässe für ein Archiv und damit eine Nachwelt vorbereiten, überliefern sie gleichzeitig ihre Vorstellungen der Literaturauffassung folgender Generationen: „Eine Untersuchung von Nachlässen erweist sich damit immer auch als eine Rekonstruktion der ‚vergangenen Zukunft' der Literatur"[557].

1.5.5 *Selbstentwurf: Autorschaft und autobiografisches Schreiben*

Vor- und Nachlässe sind, wie in Abschnitt 1.4.1 gezeigt wurde, in gewissem Maße personenzentrierte Gebilde. Sie gehen aus dem privaten Besitz eines Autors oder einer Autorin hervor und weisen, als eine im Verlauf des Lebens entstandene Ansammlung, eine – wie auch immer geartete – biografische Prägung auf. Aufgrund dieser Konstitution kann die Rolle des Autors in der wissenschaftlichen Auseinandersetzung mit einem Nachlass nicht ausgespart werden – darin ist sich die Forschung insgesamt einig.[558] So schreibt von Bülow:

> „Wer von einem Nachlass spricht, kommt ohne den Begriff der Person nicht aus; im Nahbereich der Privatsphäre bleibt das personenzentrierte Erklärungsmuster unverzichtbar. Selbstverständlich kann man einzelne Dokumente aus einem Nachlass auch als Quellen für Forschungen benutzen, die mit dem Nachlasser nichts zu tun haben. Doch wer einen Nachlass als Ganzheit betrachtet, kann die Person, um deren früheres Eigentum es sich handelt, nicht ignorieren. In diesem Sinne dementiert jeder Nachlass den von Roland Barthes postulierten ‚Tod des Autors'."[559]

553 Lübbe versteht unter ‚Präzeption' „die gegenwärtige Vorausschätzung der Interessen Späterer an derjenigen Vergangenheit, die unsere Gegenwart zukünftig geworden sein wird." Lübbe 1997: Modernisierung und Folgelasten, S. 28.

554 Vgl. Koselleck 1989: Vergangene Zukunft.

555 Sina/Spoerhase 2013: Nachlassbewusstsein, S. 623.

556 Ebd.

557 Ebd.

558 Vgl. zum Beispiel: Raulff 2009: Ökonomien des literarischen Archivs, S. 227. / Schöttker 2002: Der Autor als Star der Nachwelt, S. 259. / Sina 2017: Die vergangene Zukunft der Literatur, S. 72. / Wirtz 2015: Lebenslang und danach, S. 203.

559 Bülow 2017: Der Nachlass als materialisiertes Gedächtnis und archivarische Überlieferungsform, S. 84.

Die sich ergebenden Problembereiche, die die Themen Autorschaft und Biografie betreffen, sind mit einer ganzen Palette von Zugangsmöglichkeiten und Begrifflichkeiten verknüpft, die zu der autorzentrierten Formation Nachlass in ein Verhältnis gesetzt werden müssen. Warum bestimmte Zugänge im Unterschied zu anderen hier privilegiert werden, gilt es im Folgenden zu erläutern. Die Debatte der aktuelleren literaturwissenschaftlichen Forschungen, die nach den einflussreichen autorkritischen Theorien von Roland Barthes[560] und Michel Foucault[561] die Rückkehr des Autorkonstrukts diskutieren,[562] muss dabei nicht aufgenommen werden. Es ist lediglich darauf hinzuweisen, dass im Nebeneinander der existierenden Autorschaftskonzepte – ob sie nun vom hermeneutischen Intentionalismus oder von Autorfunktionen ausgehen – die Frage nach der Relevanz des Autors je nach Begründungszusammenhang und Kontext ganz unterschiedlich beantwortet wird.[563] Im Literaturbetrieb, in Literaturarchiven und als literaturhistorische Ordnungsinstanz ist die Kategorie des Autors dagegen bisher eine dominante Größe geblieben.[564]

Jede Nachlassformation – das wurde im Vorangegangenen bereits deutlich – zeichnet sich durch ein spezifisches Profil aus, das sich unter anderem durch Umfang, Zusammensetzung, Art, Materialität und Ordnung der einzelnen Bestandteile ergibt und sich über einen längeren Zeitraum im privaten Umfeld des Autors herausgebildet hat. Für die Beschreibung des Zusammenhangs zwischen dieser Formierung und der sie hervorbringenden Person wird in der Forschung vermehrt von Selbstentwürfen sowie Darstellungen des Selbst gesprochen:[565] „Den Nachlass formieren Autoren lebenslang als einen teils zufälligen, teils voluntaristischen Selbstentwurf“[566], schreibt beispielsweise Wirtz. Grond-Rigler bezeichnet Vorlässe als Formen auktorialer Selbstdarstellungen und -inszenierungen,[567] Weisbrod weist ebenfalls auf die Möglichkeit des Bestandsbildners hin, durch eine gezielte Anordnung der Archivalien ein „erwünschtes Bild der eigenen Person“[568] zu konstruieren und

560 Vgl. Barthes 2006: Der Tod des Autors, S. 57–63.
561 Vgl. Foucault 2007: Was ist ein Autor?, S. 1003–1041.
562 Vgl. Jannidis/Lauer et al. 1999: Rückkehr des Autors. / Detering 2002: Autorschaft. / Spoerhase 2007: Autorschaft und Interpretation. / Schaffrick/Willand 2014: Theorien und Praktiken der Autorschaft.
563 Vgl. Schaffrick/Willand 2014: Autorschaft im 21. Jahrhundert, S. 9. / Meyer 2013: Medien der Selbstdarstellung von Autorschaft, S. 11. / Spoerhase 2007: Autorschaft und Interpretation, S. 7. Und: Städtke 2003: Auktorialität, S. VII.
564 Vgl. Schöttker 2002: Der Autor als Star der Nachwelt, S. 259.
565 Vgl. zum Beispiel: Berbig 2017: Das Archiv des „Tunnel über der Spree“, S. 313.
566 Wirtz 2015: Lebenslang und danach, S. 203.
567 Vgl. Grond-Rigler 2018: Auktoriale Inszenierung in Vorlässen, S. 163–180.
568 Weisbrod 2016: Was ist ein persönliches Archiv?, S. 145.

Raulff fasst das literarische Archiv als „Ausdruck eines lebendigen, beweglichen intellektuellen und moralischen Selbstverhältnisses“ auf, „unter das der Tod den Schlusspunkt setzt“[569]. Die Begriffe Entwurf, Bild, Darstellung und Ausdruck markieren dabei den Konstruktcharakter und zeigen an, dass der personale Ein- bzw. Abdruck des hinterlassenden Schreibers im Nachlass ein medial vermittelter und konstruierter ist, der nicht mit der realen Person gleichzusetzen ist.[570] Dass dieses Bild bis zu einem gewissen Grad ein gestaltetes ist, wird durch die Termini ebenfalls deutlich. Daneben unterstreichen Wirtz und Raulff zu Recht den gleichzeitigen Zufallscharakter sowie die dynamische Bildung der dahinterstehenden Gebilde. Zusammenfassend stellt Grond-Rigler in Bezug auf Vorlässe heraus, was ebenfalls für bewusst hinterlassene Nachlässe gelten kann:

> „Trotz beträchtlicher Unterschiede bezüglich ihrer Detailgenauigkeit, Konsistenz und Deutlichkeit, sind auktoriale Selbstdarstellungen in Vorlässen fast nicht vermeidbar. Durch die Zusammenstellung der Vorlassmaterialien übermittelt der Bestandsbildner auch unwillkürlich seine/ihre Vorstellungen betreffend Autorschaftskonzept, Werkverständnis und Ästhetik, kreativen Arbeitsprozess, emotionale Haltungen, Archivverständnis und Nachlassbewusstsein, aber bis zu einem gewissen Ausmaß auch im Hinblick auf das eigene private Leben (biografischer Entwurf) und die Persönlichkeitsstruktur (Schreibtyp, Sammel- und Ordnungsverhalten, Arbeitsweise).“[571]

Demgemäß lassen sich zwei Bezugspunkte unterscheiden: Autorschaftsentwürfe einerseits, die als Selbstkommentar zum Werk, zum Schreiben und Schreibverhalten gewertet werden können,[572] und biografische Selbstbilder, nach denen sich das literarische Archiv als „Kommentar zu Persönlichkeit ihres Archivars“[573] lesen lässt. Beide Aspekte können unterschiedlich stark hervortreten und sowohl intendiert als auch unbeabsichtigt sein, in sich widersprüchlich, lückenhaft oder kohärent. Auch die Möglichkeit der Verwischung und des Verbergens besteht – wobei sich damit ebenfalls Aussagen über Autorschaftskonzepte verbinden.[574]

569 Raulff 2013: Nachlass und Nachleben, S. 25 f.

570 Vgl. dazu auch Wagner-Egelhaaf 2000: Autobiographie, S. 63.

571 Grond-Rigler 2018: Auktoriale Inszenierung in Vorlässen, S. 176.

572 Vgl. Meyer 2013: Medien der Selbstdarstellung von Autorschaft, S. 13. Und: Strobel 2006: Figuren der Autorschaft in der Briefkultur, S. 14 ff.

573 Weisbrod 2016: Was ist ein persönliches Archiv?, S. 145.

574 Exemplarisch für diesen Extremfall ist der Nachlass W.G. Sebalds im DLA Marbach. Raulff schreibt: „Mit W.G. Sebald ist am Ende des 20. Jahrhunderts ein Autor aufgetreten, den man als ein Phantasma des Archiv bezeichnen muss. Wer sich im Nachlass von W.G. Sebald, der im Jahr 2005 nach Marbach gekommen ist, auf die Suche nach

Fortgesetzt bzw. ergänzt wird die sich in der Zusammensetzung der Nachlassformation abzeichnende Selbstdarstellung in den einzelnen Nachlasstexten selbst: einerseits in den Manuskripten, Arbeitsskizzen und Überarbeitungen, bei Genette Vortexte genannt,[575] die verschiedene Autorbilder und Arbeitsweisen vermitteln, andererseits in Textsorten wie Briefen, Tagebüchern und Notizen, die Genette als ‚intime Epitexte' bezeichnet.[576] Mit Letzteren stehen referentielle Texte im Fokus, die sich in der Regel auf nichtfiktionale Begebenheiten bzw. auf subjektive Realitäten beziehen und in denen keine fiktive Erzählerinstanz aufgerufen wird, sondern eine Schreiber- bzw. eine Autorfigur in Erscheinung tritt.[577] Zugleich tendieren solche, von Autorinnen und Autoren verfasste Texte, nicht selten zu Literarisierungen. Verkomplizierend kommt hinzu, dass sie nicht nur auf der Grenze zwischen literarisch und nicht-literarisch, sondern auch in einem Bereich zwischen privat und öffentlich angesiedelt sind – insofern sie beabsichtigt oder unbeabsichtigt der Öffentlichkeit zugänglich werden können, zunächst aber für den privaten Umgang bestimmt sind:[578]

> „Wir haben es hier mit intrikaten Textformen zu tun, mit seltsam zwischen autobiografischem und fiktivem Schreiben stehenden Gattungen, aber auch mit Ausdrucksformen, an denen sich zentrale literaturtheoretische Fragen kristallisieren: Fragen nach der Adressiertheit von Texten, nach ihrem fiktionalen Status, nach der Stilisierung von Leben im Schreiben und nicht zuletzt nach der Medialität von schriftlicher Kommunikation, die immer dem Risiko der Nachträglichkeit und des Fehlgehens ausgesetzt ist."[579]

Solche Textsorten stellen Grenzfälle dar, deren Status am konkreten Beispiel und im entsprechenden Nachlasskontext immer wieder aufs Neue einer Aushandlung bedarf.[580] Mit Bezug auf das Medium Brief und seine Adressierung

---

Zeugnissen des Autors und seines Lebens begibt, sieht sich alsbald in das Spiegelkabinett der erfundenen Leben zurückverwiesen: Der Nachlass Sebalds besteht aus den fiktiven Nachlässen seiner Figuren. Zu jeder Figur gehört ein Archiv, und jedes Archiv verweist auf ein anderes, aber in keinem von ihnen allen wird das reale Bild des Mannes sichtbar, den seine Freunde Max nannten: W.G. Sebald hat sich im Archiv zum Verschwinden gebracht." Raulff 2013: Nachlass und Nachleben, S. 32.

575 Vgl. Genette 1989: Paratexte, S. 377.

576 „Als intimen Epitext definiere ich jede direkte oder indirekte Mitteilung über ein Werk der Vergangenheit, Gegenwart oder Zukunft, die der Autor, mit oder ohne spätere Publikationsabsicht, an sich selbst richtet […]." Ebd., S. 369.

577 Vgl. Meyer 2013: Medien der Selbstdarstellung von Autorschaft, S. 10.

578 Vgl. ebd., S. 14. / Vedder/Kalff 2016: Tagebuch und Diaristik, S. 235. / Strobel 2006: Figuren der Autorschaft in der Briefkultur, S. 9. Und: Genette 1989: Paratexte, S. 354.

579 Meyer 2013: Medien der Selbstdarstellung von Autorschaft, S. 9.

580 Vgl. Strobel 2006: Figuren der Autorschaft in der Briefkultur, S. 28 f.

wurde in der Forschung die Unterscheidung zwischen privatem Briefschreiber und öffentlichem Briefautor eingeführt – eine Abgrenzung, die auch beim Sprechen über andere im Nachlass vorzufindende Textgattungen hilfreich sein kann. Demnach denkt der Autor beim Schreiben zunächst privater Texte ein unbestimmtes Publikum als möglichen Adressaten mit, während die Adressierung des Schreibers im Privaten verharrt.[581] Zwar bleibt offen, „an welcher Stelle der Diskurs des Privatschreibers von jenem des öffentlichen Autors abgelöst wird“[582], wie Alexander Košenina betont, doch befürwortet er trotz fließender Grenzen diese Differenzierung, um zwischen verschiedenen Gradationen der Literarisierung und Stilisierung zu unterscheiden: „Mit der Möglichkeit, daß jemand als Autor statt bloß als privater Schreiber das Wort führt, ist aber stets zu rechnen.“[583] Das ist insbesondere dann der Fall, wenn Autorinnen und Autoren die Überlieferung ihrer Dokumente bewusst beeinflussen und damit ihre Briefe, Tagebücher und Notizen unter ein besonderes Vorzeichen stellen:

> „Wenn ein Künstler mit der Überlieferung von Arbeitsspuren und unpubliziert Gebliebenem rechnet […], rechnet er mit einer überzeitlichen Bedeutung seiner Arbeit. Indem er sich in diesen Vorgang einmischt – in welcher Weise auch immer –, versichert er sich selbst dieser Bedeutung und damit seines Künstlertums.“[584]

Insbesondere durch die Bewahrung von Manuskripten und Vorstufen – die nach Genette immer absichtsvoll und nicht zufällig geschieht –[585] vermitteln Autoren gezielt und durch Selektion steuerbar ein Bild ihrer Arbeit als Autor. Insofern finden sich auch in Literaturarchiven nicht Nachlässe irgendwelcher Personen, sondern Autorennachlässe. Der bewusst hinterlassene, einem Literaturarchiv zugedachte Nachlass weist die mit ihm zusammenhängende Autorschaft explizit aus. Frühe Selbstzeugnisse, die aus einer Zeit stammen, in der der Nachlasser noch nicht als Autor hervorgetreten war oder die er als privater Schreiber verfasst hat, stellen dabei zwar Grenzfälle dar, doch fügen sich diese im Kontext des Nachlasses retrospektiv in ein Autorbild ein.

Die Rede von Autorschafts- und Selbstentwürfen bzw. von Selbstdarstellungen und Autorbildern ist deshalb von Vorteil, da sie der Beschreibung der einzelnen Konstellationen einen großen Spielraum bietet und auf

581 Vgl. Fontius 1995: Post und Brief, S. 275.
582 Košenina 2002: Vom Briefschreiber zum Autor, S. 243.
583 Ebd., S. 252.
584 Schmidt 2016: (Selbst-)Archivierung als künstlerische Selbstvergewisserung, S. 21.
585 Vgl. Genette 1989: Paratexte, S. 377 f.

unterschiedliche Fälle angewandt werden kann. Der Begriff der ‚auktorialen Inszenierung', den Grond-Rigler in Anlehnung an Gérard Genette[586] auf Vorordnungen in Vorlässen bezieht, soll dagegen als spezielle Erscheinungsform gewertet werden.[587] Entsprechend den Ausführungen von Christoph Jürgensen und Gerhard Kaiser lassen sich nur jene „textuellen, paratextuellen und habituellen Techniken" als schriftstellerische Inszenierungspraktiken verstehen, deren „absichtsvolle Bezogenheit auf öffentliche Resonanzräume"[588] klar nachzuweisen ist. Von unmittelbar an eine Öffentlichkeit gerichteten Selbstkommentaren wie Interviews oder Poetikvorlesungen „zu unterscheiden sind jene Elemente des auktorialen Epitextes, die zwar ebenfalls auf Öffentlichkeit zielen, deren Resonanzradius aber (zumindest zu Lebzeiten der Autoren) weitaus eingeschränkter ist."[589] Dementsprechend erscheint es angemessen, nur dann von auktorialen Inszenierungen in der Vor- und Nachlasspraxis zu sprechen, wenn das vermittelte Autorbild als eindeutig öffentlichkeitswirksam gelenkt, das heißt intendiert, gestaltet und stilisiert erscheint.

Auch der Terminus der ‚Autofiktion', der mehrfach ohne weitere Erläuterungen im Hinblick auf Nachlässe herangezogen wird, erscheint erklärungsbedürftig. Unkommentiert heißt es bei Wirtz: „Unter dem Aspekt der Autofiktion sind Nachlässe lebenslange Kunstwerke."[590] Des Weiteren verweist ein Sammelband von 2012 unter den Schlagworten „Autobiographie und Autofiktion"[591] auf sprachliche Selbstentwürfe in literarischen Archiven, ohne die Bezugnahme näher auszuführen.[592] Der in den 1970er Jahren von dem französischen Autor und Literaturwissenschaftler Serge Doubrovsky geprägte Begriff der Autofiktion zielt auf eine Vermengung von Autobiografie und Fiktion, wobei dieses Verhältnis in der Forschung unterschiedlich gewichtet wird.[593] Frank Zipfel unterscheidet zwischen zwei Ansätzen:

> „In einer weiten Definition versteht man darunter Erzähltexte, die sich selbst zur Fiktion erklären – z. B. durch die Gattungsbezeichnung ‚Roman' –, in denen jedoch der Autor als Figur auftritt; in einer engen Definition Erzähltexte, die dem Leser sowohl den autobiografischen Pakt als auch den Fiktionspakt anbieten."[594]

---

586 Vgl. ebd., S. 377.
587 Vgl. Grond-Rigler 2018: Auktoriale Inszenierung in Vorlässen, S. 163 ff.
588 Jürgensen/Kaiser 2011: Schriftstellerische Inszenierungspraktiken, S. 10.
589 Ebd., S. 12.
590 Wirtz 2015: Lebenslang und danach, S. 203.
591 Pellin/Weber 2012: Autobiographie und Autofiktion.
592 Vgl. Pellin/Weber 2012: Einführung, S. 7.
593 Vgl. Wagner-Egelhaaf 2013: Was ist Auto(r)fiktion?, S. 9.
594 Zipfel 2009: Autofiktion, S. 31.

Mit letzterer Definition knüpft Zipfel an Philippe Lejeunes Konzept des autobiografischen Paktes an, das besagt, dass ein Prosatext im Falle der Namensidentität von Autor, Erzähler und Protagonist als Autobiografie gelesen werden kann.[595] Während Zipfel das in der Schwebe Bleiben dieses Paktes in der Autofiktion ausdrücklich auf Erzähltexte bezieht, zeigen die oben angeführten Beispiele eine weitere Ausdehnung des Begriffs auf verschiedene Formen des schriftlichen Selbstausdrucks an, der immer auch als ein in gewisser Weise fiktionaler verstanden wird.[596] Da sich allerdings die einschlägige Forschung bei der Verwendung des Terminus Autofiktion auf Erzähltexte beschränkt,[597] und dies aufgrund der spezifischeren Anwendbarkeit des ohnehin schon mehrdeutigen Begriffs überzeugt, ist hier von einer Übertragung auf Nachlässe abzusehen.

In Abschnitt 1.5.3 wurde, angelehnt an Foucault, dargelegt, dass Texte wie Briefe sowie Notiz- und Tagebücher als Selbsttechniken begriffen werden können, die zur Subjektkonstitution und Selbstbildung beitragen. Doch erscheint es wichtig, die literarische Selbsterschaffung in der Autofiktion damit nicht zu verwechseln.[598] Andere begriffliche Ergänzungen, die Formen der Selbstschreibung, also die Selbstgestaltung in literarischen Texten und anderen schriftlichen Selbstäußerungen, als ‚Selbstpoetiken'[599] oder ‚Poetiken des Selbst'[600] bezeichnen, bergen ebenfalls die Gefahr der Unschärfe und sollen hier nicht verwendet werden. Nicht nur nimmt mit der Ausdehnung des Poetik-Begriffs seine Vagheit zu, auch wirkt die Annahme, dass hinter den jeweiligen Selbstentwürfen bestimmte Regeln und Strukturen stehen[601] und sich die textlichen Selbstkonstruktionen auch als Programme von Literatur begreifen lassen,[602] in dieser allgemein gefassten Weise im Hinblick auf Nachlässe irreführend: Der Aspekt der Kontingenz, der sich in unterschiedlichem Maß in jedem Nachlass niederschlägt, kommt nicht zum Ausdruck. Insofern kann die Aussage von Wirtz, dass das literarische Archiv „wie ein Kunstwerk oder ein Gesamttext auch eine Poetik enthält"[603] nicht als Regelfall

595 Vgl. Lejeune 1994: Der autobiographische Pakt, S. 14 f.

596 Vgl. Pellin/Weber 2012: Einführung, S. 7. / Kreknin 2014: Poetiken des Selbst, S. 4. / Und: Wagner-Egelhaaf 2000: Autobiographie, S. 5.

597 Vgl. zum Beispiel auch: Wagner-Egelhaaf 2017: Autobiographie-Forschung, S. 14.

598 Vgl. dazu Grasser 2012: Autobiographie und Autofiktion, S. 25: „Der Autofiktionär erfüllt sich den Traum der literarischen Selbsterschaffung, er schafft sich im Abstand von der Lebensrealität eine neue Existenz."

599 Köhnen 2001: Selbstpoetik 1800 / 1900 / 2000.

600 Kreknin 2014: Poetiken des Selbst.

601 Vgl. ebd., S. 32.

602 Vgl. Köhnen 2001: Selbstpoetik 1800 / 1900 / 2000, S. 14.

603 Wirtz 2013: Einführung, S. 7.

gelten – zwischen der Gemachtheit von literarischen Werken und literarischen Nachlässen besteht ein Unterschied. Statt einer nivellierenden Herangehensweise erscheint vielmehr die Stärke der Bezogenheit der beiden Gebilde interessant: die Frage nach beidseitigen Öffnungen, Wechselwirkungen, punktuellen Verknüpfungen, Verwertungen oder Spiegelungen.[604]

Neben den Ansätzen, die auf das gesamte Nachlass- oder Vorlassgebilde angewandt werden können, sind auch Begriffe zu diskutieren, die sich auf einzelne Schreibweisen bzw. Dokumenttypen beziehen. Zu klären ist dabei auch, wie sich das Verhältnis der Nachlasstexte zu der Biografie eines Autors beschreiben lässt, nachdem sich Vorstellungen von linearen Lebensverläufen und einer Einheit des Subjekts im 20. Jahrhundert als überkommen erwiesen haben.[605]

Ein besonders extensiver Begriff ist der des ‚life writings', der sich ab den 1980er/90er Jahren in der angelsächsischen Forschung durchgesetzt hat,[606] und den der Herausgeber der „Oxford History of Life-Writing", Zachary Leaders, wie folgt definiert:

> „‚Life-writing' is a generic term used to describe a range of writings about lives or parts of lives, or which provide materials out of which lives or parts of lives are composed. These writings include not only memoir, autobiography, biography, diaries, autobiographical fiction, and biographical fiction, but also letters, writs, wills, written anecdotes, depositions, court proceedings (*narration* first exited not as a literary but as a legal term), marginalia, nonce writings, lyric poems, scientific and historical writings, and digital forms (including blogs, tweets, Facebook entries)."[607]

Es handelt sich also um einen gattungsüberspannenden Begriff, der einem Verwischen von klaren, festgefügten Grenzen Rechnung trägt und alle möglichen Formen von Texten umfasst, die ein Leben betreffen – unabhängig davon, aus welcher Perspektive sie verfasst wurden.[608] Auf diese Weise korrespondiert der Terminus mit der Heterogenität der verschiedenen schriftlichen Lebenszeugnisse, die sich in einem Nachlass angesammelt haben können: von Briefen und Tagebüchern über Interviews, Porträts, Zeitungsartikel und Akten. Ob als historische Quelle betrachtet oder als (nicht-)literarischer Text analysiert – die

604 Vgl. Strobel 2006: Figuren der Autorschaft in der Briefkultur, S. 12.
605 Vgl. dazu auch: Fetz 2009: Zum Status biographischer Quellen, S. 103–154.
606 Vgl. Mittermayer 2009: Die Autobiographie im Kontext der ‚Life-Writing'-Genres, S. 69.
607 Leader 2015: Introduction, S. 1.
608 Vgl. ebd., S. 1 f. Und: Mittermayer 2009: Die Autobiographie im Kontext der ‚Life-Writing'-Genres, S. 70. Vgl. außerdem zum Thema ‚Life writing' in der deutschsprachigen Literatur: Woods 2010: The Purposes and Problems of German Life Writing, S. 1–24.

interdisziplinäre Perspektive des life writings eröffnet eine Spannbreite möglicher Zugänge, bei denen der ‚kommunikative Akt', das ‚Wie' der Darstellung und damit das be- und geschriebene Leben als zeit- und kontextbezogenes Konstrukt im Zentrum steht.[609]

Der Begriff ‚autobiografisches Schreiben', überwiegend in der Literaturwissenschaft verwendet,[610] bezeichnet demgegenüber ausschließlich Texte, in denen sich eine Person auf sich selbst, das eigene Leben oder Teile davon bezieht. Abgesehen davon, bestehen viele Ähnlichkeiten zum life writing: Beide Konzepte sind offen, integrierend und grenzüberschreitend angelegt, betonen den Handlungsaspekt, den an eine Intention gebundenen Akt des Aufschreibens, und verweisen, in der aktuellen Verwendung, auf den Konstruktionscharakter, der jeder Selbstbeschreibung zugrunde liegt:

> „Der Begriff des autobiographischen Schreibens lässt sich entsprechend durch drei Merkmale charakterisieren: Erstens umfasst er nicht nur Autobiographien, sondern auch Briefe, Tagebücher, Reiseberichte, Gedichte, Dramen und Romane. Zweitens setzt er eine feste Grenze zwischen Fiktion und Realität oder zwischen Literatur und Nicht-Literatur nicht länger voraus, sondern rechnet ausdrücklich mit Grenzüberschreitungen. Und drittens geht er nicht länger von festen Identitäten aus, sondern allenfalls von identitätskonstituierenden Leistungen des Schreibens und Lesens. [...] Sämtliche Formen der Identität werden in repräsentationslogischer Perspektive nicht länger vorausgesetzt (als ob sie nur noch abgebildet werden müssten), sondern im Akt des Schreibens und Lesens allererst hergestellt"[611],

resümieren Ulrich Breuer und Beatrice Sandberg in ihrer Einleitung zu dem ersten Band der dreiteiligen Publikation „Autobiographisches Schreiben in der deutschsprachigen Gegenwartsliteratur".

Ego-Dokumente und Selbstzeugnisse – zwei Begriffe aus der Geschichtswissenschaft – können als Manifestationen des autobiografischen Schreibens betrachtet werden. Während es sich bei den Ego-Dokumenten nach Winfried Schulzes einschlägiger Definition um unterschiedlichste Textformen handeln kann, in denen eine Person freiwillig oder unfreiwillig über sich selbst und ihre Selbstwahrnehmung Auskunft gibt,[612] bilden Selbstzeugnisse eine spezifischere Untergruppe – hier findet eine eigenständige, von dem Verfasser bzw.

---

609 Vgl. ebd., S. 5 ff.

610 Vgl. Krusenstjern 1994: Was sind Selbstzeugnisse?, S. 466.

611 Breuer/Sandberg 2006: Einleitung, S. 10 f.

612 Vgl. Schulze 1996: Ego-Dokumente, S. 21. Breuer und Sandberg fassen den Begriff weiter und bezeichnen Ego-Dokumente als „medial unbestimmt", sodass sie nicht nur Schriftzeugnisse, sondern auch Fotografien sowie Video- und Tonbandaufnahmen umfassen können. Vgl. Breuer/Sandberg 2006: Einleitung, S. 11.

der Verfasserin ausgehende Selbstthematisierung statt.[613] Die Gründe für eine solche selbstständige Selbstaufzeichnung können mannigfaltig sein:

> „People produce accounts of their own lives for very different reasons: to update significant others; to think through, preserve, or pour out experiences; to explain past actions and attitudes, or defend themselves against accusations; to transmit what they think is important across generations; to bear witness in appalling times; to make money, or seek posthumous fame; to ventilate frustrations, explore dilemmas, and shape self-representations; and for countless other purposes."[614]

In einem Nachlass stehen solche Selbstzeugnisse verschiedenster Art sowie anderer Formen des life writings unverbunden nebeneinander: Sie unterscheiden sich nicht nur durch ihren jeweils eigenen Charakter, sondern auch durch divergente Zeit-, Kontext- und Selbstbezüge und können genauso wie von wiederkehrenden Narrativen immer auch von Leerstellen und Widersprüchen gekennzeichnet sein. Diese segmentierte, disparate, lückenhafte und häufig nicht chronologische Zusammensetzung steht der Vorstellung von Kohärenz und Konsistenz entgegen, die (auto-)biografische Darstellungen bis ins 20. Jahrhundert dominiert hat. Wenn Raulff neuere Darstellungsformen wie Rolf Dieter Brinkmanns „Rom, Blicke"[615] als ‚Lebenscollagen' und ‚Patchwork' bezeichnet, lässt sich dies auch auf den literarischen Nachlass übertragen:[616] „Aber auch in diesen brüchigen, heterokliten ‚Collagen' ist [...] noch immer ein gestaltender und komponierender, ein kreativer Wille spürbar, die Handschrift eines sich selbst entwerfenden Subjekts."[617] In eine ähnliche Richtung zielt ein zentrales Zitat Robert Walsers: „Für mich sind die Skizzen, die ich dann und wann hervorbringe, kleinere oder umfangreichere Romankapitel. Der Roman, woran ich weiter und weiter schreibe, bleibt immer derselbe und dürfte als ein mannigfaltig zerschnittenes oder zertrenntes Ich-Buch bezeichnet werden können."[618]

Das In-Beziehung-Setzen der einzelnen Teile zueinander, die Rekonstruktion des Selbstentwurfs im Nachlass, geschieht in der Rezeption und gestaltet sich als ein weiterer Konstruktionsprozess. Mit Schöttker lässt sich das Autorbild, das sich im Zuge dessen herausbildet, als ‚imaginäres Subjekt' bezeichnen:

613 Vgl. Krusenstjern 1994: Was sind Selbstzeugnisse?, S. 463 u. 470.

614 Fulbrook 2018: Life Writing and Writing Lives, S. 26.

615 Vgl. Brinkmann 1979: Rom, Blicke.

616 Vgl. Raulff 1999: Der unsichtbare Augenblick, S. 140.

617 Ebd.

618 Walser 1986: Eine Art Erzählung, S. 322.

„Taucht der Name eines Autors in Texten oder Äußerungen auf, tritt er als sinnbildendes Subjekt in Erscheinung. Mit dem realen Individuum hat diese Subjektivität allerdings kaum etwas zu tun, auch wenn es durch Selbstdarstellungen in Form von Briefen, Autobiographien oder Porträts individuelle Besonderheiten über den Tod hinaus retten will. Es handelt sich vielmehr um ein imaginäres Subjekt, das durch Schrift, Stimme oder Porträt in die Vorstellungswelt von Lesern, Zuhörern oder Interpreten eindringt und sich hier erst konstituiert."[619]

Das bedeutet also auch, dass die Rezipienten, die Wissenschaftlerinnen und Editoren an Autorbildern mitschreiben und sie fortschreiben. Gerade in Bezug auf Nachlassmaterialien – deren Zugänglichkeit und edierte Erscheinungsform im hohen Maße von einer wissenschaftlichen Aufbereitung abhängt – kann der Einfluss einer solchen Mitgestaltung erheblich sein. So wirken sich die Ordnung und Erschließung der Dokumente, die Konzeption von Gesamtausgaben und Editionen sowie ihre Auswahl und Kommentierungen auf die künftige Rezeption eines Autors und seiner Texte aus.[620] Jochen Strobel führt mit Fokus auf die Briefe aus:

„Die durch einen Autor hinterlassenen Briefe sind als Quellen wie als Symbole der Legitimation für jeden Versuch der ‚Nachwelt', das Bild eines Autors zu erzeugen, von höchster Bedeutung. Auch und besonders an Briefen ist ablesbar, daß der Leser den Autor (mit)konstituiert, der erste Leser, also der ursprüngliche Adressat, ebensosehr wie ein späterer Leser, der Nachlaßverwalter, Biograph und Editor [...]."[621]

Gleichzeitig bilden aber die Nachlässe und ihre mehr oder weniger bewusst von den Autorinnen und Autoren gestalteten Profile den Rahmen und die Grundlage für solche Fortschreibungen. Somit bestimmen die Art und Weise wie die Materialien hinterlassen wurden sowie das Maß an nachlasspolitischer Lenkung die Möglichkeitsspielräume der Konstituierung posthumer Autorbilder.[622] Der Nachlass erscheint in dieser Perspektive als Material und Rahmung eines collagenartigen Selbstentwurfs, dessen Fixierung und Auslegung der Nachwelt überantwortet wird.[623]

619 Schöttker 2000: Ruhm und Rezeption, S. 472 f.

620 Vgl. dazu: Nutt-Kofoth 2017: Zum Verhältnis von Nachlasspolitik und Editionskonzeption, S. 92–111.

621 Strobel 2006: Figuren der Autorschaft in der Briefkultur, S. 15.

622 Vgl. Nutt-Kofoth 2017: Zum Verhältnis von Nachlasspolitik und Editionskonzeption, S. 111.

623 Vgl. dazu den Hinweis McGills: „It would appear that although living authors' archives may not be properly considered autobiography, they constitute at least an anticipatory framework for biography, circumscribing the kind of ‚discoveries' that biographers will

1.5.6 *Zeugnis: Gedächtnis, Tod, Geschichte*

Nicht zuletzt ist der literarische Nachlass eine historische Formation, deren Status bei einer Gesamtbetrachtung ebenfalls zu untersuchen ist. Zu unterscheiden ist dabei zwischen der privaten Funktion auf der einen und der öffentlichen Dimension auf der anderen Seite: So ist einerseits das literarische Archiv als privater Speicher von Erinnerungen relevant und seine Funktion eines materialisierten Gedächtnisses. Andererseits fungiert der Nachlass als Zeugnis einer menschlichen Existenz in einem historischen Kontext, sodass das bewusste Hinterlassen auch als erinnerungskulturelle Praktik und Positionierung im zeitgeschichtlichen Diskurs verstanden werden kann: Der Begriff des kulturellen Erbes wird hier relevant (vgl. 1.4.5).[624]

Die Bedeutung des Bewahrens im Zuge der vergehenden Zeit perspektiviert beide Aspekte im Hinblick auf die Zäsur des Todes und die Frage nach einem Nachleben. Im Fokus steht damit der Nachlass als individuelle und historische Dokumentation eines Lebens im Spiegel des Schreibens.

Aleida Assmann hat darauf hingewiesen, dass die Schrift „nicht nur Verewigungsmedium" ist, was in Bezug auf den Aspekt des Nachlebens noch aufgegriffen werden wird, „sondern auch Gedächtnisstütze. Schrift ist zugleich Medium und Metapher des Gedächtnisses."[625] Von der Schrift ausgehend, zieht Assmann eine weitere Analogie zum Archiv, welches Erinnerungswertes insbesondere in Form von Texten und schriftlichen Dokumenten bewahrt: „Die Bedingung der Möglichkeit eines Archivs sind Aufzeichnungssysteme, die als externe Speichermedien fungieren, allen voran die Technik der Schrift, die das Gedächtnis aus dem Menschen auslagert und es unabhängig von lebendigen Trägern befestigt hat."[626] Dementsprechend können nicht nur die Archive von staatlichen, wirtschaftlichen und politischen Institutionen, sondern auch persönliche, d.h. literarische Archive als eine Art externalisiertes und materialisiertes Gedächtnis betrachtet werden.[627] Hier wird gesammelt und aufbewahrt, was zu einem späteren Zeitpunkt noch einmal von Relevanz sein kann und was erinnert werden soll bzw. was aus verschiedenen Gründen

---

be able to make. But of course, scholars have their own preferences about what they investigate." McGill 2009: Biographical Desire, S. 134.

624 Beide Aspekte markiert ein Aufsatztitel von Bülows: Bülow 2017: Der Nachlass als materialisiertes Gedächtnis und archivarische Überlieferungsform, S. 75–91.

625 Assmann 1999: Erinnerungsräume, S. 184.

626 Ebd., S. 343.

627 Vgl. Müller 2014: Weiße Magie, S. 24. Und: Bülow 2016: Nachlässe, S. 149.

nicht vernichtet wird.[628] Das sammelnde Archivieren erweist sich dabei als zeitlich paradoxer Vorgang. Assmann schreibt:

> „Hinter jedem Sammeln steht der Wunsch, Dinge aus dem Strom der Nutzung herauszuheben und sie in einem neuen Kontext zu bergen. Sammeln ist ein Veto gegen den Zahn der Zeit und die Naturgewalt des Vergessens. Nicht, dass das Sammeln diesen Strom der Dinge ins Nichts aufhalten könnte, es macht ihn in gewisser Weise überhaupt erst wirklich sicht- und fühlbar. Von der Ausnahme, vom geretteten Objekt her erschließt sich erst die Masse des Abwesenden und für immer Verlorenen. Deshalb hat man im Sammeln auch den Wunsch nach Vergangenheitsfixierung gesehen und ihn als Ausdruck einer melancholischen Disposition gedeutet. Diese Tätigkeit beruht immer schon auf der Erfahrung von Tod und Zerstörung."[629]

Weiter unten im selben Aufsatz erklärt Assmann außerdem:

> „Eine wichtige psychologische Wurzel des Sammelns liegt in dem Wunsch nach Selbstvergewisserung im zeitlichen Wandel. Sammeln ist Suchen, Festhalten, Bewahren und stiftet damit zugleich ein Fundament individueller Identität: ‚Meine Sammlung – das bin ich'."[630]

Neben den oben erwähnten Selbstentwürfen ist für die Anlage eines literarischen Archivs also auch das Verhältnis eines Autors zur Zeitlichkeit relevant, sein Umgang mit dem Problem der vergehenden, Veränderungen mit sich bringenden Zeit, der verlorenen Vergangenheit und der ungewissen Zukunft. Formen des autobiografischen Schreibens wie das Tagebuchschreiben

628 Dem Ansatz von Bülows, parallel zur Gedächtnisforschung auch im Hinblick auf Nachlässe zwischen einem Funktions- und einem Speichergedächtnis zu unterscheiden, soll hier nicht gefolgt werden. Von Bülow bezeichnet zum wiederholten Gebrauch bewahrte und geordnete literarische Archive als Funktionsgedächtnis, ungeordnete Nachlässe demgegenüber als Speichergedächtnis. Vgl. ebd., S. 149. Jedoch beziehen sich die von Jan und Aleida Assmann geprägten Begrifflichkeiten auf das kollektive Gedächtnis und lassen sich nicht eins zu eins auf Speicherformen von Individuen beziehen: „Das kulturelle Funktionsgedächtnis ist an ein Subjekt gebunden, das sich als dessen Träger oder Zurechnungssubjekt versteht. Kollektive Handlungssubjekte wie Staaten oder Nationen konstituieren sich über ein Funktions-Gedächtnis, in dem sie sich eine bestimmte Vergangenheitskonstruktion zurechtlegen. Das Speichergedächtnis dagegen fundiert keine Identität. Seine nicht minder wesentliche Funktion besteht darin, mehr und anderes zu enthalten, als es das Funktionsgedächtnis zuläßt. Für dieses nicht begrenzbare Archiv mit seiner ständig sich vermehrenden Masse von Daten, Informationen, Dokumenten, Erinnerungen gibt es kein Subjekt mehr, dem sie sich noch zuordnen ließe, allenfalls könnte man hier noch von einem gänzlich abstrakten ‚Menschheitsgedächtnis' sprechen." Assmann 1999: Erinnerungsräume, S. 137.

629 Assmann 2008: Sammeln, Sammlungen, Sammler, S. 345.

630 Ebd., S. 346.

können ebenfalls in dieser Hinsicht betrachtet werden. Das Aufzeichnen von Erlebnissen, Erfahrungen und Gedanken gleicht einem Versuch, die Flüchtigkeit des Lebens in schriftlicher Form festzuhalten und zu bewahren.[631] Wie Willer verdeutlicht, entsteht durch die Trennung von Erleben und Aufschreiben genauso wie durch die Differenz von Schreiben und Schrift „eine Dialektik von Prozess und Produkt, die sich übersetzen lässt in die von Gegenwart und Abwesenheit, Lebendigkeit und Leblosigkeit, Leben und Tod."[632] Das Verschriftlichte und insofern Entäußerte steht als Überdauerndes dem vergehenden Leben gegenüber. Willer versteht die Schrift dementsprechend als eine „sich im Schreibprozess materialisierende Hinterlassenschaft des Schreibenden, die diesem vor Augen führt (oder doch führen kann), dass er sich fortwährend dem eigenen Tod annähert."[633] In der Formation des Nachlasses, der als Versinnbildlichung dieser Konstellation gelten kann, zeigt sich folglich immer auch ein bestimmtes Verhältnis zum Tod.[634] Dieser erscheint in der Moderne, in der ein Glauben an ein Leben im Jenseits nicht mehr dominant ist, als absolute und finale Grenze.[635] Dem irreversiblen und unausweichlichen Tod folgt das Nichts. Wie das Erbe, seine Regelung im Testament und die Literatur gleicht auch der literarische Nachlass – als Verzahnung dieser drei – einer Form des Umgangs mit der Endlichkeit des Daseins.[636] Das Medium der Schrift spielt dabei eine zentrale Rolle, da ihm nicht nur die Perspektive des Todes im wahrsten Sinne des Wortes schon eingeschrieben ist, sondern es gleichzeitig auch an die Vorstellung des Fortbestehens geknüpft sein kann: „Die Chance zur Abspaltung eines unsterblichen Teils der Person stellt sich mit der Schrift als einem Gedächtnismedium, das Selbstverewigung über kontinuierliche Lesbarkeit sichert"[637], konstatiert Assmann. Die den Tod überdauernde Schrift kann an das gestorbene Subjekt erinnern und bietet so die Möglichkeit einer Art posthumen Präsenz.[638] Mehr noch: Das Medium der Kultur gleicht durch die ihr eigenen Übertragungs-, Speicher- und Umarbeitungsfunktionen einer Brücke, über die – mittels kultureller Erzeugnisse – eine Kommunikation zwischen den Lebenden und den Toten stattfinden kann.[639]

631 Vgl. Melberg 2007: Exile and the modernist writing of the self, S. 86.
632 Willer 2014: Erbfälle, S. 250.
633 Ebd.
634 Vgl. Willer 2008: Die Schreibszene des Nachlasses, S. 68.
635 Vgl. Vedder 2017: Das Nachleben der Toten, S. 106.
636 Vgl. hierzu vertiefend: Weigel 2004: Genea-Logik, S. 229. Und: Vedder 2017: Das Nachleben der Toten, S. 107.
637 Assmann 1999: Erinnerungsräume, S. 182.
638 Vgl. Vedder 2017: Das Nachleben der Toten, S. 103.
639 Vgl. Vedder 2011: Das Testament als literarisches Dispositiv, S. 20.

Die mit dieser Vorstellung verbundene Hoffnung, mithilfe der eigenen Texte eine Nachexistenz bzw. Nachruhm zu erlangen und sich so gewissermaßen eine weltliche Unsterblichkeit zu sichern, ist schon bei den Dichtern der Antike ausgeprägt und hat bis heute in der Literatur einen vielfachen Ausdruck gefunden.[640] Mit dem Verweis auf den „Brief an die Nachwelt" des Renaissance-Dichters Francesco Petrarca unterstreicht Schöttker, dass dieser anhaltende Wunsch nicht nur auf ein Überdauern der Werke zielt, sondern insbesondere auch darauf, der Nachwelt als Person präsent zu bleiben.[641] Wie es die Verbindung von Brief und (Auto-)Biografie bei Petrarca verdeutlicht, sind es vor allem autobiografische Darstellungsformen, die ein Nachleben als Autor befördern: „Tagebücher, Briefe und Autobiographien werden damit zu Zeugnissen des individuellen Fortlebens über den Tod hinaus. Wer solche Textformen neben der Niederschrift von fiktiven Werken pflegt, wird nach dem Tod vermutlich stärker beim Leser gegenwärtig sein als andere Autoren."[642] Für den Nachlass – als gesammelte Dokumentation des Lebens und Schaffens eines Autors – gilt das in besonderer Weise:[643] Er stellt, einer Formulierung Sinas gemäß, eine „Art materialisierte Stellvertretung der Persönlichkeit"[644] dar. In Verbindung mit dieser Vorstellung kann der Nachlass die absolute Grenze des Todes gestaltbar, gewissermaßen überbrückbar erscheinen lassen und die Vorbereitung des Nachlasses zu einer Bewältigungsstrategie in der Auseinandersetzung mit dem Sterben werden.[645] So scheint es wichtig, nicht nur nach den nachlasspolitischen Versuchen zu fragen, die das Nachleben regeln sollen (1.5.4), sondern auch nach der Rolle des Todes und nach der ‚Ästhetik des

---

640 Vgl. Schöttker 2007: Die Bewunderung des Autors, S. 34. Und: Schöttker 2002: Der Autor als Star der Nachwelt, S. 248. Vgl. außerdem: Schöttker 2000: Ruhm und Rezeption, S. 427–487. Und: Schöttker 2016: Posthume Präsenz, S. 237–246.

641 Vgl. Schöttker 2002: Der literarische Souverän, S. 277. Petrarca schreibt in dem Prosabrief: „Vielleicht hörst du einmal etwas über mich – obwohl ein so kleiner und dunkler Name durch die vielen Jahre und Länder kaum zu dir gelangen mag – ‚und dann wünschest du vielleicht zu wissen, was für ein Mensch ich war und wie es meinen Werken ergangen [...]." Petrarca 1956: Brief an die Nachwelt, S. 25.

642 Schöttker 2002: Der Autor als Star der Nachwelt, S. 255.

643 Wie gewichtig der Nachlass in dieser Hinsicht sein kann hebt auch Raulff hervor: „Auch wenn in Zeiten universellen Datenverkehrs und digitaler Spurensicherung niemand Hoheit über die eigenen Daten beanspruchen kann – auf absehbare Zeit bleibt der individuelle Nachlass das wichtigste Auskunftsmittel einer gewesenen intellektuellen Existenz. Wer seinen Nachlass vernichtet, entzieht sich dem Blick der Nachwelt; wer von ihr erkannt werden will, formt und gestaltet ihn." Raulff 2013: Nachlass und Nachleben, S. 19 f.

644 Sina 2017: Die vergangene Zukunft der Literatur, S. 72.

645 Eine ähnliche Funktion kann das Verfassen des Testaments erfüllen. Vgl. Vedder 2017: Testamente schreiben, eröffnen, vollstrecken, S. 68.

Übergangs'.[646] Inwieweit findet das für den Nachlass zentrale Thema der Sterblichkeit Ausdruck in den Dokumenten und dem Umgang mit diesen? Wird die Geste des Hinterlassens in besonderer Weise inszeniert oder negiert und in welchem Zusammenhang stehen Nachlass und Nachleben zueinander – gibt es Unterschiede im Hinblick auf das Werk? Dabei ist auch das Moment der Unberechenbarkeit, der Unkontrollierbarkeit des Fortlebens, das in der Hand der Nachwelt liegt, in die Betrachtung des Nachlasses unter dem Signum des Todes miteinzubeziehen.[647] Wie Vedder betont ist der Begriff des Nachlebens

> „[…] nicht als bloße Fortexistenz der Toten zu verstehen, sondern – im Sinne Aby Warburgs und seiner Arbeiten zum Nachleben der Antike – als Dialektik von Kontinuität und Veränderung, das heißt als Transformation und als Fortwirken der nicht vergehenden Vergangenheit in durchaus unvorhersehbare Richtungen. So stellt der Tod, der für jede Vorstellung von Erbe und für jede Geltung eines Testaments konstitutiv ist, als unumkehrbares Ereignis eine absolute Grenze dar und zugleich einen disponiblen, verhandelbaren Übergang mit unterschiedlichen kulturellen und historischen Dimensionen."[648]

Doch das persönliche Archiv als Gedächtnis und Materialisierung eines individuellen Lebens kann nicht nur in Bezug auf die Möglichkeit des individuellen Nachlebens eine Bedeutung entfalten, sondern auch hinsichtlich der gesellschaftspolitischen Bedingungen, in denen es entstanden ist, und als historische Zeugnisgabe.[649] Das in dieser Arbeit im Fokus stehende 20. Jahrhundert, das immer wieder als Zeitalter der Gewalt, der Kriege, Ideologien und Katastrophen bezeichnet wurde und in dessen Verlauf sich die Sammlung literarischer Nachlässe zunehmend etablierte, bildet dafür einen spezifischen Hintergrund: zum einen mit Blick auf den Prozess des Aufschreibens des persönlichen Erlebens und zum anderen hinsichtlich des Bewahrens und Hinterlassens.

Der erste Punkt zielt somit auf die Frage, in welcher Verbindung die Herausbildung eines literarischen Archivs und die Entstehung der es prägenden

646 Vgl. ebd.

647 Die Zeit des Nachlebens ist laut Raulff jedem Zugriff entzogen: „Ob sie aber realisiert wird, ob tatsächlich ein Nachleben stattfindet, hängt von Umständen ab, über die weder der Autor zu Lebzeiten noch das das Archiv, das seinen Nachlass hütet, wirksam verfügen. Das Nachleben, wofern es in Gang kommt, verläuft unkontrolliert, anarchisch und vielfach gegen den erklärten Willen des Autors und seiner Erben – ein Ausnahmezustand, über den sich nicht verfügen lässt, eine Situation, die keinen *Souverän* kennt." Raulff 2013: Nachlass und Nachleben, S. 27.

648 Vedder 2017: Das Nachleben der Toten, S. 112.

649 Vgl. zu der der Verbindung von ‚Literatur, Zeitgeschichte und Archiv': Atze/Hansel et al. 2008: Akten-kundig?

Textformen zu bestimmten zeithistorischen Umständen stehen. Dieser Kontextbezug kann ganz vielgestaltig ausfallen und an den Komponenten eines Nachlasses unterschiedlich stark deutlich werden. An dieser Stelle sei ein Beispiel für eine mögliche Art der Kontextualisierung aus der Tagebuchforschung angeführt. Diese registriert für das 20. Jahrhundert eine Konjunktur des Diariums, dem der Annahme nach während Krisen eine besondere Bedeutung zukommt: „Vielleicht lässt sich die diaristisch gestaltete Krisenerfahrung in Zeiten starker Beschränkungen individueller Freiheit, sei es durch Krieg oder Diktatur, ganz konkret als eine Schreibpraxis angesichts der drohenden Auslöschung des Selbst fassen,"[650] schlussfolgern Ulrike Vedder und Sabine Kalff. Sie gehen weiter davon aus, dass das Tagebuch im Zuge von Einsamkeit, Verunsicherung oder einer Erschütterung des Selbst- und Weltverständnisses sowie in einem Kontext von Restriktionen und existenzieller Bedrohung zu einem Medium der Selbstbehauptung werden kann: „Erklärt man den Aufschwung des Tagebuchs mit einer Krise der Subjekte, so ist diese mit der politischen und historischen Geschichte zu verknüpfen, mit Krieg, diktatorischen Regimes, einer starken Beschränkung der Möglichkeiten des freien Selbstausdrucks."[651] Dahlke konstatiert mit Blick auf die DDR: „Wo Selbstzensur zur verinnerlichten Maxime geworden ist, wo selbst Schulkinder lernen, zwischen familiärer und offizieller Sprache zu unterscheiden, da fällt die Erweiterung der Sprache durch das Reflexions-Genre Tagebuch auf fruchtbaren Boden."[652]

Im Hinblick auf das literarische Archiv insgesamt sind diese Thesen insofern bedenkenswert, da mit diesem unter anderem Textformen in den Fokus geraten, die nicht unmittelbar auf eine Veröffentlichung hin verfasst sind.[653] Die Ablagerung eines zu Lebzeiten privaten Schreibraums wird sichtbar, der sich in einem spezifischen zeitlichen Kontext konstituiert hat:

> „Dabei muss bedacht werden, dass die Differenzen zwischen veröffentlichten und zunächst unveröffentlicht gebliebenen Texten nicht nur auf den unterschiedlichen Grad an unterstellter Privatheit, sondern auch auf Gattungsunterschiede zurückgeführt werden können. Ob wir von den Lebensumständen einer Person aus einem Roman, einer Autobiographie oder aus Briefen bzw. Tagebüchern erfahren, macht einen beträchtlichen Unterschied."[654]

---

650 Vedder/Kalff 2016: Tagebuch und Diaristik, S. 239.

651 Ebd., S. 240.

652 Dahlke 2016: Die DDR im Tagebuch, S. 327.

653 Vgl. dazu auch: Bonner 2013: Die Gegenwart der Vergangenheit, S. 425–443.

654 Ebd., S. 441.

Bei dem zweiten Punkt geht es um die Frage nach der öffentlichen Dimension des zeitgeschichtlich geprägten literarischen Archivs und seinen in ihm enthaltenen Dokumente. Welche Rolle spielen das Aufzeichnen, Bewahren und Hinterlassen in dieser Hinsicht?

> „Das Manuskript als vermittelnde Ebene zwischen individuellem Schreibprozess und kulturellem Gedächtnis ist zur Konservierung der Schnittmenge individueller und kollektiver Erinnerung prädestiniert. [...] Die Schreibhandlung versetzt die Erinnerung ins Präsens und materialisiert sie in der graphischen Spur als eine Form, die kommunizierbar und damit öffentlich verhandelbar wird“[655],

heißt es bei Benne. Für die Gattung Tagebuch konstatieren Vedder und Kalff nicht unähnlich: „Wo die öffentliche Sphäre politisch gelenkt war, erfüllten private Tagebücher eine durchaus öffentliche Funktion, indem sie höchst individuell kollektive Erfahrungen schilderten – umso mehr, wenn es sich um politisch reflektierte literarische Autor(inn)en handelte“[656]. Und Mary Fulbrook erklärt in Bezug auf verschiedene Formen des privaten, autobiografischen Schreibens im Zeichen von repressiven Systemen und Exil: „Life writing might then be a means of documenting not (only) personal developments but (also) seeking to provide ‚testimony‘ about major historical changes.“[657] Der Titel der Tagebücher Victor Klemperers veranschaulicht dieses Bestreben beispielhaft: „Ich will Zeugnis ablegen bis zum letzten“[658].

Der Zusammenhang zwischen (Be-)Zeugen und Erinnern besteht nach Aleida Assmann darin, dass die Erinnerung durch das Zeugnis in einen öffentlichen Raum gerät und auf bestimmte Weise gesellschaftlich relevant wird. Während Erinnerung auch privat sein kann, bildet die öffentliche Sphäre die Voraussetzung für das Zeugnis: „Ohne die Herstellung von Öffentlichkeit kein Zeugnis.“[659]

Zielt das bewusste Bewahren und Hinterlassen eines literarischen Archivs konkret auf die Überlieferung eines privaten Erinnerungsraums und damit auf seine posthume öffentliche Zugänglichkeit, geht es dabei auch um Praktiken des Bezeugens und Zeugnis-Ablegens:[660]

---

655 Benne 2015: Die Erfindung des Manuskripts, S. 257.
656 Vedder/Kalff 2016: Tagebuch und Diaristik, S. 240.
657 Fulbrook 2018: Life Writing and Writing Lives, S. 28.
658 Klemperer 1996: Ich will Zeugnis ablegen bis zum letzten [1933–1945].
659 Assmann 2007: Vier Grundtypen von Zeugenschaft, S. 47.
660 Vgl. dazu vertiefend: Ebd., S. 33–51. Und: Krämer 2011: Über Ambivalenzen der Zeugenschaft, S. 117–139.

> „Tatsächlich dient die Aufbewahrung von Dokumenten generell dem Zweck des historischen und juristischen Nachweises. Das ist im speziellen Falle von Literaturarchiven nicht anders. Auch sie besitzen den gesetzlichen Auftrag, von Leben und Werk eines Autors historische Rechenschaft abzulegen, weshalb die archivierten Dokumente im Fachjargon auch als ‚Werk-Zeugen' bezeichnet werden."[661]

Erste grundlegende Überlegungen zu diesem Thema in Verbindung von Leben und Werk stammen von der Musikwissenschaftlerin Schmidt. Am Beispiel der Exilerfahrung während des Nationalsozialismus und mit Bezug auf die beiden Weltkriege verdeutlicht sie, wie eine substanzielle Veränderung des kulturellen Lebenskontextes einer kunstschaffenden Person durch Vertreibung, Zerstörung, Verlust oder durch einen anderen einschneidenden Wandel die Archivierung und Überlieferung der eigenen Aufzeichnungen und Manuskripte existenziell aufladen kann.[662] So schafft das plötzliche Verschwinden oder die Erschütterung einer Kultur, aus der das Werk eines Autors hervorgegangen ist, nach Schmidt,

> „besondere Notwendigkeiten für das Überleben eines künstlerischen Nachlasses, der sich nun unter der Bedingung des Verlusts des vertrauten und konsistenten Handlungszusammenhangs und damit der Voraussetzungslosigkeit behaupten muss. Ohne weitere Vorkehrungen kann ein Autor hier nicht mehr auf vorhandene Kulturen des Erinnerns vertrauen, die solche Konsistenz letztlich voraussetzen [...]."[663]

Bricht ein spezifischer erinnerungskultureller Kontext plötzlich weg, verliert auch die „Selbstgewissheit des individuellen Gedächtnisses"[664] seinen Boden und das künstlerische Schaffen seine Einbettung. Die Archivierungs- und Überlieferungsstrategien zielen dann nicht nur auf den Nachruhm als Autor oder das Nachleben der Werke, sondern auch auf das Konservieren einer vergangenen Zeit und den Erhalt eines bestimmten Erinnerungsraums als Referenzpunkt und Ort der Selbstvergewisserung. Der vorbereitete Nachlass avanciert „zur historiografischen wie ästhetischen Sendung"[665] und erscheint als Zeugnisgabe.[666] Den Zeugniswert, die Funktion als persönliche und historische Quelle, betont analog dazu Dahlke:

661 Wieland 2019: Werkgenesen: Anfang und Ende des Werks im Archiv, S. 221.
662 Vgl. Schmidt 2016: (Selbst-)Archivierung als künstlerische Selbstvergewisserung, S. 33.
663 Ebd.
664 Ebd.
665 Ebd., S. 37.
666 Vgl. ebd.

> „Tagebuch und Brief bieten eine Alltagsgeschichte des Politischen, in der gerade durch den heterogenen Charakter der darin angesprochenen Ereignisse und Beziehungen nachvollziehbar erscheint, warum sich insbesondere kritische Intellektuelle jahrzehntelang an den Verhältnissen abarbeiteten."[667]

Die zunehmende Herausgabe dokumentarischer Brief- oder Nachlassausgaben korrespondiert damit insofern, dass es vielfach Anliegen solcher Editionen geworden ist, den Autor, „in seiner Geschichtlichkeit dar[zu]stellen, inmitten seiner Umwelt, in seiner Abhängigkeit, seiner Verflechtung mit den Ereignissen, Bedingungen und Menschen seiner Zeit."[668] Am Beispiel des Briefes zeigt Zeller, wie dieses Medium im Zusammenhang mit seiner Gedächtnisfunktion durch die Editionspraxis Teil der Erinnerungskultur geworden ist: „Der Brief, Ausdruck des Augenblicks, wird zum Gedächtnis, in ihm bewahrt sich das Erinnern an erlebtes und erlittenes Schicksal. Briefpublikationen werden Monumente des Gedenkens."[669]

In einer solchen Perspektive rücken die (vergangenheits-)politischen Implikationen eines Nachlassbewusstseins, auch unter dem Vorzeichen der Selbsthistorisierung, ins Zentrum des Interesses. In welchem Maße kann das bewusste und vorbereitete Hinterlassen der gesammelten Papiere als erinnerungskulturelle Praktik verstanden werden und wie ist diese fundiert? Geht eine Positionierung in der Zeitgeschichte mit der Überlieferung einher? Welches Verhältnis von individueller Lebensgeschichte und Zeitgeschichte wird durch die Nachlassmaterialien, ihre Inhalte, Ordnung und Kommentierung vermittelt?[670]

Zu beachten ist, dass der Nachlass in der Überlieferung von individuellen Lebensgeschichten eine besondere Quellenform darstellt (vgl. 1.5.5).[671] Nicht

667 Dahlke 2016: Die DDR im Tagebuch, S. 327.

668 Zeller 2008: Monumente des Gedenkens, S. 47.

669 Ebd., S. 49.

670 Ähnliche Fragestellungen entwickelt Heinze zum Thema autobiografisches Schreiben, Erinnerungskulturen und Zeitgeschichte. Vgl. Heinze 2011: Interdisziplinäre Perspektiven auf autobiografisches Schreiben im Horizont von Erinnerungskulturen und Zeitgeschichte. Unter: http://www.qualitative-research.net/index.php/fqs/article/view/1681/3206, zuletzt abgerufen am 16.11.2021. Vgl. außerdem: Cepl-Kaufmann 2008: Der Zeitzeuge Günter Grass, S. 176–187.

671 Vgl. hierzu: Hobbs 2001: The Character of Personal Archives, S. 126–135. Atze und Degener stellen die Bedeutung der Bestände in Literaturarchiven auch für die Zeitgeschichte heraus: Atze/Degener 2008: Historische Rekonstruktion mit den Mitteln der Archive und der Phantasie, S. 13 ff. Stahl akzentuiert diesen Punkt explizit in Bezug auf Nachlässe insgesamt und ihre Funktion ‚als Spiegel der jüngeren Vergangenheit'. Er schreibt: „Gerade Autorennachlässe haben sich mit den neuen Medien stark verändert, sie vermitteln heute mehr und andere Daten; insbesondere die Beilagen, Tonband- und

nur, dass ausschließlich Nachlässe von Personen gesammelt werden, die der Einschätzung der Archive nach von politikgeschichtlicher oder kulturhistorischer Relevanz sind, auch als Dokumentation des Lebens und Wirkens einer Person haben sie einen singulären Status. Sukzessive entstanden, dokumentieren die verschiedenen Aufzeichnungen in einem Nachlass Autorschaftsentwürfe und Schreibverhalten zu verschiedenen Zeitpunkten. Anders als im Falle von Autobiografien, die das Leben von einem gegenwärtigen Zeitpunkt aus rückblickend reflektieren, handelt es sich bei Nachlässen um eine Ansammlung diverser schriftlicher Momentaufnahmen im Vollzug eines Lebens. Diese Zeitgebundenheit der einzelnen Dokumente kann Widersprüche, Schwankungen und Ambivalenzen offenlegen (wobei auch hier die Möglichkeit einer nachträglichen Veränderung durch Tilgungen oder Kommentierungen besteht).[672] Darüber hinaus enthalten Nachlässe schriftliche Dokumente wie Briefe, die nicht vom Nachlasser, sondern einer anderen Person verfasst wurden und die als Spuren von Alterität hinausweisen auf andere Existenzen. Neben schriftlich dokumentierten Auseinandersetzungen, anderen Perspektiven und Kontroversen sind es vor allem auch Beziehungsgefüge und Netzwerke, die sich hier abzeichnen – der Autoren-Nachlass ist nicht nur Dokument eines individuellen Lebens, sondern zudem Teildokument eines literarischen Lebens, und verleiht insofern auch „den Diskussionen einer bestimmten Gruppe, in der der Bestandsbildner sich bewegte oder dem Zeitgeist generell Ausdruck“[673].

Ein weiteres Spezifikum stellt die Tatsache dar, dass die schriftlichen (Selbst)-Zeugnisse in literarischen Nachlässen von Personen verfasst wurden, die ihrer Profession entsprechend einen sehr bewussten Umgang mit Sprache pflegten:[674]

> „In the case of writers, these are people for whom the pen is a powerful tool and for whom writing things down has conscious or even additional ramifications. Writers, debatably more than others (politicians, social activists, etc.), are aware

Audiocassetten-Mitschnitte, Plakate, Flyer oder Programmhefte bergen einen reichhaltigen Fundus von Informationen, die dazu geeignet sind, historische Milieus und Klimata zu rekonstruieren. Das trifft natürlich nicht nur auf die großen Autorenpersönlichkeiten einer Zeit zu. Wichtiger ist die spezifische Ausrichtung eines Nachlasses. Mitunter kann – mehr als das künstlerische Werk des jeweiligen Nachlassers – seine Eingebundenheit in den Kontext im Vordergrund stehen. Kulturelles Handeln ist ja immer auch ökonomisches, soziales, kommunikatives Handeln.“ Stahl 2008: Zeitmaschinen, S. 167.

672 Vgl. Hobbs 2001: The Character of Personal Archives, S. 131.

673 Weisbrod 2016: Was ist ein persönliches Archiv?, S. 145.

674 Vgl. Hobbs 2001: The Character of Personal Archives, S. 133.

> of selecting their expressions, consciously fictionalizing lives, creating a persona, playing powerfully with language and structure. […] For writers, life details and personal experience become the background to writing and are not neatly separated from the work."[675]

Rückt der Nachlass eines Autors oder einer Autorin als Zeugnisgabe eines ‚geschriebenen Lebens'[676], also gewissermaßen als Inskription eines Lebens in den Fokus, dann geht es dabei auch um die Verbindung und Bezogenheit von Leben und Schreiben und die Weisen der Thematisierung dieses Zusammenhangs. Ein mögliches Extrem in dieser Konstellation bildet der Topos eines Schreibens als Existenzform, für den Franz Kafka paradigmatisch steht und wie er sich auch bei Fernando Pessoa findet: „Ich bin zu einem Buchwesen geworden, zu einem gelesenen Leben. Was ich fühle, wird, ohne daß ich das wollte, gefühlt, damit aufgeschrieben werden kann, daß es gefühlt worden ist."[677]

Die – wie auch immer geartete – Einschreibung eines Lebens in ein literarisches Archiv, die Gedächtnisfunktion dieses Gebildes, die Rolle des Todes und die des zeitgeschichtlichen Kontextes standen in diesem Kapitel unter dem Begriff des ‚Zeugnisses' im Zentrum. Abschließend soll deshalb mit dem Bezug auf Walter Benjamin noch ein Schlaglicht auf diesen Terminus geworfen werden. Benjamin schreibt 1919 – wohlgemerkt im Medium des Briefes – an den Komponisten Ernst Schoen:

> „An das Thema: Briefwechsel, ließen sich verschiedene Digressionen anschließen. Erstens darüber, wie sehr diese unterschätzt werden, weil sie auf den völlig schiefen Begriff des Werkes und der Autorschaft bezogen werden, während sie dem Bezirk des ‚Zeugnisses' angehören, dessen Beziehung auf ein Subjekt so bedeutungslos ist, wie die Beziehung irgend eines pragmatisch-historischen Zeugnisses (Inschrift) auf die Person seines Urhebers. Die ‚Zeugnisse' gehören zur Geschichte des *Fortlebens* eines Menschen und eben, wie in das Leben das Fortleben mit seiner eignen Geschichte hineinragt, läßt sich am Briefwechsel studieren. Für die Nachkommenden verdichtet sich der Brief*wechsel* eigentümlich (während der *einzelne* Brief mit Beziehung auf seinen Urheber an Leben einbüßen kann): die Briefe, wie man sie hintereinander in den kürzesten Abständen liest, verändern sich objektiv, aus ihrem eignen Leben. Sie leben in einem andern Rhythmus als zur Zeit da die Empfänger lebten, und auch sonst verändern sie sich."[678]

---

675 Ebd., S. 133.

676 Wagner-Egelhaaf 2000: Autobiographie, S. 16.

677 Pessoa 1986: Das Buch der Unruhe, S. 155.

678 Benjamin, Walter an Schoen, Ernst, 19.9.1919. In: Benjamin 1996: Gesammelte Briefe Bd. II, S. 47 f.

Benjamin trennt also das Zeugnis von dem Begriff der Autorschaft, bezeichnet den Bezug zum Verfasser als irrelevant und hebt demgegenüber die Rolle des ‚Fortlebens' hervor. Im Unterschied zu dem oben erwähnten Begriff des Nachlebens lenkt der so verstandene Terminus des Fortlebens das Augenmerk mehr auf die Zeugnisse als auf die Verfasserperson. Das Fortleben erscheint als eine in gewisser Weise eigendynamische Bewegung, die in der Zeit der später lebenden Generationen und im Gesamtzusammenhang des Briefwechsels zu ihrer Entfaltung kommt. Anhand der Zeugnisse zeigt sich Geschichte in verdichteter Form – nicht das Leben des Urhebers zeichnet sich ab, sondern das Fortleben einer nicht einzuholenden Vergangenheit in der Gegenwart.[679] Etwas anderes kann sich auch bei der Betrachtung der Zeugnisse in einem Nachlass und des Nachlasses als Zeugnis nicht zeigen. Im Zusammenspiel der einzelnen Teile zueinander entwickelt das Fortleben der Zeugnisse eine besondere Taktung und gewinnt eine eigene Gestalt.

Im Hinblick auf die ‚geschichtliche Zeugenschaft' eines Nachlasses ist eine weitere von Benjamin geprägte Begrifflichkeit nicht unwichtig: die der Aura. Ähnlich wie es Benjamin für originale Kunstwerke beschreibt, könnte man auch den Nachlassmaterialien attestieren, dass sich in ihnen das ‚Hier und Jetzt', das Einmalige und nicht Wiederholbare des geschichtlichen Augenblicks auf eigentümliche Weise sedimentiert hat.[680] Die Spuren der Zeit und ihre geschichtliche Zeugenschaft, im Material ab- und eingelagert, werden so im Sinne der Aura tradierbar als „einmalige Erscheinung einer Ferne, so nah sie sein mag"[681]. Mit diesem momentartigen Aufscheinen einer Geschichtlichkeit und dem Fortleben sind zwei Momente benannt, die die Bedeutung des Nachlasses als geschichtliches Zeugnis in der Gegenwart kennzeichnen.

Wenn damit an Benjamin angeknüpft wird, so soll doch an der Möglichkeit der Autorschaft, wie im vorangegangenen Abschnitt dargelegt (1.5.5), festgehalten werden. Für den Nachlass gilt damit, was Stefanie Leuenberger auch für die Briefe Benjamins empfiehlt: diese „im Spannungsverhältnis zwischen Medium der Autorschaft und pragmatisch-historischem Zeugnis"[682] zu denken. Letzteres Kriterium legt den Fokus auf die kritische Befragung des Zeugnisses, die in der Verantwortung der Nachwelt liegt: „Nicht der Zeuge, der etwas sagt, ist hier verantwortlich für seine Rede, sondern es ist das Auditorium, welche [sic!] den Zeugen als mögliche Spur zu lesen und zu beurteilen hat."[683]

679 Vgl. dazu: Weber 2008: „Werk" und „Zeugnis", S. 11.
680 Vgl. Benjamin 2013: Das Kunstwerk im Zeitalter seiner technischen Reproduzierbarkeit [Dritte Fassung 1936], S. 100.
681 Ebd., S. 102. Vgl. außerdem: Weber 2008: „Werk" und „Zeugnis", S. 11 f.
682 Leuenberger 2013: Zwischen Medium der Autorschaft und Zeugnis, S. 132.
683 Krämer 2011: Über Ambivalenzen der Zeugenschaft, S. 128.

1.6 Die Problematik des Nachlasses: Privatsphäre, Dichterkult und Eigendynamik

Ihr Unbehagen gegenüber der Entwicklung des modernen Nachlasswesens haben Autorinnen und Autoren wiederholt und auf ganz unterschiedliche Weise ausgedrückt.[684] Schon 1936 erklärte Robert Musil in der Vorbemerkung seines Buches „Nachlass zu Lebzeiten“: „Es gibt dichterische Hinterlassenschaften, die große Geschenke sind; aber in der Regel haben die Nachlässe eine verdächtige Ähnlichkeit mit Ausverkäufen wegen Auflösung des Geschäfts und mit Billigergeben.“[685] Wolfgang Herrndorf fügte in sein Online-Tagebuch „Arbeit und Struktur“, das er nach seiner Krebsdiagnose zu schreiben begann, ein Foto von seinen in der Badewanne vernichteten Tagebüchern und Korrespondenzen ein[686] und bestimmte kurz vor seinem Tod testamentarisch: „Keine Fragmente aufbewahren, niemals Fragmente veröffentlichen. Niemals Germanisten ranlassen. Freunde bitten, Briefe etc. zu vernichten. Journalisten mit der Waffe in der Hand vertreiben.“[687] Thomas Kling wiederum, ebenfalls an Krebs erkrankt, positionierte auf seinen unveröffentlichten Materialien einen Zettel mit der Aufschrift ‚Archivschweine‘.[688]

Dass einige Literaturwissenschaftler diese Notiz als Metapher für ein ‚Trüffelschwein‘ gedeutet haben,[689] scheint charakteristisch für einen Großteil der Forschung, der dem Gegenstand ‚Nachlass‘ weitaus weniger skeptisch gegenüber steht als mancher Schriftsteller. Eine kritische Reflexion findet nicht oder nur in Nebensätzen statt.[690] Aufsätze wie die von Catherine Hobbs und Anett Lütteken, die die Problematiken im Umgang mit literarischen Nachlässen explizit zu einem eigenständigen Thema machen, bilden die absolute

684 Teilstücke dieses Kapitels finden sich in folgendem, eine nachlassbezogene Umsicht fordernden Aufsatz: Boltenstern 2021: Problematiken der Arbeit mit literarischen Nachlässen, S. 18–27.

685 Musil 1962: Nachlaß zu Lebzeiten, S. 5.

686 Vgl. Herrndorf 2013: Arbeit und Struktur, S. 233. In dem Eintrag vom 23.8.2011 heißt es: „Bücher, in die ich mir Notizen gemacht habe, in der Badewanne eingeweicht und zerrissen. Nietzsche, Schopenhauer, Adorno. 31 Jahre Briefe, 28 Jahre Tagebücher. An zwei Stellen reingeguckt: ein Unbekannter. […] Testament gemacht.“ Ebd., S. 232.

687 Herrndorf, Wolfgang zit. nach: Gärtner/Passig 2014: Zur Entstehung dieses Buches, S. 136.

688 Vgl. Korn 2014: Nachlassbewusstsein (Tagungsbericht), S. 379.

689 Vgl. ebd.

690 Beispielhaft für kritische Randbemerkungen sind: Grond-Rigler 2018: Auktoriale Inszenierung in Vorlässen, S. 177. Weigel 2006: Hinterlassenschaften, Archiv, Biographie, S. 46. Und: Sina/Spoerhase 2017: „Gemachtwordenheit“, S. 7 u. 14.

Ausnahme.[691] Zugleich wird aus dem Wenigen schon Vorliegenden deutlich, wie unerlässlich eine kritische Befragung ist und dass aus ihr Konsequenzen für die wissenschaftliche Auseinandersetzung mit Vor- und Nachlässen abgeleitet werden müssen. Drei sich als zentral herauskristallisierende Problembereiche sollen deshalb in diesem Kapitel aufgegriffen und vertiefend diskutiert werden: 1. die Rolle der Privatsphäre, 2. die Problematik des Dichterkultes und die Tendenz zur selektionslosen Aufmerksamkeit sowie 3. das Ungleichgewicht der Werteverhältnisse und die Gefahr einer sich verselbstständigenden Philologie. Sind diese Themenfelder aus der aktuellen Forschungsdiskussion abgeleitet, finden sie sich in ähnlicher Weise angedeutet auch in einem weiteren Text Musils, in dem er seine im „Nachlass zu Lebzeiten" geäußerte Kritik aufgreift und erweitert:

> „Die Herausgabe von Nachlässen ist mir selten anders als eine übelangebrachte Ehrfurcht erschienen; wenn es überhaupt Ehrfurcht ist, und nicht unter deren Vorwand Geschäftigkeit und Geschäftsgeist und Ausbeutung der verzeihlichen Schwäche, die das Publikum für einen Dichter hat, der es zum letzten Mal in Anspruch nimmt.
>
> Nicht umsonst hat schon das Wort Nachlaß einen verdächtigen Doppelgänger in der Bedeutung, etwas billiger zu geben. Auch der Nachlaß des Künstlers enthält das Unfertige und das Ungeratene, das Noch nicht- und das Nichtgebilligte. Außerdem haftet ihm die peinliche Berührung von Gemächern an, die nach dem Ableben des Besitzers der öffentlichen Besichtigung freigegeben werden."[692]

Hinterlassene Briefe von Autorinnen und Autoren hat Weigel als „prekäre Zeugnisse" bezeichnet, „weil sie eine Schwelle *zum* Archiv besetzen, dort, wo sich persönliche Zeugnisse und intime Mitteilungen in öffentliche Dokumente verwandeln, dort, wo das *Briefgeheimnis* aufgehoben ist und die Leser – objektiv – zu Mitwissern oder Voyeuren werden."[693] Mit diesem Schwellenstatus benennt Weigel eine wesentliche Problematik, die alle Nachlassmaterialien betrifft, deren erster Adressat nicht das öffentliche Publikum, sondern zunächst eine andere Person, Institution oder der Autor selbst war (unabhängig davon, ob die Möglichkeit der Veröffentlichung beim Verfassen eine Rolle gespielt hat oder nicht).[694] Gelangen solche Zeugnisse, im Rahmen einer privaten Kommunikation entstanden und von dieser beeinflusst, in ein Archiv, werden sie zu einer Kippfigur: Was zuerst einen bestimmten Adressaten

691 Vgl. Hobbs 2012: Personal Ethics, S. 181–192. Lütteken 2018: Das Literaturarchiv – Vorgeschichte(n), S. 63–88.

692 Musil 1981: Vorwort IV, S. 965.

693 Weigel 2006: Hinterlassenschaften, Archiv, Biographie, S. 46.

694 In Anlehnung an: Genette 1989: Paratexte, S. 354.

hatte, mehr oder weniger vertraulich war, wird jetzt einer unbestimmten Öffentlichkeit zugänglich, während der Zusammenhang mit der Person des Nachlassers (und gegebenenfalls auch zu anderen) sich in das Material eingeschrieben hat (vgl. 1.5.5). Nach Hobbs verbindet sich deshalb mit jeder Arbeit an persönlichen Nachlässen, die Pflicht „to do justice to the fact that the archives are linked to a life. Personal archives were physically and intellectually part of someone's life, a life that they, in turn, evince."[695] Was also bedeutet die persönliche Prägung der Archivmaterialien für den Umgang mit diesen?

Rechtlich wird das Archivgut aus literarischen Nachlässen durch das Urheberrecht, Verwertungs- und Nutzungsrechte und nicht zuletzt durch das allgemeine Persönlichkeitsrecht geschützt, sodass Einsichtnahmen das Einverständnis der betroffenen, noch lebenden Personen bedürfen und Veröffentlichungen durch die Rechteinhaber genehmigt werden müssen (vgl. 1.4.1 u. 1.4.5). Zugleich bleiben die Spielräume der Archivare und Forscherinnen bei ihrer Arbeit und der diesbezüglichen Schwerpunktsetzung nichtsdestotrotz groß:[696] zum Beispiel in Bezug auf Entscheidungen für oder gegen Selektionen bei der Archivübernahme sowie hinsichtlich der Ausrichtung von Editionen oder der Auswahl von Zitaten bei Publikationen. Eine breitere Diskussion zu Fragen der Handhabung existiert genauso wenig wie verbindliche ethische Grundsätze für den Umgang mit Nachlassmaterial.[697] Darüber wird die Thematik kaum in einen größeren Kontext des Persönlichkeitsschutzes gesetzt, das heißt, es wird weder über den Zusammenhang mit den Problematiken der Datensammlung, des Datenschutzes, und der Überwachung nachgedacht, noch werden die „Folgen der Ermittlung und Archivierung personaler Daten"[698] erörtert. Lässt sich die Verteidigung des Rechts auf private Kommunikation mit der immer gebräuchlicher werdenden Sammlung von literarischen Vorlässen sowie mit dem in den USA von Archiven und Bibliotheken zunehmend unterstützte ‚Personal Digital Archiving'[699] vereinbaren? Weisbrod deutet diesen Problembereich nur an:

> „Für Archivare […] dürfte es hilfreich sein, persönliche Archive als solche einmal genauer zu untersuchen und einzuordnen – alleine schon deswegen, weil so auch das Bewusstsein für die Fragilität digitaler persönlicher Archive geschärft und eine gesunde Skepsis gegenüber einer unreflektierten Übernahme bereits

695 Hobbs 2012: Personal Ethics, S. 184.
696 Vgl. dazu auch: Weigel 2006: Hinterlassenschaften, Archiv, Biographie, S. 47.
697 Vgl. Grond-Rigler 2018: Auktoriale Inszenierung in Vorlässen, S. 177.
698 Schöttker 2014: Vom mythischen ins digitale Alexandria, S. 285.
699 Vgl. Weisbrod 2016: Was ist ein persönliches Archiv?, S. 142.

etablierter Langzeitarchivierungs-Strategien aus anderen Bereichen erzeugt wird."[700]

Mit der Mediatisierung des Privatlebens durch soziale Medien und Reality-TV ließe sich ein weiteres breiteres Themenfeld anschließen, zu dem bisher kaum Parallelen gezogen wurden. In der Autobiografieforschung, für die sich die Frage nach dem Öffentlichmachen von Privatheit ebenfalls stellt, finden sich bereits entsprechende Verweise.[701] Diese unterstreicht die Bedingtheit der Auffassungen von Privatheit und ihre Abhängigkeit von kulturellen und sozialen Entwicklungen und stellt die sich damit immer wieder ergebenden Aushandlungsaufgaben auch für das Feld der Literatur heraus:

> „Die Grenzen des Privaten scheinen im Laufe der letzten Jahrzehnte immer enger gezogen zu werden, entsprechend freieren gesellschaftlichen Maßstäben und einem enthemmten Verständnis für Ungeziemendes oder gar Anstößiges, so dass weit mehr an Öffentlichkeit zugelassen ist. Damit müssen die Fragen neu gestellt werden, wo heute die Grenzen verlaufen zwischen privat und öffentlich, zwischen dem Anspruch auf Dokumentiertem und der Auslieferung von Intimem in den Medien, zwischen Ehrlichkeit oder behaupteter Wahrheit und der Verletzung der Privatsphäre in der Literatur."[702]

Dass der Verlauf dieser Grenzen im Bereich des Vorlass- und Nachlasswesens ganz unterschiedlich aufgefasst wird, verdeutlichen zwei Positionierungen innerhalb der Forschungsliteratur. Nach Grond-Rigler „stellt jede Vorlass-Übergabe (posthum auch der Nachlass) für den Autor eine Verletzung der Intimsphäre und einen Akt der Selbstentblößung dar"[703] – auch wenn die Papiere von den Autorinnen und Autoren für das Archiv vorbereitet und einige Dokumente explizit zurückgehalten wurden. Damit wertet sie jede Sammlung von Vor- und Nachlässen, selbst im Falle einer starken Nachlasspolitik, erst einmal als Eingriff in die Privatsphäre der Autorinnen und Autoren ohne jedoch weiter auf die sich hieraus ergebenen Folgen einzugehen.[704] Strobel sieht die

---

700 Ebd., S. 146.

701 Vgl. Sandberg 2013: Unter Einschluss der Öffentlichkeit, S. 355–377.

702 Ebd., S. 355 f. Robert Mc Gill schlägt mit seinen Überlegungen zu Vorlässen eine vergleichbare Richtung ein: „To tell a comprehensive story about why these archives have become ever more common would require a volume in itself. Not least, one might point to the growth of the mass media, the rise of literary celebrity, and changing attitudes toward privacy, a result of which has been that authors are frequently called upon to discuss publicly and write about their lives as well as their art." McGill 2009: Biographical Desire, S. 129.

703 Grond-Rigler 2018: Auktoriale Inszenierung in Vorlässen, S. 176.

704 Vgl. ebd.

Sache anders; mit Bezug auf Autorenkorrespondenzen erklärt er: „Der moderne Autor ist eine öffentliche Instanz; damit ist auch – wiederum seit dem Diskurs der Empfindsamkeit – jede Inszenierung von Intimität auch auf den sich konstituierenden öffentlichen Raum bezogen."[705] Nach Strobel ist demzufolge „das Postulat einer intimen, residualen Kommunikation öffentlicher Personen ein Paradoxon des modernen Literaturbetriebes, das sich in der Normalität von Briefeditionen und ‚Leben in Briefen' geradezu auflöst."[706]

Angelehnt an Weigels Formulierung des ‚prekären Zeugnisses' soll in dieser Arbeit ein Ansatz gewählt werden, der beide Seiten berücksichtigt und das unsichere, changierende und heikle Moment des Status der Nachlassmaterialien ernst nimmt: Vor- und Nachlässe sind, bedingt durch das aufkommende Nachlassbewusstsein in der Moderne und das Zusammenspiel von Philologinnen, Philologen, Archiven und Autorinnen und Autoren, mehr und mehr zu Möglichkeiten verschiedener direkter oder vermittelter Formen der Öffentlichkeitsadressierung geworden. Doch erscheint es fragwürdig, Autorinnen und Autoren deshalb das Recht auf einen privaten schriftlichen Ausdruck gänzlich abzusprechen. Sobald alle schriftlichen Zeugnisse a priori als potenziell publikationstauglich angesehen werden, schrumpft der Raum des Rückzugs und des Verborgenen für den Schreibenden. Die Trennung von Öffentlichkeit und Privatsphäre, die in gesellschaftspolitischen wie philosophischen Diskursen immer wieder zu einem schützenswerten Gut erklärt wird,[707] verwischt. So weist auch Zeller darauf hin, dass „der Respekt vor der Persönlichkeit des andern, die Beachtung ihres Rechts auf einen privaten, dem Auge der Öffentlichkeit verwehrten Bereich, die am meisten ernstzunehmene [sic!] Frage [ist], die sich jeder Editor zu stellen hat."[708]

Unklar bleibt jedoch, was im Zuge dessen als privat verstanden werden soll. Auch diese Problematik, an die sich ein großer, in den letzten Jahren zunehmend wachsender Forschungsbereich anschließt,[709] kann an dieser Stelle nicht geklärt werden. Exemplarisch soll allerdings auf das Konzept der Philosophin Beate Rössler hingewiesen werden, das sie in ihrer Monographie „Der Wert des Privaten" entwickelt und mit enger Bezugnahme auf gegenwärtige Phänomene ausgeführt hat. Rössler unterscheidet zwischen lokaler, dezisionaler und informationeller Privatheit und führt folgende überbegriffliche

705 Strobel 2006: Figuren der Autorschaft in der Briefkultur, S. 15.

706 Ebd.

707 Vgl. beispielsweise: Arendt 1967: Vita activa, S. 57 ff.

708 Zeller 2008: Monumente des Gedenkens, S. 51.

709 Vgl. beispielsweise das Graduiertenkolleg 1681/2 „Privatheit und Digitalisierung" an der Universität Passau. Unter: http://www.privatheit.uni-passau.de/, zuletzt abgerufen am 16.11.2021.

Definition an: „[A]ls privat gilt etwas dann, wenn man selbst den Zugang zu diesem ‚etwas' kontrollieren kann. Umgekehrt bedeutet der Schutz von Privatheit dann einen Schutz vor unerwünschtem Zutritt anderer."[710] In diese Auslegung bezieht sie die Kontrolle des Wissenszugangs zu persönlichen Daten und die Kontrolle über die eigene Selbstdarstellung mit ein.[711] Informationelle Privatheit bedeutet entsprechend, die „Kontrolle darüber, was andere über die Person *wissen* können"[712]. Zugleich betont Rössler, die Autonomie des Individuums als Prämisse der Privatheit denkend, dass die Entscheidung über das, was als privat und intim gilt, von der betreffenden Person abhängt und „nur in Grenzen verallgemeinert und objektiviert werden"[713] kann.

Eine Übertragung dieser Definition auf die Nachlassproblematik wird durch die Frage verkompliziert, ob mit dem Tod einer Person auch ihre Privatsphäre endet – rechtlich wird dies in Bezug auf den postmortalen Persönlichkeitsschutz diskutiert.[714] Während das allgemeine Persönlichkeitsrecht und das Recht auf informationelle Selbstbestimmung,[715] welches den eigenverantwortlichen Umgang mit personenbezogenen Daten regelt, nach dem Tod enden, behält die Unverletzlichkeit der Menschenwürde (Art. 1 Abs. 1 GG) zunächst auch nach dem Ableben ihre Geltung. Damit werden verstorbene Personen vor „besonders schwere[n] Beeinträchtigungen des Persönlichkeitsbildes"[716] geschützt. Als Grundsatzurteil in dieser Hinsicht gilt die „Mephisto-Entscheidung" des Bundesverfassungsgerichts von 1971: Darin wurde in Bezug auf Klaus Manns Buch „Mephisto – Roman einer Karriere" eine notwendige Einschränkung der Kunstfreiheit zugunsten des Schutzes des postmortalen Persönlichkeitsrechts des verstorbenen Gustaf Gründgens beschieden.[717] Dieser postmortale Persönlichkeitsschutz, der stets an eine Einzelfallprüfung geknüpft ist, verliert mit zunehmender, nicht genau festgelegter Zeit an Gewicht (ein Richtwert liegt bei ungefähr 30 Jahren).[718]

Dementsprechend kann folgende Überlegung abgeleitet werden: Das literarische Archiv gilt zu Lebzeiten eines Autors als privat, da dem Autor die

710 Rössler 2001: Der Wert des Privaten, S. 23

711 Vgl. ebd., S. 24 u. 209.

712 Ebd., S. 201.

713 Ebd., S. 224.

714 Vgl. Martini 2012: Der digitale Nachlass und die Herausforderung postmortalen Persönlichkeitsschutzes im Internet, S. 1145–1156.

715 Vgl. Art. 2 Abs. 1 GG i.V.m. Art. 1 Abs. 1 GG. Vgl. außerdem Art. 8 Abs. 1 EMRK: „Jede Person hat das Recht auf Achtung ihres Privat- und Familienlebens, ihrer Wohnung und ihrer Korrespondenz."

716 Di Fabio in Maunz/Dürig, GG Art. 2 Abs. 1 Rn. 226 f.

717 Vgl. BVerfGE 30, 173. Vgl. Müller 1983: Rechtsprobleme bei Nachlässen, S. 109.

718 Vgl. ebd., S. 109 f. u. 164. Di Fabio in Maunz/Dürig, GG Art. 2 Abs. 1 Rn. 226 f.

persönliche und rechtliche Kontrolle über den Zugang zu den Papieren obliegt. Die Vorlassgabe und Genehmigung des Autors zur Einsicht und Publikation kann als Autorisation und Ausübung der Verfügungsgewalt betrachtet werden – es handelt sich dann um eine selbstbestimmte Regelung des Umgangs mit den persönlichen Papieren aufgrund privatrechtlicher Vereinbarungen. Mit dem Tod verliert der Autor einerseits die Kontrolle über seine Dokumente, kann dem Kontrollverlust aber zu Lebzeiten mittels testamentarischer Verfügungen, Sperrungen, eines Nachlassverwalters oder durch die Vernichtung einzelner Teile in einem gewissen Maß vorbeugen. Obwohl für eine bestimmte Zeit zudem ein grundrechtlicher Schutz erhalten bleibt, ist der juristische Rat an jede Person speziell bezüglich digitaler Fragen eindeutig: „Jeder tut gut daran, noch zu Lebzeiten zu verfügen, was mit seinem digitalen Nachlass geschehen soll."[719] Nachlasspolitik erweist sich folglich auch als Schutz der Privatsphäre. Bei dem Umgang mit einem Nachlass stellt nicht zuletzt das persönliche Verständnis des Vor- oder Nachlassers von Privatheit einen zu berücksichtigenden Richtwert dar. Die Frage nach dem Verhältnis eines Autors zu seinem literarischen Archiv, die Art und Weise seines Nachlassbewusstseins gewinnt auch in diesem Punkt an Relevanz und kann wichtige Vorzeichen für einen angemessenen Umgang mit dem Hinterlassenen setzen.

In jedem Fall wird die Arbeit mit dem Archivmaterial zu einer Gratwanderung zwischen dem Schutz der Privatsphäre und einer sachlichen, transparenten Auswertung, die nicht durch Vorenthaltung manipuliert.[720] Zeller empfiehlt im Zuge dessen, Wissenschaftlichkeit nicht mit Vollständigkeit zu verwechseln.[721] Geboten ist ein fragestellungsorientiertes Vorgehen, das die Relevanz des Vorgefundenen für den Forschungsgegenstand beständig reflektiert und die Verwendung der Dokumente im Rahmen der wissenschaftlichen Auseinandersetzung rechtfertigen kann. Zudem scheint – in Parallelität zu den rechtlichen Regelungen – der zeitliche Faktor relevant zu sein: Während der Umgang mit Vorlässen eine besondere Diskretion verlangt, erleichtert eine zeitliche Distanz zum Leben des Nachlassers und seiner Mitwelt die Arbeit durch den gegebenen Abstand.[722] Nichtsdestotrotz bleibt ein bewusster Umgang, insbesondere mit Zitaten und eine Reflexion ihres Status' erforderlich:

719 Martini 2012: Der digitale Nachlass und die Herausforderung postmortalen Persönlichkeitsschutzes im Internet, S. 15.

720 Vgl. Zeller 2008: Monumente des Gedenkens, S. 51.

721 Vgl. ebd.

722 Vgl. Sandberg 2013: Unter Einschluss der Öffentlichkeit, S. 374.

> „Zitate aus Werken und Zitate aus Briefen werden sehr häufig unbekümmert nebeneinandergestellt, und man macht sich dabei vielfach nicht mehr klar, dass Briefzitate in so gut wie allen Fällen aus Texten stammen, die von ihrem Autor nicht autorisiert sind und in der Regel nie autorisiert worden wären. Der Reiz vieler Briefe, ad hoc und ad personam geschrieben, liegt in der Spontaneität ihrer Äußerung, in ihrer Privatheit, aber wer kennt später noch die Rolle des Schreibers, die des Partners, das Nichtausgesprochene, das sie verband, die Situation, in der geschrieben wurde."[723]

Hinzukommt, dass die Zugangsmöglichkeiten zu literarischen Nachlässen wesentlich beschränkter sind als zu veröffentlichten Werken und die Nachprüfbarkeit der Textausschnitte und ihres jeweiligen Zusammenhangs demzufolge nicht vorbehaltlos gewährleistet ist. Diese exklusive Zugriffssituation verpflichtet umso mehr zu einer verantwortungsvollen Nutzung.[724] Für die Nachvollziehbarkeit der Einordnung des zitierten Materials empfiehlt sich deshalb unter anderem, abgesehen von der Nennung des Dokumententyps und der Datierung, das Zitieren längerer Passagen, das Heranziehen mehrerer, vergleichbarer Quellen, die Rückbindung an veröffentlichte Texte sowie die Skizzierung der Nachlassformation wie sie im Vorangegangenen vorgeschlagen wurde.

Eine weitere Problematik, die es anzusprechen gilt, wenn der literarische Nachlass zu einem zentralen Bestandteil der literaturwissenschaftlichen Forschung wird, ist die Gefahr der Fokusverschiebung hin zum Marginalen und Ephemeren sowie eine emphatische Aufladung des Gegenstands, durch welche ein sachlicher Zugang erschwert wird.[725]

Diesen Aspekt unterstreicht insbesondere Lütteken, die als Leiterin der Handschriftenabteilung der Zentralbibliothek Zürich im Kontext der Literaturarchive einen äußerst reflektierten und kritischen Standpunkt einnimmt: Sie zieht eine historische Linie von verschiedenen Formen der traditionellen Dichterverehrung und des Dichtergedenkens zu dem Literaturarchiv und seinen heutigen Funktionsweisen.[726] In dieser Perspektive zeigt sich eine kultische Komponente der Literaturarchive, die nicht nur als archivierende Institutionen, sondern zugleich als „Gedenk-Gebäude"[727] fungieren. Damit spiegelt sich in ihrer Ausrichtung ein wesentlicher Faktor, der an die

---

723 Zeller 2008: Monumente des Gedenkens, S. 49.

724 Vgl. Hobbs 2012: Personal Ethics, S. 182.

725 Vgl. Sina/Spoerhase 2017: „Gemachtwordenheit", S. 7. Vgl. außerdem: Schmidt 2016: (Selbst-)Archivierung als künstlerische Selbstvergewisserung, S. 26. Und: Lütteken 2018: Das Literaturarchiv – Vorgeschichte(n), S. 81.

726 Vgl. ebd., S. 66–75.

727 Ebd., S. 66.

Herausbildung des modernen Manuskripts im 18. Jahrhundert und die Aufwertung des Autografischen geknüpft ist, „das Interesse für Relikte des Dichters im Rahmen eines Andenkenkults“[728]. So verwundert es nicht, wenn Wirtz konstatiert: „Literaturarchive stellen das Andenken sicher“[729]. Der hybride Charakter der Institution schlägt sich in ihren verschiedenartigen Zuständigkeitsbereichen nieder, zu denen neben klassisch archivarischen und konservatorischen Tätigkeiten häufig auch bibliothekarische und museale Praktiken gehören, wie zum Beispiel das Ausstellen von Archivalien und Artefakten.[730] Benne spricht vom Literaturarchiv als einer „museale[n] Aufbewahrungsstätte“[731], Hanna Engelmeier von gesammelten „Objekte[n] mit ersichtlichem Reliquiencharakter“[732] und Schenk hebt hervor, dass sich aus archivarischer Perspektive durch eine bewusste Selbstarchivierung der Status von Nachlässen grundlegend ändert: „Ein auf diese Weise gebildetes Personenarchiv wird, quellenkundlich gesprochen, zu einem Denkmal.“[733]

Für die wissenschaftliche Auseinandersetzung mit literarischen Nachlässen ergibt sich nun die Frage, inwieweit die mit dem Gegenstand verbundenen Praktiken der Verehrung und des Gedenkens ein unvoreingenommenes und neutrales wissenschaftliches Arbeiten zulassen bzw. wie ein solches vor diesem Hintergrund ermöglicht werden kann. Lütteken äußert sich in dieser Hinsicht pessimistisch:

> „Schwer zu ermessen sind schließlich die langfristigen Konsequenzen der im Zeichen der weltlichen Kunstreligion des 19. Jahrhunderts wie der Genese und Musealisierung der Kulturnation stehenden Dichterverehrung. Der ‚Philologismus‘, das Kreisen um das Dichter-‚Wort‘, genauer: um jedes einzelne und in jedem Fall und in jeder Überlieferungsform zu bewahrende Dichter-‚Wort‘, trägt allerspätestens seit der Weimarer Klassik in so hohem Maße sakralisierende Züge, dass es bis heute faktisch nicht möglich ist, neutral mit solchen überbaubeschwerten Materialien umzugehen.“[734]

Damit schließt sich eine weitere inhärent mit der Entstehung des Nachlasswesens verbundene Problematik an, die sich mit Goethes auf das eigene Archiv bezogene Forderung illustrieren lässt, nach der von seinen Papieren „nichts

728 Spoerhase 2017: Neuzeitliches Nachlassbewusstsein, S. 34.
729 Wirtz 2015: Lebenslang und danach, S. 203.
730 Vgl. Lütteken 2018: Das Literaturarchiv – Vorgeschichte(n), S. 63.
731 Benne 2015: Die Erfindung des Manuskripts, S. 262.
732 Engelmeier 2018: Selbsteinlieferung oder: Vorlass nach Marbach!, S. 35. Als Beispiel hierfür führt Engelmeier den Revolver an, mit dem sich Wolfgang Herrndorf erschoss. Vgl. 1.4.1.
733 Schenk 2018: Getrennte Welten? Über Literaturarchive und Archivwissenschaft, S. 24.
734 Lütteken 2018: Das Literaturarchiv – Vorgeschichte(n), S. 74.

vernachlässigt noch unwürdig geachtet werden sollte“[735]. Martus hat in seiner Studie zur Werkpolitik nachgezeichnet, wie sich seit dem 17. Jahrhundert eine literarisch-kritische Kultur der ‚selektionslosen Aufmerksamkeit‘ herausgebildet hat, die Autoren wie Goethe insbesondere im 19. Jahrhundert aufgegriffen und befördert haben.[736] In Bezug auf die gegenwärtige Entwicklung von Literaturarchiven geht Lütteken nun davon aus, dass sich dieses Wechselspiel verselbstständigt und „das ‚System‘ der Literatur in diesem Bereich inzwischen womöglich ein wenig aus den Fugen geraten sein könnte“[737]. Als ein Beispiel dafür führt sie unter anderem die zunehmende Entgrenzung nicht nur der Aufgaben-, sondern insbesondere auch der Sammlungsprofile von Literaturarchiven und eine Entfernung von klassischen Archivprinzipen an. Anders als Verwaltungsarchive, die repräsentativ archivierten und im hohen Maße selektierten und kassierten, neigten die Literaturarchive demnach, in dem Versuch, Wertungsfragen zu umgehen, zu einer immer umfassender werdenden Sammlung unter Vermeidung der Auswahlerfordernis – „geleitet von einem ins Unendliche erweiterten Kultur- und Nachlassbegriff und der Furcht, Relevantes zu vernachlässigen oder zu übersehen“[738]. Fragen nach den Übernahmekriterien wirft zum Beispiel der Nachlass Peter Rühmkorfs im DLA Marbach auf, der zurzeit 605 Kästen umfasst,[739] und damit immer noch sehr große Bestände wie den 152 Kästen starken Nachlass von Siegfried Lenz[740] bei weitem übertrifft. Im Feuilleton spricht man gar von einer „Totalitätsemphase der Archive“[741]. Nach Lütteken hat sich aus den für die Literaturgeschichte zentralen Konzepten des ‚Mythos und Ruhms‘[742] und dem Bestreben von Autorinnen und Autoren, für ihr Nachleben vorzusorgen,[743] im Zusammenspiel mit Literaturarchiven eine derartige Eigendynamik entwickelt, dass ein Regulativ bezüglich der Verhältnismäßigkeit des zu Archivierenden,

735 Goethe 1987: Archiv des Dichters und Schriftstellers, S. 27.

736 Vgl. Martus 2007: Werkpolitik, S. 471.

737 Lütteken 2018: Das Literaturarchiv – Vorgeschichte(n), S. 65.

738 Ebd., S. 64.

739 Vgl. DLA, A:Rühmkorf. Unter: https://www.dla-marbach.de/katalog/bestaende/, zuletzt abgerufen am 16.11.2021.

740 Vgl. DLA, A:Lenz, Siegfried. Unter: https://www.dla-marbach.de/katalog/bestaende/, zuletzt abgerufen am 16.11.2021.

741 Reichwein: Rühmkorf – der Riester unter den Dichtern. In: Die Welt, 10.09.2013.

742 Vgl. dazu Werle 2009: Mythos und Ruhm, S. 201–216.

743 In diesem Punkt liegt nach Engelmeier eine weitere Problematik: „Die Zuarbeit von Autorinnen und Autoren zu ihrer eigenen Erforschung birgt die Möglichkeit, sich vorauseilend fürs Archiv zu deformieren oder wenigstens zu zensieren.“ Engelmeier 2018: Selbsteinlieferung oder: Vorlass nach Marbach!, S. 45.

insbesondere in Bezug auf den zunehmenden Ankauf von Vorlässen, verloren zu gehen droht:

> „Die Neigung zur ‚Selbstinszenierung' von Autoren, wie es sie seit der Antike und in der Neuzeit seit Petrarca gibt und die sich im fortgeschrittenen 20. Jahrhundert immer stärker zur aktiven Nachruhm-Steuerung verlagert hat, wird von den Literaturarchiven der Gegenwart programmatisch bedient und gefördert. Das Buhlen um (meist teuer bezahlte) Vorlässe nährt auf beiden Seiten, beim Autor wie beim Archiv, Eitelkeiten der unguten Art: Jedes Blättchen, jede Datei, jede noch so belanglose Äußerung wird prophylaktisch geadelt und durch das von den Archiv-‚Profis' gegebene Versprechen, auf ewig zu erhalten, was womöglich doch nur für den Tag seine Bedeutung hatte, mit problematischer Wichtigkeit aufgeblasen."[744]

Dass für einzelne Manuskripte und Dokumente im Autografenhandel hohe Geldsummen bezahlt werden und auch die deutschsprachigen Literaturarchive durch den gehäuften Ankauf von Vor- und Nachlässen diese mittlerweile mit einem, nicht selten mehrere 100.000 Euro umfassenden, teilweise bis in die Millionen reichenden Marktwert versehen, verkompliziert die Sachlage.[745] Die schon von Musil aufgeworfene Frage „wann ein Nachlaß von Wert sei, und wann bloß einer vom Werte"[746] scheint die gegenwärtige Entwicklung und den entscheidenden Punkt vorwegzunehmen. Vor- und Nachlässe sind zu einer Handelsware geworden und stellen für die Autorinnen und Autoren oder die Erben häufig eine zusätzliche Erwerbsquelle und eine wichtige

744 Lütteken 2018: Das Literaturarchiv – Vorgeschichte(n), S. 81. Vgl. zur Problematik des Personenkults auch: Schöttker 2014: Vom mythischen ins digitale Alexandria, S. 283. Engelmeier bemerkt in ähnlicher Weise: „Vorlässe arbeiten bereits auf den Status von Forschungsfetischen zu, den Nachlässe von großen Dichtern besitzen. Kleinste Fitzelchen werden zu Partikeln, die pro toto für das Ganze des Werks einstehen und pro toto verehrt werden, wobei das Totale im ‚toto' hier nicht das Werk ist, sondern der Autor selbst, der über seine schriftlichen Hinterlassenschaften seinem Werk angeähnelt wird." Engelmeier 2018: Selbsteinlieferung oder: Vorlass nach Marbach!, S. 40.

745 Vgl. Miessgang: Der Vorlasshandel. In: Die Zeit, 9.4.2015. Schenk führt aus: „Heute spielen finanzielle Aspekte beim Erwerb wichtiger Bestände in Literaturarchiven wohl eine erhebliche Rolle und es kommt das Prestige ins Spiel, das mit dem Namen der Bestandsbildner verbunden ist; die Probleme des Bestandsaufbaus, die sich daraus ergeben, sind in mancher Hinsicht eher denen der Museen für moderne Kunst verwandt als denen eines Archivs. Der Unterschied zur pflichtgemäßen Übernahme massenhafter, gleichförmiger Verwaltungsunterlagen, von denen nach den fälligen Kassationen durch das Archiv nur wenige Prozent übrig bleiben, ist gravierend […]." Schenk 2018: Getrennte Welten? Über Literaturarchive und Archivwissenschaft, S. 25.

746 Musil 1962: Nachlaß zu Lebzeiten, S. 5.

Altersvorsorge dar.[747] Die verschiedenen ökonomischen, kulturellen und wissenschaftlichen Wertmaßstäbe, mit denen die privaten Papiere bemessen werden,[748] lassen sich aktuell nicht mehr unbedingt in ein nachvollziehbares Verhältnis zueinander setzen, sodass die hohen Geldsummen, die die öffentlich finanzierten Einrichtungen teilweise für ihre Bestände bezahlt haben, schlichtweg irrational erscheinen und zu einer Verzerrung der Archivierungskriterien sowohl auf Seiten der Archive als auch auf Seiten der Autorinnen und Autoren führen können.[749] Dass die gezahlten Beträge nicht öffentlich bekannt gegeben werden, befördert die Intransparenz des Prozesses. Umso wichtiger ist es auch in dieser Hinsicht, dass die Forschung sich ihrer eigenen Maßstäbe versichert und die gewählten Ansätze und Vorgehensweisen beständig hinterfragt:[750] Was motiviert bzw. legitimiert die Untersuchung des jeweiligen literarischen Archivs, inwieweit ist der Forschungsgegenstand mit bestimmten Bedeutungen aufgeladen, die die Auseinandersetzung beeinflussen könnten, was ist warum von Relevanz und was kann bzw. sollte unberücksichtigt bleiben?

---

747 Vgl. Spoerhase 2017: Neuzeitliches Nachlassbewusstsein, S. 47 f. Nachdem Peter Rühmkorf seinen Vorlass für eine sehr hohe Summe an das DLA Marbach verkaufte, kursierte die ironische Rede von der ‚Rühmkorf-Rente'. Vgl. Reichwein: Rühmkorf – der Riester unter den Dichtern. In: Die Welt, 10.09.2013. Wie breit und kontrovers das Thema im Feuilleton zurzeit diskutiert wird, zeigt u. a. der streitbare und polemische Essay des Autors und Journalisten Alois Schöpf „Wenn Dichter nehmen. Über das Vorlass-Kartell", in dem dieser über knapp 150 Seiten den Ankauf von Vorlässen in Österreich problematisiert. Vgl. Schöpf 2014: Wenn Dichter nehmen.

748 Wie wichtig transparente Bewertungskriterien sind, betont Schenk: „Gemessen an archivwissenschaftlichen Standards, ist eine schlüssige und transparente Begründung erforderlich, um Bewertungsentscheidungen argumentativ abzustützen, dem Publikum zu erklären und dem Archivträger wie den Geldgebern gegenüber zu rechtfertigen. In einer solchen Bewertungsdiskussion dürfte es unvermeidlich sein, spezifische Kriterien für eine angemessene Dokumentation literarischen, künstlerischen und musikalischen Schaffens zu entwickeln." Schenk 2018: Getrennte Welten? Über Literaturarchive und Archivwissenschaft, S. 25.

749 Zudem besteht die Gefahr, dass sich die Bemessung der Vor- und Nachlässe in Geldwerten so sehr verselbstständigt, dass die aus öffentlichen Mitteln finanzierten Literaturarchive bei den Erwerbungen nicht mehr mithalten können und die Bestände mehr und mehr in private Hand gelangen, wie es zum Beispiel beim Nachlass Uwe Johnsons der Fall ist. Vgl. Töteberg 2021: Ein Gang durchs Archiv, S. 6.

750 Da eine Wechselwirkung zwischen dem archivischen Umgang mit Nachlässen und ihrer literaturwissenschaftlichen Bedeutung besteht, erscheint dies besonders essentiell: „Zeitplanung, Tiefe und Ausrichtung der Erschließung von Nachlässen ist nicht unbeeinflusst von den sich wandelnden literaturwissenschaftlichen Einschätzungen und Zweckbestimmungen der Unterlagen." Kölbl 2009: Der Ort der Literaturarchive, S. 369.

Darüber hinaus gilt es, die eigene Rolle als mit Nachlässen arbeitende Literaturwissenschaftlerin zu reflektieren. Da „Nachlass und Vorlass nunmehr zu zentralen Bezugsobjekten der verwickelten Beziehungsgeschichte von Autoren, Archivaren und Philologen geworden sind"[751], ist nicht nur eine historische Rekonstruktion dieser erforderlich, sondern auch die Benennung der Problematiken aktueller Konstellationen. Ein oft nicht explizit gemachter Aspekt ist die Haltung bzw. der Grad der Verbundenheit, die ein Archivar oder eine Wissenschaftlerin im Umgang mit den Nachlassmaterialien zu dem imaginären Autorsubjekt entwickeln kann. Bei Hobbs heißt es:

> „It is natural for the archivist to feel a personal connection or to develop a personal and often empathetic opinion of the donor (a phenomenon well known to many biographers). For example, a strong sense of personality and character is evoked when working with authors' archival material, and this factor may well influence the archivist's descriptions, which in turn may draw many researchers and exhibition attendees."[752]

Die Betrachtung und Beschreibung von Nachlässen ist deshalb als eine subjektive, von verschiedenen Faktoren abhängige Auslegung zu begreifen – als eine Interpretation unter anderen möglichen Lesarten, die von anderen modifiziert werden kann und sollte.[753] Ebenfalls relevant ist dies hinsichtlich einer weiteren, angrenzenden Problematik, die in der Sekundärliteratur häufiger thematisiert wird. Es handelt sich um die Möglichkeit, dass die spezifische Archivsituation, in der die Archivare und Philologen den direktesten Zugriff auf die Bestände haben und den Vor- bzw. Nachlassern die unmittelbare Kontrolle darüber entzogen ist, zu einem bedenklichen Souveränitätsanspruch der agierenden Wissenschaftler und Wissenschaftlerinnen führen kann: Die Versuchung „in den hinterlassenen Materialien des Autors gleichsam wie dieser selbst agieren zu können."[754] Werden die wachsenden Nachlassbestände außerdem automatisch als eine Legitimation der Arbeit der Philologie betrachtet, besteht zudem die Gefahr, dass diese als Selbstzweck gesetzt wird und keiner Rechtfertigung mehr bedarf.[755] Lütteken schlägt deshalb vor, die Rolle der Philologinnen und Philologen kontroverser zu diskutieren und in manchen Punkten über eine Relativierung nachzudenken:

751 Spoerhase 2017: Neuzeitliches Nachlassbewusstsein, S. 48.

752 Hobbs 2001: The Character of Personal Archives, S. 132 f. Vgl. dazu auch: McGill 2009: Biographical Desire, S. 129–145.

753 Vgl. Hobbs 2012: Personal Ethics, S. 185 u. 189.

754 Kastberger 2017: Nachlassbewusstsein, Vorlass-Chaos und die Gesetze des Archivs, S. 416. Vgl. auch: McGill 2009: Biographical Desire, S. 131.

755 Vgl. Lütteken 2018: Das Literaturarchiv – Vorgeschichte(n), S. 79.

> „Dies nicht zuletzt, weil sie [die Philologen, KvB], obwohl sie doch eigentlich ‚nur' dem Werk ‚dienen' sollten, inzwischen immer häufiger gleichsam auf Augenhöhe mit den sich gern als öffentlichkeitswirksame ‚Intellektuelle' positionierenden Autoren auftreten und sich mittels dieses Anspruches allzu stark in den Vordergrund gespielt haben: durch Einsatz elaborierter Editionstechniken ebenso wie durch einen zusehends problematischen Werk- und Werkgenese-Begriff, der die eigentlichen Urheber faktisch marginalisiert."[756]

Unabhängig davon, was für einen Werkbegriff Philologen und Literaturwissenschaftlerinnen ihrer archivbasierten Forschung zugrunde legen, scheinen die Fragen nach den Relationen für den Umgang mit Vor- und Nachlässen entscheidend zu sein und sollten implizit jede Untersuchung begleiten: Warum ist der Gang ins Archiv relevant und ist er überhaupt relevant? In welchem Verhältnis stehen das jeweilige Werk und der jeweilige Nachlass eines Autors zueinander und welche Folgen hat dieses Verhältnis für die Ausrichtung der Forschung und der Editionen? In welchem Rahmen sind der Umgang mit und die Veröffentlichung der die Privatsphäre eines Autors betreffenden Vorlass- und Nachlassmaterialien angemessen? Werden ethische Werte berücksichtigt? Wie lässt sich ein Bestand unabhängig von seinem Geldwert und seinem kultischen Stellenwert möglichst sachlich betrachten? Wie lassen sich fruchtbare Forschungsvorhaben daraus ableiten? Wie positioniert sich die forschende oder edierende Person selbst zum Gegenstand?

Wichtig ist, sich die komplexe Interessenlage und die vielfältigen Implikationen bewusst zu machen, die mit der Formation Vorlass/Nachlass verknüpft sind – von den kulturellen und wissenschaftlichen bis hin zu den rechtlichen, ökonomischen sowie ethischen Aspekten. Der literatur- und kulturwissenschaftliche Ansatz muss sich dabei stets mit einer selbstkritischen Vergewisserung der eigenen Zielsetzung verbinden. Die im Vorangegangenen vorgeschlagenen Zugänge und Perspektiven sollen es ermöglichen, die verschiedenen literatur- und kulturwissenschaftlich relevanten Facetten eines spezifischen Nachlasses differenziert zu beschreiben, um seine Bedeutung für das literarische Wirken eines Autors bestimmen zu können. Das Bewusstsein, dass mit einer Nachlassanalyse auch Grundlagen und Eckpfeiler für die Interpretation des Gesamtwerks geschaffen werden, sollte jede Betrachtung leiten.

756 Ebd., S. 82.

1.7 Die Autorengeneration der zwischen 1933 und 1935 Geborenen in der DDR

Die Nachlässe eines Dichters und einer Dichterin stehen in den folgenden zwei Fallstudien im Fokus: die literarischen Archive von Richard Leising und Helga M. Novak. Die Autorin und den Autor verbindet nicht nur ein jeweils eigentümliches Verhältnis zur literarischen Öffentlichkeit, das durch verschiedene Weisen des Rückzugs gekennzeichnet und für die Konstituierung ihrer Nachlässe von Bedeutung ist (vgl. 2.1.3 und 2.2.3), sie teilen auch das Aufwachsen (bzw. Hineinwachsen) und Studieren in der DDR. In etwa ähnlich alt, Leising wurde 1934, Novak 1935 geboren, traten beide außerdem in den 1960er Jahren erstmals als Lyrikerin bzw. Lyriker öffentlich hervor: Novak 1965 mit der Publikation ihres ersten Gedichtbands beim westdeutschen Luchterhand Literaturverlag und Leising 1966 mit mehreren Publikationen in verschiedenen ost- und westdeutschen Lyrikanthologien (vgl. 2.1.2 u. 2.2.2). In ihrem Umfeld befanden sich auch andere, spätere namhafte Dichter und Dichterinnen, die zu Beginn bzw. Mitte der 1960er Jahre debütierten. Sarah Kirsch stellt 1979 rückblickend fest:

> „Wir standen alle zusammen ungefähr gleichzeitig zu Beginn: Volker Braun, Bernd Jentzsch, Rainer Kirsch, Karl Mickel, Heinz Czechowski. Das ist ja diese Generation der 1934–1935 Geborenen, die besonders in der Lyrik produktiv geworden ist. Merkwürdig, wie solche Jahrgänge zustande kommen – und dann ist wieder eine ganze Weile nichts!“[757]

Die Koinzidenz von ungefährer Gleichaltrigkeit und parallelem Eintritt in den Literaturbetrieb soll in diesem Unterkapitel als Ausgangspunkt für eine kurze Kontextualisierung dienen, die verdeutlicht, in welchem literatur- und zeithistorischen Rahmen sich die in den folgenden Fallstudien im Zentrum stehenden Autorschaftsentwürfe konstituierten.

Mit der Entscheidung, eine solche einführende literarturgeschichtliche Verortung an Koordinaten der Generationszugehörigkeit zu koppeln, wird eine Reflexion der damit zusammenhängenden schematisierenden Ordnungsmechanismen und Deutungsmuster in ihren verschiedenen Verwendungsweisen notwendig. In dem vorliegenden Zusammenhang ist vor allem zwischen zwei Ebenen zu differenzieren: einerseits zwischen der Ebene des diskursiven Gebrauchs des Terminus ‚Generation‘ im zeithistorischen Kontext der 1960er Jahre und die damit einhergehenden Fremd- und Selbstpositionierungen von

757 Kirsch 1991: DB 1979/2, S. 71. In Bezug auf dieses Zitat ist anzumerken, dass Volker Braun 1939 und Bernd Jentzsch 1940 geboren wurden.

Autorinnen und Autoren im literarischen Feld der DDR, insbesondere im Bereich der Lyrik.[758] Davon zu unterscheiden ist andererseits der Generationsbegriff als literaturhistorische Methode der Periodisierung, die in der Forschung allen voran von Wolfgang Emmerich in Bezug auf die Literatur im geteilten Deutschland vermehrt angewandt wird. Dass beide Ebenen zum Teil auch ineinander greifen, zeigt exemplarisch der Auftakt des Unterkapitels „Der Aufbruch der jungen Lyriker – die Skepsis der Älteren" in Emmerichs „Kleine[n] Literaturgeschichte der DDR", wenn es dort heißt:

> „In den 60er Jahren wurde die Lyrik zum Gegenstand erregter öffentlicher (und auch nichtöffentlicher) Debatten wie nie zuvor in der DDR. Die Ursache war der anspruchsvolle, fordernde Auftritt der Generation der damals 20- bis 30jährigen, also derer, die zwischen 1933 und 1940 geboren waren: ‚Jung, nicht von Kriegen entstellt, Herrn ihres meßbaren Tags' (R. Kirsch)."[759]

Mit dem Generationsbegriff und der im Zwischentitel aufgemachten Diskrepanz zwischen ‚jung' und ‚alt' bedient sich Emmerich Termini, mit denen in den 1960er Jahren im Aushandlungsprozess um die Lyrik in der DDR das Beziehen und Zuweisen von Positionen im literarischen Feld geregelt wurde.[760] Die kultur- und literaturpolitische Situation in der DDR war Anfang der 1960er Jahre einerseits von strengen Restriktionen und autoritären Eingriffen geprägt. Andererseits aber entstand „ein experimentierfreudiges Klima"[761], in dessen Rahmen insbesondere die Lyrik als Gegenstand neu diskutiert wurde und sich bisher noch nicht als solche etablierte Dichterinnen und Dichter Gehör verschafften und begannen, kritische Impulse zu setzen. Mit der von Gerhard Wolf 1961 herausgegebenen Anthologie „Bekanntschaft mit uns selbst: Gedichte junger Menschen"[762] und dem von Stephan Hermlin organisierten Lyrikabend am 11. Dezember 1962 in der Akademie der Künste

---

758 Vgl. dazu: Brohm 2005: „Junge Lyrik" – Zur Konstituierung von Generationenzusammenhängen, S. 209–222.

759 Emmerich 1996: Kleine Literaturgeschichte der DDR, S. 224.

760 Vgl. Brohm 2005: „Junge Lyrik" – Zur Konstituierung von Generationenzusammenhängen, S. 209–222. In einem Aufsatz von 2005 weist Emmerich zwar ausdrücklich darauf hin, „dass ich mich hier nicht auf den Generationenbegriff einlasse, insofern er (nachzuweisen ab etwa 1800) von einer jeweiligen ‚Jugend' als programmatischer, zumeist ideologischer Kampfbegriff, als Konstrukt für eigene Zwecke eingesetzt wurde […]." Emmerich 2005: Das Generationsparadigma in der DDR-Literaturgeschichte, S. 66. Das Verhältnis der Selbstzuschreibungen der von ihm beschriebenen Gruppe zu dem von ihm entworfenen Generationenmodell und den dazugehörigen Zuschreibungen reflektiert er allerdings nicht.

761 Korte 2004: Deutschsprachige Lyrik seit 1945, S. 131.

762 Wolf 1961: Bekanntschaft mit uns selbst.

Berlin (Ost), der den Titel „Junge Lyrik: unbekannt und unveröffentlicht" trug, waren die Dichter erstmals und im Kontext der Etikettierung ‚jung' hervorgetreten.[763] Zu denen, deren Gedichte in der AdK gelesen wurden, gehörten beispielsweise Kurt Bartsch (*1937), Wolf Biermann (*1936), Volker Braun (*1939), Uwe Greßmann (*1933), Bernd Jentzsch (*1940), Rainer Kirsch (*1934), Sarah Kirsch (*1935), Karl Mickel (*1935) und B. K. Tragelehn (*1936). Nicht nur der Titel der Veranstaltung, auch Rainer Kirschs Gedicht „Meinen Freunden, den alten Genossen" sowie Wolf Biermanns Gedicht „An die alten Genossen" markierten dabei eine Diskrepanz zwischen „jung" und „alt". Auf diese Weise verband sich das in den Versen enthaltene Verlangen nach Veränderung der Gegenwart mit der Selbstkennzeichnung als neu auftretende Generation.[764] Ursula Heukenkamp führt aus: „Sie [die Gruppe jener Lyrikerinnen und Lyriker, KvB] beanspruchte für sich den Rang einer Avantgarde der DDR-Literatur. 1964/65 spielten die Umstände so zusammen, dass Möglichkeiten der Mitgestaltung, zumindest des literarischen Lebens, denkbar schienen."[765] Während sich in diesen Kreisen das ‚Funktionsverständnis von Literatur' zu verändern begann – weg von der Erziehungsfunktion hin zu einer ästhetischen Neuorientierung[766] – kam es zu einer „Differenz im literarischen Feld"[767].

Die als „dichterisches Manifest"[768] geltende Anthologie „In diesem besseren Land"[769], herausgegeben 1966 von Adolf Endler und Karl Mickel, und die daran anschließende, in der FDJ-Zeitschrift „FORUM" geführte Lyrik-Debatte untermauerte diese Tendenzen und trug die Diskussion um Programmatik und Form der Dichtung in die Öffentlichkeit. In der neu entstehenden Lyrik kristallisierte sich ein Anspruch auf Subjektivität und Mitsprache heraus:[770] „Das couragierte Ich wurde nun zum Programm und als solches der Uniformität

763 Brohm stellt jedoch heraus, dass in den Publikationen Anfang der 1960er Jahre unter der Bezeichnung „jung" Autorinnen und Autoren ganz unterschiedlicher Jahrgänge versammelt wurden. Brohm geht davon aus, dass sich durch den Tod zentraler Dichterfiguren wie Bertolt Brecht und Johannes R. Becher Mitte/ Ende der 1950er Jahre das literarische Feld auch für andere Autoren öffnete: „Die fehlende Übereinstimmung bei der Zuordnung der Autorinnen und Autoren gemäß ihrer Generationen spiegelt die Bewegung im literarischen Feld Anfang der sechziger Jahre wieder [sic!]." Brohm 2005: „Junge Lyrik" – Zur Konstituierung von Generationenzusammenhängen, S. 215. Und: Ebd., S. 214.

764 Vgl. ebd., S. 217.

765 Heukenkamp 2007: Staat und Lyrik, S. 83.

766 Vgl. Berendse 1990: Die „Sächsische Dichterschule", S. XI.

767 Brohm 2001: Die Koordinaten im Kopf, S. 131.

768 Schulz 2009: In diesem besseren Land, S. 134.

769 Endler/Mickel 1966: In diesem besseren Land.

770 Vgl. Heukenkamp 2007: Staat und Lyrik, S. 86 f.

der Menge, der Gesellschaft oder des Volkes entgegengestellt",[771] schreibt Heukenkamp und erkennt eine weitere spezifische Stoßrichtung dieser Dichtung der 1960er Jahre:

> „Die Lyriker arbeiteten sich an der Nichtidentität von politischer Position und menschlicher Existenz ab; sie machten ‚Vorschläge' zur ‚Entfaltung' der Möglichkeiten des Sozialismus, die sich nicht mit der eindimensionalen Bestimmtheit in der DDR-Gesellschaft vereinbaren ließen. Ihre Texte konnten nicht ‚klar' und ‚einfach' sein, dann wären sie missverständlich gewesen. Deshalb auch die signifikanten Abweichungen von den allgemeinen Mustern politischer Lyrik."[772]

Neben der generationellen Zuschreibung, mit der sich jene Dichterinnen und Dichter ihre Position im literarischen Feld absicherten,[773] wurde vermehrt, losgelöst vom Alter, auch von einer Art Gruppenzugehörigkeit gesprochen. So schreibt Adolf Endler 1978 im Rahmen seines Essays „DDR-Lyrik Mitte der Siebziger. Fragment einer Rezension" die betreffenden Autoren, seien alle

> „um 1960 in die DDR-Literatur eingetreten [...], d.h. ans Licht unserer Öffentlichkeit und ins vorwiegend Dunkle eines Jahrzehnts heftigster literarischer, ästhetischer, kulturpolitischer Auseinandersetzungen, die sich verblüffenderweise inzwischen als produktiv erwiesen haben – der gleichzeitige Eintritt dieser Poeten in die Literaturwelt ist übrigens ein weitaus wesentlicheres Faktum bei der Herausbildung dieser literarischen ‚Generation' als das Geburtsdatum; Uwe Greßmann wurde 1933 geboren, Bernd Jentzsch 1940. Also doch: Gruppe oder Clique? Sarah Kirsch spricht gern von ‚unserer Truppe', wobei sie allerdings nichts Militärisches, sondern so etwas wie eine zirzensische Attraktion meint: Hochtrapez!"[774]

Endler, der die Rede von einem generationellen Zusammenhang durchaus nicht gänzlich verabschiedet und noch 1977 von der „poetische[n] Plejade der um 1935 Geborenen"[775] und der „Mittlere[n] Generation"[776] spricht, führt in seinem Essay von 1978 eine andere, durchaus ironisch gemeinte Bezeichnung ein, um den Generationsbegriff zu umgehen. So „könnte man auch von einer Dresdener, besser: Sächsischen Dichterschule sprechen; denn fast alle diese

771 Ebd., S. 86.

772 Ebd., S. 90.

773 Vgl. Brohm 2005: „Junge Lyrik" – Zur Konstituierung von Generationenzusammenhängen, S. 221.

774 Endler 1978: DDR-Lyrik Mitte der Siebziger, S. 72.

775 Endler 1979: Über die Lyrik Walter Werners (Dezember, 1977), S. 120.

776 Endler schreibt in Bezug auf die Texte Walter Werners: „[...] Gedichte dieser Wendung sind charakteristisch für eine bestimmte Aufbruchsphase unserer zur Zeit als ‚Mittlere Generation' begriffenen Lyriker" Ebd., S. 119.

Autoren stammen aus Sachsen, die meisten aus Dresden, und die Spuren ihrer Herkunft haben sich nicht nur in thematischer Hinsicht ihren Gedichten mitgeteilt“[777], schreibt Endler. Der Germanist Gerrit-Jan Berendse greift mit seiner 1990 veröffentlichten Studie „Die ‚Sächsische Dichterschule‘. Lyrik in der DDR der sechziger und siebziger Jahre“ diese Wendung mehr als zehn Jahre später wieder auf und trägt, auch mit daran anknüpfenden Publikationen, zu ihrer Etablierung bei. Berendse bezieht sich dabei dezidiert auf „eine neue Generation von Lyrikern und Lyrikerinnen“, die „sich Anfang der sechziger Jahre in der DDR“[778] zu Wort meldete, nennt sie eine „informelle Solidargemeinschaft“[779] und erkennt ihre historische Relevanz in der unmittelbaren Korrespondenz „mit der Herausbildung der Gegenöffentlichkeit in der DDR“[780]. Folgende Dichterinnen und Dichter zählt er zu dem Kreis: Kurt Bartsch, Wolf Biermann, Thomas Brasch, Volker Braun, Heinz Czechowski, Adolf Endler, Elke Erb, Uwe Greßmann, Bernd Jentzsch, Rainer Kirsch, Sarah Kirsch, Wulf Kirsten, Reiner Kunze, Richard Leising, Kito Lorenc, Karl Mickel, Inge Müller, B. K. Tragelehn und Walter Werner.[781] In der weiteren Sekundärliteratur werden diese Namen in Bezug auf die sogenannte „Sächsische Dichterschule“ meist wiederholt, zum Teil aber mit kleinen Abweichungen – in seltenen Fällen wird mitunter auch Helga M. Novak zu diesem Kreis gezählt.[782] Allerdings präsentierte sich jener nie als geschlossene Gruppe, stützte sich auf kein gemeinsames Programm und kann deshalb nicht als „Dichtergruppe im engeren Sinne“[783] gelten. Leising schreibt diesbezüglich 1990 in einem Brief an seinen Verleger Kristof Wachinger von „einer Truppe, die sich Anfang der sechziger Jahre völlig unvorbereitet, ungeplant, ohne jeden Gedanken an eine Kastenbildung zusammenfand“[784] und betont in einem weiteren Brief an diesen: „ich bin kein Mitglied einer Schule, noch weniger der Begründer einer solchen.“[785] Ungeachtet der Nähe der Termini ‚Schule‘ und ‚Generation‘,[786] soll sich im Folgenden auf den Generationsbegriff konzentriert werden, da dieser die hier im Fokus stehende

777 Endler 1978: DDR-Lyrik Mitte der Siebziger, S. 72 f.
778 Berendse 2006: Subversiver Realismus in der DDR, S. 39.
779 Ebd., S. 40.
780 Berendse 2010: Die Überlebensfigur Sächsische Dichterschule, S. 280.
781 Vgl. Berendse 1990: Die „Sächsische Dichterschule“, S. X.
782 Vgl. Ulmer 2016: VEB Luchterhand?, S. 84.
783 Vgl. Szczebak 2000: „Neue Welle“ und „Sächsische Dichterschule“, S. 161.
784 Leising, Richard an Wachinger, Kristof, [Durchschl.], 30.8.1990. In: DLA, A:Leising, Briefe von ihm an Wachinger, Kristof.
785 Leising, Richard an Wachinger, Kristof, [Durchschl.], 4.12.1990. In: Ebd.
786 Vgl. Lauer 2010: Einführung, S. 16.

Autorin sowie den Autor etwas nachvollziehbarer zusammenbringt als das Konstrukt der sogenannten „Sächsischen Dichterschule“[787].

Der Historiker und Erziehungswissenschaftler Ulrich Herrmann definiert das kollektive Deutungsmuster „Generation“ im Sinne eines historiografischen Instruments sowie als Ausdruck eines gemeinschaftlichen Selbstverständnisses zu Beginn des Sammelbands „Die DDR aus generationengeschichtlicher Perspektive“ wie folgt:[788]

> „Eine *Generation* [...] ist eine Gruppe oder Gemeinschaft, die sich durch gemeinsame Überzeugungen und vitale Akzente auszeichnet, verbunden durch gemeinsame Lebenserfahrungen, durch daraus gewonnene Lebensformen und -stile (Habitus, ‚Prägnanzbildung‘), durch Lebenshorizonte und ein bestimmtes Verhältnis von Gleichzeitigkeit, das auch altersunabhängig sein kann (Gleichzeitigkeit als solche konstituiert nur Jahrgänge oder Kohorten). [...] Eine ‚Generation‘ ist eine Gruppe von Menschen, die sich durch eine für sie spezifische kollektive Identität auszeichnet und sich durch diese miteinander bedeutungsvoll verbunden weiß.“[789]

Eine solche synchrone, identitätspolitische Verwendung des Konzepts als Deutungsmuster einer Erlebnis- oder Erfahrungsgemeinschaft,[790] deren Mentalität, Lebensstil und politisch-kultureller Habitus in einen Zusammenhang mit gleichzeitig gemachten, spezifischen historischen Erfahrungen gebracht wird,[791] bezeichnet Weigel als „Meistertrope des 20. Jahrhunderts“[792]. Die charakteristische Prägung dieses verbreiteten Ansatzes geht auf den Soziologen Karl Mannheim und seinen Aufsatz „Das Problem der Generationen“[793] von 1928 zurück, auf den sich alle nachfolgenden Generationenforschungen in der Regel als Schlüsseltext berufen.[794] In seinem Text operationalisiert Mannheim den Generationsbegriff und führt ihn als soziologisches Ordnungsinstrument ein, mit der Absicht, sozial-kulturellen Wandel in Verbindung mit einer von ihm angenommenen Generationszugehörigkeit zu erklären. Mannheim, der seine Soziologie in der Nachfolge Diltheys entwirft, bezieht den zeithistorischen Hintergrund, das heißt die Erfahrungen des ersten Weltkriegs

787 In der Literaturwissenschaft hat sich trotz der zunehmenden Verwendung des Generationsbegriffs kein konsistenter Gebrauch durchsetzen können, ein systematischer Ansatz fehlt. Vgl. ebd., S. 18.

788 Vgl. Herrmann 2006: Was ist eine „Generation“?, S. 39.

789 Ebd., S. 35.

790 Vgl. Parnes/Vedder et al. 2008: Das Konzept der Generation, S. 12.

791 Vgl. Weigel 2006: Genea-Logik, S. 93 u. 95.

792 Ebd., S. 95.

793 Mannheim 1964: Das Problem der Generationen, S. 509–565.

794 Vgl. Weigel 2006: Genea-Logik. Und: Bohnenkamp 2011: Doing Generation, S. 19.

in seine Überlegungen mit ein, verweist auf damit zusammenhänge Erlebnisgemeinschaften und arbeitet mit dem Generationsgegensatz von ‚jung' und ‚alt'.[795] Er begreift Gesellschaft als einen sozialen Raum, in dem sich Generationen schichten und lagern.[796] Anders als eine ‚Generationslagerung' ergibt sich eine Verbundenheit der Individuen innerhalb dieser Lagerung, ein sogenannter ‚Generationszusammenhang', nach Mannheim erst durch eine gemeinsame, einschneidende historische Erfahrung, die Personen eines Jahrgangs in der Kindheit oder Jugend machen:

> „Die ersten Eindrücke haben die Tendenz, sich als *natürliches Weltbild* festzusetzen. Infolgedessen orientiert sich jede spätere Erfahrung an dieser Gruppe von Erlebnissen, mag sie als Bestätigung und Sättigung dieser ersten Erfahrungsschicht, oder aber als deren Negation und Antithese empfunden werden."[797]

Neuere Forschungsansätze zum Generationenkonzept, wie sie aus dem Umkreis des Leibniz-Zentrum für Literatur- und Kulturforschung Berlin (ZfL) heraus, allen voran von Weigel angestoßen wurden,[798] verfolgen eine diskursive Herangehensweise und stellen heraus, dass sich mit dem maßgebenden Konzept Mannheims die in dem Generationsbegriff ursprünglich angelegte semantische Doppeldeutigkeit stark hin zu einer Seite verschoben hat: Während eine ältere genealogische, diachrone Perspektive, die der Generationen familiärer Abstammung und Herkunft, zweitrangig geworden ist, dominiert nun eine auf Dilthey und Mannheim zurückgehende synchrone Perspektive der Generationen gesellschaftlicher Gleichzeitigkeit.[799] Die

795 Vgl. Lauer 2010: Einführung, S. 14. Schon bei Wilhelm Dilthey ist eine Tendenz zu erkennen, Generationen an historische Zäsuren erfahrungsgeschichtlich zu knüpfen. Anders als Mannheim aber, der mithilfe des Generationsbegriffs Differenzen zwischen einer jungen und einer älteren Generation in den 1920er Jahren herausarbeiten möchte, geht es Dilthey darum, die Gleichzeitigkeit von Klassik und Romantik in der Literatur um 1800 zu erklären. Vgl. ebd., S. 13 f.

796 Vgl. Parnes/Vedder et al. 2008: Das Konzept der Generation, S. 218 u. 246.

797 Mannheim 1964: Das Problem der Generationen, S. 536. Der Zusammenhang durch gleichartige und gleichzeitige Kindheitserfahrungen kann dann dazu führen, behauptet Mannheim, dass sich aus der Generation eine historisch aktive Gruppe, eine ‚Generationseinheit' formiert, die kollektiv handelnd auftritt und historischen Wandel beeinflussen kann. Vgl. ebd., S. 547 f. Und: Vgl. Emmerich 2005: Das Generationsparadigma in der DDR-Literaturgeschichte, S. 69 f.

798 Vgl. Weigel 2006: Genea-Logik. Und: Parnes/Vedder et al. 2008: Das Konzept der Generation.

799 Vgl. ebd., S. 10 f. Und: Weigel 2006: Genea-Logik, S. 108 ff. Nach Parnes, Vedder und Willer kann es nicht darum gehen, eine ‚eigentliche' Grundbedeutung zu rekonstruieren: „Denn die Deutungspotenz und der imaginative Vorrat des Konzepts beruhen gerade auf seiner nicht reduzierbaren Vielgestaltigkeit – eine Vielgestaltigkeit, der eine doppelte

Verwendung eines solchen Generationsbegriffs als Strukturinstrument historischer und kulturhistorischer Darstellungen betrachtet Weigel nicht unkritisch. Diese basieren laut der Kulturwissenschaftlerin auf der Ausklammerung der genealogischen Bedeutungsebene zugunsten der synchronen Perspektive, um dann eine anders gewendete diachrone Perspektive in Form von Phasen und Entwicklungsstadien wieder einzuführen:[800]

> „Ist die soziologische Konstruktion einer jahrgangsspezifischen Gruppierung methodisch einer Stillstellung der Diachronie im Interesse von Synchronie oder Gleichzeitigkeit geschuldet, so kommt es beim Einsatz des Generationsbegriffs für die Deutung historischer Vorgänge notwendig zu problematischen Effekten: Als Kette oder Abfolge von Einheiten beschrieben, wird die generationell strukturierte Geschichte an eine anthropologische Ordnung zurückgekoppelt und damit gleichsam naturalisiert."[801]

Dieser Effekt zeigt sich beispielsweise an der Praktik, gesellschaftliche Generationen zu zählen, obwohl keine biologisch gegebenen, natürlichen Einteilungen und Generationsgrenzen vorliegen und eine Zählbarkeit damit eigentlich ausgeschlossen ist.[802] Nichtsdestotrotz wird nicht selten von einer zweiten oder dritten Generation gesprochen und das einschneidende historische Ereignis, auf das sich eine solche Periodisierung bezieht, als eine Art Ursprung und Nullpunkt konstruiert, sodass sich ein quantifiziertes Modell sozialer Generationen „im kollektiven Gedächtnis als eine mythisch-narrative Zeitrechnung jenseits von Kalender und Historiographie"[803] etabliert hat. Während der so verwendete Begriff das Verhältnis und die Prägung durch ein bestimmtes Ereignis sowie die dadurch gestiftete Generationszugehörigkeit in den Fokus rückt, lassen sich auf diese Weise Fragen nach der individuellen, familiären Herkunft umgehen, erklärt Weigel und konstatiert:[804]

Begrifflichkeit, ein Wechselverhältnis zwischen *generatio*, ‚Entstehung', ‚Zeugung', und *genus*, ‚Gattung', ‚Geschlecht', zugrunde liegt." Parnes/Vedder et al. 2008: Das Konzept der Generation, S. 10 f. Problematisch wird die Verwendung des Generationsbegriffs laut Weigel, wenn seine Doppelbedeutung des Begriffs zwischen der Abfolge eines natürlichen Reproduktionsgeschehens einerseits und einen kulturellen Überlieferung andererseits überblendet, das heißt „kulturelle Erscheinungen als Epiphänomene der Naturgesetze betrachtet und geschichtstheoretische Fragen als Ableitungen biologisch definierter Rhythmen behandelt werden, Diachronie also auf Demographie reduziert wird." Weigel 2006: Genea-Logik, S. 96.

800 Vgl. ebd., S. 110.

801 Ebd.

802 Vgl. ebd., S. 101.

803 Ebd., S. 108.

804 Vgl. ebd., S. 97.

> „So hat der Diskurs der Generationen für die Vergangenheitspolitik Deutschlands nach 1945 eine zentrale Bedeutung. Er ist einer jener Schauplätze, auf denen die Verhandlungen über die politische Macht und moralische Definitionsmacht ausgetragen werden. Das Selbstverständnis, Vertreter oder Angehöriger einer bestimmten Generation zu sein, ersetzt und überlagert nämlich durchweg das Paradigma von Opfern und (Mit-)Tätern."[805]

Im Schulddiskurs nach 1945 diente die Rede von der ‚jungen Generation' nach Weigel einerseits dazu, sich vom Täterkollektiv abzusetzen, den zeitlichen Abstand zum Nationalsozialismus und Holocaust zu betonen und sich auf Seiten eines Neuanfangs ohne direkte Schuld zu positionieren.[806] Andererseits erhielt die Zählung einer zweiten und dritten Generation auch biblische Züge, indem sich die Vorstellung einer ererbten Schuld verbreitete, die der Idee der Erbsünde nicht unähnlich ist.[807]

Wenn im Folgenden nun Modelle vorgestellt werden, die heuristisch versuchen, die Literaturgeschichte der DDR unter anderem mithilfe des Generationenparadigma zu erzählen und zu periodisieren, sind diese von Weigel erörterten diskursiven Verwendungsweisen eines (kultur-)historischen Generationsbegriffs parallel zu bedenken. Außerdem ist zu beachten, dass sich Weigel mit ihren Erörterungen des Schulddiskurses nach 1945 primär auf die Nachkriegszeit in West-Deutschland bezieht. Für den hier im Fokus stehenden Kontext ist es deshalb wichtig, sich die oben erörterten generationellen Selbstzuschreibungen der neu auftretenden Lyrikerinnen und Lyriker in der DDR der 1960er Jahre und die damit vielfach kongruente literaturgeschichtliche Darstellung generationeller Klassifikationen bewusst zu machen.

Emmerich, der im Rahmen seiner „Kleinen deutschen Literaturgeschichte der DDR" sowie zahlreicher Aufsätze versucht hat, in der DDR-Literaturforschung einen generationellen Ansatz zu etablieren,[808] legt seinen Fokus insbesondere

---

805 Ebd.

806 Vgl. ebd., S. 97–101. Und: Parnes/Vedder et al. 2008: Das Konzept der Generation, S. 280.

807 Vgl. Weigel 2006: Genea-Logik, S. 102.

808 Vgl. Im Zeichen der Wiedervereinigung: die zweite Spaltung der deutschen Literatur. In: Emmerich 1994: Die andere deutsche Literatur, S. 208–223. / Emmerich 2005: Das Generationsparadigma in der DDR-Literaturgeschichte, S. 61–80. / Emmerich 2008: Generationen – Archive – Diskurse, S. 15–19. Und: Emmerich 2010: Die Bedeutung von Generationen, S. 15–29. In seiner „Kleinen deutschen Literaturgeschichte der DDR" schreibt Emmerich außerdem: „Der *Generationenvergleich* kann für die Literaturgeschichtsschreibung nie der einzige Zugang sein, um – am Ende auch ästhetische – Veränderungen und Umschwünge bis hin zum Bruch mit dem Voraufgehenden zu erklären. Aber er ist doch ein wichtiger (in diesem Buch schon mehrfach praktizierter) Ansatz, um solchen Veränderungen auf die Spur zu kommen." Emmerich 1996: Kleine Literaturgeschichte der DDR, S. 403.

auf jene Jahrgänge von Autorinnen und Autoren, die während des Nationalsozialismus und des Zweiten Weltkriegs Kinder oder Jugendliche waren. Dieser Schwerpunkt zeigt sich schon an den Titeln seiner Veröffentlichungen: „Das Generationsparadigma in der DDR-Literaturgeschichte. Die Jahrgänge 1933–1935" und „Die Bedeutung von Generationen in 50 Jahren DDR-Literatur – und der Jahrgang 1929". Hierbei gründet Emmerich seine Annahmen explizit auf die Theorien Diltheys und Mannheims und schreibt über die von ihm sogenannte ‚zweite Generation':

> „Das unmittelbare Miterleben des 2. Weltkriegs, der Zusammenbruch des Dritten Reichs und ein Neuanfang, der ein so ganz anderes, friedliches und gerechtes Leben zu verwirklichen versprach – das sind die Schlüsselerfahrungen dieser Generation noch in jungen Jahren, in den ‚Jahren der Empfänglichkeit', mit Wilhelm Dilthey zu sprechen."[809]

Damit setzt Emmerich für die Charakterisierung der zwischen 1920 bis 1935 Geborenen, die er an anderer Stelle „zweite oder ‚Aufbaugeneration'"[810] bzw. „mittlere Generation"[811] nennt, den antifaschistischen Gründungsmythos der DDR zentral und das darin liegende Versprechen eines Aufbaus einer neuen, besseren und kommunistischen Gesellschaft im Sinne eines ausdrücklichen Gegenentwurfs zum NS-Regime.[812] Emmerich, der insgesamt von drei bis vier Generationen innerhalb der Literaturgeschichte der DDR ausgeht, perspektiviert diese im Wesentlichen im Hinblick auf ihre vom Alter abhängigen Erfahrungen zusammenhängend mit Krieg und Nationalsozialismus sowie ihr daraus resultierendes Verhältnis zum Staat DDR. Die Konstruiertheit der Generationsgrenzen und ihr arbiträrer Charakter zeigt sich dabei beispielhaft an den uneinheitlichen und variierenden Einteilungen, die Emmerich innerhalb der „Kleinen Literaturgeschichte der DDR" vornimmt,

809 Emmerich 2005: Das Generationsparadigma in der DDR-Literaturgeschichte, S. 71. Hinsichtlich der zwischen 1929 und 1940 geborenen Autoren schreibt Bathrick nicht ganz unähnlich: „Denn wir haben hier eine Generation von Schriftstellern, die in der höchst polarisierten Kultur des kalten Krieges sozialisiert worden war und die in den verstümmelten Formen eines damaligen stalinistischen Antifaschismus die für sie einzige Möglichkeit sah, im Nachkriegsdeutschland etwas Neues aufzubauen." Bathrick 2000: Die Intellektuellen und die Macht, S. 241.

810 Emmerich 2010: Die Bedeutung von Generationen, S. 20.

811 Emmerich 1996: Kleine Literaturgeschichte der DDR, S. 318.

812 Vgl. ebd., S. 35 ff. Emmerich weist zugleich darauf hin, dass „der heroische Mythos von den Kommunisten als den besten Antifaschisten höchst fragwürdig war und die SED zudem den Massenmord an den Juden als zivilisationsvernichtendes Kernereignis des Nationalsozialismus weitgehend ausblendete". Ebd., S. 71.

und deren Widersprüchlichkeit Janine Ludwig und Mirjam Meuser fundiert herausgearbeitet haben.[813] Dieser Varianz eingedenk soll hier nur kurz auf Emmerichs aktuellstes Modell von 2010 verwiesen werden, in dem er, sich auf Ansätze des Soziologen und Kulturhistorikers Günter Erbes berufend, folgende Generationen ausmacht:

> „– die *erste oder ‚Gründergeneration‘* der DDR (alle Jahrgänge bis 1920)
> – die *zweite oder ‚Aufbaugeneration‘* (die Jahrgänge 1920 bis ca. 1935, mit dem Zentrum um die Geburtsjahre 1925 bis 1930)
> – die *dritte oder ‚integrierte Generation‘* (die seit den späten 30er und bis in die mittleren 50er Jahre Geborenen)
> – die *vierte oder ‚distanzierte Generation‘*, zuweilen auch *‚entgrenzte Generation‘* genannt (die seit Ende der 50er bis zur Mitte der 70er Jahre Geborenen, die noch weitgehend in der DDR sozialisiert wurden)“[814].

Im Weiteren ist sich, aufgrund der Geburtsjahre von Leising und Novak, auf die sogenannte ‚zweite Generation‘ zu konzentrieren, auf die nicht nur Emmerich in seinen Studien einen Schwerpunkt legt, sondern die auch andere Literaturwissenschaftler mit einer Sonderstellung versehen. So schreibt beispielswiese Bathrick im „Metzler-Lexikon DDR-Literatur“:

> „Um diese einzigartige öffentliche Rolle der DDR-Literaturgesellschaft historisch zu verdeutlichen, sei auf die Generation der zwischen 1929 und 1940 geborenen Autoren verwiesen, deren kollektive Erfahrungen und Leistungen stellvertretend für den vierzigjährigen Literaturbetrieb [der DDR, KvB] im Ganzen stehen können.“[815]

Während Bathrick vor 1929 geborene Schriftsteller wie Johannes R. Becher, Bertolt Brecht, Stephan Hermlin oder Anna Seghers, nach dem Krieg aus

813 Vgl. Ludwig/Meuser 2009: Die Geschichte der DDR-Literatur in vier Generationen engagierter Literaten, S. 63.

814 Emmerich 2010: Die Bedeutung von Generationen, S. 20. In seiner „Kleinen deutschen Literaturgeschichte der DDR“ unterscheidet Emmerich, sieht man von der Inkonsistenz innerhalb des Buches ab, im Wesentlichen zwischen den „bis ca. 1915 geborenen Autoren“, jenen „zwischen ca. 1915 und ca. 1930 Geborenen“, den „ab Anfang der 30er Jahre Geborenen“ sowie der Literatur „der nach 1950 Geborenen“. Vgl. Emmerich 1996: Kleine Literaturgeschichte der DDR, S. 403 f. Da nicht nur die Generationsmodelle Emmerichs zu Autoren aus der DDR voneinander abweichen, sondern auch andere existierende Modelle in der Regel nicht vollkommen deckungsgleich miteinander sind, wäre es redundant, diese offenkundig konstruierten und stets etwas willkürlich gesetzten Grenzen im Einzelnen zu diskutieren.

815 Bathrick 2009: Öffentlichkeit, S. 242.

dem Exil nach Deutschland bzw. in die DDR zurückgekehrt, als „Erzieher" bezeichnet, nennt er die nachfolgenden Autorinnen und Autoren die „Umerzogenen" und spricht von „Lernenden oder Fragenden"[816]. Auch Ilse Nagelschmidt hebt das spezifische Verhältnis dieser beiden Gruppen von Autoren hervor. Den Älteren, die Deutschland während des Nationalsozialismus aus Gründen der politischen Gegnerschaft oder rassistischen Verfolgung verlassen hatten, stellt sie das Verpflichtungsgefühl der Jüngeren gegenüber, die vielfach im NS-Regime erzogen wurden sowie häufig Soldaten, Flakhelfer oder naive Mitläufer gewesen waren.[817] Nagelschmidt schreibt über diese ‚Generation von Christa Wolf', die sie wie Emmerich ‚Aufbaugeneration' nennt:

> „Diese Generation ist seit ihrer Jugend an der Ausprägung der Ich-Identität gehindert; die Formierung der Wir-Identität und des Wir-Bewusstseins wird zur Motivation dieser Generationseinheit, sich zu dem neuen Gesellschaftssystem zu bekennen. […] Dazu gehören die kollektive Annahme und das Bekenntnis von und zur Schuld der Deutschen und der Wille, diese v. a. über die Näherung an Antifaschisten und zurückkehrende Exilant/innen abzutragen."[818]

Nicht nur Nagelschmidt, auch Emmerich führt ein spezifisches Schuldbewusstsein als wesentliches Kennzeichen der in den 1920er und 1930er Jahren Geborenen an, die in ihrer Jugend einen fundamentalen Wechsel von den ideologischen Anschauungen des Nationalsozialismus zur marxistischen Ideologie erfuhren.[819] In einer zentralen Passage aus dem Ungarntagebuch des 1922 geborenen Franz Fühmann erkennt Emmerich Schlüsselsätze dieser Autorengruppe. Fühmann schreibt in seinem Buch „22 Tage oder Die Hälfte des Lebens":

> „Ich bin gleich Tausenden andren meiner Generation zum Sozialismus nicht über den proletarischen Klassenkampf oder von der marxistischen Theorie her, ich bin über Auschwitz in die andre Gesellschaftsordnung gekommen. Das unterscheidet meine Generation von denen vor ihr und nach ihr, und eben dieser Unterschied bedingt unsre Aufgaben in der Literatur … Ich werde der Vergangenheit nicht mehr entrinnen, nicht einmal in der Utopie … […]
>
> Diese neue Gesellschaftsordnung war zu Ausschwitz das Andere; über die Gaskammer bin ich zu ihr gekommen und hatte es als den Vollzug meiner

816 Ebd.

817 Vgl. Nagelschmidt 2017: Identitätsdiskurse im Spannungsfeld der Generationen in Ostdeutschland, S. 45. Und: Emmerich 2010: Die Bedeutung von Generationen, S. 21.

818 Nagelschmidt 2017: Identitätsdiskurse im Spannungsfeld der Generationen in Ostdeutschland, S. 45 f.

819 Vgl. Emmerich 2010: Die Bedeutung von Generationen, S. 22.

> Wandlung angesehen, mich ihr mit ausgelöschtem Willen als Werkzeug zur Verfügung zu stellen, anstatt ihr Mitgestalter mit eben dem Beitrag, den nur ich leisten könnte, zu sein."[820]

Ludwig und Meuser indes modifizieren Emmerichs Generationeneinteilung und trennen Jahrgänge wie den Fühmanns von den zwischen 1929 und -38 Geborenen als erste in die DDR hineingewachsene Generation.[821] Sie gehen davon aus, dass jene Gruppe von Autorinnen und Autoren, die Krieg und nationalsozialistische Diktatur als Kinder und Jugendliche miterlebten, sich „kaum ernsthaft schuldig gemacht haben" und „als relativ Unbelastete nicht nur unbefangen mit der Vergangenheit abrechnen, sondern sich auch mit einem geradezu jugendlichen Elan dem Aufbau dieses neuen Staates verschreiben konnten."[822] So führen die weite Generationeneinteilung von Nagelschmidt und Emmerich einerseits und die engere Einteilung von Ludwig und Meuser andererseits zu verschiedenen Schlussfolgerungen. Sich dieser Problematik offenbar bewusst, betont Emmerich 2005, dass er „die Jahrgänge 1933–1935 nicht als gänzlich neue, sondern als *Zwischengeneration*" betrachtet, „der [Generation, KvB] der 20er Jahre in vielem verbunden"[823]. Diese ‚Zwischengeneration' hätte, so schreibt Emmerich, aufgrund ihres Alters im Unterschied zu den Jahrgängen vor ihnen „nichts zu bereuen", doch verbinde sie mit den Älteren „ein gleichsam *selbstverständlicher Antifaschismus*."[824] Bemerkenswert ist, dass Emmerich es nicht bei der Einteilung in Generationen und Zwischengenerationen belässt, sondern auch für die Beschreibung des Verhältnisses der zwischen 1933 und 1935 Geborenen zum Staat DDR eine starke generationelle Metaphorik verwendet. Er beschreibt, wie der antifaschistische Grundkonsens in der DDR mit einer rückhaltlosen Bejahung des Sozialismus gleichgesetzt wurde, sodass es keine Möglichkeit gab, Letzteren zu kritisieren, ohne auch ersteren infrage zu stellen und schlussfolgert:[825]

820 Fühmann 1974: Zweiundzwanzig Tage, S. 200.

821 Vgl. Ludwig/Meuser 2009: Die Geschichte der DDR-Literatur in vier Generationen engagierter Literaten, S. 64 ff.

822 Ebd., S. 66 f.

823 Emmerich 2005: Das Generationsparadigma in der DDR-Literaturgeschichte, S. 72. Unter jene ‚Zwischengeneration' fasst er die 1933 Geborenen Reiner Kunze, Brigitte Reimann, Irmtraud Morgner, Uwe Greßmann, Rainer Kirsch und Fritz Mierau, den Jahrgang 1934 mit Ulrich Plenzdorf, Werner Bräunig, Wulf Kirsten, Richard Leising, Uwe Johnson sowie die 1935er Heinz Czechowski, Sarah Kirsch, Karl Mickel, Paul Gratzik, Helga M. Novak, Fritz Rudolf Fries und Joachim Schädlich. Vgl. ebd.

824 Ebd.

825 Vgl. Emmerich 2010: Die Bedeutung von Generationen, S. 23.

> „Aus dieser Verknotung entstand jene intime, kindliche, familiäre Loyalität, um nicht zu sagen Gefolgschaftstreue, der vom sozialistischen Übervater in Gnaden angenommenen gefallenen Kinder, die für lange Jahre auch die Texte dieser Autoren der zweiten Generation durchzieht."[826]

Das Festhalten an der Idee des Sozialismus verstanden als Utopie und die damit verbundene langlebige Hoffnung auf die Reformierbarkeit des realsozialistischen Systems in der DDR betrachtet Emmerich als Folge aus dieser Konstellation und weiteres Kennzeichen der zwischen 1933 und 1935 Geborenen.[827] Zwar begannen sich viele von ihnen laut dem Literaturwissenschaftler mit dem Ungarischen Volksaufstand 1956, dem Mauerbau 1961 und dem 11. Plenum des ZK der SED 1965 kritisch zu der DDR zu positionieren, sodass die Niederschlagung des Prager Frühlings 1968 und die Ausbürgerung Wolf Biermanns 1976 als tiefgreifende Erschütterung diese Positionierung zwar verhärtete, Emmerich zufolge jedoch nur selten zu einem vollständigen Bruch mit der sozialistischen Idee führte.[828] Und auch Bathrick schreibt, allerdings ohne dabei auf einen konkreten Generationenbezug hinzuweisen: „Im Gegensatz zu den oppositionellen Intellektuellen in anderen Ostblockländern verpflichteten sich die kritischen Schriftsteller der DDR bis zum Ende dazu, einen besseren, reformierten Sozialismus hervorzubringen."[829] Meuser und Ludwig konstatieren in Bezug auf die zwischen 1929 und -38 Geborenen:

> „Da bei den AutorInnen dieser Generation im Allgemeinen die Bindung an die sozialistische Idee am stärksten war, scheint es sinnvoll, anzunehmen, dass sie tendenziell die größten Probleme mit den Umbrüchen der Wendezeit und mit der Suche nach geeigneten Ausdrucksformen in ihrer veränderten Lage gehabt haben könnten."[830]

826 Ebd., S. 23 f. In Helga M. Novaks autobiografischem Roman „Vogel federlos" erfährt dieses Motiv nicht nur eine explizite Thematisierung, sondern auch eine kritische Reflexion. Dort heißt es: „Mutter Partei / und Vater Staat / sind meine Eltern / ich lebe im Matriarchat // [...] Mutter Partei / und Vater Staat / sind beide totgefroren / und ich bin / ihre taube Saat." Novak 1982: Vogel federlos, S. 254.

827 Als Beispiel führt Emmerich u. a. die Zeilen Richard Leisings an: „Und dieses Land darin ich leben will / Aber muss". Mein Frühjahr (1967). In: Leising 1990: Gebrochen deutsch, S. 8. Vgl. Emmerich 2005: Das Generationsparadigma in der DDR-Literaturgeschichte, S. 79.

828 Vgl. ebd., S. 76 ff. Und: Emmerich 2010: Die Bedeutung von Generationen, S. 26.

829 Bathrick 2000: Die Intellektuellen und die Macht, S. 248.

830 Ludwig/Meuser 2009: Die Geschichte der DDR-Literatur in vier Generationen engagierter Literaten, S. 67.

Dass es grundsätzlich gilt, „generationelle Einteilungen zu problematisieren und sich ihrer unscharfen Ränder ebenso bewusst zu sein wie der Differenzen in den Werken der jeweiligen Generationsangehörigen selbst“[831] betonen sie dabei ebenfalls. Viele andere Faktoren seien zu berücksichtigen wie beispielsweise der Zeitpunkt des Eintritts in die literarische Öffentlichkeit.[832] Im Falle von Leising und Novak sollte sich darüber hinaus insbesondere vor Augen geführt werden, dass Leising bis zu ihrem Ende in der DDR lebte, Novak das Land hingegen erstmals 1957 verließ und dann ab 1958 mit Unterbrechungen dort wohnte bis sie 1966 aus der DDR ausgewiesen wurde (vgl. 2.1.1 u. 2.2.1).

Anschauliches Beispiel dafür, wie wichtig es ist, den Blick auf die Vielfalt von Faktoren sowie auf Abweichungen, Singularitäten und alternative Deutungsmodelle durch generationelle sowie andere Subsumierungen nicht zu verstellen bzw. die Frage der Repräsentativität bei solchen Ansätzen aufzuwerfen, ist Uwe Johnsons Text „Versuch, eine Mentalität zu erklären“[833]. Der 1934 geborene Johnson, der 1959 aus der DDR wegging, verfasste diesen Text als Nachwort zu einem 1970 erschienenen Interviewband mit dem Titel „Ich bin Bürger der DDR und lebe in der Bundesrepublik“. Johnsons Nachdenken über die Äußerungen der zwölf befragten Personen der Jahrgänge 1932 bis 1945, die bis 1961 die DDR verließen, erhält im weiteren Verlauf Züge einer generationsspezifischen Erzählung.[834] Das Motiv der familiären Loyalität, das Emmerich als Charakteristikum der zweiten Generation anführt, ist in diesem Text als Beobachtung schon angelegt. Johnson schreibt:

> „Für alle, die hier reden, war es mehr als ein Land, mehr als Heimat und biographische Gegend. Der Begriff Vaterland, gereinigt von Pathos und Patriotismus, ist hier nicht fern, gestützt durch die Profiltiefe der Prägung, die ein junger Mensch in der DDR erfuhr. In den vorliegenden Aussagen erscheint die DDR als fest umrissene personenähnliche Größe (während die Bundesrepublik bewußt ist als lediglich eine Lage, in der man sich befindet). Aus den beiden moralischen Voraussetzungen des Antifaschismus und Antikapitalismus konnte ein nahezu paternalistisches Verhältnis anwachsen.“[835]

Im letzten Absatz des Nachwortes unterstreicht Johnson allerdings, dass sich anhand der im Buch versammelten Interviews zwar diese Beobachtung ablesen lässt, die Möglichkeit alternativer Haltungen dennoch nicht ausgeblendet werden sollte. Am Schluss seines Textes schreibt er in kursiver Absetzung: *„Es*

831 Ebd., S. 70.

832 Vgl. ebd.

833 Johnson 1970: Versuch, eine Mentalität zu erklären, S. 119–129.

834 Vgl. Helbig 2013: Uwe Johnson hält eine Rechnung offen, S. 260.

835 Johnson 1970: Versuch, eine Mentalität zu erklären, S. 121 f.

geht auch anders", und beendet seinen „Versuch, eine Mentalität zu erklären" mit einer Erweiterung der Perspektive:

> „*Gewiß, die DDR war eine Erfahrung, obendrein die einer juvenilen Periode, aber die Erfahrung sollte nicht verkleinert werden durch die Tricks der Erinnerung. Es gibt da auch Dinge, die der Regen nicht abwäscht. Was da an Biographie gestiftet wurde, war immerhin nicht alles notwendig zum Leben. Es ist nicht nötig, diese Rechnung neu aufzumachen, aber sie verträgt es, offen zu bleiben.*"[836]

836 Ebd., S. 129. Als die Herausgeber den letzten Absatz des Nachworts streichen lassen wollten, antwortet Johnson im November 1969: „Diese drei Punkte, die Sie streichen wollen, benötige ich leider dringend. Sie sollen die Vertreter des so genannten gesunden Menschenverstandes daran hindern, die vorher beschriebene Verfassung mit der meinen zu identifizieren. Außerdem halte ich die Existenz einer solchen Alternative für häufig nachweisbar und trete für deren Verbreitung ein." Johnson, Uwe an Müller, Hans Dieter, 15.11.1969. Zit. nach: Helbig 2013: Uwe Johnson hält eine Rechnung offen, S. 271.

KAPITEL 2

Fallstudien

Wie literarische Nachlässe in ihrer Gesamtheit betrachtet werden können und inwiefern ihre Untersuchung die Perspektive auf Autor und Werk verändert, soll nun anhand von zwei praktischen Anwendungsbeispielen gezeigt werden. Die Fallstudien zu den literarischen Archiven von Richard Leising und Helga M. Novak sind analog zueinander aufgebaut und folgen der im zweiten Kapitel entwickelten Verfahrensweise zur Analyse literarischer Nachlässe.

2.1 Richard Leising – der Nachlass im DLA Marbach

Gegenstand der ersten Fallstudie ist der literarische Nachlass Richard Leisings im Deutschen Literaturarchiv Marbach.[1] Er ist nicht nur reich an verschiedenen Textformen und scheint mit Blick auf die Nachwelt geradezu vorbereitet, er steht auch in einem frappierenden Gegensatz zu den wenigen zu Lebzeiten veröffentlichten Gedichten des Lyrikers. Aufgrund seines außergewöhnlichen wie exemplarischen Status fordert der Nachlass eine Untersuchung geradezu heraus. Einen Ausganspunkt für die Analyse bilden eine kurze Biografie sowie ein Dichterprofil Leisings. Neben einigen Eckpunkten zum Leben und Schaffen stehen hier die Veröffentlichungsgeschichte des Dichters sowie die Rezeption seiner Gedichte im Zentrum, nicht jedoch ihre Interpretation. In dem Unterkapitel „Schreiben und Publizität" liegt ein Augenmerk auf Leisings zögerlicher Veröffentlichungspraxis sowie der Konstellation aus wenigen publizierten Gedichten einerseits und hoher Wertschätzung andererseits.

Die folgenden Abschnitte der Fallstudie widmen sich dann der Nachlassbeschreibung und -analyse, beginnend mit einem Nachlassprofil zu Umfang, Zusammensetzung und Genese. Anschließend werden kulturelle Praktiken herausgearbeitet, die das literarische Archiv spezifisch geprägt haben: Leisings selbstreflexive Systematik, die sich in einem sorgsamen Ordnen, Datieren[2] und Kommentieren ausdrückt, die Praktik des Dokumentierens und

1 Diese Fallstudie basiert auf Ergebnissen der Ende 2014 abgeschlossenen Masterarbeit „‚was soll denn die nachwelt von dir denken […]?' Nachlass und Bewusstsein – Die Marbacher Hinterlassenschaften Richard Leisings". Die Ergebnisse wurden für die vorliegende Fallstudie grundlegend überarbeitet, erweitert und ergänzt.

2 Die Datierungen Leisings enthalten in der Regel keine Ortsangabe, sodass seine Briefe im Folgenden unter Verzicht auf diese Angabe zitiert werden.

 DOI:10.30965/9783846766934_003

Sammelns, exemplarisch verdeutlicht an den Zeitungsausschnittsammlungen, das Aufschreiben und Verzeichnen mit einem Fokus auf die für den Nachlass charakteristische Gattung der Merkbücher sowie nicht zuletzt die Selektion der Papiere durch gezielte Vernichtung. Mit dem Nachzeichnen von Selbstentwürfen im Nachlass soll das Verhältnis Leisings zum Schreiben analysiert werden: Seinem Schreiben unter dem Signum der Produktivität sowie seiner Poetik der Beobachtung gilt ein erster Abschnitt, der daran anschließende befasst sich mit der Bedeutung der DDR für Leisings Schreiben und mit den in diesem Kontext dominierenden Themen der Macht, Abhängigkeit und Mitschuld.

Die abschließende Untersuchung des Nachlassbewusstseins legt einen Akzent auf den Aspekt des Nachlebens und gliedert sich in drei Teile: Zunächst ist die Beziehung von Tod und Schreiben sowie die Bedeutung des Hinterlassens auszuloten. In einem weiteren Schritt werden Leisings nachlasspolitische Strategien zwischen Werkbildung und Nachlassplanung betrachtet. Das Verständnis des Dichters von Werk und Nachlass soll im Anschluss und in Bezug auf den Umgang mit Fragment Gebliebenem herausgearbeitet werden. Dabei wird gezeigt, wie dem Nachlass im Moment des Scheiterns die Funktion eines Werkersatzes zukommt.

2.1.1 *Kurzbiografie*

Richard Leising wurde am 24. März 1934 in Chemnitz als Sohn einer Arbeiterfamilie geboren. Sein Vater arbeitete als Kraftfahrer und Zimmermaler; seine Mutter ging, um nach der Scheidung 1940 für den Unterhalt der Kinder aufkommen zu können, verschiedenen Tätigkeiten nach, darunter einer Arbeit im Uranbergbau im Erzgebirge bei der Wismut AG.[3] Während der Zeit des Nationalsozialismus war der heranwachsende Leising Mitglied in der Hitlerjugend, im Frühjahr 1945 erlebte der elfjährige die Bombenangriffe auf die Stadt Chemnitz und auf das nicht weit entfernte Dresden. Das Kriegsende beschreibt Leising rückblickend als Erfahrung der Befreiung. Als Jugendlicher trat er der FDJ bei, als diese einen Klavierspieler suchte, und ließ sich zugleich konfirmieren.[4]

Zu Schulzeiten begann Leising Gedichte zu schreiben und wurde in seinem wachsenden Interesse für Literatur von seiner Lehrerin Charlotte Emmerich

3 Vgl. Leising, Richard: [Lebenslauf 1996]. In: DLA, A:Leising, Verschiedenes, Autobiographisches, Lebensläufe.

4 Vgl. Serke 1998: Zu Hause im Exil, S. 171 f. Und: Emmerich 2008: Richard Leising, der leise Poet, S. 111.

gefördert.[5] Nach dem Abitur 1952 studierte Leising, seine Begeisterung für Bertolt Brecht zum Anlass nehmend, bis 1956 Theaterwissenschaften in Weimar und Leipzig am Theaterinstitut. Noch als Student trat er 1956, überzeugt von Sozialismus und Antifaschismus, der SED als Kandidat bei und folgte dabei sowohl seiner politischen Gesinnung als auch der Werbung der Partei.[6] Seine Schwester verließ im gleichen Jahr auf illegalem Wege die DDR und siedelte nach Westdeutschland über, die Mutter folgte ihr 1966, also zehn Jahre später.[7]

Nach seinem Studium begann Leising eine Arbeit als Dramaturg am Kreistheater Werdau mit Sitz in Crimmitschau, wurde aber 1957 aufgrund von geringfügigen Formalitäten – einem unausgefüllten Urlaubsschein – nach nur einem Jahr wieder entlassen. Zeitweise ohne Einkünfte folgten weitere kurze, nur vorübergehende Anstellungen: 1958 trat Leising für knapp zwei Jahre eine Stelle am ‚Leipziger Zentralhaus für Volkskunst'[8] an, wo er in der Abteilung ‚Künstlerisches Wort' Lehrbriefe für Regisseure von Laientheatergruppen verfasste, Spielmaterial für die Gruppen erarbeitete und mitunter auch Lehrgänge leitete.[9] In diesem Rahmen entstand die erste Veröffentlichung Leisings, das Bühnenmanuskript „Galgenspiel"[10]. Der Leipziger Friedrich-Hofmeister-Verlag, der diese und andere Laientheaterliteratur verlegte, stellte Leising 1960 als Lektor ein. Mit der Übernahme des Friedrich-Hofmeister-Verlags durch den Henschel Verlag wechselte Leising noch 1960 nach Berlin, verlor aber schon 1961 im Zuge des Skandals um Heiner Müllers Stück „Die Umsiedlerin oder Das Leben auf dem Lande" seine Stelle. Das am 30. September von dem FDJ Studententheater der Hochschule für Ökonomie in Berlin Karlshorst unter der Regie von B. K. Tragelehn uraufgeführte Stück wurde von der SED als „konterrevolutionäres, antikommunistisches und dekadentes Machwerk"[11] eingestuft und nach nur einer Aufführung abgesetzt. Leising, der unter anderem für die

---

5 Durch Charlotte Emmerich, Mutter von Wolfgang Emmerich, entstand auch der spätere Kontakt zwischen Leising und dem Literaturwissenschaftler. Vgl. Serke 1998: Zu Hause im Exil, S. 172. Vgl. außerdem: Leising, Richard: Zum künstlerischen Werdegang, Februar 1991. In: DLA, A:Leising, Prosa, „Prosa/ fertig, aber nicht für ROTZFAHNE".

6 Vgl. Leising, Richard: [Einschub, Lebenslauf 1996]. In: DLA, A:Leising, Verschiedenes, Autobiographisches, Lebensläufe.

7 Vgl. Leising, Richard: [Lebenslauf 1996]. In: Ebd.

8 Ziel des Zentralhauses war es die Laienkunst und damit das ‚künstlerische Volksschaffen' kulturpolitisch zu lenken und ein breites Spektrum an künstlerischen Freizeitaktivitäten zu fördern. Vgl. Normann 2008: Kultur als politisches Werkzeug? Unter: http://www.kulturation.de/ki_1_thema.php?id=113, zuletzt abgerufen am 16.11.2021.

9 Vgl. Serke 1998: Zu Hause im Exil, S. 173.

10 Vgl. Reinecke 2014: Der Lyriker Richard Leising, S. 33.

11 Braun 1996: Drama um eine Komödie, S. 80.

Aufführung verantwortlich gemacht wurde und diese nun verurteilen sollte, kündigte.[12]

Im gleichen Jahr wurde Leising, der sich jeder aktiven Parteiarbeit enthielt und auch aus seiner zunehmend kritisch-distanzierten Haltung kein Geheimnis machte, als Kandidat der SED gestrichen.[13] Danach war Leising bis 1969 ohne feste Anstellung und damit in einem „System, in dem es offiziell keine Arbeitslosigkeit gab, [...] praktisch arbeitslos"[14]. Als Freischaffender versuchte er in wechselnden Tätigkeiten, zum Beispiel als Fernsehdramaturg und als Rezensent für die Zeitschrift „Theater der Zeit", seinen Lebensunterhalt zu sichern. Oft genügten die Einkünfte nur knapp und so lebte Leising zum Teil unter prekären Bedingungen am Rande des Existenzminimums,[15] verantwortlich dabei nicht nur für sich, sondern auch für seine 1959 geborene erste Tochter sowie nach der Heirat mit der Heilgymnastin Anneliese Schmidt 1960 für zwei weitere Töchter.[16] Wie noch ausführlicher zu zeigen sein wird, fallen in diese Zeit, in die Mitte der 1960er Jahre, die ersten Veröffentlichungen seiner Gedichte in Anthologien. Eine Bekanntschaft mit einem Zollbeamten am Grenzkontrollpunkt Marienborn ermöglichte Leising schließlich eine längere freie Mitarbeit bei der Laienspielgruppe „Staatsgrenze West". Leising hegte – so verdeutlichen diese und andere Lebensstationen – nicht nur eine besondere Affinität für das Theater im Sinne Brechts, sondern engagierte sich in Verbindung damit stark für das Laientheater und die Verbindung von Kunst, Erziehung und Bildung. Mit der Laienspielgruppe in Marienborn erarbeitete er unter anderem das Brecht-Programm „Von der Freundlichkeit der Welt. Bertolt Brecht: Gedichte, Lieder, Prosa"[17] sowie eine Szenenfolge mit dem Titel „Staatsgrenze West"[18]. Doch auch in Marienborn wurde seinem Engagement nach

---

12 Vgl. Serke 1998: Zu Hause im Exil, S. 174. Vgl. außerdem die Selbstdarstellung Leisings: „Der Verlag verlangte, meiner Zustimmung zu Stück und Inszenierung abzuschwören, wochenlange Debatten, denen ich widerstand. Danach kündige ich. Es folgt bis 1969 eine freischaffende, mehr oder weniger glücklose Zeit, vertan mit unterschiedlichstem Gelderwerb: Theaterkritiken, Stücklektorate für verschiedene Institutionen, diese und jene Spreu in Zeitungen und Zeitschriften, Anleitung von Laientheatergruppen usw." Leising, Richard: [Lebenslauf 1996]. In: DLA, A:Leising, Verschiedenes, Autobiographisches, Lebensläufe.

13 Vgl. Serke 1998: Zu Hause im Exil, S. 175.

14 Ebd., S. 176.

15 Vgl. Schulz 2012: Rotzfahne auf Halbmast, S. 230.

16 Vgl. Wachinger 1998: [Nachwort], S. 59.

17 Vgl. DLA, A:Leising, Dramatisches, Bearbeitungen, „Von der Freundlichkeit der Welt. Bertolt Brecht: Gedichte, Lieder, Prosa".

18 Vgl. Serke 1998: Zu Hause im Exil, S. 176. Und: o. V.: Staatsgrenze West. In: Neue Zeit, 7.3.1965.

einiger Zeit eine Absage erteilt und seine Arbeit im Umfeld des größten Grenzübergangs an der innerdeutschen Grenze beendet.[19] 1966 trennte sich Leising von seiner ersten Frau. 1969, im Todesjahr seines Vaters, kam er wieder in ein festes Arbeitsverhältnis als er am neu gegründeten Kindertheater in Magdeburg erneut eine Arbeit als Dramaturg aufnahm und mit seinen Bearbeitungen von Theaterstücken begann. Dort lernte er die Schauspielerin Melitta Jahoda kennen, die er heiratete. 1973 wechselte Leising nach Berlin an das gleichfalls an Kinder- und Jugendliche gerichtete Theater der Freundschaft, das heutige Theater an der Parkaue. Im gleichen Jahr starb Leisings zweite Frau im Alter von vierzig Jahren.[20] Beistand während der folgenden Zeit, in der Leisings Alkoholabhängigkeit zunahm, fand der Dichter bei dem Schauspieler und Regisseur Karl Friedrich Zimmermann, den er in Magdeburg kennengelernt hatte. „Es war die entscheidende Freundschaft meines Lebens“[21], so Leising später in einem Gespräch mit Jürgen Serke.[22] Mit Zimmermann realisierte Leising in den 1980er Jahren gemeinsam Theaterinszenierungen genauso wie mit den Regisseuren Horst Hawemann und Berndt Renne, mit denen er ebenfalls befreundet war. Zimmermanns Tod 1986 wurde zu einer weiteren schweren Zäsur für den Dramaturgen. Der Freund Zimmermann, dessen Anträge für eine Reise zu seinen kranken Eltern nach Westdeutschland mehrmals abgelehnt wurden, starb unerwartet nach einer weiteren Ablehnung.[23] In dem postum veröffentlichten Gedicht Leisings „Tod des Zimmermann“ heißt es in der Schlussstrophe: „Sie haben ihn mir weggenommen / Ermordet durch Hinhalten, durch Folter / Diese Mörder, diese Folterer / Keine Gnade ihnen / Und keinen Tod, keinen Tod.“[24] Nach dem zweiten nicht leicht zu verwindenden Verlust zog sich der introvertierte Leising immer stärker zurück und isolierte sich zunehmend.[25]

Aus den zu dem Dichter existierenden Stasi-Unterlagen geht hervor, dass beim MfS zu Leising zwischen 1975 und 1982 ein IM-Vorlauf angelegt wurde, veranlasst durch die Vermutung, Leising habe weitreichende Westkontakte. Nachdem drei geplante Anläufe 1976, 1977 und 1981 zur Anwerbung nicht realisiert wurden, schloss das MfS den Vorlauf auch aufgrund Leisings

19 Vgl. Serke 1998: Zu Hause im Exil, S. 176.

20 Vgl. Schulz 2009: Leising, Richard, S. 188.

21 Zit. nach Serke 1998: Zu Hause im Exil, S. 178.

22 Vgl. zu dem Themenbereich Freundschaft bei Richard Leising: Haberkorn [im Erscheinen]: Der Lyriker Richard Leising.

23 Vgl. Serke 1998: Zu Hause im Exil, S. 178 ff.

24 Tod des Zimmermann. In: Leising 1998: Die Rotzfahne, S. 28.

25 Vgl. Serke 1998: Zu Hause im Exil, S. 180.

Alkoholerkrankung, die ihn als untauglich für die IM-Tätigkeit erscheinen ließ.[26] Leising selbst erfuhr vermutlich nichts von dem Vorgang. Den gesammelten Berichten über ihn zufolge äußerte er sich in der Öffentlichkeit selten politisch und verhielt sich angepasst – kritische Ansichten der DDR gegenüber habe er, einer Einschätzung von 1979 zufolge, unter Alkoholeinfluss geäußert.[27]

In Serkes Porträt von Leising, 1998 veröffentlicht, wird von Leisings dem DDR-System in frühen Jahren noch zugewandter Haltung gesprochen, die zunehmend zu einer kritisch distanzierten wurde und spätestens ab 1986 in Aversion und Ablehnung umschlug (vgl. 2.1.6.2).[28] Obwohl er den Weggang aus der DDR zeitweise erwog, entschied sich Leising für den Rückzug im eigenen Land: „Ich blieb und habe mich an Ort und Stelle entzogen"[29], erklärt Leising im Gespräch mit Serke. Den politischen Umbruch 1989/90 betrachtete der Dichter, dessen Leben zu mehr als zwei Dritteln eines in der DDR war, gleichermaßen als Befreiung, Revolution und Zusammenbruch.[30]

Nach dem Mauerfall wurde Leising im Zuge eines Stellenabbaus 1990 am Theater der Freundschaft gekündigt und ging in Frührente. In schriftstellerischer Hinsicht brachte das Jahr den ersten größeren Erfolg für ihn – die Veröffentlichung seines Gedichtbandes „Gebrochen deutsch. Gedichte". Es folgten der Aufenthalt im Künstlerdorf Schöppingen 1991 und die Verleihung des Leonberger Christian-Wagner Preises 1992.[31] Nach 1990 begann Leising zugleich an seinem zweiten Gedichtband „Die Rotzfahne" zu arbeiten. 1996 wurde er zum Mitglied des P.E.N. Zentrum (Ost) gewählt. Am 20. Mai 1997 starb der Dichter in Berlin, Ursachen waren eine doppelseitige Lungenentzündung sowie die Langzeitfolgen seiner Alkoholabhängigkeit.[32]

Zwar von „Brüche[n] und Ungradlinigkeiten"[33] geprägt, ist Leisings Biografie nach Kristin Schulz „phänotypisch=äußerlich kaum abzuheben von etlichen seiner Dichterkollegen."[34] Der Blick auf die Werkbiografie und die zeitgenössische Rezeption verdeutlicht jedoch Leisings Sonderrolle als Dichter.

26 Vgl. BArch, MfS, BV Berlin, KD Lichtenberg, Nr. 2800, (Abschlußbericht, IM-Vorlauf, Berlin, 14.12.1982, Bl. 25).
27 Vgl. BArch, MfS, BV Berlin, KD Lichtenberg, Nr. 18650/82. Und Vgl. das Kapitel: Richard Leising und „Richard Hoffmann" – Die Beziehung des MfS zu Leising. In: Haberkorn [im Erscheinen]: Der Lyriker Richard Leising.
28 Vgl. Serke 1998: Zu Hause im Exil, S. 180.
29 Zit. nach Ebd., S. 164.
30 Vgl. ebd., S. 183.
31 Vgl. dazu: Leising 1992: Hedera Helix. Und: Hepfer 1995: Leonberger Christian-Wagner-Preis.
32 Vgl. Schulz 2009: Leising, Richard, S. 187 f.
33 Schulz 2012: Rotzfahne auf Halbmast, S. 231.
34 Ebd., S. 230.

2.1.2 *Schreib- und Werkbiografie*

63 Gedichte, neun kurze Prosatexte, vier Nachdichtungen und eine Theaterstückbearbeitung – das publizierte Gesamtwerk Richard Leisings ist schmal. Es umfasst ein Heftchen in der Lyrikreihe „Poesiealbum"[35], 1975 veröffentlicht, den 1990 publizierten Band „Gebrochen deutsch. Gedichte"[36], den 1998 von Kristof Wachinger aus dem Nachlass herausgegebenen Gedichtband „Die Rotzfahne. Gedichte und kleine Prosa"[37] und das Theaterstück „Der Rabe. Tragikomische Legende. Richard Leising nach Carlo Gozzi"[38] 2006 veröffentlicht, also ebenfalls posthum.

Doch obwohl Leising bis 1990 bloß um die 20 veröffentlichte Gedichte vorweisen konnte, war er schon früh innerhalb eines kleinen Kreises namhafter Schriftsteller und literarisch Interessierter bekannt. Vor allem die Dichter, die heute der sogenannten ‚Sächsischen Dichterschule'[39] zugerechnet werden, waren es, die Leising besonders schätzten und mit denen er Mitte der 1960er Jahre im Zuge der ‚Lyrikwelle' erstmals als Lyriker hervortrat (vgl. 1.7). Leising, der schon seit der Schulzeit und seinem Studium der Theaterwissenschaften in den 1950er Jahren Gedichte geschrieben hatte,[40] etablierte sich als Dichter auf der Basis von Einzelveröffentlichungen. Mitte der 1960er Jahre wurden seine Gedichte erstmals in Anthologien und Zeitschriften publiziert – und zwar in keinen unbedeutenden. Den Auftakt bildeten 1966 in Ostdeutschland die „Auswahl 66. Neue Lyrik – Neue Namen"[41] und die legendäre Anthologie „In diesem besseren Land"[42], herausgegeben von Karl Mickel und Adolf Endler, die neben Texten der Herausgeber unter anderem Gedichte von Bertolt Brecht, Peter Huchel, Stephan Hermlin, Günter Kunert, Volker Braun, Sarah Kirsch sowie Heiner und Inge Müller enthält. Die Anthologie kann als Kulminationspunkt der Bestrebungen um eine neue Lyrik in den 1960er Jahren gelten:[43]

> „Hier zeigte sich, dass die Lyriker sich zwar über ihre Bindung an die DDR definierten, sich aber das Recht nahmen, dieses Verhältnis zu reflektieren und in Sachen Geschichtsdeutung eine ‚eigene Stimme' zu beanspruchen. Das allein

---

35 Leising 1975: Poesiealbum Nr. 97.
36 Leising 1990: Gebrochen deutsch.
37 Leising 1998: Die Rotzfahne.
38 Leising nach Gozzi 2006: Der Rabe.
39 Vgl. Berendse 1990: Die „Sächsische Dichterschule".
40 Vgl. Reinecke 2014: Der Lyriker Richard Leising, S. 32. Vgl. darüber hinaus die frühen Gedichte im Privatbestand Wolfgang Schmidts, eines Schulfreunds Leisings.
41 Jentzsch/Sommer 1966: Auswahl 66.
42 Endler/Mickel 1966: In diesem besseren Land.
43 Vgl. Schulz 2009: In diesem besseren Land, S. 134.

genügte, um den Durchbruch zu einer kritischen Funktion von Literatur zu signalisieren."[44]

Doch nicht nur in ostdeutschen Anthologien trat Leising 1966 erstmals als Lyriker hervor. Auch in dem von Peter Hamm zusammengestellten Band „Aussichten. Junge Lyriker des deutschen Sprachraums"[45], beim Münchner Biederstein Verlag veröffentlicht, erschienen im selben Jahr Gedichte des Anfang Dreißigjährigen genauso wie in der westdeutschen Zeitschrift „Kürbiskern. Literatur, Kritik, Klassenkampf"[46]. Im Sommer seines Debütjahres schreibt Leising an den Romanisten Enrico Straub, der gerade an der FU Berlin promoviert hatte und dort später Professor werden sollte:

> „Der Kuriosität halber erzähle ich Ihnen, daß zwei renommierte westdeutsche Verlage sich an mich gewandt haben: zuerst Rowohlt, der in seiner enzyklopädie-Reihe einen repräsentativen Querschnitt durch die DDR-Literatur vorlegen will, welchselbiges hierzulande unterstützt wird. Danach Suhrkamp, der auf die Gedichte in den AUSSICHTEN angesprungen ist und fragt, ob ich ihm nicht noch mehr zeigen wolle – sicherlich sei ich informiert, daß er neuerdings einen Band Volker Braun (DDR) herausgebracht habe. Merkwürdig an alledem ist, daß ich nicht den kleinsten Finger krumm gemacht habe, um ins Geschrei zu kommen. Eher tat ich mir immer auf meine Zurückgezogenheit was zugute. Nun, was kann man machen – abgesehen davon, daß mir diese Offerten natürlich schmeicheln."[47]

Sukzessive folgten weitere unselbstständige Veröffentlichungen, 1968 in einer Anthologie des Aufbau-Verlags,[48] 1969 in „Luchterhands Loseblatt-Lyrik",[49] sowie ab 1971 in weiteren Publikationsorganen der DDR und der BRD, darunter beim Mitteldeutschen Verlag,[50] dem Wagenbach Verlag,[51] dem Verlag Neues Leben[52] und dem Rowohlt Verlag.[53] Bis 1990 kam es, in Ost- und Westdeutschland fast zu gleichen Anteilen, zu mehr als zwanzig Veröffentlichungen in deutschsprachigen Anthologien, darunter auch österreichische. „Richard

44 Heukenkamp 2007: Staat und Lyrik, S. 84.
45 Hamm 1966: Aussichten.
46 Kürbiskern. Literatur, Kritik, Klassenkampf, 3 (1966).
47 Leising, Richard an Straub, Anette und Enrico, [Kopie], 29.6.1966. In: DLA, A:Leising, Briefe von ihm an, Straub, Enrico. Vgl. außerdem: Suhrkamp Verlag, Briefwechsel mit Leising, Richard 1966–1967. In: DLA, SUA: Suhrkamp / 03 Lektorate.
48 Hofmann/Schreck et al. 1968: Über die großen Städte.
49 Luchterhands Loseblatt-Lyrik 16 (1969).
50 Vgl. u. a. Jentzsch 1972: Das Wort Mensch.
51 Vgl. u. a. Wagenbach 1972: Lesebuch. Deutsche Literatur der sechziger Jahre.
52 Jentzsch/Schubert 1974: Auswahl 74.
53 Buch 1975: Literaturmagazin 4.

Leising ist, obwohl er kaum mehr als fünfzehn Gedichte hat drucken lassen, in jeder ernsthaften Anthologie der DDR-Poesie vertreten"[54], bemerkt Rainer Kirsch schon 1973. Die Publikationsform der Anthologie, die in den 1960er und verstärkt in den 1970er Jahren in der DDR eine besondere Konjunktur erlebte und zu einem ‚Forum der neuen Dichtung' avancierte,[55] wurde zu dem primären Verbreitungsmedium von Leisings wenigen Gedichten. Doch auch andersherum wurden Leisings Gedichte nach Michael Opitz „eine Art Gradmesser für Anthologien […], die in der DDR erschienen. An Leising kam man nicht vorbei, Leising musste man kennen! Fehlten seine Gedichte, fiel das auf die Herausgeber zurück."[56] Der Knittel-Vers „Zu einem richtigen Arbeiterstaat / Gehört ein richtiger Kartoffelsalat"[57] aus dem Gedicht „Homo Sapiens", von Kurt Bartsch in dem Songspiel „Der Bauch" übernommen,[58] entwickelte sich regelrecht zu einem geflügelten Wort in der Lyrikszene der DDR. Da Leising nur wenige seiner Gedichte zur Publikation frei gab, wurden diese mehrfach publiziert, insbesondere „Berlin Mulackstraße" (auch veröffentlicht unter dem Titel „Berlin Lottumstraße"), „Vom Minimum", „Homo Sapiens", „Bodden" und „Der Sieg", teilweise auch in unterschiedlichen, das heißt von Leising überarbeiteten Fassungen.[59]

Wer Leisings Gedichte publizieren wollte, benötigte einen langen Atem: „Hinter Richard Leising und seinen Gedichten lief ich acht Jahre her, aber er hatte Angst vor einer Publikation im Westen"[60], berichtet beispielsweise Friedrich Christian Delius. Ein für das Jahr 1972 angedachter Band Leisings beim Rowohlt-Verlag „Richard Leising: Ende der Durchsage. Gedichte und Essays"[61], der in der von Jürgen Manthey kuratierten Reihe „das neue buch" erscheinen sollte, wurde nicht realisiert.

Die Verleger und Lektoren im Osten Deutschlands waren nicht viel erfolgreicher. In der DDR erschien nur eine einzige, eigenständige Veröffentlichung Leisings, im Jahr 1975: das von Bernd Jentzsch herausgegebene „Poesiealbum Nummer 97" mit 19 Gedichten von großer Formenvielfalt. Die auch DDR-kritischen, sich durch die für Leising typische Verknappung auszeichnenden

---

54 Kirsch 1985: Über Richard Leising, S. 281. [Rundfunktext, Erstsendung SDR 1973].

55 Vgl. Barck 2005: Die „Anthologitis", S. 2.

56 Opitz: Hymnen und Abgesänge. In: Deutschlandradio Kultur, 27.4.2009.

57 Homo Sapiens. In: Leising 1990: Gebrochen deutsch, S. 12.

58 Vgl. Bartsch 1977: Der Bauch und andere Songspiele, S. 12.

59 Vgl. Reinecke 2014: Der Lyriker Richard Leising, S. 31.

60 Delius, Friedrich Christian zit. nach Berbig/Tuch 2005: Gespräch mit Friedrich Christian Delius, S. 181 f.

61 Zu finden ist dieser wieder gestrichene Titel auf einer Liste für die Werbeabteilung des Rowohlt-Verlags. Vgl. Liste Manthey, 15.11.1971. In: DLA, A: Rowohlt-Verlag, dnb, M. 2/4: Allg. Notizen, Manthey, Jürgen, Weitere Notizen.

Verse wie „Und dieses Land darin ich leben will / Aber muss“[62] oder das politisch brisante, auf Walter Ulbricht gemünzte Gedicht „Vom alten Weib“ hätten nach Sarah Kirsch „für drei Jahre Bautzen gereicht“[63]. Unter den Gedichten befinden sich darüber hinaus drei Nachdichtungen, die den Gedichten der russischen Autoren Boris Kornilow, Jewgeni Jewtuschenko und Naum Korshawin nachempfunden sind. Gerade im Kreis der sogenannten ‚Sächsischen Dichterschule‘ gehörten Nachdichtungen ab den 1960er Jahren zu einem wesentlichen Bestandteil der lyrischen Arbeit.[64]

Obwohl das Poesiealbum als unmittelbarer Vorläufer eines eigenen Gedichtbands galt,[65] blieb dieser in Leisings Falle zunächst aus. Förderer wie Sarah Kirsch und Karl Mickel oder die zu einer Publikation ermunternden Worte Hans Magnus Enzensbergers, der Leising 1978 in seiner Wohnung besuchte, änderten daran nicht viel. Nach dem Treffen notierte Leising:

> „8.5.78
> gestern besuchte mich h.m. enzensberger in der bauhofstrasse. nach dem allerersten wort verloren sich gewisse hemmungen, gegen die ich in erwartung dieses besuchs merkwürdigerweise nicht recht ankonnte. das wort ‚gewinnend‘ gehörte nicht zu meinem sprachschatz; auf e. muss ich es anwenden. jungenhaft, lachlustig, erzgescheit, ein glänzender formulierer. ich dachte: das ist die kultur der selbstverständlichkeit – oder die selbstverständlichkeit der kultur. fragte mich die immer wiederkehrende frage, warum ich so wenig veröffentlichte. er blieb eine stunde, grundsätzlicheres kam demnach nicht zur sprache.“[66]

Mitte der 1980er Jahre verhandelte Leising mit dem Verleger Klaus Wagenbach über die Veröffentlichung seines ersten Gedichtbandes, ließ aber auch diese Überlegungen ins Leere laufen.[67] Stattdessen ließ sich der Dichter in dieser Zeit auf eine Kooperation mit zwei wichtigen Komponisten der DDR ein: Es entstand die Vertonung des Gedichts „Küste“[68] durch Reiner Bredemeyer

---

62 Mein Frühjahr (1967). In: Leising 1990: Gebrochen deutsch, S. 8.

63 Kirsch: Richard Leisings Gedichte. In: Frankfurter Allgemeine Zeitung, 13.11.1990.

64 Barck spricht in Bezug auf diese Gruppe von einer singulären „produktive[n] Rezeption“ fremdsprachiger Literatur. Vgl. Barck 2003: Nachdichtungen 1, S. 314. 1972 hatte Leising gemeinsam mit Volker Braun, Heinz Czechowski, Adolf Endler, Elke Erb, Franz Fühmann, Bernd Jentzsch, Rainer und Sarah Kirsch, Karl Mickel und anderen an der Lesung „Sowjetische Lyrik“ am Berliner Ensemble teilgenommen. Vgl. o. V.: „Sowjetische Lyrik“ im Berliner Ensemble. In: Neues Deutschland, 23.11.1972.

65 Vgl. Rehfeld 2000: Richard Pietraß, S. 176.

66 Leising, Richard: [MB-Eintrag, 8.5.1978]. In: DLA, A:Leising, Verschiedenes, Autobiographisches, Merkbuch 1970–1978.

67 Vgl. Leising, Richard an Wagenbach, Klaus, [Durchschl.], 21.7.1984. In: DLA, A:Leising, Briefe von ihm an Wagenbach, Klaus.

68 Bredemeyer 1983: Gedanken – Gedichte. Für Singstimme und Klavier.

1983 und die sich auf sechs Gedichte beziehende Komposition „Lieder nach Leising“[69], die Georg Katzer 1985 zur Aufführung brachte. Schon zu Studienzeiten hatte Leisings Freund, der Komponist Siegfried Thiele, einige Gedichte vertont.[70]

Innerhalb seines literarischen Freundes- und Bekanntenkreises blieb Leising im Hintergrund und bezog eine Position am Rande; Adolf Endler zählt ihn beispielsweise zu den „minor poets [...], die weniger spektakulär aufgetreten sind“[71]. Leisings Gedichte galten nichtsdestotrotz als rares, aber begehrenswertes Gut. Karl Mickel, Leising einen „große[n] deutsche[n] proletarisch-revolutionäre[n] Dichter der Gegenwart“[72] nennend, spricht von einem ‚makellosen Werk‘,[73] Sarah Kirsch von „verborgenen Meisterstücke[n]“[74]. Die Haltung des Lyrikers dem Schreiben gegenüber sowie seine konsequente Zurückhaltung waren Rätsel, Vorbild und Faszinosum gleichermaßen: „An Leisings Gedichten klärten oder schärften sich die Vorstellungen etlicher anderer Lyriker. [...] Leisings Gedichte waren ein Maßstab, der den gemeinsamen Vorstellungen entsprach“[75], resümiert Holger Helbig und führt weiter aus:

> „Bei Leising gab es zuallererst Konsequenz zu lernen. Nichts unfertiges wurde publiziert. [...] Das Wenige ließ umso deutlicher die Eigenheiten erkennen. Das Destillieren der Konflikte, sei es aus der Kunst, sei es aus dem Alltag; der präzise und schonungslose Umgang mit dem Selbst. Das alles in alltagsnahen Vokabeln, die durch die verstechnische Gliederung aufgeladen werden, bis sie sich in Lyrik verwandelt haben: unmerklich. Weder wird der Alltag aufdringlich, noch die Kunst erdrückend. Leising kommt ohne Manierismus aus. Seine Texte sind erkennbar am ausgewogenen Extrem: eine Sammlung alltäglicher Paradoxa.“[76]

Parallel entstanden etliche Gedichte über Leising, die ihn und sein weniges Schreiben zum Gegenstand erhoben – verfasst von Kurt Bartsch, Heinz Czechowski, Harald Gerlach, Bernd Markowsky, Karl Mickel, Inge Müller und Richard Pietraß.[77] Wenngleich eine gewisse Dialogizität und gegenseitige

---

69 Katzer 1985: Lieder nach Leising.

70 Vgl. Reinecke 2014: Der Lyriker Richard Leising, S. 32. Vgl. zu dem Einfluss anderer Künste auf die Lyrik Leisings: Haberkorn [im Erscheinen]: Der Lyriker Richard Leising.

71 Endler 1978: DDR-Lyrik Mitte der Siebziger, S. 72.

72 Mickel 1976: Odysseus in Ithaka, S. 166.

73 Mickel 1999: Richard Leising, S. 55 f.

74 Kirsch, Sarah: Richard Leisings Gedichte. In: Frankfurter Allgemeine Zeitung, 13.11.1990.

75 Helbig 2004: Der imaginäre Freund, S. 448.

76 Ebd.

77 Folgende Gedichte sind gemeint: „Leising“ von Inge Müller, „An L.“ und „Bier. Für Leising“ von Karl Mickel, „An Richard Leising“ von Bernd Markowsky, „Sonett auf Leising“ sowie

Bezugnahme für die Texte aus diesem Kreis nicht untypisch war,[78] so bezeichnet Helbig das ‚Leising-Phänomen' doch als „einzigartig in der deutschen Nachkriegsliteratur"[79]. In Anbetracht des Umstands, dass einem nur wenig bekannten Dichter innerhalb eines bestimmten Kreises eine maßstabgebende Rolle zugewiesen wurde, kommt Harald Hartung zu dem nicht unberechtigten Schluss, Leising, den „Kenner der Formen und Metren, ein[en] Dichter für Dichter"[80] zu nennen. Und Robert Gillett fügt diesbezüglich hinzu: „On this basis alone, Leising's place in the history of East German poetry is assured"[81].

Dabei hat die vorangestellte Biografie gezeigt, dass Leising zunächst vor allem als Mann des Theaters in Erscheinung getreten ist: „Leising wünscht nicht, als Dichter zu gelten, er ist ein Mann, der auch Verse macht"[82], schreibt Karl Mickel 1975 im Klappentext des „Poesiealbums". Bis auf die Wahl zum P.E.N.-Mitglied 1996 war der Chemnitzer als Schriftsteller nie in einen institutionellen Rahmen eingebunden. Weder besuchte er das Leipziger Literaturinstitut Johannes R. Becher, noch war er Mitglied des Schriftstellerverbandes der DDR, was ihn finanziell abgesichert und ihm den offiziellen Schriftstellerstatus beschert hätte.[83] Doch die dafür notwendige kontinuierliche Arbeit[84] war Leising in lyrischer Hinsicht nicht bereit vorzuweisen. Das Theater hingegen band ihn seit seinem Studium und sicherte ihm mit Unterbrechungen bis 1990 den Lebensunterhalt. „Das Theater faszinierte Leising durch die Stücke. Ihre Geschichten, ihre Fabellinien, ihre textliche Struktur, ihre Sprache. Das vor allem"[85], konstatiert der Theaterregisseur und gute Freund Leisings Berndt Renne 2006. So war ein Theaterstück Leisings erste Veröffentlichung: 1958 wurde im Theaterverlag Friedrich Hofmeister, wo Leising selbst beschäftigt war, sein im Stil von Brecht geschriebenes Stück „Galgenspiel" gedruckt. Es spielt im Jahre 1601 und handelt von der

„Leising, Mai 1997" von Kurt Bartsch, „Für Leising" von Harald Gerlach, „Ein Orkan des Vergessens" und „Die Stadt" von Heinz Czechowski sowie „Die frühen Gräber. Für Richard Leising und Karl Mickel" von Richard Pietraß. Obwohl die meisten dieser Gedichte in den 1960er und 1970er Jahren geschrieben wurden, entstanden auch später, bis ins 21. Jahrhundert hinein, noch Gedichte mit Leising-Bezug.

78 Vgl. Berendse 1990: Die „Sächsische Dichterschule", S. XIIIf.

79 Helbig 2004: Der imaginäre Freund, S. 435.

80 Hartung: Zum Tod des Dichters Richard Leising. In: Frankfurter Allgemeine Zeitung, 30.5.1997.

81 Gillett 2014: Translating Richard Leising's „Wendegedichte", S. 88.

82 Mickel, Karl: [Klappentext]. In: Leising 1975: Poesiealbum Nr. 97.

83 Vgl. Kanning 2009: Schriftstellerverband der DDR, S. 301.

84 Vgl. ebd.

85 Renne 2006: Leising und Gozzi, S. 84.

Verteidigung eines angeklagten Fuhrmanns, dem die Todesstrafe bevorsteht.[86] Außerdem gab Leising im selben Jahr im Hofmeister Verlag gemeinsam mit Hannelore Hammer und seinem Freund Ludwig Hoffmann die Zusammenstellung „Roter November. Material zur Feiergestaltung anläßlich des 40. Jahrestages der Novemberrevolution in Deutschland“[87] heraus. Ein Jahr später erschien Leisings Bearbeitung des revolutionären Lehrstücks „Wenn der Zug kommt“ von Alexandr Uljaninski, Schauplatz ist Russland 1918.[88] 1962 wurde im Henschel Verlag darüber hinaus seine Bearbeitung des Kindertheaterstücks „Wenn ein Heini König wird“ von Wadim Korostylew veröffentlicht sowie der Aufsatz „Die Dramatik Bertolt Brechts bis 1933“ in einem Sammelband des Verlags „Volk und Wissen“[89].

Die Bearbeitung von Theaterstücken wurde ab den 1970er Jahren zu einem wichtigen Bestandteil der Dramaturgen-Tätigkeit Leisings; der Anspruch dahinter: das seiner Meinung nach nur begrenzte Repertoire der Kindertheater zu erweitern und den „Mangel an guten, spielbaren Stücken“[90] zu beheben.[91] In einem seiner Texte, die der Dramaturg für die Zeitschrift „Theater der Zeit“ verfasst hat, schreibt Leising 1964:

> „Jede Bearbeitung oder jede Absicht zu bearbeiten, nimmt zum Original eine bestimmte Haltung ein: Sie betrachtet das Original als Rohstoff. Diese Haltung ist völlig legitim. Sie bildet eine der bedeutendsten Voraussetzungen für die Entstehung von Literatur. Die Bearbeitung braucht keine Verteidigung außer ihre Gelungenheit. Ein Rohstoff ist etwas, woraus man etwas macht, und zwar etwas anderes. Die Frage ist also: Was kommt zum Original hinzu? Hat die Bearbeitung aus dem Werk eine Bedeutung herausgetrieben, die es selber nicht leisten kann? Ist diese Bedeutung von Bedeutung? Und: Gehen Rohstoff und Produkt eine neue künstlerische Einheit ein?“[92]

Zu Leisings abgeschlossenen Stückbearbeitungen zählen: „Der König Hirsch“ nach Carlo Gozzi in den Fassungen von 1972 und 1980, eine Fassung des

---

86 Vgl. Leising 1958: Galgenspiel. Vgl. Reinecke 2014: Der Lyriker Richard Leising, S. 33.

87 Hammer/Hoffman et al. 1958: Roter November.

88 Vgl. Leising nach Ul'janinskij 1959: Wenn der Zug kommt. Und: Reinecke 2014: Der Lyriker Richard Leising, S. 33.

89 Vgl. Leising nach Korostylew 1962: Wenn ein Heini König. Und: Leising 1962: Die Dramatik Bertolt Brechts, S. 266–273.

90 Leising, Richard: Zum künstlerischen Werdegang, Februar 1991. In: DLA, A:Leising, Prosa, „Prosa/ fertig, aber nicht für ROTZFAHNE“.

91 Vgl. Schulz 2012: Rotzfahne auf Halbmast, S. 234.

92 Leising 1964: Bearbeitet und mit Musik versehen, S. 16. Zu den weiteren Artikeln, die Leising in der Zeitschrift „Theater der Zeit“ veröffentlichte, gehören: Leising 1964: Die neue Pastete, S. 15 ff. / Leising 1964: Kleine Formen importiert, S. 16 f. Und: Leising 1964: Williams Witz, S. 16–20.

Stücks „Der Held der westlichen Welt“ (The Playboy of the Western World) von John Millington Synge 1973, zu der Georg Katzer die Musik komponierte, Aleksis Kivis „Die Sieben Brüder“ von 1977, Leisings und Berndt Rennes Stückbearbeitung von Euripides’ „Die Frauen von Troja“ 1979, Carlo Gozzis „Der Rabe“ 1980, und „Ich heiße Gavroche“ nach Victor Hugos „Die Elenden“, 1986 uraufgeführt.

Besonderes Aufsehen erregte Leisings Bearbeitung von Carlo Gozzis „Der Rabe“. Ursprünglich im Auftrag des Deutschen Nationaltheaters Weimar 1979/80 angefertigt, führte Leisings Fassung im Rahmen der Inszenierung von Renne an der Berliner Volksbühne 1981, besetzt unter anderem mit Henry Hübchen, aufgrund der „freie[n] Improvisationszwischenspiele mit deutlich kritischen Anspielungen u. a. auf die Mauer“[93] zu einem Theaterskandal. Renne erhielt anschließend ein Inszenierungsverbot in der DDR.[94] Das Kapitel „Rabe“ sollte damit aber nicht beendet sein: Gemeinsam mit Karl Friedrich Zimmermann erarbeitete Leising 1983 eine Puppenspielfassung des Stücks. 1990 stellte er darüber hinaus das 1979 begonnene Gedicht „Der Rabe, tragikomische Legende (Nach Carlo Gozzi)“ fertig,[95] das er Horst Hawemann, Berndt Renne und Karl Friedrich Zimmermann widmete, und das ähnlich wie das Gedicht „Shakespeare, Fünfter Akt“ von den Verbindungen der beiden für Leising so wichtigen Gattungen Lyrik und Dramatik zeugt.[96] Seine Stückbearbeitungen wie „Der Held der westlichen Welt“ oder „Der Rabe“ enthalten wiederum Gedichte oder in Jamben sprechende Figuren:[97] „Schnittpunkt der Gattungen, an deren gegenseitiger Befruchtung Leising interessiert war, ist die präzise Sprache und die Möglichkeit, einer doppelbödigen Realität […] einen Spiegel vorzuhalten“[98], konstatiert Schulz.

1990, als Leisings Theaterarbeit durch den Stellenabbau am Theater der Freundschaft beendet wurde, erschien sein erster eigenständiger Gedichtband „Gebrochen deutsch. Gedichte“ bei dem kleinen, verdienstvollen Verlag Langewiesche-Brandt, ansässig in Ebenhausen bei München. Der 1906 gegründete und seit 1955 von Kristof Wachinger geleitete Verlag, der sich insbesondere mit Lyrikbänden aus der internationalen klassischen Moderne einen Namen machte, war auch der erste westdeutsche Verlag Sarah Kirschs. Sie war es, die Kristof Wachinger auf Leising aufmerksam machte und beide vermittelte. Auf das erste Treffen von Wachinger und Leising 1978 folgte

93 Schulz 2009: Leising, Richard, S. 188.
94 Vgl. ebd. Und: Vgl. Renne 2006: Leising und Gozzi, S. 90.
95 Vgl. Leising, Richard: Der Rabe, 20.8.1979, 3.4.1990, 11.4.1990. In: DLA, A:Leising, Gedichte, Sammlung „Gebrochen deutsch“.
96 Vgl. Reinecke 2014: Der Lyriker Richard Leising, S. 32.
97 Vgl. Schulz 2012: Rotzfahne auf Halbmast, S. 234.
98 Schulz 2009: Leising, Richard, S. 188.

eine allmähliche Annäherung, Abdrucke der Gedichte in dem „Deutschen Gedichte Kalender“ 1986, 1988 und 1990, die Veröffentlichung des handgesetzten Gedichtes „Gesang der Rudersklaven bei Sturm“ 1986 sowie Jahre der Konzeption und intensiven Arbeit, in denen Wachinger dem zögerlichen Dichter schrittweise ein Gedicht nach dem anderen abforderte.[99] In seiner Rezension zu „Gebrochen deutsch. Gedichte“ schreibt Jürgen Verdofsky in der Frankfurter Rundschau, es sei ihm „kein Fall vergleichbarer Verleger-Werbung“[100] bekannt. Auch Leising selbst betonte in seiner Dankesrede zum Christian-Wagner Preis die zentrale Rolle, die Wachinger im Hinblick auf sein Werk gespielt hat:

> „Es [Das Buch, KvB] mußte erst entstehen, und es entstand dank Wachingers Insistenz als Verlagsmann und überragender Kundigkeit als Lektor. So wurde das Buch gleichsam erzeugt – in einer Art Gedichte-Hinundher brieflich über die Mauer hinweg, als für mich nur einmal ein Durchkommen war, und just während dieses Aufenthalts im Hause Wachinger fiel sie. Ohne dieses Mannes sorgsame Beharrlichkeit gegenüber seinem zaudernden, unfleißigen Autor gäbe es für den heute keinen Preis.“[101]

Die Reaktionen auf das schön gearbeitete Buch mit den 35 Gedichten, zum Teil bereits zuvor publiziert oder als überarbeitete Fassung bzw. Erstdruck veröffentlicht, fielen ausnahmslos lobend aus und waren voller Wertschätzung: Wolfgang Emmerich spricht in „Die Zeit“ beispielsweise von „Literatur von Rang“[102] und Sarah Kirsch wiederum prophezeit, dass Leisings Gedichte „in einhundert Jahren […] zu großer, verdienter Berühmtheit gekommen sein werden und sich immer fast vollzählig, was der Vorteil von einem schmalen Werk ja ist, in den ordentlichen Anthologien und Lesebüchern befinden werden.“[103]

Im Feuilleton wie in der Sekundärliteratur wird Leisings virtuoser Umgang mit Metren, die Beherrschung vom Enjambement und Apokoinou sowie gleichzeitig die große Vielfalt der Formen hervorgehoben.[104] Rainer Kirsch etwa erklärt:

---

99 Vgl. Wachinger 2006: Zur Geschichte des Verlages, S. [10]. Vgl. dazu außerdem den Briefwechsel zwischen Richard Leising und Kristof Wachinger sowie insbesondere den Anfang der Korrespondenz: Wachinger, Kristof an Leising, Richard, 1.8.1979. In: DLA, A:Leising, Briefe an ihn von Wachinger, Kristof. Die Verwendung von Zitaten aus den Briefen des 2018 verstorbenen Verlegers Kristof Wachinger wurde nicht genehmigt.

100 Verdofsky: Der erste Gedichtband des Richard Leising. In: Frankfurter Rundschau, 25.6.1991.

101 Leising 1995: Dank, S. 23 f.

102 Emmerich: Ein Lyriker ist zu entdecken: Richard Leising. In: Die Zeit, 4.10.1991.

103 Kirsch, Sarah: Richard Leisings Gedichte. In: Frankfurter Allgemeine Zeitung, 13.11.1990.

104 Vgl. Helbig 2004: Der imaginäre Freund, S. 442.

„Die Sparsamkeit seiner Produktion macht, daß er so etwas wie einen Personalstil nicht entwickelt hat; wo andere eine einmal gefundene poetische Technik an mehreren Gegenständen proben und modifizieren, läßt es Leising bei einem Werk und braucht für das nächste ein ganz anderes Arsenal von Mitteln."[105]

Geprägt sind die Gedichte, die nicht selten um das Thema Tod kreisen und formal auf dieses Grenzphänomen rekurrieren, von „existentielle[m] Ernst und rigorose[r] Selbstbefragung"[106]: Serke spricht von einer „Kunst der Schutzlosigkeit"[107] und Schulz schlussfolgert:

„*Gebrochen deutsch* formuliert mit den Brüchen und zugehörigen Bruchkannten die Fragmenthaftigkeit dessen mit, was mitunter nur schwer (mit Sprache) greifbar ist. Wer ‚gebrochen' spricht, muss sich der Bedeutung und jedes einzelnen Wortes immer wieder rückversichern, stetig, ständig. Die Selbstverständlichkeit im Umgang mit den Worten fehlt, aber auch: mit der Identität. Gebrochen spricht, wer idiomatisch Fremder oder Ausländer ist – in dem, was andere Heimat nennen, ist hier einer nur gebrochen zu Hause."[108]

Nach 1990 wurden Leisings Gedichte weiterhin in mehr als zwanzig Anthologien und Zeitschriften abgedruckt; darunter auch in einigen Standardanthologien.[109] Zugleich wurden einige der Gedichte Leisings – dies ist ebenfalls bemerkenswert – ab 1969 bis heute in circa sieben Sprachen übersetzt. So erschienen vor 1990 Übersetzungen ins Ukrainische, Italienische, Niederländische, Polnische, Ungarische und Französische; nach 1990 wurden nochmals Gedichte ins Französische und Italienische, aber auch ins Englische übersetzt. Ein ganzer Gedichtband mit Übersetzungen ins Niederländische erschien 2001 unter dem Titel ‚Van de snelle man'[110].

Der Stipendiaten-Aufenthalt 1991 im westfälischen Künstlerdorf Schöppingen und der Erhalt des ersten Leonberger Christian-Wagner Preises für den Gedichtband „Gebrochen deutsch. Gedichte" markieren, dass Leising in dieser Zeit deutlicher als Dichter in Erscheinung trat.[111] Doch den zweiten mit seinem

105 Kirsch 1985: Über Richard Leising, S. 281. [Rundfunktext, Erstsendung SDR 1973].

106 Reinecke 2014: Der Lyriker Richard Leising, S. 31.

107 Serke 1998: Zu Hause im Exil, S. 165.

108 Schulz 2012: Rotzfahne auf Halbmast, S. 236.

109 Vgl. beispielsweise: Conrady 2000: Der Neue Conrady. / Reich-Ranicki 2002: 1400 Deutsche Gedichte. / Paefgen 2005: Echtermeyer. Deutsche Gedichte.

110 Leising 2001: Van de snelle man.

111 „In den frühen 90er Jahren war aus dem Geheimtipp Leising immerhin ein öffentlich anerkannter deutscher Lyriker geworden, dessen erstes Buch in den führenden Tages- und Wochenzeitungen des Landes mit überschwänglichem Lob bedacht wurde". Emmerich 2008: Richard Leising, der leise Poet, S. 112.

Verleger geplanten Gedichtband konnte Leising aufgrund seines frühen Todes 1997 nur mitkonzipieren, jedoch nicht mehr abschließen. Wachinger gab daher „Die Rotzfahne. Gedichte und kleine Prosa“ 1998 posthum heraus. Wie von Leising gewünscht, gleichen beide Gedichtbände äußerlich „eineiige[n] Zwillinge[n]“[112]. Das Buch enthält 41 chronologisch geordnete Texte – Gedichte und ein paar kurze, prosaische Sentenzen – nicht nur nach, sondern auch vor 1990 entstanden. Sie stammen entweder aus dem Poesiealbum Nr. 97, aus der Ebenhauser Textsammlung, die 1991 für die von Leising autorisierten Texte angelegt wurde, oder aus dem Nachlass.[113] Die früheren und späteren Gedichte korrespondieren nach Schulz zum einen thematisch, zum anderen verbindet sie auch ein charakteristischer, unveränderter Tonfall:[114] „Das Jahr 1989 markiert für Leising[s Texte, KvB] daher keineswegs eine Zäsur [...]“[115]. Gillett schreibt in Bezug auf die in „Die Rotzfahne“ erstmals veröffentlichten Gedichte „Auch ich“ und „Endlichwiederwieimmer“:

> „[...] while others were desperately seeking a satisfactory ‚Wenderoman‘, Leising quietly produced two remarkable ‚Wendegedichte‘, which in less than thirty lines cover the topic more tellingly and more honestly than the hundreds of pages of prose that have been devoted to it.“[116]

Doch im Gegensatz zu „Gebrochen deutsch. Gedichte“ mischen sich unter die positiven Reaktionen auf „Die Rotzfahne“ auch kritische Stimmen: „Richard Leising war lebenslang der *poeta minor*, für den seine Leserinnen und Leser hoffen durften, er werde sie eines Tages mit etwas Großem überraschen. Die Hoffnung trog“[117], schreibt Konrad Franke. Ohne viel Aufmerksamkeit zu erregen erschien anlässlich des 100 jährigen Verlagsjubiläums von Langewiesche-Brandt 2006 ein weiterer Text Leisings in einem den beiden Gedichtbänden entsprechenden Gewand: „Der Rabe. Tragikomische Legende. Richard Leising nach Carlo Gozzi“; aus dem Nachlass herausgeben von Wachinger.

Dass Leising innerhalb der Geschichte der Literatur im geteilten Deutschland eine besondere Bedeutung zukommt, betont die überschaubare, sich mit Leising auseinandersetzende Forschung einhellig. So leitet Gillett Leisings Stellenwert von seiner Wirkung auf andere Dichter ab und konstatiert

112 Zit. nach Wachinger 1998: [Nachwort], S. 61.
113 Vgl. ebd., S. 63.
114 Vgl. Schulz 2012: Rotzfahne auf Halbmast, S. 238.
115 Schulz 2009: Leising, Richard, S. 188.
116 Gillett 2014: Translating Richard Leising's „Wendegedichte“, S. 88.
117 Franke: Ratlos ermattet. In: Süddeutsche Zeitung, 6.2.1999.

„Obwohl er pro Lebensjahr kaum mehr als ein Gedicht geschrieben hat, hat er damit eine ganze Generation beeinflusst."[118] Schulz wiederum beruft sich auf Leisings Werk, auf seine Gedichte und erklärt „sie bleiben haltbar"[119] und Jan Bürger spricht sich dafür aus, „Leising zu den wichtigen Autoren der DDR zu zählen"[120]. Dennoch: Während das Killy Literaturlexikon und das Metzler Lexikon DDR-Literatur einen Eintrag zu Leising verzeichnen, fehlt er im Kritischen Lexikon zur deutschsprachigen Gegenwartsliteratur. Leising, primär als Lyriker wahrgenommen, avancierte zwar früh zu einem ‚Dichter für Dichter', blieb aber gleichzeitig ein Unbekannter, ein Geheimtipp bloß.

2.1.3 *Schreiben und Publizität: Das Verhältnis zur literarischen Öffentlichkeit*

Die ganze Tragweite des Nachlasses, die ihn als Untersuchungsgegenstand in besonderem Maße auszeichnet, zeigt sich erst, wenn man diesem nicht nur Leisings Werkprofil, sondern auch das von ihm entstandene Autorbild gegenüberstellt.

Bei denen, die ihn kannten, galt Leising zeitlebens als ‚Wenigschreiber', als stiller Dichter. Adolf Endler setzt ihn „in unserer einmalig breit gefiederten heimischen Palette des Schweigens" gemeinsam mit seinem Anagramm „Radolf Elend" an die *„einsame Spitze"*, ausgezeichnet durch sein *„absolutes*, sein Exzeßschweigen"[121].

Obwohl von seinen Kollegen hochgeschätzt – Sarah Kirsch nannte Leisings Gedichte ihr „wirkliches Literatur-Institut"[122] –, erscheint der Dichter in der Literaturgeschichte als eine Art Randfigur: „Dennoch bleibt Leising der unbekannteste Dichter der sogenannten ‚Sächsischen Dichterschule'"[123], konstatiert Schulz. Serke erklärt, „Richard Leising blieb im Verborgenen, machte sich unsichtbar vor einem System, das auf Enteignung des Eigensinns aus war"[124], und skizziert seinen Weg vom „Schweigen ins Schreiben und vom Schreiben ins Schweigen"[125]. Verdofsky schreibt: „Ein seltener Dichter. Richard Leising war in seiner kinderäugigen Wahrnehmung sehr einsam. Immer."[126]

---

118 Gillett 2010: Leising, Richard, S. 320.

119 Schulz 2012: Rotzfahne auf Halbmast, S. 241.

120 Bürger 2005: [Kommentar]. Richard Leising an Siegfried Baumgart, S. 304.

121 Endler 1991: Die Auskunft des Poeten, S. 13.

122 Kirsch, Sarah: Richard Leisings Gedichte. In: Frankfurter Allgemeine Zeitung, 13.11.1990. „Es waren Gedichte, die mich begleiteten, mein wirkliches Literatur-Institut waren, doch nicht das in Leipzig. Weil sie alles enthalten, was einem, sei man nun Schwan oder Karl Kahn oder Ferrér auf diesem Planeten geschehen kann."

123 Schulz 2012: Rotzfahne auf Halbmast, S. 229.

124 Serke 1998: Zu Hause im Exil, S. 164.

125 Ebd., S. 177.

126 Verdofsky: Ein König, der alle Reiche verloren hat. In: Berliner Zeitung, 24.10.1998.

Das zum Mythos gewordene Bild des schweigenden, zurückgezogenen Dichters, von der Forschungsliteratur aufgegriffen und reproduziert, hat einen besonderen Niederschlag in den Gedichten gefunden, die über Leising geschrieben wurden. In ihnen drückt sich auch die lyrische Dialogizität aus, die Gerrit-Jan Berendse für die sogenannte Sächsische Dichterschule als kennzeichnend ansieht.[127]

In dem 1975 veröffentlichten Gedicht „Bier. Für Leising" von Karl Mickel heißt es gleich zu Beginn: „Maulfaul, schreibfaul bist du, Richard"[128]. Hier wird das Gespräch gesucht mit einem, der als wortkarg gilt und dem das lyrische Ich unterstellt, er schriebe wenig bzw. überwinde sich selten zum Schreiben. Das Gespräch, das Formen eines Selbstgesprächs aufweist, nimmt seinen Ausgangspunkt am Gegenstand ‚Bier'. Auch das Gedicht „Für Leising" des Autors Harald Gerlach, ebenso wie Mickels Gedicht mit den für Leising typischen Paradoxa und Kippfiguren arbeitend, knüpft an das Trinken von Alkoholika an, wenn darin geäußert wird:[129]

> „Auf Flaschen gezogen das
> Alleinsein, das in Gesellschaft
> bedrohlich anschwillt. Anders
> wirst du der Sache nicht Herr.
> Nicht Knecht. Nicht Fisch noch
> Weiberfleisch. Halt die Klappe,
> stopf die Kehle mit dem gebrochenen
> Hals. Schweigen ist immer zuviel
> gesagt. Weißt du? Ich nicht. […]"[130]

Als Zustandsbericht und Ausdruck des Verständnisses liest Helbig das Gedicht, in dem ein Gegenüber angesprochen wird, das ganz und gar allein ist, für das es keinen Ort, keine Gesellschaft gibt, das sich aber trotz aller Bedrohlichkeit nicht unterdrücken lässt: „Nicht Knecht". Doch der Hals ist schon gebrochen – sei es der Flaschenhals, auf den die Einsamkeit gezogen wird, oder der eigene und da der Angesprochene der „Sache nicht Herr" wird, bleibt das Klappe halten, das Schweigen.[131] Das Gedicht wirkt fast wie ein spätes Echo des ersten Gedichts über Leising, verfasst von Inge Müller. In den Anfangsversen heißt es da: „Du kannst dich selber nicht tragen / Du hast alles satt / Trägst dein Kindergesicht wie ein König / Der alle Reiche verloren hat."[132] Auch hier ist die Rede

127 Vgl. Berendse 2010: Die Überlebensfigur Sächsische Dichterschule, S. 280.
128 Mickel 1975: Eisenzeit, S. 40.
129 Vgl. Helbig 2004: Der imaginäre Freund, S. 440 u. 442.
130 Für Leising. In: Gerlach 1998: Nirgends und zu keiner Stunde, S. 66.
131 Vgl. Helbig 2004: Der imaginäre Freund, S. 443–446.
132 Leising. In: Müller 1985: Wenn ich schon sterben muss, S. 52.

von einem, der sich selbst zu schwer geworden ist, sich nicht einrichten kann und sich dennoch – obwohl er keinen Ort hat – nicht unterordnet.

Die 1978 veröffentlichten Verse des Druckers und Fotografen Bernd Markowsky, Teil der Opposition in der DDR, wenden sich ebenfalls „An Richard Leising". Sie thematisieren wieder seine wenigen Worte, ein rares Gut in der Not und doch Ohnmacht ausdrückend: Sie sind zu leise, als dass sie etwas ändern könnten. Damit markiert das in Bezug auf Leising von der Forschung bisher noch nicht berücksichtigte Gedicht nicht nur eine Kritik, sondern auch eine Gefahr: Münden die Worte im Schweigen, ist der Tod gefährlich nahe. So heißt es:

> „I
> Du sparst dir die Worte
> Vom Mund ab
> Die Wahrheitshungrigen
> Können sie dann in Gedichten auflesen
> Die Tatendurstigen setzen sich
> Hinter die Bücher
> II
> Manchmal lese auch ich
> Traurig zwischen den Zeilen
> III
> Du bist kaum zu hören
> Bei dem Lärm
> Den du nicht machst
> Du sagst: Nicht mehr lange …
> … und wir schweigen uns tot
> Sage ich"[133]

In den Gedichten über Leising, wird dieser – dem Beginn seines Namens entsprechend – regelrecht zum Symbol für den ‚leisen Poeten',[134] für eine Form des Schweigens, angesiedelt am Rande. Helbig schlussfolgert infolge seiner Interpretation einiger Leising-Gedichte: „Es wird offenbar von allen als Verlust empfunden, daß von Leising nicht mehr zu lesen ist. Man wünscht, er schriebe, man wünscht, er schriebe mehr."[135]

Daran knüpft unmittelbar die Frage an, warum Leising nicht mehr schrieb bzw. warum er so wenige seiner Texte zur Publikation frei gab. Wie verortet sich der Lyriker in seinen Ego-Dokumenten in Bezug auf die literarische

133 An Richard Leising. In: Auerbach/Hinkeldey et al. 1978: DDR – konkret, S. 10.

134 Emmerich greift dieses Bild beispielsweise für einen Aufsatz über Leising auf. Vgl. Emmerich 2008: Richard Leising, der leise Poet, S. 111–114.

135 Helbig 2004: Der imaginäre Freund, S. 447.

Öffentlichkeit, wie stellt er sein zögerliches Publikationsverhalten, seine Zurückhaltung dar und welche Erklärungen finden andere dafür?

Die genaue Sprache, die präzise Beobachtung und Beschreibung bilden den Kern der Lyrik Leisings. Renne spricht in seiner Laudatio auf den Dichter in dieser Hinsicht vom „Suchen der genauen Stelle“[136], das er als charakteristisch für Leisings Arbeitsweise bezeichnet: „Grund für Bedächtigkeit, Zweifel, Verwerfung und Ursache für die entstehende Güte“[137]. Gekoppelt an einen hohen, nach Renne geradezu unmäßigen Anspruch, führte diese Suche dazu, dass Leising über einen langen Zeitraum hinweg an seinen Gedichten schrieb. Aus diesem Grund sind den Texten häufig keine konkreten Entstehungszeitpunkte zuzuordnen; sie entstanden sukzessive, in der ständigen Überarbeitung. Unfertiges und Unvollkommenes nicht gelten lassend, wurden die Gedichte erst nach einer intensiven Prüfung einer zunächst ausgewählten Öffentlichkeit vorgelegt.[138] Leising beschreibt dies im Gespräch mit Verdofsky wie folgt:

> „Ich habe einen ganz unseligen Hang zur Perfektion, man könnte fast sagen, zum Perfektionismus. Und nichts anderes eigentlich als dieser unselige Hang ist es, der mich die Sachen so zögernd, so überaus zögernd herausrücken läßt ... Es ist mir ganz selten gelungen, ein Gedicht zu machen, sozusagen im Handstreich, das ich nach zwei, drei Tagen auch für fertig erachten konnte. [...] Das ist nicht meine Begabung. Wenn ich sie habe, dann besteht sie ... in der Sucht, ein Produkt zu machen, das vor mir, ausschließlich vor mir Bestand hat.“[139]

Es ist vor allem diese, auch öffentlich sichtbar gemachte Haltung, die das Autorbild Leisings geprägt hat, und die, wie schon F.C. Delius 1975 an einen Brief an den Dichter feststellte, den ‚Mythos Leising‘ beförderte. Delius schreibt:

> „Mir ist unklar, wie sehr Ihnen bereits diese Rolle zu schaffen macht: seit Jahren von Freunden und Lektoren mit immer den gleichen Argumenten um einen Blick in die Manuskripte angebettelt zu werden und ihnen mit immer den gleichen Argumenten antworten zu müssen, sie abzuwimmeln, zu vertrösten oder zu besänftigen. Mit Sicherheit mögen Sie diese Bettelei nicht.
>
> Andererseits werden Sie, vermute ich, wissen, daß die konsequente Verweigerung (auch wenn sie allein mit mangelnder Qualität der nichtgezeigten Gedichte begründet wird) nur den Mythos Leising fördert, der Ihnen nichts nützt, weil es Sie, nehme ich an, belastet (auch deshalb finde ich es so wichtig, daß das ‚Poesiealbum‘ jetzt da ist!). [...]

---

136 Renne 1995: [Laudatio], S. 14.

137 Ebd.

138 Vgl. Schulz 2009: Leising, Richard, S. 188.

139 Leising in: Verdofsky: „Gebrochen deutsch“ – Richard Leisings Gedichte. In: NDR 3 [Texte und Zeichen], 24.2.1991.

> Ich bleibe also hartnäckig. Gerade weil ich finde, daß Ihre Qualitätsansprüche und Ihr Mißtrauen gegen die fixe verlegerische Verwertung uns eher zusammen- als in Distanz bringen müßten."[140]

Ein weiterer Grund für Leisings Zurückhaltung waren vermutlich die Konsequenzen, die der Schriftsteller im Falle einer größeren Publikation zu fürchten hatte. Im Kontakt mit seinem Verleger Kristof Wachinger äußerte er neben seinem hohen Anspruch auch solche Bedenken hinsichtlich einer Veröffentlichung. 1984 schreibt Leising: „[...] aber erstens bin ich ein zu furchtsamer Mensch, um nicht Schwierigkeiten zu befürchten, zweitens hat es sein Leidiges, Dinge, die man seinem Lande sagen will, über ein eben doch sehr anderes Land zu sagen. Diese Zange zwickt mich heftig."[141]

Genau diese Angst, das Wissen, Einiges aus politischen Gründen nicht veröffentlichen zu können, hemmte zugleich sein Schreiben. In sein Merkbuch von 1986 notiert Leising:

> „Die Ängste:
> vor dem Gefängnis
> vor der Ausweisung aus der DDR
> vor der Sterilität durch Schweigen, Nichtschreiben"[142]

Bargen einige der Gedichte, die Leising vor 1989/90 in Anthologien und im „Poesiealbum" veröffentlichte, eine scharfe Kritik der politischen Verhältnisse, so musste man auf die vereinzelten Verse erst aufmerksam werden und diese dann zu deuten wissen. Trotz oder wegen der sich in den Texten abzeichnenden kritischen Haltung der DDR und deren System gegenüber, war Leising bemüht, nicht zu sehr aufzufallen. „Das Zurückziehen, die Fähigkeit, sich unsichtbar zu machen, ist stärker entwickelt als jede kämpferische Pose. So ist das Verhältnis des Künstlers zur Macht für ihn auch immer ein Problem von Angst, Furcht, Furcht auch vor Lüge, Korruption"[143], schreibt Renne. Bürger meint ebenfalls, „[o]ffener Protest war Richard Leisings Sache nicht"[144], attestiert dem Dichter aber ein politisches Denken.[145] Karl Corino geht in seiner Besprechung des „Poesiealbums" einen Schritt weiter und legt Leisings

140 Delius, Friedrich Christian an Leising, Richard, [Durchschl.], 19.11.1975. In: DLA, A:Delius, Rotbuch-Verlag, Korrespondenz mit Leising, Richard

141 Leising, Richard an Wachinger, Kristof, [Durchschl.], 20.9.1984. In: DLA, A:Leising, Briefe von ihm an Wachinger, Kristof.

142 Leising, Richard: [MB-Eintrag, 26.11.1986]. In DLA, A:Leising, Verschiedenes, Autobiographisches, Merkbuch 1986.

143 Renne 1995: [Laudatio], S. 9 f.

144 Bürger 2005: [Kommentar]. Richard Leising an Siegfried Baumgart, S. 304.

145 Vgl. ebd., S. 304 f.

Zurückhaltung als eine Art passiven Widerstand gegen die Kulturpolitik in der DDR aus und fragt rhetorisch:

> „Wie, wenn ein Autor auf die in vielen Hinsichten zwanghafte Literaturproduktion in der DDR mit Verweigerung reagierte, wenn er den Kampagnen, den Dramenrekorden, den Lyrik- und Romanspartakiaden seine Langsamkeit entgegensetzte, dem inflationären Raptus der parteilichen Barden seine bedachte Silbenstecherei? Vieles spricht dafür. Manches auch für seine generelle Skepsis gegenüber der Leistung (obwohl Leising sicher ein gewissenhafter Dramaturg ist und seinem Handwerk auch da nichts schuldig bleibt). Zumindest ist er ein Gegner alles Großsprecherischen und Zeremoniellen, wie es sich bei den sportlichen Siegesfeiern äußert (‚Der Sieg!')."[146]

Corinos Vermutung findet ein Pendant in einigen hinterlassenen Ego-Dokumenten Leisings. Erstaunliches Zeugnis in diesem Zusammenhang sind frühe Briefe, die der Dichter an seinen Schulfreund, den Mathematiker Wolfgang Schmidt in den 1950er Jahren sowie zu Beginn der 1960er schrieb, und die sich in dessen Privatbesitz befinden. Im November oder Dezember 1959, also sechs Jahre vor seiner ersten Gedichtpublikation, formuliert Leising in einem maschinenschriftlichen Brief an seinen Freund eine Haltung gegenüber dem Schreiben, die sich gegen eine Ausrichtung auf finanzielle Verwertbarkeit wendet und sich in einer Verantwortung gegenüber dem Produkt manifestiert. Überwiegend in Minuskeln schreibt Leising:

> „ich habe mich, in der ganzen zeit, durch nichts von der verantwortlichkeit und inneren geradheit meiner arbeit abbringen lassen. das beispiel, daß viele korrumpiert werden, halbes, unfertiges, gar unehrliches anbieten, weil es gut gekauft, sehr verlangt wird, hat mich immer nur zum widerspruch, nie zur nachahmung gereizt. es gibt der möglichkeiten gefährlich viele, nicht zum ehrlichen ende geführte produkte gegen enorme bezahlung loszuwerden, und solche literaturfressenden institutionen wie rundfunk und fernsehen sind dafür ebenso begehrt wie, dem charakter ihrer arbeitsweise entsprechend, interessierte abnehmer. ich habe einen schrecklichen widerwillen dagegen, unfertiges anzubieten; das ist schon damit, daß außer einem Theaterstück nichts von mir im Umlauf ist, bewiesen. zugleich könnte dir als beweis dienen, daß meine leipziger bekannten und freunde sich schon lustig machen über die hartnäckigkeit, mit der ich meine arbeiten vor der öffentlichkeit verstecke und daß ich sogar zuweilen ihren Ärger, Unvertraute meiner Arbeit zu sein, einstecken muß. laß dirs damit genügen, wolfgang. wenn für meine arbeit eine gefahr besteht, so ist es im gegenteil die, vor lauter verantwortlichkeit nicht zum produkt zu kommen."[147]

---

146 Corino: Melancholisches Poesiealbum. In: Deutsche Zeitung Christ und Welt, 19.8.1977.

147 Leising, Richard an Schmidt, Wolfgang, [undatiert, ungefähr Nov. oder Dez. 1959]. In: Privatbesitz, Schmidt, Wolfgang. Wolfgang Schmidt, der die Briefe Leisings freundlich und umsichtig zur Verfügung gestellt hat, sei herzlichst gedankt.

In einem Brief vom Januar 1961 bekräftigt Leising diese Haltung. Als Ziel seines Schreibens setzt er dabei nicht die Veröffentlichung der eigenen Texte, Popularität oder finanzielle Einkünfte, sondern das Stadium der Abgeschlossenheit. Dass der Einwand gegen die Verkäuflichkeit und die Sorge um ein hohes Maß an Vollkommenheit auch als ein Ausdruck von Eitelkeit gewertet werden kann, gesteht sich der Dichter im Zuge dessen ein:

> „Über Presse und Funk meinen Namen hören zu wollen, ist illusorisch, mein Alter. Ich bin noch nicht ins Geschäft gestiegen, und ich habe es auch nicht vor. Was ich vom Schreiben halte, habe ich Dir ja mal brieflich mitgeteilt. Was ich nicht für fertig halte, gebe ich nicht aus den Händen. Und im Moment habe ich eben nichts fertiges. Es kann sein, daß ich nie etwas derartiges habe; aber dann habe ich auch die Gewißheit, daß ich es nicht für dickes Geld als eine brauchbare Ware ausgegeben habe. Es ist in diesem Standpunkt allerhand Eitelkeit, gewiß. Aber sie scheint mir in diesem Falle vertretbar zu sein."[148]

Ein Widerstand gegen eine Art von Literaturproduktion, die ökonomischen und politischen Maßgaben folgt, zeigt sich auch in späteren Zeugnissen, beispielsweise in dem Briefwechsel mit seinem Freund, dem Komponisten Siegfried Thiele. Der Dirigent und damalige Gewandhauskapellmeister von Leipzig, Kurt Masur, hatte Thiele 1986 gebeten, ein Stück für Kinderchor und Orchester zu schreiben, worauf der Komponist wiederum Leising fragte, ob dieser den Text dafür verfassen könne.[149] In der Antwort des Dichters heißt es:

> „Sicher hat das Angebot des mächtigen Herrn Masur etwas interessantes. Sicherer ist, daß er und seine Gönner mit meinen Texten wenig oder nichts anzufangen wüßten; sie bedienen nicht das real existierende establishment und dessen allererste Staatsdoktrin, den Optimismus. Was ich rede, ~~ich~~ [hs: ist] ziemlich bitter, schartig und kalt – nicht etwa deshalb, weil mein Naturell dahin gegangen wäre, sondern weil sein und seinesgleichen Bedürfnis nach Helle, Friedfertigkeit, Liberalität alleweil blockiert, wenn nicht gar kriminalisiert wird. So zeige ich nur wenigen Leuten noch, was ich schreibe, falls ich schreibe. Viel und gefällig war es ohnehin nie."[150]

Um sich ein gewisses Maß an Unabhängigkeit zu bewahren, versuchte Leising, statt seine Texte entsprechend anzupassen und sich in die kulturpolitischen Verhältnisse einzufügen, sich ihnen zu entziehen. Im Bereich des Kinder- und Jugendtheaters fand er scheinbar eine Nische mit einem ihm angemessenen

---

148 Leising, Richard an Schmidt, Wolfgang, 27.1.1961. In: Privatbesitz, Schmidt, Wolfgang.

149 Vgl. Thiele, Siegfried an Leising, Richard, 16.8.86. In: DLA, A:Leising, Briefe an ihn von Thiele, Siegfried.

150 Leising, Richard an Thiele, Siegfried, [Durchschl.], 1.9.1986. In: DLA, A:Leising, Briefe von ihm an Thiele, Siegfried.

Bewegungsspielraum –[151] eine größere, mit mehr Aufmerksamkeit verbundenen Plattform lehnte er ab, insbesondere nach der Rabe-Inszenierung an der Volksbühne und den damit verbundenen Konsequenzen für Renne. Bemerkenswert ist dabei, dass sich dieses emanzipative und zum Teil in Verweigerung mündende Bestreben nicht nur auf die in der DDR vorherrschende Ideologie bezog, sondern vielmehr – so vermitteln es weitere Zeugnisse – einer Grundhaltung entsprach und auf ein Minimum an Freiheitserhalt abzielte. In einer nicht weiter bearbeiteten Gedichtskizze von 1988 kommt dies in besonderer Weise zum Ausdruck:

> „Meine Art Schreiben ist meine Freiheit
> Eine kleine Freiheit, aber immerhin
> Keine Auflagen erfüllen, um aufgelegt zu werden
> Ich muß meinen Namen nicht zum Marktwert machen
> Ihn nicht kurrent [hs. umläufig] machen, nicht im Gespräch halten
> Wie ein Firmenschild, wie eine Marke
> Ich lasse nicht zu, daß von mir etwas erwartet wird
> Eine Freiheit klein, aber immerhin
> Ich erfülle keine Erwartungen weil ich keine erwecke
> Ich lasse nicht auf mich bauen
> Ich benötige keinen Personalstil, sprich ein Billett
> Zum Betreten der Halle des Einordnens
> Ich leiste keine Lebenshilfe, igitt
> Ich lasse mich nicht auf mich festlegen
> Ich bin durchaus nicht Ich, außer zwangsweise
> Was kümmert mich das Gerede um Identität
> Ich habe es nicht nötig, mich einzubringen
> Da ich kein Herausgebrachter bin
> Ich bin der äthiopische Affe der nicht redet
> Damit man ihn nicht zur Arbeit auffordert
> Klein die Freiheit, aber immerhin
> Es ist Schwerstarbeit, nicht für ‚Kenner' zu schreiben
> [hs. und trotzdem so daß man nicht populär wird
> 25.10.88]"[152]

Die ‚Art Schreiben', die das lyrische Ich in diesem Gedicht für sich beansprucht, wendet sich gegen eine Reihe verschiedener einschränkender Aspekte, die ein auf Veröffentlichung abzielendes Schreiben mit sich bringen kann, seien es: politische oder ökonomische Vorgaben, fremdgesetzte Maßstäbe, Anforderungen wie Erfolg und Wiedererkennungswert, kontinuierliche Arbeit

151 Vgl. Reinecke 2014: Der Lyriker Richard Leising, S. 34.

152 Leising, Richard: [Gedicht, o.T., 25.10.1988]. In: DLA, A:Leising, Gedichte, Verschiedene Gedichte, meist unveröffentlicht.

oder Popularität. Das lyrische Ich verwehrt sich gegen eine öffentliche Bewertung und Einordnung des Geschriebenen genauso wie gegen Projektionen, indem es keine Projektionsfläche bietet; nur unerkannt kann es seine Souveränität wahren. Wird etwas geschrieben, dann unter ‚Schwerstarbeit' und mit einem Anspruch an eine Vollkommenheit, die nach Außen isolieren soll.

Das Gedicht von 1988, das nicht für eine Veröffentlichung autorisiert wurde, stilisiert eine bestimmte ‚Art Schreiben', die mit Leisings Schreiben nur partiell in Deckung zu bringen ist. Seine Arbeitsweise bestimmte in erster Linie das Ziel eines vollkommen, seinen eigenen Maßstäben gerecht werdenden lyrischen Produkts; gelang ein solches, gab er es durchaus zur Veröffentlichung frei. So entstanden zwar nur wenige selbstständige Publikationen Leisings, doch führte die Platzierung einzelner Gedichte in zahlreichen Anthologien nichtsdestotrotz zu stetigen Veröffentlichungen.[153] Ohne zu viel Aufsehen zu erregen, ermöglichte dieses Verfahren dem Dichter eine gewisse Präsenz, machte ihn gerade im Kreis der ‚Kenner' populär und schürte weitere Erwartungen.

Der Aspekt der Lesungen ist in dieser Hinsicht ebenfalls aufschlussreich, auch in Bezug auf die Zeit nach 1989/90. Neben der in 2.1.2 erwähnten Lesung von Nachdichtungen 1972, finden sich im Nachlass mehrere Hinweise auf geplante Lesungen, wie zum Beispiel auf eine von Karl Mickel organisierte Lesung in Dresden 1983,[154] eine Lesung während des Stipendienaufenthalts in Schöppingen 1991 sowie auf mehrere von Wachinger organisierte Lesungen 1990/1991. Welche Veranstaltungen davon letztlich realisiert wurden, kann nicht genau nachvollzogen werden, mindestens drei Lesungen nach 1989 – unter anderem eine der sogenannten Sächsischen Dichterschule 1990 – sagte Leising kurz vorher ab,[155] oder erschien dazu nicht.[156] 1995 notierte er sich maschinenschriftlich:

> „Seit längerer Zeit tiefe Abneigung gegen öffentliches Lesen. Kann nur drei Gründe nennen, obgleich der Widerwille zusammengesetzter ist; hinter die anderen muß ich noch kommen.
>
> 1. Ich schreibe selten und wenig. Sollte ich schon [hs. mal] was [hs. fertig] gemacht haben, lasse ich es sehr lange liegen, ehe ich es wieder ansehe, und dann sehe ich, es ist nicht fertig. Daher Lesenmüssen der immer gleichen

153 Vgl. Reinecke 2014: Der Lyriker Richard Leising, S. 34.

154 Vgl. Leising, Richard an Zimmermann, Karl Friedrich, 19.1.1983. In: DLA, A:Leising, Briefe von ihm an Zimmermann, Karl Friedrich.

155 Vgl. Leising, Richard an Wachinger, Kristof, [Durchschl.], 4.12.1990. In: DLA, A:Leising, Briefe von ihm an Wachinger, Kristof.

156 Vgl. Wachinger, Kristof an Leising, Richard, 18.6.1991. In: DLA, A:Leising, Briefe an ihn von Wachinger, Kristof.

Sachen, das hängt zum Hals heraus. Und Lesen bloß für Knete, das hängt noch mehr zum Hals heraus.

2. Mir kommt das entsetzlich eitel vor, und manche Veranstaltungen zeigen ja, daß es mir nicht nur so v o r k o m m t. Die Frage ‚Warum veröffentlichst du dann?' gegenstandslos. Es liegt ja keine Videocassette im Schuber bei; ich will zeigen was ich gemacht habe, keinesfalls wer ich bin. Und die unübertrefflich schöne Walbaum-Antiqua sieht allemal besser aus als ich. Und wenn ich lese, interpretiere ich mich, ob ich will oder nicht; ich will aber das nicht. Der Leser interpretiere selbständig, vorausgesetzt, daß er für seine eigene Denkleistung den Preis für ein Gedichtbändchen zu zahlen gewillt ist. [...]

3. Die zunehmende Menschenscheu. Ist wohl eine Sache des Alterns. Und angeborener Ängstlichkeit. Und vielleicht meiner Krankheit."[157]

In dieser Notiz spiegeln sich die oben erläuterten, verschiedenen Facetten, die Leisings Verhältnis zur literarischen Öffentlichkeit, auch nach 1989/90 kennzeichnen: Trotz Rückzugsbestrebungen und eines Willens zur Unabhängigkeit von politischen oder ökonomischen Vorgaben sollten die Gedichte, die Leising als abgeschlossen betrachtete, einer größeren Leserschaft zugänglich sein.

Konkret benannt wird dieses Ambivalenzverhältnis in einer weiteren Notiz, 1994 verfasst:

„Ich grübelte über die ‚Identitätsübersteigerung'. Was sie sei. (In meinem Fall). Und mir schien plötzlich, daß ich diesen Eigenanspruch zum Vorwand nahm für das immer stockendere Schreiben. War es aber nicht vielmehr so, daß ich den Anspruch des Lesers fürchtete, den ich bei ihm gesetzt habe? Daß ich also nicht unter meinem Anspruch zu bleiben fürchte, sondern unter seinem? Und dies gerade ich, der sich für so unabhängig Gebende?

Da sträubten sich schon die Haare!

Aber natürlich bohrt auch der Eigenanspruch [...]."[158]

Die Vielfältigkeit der Reflexionen Leisings und sein variierendes Selbstbild weisen über ein eindimensionales Bild eines wenig schreibenden, perfektionistischen Dichters hinaus und deuten ein Spannungsfeld zwischen Fremd- und Eigenanspruch, subversiven Tendenzen und Rückzug an. In Leisings Gedicht „Küste" heißt es: „Es ist nicht so, dass ich schweige / Ich kann nur nicht sprechen"[159]. In dem Gespräch mit Verdofsky nimmt der Dichter auf diesen Vers Bezug und erklärt:

---

157 Leising, Richard: [Notiz, 26./ 28.9.1995]. In: DLA, A:Leising, Verschiedenes, Autobiographisches, „Nabelschau ab August 95", Notizen zum Thema Sehnsucht und Sucht.

158 Leising, Richard: [Notiz, 11.4.1994]. In: DLA, A:Leising, Verschiedenes, Verschiedene Aufzeichnungen zum Thema Alkohol, Psychosen.

159 Küste. In: Leising 1990: Gebrochen deutsch, S. 13.

„Dieses Schweigen in diesem Gedicht KÜSTE, das meint eigentlich ganz einfach jenes Schweigen, das mir viel zu oft vorgeworfen wird. Also dieser Art, du schreibst zu wenig, du rückst zu wenig heraus ... Daß ich schweige, bedeutet, ich rede schon mit mir und mit meinem Papier."[160]

Von diesem Dialog mit dem Papier zeugt Leisings Nachlass, der Gegenstand der folgenden Betrachtungen sein wird.

2.1.4 *Nachlassprofil*

Der Nachlass Richard Leisings befindet sich seit 2001 im Deutschen Literaturarchiv Marbach. Knapp zwanzig Jahre lang wurde der Nachlass von der Forschung kaum wahrgenommen, obwohl es vereinzelte Hinweise auf seinen Stellenwert gab. So schreibt Iris Radisch 1999 in „Die Zeit": „Am 20. Mai 1997 starb Richard Leising und hinterließ eine Menge Papier, Tagebücher, Gedichte, Prosa, Briefe und – Freund von Sarah Kirsch, Karl Mickel und Heinz Czechowski – den Zettelkasten eines Dichters der ‚sächsischen Dichterschule'"[161]. Anschließend waren es vor allem Mitarbeiter des DLA, die auf den Nachlass aufmerksam machten. In dem marbachermagazin 107 präsentiert Jutta Reusch einen Brief des Altphilologen Peter Witzmann an Richard Leising vom 1. August 1965 und verweist in einer Nebenbemerkung ihres Kommentars auf seinen Nachlass.[162] In dem 2005 von Andreas Bernhard und Ulrich Raulff herausgegebenen Band „Briefe aus dem 20. Jahrhundert" bildet ein Brief Leisings den Abschluss einer Serie meist unveröffentlichter Briefe unter anderem von Franz Kafka, Theodor W. Adorno, Uwe Johnson, Heiner Müller und Peter Weiss. Bürger, der „Leisings großen Brief"[163] an den Lehrer und Schriftsteller Siegfried Baumgart vom 16. August 1990 kommentiert, deutet im Zuge seines kurzen Textes an, in welcher Hinsicht eine Beschäftigung mit dem Nachlass Leisings aufschlussreich sein könnte: „Was er [Leising, KvB] wirklich über sich und sein Land dachte, steht in den ‚Merkbüchern' und Brief-Durchschlägen, die heute mit seinem literarischen Nachlaß im Deutschen Literaturarchiv Marbach aufbewahrt werden."[164]

In jüngster Zeit hat Ulrich von Bülow am Rande einiger seiner Publikationen immer wieder auf den Nachlass Leisings und einzelne seiner Zeugnisse

160 Leising in: Verdofsky: „Gebrochen deutsch" – Richard Leisings Gedichte. In: NDR 3 [Texte und Zeichen], 24.2.1991.

161 Radisch: Belletristik. In: Die Zeit, 24.6.1999.

162 Vgl. Reusch 2004: Ein Geschenk, dem Freunde vom Freunde gegeben, S. 95.

163 Bürger 2005: [Kommentar]. Richard Leising an Siegfried Baumgart, S. 305.

164 Ebd., S. 304.

hingewiesen.[165] 2014 im Deutschlandfunk Kultur gefragt, welcher der im DLA liegenden Nachlässe mit DDR-Bezug für ihn besonders bemerkenswert seien, hob von Bülow den Bestand Leising hervor – den wenigen Publikationen des Dichters stünden hier fast druckfertige Hinterlassenschaften gegenüber.[166]

2.1.4.1 *Umfang und Zusammensetzung*

Der literarische Nachlass Richard Leisings (HS 2001.10) setzt sich aus folgenden Bestandteilen zusammen (Stand 2021): 16 der Handschriftensammlung zugeordnete Kästen (A:Leising, Richard), ein Kasten mit Fotografien, Grafiken, Malereien sowie sieben Erinnerungsstücke in der Sammlung Bilder und Objekte (J:Leising, Richard), fünf Tonträger sowie ein Kasten mit Programmheften, verwaltet von der Mediendokumentation (H:Leising, Richard).[167]

Das früheste Zeugnis im literarischen Nachlass stammt von 1900,[168] das früheste von Leising verfasste von 1952,[169] dieses ist allerdings aus der Provenienz Siegfried Thieles. Die letzten Aufzeichnungen Leisings stammen von 1997;[170] ein Brief anderer Personen, zwei Jahre nach seinem Tod verfasst, befindet sich ebenfalls in dem von der Handschriftenabteilung bewahrten Bestand.[171]

Testamentarisch hat Richard Leising festgelegt, dass der schriftliche Nachlass in „Besitz und Verwahrung“[172] Kristof Wachingers übergehen soll. Welche konkreten Rechtsfolgen damit einhergehen, lässt sich aus der Formulierung nicht eindeutig ableiten. In der gegenwärtigen Handhabung ist die Tochter Leisings, Renate Leising, Inhaberin der Urheberrechte an Werk und Nachlass.

---

165 Vgl. Bülow 2014: Strukturelle Merkmale von Archivalien aus der DDR, S. 92–113. Und: Bülow 2018: Papierarbeiter, S. 115–128.

166 Vgl. Bülow/Magenau: Ein Reim auf Erich Honecker. In: Deutschlandfunk Kultur, 31.10.2014.

167 Eine Zeitungsausschnitts- und eine Dokumentensammlung mit jeweils einer Mappe (Z:Leising, Richard und DOK:Leising, Richard) wurden von der Mediendokumentation angelegt – sie gehören nicht zu dem Bestand Leisings.

168 Vgl. Bierbaum, Otto Julius an Siegert, Dora, 27. VII. 1900. In: DLA, A:Leising, Manuskripte Anderer, Autographen aus dem Besitz von Richard Leising.

169 Vgl. Leising, Richard: [Gedichtmanuskript, „An Erfurt“, 26.6.1952]. In: DLA, A:Leising, HS 2013.0011, Gedichte.

170 Vgl. Leising, Richard: [Notizbuch, 1997]. In: DLA, A:Leising, Verschiedenes, Autobiographisches.

171 Vgl. Straub, Enrico an Leising, Renate, 14.4.1999. In: DLA, A:Leising, Briefe von ihm an Straub, Enrico (Fotokopien).

172 Vgl. Leising, Richard: Testament; eröffnet durch das Amtsgericht Lichtenberg am 7.7.1997. In: Privatbesitz. Freundlicherweise als Kopie zugänglich gemacht durch Kristof Wachinger. Vgl. Wachinger 1998: [Nachwort], S. 60.

A:Leising, Richard
Obgleich der Großteil des Bestands aus der Provenienz Richard Leisings stammt (HS 2001. 0010), handelt es sich um einen angereicherten Nachlass, der durch verschiedene nachgereichte Dokumente komplettiert wurde (Stand 2021).[173] So überließ Siegfried Baumgart dem DLA 2007 Briefe Leisings (HS 2007. 0082), Enrico Straub sandte dem Archiv Kopien einiger Briefe[174] und Renate Moser hinterlegte Kopien von späten Gedichten sowie anderen Aufzeichnungen.[175] Siegfried Thiele gab 2009 Briefe Leisings aus den Jahren 1959 bis 1997 (HS 2009. 371) sowie 2013 ein ganzes Konvolut mit Gedichten und Prosa aus den 1950er Jahren (HS 2013. 0011) ins Archiv.[176] Ein Nachtrag von 2015 mit Briefen und Gedichten von 1950 bis 1970 stammt von Ludwig und Christel Hoffmann (HS 2015. 0059).

Von den 16 Kästen des Nachlasses entfällt knapp ein Drittel auf die Ordnungskategorie ‚Werke', das heißt fünf Kästen. Dazu gehört ein Kasten, 14 Konvolute umfassend, mit Manuskripten und Materialien zu Gedichten: Ein Konvolut enthält Manuskripte bzw. Typoskripte und Fassungen der Gedichte aus „Gebrochen deutsch",[177] ein weiteres Vorfassungen, Entwürfe und Materialien zu jenem Band,[178] ein drittes Konvolut Manuskripte sowie Materialien zu dem posthum erschienenen Band „Die Rotzfahne"[179]. Vier weitere Konvolute enthalten fortgeschrittene bzw. abgeschlossene Gedichtmanuskripte, die zum Teil nach Themen bzw. Motiven geordneten mit den entsprechenden Materialien zusammen abgelegt wurden.[180] Oftmals lässt sich anhand des Überlieferten die Textgenese einzelner Gedichte ablesen.[181] In drei „Arbeitsmappen" werden neben Gedichtmanuskripten damit zusammenhängende Notizen, Listen und Materialien aufbewahrt.[182] In vier weiteren Mappen befinden sich über 150

173 Vgl. Franz 2010: Einführung in die Archivkunde, S. 67.

174 Vgl. DLA, A:Leising, Briefe von ihm an Straub, Enrico (Fotokopien).

175 Vgl. DLA, A:Leising, Gedichte, 1996–1997.

176 Vgl. DLA, A:Leising, Gedichte, Prosa, HS 2013. 0011.

177 Vgl. DLA, A:Leising, Gedichte, Sammlung, „Gebrochen deutsch".

178 Vgl. DLA, A:Leising, Gedichte, Entwürfe, „Sammlung RL".

179 Vgl. DLA, A:Leising, Gedichte, „Die Rotzfahne".

180 Vgl. DLA, A:Leising, Gedichte, „Trias" (3 Gedichte, Renate Luderer gewidmet), „Weihnachten 96/ Gestern der Nebel, die Tagesnacht" (Skizzen), „Merkwürdig schöne Gedichte" (Verdofsky). / DLA, A:Leising, Gedichte. „Lichtenberger Trilogie". / DLA, A:Leising, Gedichte, „Gewässer. Seeburg". / DLA, A:Leising, Gedichte, „Gedichte / fertig aber nicht für ROTZFAHNE".

181 Eine textgenetische Untersuchung der Gedichte Leisings ist unter anderem Gegenstand der Dissertation von Haberkorn. Vgl. Haberkorn [im Erscheinen]: Der Lyriker Richard Leising.

182 Vgl. DLA, A:Leising, Gedichte, „Arbeitsmappe (1)". / DLA, A:Leising, Gedichte, „Arbeitsmappe (2)". / DLA, A:Leising, Gedichte, „Arbeitsmappe Gedichte 3".

unveröffentlichte Gedichtentwürfe, darunter sowohl sehr frühe als auch sehr späte sowie verschiedene Abschriften.[183]

Die Untergruppe „Dramatisches“ setzt sich aus drei Kästen zusammen und ist somit die umfangreichste in der Kategorie „Werke“. Sie enthält die Theaterstückbearbeitungen Leisings. In der Regel sind die fertigen Fassungen, zum Teil aber auch abweichende, alternative Fassungen vorhanden, zu manchen Stücken existieren darüber hinaus Arbeitsmaterialien und Notizen.

Zu den beiden Brecht-Programmen „Von der Freundlichkeit der Welt. Bertolt Brecht: Gedichte, Lieder, Prosa“, für Marienborn entworfen, und „‚Es wird nie ein Mensch fliegen‘ Revue aus Gedichten, Liedern und Szenen von Bertolt Brecht“, für Magdeburg konzipiert, finden sich entsprechende Aufzeichnungen, Fotografien, Programmhefte sowie andere Materialien.[184] Zu der Stückbearbeitung des Versdramas „Cyrano de Bergerac“ von Edmond Rostand ist eine Mappe mit umfangreicher, von Leising zusammengestellter Materialsammlung[185] sowie eine interlineare Übersetzung des Henschel Verlags vorhanden.[186] 9 der 17 Konvolute in der Gruppe „Dramatisches“ gehören zu den Bearbeitungen der Stücke Carlo Gozzis: Zum „Raben“ existiert neben der an der Volksbühne zur Aufführung gebrachten Fassung[187] die Puppenspielfassung mit Fotos[188] sowie eine Übersetzung von Friedrich August Clemens Werthes.[189] Zur Bearbeitung von Gozzis „Der König Hirsch. Tragikomische Legende“ findet sich sowohl eine Erst- als auch eine Neufassung Leisings (1972 und 1980),[190] eine weitere Fassung (1987) mit Lazzi-Vorschlägen,[191] Korrekturfassungen[192]

183 Vgl. DLA, A:Leising, Gedichte, Verschiedene Gedichte, meist unveröffentlicht. / DLA, A:Leising, Gedichte, Einzelblätter, Abschriften. / DLA, A:Leising, Gedichte, 1996–1997. / A:Leising, Gedichte, HS. 2013.011.

184 Vgl. DLA, A:Leising, Dramatisches, Bearbeitungen, „Von der Freundlichkeit der Welt. Bertolt Brecht: Gedichte, Lieder, Prosa“. / „‚Es wird nie ein Mensch fliegen‘ Revue aus Gedichten, Liedern und Szenen von Bertolt Brecht“.

185 Vgl. DLA, A:Leising, Dramatisches, Bearbeitungen, „Cyrano de Bergerac“.

186 Vgl. DLA, A:Leising, Dramatisches, Bearbeitungen, „Cyrano de Bergerac“ (interlinear).

187 Vgl. DLA, A:Leising, Dramatisches, Bearbeitungen, Carlo Gozzi: „Der Rabe. Tragikomische Legende. Vorgestellt von Richard Leising“.

188 Vgl. DLA, A:Leising, Dramatisches, Bearbeitungen, Carlo Gozzi: „Der Rabe“ [Puppenspielfassung].

189 Vgl. DLA, A:Leising, Dramatisches, Bearbeitungen, Carlo Gozzi: „Der Rabe“.

190 Vgl. DLA, A:Leising, Dramatisches, Bearbeitungen, Carlo Gozzi: „Der König Hirsch. Tragikomische Legende“ Vorgestellt von Richard Leising.

191 Vgl. DLA, A:Leising, Dramatisches, Bearbeitungen, Carlo Gozzi: „Der König Hirsch“ – Berliner Fassung (1980/87)/ – „Eine Masse Lazzi-Vorschläge“.

192 Vgl. DLA, A:Leising, Dramatisches, Bearbeitungen, Carlo Gozzi: „Der König Hirsch“, Exemplare, weitere Fassungen mit Korrektur.

sowie eine Materialsammlung zu Regie und Dramaturgie des Stücks.[193] Zu Gozzis Stück „Der Turandot“ hat Leising darüber hinaus eine Beurteilung, aber keine eigene Bearbeitung geschrieben.[194]

John Millington Synges „Der Held der westlichen Welt“ liegt in einer Textfassung Richard Leisings[195] und in einer Rohübersetzung von Klaus Urban im Nachlass.[196] Des Weiteren gibt es eine Materialsammlung sowie Aufzeichnungen und Fotografien der für das Theater der Freundschaft 1983 entworfenen Szenenfolge „‚… sie zu verändern.‘ Karl Marx. Ein Programm“[197] sowie des mit Georg Katzer begonnenen Projekts „Zinnober“[198] nach E. T. A. Hoffmanns Kunstmärchen „Klein Zaches genannt Zinnober“. Auch eine Mappe mit Materialien zu der Theaterstückbearbeitung „Die wahre Geschichte des Clavigo“[199] ist vorhanden.

Die Klassifikationsgruppe „Prosa und Essayistisches“ umfasst einen Kasten mit zehn Mappen: darunter eine Mappe mit Texten und Aufzeichnungen „Über Lyrik“[200], ein Konvolut kürzester Prosatexte sowie eine Aphorismen-ähnlichen Sammlung mit weiteren Aufzeichnungen.[201] Des Weiteren finden sich zwei Sammlungen mit abgeschlossenen Textfassungen der Rede zum Christan-Wagner-Preis und dem Text „Zum künstlerischen Werdegang“,[202] Notizen zu Sozialismus und Macht,[203] Aufzeichnungen und Notizen zur Theaterarbeit[204]

193 Vgl. DLA, A:Leising, Dramatisches, Bearbeitungen, Carlo Gozzi: „Der König Hirsch.“ Material zur Dramaturgie und zur Regie des Stücks.

194 Vgl. DLA, A:Leising, Dramatisches, Bearbeitungen, Carlo Gozzi: „Der Turandot“.

195 Vgl. DLA, A:Leising, Dramatisches, Bearbeitungen, John Millington Synge: „The Playboy of the Western World“ (Textfassung von Richard Leising).

196 Vgl. DLA, A:Leising, Dramatisches, Bearbeitungen, John Millington Synge: „The Playboy of the Western World“ (Rohübersetzung).

197 Vgl. DLA, A:Leising, Dramatisches, Bearbeitungen, „… sie zu verändern.“ Karl Marx. Ein Programm.

198 Vgl. DLA, A:Leising, Dramatisches, Bearbeitungen, Projekt „Zinnober“.

199 Vgl. DLA, A:Leising, Dramatisches, Bearbeitungen, Beaumarchias, Pierre: „Die wahre Geschichte des Clavigo“. Zu dieser, sich in der Ausstellung des Literaturmuseums der Moderne befindlichen Mappe konnte das DLA keine näheren Auskünfte geben.

200 Vgl. DLA, A:Leising, Prosa, „Über Lyrik“ (Skizzen und Notizen) / „Zum Einlegen in das Poesiealbum 97 Seite sonstwo“.

201 Vgl. DLA, A:Leising, Prosa, „DER BÖSE BLICK oder MORGEN IST AUCH NOCK KEIN TAG. Aufzeichnungen nach Jahren“.

202 Vgl. DLA, A:Leising, Prosa, „Prosa /Duplikate + Fassungen“, „Prosa/ fertig, aber nicht für ROTZFAHNE“.

203 Vgl. DLA, A:Leising, Prosa, Notizen (so von ihm selbst zusammengestellt; v.a. über Sozialismus und Macht).

204 Vgl. DLA, A:Leising, Prosa, Essayistisches, „Über das sog. Kindertheater/ Texte von mir und anderen“/ Reaktion auf ein Papier „Grundkonzeption zur Arbeitsweise des ‚Theaters der Freundschaft‘“ 15.9.1990.

sowie Aufzeichnungen unter anderem zum Begriff der Heimat.[205] Außerdem sind zwei Materialsammlungen vorhanden, zum einen zu dem Projekt „Gespenstermarsch“ zu DDR verherrlichenden Bewegungen nach 1989/90,[206] und zum anderen zu dem Essay-Projekt „Machtmal oder Aller Länder Herren“, in dessen Fokus Machtstrukturen stehen.[207] Ein Konvolut mit Übersetzungen enthält nicht nur einige Übersetzungen der Gedichte Leisings, sondern auch eine Reihe Gedichte, die Leising übersetzte.[208]

Das zweite Drittel des Bestands ergibt sich aus einem Kasten in der Ordnungskategorie „Verschiedenes, Notizen, Material- und Arbeitssammlungen“ sowie vier Kästen der Kategorie „Verschiedenes, Autobiographisches“. Die sich in ersterem Kasten befindlichen Materialsammlungen Leisings sind vielfältig: Neben zwei thematischen Sammlungen[209] finden sich zwei collagenartige Zeitungsausschnittsammlungen,[210] Sammlungen mit zeitgeschichtlichen Dokumenten,[211] etliche Zitatbücher,[212] Notizbücher,[213] sowie eine Sammlung italienischer Vokabeln, ein selbstangelegtes etymologisches Wörterbuch, eine Lektüreliste[214] und eine Rezensionssammlung.[215]

Zu den autobiografischen Sammlungen gehören thematische Konvolute mit Aufzeichnungen und Materialien zu Persönlichem wie der Familie,

---

205 Vgl. DLA, A:Leising, Prosa, Essayistisches, „... meine Trauer“ / „bleiche Mutter“. Nov. 86 – Sept. 90 (Skizzen).

206 Vgl. DLA, A:Leising, Prosa, Gespenstermarsch.

207 Vgl. DLA, A:Leising, Prosa, Essayistisches, „Machtmal oder Aller Länder Herren“.

208 Vgl. DLA, A:Leising, Übersetzungen, „Der Dolmetsch/ Übersetzer & Übersetzter“/ = 1. Arbeiten von Leising als Übersetzer / 2. Übersetzte Gedichte von Leising.

209 Vgl. DLA, A:Leising, Verschiedenes, Materialsammlung, „Das Jagen/ Das Schlachten/ Das Morden“. Und: DLA, A:Leising, Verschiedenes, Sammlung von Texten und Ausschnitten aus Zeitungen und Zeitschriften: „Die Masken/ Die Puppen/ Die Narren“.

210 Vgl. DLA, A:Leising, Verschiedenes, „Geleimt (1)“ (Zeitungsauschnitte mit Kommentaren). Und: DLA, A:Leising, Verschiedenes, „Wie es morgen war. Ein Bilderbuch“.

211 Vgl. DLA, A:Leising, Verschiedenes, Sammlungen, „Historische Zeitungen bzw. Ausschnitte Fotos usw.“, Zeitgeschichtliches.

212 Vgl. DLA, A:Leising, Verschiedenes, Aufzeichnungen und Notizen zu Goethe und Schiller (3 Notizbücher, 1 „Chronik von Goethes Leben“ mit Randbemerkungen etc.). / DLA, A:Leising, Verschiedenes, Exzerpte und Abschriften, „Das Buch der Worte“/ „Rilke Übersetzungen und Dichtungen“/ „Die Weinschwarte Auszüge aus Rudolf Krämer-Badon: Das kleine Buch vom Wein. Bertelsmann, Gütersloh 1968“. / DLA, A:Leising, Verschiedenes, Notizen und Aufzeichnungen zu Heine. / DLA, A:Leising, Autobiographisches, Verschiedenes, Notizen und Aufzeichnungen zu Kafka, „Das Buch K., begonnen am 2. Januar 1989“.

213 Vgl. DLA, A:Leising, Verschiedenes, Notizbücher, „manual I“, „manual II“, „Sammelsurium“.

214 Vgl. DLA, A:Leising, Verschiedenes, Notizbücher, Italienische Vokabeln, „Meine Etymologie“, „SCHWAKLA 1996“.

215 Vgl. DLA, A:Leising, Verschiedenes, Reaktionen auf Leisings Lyrik.

dem Freund Karl Friedrich Zimmermann, verschiedenen Westreisen oder der Alkoholkrankheit,[216] außerdem ein Traumtagebuch,[217] vier zum Teil thematische Tagebücher,[218] etliche Taschenkalender, Notizbücher sowie Geburtstagskalender.[219] Das Zentrum der autobiografischen Sammlungen stellen acht „Merkbücher“ mit tagebuchähnlichen Aufzeichnungen dar.[220]

Die Ordnungsgruppe „Korrespondenzen“ umfasst drei Kästen und bildet zusammen mit einem Kasten an Lebensdokumenten und einem Kasten Manuskripte Anderer bzw. nachgereichten Manuskripten das letzte große Drittel des Bestands. Von den Briefwechseln Leisings sind oftmals nicht nur die an ihn gesendeten, sondern auch die von ihm verfassten Briefe als Durchschlag erhalten geblieben. Zu den wichtigen und umfangreichen Briefwechseln zählen die mit: Enrico Straub, Professor für Romanistik an der FU Berlin, dem Komponisten Siegfried Thiele, dem Dichter Karl Mickel, dem Musikpädagogen Hans Georg Mareck, der Schauspielerin Renate Luderer, dem Verleger Kristof Wachinger, dem Schauspieler und Regisseur Karl Friedrich Zimmermann sowie dem Regisseur Berndt Renne.

Der Kasten mit Lebensdokumenten enthält unter anderem Verträge und Abrechnungsbelege, Mitgliedsausweise, Dokumente zur Sozialversicherung, Pässe und Zeugnisse.[221]

In dem Kasten mit Materialien Anderer befinden sich Briefumschläge anderer Personen mit besonderen Briefmarken, außerdem Autografen unter anderem von Otto Julius Bierbaum, Bertolt Brecht und Carl Orff sowie Manuskripte unter anderem von Heinz-Uwe Haus, Hans Ostarek und Berndt Renne.[222]

---

216 Vgl. DLA, A:Leising, Verschiedenes, Autobiographisches, „Familia“. / DLA, A:Leising, Verschiedenes, Autobiographisches, Notizbuch, „Ich“. / DLA, A:Leising, Verschiedenes, Autobiographisches, „Zu Karl Friedrich Zimmermann“/ „Erinnerungen an Kf.“ (Zimmermann). / DLA, A:Leising, Verschiedenes, Autobiographisches, Bildersammlung zu den Westreisen 1985 und 1987. / DLA, A:Leising, Verschiedenes, Autobiographisches, „Nabelschau ab August 95“, Notizen zum Thema Sehnsucht und Sucht.

217 Vgl. DLA, A:Leising, Verschiedenes, Autobiographisches, „Träume“ (Traum-Tagebuch, 11.7.1986–10.8.1995).

218 Vgl. DLA, A:Leising, Verschiedenes, Autobiographisches, Tagebücher.

219 Vgl. DLA, A:Leising, Verschiedenes, Autobiographisches, Taschenkalender 1975–1997, „Agenda – die vorzunehmenden Handlungen“. / DLA, A:Leising, Verschiedenes, Autobiographisches, Taschenkalender und Notizbücher. / DLA, A:Leising, Verschiedenes, Geburtstagskalender.

220 Vgl. DLA, A:Leising, Verschiedenes, Autobiographisches, Merkbücher.

221 Vgl. DLA, A:Leising, Dokumente.

222 Vgl. DLA, A:Leising, Briefe Anderer, Briefumschläge. / DLA, A:Leising, Manuskripte Anderer, Autographen aus dem Besitz von Richard Leising. / DLA, A:Leising, Manuskripte Anderer.

Der Großteil des Gesamtbestands birgt unveröffentlichtes Material, nur ein sehr kleiner Teil wurde posthum ediert: Neben „Die Rotzfahne“ und „Der Rabe“ sind darunter die oben genannten Einzelbriefe Leisings sowie Ausschnitte aus seinen nachgelassenen Aufzeichnungen.[223]

Erst durch das Nachlassmaterial zeigt sich das ganze Spektrum des leisingschen Schaffens von Gedichten über Theaterstückbearbeitungen, Prosa bis hin zu Übersetzungen, Romanvorhaben und essayistischen Texten. Dabei variieren nicht nur Themen und Formen, sondern auch die Qualität des Geschriebenen. In der Hauptsache ist der Nachlass von ‚kleinen Formen‘ geprägt. So finden sich in erster Linie Gedichte, Aphoristisches, kurze bzw. kürzeste Prosa, tagebuchartige Aufzeichnungen, Reflexionen, Beobachtungen sowie Notizen zu Leben und Schreiben. Abgesehen von Leisings dramatischen Bearbeitungen und seinen Briefen existieren wenig in sich geschlossene Texte, die den Umfang von zwei Seiten überschreiten.

Der Formationsgrad des Nachlasses lässt sich als geordnete und systematische Auswahl beschreiben: Kennzeichnend sind die vielen von Leising angelegten und mit prägnanten Titeln versehenen Mappen, Klemmmappen und Notizbücher, die einer eigenen Systematik folgen (vgl. 2.1.5.1). Gedicht- und Prosafassungen, Briefe und Theaterstückbearbeitungen schrieb Leising überwiegend mit der Schreibmaschine, mitunter auch andere Aufzeichnungen.[224] Handschriftliche Aufzeichnungen sind ebenfalls zahlreich vorhanden, darunter insbesondere Entwürfe, Notizen, Beobachtungen und Reflexionen. Einige Konvolute sind von einer collagenartigen Umgangsweise mit den Materialien geprägt.

Die frühe Handschrift Leisings mit Elementen der Sütterlinschrift unterscheidet sich stark von seiner späteren, kleinen und eher gedrungenen Handschrift.[225] Leising schrieb vorwiegend auf einfachem, nicht liniertem Papier, seine Notizen befinden sich häufig auf kleineren Zetteln oder alten Manuskriptseiten. Manche Aufzeichnungen befinden sich darüber hinaus auf Briefbögen, auf denen sich ein Briefkopf und -fuß mit Leisings Namen und Adresse befindet.

---

223 Vgl. Boltenstern 2018: Der kommentierte Zeitungsausschnitt bei Richard Leising, S. 188–197. Und: Boltenstern 2018: Richard Leising – ein Nachlassporträt, S. 399–412.

224 Ab ungefähr Mitte/ Ende der 1950er Jahre bis 1984 schrieb Leising auf einer Schreibmaschine des Typus „Adler Favorit“ und kaufte sich anschließend eine Maschine des Modells „Erika“. Vgl. Leising, Richard: [MB-Eintrag, 5.3.1984]. In: DLA, A:Leising, Verschiedenes, Autobiographisches, Merkbuch 1979–1984.

225 Vgl. dazu: Haberkorn [im Erscheinen]: Der Lyriker Richard Leising.

H:Leising, Richard
Ein Kasten des Teilnachlasses Leisings, der der Mediendokumentation zugeordnet ist, enthält eine Dokumentation einer Grundschultheateraufführung von „Das Nashorn“ sowie etliche Programmhefte von diversen Theatern, zum Teil bewahrt in einem Schuhkarton mit der Aufschrift Leisings „Meine Programmhefte“.

Darüber hinaus wurden drei Tonbänder und zwei Tonkassetten überliefert.

Auf einem Tonband befinden sich Aufnahmen von Leisings Töchtern Hanne und Renate 1966 und 1971, auf einem weiteren hört man Leising Klavier spielen und Lieder singen sowie aus der Autobiografie „Vom weißen Kreuz zur roten Fahne“ des Kommunisten Max Hoelz lesen. Auf dem dritten Tonband singt die Schauspielerin Helga Gunkel das „Das Lied von der Bleiche“, das Leising für seine Bearbeitung des Theaterstücks „Der Held der westlichen Welt“ gedichtet hatte. Die Kassetten enthalten Lazzis, also Zwischenspiele der „Rabe“-Inszenierung in Weimar sowie Radioaufnahmen.

J:Leising, Richard
Der Kasten mit Bildmaterial Leisings enthält einige Fotografien, auf denen Leising im Rahmen von Porträtaufnahmen oder innerhalb von Personengruppen abgebildet ist sowie Fotos von seinen Angehörigen, Freunden und Bekannten. Vielfach sind die Aufnahmen von Leising beschriftet und in Umschlägen geordnet. Unter dem Material finden sich auch Fotografien der Wohnungen und Städte, in denen Leising lebte sowie Aufnahmen, die auf Enrico Straub zurückgehen.

Darüber hinaus ist ein Konvolut mit Zeichnungen und Grafiken Leisings vorhanden, darunter auch Aquarelle, Objektstudien und Selbstporträts, die der Dichter oftmals datierte und die einen Entstehungszeitraum von den 1950er bis in die 1990er Jahre abdecken. Einige der Grafiken sind mit einer pointierten Bildunterschrift versehen. So zeigt eine Skizze eine Zielscheibe in deren Mitte eine Fotografie einer arbeitenden Frau geklebt und die folgendermaßen übertitelt wurde: „Im Mittelpunkt steht der Mensch“. Neben den Zeichnungen Leisings findet sich auch eine Illustration zu „Der Rabe“ der Illustratorin Regine Blumenthal sowie ein Porträt Leisings, das von Karl Friedrich Zimmermann gemalt wurde. Nicht zuletzt gehören zu dem Nachlass noch fünf Objekte: vier Pfeifen und eine Zigarettendrehmaschine.

2.1.4.2 *Entstehungszusammenhang und Überlieferungsgeschichte*

Bestandserschließung

Der Bearbeitungsgrad des handschriftlichen Bestands, auf den sich im Folgenden konzentriert werden soll, variiert: 15 Kästen sind grob erschlossen und geordnet und nicht im Katalog verzeichnet. Ein Kasten jedoch ist fein geordnet, elf Handschriftendatensätze sind katalogisiert. Eine provisorische Bestandsübersicht des DLA gibt zwar einen ersten Überblick über die sich im Nachlass befindlichen Materialien, verzeichnet diese aber nicht im Einzelnen und ist an vielen Stellen ungenau. Zu der umfangreichen Klassifikationsgruppe „Dramatisches" etwa findet man nur die Angabe: „Bearbeitungen von Dramen von Carlo Gozzi und andere Arbeiten", und zu Theaterstücken, deren Übersetzung Leising als Grundlage für seine Bearbeitungen verwendete, aber nicht selbst übersetzte, heißt es irreführender Weise: „Übersetzungen verschiedener Theaterstücke".[226]

Der Nachlass wurde nach dem Provenienzprinzip erschlossen, sodass die Materialien in ihrem vorgefundenen Ordnungszusammenhang belassen wurden und die von Leising angelegte Ordnung nachvollzogen werden kann. Die einzige Klassifikationsgruppe, deren Ordnungs- und Aufbewahrungssystem sich nicht eindeutig rekonstruieren lässt, ist die der Korrespondenzen, da die Briefe von Seiten des Archivs alphabetisch in die Kategorien ‚Briefe von ihm' und ‚Briefe an ihn' geordnet wurden. Ob Material kassiert wurde, lässt sich nicht nachvollziehen.

Übergabe an das DLA Marbach

Seit der Verleihung des ersten Christian-Wagner-Preises an Richard Leising 1992 bestand ein loser Kontakt des Dichters zum DLA Marbach. Friedrich Pfäfflin, langjähriger Leiter des Schiller-Nationalmuseums und Mitglied der Jury des Wagner-Preises, benachrichtige Leising am 25. Mai 1992 über die ihm zuteilwerdende Auszeichnung.[227] Infolge dessen gab Leising in seinem Testament Pfäfflin als Ansprechpartner für eine mögliche Übergabe seines Nachlasses nach Marbach an.[228] Die letztliche Entscheidung über den Verbleib der Materialien überließ der Dichter jedoch seinem Verleger Kristof Wachinger,

---

226 Vgl. Bestand A:Leising. In: DLA. Unter: https://www.dla-marbach.de/katalog/bestaende/, zuletzt abgerufen am 16.11.2021.

227 Vgl. DLA, A:Leising, Verschiedenes, Reaktionen auf Leisings Lyrik, „In Sachen Christian-Wagner-Preis".

228 Vgl. Leising, Richard: Testament; eröffnet durch das Amtsgericht Lichtenberg am 7.7.1997. In: Privatbesitz. Freundlicherweise als Kopie zugänglich gemacht durch Kristof Wachinger.

den er als Nachlassverwalter einsetzte. In dem Nachwort zu dem Gedichtband „Die Rotzfahne" schreibt Wachinger:

> „Richard Leising hat testamentarisch verfügt, dass sein gesamter schriftlicher Nachlass mir, seinem Verleger, in Besitz und Verwahrung übergeben wird. Er hat mir aufgetragen, bei der Vernichtung von offensichtlich Unerheblichem nicht kleinlich zu sein, und hat mir die Entscheidung über den endgültigen Verbleib der Materialien überantwortet."[229]

Trotz dieses Spielraums orientierte sich Wachinger an Leisings testamentarischem Vorschlag und informierte Pfäfflin nach dem 20. Mai 1997 nicht nur über den Tod des Dichters, sondern auch über die Möglichkeit eines Nachlass-Erwerbs. Pfäfflin wiederum kontaktierte Jochen Meyer, den damaligen Leiter der Marbacher Handschriftenabteilung, welcher sich im Juli 1997 erst mit Wachinger und dann mit der Tochter Renate Leising in Verbindung setzte. Eine Vorordnung und Schätzung des Nachlasses erfolgte im Dezember 2001. Noch im selben Jahr wurde das literarische Archiv Leisings vom DLA angekauft.[230] Bevor der Nachlass dem Marbacher Literaturarchiv übergeben wurde, fertigte Wachinger eine komplette Kopie der Papiere an. 2001 gelangte ein erster Teilbestand ins Archiv, 2003 kam ein größerer Teil als Nachtrag hinzu.

Wie oben schon dargelegt, übergaben Enrico Straub, Renate Moser und Siegfried Thiele weitere Zeugnisse Leisings an das Archiv, Moser und Straub jedoch nur Kopien ausgewählter Originaldokumente. Wolfgang Schmidt, ein Schulfreund Leisings, besitzt darüber hinaus etliche frühe Briefe des Dichters sowie einige Manuskripte aus den 1950er Jahren.

Zeitliche Perspektivierung und der Einfluss äußerer Faktoren auf die Genese des literarischen Archivs

Im literarischen Nachlass Leisings überwiegen die Dokumente aus den 1980er und 1990er Jahren. Aufzeichnungen aus den 1960er und 1970er Jahren sind ebenfalls vorhanden, jedoch in einem geringeren Maße. Texte aus den 1950er Jahren sind Einzelfälle oder stammen aus einer anderen Provenienz.

Zu den wenigen von Leising selbst bewahrten Dokumenten aus den 1950ern gehören einige Gedichtentwürfe ab 1956/57,[231] eine Mappe mit

229 Wachinger 1998: [Nachwort], S. 60 f.

230 Vgl. Meyer, Jochen: Verabredung zum Nachlaß, 21.7.1997. Und: Meyer, Jochen: Notiz, Nachlaß Richard Leising, 17.12.2001. Herzlichst gedankt sei Jochen Meyer, der diese aus seinem Privatbesitz stammenden Aufzeichnungen zur Verfügung stellte.

231 Vgl. DLA, A:Leising, Gedichte, Verschiedene Gedichte, meist unveröffentlicht.

zeitgeschichtlichen Dokumenten,[232] ein 1952 beginnendes Merkbuch[233] sowie Briefe aus den späten 1950er Jahren. Das 2013 von Siegfried Thiele nachgereichte Konvolut enthält Prosa- und Gedichtmanuskripte Leisings aus den 1950er Jahren, beginnend ab 1952. Thiele ließ diese Gabe mit dem Hinweis versehen, dass Leising die Publikation dieser Texte nicht gewünscht habe.[234]

Dokumente aus den 1960er und 1970er Jahre finden sich in jeder Ordnungskategorie: Neben Gedichtentwürfen aus diesen zwei Jahrzehnten,[235] befinden sich auch unter den Theaterstückbearbeitungen Notizen aus dieser Zeit.[236] Bei den Prosamanuskripten sind es vor allem die Aufzeichnungen über Lyrik, die die 1960er und 1970er Jahre betreffen;[237] die Übersetzungen fallen ebenfalls vielfach in diesen Zeitabschnitt.[238] Auch bei den zeithistorischen Sammlungen[239] und Zitatsammlungen[240] finden sich Materialien ab 1960, Merkbücher, Taschenkalender und Briefe aus dieser Zeit bis zu Leisings Tod sind ebenfalls vorhanden. Insgesamt aber ist die Materialdichte und -vielfalt in Bezug auf die 1980er und 1990er Jahre am höchsten.

Auffallende inhaltliche Lücken betreffen nicht nur die 1950er Jahre allgemein, sondern auch spezifische Ereignisse der 1960er und 1970er. Der Umsiedlerin-Skandal, in den Leising 1961 verwickelt war, findet in seinen Nachlassdokumenten nur retrospektiv Erwähnung,[241] und auch das 11. Plenum des Zentralkomitees der SED 1965 und die Ausbürgerung Wolf Biermanns 1976,

232 ZEITGESCHICHTLICHES Dokumente, Originale, Fotos, Kuriosa. In: DLA, A:Leising, Verschiedenes, Sammlungen, „Historische Zeitungen bzw. Ausschnitte Fotos usw.“, Zeitgeschichtliches.

233 Vgl. DLA, A:Leising, Verschiedenes, Autobiographisches, Merkbuch 1952–1964.

234 Vgl. Bestandsübersicht A:Leising. In: DLA. Unter: https://www.dla-marbach.de/katalog/bestaende/, zuletzt abgerufen am 16.11.2021.

235 Vgl. beispielsweise: DLA, A:Leising, Gedichte, Verschiedene Gedichte, meist unveröffentlicht.

236 Vgl. u. a.: DLA, A:Leising, Dramatisches, Bearbeitungen, Projekt „Zinnober“.

237 Vgl. DLA, A:Leising, Prosa, „Über Lyrik“ (Skizzen und Notizen) / „Zum Einlegen in das Poesiealbum 97 Seite sonstwo“.

238 Vgl. DLA, A:Leising, Übersetzungen, „Der Dolmetsch/ Übersetzer & Übersetzter“/ = 1. Arbeiten von Leising als Übersetzer / 2. Übersetzte Gedichte von Leising.

239 Vgl. DLA, A:Leising, Verschiedenes, Sammlungen, „Historische Zeitungen bzw. Ausschnitte Fotos usw.“, Zeitgeschichtliches.

240 Vgl. DLA, A:Leising, Verschiedenes, Aufzeichnungen und Notizen zu Goethe und Schiller (3 Notizbücher, 1 „Chronik von Goethes Leben“ mit Randbemerkungen etc.).

241 Vgl. beispielsweise einen Merkbucheintrag von 1987, der sich auf einen eingeklebten Zeitungsausschnitt aus dem Neuen Deutschland vom 3.2.1987 zu Heiner Müllers Stück von 1961 bezieht: „Ich bin noch heute stolz auf meine Kraft zur Unnachgiebigkeit. Ebenso verhielt sich der damalige Henschel-Lektor Fritz Marquardt.“ Leising, Richard: [MB-Eintrag, 4.2.1987]. In: DLA, A:Leising, Verschiedenes, Autobiographisches, Merkbuch 1985–1990.

beides wichtige kulturpolitische Zäsuren in der DDR, bleiben weitestgehend unkommentiert.[242]

Der ‚handschriftliche' Nachlass Leisings ist mit seinen 16 Kästen verhältnismäßig klein. Zu äußeren Faktoren, die die Formation eventuell beeinflusst haben könnten, lassen sich jedoch kaum Hinweise finden. Diesbezüglich kann nur festgestellt werden, dass Leising mehrfach umzog und, dem Porträt Karl Mickels zufolge, sparsam lebte, also nicht viel persönliches Eigentum anhäufte bzw. dieses ganz bewusst aufhob oder aussortierte. In Mickels Porträt von 1999 heißt es: „Richard Leising lebte asketisch. [...] Er besass die nötige Kleidung, einige wenige Möbel und etwa 1000 Bücher. Unter den Büchern war nicht eines, das zufällig bei ihm geblieben wäre."[243]

Seinem Testament zufolge vererbte Leising seine Bücher einem Freund und bedachte dabei die Möglichkeit der Veräußerung der privaten Bibliothek gleich mit:[244] Zum Schluss des Testaments führte Leising Sachverständige mitsamt ihren Anschriften an, die bei einem etwaigen Verkauf der Bücher beratend behilflich sein sollten. Tatsächlich sind einige der Bücher in den Handel geraten – eine kleine Menge befindet sich beispielsweise im Besitz des Leising-Enthusiasten Thomas Reinecke.[245]

Welche ‚inneren Faktoren' das literarische Archiv Leisings konkret geprägt haben und welchen Praktiken dabei eine besondere Rolle zukam, soll der folgende Abschnitt zeigen.

2.1.5 *Praktiken des literarischen Archivs: „diese Chemnitzer Pingligkeit"*

Die innere Struktur des Nachlasses bzw. seine spezifische Anlage kann als zentrales Charakteristikum gelten. Systematisch geordnet und sorgsam verwaltet entspricht er dem Nachlass-Typus, den Irmgard M. Wirtz „Nachlass als Registratur"[246] nennt:

> „Der Erblasser fungiert als sein eigener Archivar, sein eigener Eckermann. Die Disposition hierfür ist im Schreibprozess angelegt, in dem das Recherchieren, Sammeln und Ordnen einen wichtigen Bestandteil der Werkgenesen darstellt. Die entstehenden Dokumentationen und Materialsammlungen werden in Ablagen systematisch verwaltet, thematisch und/oder chronologisch abgelegt.

242 Vgl. Haberkorn [im Erscheinen]: Der Lyriker Richard Leising.

243 Mickel 1999: Richard Leising, S. 55.

244 Vgl. Leising, Richard: Testament; eröffnet durch das Amtsgericht Lichtenberg am 7.7.1997. In: Privatbesitz. Freundlicherweise als Kopie zugänglich gemacht durch Kristof Wachinger.

245 Vgl. Reinecke 2014: Der Lyriker Richard Leising, S. 31.

246 Wirtz 2013: Der Eigensinn der Nachlässe, S. 84.

> [...] Lückenlose Vollständigkeit, Übersichtlichkeit und säuberliche Verzeichnung erlauben eine rasche Orientierung."[247]

Leising, der im Zuge seines Arbeits- und Schreibprozesses diverse Konvolute und Sammlungen anlegte sowie akribisch Aufzeichnungen, Verzeichnisse und Kommentierungen anfertigte, führte gewissermaßen sein persönliches „Archiv, auf das er jederzeit zurückgreifen"[248] konnte. Insbesondere die vielen Datierungen und Verweise, die an verschiedenen Stellen abgelegte Notizen miteinander verbinden, unterstreichen die Bedeutung eines geregelten Zugriffs auf die eigenen Aufzeichnungen. Zugleich verdeutlicht die konzentrierte und verdichtete Menge an Materialien, dass es sich bei dem Aufbewahrten um eine spezifische Auswahl handelt, die durch gezielte Vernichtung einzelner Bestandteile zustande gekommen ist.

Um die Gestalt des literarischen Archivs nachzeichnen und seine Funktionen bestimmen zu können, sind diese prägenden Praktiken im Einzelnen zu beschreiben. Dabei soll mit Fokus auf die Praktiken des Ordnens, Datierens und Kommentierens das selbstreflexive Moment der leisingschen Systematik herausgearbeitet werden. Am Beispiel der Zitat- und Zeitungsbücher ist anschließend das Dokumentieren und Sammeln genauer zu erörtern. Von hier aus ergibt sich eine Verbindung zu den Praktiken des Aufschreibens und Verzeichnens, für die die Merkbücher exemplarisch sind. Nicht zuletzt ist die Formation des Nachlasses im Spannungsfeld des Aufhebens und Vernichtens zu beschreiben.

2.1.5.1 *Ordnen, Datieren und Kommentieren – selbstreflexive Systematik*

Den Großteil seiner Dokumente ordnete, beschriftete und verwaltete Richard Leising systematisch. Nicht nur befinden sich die Materialien primär in von Leising betitelten Mappen und Büchern resp. Heften. Zugleich wurden sie dort auch nach verschiedenen Systematiken abgelegt, mit Datierungen versehen, auf Listen verzeichnet und durch kommentierende Beilagen ergänzt. Dabei kommt ein spezifisches Ordnungsbewusstsein zum Ausdruck, das sich in verschiedenen Prinzipien manifestiert.

Als erstes, umfassendes Ordnungsprinzip ist das von Leising angelegte Mappen-System zu nennen, in dem er das auf losen Blättern Niedergeschriebene verwahrte. Dieses Aufschreibe- und Ablagesystem ermöglichte dem Dichter einen flexiblen Umgang mit seinen Unterlagen und wurde von ihm gegenüber den in seinem Nachlass seltener vorkommenden

---

247 Ebd., S. 84 f.

248 Ebd.

Notizbüchern favorisiert: „überdies schreibe ich ungern in geheftete Bücher, es ist unbequem“[249], notierte er in einem Tagebucheintrag von 1986.

Die Mappen legte Leising zum Teil projektbezogen, aber auch nach Themen, Arbeitsstadien oder nach chronologischen Gesichtspunkten an. Dies verdeutlichen beispielsweise Mappentitel in der Textgruppe Lyrik wie „geplanter 2. Wachinger-Band/ DIE ROTZFAHNE“[250], „Gedichte/ fertig, aber nicht für ROTZFAHNE“[251], „Arbeitsmappe (1)“[252] oder die thematischen Titel „Gewässer. Seeburg“[253] und „Lichtenberger Trilogie“[254]. Überschriften für Bilder- und Prosasammlungen lauten beispielsweise „PROSA in Arbeit“[255], „DER BÖSE BLICK oder MORGEN IST AUCH NOCK KEIN TAG. Aufzeichnungen nach Jahren“[256] oder „Wie es morgen war. Ein Bilderbuch“[257]. Neben den von Leising so genannten und chronologisch geführten „Merkbüchern“ existieren unter anderem Notizbücher mit den Titeln „Sammelsurium“, „manual I“ und „manual II“[258]. Da viele der Mappen und Bücher, insbesondere die als „Merkbücher“ bezeichneten Klemmmappen, ihren Titel auf dem Buchrücken tragen, ist zu vermuten, dass Leising seine Materialien in einem Regal aufstellte.

Gelochte Briefe lassen darauf schließen, dass der Dichter diese genau wie seine übrigen Dokumente in Mappen abheftete. Einen besonderen Umstand bildet dabei die Tatsache, dass Leising mithilfe von Durchschlägen auch viele seiner eigenen Briefe aufbewahrte und ebenfalls in einen Hefter sortierte – manche der Briefwechsel liegen fast vollständig vor.

Zu den Prinzipien, die innerhalb der Mappen eine Ordnung stiften, gehören die Seitenzahlen, die Leising handschriftlich in viele seiner Mappen, Arbeits- und Notizbücher eintrug und die Nummerierungen, mit denen er beispielsweise die Zitate seiner Zitatsammlungen versah.[259] Zum anderen strukturierte er seine Mappen, indem er mitunter Kapitelzettel mit Jahreszahlen, Titeln oder Themen beschriftete und in den Sammlungen platzierte. Beispielsweise

---

249 Leising, Richard: [TB-Eintrag, 16.7.1986]. In: DLA, A:Leising, Verschiedenes, Autobiographisches, „Tagebuch 1983 [–1996]“.

250 Vgl. DLA, A:Leising, Gedichte, „Die Rotzfahne“.

251 Vgl. DLA, A:Leising, Gedichte, „Gedichte/ fertig aber nicht für Rotzfahne“.

252 Vgl. DLA, A:Leising, Gedichte, „Arbeitsmappe (1)“.

253 Vgl. DLA, A:Leising, Gedichte, „Gewässer. Seeburg“.

254 Vgl. DLA, A:Leising, Gedichte, „Lichtenberger Trilogie“.

255 Vgl. DLA, A:Leising, Prosa, „PROSA in Arbeit“.

256 Vgl. DLA, A:Leising, Prosa, „DER BÖSE BLICK oder MORGEN IST AUCH NOCK KEIN TAG. Aufzeichnungen nach Jahren“.

257 Vgl. DLA, A:Leising, Verschiedenes, „Wie es morgen war. Ein Bilderbuch“.

258 Vgl. DLA, A:Leising, Verschiedenes, Notizbücher, „manual I“/ „manual II“/ „Sammelsurium“.

259 Vgl. DLA, A:Leising, Verschiedenes, Exzerpte und Abschriften, „Das Buch der Worte“.

werden in der „Arbeitsmappe (1)" Fassungen, Skizzen und Vorarbeiten durch Einzelblätter jeweils einem Gedicht zugeordnet.[260]

Ein weiteres Hilfsmittel, mit dem Leising seine Dokumente und Materialien sowie sein Schaffen insgesamt in übersichtliche Formen zu überführen suchte, stellen verschiedenste Listen dar. In den selbstständig angelegten Gedichtkonvoluten finden sich zum Beispiel Listen wie „Titelverzeichnis"[261] oder „DIE TEXTLEIBER"[262], die vorhandene bzw. geplante Gedichte verzeichnen. In der Regel übersteigen Leisings Pläne und Vorhaben dabei die letztlich realisierten Projekte: „Was man alles machen könnte!",[263] schreibt Leising wahrscheinlich Anfang der 1960er-Jahre in sein Notizbuch „manual I" und lässt eine Liste mit über 100 Titeln folgen. Unter Titel wie „Selbstanzeige", „Sage und schreibe", „Formsache" und „MACHT NICHTS" mischen sich Namen, die leicht abgeändert für die späteren Gedichtbände übernommen wurden: „Gebrochen(es) Deutsch" sowie „Die Rotzfahne und andere Fluchversuche"[264].

Doch nicht nur im Zuge seines Arbeitsprozesses führte Leising Listen, auch zu den Erstdrucken sowie Erst- und Neufassungen seiner Gedichte in Anthologien[265] und zu seiner Lektüre[266] fertigte er Verzeichnisse an, die einmal mehr von seiner Ordnungsliebe zeugen. Allgemein aber gilt für die genannten Ordnungselemente innerhalb der Mappen und Bücher: Sie wurden von Leising manchmal, aber nicht durchgängig eingesetzt.

Demgegenüber konsequent bemühte sich Leising um Datierungen, die den gesamten Nachlass durchziehen und nahezu auf jede Mappe, jeden Text, jede Notiz und jede Überarbeitung gesetzt wurden. Die zeitliche Einordnung des Niedergeschriebenen wird so ermöglicht. In einem Brief Leisings an Karl Friedrich Zimmermann von 1983 heißt es: „Ich werde meine Briefe allerdings wie immer datieren, verzeih mir diese Chemnitzer Pingligkeit; ich maße mir sogar an, in Deine nachträglich Datierungen einzuschreiben: es erleichtert die Lektüre dermaleinst in der Bretagne."[267]

---

260 Vgl. DLA, A:Leising, Gedichte, „Arbeitsmappe (1)".

261 Leising, Richard: Titelverzeichnis, o. D. In: DLA, A:Leising, Gedichte, „Arbeitsmappe (1)".

262 Leising, Richard: Die Textleiber, o. D. In: Ebd.

263 Leising, Richard: Was man alles machen könnte!, o. D. In: DLA, A:Leising, Verschiedenes, Notizbücher 1963–1989, „manual I".

264 Ebd.

265 Vgl. DLA, A:Leising, Verschiedenes, Reaktionen auf Leisings Lyrik, „Andere und RL über RL/ Poesiealbum". Die maschinenschriftliche Liste versah Leising mit dem handschriftlichen Kommentar: „Diese Auflistung habe ich seit etwa 1980 nicht weitergeführt." Ebd.

266 Vgl. DLA, A:Leising, Verschiedenes, Notizbücher, „SCHWAKLA 1996" [Schwartenkladde].

267 Leising, Richard an Zimmermann, Karl Friedrich, 24.2.1983. In: DLA, A:Leising, Briefe von ihm an Zimmermann, Karl Friedrich.

Besonders bemerkenswert sind die mehrfach datierten Gedichte und Gedichtentwürfe, welche die sukzessive Arbeit Leisings an seinen Versen dokumentieren. So veranschaulicht die Abfolge von Daten auf der Rückseite des Gedicht-Typoskripts „Die Jäger“ bzw. „Wie viele“, dass Leising immer wieder, über 10 Jahre hinweg an seinem Gedicht arbeitete und auch fachkundige Dritte in den Schreibprozess miteinbezog:

> „24.2.76
> 22.6.76
> 31.7.78
> 7.8.78
> 25.8.78 (mit Renne)
> 19.9.78
> 22.9.78
> Anfang Januar 81
> 19.9.86 (Einarbeit Wachinger)“[268]

Auch andere Arbeitsprozesse, beispielsweise den Gedichtband „Gebrochen deutsch“ betreffend, hielt Leising anhand von Datierungen fest. Auf ein handschriftliches Inhaltsverzeichnis des Bandes notiert er:

> „27 u. 28 Juni 1990: Ich korrigiere die Druckfahnen, die am 27. kamen.
> 6.8.90: kamen die Druckfahnen in der Anordnung der Wachinger, Vater und Sohn
> 15.8.: ich schicke sie zurück“[269]

Die Entstehung einzelner Gedichte dokumentierte Leising darüber hinaus nicht nur, indem er ältere Fassungen bewahrte – im Falle von „Der Sieg“ sind es mehr als neun –,[270] Erst- und Endfassungen als solche auswies oder thematisch passende Zeitungsartikel zu den Gedichten legte.[271] Auch versah er seine Entwürfe mit kommentierenden Anmerkungen und ergänzenden Erläuterungen: „ist so noch nicht fertig“[272] ist zum Beispiel auf dem erwähnten

268 Leising, Richard: WIE VIELE [Die Jäger], 19.9.1986. In: DLA, A:Leising, Gedichte, Entwürfe, „Sammlung RL“.

269 Leising, Richard: [Notiz, o.D.]. In: DLA, A:Leising, Gedichte, Sammlung „Gebrochen deutsch“.

270 Vgl. Leising, Richard: Der Sieg. In: DLA, A:Leising, Gedichte, Entwürfe, „Sammlung RL“.

271 Beispielsweise liegen bei dem Gedicht „Leben als Altlast“ Zeitungsausschnitte über Erich Mielke. Vgl. DLA, A:Leising, Gedichte, „Arbeitsmappe (1)“, oder bei dem Gedicht „Bäume“ ein Zeitungsausschnitt „Die Linde. Der Deutsche Traumbaum“. Vgl. DLA, A:Leising, Gedichte, „Arbeitsmappe Gedichte 3“.

272 Leising, Richard: WIE VIELE [Die Jäger], 19.9.1986. In: DLA, A:Leising, Gedichte, Entwürfe, „Sammlung RL“.

„Jäger"-Typoskript zu lesen. Auf weiteren Entwürfen vermerkte Leising Ort oder Anlass der Bearbeitung, Begriffserläuterungen oder vorzunehmende bzw. vorgenommene Änderungen: „Ist anders als im Poesiealbum! Unterstrichen sind die Abweichungen"[273] steht auf dem Typoskript von „Mein Frühjahr". Auf der mit „Erstfassung" überschriebenen Version des Textes „Wanderungen" vom 20. Mai 1994 befindet sich der Kommentar „Auf ‚einen Ritt' bedenkenlos runtergeschrieben nachmittags zwischen 5 und 6"[274] und zu dem Gedicht „Küste" schreibt Leising handschriftlich:

> „KÜSTE
> Heute Nacht (17.7.87) kam mir ein Gedanke, der mein ständig ambivalentes Verhältnis zu diesem Gedicht beheben kann. Ich werde es nur leicht ändern, weil die entscheidenden Korrekturen durch einen 2. Teil getroffen werden, der bislang als selbständiges Gedicht unter dem Namen BOOT in Arbeit genommen ist. (Arbeitsmappe). Hinter die Teilbezeichnung wird noch zusätzlich in Klammern das Erscheinungsjahr vermerkt, sodaß durch diese Differenzangabe gleichsam noch eine 2. Korrektur getroffen wird."[275]

Wie verschiedene Fassungen zusammenhängen und wo diese bereits publiziert wurden, notiert Leising auch auf der Rückseite des Gedichts „Knall und Fall", das an anderer Stelle den Titel „Feuer und Flamme" trägt:

> „MB, 7.11.63:
> Mache eine 2. Fassung von „Die ihr euch im Dunkel sonnt …"*
> Dies wieder eine Vorstufe v. „Feuer + Flamme"
> * Als „Ende der Durchsage" in „Aussichten", München, Biederstein 1966, Bücher der Neunzehn
> 28.10.63
> 4.9.79"[276].

Solche Erläuterungen scheinen sich zunächst an Leising selbst zu richten, um sich vorgenommene oder vorzunehmende Änderungen zu vergegenwärtigen und die Entstehung der Gedichte beobachtbar zu machen: „Ich muß den Vers, an dem ich schreibe, in allen seinen Stadien notieren, um seine Möglichkeiten

273 Leising, Richard: Mein Frühjahr, o. D. In: DLA, A:Leising, Gedichte, Sammlung „Gebrochen deutsch".
274 Leising, Richard: Wanderungen [Erstfassung], 20.5.1994. In: DLA, A:Leising, Gedichte, „Die Rotzfahne".
275 Leising, Richard: KÜSTE, 17.7.1987. In: DLA, A:Leising, Gedichte, „Arbeitsmappe (1)".
276 Leising, Richard: Knall und Fall, 28.10.1963/4.9.1979. In: DLA, A:Leising, Gedichte, Sammlung „Gebrochen deutsch".

überblicken zu können, und ich muß sehen, wie er klingt“[277], notierte Leising in seinen prosaischen Aufzeichnungen. Der Schaffensprozess wird durch Kommentierungen und Datierungen gleichsam ausgestellt.[278] Auf diese Weise ist er auch für Dritte gut nachvollziehbar. Vor allem einige der Erläuterungen in den Konvoluten zu „Gebrochen deutsch“ und „Die Rotzfahne“ richten sich vermutlich auch an Kristof Wachinger, von dem sich andersherum kürzere wie längere Anmerkungen zu den Gedichten finden lassen. Im Falle des Gedichts „Wanderungen“ sind die Vermerke Wachingers von Leising explizit als „Lektors Notizen“[279] ausgewiesen.

Obwohl Leising wiederholt an seinen Gedichten arbeitete und auch nach einer Veröffentlichung noch Korrekturen anbrachte, lässt sich sein Arbeitsprozess weniger als prozessorientiertes und mehr als produktorientiertes Schreiben bezeichnen, das nach Almuth Grésillon auf ein konkretes Endprodukt hin ausgerichtet ist, „einem vorher aufgestellten Plan konsequent folgt und dessen Ausführung oft mehrere textgenetische Phasen durchläuft“[280]. Belegen lässt sich dies mit dem strukturierten Material, den Arbeitsnotizen sowie den häufig im Vorfeld formulierten Ideen und Vorhaben. Die vielen überlieferten Überarbeitungs- und Produktionsphasen zielen auf eine Endfassung, ein abgeschlossenes Gedicht, das diesen Status erreicht hat, sobald es vom Dichter als fertig gekennzeichnet wird.

Eine handschriftliche Kommentierung Leisings seiner Theaterarbeit von 1983, ähnlich reflexiv wie seine Anmerkungen zu seinen Gedichtentwürfen, verdeutlicht, dass er auch bei seinen szenischen Konzeptionen in der Regel planvoll und zielgerichtet vorging und gleichzeitig materialorientiert arbeitete:

> „Ich gestehe vorab, daß von allen Programm-Konzeptionen, die ich gemacht habe, mir diese Konzeption zu Marx die meisten Schwierigkeiten bereitet. Im Regelfall sichte ich den größten Teil des zur Rede stehenden Materials und entwickle aus dieser Durchsicht heraus die konzeptionelle Idee; diese induktive Methode war mir sogar im Falle des umfänglichen Werkes von Brecht, auf Grund jahrelanger Beschäftigung, anzuwenden noch möglich. Angesichts des riesigen Werkes von Marx versagt sie, verschärft durch den Umstand, daß Marx letztlich nicht ohne Engels denkbar ist.“[281]

---

277 Leising, Richard: [Kurzprosasammlung, o.D.]. In: DLA, A:Leising, Prosa, „DER BÖSE BLICK oder MORGEN IST AUCH NOCK KEIN TAG. Aufzeichnungen nach Jahren“.

278 Vgl. ebd., S. 84 f.

279 Leising, Richard: Wanderungen, 10.1.1996. In: DLA, A:Leising, Gedichte „Lichtenberger Trilogie“.

280 Grésillon 1999: Literarische Handschriften, S. 297.

281 Leising, Richard: [Aufzeichnung, Januar 1983]. In: DLA, A:Leising, Dramatisches, Bearbeitungen, „‚... sie zu verändern.‘ Karl Marx. Ein Programm“.

Während die schriftliche Reflexion und Exposition des Arbeitsprozesses zu einem wichtigen Bestandteil desselben gehörte, existieren auch ausführliche Kommentierungen und Erläuterungen, die sich nicht auf diesen beziehen, sondern insbesondere die eigenen Ordnungsprinzipien bzw. die Bedeutung der bewahrten Materialien betreffen. Solche kommentierenden Beilagen, mit denen Leising seine Mappen mitunter versah und mittels derer er Titel, Inhalt oder Ordnung erläuterte, stellen ein weiteres signifikantes Merkmal seiner Archivgestaltung dar. Exemplarisch dafür ist eine Bemerkung aus dem Merkbuch 1979–84, die das eigene Ablagesystem kommentiert: „Im folgenden hefte ich einige Notizen ein, die ich zwischen 63 und 72 machte und nicht weiß, wo ich sie unterbringen soll. 27.5.79“[282]

Die schriftliche Explikation der Ordnungsentscheidung, ausformuliert und datiert, legt Leisings Systematik für Dritte offen und vermittelt den Eindruck von Transparenz. Zugleich zeugt sie von einer stark ausgeprägten Selbstbeobachtung in Form von Verschriftlichung, bei der nicht nur das literarische Schreiben, sondern auch der Umgang mit dem persönlichen Material insgesamt registriert und notiert wird. Im Zuge der fortwährenden Selbstlektüre werden Entdeckungen vermerkt, vorangegangene Angaben ausgewertet bzw. mitunter revidiert. 1992 verfasst Leising beispielsweise zu einem Brief Kristof Wachingers von 1979 folgende handschriftliche Notiz:

> „Ich finde diesen Brief beim Ordnen anderer (Febr. 92). Der Briefwechsel begann also schon um diese Zeit, nicht erst 1984, wie diese Mappe weismachen will. Und es ist schon vom Gedichtband die Rede! Wir hätten also mindestens 11 Jahre bis zum Erscheinen des Bandes über ihm gebrütet!“[283]

Solche und ähnliche Beobachtungen finden sich zahlreich im Nachlass.[284] Neben Ordnung, Ablage und Beschriftung reflektierte Leising dabei auch Gründe für das Aufbewahren bestimmter Dokumente.[285] Der maschinenschriftliche

---

282 Leising, Richard: [MB-Eintrag, 27.5.1979]. In: DLA, A:Leising, Verschiedenes, Autobiographisches, Merkbuch 1979–1984.

283 Leising, Richard: [Notiz, Februar 1992]. Auf: Wachinger, Kristof an Leising, Richard, 1.8.1979. In: DLA, A:Leising, Briefe an ihn von Wachinger, Kristof.

284 Die Selbstlektüre der bewahrten Materialien führte immer wieder zu einer Reflexion der eigenen Ordnung bzw. Beschriftungen sowie ihrer Umstände und Kontexte. Auf der ersten Seite seiner Mappe zu „Gebrochen deutsch“ schrieb Leising: „Warum ich diese Mappe SAMMLUNG W. nannte, weiß ich nicht mehr. Wahrscheinlich deshalb, weil wir beide je eine Mappe führen mußten. (Da bestand noch Mauer.) Wie sie aber dann in meinem Besitz kam, weiß ich nicht mehr. 9.4.94“. Leising, Richard: [Notiz, 9.4.1994]. In: DLA, A:Leising, Gedichte, Sammlung „Gebrochen deutsch“.

285 Der „Sammlung RL“, in der sich Entwürfe und Begleittexte zu dem ersten Gedichtband „Gebrochen deutsch“ sowie zwei Texte des früh verstorbenen Karl Friedrich

Hinweis zu Beginn des Konvoluts „Richard Leising DER BÖSE BLICK oder MORGEN IST AUCH NOCH KEIN TAG Aufzeichnungen nach Jahren" verdeutlicht außerdem, dass Leising nicht nur in Form von Kommentierungen auf seine Materialien bzw. ihre Ordnung reagierte, sondern auch diese Anmerkungen mitunter einer Redaktion unterzog:

> „~~Das Ordnungsprinzip~~ [hs. die Anordnung] der Texte [hs. in] dieser Mappe ist (oder soll sein) ein rein chronologisches. Jede Anordnung nach Themen, ~~Komplexen~~ [hs. Sachen] o.ä. erbrächte bei diesen ~~diversesten~~ [hs. verschiedensten] Gegenständen mehr Zusammenhangslosigkeit, als sie das chronologische Prinzip ohnehin ~~schon zeitigt.~~ [hs. schon hervorbringt]. [hs. Tilgung]
>
> (Oktober 1985)"[286]

Die Korrekturen unterstreichen die Bedeutung dieser Notizen und die mehrmalige Beschäftigung damit. Dabei setzt die wiederholte Selbstlektüre, wie in 1.5.3 ausgeführt, „stets die – mit Angst oder mit Lustgefühlen besetzte – Möglichkeit voraus, auch von einem anderen beobachtet, gelesen und wiederum beschrieben zu werden […]."[287] Leising scheint diese Möglichkeit nicht nur bewusst gewesen zu sein. Seine Anmerkungen lesen sich vielfach so, als seien sie sowohl an ihn selbst als auch an eine unbestimmte dritte Person gerichtet. Sie gleichen einer Vorbemerkung zum Umgang mit den Materialien und eröffnen einen spezifischen Zugang zu diesen (vgl. 2.1.7). Die Erläuterung der Stückbearbeitung des „Raben" ist beispielweise so angelegt, dass sie anderen die Arbeit mit dieser Fassung ermöglicht und gleichzeitig einen spezifischen Variationsspielraum absteckt.[288]

Zusammenfassend lässt sich sagen, dass es sich aufgrund der systematischen Ordnung des Nachlasses, der Datierungen und Kommentierungen um ein

---

Zimmermanns befinden, stellte Leising folgende Vorbemerkung voran: „In diese Mappe lege ich – wahrscheinlich aus Sentimentalität ~~an~~ ein: Vorfassungen, Arbeitsvorgänge udgl. / 27.10.1990 / Dazu zwei Stücke meines Bruders Zimmermann". Leising, Richard: [Notiz, 27.10.1990]. In: DLA, A:Leising, Gedichte, Entwürfe, „Sammlung RL".

286 Leising, Richard: [Notiz, Oktober 1985]. In: DLA, A:Leising, Prosa, „DER BÖSE BLICK oder MORGEN IST AUCH NOCK KEIN TAG. Aufzeichnungen nach Jahren".

287 Giuriato/Stingelin et al. 2008: Einleitung, S. 15.

288 Maschinenschriftlich heißt es: „Auf den mit zusätzlichen Buchstaben gezählten Seiten werden Text- oder Spielvarianten verschiedener Aufführungen vermerkt. Dies geschieht unvollständig; einige Beispiele reichen aus, die Variabilität der Vorlage darzutun. Nicht aufgenommen sind Stellen, die sich ausschließlich auf lokale Voraussetzungen bezogen, und ebenso bleiben Textveränderungen unberücksichtigt, denen die Überführung des Paares Truffaldino/ Brighella in das der Magdeburger Puppenaufführung gemäßere Paar Hanswurst/Kaspar zugrundelag." Leising, Richard: [Vorbemerkung, o. D.]. In: A:Leising, Dramatisches, Bearbeitungen, Carlo Gozzi: „Der Rabe" [Puppenspielfassung].

äußerst übersichtliches Gebilde handelt. In diesem wird sowohl Leisings Arbeitsweise exponiert als auch die Anlage des Nachlasses und die der darin enthaltenen Konvolute demonstriert. Das sich auf dieser Ebene abzeichnende reflexive und kommentierende Moment zeichnet Leisings literarisches Archiv signifikant als ein Medium der Selbstreflexion aus.

2.1.5.2 *Dokumentieren und Sammeln – die Zitat- und Zeitungsbücher*

Neben der gewissenhaften Ordnung und Kommentierung haben auch kulturelle Praktiken des Sammelns und Dokumentierens das literarische Archiv Leisings auf spezifische Weise geformt: Eine Vielzahl an Zitat- und Materialsammlungen ist im Nachlass zu finden. Zu unterscheiden ist dabei zwischen eng mit Leisings Schaffensprozess verbundenen Arbeitssammlungen resp. Vorarbeiten und den dokumentierenden Sammlungen mit persönlichem oder zeitgeschichtlichem Bezug. Nach einer Vorstellung dieser Spannbreite soll ein Fokus auf die zeithistorischen Sammlungen, speziell auf die Zeitungsausschnittsammlungen gelegt werden – eine Gattung, deren Untersuchung Ulrich von Bülow sowie Roland Berbig im Hinblick auf Nachlässe mit DDR-Bezug besonders empfehlen (vgl. 1.2).[289]

Ein Beispiel für Leisings Arbeitssammlungen sind unter anderem die italienischen und etymologischen Wörterbücher, „Meine Etymologie" genannt, die Leising vermutlich im Zuge seiner Bearbeitung der Gozzi-Theaterstücke und der Arbeit an seinen eigenen Gedichten anlegte.[290] Auch das in den 1960er Jahren geführte Notizbuch „manual I" enthält ein selbst erstelltes Wörterbuch. Die hier verzeichneten Begriffe stammen vornehmlich aus dem kunst- und kulturtheoretischen sowie dem ökonomischen Kontext und wurden vermutlich im Rahmen des Projekts „Ökonomie der Kunst" erfasst (vgl. 2.1.6.1).[291] Zugleich beinhaltet „manual I", ähnlich wie die Notizbücher der 1980er und 1990er Jahre „manual II"[292] und „Sammelsurium"[293] neben Alltagsbeobachtungen und Notizen überwiegend Zitate von anderen Schriftstellern und Philosophen. Dass sich Leising während seiner Arbeit in großem Maße

289 Vgl. Bülow 2014: Strukturelle Merkmale von Archivalien aus der DDR, S. 95 f. Und: Berbig 2018: DDR-Demontage mit Schere und Stift, S. 164. Im Rahmen dieses Schwerpunkts werden Ergebnisse aus folgendem Aufsatz miteinbezogen: Boltenstern 2018: Der kommentierte Zeitungsausschnitt bei Richard Leising, S. 188–197.

290 Vgl. DLA, A:Leising, Verschiedenes, Notizbücher, Italienische Vokabeln, „Meine Etymologie".

291 Vgl. Leising, Richard: Das Wörterbuch und Die Definitiva, angefangen 24.9.1963. In: DLA, A:Leising, Verschiedenes, Notizbücher 1963–1989, „manual I".

292 Vgl. DLA, A:Leising, Verschiedenes, Notizbücher 1963–1989, „manual II".

293 Vgl. DLA, A:Leising, Verschiedenes, Notizbücher 1963–1989, „Sammelsurium".

auf Texte anderer stützte und mit diesen in einen Dialog trat, verdeutlichen ferner das „Buch der Worte“[294] mit ca. 162 Zitaten und die separat geführten Zitatsammlungen zu Heinrich Heine,[295] Rainer Maria Rilke,[296] Franz Kafka,[297] Jorge Luis Borges,[298] Johann Wolfgang von Goethe und Friedrich Schiller[299].

Die handschriftlich notierten Textauszüge versah Leising nicht nur mit einer genauen Literaturangabe, auch markierte er, an welcher Stelle in seinem literarischen Archiv weitere Zitate zu finden seien: „Weitere K.[Kafka]-Texte im ‚Buch der Worte‘, Nr. 12, 27, 52, 74, 82“[300], heißt es in einer von Leising „Buch K.“ genannten und Anfang 1989 begonnenen Zitatsammlung. Bei anderen Schreibenden suchte Leising gleichermaßen Anregung und Beistand, schulte und befragte er sein Denken. Notizen, in denen er Sentenzen anderer reflektierte oder sich in einen Bezug zu diesen setzte, finden sich vermehrt.[301]

Noch enger mit seinem Arbeitsprozess verbunden sind die Materialsammlungen, die Leising zu bestimmten Themen bzw. im Zuge der Arbeit an geplanten Projekten anlegte und in denen sich überwiegend Zitatexzerpte, Zeitungsausschnitte und Notizen Leisings befinden. Signifikant ist dabei, dass weder Themenmappen wie „Die Masken / Die Puppen / Die Narren“[302] und „Das Jagen / Das Schlachten / Das Morden“[303], noch das größer angelegte Prosaprojekt „Gespenstermarsch“[304] oder der geplante Essay „Machtmal oder Aller Länder Herren“[305] das Stadium umfangreicher Arbeitssammlungen

294 Vgl. DLA, A:Leising, Verschiedenes, Exzerpte und Abschriften, „Das Buch der Worte“.

295 Vgl. DLA, A:Leising, Verschiedenes, Notizen und Aufzeichnungen zu Heine, „Das Buch Heine, begonnen d. 21 July 1989“.

296 Vgl. DLA, A:Leising, Verschiedenes, Exzerpte und Abschriften, „Rilke Übersetzungen und Dichtungen“.

297 Vgl. DLA, A:Leising, Verschiedenes, Notizen und Aufzeichnungen zu Kafka, „Das Buch K., begonnen am 2. Januar 1989“.

298 Vgl. DLA, A:Leising, Verschiedenes, Autobiographisches, Taschenkalender und Notizbücher, „J.L.B“.

299 Vgl. DLA, A:Leising, Verschiedenes, Aufzeichnungen und Notizen zu Goethe und Schiller.

300 DLA, A:Leising, Verschiedenes, Notizen und Aufzeichnungen zu Kafka, „Das Buch K., begonnen am 2. Januar 1989“.

301 Vgl. beispielsweise: „~~Das~~ [hs. Mein] Gefühl ~~des~~ größten eigenen Ungenügens ist vor keinem, nicht einmal vor Goethe, so groß, aber auch so rein wie vor Kafka. Man glaubt, von jedem andern dies oder das auch gemacht haben zu können. Von Kafka [hs. – nichts.]“ Leising, Richard: [Text, Weimar 1988]. In: DLA, A:Leising, Prosa, „DER BÖSE BLICK oder MORGEN IST AUCH NOCK KEIN TAG. Aufzeichnungen nach Jahren“.

302 DLA, A:Leising, Verschiedenes, Sammlung von Texten und Ausschnitten aus Zeitungen und Zeitschriften, „Die Masken/ Die Puppen/ Die Narren“.

303 DLA, A:Leising, Verschiedenes, „Das Jagen/ Das Schlachten/ Das Morden“.

304 Vgl. DLA, A:Leising, Prosa, „Gespenstermarsch“ [Skizzen zu einem erzählenden oder dramatischen Text].

305 Vgl. DLA, A:Leising, Prosa, Essayistisches, „Machtmal oder Aller Länder Herren“.

überschritten. Der Versuch, das Gesammelte in einen Fließtext zu überführen, gelang nicht (vgl. 2.1.7.3).

Doch legte Leising auch Sammlungen an, die in keinem unmittelbaren Zusammenhang mit seinen Schreibprojekten stehen und in denen sich ein Wunsch des Sammelns und Bewahrens an sich ausdrückt – in ganz unterschiedlichen Facetten. So zeigt sich an Leisings kleiner Autografensammlung die Emphase, mit der der singuläre, künstlerisch schöpferische Schreibakt aufgeladen wird, und die sich in der Wertschätzung des Unikats niederschlägt. Wie einem Brief Leisings an Siegfried Thiele zu entnehmen ist, sammelte der Dichter schon in den 1960er Jahren Autografen. 1965 schreibt er an seinen Freund: „Zuletzt: ich habe neuerdings Ordnung gebracht in meine Sammlung von Autografen – hast Du Dinge der Art in Besitz (u. a. von Dir), die Du mir beisteuern könntest? Eine Schütz-Partitur? Eine Orff-Karte? Einen Kunad-Brief?“[306] Tatsächlich befindet sich neben Gedichtentwürfen von B.K. Tragelehn und Karl Mickel sowie einer Karte George F. Sternberg an Helene Weigel und einem Brief von Otto Julius Bierbaum an Dora Siegert auch eine Postkarte Carl Orffs an Sigrid Thiele in Leisings Nachlass. Bertolt Brechts Notiz für Ruth Berlau rahmte der Dichter überdies ein und versah sie mit folgender Erläuterung: „Originalhandschrift Bertolt Brecht, gerichtet an Ruth Berlau, von der ich es in den späteren 60er Jahren bekam.“[307]

Das Bestreben nach Selbstvergewisserung sowie der Impuls, Vergangenes festzuhalten und Erinnerungen zu speichern,[308] wird insbesondere an Leisings persönlichen Sammlungen zu Leben und Schaffen deutlich. Aufgehoben wurden von ihm zum einen sein Schreiben und Wirken betreffende Zeugnisse wie Rezensionen und Gedichtübersetzungen. Nicht nur die Entstehung der Gedichte, auch ihre Wirkung, ihre Rezeption galt es zu dokumentieren. An den Titeln der betreffenden Mappen wird sichtbar, wie sich das Bewusstsein um Beobachtung bzw. Bewertung durch Andere unmittelbar mit einer Selbstbeobachtung verschränkte; seine Konvolute nannte Leising: „Andere und RL über RL“[309] sowie „Der Dolmetsch/ Übersetzer & Übersetzter“[310].

---

306 Leising, Richard an Thiele, Siegfried, 21.5.1965. In: DLA, A:Leising, HS 2009. 371, Briefe von ihm an Thiele, Siegfried.

307 Vgl. Leising, Richard: [Erläuterung zur Notiz Bertolt Brechts, o.D.]. In: DLA, A:Leising, Manuskripte Anderer, Brecht, Bertolt.

308 Vgl. dazu: Assmann 2008: Sammeln, Sammlungen, Sammler, S. 346.

309 Vgl. DLA, A:Leising, Verschiedenes, Reaktionen auf Leisings Lyrik, „Andere und RL über RL/ Poesiealbum“ sowie „Andere und RL über RL/ Gebrochen deutsch“.

310 Vgl. DLA, A:Leising, Übersetzungen, „Der Dolmetsch/ Übersetzer & Übersetzter“/ = 1. Arbeiten von Leising als Übersetzer / 2. Übersetzte Gedichte von Leising.

Zum anderen bewahrte der Dichter Persönliches, beispielsweise in der Mappe „Familia“, in die er eine Liste legte mit dem Titel „Aus dem Wortschatz meiner Mutter“[311]. In einer Vorbemerkung von 1990 zu diesem Konvolut heißt es: „Es gibt kein einigermaßen bewußtes Leben ohne ständige Versuche, sich selbst zu erkennen und bei diesem Erkenne Dich selbst führt kein Weg an den Vorfahren, kein Weg am Herkommen vorbei.“[312] Dass das Sammeln und Bewahren nicht nur als Identitätsstiftung, sondern auch, wie Aleida Assmann schreibt, als „Ausdruck einer melancholischen Disposition“ gedeutet werden kann, die mit der „Erfahrung von Tod und Zerstörung“[313] zusammenhängt, zeigt sich an den Konvoluten zu Leisings verstorbenem Freund: „Zu Karl Friedrich Zimmermann“ und „Erinnerungen an Kf.“[314]. Im Zuge seiner Vorbemerkung zur „Sammlung RL“ benennt der Dichter diese, von der Erfahrung der Vergänglichkeit ausgehenden Beweggründe des Sammelns: „In diese Mappe lege ich – wahrscheinlich aus Sentimentalität ~~an~~ ein: Vorfassungen, Arbeitsvorgänge udgl. / 27.10.1990 / Dazu zwei Stücke meines Bruders Zimmermann“[315].

In Leisings zeithistorische Sammlungen wiederum bezieht sich das dokumentarische Moment insbesondere auf lebensweltliche Kontexte und gesellschaftspolitische Verhältnisse, die aufgezeigt und ausgestellt werden und zu denen Leising durch die Anlage der Konvolute gleichzeitig Position bezog. Exemplarisch veranschaulichen dies das Buch „Geleimt (1)“[316], zwischen 1975 und 1988 angelegt, und die Sammlung der späten 1980er und frühen 1990er Jahre „Wie es morgen war. Ein Bilderbuch“[317]. In beide Konvolute, deren collagenartige Prinzipien auch andere Nachlassdokumente prägen, klebte der Dichter Ausschnitte aus der DDR-Presse, die er ironisch-pointiert kommentierte.

In die Sammlung „Geleimt (1)“ montierte Leising ausgewählte Zeitungsartikel, die er mit Unterstreichungen und Anmerkungen versah und durch die Liste „DDR-Wortschätze“ ergänzte.[318] Dem collagenartigen Buch stellt er zwei Aphorismen von Karl Kraus voran, „Die Phrase und die Sache sind eins“

---

311 Vgl. DLA, A:Leising, Verschiedenes, Autobiographisches, „Familia“. Eingeklebt in den Mappendeckel sind Ausschnitte aus Leisings Schulheften aus der Volksschule von 1946 bis 1950, die Leisings Handschrift zu dieser Zeit abbilden. In der Mappe befinden sich außerdem mehrere graphologische Gutachten aus den 1950er Jahren.

312 Leising, Richard: [Notiz, 10.11.90]. In: Ebd.

313 Assmann 2008: Sammeln, Sammlungen, Sammler, S. 345.

314 Vgl. DLA, A:Leising, Verschiedenes, Autobiographisches, „Zu Karl Friedrich Zimmermann“/„Erinnerungen an Kf.“

315 Leising, Richard: [Notiz, 27. Oktober 1990]. In: DLA, A:Leising, Gedichte, Entwürfe, „Sammlung RL“.

316 Vgl. DLA, A:Leising, Verschiedenes, „Geleimt (1)“.

317 Vgl. DLA, A:Leising, Verschiedenes, „Wie es morgen war. Ein Bilderbuch“.

318 Vgl. DLA, A:Leising, Verschiedenes, „Geleimt (1)“.

und „Die Verzerrung der Realität im Bericht ist der wahrheitsgetreue Bericht über die Realität"[319]. Damit ist die Stoßrichtung des Projekts markiert: die Verbindung von Gesellschafts- und Sprachkritik mit einem Sezieren genau der Printmedien, die – gebunden an staatliche Institutionen, Gesetze des öffentlichen Rechts und/oder privatwirtschaftliche Gegebenheiten – zur Herstellung und Repräsentation von Öffentlichkeit beitragen. Das Ausschneiden ermöglicht einen individuellen Umgang mit dem Massenmedium Zeitung; ausgewählt, gesammelt und aufbewahrt wird nur das für die jeweilige Person Relevante, das – sobald es ausgeschnitten ist – in einem neuen Kontext steht. Mit dem Zeitungsausschnitt verbinden sich also Aneignungsprozesse, die eine Reaktion ermöglichen und zu einer Bewältigung der Medienrealität führen können.[320]

Leisings Zeitungsbücher führen dies vor Augen: Der Dichter hatte die DDR-Presse scharf im Blick. Geschult, zwischen den Zeilen zu lesen und publizistische Finessen zu deuten, war ihm die komplexe Tragweite dieses Mediums bewusst. Die Zeitungsmeldungen behandelte er als Zeugnisse des politisierten Alltags, ihre Kommentierung wurde zur Möglichkeit der Entgegnung. Dies zeigt sich auch bei der auf Zeitungsfotografien konzentrierten Sammlung: „Wie es morgen war. Ein Bilderbuch"[321]. Dabei handelt es sich um eine Klemmmappe mit 32 Blättern, auf die jeweils ein Bild, meist ein Zeitungsfoto, geklebt wurde. Darunter befindet sich, manchmal auch mit Bezug zur Bildunterschrift, ein polemischer Kommentar.

Die Bild-Text-Collagen stehen in einer Tradition der „Fotoepigramme",[322] die Bertolt Brecht in der im Exil entstandenen, aber erst 1955 erschienenen „Kriegsfibel"[323] verwendet hat. Anders als Brecht lenkt Leising seinen Blick jedoch nicht auf die Opfer des Weltkriegs, sondern vor allem auf die Selbstinszenierung der Machthabenden und deren Machtsymbole. Nicht alle Bilder, aber die meisten beziehen sich auf die DDR, häufigstes Motiv ist Erich Honecker. Ebenfalls im Unterschied zu Brecht folgt Leisings „Bilderbuch" keiner genau festgelegten Komposition. Die Blätter sind ohne erkennbaren Zusammenhang eingelegt, die Kommentare folgen bis auf wenige Ausnahmen keinem Versmaß, sondern wirken durch einen knappen, pointierten Satz.

Das dritte Blatt beispielsweise spielt wie der Titel der Sammlung mit der Verkehrung der Zeiten. Farbige Fotos, vermutlich von Anfang der 1990er, aber

---

319 Vgl. ebd. Und: Kraus 1986: Schriften, Bd. 8: Aphorismen, S. 229.

320 Vgl. Heesen 2006: Der Zeitungsausschnitt, S. 56.

321 Vgl. DLA, A:Leising, Verschiedenes, „Wie es morgen war. Ein Bilderbuch".

322 Vgl. Bülow 2014: Strukturelle Merkmale von Archivalien aus der DDR, S. 96 f.

323 Brecht 1955: Kriegsfibel. Erst 1955, und nur in der DDR, konnte die „Kriegsfibel" nach einigen Schwierigkeiten im Ostberliner Eulenspiegel Verlag erscheinen.

ohne Quellenangabe, zeigen den Abriss von DDR-Gebäuden, an denen sich sozialistische Wandmalerei befindet; Leisings Kommentar: „Freilegung prähistorischer deutscher Fresken“[324]. Der Dichter betreibt eine Umkehrung, indem er von einer Freilegung spricht, nicht vom eigentlichen Abriss, dem Schutt der jüngsten Diktatur. Indirekt thematisiert Leising dabei sein eigenes Vorgehen, seine Technik des Freilegens von Relikten der Zeitgeschichte, die er wie ein Archäologe aufsammelt und ausstellt.

Trotz solcher reflexiven Inszenierungsstrategien war die Sammlung vermutlich zu keinem Zeitpunkt, auch nicht nach 1990, für eine Publikation bestimmt, sondern entstand in erster Linie der privaten Auseinandersetzung halber.[325]

Weitere Sammlungen Leisings unterstreichen sein zeithistorisches Bewusstsein in Bezug auf alltägliche Erscheinungen, seien es Presseerzeugnisse oder Konsumgüter. Neben einer Feldzeitung vom 3. August 1940, verschiedenen Titelblättern des „Neuen Deutschlands“ von 1961 bis 1982 und anderen Zeitungsbeilagen in der Mappe „Historische Zeitungen bzw. Ausschnitte Fotos usw“[326] archivierte Leising in dem Konvolut „ZEITGESCHICHTLICHES Dokumente, Originale, Fotos Kuriosa“[327] Objekte der Alltagskultur von 1954 bis Anfang 1960: darunter Speisekarten vor und nach der Abschaffung der Lebensmittelmarken in der DDR, Pfandmarken und Etiketten verschiedener Ost-Produkte mitsamt ihrer Werbesprüche, zum Beispiel ein Päckchen „Dr. Backhoffs Soßen Pulver“ mit der Aufschrift „Rein deutsch. Trust- und konzernfrei“[328] . Auch in seine Merkbücher klebte Leising immer wieder Fotos, Fahrkarten von Westreisen, Amtsbriefe, Bibliotheksleihscheine oder Produktetiketten, die mit seinen Aufzeichnungen einen Zusammenhang bilden. In diesem Punkt entspricht das literarische Archiv einer weiteren Kategorie von Nachlässen, die Wirtz skizziert: dem „Nachlass als Ausschnitt der Lebenswelt“[329]. Die hier vorgestellten Mappen sind als ‚musealer Raum‘ organisiert, der das Zeitgeschehen ausschnittsweise dokumentiert und kommentiert. Leisings Praktiken der Selbstarchivierung können dementsprechend, auch in Anlehnung an Dörte Schmidt,[330] unter anderem als Konservierungsversuch einer vergangenen Zeit

324 DLA, A:Leising, Verschiedenes, „Wie es morgen war. Ein Bilderbuch“.

325 Vgl. Boltenstern 2018: Der kommentierte Zeitungsausschnitt bei Richard Leising, S. 188–197.

326 Vgl. DLA, A:Leising, Verschiedenes, Sammlungen, „Historische Zeitungen bzw. Ausschnitte Fotos usw.“, Zeitgeschichtliches.

327 Vgl. DLA, A:Leising, Verschiedenes, Sammlungen, Zeitgeschichtliches, „Zeitgeschichtliches, Dokumente, Originale, Fotos, Kuriosa“.

328 Ebd.

329 Wirtz 2013: Der Eigensinn der Nachlässe, S. 85.

330 Vgl. Schmidt 2016: (Selbst-)Archivierung als künstlerische Selbstvergewisserung, S. 21–37.

gelesen werden, der auf den Erhalt eines bestimmten Erinnerungsraums und einer spezifischen kulturellen Semantik als Referenzpunkt abzielt (vgl. 1.5.6).

2.1.5.3 *Aufschreiben und Verzeichnen – die Merkbücher*

Eng mit den Praktiken des Ordnens, Kommentierens, Sammelns und Dokumentierens ist das für Leisings Archiv ebenfalls charakteristische Aufschreiben und Verzeichnen verknüpft. Besonders deutlich zeigt sich dies an der Marbacher Ordnungskategorie der ‚Autobiographischen Aufzeichnungen', die einen beträchtlichen Teil des Bestands ausmachen. Unzählige Aufzeichnungen von Geschehnissen, Beobachtungen und Reflexionen stehen den Erzeugnissen des lyrischen und dramaturgischen Schaffens Leisings mengenmäßig gleichwertig gegenüber. Dabei folgt das Schreiben zwar einer bestimmten Systematik und verläuft nicht vollkommen regellos, ist aber gleichzeitig nicht auf ein konkretes Produkt hin ausgerichtet. Zeichnet man das mehrstufige Verfahren nach, mithilfe dessen Leising sein stetiges Aufzeichnen organisierte, wird deutlich, wie sehr dieses von einem chronistischen Bestreben bestimmt wurde, das in verschiedenen Formen mit unterschiedlicher Wertigkeit seinen Ausdruck fand.

Eine erste Ebene dieses Notizverfahrens stellen die kleinformatigen Büchlein dar, die Leising – dies lassen eingetragene Notfalladresse und Blutgruppe vermuten – mit sich herumtrug und in die er unterwegs Beobachtungen und Gedanken notierte.[331] Eine weitere Stufe bilden die zahlreichen Taschenkalender, vornehmlich aus den 1980er und 1990er Jahren, die im Nachhinein eingetragene Geschehnisse stichwortartig verzeichnen sowie den Erhalt und die Versendung von Briefen festhalten.[332] Beispielsweise ist in dem rückblickend verfassten Eintrag vom 27. Januar 1985 zu lesen: „Briefentwurf an Zimmermann / Ausjäten der Merkbücher bis 1958 / Brecht-Gedichte aus dem Nachlass"[333].

Die wichtigsten Ereignisse seines Lebens zwischen ca. 1985 und 1994 übertrug Leising aus diesen Kalendern wiederum in ein gesondertes Kalendarium, „AGENDA" genannt. In dieses Heft listete Leising neben persönlich Prägendem auch historische Ereignisse sowie die Lebensdaten von Schriftstellern auf, sodass sich unter einem Tag überblicksartig verschiedene Zeitdimensionen auffächern: „[März 12] 1950 Tod Heinrich Mann/ 1986 GAVROCHE beendet

331 Vgl. beispielsweise: DLA, A:Leising, Verschiedenes, Autobiographisches, Taschenkalender und Notizbücher, „92 ITALIEN / SCHLIENGEN".

332 Vgl. DLA, A:Leising, Verschiedenes, Autobiographisches, Taschenkalender und Notizbücher.

333 Leising, Richard: [Eintrag, 27.1.1985]. In: DLA, A:Leising, Verschiedenes, Autobiographisches, Taschenkalender und Notizbücher, Major 1985.

[...]/ 1994 Biermann in Freiburg“[334]. In seinem Taschenkalender von 1987 explizierte Leising sein Vorgehen: „Ich sehe alte Kalender [...] durch, entdecke dabei dies + das für zusätzliche Einträge in AGENDA.-“[335]

Ausführlichere Aufzeichnungen finden sich in den tagebuchartigen Notizbüchern Leisings. Auffällig erscheint dabei, dass Leising bloß ein ‚allgemeines‘ Tagebuch (1983–1996),[336] demgegenüber aber zahlreiche spezielle, an Themen, Anlässen, Reisen und Aufenthaltsorten orientierte Bücher anlegte. Als Beispiel hierfür können unter anderem das Traumbuch,[337] das „Tage- und Notizbuch Ch. [ristian] W. [agner]“[338] und das „Pragertagebuch meiner ersten Auslandsreise im Alter von vierzig Jahren 1975“[339] angeführt werden.

Umfassender gehalten sind die acht sogenannten Merkbücher, die den Zeitraum von 1952 bis 1997 abdecken und eine weitere Ebene der Aufzeichnungen Leisings darstellen.[340] Bei den Merkbüchern, von Leising selbst so betitelt, handelt es sich um Klemmmappen im DIN-A4-Format gefüllt mit chronologisch geordneten Aufzeichnungen und kleinen Collagen. Doch was auf den ersten Blick als Tagebuch erscheint, erweist sich bei genauerer Betrachtung als eine an das Diarium nur angelehnte und an eigene Vorstellungen und Schreibprozesse angepasste Gattung. Zunächst auf losen Blättern aufgeschrieben, teils handschriftlich, teils maschinenschriftlich – aber in jedem Fall sauber geführt, datiert und oft durchnummeriert, entschied Leising erst in einem späteren Schritt, welche Notizen aufzunehmen seien: Knappe Bemerkungen zum Tagesgeschehen, Momentaufnahmen, Miniaturen, prosaische Beobachtungen und kurze, in sich geschlossene poetologische Überlegungen stehen neben lebensphilosophischen Reflexionen, Lektüreeindrücken, Lebens- oder Schreibbilanzen und eingeklebten Bildern. Die einzelnen, knappen Sentenzen erscheinen in sich geschlossen und ergeben keinen fortlaufenden Text. Sie sind in der Regel nicht länger als eine Seite und umfassen häufig nur einen Absatz.

Die Merkbücher bilden den Kulminationspunkt eines vielfach gelagerten Notizverfahrens, welches das zu Erinnernde, das, was es sich zu merken gilt, zunächst selektiert und dann in eine geordnete Form zu bringen sucht. Im

334 Leising, Richard: [Agenda, 12. März]. In: DLA, A:Leising, Verschiedenes, Autobiographisches, Taschenkalender 1975–1997, „Agenda – die vorzunehmenden Handlungen“.

335 Leising, Richard: [Major, 19.11.1987]. In: DLA, A:Leising, Verschiedenes, Autobiographisches, Taschenkalender und Notizbücher.

336 Vgl. DLA, A:Leising, Verschiedenes, Autobiographisches, „Tagebuch 1983 [–1996]“.

337 Vgl. DLA, A:Leising, Verschiedenes, Autobiographisches, „Träume“.

338 Vgl. DLA, A:Leising, Verschiedenes, Autobiographisches, „Tage- und Notizbuch Ch.[ristian] W.[agner]“.

339 Vgl. DLA, A:Leising, Verschiedenes, Autobiographisches, Taschenkalender und Notizbücher, „Pragertagebuch meiner ersten Auslandsreise im Alter von vierzig Jahren 1975“.

340 Vgl. DLA, A:Leising, Verschiedenes, Autobiographisches, Merkbücher.

Zuge dessen werden die Merkbücher zu einem Ort, an dem das Disparate und das Fragmentarische, das Leisings Schreibweise kennzeichnet, nebeneinanderstehen kann.

Immer wieder griff Leising auf diese Bücher zurück, sortierte diese neu und übertrug die gefundenen Notizen auf andere Textträger:[341] „Seit einiger Zeit sortiere ich in den Merkbüchern 66/67/68“[342], notiert er beispielsweise 1983 in seinem Tagebuch, 1984 vermerkt er ebenda: „Ich finde zufällig im Merkbuch (ich suchte nach dem Termin der Senftenberger Aufführung des HIRSCH) eine Notiz, die nach diesen 9 Seiten hierher [in das Tagebuch, KvB] gehört, ich schreibe sie ab: […]“[343]. Wie eng Leising das an verschiedenen Stellen Aufgeschriebene miteinander verknüpfte, verdeutlichen außerdem die Verweise, mit denen er manche seiner Notizen versah: „Anders übersetzt auch in Merkbuch, April 65“[344] oder „(Siehe mein Christan-Wagner-Büchlein)“[345] heißt es beispielsweise in seinen Notizbüchern „manual I“ und „manual II“ in Bezug auf Zitate und eigene Aufzeichnungen. Beim Übertragen der Texte nahm Leising häufig nicht nur Veränderungen vor, sondern wies zugleich auch auf diese hin: „Verändert aus MB 1994, 10. Juli“[346] ist zu lesen oder „(Revision der Fassung im Merkbuch 91)“[347]. An einigen Stellen zeigt sich dabei auch eine gewisse Konkurrenz zwischen den unterschiedlichen Aufzeichnungssystemen. In einem Merkbucheintrag heißt es handschriftlich: „April 85 Seit ich das kleine Kalendarium führe (ich habe immer Angst, nach einem Alibi abgefragt zu werden) trage ich in dies Merkbuch weit weniger ein. Das ist vielleicht nicht gut.“[348]

Vor allem im Hinblick auf das im Nachhinein vorgenommene Ordnen, Zusammenstellen, Verweisen und Korrigieren erweist sich dieses nicht auf

341 Dies gilt auch für Aufzeichnungen von Beobachtungen und Aphorismen, die er nach Jahren sortierte und dann wieder abschrieb, um sie neu zusammenzustellen. Vgl. DLA, A:Leising, Prosa, „DER BÖSE BLICK oder MORGEN IST AUCH NOCK KEIN TAG. Aufzeichnungen nach Jahren“.

342 Leising, Richard: [TB-Eintrag, 7.9.1985]. In: DLA, A:Leising, Verschiedenes, Autobiographisches, „Tagebuch 1983 [–1996]“.

343 Leising, Richard: [TB-Eintrag, 21.1.1984]. In: Ebd.

344 Leising, Richard: [Notiz, o. D.]. In: DLA, A:Leising, Verschiedenes, Notizbücher 1963–1989, „manual I“.

345 Leising, Richard: [Notiz, Juli 1992]. In: DLA, A:Leising, Verschiedenes, Notizbücher 1963–1989, „manual II“.

346 Leising, Richard: [Aufzeichnungen, 1995]. In: DLA, A:Leising, Verschiedenes, Autobiographisches, „Nabelschau ab August 95“.

347 Leising, Richard: [Notiz, o. D.]. In: DLA, A:Leising, Prosa, „DER BÖSE BLICK oder MORGEN IST AUCH NOCK KEIN TAG. Aufzeichnungen nach Jahren“.

348 Leising, Richard: [MB-Eintrag, April 1985]. In: A:Leising, Verschiedenes, Autobiographisches, Merkbuch 1985–1990.

ein Produkt hin ausgerichtete Schreiben Leisings als ein in gewisser Weise gelenktes, dessen Zweck zunächst im bloßen Fixieren zu liegen scheint und welches gleichzeitig doch darüber hinausgeht. Die Merkbücher werden zu einem Ort des Beobachtens, Beschreibens und Bilanzierens sowie zu einem Instrument der permanenten Reflexion.

Das erste Merkbuch, auf die Zeit zwischen 1952 und 1964 datiert, beginnt mit einer Aufzählung der von Leising sogenannten „Stadien" ab 1945 bis 1962. Jahresweise werden Stichworte zu prägenden Erfahrungen, Begegnungen, intellektuellen Wegmarken und Zäsuren notiert. Ein Beispiel dafür ist die Auflistung für das Jahr 1956 – während Leising seinen Eintritt in die SED aufschreibt, bleibt die Niederschlagung des Ungarnaufstands unerwähnt:

> „1956
> Die erste große Arbeit: Karussell
> Der Steppenwolf, aber nicht individualistisch begriffen
> Die Bejahung der Diktatur des Proletariats oder Die Partei
> Storm-Gedichte
> Bartok, Janacek
> Brecht, neu. Da stirbt er
> Crimmitschau, Theaterhaß [hs. fristlose Entlassung]"[349]

Eine solche Auflistung der „Stadien" ist in keinem der anderen Merkbücher zu finden und hängt vermutlich mit Leisings Vernichtung von Materialien zusammen (vgl. 2.1.5.4). Ab dem Jahr 1952 setzen längere Einträge ein, deren Charakter, eingedenk ihrer Unterschiedlichkeit, bis 1997 ähnlich bleibt. Als Beispiele sollen hier ein paar Auszüge angeführt werden, die von Leisings genauer Selbstbeobachtung zeugen und die zugleich verdeutlichen, dass es sich bei den Aufzeichnungen keinesfalls um intime Bekenntnisse handelt. 1958 schreibt der 24-Jährige in sein Merkbuch:

> „alles wirkt auf mich, was ich nicht kenne, wirkt auf mich auch. weil ich es nicht kenne, kenne ich nicht seine wirkung auf mich. was ich ignoriere, wirkt auch auf mich, und es wirkt unbekannt, denn ignorieren ist nichtkennenwollen, also nicht kennen. was ich nicht kenne, kann ich nicht unterwerfen, mithin unterwirft es mich. der dinge, die ich nicht kenne, bin ich knecht."[350]

Im Mittelpunkt dieser Sentenz steht das Subjekt und die auf es einwirkenden äußeren Einflusse. Gefordert wird eine bewusste Wahrnehmung dieser

349 Leising, Richard: STADIEN, o.D. In: DLA, A:Leising, Verschiedenes, Autobiographisches, Merkbuch 1952–1964.

350 Leising, Richard: [MB-Eintrag, 11.4.1958]. In: DLA, A:Leising, Verschiedenes, Autobiographisches, Merkbuch 1952–1964.

Wirkungen, das heißt ihre Vergegenwärtigung und Reflexion, um sich ihnen nicht unbewusst auszuliefern. Leisings Merkbuch-Eintragungen, aber auch seine reflektierenden Kommentare an anderer Stelle, erscheinen in diesem Zusammenhang wie Vergegenwärtigungsstrategien – ein vor Augen führen der aktuellen Vorgänge, deren Verschriftlichung das Wahrnehmen und Beobachten befördert.[351] In seinen frühen Aufzeichnungen, wie in dieser Notiz von 1962, schreibt Leising über sich zum Teil in der dritten Person Singular und macht sich damit explizit selbst zum Gegenstand seiner maschinenschriftlichen Reflexionen:

> „2.4
> Bei der Überarbeitung von Gedichten machte er die sonderbare Erfahrung, daß ihm die veränderte Stelle beim Lesen immer wieder unangenehm auffiel, ihn störte, ihn kratzte, auch wenn sie ihm nach zehnfacher Prüfung besser schien, bis er merken mußte, daß er seinem Ohr Zeit lassen sollte, damit es sich an den neuen Klang gewöhnen und das Neue ebenso vertraut betrachten könne [hs. wie das Gewohnte], denn das Neue ist sperrig und spröde, auch wenn es besser ist, [hs. das] sah er."[352]

Der Schreibende beobachtet sich beim Lesen des von ihm Geschriebenen selbst und schreibt seine Wahrnehmung zugleich nieder. Durch die Verschriftlichung entsteht nicht nur eine Distanz und eine Objektivierung des Vorgangs, auch wird dieser durch die stattfindende Revision verdoppelt: Die niedergeschriene Selbstbeobachtung beim Lesen wird wiedergelesen und die Korrekturen fügen dem Text eine neue Komponente hinzu, durch die eine Wiederholung des beschriebenen stockenden Überarbeitungsprozess entsteht.

Auch eine Merkbuch-Miniatur von 1978 führt den Gegenstand ihrer Reflexion gleichsam vor und stellt dabei das eigene Schreiben in den Mittelpunkt. Der

351 Dies zeigt sich überdies beispielhaft an einer handschriftlichen Notiz von 1966, in der sich Leising zur Strenge bei der Beobachtung von Menschen auffordert: „13.7. meinem vorsatz und meiner neigung, jeden menschen zu achten und zu beobachten, steht oft entgegen ein übermaß an reizbarkeit, verdrossenheit, voreingenommenheit gegen mir unsympathische züge an ihm, sodass das menschliche unbehagen das menschliche interesse verdrängt, was nicht sein darf. ich muß es fertigbringen, gegen die unlust oder mit ihr zu beobachten; das ist nicht einfach, denn jeder zustand des mißbehagens wirft uns auf uns selbst zurück. beginnen wir einfach mit übungen! vielleicht, daß die freundliche [?] beobachtung sogar die abneigung besiegt oder wenigstens verdrängt." Leising, Richard: [MB-Eintrag, 13.7.1966]. In: DLA, A:Leising, Verschiedenes, Autobiographisches, Merkbücher, Merkbuch 1965–1969.

352 Leising, Richard: [MB-Eintrag, 2.4.1962]. In: DLA, A:Leising, Verschiedenes, Autobiographisches, Merkbuch 1952–1964.

Text nimmt einen nicht formulierbaren Gedanken zum Anlass, um über das Verhältnis von Gedanke und Sprache nachzudenken:

> „[…] – ich sehe, ich habe schwierigkeit, diesen gedanken zu formulieren. ich meine vielleicht, daß wir und unsere grundsätzlichen erfahrungen e i n e s geworden sind, so, dass es schwer[fällt], uns und sie auseinanderzuhalten, so, als, würde ich bei der frage nach meinen grundeindrücken über mich selbst befragt: und das ist verdammt schwer zu beantworten, wenigstens für mich, der ich für meinen charakter nicht das geringste interesse habe. – mir fällt anläßlich dieser stammelei nur auf, daß es mit dem Marxischen Diktum, die sprache sei die unmittelbare wirklichkeit des gedankens, nicht allzuviel auf sich haben kann, mein gedanke ist mir ebenso deutlich wie unformulierbar, und was ist denn überhaupt die ‚unmittelbare wirklichkeit des gedankens'? das diktum ist unklar. […]
>
> oder zielt er [Marx, KvB] gar auf eine (meine) künstlerische arbeitsweise, wonach über sprache, sprechversuche, der gedanke gewonnen wird, so, daß man also sagen könnte, der gedanke sei die unmittelbare wirklichkeit der sprache? wo werden denn gedanken aufbewahrt und wiederentdeckt, wenn nicht in ihr oder durch sie? und was wäre weiter eine mittelbare wirklichkeit der sprache? […] und dies ganze gerede anläßlich der unfähigkeit, einen kleinen wichtigen gedanken zur sprache zu bringen!"[353]

In Analogie zu Heinrich von Kleists Aufsatz „Über die allmähliche Verfertigung der Gedanken beim Reden" führt Leising hier die von ihm beschriebene Gedankengewinnung durch Sprache vor. Der Versuch des schriftlichen Ausdrucks des Gedankens mündet statt in einer Präzisierung in einem anderen Gedanken bzw. in einem weiterführenden Nachdenken. Bezieht man die Merkbücher Leisings auf diese Aufzeichnung, so können sie als der Ort bezeichnet werden, an dem der niedergeschriebene Gedanke aufbewahrt, wiederentdeckt und gegebenenfalls weitergeführt werden kann.

Die Funktion eines solchen archivarischen Umgangs mit dem Geschriebenen hat Michel Foucault in seinem Text „Über sich selbst Schreiben" erörtert (vgl. 1.5.3). Da das in diesem Aufsatz verwendete Beispiel der ‚hypomnêmata' den Merkbüchern Leisings sehr ähnlich ist, soll die Beschreibung Foucaults an dieser Stelle ein zweites Mal zitiert werden:

> „Man notierte dort Zitate, Auszüge aus Büchern, Exempel und Taten, die man selbst erlebt oder von denen man gelesen hatte, Reflexionen und Gedankengänge, von denen man gehört hatte oder die einem in den Sinn gekommen waren. Sie bildeten gleichsam ein materielles Gedächtnis des Gelesenen, Gehörten und

353 Leising, Richard: [MB-Eintrag, 8.7.1978]. In: DLA, A:Leising, Verschiedenes, Autobiographisches, Merkbuch 1970–1978.

> Gedachten, einen zur neuerlichen Lektüre und weiteren Reflexion bestimmten Schatz an Wissen und Gedanken."[354]

Die Merkbücher Leisings versammeln eine vergleichbare Mannigfaltigkeit an Kurztexten und regten zur Reflexion und wiederholten Lektüre an. Wie die von Foucault beschriebenen ‚hypomnêmata' stellen sie „eine geregelte und willentliche Form des Umgangs mit Disparaten"[355] dar. Das Aufschreiben und Wiederlesen betrachtet Foucault als eine „Übung des Selbst", die die Gedächtnisbildung unterstützt, das Denken schult und die Grundlage für Gespräche, auch mit sich selbst, schafft.[356] In Leisings Aufzeichnungen finden sich ebenfalls diese Motive – die bewusste (Selbst-)Beobachtung, das in den Dialog treten mit sich selbst, die Gedankengewinnung durch das Schreiben und nicht zuletzt der Versuch, das Geschehene und Gedachte zu bewahren, um es sich in der Rückschau vergegenwärtigen zu können. Foucault spricht von einem Schreiben, das „eine ‚Vergangenheit' schafft, auf die man stets zugreifen oder sich zurückziehen kann"[357]. In Leisings Merkbuch von 1986 heißt es:

> „Plötzlich, ich weiß nicht wie, war ich überzeugt, daß mein Leben sich gelohnt hat. Ich dachte an einen Vater, wie ihn nicht jeder hat. Ich dachte an das Erscheinen meines Poesiealbums, an die glückhafte Aufführung meines KÖNIG HIRSCH und meines RABEN. An Karl Friedrichs Puppenspielaufführung des letzteren, überhaupt an die tiefste Freundschaft meines Lebens, die mir durch ihn zuteil wurde und die der Tod in diesem grauenvollen Februar unterbrach. Und dennoch. […]
>
> Und vieles andere mehr fällt mir ein, je glücklicher mich die Erinnerungen machen; ich habe mir vorgenommen, wie ein Archivar zu verzeichnen, was mein Leben bislang lohnend gemacht hat."[358]

Sucht man nach weiteren Vergleichsmomenten, um den Charakter der Merkbücher zu veranschaulichen, ließe sich hinsichtlich des Umgangs mit Zeitungs- und Bildmaterial Bertolt Brechts zwischen 1938 und 1955 geführte und zu Lebzeiten unveröffentlicht gebliebene „Journale" nennen, die die tradierte Form des Tagebuchs aufbrechen. Jedoch ist der Einsatz von Montagetechniken und die Einbindung von Privat-Persönlichem in den Kontext des Historischen und kollektiven Zeitgeschehens in Brechts „Journalen" sehr viel ausgeprägter und die durchdachte Gesamtkonzeption sowie das Spiel mit Dokumentarizität

---

354 Foucault 2005: Über sich selbst schreiben, S. 507.

355 Ebd., S. 510.

356 Vgl. ebd., S. 507.

357 Ebd., S. 509.

358 Leising, Richard: [MB-Eintrag, 11.10.1986]. In: DLA, A:Leising, Verschiedenes, Autobiographisches, Merkbuch 1986.

und Fiktionalität mit Leisings Merkbüchern nicht deckungsgleich.[359] Auch eine entfernte Parallele zu Elias Canetti wäre zu ziehen, der in seinem Essay „Dialog mit dem grausamen Partner" ganz explizit auf die Notationsform „Merkbücher" eingegangen ist,[360] obgleich für Canetti insbesondere die nur zögerlich und zuallermeist posthum publizierten, aphoristischen „Aufzeichnungen" kennzeichnend sind.[361] Canettis Beschreibung der Gattung „Merkbücher" unterscheidet sich von Leisings Verwendungsweise insofern, als dass Canetti sie als Vorform der Tagebücher und als eine Art Kalender darstellt, die nur knappe Eintragungen enthalten.[362]

Vielmehr scheinen Leisings Merkbücher mir ihren vielfältigen, teilweise prosaisch anmutenden Sentenzen Fernando Pessoas aus dem Nachlass veröffentlichtem „Buch der Unruhe" zu ähneln. Allerdings greift auch dieser Vergleich nicht richtig, da in den Merkbüchern keine Figuren entworfen, keine Maskenspiele veranstaltet werden. Auch stehen die Merkbuch-Sentenzen in keinem Verhältnis zu dem literarischen Kosmos, den die Reflexionen und Fragmente im „Buch der Unruhe" entfalten. Und doch gibt es Parallelen zu der Grundhaltung, die dem Hilfsbuchhalter Bernardo Soares zugeschrieben wird:

> „Wir alle, die wir träumen und denken, sind Buchhalter und Hilfsbuchhalter in einem Stoffgeschäft oder in irgendeinem anderen Geschäft in irgendeiner Unterstadt. Wir führen Buch und erleiden Verluste; wir ziehen die Summe und gehen vorüber; wir schließen die Bilanz, und der unsichtbare Saldo spricht immer gegen uns."[363]

Leisings Merkbücher, aber auch die mit nachträglichen Eintragungen versehenen Taschenkalender und nicht zuletzt das Agenda-Büchlein mit den wichtigen persönlichen und zeithistorischen Ereignissen können in diesem Sinne als eine Form der schriftlichen Lebensbuchhaltung betrachtet werden: In ihnen wird Buch geführt über das Denken, Leben und Schreiben.

2.1.5.4 *Aufbewahren und Vernichten – Akribie im Autodafé*

Trotz der Tendenz zum genauen Verzeichnen und Dokumentieren, handelt es sich bei Leisings Nachlass um keinen ausufernden Bestand, in dem alles zu finden ist, was der Dichter je zu Papier brachte. Die Notiz „Meine dichterische Biographie" von 1989 gibt über dieses Verhältnis Auskunft:

---

359 Vgl. Jost 2003: Journale, S. 424–440.

360 Vgl. Dialog mit dem grausamen Partner. In: Canetti 1976: Das Gewissen der Worte, S. 50–65.

361 Vgl. dazu unter anderem: Wirtz 2009: Elias Canettis „Aufzeichnungen", S. 173–180.

362 Vgl. Dialog mit dem grausamen Partner. In: Canetti 1976: Das Gewissen der Worte, S. 54.

363 Pessoa 1986: Das Buch der Unruhe, S. 21.

> „Als Schriftsteller sehe ich mich nicht historisch, d.h. ich kann keine dichterische Biographie vorzeigen, und das heißt auch, daß ich nichts aufhebe, was vor meinen alternden Augen keinen Bestand mehr hat. Gleichzeitig bedeutet das, daß im Gedichtband keine Datierungen stattfinden werden. Mein Datierungswahn widerspricht dem nicht, denn er ist anderer Natur, er kommt von meinem zwanghaften Charakter. (27.7.89)“[364]

Seine akkurate Ordnung und Datierung schreibt Leising in dieser Aufzeichnung seinem ‚zwanghaften Charakter‘ zu, den er in einem Brief an Zimmermann auch als ‚Chemnitzer Pingeligkeit‘ bezeichnet hat (vgl. 2.1.5.1). Zudem verwehrt sich Leising gegen eine historische Betrachtung seines dichterischen Schaffens; seine Gedichte, so schreibt er an anderer Stelle, aktualisiere er beständig,[365] auch bewahre er nichts auf, was ihm nicht mehr gültig erscheine. Setzt man dieses Selbstzeugnis in einen Bezug zu der Beschaffenheit des Nachlasses ergibt sich ein heterogeneres Bild: Die Überarbeitung und Entwicklung einzelner Gedichte dokumentiert der Nachlass sehr wohl; Aufzeichnungen und Reflexionen aus verschiedenen Jahrzehnten nicht nur zu Leisings Leben, auch zu seinem Schreiben finden sich ebenfalls vielfach. Zugleich existieren – das hat die zeitliche Perspektivierung in Abschnitt 2.1.4.2 gezeigt – beträchtliche Lücken, insbesondere was Material aus den 1950er Jahren betrifft. Auch Manuskripte und Aufzeichnungen aus den 1960er und 1970er Jahren sind im Verhältnis zu der Materialdichte der 1980er und 1990er weniger zahlreich vorhanden.

Die frühen Texte, in denen sich der Dichter noch ausprobierte, hielten Leisings Urteil offenbar auf Dauer nicht stand, sei es aus ästhetischen, inhaltlichen oder politischen Gründen. „Die Unzufriedenheit des Schöpfers mit seinem Kinde ist oft der Grund für die Zerstörung eigener Produktionen“[366], erläutert Marcel Atze. Mehrere Notizen geben Zeugnis von Leisings bewusster, im Gestus eines Autodafés betriebener Vernichtung einzelner Bestandteile des literarischen Archivs. Folgt man diesen Darstellungen, wurde das literarische Archiv dadurch beträchtlich dezimiert. 1970 schreibt Leising in einem Brief an seinen Freund Enrico Straub:

> „Vor Jahren ahmte ich das große goethische Autodafé nach, verbrannte eine Unmenge Briefe, Schriften, Gedichte, und gleichzeitig versuchte ich aus Tagebüchern etwas über meine ‚Entwicklung‘ zu erfahren, mich ‚kennenzulernen‘ – was

364 Leising, Richard: Meine dichterische Biographie, 27.7.1989. In: DLA, A:Leising, Verschiedenes, Notizbücher 1963–1989, „manual II“.

365 Vgl. Leising, Richard an Wolfgang Emmerich, 15.4.1992. In: DLA, A:Lesing, Briefe von ihm an Emmerich, Wolfgang.

366 Atze 2007: „Und kaum blieb etwas verschont“, S. 96.

natürlich ohne das gewünschte Ergebnis blieb. Mein Wesen ist mir selber herzlich schleierhaft, und ich denke, eine gewisse fröhliche Gleichgültigkeit gegen sich selbst (ausgenommen gegen seine Produktion und seine Produktivität) hält die Lebensgeister am wachsten."[367]

Diese Passage unterstreicht das wechselvolle Verhältnis der den Nachlass prägenden Praktiken: Steht auf der einen Seite das Bedürfnis, das Geschehene und Gedachte aufzuzeichnen, sich zu reflektieren und sich durchaus auch historisch zu betrachten, so wenden sich viele Selbstzeugnisse auf der anderen Seite gegen eine intime Introspektion. Die Vernichtung des Angesammelten und Überkommenen geht mit einer Strenge einher, die nur die haltbare künstlerische Produktion gelten lässt.

Leising bezieht sich in seinem Brief auf Johann Wolfgang von Goethe, der seine frühen Arbeiten als „allzu oberflächlich" bezeichnet hat und in „Dichtung und Wahrheit" von einer Vernichtung dieser Arbeiten berichtet: „Dieses bewog mich [...] wieder ein großes Haupt-Autodafé über meine Arbeiten zu verhängen"[368]. Wie Goethe vernichtete Leising seine Materialien nicht nur, sondern hielt diese Entscheidung auch schriftlich fest. In sein Merkbuch 1979–1984 klebte Leising Ausschnitte aus seinen, in den 1950er Jahren angelegten Terminkalendern, auf denen die Stichworte „Bert Brecht", „Kammermusikabend" und „mündliches Abitur" verzeichnet sind. Darunter steht folgende maschinenschriftliche Notiz:

„29.4.79
ich krame in alten notizbüchern, um sie danach zu autodafieren. dabei finde ich diese 3 stationen meines weges zum theater und es waren in der tat nur diese 3! ich schneide sie aus und hebe sie auf; immerhin sind es die ersten zeugen meiner wohl grundsätzlichsten Entscheidung."[369]

Auch die im vorangegangen Abschnitt erwähnte Verzeichnung der „Stadien" im Merkbuch, die die Jahre 1945 bis 1958 umfassen, sind aller Wahrscheinlichkeit nach im Zuge der Vernichtung der frühen Aufzeichnungen, sozusagen als ihre Essenz, entstanden – der Taschenkalender von 1985 vermerkt im Januar das „Ausjäten der Merkbücher bis 1958"[370].

---

367 Leising, Richard an Straub, Enrico, [Kopie], 10.5.1970. In: DLA, A:Leising, Briefe von ihm an Straub, Enrico (Fotokopien).

368 Goethe 1987: Dichtung und Wahrheit, S. 216.

369 Leising, Richard: [MB-Eintrag, 29.4.1979]. In: DLA, A:Leising, Verschiedenes, Autobiographisches, Merkbuch 1979–1984.

370 Leising, Richard: [Eintrag, 27.1.1985]. In: DLA, A:Leising, Verschiedenes, Autobiographisches, Taschenkalender und Notizbücher, Major 1985.

Nicht zuletzt findet sich ein Tagebucheintrag von 1990: „1.12. Beschluß des ganz großen Autodafés“[371]. Den Zusammenhang dieser Entscheidung erläutert ein darauffolgender Eintrag, ebenfalls von 1990:

> „Das schönste Erlebnis war natürlich mein Büchlein, und die Arbeit an ihm, die sich von Februar bis Mitte August erstreckte, war hart. Wichtig mein Entschluß, das Erscheinen des Buchs und die Aufkündigung meiner Kindertheater-Arbeit (21 Jahre) als das Ende einer Epoche anzusehen, damit verbunden die Autodafé -Entscheidung (→ MB vom 30.11./1.12)“[372].

An die historische Selbstbetrachtung in Epochen wird als unmittelbare Konsequenz das Autodafé gekoppelt, gewissermaßen im Sinne eines Schlussstrichs. Die individuellen Zäsuren der künstlerischen Arbeit fallen dabei zusammen mit der historischen Zäsur 1989/90. Der Merkbucheintrag, auf den die Tagebuch-Notiz verweist, spricht von der Möglichkeit einer beginnenden „sozusagen amerikanischen Epoche, unbelastet, abenteuerlich“[373]. Zuvor heißt es:

> „Diese ungeheure Menge alter Mappen mit Zettelchen, Notizchen, Entwürfchen, Halbausgeführtem – weg damit, weg. Zuerst dachte ich, sie durchzusehen auf das Bewahrenswerte, und dies dann wieder zu Mappe zu machen, die ich ja dann doch nicht lese, so wie ich auch die Masse der alten nicht las – nein!
> Weg, alles weg!
> Und weg mit dem Großteil der Plakate in der Truhe, die ich nicht aufhängen werde, die niemand aufhängen wird. Fort mit den Uralt-Briefwechseln im Schlafzimmerschrank.
> Und was sich noch finden wird.
> Auch die alten Gedichte fort? Nein. Aber viele, viele von ihnen.“[374]

---

371 Leising, Richard: [TB-Eintrag, 1.12.1990]. In: DLA, A:Leising, Verschiedenes, Autobiographisches, „Tagebuch 1983 [–1996]“. Schon Anfang des Jahres schrieb Leising in sein Merkbuch: „Sah mich im Zimmer um und sah den Riesenstapel Mappen, vor dem ich immer kniff. Ich beschloß erbittert, sie mir vorzunehmen, dabei flog vieles weg und darunter vieles von mir – wieder einmal ein Autodafé.“ Leising, Richard: [MB-Eintrag, 30.1.1990]. In: DLA, A:Leising, Verschiedenes, Autobiographisches, Merkbuch 1985–1990.

372 Leising, Richard: [TB-Eintrag, 1990]. In: DLA, A:Leising, Verschiedenes, Autobiographisches, „Tagebuch 1983 [–1996]“

373 „~~29.~~30.11/ 1.12. In gewisser Weise – nein, in deutlicher Weise betrachte ich das Erscheinen meines Buchs, das ja Essenz aus fast all meiner Lyrik ist, und die Beendigung meiner Arbeit am Theater als Ende meines bisherigen Lebens. […] Es könnte beginnen mit einer sozusagen amerikanischen Epoche, unbelastet, abenteuerlich, wenn ich dazu noch fähig bin. […] Und ich wußte plötzlich, daß ich einen Großteil der letzten Jahre nach hinten gelebt habe, und, ich beschließe, das GANZ GROSSE AUTODAFÉ zu machen.“ Leising, Richard: [MB-Eintrag, 30.11./1.12.1990]. In: DLA, A:Leising, Verschiedenes, Autobiographisches, Merkbuch 1985–1990.

374 Leising, Richard: [MB-Eintrag, o.D, 1990]. In: Ebd.

Statt des in den vorangegangenen Jahren angewandten selektierenden und kondensierenden Verfahrens sollte das Angesammelte 1990 gänzlich entsorgt werden. Einzig einige Gedichte werden in der Notiz von dem Beschluss ausgenommen – ihnen kommt innerhalb der Menge an Aufgezeichnetem ein Sonderstatus zu. Doch da der Nachlass Leisings weitaus mehr als Gedichte umfasst und auch die 1980er Jahre gut dokumentiert sind, bleibt fraglich, ob dies angekündigte große Autodafé überhaupt stattfand.

Gleicht man die erwähnten Aufzeichnungen und Projekte mit den tatsächlich vorhandenen ab, ergeben sich, wie schon erwähnt, vor allem Lücken im Hinblick auf die 1950er bis 1970er Jahre. Im Merkbuch von 1952–1964 sind zahlreiche Arbeiten erwähnt, die nicht mit dem Nachlass überliefert wurden. Nicht auffindbar beispielsweise ist die „erste große Arbeit: Karussell“[375], die Leising im Rahmen der „STADIEN“ unter dem Jahr 1956 verzeichnete. Auch eine in einem Merkbucheintrag von 1954 erwähnte Novelle befindet sich nicht unter den Nachlasspapieren: „thiele ist froh, daß ich mit der gürnt-novelle endlich was durchgearbeiteteres als 8 verse gemacht habe. sonst keine produktion. thiele hat einige gedichte vertont.“[376]

Das von Siegfried Thiele nachgereichte Konvolut, das zwar nicht jene Novelle, aber andere Lyrik und Prosa Leisings aus den 1950er Jahren enthält, unterstreicht den Befund, dass der Dichter alle seine bei ihm befindlichen literarischen Erzeugnisse aus den 1950er Jahren vernichtete, weil sie seinen Ansprüchen nicht mehr genügten; vielleicht erschienen sie ihm zu prätentiös oder epigonal.

Weitere Lücken betreffen Texte, die Leising im Rahmen seiner Anstellung am „Zentralhaus für Volkskunst“ und für die Zeitschrift „Theater der Zeit“ verfasste – keine damit zusammenhängenden Manuskripte liegen vor. Auch politische, essayistische und theoretische Texte aus den 1960er Jahren, die erwähnt werden, finden sich nicht. Von den Vorhaben, die der Jahresplan „ÜBER MEINE ARBEIT“ für das Jahr 1964 verzeichnet, existieren einzig Spuren zum Projekt „Philosophie der Kunst“, das in dem Briefwechsel mit Hans-Georg Mareck diskutiert wird (vgl. 2.1.6.1). Darüber hinausgehende Manuskripte oder Entwürfe fehlen. Allerdings ist in diesem Fall unklar, ob Leising seine Entwürfe im Nachhinein aussonderte oder seine Vorhaben schlicht nie realisierte.[377]

---

375 Leising, Richard: STADIEN, o.D. In: DLA, A:Leising, Verschiedenes, Autobiographisches, Merkbuch 1952–1964.

376 Leising, Richard: [MB-Eintrag, 16.10.1954]. In: Ebd.

377 Vgl. Leising, Richard: ÜBER MEINE ARBEIT, 31.12.1963. In: DLA, A:Leising, Verschiedenes, Autobiographisches, Merkbuch 1979–1984.

Leisings literarisches Archiv wurde – das haben die vorangegangenen Betrachtungen gezeigt – von zwei gegenläufigen Bewegungen geprägt. Einerseits belegt der Nachlass: Der Dichter, der so wenig veröffentlichte, schrieb im Privaten umso mehr – akribisch und stetig. Das Geschriebene, häufig gar nicht zur unmittelbaren Publikation bestimmt, ordnete und verwaltete er genau. Dennoch ist das literarische Archiv Leisings kein Ort der lückenlosen Aufbewahrung. Im Zuge wiederholter Sichtungsvorgänge wurden die Materialien immer wieder selektiert und dezimiert, sodass das, was im Nachlass erhalten blieb, als bewusst Bewahrtes bezeichnet werden kann. Angelehnt an die Typologie von Wirtz erscheint Leising zwar als ‚sein eigener Archivar', aber als einer, der die Kassation einiger seiner Dokumente vorwegnahm. Zieht man Jochen Meyers „improvisierte Typologie von Autoren als Bestandsbildnern" hinzu, wäre Leising zum einen als „Bestandserweiterer oder -verstärker" zu bezeichnen, „der alles mit Mappen, Umschlägen, kommentierenden Beilagen für Mit- und Nachwelt, mit An- und Verweisungen für spätere Bearbeiter versieht"[378]. Zum anderen entspräche er in gewisser Weise dem von Meyer skizzierten Bild eines „Bestandsverminderers [...], der seine Spuren verwischen, Entstehungsprozesse auslöschen und nur Fertiges, Hinterlassungsfähiges überliefern will [...]"[379]. Der Dichter fixierte, bewahrte und ordnete das, was er brauchte, um bestehen zu können. Und er vernichtete, was vor ihm selbst keinen Bestand mehr hatte.

2.1.6 *Autorschafts- und Selbstentwürfe: „ich bin versucht, meinen Arbeiten Dauer zu geben"*

Kontur verleihen dem Nachlass nicht nur Ordnungspraktiken und Aufschreibetechniken, sondern auch Themenkomplexe, um die das Schreiben kreist und deren spezifische Setzungen zu konkreten Autorschafts- und Selbstentwürfen führen. Das dreiseitige Typoskript „Zum künstlerischen Werdegang", das Leising für das Stipendium im Künstlerdorf Schöppingen 1991 verfasst hat, korrespondiert mit den sich im Nachlass abzeichnenden Selbstentwürfen und hebt deren zentrale Aspekte hervor. Dort erklärt Leising:

> „In meinem Schreiben einen gewissen eigenen Ton zu finden gelang mir nicht zu spät. Das war nicht das Ergebnis einer Absicht, eines angestrengten Mühens um ‚individuellen Stil', um ‚Handschrift'. Er ergab sich aus meiner Sicht auf die Welt, eine Sicht, für die das menschliche Leiden [ms. Erg.: im Vordergrund] steht und, damit in engstem Zusammenhang, Abscheu vor Gewalt, Macht, vor dem Mißbrauch von Macht. Mit dem Gegenstand (den Gegenständen) kamen die

378 Meyer 2002: Pedanten und Chaoten, S. 55.

379 Ebd.

> Formen; ich habe mich immer gehütet, den Gegenstand einer Form untertan zu machen. Wo übrigens Leid und seine Verursachung einen Mittelpunkt des Denkens und Fühlens bilden, bleiben Hilflosigkeit und Verzagtheit nicht aus. Derlei findet sich oft in meinem Gedicht.
>
> Meine Arbeitsweise ist zögernd, vorsichtig, auf längeren Zeitraum hin angelegt. Zunächst hoffe ich, daß auf diese Weise mehr Erfahrung in die Gebilde eingeht. Anders ausgedrückt: was durch längerwährende Arbeit an einem Gedicht nicht eintreten kann, ist Verarmung. Weiterhin aber neige ich zu einem gewissen Perfektionismus, das heißt, ich bin versucht, meinen Arbeiten Dauer zu geben. Damit ist weder eine Dauer hinsichtlich der Mitwelt oder gar der Nachwelt gemeint; gemeint ist die Haltbarkeit vor meinem eigenen Anspruch. Ich kann nichts anderes [hs: keinen anderen] gelten lassen als diesen. Über das Bleibende einer Arbeit entscheidet ohnehin die Mitwelt nie, und ihr Urheber selbst am wenigsten. […]
>
> Meine Hauptarbeit aber gilt weiterhin den Gedichten. Sie sind es, in denen ich meinem Begriff des Poetischen am nächsten komme. Er läßt sich etwa so bestimmen: Ich versuche, meinen jeweiligen Gegenstand so präzis, so sinnlich, so ‚gegenständlich' und so gut ~~ab~~ [hs. aus]zubilden, daß er, gleichsam ohne mein Dazutun, über sich selbst zu reden anfängt. […]
>
> Februar 1991".[380]

In seinem literarischen Archiv entwirft sich Richard Leising ab Anfang der 1960er Jahre bis in die 1990er hinein konsequent als ein vielfältig Schreibender, dessen Fluchtpunkt ungeachtet aller Mannigfaltigkeit die Lyrik darstellt. Auch Leisings prosaische, im Modus der Selbstreflexion verfassten Aufzeichnungen beziehen sich immer wieder auf die Lyrik, sodass sich im Zusammenspiel der Kurztexte Ansätze einer Poetologie ergeben. Deren Eckpunkte stellen zum einem die Forderung nach Produktivität und ‚produktiblen' Formen dar und zum anderen die an dem jeweiligen Gegenstand orientierte lyrische Darstellung, die den Gegenstand selbst zum Sprechen bringen soll. Ein weiterer im Nachlass präsenter Komplex betrifft die Themen Macht, Abhängigkeit und Mitschuld, in deren Zusammenhang immer wieder auch das Verhältnis von Schreiben und DDR verhandelt wird. In den folgenden zwei Abschnitten gilt es diese einzelnen Punkte zu entfalten. Im Zuge dessen kristallisiert sich auch der in Abschnitt 2.1.3 schon in Umrissen skizzierte Selbstentwurf Leisings weiter heraus. Subversive, nach Unabhängigkeit strebende Tendenzen koppeln sich an Rückzug, Zweifel und stetige Reflexion. Dabei kehrt das Schreiben, wie es sich im Nachlass darstellt, immer wieder zu dem Zentrum, um das es kreist, zurück: zur Suche nach einem haltbaren Vers, nach einem schriftlichen

380 Leising, Richard: Zum künstlerischen Werdegang, Februar 1991. In: DLA, A:Leising, Prosa, „Prosa/ fertig, aber nicht für ROTZFAHNE".

Ausdruck mit Bestand. Wie sich diese Suche in die Konstellation um Mit- und Nachwelt einfügt, zeigen die darauffolgenden Unterkapitel.

2.1.6.1 *Produktivität als Prämisse und das Sprechen der Gegenstände in der Lyrik – poetologische Ansätze*

Im Gegensatz zu Leisings zu Lebzeiten veröffentlichten Texten vermittelt sein Nachlass ein vielfältiges Bild seiner schreibenden Tätigkeit: Neben dem lyrischen Schreiben haben auch diverse Theaterstückbearbeitungen, Kurzprosa und andere prosaische Sentenzen wie Beobachtungen und Aphorismen sowie theoretische Überlegungen und Essayvorhaben Niederschlag im leisingschen Nachlass gefunden. Dennoch bildet die Lyrik ein Zentrum der Aufzeichnungen; nicht nur wird ihre Bedeutung wiederholt betont, auch ist sie der bevorzugte Gegenstand vieler Reflexionen. Titel wie „Meine dichterische Biographie“[381], „Über Lyrik“[382] oder „Lyrik der Beobachtungen“[383] veranschaulichen dies. In seinen Aufzeichnungen reflektierte Leising nicht nur sein eigenes Schreiben, sondern postulierte diesbezüglich auch immer wieder Maßgaben und entwickelte im Zuge dessen wie beiläufig eigene poetologische Ansätze.

Gleichwohl ist das Spektrum der Auseinandersetzungen auffallend breit und berührt nicht nur Dichtung, Theater und politische Themen, sondern zeichnet sich auch durch gattungsübergreifende Fragestellungen aus, die Musik, bildende Kunst und Kulturtheorie insgesamt betreffen. Ausgangspunkt bildet dabei ein fortwährendes Nachdenken über das Verhältnis des Menschen zur Kunst, sowohl in der Produktion als auch in der Rezeption. Mit Bezug auf Bertolt Brechts Diktum der Demokratisierung der Kunst durch die Befähigung des Menschen zur Kunstbetrachtung diskutiert Leising beispielsweise 1988 in einem fünfseitigen Brief an den Komponisten Georg Katzer die Rolle der Neuen Musik in der DDR.[384] Eine ähnliche Stoßrichtung verfolgt eine Merkbuchnotiz von 1978, in der der Dichter seine eigenen zeichnerischen Fähigkeiten im Hinblick auf die diesbezüglich fehlende Schulung befragt.[385]

381 Leising, Richard: Meine dichterische Biographie, 27.7.1989. In: DLA, A:Leising, Verschiedenes, Notizbücher 1963–1989, „manual II“.

382 DLA, A:Leising, Prosa, „Über Lyrik“ (Skizzen und Notizen).

383 Leising, Richard: Lyrik der Beobachtungen, Januar 1962. In: DLA, A:Leising, Prosa, „Über Lyrik“ (Skizzen und Notizen).

384 Vgl. Leising, Richard an Katzer, Georg, [Durchschl.], 23.12.1988. In: DLA, A:Leising, Briefe von ihm an Katzer, Georg.

385 Vgl. Leising, Richard: [MB-Eintrag, 18.4.78]. In: DLA, A:Leising, Verschiedenes, Autobiographisches, Merkbuch 1970–1978.

Grundlegende Gedanken zu größeren kunsttheoretischen Fragen formulierte Leising schon Anfang bzw. Mitte der 1960er Jahre im Umfeld seines geplanten Großvorhabens „Philosophie der Kunst“, von dem sich nur noch vereinzelte Spuren im Nachlass finden. Signifikant mit seinen Überlegungen verbunden ist der Terminus der „Produktivität“, mit dem sich Leising eng an einer marxistischen Theorie der Arbeit orientiert und der über Jahrzehnte hinweg zu einer Art Schlüsselbegriff der nachgelassenen Aufzeichnungen wird.

Ende 1963 erklärt Leising in einem vierseitigen, maschinenschriftlich ausformulierten, persönlichen Arbeitsbericht: „Das Lebensziel bleibt konstant. Es ist: Beihilfe zu maximaler Entbindung menschlicher Produktivität“[386]. 1963 hatte die SED auf ihrem VI. Parteitag unter dem Namen „Neues Ökonomisches System“ eine weitreichende Modernisierung und Rationalisierung des Wirtschaftssystems beschlossen, mithilfe derer höhere Effizienz und Produktivität angestrebt werden sollte. Die Kursänderung der Wirtschaftspolitik sollte sich auch auf andere gesellschaftliche Bereiche wie die Kultur auswirken.[387] Leisings Begriff der Produktivität trifft diesen Diskursraum und ist zugleich als ein Gegenentwurf zu verstehen, dessen Schwerpunkt gerade nicht auf Technisierung und Rationalisierung liegt. In einem in Klammern gesetzten Zusatz präzisiert Leising sein Vorhaben: „~~all di~~es zielt auf den einzelnen Menschen. Er wird keiner Norm ausgesetzt, er wird als sich selbst gesetzt. Er soll als Individuum realisiert werden.“[388] Noch bevor also im Zuge der ‚FORUM-Lyrik-Debatte‘ 1966 die neue in der DDR entstehende Dichtung öffentlich einen Anspruch auf Subjektivität einforderte, setzte Leising in seinen privaten Arbeitsplänen das Individuum und die uneingeschränkte Entfaltung desselben als Prämisse seiner Arbeit – sei es in schriftstellerischer, in wissenschaftlicher oder in praktischer, das heißt in theaterpädagogischer Hinsicht.[389] Der Kunst galt dabei ein besonderes Interesse, ihr Verhältnis zur Produktivität sollte über einen längeren Zeitraum in Zusammenarbeit mit anderen Kunstschaffenden untersucht werden:

> „Das Verhältnis aller Künste (der Kunst) zu dem Kriterium P, die genaue ~~Untersuchung~~ [hs. Beobachtung] der zwiespältigen Rolle der Kunst als Erregerin und Unterbinderin von P, sollen die ersten Untersuchungen zu einer modernen Kunstbetrachtung geben, die ich PHILOSOPHIE DER KUNST nenne. Dies erfordert Grundlagenforschung mannigfaltiger Art, besonders, was den

386 Leising, Richard: ÜBER MEINE ARBEIT, 31.12.1963. In: DLA, A:Leising, Verschiedenes, Autobiographisches, Merkbuch 1979–1984.

387 Vgl. Emmerich 1996: Kleine Literaturgeschichte der DDR, S. 184.

388 Leising, Richard: ÜBER MEINE ARBEIT, 31.12.1963. In: DLA, A:Leising, Verschiedenes, Autobiographisches, Merkbuch 1979–1984.

389 Vgl. ebd.

> Warenwert der Kunst (Ökonomie der Kunst) und den Gebrauchswert der Kunst (Ästhetik) betrifft: damit erweist sich dieses Vorhaben als ein Projekt auf längste Sicht, ebenso als ein kollektives.“[390]

Leisings Forderung nach Produktivität schließt an die „Erkenntnis der Identität von Eigentum und Verkrüppelung (Selbstentfremdung)“[391] und damit an einen zentralen Gedanken von Karl Marx an: Stellt ein Individuum seine Arbeitskraft in den Dienst der Vermehrung von fremdem Eigentum und der Aufrechterhaltung der kapitalistischen Verhältnisse, verliert es im Zuge der Arbeitsteilung den Bezug zu den Resultaten seiner Arbeit und entfremdet sich von sich selbst.[392] Den Arbeitsbegriff, den Leising darauf aufbauend und ebenfalls angelehnt an Marx entwickelte, ähnelt der Auslegung Erich Fromms. In dem Buch „Das Menschenbild bei Marx“, das in der DDR auf dem Index stand, schreibt Fromm 1961:

> „Marx' Begriff der Arbeit, als der Ausdruck der Individualität des Menschen, ist in seiner Vision der vollständigen Aufhebung der lebenslänglichen Unterwerfung eines Menschen unter eine Tätigkeit bündig ausgedrückt. Da das Ziel der menschlichen Entwicklung das der Entwicklung des totalen, universalen Menschen ist, muß der Mensch von dem verkrüppelnden Einfluß der Spezialisierung befreit werden.“[393]

Sprach man in der DDR von der Vergesellschaftung von Arbeit und Produktion im Zuge derer durch zunehmende Arbeitsteilung die ökonomische Produktivität ‚zum Wohle der Gesellschaft' gesteigert werden sollte und Planerfüllung sowie gesellschaftlich nützliche Arbeit gefordert wurde,[394] so legte Leising in seinen Betrachtungen einen Fokus auf das Individuum. Fremdgesetzten Normen stellte er nicht nur einen Produktivitätsbegriff gegenüber, der auf die freie Ausbildung, Entfaltung und Weiterentwicklung der individuellen Fähigkeiten einer jeden Person zielte, sondern übte damit auch explizit Kritik an den gesellschaftspolitischen Verhältnissen in der DDR. In einem Auszug „Aus einer längeren Arbeit vom 18.12.1962“ schreibt der Dichter: „Ich stoße darauf, daß die Praxis der DDR Produktivität lähmt, wiewohl ihr eigentlichster und

390 Ebd.

391 Ebd.

392 Vgl. Marx/Engels 2017: Gesamtausgabe (MEGA), Abt. I, Bd. 5, S. 34.

393 Fromm 1980: Das Menschenbild bei Marx, S. 47 f. Und Vgl. außerdem: „Das zentrale Thema von Marx ist also die Verwandlung der entfremdeten, sinnlosen Arbeit in produktive, freie Arbeit, nicht die bessere Entlohnung der entfremdeten Arbeit durch einen privaten oder ‚abstrakten' Staatskapitalismus.“ Ebd., S. 48.

394 Vgl. Wolf 2000: Sprache in der DDR, S. 235.

existentieller Bestand vom Freimachen höchster Produktivität schlechthin abhängig ist.“[395] In einer Merkbuchnotiz von 1964 wendet sich Leising in diesem Zusammenhang außerdem gegen eine pädagogisch-didaktische Erziehungsfunktion der Literatur wie sie der Sozialistische Realismus vorsieht und erteilt ideologischen Vorgaben eine Absage.[396] Er fordert:

> „[...] die ersetzung der didaktik durch dichtung: menschengestaltung. und zwar in fülle, in widersprüchlichkeit, in ganzer existenz. so hebt auch der sturm und drang an, und auch seine formzertrümmerungen täten uns not gegen die immer wieder ermüdend diktierten form- und denkklischees, die weiter nichts als ein zeichen der aufklärerischen didaktik sind, die das menschenbild in den erziehungsrahmen sperrt.“[397]

Das posthum aus dem Nachlass publizierte Gedicht „Es ist der Mensch“, das der Angabe nach im März 1964 und im März 1966 entstand, führt diese Ansätze zusammen und postuliert die ‚Selbsterschaffung des Menschen‘ im Zuge derer die Lust am produktiven Schaffen sowie am Leben selbst gefördert werden soll:

> „Es ist der Mensch, dein Gott. Du sollst nicht andre
> Götter haben neben Ihm, und dir.
> Das Ziel ist: Menschen machen. Jeder Frage
> Nach deiner Sittlichkeit entgegne so.
> Entkrüpplung! Produktivität! Jedoch:
> Erzieh nicht das Papier, erziehe Menschen.
> Mach Menschen, aber mach sie aus Menschen.
> Und. Menschenmacher, wisse: Du sollst keinem
> Die Produktivität benehmen noch verargen
> Und neiden nicht, und niemandem die Lust
> Am Leben nehmen, sondern sie ihn lehren.“[398]

Seine kulturtheoretischen Überlegungen entwickelte Leising in den 1960er Jahren nicht alleine, sondern in enger und ausführlicher Korrespondenz mit dem unter anderem an der Hochschule für Musik „Franz Liszt“ in Weimar unterrichtenden Musikpädagogen Hans Georg Mareck, mit dem er die Rolle der künstlerischen Produktivität sowie andere kunstphilosophische Fragen

---

395 Leising, Richard: [MB-Eintrag, o.D.]. In: DLA, A:Leising, Verschiedenes, Autobiographisches, Merkbuch 1952–1964.

396 Vgl. Berendse 2006: Subversiver Realismus in der DDR, S. 43.

397 Leising, Richard: [MB-Eintrag, 10.1.1964]: In: DLA, A:Leising, Verschiedenes, Autobiographisches, Merkbuch 1952–1964.

398 Es ist der Mensch. In: Leising 1998: Die Rotzfahne, S. 7. Vgl. dazu auch die leicht abweichende Fassung: Leising, Richard: [Gedicht: „Er ist der Mensch, dein Gott“, März 1964/66]. In: DLA, A:Leising, Verschiedenes, Autobiographisches, Merkbuch 1979–1984.

diskutierte.[399] In dem, mit Unterbrechungen, dreißig Jahre lang währenden Briefwechsel tauschten Leising und Mareck nicht nur Berufliches, Politisches und Privates aus, sondern erarbeiteten mithilfe von Fragen sowie Denk- und Schreibaufgaben gemeinsame Überlegungen und Ideen.[400] Diese betrafen unter anderem das in dem Arbeitsbericht von 1963 erwähnte Projekt „Philosophie der Kunst" und das damit zusammenhängende Thema „Ökonomie der Kunst", zu dem Leising im Frühjahr 1962 schreibt:

> „1. im bestreben, endlich ordnung zu bringen in meinen materialhaufen zur POLITIKKULTUR (so will ich die geplante große Mappe überschreiben), habe ich einen ordnungsplan gemacht, den ich dir beilege. es war mühsam, den berg von themen in ein schema zu bringen. mir kommt es darauf an, daß Du es untersuchst, Lücken feststellst, probierst, wie sich Dein Material unterbringen ließe in diesem Schema. […]
>
> 5. unter punkt II des ordnungsschemas wird Dir auffallen, daß er stark mit ökonomischen termini durchsetzt ist. ich will das jetzt mal intensiv betreiben, um die künste als einen teil der warenproduktion zu begreifen und vielleicht von daher licht in das mystische dunkel zu bringen. […] dies sammelnd, könnte vielleicht später ein kleines, präzises buch entstehen, dem ich den titel ÖKONOMIE DER KUNST geben wollte."[401]

Ausgehend von der marxistischen Theorie, die Leising auf das Feld der Kunst übertrug, identifizierte er kapitalistische Funktionsweisen im Kunstbetrieb der DDR: „das ist nicht etwa ein unterschied zur kapitalistischen produktionsweise, das ist der gleiche grundwiderspruch, der sich da äußert, nur eben hier auf dem gebiet der verfertigung von ideologie!"[402] Sich selbst als Gegenbeispiel für kapitalistische Funktionsweisen in der Kunst nehmend, führt Leising diesen Gedanken einen Monat später weiter aus:

> „aber alles, was an kunst bekannt ist, ist ware, sonst wäre es ja nicht bekannt. der dichter leising zum beispiel hat in seiner truhe keine waren liegen, sondern gedichte. nicht gezwungen, in dieser hinsicht seine arbeitskraft zu verkaufen, leistet er keine entfremdete arbeit in form von waren, sondern er schreibt verse, die bestenfalls für seine erben warenwert annehmen können."[403]

399 Vgl. DLA, A:Leising, Briefe von ihm an Mareck, Hans Georg und Margitta. Und: DLA, A:Leising, Briefe an ihn von Mareck, Hans Georg und Margitta.

400 Vgl. Leising, Richard an Mareck, Hans Georg und Margitta, [Durchschl.], 18.1.1963. In: DLA, A:Leising, Briefe von ihm an Mareck, Hans Georg und Margitta.

401 Leising, Richard an Mareck, Hans Georg, [Durchschl.], 6.3.1962. In: Ebd.

402 Ebd.

403 Leising, Richard an Mareck, Hans Georg, [Durchschl.], 9.4.1962. In: Ebd.

Auch an dieser Stelle sucht Leising mittels marxscher Begrifflichkeiten eine kritische Auseinandersetzung mit den Verhältnissen in der DDR und verwendet dabei unter anderem den Begriff der „Entfremdung"[404]. Zugleich entwirft er in dieser Passage eine theoretische Begründung für sein Publikationsverhalten, das er mit seiner Prämisse der Produktivität verbindet. Da er seine Gedichte nicht publiziere, das heißt nicht verkaufe, könne er seine dichterischen Fähigkeiten angemessen entfalten und unabhängig von Marktgesetzen und Verwertungsregeln Verse schreiben. Bemerkenswerterweise schließt diese Beobachtung ein Nachlassbewusstsein mit ein: Nach dem vollständigen Abschluss des Arbeitsprozesses, nach dem Tod, wird die Verwertung des Geschriebenen in Betracht gezogen und die Gedichte als mögliches Erbgut ausgewiesen (vgl. 2.1.7).

Die Anwendung des Produktivitätsbegriffs auf das eigene Schreiben zieht sich kontinuierlich durch den Nachlass.[405] Schon 1954 schreibt Leising in sein Merkbuch: „novelle geht nicht weiter, kaum gedichte, gedrückt, bin mir fremd. gedichtemachen: das einzig produktive, was ich im leben getan habe"[406]. Immer wieder sind im Imperativ formulierte Schreibappelle zu finden, in denen sich der Dichter selbst zum Schreiben ermahnt und die an seine theoretischen Überlegungen anknüpfen:

> „Wenn ich je wieder werde schreiben wollen, so werde ich Kenntnisse brauchen und einen gesunden Zynismus gegenüber dieser so zwielichtigen Beschäftigung.
> Ich habe eigentlich nichts geschrieben – nicht einmal für die ‚Schublade'. Das ist unehrenhaft. Ich muß mir die kuriose Forderung stellen: Schreib für die Schublade, damit du überhaupt schreibst!"[407],

404 Wenig später führte in einem anderen Kontext die Anwendung des Stichworts „Entfremdung" auf die DDR-Verhältnisse zu einer anhaltenden Tabuisierung einer solchen Bezugnahme. Auf der internationalen Kafka-Konferenz im Mai 1963 in Prag „hatten es einige sich marxistisch verstehende Teilnehmer […] gewagt, die kafkaschen Entfremdungsparabeln auch noch in realsozialistischen Ländern für aktuell zu halten, d.h. konkret: den Begriff der Entfremdung auf Verhältnisse wie in der DDR anzuwenden." Vgl. Emmerich 1996: Kleine Literaturgeschichte der DDR, S. 181 u. 182.

405 Für das Jahr 1989 findet sich jedoch eine auf einen Medikamentenzettel geschriebene Notiz, die den Begriff der Produktivität hinterfragt: „Der Begriff enthält nicht die von uns gewünschte Totalität menschlichen Tuns, auf die wirs anlegen. Besonders die Freiheit menschlichen Tuns läßt er aus – oder besser: die ind. Freiheit des Menschen als Endzweck der Freilegung von Produktivität (oder von was immer) Prod. impliziert stets Unterwerfung unter ein System o.ä. 28.1.89" Leising, Richard: [Notiz, 28.1.1989]. In: DLA, A:Leising, Briefe von ihm an Mareck, Hans Georg und Margitta.

406 Leising, Richard: [MB-Eintrag, 1.12.1954]. In: DLA, A:Leising, Verschiedenes, Autobiographisches, Merkbuch 1952–1964.

407 Leising, Richard: [MB-Eintrag, 18.3.1968]. In: DLA, A:Leising, Verschiedenes, Autobiographisches, Merkbuch 1965–1969.

notiert Leising 1968 in sein Merkbuch. In dem Ringen um eine lyrische Produktivität wird das rasch dahin Geschriebene, das Aufzeichnen und Reflektieren wichtig, um wenigstens etwas zu schreiben – wenn auch keinen Vers, so doch eine flüchtige Notiz. Das Tagebuch hält für das Jahr 1984 fest:

> „Die Arbeit muß erst einmal getan sein, ehe sie gelungen sein kann. Also tue sie, das ist die Befriedigung.
>
> […]
>
> Versuche, selbst mit der unproduktivsten Stimmung etwas anzufangen. Zu tun gibt es immer.
>
> Es ist sinnlos, etwas zu tun, es ist sinnloser, nichts zu tun.
>
> Kühl, fremd, leicht, festlich. Gegen schwitzende Bitterkeit, Enttäuschung, gegen Haß gibt es nur ein Mittel: die Form. Sie duldet nichts Gekränktes, Grämliches, Beleidigtes.
>
> Konsumiere nur in Hinblick auf die Produktion".[408]

Zugleich bleibt das Schreiben stets auf das gelungene Schreibwerk, das lyrische Produkt hin ausgerichtet, das in den Aufzeichnungen regelrecht den Status eines Lebenszwecks erreicht. In den nachgelassenen Versen „DIE WEIMARISCHEN GEBOTE WIDER DIE VERÖFFENTLICHUNGSANGST GEGEBEN 26. VIII. 1988" heißt es:

> „[…]
> Was kannst du anderes geben als dich, was m u ß t du
> anderes geben als dich
> Die Tage werden kürzer [hs. Es ist schon spät]
> Erinnere dich an die mit keiner andern vergleichbare Freude,
> als ein großer Vers gelang
> Du bist es sogar schuldig: Kf"[409].

Das Zentrum bildet das gelungene Gedicht, das sich allein an seiner Qualität bemisst. In einem Brief an Kristof Wachinger vom 15. September 1989 betont Leising, „daß ich keiner Poetik gehorche und nicht interessiert bin, einen Personalstil zu entwickeln. Es ist mir gleichg[ü]ltig, ob mein Gedicht als ein leisingsches kenntlich ist, gut soll es sein; das zu leisten ist schon schwer

408 Leising, Richard: [TB-Eintrag, 1984]. In: DLA, A:Leising, Verschiedenes, Autobiographisches, „Tagebuch 1983 [–1996]". Vgl. dazu auch: Leising, Richard: [MB-Eintrag, Anfang 1991]. In: DLA, A:Leising, Verschiedenes, Autobiographisches, Merkbuch 1991–1997.

409 Leising: DIE WEIMARISCHEN GEBOTE WIDER DIE VERÖFFENTLICHUNGSANGST, 26.8.1988. In: DLA, A:Leising, Gedichte, Verschiedene Gedichte, meist unveröffentlicht.

genug."[410] Gleichwohl lassen sich aus den nachgelassenen Aufzeichnungen und genau dieser Absage an einen Personalstil poetologische Ansätze rekonstruieren, die das literarische Archiv Leisings genauso durchziehen wie seine Forderung nach Produktivität. Auch hier gehen die ersten Überlegungen auf die frühen 1960er Jahre zurück und lassen eine Verbindung zu der Produktivitätsprämisse erkennen. So entdeckte Leising 1962 einen Ansatz für sich, der seinen Ausgangspunkt in der Beobachtung hat und den er wie folgt schriftlich ausformuliert:

> „LYRIK DER BEOBACHTUNGEN
> Mir fiel ein, daß man der Lyrik ein neues Feld erschließen könnte, wenn man einfachste Beobachtungen in ihr Gefäß gösse. Damit würde sowohl der Rang der Beobachtungen, die kaum einen Platz haben als das Notizbuch, erhöht werden, ~~wie~~ [hs. als auch] der Rang der Lyrik, die kaum etwas anderes abbildet als kleine Beobachtungen.
> Es käme darauf an, die simpelsten, aber genauesten Beobachtungen über Haltungen, Bewegungen, Kleidungen usw. von Menschen zu notieren, daß nicht nur sie selbst, sondern die Art ihres Notierens einen Wert bilden. Dabei dürfte die Beobachtung nicht das Mittel zum Zweck einer Abstraktion oder eines Gleichnisses sein; sie müßte ihre Bedeutung in sich selbst besitzen, oder besser: in ihrer Einheit mit ihrer (lyrischen) Form.
> So entstünde ein lebhafter Anreiz, zu beobachten, weil eine Form wartet, und ein Anlaß, eine Form zu ~~beleben~~ [hs. entwickeln], weil eine bedeutende Materie winkt.
> Herausspringen könnte dabei, daß Lyrik wieder konsumiert wird, denn ihr Wesen wäre jetzt ihre Vergleichbarkeit mit der Realität. Der Produzent würde geschult in der Kunst der Beobachtung, und der Konsument, welcher ständig beobachtet, würde geschult in der Beobachtung (Respektierung) der Kunst.
> Man muß jetzt einige Versuche machen.
> [hs. angeregt beim Produzieren ähnlicher Gedichte
> PRODUKTIBLE FORMEN
> (Januar 62)]"[411]

Später definiert Leising „produktible Formen" als „etwas, was bei der Rezeption Produktivität entbindet."[412] In der Forderung, ein Gedicht ausgehend von genauen Beobachtungen zu schreiben und diese sprachlich präzise zu gestalten, klingt der Einfluss Georg Maurers auf die in den 1960er Jahren in der DDR hervortretende Lyrikgeneration an. Obwohl Leising selbst nicht am

410 Leising, Richard an Wachinger, Kristof, [Durchschl.], 15.9.1989. In: DLA, A:Leising, Briefe von ihm an Wachinger, Kristof.

411 Leising, Richard: Lyrik der Beobachtungen, Januar 1962. In: DLA, A:Leising, Prosa, „Über Lyrik" (Skizzen und Notizen).

412 Leising, Richard: ÜBER MEINE ARBEIT, 31.12.1963. In: DLA, A:Leising, Verschiedenes, Autobiographisches, Merkbuch 1979–1984.

Literaturinstitut „Johannes R. Becher" studierte, steht sein hier formulierter Ansatz in einer Nähe zu einem Anspruch an die Lyrik, der in dem Lyrikseminar Maurers Verbreitung fand und genaue Wirklichkeitsbeobachtung fordert.[413] In dem Aufsatz „Die Form und die Wirklichkeit" von 1956 schreibt Maurer:

> „Ich persönlich neige immer mehr zu der Ansicht, daß das Was das Wie fordert, daß also das genaue Studium der Wirklichkeit einem allmählich verrät, in welche Form sie zu fassen ist. Die Wirklichkeit und jedes Stückchen dieser Wirklichkeit scheint eine geheime Form in sich zu haben, die der Künstler herauszuholen hat. In ihr wird das Was erst wirksam, in ihr enthüllt, entdeckt es sich."[414]

Der Literatur- und Politikwissenschaftler Leon Hempel führt aus:

> „Arbeit wird Maurer zum poetologischen Grundbegriff. Hegelianisch-marxistisch gewendet, eröffnet dieser analytisch Zugang zu Geschichte, Gesellschaft, Wirklichkeit. Letztere ist nicht bloß Anlass und Stoff, sondern immer auch das Ziel von Dichtung. Indem diese die Möglichkeit der Veränderung durch poetische Erkenntnis und Gestaltung von Wirklichkeit beansprucht, wird sie politisch. […]Maurers Bemühen um das Gedicht, das sich am Genauigkeitspostulat ästhetischer Wirklichkeitserfassung bemisst, gewinnt entscheidenden Einfluss auf eine Gruppe, die sich nicht ohne Ironie Sächsische Dichterschule nennt."[415]

Gelernt habe er bei Maurer, so der 1963 bis 1965 am Literaturinstitut immatrikulierte Rainer Kirsch, „nach Zeiten der Abstraktion Wirkliches als Wirkliches ins Gedicht zu nehmen."[416] Bei Leising findet sich ein ähnliches Vorhaben ab 1962. In einer Merkbuchnotiz erklärt er, er wolle nun, statt unverwechselbarer Texte mit individueller Signatur zu schreiben, sich am Gegenstand orientieren und versuchen, Beobachtungen schriftlich festzuhalten, sei es in Lyrik oder Prosa:

> „märz 1962
> […]
> und jetzt entdecke ich mich bei einer merkwürdigen freude, dinge so genau zu beschreiben, wie sie sind, und dieser gegenschlag ist so groß, daß es mir stellenweise schon auf übergenaue beschreibung ankommt und daß mir das spaß macht. sicher ist das eine erscheinung des übergangs, sie wird nicht vorhalten, aber die wirklichkeitsfreude selber wird wohl vorhalten, und sie soll es. ich bin froh, daß es so gekommen ist. vielleicht ist es auch deshalb so stark gekommen, weil die abneigung zu stark war, und in diesem fall hätte die abneigung auch ihr

---

413 Vgl. Hempel 2011: Stillstand und Bewegung, S. 308.
414 Maurer 1987: Die Form und die Wirklichkeit, S. 477.
415 Hempel 2009: Maurer, Georg, S. 217 f.
416 Kirsch 1985: Georg Maurer zum 60. Geburtstag, S. 260.

> gutes gehabt. ich wollte ein fluß sein, der eine ganz unverwechselbare richtung hat, aber ich vergaß, daß diese richtung vom wasser gezeichnet wird. jetzt ist vielleicht die richtung etwas in gefahr, aber das wasser ist da.
> [hs. dieser Text gefällt mir heute noch (11.5.85)]"[417]

Leisings neu entdeckte ‚wirklichkeitsfreude' sowie Maurers Lehren fallen zusammen mit einem Paradigmenwechsel der Lyrik in den 1960er Jahre, der sich durch eine – wie Hermann Korte schreibt – „Hinwendung zur Realität"[418] auszeichnet und dessen Vorboten unter anderem Günter Grass, Hans Magnus Enzensberger, Erich Fried und Peter Rühmkorf in der alten Bundesrepublik sind. „Erst durch das Schreiben erlangen für mich die Dinge Wirklichkeit. Sie ist nicht meine Voraussetzung, sondern mein Ziel. Ich muß sie erst herstellen"[419], schreibt Günter Eich 1956 in seinem Essay „Der Schriftsteller vor der Realität". Für Leising kristallisierte sich das Verhältnis von Wirklichkeit und Sprache bzw. Schreiben nach und nach, im Zuge seiner Aufzeichnungen in Form einer fortwährenden künstlerischen Selbstvergewisserung heraus. Immer wieder reflektierte er seine Art und Weise des Versemachens, seine Herangehensweise und die damit verbundenen Vorgänge. So bezieht sich seine „Lyrik der Beobachtungen" nicht nur auf die Gegenstände, sondern auch auf eine Selbstbeobachtung[420] beim Dichten. Diese zeigt sich in besonderer Weise in einem kurzen Text vom November 1965 – wenige Wochen vor dem sogenannten Kahlschlagplenum verfasst.[421] In dem Text, der sich in einer Mappe mit weiteren Prosatexten befindet, formuliert Leising die Beobachtungen seines Schreibprozesses an dem Gedicht „Orion" zu einem kurzen Text aus und veranschaulicht damit sein Verfahren:

> „Zweites Teilchen
>
> Heute schrieb ich das kleine Gedicht ORION. Als vor zehn Tagen jener große Schneefall war, stand ich nachts ohne Beleuchtung in meinem Zimmer, es war hell, und ich hatte eine eigenartige Empfindung. [...] Also suchte ich zu nennen

417 Leising, Richard: [MB-Eintrag, März 1962]. In: DLA, A:Leising, Verschiedenes, Autobiographisches, Merkbuch 1952–1964.

418 Korte 2004: Deutschsprachige Lyrik seit 1945, S. 107.

419 Eich 1973: Der Schriftsteller vor der Realität, S. 441.

420 Vgl. zum Begriff der Selbstbeobachtung ebenfalls Georg Maurer: „Die Form gibt sich durch Selbstbeobachtung: wir müssen beobachten lernen, was wir selbst fühlen und denken. Das wissen wir nämlich oft nicht. [...] Aber gerade auf unsere eigenen Gefühle und Gedanken kommt es an. Wir dürfen nicht das Sprachrohr von Funktionären und Politikern und Journalisten werden, sondern müssen das Sprachrohr der Wirklichkeit sein." Maurer 1987: Die Form und die Wirklichkeit, S. 478.

421 Vgl. hierzu: Agde 1991: Kahlschlag.

und fand die Zeile ‚In meinem Zimmer steht die Winternacht‘. […] Am Morgen fand ich die Zeile wieder, sie bestand, und mir schien, daß die Polarität des Gedichts (denn zu einem sollte das Benennen jetzt führen) aus der Helligkeit jener nächtlichen Dunkelheit bestehen sollte. Folglich mußte die Dunkelheit gesetzt werden, und ohne daß ich lange überlegte, bot sich das Bild ‚Die Zeit wird dunkler‘ an – und das war natürlich der Anfang. […] Beide, Zeile wie Bild, waren jambisch. Ich beschloß, auf fünf Füße zu gehen und acht Verse zu schreiben, davon die geradzahligen gereimt. Als ich den Anfang fortführte, wählte ich zur zusätzlichen Zeitbestimmung das Sternbild des Orion, und plötzlich steckte dessen Schwert im Bild, plötzlich bekamen die Dinge weit Bedrohlicheres als ihre bloße aufgehellte Finsternis. Das war genau im Sinne des Anfangs, war von ihm provoziert. Das Gedicht wollte nicht mehr auf die Heimeligkeit der Winternacht hinaus, die ich gefühlt, sondern deren Schrecknisse, die ich mir vielleicht verhehlt hatte. Nun setzte ich ‚durchsucht‘ anstelle des vordem erwogenen ‚erfüllt‘ (dieses ‚erfüllt‘ sagt mir jetzt, daß meine ursprüngliche Stimmung eine sanfte, behagliche war), und die Nacht trat nicht mehr ins Zimmer, sondern hinter meinen Rücken. Jetzt wußte ich auch, daß ich höchstens in Assonanzen reimen durfte, Wohlklang war nicht erlaubt. Es hatte ein Naturgedicht werden sollen, womit ich nächtens begann, eine möglichst einfache Benennung jener Stimmung, um sie mir zu gewinnen und zu bewahren. Doch beim Beschreiben weigerte sich die Natur, weiterhin und wie vordem als Schutz und Dach und Wärme aufgefaßt zu werden, stillschweigend ausdrücklich bezog sie sich in den Aufmarsch der Bedrohungen ein. Diesen Hergang mußte ich festhalten; es mag nicht unwichtig sein zu wissen, was einem Lyriker nach der Mitte des zwanzigsten Jahrhunderts widerfährt, wenn er das Einfachste sagen will. Da sagt er das einfach Schreckliche. (26.11.1965)“[422]

Leising beschreibt in diesem „Teilchen“, wie sein Dichten Ausgang nimmt von einer einfachen Beobachtung und wie sich im Prozess des schriftlichen Festhaltens die Perspektive auf das Beobachtete verändert. Im Versuch, eine spezifische Naturwahrnehmung im Gedicht auszudrücken, entsteht ein sich verselbstständigendes Wechselverhältnis von Beobachtung und sprachlicher Darstellung. Was das Gedicht sagt, wird nicht in dieses hineingelegt, es entsteht im Schreiben durch die Reaktion des schriftlichen Ausdrucks auf das Beobachtete.[423] Anders als die geforderte Wirklichkeitsnähe im Sozialistischen

422 Leising, Richard: Zweites Teilchen. In: DLA, A:Leising, Prosa, „DER BÖSE BLICK oder MORGEN IST AUCH NOCK KEIN TAG. Aufzeichnungen nach Jahren“.

423 Vgl. hierzu auch einen maschinenschriftlichen Merkbucheintrag von 1967: „[hs. WEG DES STOFFS] Ich bin, schon seit sehr langer Zeit, in einer heftigen Allergie gegen alles Erfundene, Konstruierte, Gefabelte – und dabei nehme ich die Begriffe nicht einmal in ihrem negativen Sinn. ~~Jede~~ [hs. Die] Erfindung einer Handlung, Konstruktion eines Vorgangs, einer Fabel, dient ~~lediglich~~ [hs. fast immer] dazu, etwas zu b e l e gen, drapiert Muskeln um den Knochen, den der Konsument fressen soll. Die Parabel ist ein ganz übles Beispiel dieses Verfahrens. Ich will hier keine Polemik austragen, sondern nur feststellen, daß mich diese Manipulation der Wirklichkeit, und sei es sogar zum Zwecke ihrer wahren

Realismus, spielen Lehren und ideologische Maßgaben für die Ästhetik des hier Angestrebten keine Rolle. Erst in der schriftlichen Beschreibung eines Gegenstands ergibt sich sein Bedeutungshorizont, er steht nicht im Vorhinein fest. Die Rolle der Sprache in diesem Zusammenhang, ihren Eigenwert bezieht Leising zunehmend in seine Überlegungen zu seiner Dichtung mit ein. Zehn Jahre nach dem Text zum „Orion"-Gedicht macht er die hier schon eine Rolle spielende eigenständige Kommentierungsfunktion der Sprache in einer handschriftlichen Notiz von 1975 explizit:

> „Ich betrachte meine Weise, den Vers zu behandeln, als einen Versuch, dem Gegenstande mehr Wirklichkeit und damit mehr Bedeutung abzugewinnen als er stofflich birgt. Dieser Versuch ist manchmal gelungen. Nichts anderes als dieser Versuch rechtfertigt jene künstliche, preziöse Anordnung der ~~Wörter und~~ Zeilen, wie das Gedicht sie aufweist. [...]. Das Schwergewicht dessen, was Lyrik eigentlich mitteilen kann, liegt nicht so sehr im vorgebrachten Sachverhalt, sondern im Übersprung der einen Zeile auf die andere, wodurch der Sachverhalt Kommentierung erfährt, gleichgültig, wie diese ausfällt. Unabhängig vom Standpunkt des Verfassers und der Beschaffenheit seines Gegenstands leistet den organischsten Kommentar zuerst die Sprache selbst, vorausgesetzt, man läßt sie reden. Sie ist von Wirklichkeiten, Vermittlungen, [Wort unlerserl.] tausendjährig gesättigter als jeder Autor. Diese Ansichten zur Sache bestimmen den Anfang + die Art der Arbeit am Gedicht."[424]

Dieser Ansatz gewinnt in einem Brief von 1977 noch schärfere Konturen. An Siegfried und Ute Thiele gewandt und bezüglich ihrer Reaktionen auf das 1975 erschienene „Poesiealbum" schreibt Leising unter Verwendung des Poetik-Begriffs:

> „Du, Uta, magst die Gedichte, die auch ~~im~~ [hs. ich] am meisten mag (Küste, Bilder, Orion) – und Du beschreibst meine Poetik, an der ich mich eben versuche, straffer als ich das kann mit den guten Worten: ‚... wo Gegenstände miteinander in Beziehung treten und wie im Hin und Her des Atems eine unausgesprochene neue Aussage ergeben.' Ich danke Dir und bitte Dich, diesen Satz benutzen zu dürfen. Ich will eigentlich nicht mehr, als daß die Gegenstände über sich selbst Aussagen machen, nicht ich über sie. Das ist eine Sache der Anordnung des Materials (Siegfried weiß genau, was hier gemeint ist), und am konsequentesten sehe ich das verwirklicht in ‚Der Sieg'. Zumindest im Büchlein. In der Truhe ist da vielleicht strengeres dieser Art.
>
> [...]

Erhellung (Frage bleibt, ob dies mit dieser Voraussetzung überhaupt möglich), einfach abstößt, und daß ich sie weder betreiben will noch k a n n." Leising, Richard: [MB-Eintrag, Juni 1967]. In: DLA, A:Leising, Verschiedenes, Autobiographisches, Merkbuch 1979–1984.

424 Leising, Richard: [Notiz, 16.3.75]. In: DLA, A:Leising, Verschiedenes, Reaktionen auf Leisings Lyrik, „Andere und RL über RL. Poesiealbum".

> Dann kommst Du auf Bodden. Denke nicht, daß ich nicht ähnliche Fragen hätte zu diesem Stück. Ich habe das alles, so wie beschrieben, selber erlebt, 1963 an der Ostsee, an einem ihrer Bodden bei Barth. Vielleicht ist es mein ausgeprägter Wille, die Dinge über sich selbst reden zu lassen, dieser mein Drang nach Zuständlichkeit, der hier Deutung erschwert oder verhindert. Tatsächlich habe ich etwas festhalten wollen. Jetzt, nach langen Jahren, sehe ich, daß das Gedicht – damals ungewollt – eine Art von Unkäuflichkeit beschreibt, daß also der pure Tatbestand eine Mitteilung enthält, die nicht hineingedacht ist, sondern, wie Uta es so schön beschreibt, eine unausgesprochene neue Aussage ergibt.
>
> Haarscharf dasselbe kann Vom Minimum gelten. Es beschreibt einen frühen Morgen in der Rosenthaler Straße, die Du noch kennst. Der Deutungen werden umso mehr, je strenger der Vers auf Beobachtung geht. Ich glaube, daß meine Ansichten über die Wirklichkeit uninteressant sind. Mein Anliegen ist, sie derart vorzustellen, daß über sie Ansichten gewonnen werden können. Einmal gelingt es, einmal nicht; meistens nicht."[425]

Bis in die 1990er Jahre lässt sich dieser poetologische Ansatz Leisings verfolgen.[426] Er zeichnet sich aus durch eine doppelte Zurücknahme des Autors: Statt einer Entwicklung eines eigenen lyrischen Tons liegt der Fokus auf der Schärfung des Blicks und der jeweiligen Beobachtung. Mehr noch: Steht auf der einen Seite eine gegenständliche Beschreibung und die Bestrebung, schriftlich ein klares Bild zu entwerfen, wird auf der anderen Seite der Anspruch formuliert, die Kommentierung desselben der Sprache zu überlassen.

Gekoppelt werden diese Prämissen in verschiedenen Zusammenhängen an einen Begriff des Politischen, der nicht auf den Inhalt eines Gedichts, sondern vielmehr auf seine Form und kritische Haltung zielt. Schon 1958 heißt es im Merkbuch: „meine alte frage: wie ist lyrik aktiv zu machen. die mehrzahl aller jetzt gemachten politischen gedichte sind nicht aktiver als mein privates zeug. sie sind nur vom inhalt her politisch, nicht von der haltung."[427] Leisings wiederkehrende Versuche, schriftlich seine poetologischen Ansätze zu präzisieren

---

425 Leising, Richard an Thiele, Siegfried und Ute, 15.5.1977. In: DLA, A:Leising, HS 2009. 371, Briefe von ihm an Thiele, Siegfried. An anderer Stelle schreibt Leising 1982 zu dem Gedicht „Bodden", ganz ähnlich: „Es hat mancherlei Deutung erfahren, ich selber weiß keine, außer daß es nicht wärmer geworden ist. Ich wusch mir die Hände und schrieb, und es war keine Idee am Werk, sondern eine Erfahrung, oder besser, ihr Anfang. (3.11.1982)". Leising, Richard: [o.T., 3.11.1982]. In: DLA, A:Leising, Prosa, „DER BÖSE BLICK oder MORGEN IST AUCH NOCK KEIN TAG. Aufzeichnungen nach Jahren". Vgl. darüber hinaus: Schulz 2012: Rotzfahne auf Halbmast, S. 232.

426 Vgl. dazu: Leising, Richard: [Tagebuch, September 1992, Aufzeichnungen zur Verleihung des Christian Wagner-Preises]. In: DLA, A:Leising, Verschiedenes, Autobiographisches, Tagebücher.

427 Leising, Richard: GEGEN ENDE DES JAHRES, 11.5.58. In: DLA, A:Leising, Verschiedenes, Autobiographisches, Merkbuch 1952–1964.

und sich so im Wechselverhältnis von Praxis und Reflexion die eigenen Maßstäbe des Dichtens vor Augen zu führen, können auch als Bemühen um eine ‚aktive Lyrik' verstanden werden. Der Begriff des ‚Aktiven' ließe sich dabei auf Leisings Terminus der produktiblen Formen beziehen, der auf eine Entfaltung eines eigenständigen und kritischen Denkens in der Rezeption abzielt. Nicht die Verbreitung von Lehren und Anschauungen, sondern die Anregung zur Selbsttätigkeit und zu eigenen Ansichten sowie die Förderung einer differenzierten Wahrnehmung sind Anliegen dieser Dichtung. Ohne mit einem politischen Programm unterlegt zu sein, verfolgt die Poetologie Leisings eine widerständige und eigensinnige Stoßrichtung, die sich in der Anlage und Form des jeweiligen Gedichts ausdrücken soll. Unter dem prononcierten Titel „Mein Schreiben" notiert Leising 1988 einen kleinen Katalog an Maßgaben in sein Notizbuch „manual II" und steckt damit in fünf Grundsätzen den Rahmen seines Schreibens ab:[428]

> „Mein Schreiben
> Du mußt schreiben Gedichte (ohne eigentlich politischer Inhalte) unpolitischen Inhalts, die hochpolitisch sind.
> (Das Politikum bin ich, nicht der Stoff, die Behandlung ist es, nicht die ‚Sache'.)
> Dein Schreiben ist deine Art des Widerstands, deine Gegenwehr. Für den praktischen Widerstand bist du zu schwach.
> Wider das Beschwichtigende, Beschönigende, Beruhigende, Stillende, Begünstigende, wider ‚das Lied aus Stille', die ‚Ruhe im Land'.
> Du mußt so schreiben, daß es nicht mißbraucht werden kann, was da steht. Es darf nicht in Dienst gestellt werden können. Schreibe unzitierbar."[429]

Die Forderung, hochpolitische Gedichte ohne politische Inhalte zu schreiben, steht in dieser kleinen Poetologie an erster Stelle.[430] Das so ausgerichtete Schreiben soll Möglichkeiten des Widerstands eröffnen und der Ohnmacht gegenüber den Verhältnissen etwas entgegensetzen. Dabei wird das Aufbegehren durch Schreiben keinesfalls überhöht und nicht mit der Aktivität

428 Um Dopplungen zu vermeiden, wird die fünfte Prämisse nur in Kapitel 2.1.7.1 diskutiert.

429 Leising, Richard: Mein Schreiben, 1988. In: DLA, A:Leising, Verschiedenes, Notizbücher 1963–1989, „manual II".

430 Auch in Bezug auf seine Arbeit als Dramaturg an Kinder- und Jugendtheatern führt Leising das Politische als primäre Motivation an. 1970 schreibt er in einem Text zum Kindertheater: „Interesse für Kindertheater ist in erster Linie ein politisches Interesse, nämlich ein Interesse an der Veränderung der Verhältnisse. Das ist ein Interesse an der Zukunft, und die Kinder sind, ganz praktisch und unmetaphorisch gesehen, diese Zukunft." Leising, Richard: [Text zum Kindertheater und Ernst-Frieder Kratochwil, etwa 1970]. In: DLA, A:Leising, Prosa, Essayistisches, „Über das sog. Kindertheater/ Texte von mir und anderen".

einer Opposition gleichgesetzt. Die Anspielung auf Eva Strittmatters in der DDR sehr erfolgreichen Gedichtband „Ich mach ein Lied aus Stille" und der Verweis auf die westdeutsche Filmproduktion „Es herrscht Ruhe im Land", die sich die DDR-Kulturpolitik zugunsten eigener Interessen zu eigen machte, markieren den indirekten Bezugspunkt der Prämissen. Mit dem Imperativ, unzitierbar zu schreiben, wird das Schreiben wie an vielen anderen Stellen erneut als Suchbewegung nach Unabhängigkeit ausgewiesen und jeder politischen wie ökonomischen Vereinnahmung eine Absage erteilt. Unzitierbar Schreiben heißt so singulär und inkommensurabel zu schreiben, dass niemand es adaptieren, sich aneignen kann. In aller Konsequenz bedeutet das aber auch, nicht zu schreiben.[431]

Die Fragen nach Möglichkeiten und Unmöglichkeiten des Schreibens und das wiederholte Scheitern bestimmten die Arbeit Leisings in großem Maße. Welche Rolle der Schreibkontext DDR dabei spielte und wie sich Leising selbst in dieser Hinsicht positionierte, ist im Folgenden zu vertiefen.

2.1.6.2 *Schreiben und die DDR – Machtverhältnisse, Abhängigkeiten und Mitschuld*

Zu zwei Dritteln war Richard Leisings Leben eines in der DDR. Ein Teil seiner Schulzeit, sein Studium sowie seine Berufstätigkeit fanden in diesem Land statt. Gleichzeitig veröffentlichte der Dichter in der DDR bis auf das schmale „Poesiealbum" keine eigenständige Publikation. Welcher Selbstentwurf findet sich in seinem Nachlass in Bezug auf die DDR und inwiefern ist dieser von Veränderungen gekennzeichnet? Wie verortete Leising sein Schreiben im Verhältnis zu der DDR und inwiefern richtete er es an dieser aus?

Die DDR ist ein wiederkehrendes Thema in Leisings Aufzeichnungen. „Nachsinnend, womit mein Leben und Schreiben am meisten befaßt war, mache ich eine [hs. lähmende] Entdeckung. Es war die DDR."[432], notiert sich Leising 1987 maschinenschriftlich in seiner Sammlung mit kurzen Prosasentenzen. Obwohl der Nachlass Leisings sehr wohl auch von anderen Thematiken geprägt ist, von Kunsttheorie über Poetologie und Lebensreflexionen, so ist die DDR auf verschiedene Weise ein wiederkehrender Bezugspunkt des Schreibens. Dies soll auf drei verschiedenen Ebenen gezeigt werden: erstens auf der Ebene des biografischen Selbstentwurfs, der von einem widersprüchlichen, gebrochenen Verhältnis zu der DDR geprägt ist; zweitens hinsichtlich einer breiteren thematischen Ebene die schriftliche Auseinandersetzung mit Macht und

431 Vgl. Boltenstern 2014: „Mein Schreiben", S. 148–150.

432 Leising, Richard: [Kurzprosasammlung, 21.5.1987]. In: DLA, A:Leising, Prosa, „DER BÖSE BLICK oder MORGEN IST AUCH NOCK KEIN TAG. Aufzeichnungen nach Jahren".

Machtmissbrauch betreffend und drittens in Bezug auf die Zäsur der Wende und die Kontinuität bestimmter Fragestellungen.

Wie sich Leising während der 1950er Jahre mit seinem Schreiben im Verhältnis zur DDR verortete, kann aufgrund der lückenhaften Materialgrundlage kaum nachvollzogen werden. Das Vorangegangene hat jedoch gezeigt, dass nach dem Bau der Berliner Mauer und der „Umsiedlerin"-Affäre 1961 die Widersprüche der noch jungen DDR in den Aufzeichnungen Leisings im Verlauf der 1960er Jahre einer kritischeren Analyse unterzogen wurden (vgl. 2.1.6.1). Auch viele der unveröffentlichten Gedichtentwürfe ab Mitte der 1960er Jahre problematisieren die Verhältnisse in der DDR und thematisieren beispielsweise die fehlende Demokratisierung oder die nicht nachvollziehbare Kulturpolitik.[433] Leisings Verständnis von sich als Autor blieb von den vorherrschenden Verhältnissen nicht unberührt, äußerte sich aber je nach Kontext und je nach Aufzeichnungsgattung auf ganz unterschiedliche Art und Weise. In einem Brief an seine damalige Lebensgefährtin, die Schauspielerin Renate Luderer, schreibt Leising im April 1978, drei Jahre nach dem Erscheinen des „Poesiealbums":

> „Ein westdeutscher Verlag hat mich ersucht, ihm die Abdrucksrechte [sic!] für 3 Gedichte zu gewähren, für eine Anthologie namens DAS LAND, IN DEM WIR LEBEN. 20 DM pro Druckseite. Ich habe abgelehnt. Erstens ist der Preis ein Witz, den können sie Frau Strittmatter anbieten. Zweitens: mit dem Land, in dem ‚wir' leben, kann ja nur die BRD gemeint sein. Und ich lasse mich natürlich nicht als bundesdeutschen Autor behandeln. Oder sie meinen, daß unsere beiden Länder e i n Land sind. Da sind sie bei mir am rechten Mann! Ich fühle mich erst recht nicht als ein gesamtdeutscher Autor. Ich bin ein einigermaßen anständiger DDR-Lyriker, Punkt. Wenn das vertuscht werden soll – wie es aussieht – dann ohne mich. Außerdem haben sie sich von den 3 Sachen zwei weniger wichtige ausgesucht, und letztlich habe ich es satt, dauernd durch irgendwelche Anthologien herumgereicht zu werden. Das Pfund Kaffee, das uns da entgeht, kriege ich auf andre Weise angeschafft."[434]

Liest man diese sehr selbstbewusste, briefliche Darstellung isoliert vom übrigen Nachlassmaterial, so erscheint die DDR-Autorschaft, die der Dichter hier für sich beansprucht, in einem ungebrochenen, positiven Licht – einem Ausweis als bundesdeutscher oder gesamtdeutscher Dichter wird voller Überzeugung eine Absage erteilt. Doch eine nur einen Monat später entstandene Merkbuch-Notiz, die sich nicht an einen Korrespondenzpartner richtet, sondern an den

433 Vgl. DLA, A:Leising, Gedichte, Verschiedene Gedichte, meist unveröffentlicht.

434 Leising, Richard an Luderer, Renate, 12.4.1978. In: DLA, A:Leising, Briefe von ihm an Luderer, Renate.

Verfasser selbst, nuanciert diesen Eindruck. Nach dem Besuch Hans Magnus Enzensberger in seiner Wohnung, notiert Leising im Mai 1978:

> „ich hoffe, keinen allzu provinziellen eindruck hinterlassen zu haben. den bauhof hatte ich 2 stunden gelüftet, damit wenigstens die wohnung nicht muffig war. wir selber, die wir nicht hinaus- und herumkommen dürfen, werden, fürchte ich, immer etwas muffiges verbreiten. es ist nicht so, daß die westler uns nicht riechen können. sie können uns riechen. –“[435]

Die eingeschränkte Bewegungsfreiheit wird in dieser Notiz als wesentliches Unterscheidungsmerkmal zwischen den in der DDR lebenden Menschen und denen aus der Bundesrepublik angeführt. Weitere Aufzeichnungen wiederholen dieses Kriterium und beziehen es auf eine Literatur, die unter den Bedingungen eingeschränkter Bewegungs- und Informationsfreiheit entsteht. In einer undatierten handschriftlichen Anmerkung, befindlich bei den Gedichtentwürfen „Murmeltier“ von 1975, heißt es:

> „In der DDR kann eigentlich nichts ‚groß herauskommen‘ – ich meine das im Weltmaßstab. Man schaut nicht her. Man hört nicht hin, vielleicht hat man einmal hergeschaut und hingehört, aber das haben wir uns selbst verscherzt. Wir haben uns eine Kultur und Kunst geschaffen, die die Welt nicht interessiert, weil sie die Welt ignoriert. […]
>
> Das einzige Welterzeugnis dieses Landes ist nach wie vor Brecht, und den hat es nicht hervorgebracht. Die Künstler sind nicht in der Lage zu sehen und zu hören, was in der Welt geschieht. ~~Keiner~~ Kaum einer darf hinaus. Kaum ~~etwas~~ einer von Belang will noch herein.“[436]

Widersprüchliche Selbstzeugnisse finden sich auch hinsichtlich Leisings Entscheidung, nicht zu versuchen, die DDR zu verlassen. Entsprechend einem immer wieder zitierten Vers Leisings erscheint die DDR in seinen Aufzeichnungen wiederholt als das „Land darin ich leben will / Aber muss“[437]. Bemerkenswert ist, wie unterschiedlich dies im Nachlassmaterial zum Ausdruck kommt. So schreibt Leising über die Verhandlungen mit dem Westberliner Verleger Klaus Wagenbach 1984 in einem maschinenschriftlichen Brief an Karl Friedrich Zimmermann:

> „Natürlich will er das Buch so schnell wie möglich, sie wollen drüben immer alles so schnell wie möglich, die Konkurrenz zwingt sie, ständig UP TO DATE

435 Leising, Richard: [MB-Eintrag, 8.5.1978]. In: DLA, Verschiedenes, Autobiographisches, Merkbuch 1970–1978.

436 Leising, Richard: [Notiz, o.D.]. In: DLA, A:Leising, Gedichte, „Arbeitsmappe (2)“.

437 Mein Frühjahr (1967). In: Leising 1990: Gebrochen deutsch, S. 8.

> zu sein: das geht ihnen bis ins Blut, alle, die ich kennenlernte, haben eine Rastlosigkeit an sich, die uns gemächlichen Leuten schlechthin Kopfschmerzen macht. Sie können nichts dafür, aber ich bin immer froh, wenn sie weg sind. [...] Zunächst einmal muß er die Rechtslage genau erkunden, die Sache muß unbedingt sauber laufen, ich habe nicht die geringste Lust, aus diesem Land ausgerottet zu werden, ich will hier sein und hier bleiben, auch wenn diese Idioten das nicht begreifen."[438]

Hier ist es wieder ein Brief, in dem Leising eine gewisse Zugehörigkeit zur DDR beschreibt und deutlich seinen Willen zum Ausdruck bringt, im Land zu bleiben. Der unveröffentlichte Gedichtentwurf „~~Begnadigung~~", zwischen 1982 und 1985 verfasst, findet andere Worte für diesen Sachverhalt:

> „[...]
> Angeklagt des Nichtverrats
> In Tateinheit mit Treue
> [hs. Oh Rabe, Rabe ...]
> Beweis: kein Ausreiseantrag
> Strafverschärfend: kein Fluchtversuch
> Urteil: lebenslänglich
> Vollzugsanstalt DDR."[439]

Die DDR wird als selbstgewähltes Gefängnis, als lebenslange Haftstrafe dargestellt. Die Spannung und Ambivalenz, die das Nachlassmaterial in seiner Zusammenschau vermittelt, kommt in besonderer Weise in einem ebenfalls 1985 verfassten, zweiseitigen maschinenschriftlichen Text zum Ausdruck, den Leising in sein Merkbuch einlegte und mehrmals korrigierte. Ihm vorangestellt sind längere, ausführliche maschinenschriftliche Aufzeichnungen der Reise zu seiner kranken Mutter nach Westdeutschland, die ihm erst nach Jahren des Wartens und mehrmaliger Ablehnung gewähnt wurde.[440] In dem anschließenden, mit „WARNING / ATTENTION" übertitelten Text analysiert Leising sein Zurückkommen in die DDR. Nach der Rückkehr, so stellt Leising fest, entfalten die mit dem Systemwechsel verbundenen Eindrücke, ihre volle, verstörende „choc"-Wirkung. Mit einem dreistufigen Modell versucht der Autor dieses Phänomen zu erklären: das Erschrecken vor der Gesamtheit von Eindrücken, die erst infolge des Zurückkommens im Einzelnen begriffen

---

438 Leising, Richard an Zimmermann, Karl Friedrich, 17.3.1984. In: DLA, A:Leising, Briefe von ihm an, Zimmermann, Karl Friedrich.

439 Leising: ~~Begnadigung~~, 5.3.82/17.5.85. In: DLA, A:Leising, Gedichte, Verschiedene Gedichte, meist unveröffentlicht.

440 Vgl. Leising, Richard: [MB-Eintrag, 30.7.1985 – 7.8.1985]. In: DLA; A:Leising, Verschiedenes, Autobiographisches, Merkbuch 1985–1990.

werden, die Fremdheitserfahrung im eigenen Land durch das im Kontrast Hervortretende sowie die Irritation den DDR-Bürgern gegenüber, die Leising „Insassen“ nennt.[441] Er schließt mit der Bemerkung:

> „Wenn sich die Fähigkeit zur Einzelbeobachtung wieder eingestellt hat, bilden sich über die Vergleichung dann Fragen, die quälend sind, weil sie den Standpunkt des Konsumierens verlassen. Dieser choc ist grundsätzlichster Art. Er geht von der Frage, was der real existierende Sozialismus dem real existierenden Einzelmenschen mehr an Lebensqualität biete als das Ausbeutersystem – bis hin zu solchen Fragen, warum ich mir z. B. in Behörden oder Läden bieten lassen muß, wie eine Laus behandelt zu werden.
>
> Ich lese das durch und finde es nicht besonders logisch – fände aber Logik jetzt unnatürlich. Meine Beschaffenheit ist jetzt so, daß ich sage:
>
> Entweder man fährt nicht hin oder man kommt nicht wieder.“[442]

Diese Aufzeichnungen zeigen, wie der Dichter im Schreiben beständig versuchte, sich selbst zu verorten und dabei kontinuierlich auf Widersprüche und Unvereinbarkeiten stieß. Bei dieser sich fortsetzenden schriftlichen Verhältnisbestimmung war die DDR immer wieder Bezugspunkt des Schreibens und konnte nicht ignoriert werden, auch nicht in Bezug auf die Problematik von Macht und Machtmissbrauch, die Leising in seinen Selbstzeugnissen mehrmals als Hauptgegenstand seines Schreibens bezeichnet. Formen der Auseinandersetzung mit dieser Thematik stellen neben den Gedichten die oben erläuterten Zeitungsausschnittsammlungen, das großangelegte Essayprojekt „Machtmal oder Aller Länder Herren“ sowie vereinzelte andere Aufzeichnungen dar.[443] Dabei erörterte Leising nicht nur seinen Gegenstand, sondern reflektierte in verschiedenen Notizen auch hier wieder sein Verhältnis zu diesem. Deutlich wird das zum Beispiel an einer autobiografischen Prosaaufzeichnung aus der Mappe „DER BÖSE BLICK oder MORGEN IST AUCH NOCK KEIN TAG. Aufzeichnungen nach Jahren“, die Leising 1983 verfasste, nachdem sein Reiseantrag zu der in Siegen wohnenden Mutter mehrmals abgelehnt worden war:

> „Der nicht erfaßbare, unerforschliche, irrationale Umgang der Macht mit mir, beispielhaft [hs. vorgeführt] in der dreimaligen begründungslosen Verweigerung des Reisens, schlägt meinem Unverhältnis zur Macht gleichermaßen etwas Manisches, Irrationales zu, wodurch kalte, klare Darstellung von Macht, in der

441 Vgl. Bülow 2018: Papierarbeiter, S. 125–128.

442 Leising, Richard: WARNING / ATTENTION, 1.9.1985. In: DLA; A:Leising, Verschiedenes, Autobiographisches, Merkbuch 1985–1990.

443 Vgl. z. B. Leising, Richard: [MB-Eintrag, 16.5.1978. In: DLA, A:Leising, Verschiedenes, Autobiographisches, Merkbuch 1970–1978. Vgl. außerdem: Leising, Richard: [MB-Eintrag, 8.12.1979]. In: DLA, A:Leising, Verschiedenes, Autobiographisches, Merkbuch 1979–1984.

ich eines meiner Hauptgeschäfte sehe, äußerst erschwert, wenn nicht gar verhindert wird."[444]

Mit der eigenen Betroffenheit begründet Leising 1986 auch das Scheitern seines Essayprojekts „Machtmal oder Aller Länder Herren". Es ist das Jahr, in dem Leisings Verhältnis zu der DDR durch den Tod Karl Friedrich Zimmermanns nachhaltig erschüttert wurde. In einer Erklärung zu seinem Essay-Vorhaben beschreibt der Dichter seinen schriftlichen Umgang mit Erfahrungen der Repression und Willkür als irrational, getrieben und hasserfüllt (vgl. 2.1.7.3).[445] Die eigene Involviertheit wird dabei einerseits als Grund für das Scheitern des Essays dargestellt und andererseits zugleich als wesentliche Triebkraft des Schreibens ausgewiesen. In der dem Essaykonvolut vorangestellten, maschinenschriftlichen Erklärung von 1986 heißt es:

> „In meinem Denken über (wider) die Macht hat mir Brecht auf die Beine geholfen, Canetti mich auf die Sprünge gebracht. Auf dem Sprunge aber lag ich von selbst – seit ich Unterwürfigkeit erlebte und Demütigung erfuhr, und dies geschah in sehr frühen Jahren. An Anlässen und Begebenheiten erinnere ich mich kaum, dafür deutlich an den Ekel, er brauchte nur Nahrung, um zu wachsen, und die bot sich mit der zunehmenden Entartung der Welt in Fülle.
> Juni 1986"[446]

Das Essaykonvolut zeigt, wie Leising sich fast schon obsessiv an den Machtverhältnissen insbesondere in der DDR abarbeitete,[447] das ihn Beschäftigende in Material verwandelte und auf diese Weise versuchte, den Verhältnissen, in denen er sich befand, entgegenzutreten. In den für den geplanten Essay angelegten Mappen befindet sich kein fortlaufender Text, sondern eine umfangreiche, mit großer Akribie zusammengetragene und systematisch geordnete Zitat- und Materialsammlung. In fünf Mappen, die beispielsweise die von

444 Leising, Richard: [Aufzeichnung, 13.8.1983]. In: DLA, A:Leising, Prosa, „DER BÖSE BLICK oder MORGEN IST AUCH NOCK KEIN TAG. Aufzeichnungen nach Jahren". Vgl. dazu auch die ähnlich lautende Notiz: Leising, Richard: [TB-Eintrag, 13.8.1983]. In: DLA, A:Leising, Verschiedenes, Autobiographisches, „Tagebuch 1983 [–1996]".

445 „[…] mag mein Haß irrational sein, so ist die Anbetung der Macht mit dem Worte ‚irrational' gar nicht mehr zu bezeichnen […]." Leising, Richard: [Vorbemerkung, Juni 1986]. In: DLA, A:Leising, Prosa, Essayistisches, „Machtmal oder Aller Länder Herren". Vgl. für das vollständige Zitat 2.1.7.3.

446 Ebd.

447 Bezüglich des DDR-Fokus hielt Leising auf einem Notizzettel fest: „Vorausnotieren: daß die Machtbeobachtungen vor allem aus der DDR gespeist sind, ist kein böser Wille, sondern die Folge davon, daß ich die Machthaberei der anderen Deutschen, die ich sehr gern untersuchen würde, nicht im Text studieren kann ~~und daß die~~ (sie sind mir unzugänglich gemacht)". Leising, Richard: [Notiz, o.D.]. In: Ebd.

Georg Büchner entlehnten Parolen „Friede den Hütten / Krieg den Palästen!“ als Titel tragen, häufen sich sauber abgetippte Zitate, Zeitungsauschnitte und eigene Texte zu den Themen Macht, Machthaber, Unterdrückung und Ohnmacht. Die exzerpierten Zitate sind ganz verschiedenen Ursprungs und stammen zum Beispiel von Erich Honecker, Friedrich II., Bertolt Brecht, Albert Camus, Johann Wolfgang von Goethe, Oscar Wilde oder Fjodor Michailowitsch Dostojewski.[448]

Eigene Texte Leisings finden sich vor allem in einem zu dem Projekt gehörigen, aber separat angelegten Konvolut, das wie ein kleines, DIN-A-5-formatiges Büchlein zusammengeheftet wurde und den Titel „Buch des Unmuts“ trägt. Es enthält maschinenschriftlich verfasste Kurztexte, die den Kapiteln „Der Jargon“, „Ihre Kunst und unser Leben“, „Die Macht und ~~die Mächtigen~~ unsere Menschen“, „Wie wir leben sollen oder die sozialistische Menschengemeinschaft“ und „Die Frauen“ zugeordnet sind.[449] Unter verschiedenen Gesichtspunkten thematisieren sie die Zustände in der DDR; ihr Ausgangspunkt sind Zeitungsmeldungen, Zitate oder Einzelbeobachtungen. Der Text „Kohleanzünder“ beispielsweise betrachtet die Auswirkungen der Mangelwirtschaft auf die menschliche Bedürfnisentwicklung und beschreibt diese als gespiegeltes Pendant zu der westlichen Konsumgesellschaft: Entstehen auf der einen Seite abwegige Bedürfnisse durch Überfluss, entstehen diese auf der anderen Seite durch Mangel. Leisings Schlussfolgerung ist vielsagend: „Der Einzelne wird unentwegt auf sich selbst zurückgeworfen. Der gar nicht so sehr heroische oder ideologische Entschluß, an Andere und ans Ganze zu denken, wird von einer Wirklichkeit unterwandert, die den Einzelnen in sich zurückkriechen zwingt.“[450] Das zurückgeworfen Werden auf sich selbst und der innere Rückzug sind Merkmale, die auch Leisings Schreiben im DDR-Kontext kennzeichnen.

Texte wie die märchenhafte Anekdote „Wider [hs. Über] den Botschafter des Nichts am Hofe der Deutschen Demokratischen Republik“[451], der Aufsatz „Einheit von Wirtschafts- und Sozialpolitik“[452] sowie die DDR-Zeitungsbücher, überwiegend ab Mitte der 1980er Jahre entstanden, hätten in der DDR nie erscheinen können, das war Leising bewusst. Ungeachtet der Umstände hörte Leising nicht auf, seine Texte und Aufzeichnungen zu verfassen, sich im privaten, geschützten Raum an den Verhältnissen abzuarbeiten, in dem

448 Vgl. DLA, A:Leising, Prosa, Essayistisches, „Machtmal oder Aller Länder Herren“.

449 Vgl. Leising, Richard: Buch des Unmuts. In: Ebd.

450 Leising, Richard: Der Kohleanzünder, [Buch des Unmuts]. In: Ebd.

451 Leising, Richard: Über den Botschafter des Nichts am Hofe der Deutschen Demokratischen Republik, 19.9.1985. In: DLA, A:Leising, Prosa, Notizen, undatiert.

452 Leising, Richard: Einheit von Wirtschafts- und Sozialpolitik, September 1985. In: Ebd.

Versuch, sich ihnen schreibend in irgendeiner Form zu widersetzen und sich gleichzeitig aus ihnen zurückziehen. Auffällig ist dabei, dass er sich zwar intensiv mit den Themen der Repression, Macht und Ohnmacht auseinandersetzte, aber kaum mit der Problematik der Überwachung durch das MfS.

Nach dem politischen Umbruch 1989/90 veränderte sich Leisings Schreibverhalten nicht wesentlich. Nur ein siebenseitiger, maschinenschriftlicher und ins Merkbuch eingefügter Text, der einen Spaziergang im Sommer 1990 durch das wieder zusammengefügte Zentrum Berlins vom Potsdamer Platz nach Kreuzberg und zurück zum Reichstagsgebäude beschreibt, unterscheidet sich in seiner durchgearbeiteten Form und Länge von Leisings übrigen Aufzeichnungen.[453] Für den Zeitraum nach 1990 sind es dann wieder die kurzen Reflexionen, Beobachtungen und Notizen, die den Nachlass dominieren. Allerdings ist eine leichte Schwerpunktverschiebung erkennbar. Zunehmend rücken persönliche Themen wie Leisings Alkoholkrankheit, seine Therapien oder Beziehungen in den Vordergrund. Auch vor 1990 war das Alkoholproblem ein dominierender Gegenstand der Aufzeichnungen Leisings, zum Beispiel in seinem Mitte der 1980er Jahre geführten Notizbuch „Io Я je I ego Ich yo já Ik"[454], in seinem Tagebuch[455] oder verstärkt in seinem Merkbuch von 1986 bis 1989.[456] Darüber hinaus führte Leising diverse Kalender und Listen, in denen er festhielt, wann er trank.[457] Teilweise reflektierte der Dichter dabei auch das Verhältnis seiner Sucht zu seinem Schreiben wie im Notizbuch „manual II".[458]

Nach dem politischen Umbruch 1989/90 nehmen solche Themen in den Aufzeichnungen verstärkt Raum ein, ohne die Auseinandersetzung mit der DDR und dem Scheitern des Sozialismus komplett abzulösen. So verbinden sich nach 1990 mitunter die Themenbereiche und treffen sich in Bezug auf die Problematik der Abhängigkeit und dem Aspekt der Freiheit.[459] In einer undatierten Notiz, eingelegt ins Merkbuch, heißt es:

453 Vgl. Leising, Richard: [MB-Eintrag, 25.8.1990]. In: DLA, A:Leising, Verschiedenes, Autobiographisches, Merkbuch 1985–1990.

454 Vgl. DLA, A:Leising, Verschiedenes, Autobiographisches, Notizbuch „Ich".

455 Vgl. DLA, A:Leising, Verschiedenes, Autobiographisches, „Tagebuch 1983 [–1996]".

456 Vgl. DLA, A:Leising, Verschiedenes, Autobiographisches, Merkbuch 1986 (mit losen Einzelblättern).

457 Vgl. zum Beispiel: DLA, A:Leising, Verschiedenes, Autobiographisches, Taschenkalender 1987.

458 Vgl. Leising, Richard: Alkohol und Einfall, 29.8.1989. In: DLA, Verschiedenes, Notizbücher 1963–1989, „manual II".

459 Vgl. dazu auch: DLA, A:Leising, Verschiedenes, Autobiographisches, „Nabelschau ab August 95"/ Notizen zum Thema Sehnsucht und Sucht.

> „Du hast, eingeklemmter Ossi, wohl nichts heftiger ersehnt als Freiheit, Freizügigkeit, Unabhängigkeit. Und was tust du, Ossi, bekloppter? Du tappst wieder in eine Abhängigkeit hinunter, in jene Grube, die kein anderer dir gegraben hat, du betreibst Freiheitsberaubung an dir selbst."[460]

Der Zusammenbruch des SED-Regimes und die Wiedervereinigung werden in den Aufzeichnungen der 1990er Jahre als Ende der Repression und der Angst beschrieben, als Möglichkeit zur Freiheit.[461] An den Lehrer und Schriftsteller Siegfried Baumgart schreibt Leising in einem, 2005 posthum veröffentlichten Brief vom 16. August 1990: „Ich muß gestehen, daß mir die Wende, die ich – angesichts des 4.11., nicht des 18.3. – lieber Revolution nenne (so hätten wir, Siegfried, denn auch eine erlebt!) – daß sie mir manches von einem mehr oder weniger gehätschelten Geschichts-Pessimismus genommen hat."[462] Gleichwohl sind zudem auch Gedichtentwürfe und Notizen vorhanden, in denen der Verlust des Gegners und Gegenstands DDR als Grund für ein stockendes Schreiben angeführt und die verlorengegangene Hoffnung auf einen reformierbaren Sozialismus als Leerstelle markiert wird.[463] Damit ruft der Dichter Motive auf, die für im Zuge der Wende entstandene Texte nicht untypisch sind, denkt man zum Beispiel an Volker Brauns bekanntes Gedicht „Das Eigentum"[464]. Bei Leising liegt ein Akzent dabei auf der Variation der Topoi Hoffnung, Sehnsucht und Abhängigkeit; er schreibt auf einem undatierten Medikamentenzettel, befindlich bei Aufzeichnungen zur Alkoholkrankheit:

---

460 Leising, Richard: [MB-Eintrag, o. D.]. In: DLA, A:Leising, Verschiedenes, Autobiographisches, Merkbuch 1986.

461 „Selten frag ich mich, was wir gewannen durch Einheit. Wichtiger ist, was wir verloren: den Terror. 21.6.1991" Leising, Richard: [Entwurf, o.D]. In: DLA, A:Leising, Gedichte, Verschiedene Gedichte, meist unveröffentlicht. Sowie: „Dies neue Land, in dem ich lebe, ist kein ideales Land, ich weiß, ich spür's. Aber ich muß keine Furcht haben bei jedem gesprochenen Wort, jedem geschriebenen Satz. Du hast das nie erfahren. Sei froh. Noch heute zensiere ich mich beim Reden, und ich weiß nicht, ob wir das bis zum Lebensende loswerden. Immerhin merke ich es. Das ist wenigstens etwas." Leising, Richard an Straub, Enrico, [Kopie], 16.11.91. In: DLA, A:Leising, Briefe von ihm an Straub, Enrico, (Fotokopien).

462 Leising, Richard an Baumgart, Siegfried, 16.8.1990. In: Bernard/Raulff 2005: Briefe aus dem 20. Jahrhundert, S. 301. Die in Leisings Brief genannten Daten spielen zum einen auf die große, am 4. November 1989 in Ostberlin stattgefundene Demonstration für Presse-, Meinungs- und Versammlungsfreiheit an und zum anderen auf die Wahl zur Volkskammer der DDR am 18. März 1990.

463 Vgl. Leising, Richard: [Entwurf, 1.4.1995]. In: DLA, A:Leising, Gedichte, „Gewässer. Seeburg".

464 Vgl. dazu auch: Grub 2003: ‚Wende' und ‚Einheit', S. 155–158 u. 457–463.

„Die Ossis:
Beraubt einer Hoffnung, die sich trotz oder gerade wegen ihrer Pervertierung eingepflanzt erhielt
Beraubt des Hasses auf den Verrat dieser Hoffnung
Zugeschüttet von Fremdbestimmung, noch stärker gefühlt als vorher, weil sie nicht eigengemacht, sondern sozusagen ausländisch ist“[465]

Ein sich nach 1990 fortsetzender und das Verhältnis zur DDR betreffender Themenbereich ist außerdem die Frage nach einer Mitschuld an den von den Deutschen verübten Verbrechen des 20. Jahrhunderts. In einer kurzen Prosasentenz, auf 1987 datiert, heißt es: „Ich fühle mich nie als Deutscher, außer in der Schuld. Mein Nationalgefühl erwacht angesichts der Verbrechen meines Volkes.“[466] Abgelegt ist diese Sentenz in dem Prosakonvolut „DER BÖSE BLICK oder MORGEN IST AUCH NOCK KEIN TAG. Aufzeichnungen nach Jahren“, in dem sich außerdem ein zeitgleich entstandener, einseitiger, ebenfalls maschinenschriftlicher Text befindet, der mit dem Titel „Die ‚Gnade der späten Geburt‘“ überschrieben ist. Angespielt wird damit auf eine Wendung des Journalisten Günter Gaus, die Helmut Kohl bei einem Israel-Besuch 1984 verwendete, um sich als Vertreter einer neuen, von den Verbrechen des Nationalsozialismus moralisch nicht belasteten Generation darzustellen.[467] In dem Text Leisings geht es um das Erbe dieser Schuld und die damit verbundene Fortsetzung in der Gegenwart.[468] Verfasst in dem einschneidenden Jahr 1986 heißt es in dem Kurzprosastück:

„[hs. Die „Gnade der späten Geburt“ – eine faschistische Erfindung]

Von allen Dogmen des christlichen Glaubens, davon mir viele unbegreiflich sind, war mir immer am unbegreiflichsten die ERBSÜNDE. Ich weigerte mich, die Ungerechtigkeit anzuerkennen, wonach die Sünden der Väter bis ins dritte und vierte Glied, im Falle der Erbsünde wohl bis zum Jüngsten Gericht heimgezahlt [hs. verbüßt] werden würden [hs. müßten]. Eines Tages, ich weiß nicht mehr wann und wodurch, überfiel mich der tiefe und schreckliche Sinn dieser Lehre, [hs. und] der Ort ihrer Verkündigung war nicht das Paradies, sondern Auschwitz. […]

Es gibt das unsühnbare Verbrechen. Es ist unbedeutend, daß ich am Ende des Krieges elf Jahre alt war; die Erbsünde begreifen heißt, sie annehmen. Auch wer sie nicht annimmt, trägt an der Schuld – dafür sorgen die Toten.

---

465 Leising, Richard: [Notiz, o.D.]. In: DLA, A:Leising, Verschiedenes, Verschiedene Aufzeichnungen zum Thema Alkohol, Psychosen.

466 Leising, Richard: [Kurzprosasammlung, 22.5.1987.]. In: Ebd.

467 Vgl. dazu: Röger 2015: „Gnade der späten Geburt“, S. 247 f.

468 Vgl. zum mehrdeutigen Begriff der Kollektivschuld: Klaska 2015: Kollektivschuldthese, S. 45–49.

> Dieser qualvolle Gedanken bekam noch einen schärferen, radikaleren Ausdruck in einem Gespräch mit meinem Arzt. Er leitete seine Mitschuld, die zu tragen er willens ist, nicht aus der Vergangenheit, sondern aus seiner Gegenwart her. Indem wir uns heute schuldig machten – durch Opportunismus, Trägheit, Gleichgültigkeit [hs. Angst + unleserl.] – seien wir Erben der Schuld unserer Väter und Großväter, seien wir rückwirkend an ihrem Versagen vor der Humanität nicht weniger schuld als sie. Die Tatsache, daß die Unmenschlichkeit heute anders einhergeht als zur Zeit des Genozids, kann das Gewissen, anstatt es zu erleichtern, nur zusätzlich martern, da es das Leben nicht kostet, aufzustehen, sein Wort zu sagen, Widerstand zu leisten."[469]

Explizit nennt Leising seinen ihn wegen seiner Alkoholabhängigkeit behandelnden Arzt auf den in den Aufzeichnungen ab Mitte der 1980er Jahre vermehrt verwiesen wird. Mit Bezug auf den Arzt formuliert Leising den Kerngedanken seines Textes: die Kontinuität der vergangenen Verbrechen, ihre Fortdauer, angesichts der Untätigkeit sowie des Verzichts, gegen aktuelle Unmenschlichkeit das Wort zu erheben. Auch für die spätere Phase der DDR muss eine solche schriftliche Erörterung der Schuldfrage, die in der offiziellen Erinnerungskultur des sich als antifaschistisch legitimierenden Landes keinen Platz hatte,[470] als subversiv verstanden werden. Doch in erster Linie richtete sich die schonungslose Auseinandersetzung mit der Fortsetzung der Schuld in der Gegenwart gegen den Dichter selbst und scheint implizit auch Leisings Schreibpraxis und sein Schreiben im Verborgenen zu berühren. In dem oben schon erwähnten Brief Leisings an Siegfried Baumgart heißt es im Sommer 1990 auch ganz explizit:

> „Die sozialistische After-Revolution hat ihre Kinder gefressen und ihre Väter und Vorväter gleich mit, und was tat sie mit ihren Enkeln, also mit uns? Uns hat sie in Verblödung, Feigheit und Sprachlosigkeit getan. Jetzt hat ausgerechnet die Abwendung vom Sozialismus die Unsterblichkeit seiner Opfer (: daß wir ihrer eingedenken und dabei immer wieder auf noch unbekannte treffen) erweckt. Ich habe oft den Eindruck, daß die Geschichte gar nicht anders denken kann als in Paradoxa."[471]

469 Leising, Richard: „Die ‚Gnade der späten Geburt", 29.11.1986. In: DLA, A:Leising, Prosa, „DER BÖSE BLICK oder MORGEN IST AUCH NOCK KEIN TAG. Aufzeichnungen nach Jahren".

470 Vgl. Müller 2008: Erinnerungskultur in der DDR. Unter: https://www.bpb.de/geschichte/zeitgeschichte/geschichte-und-erinnerung/39817/erinnerungskultur-ddr?p=all, zuletzt abgerufen am 16.11.2021.

471 Leising, Richard an Baumgart, Siegfried, 16.8.1990. In: Bernard/Raulff 2005: Briefe aus dem 20. Jahrhundert, S. 301.

Nach 1990 finden sich in Leisings Nachlass außerdem Notizen hinsichtlich eines Schuldgefühls, das insbesondere aus dem Festhalten an der Idee eines besseren Sozialismus resultiert: „Die binnensozialistische Revolution, die wir erträumten / Ich fühle mich immer mehr als Täter denn als Opfer“[472], heißt es in undatierten Notizen in einer Mappe mit Gedichtentwürfen. Auch in der Korrespondenz mit Kristof Wachinger Anfang der 1990er Jahre macht Leising die Frage der Schuld zum Thema und kommt dabei auf sein Publikationsverhalten zu sprechen, das sich nach dem Mauerfall nicht signifikant änderte. Warum er seine in der DDR entstandene, kritische Kurzprosa weiterhin zurückhielt, erklärt der Dichter im Januar 1991 in einem Brief an seinen Verleger wie folgt:

> „Auch hielten viele von ihnen [der Texte, KvB] und nicht die schlechtesten, ihren Blick zäh und böse auf die ehemalig Existierende gerichtet; wollte ich jetzt damit herausrücken, was sie sahen, so stünden sie lediglich altklug und besserwisserisch da, ganz entkleidet ihres Scharfsinns und Zorns, und auch ihrer Courage. Waren sie doch gezeugt worden zu einer Zeit, in der sie nicht geboren werden durften! Überdies brächten sie ihren Vater in einen schlimmen Verdacht der Reinwäscherei von einer Schuld, zu der gerade er sich quälend genug zu verhalten sucht und, nicht zuletzt, zum Gegenstand seiner jetzigen Versuche in Prosa und Gedicht gemacht hat, machen mußte.“[473]

Aufgrund der politischen Umbrüche bezeichnet Leising seine Prosatexte hier als nicht mehr zeitgemäß. Seiner Maßgabe entsprechend handelt es sich um Texte, deren Entstehung durch die DDR bedingt war und die nur zum Zeitpunkt ihrer Existenz ihre volle Berechtigung hatten. Der Mut und sezierende Blick, der den Texten in diesem Auszug attestiert wird, steht einer empfundenen Schuld gegenüber, die nicht präzisiert, aber als Grund für das Zurückhalten der Texte angeführt wird. Ein Jahr später, im Januar 1992, greift Leising die Thematik noch einmal brieflich auf:

> „Ich gehöre wohl zu den wenigen, die sich mitschuldig fühlen und daher erst einmal den Schnabel halten. Ein größeres Gedicht quält und fordert mich; Sie kennen den (vorläufigen) Anfang: Aber auch [hs. ich] trug es stolzgeschwellt, das Hitlermesser ... Das will ich fortführen bis meinetwegen ins Wolfratshausener Krankenhaus. Ich war kein besonders guter Opportunist, aber ich war auch nicht tapfer. Ich bin es leider von Haus aus nicht. Mein Empfinden ist das eines Mitschuldigen – so wie ich mich an den Greueln der Nazis mitschuldig fühle. Drittes und viertes Glied ... Eine Kollektivschuld erkenne ich ganz unbedingt an,

472 Leising, Richard: [Notiz, o.D.]. In: DLA, A:Leising, Gedichte, „Arbeitsmappe (1)“.

473 Leising, Richard an Wachinger, Kristof, [Durchschl.], 13.1.1991. In: DLA, A:Leising, Briefe von ihm an Wachinger, Kristof.

> und die schnöde Formel von der ‚Gnade der späten Geburt' halte ich letztlich auch für eine faschistische Erfindung. Ich will mich nicht schlechter machen als ich war, aber erst recht nicht besser. Es kostet mich Anstrengung und Nachtschweiß, mich als Bürger der DDR zu zu [sic!] sehen, zu begreifen."[474]

Nicht nur wird in diesem Auszug die Formel der „Gnade der späten Geburt" aufgegriffen, auch werden Formulierungen aus dem Text von 1986 übernommen. Ferner zeichnet sich erneut eine rigorose Selbstauseinandersetzung ab, die unabdingbar an das Schreiben eines Gedichts gekoppelt wird. Die Bezichtigung, kein Opportunist, aber auch nicht tapfer gewesen zu sein, führt dabei in einen Diskurs die „Schuld des fehlenden Mutes" betreffend.[475] Parallel wird die empfundene Mitschuld als Grund dafür angegeben, ‚erst einmal den Schnabel zu halten' und mit sich selbst ins Gericht zu gehen. Das Antwortschreiben Kristof Wachingers vier Wochen später veranschaulicht nicht nur das besondere Verhältnis zwischen dem westdeutschen Verleger und dem ostdeutschen Autor, sondern auch den historischen Kontext des Briefwechsels: Mit der beginnenden Vergangenheitsaufarbeitung Anfang der 1990er Jahre, dem Stasi-Unterlagen-Gesetz von 1991 und der Aktenöffnung rückte zunehmend die Rolle der Inoffiziellen Mitarbeiter (IMs) des Ministeriums für Staatssicherheit (MfS) in den Fokus, deren Enttarnungen – wie die Sascha Andersons im Oktober 1991 – in den Zeitungen und Feuilletons viel Aufmerksamkeit erregten. Vor diesem Hintergrund verfasste Wachinger im März 1992 einen langen Brief an Leising, in dem er auf das im Entstehen begriffene Gedicht „Hitlermesser" („Auch ich") zurückkommt. Die Relevanz der Verse, so schreibt der Verleger, sei unbestritten, sie würden aber nun – im Zuge der IM-Enttarnungen Anfang der 1990er – zu einer Notwendigkeit werden. Mit Leisings geplantem Gedicht käme ein neuer, wichtiger Punkt zu der Debatte hinzu: dass nicht Wenige, wären sie unter Druck gesetzt worden, sicherlich auch einer Stasi-Mitarbeit

---

474 Leising, Richard an Wachinger, Kristof, [Kopie], 27.1.1992. In: In: DLA, A:Leising, Briefe von ihm an Wachinger, Kristof. In dem schon mehrfach zitierten Brief an den Lehrer Siegfried Baumgart vom 16.8.1990 unterstreicht Leising die Chance, die in dieser Hinsicht in dem politischen Umbruch 1989/90 liegt: „Jetzt ist eine großartige Zeit, nicht noch einmal schuldig zu werden (ich meine das selbstverständlich nicht persönlich, Siegfried). Jetzt ist die Zeit, die ‚da Oben' förmlich zu bedonnern, meinetwegen mit einem ‚Anhaltinischen Programm zur radikalen Veränderung der Erziehung'. Die neuen Generationen müssen befähigt werden, die ‚permanente Wende' zu machen, sonst folgt unweigerlich die Kehrtwende, es muß , Erziehung zur Mündigkeit' (Theodor W. Adorno) stattfinden, kritisches Verhalten zur Macht muß nicht nur Lehrsatz, sondern Lehrfach sein, ‚Techniken' der Demokratie müssen gelehrt, die Vertikalisierung des Regierens muß in die Haltung eingepflanzt werden." Leising, Richard an Baumgart, Siegfried, 16.8.1990. In: Bernard/Raulff 2005: Briefe aus dem 20. Jahrhundert, S. 301 f.

475 Vgl. Rudnick 2015: Doppelte Vergangenheitsbewältigung, S. 303–307.

zugestimmt hätten und dass man von Glück oder Zufall sprechen könnte, nicht für eine solche Tätigkeit ausgewählt worden zu sein. In seinem Brief ermutigt Wachinger den Lyriker dazu, sich mit einem politischen Gedicht zu Wort zu melden, mit einem aktuellen Gedicht zur Stunde, das genau dieses Thema verhandelt und in verschiedenen Zeitungen abgedruckt werden könnte.[476] Es ist bezeichnend, dass das Gedicht, auf dessen Entstehung Wachinger zwecks tagesaktuellen Gebrauchs drängte, erst posthum, sechs Jahre nach dem Brief des Verlegers und ein Jahr nach dem Tod Leisings erschien.

Unter dem Titel „Auch ich" befindet es sich in dem 1998 aus dem Nachlass veröffentlichten Band „Die Rotzfahne" und ist im Nachwort mit dem Hinweis versehen, dass Leising die Redaktionsarbeit an diesem Gedicht noch nicht abgeschlossen hatte.[477] „Mitpächter war ich eines Meters Todesstreifen / Bin ich wahr, wenn ich in der Vergangenheit rede? / Von vielem bin ich frei, in nichts von Schuld // Und es ist wohl nichts als Glück, / Dass ich keinen verriet"[478], heißt es in den im Buch abgedruckten Versen. Dass sich Leising schon 1986 mit der Schuldproblematik auseinandergesetzt hatte und sie auch zu diesem Zeitpunkt mit Bezug auf seine Gegenwart diskutierte, zeigt, welches schriftliche (Selbst-)Gespräch diesen Zeilen vorausging. Doch die nachträgliche Publikation lag Leising genauso wenig wie die direkte öffentliche Reaktion.

Der Weg über den Nachlass bot so die Möglichkeit, das Unveröffentlichte respektive das aus Sicht des Verfassers nach dem Ende der DDR nicht mehr zu Veröffentlichende auf andere Weise öffentlich zu machen. Unter dem Vorzeichen des Nachlasses sollte einer Nachwelt zugänglich werden, wofür dem Autor der Zugang zu seiner Mitwelt aus verschiedenen Gründen verschlossen blieb. Ohne etwas im historischen Nachgang zu publizieren, was der Zeit, für die es gedacht war, vorenthalten bleiben musste, fokussierte Leising die Option einer posthumen Herausgabe: als Dokument künstlerischer (Un-)Möglichkeit und Realisation.[479]

---

476 Vgl. Wachinger, Kristof an Leising, Richard, 4.3.1992. In: DLA, A:Leising, Briefe an ihn von, Wachinger, Kristof.

477 Vgl. Wachinger 1998: [Nachwort], S. 62.

478 Auch ich. In: Leising 1998: Die Rotzfahne, S. 31. Vgl. dazu: Schulz 2012: Rotzfahne auf Halbmast, S. 229–241. Und: Gillett 2014: Translating Richard Leising's „Wendegedichte", S. 87–97.

479 Vgl. auch: Boltenstern 2018: Der kommentierte Zeitungsausschnitt bei Richard Leising, S. 188–197.

2.1.7 *Nachlassbewusstsein und Nachleben*

Bedingt durch Leisings äußerst zögerliches Publikationsverhalten besteht eine eklatante Diskrepanz zwischen seinem an verschiedenen Textformen reichen sowie verhältnismäßig umfangreichen literarischen Archiv und den wenigen zu Lebzeiten veröffentlichen Gedichten. Dass dieser Gegensatz nicht unabsichtlich entstanden ist, hat das Vorangegangene bereits gezeigt: Viele der im Nachlass enthaltenen Texte hat der Dichter nicht für eine Publikation zu Lebzeiten bestimmt. Dennoch sollten die Dokumente überdauern und posthum erhalten bleiben (vgl. z. B. 2.1.6.1.). Dementsprechend ist zu konstatieren, dass Leisings Nachlassmaterialien unter Einfluss eines ausgeprägten Nachlassbewusstseins entstanden und insofern gemäß der nachlasstheoretischen Überlegungen Kai Sinas und Carlos Spoerhases als „Objekte der schriftstellerischen Vorausschau, Reflexion und Planung, ja mitunter sogar der künstlerischen Bearbeitung“[480] verstanden werden müssen (vgl. 1.5.4).

Ein Bewusstsein für den Gegenstand Nachlass wird bereits an den frühen Aufzeichnungen Leisings erkennbar. Schon in dem in Kapitel 2.1.6.1 zitierten Brief an Hans Georg Mareck von 1962, in dem Leising über den Warenwert der Kunst nachdenkt, zeichnet sich deutlich ein Nachlassbewusstsein ab. Nicht nur schreibt Leising in diesem Brief, dass die in seiner Truhe befindlichen Gedichte „bestenfalls für seine erben warenwert annehmen können“[481], auch fügt er seinen Zeilen ein damit korrespondierendes Postskriptum an:

> „PS
> dein briefrand und dein briefpapier schreien zum himmel! auch kein datum ist drauf! wie soll ich das denn heften, du lausiger lulatsch? an der seite reißt auch das papier ein! was soll denn die nachwelt von dir denken, halunke, gedankenverschwender, du zerrbild eines stachanow?“[482]

Zwar ist diese Anmerkung des 28-jährigen Leising in einem ironischen Ton verfasst, doch erhält sie im Zusammenspiel mit dem Verweis auf das mit seinen unveröffentlichten Gedichten verbundene Erbe besonderen Nachdruck. Schon beim Schreiben der frühen Briefe scheint demnach eine wie auch immer geartete Nachwelt mitbedacht worden zu sein. Auch die Praktik, Briefe mit Schreibmaschine, Durchschlag und ausreichend Rand zu verfassen und zu datieren (vgl. 2.1.5.1), lässt sich dem PS zufolge ebenfalls nicht nur auf das Ordnungsbemühen Leisings zurückführen. Ein fünf Jahre später verfasster

---

480 Sina/Spoerhase 2017: „Gemachtwordenheit“, S. 15.

481 Leising, Richard an Mareck, Hans Georg, [Durchschl.], 9.4.1962. In: DLA, A:Leising, Briefe von ihm an Mareck, Hans Georg und Margitta. Vgl 2.1.6.1.

482 Ebd.

Brief an Siegfried Thiele bestätigt diese These und führt prononciert vor Augen, dass sich an Leisings frühes Nachlassbewusstsein auch frühe nachlasspolitische Vorbereitungen anschlossen. In dem Brief von 1967, dem eine Bemerkung zum Maler Hans-Peter Hund vorangestellt ist, heißt es maschinenschriftlich:

> „Lieber Siegfried,
> ich danke für Deinen Hinweis auf Hundens Malereien, ging von den Fotos angelockt ins Haus des Lehrers: da war die vor einigen Tagen erst aufgebaute Ausstellung schon wieder abgebaut. Grund wußte keiner. Du? Es ist doch hoffentlich keine Schweinerei passiert? Laß mal hören.
> Mir fiel ein, daß wir ja eines Tages, ob wir wollen oder nicht, Objekte der Musik- bzw. Literaturwissenschaft sein werden. In diesem Zusammenhang ist mir jeder Gedanke an meine Briefe an Dich, vor 1958, peinlichst. Du weißt, was für ein hoffärtiger, bornierter, sentimentaler und halbgescheiter Kerl ich war. Können wir nicht ein gentlemans agreement abschließen? dergestalt, daß keiner des andern Briefe verlautbaren läßt ohne Konsultation mit ihm. Und wenn einer von hinnen scheidet, daß der andere nur verlautbart, was der Selige selber gebilligt hätte in seinen hoffentlich hohen Jahren?
> Alles, was ich vor dem Seeaufenthalt 57 geschrieben habe, ist hoffnungslos eitel und abgeklatscht. Ich habe kein ‚Jugendwerk'.
> Wenn ich nach Leipzig zur Apokalypse komme, könnten wir diese Konvention siegeln.
> Bis dahin herzliche Grüße Euch allen!
> [hs. Richard]
> 9.3.67"[483]

Mehrere Aspekte dieses Briefes sind hervorzuheben: Zunächst ist das Selbstbewusstsein bemerkenswert, mit dem sich Leising, zu diesem Zeitpunkt nur in Anthologien veröffentlichend, als zukünftiges Objekt der Literaturwissenschaft ausweist und ein Interesse der Nachwelt an seinen Texten sowie nachgelassenen Briefen und Manuskripten antizipiert. Signifikant ist außerdem, dass Leising seine vor 1958 geschriebenen Briefe sowie alles bis dahin vom ihm Verfasste als dünkelhaft, überheblich und epigonal charakterisiert, und schreibt, dies alles sei ihm unangenehm und deshalb nicht für andere Augen bestimmt. Diese, einen selbsthistorisierenden Blick voraussetzende Absage an ein „Jugendwerk" wird mit dem Vorhaben verbunden, eine Abmachung bezüglich des Umgangs mit den Briefen des jeweils anderen zu treffen und dabei den Fall des Todes mitzudenken. Deutlich zeigt sich ein Bestreben, die Verfügungsgewalt über das Ableben hinaus zu verlängern sowie durch eine Gestaltung und Lenkung der zukünftigen Hinterlassenschaften ein spezifisches, unprätentiöses Autorbild herzustellen. Die bezeugten Autodafés

483 Leising, Richard an Thiele, Siegfried, 9.3.1967. In: DLA, A:Leising, HS 2009. 371, Briefe von ihm an, Thiele, Siegfried.

und die damit verbundenen Lücken im Nachlass, insbesondere in Bezug auf Dokumente aus den 1950ern, sind als ein weiterer Ausdruck dieses Bestrebens zu lesen (vgl. 2.1.5.4). Dass Siegfried Thiele die von ihm 2013 nachgereichten Manuskripte Leisings von vor 1958 mit dem Hinweis versah, eine Veröffentlichung habe der Dichter nicht gewünscht, kann außerdem als ein weiteres Resultat der Vorsorgeambitionen Leisings gelten.[484]

Die Überlieferung seiner Texte, Briefe und Aufzeichnungen hatte Leising genau im Blick, dies illustriert beispielsweise eine Anmerkung zur Überlieferungslage hinsichtlich des Briefwechsels mit Kristof Wachinger. So kommentiert neben der in Abschnitt 2.1.5.1 angeführten Notiz eine weitere handschriftliche, datierte Beilage Leisings das Vorhandene: „Die letzten Briefe an W. – und es waren nicht wenige – habe ich leider ohne Durchschlag geschrieben. Sie bezogen sich auf seine Einwände und Verbesserungsvorschläge zu älteren und neuen Gedichten. 5.4.1990“[485]. Dieser Hinweis auf Unvollständigkeit liest sich wie eine Erläuterung für zukünftige Editionsprojekte sowie als diesbezügliche Aufforderung, auch die Briefe Leisings aus anderer Provenienz zu beachten. Dafür, dass sich der Dichter durchaus mit philologischen und editorischen Fragen auseinandersetzte und einen nachlassbasierten Ansatz der Literaturwissenschaft befürwortete, gibt ein Brief an Kristof Wachinger von 1984 deutliche Anhaltspunkte. Im Zuge seiner Versuche, Leising für seinen Verlag zu gewinnen, hatte Wachinger dem Lyriker vorgeschlagen, einen Band mit Gedichten von Theodor Storm zusammenstellen. Leising antwortet daraufhin:

> „Lieber Herr Wachinger,
> Dank für den bairischen und den schwyzerischen Brief. Sie machen mir darin zwei verlockende Vorschläge; reden wir zunächst über Storm. Es erregt mich, an ein Lesebuch aus seinen Gedichten zu denken, die womöglich ich zusammengestellt hätte. Aber mit der ‚editorischen‘ Erregung kam sogleich eine philologische: ich fragte mich bange, ob es von Storm wohl eine hist.-krit. Gesamtausgabe gäbe; auf das ewige Nachdrucken verderbter Texte kann man keine seriöse Sammlung stellen, schon gar nicht, wenn sie Leser erreichen soll, denen Gedichte noch fremd sind. Bedenkt man, daß es von Hochleistungen deutscher Dichtung (das Werk Tiecks, Klingers, Bürgers und vieler anderer mehr) keine kritischen Ausgaben gibt, so war meine Bangigkeit begründet genug. Was denn tun die deutschen Germanisten? sie nehmen einen (womöglich noch ungesicherten)

484 Tatsächlich unterscheiden sich die Lyrik- und Prosamanuskripte Leisings aus Thieles Besitz in Bezug auf den sich in den 1960er Jahren herausbildenden Ton (Vgl. 2.1.6.1). Briefe aus den 1950er Jahren, die im Privatbesitz von Leisings Schulfreund Wolfgang Schmidt erhalten blieben, wirken ebenfalls gestelzter und gewollter als spätere Korrespondenzen.

485 Leising, Richard: [Notiz, 5.4.1990]. In: DLA, A:Leising, Briefe von ihm an Wachinger, Kristof.

Text her und umblümen ihn mit ihren jeweiligen Ideologien, deuten, loten aus, stellen fest und ziehen Parallelen: Geschmeiß. Anstatt Feldforschung zu betreiben, Nachlässe zu sichten, Verweise auszuspähen – Arbeiten, die einen nahezu detektivischen Lustgewinn versprechen – bevor- & benachworten sie, entweder schwülstig oder kennerhaft oder knochentrocken, ziehen das Facit und erteilen die Note."[486]

Die Arbeit mit literarischen Nachlässen stellt der Dichter in diesem Brief als eine Form literaturwissenschaftlicher Grundlagenforschung dar, die der Textinterpretation vorausgehen müsste. Vor dem Hintergrund seines ausgeprägten Nachlassbewusstseins und seiner eigenen, spezifischen Werk-Nachlass-Konstellation erhält diese Positionierung eine besondere Nebenbedeutung. So könnte die an den Verleger gerichtete Passage auch als impliziter Verweis verstanden werden, der der Literaturwissenschaft in Bezug auf Leisings Texte eine nachlassorientierte Arbeitsweise nahelegen soll. Daran anschließend wäre die leisingsche Nachlassformation als eine Posteritätspräzeption aufzufassen,[487] die auf der Annahme eines größeren künftigen Forschungsinteresses an literarischen Nachlässen basiert (vgl. 1.5.4).

Im Folgenden soll das von verschiedenen Akteuren geteilte Nachlassbewusstsein Leisings genauer eingeordnet werden. In welchem Verhältnis steht dieses zu seinem zögerlichen Veröffentlichungsverhalten und seinen Archivierungspraktiken? Welche Rolle spielen die Zäsur des Todes und die Hoffnung auf ein Nachleben? Worauf bezieht sich die Nachlasspolitik Leisings und welche Funktionen und Bedeutungen kommen dem Nachlass in der vorliegenden Konstellation zu?

2.1.7.1 *Tod und Schreiben: „Bereit zum Tode, ist er doch keineswegs bereit zum Nichts"*

Auf geradezu symptomatische Art und Weise zeigt sich anhand des literarischen Archivs Richard Leisings, dass die Formierung eines Nachlasses stets in einem spezifischen Verhältnis zur Zäsur des Todes steht und an Fragen des Hinterlassens und Nachlebens gebunden ist (vgl. 1.5.6). Das Sterben und der Tod, auch zentrale Motive der Gedichte Leisings (vgl. 2.1.2.),[488] prägten als wiederkehrende Themen sein Leben und Schreiben.[489]

---

486 Leising, Richard an Wachinger, Kristof, [Durchschl.], 20.9.1984. In: DLA, A:Leising, Briefe von ihm an Wachinger, Kristof.

487 Vgl. Sina/Spoerhase 2013: Nachlassbewusstsein, S. 623.

488 Dazu vertiefend: Haberkorn [im Erscheinen]: Der Lyriker Richard Leising.

489 Durch zwei früher Todesfälle im engsten Kreis der Vertrauten sowie durch die eigene Alkoholkrankheit wurde Leising mehrfach mit der Thematik Tod konfrontiert. In welchem Maße er sich der Möglichkeit eines frühen Todes bewusst war, verdeutlichen

Dabei kommt der Todesthematik innerhalb des Nachlasses eine signifikante Bedeutung zu, deren Akzent auf der nur schwer zu akzeptierenden, existentiellen Grunderfahrung einer Endlichkeit des Lebens liegt.[490] Mit Bezug auf die absolute Grenze des Todes zeichnet sich in Leisings nachgelassenen Aufzeichnungen sowie in der Gestaltung des Nachlasses eine spezifische ‚Ästhetik des Übergangs'[491] ab, mit der sich Versuche der Bewältigung verbinden.

Im Januar 1972 hält der Dichter in seinem Merkbuch fest:

> „Sterben heißt Gehen. Wer stirbt, der geht fort. Wer aber fort geht, der fragt sich, was von ihm bleibt. Wer sein Ende kommen fühlt, wer sich weggehen weiß, dessen Todesangst ist allein, daß nichts von ihm bleibe, ein für allemal nichts, und daß sein Übertritt ins Nichts unwiderruflich sei. Bereit zum Tode, ist er doch keineswegs bereit zum Nichts. […] Wenn sein Leben blitzschnell an ihm vorbeizieht, so wird es die blitzschnelle Aufeinanderfolge von Versäumnissen sein, sein Bleiben vorbereitet zu haben."[492]

Diese Notiz enthält eine Vorstellung vom Tod wie sie für die Moderne kennzeichnend ist: Während der Glaube an ein Weiterleben im Jenseits nicht mehr vorherrscht, wird der Tod als absolute und finale Grenze wahrgenommen, sein Eintritt erscheint als irreversibel und unausweichlich, ihm folgt das Nichts.[493] Dieses Nichts beschreibt Leising als Ursprung der Todesangst, als Furcht vor dem spurlosen Verschwinden. Tröstlich ist angesichts dessen allein ein Glaube an eine Form des Bleibens im Diesseits, der seit der Antike in der Kunst und Literatur immer wieder ausgedrückt wird.[494]

Von der besonderen Rolle, die Schreiben und Schrift in diesem Zusammenhang spielen, zeugen Leisings Aufzeichnungen. So vermittelt eine auf 1982 datierte Sentenz in der Sammlung mit Kurzprosa, dass angesichts des unumgänglichen Todes nur das Verfassen von Gedichten, geleitet von den höchsten Ansprüchen, dem hier Schreibenden Halt versprechen könne. In

---

die schon erwähnten kleinen Notizbücher mit eingetragener Blutgruppe und Notfalladresse, die der Dichter mit sich herum trug. Vgl. DLA, A:Leising, Verschiedenes, Autobiographisches, Taschenkalender und Notizbücher. Darüber hinaus fertige Leising eine Liste mit Personen an, die im Falle seines Todes zu verständigen seien. Vgl. Leising, Richard: [Liste „Von meinem Tode sind zu verständigen, o.D.]. In: A:Leising, Dokumente.

490 Vgl. Liessmann 2004: Ruhm, Tod und Unsterblichkeit, S. 14.

491 Vedder 2017: Testamente schreiben, eröffnen, vollstrecken, S. 68.

492 Leising, Richard: [MB-Eintrag, Januar 1972]. In: DLA, A:Leising, Verschiedenes, Autobiographisches, Merkbuch 1979–1984.

493 Vgl. Vedder 2017: Das Nachleben der Toten, S. 106.

494 Vgl. Schöttker 2000: Ruhm und Rezeption, S. 427–487. Und: Schöttker 2016: Posthume Präsenz, S. 237–246.

dem kurzen Absatz, als ursprüngliche Merkbuchtnotiz ausgewiesen und in verschiedenen Tage- und Notizbüchern bis 1989 mehrfach bearbeitet und schließlich im Rahmen der Langewiesche-Brandt-Bibliographie 1990 veröffentlicht, heißt es maschinenschriftlich:[495]

> „Nimm die mutmaßliche Unveröffentlichbarkeit der Gedichte, die du zu schreiben planst, nicht zum Vorwand für deine Trägheit. Erinnere dich, daß fast jedes Stück, an dem dir gelegen war, veröffentlicht wurde, und erinnere dich ferner an die bisher lebenslange, manchmal lebenswichtige Freude an einem gelungenen Gedicht oder Vers. Was hast du am Ende der Tage anderes dir ~~zu bieten~~ * [hs. * zur Seite zu stellen] als deine besten Gedichte? Du wirst dir vergeben, nichts besseres Anderes getan/ gekonnt zu haben, [hs. aber] daß du dein Bestes ~~aber~~ gerade darin nicht getan hast, wo du es am ehesten hättest tun können, das vergibst du dir nicht. So erschwerst du dir dein Sterben schon jetzt. (21.3.1982)“[496]

Das Gedichteschreiben wird in dieser kurzen Sentenz als zum Teil existentielle, lebenswichtige Praktik dargestellt. Dabei avancieren die Gedichte zu dem einzigen, am Ende des Lebens vorzeigbaren Gegenstand im Sinne des leisingschen Produktivitätsbegriffs (vgl. 2.1.6.1) und als Ausweis eines Versuchs, die eigenen Fähigkeiten auf eine sinnvolle Art und Weise einzusetzen. Dem Dichten wird so, unabhängig von der Aussicht auf Veröffentlichung, im Hinblick auf das Sterben eine Form der Sinngebung zugesprochen.

Der Tod steht in den Nachlassaufzeichnungen Leisings dagegen für das Nichts, für den absoluten Verlust, dem anders als dem Leben kein Sinn abzugewinnen ist. Besonders eindrücklich wird das an der Rede, die Leising am 19. Februar 1986 am Grab seines Freundes Karl Friedrich Zimmermann hielt:

> „Was ist es, das uns so erschüttert, wenn ein naher, ein nächster Mensch uns verläßt? Ich glaube, es ist zunächst ein heftiges, fast grausames Mitleid mit uns selbst, und ich sage das ohne jeglichen abschätzigen Unterton. Denn zu viele Freunde hat wohl keiner von uns; jeder uns sehr Nahestehende ist nicht irgendein beliebiger Teil unseres Wesens, sondern Teil unseres Herzens – unseres Lebens also, das von ihm ausgeht, das also auch von jenen ausging, die es auf einmal verlassen. Keinem von uns soll Trauer, Verzweiflung versagt sein, auch wenn wir einen Verlust beklagen, der sich fürs erste als ein Verlust an der Ganzheit unserer eigenen Person geltend macht. Aber nicht wir sind es doch, die allein

495 Vgl. Leising 1990: Ausnahmsweise Prosa, S. 14. Vgl. auch: Leising, Richard: [Eintrag, 29.3.1982, 21.1.1984, 26.2.1984]. In: DLA, A:Leising, Verschiedenes, Autobiographisches, „Tagebuch 1983 [–1996]. Und: Leising, Richard: „Mein Schreiben“ [II], 1989. In: DLA, A:Leising, Verschiedenes, Notizbücher 1963–1989, „manual II“.

496 Leising, Richard: [Kurzprosa, 21.3.1982]. In: DLA, A:Leising, Prosa, „DER BÖSE BLICK oder MORGEN IST AUCH NOCK KEIN TAG. Aufzeichnungen nach Jahren“.

sind; allein ist der Tote. Nicht einmal seine Pläne und Wünsche sind noch bei ihm, und es waren ihrer nicht wenige. Dies sollte der Urgrund unserer Trauer werden, daß die Arbeit, die Liebe, der Spaß und der Kampf aus seinem Leben entwichen sind, nicht aus dem unseren. [...]

Wenn es uns gelingt zu begreifen, wessen e r entbehren muß, so können wir vielleicht einen Teil unserer Schmerzen in Zorn verwandeln, in Zorn über den an unserem Freund begangenen Diebstahl von Arbeit und Freud – von Welt. Dieser Zorn kann und soll die Trauer nicht verdrängen, aber vielleicht kann er den Schmerz lindern, und Linderung wäre für manchen von uns schon eine Art Gnade. Der Tod ist unerbittlich und unversöhnlich; ich bin entschlossen, es ihm gegenüber nicht weniger zu sein, ich bewahre und bekräftige meinen Zorn, ja meinen Haß auf den Tod. Angesichts unserer Sterblichkeit scheint es aussichtslos, Widerspruch gegen den Tod zu erheben, und ich sage dennoch: Ich erhebe ihn. Man muß wissen, daß man sehr allein ist, wenn man den Tod nicht hinnimmt, aber lieber will ich in meinem Widerstand allein sein als getröstet von Menschen, die ihn hinnehmen, ihn preisen, ihn herbeirufen oder gar herbeiführen."[497]

Der größte durch den Tod entstehende Verlust betrifft nach Leising dasjenige, was von der gestorbenen Person nicht mehr gelebt werden kann. Vor diesem Hintergrund wird die Rede zur Kampfansage gegen den Tod. Dieser wird trotz seiner Unausweichlichkeit als nicht hinnehmbar erklärt, als etwas, mit dem man nur umgehen kann, indem man sich ihm widersetzt und die ihm inhärente absolute Negation nicht duldet.[498]

Nimmt man eine neun Monate später verfasste Merkbuchnotiz hinzu, zeigt sich die Widersprüchlichkeit, die Leisings Aufzeichnungen auch in diesem Punkt, der Thematik entsprechend, kennzeichnet. Am 26. November 1986 schreibt Leising maschinenschriftlich:

---

497 Leising, Richard: Grabrede, zum 19.2.1986. In: DLA, A:Leising, Verschiedenes, Autobiographisches, „Zu Karl Friedrich Zimmermann".

498 Die Zurückweisung des Todes ist auch ein zentrales Motiv im Werk Elias Canettis, der Leising stark prägte. So heißt es in einem Essay Canettis beispielsweise: „Solange es den Tod gibt, ist jeder Spruch ein Widerspruch gegen ihn. Solange es den Tod gibt, ist jedes Licht ein Irrlicht, denn es führt zu ihm hin. Solange es den Tod gibt, ist nichts Schönes schön, nichts Gutes gut. [...] Dem Dichter, dem es Kraft dessen, was wir ein wenig summarisch sein Laster nannten, möglich ist, an vieler Leben teilzuhaben, hat auch an allen Toden teil, von denen diese Leben bedroht sind. Seine eigene Angst, und wer hätte sie nicht vor dem Tode, muß zur Todesangst aller werden. Sein eigener Haß, und wer haßt den Tod nicht, muß zum Todeshaß aller werden. Dies und nichts Anderes ist sein Widerspruch zur Zeit, die von Myriaden und Abermyriaden Toden erfüllt ist." Canetti: Hermann Broch. Rede zum 50. Geburtstag. Wien, November 1936. In: Canetti 1976: Das Gewissen der Worte, S. 15.

> „Ich habe alles, was man zum Sterben braucht. Nur der Tod will nicht kommen. Ich sage mir oft: der Tod ist jetzt, sofort, gleich, – aber er zieht sich hin, wer weiß, wieviele Tage noch. Damit bringt er mich in die Verlegenheit, über ein, zwei Tage hinausdenken zu müssen, was ich nicht mehr wollte, und sogleich kommen die Ängste wieder, die er mir durch sofortiges Kommen zu nehmen versprach."[499]

Der erklärten Unannehmbarkeit des Todes steht damit seine nicht zu wissende Nähe, auch eine von ihm ausgehende Erlösung versprechende Anziehungskraft gegenüber. Was aber alle der sich mit dem Tod auseinandersetzenden Nachlasstexte Leisings vereint, ist die in ihnen vermittelte Präsenz und Anwesenheit des Todes, auf die der Schreibende in wiederkehrenden Anläufen zu reagieren versucht. Nach Stefan Willer wird die Gegenwärtigkeit des Sterbens im Prozess des Schreibens in besonderer Weise sichtbar, da im Zuge dieser Entäußerung von Eigenem nicht nur der Gegensatz von Schreiben und Schrift, sondern auch der damit einhergehende Gegensatz von Lebendigkeit und Leblosigkeit beobachtbar wird. Willer versteht die Schrift dementsprechend als eine „sich im Schreibprozess materialisierende Hinterlassenschaft des Schreibenden, die diesem vor Augen führt (oder doch führen kann), dass er sich fortwährend dem eigenen Tod annähert."[500] Zugleich hat Aleida Assmann darauf hingewiesen, dass die Schrift ein „Verewigungsmedium"[501] darstellt und eine „Selbstverewigung über kontinuierliche Lesbarkeit"[502] verspricht. Das Verschriftlichte steht als Überdauerndes dem vergehenden Leben gegenüber (vgl. 1.5.6). Dieses Spannungsverhältnis kommt in einem Diktum Leisings zum Ausdruck, das den mit „Mein Schreiben" betitelten Katalog poetologischer Prämissen von 1988 beschließt (vgl. 2.1.6.1):

> „Ich schreibe, damit mich nicht der Teufel holt. Von einem Sterbenden meint man, er gibt seinen Geist auf. Aber ich glaube nicht, daß einer seinen Geist aufgibt, der Zeugnis von ihm gegeben und also hinterlassen hat. Nur ohne solch Zeugnis gibt er seinen Geist auf, kann der Teufel ihn holen. Der Teufel ist der Ungeist, Arbeiten ist Teufelsaustreibung, kalter, eigenmächtiger Exorcismus."[503]

Der Tod und das Sterben bedingen das Schreiben Leisings. Es bewegt sich, wie Schulz im Hinblick auf seine Gedichte konstatiert, „auf den Tod zu"[504] und

---

499 Leising, Richard: [MB-Eintrag, 26.11.1986]. In: DLA, A:Leising, Verschiedenes, Autobiographisches, Merkbuch 1986.

500 Willer 2014: Erbfälle, S. 250.

501 Assmann 1999: Erinnerungsräume, S. 184.

502 Ebd., S. 182.

503 Leising, Richard: „Mein Schreiben", 1988. In: DLA, A:Leising, Verschiedenes, Notizbücher 1963–1989, „manual II".

504 Schulz 2012: Rotzfahne auf Halbmast, S. 239.

zögert diesen gleichzeitig hinaus.[505] Der Schreibende schreibt als Sterbender und nur das Schreiben, in all seiner Radikalität, bewahrt vor dem ‚Geistaufgeben', vor dem Ich-Verlust. Die existentielle Bedeutung des Schreibens und Geschriebenen ist eindeutig: Schreiben stellt sich hier als Akt der Selbstbehauptung dar, der sich in enger Verbindung mit einer Entäußerung, das heißt in einer Hinterlassenschaft bzw. in einem Zeugnis manifestiert. Da die den Tod überdauernde Schrift an das gestorbene Subjekt erinnern und die symbolische Funktion einer schriftlichen Stellvertretung erfüllen kann, knüpft sich an sie die Idee einer Art posthumen Präsenz.[506]

Die Vorstellung einer solchen Form von Nachleben, wie sie in einer weiteren Aufzeichnung Leisings ebenfalls zum Ausdruck kommt, berührt den literatur- und kulturwissenschaftlichen Forschungsdiskurs zu Nachlass und Erbe in zentralen Punkten und fasst das bisher Festgestellte noch einmal zusammen. In dem maschinenschriftlichen Merkbucheintrag von 1986, den Leising am 8. Januar 1987 überarbeitete und zu der er am 4. Februar 1987 einen handschriftlichen Kommentar hinzufügte, heißt es:

> „Da ist die Furcht, nichts Bleibendes zu hinterlassen und daher kein B l e i b e n d e r zu sein: denn wenn er es jetzt nicht schmeckt, wann schmeckt er es dann. Aber die Herstellung vermeintlich dauerhafter Werke, das Legen einer Spur zwecks Absicherung von Unsterblichkeit ist ein unökonomisches Verfahren. Dem gläubigen Menschen ist Unsterblichkeit auch ohne irdische Strategien zugesichert, und der ungläubige, als eine Asche oder ein Skelett, hat einfach nicht mehr die S u b s t a n z , sich seiner Dauerhaftigkeit zu erfreuen. Und angenommen, es ist [hs. ihm] gelungen, das Überleben noch während der Lebenszeit abzusichern, so ~~wird~~ [hs. mag] er als Toter daran seine Freude haben, aber gewiß nicht als Sterbender; denn der Abschied von erfahrenem Ruhm ~~erschwert~~ macht das Sterben zu einer verwickelten Angelegenheit, indem der Ruhm sozusagen als ein Erbgut ohne Erbe hinterlassen wird; ohne die Umsicht des Erblassers besteht keinerlei ~~Sicherheit~~ [hs.-Gewißheit], daß die wimmelnde Nachwelt es ausschlägt oder annimmt, erhält oder vermehrt.
>
> [hs. Ich glaube, ich habe hier eine schlaumeierhafte, ‚intellektuelle' Verdrängung einer Angst geliefert, die bei mir so aussieht, daß ich fürchte, ‚den Band' (die Gedichte) nicht fertigstellen zu können und dadurch von mir nichts ‚geschlossenes' vorliegt, bleibt. (4.2.87)]"[507]

Ausgangspunkt des Merkbucheintrags ist die Angst, aufgrund einer fehlenden, Dauer versprechenden Hinterlassenschaft, keine Hoffnung auf ein Nachleben zu haben. Im Anschluss werden mehrere Aspekte der Nachruhmkonzeption

---

505 Vgl. ebd.

506 Vgl. Vedder 2017: Das Nachleben der Toten, S. 103.

507 Leising, Richard: [MB-Eintrag, 14.12.1986/ 8.1.1987 und 4.2.1987]. In: DLA, A:Leising, Verschiedenes, Autobiographisches, Merkbuch 1986.

reflektiert: Die Idee des Nachlebens im Diesseits wird als Alternative zur christlichen Vorstellung eines jenseitigen Lebens nach dem Tod identifiziert und damit als eine Umgangsform mit der Endlichkeit des Daseins dargestellt. Wenn jedoch zu Lebzeiten kein Anlass zur Hoffnung auf Nachruhm besteht – so der Gedankengang – läuft die der Vorstellung inhärenten Bewältigungsstrategie fehl, da sie ja explizit keine Jenseitsvorstellung beinhaltet. Ist ein gewisser Ruhm dagegen zu Lebzeiten schon erreicht, macht die Unkontrollierbarkeit seiner posthumen Weitergabe und die Dialektik des Erbes das Nachleben ebenfalls unberechenbar.[508] Seine Überlegung beschließt Leising mit dem Fazit, dass der Umgang der Nachwelt mit einem Erbe in einem wesentlich Maß von der Umsicht des Erblassers abhänge.

Bemerkenswert ist nun, dass genau eine solche Umsicht die Gestaltung des leisingschen Nachlass auszeichnet und durch die Betrachtungen zur Rolle des Nachlebens und Erbens in besonderer Weise fundiert wird. Doch nicht genug: Infolge Leisings Relektüre der eigenen Aufzeichnungen entsteht ein nachträglicher Kommentar, der die Überlegungen, im Sinne eines reflektierten Nachlassbewusstseins,[509] selbst deutet. Die Auseinandersetzung mit Nachlass, Erbe und Nachleben, das ist die Schlussfolgerung der Reflexion, setzt an einem Punkt ein, an dem der Abschluss des Gedichtbandes für Leising ungewiss erscheint und er fürchtet, nichts ‚Geschlossenes' vorweisen zu können. Werkbegriff und nachlasspolitische Strategien werden folglich unmittelbar in Relation zueinander gesetzt. Dementsprechend ist im Folgenden Leisings Nachlassbewusstsein zum Zeitpunkt verschiedener Arbeitsstadien zu untersuchen und zu fragen, wie Werkbildung und Nachlasspolitik ineinander greifen. Die hier schon angesprochenen Punkte wie die Bedeutung des Todes als Grenze und damit einhergehend die sich an dieser Grenze ansiedelnden testamentarischen Schreibweisen und Schreibszenen sowie die sich im Rahmen dessen vollziehende Selbstbeobachtung gilt es zu vertiefen.

2.1.7.2 *„Post mortem ist das unsinnig und anmaßlich": Nachlasspolitik zwischen Werkbildung und Nachlassplanung*

Im Juli 1996, knapp ein Jahr vor seinem Tod, schreibt Richard Leising in einem kurzen unveröffentlichten Manuskript mit dem Titel „BEITRÄGE ZU EINER POSTHUMEN AUTOBIOGRAPHIE": „Zum Saufen habe ich keine Zeit mehr: ich muß mein Ableben ordnen."[510]. Gleich in zweierlei Weise wird das Thema

508 Vgl. dazu auch: Vedder 2017: Das Nachleben der Toten, S. 112. Und: 1.5.6.

509 Vgl. Korn 2014: Nachlassbewusstsein (Tagungsbericht), S. 378.

510 Leising, Richard: Beiträge zu einer posthumen Autobiographie, 1993–1997. In: DLA, A:Leising, Prosa, „Prosa in Arbeit".

Nachlass an diesen Manuskriptseiten evident. Erstens weist der Titel diese und die anderen zugehörigen aphoristischen Sentenzen als das aus, was sie zum Zeitpunkt des Verfassens noch nicht waren und was sie erst nach dem Tod Leisings werden konnten: posthume Beiträge, verfasst für den Nachlass und ausdrücklich dafür bestimmt. Zweitens wird ein Moment der Vorbereitung und Voraussicht deutlich. Dass im Vorfeld des Todes Vorkehrungen zu treffen sind, wird beschlossen und unter Bezugnahme auf die persönliche Sucht explizit thematisiert. Dem drohenden Kontrollverlust soll mithilfe einer Systematik, einem ‚geordneten Ableben' entgegengewirkt werden. Zwei Tendenzen zeichnen sich gleichsam ab: eine auf den künftigen Nachlass und damit in die Zukunft zielende und eine direkt auf die Gegenwart bezogene, sich auf diese rückwirkende. Leisings Bestreben, sein ‚Ableben zu ordnen' muss dementsprechend auch hinsichtlich beider Perspektiven gedeutet werden.

Die in Kapitel 2.1.5. erörterten nachlassprägenden Praktiken wie die sorgsame Selbstarchivierung, die gezielte Ordnung und Gestaltung des literarischen Archivs durch eine Mappensystematik, Kommentierungen und Datierungen sowie die gezielte Vernichtung einzelner Archivbestandteile sind ebenfalls in dieser doppelten Perspektive zu betrachten: einerseits in Bezug auf Leisings ‚Chemnitzer Pingeligkeit', das heißt sein Ordnungsbewusstsein betreffend, andererseits als nachlasspolitische Strategien, die das literarische Nachleben sichern sollen. Während die Adressierung der nachgelassenen Aufzeichnungen vielfach zwischen dem Autor selbst und der Nachwelt changiert, sollen an dieser Stelle jene Zeugnisse analysiert werden, an denen sich Leisings nachlasspolitische Vorsorgestrategien in aller Deutlichkeit abzeichnen.

So begann Leising ab Anfang, Mitte der 1980er Jahre, im Zuge seiner Arbeit an seinem ersten eigenständigen Gedichtband, ganz offensichtlich eine gezielte Nachlasspolitik zu verfolgen. Er ordnete seine Papiere neu, verfasste testamentarische Verfügungen und entschloss sich, seine fertigen Gedichte dezentral zu archivieren. Den Beginn dieser vorbereitenden Tätigkeiten beschreibt Leising in einem Tagebucheintrag, den er im August 1983 verfasst, aber unter einen Eintrag vom 24. März 1983 platziert:

> „Im August, veranlaßt durch das Todes- und Nachlaßordnungserlebnis (Renates Mutter) und durch den völlig zufälligen Umstand, daß Renate neue Regale kauft, ordne ich Bücher und Mappen neu, und ich bestimme mir dabei, was ich noch machen will und was nicht mehr. Eine zufällige, von uns nicht einmal gemeinsam verabredete Anschaffung bestimmt mich, einen der letzten Lebenspläne zu machen. Letztlich [?] hat er sich vorbereitet durch das Anlegen der Mappen ‚Gebrochen Deutsch. Gedichte' (s. Merkbuch v. 29.5.83).
>
> Ich übersetze mir seit einiger Zeit ‚Leben' mit (TGA) ‚Todesgegenarbeit'. Die Vokabel ist gut, meine Arbeit ist es überhaupt nicht, ich verschenke zu viel Zeit,

> habe keinen Rhythmus, keine kluge Diät, immer noch sind meine Interessen auf der einen Seite zu zerflattert, auf der anderen zu borniert
> (notiert ab „Im August ... [S. 2] am 15.8, früh 3 Uhr)."[511]

Der Tod einer bekannten Person, die Konfrontation mit deren Nachlass, die Möglichkeit der Neuordnung der eigenen Papiere und der geplante Gedichtband bilden in dieser Notiz die Koordinaten für die Entwicklung der ‚letzten Lebenspläne'. Signifikant in diesem Zusammenhang ist die Begrifflichkeit ‚Todesgegenarbeit', die als Synonym für ‚Leben' gesetzt wird und damit nicht nur das im vorherigen Kapitel betrachtete Verhältnis von Tod und Schreiben bei Leising noch einmal auf den Punkt bringt, sondern dabei auch das darin liegende widerständige Moment betont (vgl. 2.1.7.1). Der Begriff der Todesgegenarbeit korreliert hier, in Verbindung mit dem Terminus der Nachlassordnung, mit der Neuordnung der Papiere und der daran anknüpfenden Planung der weiteren, letzten Arbeitsvorhaben. Sie lässt die absolute Grenze des Todes gestaltbar erscheinen und wird damit zu einer Bewältigungsstrategie in der Auseinandersetzung mit dem Sterben und der Endlichkeit des Daseins (vgl. 1.5.6).[512]

Mit der dispositorischen Funktion des Ordnens geht dabei eine komplexe zeitliche Verschränkung einher. Nach Willer bietet die Ordnung und die daran anschließende Durchsicht des Geschriebenen „vielfältige Gelegenheit zur Selbstreflexion und Selbstrezeption"[513]. In Leisings Falle münden diese Praktiken in Entscheidungen für das weitere Schaffen. Das ‚sortierende Sichselber-Lesen', wie Sina und Spoerhase es nennen, impliziert auf diese Weise ein Zurückschauen sowie eine Vergegenwärtigung und kann zudem in die Zukunft weisen und zu „poetischer Produktivität, zu einer werkbildenden Kraft"[514] führen.

Das Ordnen des künftigen Nachlasses erweist sich also als eine in den Schaffensprozess integrierte und diesen fördernde Praktik. Geht man Leisings Verweis „(s. Merkbuch v. 29.5.83)" nach, zeigt sich die produktive Selbstrezeption in Verbindung von Werkbildung und Nachlasspolitik nochmals ganz deutlich. Handschriftlich notiert der Dichter im Merkbuch:

---

511 Leising, Richard: [TB-Eintrag, 24.3.1983/ 15.8.1983]. In: DLA, A:Leising, Verschiedenes, Autobiographisches, „Tagebuch 1983 [–1996]".

512 Eine ähnliche Funktion kann das Verfassen des Testaments erfüllen. Vgl. Vedder 2017: Testamente schreiben, eröffnen, vollstrecken, S. 68.

513 Willer 2014: Erbfälle, S. 250.

514 Sina/Spoerhase 2013: Nachlassbewusstsein, S. 621.

„29.5.83
Ich beschäftige mich übers Wochenende mit Vorkehrungen für das Ergehen meines Gedichtbands nach meinem Tode, für den Fall, daß ich ihn nicht fertigstellen konnte. Freilich [?] waren mir Vorkehrungen für die Weiterarbeit wichtiger, saubere Abschriften mit genauen Datierungen, Anfertigung zweier Exemplare, Verendgültigen – so fand ich den Titel für ‚Ja es wird mich schon verschonen' und ersetze eine mich seit langem störende Zeile in den ‚Schüssen' durch eine definitive"[515].

Leisings Strategien der Vorsorge gehen aus der Arbeit an dem geplanten Gedichtband hervor und betreffen diesen konkret. Zugleich wirken die nachlasspolitischen Maßnahmen auf den Schöpfungsprozess zurück. Welche Vorkehrungen, abgesehen von den auf den Arbeitsprozess zielenden Abschriften und Datierungen, jedoch genau gemeint sind, wird im Merkbuch-Eintrag nicht erläutert. Neben dem Ordnen und dem Anlegen von Mappen lassen sich für die Folgejahre insbesondere drei nachlasspolitische Maßnahmen ausmachen: die dezentrale Archivierung, das Festhalten von Instruktionen für den Fall des Todes sowie das Aufsetzen eines Testaments mitsamt der Bestimmung eines Nachlassverwalters.

Am 24. August 1984 schreibt Leising, nachdem er sein Vorhaben schon einen Monat vorher angekündigt hatte, an seinen Freund Zimmermann:

„Anbei eine Mappe, die ich Dich – vor fremden Augen und Tierzähnen – aufzubewahren bitte. Ab und an wird, wenn Gott und ich es wollen, ein neues Blatt zum Einlegen abgesandt werden. Du mußt Dich zunächst für nichts verantwortlich fühlen außer für die Aufbewahrung. Es ist nur, falls es hier mal brennt. Aus dem Kopfe, wie Freund Mickel, kann ich meine Gedichte nicht."[516]

Die Entscheidung, einzelne, auf Durchschlägen geschriebene Gedichte auszulagern, unterstreicht zwei zentrale Aspekte von Leisings Nachlasspolitik. Zum einen handelt es sich um eine sehr genaue, viele Eventualitäten miteinschließende Form der Vorsorge. Zum anderen aber, und das erscheint wesentlich, zielt diese Sorgfalt primär auf die Gedichte. Obwohl Leising also insgesamt ein ausgeprägtes, sich auch auf Briefe und persönliche Aufzeichnungen beziehendes Nachlassbewusstsein zu attestieren ist, betrifft ein entscheidender Teil seiner Nachlasspolitik den Erhalt der Gedichte, und von diesen nur ausgewählte Stücke.

515 Leising, Richard: [MB-Eintrag, 29.5.1983]. In: DLA, A:Leising, Verschiedenes, Autobiographisches, Merkbuch 1979–1984.

516 Leising, Richard an Zimmermann, Karl Friedrich, 24.8.1984. In: DLA, A:Leising, Briefe von ihm an Zimmermann, Karl Friedrich.

Zögerte Leising auf der einen Seite die Veröffentlichung eines eigenständigen Gedichtbandes lange heraus und erteilte Interessierten wie F.C. Delius und Klaus Wagenbach diesbezüglich eine Absage (vgl. 2.1.2 u. 2.1.3), verfolgte er auf der anderen Seite ab Anfang 1980, als die Zusammenarbeit mit Kristof Wachinger sich konkretisierte, die Fertigstellung des Buches auch nach einem möglichen Tod umso entschiedener; die oben zitierte Notiz vom 29. Mai 1983 unterstreicht dies.

Zwei Anweisungen, die die posthume Herausgabe seiner Gedichte regeln sollten, veranschaulichen darüber hinaus, dass Leisings Publikationsvorhaben im Falle seines Todes genauso fortgeführt werden sollten, wie er sie zu Lebzeiten plante. Die dreiseitige maschinenschriftliche Verfügung von 1989, die sich auf „Gebrochen deutsch. Gedichte“ bezieht und im Folgenden exemplarisch erläutert werden soll, steht der knappen, handschriftlichen Erklärung zu der „Rotzfahne“[517] gegenüber und verdeutlicht die große Bedeutung des ersten Gedichtbands, der bezeichnenderweise als ‚kleines Lebenswerk‘[518] deklariert wird. Die Verfügung, mit dem Zusatz versehen „Text nach Erscheinen des Büchleins natürlich ohne Belang“[519], bestimmt die posthume Veröffentlichung von „Gebrochen deutsch. Gedichte“ in allen Einzelheiten. Zu Beginn erläutert Leising sein nach Mappen geordnetes Ablagesystem, das sich nach der möglichen Verwendung der Gedichte richtet:

> „In dieser Mappe / ‚Gebrochen deutsch. Gedichte – Arbeitsmappe – (1)‘/ finden sich Entwürfe zu Gedichten, die ich für ein Bändchen obigen Titels vorgesehen habe. Neben dieser Mappe existiert eine zweite / ‚GDG Arbeitsmappe (2)‘/, ebenfalls zu diesem Zwecke gedacht. Es gibt noch eine Reihe anderer Mappen, [hs. 1) Sie finden sich in der grünen Leder-Aktentasche] deren Inhalte ich jedoch, ob abgeschlossen, ob in Arbeit, für das Bändchen zunächst nicht in Erwägung ziehe. Die dafür weiter in Betracht kommenden Stücke aus POESIEALBUM 97, fast sämtlich überarbeitet, sind versammelt in der MAPPE WACHINGER

517 Dass die für den Gedichtband „Die Rotzfahne“ verfasste Verfügung wesentlich knapper ausfällt, mag mit der langjährigen Zusammenarbeit zwischen Wachinger und Leising zusammenhängen sowie mit der korrespondieren Anlage des ersten Bandes an den zweiten. Leising schreibt: „geplanter 2. Wachinger-Band / DIE ROTZFAHNE / Kleine Prosa nebst einem Anhang: Gedichte. Rotzfahne ist die Titelerzählung, ist aber noch gar nicht geschrieben! – Es gibt eine Mappe: ‚Fertig, aber nicht für Rotzfahne‘. Das ist zu überprüfen (im Einzelfall). – Der Titel ist verbindlich, da muß eben eine Anmerkung des Herausgebers her. Es wird sich eine 2. Rotzfahne-Mappe finden mit einem angefangenen Gedicht dieses Titels. […] Von der Ausstattung her sollten meine Büchlein eineiige Zwillinge sein. Also auch die Farben identisch.“ Leising, Richard: [Notiz, o. D.]. In: DLA, A:Leising, Gedichte, „Die Rotzfahne“.

518 Leising, Richard: [Verfügung], GEBROCHEN DEUTSCH. GEDICHTE, 20.9.1989. In: DLA, A:Leising, Ge-dichte, Entwürfe, „Sammlung RL“.

519 Ebd.

(Klemm-Mappe mit braunem Leinenrücken.) Die Mappe SAMMLUNG RL schließlich ist ziemlich privater Natur, sie bewahrt – nicht vollständig – Duplikate auf, Vorformen, Kuriosa; sie kann nur in Zweifelsfällen, und auch da nicht in jedem Fall, zu Rate gezogen werden.

Der Titel des Bändchens, wie er hier als Überschrift steht, ist in jedem Fall als Gesamttitel zu behandeln; ‚Gedichte' ist Titelbestandteil, nicht Unterkennzeichnung, nachgereichte Genrebestimmung oder Warenzeichen.

Sollte sich aus dem Vorhandenen die Möglichkeit eines Büchleins ergeben, so gehört es fest zugesagter Weise dem Verlag Langewiesche-Brandt, vertreten durch Kristof Wachinger, 8026 Ebenhausen/ Isartal, Lechnerstraße 27. Diese Zusage verpflichtet nur mich, Herrn Wachinger verpflichtet sie zu nichts.

Es finden sich möglicherweise in den obengenannten Arbeitsmappen Gedichte, die ziemlich weit gediehen, jedoch noch nicht [hs. als] bis zum Schluß gebracht kenntlich sind. Dann kann erwogen werden (es ist ja nicht allzuschwer auszumachen, wie nahe diese Stücke meinem Selbstanspruch kommen), zwei oder drei von ihnen in den Band als ‚Fragmente' zu nehmen, jedoch keinesfalls mehr.

Es wäre absurd, die Essenz des kleinen ‚Lebenswerks', die der kleine Band vielleicht geben könnte, mit Unfertigem sozusagen aufzufüllen. Dennoch mag Wachinger alle andern Mappen [hs. nach] Werten durchsehen, die mir womöglich nicht aufgegangen sind, nur bitte ich um eine sogar die meinige übertreffende kritische Haltung, die ich fast eine Bedingung nennen möchte.

Über typographische Fragen weiß ich mich mit Wachinger einig: eine Art Mittelding zwischen Vorläufigkeit und Endgültigkeit (ich rede ja zum ersten Male und bin gleichzeitig nicht mehr da), handwerklich gediegen, aber nicht ‚kostbar', dem Leser ein Buch, dem Kenner vielleicht eine [hs. typographische] Entdeckung. Modernistische Gebilde (SYNTAX GROTESK usw.) scheiden aus; zuletzt hatten wir uns für eine Antiqua von WALBAUM entschieden. Ich wünsche einen verhältnismäßig großen Schriftgrad, nicht nur, damit der Band Umfang erlange, sondern auch wegen bequemer Lesbarkeit, namentlich auch für nicht mehr junge Menschen. Das lesen von Gedichten sollte nicht anstrengend sein.

Zu Lebzeiten, wenn noch anderes von mir zu erwarten gewesen wäre, hätte ich vielleicht im Index hinter die Titel Datierungen gesetzt. Post mortem ist das unsinnig und anmaßlich, muß also unbedingt unterbleiben. […]

Klappentexte, wie ich sehe, kommen bei Wachingers Büchern nicht vor, dafür unterschiedliche Texte auf der hinteren Seite des Schutzumschlags. Was wäre da in meinem Falle zu machen? Ich habe nicht so etwas, was man eine ‚Biographie' nennt. Man könnte an Karl Mickels Vorspruch zum POESIEALBUM 97 denken; zwar ist der Text ziemlich euphorisch, aber noch das genaueste (und einzige), was über meine Gedichte gesagt wurde, ich schlage vor, ihn zu verwenden; Mickels Name diente auch dem Werbezweck, und ich bin sicher, er hätte nichts dagegen. (Seine Adresse: Karl-Liebknecht-Str. 9-c / 08-06 Berlin 1020.) Sollte W. diesen Text zu angestrengt und zu hochmütig finden, empfehle ich weiter nichts als das kleine ‚Werkverzeichnis', das ich aus dem RABE-Programmheft der Berliner Volksbühne herausgetrennt und meinem Handexemplar des POESIEALBUMS vorgeklebt habe (es ist kenntlich an seiner Durchschossenheit, handschriftlichen Gedichteintragungen usw.)

> Das Bändchen soll eine Widmung haben. Sie lautet: Dem Gedenken an meinen Bruder Karl Friedrich Zimmermann 1937–1986
> [hs. Richard Leising]
> Berlin-Lichtenberg, den 20. September 1989"[520].

Von der Aufnahme möglicher Gedichte über den Titel, den Verlag, die Ausstattung des Buches bis hin zum Klappentext und zur Widmung bestimmt Leising in dieser Verfügung eine mögliche Veröffentlichung des Bandes nach seinem Tod. Der Verweis auf sein Mappensystem führt nochmals die doppelte Funktion desselben vor Augen: die Ermöglichung einer posthumen Edition einerseits, den persönlichen Wert andererseits. Auch die enge Bindung an den Verlag zeigt sich auf besondere Weise: nur bei Langewiesche-Brandt sollte das Buch erscheinen, nur dieser und keiner anderen Institution sollte die Fertigstellung anvertraut werden.

Als Maßstab bei allen Entscheidungen setzt Leising seinen eigenen, hohen Anspruch und so stellte er „eine sogar die meinige übertreffende kritische Haltung"[521] als Bedingung einer posthumen Herausgabe. Mithilfe dieser Verfügung galt es also, die auf sorgsame Auswahl und Vollkommenheit setzende Werkpolitik über den eigenen Tod hinaus auszudehnen und das Begonnene entsprechend fortzuführen. Leisings Werkverständnis umfasst dabei auch die Materialität und Kontextualisierung der Gedichte: Seine Anweisungen betreffen nicht nur Kriterien für aufzunehmende Gedichte und Fragmente, sondern auch Typografie, Paratexte und Datierungen.

Obwohl es sich bei der Verfügung um keine notarisch beglaubigte handelt, hat sie doch testamentarischen Charakter. Testamente entsprechen nach Ulrike Vedder vorgezogenen letzten Worten: „[S]ie halten zu Lebzeiten fest, was erst nach dem Tod des testierenden Subjekts wirksam werden wird, und stellen so ebenfalls eine Fokussierung der Grenze zwischen Leben und Tod dar."[522] Die paradoxale Verschränkung, die im testamentarischen Schreiben durch diese Fokussierung entsteht, zeigt sich auch in Leisings Erklärung deutlich. Der Tod als Geltungsbedingung des Testaments wird vorausgesetzt, ist im Augenblick des Schreibens aber noch nicht eingetreten und auf diese Weise „nicht widerspruchsfrei sagbar"[523]. Das zeigt sich beispielsweise, wenn Leising schreibt: „Zu Lebzeiten, wenn noch anderes von mir zu erwarten gewesen wäre, hätte ich vielleicht im Index hinter die Titel Datierungen gesetzt. Post mortem ist das

---

520 Leising, Richard: [Verfügung], GEBROCHEN DEUTSCH. GEDICHTE, 20.9.1989. In: DLA, A:Leising, Gedichte, Entwürfe, „Sammlung RL".

521 Ebd.

522 Vedder 2011: Das Testament als literarisches Dispositiv, S. 13 f.

523 Ebd., S. 105.

unsinnig und anmaßlich, muß also unbedingt unterbleiben."[524] Und in Bezug auf den Gedichtband heißt es: „(ich rede ja zum ersten Male und bin gleichzeitig nicht mehr da)"[525]. Raulff beschreibt diesen „antizipativen Schreibakt" wie folgt: „Sich selbst ins Futur seines Gestorbenseins versetzend, macht der Autor seine Gegenwart zur Vergangenheit; befreit von ihr, tritt er ins imaginäre Gespräch mit der Nachwelt."[526] Die Konsequenz einer solchen Positionierung ist eine Distanzierung von der Gegenwart und ein gleichzeitiges Bündnis mit der Zukunft. Nach Raulff ergibt sich eine solche Haltung häufig bei von der zeitgenössischen Rezeption verkannten Autorinnen und Autoren, die sich von der Nachwelt mehr Verständnis für die eigene Literatur erwarten.[527] Mit dieser These korrespondiert ein Aphorismus Franz Kafkas, der sich in Leisings handschriftlicher Zitatsammlung „Das Buch K." befindet und in dem die Gegenwart buchstäblich zum Gegner des Autors erklärt wird:

> „Die Ursache dessen, daß das Urteil der Nachwelt über den Einzelnen richtiger ist als das der Zeitgenossen, liegt im Toten. Man entfaltet sich in seiner Art erst nach dem Tode, erst wenn man allein ist. Das Totsein ist für den Einzelnen wie der Samstagabend für den Kaminfeger, sie waschen den Ruß vom Leibe. Es wird sichtbar, ob die Zeitgenossen ihm oder er den Zeitgenossen mehr geschadet hat, im letzteren Fall war er ein großer Mann."[528]

Der Tod erscheint in diesem Sinne nicht nur als Grenze, sondern auch als eigentlicher Entfaltungsraum.[529]

Das letztlich rechtsgültige Testament Leisings belegt, dass sich der Dichter der Möglichkeit, seine Papiere könnten nach seinem Tod einem Archiv und damit einer Nachwelt übergeben werden, nicht nur bewusst war, sondern diese geradezu nachlasspolitisch forcierte. Den Nachlassbelangen oberste Priorität einräumend, schreibt Leising unter Punkt eins seines Testaments, dass sein hand- und maschinenschriftlicher Nachlass „in Besitz und Verwahrung" Kristof Wachingers übergehen soll. Zugleich empfiehlt er diesem, bei „der

---

524 Leising, Richard: [Verfügung], GEBROCHEN DEUTSCH. GEDICHTE, 20.9.1989. In: DLA, A:Leising, Ge-dichte, Entwürfe, „Sammlung RL".

525 Ebd.

526 Raulff 2013: Nachlass und Nachleben, S. 18.

527 Vgl. ebd.

528 Kafka, Franz zit. nach: Leising, Richard: [Notiz, o. D.]. In: DLA, A:Leising, Autobiographisches, Verschiedenes, Notizen und Aufzeichnungen zu Kafka, „Das Buch K., begonnen am 2. Januar 1989".

529 Vgl. dazu auch: Sina 2013: Kafkas Nachlassbewusstsein, S. 218–235.

Vernichtung von offenkundig Unerheblichem [...] nicht zu kleinlich"[530] zu sein.[531]

Der Einsatz Kristof Wachingers als Nachlassverwalter betont die bedeutende Rolle, die dem Verleger abermals zugesprochen wird – ihm überträgt Leising testamentarisch die Verantwortung für seinen Nachlass und damit gewissermaßen auch die Verantwortung für sein Nachwirken (vgl. 1.5.4): Wesentliche, den Verbleib und die Vernichtung der Papiere betreffende Entscheidungen werden an den Verleger delegiert. Auffallend an dem Testament ist außerdem, dass es eine genaue Definition des Nachlassbegriffs Leisings enthält, der ausdrücklich nicht nur die literarischen Arbeiten, sondern auch die persönlichen Aufzeichnungen, Briefe und Zeichnungen beinhaltet:

> „Unter Nachlaß verstehe ich hier nicht allein schriftstellerische Arbeiten, sondern auch meine verschiedenen Tagebücher sowie andere persönliche Aufzeichnungen, Notizen usw. Ebenfalls verstehe ich unter diesem Teil des Nachlasses sowohl gesammelte Briefwechsel zwischen mir und meinen Partnern als auch an mich gerichtete Einzelbriefe. [...] Die Mappen mit fremden und eigenen Zeichnungen fallen ebenfalls unter diese Bestimmung."[532]

Erschien Leisings Nachlasspolitik in den 1980er Jahren primär als verlängerte Werkpolitik, so weitete diese sich nach der Veröffentlichung von „Gebrochen deutsch. Gedichte" in den 1990er Jahren auf das gesamte Nachlassmaterial aus. Doch im Gegensatz zum Gedichtband, in dessen Fall der posthume Umgang mit den Manuskripten detailliert geregelt werden sollte, bleiben die Anweisungen in Bezug auf den literarischen Nachlass eher unbestimmt. Konkret indes wird das Testament hinsichtlich möglicher Bewahrungsorte. Obzwar zu Lebzeiten nur wenig bekannt, schien Leising ein späteres Interesse an seinem Nachlass nicht unwahrscheinlich. Die von Sina und Spoerhase erwähnte ‚Resonanzschwelle der öffentlichen Aufmerksamkeit' vermutlich nur knapp überschreitend,[533] zog der Dichter die bedeutende Institution des Deutschen Literaturarchiv Marbachs als möglichen Bewahrungsort seines Nachlasses in Betracht und nannte nicht zuletzt mögliche Ansprechpartner vor Ort.[534]

---

530 Leising, Richard: Testament; eröffnet durch das Amtsgericht Lichtenberg am 7.7.1997. In: Privatbesitz. Freundlicherweise als Kopie zugänglich gemacht durch Kristof Wachinger.

531 Vgl. Wachinger 1998: [Nachwort], S. 60.

532 Leising, Richard: Testament; eröffnet durch das Amtsgericht Lichtenberg am 7.7.1997. In: Privatbe-sitz. Freundlicherweise als Kopie zugänglich gemacht durch Kristof Wachinger.

533 Vgl. Sina/Spoerhase 2013: Nachlassbewusstsein, S. 620.

534 Vgl. Leising, Richard: Testament; eröffnet durch das Amtsgericht Lichtenberg am 7.7.1997. In: Privatbesitz. Freundlicherweise als Kopie zugänglich gemacht durch Kristof Wachinger.

2.1.7.3 *Der Nachlass als Werkersatz: „dieses Museum mit den vielen kleinen Aktendeckeln"*

Zwei Formen der Nachlasspolitik lassen sich bei Richard Leising unterscheiden: eine streng auf die posthume Veröffentlichung des jeweilig geplanten Gedichtbands ausgerichtete, die eine Form verlängerter Werkpolitik darstellt, sowie eine auf die Überlieferung des gesamten Nachlassgebildes zielende, die eine langfristigen Bewahrung desselben vorbereitet ohne den künftigen Umgang damit genauer zu bestimmen. Wie lässt sich diese Konstellation erklären, in welchem Verhältnis stehen Leisings Werk- und Nachlassverständnis zueinander und welche Bedeutung und Funktion des literarischen Nachlasses lässt sich daraus ableiten?

Aus dem bisher Erörterten lässt sich erkennen, dass Leisings Werkbegriff als ein emphatischer zu verstehen ist, der durch Leitkriterien wie Überzeitlichkeit, Geschlossenheit und Einheitlichkeit bestimmt wird (vgl. Kapitel 1.3).[535] Ausdruck dafür sind die bereits zitierten Stellen, in denen Leising um sein Bleiben fürchtet,[536] die Herstellung „dauerhafter Werke"[537] thematisiert, die Angst äußert, von ihm werde nach seinem Tod „nichts ‚geschlossenes'"[538] vorliegen (vgl. 2.1.7.1), Abgeschlossenheit als Anspruch an seine Gedichte formuliert (vgl. 2.1.3) und, wie noch zu zeigen sein wird, sich ein „geschlossenes Werk"[539] als Ziel für seine Arbeiten setzt. Auch Leisings Zweifel, die er nach dem Erscheinen seines Gedichtbandes Kristof Wachinger gegenüber äußerte, illustrieren die Vorstellung von einem einheitlichen und geschlossenen Werk. Zugleich zeigt sich, wie Leisings Werkverständnis mit den von ihm selbst gesetzten poetologischen Prämissen konfligiert (vgl. 2.1.6.1):

> „Ich erschrecke tief; und außerdem weiß ich schon, was man dem Bändchen am heftigsten vorwerfen wird: seinen Eklektizismus. Da ist keine ‚Form', keine ‚Geschlossenheit', da sind die Gegenstände nicht auf einen stilistischen Nenner gebracht, sondern da ist die Form aus dem jeweiligen Gegenstand entwickelt. Wie altmodisch wiederum! und wie divergent! Wie kommt ein Wachinger dazu, derart Kraut & Rüben zu verlegen"[540],

535 Vgl. Martus 2007: Werkpolitik, S. 21.

536 Vgl. Leising, Richard: [MB-Eintrag, Januar 1973]. In: DLA, A:Leising, Verschiedenes, Autobiographisches, Merkbuch 1979–1984.

537 Leising, Richard: [MB-Eintrag, 14.12.1986/ 8.1.1987]. In: DLA, A:Leising, Verschiedenes, Autobiographisches, Merkbuch 1986.

538 Leising, Richard: [MB-Eintrag, 4.2.1987]. In: Ebd.

539 Leising, Richard: [Notiz, o. D.]. In: DLA, A:Leising, Prosa, Essayistisches, „Machtmal oder Aller Länder Herren".

540 Leising, Richard an Wachinger, Kristof, [Durchschl.], 11.4.1990. In: DLA, A:Leising, Briefe von ihm an Wachinger, Kristof.

schreibt Leising am 11. April 1990 an seinen Verleger. Steht auf der einen Seite der poetologische Anspruch, die lyrische Darstellung in Korrespondenz zur Singularität des beobachteten Gegenstands zu entwickeln, sollen auf der anderen Seite die in einem Buch zusammengefassten Gedichte doch eine stilistische Einheit und zusammen ein Ganzes bilden. Nichtdestotrotz zählte Leising den Gedichtband zu seinen Werken. Dies vermittelt eine handschriftliche Auflistung im Merkbuch von 1990, die das kuriose Vorhaben verfolgt, bestimmte dramatische bzw. lyrische Erzeugnisse mit Opuszahlen auszustatten:

> „Ich mache mir den Spaß, meine Arbeiten mit Opuszahlen zu versehen:
> op. 1 Der König Hirsch
> op. 2 Der Held der westlichen Welt
> op. 3 Poesiealbum
> op. 4 Der Rabe
> op. 4a Puppenspielfassung Rabe
> op. 5 Gebrochen Deutsch. Gedichte“[541]

Schon im Programmheft zur Rabe-Inszenierung an der Volksbühne 1981 findet sich eine ähnliche Liste.[542] Sie führt einerseits das Gewicht des Werkbegriffs für Leisings Schaffen vor Augen und manifestiert andererseits nochmals die damit zusammenhängenden Kriterien: Als Werk wird von Leising die als Band oder Heft zusammengefasste, abgeschlossene Lyrik bezeichnet, die in Buchform veröffentlicht wurde. Seine zwar nicht publizierten, aber im Rahmen einer Inszenierung einer Öffentlichkeit vorgestellten, wichtigen Theaterstückbearbeitungen zählte Leising ebenfalls zu seinen Werken. Am Fortwirken seiner Theaterarbeit interessiert, präparierte Leising seine Stückbearbeitungen so, dass sie nach seinem Tod wieder aufgeführt hätten werden können. Zu Beginn seiner Version des „Raben“ notierte er beispielsweise: „Bei jeder Erarbeitung einer Spielfassung aus diesem Text ist die Puppenspielfassung des Stücks (1983) unbedingt zu Rat zu ziehen. RL“[543]. Dennoch übersteigen die umfassenden, auf die Gedichte bezogenen Vorkehrungen diese kurzen, vorsorgenden Anmerkungen bei weitem. Die Lyrik kann also trotz dieses die Dramatik miteinschließenden Werkverständnisses als Zentrum aller

541 Leising, Richard: [MB-Eintrag, 21.6.1990]. In: DLA, A:Leising, Verschiedenes, Autobiographisches, Merkbuch 1985–1990.

542 Vgl. Programmheft: Der Rabe nach Carlo Gozzi, Regie: Berndt Renne, Volksbühne, Berlin, Premiere: 13.4.1981. [In: Privatbesitz, von Boltenstern, Katrin].

543 Leising, Richard: [Notiz, o. D.]. In: DLA, A:Leising, Dramatisches, Bearbeitungen, Carlo Gozzi: „Der Rabe. Tragikomische Legende. Vorgestellt von Richard Leising“.

werkpolitischen Bemühungen gelten, das unterstreicht ein handschriftlicher Merkbucheintrag vom 25. Juni 1990 noch einmal mit aller Deutlichkeit:

> „25. Juni
> In diesem Merkbuch, im Kalender, in der kleinen Klemm-Mappe tritt zuweilen der Begriff ‚Hauptwerk' auf, meist im Zusammenhang mit Gedanken zur Entwöhnung. Seit heute nachmittag, während eines Spaziergangs um den Freia-Platz, verstehe ich gar nicht mehr, wie ich mir Gedanken habe machen können, was ich zu diesem Hauptwerk ernenne. Mein Gott! Was soll es bei mir anderes sein als Lyrik! Prosa etwa? Dramatik? Unsinn. Was ich kann, das kann ich, etwas anderes lerne ich schwerlich noch. Das Hauptwerk, das ist nichts anderes als der zweite Gedichtband."[544]

Die Kategorie „Hauptwerk" wird in dieser Notiz mit nicht unwesentlicher Bedeutung belegt und letztlich auf den nach dem „Poesiealbum" erschienenen Gedichtband „Gebrochen deutsch" bezogen. In welchem Verhältnis aber stehen das ‚nicht Werkförmige', das Fragmentarische und die persönlichen Aufzeichnungen zum Nachlassbewusstsein und zur Nachlasspolitik Leisings?

1951, als gerade 17-Jähriger schreibt Leising in einer handschriftlichen Anmerkung zu einer von ihm zusammengestellten, maschinenschriftlichen Sammlung prosaisch-lyrischer Sentenzen, die er seinem Schulfreund Wolfgang Schmidt schenkte:

> „Dies alles sind Bruchstücke. Bruchstücke sind dazu da, um überflogen zu werden. Eine intensive Beschäftigung verdient nur ein Gesamtwerk. Es wird nie erscheinen …
> Richard Leising, Wolfgang Schmidt gewidmet, Dezember 1951"[545]

Diese Bemerkung und die dazugehörigen Blätter, die sich nicht in Leisings Nachlass, sondern in Schmidts Privatbesitz befinden, führen eine Fokussierung auf einen normativen Werkbegriff schon in Leisings frühester Schaffensphase vor und rücken seine Arbeit sowie seine fragmentarische Schreibweise im Modus kokettierender Bescheidenheit in eine Distanz dazu. Ehrfurchtsvoll wird dem emphatisch verstandenen Werk und dem ihm beigemessenen unerschöpflichen Bedeutunsgreservoir eine nie zu erreichende Erhabenheit zugesprochen.

Leisings Nachlass ist geprägt von Sammlungen, die Unfertiges und Vereinzeltes wie Notizen, Zitate, Beobachtungen und Aphoristisches bergen,

544 Leising, Richard: [MB-Eintrag, 25.6.1990]. In: DLA, A:Leising, Verschiedenes, Autobiographisches, Merkbuch 1985–1990.

545 Leising, Richard: [Prosa und Lyrik-Sammlung, Dezember 1951]. In: Privatbesitz, Schmidt, Wolfgang.

und denen ein nicht mit Leisings Werkverständnis kompatibler Charakter des Fragmentarischen und Unabgeschlossenen anhaftet. An dem Versuch, eine Form für das Angesammelte zu finden, scheiterte Leising immer wieder. Exemplarisch deutlich wird das an dem in den 1960ern und Anfang der 1970er verfolgten Vorhaben, einen Roman zu schreiben. Zwar enthält der Nachlass keine erkennbaren Entwürfe und Manuskripte zu einem geplanten Roman, doch existieren einige Merkbuchnotizen, die das Unterfangen umreißen und in ein Verhältnis zu Leisings Aufschreibepraxis stellen. In einem maschinenschriftlichen Merkbuch-Eintrag von 1966 heißt es:

> „ich fühle mich immer mehr außerstande etwas zu fingieren, zu erfinden.
> meine gedanken, die immer wieder zu einem roman zurückgehen oder vorwärtsgehen, kommen zu keinem entwurf. ehedem hatte ich so etwas: an der geschichte einiger frauen den zustand dieser gesellschaft zu zeigen. das ist ein vorsatz, ein thema, die geschichten müsste ich erfinden. ich kann es nicht, es würde mich widern.[...]
> auch sehen, wie andre die zeit sehen und spüren. auskünfte über den zustand der menschen. wie macht man das? ein roman muss das divergenteste bringen. das könnte gelingen. aber es darf kein mischmasch sein. wie das verhindern? durch eine zentrale idee? mich interessiert keine zentrale idee. was kann statt ihrer einen roman zusammenhalten? roman: document humain. zusammenhalt durch zentralfigur albern. anstelle der erfindung muss die beschreibung treten. beschreibung der wirklichsten dinge: das gerade sind die seltsamsten.“[546]

Das fingierende Schreiben erklärt Leising hier zu einem ihm nicht entsprechenden künstlerischen Ausdruck. Stattdessen soll seine Prosa – in Analogie zu den von ihm gestellten Ansprüchen an seine Lyrik – von einer Betrachtung der ‚wirklichen Dinge‘ und gesellschaftlichen Zustände ausgehen und in der Beschreibung von Beobachtungen münden, die etwas über die Gesellschaft und die Zeit verraten. Von der Form des Romans wird dabei gefordert, dass sie das Disparate und Inkommensurable zusammenbringt. Doch der Anspruch an Pluralität und Heterogenität, der sich mit einer Zurückweisung großer Narrative sowie zentraler, klammerbildender Figuren verbindet, soll nicht zu Beliebigkeit, zu ‚Mischmasch‘ führen. Mit Blick auf die Verbundenheit des Disparaten skizziert Leising daraufhin den Roman als Zeugnis menschlichen Lebens, als ‚document humain‘ und bedient sich damit einer vom französischen Naturalismus geprägten Begrifflichkeit. Gemeint ist damit ein Roman, der mittels genauer Einzelbeobachtung des Alltags das

546 Leising, Richard: [MB-Eintrag, 23.4.1966]. In: DLA, A:Leising, Verschiedenes, Autobiographisches, Merkbuch 1965–1969.

Allgemeinmenschliche in der individuellen Einzelexistenz des Menschen bezeugt.[547]

In Leisings Merkbuch von 1970–1978 findet sich ein weiterer Eintrag, der das geplante Romanprojekt betrifft, wobei unklar bleibt, ob es sich dabei, vier Jahre später, noch um dasselbe handelt. Leising schreibt im Dezember 1970, den Arbeiteraufstand in Polen nicht unberücksichtigt lassend:

> „16.12.1970
> Ich scheue mich anzufangen.
>
> Weniger hiermit, mit diesem Tagebuch neben dem Roman, als mit dem Roman selbst. Es könnte auch ‚Neben-Handlung' heißen. Es ist bezeichnend genug, eben für meine Scheu anzufangen, daß die ‚Arbeit' am Roman mit der Tagebuch-Notiz beginnt, und daß ich überhaupt nur Interesse an dem Roman verspüre in Verbindung mit diesem hier beginnendem Kommentar. Wenn ich ~~das Buch~~ den Roman nicht anfange, führe ich auch dieses Buch nicht fort, wozu; es ist möglich, dass ich nach einigen Seiten aufhöre.
>
> Das Buch soll nicht nur Kommentar sein, auch Aufbewahrungsort für Notizen, später zu verwertendes Material usw.
>
> Am 12. Dezember, auf der Bahnfahrt nach Berlin, stand mir die Absicht ziemlich deutlich vor Augen. Ich machte allerhand Notizen, die ich nachher aufführen werde. Auch die Lust war sehr groß. Wenn ich überprüfe, woher diese Lust kommt, so finde ich heraus: daher, daß mir ein Roman als die beste Möglichkeit erscheint, viele meiner Arbeiten, die oft kurz, unabgeschlossen, vielthematisch sind, zu versammeln, zu deponieren. Der Roman als ein Safe. Wenn dieser Safe da ist, habe ich auch den Ort, Dinge zu sagen, die ich sonst nicht gesagt hätte, aufzuschreiben, was ich sonst nicht aufschreiben würde. Aus Faulheit, und weil ich nicht weiß, wohin damit, ja, dieses Museum mit den vielen kleinen Aktendeckeln geht mir langsam auf die Nerven.
>
> Gestern oder heute, als ich von den Unruhen in den polnischen Hafenstädten erfuhr, sah ich blitzartig die Möglichkeit, anzufangen.
>
> Denn ich will, das ist ein weiterer Grund zu schreiben, den Roman als ein politisches Tagebuch benutzen. Eine seiner Ebenen soll aus unmittelbarer zeitgeschichtlicher Reaktion bestehen, aus einem Material, über das die Geschichtsschreibung nicht spärlich verfügt."[548]

In dem für Leisings Aufzeichnungen so charakteristischen Duktus des Selbstgesprächs diskutiert der Dichter hier wichtige Aspekte seines Schreibverhaltens und seines Werkbegriffs und führt dabei gleichsam das von ihm thematisierte Schreiben vor. Das Tagebuch-Schreiben und der Selbstkommentar werden als wesentlicher Motor und als Anreiz zum Schreiben dargestellt. Zugleich verbinden das persönliche und das auf ein Werk hin ausgerichtete Schreiben eine

---

547 Vgl. König 1998: Die naturalistische Ästhetik in Frankreich, S. 100 f.

548 Leising, Richard: [MB-Eintrag, 16.12.1970]. In: DLA, A:Leising, Verschiedenes, Autobiographisches, Merkbuch, 1970–1978.

Wechselwirkung. Einerseits begleiten das Kommentieren und Reflektieren das zielgerichtete Schreiben stets, greifen ihm in gewisser Weise sogar vor und bilden das eigentliche Zentrum des Interesses. Andererseits ist ein Schreibvorhaben wie der Roman Bedingung für das Tagebuchschreiben, das ohne ein übergeordnetes Ziel gar nicht erst einsetzt.

Neben der Funktion als Stimulus soll der Roman darüber hinaus eine klammerbildende Funktion erfüllen und Leisings Arbeiten zusammenführen, die er treffend als ‚kurz, unabgeschlossen, vielthematisch' bezeichnet. Der ‚Roman als Safe' soll, wie es im Namen schon anklingt, das Geschriebene – das Wertvolle – sichern, schützen und (auf)-bewahren sowie einen Ort schaffen, an dem das Gesagte und das noch zu Sagende seinen Platz hat. Auch die zweite Metapher, das ‚Museum mit den vielen kleinen Aktendeckeln', mit der das noch nicht in Werkform Gebrachte illustriert wird, impliziert das Sammeln und Aufbewahren. Außerdem zielt das Bild auf die dokumentarische Komponente des literarischen Archivs, die mit der für das Romanvorhaben angedachten politisch-zeitgeschichtlichen Ebene korreliert. Ähnlich wie in der Notiz von 1966 entwirft Leising auch in diesem Merkbucheintrag sein Romanprojekt als eines, das eine Art Gesellschaftsdiagnose beinhaltet, und in Form eines politischen Tagebuchs Materialien und ‚zeitgeschichtliche Reaktionen' versammelt.

Ob Leising irgendwann begann, den geplanten Roman zu realisieren, ist zu bezweifeln. Stattdessen ist eine Kontinuität in seinem Schreibverhalten und eine Fortführung des ‚Museums mit den vielen kleinen Aktendeckeln' zu beobachten. Bezieht man das bereits Erörterte mit ein, so lässt sich an diesen Befund die These anschließen, dass das Konstrukt des Nachlasses – im Sinne eines sich nach dem Tod konstituierenden Gebildes – an die Stelle des nie realisierten Romans tritt. Im Nachlass kann das Fragmentarische, ähnlich wie im Tagebuch, nebeneinander stehen, ohne dass eine geschlossene Form dafür gefunden werden muss. Wird er einem Archiv übergeben, erfüllt er außerdem Funktionen, die denen eines ‚Safes' nicht unähnlich sind: Mit ihm geht die Aufbewahrung einer ausgewählten Menge an Materialien einher sowie ihr Erhalt über einen längeren Zeitraum hinweg.

Mehrere Spuren deuten darauf hin, dass das Scheitern eines mit bestimmen Vorstellungen verbundenen Werks bei Leising durch das Hinterlassen eines gezielt gestalteten Nachlasses kompensiert wird und der Nachlass somit einer Form des Werkersatzes gleicht. Anhaltspunkte dafür sind zum Beispiel eine Reihe an Vorbemerkungen, die Leising seinen Konvoluten voranstellte. Wie bereits zitiert heißt es zu Beginn der Mappe „Richard Leising: DER BÖSE BLICK oder MORGEN IST AUCH NOCH KEIN TAG. Aufzeichnungen nach Jahren":

> „~~Das Ordnungsprinzip~~ [hs. die Anordnung] der Texte [hs. in] dieser Mappe ist (oder soll sein) ein rein chronologisches. Jede Anordnung nach Themen, ~~Komplexen~~ [hs. Sachen] o.ä. erbrächte bei diesen ~~diversesten~~ [hs. verschiedensten] Gegenständen mehr Zusammenhangslosigkeit, als sie das chronologische Prinzip ohnehin ~~schon zeitigt~~. [hs. schon hervorbringt]. [hs. Tilgung]
> (Oktober 1985)“[549]

Dieser Kommentar der inneren Mappenordnung verweist abermals auf den uneinheitlichen, heterogenen Charakter der Aufzeichnungen und stellt deren Unverbundenheit heraus. Obwohl deshalb eine chronologische Anordnung empfohlen wird, scheint der Umgang mit dieser Divergenz doch einer anderen, unbestimmt bleibenden Person übertragen zu werden. An der Vorbemerkung zu der Prosa-Mappe „PROSA Duplikate und Fassungen“ zeichnet sich ein vergleichbarer Gestus ab. Dort heißt es: „Diese Mappe enthält Prosa mehr beschreibender als untersuchender Art. Ich weiß nicht, wie und wozu man sie zusammenstellen könnte, ich sammle sie einfach. Auch weiß ich noch keinen Titel. (8. Juni 1986)“[550]. Leising, der keine geeignete Form für das von ihm Geschriebene fand, bewahrte die Texte in einer Mappe und versah sie mit einer entsprechenden kommentierenden Beilage. Die Antwort auf die Frage, ‚wie und wozu man sie [die einzelnen Texte] zusammenstellen könnte‘, wird auf diese Weise der Nachwelt überlassen.

Aufschlussreich sind auch die Materialen zu dem unvollendeten essayistischen Vorhaben „Machtmal oder Aller Länder Herren“ (vgl. 2.1.6.2). Leisings Ansatz einer zeitgeschichtlichen Reaktion, wie er ihn in Bezug auf den Roman formulierte, findet in diesem sich mit Machtfragen und Machtmissbrauch auseinandersetzenden Projekt einen Widerhall. Doch ein längerer Prosatext entstand auch in diesem Fall nicht. In einer undatierten Notiz, im Zuge des Arbeitsprozesses Anfang/Mitte der 1980er entstanden, schreibt Leising: „Übertragung der Leising-Mappe [?] in Machtmal. Übertragen von Wichtigem aus ‚Geleimt‘ dahin. Finden einer Formklammer für Machtmal, damit das keine Zettelhäufung wird […] vielleicht alles nach der Entstehungszeit reihen, Vielfalt und Wirrnis der Beobachtungen, ein geschlossenes Werk gelingt da nicht.“[551] Werkbegriff und Arbeitsweise stehen sich in dieser Notiz noch einmal ganz explizit gegenüber und nehmen das spätere Scheitern des Essay-Projekts vorweg. Die umfangreichen Zitat- und Materialsammlungen,

549 Leising, Richard: [Notiz, Oktober 1985]. In: DLA, A:Leising, Prosa, „DER BÖSE BLICK oder MORGEN IST AUCH NOCK KEIN TAG. Aufzeichnungen nach Jahren“. Vgl. 2.1.5.1.

550 Leising, Richard: [Notiz, 8.6.1986]. In: DLA, A:Leising, Prosa, „Prosa /Duplikate + Fassungen“.

551 Leising, Richard: [Notiz, o. D.]. In: DLA, A:Leising, Prosa, Essayistisches, „Machtmal oder Aller Länder Herren“.

über die die Vorarbeiten nicht hinaus kamen, bleiben von Leising dabei jedoch nicht unkommentiert. In der ausführlichen Vorbemerkung, die er auf das Jahr 1986 datierte und auf den Innendeckel der Machtmal-Mappe klebte, heißt es:

> „MACHTMAL oder ALLER LÄNDER HERREN
> sollte ein durchgeschriebener Essai werden; ich fühle, daß ich zu dieser Arbeit nicht die Kraft habe und nicht die nötige Geschultheit in wissenschaftlichem Forschen. Es bleibt also beim Ablegen der Bruchstücke meiner Einsichten in die Macht – falls es sich überhaupt um Einsichten handelt und nicht lediglich um formulierten Haß. Träfe letzteres zu, so würde ich mich dessen nicht schämen; mag mein Haß irrational sein, so ist die Anbetung der Macht mit dem Worte ‚irrational' gar nicht mehr zu bezeichnen, man müßte wohl zu Worten wie gewissenlos oder verbrecherisch greifen.
>
> In meinem Denken über (wider) die Macht hat mir Brecht auf die Beine geholfen, Canetti mich auf die Sprünge gebracht. Auf dem Sprunge aber lag ich von selbst – seit ich Unterwürfigkeit erlebte und Demütigung erfuhr, und dies geschah in sehr frühen Jahren. An Anlässen und Begebenheiten erinnere ich mich kaum, dafür deutlich an den Ekel, er brauchte nur Nahrung, um zu wachsen, und die bot sich mit der zunehmenden Entartung der Welt in Fülle.
>
> Juni 1986"[552]

Im Unterschied zu den oben angeführten Kommentierungen der Prosasammlungen, ebenfalls 1985/86 verfasst, ist dieser Vorsatz nicht nur sehr viel länger, er betont auch die substituierende Funktion des Arrangements noch stärker: Das gescheiterte Vorhaben, einen essayistischen Fließtext zu schreiben, wird durch die Sammlung und Bewahrung der in diesem Kontext entstandenen Fragmente ersetzt und durch die Rede vom ‚Ablegen der Bruchstücke' bildhaft veranschaulicht. An die Stelle eines Essays über Macht tritt das unvollständig Gebliebene als Zeugnis einer Ohnmacht.

Dass die eben zitierten Kommentierungen im Nachlass Leisings nicht nur Formen der Selbstreflexion darstellen, sondern zugleich eine potenzielle Nachwelt adressieren, der das dazugehörige Material überantwortet werden soll, zeigt sich nicht zuletzt an der sich auf ihnen befindlichen Signatur „RL". Das handschriftlich auf die maschinenschriftlichen Anmerkungen gesetzte Kürzel signalisiert eine Autorisierung, das heißt eine Zustimmung zur Verwertung bzw. Auswertung des Materials.[553]

Leisings Verständnis von Werk und Nachlass, so ist zu resümieren, unterscheidet sich in wesentlichen Punkten. Maßstab für ein Werk und für eine

552 Leising, Richard: [Vorbemerkung, Juni 1986]. In: DLA, A:Leising, Prosa, Essayistisches, „Machtmal oder Aller Länder Herren".

553 Vgl. Wirtz 2013: Der Eigensinn der Nachlässe, S. 83.

Veröffentlichung zu Lebzeiten war für den Dichter ein bestimmter Grad an Abgeschlossenheit und Einheit. Im Nachlass dagegen sollte nach Leisings Vorstellungen das Fragmentarische, das Unvollendete nicht nur erhalten bleiben, sondern posthum einer Nachwelt zugänglich gemacht und vorgestellt werden. Schloss Leisings Werkbegriff die Möglichkeit des Scheiterns aus, so hatte dieses in der Vorstellung eines künftigen Nachlasses nicht nur seinen Ort, sondern sollte durch diesen – nach dem Tod – auch für Dritte sichtbar werden.

Damit erscheint, wie es Gérard Genette in Anlehnung an Marshall McLuhan ausgedrückt hat, die „Wahl des Kanals“[554] und die mediale bzw. materielle Erscheinungsform der Texte und Aufzeichnungen entscheidend. Der Nachlass ermöglicht die Adressierung einer literarischen Öffentlichkeit über Umwege, konserviert die Beweglichkeit und Divergenz des Materials ohne es auf eine Form hin festzuschreiben und lässt das Unvollkommene gelten. Nicht zuletzt eröffnet sich mit dem Schreibraum des künftigen Nachlasses in Leisings Fall ein Weg, direkt auf die gegenwärtige Zeit und Gesellschaft zu reagieren und Widerspruch zu erheben, auch wenn dieser als solcher erst posthum, das heißt mittelbar erkennbar werden sollte. Ein maschinenschriftlicher Merkbuchtext, ebenfalls von 1986, bringt dieses Verhältnis auf die Formel „Preis der Truhe“ und bezieht sich wie auch die Vorbemerkung zu „Machtmal“ auf Elias Canetti:

> „PREIS DER TRUHE
> ‚… Forderung, die man an den Dichter zu stellen hätte, wäre die, daß er gegen seine Zeit steht. Gegen seine ganze Zeit, nicht bloß gegen Dies oder Jenes, gegen das umfassende und einheitliche Bild, das er allein von ihr hat, gegen ihren spezifischen Geruch, gegen ihr Gesicht, gegen ihr Gesetz. Sein Widerspruch soll laut werden und Gestalt annehmen; er darf nicht etwa erstarren oder schweigend resignieren… . Vergißt er seines Widerspruchs, so ist er abtrünnig geworden …[‘]
> Canetti, Gewissen der Worte, 15 f.
>
> Das ist es.
> Und ich kann nicht und darf nicht:
> In die Historie verschlüsseln, grämlich vertieft, traurig bestätigt in/durch Zeiten in denen es ‚auch so‘ war, nichts ist ‚auch so‘; und der Atem meiner Zeit geht verloren, wenn ich Tote ihn atmen lasse.
> Sklavensprache reden, würdeloses Tun. Eigentlichstes Kunstgewerbe. [hs. Aber wie schön: Alles machen zu können! Experifragmente! Formalisationen!] Handweberei in altem Bauernhaus für Betuchte.
> Nicht im Westen veröffentlichen:
> Es ist nicht für diese Leute gedacht
> Es ist schofel, von drüben nach hier zu reden
> Es ist gefährlich und ich will nicht ins Gefängnis

554 Genette 1989: Paratexte, S. 384.

Bleibt die Truhe mit allen ihren Nachteilen.
[hs. 19.12.1986]"[555]

Die von Canetti in einem Text anlässlich von Hermann Brochs 50. Geburtstag 1936 gestellte und von ihm als radikal bezeichnete Forderung an den Dichter, Widerspruch gegen seine eigene Zeit zu erheben, nimmt Leising als Ausgangspunkt für seine Verortung. Das Anschreiben gegen seine Zeit zeichnet nach Canetti einen repräsentativen Dichter der Zeit aus, der als ein der Zeit Ergebener, sich damit zugleich selbst in Frage stellt. Daran anschließend erteilt Leising jeglichen Schreibformen eine Absage, die sich vermittelt an die gegenwärtige Zeit wenden, sei es über die Geschichte oder über Zitate und Gedanken Anderer. Auch die Veröffentlichung des Geschriebenen in Westdeutschland bezeichnet Leising als einen Umweg, mit dem nicht nur Fehladressierungen, sondern auch potentielle Gefahren einhergehen. Die einzige Möglichkeit, seinem Widerspruch im und durch das Schreiben Raum zu geben, bietet nach Leising bloß „die Truhe mit all ihren Nachteilen". Diese Truhe, die in Leisings nachgelassenen Aufzeichnungen mehrfach Erwähnung findet,[556] ist Bild für den künftigen Nachlass und schließt eine Form der Vermittlung mit ein, die der Dichter gelten ließ: den Weg über den eigenen Tod.

2.1.8 *Resümee: Kompensation und Komposition – „Ich weiß keinen Weg, und den gehe ich"*

Richard Leising, der nach Karl Mickel „nicht [wünscht, KvB], als Dichter zu gelten"[557], hat sich in seinen nachgelassenen Materialien als ein vielfältig Schreibender entworfen. Neben Gedichten hinterließ Leising diverse Theaterstückbearbeitungen, kurze Prosa, essayistische Texte und ‚kleine Formen' – Aphoristisches, Reflexionen und Beobachtungen. Darüber hinaus finden sich in seinem literarischen Nachlass Übersetzungen, rege und oft fast vollständig erhaltene Briefwechsel, detaillierte Tage-, Notiz- und Zitatbücher, Merkbücher, Zeitungsausschnittbücher, ein Traumbuch, Taschenkalender, Material-, Zitat-, Notiz- und Bildersammlungen, verschiedenste Lebensdokumente sowie Manuskripte Anderer. Das Spektrum der nachgelassenen Materialien ist

555 Leising, Richard: Der Preis der Truhe, 19.12.1986. In: DLA, A:Leising, Verschiedenes, Autobiographisches, Merkbuch 1986.

556 Vgl. Leising, Richard: [MB-Eintrag, o. D, 1990]. In: DLA, A:Leising, Verschiedenes, Autobiographisches, Merkbuch 1985–1990. Und: Leising, Richard an Mareck, Hans Georg, [Durchschl.], 9.4.1962. In: DLA, A:Leising, Briefe von ihm an Mareck, Hans Georg und Margitta. Außerdem: Leising, Richard an Thiele, Siegfried und Ute, 15.5.1977. In: DLA, A:Leising, HS 2009. 371, Briefe von ihm an Thiele, Siegfried.

557 Mickel, Karl: [Klappentext]. In: Leising 1975: Poesiealbum Nr. 97.

folglich breit und variiert hinsichtlich der Themen und Formen, aber auch in Bezug auf die Qualität des Geschriebenen. Der Großteil des handschriftlichen Gesamtbestands birgt unveröffentlichtes Material, ein nur sehr kleiner Teil der Texte wurde posthum ediert. Sogar in der Textgruppe ‚Lyrik' dominiert das Unpublizierte – seien es Fassungen, Entwürfe oder nicht weiter bearbeitete Gedichte. In seiner Anlage entspricht Leisings literarisches Archiv einem gezielt gestalteten Schreib- und Möglichkeitsraum mit eigener Systematik, in dem das Schreiben und seine vielfältigen Entfaltungspotenziale mit existenziellem Gewicht aufgeladen und mit verschiedenen Funktionen verbunden sind. Durch unterschiedliche Aufschreibe- und Selbstarchivierungstechniken schuf sich der Autor einen geschützten Ort, um Gedachtes und Erlebtes schriftlich festzuhalten, zu dokumentieren und um sich im Modus fortwährender Selbstbefragung zu reflektieren und zu beobachten. Das nicht auf eine Veröffentlichung hin ausgerichtete Schreiben bot außerdem Möglichkeiten des inneren Rückzugs bei gleichzeitigem Bestreben, sich politisch zu positionieren und selbst zu behaupten. Leisings hinterlassene Aufzeichnungen können darüber hinaus als Versuch gelesen werden, die schreibende Bewegung hin zu einem gelungenen Vers lebendig zu halten und etwas Bleibendes zu hinterlassen. Im Oszillieren zwischen den Möglichkeiten und Unmöglichkeiten des Schreibens, immer wieder Formen des Scheiterns aufweisend, erscheint das literarische Archiv so als Schauplatz eines Dilemmas.

Den zwei zu Lebzeiten veröffentlichten Lyrikbänden Leisings, die als schmales Werk regelrecht zum Markenzeichen des Dichters avancierten und zu einer Mythologisierung seines Schaffens beitrugen, stehen etliche Publikationen in Anthologien gegenüber. Diese verdeutlichen: Hier schwankte einer zwischen Rückzug und öffentlichem Auftritt. Im Nachlass stellt sich der Weg zum angestrebten Schreibwerk als ein mühsames Ringen, ein ‚Sich-Abringen' dar, das von vielen, manchmal lapidar und rasch dahingeschriebenen Notizen und Aufzeichnungen begleitet wurde. Diese widmen sich zum Teil auch der Problematik des zögerlichen Publikationsverhaltens, sodass ein vielschichtiges Autorbild entsteht, das Leisings Verhältnis zur literarischen Öffentlichkeit als ein mehrdimensionales beschreibbar macht. Wird in den Selbstzeugnissen häufig ein hoher Eigenanspruch als Schreib- und Veröffentlichungshemmnis proklamiert, so bilden dazu Fremdansprüche bzw. ein übermäßiger Erwartungsdruck ein Pendant. Einer gewissen Eitelkeit wiederum wird das Verlangen nach politischer wie ökonomischer Autonomie entgegengesetzt und damit der Versuch, durch Nichtveröffentlichen weder korrumpierbar, noch verkäuflich zu sein. Während die Angst vor staatlichen Repressionen und die Alkoholkrankheit weitere Aspekte des sich im Nachlass abzeichnenden Bildes darstellen, das sich in Relation zu den wenigen Lyrikbänden Leisings konstituiert, erscheint die Aussicht auf Veröffentlichungen gleichwohl als ein Schreib-Movens; das gelungene Gedicht sollte gelesen werden und politisch wirken.

Leisings ambivalentes Verhältnis zur Publikation seiner Texte veränderte sich nach der Wende nicht deutlich. Zwar erschien 1990 „Gebrochen deutsch. Gedichte“, doch nach dem lange vorbereiteten Gedichtband folgte zu Lebzeiten kein weiterer. Auch nach dem Mauerfall begann Leising nicht, auf einen Schlag viele Texte zu veröffentlichen. Stattdessen bereitete der Dichter spätestens ab Mitte der 1980er Jahre gezielt seinen künftigen Nachlass für die Nachwelt vor, um dieser die aus verschiedenen Gründen nicht publizierten Texte, Aufzeichnungen und Briefe posthum zugänglich zu machen.

Die Gestalt des kompakten und übersichtlichen literarischen Archivs, dessen innere Systematik und Anlage eine gute Orientierung bietet, lässt sich gemäß der von Wirtz vorgeschlagenen Kategorien mit dem Typus der Registratur vergleichen. Die disziplinierte und anhaltende Selbst-Archivierung Leisings lässt sich im Zuge dessen nicht nur auf sein ausgeprägtes Nachlassbewusstsein zurückführen, sondern auch auf seinen Schreibprozess, Formen der schriftlichen Lebensführung sowie sein Bedürfnis nach Übersichtlichkeit und Ordnung.

Eine selbstreflexive Systematik, entstanden durch Praktiken wie das sorgsame Ordnen, genaue Datieren und exponierende Kommentieren, kennzeichnet den Nachlass ebenso sehr wie das stetige Aufschreiben und Verzeichnen. Im Rahmen dessen wird der Nachlass zum Zeugnis von Leisings Dialog mit dem Papier und veranschaulicht auf geradezu paradigmatische Weise den Prozess der Selbstkommunikation aus den literarische Nachlässe nach von Bülow maßgeblich hervorgehen. Insbesondere die Merkbücher, die ein Kernstück des Nachlasses ausmachen, sind Spuren einer intensiven Selbstreflexion, die sich beispielsweise in Bilanzierungen, selbstbeobachtenden Gedankenentwicklungen, Rückblicken und Vergegenwärtigungsbestrebungen ausdrückt. Die Praktiken der Selbstarchivierung, die außerdem das Aufbewahren von persönlichen und zeithistorischen Zeugnissen und den collagenartigen Umgang damit betreffen, können auch als Konservierungsversuch interpretiert werden, einen bestimmten Erinnerungsraum als Referenzpunkt zu erhalten.

Während der Dichter mit seinen Aufzeichnungen das für ihn Wichtige fixierte, vernichtete er Texte, die vor ihm keinen Bestand mehr hatten bzw. die mit seinem schriftlich Selbstentwurf nicht mehr vereinbar waren. Insbesondere frühe Texte aus den 1950er Jahren, offenbar von prätentiösen und epigonalen Schreibstilen, einem großen Maß an Pathos und eventuell auch einer unkritischen, stark affirmativen Haltung gegenüber der DDR geprägt, fehlen.

Aus den überlieferten Texten ab Anfang der 1960er Jahre, eine gattungsüberschreitende Auseinandersetzung mit Literatur, Theater, Kunst und Musik beinhaltend, entsteht ein Autorschaftsentwurf, dessen Fluchtpunkt ungeachtet aller Mannigfaltigkeit die Lyrik darstellt und der von einem im historischen Kontext progressiven Produktivitätsbegriff getragen wird. Zudem verbindet sich dieser Entwurf mit einem poetologischen Ansatz, der sich aus sukzessiv entstandenen, an unterschiedlichen Stellen abgelegten Zeugnissen einer künstlerischen Selbstvergewisserung ableiten lässt. Diese koppelt die genaue Beobachtung an eine singuläre, am Gegenstand orientierte lyrische Darstellung durch deren sprachliche Bezüge und dichterische Gestaltung ein über sich selbsthinausweisender Kommentar entstehen soll. Ohne auf dezidierten Botschaften oder Programmen zu basieren, versteht sich diese Art der Dichtung, aufgrund ihrer Form und jeweiligen sprachlichen Behandlung des Gegenstands, als politisch.

Auch bei anderen Weisen des Schreibens, von der Theaterarbeit über die Prosa bis hin zu den persönlichen Aufzeichnungen, suchte Leising Rückhalt und Widerstandskraft. Die Problematik der Abhängigkeit, sei es einer politischen oder einer physischen, suchtbedingten, spielte dabei genauso eine wiederkehrende Rolle wie die damit verbundene Fokussierung des Themenkomplexes von Macht und Gewalt. Doch zielten Leisings Aufzeichnungen nicht nur auf eine kritische Beobachtung der Verhältnisse und Entwicklungen insbesondere in der DDR, auch die eigenen, mitunter ambivalenten Positionierungen, die eigene Betroffenheit und das sich daraus ergebende Schreibverhalten wurde immer wieder Gegenstand einer rigorosen, schriftlichen Selbstbefragung.

Zugleich steht das leisingsche Schreiben, wie es sich im Nachlass darstellt, in einem spezifischen Verhältnis zum Tod als schwer zu akzeptierendem Faktum der Endlichkeit des Daseins. Leisings Begrifflichkeit entsprechend erfüllt das Schreiben die Funktion einer ‚Todesgegenarbeit'. Geknüpft an die kulturgeschichtlich tradierte Idee der Möglichkeit eines Bleibens und Nachlebens in der Schrift gleicht es einer Bewältigungsstrategie im Umgang mit dem allgegenwärtigen Sterben. Das Schreiben und insbesondere das Dichten werden im Kontext des literarischen Archivs als existentielle, lebenswichtige Praktik im Sinne der leisingschen Produktivitätsvorstellung dargestellt, der im Hinblick auf das Sterben eine Form der Sinngebung zukommt; die dichterische Leistung wird zum Lebenszweck.

Parallel dazu sind Leisings nachgelassene Aufzeichnungen durch ein frühes und anhaltendes Nachlassbewusstsein sowie einer damit einhergehenden

Stilisierung als Dichter geprägt, die insbesondere in den 1960er Jahren in einem Ungleichverhältnis zu seinem Bekanntheitsgrad und seinen vereinzelten Anthologieveröffentlichungen stehen. Eine intensive, durch Notizen gut dokumentierte Vorbereitung des Nachlasses für den Fall des Todes setzte nachweisbar mit der Arbeit Leisings an seinem ersten Gedichtband Mitte der 1980er Jahre ein. Die im Zuge dessen getroffenen nachlasspolitischen Vorkehrungen sollten gewährleisten, dass der geplante Gedichtband im Falle von Leisings Tod ausschließlich gemäß den Vorstellungen des Dichters veröffentlicht werden würde. Diese Art der Nachlasspolitik, die auch die posthume Herausgabe des Bandes „Die Rotzfahne" durch Kristof Wachinger bestimmte, steht in einer Wechselwirkung zu dem Prozess der Werkbildung und erscheint als verlängerte Werkpolitik: Zentrum und Ziel der Bemühungen war das den Ansprüchen und Vorstellungen des Autors entsprechende Einzelwerk.

Der sich in den hinterlassenen Zeugnissen manifestierende Werkbegriff Leisings ist ein emphatischer und zeichnet sich durch größtmögliche Vollkommenheit, Abgeschlossenheit und zeitliche Dauer aus. Allerdings stehen die den Nachlass dominierenden Aufzeichnungen, die kleinen, mannigfaltigen Beobachtungen, die kurzen Texte und Reflexionen in einem Gegensatz zu diesem Werkverständnis. Die verschiedenen Notizen und Sentenzen zu einer nach seinen Vorstellungen geschlossenen Einheit zusammenzufügen, gelang dem Dichter nicht – in ihrer Vielfalt und Inkohärenz materialisiert sich das wiederholte Scheitern des angestrebten Werks. Dass ein Teil der nachlasspolitischen Strategien Leisings, seine Autorisierungsakte sowie seine Nachlassgestaltung sich nicht nur auf das von ihm als Werk verstandene, auf seine geplanten Gedichtbände, beziehen, sondern auf das gesamte literarische Archiv und seine Überlieferung, verdeutlicht die dem Nachlass implementierte Funktion: Nicht im Werk, aber im Nachlass konnte und sollte, Leisings Nachlassbewusstsein entsprechend, ein Scheitern an den eigenen Ansprüchen und Werkvorstellungen zum Ausdruck kommen sowie Unvollkommenes und Fragmentarisches nebeneinander stehen. Was für eine Veröffentlichung zu Lebzeiten nicht infrage kam, durfte und sollte posthum unter dem Vorzeichen ‚Nachlass' der Öffentlichkeit zugänglich werden. Im Modus des Scheiterns erhielt der künftige Nachlass die Funktion eines Werkersatzes. Seine nachlasspolitische Gestaltung für die Nachwelt zielte dabei nicht nur darauf ab, ein versäumtes Werk zu kompensieren, sondern auch darauf, die Umstände seines Scheiterns zu überliefern. Der Wunsch etwas Bleibendes zu hinterlassen prägte die posthumen Papiere ebenso sehr wie die existentielle Bedeutung, die sich mit dem Schreiben verknüpfte.

Subversive, nach Unabhängigkeit strebende Tendenzen koppeln sich an Rückzug, Zweifel und stetige Reflexion. Dabei kehrt das Schreiben, wie es sich im Nachlass darstellt, immer wieder zu dem Zentrum, um das es kreist, zurück: zur Suche nach einem haltbaren Vers, nach einem schriftlichen Ausdruck mit Bestand. In dieser Pendelbewegung ist das Schreiben Rückzug und Widerstandskraft zugleich, bemüht sich um Unabhängigkeit und scheut vor jeder Vereinnahmung zurück. So zeigt der Nachlass, was ein Vers Leisings besagt: „Das Leben ist kein Leben, aber der Tod ist der Tod / Ich weiß keinen Weg, und den gehe ich."[558]

2.2 Helga M. Novak – der Nachlass im DLA Marbach

Gegenstand der zweiten Fallstudie ist der literarische Nachlass der Autorin Helga M. Novak, an dessen Beispiel sich die Ambivalenzen der Nachlassthematik herauskristallisieren. Die Gesamtbetrachtung dieses Nachlasses beginnt ebenfalls mit einem Nachlassprofil, das Umfang und Zusammensetzung sowie Genese und Überlieferungsgeschichte des Bestands im DLA nachzeichnet. Entsprechend den erarbeiteten theoretischen Ansätzen für eine Nachlassanalyse gilt es anschließend, die inneren Faktoren und Praktiken zu skizzieren, die das literarische Archiv Novaks charakteristisch geformt haben: eine selektive Archivsorge, nachträgliche Rückforderungen der Briefschaften, punktuelle Ordnungsbemühungen sowie das Briefeschreiben als Akt der Selbstkommunikation. Der Fokus beim Herausarbeiten von Selbst- und Autorschaftsentwürfen liegt auf dem Verhältnis von Literatur, Schreiben und Leben sowie auf dem Topos der Unabhängigkeit; dem Zusammenhang von Schreiben und DDR widmet sich ein separates Unterkapitel. Um die Bedeutung des Nachlasses einordnen zu können, untersucht ein weiterer Abschnitt das Nachlassbewusstsein Novaks, dem ein kritisches Vorlassbewusstsein inhärent ist. Welche Konsequenzen sich daraus unter anderem für die Genese, Überlieferungsgeschichte und Rezeption nicht nur des Nachlasses, sondern auch der novakschen Spätwerke ergeben, zeigt das Unterkapitel zu der Nachlassverwalterin Rita Jorek und der daran geknüpften Eigendynamik der Nachlasspolitik. Die Organisation des literarischen Archivs sowie die Funktion der sich darin befindlichen Zeugnisse ist eng mit Novaks letztem autobiografischem Projekt „Im Schwanenhals" verbunden. Deshalb wird im abschließenden Abschnitt der Studie diese spezifische Werk-Archiv-Korrelation erörtert, die Briefform als zentraler Verbindungspunkt zwischen beidem ausgelotet und die sich daraus ergebende Konstellation in den Kontext von Erinnerungsarbeit und Zeugenschaft gestellt.

558 Der Rabe. In: Leising 1990: Gebrochen deutsch, S. 37.

Auch bei dieser Fallstudie gilt: Der Nachlass Helga M. Novaks ist nicht nur Gegenstand der Untersuchungen, sondern zugleich auch Werkzeug; so stellen die Nachlassdokumente wichtige Quellen dar, die in vielerlei Hinsicht aufschlussreich sind. Die der Nachlassbetrachtung vorangestellte Kurzbiografie sowie die Schreib- und Werkbiografie stützen sich somit ergänzend auf dieses Material und ermöglichen schließlich die lebens- und werkgeschichtliche Kontextualisierung des Nachlasses. Das anschließende Unterkapitel zu Novaks Verhältnis zur literarischen Öffentlichkeit basiert ebenfalls sowohl auf Archivmaterial als auch auf Primär- und Sekundärtexten. Zu beachten ist dabei der besondere Status der Zitate aus dem Nachlass: Im Falle von Briefen und anderen Aufzeichnungen handelt es sich oftmals um spontane, subjektive und variable Aussagen, die auch widersprüchlich sein können und insofern bestenfalls durch mehrere Zeugnisse belegt werden sollten. Der Fokus liegt auf den Aufzeichnungen Novaks, das bedeutet, dass bei den Korrespondenzen die Antworten der Adressaten vielfach ausgespart werden, um das monologische Schreibverhalten der Autorin herausarbeiten zu können. Spuren von Alterität werden exemplarisch anhand der Rolle der Nachlassverwalterin behandelt.

Das Vorhaben, zu Beginn der Nachlassanalyse Novaks Biografie und ihr literarisches Schaffen getrennt voneinander darzustellen, ist insofern ambitioniert, da Formen des autobiografischen Schreibens für die Autorin signifikant sind und die Forschungsliteratur die enge Verknüpfung von Leben und Werken bei Novak stets betont.[559] Dennoch wird im Folgenden eine separate Darstellung angestrebt: Um einerseits einen für die Einordnung der Nachlassteile wichtigen Überblick über Novaks verzweigten Lebensverlauf zu bieten.[560] Andererseits soll die Abfolge und Ausrichtung der von Novak publizierten Werke nachvollziehbar gemacht werden, damit diese zum Nachlass in Beziehung gesetzt werden können. Statt um eine Einführung mit Interpretationen und Ausführungen zu literarischen Formen und Inhalten geht es um ein Werk- und Schreibprofil, das die Konturen und Publikationsverläufe nachzeichnet, die die literarischen Arbeiten einfassen.

2.2.1 *Kurzbiografie*

Helga M. Novak wurde am 8. September 1935 in Berlin-Köpenick als uneheliches Kind geboren, Helga Maria Schmidt genannt, und nur wenige Wochen

559 Vgl. Brandt 2017: Zugänge zum Werk von Helga M. Novak, S. 8.

560 Den Lebenslauf Novaks nachzuvollziehen, half eine ausführliche biografische Tabelle, die Rita Jorek mithilfe von Nachlassmaterial anfertigte und die sie als vorläufige, bisher unveröffentlichte Fassung für diese Arbeit freundlicherweise zur Verfügung stellte. Vgl. Jorek 2014/15: Helga M. Novak – Biographie (unveröffentlicht).

nach der Geburt in ein Kinderheim gegeben.[561] 1939/40 adoptierte das kinderlose Ehepaar Karl und Charlotte Nowak das Mädchen, das nun Helga Maria Nowak hieß, und zog mit diesem nach Erkner bei Berlin, wo der Adoptivvater als kaufmännischer Angestellter arbeitete.[562] Faschismus und zweiter Weltkrieg, das Bombardement Erkners im März 1944 und schließlich der Einmarsch der Sowjet-Armee bilden den gesellschaftlichen und politischen Hintergrund dieses Aufwachsens. Die darauf folgenden gesellschaftlichen Veränderungen in der sowjetischen Besatzungszone, die der bürgerlich-konservativen Haltung der Adoptiveltern entgegenstanden, gingen mit einer frühen Loslösung Novaks aus ihrer Familie einher. 1951 wurde sie Mitglied der Freien Deutschen Jugend (FDJ) und der Gesellschaft für Deutsch-Sowjetische Freundschaft (DSF), besuchte Funktionärslehrgänge, arbeitete für die FDJ-Kreisleitung und erhielt, ermöglicht durch ihre geknüpften Kontakte, einen Platz in der Internatsoberschule Waldsieversdorf bei Buckow.[563] Auf diesem Wege verließ sie ihr Elternhaus und widmete sich während freiwilliger Arbeitseinsätze im Eisenhüttenkombinat (Ost) dem Aufbau einer sozialistischen Gesellschaft. Im Internat war sie als Zirkelleiterin der FDJ tätig.[564] Von 1953 bis 1957 gehörte Novak der Gesellschaft für Sport und Technik (GST), der paramilitärischen Jugendorganisation in der DDR, an und besuchte die Fliegerschule.[565] Am 5. März 1953, am Todestag Stalins, trat sie als Kandidatin der SED bei.[566] Nach dem Abitur 1954 begann Novak ein Studium an der Fakultät

561 Novaks späteren Recherchen zufolge brachte der leibliche Vater sich und zwei weitere Frauen 1937 um. Die Suche nach Auskünften über die leiblichen Eltern der Protagonistin ist ein verbindender Strang der autobiografischen Romane „Die Eisheiligen" (1979), „Vogel federlos" (1982) und „Im Schwanenhals" (2013). Novaks Herkunft ergänzend recherchiert hat Ewelina Kamińska. Vgl. Kamińska-Ossowska 2017: Nachgetragene Biografien, S. 119–133.

562 Vgl. Jorek 2014: Helga M. Novak – Biographie, S. 113. Und: Jorek 2014/15: Helga M. Novak – Biographie (unveröffentlicht).

563 Vgl. BArch, MfS, AIM, Nr. 916/61, Bd.1, (Ermittlungsbericht, Leipzig, 19.9.1957, Bl. 10).

564 Vgl. ebd.

565 Vgl. ebd., Bl. 41.

566 Vgl. Stoye-Balk 2016: Die Dichterin Helga M. Novak, S. 7–13. Und: Jorek 2014/15: Helga M. Novak – Biographie (unveröffentlicht). Außerdem: Klump 1991: Das rote Kloster, S. 363. Eine literarische Verarbeitung der Kindheit und Jugend Novaks findet sich in ihren ersten zwei autobiografischen Romanen. Vgl. Novak 1979: Die Eisheiligen. Und: Novak 1982: Vogel federlos. Die Studienzeit wird in dem dritten und letzten Band der autobiografischen Reihe verarbeitet: Novak 2013: Im Schwanenhals. Das in den Büchern Geschilderte stimmt, soweit nachprüfbar, vielfach mit den historischen Begebenheiten überein. Sofern keine anderen Quellen zur Rekonstruktion der Biografie Novaks herangezogen werden können, wird deshalb im Folgenden zum Teil auch auf diese autobiografischen Romane verwiesen.

für Journalistik an der Karl-Marx-Universität Leipzig mit dem Nebenstudium der Philosophie,[567] besuchte unter anderem die Vorlesungen von Ernst Bloch und absolvierte ein Praktikum in der Kulturredaktion der „Berliner Zeitung". Als einzige akademische Ausbildungsstätte für Journalisten in der DDR war das Ziel der Fakultät, die Studierenden nicht nur journalistisch auszubilden, sondern auch im Sinne der Staatsideologie zu schulen, um sie in den staatstreuen Medien einsetzen zu können; aufgenommen wurde nur, wer der politisch-ideologischen Ausrichtung entsprach.[568]

Novaks Begegnung mit dem Schriftsteller Boris Djacenko,[569] in den sie sich im ersten Studienjahr verliebte, eröffnete der Studentin einen Diskussionsraum abseits des von politischen Dogmen geprägten Studiums.[570] Das Unbehagen, das sich nach der Niederschlagung des Ungarischen Volksaufstands durch sowjetische Truppen 1956 auch an der Fakultät verbreitete, konnte dort nicht offen diskutiert werden.[571] Während des Aufstands durften die Studierenden in Leipzig ihr Studentenwohnheim nicht verlassen.[572] Brigitte Klump, ebenfalls Journalistik-Studentin zu dieser Zeit, berichtet in ihrer 1978 in der Bundesrepublik erschienenen und vielbeachteten Autobiografie „Das rote Kloster" über die angespannte Atmosphäre an der sogenannten „Fak. Jour.", die durch den Einfluss der Staatssicherheit noch verstärkt wurde; auch die Rolle Novaks thematisiert Klump in ihrem Buch am Rande.[573] Kurz vor dem Staatsexamen traten Mitarbeiter des Ministeriums für Staatssicherheit der DDR (MfS) an die

567 Vgl. Klump 1991: Das rote Kloster, S. 363. Weitere Schwerpunkte bildeten Vorlesungen in der Kunstgeschichte, in der Theaterwissenschaft bei Armin-Gerd Kuckhoff und literaturgeschichtliche Vorlesungen bei Hedwig Voegt und Hans Mayer. Vgl. Novak 2013: Im Schwanenhals, S. 74.

568 Vgl. dazu: Schemmert/Siemens 2014: Die Leipziger Journalistenausbildung im ‚Roten Kloster'. Unter: https://pressegeschichte.docupedia.de/wiki/Leipziger_Journalistenausbildung_Version_1.html, zuletzt abgerufen am 16.11.2021. Vgl. außerdem: Siemens 2015: Kaderschmiede der Stasi?, S. 31–46.

569 Durch den 1954 in der DDR erschienenen Roman „Herz und Asche" war der 1917 in Riga geborene Schriftsteller Boris Djacenko bekannt geworden. Die Fortsetzung des Romans, die die Vergewaltigung deutscher Frauen durch Soldaten der Roten Armee 1945 thematisiert, wurde 1958 auf Geheiß der Kulturabteilung des Zentralkomitees der SED verboten. Vgl. Stoye-Balk 2016: Die Dichterin Helga M. Novak, S. 14 ff.

570 Vgl. Novak 2013: Im Schwanenhals, S. 19–35.

571 Vgl. Schemmert/Siemens 2014: Die Leipziger Journalistenausbildung im ‚Roten Kloster'. Unter: https://pressegeschichte.docupedia.de/wiki/Leipziger_Journalistenausbildung_Version_1.html, zuletzt abgerufen am 16.11.2021.

572 Vgl. Novak, Helga M./Popović, Nenad: „Ich schreibe und höre nicht zu." Gespräch mit Helga Novak, [Typoskript, Danas. Zagreber Wochenmagazin für Politik und Kultur], 26.1.1988. In: DLA, A:Novak, Nachtrag 2015, Prosa, Interviews, „Ich schreibe und höre nicht zu" 1988.

573 Vgl. Klump 1978: Das rote Kloster, S. 116, 193, 300–306.

22-jährige Novak heran und erwirkten von ihr am 17. September 1957 eine unterschriebene Bereitschaftserklärung, als „Geheimer Informator", kurz GI, zu fungieren.[574] Die junge Frau sollte unter dem Decknamen ‚Renate' insbesondere auf Männer angesetzt werden, Verbindungen zum ‚Club junger Künstler' aufnehmen und Informationen über Kommilitonen sowie Studierende aus Island, mit denen sie befreundet war, übermitteln.[575] Doch Novak erfüllte die Aufträge kaum bzw. gar nicht[576] und informierte ihre isländischen Freunde über die Situation.[577] Infolgedessen wurde sie am 15. November 1957 im Zuge einer schauprozessähnlichen FDJ-Vollversammlung gemeinsam mit Brigitte Klump,[578] die sich in einer ähnlichen Situation befand, kritisiert und sollte exmatrikuliert werden: Sie habe gegen die Parteidisziplin verstoßen, zeige kein Verständnis für die Zerschlagung des Ungarn-Aufstands und hätte weder an einem Arbeitseinsatz noch an der Vorbereitung der Volkswahlen teilgenommen.[579] Novak trat daraufhin auf eigenen Wunsch aus der SED aus und reiste, angesichts der drohenden Strafe der unbefristeten Produktionsarbeit, am 21. November 1957 zusammen mit ihrem isländischen Freund spontan

574 Vgl. BArch, MfS, AIM, Nr. 916/61, Bd.1, (Verpflichtung, Leipzig, 17.9.1957, Bl. 14). Die vom Ministerium für Staatssicherheit eingesetzten „Inoffiziellen Mitarbeiter" (IM) wurden vor 1968 als „Geheime Informatoren" (GI) bezeichnet. Vgl. Müller-Enbergs 2016: Geheimer Informator (GI), S. 103. Novak beschreibt in „Im Schwanenhals", wie die Protagonistin kurz vor den Abschlussprüfungen – vorgeblich wegen unerlaubten Übernachtungsbesuchs – ihren Platz im Studentenwohnheim verliert, vergeblich eine neue Unterkunft sucht und auch deshalb die Bereitschaftserklärung unterschreibt. Vgl. Novak 2013: Im Schwanenhals, S. 85. Vgl. in Übereinstimmung damit: BArch, MfS, AIM, Nr. 916/61 Bd.1, (Meldung Heimverwalter Jentzsch, 25.6.1957, Bl. 15).

575 Vgl. ebd., (Vorschlag zur Anwerbung, Leipzig, 19.9.1957, Bl. 7. / Abschlussbeurteilung, Leipzig, 22.11.57, Bl. 32f).

576 Aus dem Jahr 1957 befinden sich zwei Berichte Novaks in ihrer Akte: ein Stimmungsbericht zur Stipendiumskürzung an der Fakultät sowie eine Charakterisierung einer Kommilitonin. Vgl. BArch, MfS, AIM, Nr. 916/61, Bd. 2., (Stimmungsbericht von GI ‚Renate', 8.10.1957, Bl. 9a / Bericht von GI ‚Renate', 24.10.1957, Bl. 15).

577 Vgl. BArch, MfS, AIM, Nr. 916/61 Bd.1, (Bericht zur Kontaktaufnahme, Berlin, 14.11.1959, Bl. 48).

578 Die Autorin Brigitte Klump, die wie Novak ab 1954 an der Fakultät für Journalistik in Leipzig studierte, verweigerte sich ebenfalls dem Auftrag des Staatsicherheitsdienstes, Freunde, Bekannte und Kommilitonen zu bespitzeln. Nach der Versammlung im großen Hörsaal der Anatomie, auf der die Strafe der unbefristeten Produktion beschlossen wurde, floh sie nach Westberlin. Vgl. Klump 1978: Das rote Kloster, S. 300–306.

579 Vgl. BArch, MfS, AIM, Nr. 916/61 Bd.1, (Abschlussbeurteilung, Leipzig, 22.11.57, Bl. 32f). Vgl. auch: Jäger 1995: Schriftsteller aus der DDR (Bd. 1), S. 469. Klump gibt in ihrer Autobiografie den – vermutlich nur aus der Erinnerung zitierten – Wortlaut der Resolution der FDJ-Fakultätsleitung wieder. In ihrem Text heißt es: „Die Studentinnen Novak und Klump werden wegen ihres Fehlens zur Wahl bestraft und haben eine Neufestsetzung ihrer Stipendien zu erwarten." Vgl. Klump 1978: Das rote Kloster, S. 300.

und illegal über die noch offene Grenze zu Westberlin nach Island.[580] Ohne Arbeit und Beschäftigung begann sie dort einen Handwebereikurs in der Fachhochschule für Kunstgewerbe und verbrachte die Tage vor allem lesend und schreibend.[581] Novak, die kaum Isländisch verstand und sprach, kehrte schon im Frühling 1958 in die DDR zurück[582] und änderte bei der Neuausstellung des angeblich verlorengegangenen Personalausweises ihren Namen vermutlich von Nowak zu Novak.[583] Hochschwanger mit ihrem ersten Kind leistete sie nun doch die Arbeit in der Produktion ab, als Monteurin und Laborantin am VEB-Werk für Fernsehelektronik Oberschöneweide in Berlin.[584] Dort ließ die Staatssicherheit Novak am 30. November 1959 eine weitere, handschriftliche Erklärung verfassen, in der sich die junge Frau verpflichtete, über die Zusammenarbeit mit dem MfS, die wiederaufgenommen werden sollte, Stillschweigen zu bewahren.[585] Ein Jahr später wurde der Vorgang, der „nicht den geringsten operativen Nutzen"[586] einbrachte, laut einem Vermerk in der Stasi-Akte abgeschlossen.

580 Vgl. BArch, MfS, AIM, Nr. 916/61 Bd.1, (Abschlussbeurteilung, Leipzig, 22.11.57, Bl. 32f). Mit dem Verlassen der DDR ohne Genehmigung machte Novak sich strafbar. Vgl. § 8, „Paß-Gesetz der Deutschen Demokratischen Republik vom 15. September 1954". Unter: http://www.verfassungen.de/ddr/passgesetz54.htm, zuletzt abgerufen am 16.11.2021.

581 Vgl. Novak 2013: Im Schwanenhals, S. 135 ff. Und: Novak, Helga M. an Jorek, Rita, Reykjavík, 4.3.1958. In: DLA, A:Novak, Nachtrag 2015, HS 15.39, Briefwechsel, Jorek, Rita.

582 1958 bat Novak das DDR-Innenministerium um Erlaubnis zur Rückkehr und gab in der isländischen Handelsvertretung der DDR eine Selbstkritik ab, um einer Gefängnisstrafe zu entgehen. Vgl. Klump 1991: Das rote Kloster, S. 363. Vgl. außerdem: Ulmer 2014: Ungebunden, ungehorsam, ungezügelt. Unter: http://www.bpb.de/180114, zuletzt abgerufen am 16.11.2021. Und: BArch, MfS, AIM, Nr. 916/61 Bd.1, (MfS, HV V an MfS, BV Leipzig V, 2.5.1958, Bl. 35 / Zusammenfassender Ermittlungsbericht, Berlin, 7.12.1959, Bl. 52).

583 Vgl. Novak 2013: Im Schwanenhals, S. 165. In den Akten des MfS finden sich beide Schreibweisen. Vgl. z. B.: BArch, MfS, AIM, Nr. 916/61 Bd.1. Und: BArch, MfS, ZAIG, Nr. 24342, Biographie, Nr. 4282, (Novak, Helga M.).

584 Als der Betrieb eine Genehmigung für Novak beantragte, die ihr die Beendigung des Studiums in Leipzig ermöglichen sollte, wurde dies ebenso abgelehnt wie der Antrag der Kulturredaktion der „Berliner Zeitung", die Novak als Redakteurin anstellen wollte. Vgl. Jorek 2014: Helga M. Novak – Biographie, S. 113. Und: Klump 1991: Das rote Kloster, S. 363. Vgl. auch: BArch, MfS, AIM, Nr. 916/61 Bd.1.

585 Vgl. ebd., (Verpflichtung, Helga Nowak, Berlin, 30.11.59, Bl. 50 / Bericht über Neuaufnahme der Verbindung, Berlin, 2.12.1959). Novak verfasste einige Berichte über ihre Kolleginnen und Kollegen im Leuchtstofflabor, in denen sie jeweils deren Aufgaben im Labor beschreibt. In den Treffberichten des MfS wird wiederholt vermerkt, dass sie sich nicht negativ über ihre Kollegen äußern wolle und sich selbst als ungeeignet für die Aufträge des MfS beschreibe, mit dem Argument, sich nicht verstellen zu können. Vgl. BArch, MfS, AIM, Nr. 916/61 Bd.2, (u. a. Treffbericht, GI Renate, Berlin, 21.11.1959, Bl. 18 / Treffbericht, GI Renate, Berlin, 1.12.1959, Bl. 19). (Vgl. auch 2.2.9.2).

586 Vgl. BArch, MfS, AIM, Nr. 916/61 Bd.1, (Abschlussbericht, Berlin, 29.12.1960).

1960 arbeitete Novak als Buchhändlerin und heiratete den Isländer Thor Vigfusson,[587] mit dem sie 1961, eine Woche nach dem Mauerbau, offiziell nach Island übersiedelte, wo ihr zweites Kind geboren wurde. Um in Island Geld zu verdienen, arbeitete sie, wie auch in den folgenden Jahren, immer wieder kurzzeitig in einer Fischfabrik, einer Teppichweberei oder salzte Heringe.[588] Ende 1963 verließ Novak ihre Familie, reiste mit dem Dichter und Künstler Dagur Sigurðarson[589] für einige Monate nach Palermo und nahm Kontakt zum Luchterhand Literaturverlag auf, der 1965 eine Auswahl ihrer Gedichte publizierte.[590] Im Jahr ihres lyrischen Debüts kehrte Novak, nicht ohne vorher nach Kopenhagen, Barcelona und Paris gereist zu sein, abermals in die DDR zurück, wo Anfang der 1960er Jahre kurzzeitig eine leichte Liberalisierung der Kulturpolitik eingesetzt hatte und sich die Literatur ästhetisch vielfältiger zu entwickeln begann.[591] Die zu diesem Zeitpunkt fast Dreißigjährige, die sich literarisch weiterbilden und andere Schriftsteller kennen lernen wollte, stellte sich mit ihrem Gedichtband bei Max Walter Schulz und Georg Maurer am Literaturinstitut Johannes R. Becher in Leipzig vor und begann dort ein Studium.[592] In diesem Umkreis knüpfte sie unter anderem Kontakte zu Heinz Czechowski, Kurt Bartsch, Dieter Mucke, Werner Bräunig und Rainer Kirsch, war freundschaftlich eng verbunden mit Sarah Kirsch, Andreas Reimann und Wolf Biermann und hatte ein Verhältnis mit Robert Havemann, der in dieser Zeit zu einer einflussreichen oppositionellen Persönlichkeit wurde.[593] Die Bedeutung des plötzlichen Auftauchens Novaks in den jungen literarischen

---

587 Die Hochzeit mit dem isländischen Thor Vigfusson, der in der DDR studierte, hatte eine Namensänderung in Helga Maria Vigfusson zur Folge und ermöglichte Novak, die im Zuge des offiziellen Umzugs nach Island ihre DDR-Staatsbürgerschaft behielt, weitestgehend Reisefreiheit. Vgl. Ulmer 2016: VEB Luchterhand?, S. 89.

588 Ab 1962/63 begann Novak in Siglufjörður und Raufarhöfn Hering zu salzen und in einer Fischfabrik (Reykjavík, Vestmannaeyjar) zu arbeiten, 1964 kam die Arbeit in der Teppichweberei (Álafoss) hinzu. Nach der Ausweisung aus der DDR 1966 nahm sie diese Arbeiten wieder auf und heuerte teilweise als Köchin auf Trawlern an, um sich die Überfahrten zu finanzieren. Vgl. Jorek 2014: Helga M. Novak – Biographie, S. 113 f. Und: Jorek 2014/15: Helga M. Novak – Biographie (unveröffentlicht).

589 Dagur Sigurðarson (1937–1994), Dichter, Künstler und isländischer Bohemien, führte Novak in die isländische Literatur und Sagenwelt ein und machte sie mit dem Schriftsteller Halldór Laxness bekannt, der 1955 den Literaturnobelpreis erhalten hatte.

590 Vgl. Novak 1965: Ballade von der reisenden Anna.

591 Vgl. Emmerich 1996: Kleine Literaturgeschichte der DDR, S. 174. Und: Borowsky 1998: Die DDR in den sechziger Jahren, S. 22–31. Vgl. außerdem: Barck/Langermann et al. 1997: „Jedes Buch ein Abenteuer“, S. 206–226.

592 Vgl. dazu vertiefend: Stopka/Macht et al. 2016: Das Institut für Literatur „Johannes R. Becher“, S. 485–501.

593 Neben der Freundschaft zu Sarah Kirsch war insbesondere die enge Beziehung zu Robert Havemann prägend für Novak. Vgl. Berbig 2018: Helga M. Novak und Robert Havemann, S. 101–119.

Kreisen fasst Czechowski in seiner Autobiografie rückblickend mit dem Wort „Unruhefaktor“[594] zusammen: Die angehende Dichterin hatte, anders als viele ihrer Autoren-Kolleginnen und -Kollegen, bereits verschiedene Länder bereist und besaß aufgrund ihres Status als Ehefrau eines Isländers besondere Bewegungsfreiheit. Sie hatte die Möglichkeit, in die Bundesrepublik zu reisen, und nahm dort zum Beispiel an den Ostermärschen teil. So brachte sie neue Ideen und Erfahrungswerte in den Freundeskreis ein, ließ nicht nur westliche Literatur kursieren, sondern auch Havemanns Ansätze zu einem „Sozialismus ohne Dogma“ diskutieren und brachte laut Czechowski „die festgefügten Koordinaten sozialistischer Weltanschauung, Parteilichkeit und Moral“[595] durcheinander.[596] Nach wenigen Monaten des Studiums am Literaturinstitut wurde Novak am 14. Dezember 1965 – einen Tag vor dem 11. Plenum des ZK der SED, dem sogenannten Kahlschlagplenum[597] – exmatrikuliert.[598] Als sie ein Reisevisum nach Island beantragte, wurde sie im Frühjahr des nächsten Jahres ins Innenministerium vorgeladen, ihr ein Ausreisevisum bis zum 20. März 1966 zur ständigen Ausreise nach Island ausgestellt und daran eine Sperre zur Wiedereinreise in die DDR geknüpft.[599] Die Motive für diese radikale Maßnahme sind vielfältig: Sie reichen von dem angeblich die DDR verunglimpfenden Gedichtband „Ballade von der reisenden Anna“, Vorwürfen der ‚staatsfeindlichen Tendenzen‘ und ‚Aufputschen zu tumultartigen Szenen‘

---

594 Czechowski 2006: Die Pole der Erinnerung, S. 111.

595 Grundmann/Michael et al. 2002: Revolution im geschlossenen Raum, S. 105.

596 Vgl. ebd.

597 Das 11. Plenum des Zentralkomitees der SED fand vom 15./16. bis zum 18. Dezember 1965 statt. Ob das Datum der Exmatrikulation im Zusammenhang mit den Vorbereitungen des Plenums steht, ist unklar. Vgl. dazu auch: Agde 1991: Kahlschlag.

598 Dieter Mucke wurde ebenfalls exmatrikuliert. Vgl. BArch, MfS, HA AXX / AP, Nr. 13823/92, (Ergänzung zur Information vom 3.12.1965 über sektiererische Tendenzen im Literaturinstitut, Johannes R. Becher, Leipzig, Berlin, 11.12.1965, Bl. 13f). Auch Andreas Reimann, dem u. a. die Verbindung zu Novak angelastet wurde, musste wenige Monate nach Novak das Literaturinstitut verlassen. Vgl. Surynt 2009: Leben als Exil, S. 177 f. Georg Mauerer, Lyrikdozent am Literaturinstitut soll sich laut einer Stasiakte „mit der Absicht getragen haben, aus Protest gegen die Exmatrikulation von Novak und Reimann seine Professur niederzulegen.“ Grundmann/Michael et al. 2002: Revolution im geschlossenen Raum, S. 112.

599 Einem Antrag auf Aberkennung der Staatsbürgerschaft der DDR wurde nicht stattgegeben. Vgl. BArch, MfS, HA AXX / AP, Nr. 13823/92, (HA, VII, Berlin, 6.4.1966, Bl. 39). Stattdessen sollte Novak die isländische Staatsbürgerschaft beantragen. Vgl. BArch, MfS, AP, Nr. 45425 /92, (Abschrift, HA, Paß- und Meldewesen, Leipzig, 29.3.1966, Bl. 6). Am 4. April 1966 wurde vom Ministerium des Inneren eine Einreise- und Transitsperre gegen sie veranlasst. Vgl. BArch, MfS, HA AXX / AP, Nr. 13823/92, (HA, VII, Berlin, 6.4.1966, Bl. 39).

bis hin zu der engen Beziehung Novaks zu Robert Havemann.[600] Die junge Dichterin, die nicht wie vorgeschrieben direkt nach Island, sondern erst einmal nach Westberlin reiste, vermied öffentliche Interviews und Stellungnahmen und flog einen Monat nach der Ausweisung aus der DDR mit der Gruppe 47 nach New York und Princeton, um dort zu lesen.[601] Im Mai 1966 erhielt Novak die isländische Staatsbürgerschaft; der im Pass eingetragene Name lautete nun: Maria Karlsdottir.[602] Sie fuhr nach Oslo, besuchte Hans Magnus Enzensberger, kehrte nach Island zurück und unternahm weitere Reisen.[603] Während kurzer Aufenthalte in Westdeutschland übertrat sie 1967, wie in den folgenden Jahren häufiger und zuletzt anlässlich des 70. Geburtstags von Robert Havemann 1980, mithilfe ihres neuen Namens illegal die Grenze zwischen West- und Ostberlin.[604] 1967 nahm sie an dem letzten regulären Treffen der Gruppe 47 in Oberfranken, in der Pulvermühle, teil.[605]

1968, in dem Jahr, in dem ihr der Bremer Literaturpreis verliehen wurde, schied sich Novak von ihrem isländischen Mann, zog von Island in die BRD

---

600 Vgl. ebd., (Information, 24.3.1966, Bl. 28). Vgl. außerdem: Jäger 1995: Schriftsteller aus der DDR (Bd. 1), S. 469. Paradox, aber für die kulturpolitische Entwicklung der DDR zu dieser Zeit signifikant, ist, dass Novaks Gedichtband „Ballade von der reisenden Anna", durch den sie überhaupt erst am Literaturinstitut in Leipzig angenommen wurde, zum Hauptgrund für die Ausweisung avancierte. Als letztendlich ausschlaggebend führt Konstantin Ulmer im Zusammenspiel mit dem auf ihre Reisefreiheit zurückgehenden ‚unkontrollierbaren autonomen Status' Novaks jedoch die enge Beziehung zu Robert Havemann an. Havemann war ab Anfang/ Mitte der 1960er Jahre zu einem bedeutenden Regimekritiker der DDR geworden und durch den Kontakt zu Wolf Biermann, Novak und anderen befürchtete der Staat, sein Einfluss könne sich ausweiten. Vgl. Ulmer 2016: VEB Luchterhand?, S. 89.

601 Vgl. dazu: Magenau 2015: Princeton 66, S. 102 ff. Novak begegnete in Princeton auch Allen Ginsberg, den sie bewunderte und der gemeinsam mit der gesamten Beat Generation ihre Dichtung nach eigener Angabe stark beeinflusst habe. Vgl. Netenjakob: Sag ihnen – ich lebe ich sterbe ich lebe. In: Deutschlandfunk, 9.9.2005.

602 Vgl. DLA, A:Novak, Nachtrag 2015, Dokumente, Pass, Reisepass u. Kopien.

603 Novak reiste unter anderem nach Jugoslawien und Griechenland, wo im selben Jahr, 1967, durch einen Putsch die griechische Militärdiktatur begann.

604 Der isländische Pass Novaks und der dort eingetragene Name ermöglichten der Autorin, noch einige Zeit unerkannt in die DDR einzureisen. Erst 1981 wurde entdeckt, dass es sich bei Maria Karlsdottir um Helga Vigfusson/ Helga Nowak handelt. Vgl. BArch, MfS, KK, HA XX/9, Gen. Jahnke, 23.3.1981, (Kopie). So war es Novak 1967 z. B. möglich, Wolf Biermann zu besuchen, bei dem Robert Havemann, Sarah und Rainer Kirsch, Fritz R. Fries, Gert Loschütz sowie Kurt Bartsch zusammentrafen und daraufhin die bekannte Fotografie von Roger Melis entstand. Vgl. Loschütz 2014: „Ich war anders verletzt", S. 89 ff. Vgl. dazu auch den Text Novaks: Geselliges Beisammensein. In: Novak 1968: Geselliges Beisammensein, S. 133–135.

605 Vgl. Fotografien von Renate von Mangoldt: Tagung der Gruppe 47, Pulvermühle, Oktober 1967. In: o. V. 2014: Helga M. Novak zum Gedächtnis, S. 69.

nach Frankfurt am Main und erhielt schließlich eine ständige Aufenthalts- und Arbeitserlaubnis für die Bundesrepublik.[606] Ihren Lebensunterhalt als freie Schriftstellerin verdiente sie von nun an durch Hörspiel- und andere Rundfunkarbeiten, Preise oder Stipendien.[607] In ihrer Frankfurter Zeit arbeitete sie außerdem zum Teil gemeinsam mit ihrem damaligen Lebensgefährten Horst Karasek[608] an Büchern, Features oder Reportagen.[609] 1972 trat sie dem Verband Deutscher Schriftsteller (VS) und 1973 dem deutschen P.E.N.-Zentrum bei.[610] Neben dem Schreiben beteiligte sie sich aktiv am politischen Leben in der Stadt: Novak nahm an den Studentenprotesten im Rahmen der 68er-Bewegung teil,[611] die sie unter anderem nach Frankfurt gelockt hatte.[612] Anfang der 1970er Jahre engagierte sie sich im Frankfurter Häuserkampf, der sich

606 Mit dem Umzug nach Frankfurt am Main und dem Ankommen in Westdeutschland verband sich ein Suizidversuch drei Wochen nach der Ankunft, dem ein Aufenthalt in der Psychiatrie folgte. Vgl. Loschütz 2014: „Ich war anders verletzt", S. 96 f. Und: Novak 2013: Im Schwanenhals, S. 321.

607 Beispielsweise erhielt Novak 1983, 1986, 1993 und 2009 Stipendien des Deutschen Literaturfonds. Vgl. DLA, A:Novak, Verschiedenes, Materialsammlung, Deutscher Literaturfonds.

608 Der Schriftsteller Horst Karasek, 1939 in Wien geboren und 1995 in Frankfurt am Main gestorben, verfasste vor allem politische Literatur und historische Dokumentationen. Ihn interessierten insbesondere gescheiterte utopische Bewegungen und Volksaufstände und deren geschichtlicher Zusammenhang zu der 68er-Bewegung. Aus der Auseinandersetzung mit aktuellen politischen Stoffen ging unter anderem die Chronik des Widerstands gegen die Frankfurter Startbahn West hervor: Karasek 1981: Das Dorf im Flörsheimer Wald. Vgl. Hanuschek 2009: Karasek, Horst, S. 294 f. Horst Karasek war ein jüngerer Bruder des Journalisten und Literaturkritikers Hellmuth Karasek.

609 Im Gespräch mit J. Monika Walther erklärt Novak: „Von Features und Hörspielen habe ich gelebt. Also – ich war schon ne richtige Medientante. So ist es nicht. Zeitungen weniger, Rundfunk ja. Und – sehr vieles mit Horst zusammen. Die Hörspiele alleine, aber die Features sehr viele mit Horst." Novak in: Walther: Im Himmel ist Jahrmarkt und sei es auch nur in Gedanken. In: Deutschlandradio Kultur, 13.9.2000.

610 Vgl. Köhler 2009: Novak, Helga M., S. 240.

611 Auf die Frage, ob sie eine ‚Achtundsechzigerin' sei, antwortet Novak 1988: „Ich bin zwar ein bi[s]schen älter, aber ich habe an der Bewegung teilgenommen, so dass ich zu dieser Generation gerechnet werde. Und es waren mir auch die Philosophen Marcuse und Adorno sehr wichtig, und von den Autoren Enzensberger mit seinen ausgesprochen politischen und klaren Gedichten. Aber achtundsechzig haben wir nicht viel gelesen, und eigentlich auch nicht geschrieben: in solchen eigentümlichen Zeiten bleibt man nicht am Schreibtisch sitzen …" Novak, Helga M./Popović, Nenad: „Ich schreibe und höre nicht zu." Gespräch mit Helga Novak, [Typoskript, Danas. Zagreber Wochenmagazin für Politik und Kultur], 26.1.1988. In: DLA, A:Novak, Nachtrag 2015, Prosa, Interviews, „Ich schreibe und höre nicht zu" 1988.

612 Einige autobiografisch geprägte Texte von Novak und/oder Horst Karasek gehören zu den wenigen Zeugnissen, die diese Zeit dokumentieren. Vgl. z. B. Novak/Karasek 1970: Wohnhaft im Westend. Darin u. a.: Erkennungsdienstliche Behandlung, S. 41–49.

insbesondere gegen Grundstückspekulationen im Westend wendete,[613] wo Novak und Karasek wohnten. Darüber hinaus beschäftigte sie sich beispielsweise auch mit dem Thema Strafvollzug und setzte sich bei der Solidaritätsorganisation „Rote Hilfe" für die vorzeitige Entlassung der früheren RAF Terroristin Marianne Herzog aus der Haft ein und bot dieser 1974 kurzzeitig bei sich eine Unterkunft.[614] Sich selbst als ‚gestandene Linke' und ‚Anarchistin' deklarierend,[615] zeichnete sich ihre politische Haltung durch ein lange währendes Grundverständnis für sozialemanzipatorische Bewegungen des 20. Jahrhunderts, ein großes Interesse für den Anarchosyndikalismus und ein Bekenntnis zum Rätekommunismus aus.[616] 1975 führte das Interesse für linksgerichtete Protestbewegungen Novak gemeinsam mit Karasek zur Nelkenrevolution nach Portugal, um in Lissabon mit den Aufständischen gegen die autoritäre Diktatur zu protestieren und in einer Landkommune zu arbeiten.

Während der angespannten Atmosphäre im Zuge der RAF-Terrorakte Mitte der 1970er Jahre geriet Novak im Zuge der „Aktion Winterreise" ins Blickfeld der großangelegten Terrorfahndung und wurde verdächtigt, Terroristen Unterschlupf zu gewähren.[617] Sie hielt sich längere Zeit in dem von ihr, Horst, Ute und Peter Karasek gemeinsam gekauften Sommerhaus in Breitensee auf, das sich im nordbayrischen Rhön-Grabfeld direkt an der innerdeutschen Grenze befand, und das nach der Entführung Hanns Martin Schleyers 1977 von einem Großaufgebot an Polizisten durchsucht wurde.[618] In Breitensee entstand auch das Hörspiel „Ballade von der Minenwippe"[619], das nach der Ausstrahlung 1976 einen Eklat auslöste, da sich die Bauern des Ortes darin verunglimpft sahen. Da sich Novak daraufhin diverser Drohungen ausgesetzt sah, gab sie das Haus in Breitensee schließlich auf.[620] Zwischen 1980/81 reiste die Autorin mehr-

---

613 Vgl. Vaßen 1996: „Der Traum vom anderen Leben", S. 22. Und: Novak/Karasek 1970: Wohnhaft im Westend.

614 Vgl. Novak, Helga M. und Patt, Sabina, [Kopie], Frankfurt a. M., 29.1.1974. In: DLA, A:Novak, Briefwechsel, Patt, Sabina, Kopien der Briefe Novaks. Und: Ullrich: West-östliche Bazillenträger. In: Stuttgarter Nachrichten, 27.1.1978.

615 Vgl. Walther: Im Himmel ist Jahrmarkt und sei es auch nur in Gedanken. In: Deutschlandradio Kultur, 13.9.2000.

616 Vgl. Surynt 2011: Zwischenräume, S. 16 f. Und: Brandt 2017: Semantiken von Legbąd, S. 166. Vgl. außerdem: Novak/Karasek: Peter Kropotkin – der sanfte Anarchist. In: SDR, 6.7.1970.

617 Vgl. Stephan 2006: Medea, S. 148 f. Das MfS der DDR stufte Novak als Mitglied einer terroristischen Vereinigung ein und vermutete Beziehungen zur RAF. Vgl. BArch, MfS, HA XX II, Nr. 18996, (Kopie, Information, Karlsdottir, Helga, Bl. 234).

618 Vgl. Ullrich: West-östliche Bazillenträger. In: Stuttgarter Nachrichten, 27.1.1978.

619 Novak: Ballade von der Minenwippe. In: SDR, 27.7.1976.

620 Vgl. Schmitz: Kraft aus der Unruhe. In: Frankfurter Rundschau, 27.7.1979. Siehe dazu außerdem Horst Karaseks autobiografisch geprägte Erzählung: Das Haus an der Grenze. Eine Fluchtgeschichte. Vgl. Karasek 1987: Das Haus an der Grenze.

fach nach Polen, um die Anfänge der Solidarność-Bewegung mitzuerleben. Auch engagierte sie sich zu dieser Zeit, wie Karasek, von dem sie sich getrennt hatte, in der Bürgerinitiative gegen den Bau der Startbahn West des Frankfurter Flughafens und versuchte sich an einem „alternativen Leben“ in dem dort errichteten Hütten- bzw. Widerstandsdorf mit kollektiven Strukturen.[621] 1979/80 war Novak außerdem die erste weibliche Stadtschreiberin in Bergen-Enkheim[622] und zog anschließend, 1980, nach Westberlin, wohin einige Autorinnen und Autoren nach der Biermann-Ausbürgerung 1976 aus der DDR übergesiedelt waren. Kurz war sie mit dem Schriftsteller Klaus Schlesinger liiert.

In öffentlichen Debatten vertrat Novak zu dieser Zeit eine Kritik an der westdeutschen Linken und der Friedensbewegung, der sie eine „Mauer im Kopf“ und Desinteresse gegenüber der DDR sowie Solidarność vorhielt. In einem Interview erklärt Novak 1982: „Es ist für mich eine Explosion, was in Polen passiert, auch das Militante und daß es die Arbeiterklasse ist und nicht so 'n paar Intellektuelle. Aber meine Genossen in Frankfurt hat das nicht interessiert!“[623]

Wie sehr das Einstehen für eigene Überzeugungen, politisches Engagement, Widerständigkeit und eine Ruhe- und Rastlosigkeit Novaks Leben prägten, beschreibt Jürgen Fuchs, der die Dichterin in seinem Vorwort zu dem Gedichtband „Grünheide Grünheide“ 1983 wie folgt charakterisiert:

> „Sie ist solidarisch im guten, wirklichen Wortsinn. Und aufsässig, allein mit dem, was sie kann. Sie lebt das anarchistische, rebellische Element, das immer wieder unter die Stiefel der Marschierer gerät. Und sich immer wieder aufrichtet. Die Dichterin Helga Novak ist stolz und wie besessen auf Wahrheit. Nach ihrer eigenen, nach der unseres Landes, nach der dieser Welt. Sie will nicht, daß die Lüge gewinnt. Immer wenn ich sie treffe, bereitet sie gerade eine Reise vor, liest, diskutiert heftig, schreibt, organisiert Geld, trinkt, trinkt keinen Tropfen, liebt, schreit heraus, was zu sagen ist. Die mit dem dünnen Fell. Die mit den weichen Augen. Die mit dem derben Maul. Romane schreibt sie, autobiographische Prosa, dicke Bücher, die verrissen werden oder auf den Bestsellerlisten stehen, aber was besagt das schon. Und immer wieder Gedichte. Sie ist nicht berechenbar, nicht im Gleichgewicht mit Kunst, Kritik und Obrigkeit wie andere. Sie brennt, gibt sich ganz hin. Man muß Angst um sie haben.“[624]

621 Vgl. Karasek 1981: Das Dorf im Flörsheimer Wald, S. 55.

622 Den Stadtschreiberpreis von Bergen Enkheim, einem heutigen Stadtteil von Frankfurt am Main, erhielten vor Novak zum Beispiel Wolfgang Koeppen und Peter Rühmkorf, nach ihr unter anderem Günter Kunert und Ulla Hahn.

623 Novak: Ein hohes Maß an Denkfaulheit. In: Die Tageszeitung, 7.10.1982.

624 Fuchs 1983: Die mit dem dünnen Fell, S. 14.

1985 beschloss Novak, ohne ihre Wohnung in Berlin-Neukölln aufzugeben, auf die Insel Korčula nach Jugoslawien (heute Kroatien) zu ziehen – dort hatte sie sich schon ab Ende der 1960er Jahre, auch aus Interesse für den Titoismus, zeitweise aufgehalten.[625] Reisen unternahm die Autorin weiterhin etliche und nutzte nicht selten internationale Schriftstellertagungen und Einladungen von Goethe-Instituten bis Anfang der 1990er Jahre, um ihr Interesse für andere Kulturen mit ihrer Profession zu verbinden und sich mit Kollegen aus verschiedenen Ländern auszutauschen.[626] Sie bereiste unter anderem den ganzen Balkan,[627] darunter mehrmals Rumänien,[628] reiste in die Tschechoslowakei, nach Griechenland und die Türkei[629] sowie in die USA, nach Kanada,[630] China[631] und Brasilien[632] und weiterhin nach Skandinavien und Island.[633] Zu den Stipendienaufenthalten in Deutschland zählen die Zeit 1984/85 im Atelierhaus in Worpswede – dort befreundete sich Novak auch mit

625 Vgl. Stoye-Balk 2016: Die Dichterin Helga M. Novak, S. 32 f. Und: Jorek 2014/15: Helga M. Novak – Biographie (unveröffentlicht).

626 Novaks Nachlass im DLA Marbach verdeutlicht, wie viele Kontakte die Schriftstellerin zu internationalen Kollegen und Künstlern pflegte, neben Korrespondenzen mit isländischen, jugoslawischen, polnischen und rumäniendeutschen Autoren finden sich zum Beispiel auch vereinzelte amerikanische, chinesische und türkische Kontakte. Vgl. u. a.: Konv. Briefe, Jugoslawien, dabei Briefe u. a. von Buljan, Mira; Popovic, Nenad; Ugrešić, Dubravka. In: DLA, A:Novak, Nachtrag 2015, Briefe. [nach Feinerschließung aufgelöst]/ Und: Konv. Briefe, Rumänien. In: DLA, A:Novak, Nachtrag 2015, Briefe. [nach Feinerschließung aufgelöst].

627 In einem Gespräch äußerte Novak: „Ich habe ganz Kroatien zu Fuß durchwandert, kannte auch serbische und bosnische Kollegen, freundliche, hinreißende Kollegen, mutig, witzig und zynisch." Vgl. Novak in: Beiküfner: „Wer Melancholie nicht kennt, weiß nur die Hälfte". In: Berliner Zeitung, 29.12.2005.

628 Vgl. dazu: Nowotnick 2017: Helga M. Novak und die rumäniendeutsche Literatur, S. 81–89.

629 Vgl. Boltenstern 2018: Helga M. Novaks Rede zur Rolle des Schriftstellers, S. 288–297.

630 Nach der USA-Reise mit der Gruppe 47 1966 reiste Novak noch einmal 1973 (im Zuge des German Writers-in-Residence Program at Oberlin College) und 1983 (Iowa) in die USA, von wo aus sie auch nach Kanada fuhr. Vgl. DLA, A:Novak, Verschiedenes, Konv. Nordamerika-Reisen (1966 u. 1983). Vgl. außerdem Kaufmann/Tewarson 2005: Willkommen und Abschied, S. 45–49.

631 Zu Schriftstellertreffen nach China reiste Novak 1980 und 1985. Vgl. DLA, A:Novak, Verschiedenes, Konv. China-Reise.

632 1986/87 reiste Novak nach Brasilien. Vgl. Jorek 2014: Helga M. Novak – Biographie, S. 117.

633 1970 war Novak mit Horst Karasek nach Marokko gereist. Vgl. Novak, Helga M. an Valtingojer, Sigrid, [Kopie], Frankfurt a. M., 9.9.1970. In: DLA, A:Novak, Briefe von ihr an Valtingojer, Sigrid (u. Richard).

der Künstlerin Natascha Ungeheuer[634] – und das Alfred-Döblin-Stipendium in Wewelsfleth 1988.[635]

Ende der 1980er siedelte sich Novak in Polen in der Tucheler Heide an,[636] in der sie ihre märkische Heimat wiedererkannte,[637] und baute 1989, gemeinsam mit dem ortsansässigen Stefan Glazer, in dem kleinen Ort Legbąd ein Haus im Wald. Nach Izabela Surynt erscheint Polen in Novaks Texten als ein Ort, „wo man […] selbst über sich entscheidet, sich von unten auf in Form von ‚nachbarschaftlicher Selbsthilfe' jenseits des Staates und seiner Organe organisiert und die Wirklichkeitsgestaltung auf eigene Faust bewältigt."[638]

1990 nahm Novak an dem nachgeholten Auflösungstreffen der Gruppe 47 in Tschechien auf Schloss Dobříš teil,[639] vermied aber in den folgenden Jahren zunehmend Lesungen sowie öffentliche Veranstaltungen und zog sich im Zuge des politischen und gesellschaftlichen Umbruchs 1989/90 und nach dem Ausbruch der Jugoslawienkriege vollkommen nach Polen zurück (vgl. 2.2.6.2). Obwohl einerseits eine Affinität zu Konzepten sozialistischer und kollektiver Lebensformen[640] sowie das Bedürfnis nach Austausch und politischer Auseinandersetzung das Leben Novaks bestimmt haben, tendierte sie auch immer wieder zu selbstgewählter Einsamkeit und berichtete von langen depressiven Phasen, destruktiven Tendenzen und unkontrollierten Temperamentsausbrüchen.[641] Mit Bezug auf ihren Rückzug nach Polen erklärt sie in einem Radio-Feature: „Ich bin sehr menschenscheu geworden, aber nicht erst hier, sondern schon in früheren Jahren. Ja, das hört sich vielleicht grob und

634 Auch war Novak 1985 an den Texten eines Katalogs von Natascha Ungeheuer beteiligt. Vgl. Ungeheuer 1985: Ölbilder.

635 Vgl. Jorek 2014: Helga M. Novak – Biographie, S. 116 f.

636 Schon seit der Westberliner Zeit hatte Novak engere Verbindungen zu einigen Polen, darunter zu dem Segler und Expeditionsleiter Henryk Wolski und dem Grafiker Jozef Jesiersky. Vgl. Stoye-Balk 2016: Die Dichterin Helga M. Novak, S. 34.

637 Vgl. Netenjakob: Sag ihnen – ich lebe ich sterbe ich lebe. In: Deutschlandfunk, 9.9.2005.

638 Surynt 2011: Zwischenräume, S. 16.

639 Vgl. Jorek 2014: Helga M. Novak – Biographie, S. 117.

640 In einem Radio-Feature erklärt Helga M. Novak diesbezüglich: „[D]as waren lange, jahrelang sozialistische Utopien, die ich hatte … also so in Richtung Kolchose oder Produktionsgemeinschaft. Das hat sich ja in dem Sinne in der Praxis bald zerschlagen, es hat ja nicht funktioniert, nicht? Aber in ganz jungen Jahren ging die Utopie durchaus in Richtung Gemeinschaft, später dann wollte ich durchaus meine Ruhe haben und alleine in der Natur leben." Novak in: Netenjakob: Sag ihnen – ich lebe ich sterbe ich lebe. In: Deutschlandfunk, 9.9.2005.

641 Vgl. ebd. und: Streit 1983: Gespräch mit der Schriftstellerin Helga M. Novak, S. 52.

verletzend an… . [E]s hat mich bisweilen überhaupt nicht interessiert, was andere machen, denken oder von mir wollen."[642]

Novaks selbstgewählte Isolation verstärkte sich, als sie Wolf Biermanns Büchner-Preis-Rede 1991 zum Anlass nahm, um in einem offenen Brief in der Zeitschrift „Der Spiegel" ihre GI-Anwerbung 1957 ausdrücklich öffentlich zu machen.[643] Schon zuvor hatte sie zweimal, ebenfalls im Zusammenhang mit Wolf Biermann, eine solche Form gewählt, um ihre politische Haltung zu gegenwärtigen Ereignissen zu unterstreichen. Ihren ersten offenen Brief veröffentlichte sie im November 1976. Er richtete sich an die Autorinnen und Autoren, die sich der Entschließung der Berliner Parteiorganisation des Schriftstellerverbandes der DDR angeschlossen hatten, damit die Ausbürgerung Biermanns befürworteten und die dagegen protestierenden Autoren namentlich kritisierten.[644] Novak schreibt 1976 in der „Frankfurter Rundschau":

> „Heute verteidigt Ihr diejenigen, die UNS enteignet haben, stellt Euch auf die Seite der Obrigkeit, wollt eine Kluft nicht wahrhaben zwischen Euch und denen, zwischen Euch und der Diktatur einiger Bürokraten, die Euch neppen, betrügen, kujonieren.
>
> Habt Ihr noch nie was von Kommunismus gehört – von Räte-Kommunismus? Erzählt mir nicht, der ‚Demokratische Zentralismus' enthielte auch nur einen Fetzen Demokratie – ich war sieben Jahre in der Partei, vor deren Führung Ihr Euch stellt.
>
> Erzählt mir nicht, sie hätten Euch nicht in die Mangel genommen – ich war keine 18 Jahre, als mich zum ersten Mal zwei Staatssicherheitsbeamte aufsuchten. Nach dem 11. Plenum hat mir mein/Euer Land die Staatsangehörigkeit entzogen (ich wollte nicht Isländerin werden) – erzählt mir nicht, daß Euch Eure Ängste nicht klar und konkret vor Augen stünden! Andererseits: Viele von Euch sind dermaßen be- und anerkannt, daß sie auf anständige und politisch klare Solidarität von Genossen hätten bauen können. Warum habt Ihr nicht mitunterschrieben? Warum trampelt Ihr auf Kollegen herum? Warum laßt Ihr Euch zu Bütteln zweier Ministerien machen? Was Ihr getan habt, ist schlimmer als Schweigen. Ihr habt eine Seite Eures Charakters offenbart: die Fähigkeit, einen zu beißen, der schon auf der Erde liegt. Das tut kein Hund. Es geht mir in diesem

---

642 Novak in: Netenjakob: Sag ihnen – ich lebe ich sterbe ich lebe. In: Deutschlandfunk, 9.9.2005.

643 Während die „Tragoballade vom Spitzel Winfried Schütze in platten Reimen" ein „Psychogramm des informellen Mitarbeiters des Staatssicherheitsdienstes" zeichnet, ist in dem Gedicht „Lernjahre sind keine Herrnjahre" von 1962 ein Bekenntnis des lyrischen Ichs, die IM-Unterschrift geleistet zu haben, enthalten. Vgl. Jäger 1995: Schriftsteller aus der DDR (Bd. 2), S. 35 f. Vgl. außerdem: Novak 1965: Ballade von der reisenden Anna, S. 59, 78–82. 1978 thematisiert Brigitte Klump in ihrer Autobiografie Novaks Kontakt zur Staatssicherheit. Vgl. Klump 1978: Das rote Kloster, S. 303–306.

644 Vgl. Novak.: „… schlimmer als Schweigen". In: Frankfurter Rundschau, 29.11.1976. Novak in: Roos 1977: Die Ausbürgerung Wolf Biermanns aus der DDR, S. 68 f.

Brief nicht um Wolf Biermann, der liegt nicht am Boden. ‚Die Gefahr geht von den Menschen aus.'"[645]

1981 erschien dann ein weiterer, dieses Mal direkt an Wolf Biermann gerichteter offener Brief in der noch jungen „Die Tageszeitung". Novak antwortet mit diesem Schreiben einem vorausgegangenen Brief Biermanns, ebenfalls in „Die Tageszeitung" veröffentlicht, in dem dieser über seinen Auftritt während der französischen Präsidentschaftswahlen in Paris, François Mitterrand und Novaks Gedicht „einem Funktionär ins Poesiealbum" schreibt.[646] Novak entgegnet mit einer Absage an „Parteien- und Parlamentswirtschaft", spricht Solidarność ihre Solidarität aus und kritisiert Biermanns Verwendung des Begriffs „Lumpenproletariat" als „menschenfeindlich und rassistisch"[647].

Der offene Brief von 1991 richtet sich dagegen nicht nur an Wolf Biermann, sondern auch an die ebenfalls mit Novak befreundeten Autoren Sarah Kirsch und Jürgen Fuchs. Wie schon in dem Schreiben von 1976 geht es um den Umgang der Schriftsteller miteinander – diesmal spricht sich die Dichterin im Zuge der erhitzten Debatten um verschiedene Stasi-Verwicklungen von Autorinnen und Autoren aus der DDR gegen pauschalisierende, vorschnelle Verurteilungen aus. Wolf Biermann hatte in seiner Büchner-Preis-Rede am 19. Oktober 1991 als erster die IM-Tätigkeit Sascha Andersons offengelegt und diesen als „unbegabte[n] Schwätzer Sascha Arschloch" und „Stasispitzel"[648] beschuldigt, ohne Belege vorzuweisen.[649] Zudem hatte er erklärt: „Es waren immer einzelne gute und mutige Menschen, die stehn für die Menschheit. Sie sind Stern am Himmel und ein Schluck Wahrheit in den Wüsten der Lüge. [...] Sie sind die menschlichen Menschen, die 36 Gerechten, ohne die es keine Götter mehr gäbe und keine Menschheit."[650] Unter den Namen, die Bier-

645 Ebd.

646 Vgl. Biermann an Novak. In: Die Tageszeitung, 15.4.1981.

647 Novak an Biermann. In: Die Tageszeitung, 15.4.1981. [Diese Datierung, die dem Brief Biermanns entspricht, wurde handschriftlich von der Mediendokumentation des DLA Marbach auf dem Zeitungsausschnitt notiert. Ob es sich dabei um eine fehlerhafte Angebe handelt, ließ sich nicht nachweisen.]

648 Biermann 1991: Der gräßliche Fatalismus der Geschichte. Unter: https://www.deutscheakademie.de/de/auszeichnungen/georg-buechner-preis/wolf-biermann/dankrede, zuletzt abgerufen am 16.11.2021.

649 Jürgen Fuchs untermauerte einen Monat später die Anschuldigung in einer Spiegel-Serie mit Beweisen. Vgl. Fuchs: Landschaften der Lüge. In: Der Spiegel, 25.11.1991. Vgl. dazu außerdem: Grub 2003: ‚Wende' und ‚Einheit', S. 224–230.

650 Biermann 1991: Der gräßliche Fatalismus der Geschichte. Unter: https://www.deutscheakademie.de/de/auszeichnungen/georg-buechner-preis/wolf-biermann/dankrede, abgerufen am 12.6.2017.

mann als Beispiel für solche Personen nennt, ist auch der Name Novaks. Diese reagierte umgehend öffentlich auf die Rede und schreibt am 28. Oktober 1991 in der Zeitschrift „Der Spiegel" über ihre Anwerbung, mit der sie auch schon vor 1989/90 offen umgegangen war:[651]

> „Wenn schon, denn schon – ich war auch mal ein Spitzel! Die ‚Einsamkeit der weißen Weste' paßt mir also nicht. Seit Posen/Ungarn ('56) war ich dagegen. Nicht gegen den Kommunismus, aber gegen die asiatische Despotie. Ohne Herkunft, Studentin vor dem Staatsexamen, liiert mit einem isländischen Studenten – war ich erpreßbar. Und ich unterschrieb, September '57. Ich wollte nämlich nicht, wie Erich Loest, sieben Jahre in Bautzen sitzen, wo mir, da ich keine Familie, gar keine Blutsverwandten hatte, niemand auch nur eine Schachtel Zigaretten gebracht hätte. Die Scham beißt ein Leben lang, aber sie ist auch eine energische Lehrerin. Ihr seid auch mal in der Partei gewesen, genau wie ich. Zwar habe ich mir erlaubt auszutreten, was damals ('57) noch verboten war, doch Komplizen waren wir alle. Das kriegt Ihr nie raus, was ich alles weiß über Leute, mit denen wir befreundet sind. Und eher will ich im polnischen Wald verbluten, als mich auf einen deutschen Richterstuhl setzen. Berlin Helga M. Novak."[652]

In einem Begleitartikel in „Der Spiegel", der die Enthüllung Sascha Andersons durch Wolf Biermann zum Thema hat und neben Novaks offenem Brief im selben Heft abgedruckt ist, wird dieser wie folgt kommentiert:

> „Die Berliner Lyrikerin Helga M. Novak, 56, sucht im Streit zwischen Biermann und Anderson zu vermitteln. In einem offenen Brief an die Anderson-Kritiker Wolf Biermann, Sarah Kirsch und Jürgen Fuchs (siehe Kasten) klagt sie sich selber an.
>
> Helga M. Novak gesteht erstmals öffentlich, was aufmerksame Leser ihrer autobiographischen Erzählung ‚Vogel federlos' (1982) schon ahnen konnten: Sie hat sich 1957, als Journalistik-Studentin am ‚Roten Kloster' in Leipzig, schriftlich bei der Stasi verpflichtet, ausländische Studenten zu bespitzeln.
>
> Mit dem offenen Brief wolle sie sich, wie sie sagt, ‚nicht entschuldigen'. Sie wirbt vielmehr um Verständnis, auch für Anderson: ‚Es gibt eben Situationen, wo man unterschreibt.' Das sei selbst anständigen Leuten passiert."[653]

---

651 Vgl. dazu die Darstellung Utz Rachowskis, der von einer Begegnung mit Novak im Jahr 1982 berichtet: „Übrigens erzählte sie damals schon jedem, so auch mir sofort, dass sie einmal unterschrieben hätte in ihrer Jugend als Studentin bei der Stasi in Leipzig, beauftragt, ihre isländischen Studenten-Freunde zu bespitzeln. Sie unterschrieb und ging nachher direkt ins Studentenheim zu den Isländern und sagte, dass sie unterschrieben hätte." Rachowski 2017: Wie ich die große Dichterin Helga M. Novak verpasste, S. 187. Auch in der Autobiographie Brigitte Klumps, 1978 veröffentlicht, wird Novaks Kontakt mit dem MfS thematisiert. Vgl. Klump 1978: Das rote Kloster.

652 Novak: Offener Brief an Wolf Biermann, Sarah Kirsch und Jürgen Fuchs. In: Der Spiegel, 28.10.1991.

653 o. V.: Viehisches Gefecht. In: Der Spiegel, 28.10.1991.

Auf Novaks Brief folgten nicht nur gemischte Reaktionen,[654] sondern auch eine Verleumdung Klaus Schlesingers, die mit Novak in Zusammenhang gebracht wird und die die äußerst angespannte sowie gereizte Situation unter den Autorinnen und Autoren mit DDR-Vergangenheit unmittelbar nach 1989/90 veranschaulicht. Den Tagebuchnotizen Klaus Schlesingers zufolge hatte Novak unmittelbar nach der Publikation ihres offenen Briefes 1991 ein Gerücht über ihren früheren Partner verbreitet. Schlesinger bezieht sich in seinen Aufzeichnungen auf die mündliche Auskunft des Journalisten Jürgen Serkes, Sarah Kirsch habe am Tag der Veröffentlichung in „Der Spiegel" mit Novak telefoniert und diese erzählte, Klaus Schlesinger habe ihr gegenüber einmal gestanden, ebenfalls IM gewesen zu sein.[655] Das Gerücht gelangte rasch an die Öffentlichkeit und Schlesinger, dem die Behörde des Bundesbeauftragten für die Unterlagen des Staatssicherheitsdienstes der ehemaligen DDR (BStU) erst drei Monate später die ihn entlastenden Unterlagen bereitstellte,

654 Die öffentlichen Reaktionen auf diesen Brief wurden in der Forschung bisher nicht nachgezeichnet. Zu finden ist ein Leserbrief von Horst Karasek, der sich in die Debatte einschaltete und Novak angesichts öffentlicher Vorwürfe von Siegfried Reiprich verteidigte. Vgl. Karasek: Schreiend davon gelaufen. Leserbrief zum offenen Brief von Helga M. Novak. In: Der Spiegel, 11.11.1991. Wolf Biermann erklärte in seiner Rede zum Eduard-Mörike-Preis 1991: „Im vorletzten Wochenblättchen lasen wir eine kalte Selbstabrechnung. Die Dichterin Helga Novak hatte also schon 1957 einen Vertrag bei der Firma Mielke unterschrieben. Mich hat diese traurige Neuigkeit weniger umgehaun als andere. Der Grund ist einfach: Helga Novak hat trotz alledem und immer wieder wildradikale Texte gegen diese Bande geschrieben. Denke nur an das Gedicht ‚Einem Funktionär ins Poesiealbum' oder die hinreißend böse ‚Tragoballade vom Spitzel Winfried Schütze in platten Reimen'. Nun will sie in irgendwelchen polnischen Wäldern verbluten und die Namen der vielen prominenten Spitzel mit in den Tod nehmen ... Helga, du verrückte, du liebe! Vergiß die öden Namen, ich will sie gar nicht von dir wissen. Von dir brauchen wir noch Gedichte, wie sie keiner von uns je so entsetzlich schön schreiben könnte." Biermann: Laß, o Welt, o laß mich sein! In: Die Zeit, 15.11.1991. Diese Aussage unterstreicht Biermann nochmals mehrere Jahre später: „Schuldloser als Helga Novak kann man überhaupt nicht schuldig sein, nach meiner Meinung. Mit und ohne Unterschrift. Weil sie in dieser Zeit die mutigsten – nicht nur die besten, auch die mutigsten – Gedichte geschrieben hat, die man überhaupt haben kann. In einer Zeit, als Leute wie ich noch selig schliefen, politisch gesprochen, war sie schon hellwach." Biermann in: Schwarzkopf/ Rusch 1996: Wolf Biermann: Ausgebürgert, S. 187.

655 Vgl. dazu die Vorbemerkung Astrid Köhlers in: Schlesinger 2014: „Eine Art Beweisnotstand", S. 323–326. Vgl. außerdem den veröffentlichten Tagebucheintrag Klaus Schlesingers vom 31.10.1991: „Das Gespräch mit Serke ambivalent. Einerseits glaube ich, daß er mir eher mit Sympathie entgegenkommen will. Andererseits ist da diese unangenehme journalistische – fast will ich sagen: rattenhafte Hinterlist eines recherchierenden Skandaljournalisten (Enthüllungsjournalisten). [...] S. wollte von mir eine Stellungnahme. Was ich dazu sagen würde, daß HM behaupte, ich hätte ihr gesagt, ich sei dabei gewesen. Sarah habe ihm erzählt, daß HM es ihr am Telefon gesagt habe." Ebd., S. 327.

sah sich in dieser Zeit mit belastenden Diffamierungen konfrontiert.[656] Wer das Gerücht letztlich in Umlauf gebracht und verbreitet hat, ist bisher nicht abschließend geklärt worden. Eine Tagebuchnotiz von Sarah Kirsch deutet darauf hin, dass diese – anders als von Serke behauptet – im Zuge der Veröffentlichung des offenen Briefs nicht mit Novak telefoniert hatte und es zu diesem Zeitpunkt zwischen den beiden Autorinnen daher vermutlich keinen Austausch über Schlesinger gab (vgl. auch 2.2.6.2).[657] Novak äußerte sich, wie Kirsch, jedenfalls nicht öffentlich zu diesem Vorfall und zog sich in den 1990ern und 2000ern immer mehr vom deutschen Literaturbetrieb zurück. Ihr labiler Gesundheitszustand, durch übermäßigen Alkoholkonsum und exzessives Rauchen zusätzlich angegriffen, verschlechterte sich 2004 noch einmal erheblich und machte einen Entzug notwendig. Auf einen erleichterten Zugang zum deutschen Gesundheitssystem angewiesen und in Polen nur eine Aufenthaltsgenehmigung als Touristin besitzend, stellte sie einen Antrag auf Rückerhalt der deutschen Staatsbürgerschaft. Doch trotz der Fürsprache des Bundespräsidenten – Novak erhielt eine Rente des Bundespräsidialamtes – und der Hilfe von Günter Grass, der die Dichterin schon 1966 finanziell unterstützt hatte, wurde der Antrag abgelehnt. Nach einer weiteren Initiative und einer langwierigen Prozedur ohne Ergebnis zog Novak 2006 den gestellten Antrag schließlich zurück und blieb damit isländische Staatsbürgerin.[658] Im selben Jahr mietete sie sich in Erkner eine Wohnung, um dort ihren dritten und letzten autobiografischen Roman zu schreiben.[659] Novaks Kommilitonin aus der Leipziger Zeit und langjährige Freundin Rita Jorek, Kunsthistorikerin und Journalistin, pflegte und unterstützte die Autorin in dieser Zeit maßgeblich. Kurz nach der Veröffentlichung des Buches, das den Titel „Im Schwanenhals" trägt, starb Helga M. Novak nach langer Krankheit am 24. Dezember 2013 in Berlin Rüdersdorf.[660]

---

656 Vgl. ebd., S. 323–343.

657 In einem undatierten, vor dem 31.10.1991 verfassten Tagebuch-Eintrag erwähnt Sarah Kirsch – wie im übrigen Teil des Tagesbuchs – das angebliche Telefongespräch zwischen ihr und Novak nicht: „Helga Nowak soll einen Offenen Brief an mich geschrieben haben. Nun ist sie gänzlich übergeschnappt. Sehr verblasen und hybride der sog. offene Brief. Geständnisse auch von Anderson. Stück um Stück." Kirsch, Sarah: [Tagebuchnotiz, o.D.]. In: DLA, A:Kirsch, Verschiedenes, Autobiografisches, Journal 047, 9.1990–31.12.1991. Vgl. dazu auch 2.2.6.2.

658 Vgl. DLA, A:Novak, Nachtrag 2015, Dokumente, Verschiedenes, Konv. Aufenthaltsgenehmigung, Einbürgerung.

659 Die Sommermonate verbrachte Novak, wenn möglich, dennoch in Legbąd. Ab 2011 ließ ihr gesundheitlicher Zustand allerdings keine Reisen mehr nach Polen zu.

660 Vgl. Jorek 2014: Helga M. Novak – Biographie, S. 118.

2.2.2 *Schreib- und Werkbiografie*

Ihre ersten Schreibversuche verortet Helga M. Novak in ihrer Kindheit: „Übrigens schreibe ich nicht erst seit 40 Jahren, ich schreibe, seitdem ich schreiben kann. Das mußte ich, um gegen meine Adoptivmutter anzukommen, die meine ersten ‚Verse', besser Reime in Schreibheften, im Küchenherd verbrannt hat. Eine sehr zeitige Erfahrung"[661], heißt es in einem Brief an den früheren Luchterhand-Verleger Hans Altenhein 1997. Diese prägende Episode findet sich wiederholt in Novaks Aufzeichnungen[662] und wird auch in dem ersten Band des autobiografischen Romans „Die Eisheiligen" geschildert,[663] in dem die heranwachsende Ich-Erzählerin nicht nur ihren Namen in sämtliche Einrichtungsgegenstände der Adoptivfamilie ritzt,[664] sondern sich später auch an literarischen Formen versucht: „Daraufhin plante ich einen Briefroman, aus dem nichts wurde, weil ich unter akutem Papiermangel litt. Ich schrieb wieder Gedichte. Die waren kürzer."[665]

Die Erzählung über die Anfänge Novaks Schreibens steht zu Beginn einer eigenwilligen Werkbiografie, in der sich das Schreiben immer wieder gegen Widrigkeiten und Zeitumstände behauptete:

> „Vergleichbar mit den Lebensstationen bilden die literarischen Texte sozusagen innere zeitliche Markierungen in Helga M. Novaks lebenslangem Schreibprozeß; seit Kindertagen ein Schreiben als Rückzug, Selbstvergewisserung, Widerwort, später als Suche in der Vergangenheit, als Erinnerungsarbeit gegen das Vergessen und als Widerstand gegen Unterdrückung, Ausbeutung und Marginalisierung."[666]

So formuliert es der Germanist Florian Vaßen in einer Laudatio auf die Autorin.

---

661 Novak, Helga M. an Altenhein, Hans, [Durchschl.], Legbąd, 28.1.1997–6.2.1997. In: DLA, A:Novak, Nachtrag 2015, Briefwechsel, Altenhein, Hans.

662 Auch in anderen Briefen kommt Novak auf diese prägende Erfahrung zurück. Vgl. beispielsweise Novak, Helga M. an Jorek, Rita, [Kopie, o. A.], 25.12.2010: „Seitdem die Ziehmutter meine ersten Schreibhefte voller Gedichte in unseren heißen Kochherd gestopft hatte, begleitet mich das Klappern der Herdringe. Ich stand neben ihr und sah zu, als meine frühen Reime in Flammen aufgingen. Da war ich acht Jahre alt. Worunter ich besonders litt, war die Angst vor weiteren Strafen, denn diese ersten Strophen hielten fest, wie die Frau mich schlug und traktierte und herumjagte. Meine Gefühle in Verse zu verwandeln hielt mich buchstäblich am Leben." In: DLA, A:Novak, Briefwechsel, Jorek, Rita.

663 Vgl. Novak 1979: Die Eisheiligen, S. 244 f.

664 Vgl. ebd., S. 35 f.

665 Ebd., S. 275. Des Weiteren: „Concordia sagt, meine Gedichte seien gar keine Gedichte, sondern Gelegenheitsgedichte. Sie behauptet, ich schriebe nur alles auf, was mich bedrückt, wie andere, die ein Tagebuch führen. Tagebücher kann ich nicht ausstehen. Concordia gibt mir ein Buch mit Gedichten von Claudius und Möricke und Eichendorff. Sie sagt: Das nennt man Gedichte." Ebd., S. 302.

666 Vaßen 1996: „Der Traum vom anderen Leben", S. 22.

Schon mit der Aufnahme eines journalistischen Studiums entschied sich Novak dafür, Schreiben zu ihrer Profession zu machen. Ihre Versuche, literarische Texte zu schreiben, intensivierte sie dann vor allem in Island 1957.[667] Knapp sechs Jahre später war Island auch der Ort, an dem sich Novak bewusst und in aller Konsequenz dazu entschloss, Schriftstellerin zu werden. Im Selbstverlag druckte sie 1963 ihren Gedichtband „Ostdeutsch"[668] in Reykjavík mit einer Auflagenhöhe von 500 Stück und verwendete im Zuge dessen erstmals den Künstlernamen ‚Helga M. Novak'.[669] Im selben Jahr verließ sie ihre Familie, reiste nach Palermo und bot von dort aus fünf bekannten Verlagen – ausschließlich westdeutschen[670] – ihre Gedichte zur Veröffentlichung an.[671] In einem Gespräch mit der Autorin und Psychologin Monica Streit 1983 beschreibt sie dies als eine grundsätzliche Entscheidung zwischen verschiedenen Lebensmodellen: „Entweder ich bleibe jetzt in dieser Wohnung, ziehe die Kinder groß, bleibe die Frau meines Mannes oder ziehe mir die Schuhe an und gehe. Gehe endgültig und werde Schriftstellerin. Wobei ich damals nicht mal wußte, ob ich jemals einen Verlag finde. Ich hatte eine Tasche voller Gedichte. Ich stand wieder bei Null."[672]

Der Luchterhand Literaturverlag signalisierte bald Interesse an Novaks Texten und publizierte 1965 den Gedichtband „Ballade von der reisenden Anna",[673] der eine Auswahl der in „Ostdeutsch" erschienenen Gedichte enthält: Verse, die neben dem nicht aufgearbeiteten deutschen Kolonialismus in Südwestafrika[674] und den Schrecknissen des Zweiten Weltkriegs auch

667 Vgl. Novak, Helga M. an Jorek, Rita, Reykjavík, 4.3.1958. In: DLA, A:Novak, Nachtrag 2015, HS 15.39, Briefwechsel, Jorek, Rita. Und: Novak 2013: Im Schwanenhals, S. 158.

668 Novak 1963: Ostdeutsch.

669 Vgl. Stoye-Balk 2016: Die Dichterin Helga M. Novak, S. 19.

670 „Es war mir klar, dass sie [die Gedichte, KvB] in der DDR nicht herausgegeben werden würden." Novak, Helga M./Popović, Nenad: „Ich schreibe und höre nicht zu." Gespräch mit Helga Novak, [Typoskript, Danas. Zagreber Wochenmagazin für Politik und Kultur], 26.1.1988. In: DLA, A:Novak, Nachtrag 2015, Prosa, Interviews, „Ich schreibe und höre nicht zu" 1988.

671 „Das Buch [Ostdeutsch, KvB] habe ich selbst auch verkauft, an Leute, von denen ich wusste, dass sie Deutsch konnten. Dann habe ich fünf Exemplare genommen und an Adressen von fünf deutschen Verlagen, von denen ich gehört habe, geschickt. Alle haben mir geantwortet, oder fast alle, dass sie nur einen Teil der Gedichte nehmen wollen, für Anthologien. Nur der ‚Luchterhand-Verlag' schrieb mir, er wolle das ganze Buch nehmen, ohne Änderung, bis auf den Titel ‚Ostdeutsch-Westdeutsch'." Vgl. ebd.

672 Novak in: Streit 1983: Gespräch mit der Schriftstellerin Helga M. Novak, S. 53.

673 Novak 1965: Ballade von der reisenden Anna.

674 Vgl. zu dem Thema der kolonialen Verbrechen Deutschlands, das in Novaks Werken immer wieder aufgegriffen wird: Quadrelli 2017: Der deutsche Kolonialismus in Südwestafrika im Werk von Helga M. Novak, S. 48–57. Vgl. außerdem ein Feature Novaks: Novak: Warum bohrt ihr Löcher bei meines Vaters Grab? In: HR, 29.10.1976.

offen die Widersprüche des Sozialismus, die Rolle der Staatssicherheit und die Verbrechen des Stalinismus thematisieren.[675] In dem bekannten, 1956 geschriebenen Gedicht „einem Funktionär ins Poesiealbum" heißt es: „ich habe am Ende / eine Frage: / wem gehört eigentlich / das Volkseigentum?"[676]. Nicht minder provokant ist die „Tragoballade vom Spitzel Winfried Schütze in platten Reimen" von 1958, die den Schluss des Gedichtbands bildet und mit dem Vers endet: „der schlechtste Staat auf dieser Welt / ist der der sich die Spitzel hält –"[677]. Entstanden sind diese Gedichte, der Datierung im Inhaltsverzeichnis zufolge, zwischen 1955 und 1962.

Obwohl der Gedichtband Novak 1965 das Studium am Literaturinstitut Johannes R. Becher ermöglichte, wurden ihre Texte in der DDR nicht publiziert, auch nicht in Anthologien und Zeitschriften; sie wurden aber unter der Hand weitergereicht.[678] Jürgen Fuchs beschreibt die Wirkung der Gedichte 1983 wie folgt:

> „Die Stasi-Angst, die ‚Nationale Volksarmee', die Militarisierung des Lebens, das ganze Üben und Melden, die tägliche triumphalistische Präsentation von Präsidenten und Sekretären im ‚Zentralorgan', diese herrschende Lüge, mit der ich gerade meinen kleinen Frieden machen wollte, all das wurde grell beleuchtet. Radikal, geradezu und schön – so kamen die Gedichte von Helga Novak daher auf schlechtem Papier, als Verführung zur Wahrheit, als poetischer Vorschlaghammer"[679].

Noch im Februar 1966, sie war schon exmatrikuliert, plante Novak die Herausgabe einer illegalen Literaturzeitschrift, um ihre Texte zu verbreiten; dies belegt als einzige Quelle ein kopierter Brief an die Freundin Sabina Patt:

> „Ich kann es Dir in diesem Brief ruhig schreiben, dass meine Situation hier ein bisschen gefährlich geworden ist. Wir lassen uns das Theater natürlich nicht gefallen, dass unsere Bücher verboten werden, wir keinen Pfennig verdienen, mit Repressalien bedacht werden und langsam alle an Rufmord entzwei gehen. Deshalb geben wir nun eine illegale literarische Zeitschrift heraus, von der ich

---

675 Vgl. Novak 1965: Ballade von der reisenden Anna. Und: Ulmer 2014: Ungebunden, ungehorsam, ungezügelt. Unter: http://www.bpb.de/180114, zuletzt abgerufen am 16.11.2021.

676 einem Funktionär ins Poesiealbum. In: Novak 1965: Ballade von der reisenden Anna, S. 67.

677 Tragoballade vom Spitzel Winfried Schütze in platten Reimen. In: Ebd., S. 82.

678 Das beschreibt beispielsweise Jürgen Fuchs, der 1971 zum ersten Mal Gedichte Novaks las: „In diesen Tagen brachte mir ein Freund kaum lesbare Abschriften mit Gedichten von Helga Novak vorbei, drei, vier, mehr waren es nicht. Das Papier klein zusammengefaltet, so etwas trägt man in Manteltaschen und steckt es hinter Bücherrücken." Fuchs 1983: Die mit dem dünnen Fell, S. 5 f.

679 Ebd., S. 6.

Dir später genau erzählen werde. Du siehst, es gibt wieder Korrekturen zu lesen, und wie!!

In dieser Zeitschrift wird nicht gehetzt, denn wir sind nun einmal Kommunisten, es wird lediglich gedruckt, was hier absolut nicht das Licht der Öffentlichkeit erblicken darf, aber was KUNST ist, es geht nämlich in der Welt die irrige Meinung spazieren, in der DDR würde keine Kunst gemacht. Das stimmt überhaupt nicht, wir kommen nur nicht raus damit. Das wäre es in grossen Zügen. […] Wundere Dich nicht über Titel und Aussehen, das hat seine Gründe und ist aus langen Überlegungen geboren. Nylon heisst ja bekanntlich hier Dederon. Darin ist so herrlich der Name unseres Staates DDR enthalten. Und eine reine DDR-Zeitschrift soll es werden. So soll sie also DeDeRon heissen, mit dem Untertitel Zeitschrift für Kunst-Stoffe. Du begreifst die humoristische Seite der Sache sicher. Sie wird 50 Seiten stark und wahrscheinlich auf Schreibmaschine mit Drucktypen versehen, geschrieben. Material für die ersten drei Nummern und zuverlässige Mitarbeiter habe ich auch schon."[680]

Zu einer Verwirklichung der Pläne kam es nicht – zwei Monate nach dem Versenden des Briefes durfte die Autorin, die sich in dem hier zitieren Ausschnitt trotz aller Repressionen für den Kommunismus ausspricht, das Gebiet der DDR nicht mehr betreten. Auch eine noch in der DDR getroffene Vereinbarung mit dem Reclam Verlag Leipzig über eine Anthologie mit Nachdichtungen isländischer Lyrik, über die man bis 1969 verhandelte, wurde nicht realisiert.[681] So war die Autorin bis 1990 mit keiner Veröffentlichung in der DDR vertreten und bis dahin außerhalb oppositioneller, literaturaffiner Kreise einer weiteren Leserschaft im Osten Deutschlands nicht bekannt.[682]

Es ist der Stammverlag von dem in der DDR als ‚literarische Unperson' geltenden Günter Grass,[683] der westdeutsche Luchterhand Verlag, der für Novaks literarische Laufbahn entscheidend wurde und der ab 1965 ihre zentrale Anlaufstelle darstellte: Nach der Ausweisung aus der DDR unterstützte der Verlag die Autorin und half ihr, im literarischen Leben in Westdeutschland Fuß zu fassen.[684] Sowohl mit ihrer ersten Lektorin Elisabeth Borchers als auch mit ihrem zweiten Lektor Klaus Roehler, dessen Textkritik sie schätzte

---

680 Novak, Helga M. an Patt, Sabina, [Kopie, Leipzig], 3.2.1966. In: DLA, A:Novak, Briefwechsel, Patt, Sabina. Den Brief ließ Novak von Westdeutschland aus verschicken. Vgl. dazu: Novak 2013: Im Schwanenhals, S. 310.

681 Vgl. Reclam Leipzig, Marquardt, Hans und Teller, Jürgen an Novak, Helga M., Leipzig, 5.3.1969. In: DLA, A:Novak, Nachtrag 2015, Briefe an sie, Reclam Verlag (Leipzig u. Stuttgart). Vgl. dazu auch: Novak 2013: Im Schwanenhals, S. 311 f.

682 Vgl. Surynt 2017: Über die subversive Kraft des Erzählens im Werk Helga M. Novaks, S. 24.

683 Vgl. Ulmer 2014: Ungebunden, ungehorsam, ungezügelt. Unter: http://www.bpb.de/180114, zuletzt abgerufen am 16.11.2021.

684 Vgl. Ulmer 2016: VEB Luchterhand?, S. 89 f.

und einforderte,[685] verband sie bald ein freundschaftliches Verhältnis. Hans Altenhein, von 1973 bis 1987 Verlagsleiter bei Luchterhand, beriet Novak bis zu ihrem Tod bei ihren literarischen Arbeiten.

Mit der Verankerung bei Luchterhand gingen kontinuierliche Veröffentlichungen der Texte Novaks einher, die zusammen mit Publikationen in westdeutschen und internationalen Zeitschriften[686] von der regen literarischen Produktion der Schriftstellerin zeugen.

Im Herbst 1966 schloss Novak in Island Übersetzungen der Prosa des isländischen Autors Guðbergur Bergsson und der bedeutenden isländischen „Egils saga" ab, deren Publikation jedoch – abgesehen von der Sendung eines Hörspiels nach Bergsson[687] – nicht nachzuweisen ist.[688] 1967 erschien Novaks zweiter Gedichtband „Colloquium mit vier Häuten"[689] bei Luchterhand, für den die junge Lyrikerin 1968 den Bremer Literaturpreis erhielt.[690] Abgesehen von einem Zyklus mit Liebesgedichten wird der Band von politischen Balladen in der Nachfolge Brechts dominiert, die für Novaks erzählende Lyrik charakteristisch sind. Das Gedicht „untauglich", das Novak 1966 unter anderem in Princeton gelesen hatte und auf das Jürgen Fuchs in seinem oben zitierten Porträt der Dichterin anspielt (vgl. 2.2.1), endet mit den Zeilen: „dann geht er

685 Vgl. Sprengel 2016: Der Lektor und sein Autor, S. 240 ff.

686 Nach einer ersten Gedichtpublikation in der Zeitschrift „Merkur" 1965 (Gedichte: Sommeraugenblick, Meine Sprache, Hundstreue, Kain und Abel. In: Merkur, 19 (1965), S. 539–541.) wurden regelmäßig Texte Novaks in Zeitschriften und Anthologien veröffentlicht, darunter vermehrt in der Literaturzeitschrift „Akzente", in der Jahrbuchreihe „Tintenfisch" des Wagenbach-Verlags, dem „Jahrbuch der Lyrik" und der US-amerikanischen Zeitschrift „dimension. contemporary german arts and letters".

687 Vgl. Novak nach Bergsson: Tomas schreibt sich durch die Finsternis. In: SDR, 28.11.1971.

688 Vgl. DLA, A:Novak, Übersetzungen, Guðbergur Bergsson: Tomas Jonsson beschreibt sein Leben. Roman [Tómas Jónsson. Besteller], (Probe-Übersetzung v. Helga M. Novak), Guðbergur Bergsson: Tomas Jonsson – Selbstporträt eines alten Isländers, der von den Wikingern abstammt. Aus dem Isländischen übersetzt und für den Funk bearbeitet von Helga M. Novak, Gedichte von Guðbergur Bergsson. Und: Novak, Helga M. an Patt, Sabina, [Kopie], Laugarvatn, 13.10.1966: „Ich habe beim Verlag abgeliefert: eine Anthologie neuer isl. Lyrik (80 Seiten) ausgewählt und übersetzt, 2 Erzählungen noch von Bergur Bergsson (30 Seiten), ein Romanauszug von Bergur übersetzt (24 S.), ein Gutachten zu seinem Roman (2, ½ S.). Beim Bayrischen Rundfunk (Peter Hamm) eine Rundfunkskizze über Bergur (5 S.) mit Romanauszug und Gedichten von ihm […]. Jetzt liegt hier bei mir fertig vor – die Hälfte der neu ins Deutsche übersetzten Egilssaga, wo ich nicht weiß, wer sie will." DLA, A:Novak, Briefwechsel, Patt, Sabina.

689 Novak 1967: Colloquium mit vier Häuten. Und: Bessen 2014: Novak, Helga M. Unter: http://www.munzinger.de/document/16000000424, zuletzt abgerufen am 16.11.2021.

690 Vgl. dazu vertiefend: Emmerich 1999: Der Bremer Literaturpreis 1954–1998.

als Sündenbock auf den Hackstein / der mit den weichen Augen / der mit dem derben Maul."[691]

Doch die vorherrschende „undogmatisch linke Schnoddrigkeit"[692], der direkte und unverstellte Ton sowie die unverblümte Darstellung sozialer Missstände stieß bei den westdeutschen Kritikern zunächst vielfach auf Befremden.[693] Die Skepsis steigerte sich, als 1968 Novaks erster Band mit Kurzprosa erschien, „Geselliges Beisammensein",[694] in dem in einfachsten Sätzen Abläufe beim Reisen, aber auch Arbeitsvorgänge zum Beispiel in einer Fischfabrik mechanisch, in Form einer Aneinanderreihung von Dingen und Sachverhalten, beschrieben werden. So bezeichnet Marcel Reich-Ranicki diese Texte der „bestimmt nicht unbegabte[n] Autorin" als Schreibübungen und bezweifelt, ob man es hier „überhaupt mit Literatur zu tun"[695] habe.

In dem Erzählungsband „Aufenthalt in einem irren Haus"[696] von 1971 stehen dann mehr Personen in verschiedenen Machtverhältnissen im Zentrum: Unterprivilegierte, Randexistenzen, Isolierte. Doch überwiegt auch hier die distanzierte, knappe und kommentarlose Beschreibung, gekoppelt an die Darstellung von Sprache als Ausdruck von Ohnmacht und Gewalt.[697] Ihren Prosa-Stil bezeichnet Novak selbst als expressionistisch, ohne dabei die Kunstrichtung zu meinen: „Und ich habe meine Art zu schreiben von Anfang an als expressionistisch empfunden. Rausgehauen, rausgeplatzt, rausgebrüllt; Distanz nur durch die Verkürzung."[698]

Der sprachliche Ausdruck, sowohl in der Prosa als auch in der Lyrik schnörkellos, geraderaus und aufrichtig, fixiert ein deutliches, klar umrissenes Bild und gibt sich zugleich zart, ungeschützt und offen. So korrespondieren Novaks Sprachbilder mit einer Grundhaltung, die Surynt wie folgt beschreibt:

> „Anhaftende Ruhelosigkeit, Drang nach dem ‚Anderen' und verzweifelte (gelungene wie gescheiterte) Fluchtversuche, von der Ablehnung bürgerlicher Lebensformen, jeglicher Normen, Zwänge, ‚einziger richtiger' Wahrheiten und aufoktroyierter Wertesysteme begleitet, stimulieren die poetische

691 untauglich. In: Novak 1967: Colloquium mit vier Häuten, S. 10.

692 Vgl. Ulmer 2014: Ungebunden, ungehorsam, ungezügelt. Unter: http://www.bpb.de/180114, zuletzt abgerufen am 16.11.2021.

693 Vgl. ebd.

694 Novak 1968: Geselliges Beisammensein.

695 Reich-Ranicki: Darstellung der Arbeitswelt – wozu? In: Die Zeit, 1.11.1968.

696 Novak 1971: Aufenthalt in einem irren Haus.

697 Vgl. Surynt 2009: Leben als Exil, S. 174.

698 Reise nach Rumänien. Brief an Hans Joachim Schädlich. In: Novak 1995: Aufenthalt in einem irren Haus, S. 289.

> Vorstellungskraft Helga M. Novaks und verlangen nach immer neuen Experimenten mit Ausdrucksmöglichkeiten in der Literatur."[699]

Als wichtig für ihr Schreiben nennt Novak ein großes Interesse für die ‚Umgangssprache', den sprachlichen Umgang der Menschen miteinander, den sie durch ihren Umzug ins westdeutsche Frankfurt am Main 1968 und den damit einhergehenden Wiederaneignungsprozess der Muttersprache neu entdeckte:[700] „Ich mußte ~~das~~ alles aufschreiben. Ich tastete mich wieder an meine eigene Sprache heran, indem ich notierte, was ich in Kneipen, Eisenbahnen und auf der Straße hörte. Damals schrieb ich Fibelsätze. Aus diesen wortwörtlichen Aufzeichnungen sind meine ersten beiden Hörspiele entstanden."[701]

Allein von 1969 bis 1971 erschienen zehn Hörspiele Novaks, unter anderem beim HR, SDR und WDR.[702] Bis 1990 wurden jährlich, mit wenigen Ausnahmen, ein bis zwei Hörspiele von ihr für Erwachsene und Kinder[703] gesendet. Die Hörspiele Novaks, teilweise autobiografisch oder von zentralen Themen Novaks geprägt,[704] lassen sich in vielen Fällen komplementär zu den gedruckten Texten lesen und stellen deren Vorläufer, Variationen oder

699 Surynt 2012: Unterwegs: das geteilte Leben von Helga M. Novak, S. 252.

700 „Mich interessiert dabei in erster Linie die akustische Seite, also die gesprochene Sprache. Umgangssprache ist Umgang mit Menschen; wie wir miteinander umgehen, so gehen wir mit der Sprache um. [...] Nachdem ich jahrelang im Ausland gelebt hatte, war mir meine Muttersprache ziemlich fremd geworden. Als ich zurückkam, machten mich die einfachsten Dialoge in Straßenbahnen, Kneipen und Kaufhäusern stutzig. Plötzlich hörte ich aus allen Gesprächen nur noch Irrsinn, Verzweiflung und Schikane heraus. Mit wem ich sprach, wem ich zuhörte, ich litt unter einer scheinbar unüberwindlichen Kontaktlosigkeit." Novak: Sprache als Umgangsform. In: Stuttgarter Zeitung, 20.2.1971.

701 Novak, Helga M.: [Typoskript, o. D.]. In: DLA, A:Novak, Dramatisches, Die eiserne Tür. Monolog einer Rabenmutter. Hörspiel (Monolog einer nichtswürdigen Mutter), Nekropole. Hörspiel und andere Aufzeichnungen.

702 Vgl. Bessen 2014: Novak, Helga M. Unter: http://www.munzinger.de/document/16000000424, zuletzt abgerufen am 16.11.2021.Nach Roman Luckscheiter gehört Novak „zu den Vertretern des in den späten sechziger Jahren entstehenden ‚Neuen Hörspiels', das sich vor allem durch eine sprachkritische Haltung und Collage-Technik auszeichnet." Luckscheiter 2007: Maos mediale Absorption. Unter: http://www.iaslonline.de/index.php?vorgang_id=2695, zuletzt abgerufen am 16.11.2021.

703 Die späteren Hörspiele für Kinder spielen in Skandinavien bzw. Island und greifen auf den umfangreichen Fundus der isländischen Sagenwelt zurück. Vgl. z. B.: Novak: Troll-Kata und das vergessene Datum. In: SDR / NDR, 20.12.1987. Und: Novak: Ingimar Findling bei den Verbannten. In: SDR, 18.3.1990.

704 Dazu zählen u. a. autobiografisch geprägte Hörspiele, die sich inhaltlich in Teilen auch mit den drei autobiografischen Romanen überschneiden wie: Novak: Unordentliche Zeiten. In: SDR, 11.5.1980. / Novak: Tragflächen. In: SDR, 6.6.1982. / Novak: Nekropole. In: SDR, 27.8.1989.

Hörspielfassungen dar.[705] Indes wurde nur ein Hörspiel Novaks in schriftlicher Form veröffentlicht.[706]

Ferner wurden in den ausgehenden 1960ern und den beginnenden 1970er Jahren erste Zeitungs-Reportagen Novaks gedruckt – in der Zeitung „Die Zeit" schrieb sie für die Reihe „Aus den Hauptstädten der Welt" Porträts über Oslo, Kopenhagen und Reykjavík.[707] Der persönliche, geografische Bezug zu den Themen ihrer Reportagen, Features und Radioessays setzt sich dabei bis Ende der 1980er Jahre fort,[708] Literaturkritiken und politische Reportagen kommen hinzu.[709]

Rundfunkbeiträge und Artikel verfasste Novak in den 1970ern häufig in Zusammenarbeit mit Horst Karasek,[710] mit dem sie auch zwei Dokumentationsbände veröffentlichte: Zum einen „Wohnhaft im Westend. Dokumente, Berichte, Konversation"[711], 1971 bei Luchterhand erschienen, dessen Materialsammlung persönliche Erfahrungen im Zuge der Mietervertreibung und

705 Vgl. beispielsweise: Novak: Palisaden oder Aufenthalt in einem irren Haus. In: HR, 4.6.1970./ Novak: Auf der Suche nach Berinike. In: SDR / HR, 10.3.1971. / Novak: Ballade von der kastrierten Puppe. In: WDR, 19.12.1972. / Novak: Monolog eines Buchhändlers. In: WDR, 4.5.1976. / Novak: Landleben mit Josefa. Porträt einer polnischen Greisin. In: HR, 3.1.1990. Wie die Existenz der Hörspielfassung die Lesart der Erzählung beeinflusst und wie sich der Zusammenhang von beidem beschreiben lässt, hat Brandt in Bezug auf das zuletzt genannte Hörspiel und die Erzählung „Portrait einer polnischen Greisin" herausgearbeitet. Vgl. Brandt 2017: Semantiken von Legbąd, S. 161 f.

706 Novak 1982: Die Verfehlung, S. 19–35.

707 Novak: Herbst in Oslo. In: Die Zeit, 14.11.1969. / Novak: Das Kopenhagen der Kinder. In: Die Zeit, 23.1.1970. / Novak: Ein Flugblatt über Reykjavik. In: Die Zeit, 13.2.1970.

708 Beispielsweise in den Features: Novak: Die Landnahme von Torre Bela. In: HR, 2.4.1976. / Novak: Grabfeld – schönes Land im Regenschatten. In: HR, 14.10.1977. / Novak: Grüneburgpark im Herbst, Grüneburgpark im Winter. In: HR, 30.12.1977./ Novak: Bilder von den schwarzen Inseln. In: HR, 29.9.1978. / Novak: Weinernte in Dalmatien. In: HR, 12.4.1989. / Novak: Landleben mit Josefa. In: HR, 3.1.1990.

709 Vgl. Novak: Demokratie ist für alle da. In: Die Zeit, 28.11.1969. / Novak: Der Fortschritt des Grauens. In: Der Spiegel, 6.10.1975. / Novak: Der Dichter im Kreidekreis. In: Der Spiegel, 13.6.1977. / Novak: Ein Roman wie ein Gedicht. In: Die Zeit, 25.1.1980. / Novak: Lob der Drucker. In: Die Tageszeitung, 4.6.1981. / Novak: Wo Wald noch Wildnis ist. In: Die Zeit/ Magazin, 7.2.1992.

710 Vgl. Novak/Karasek: Nachmittag eines Aufsässigen. Ein dokumentarischer Bericht. In: HR, 29.7.1969. / Novak/Karasek: Kaffeestunde in Frankfurt. In: SDR, 5.8.1969. / Novak/ Karasek: Peter Kropotkin – der sanfte Anarchist. In: SDR, 6.7.1970. / Novak/Karasek: Nachtwächter des Kapitals. In: SDR, 12.5.1971. / Novak/Karasek: Am laufenden Band oder Monolog eines Vorarbeiters mit Unterbrechungen. In: SR, 26.5.1971. / Novak/Karasek: Folterkammer für Dicke. In: SDR, 14.7.1971. / Novak/Karasek: Eduard Zimmermann. XY-Jäger und XY-Gejagte. In: Die Zeit, 9.10.1970. Ein weiteres Feature entstand zusammen mit Wulf Goebel: Novak/Goebel: Von einer Hand in die andere. In: HR, 6.10.1972.

711 Novak/Karasek 1970: Wohnhaft im Westend. Neben zeithistorischen Dokumenten von 1968/69 finden sich auch Materialien aus der Zeit des Bauernkrieges.

Immobilienspekulationen im Frankfurter Westend und der Ausläufer der Studentenbewegung dokumentiert. Zum anderen gaben beide 1972 gemeinsam den Band „Eines Tages hat sich die Sprechpuppe nicht mehr ausziehen lassen"[712] heraus, der „Texte zur Emanzipation zur Mündigkeit" versammelt.[713] 1973 veröffentlichte Novak außerdem ein politisches Kinderbuch zum Thema der kollektiven Selbstverwaltung.[714] Infolge einer Reise mit Horst Karasek in eine portugiesische Landkommune während der Nelkenrevolution entstand 1976 die Publikation „Landnahme von Torre Bela"[715], die basierend auf Tagesnotizen, Zeitungsmeldungen und Gesprächen die dortigen Erfahrungen dokumentiert. Dieses Buch erschien, wie viele der Veröffentlichungen Novaks ab 1975, beim Berliner Rotbuchverlag. Aufgrund einer ‚Programmverschlankung' bei Luchterhand musste die Autorin, die bisher nur in kleineren Kreisen bekannt war, den Verlag wechseln.[716] Sie entschied sich, die Anwerbungsversuche Elisabeth Borchers ignorierend, gegen Suhrkamp und wählte bewusst einen unkonventionellen und links-politischen Verlag.[717] Novaks erste Veröffentlichung bei Rotbuch war der Gedichtband „Balladen vom kurzen Prozeß" 1975, der ausschließlich politisch engagierte, zum Teil vormals schon veröffentlichte Balladen enthält, sozialkritische Verse, die abermals Randfiguren und gesellschaftlich Vergessene, ‚nach denen kein Hahn kräht'[718], in den Fokus rücken, sowie insbesondere (institutionalisierte) Gewalt problematisieren.[719] Beispielhaft ist die „Ballade von der Türkin Nigar", die „unverhohlen die Ab- und Ausgrenzungsmechanismen auf[deckt], die jeglicher, auch einer liberaldemokratischen Gesellschaft eigen sind."[720] Im lyrischen Kommentar heißt

712 Novak/Karasek 1972: Eines Tages hat sich die Sprechpuppe nicht mehr ausziehen lassen.

713 Auch an öffentlichen Diskussionen zur Emanzipation nahm Novak teil. 1970 trat sie mit drei weiteren Autorinnen der Gruppe 47 in der vom literarischen Colloquium in Berlin initiierten und von Hans Werner Richter moderierten Fernsehsendung „So sehen wir den Mann" auf. Vgl. Lundius 2017: Die Frauen in der Gruppe 47, S. 299 f.

714 Novak 1973: Seltsamer Bericht aus einer alten Stadt.

715 Novak 1976: Die Landnahme von Torre Bela.

716 Vgl. Ulmer 2014: Ungebunden, ungehorsam, ungezügelt. Unter: http://www.bpb.de/180114, zuletzt abgerufen am 16.11.2021.

717 Vgl. Novak, Helga M. an Patt, Sabina, [Kopie], Bad Nauheim, 10.10.[1974]. In: DLA, A:Novak, Briefwechsel, Patt, Sabina. Schon Ende der 1960er setzte sich Novak mit alternativen Formen der Veröffentlichung und mit Schreibkollektiven auseinander. Vgl. Novak 1969: Schriftsteller im Kollektiv, S. 97.

718 Ballade von einem nach dem kein Hahn kräht. In: Novak 1975: Balladen vom kurzen Prozeß, S. 10 f.

719 Vertiefend dazu: Surynt 2007: Zur Problematik von Identität und Gewalt im Werk Helga M. Novaks, S. 119–143.

720 Ebd., S. 124 f.

es: „Ausländer sind alle gleich / und namenlos im Knast“[721]. Weitere Gedichte reagieren auf die angespannte politische Atmosphäre in der Bundesrepublik während des Linksterrorismus, wie das „Lied von der Haussuchung“[722].

Auch für ihre Features wählte Novak Mitte der 1970er Jahre gesellschaftspolitische Themen, konnte jedoch aufgrund der politischen Situation im Zuge der Terrorakte der RAF nach eigenen Angaben immer seltener Hörspiele und Features an Rundfunkanstalten verkaufen.[723] Über die Sozialistische Verlagsauslieferung gab Novak 1976/77 zusammen mit Erich Fried eine Dokumentation zu dem Prozess um den Schriftsteller und linksgerichteten Verleger Peter Paul Zahl heraus, dessen Verurteilung nach einem Schusswechsel mit der Polizei 1976 eine politische Kontroverse auslöste.[724] 1978 erschien „Margarete mit dem Schrank“[725] bei Rotbuch, Novaks bis dahin „persönlichster Gedichtband“[726]. Angeordnet nach biografischen Lebensstationen der Lyrikerin, gehen die Gedichte – darunter vielbeachtet „dunkle Seite Hölderlins“[727] und „Eislaufen“[728] – von konkreten Orten und Situationen aus, um damit das Allgemeine einzuschließen – kollektive Geschichte an eigene Erinnerungsbilder, vorhandene Landschaften und Plätze zu binden.[729]

Einige Gedichte in dem Robert Havemann gewidmeten Zyklus „Grünheide Grünheide“ bilden auf diese Weise das lyrisch verdichtete Pendant[730] zu Novaks autobiografischen und umfangreichen Prosawerken, deren Auftaktband „Die Eisheiligen“[731] nach jahrelanger ‚Erinnerungsarbeit‘[732] 1979 publiziert wurde.

721 Ballade von der Türkin Nigar. In: Novak 1975: Balladen vom kurzen Prozeß, S. 26.

722 Lied von der Haussuchung. In: Ebd., S. 77 f. Vgl. außerdem Weigel 1987: Die Stimme der Medusa, S. 90.

723 Vgl. Novak, Helga M. an Patt, Sabina, [Kopie], Frankfurt a. M., 30.10.1974. In: DLA, A:Novak, Briefwechsel, Patt, Sabina. Dennoch können einige von Novak veröffentlichte Features Mitte der 1970er Jahre nachgewiesen werden, wie: Novak: Wenn ich nicht trinke, bin ich noch einsamer. In: HR, 26.11.1975.

724 Vgl. Novak/Fried et al. 1977: Am Beispiel Peter-Paul Zahl.

725 Novak 1978: Margarete mit dem Schrank.

726 Bessen 2014: Novak, Helga M. Unter: http://www.munzinger.de/document/16000000424, zuletzt abgerufen am 16.11.2021.

727 dunkle Seite Hölderlins. In: Novak 1978: Margarete mit dem Schrank, S. 59 f.

728 Eislaufen. In: Ebd., S. 66 f.

729 Vgl. Berbig 2018: Helga M. Novak und Robert Havemann, S. 114 u. 118.

730 Salzmann zeigt, wie das lebensgeschichtliche Material der autobiografischen Romane auch in einige Gedichte eingearbeitet und in starker Verdichtung ähnlich metaphorisch aufgearbeitet wird. Vgl. Salzmann 1988: Die Kommunikationsstruktur der Autobiographie, S. 109 f.

731 Novak 1979: Die Eisheiligen.

732 Novak gibt an, mehr als zehn Jahre an „Die Eisheiligen“ gearbeitet zu haben und betont gleichzeitig: „Wenn man mich gefragt hat, wie lange ich an den ‚Eisheilgen‘ gearbeitet habe, habe ich gesagt: 40 Jahre. Autobiografien sind doch was anderes, als wenn man

Mit dieser Zuwendung zu einer für Novak neuen literarischen Gattung ging auch ihre Rückkehr zum Luchterhand Literaturverlag einher. Nur drei Jahre später erschien der zweite Band „Vogel federlos“[733], der nahtlos an „Die Eisheiligen“ anknüpft und die Erzählung konsequent fortschreibt.

Das erste Buch stellt die Kindheit und Jugend der heranwachsenden Ich-Erzählerin zur Zeit des Nationalsozialismus dar und beschreibt den Kampf um Selbstbehauptung in der Auseinandersetzung mit den lieblos-strengen, brachiale Erziehungsmethoden anwendenden Adoptiveltern sowie die Alltäglichkeit des Faschismus. Im zweiten Band wird geschildert, wie sich die Ich-Erzählerin während ihrer Schulzeit im Internat euphorisch und rückhaltlos dem Aufbau des Sozialismus in der DDR verpflichtet, in der Hoffnung, dabei Ersatz für die fehlende Familie zu finden. Als die Widersprüche und Zwänge des Systems immer deutlicher zu Tage treten, wird die Protagonistin mit ihren Zweifeln auf sich selbst und ihr Alleinsein zurückgeworfen.[734]

Die Auseinandersetzung mit dem Nationalsozialismus, insbesondere mit den Schweigern und Mitläufern, und die kritische Betrachtung der frühen Jahre der DDR in beiden Romanen zeichnen dabei in vielen Szenen Parallelen „zwischen dem preußischen, wilhelminischen, nazistischen und schließlich DDR-Militarismus“[735].

Obwohl die Gattungsbezeichnung „Autobiografie“ nicht im Titel steht, bezeichnet Novak die Texte, die ihrer eigenen Lebensgeschichte gleichen, als eine solche – als ‚totale Autobiografie‘[736]. Auch die Forschung übernimmt diese Zuschreibung oder spricht von einer ‚literarischen Autobiografie‘[737], ‚fiktionalen Autobiografie‘[738] bzw. von einem ‚autobiografischen Roman‘[739]. Ungewöhnlich

---

einen Roman schreibt. Das ist Erinnerungsarbeit, und die geht Tag und Nacht. Das braucht seine Zeit. Ich bin sehr langsam.“ Novak in: Dreiocker 1998: Leben im Wald, S. 27.

733 Novak 1982: Vogel federlos.

734 Vgl. dazu: Salzmann 1988: Die Kommunikationsstruktur der Autobiographie. / Sill 1991: Zerbrochene Spiegel.

735 Surynt 2007: Zur Problematik von Identität und Gewalt im Werk Helga M. Novaks, S. 132.

736 Vgl. Bessen 2014: Novak, Helga M. Unter: http://www.munzinger.de/document/16000000424, zuletzt abgerufen am 16.11.2021. Und: Ulmer: Die totale Autobiografie. In: Der Freitag, 5.9.2013. Die vielzitierte Rede Novaks von der „totalen Autobiografie“ wird von der Forschung stets ohne Angabe angeführt, sodass die ursprüngliche Quelle nicht nachgewiesen werden kann.

737 Salzmann 1988: Die Kommunikationsstruktur der Autobiographie, S. 113.

738 Bessen 2014: Novak, Helga M. Unter: http://www.munzinger.de/document/16000000424, zuletzt abgerufen am 16.11.2021.

739 Brandt 2017: Zugänge zum Werk von Helga M. Novak, S. 7–13. Surynt 2012: Unterwegs: das geteilte Leben von Helga M. Novak, S. 247–269. Vgl. auch: Nause 2002: Inszenierung von Naivität.

an den Büchern sind die literarische Gestaltung und die Perspektivierung der Texte: Es handelt sich nicht um eine lineare Erzählstruktur, sondern um einen nach dem Prinzip der Montage zusammengestellten, weitgehend unkommentierten Text aus erzählten und dialogischen Szenen, Gedichten, Zitaten und zeithistorischen Dokumenten. Dieses für Novaks Schreiben typische Verfahren zeigt sich hier erstmals in größerem Rahmen.[740] Obzwar durchgehend aus der Perspektive der erlebenden Protagonistin geschrieben, entsprechen die autobiografischen Romane nicht der für die bundesdeutsche Literatur der 1970er charakteristischen Zuwendung zu einer ‚neuen Subjektivität'.[741] Vielmehr stellt die Autorin die private Vergangenheit als politische dar[742] und schafft auf diese Art und Weise, wie Konstantin Ulmer schreibt, „ein historisches Gegengedächtnis, das in der Radikalität, in der Kompromisslosigkeit an ihre Lyrik erinnert“[743]. Surynt unterstreicht diese These mit ihren Ausführungen:

> „Die literarische Inszenierung der Rekonstruktion und Aneignung von Vergangenheit, wie sie von Helga M. Novak in ihren autobiographischen Romanen unternommen wird, [...] dient in einem bedeutenden Grade der literarischen Aushandlung von Erinnerungskonkurrenzen und damit der Unterwanderung des von den Geschichtspolitiken beider deutschen Staaten angebotenen bequemen Konsens.“[744]

Mit dieser zweibändigen autobiografischen Prosa, vielbeachtet von der Literaturkritik,[745] wurde Novak einem größeren Publikum bekannt.

740 Vgl. Bessen 2014: Novak, Helga M. Unter: http://www.munzinger.de/document/16000000424, zuletzt abgerufen am 16.11.2021. Vgl. außerdem: Sill 1991: Zerbrochene Spiegel, S. 459–468. Neben der Montage verschiedener Gattungen innerhalb eines Textes transponiert Novak ihre Texte mitunter auch in andere Gattungen oder extrahiert Versatzstücke, um sie als eigenständige Texte zu veröffentlichen. Erzählungen und Hörspiele enthalten beispielsweise auch einzelne, später separat publizierte Gedichte, zu Prosatexten existieren Hörspielpendants und nicht zuletzt der Beginn einer von Novak verfassten Rezension zu einer „Hölderlin-Edition“ findet sich in einem später publizierten Gedicht wieder. Vgl. Novak: Der Dichter im Kreidekreis. In: Der Spiegel, 13.6.1977. Und: dunkle Seite Hölderlins. In: Novak 1978: Margarete mit dem Schrank, S. 59 f.

741 Vgl. Bessen 2014: Novak, Helga M. Unter: http://www.munzinger.de/document/16000000424, zuletzt abgerufen am 16.11.2021.

742 Vgl. Salzmann 1988: Die Kommunikationsstruktur der Autobiographie, S. 140.

743 Ulmer 2014: Ungebunden, ungehorsam, ungezügelt. Unter: http://www.bpb.de/180114, zuletzt abgerufen am 16.11.2021.

744 Surynt 2017: Über die subversive Kraft des Erzählens im Werk Helga M. Novaks, S. 37.

745 Lothar Baier nennt „Die Eisheiligen“ beispielsweise ein „beängstigend gut geschriebenes Buch“. Baier: Schreckensbilder aus der Kindheit. In: Die Zeit, 14.9.1979.

Bemerkenswerterweise wurden diese, für Novaks Werkbiografie zentralen Bücher, die wichtige Themen und Motive der vorangegangenen Veröffentlichungen aufgreifen und zusammenführen,[746] von der Herausgabe des Prosabandes „Palisaden“[747] (1980) und des Gedichtbandes „Grünheide Grünheide“[748] (1983) begleitet: Die eine Publikation enthält eine Auswahl der zwischen 1967 und 1975 erschienenen Erzählungen sowie einige bisher unveröffentlichte, die andere, mit einem Vorwort von Jürgen Fuchs versehen, fasst Gedichte Novaks aus 25 Jahren zusammen, darunter welche, die vorher nur in Zeitschriften erschienen waren. Diese so entstehende Engführung der ‚Autobiografien‘, der Literarisierung des eigenen Lebens, mit wichtiger Prosa und Lyrik markiert Ende der 1970er, Anfang der 1980er Jahre eine Zäsur in der Werkbiografie der Autorin.

Bücher mit neuer Kurzprosa veröffentlichte Novak ab diesem Zeitpunkt nicht mehr. Stattdessen konzentrierte sie sich zunehmend auf die Lyrik, deren Schwerpunkt sich von der kritischen Darstellung sozial-politischer Realitäten hin zu Abgelegenem, zu imaginären Landschaften, archäologischen Erkundungen, Umwelt und naturhaftem Sein verlagert. Der geografische Rückzug Novaks, erst nach Jugoslawien, dann nach Polen, findet sein Gegenstück in den Texten. Angesichts dieser Schwerpunktverschiebung betont Vaßen:

> „Der leidende und revoltierende Mensch als Individuum, in der Familie, im politisch-gesellschaftlichen Kontext steht ohne Zweifel im Mittelpunkt von Novaks literarischem Werk. Daneben aber spielt die Natur in allen Phasen von Helga M. Novaks Schreibprozeß eine große Rolle – antiidyllisch, unromantisch und ohne jegliches Pathos.“[749]

Der Band „Legende Transsib“ (1983) beweist dabei abermals die Verflechtung der literarischen Gattungen bei Novak, indem er Lyrik, Prosastücke, kurze Monologe und Szenen in einem Textzyklus vereint und eine imaginäre[750] Fahrt mit der Transsibirischen Eisenbahn nachzeichnet. Zugleich versammelt und bewahrt der Band ‚vertextetes Wissen‘ aus verschiedenen Quellen und zeugt so von einer tiefgehenden Auseinandersetzung mit dem von Projektionen

746 Vgl. Bessen 2014: Novak, Helga M. Unter: http://www.munzinger.de/document/16000000424, zuletzt abgerufen am 16.11.2021.

747 Vgl. Novak 1980: Palisaden.

748 Novak 1983: Grünheide Grünheide.

749 Vaßen 1996: „Der Traum vom anderen Leben“, S. 30.

750 Da Novak das Visum für die geplante Reise nicht bewilligt wird, wird das Verfassen des Bandes, das auf umfassendem Material, Dokumenten und Exzerpten aufbaut, zu einer imaginären Reise. Eine kleine Nachbemerkung Novaks am Ende des Buches weist auf diese Begebenheit hin. Vgl. Novak 1985: Legende Transsib, S. 96 f.

überzogenen Kulturraum Sibiriens.[751] Der vier Jahre später folgende Gedichtband „Märkische Feemorgana“[752] erkundet wiederum die frühzeitliche Geschichte und die prähistorischen Formationen der märkischen Landschaft Brandenburgs und verbindet diese mit verschiedenen Zeitebenen, Gedächtnisschichten und Erinnerungsbildern zu einer Art „Auto-Archäologie“[753]. „[L]aß mich zudecken von der stetigen Wärme / beim Wiesenmäander der vielarmigen Löcknitz / wo ich geboren bin werde ich ausatmen im Sand / tiefer sinken in die alles konservierenden Lagen“[754], heißt es in dem Gedicht „die Kiesel rollen in meinem Mund“.

Der letzte Gedichtband Novaks „Silvatica“ von 1997 wendet sich den (polnischen) Wäldern[755] und den Motiven eines archaischen Lebens und Liebens, der Mythologie, Jagd und Wildnis zu.[756] Den Kritiken zufolge hat sich Novak mit diesen Versen endgültig „in die erste Reihe geschrieben“[757] und gehöre unfraglich zu den „wahren Dichterinnen unserer Zeit“[758].

Seit 1989 erfuhr Novaks literarisches Werk vermehrt durch Preise und Ehrungen eine Würdigung.[759] Dass dieses dann noch einmal in einer Art Gesamtschau erschien, hängt mit Novaks Wechsel zum Verlag Schöffling & Co Anfang der 1990er Jahre zusammen, nachdem der Luchterhand Literaturverlag in wirtschaftliche Schwierigkeiten geraten war und große Verlagsanteile

751 Vgl. Tokarzewska 2017: Helga M. Novaks Wissenspoetik, S. 158 f.

752 Novak 1989: Märkische Feemorgana.

753 Köhler 2009: Novak, Helga M., S. 241.

754 die Kiesel rollen in meinem Mund. In: Novak 1989: Märkische Feemorgana, S. 21.

755 Die Bedeutung Polens für das Werk Novaks hat Surynt herausgearbeitet: „Polen als ein imaginärer Raum des ‚Anderen‘, eine ewige Naturlandschaft, alternative Welt gegenüber der sogenannten westlichen Kultur und einstmals ein Gegenprojekt zum stalinistischen Machtmodell in der DDR-Ausführung sowie noch weitere polnische Motive bilden im Werk der Dichterin eine feine thematische Achse, die zugleich ein Element der dominierenden Fragestellung, nämlich der Auseinandersetzung mit der deutschen Vergangenheit, ausmacht.“ Surynt 2011: Zwischenräume, S. 14.

756 Novak 1997: Silvatica.

757 Törne: Rasereien im Unterholz. In: Tagesspiegel, 7.12.1997.

758 Michaelis: Waldgesänge, Wildgeschrei. In: Die Zeit, 17.10.1997. Vgl. dazu auch: Beutin/Beilein et al. 2013: Deutsche Literaturgeschichte, S. 555. u. 706.

759 Vor 1989 erhielt Novak den Literaturpreis der Stadt Bremen (1968) und den Kranichsteiner Literaturpreis (1985). Dann folgten die Roswitha-Gedenkmedaille (1989), der Ernst-Reuter-Preis (1989), der Marburger Literaturpreis (1990), der Hans-Erich-Nossack-Preis (1991), der Gerrit-Engelke-Preis (1993), die Ehrengabe der Deutschen Schillerstiftung (1994), der Brandenburgische Literaturpreis (1997), die Ehrengabe der Bayerischen Akademie der Schönen Künste (1998), der Ida-Dehmel-Literaturpreis (2001), der Johann-Gottfried-Seume-Literaturpreis (2009), der Christian-Wagner-Preis (2010) und der Droste-Preis der Stadt Meersburg (2012). Vgl. Jorek 2014: Helga M. Novak – Biographie, S. 113–118.

verkaufte. Nur zwei der bei Schöffling & Co ab diesem Zeitpunkt publizierten Bücher Novaks sind Neuerscheinungen,[760] alle übrigen Veröffentlichungen bilden zusammen eine Art Werkausgabe. Den Anfang bildete 1995 der Band „Aufenthalt in einem irren Haus. Gesammelte Prosa“, der eine Auswahl aus Novaks Prosawerk versammelt und durch drei bisher nur in Zeitschriften veröffentlichte und zwei unveröffentlichte Erzählungen ergänzt wird.[761] 1998 erschienen bei Schöffling & Co die beiden autobiografischen Romane in einer Neuausgabe – als ein Werk zusammengefasst in einem Schuber. Abgeschlossen wird die Reihe durch die gesammelten Gedichte mit dem Titel „solange noch Liebesbriefe eintreffen“, die 1999 einbändig veröffentlicht,[762] 2007 als Hörbuch vertont wurden[763] und 2008 in einer erweiterten Neuausgabe zweibändig herauskamen, und durch über 140 frühe sowie späte bisher unveröffentlichte Gedichte ergänzt werden:[764] Die bereits erschienenen Gedichte wurden innerhalb der Gliederung nach Gedichtbänden zum Teil in eine neue Reihenfolge gebracht, einzelne unveröffentlichte Gedichte, darunter viele aus den 1970er Jahren sowie der Zyklus „Solange noch Liebesbriefe eintreffen“ von 1979–1985, wurden in diese Anordnung entsprechend dem Entstehungszeitraum eingefügt, einzelne Gedichte leicht verändert.[765] Eine ganze Gruppe von Gedichten, die 1965 nicht in Novaks ersten Gedichtband „Ballade von der reisenden Anna“ aufgenommen wurde, kommt unter dem Titel „unwirtliches Exil (1961–1967)“ hinzu, darunter das Gedicht „Bekenntnis“ mit dem viel zitierten Vers: „ich bin ostdeutsch und ziehe / einen Klumpen Hoffnung hinter mir her“[766]. Auch der titelgebende Zyklus „Solange noch Liebesbriefe eintreffen (1979–1985)“ wird erstmals veröffentlicht.

Darüber hinaus erschienen anlässlich des 70. Geburtstags Novaks 2005 einige neue Gedichte in einer Ausgabe der Edition Mariannenpresse mit dem Titel „Aus Wut“ mit Lithografien von Dieter Goltzsche.[767] Im selben Jahr veröffentlichte Schöffling & Co wie 2010, im Jahr der Verleihung des Christian-Wagner-Preises an Novak, zwei Bände mit ausgewählten Gedichten: Den ersten hat Michael Lentz[768] zusammengestellt, den zweiten Silke Scheuermann.[769]

---

760 Novak 1997: Silvatica. Und: Novak 2013: Im Schwanenhals.
761 Novak 1995: Aufenthalt in einem irren Haus.
762 Novak 1999: solange noch Liebesbriefe eintreffen.
763 Heidenreich 2007: Helga M. Novak: solange noch Liebesbriefe eintreffen.
764 Novak 2008: solange noch Liebesbriefe eintreffen.
765 Vgl. Jorek 1999: Editorische Notiz. In: Ebd., S. 777.
766 Bekenntnis. In: Ebd., S. 128.
767 Novak 2005: Aus Wut.
768 Novak 2005: Wo ich jetzt bin.
769 Novak 2010: Liebesgedichte.

Zur Lyrik Novaks schreibt Lentz: „Das poetische Werk von Helga M. Novak ist ein herausragender Monolith. Es ist unbeugsam. Es ist erschütternd. Es ist ohne Vergleich.“[770]

Die Ausgabe der „Gesammelten Gedichte“ hat Rita Jorek herausgegeben, die der Autorin, wie oben erwähnt, seit Mitte der 1990er assistierte; ihre Hilfe bei der Zusammenstellung ermöglichte die Veröffentlichung von „Silvatica“ und das Erscheinen der Lyrik-Werkausgabe. Auch der dritte Teil der novakschen Autobiografie „Im Schwanenhals“, der wenige Monate vor dem Tod der Autorin 2013 erschien, konnte nur durch Joreks Hilfe und Mitarbeit veröffentlicht werden. Novak arbeitete seit Ende der 1980er / Anfang der 1990er Jahre an dem Buch, das die Studienzeit in Leipzig, GI-Anwerbung, Ausreise, das Studium am Literaturinstitut sowie die Ausweisung aus der DDR zum Thema macht. Ihr sich verschlechternder Gesundheitszustand erschwerte die Arbeit in einem solchen Maß, dass Jorek schließlich die letzten Kapitel aus den Aufzeichnungen der Autorin selbstständig zusammenstellte (vgl. 2.2.8). Autobiografischer Text, Auszüge eigener Briefe sowie Auszüge aus Stasi-Akten bilden den Grundbestand des Textes. Während der Band inhaltlich an die beiden Vorgänger anschließt, erscheint die Form, die chronologische Darstellung und Kommentierung der Ereignisse konventioneller und doch unabgeschlossen, nicht konsequent durchgearbeitet.[771] Anders erscheint dagegen die Geschichte, die erzählt wird:

> „Wer dachte, er habe schon so viel gelesen über die DDR, dass er der in diesem Land erlebten Geschichten überdrüssig sei, dass sich mit der Zeit eine Art Geschichtenkorsett aus all dem Gelesenen und selbst Erlebten gebildet habe, mit Verschnürungen und Lösungen an den üblichen, allzu bekannten Stellen – der sollte dieses Buch aufschlagen und sich staunend mitreißen lassen“[772],

schreibt Julia Schoch. Zudem wird deutlich, dass dieses Buch einen substanziellen Bestandteil des gesamten novakschen Werkprofils ausmacht: Es schließt mit der Darstellung eines bedeutenden Lebensabschnitts eine Lücke und öffnet neue Zugänge und Zusammenhänge zu den Werken.

Die Vielgestalt, die diese auszeichnet, spiegelt sich nach Marion Brandt in der wissenschaftlichen Rezeption, in der verschiedene Kategorien bemüht werden, um Novaks gesamtes Schaffen zu beschreiben, und die Novaks Texte,

770 Lentz 2011: Herkunft Heimat, S. 328.

771 Vgl. Ulmer: Die totale Autobiografie. In: Der Freitag, 5.9.2013.

772 Schoch: Lebe abenteuerlich. In: Die Welt, 14.12.2013.

Vaßen zufolge, zugleich wieder sprengen.[773] In Brandts Überblick über die existierende Sekundärliteratur zu Novak heißt es:

> „Vor allem ihre frühen Gedichte werden als politische Dichtung gelesen, die frühe Prosa als Beitrag zur Literatur der Arbeitswelt, ihre Erzählungen und Romane in die Nähe der Dokumentar- oder Frauenliteratur gerückt sowie als Zeugnisse der literarischen Aufarbeitung alltäglicher Diktaturerfahrung (im ‚Dritten Reich' und der DDR) aus weiblicher Perspektive angesehen. Neuere Anthologien legen den Akzent auf die Liebes- und Naturlyrik sowie auf existentielle Themen."[774]

Mit Blick auf die gesamten novakschen Werke identifiziert Surynt vor allem zwei thematische Felder als kennzeichnend:

> „Zwei Themenbereichen scheint sich Helga M. Novak aber besonders verschrieben zu haben: einerseits der Auffassung der menschlichen Existenz als einer beständigen Reise, die den Menschen ‚unterwegs', in einem ‚Zwischenraum', verortet, ohne die Möglichkeit, nur an einem Platz Wurzeln zu schlagen, und – andererseits – der Gedächtnisarbeit, die das Ich erst konstituiert und es ihm gestattet, sich dem Leben zu stellen."[775]

Letzteren Punkt konkretisiert Surynt noch einmal an anderer Stelle und konstatiert:

> „Novaks ‚Suche nach der Wahrheit' impliziert ebenfalls die literarische Auseinandersetzung mit den (ost- und west)deutschen Bildern der Vergangenheit. Insbesondere die Unterminierung der Geschichtspolitik und Erinnerungspraxis in den beiden deutschen Staaten interessiert die Autorin, die konsequent, von ihren frühesten Texten an, die konsensträchtigen Erzählungen über die Vergangenheit der Deutschen (Kolonialismus und Nationalsozialismus) als Entlastungsstrategien und Fluchtversuche vor der Verantwortung für begangene Verbrechen bloßstellt und anprangert."[776]

Die vielgestaltige geografische und zeitgeschichtliche Prägung der Texte verdeutlicht dabei gleichzeitig,[777] dass sich auch die Frage, ob Novak nun eine

---

773 Vgl. Vaßen 1996: „Der Traum vom anderen Leben", S. 25.

774 Brandt 2017: Zugänge zum Werk von Helga M. Novak, S. 8.

775 Surynt 2012: Unterwegs: das geteilte Leben von Helga M. Novak, S. 250.

776 Surynt 2017: Über die subversive Kraft des Erzählens im Werk Helga M. Novaks, S. 32.

777 „Eine schonungslose Abrechnung mit dem Nationalsozialismus und dem realexistierenden DDR-Sozialismus zeichnet das Werk von Helga M. Novak ebenso aus, wie eine kritische Analyse der bundesrepublikanischen Wirklichkeit. Aber auch die politischen und sozialen Realitäten anderer Länder (Polens, Portugals, Spaniens, Italiens und v.a. Islands) finden Eingang in den Bereich der lyrischen Reflexion der Autorin." Surynt 2009: Leben als Exil, S. 174.

DDR-Autorin oder eine westdeutsche Schriftstellerin sei, erübrigt: „Novak zählt zu den interkulturellen Autoren vor der Erfindung der Interkulturalität"[778], schreibt Sandra Richter. Nicht nur in der Lyrik, auch in der Prosa, in den Hörspielen, Features und Reportagen spielen die europäische Zeitgeschichte sowie europäische Fragen eine zentrale Rolle.[779]

Schon früh erschienen Novaks Texte in anderen Sprachen, zu allererst auf Isländisch: 1962 wurde ein Text der Autorin in der isländischen Zeitschrift „Tímarit Máls og menningar" veröffentlicht; weitere Publikationen folgten, sodass bis in die 2010er Jahre hinein Texte von und über Novak auf Isländisch zu finden sind.[780] Die Übersetzung ganzer Prosabände bzw. der autobiografischen Romane ist ins Schwedische,[781] Dänische[782] und Italienische[783] erfolgt, Bände mit Novaks Lyrik sind in englischer,[784] französischer[785] und jüngst in italienischer[786] Sprache herausgegeben worden. Auf Deutsch erschienen nach dem Tod Novaks 2013 nur noch vereinzelte Publikationen mit novakschen Texten, dazu zählen der Band „Helga M. Novak zum Gedächtnis"[787] und das „Poesiealbum 320"[788], beide gehen wesentlich auf die Initiative von Rita Jorek zurück. Die Bekanntheit der Autorin beschränkt sich – trotz ihres umfassenden, vielgestaltigen, mehrfach übersetzten und ausgezeichneten Werks – auf einen ausgewählten Kreis, sodass Hans Altenhein in einem Gespräch überlegend schlussfolgert: „Was mich [...] beschäftigt, ist die merkwürdige Nichtanwesenheit von Helga Novak in der gesamtdeutschen Literaturgeschichte. Ein Grund ist sicher, daß sie sich dem Literaturbetrieb eigentlich immer verweigert hat"[789].

---

778 Richter 2017: Eine Weltgeschichte der deutschsprachigen Literatur, S. 395.

779 Vgl. dazu: Boltenstern 2018: Helga M. Novaks Rede zur Rolle des Schriftstellers, S. 288–297.

780 Zu den ersten Veröffentlichungen auf Isländisch, der Angabe zufolge von Novak selbst und ohne Übersetzer angefertigt, zählen: Novak 1962: Albert John Luthuli, S. 255–259. Und: Novak 1964: Undir mórberjatrénu, S. 288. 1969 und 1980 erschienen nochmals Gedichte Novaks in „Tímarit Máls og menningar", 2006 und 2011 folgten Publikationen in anderen Zeitschriften. Zuletzt erschien 2016 ein kurzer Aufsatz über Novak auf Isländisch: Gunnarsdóttir 2016: Skáldkonan Helga Novak, S. 54–59.

781 Novak 1970: Kollektivet. / Novak 1981: Järnnätterna./ Novak 1984: Fågel vinglös.

782 Novak 1981: Ishelgener.

783 Novak 1990: Volava un uccello senza.

784 Chappel 1989: Selected poetry and prose of Helga Novak.

785 Novak 2007: C'est là que je suis. / Novak 2014: Chaque pierre orphéline.

786 Novak 2017: Finchè arrivano lettere d'amore.

787 o. V. 2014: Helga M. Novak zum Gedächtnis.

788 Novak 2015: Poesiealbum Nr. 320.

789 O-Ton Altenhein. In: Netenjakob: Sag ihnen – ich lebe ich sterbe ich lebe. In: Deutschlandfunk, 9.9.2005.

Um die Bedeutung des literarischen Nachlasses dieser Autorin beschreiben zu können, soll im Folgenden zunächst das Verhältnis von Schreiben und literarischer Öffentlichkeit bei Helga M. Novak untersucht werden.

2.2.3 *Schreiben und Publizität: Das Verhältnis zur literarischen Öffentlichkeit*

„Über Helga M. Novak wird gesagt: Literaturbetriebe sind ihr widerwärtig. Vereinnahmungen erst recht […].“[790] Kein Text über Helga M. Novak lässt ihre geringe Präsenz im deutschsprachigen Literaturbetrieb und ihr distanziertes Verhältnis zu diesem unerwähnt. Der Dichterin wird eine Rolle als „literarische Außenseiterin“[791] zugeschrieben, die abgeschieden lebte und die literarische Öffentlichkeit mied. Silke Scheuermann schreibt 2010: „Vom literarischen Leben hat sich die Dichterin Helga M. Novak schon lange zurückgezogen. Lesungen, Interviews und Preisverleihungen gibt es nicht beziehungsweise finden ohne sie statt.“[792]

Novaks Lebensverlauf, ihre verschiedenen, teilweise abgelegenen Wohnorte und eine von Reisen bestimmte, nomadische Suchbewegung verstärken diesen Eindruck, der in ihrer Lyrik einen entsprechenden Widerhall findet.[793] Nach dem fernen Island, dem ‚unwirtlichen Exil‘[794] als Auftakt, ewigen „Reisevorbereitungen“[795] und Jugoslawien[796] als Zwischenstation wird Polen bzw. der ‚polnische Wald‘, zum Symbol des Rückzugs Novaks: „wo ich jetzt bin kommt keiner mehr vorbei“[797], so die Zeile eines vielzitierten Gedichts aus dem Band

790 Walther: Im Himmel ist Jahrmarkt und sei es auch nur in Gedanken. In: Deutschlandradio Kultur, 13.9.2000.

791 Bessen 2014: Novak, Helga M. Unter: http://www.munzinger.de/document/16000000424, zuletzt abgerufen am 16.11.2021. Vgl. auch: Richter 2017: Eine Weltgeschichte der deutschsprachigen Literatur, S. 395.

792 Scheuermann: Ein Zuhause im Wald. In: Frankfurter Allgemeine Zeitung, 24.7.2010.

793 Vgl. hierzu auch: Surynt 2012: Unterwegs: das geteilte Leben von Helga M. Novak.

794 In dem Gedicht „unwirtliches Exil“, das auch dem zwischen 1961 und 1967 entstandenen Zyklus den Titel gibt, heißt es: „kein Urstromtal / sogar die Steine sind ausgewandert // in einem mecklenburgischen Maisfeld / zwischen märkischen Kiefern traf ich / noch diesen und jenen ich dachte / oft darüber nach wie glatt sie sind // jetzt sitze ich ratlos im Exil / auf einem Haufen Eis auf einem Haufen Grude / auf einem Haufen Holz auf einem Haufen Glas / auf einem Haufen ausgedienter Säcke“. Novak 2008: solange noch Liebesbriefe eintreffen, S. 109.

795 „Reisevorbereitungen“ lautet der Titel des ersten Gedichts des Bandes „Legende Transsib“. Novak 1985: Legende Transsib, S. 7.

796 Vgl. hierzu vor allem die zwischen 1979 und 1985 entstandenen Gedichte „Inselleben“ und „Zavalatica“. In: Gesammelte Gedichte 2008, S. 449 u. 452.

797 wie erschlagen. In: Novak 1997: Silvatica, S. 69.

„Silvatica", dessen Motive der Wildnis und der „heilsamen Einsamkeit"[798] in der Rezeption mit Novaks Lebensweise in Polen eng geführt werden.[799] In Eva Demskis Nachwort zu den ‚Gesammelten Gedichten' heißt es:

> „Die Dichterin hat sich in die Wildnis zurückgezogen, nicht zum erstenmal in ihrem Leben, und sie verzichtet damit auf Beifall, auf das sogenannte Feedback, auf die Gemeinde, die eigene Ausgestelltheit, die Vermarktungsmusik, ohne die kein Beruf mehr zu funktionieren scheint, nicht einmal der des Poeten. Oder gerade der nicht."[800]

Geprägt wurde dieses in den Texten über Novak stets präsente Bild schon zu Beginn ihrer Autorinnen-Laufbahn als Novak 1968 bei der Verleihung des Bremer Literaturpreises statt einer Dankesrede nur zwei Gedichte vorlas und die darauffolgende Feier noch während der Tischreden verließ: „Kein Dankeschön entrang sich ihren Lippen. [...] Sind da Scheu und Snobismus eine kokette Bindung eingegangen? Die miniberockte Zweiunddreißigerin gab Rätsel auf"[801], kommentiert die „Frankfurter Allgemeine Zeitung" den Auftritt, der in Texten über die Autorin nach wie vor angeführt wird.[802] Auch Gert Loschütz greift in seinem Porträt von 2014 dieses Bild auf, legt es jedoch anders aus:

> „Mit ihrer Trinkerei, ihren Schroffheiten, ihren Fluchten, ihrer Unzuverlässigkeit war sie mit dem Ehren und Pfründe verteilenden, auf Konsens und Wohlverhalten angelegten Betrieb nicht kompatibel. [...] Andererseits war das, was wie Wurstigkeit, Gleichgültigkeit oder zur Schau gestellte Regelverachtung aussah, nicht selten der Scham geschuldet, einer unheilbaren Schüchternheit und tiefen Menschenfurcht, zu der man sich in dieser Generation freilich nur in äußerster Not bekannte, eher wurden sie weggelacht oder wie die Trauer, das Unglück, die Einsamkeit mit Alkohol betäubt."[803]

---

798 dieser Wald. In: Ebd., S. 57.

799 „Novak, die in diesem Herbst 75 Jahre alt wird, lebt seit 1987 abgeschieden in Polen. Sie sitzt dort buchstäblich mitten im Wald; sie hat sich selbst ein Haus gebaut, in dem sie schreibt. Mit ihrem zuletzt veröffentlichten Gedichtband Silvatica hat sie diesem radikalen Leben ein Denkmal gesetzt – und sich ihren eigenen Mythos erschrieben, in dem die Natur, die Tiere, Wilderei und die Einsamkeit sowie Erinnerungen eine Rolle spielen." Scheuermann: Ein Zuhause im Wald. In: Frankfurter Allgemeine Zeitung, 24.7.2010.

800 Demski: Allerleirauh. Nachwort. In: Novak 2008: solange noch Liebesbriefe eintreffen, S. 785.

801 Lamprecht: Die Preisträgerin ging davon. In: Frankfurter Allgemeine Zeitung, 29.1.1968.

802 Vgl. Netenjakob: Sag ihnen – ich lebe ich sterbe ich lebe. In: Deutschlandfunk, 9.9.2005. Und: Ulmer 2014: Ungebunden, ungehorsam, ungezügelt. Unter: http://www.bpb.de/180114, zuletzt abgerufen am 16.11.2021.

803 Loschütz 2014: „Ich war anders verletzt", S. 93 f.

Novak selbst betont an verschiedenen Stellen, dass sie sich bewusst „vom Kulturbetrieb immer sehr fern gehalten“[804] habe, antwortet aber auf die Frage, ob sie eine Außenseiterin sei, in einem Interview im Börsenblatt des Deutschen Buchhandels 1998: „Das sagen die Leute, die mich nicht verstehen, die mich nicht kennen. Ich betrachte mich überhaupt nicht so.“[805]

Stellt man den öffentlich verbreiteten, vielfach in eine Richtung zielenden Bildern und Beschreibungen der Autorin die Selbstdarstellung Novaks gegenüber, zeigt sich ein diffizileres Verhältnis der Schriftstellerin zur literarischen Öffentlichkeit, das sich nicht in einem Satz beschreiben lässt. Deshalb widmet sich dieser Abschnitt dem Zusammenhang von literarischem Schreiben, Veröffentlichung und öffentlichem Auftritt bei Novak mit dem Ziel, verschiedene Dimensionen dieser Konstellation zu skizzieren: Den Zuschreibungen im Feuilleton und in der Forschungsliteratur sollen Novaks Publikationsverhalten sowie ihre Selbstdarstellungen und Selbstäußerungen in Interviews, Ego-Dokumenten und literarischen Texten gegenübergestellt werden.

Ein früher Brief, den Novak 1964 von Palermo aus an ihren damaligen Ehemann Thor Vigfusson schickte, dient dabei als Ausgangspunkt. Noch bevor Novak überhaupt als Dichterin debütierte, formuliert sie in jenem Brief sehr präzise ihre Befürchtung, sich mit der Bindung an einen Verlag Fremdzwängen, Abhängigkeiten und Verpflichtungen auszusetzen, die ihrer freien Entwicklung als Schriftstellerin im Wege stehen könnten. Im Folgenden sollen ein längerer Auszug zitiert und anschließend mit Bezug auf weitere Beispiele auf wesentliche Punkte näher eingegangen werden:

> „Liebster Thor! Guten Tag!
>
> Heute schreibe ich Dir mit trauriger Laune.
>
> Ich sitze hier wie ein gefangener Vogel und weiß gar nicht, was ich mir wünschen soll. Unruhig und ungeduldig warte ich auf die Nachrichten von den Verlagen. Natürlich will ich verlegen, natürlich brauche ich Geld. Aber das alles hat so widerliche Seiten: da wollen sie sofort wissen, was man als nächstes schreibt, wollen einen zur Prosa treiben, wenn man vielleicht noch lange nicht so weit ist. Die ganze Verlegerarbeit wird unter dem Aspekt getrieben, daß man viel schreibt und gut verkäuflich bleibt. Und vor all den Dingen, die mich verpflichten könnten, habe ich Abneigung und Angst. Ich habe sogar Angst vor dem Erfolg – vielmehr, als wenn sich herausstellt, daß viele meine Gedichte ablehnen. Es ist leichter, gegen jemanden zu schreiben, als für einen. Dann werden auch Erwartungen in einen gesetzt, die falsch sind – und die ich dann gar nicht erfüllen will und kann. Ich bin doch ganz unfertig. Habe noch viel zu lesen und zu lernen und weiß gar nicht, was ich vielleicht im nächsten Jahr Lust habe

804 Novak in: Beiküfner: „Wer Melancholie nicht kennt, weiß nur die Hälfte“. In: Berliner Zeitung, 29.12.2005.

805 Novak in: Dreiocker 1998: Leben im Wald, S. 27.

zu schreiben. Besonders dieser Rowohltbrief hat mich mißtrauisch gemacht. Pläne? Prosa? Schriftstellerische Ambitionen? Weitere Manuskripte? Das habe ich ja alles nicht. Und wenn ich hier auch ein zweites Gedichtbuch so gut wie fertig habe – ich kann es mir doch nicht aus dem Rachen reißen lassen, bevor es lange genug gelegen hat. Das braucht ja alles seine Zeit, nach einem Jahr – muß ich es mir wieder in Ruhe ansehen, und dann werfe ich eventuell die Hälfte weg. Die Sorge der Verlage – die ja alle einen Namen kaufen, nicht nur ein Buch – daß man aufhören könnte und unverkäuflich wird – ekelt mich ein bißchen an.

Und das Endergebnis ist jetzt schon, daß ich aufgeregt bin, nicht gut arbeite, mir Gedanken mache – wie das wohl alles kommen wird in Zukunft. Ich wehre mich dagegen, durch Zeitung und Rundfunk gezerrt zu werden. Ich will das nicht. Ich will nicht einmal (wozu ich doch im vorigen Jahr noch Lust hatte) meine Dichterkollegen in Deutschland kennen [lernen, KvB]. Fast möchte ich, wenn ich wieder in Island bin, abseits leben, und ungestört. Natürlich sind das nur momentane Einfälle. Ich bin ja ein politischer Mensch, der unter anderen sein will und muß. In den Sommermonaten oder wie es gerade kommt, reisen wir dann einfach.

[....] Kurz und gut: es ist vor allem die Reklame, das Volkstheater, der Rummel, vor dem ich Abscheu empfinde. Es wird sich aber doch machen lassen, mindestens kommen die Leut nicht so leicht nach Island, um einen aufzuspüren und auf die Klatsch- und Märchentrommel zu klopfen."[806]

Verschiedene Aspekte, die die Autorin in diesem frühen Brief formuliert, durchziehen ihre gesamte Laufbahn als Schriftstellerin und sind über alle Schaffensphasen hinweg in Novaks Selbstäußerungen zu finden. So unterstreicht der Brief zum einen noch einmal, was die Werkbiografie schon gezeigt hat: Novak ist in Bezug auf das Publizieren keine Zurückhaltung nachzuweisen. Da ist der unbedingte Wille, das Schreiben zum Beruf zu machen,[807] das heißt mit der Veröffentlichung der Texte Geld zu verdienen. Durchaus strategisch positioniert, erschienen ihre Bücher ab 1965 bei angesehenen Verlagen.

Zum anderen bringt Novak in Selbstaussagen immer wieder ein Bestreben nach Unabhängigkeit zum Ausdruck, das sich in den Themen und der Formenvielfalt ihrer Werke spiegelt. Charakteristisch für die Autorin ist dabei auch, dass sie das Abhängigkeitsverhältnis eines Schreibenden zu einem Verlag im Zusammenschluss mit anderen politisch diskutierte und Alternativen erprobte. 1969 berichtet Novak in der Zeitschrift „Der Literat" über den ‚erfolgreich misslungenen' Versuch eines Schriftstellerkollektivs und spricht sich

806 Novak, Helga M. an Vigfusson, Thor, Palermo, 29.2.1964. In: DLA, A:Novak, Briefwechsel, Vigfusson, Thor.

807 Schon Novaks Entscheidung, den Gedichtband „Ostdeutsch" auf eigene Kosten im Selbstverlag zu drucken, um sich damit im deutschen Literaturbetrieb und beim Literaturinstitut Johannes R. Becher vorstellen zu können, zeugt von diesem Willen.

für Schriftsteller-Genossenschaften sowie die Möglichkeit eines anonymen Publizierens aus, um den Zwang zur Selbstvermarktung zu reduzieren.[808]

Das in dem oben zitierten Brief außerdem angesprochene Unbehagen, neben dem Schreiben auch öffentlich als Autorin auftreten und sich präsentieren zu müssen, kennzeichnet vor allem die frühe Phase der literarischen Laufbahn Novaks. Nach der Ausweisung aus der DDR 1966 erschien keine Stellungnahme der Dichterin in der Presse: „Ich habe in der Öffentlichkeit nicht darüber gesprochen. Damals fürchtete ich mich noch vor solchen Auftritten, und ich war eine Autorin. Ich wollte nicht von der Rechten vereinnahmt werden, mich gegen die DDR als Argument benutzen lassen."[809] Damit verzichtete die Dichterin darauf, sich ein Jahr nach ihrem Debüt in der Bundesrepublik als von der DDR geschasste Schriftstellerin zu inszenieren und ihren Bekanntheitsgrad – entkoppelt von ihrem Werk – zu steigern. Ab 1970 und vermehrt ab 1979, dem Erscheinungsjahr von „Die Eisheiligen", führte Novak bis 2005 jedoch nachweislich ein Dutzend Gespräche im Radio oder in Zeitungen,[810] auch fünf Fernsehsendungen mit Auftritten von ihr sind verzeichnet.[811] Die

808 „Hier spielt die Bedeutung unserer Namen hinein: unsere Namen gerade vereinzeln uns. Unsere Namen setzen uns als Individuen der Kulturindustrie aus. Wir verkaufen unsere Waren wie Bauchladenbesitzer. Wir sind nicht einmal organisierte, durch Zentralisation verbundene Lohnarbeiter, sondern Heimarbeiter – einer durch schönere Muster etwas bekannter als der andere, sich jedoch in demselben Abhängigkeitsverhältnis befindend." Novak 1969: Schriftsteller im Kollektiv, S. 98.

809 Novak, Helga M./Popović, Nenad: „Ich schreibe und höre nicht zu." Gespräch mit Helga Novak, [Typoskript, Danas. Zagreber Wochenmagazin für Politik und Kultur], 26.1.1988. In: DLA, A:Novak, Nachtrag 2015, Prosa, Interviews, „Ich schreibe und höre nicht zu" 1988.

810 Vgl. Vormweg: Literatur und Veränderungen am Radio-Essay. Realitäten – Studiogäste: Helga Novak und Dieter Wellershoff. In: SDR, 16.7.1970. / Novak: Die Bibliothek der Poeten. Autorenlesung. In: HR, (o. A.) 1979. / Becker-Grüll: Die neue Stadtschreiberin von Bergen-Enkheim: Helga M. Novak. Interview. In: HR, 31.08.1979. / o. A: Helga M. Novak. Gespräch. In: SDR, 26.10.1979. / Altenhofer: Helga Novak im Gespräch mit Rosemarie Altenhofer. In: HR, 20.10.1979. / o. V.: Ein hohes Maß an Denkfaulheit. Interview mit Helga M. Novak. In: Die Tageszeitung, 7.10.1982. / Streit 1983: Gespräch mit der Schriftstellerin Helga M. Novak, S. 50–53. / Rudolph: Die Schriftstellerin Helga M. Novak im Gespräch mit Ekkehart Rudolph. In: SDR, 16.11.1984. / Dreiocker 1998: Leben im Wald, S. 26–27. / Novak, Helga M./Popović, Nenad: „Ich schreibe und höre nicht zu." Gespräch mit Helga Novak, [Typoskript, Danas. Zagreber Wochenmagazin für Politik und Kultur], 26.1.1988. In: DLA, A:Novak, Nachtrag 2015, Prosa, Interviews, „Ich schreibe und höre nicht zu" 1988. / Walther: Im Himmel ist Jahrmarkt und sei es auch nur in Gedanken. In: Deutschlandradio Kultur, 13.9.2000. / Netenjakob: Sag ihnen – ich lebe ich sterbe ich lebe. In: Deutschlandfunk, 9.9.2005. / Beiküfner: „Wer Melancholie nicht kennt, weiß nur die Hälfte". In: Berliner Zeitung, 29.12.2005.

811 1970 trat Novak in der von Hans Werner Richter moderierten Fernsehsendung „So sehen wir den Mann" auf. Vgl. Lundius 2017: Die Frauen in der Gruppe 47, S. 299 f. Vor allem über den hr war Novak auch im Fernsehen präsent: Schoeller/Laemmle: Kultur aktuell:

Autorin war im Kulturbetrieb folglich durchaus präsent, wenn auch nur in einem geringem Maße. Was ein solcher Autorschaftsentwurf für die Rezeption von Novaks oftmals autobiografisch geprägten Texten bedeuten kann, skizziert Hans Altenhein in einem Brief an die Dichterin 1995:

> „Seit dem Bremer Literaturpreis weiß die Zunft, daß Du Deinen Lesern nicht nachsteigst. Nie hat sich das Interesse an Deiner Person vor das Interesse an Deinen Gedichten schieben können, dafür hast Du streng gesorgt. So kann auch das Interesse nicht mir Dir älter werden. So bleibt es Dir erspart, Dich selbst immer wieder reproduzieren zu müssen. So ist auch nichts ‚historisch' an Deinen Sachen, nicht das Gefrierhaus, nicht die Kaffeestunde in Frankfurt, und schon gar nicht das Eislaufen auf den Seen."[812]

Ihre seltenen Lesungen begründet Novak in einem Interview allerdings nicht nur mit einer Öffentlichkeitsscheu und der Zurücknahme der eigenen Person beim öffentlichen Auftritt: „Was ich nie gemacht habe, nie gibts nicht, aber selten gemacht habe, nie gerne, waren Lesungen. Seit Kindheit an habe ich nen Sprachfehler. Ich lisple"[813]. Dennoch entzog sie sich auch solchen Veranstaltungen nicht komplett: Bei größeren, ausgewählten Literaturveranstaltungen las die Autorin hin und wieder in größeren Jahresabständen öffentlich.[814]

In verschiedenen Äußerungen, unter anderem in dem Palermo-Brief, beschreibt die Dichterin ein Bedürfnis nach literarischem und vor allem politischem Austausch. Bis Ende der 1980er nahm sie rege an internationalen Schriftstellertreffen teil, knüpfte Kontakte und hielt verschiedentlich Reden mit meist politischer Stoßrichtung.[815] Auf die Diskrepanz zwischen wenigen

---

Für Leser. Helga M. Novak: Balladen vom kurzen Prozeß. In: hr fernsehen, 9.12.1975. / Schoeller/Laemmle: den preußischen Geist begraben. Im Gespräch: Helga M Novak mit Peter Laemmle. In: hr fernsehen, 27.9.1979. Kutschera: Hessenschau. Helga M . Novak – Stadtschreiberin von Bergen-Enkheim. In: hr fernsehen, 26.7.1979. 1994/95 produzierte Doris Netenjakob für den Ostdeutschen Rundfunk Brandenburg, ORB, einen Fernsehfilm über Novak, der am 3.7.1995 und am 4.7.1995 auch beim WDR ausgestrahlt wurde. Vgl. Netenjakob, Doris an Novak, Helga M., Köln 1.2.1995. In: DLA, A:Novak, Briefwechsel, Netenjakob, Doris. Netenjakob, Doris an Novak, Helga M., Köln 21.6.1995. In: Ebd.

812 Altenhein, Hans an Novak, Helga M., Bickenbach, 3.8.1995. In: DLA, A:Novak, Nachtrag 2015, Briefwechsel, Altenhein, Hans.

813 Novak in: Walther: Im Himmel ist Jahrmarkt und sei es auch nur in Gedanken. In: Deutschlandradio Kultur, 13.9.2000.

814 Beispielsweise 1966 und 1967 bei der Gruppe 47, 1986 auf den Solothurner Literaturtagen in der Schweiz, bei einer Lesung anlässlich der Maueröffnung im Literarischen Colloquium Berlin 1989 und auf dem Internationalen Literaturfestival Berlin 2005.

815 „Im vorigen Jahr war dauernd was los, ich war in Amerika von Nord bis Süd – Lyrik-Symposien, nochmal in China 4 Wochen, auch Literatur-Symposien, auch

Lesungen und häufigeren politischen Statements weist Novak in einem Gespräch mit Monika Walther 1999/2000 selbst hin:

> „Politische Diskussionen oder solche mehr Agitatorisches [sic!]… . Dagegen hatte ich nie was, davor hatte ich auch keine Angst. Ganz unvorbereitet konnte ich also meine Meinung sagen und diskutieren, wo Podien waren, aber aber [sic!] Gedichte vorlesen, das konnte ich noch nie – und meine Prosa, da bin ich einfach nicht geeignet. Und ich meinte immer, es muß doch auch sein, möglich sein, Schriftsteller zu werden ohne sprechen zu können."[816]

In Interviews wie auch in privaten Korrespondenzen entwirft Novak sich als eine Schriftstellerin, für die das literarische Schreiben eine Notwendigkeit, ‚Selbst-Erhaltung'[817] und eine Art ‚Therapie'[818] darstellt. Der Ausdruck, der Akt des Aufschreibens und die literarische Verarbeitung stehen im Vordergrund, der Raum, in den gesprochen wird, wird ausgeblendet: „[… I]ch will es nur loswerden, das sprengt mich, ich will es irgendwie in Sprache zwängen. Ich will es benennen. Was die Leser dazu sagen, interessiert mich überhaupt nicht, während ich schreibe."[819]

Ausgehend von dem Brief von 1963 ist damit eine vielschichtige Grundkonstellation für den Zusammenhang von literarischem Schreiben, Veröffentlichung und öffentlichem Auftritt bei Novak beschrieben. Auf der einen Seite steht das Bestreben, die eigenen Texte zu publizieren, die Werke öffentlich zu machen und auch politisch eine aktive Rolle zu spielen, auf der anderen Seite war Novak bemüht, außerhalb des literarischen Schreibens als Autorin nicht mehr als nötig in Erscheinung zu treten und den Literaturbetrieb auf Distanz zu halten.

---

in Dänemark hatte ich Lesungen, in Schweden gehen meine Bücher recht gut." Novak, Helga M. an Vigfusson, Thor, [Kopie], 11.2.1986. In: DLA, A:Novak, Briefwechsel, Vigfusson, Thor. Vgl. außerdem: Boltenstern 2018: Helga M. Novaks Rede zur Rolle des Schriftstellers, S. 288–297.

816 Novak in: Walther: Im Himmel ist Jahrmarkt und sei es auch nur in Gedanken. In: Deutschlandradio Kultur, 13.9.2000.

817 „Literatur war mir stets nur Selbst-Erhaltung, nie Konkurrenzproblem. Nur durch Schreiben habe ich bisher überlebt. Ansonsten hatte ich keinen Ehrgeiz. Siehe Lesungen: einmal in drei Jahren." Novak, Helga M. an Borchers, Elisabeth, [Durchschl.], Legbąd, 20.3.1995. In: DLA, A:Novak, Briefwechsel, Borchers, Elisabeth.

818 „Schreiben als Therapie wird von meinen Kollegen oft in Frage gestellt. Für mich war das Buch [Die Eisheiligen, KvB] therapeutisch wichtig. Andere gehen zum Psychologen – ich habe einen Verlag, der meine Bücher druckt. Ich kann also aufschreiben, womit ich noch nicht fertig bin". Novak in: Streit 1983: Gespräch mit der Schriftstellerin Helga M. Novak, S. 52.

819 Novak in: Beiküfner: „Wer Melancholie nicht kennt, weiß nur die Hälfte". In: Berliner Zeitung, 29.12.2005.

Hinzu kommt der weitere historische Kontext, die Relation von Öffentlichkeit und Privatheit bzw. von Staat und individueller Freiheit, die in diesem Fall nicht ausgeklammert werden kann. In den verschiedenen politischen Systemen, in denen Novak lebte, war sie immer wieder mit Eingriffen in die Privatsphäre, mit Überwachung, Zensur oder Bespitzelung konfrontiert. Die Anwerbung als GI, als ‚Geheimer Informant' 1957, um Freunde und Freundinnen zu bespitzeln, zählt dabei zu den prägenden Erlebnissen. Doch auch die von der Staatssicherheit abgefangenen und an der Universität öffentlich vorgelesenen Briefe Ende der 1950er Jahre,[820] die in Abschnitt 2.2.1 erwähnten Hausdurchsuchungen Mitte der 1970er Jahre in der Bundesrepublik[821] und die Furcht vor einer Postzensur[822] in Polen auch nach 1989 gehören in diesen thematischen Erfahrungsraum. Die zum Teil wahnhafte Angst vor Überwachung, die Bekannte und Freunde der Autorin attestierten,[823] nahm nach dem politischen Umbruch

820 Vgl. Novak, Helga, M. an Jorek, Rita, Reykjavík, 3.1.1958. In: DLA, A:Novak, Nachtrag 2015, HS 15.39, Briefwechsel, Jorek, Rita. Vgl. außerdem: Novak 2013: Im Schwanenhals, S. 133.

821 Vgl. dazu auch: Novak, Helga M. an Patt, Sabina, [Kopie], Frankfurt a. M., 2.8.1974. In: DLA, A:Novak, Briefwechsel, Patt, Sabina, Kopien der Briefe Novaks.

822 Obwohl die Zensur in Polen nach 1989 abgeschafft worden war, schreibt Novak in zahlreichen Briefen nach 1990 von ihrer Angst vor einer polnischen Postzensur. Zum Beispiel: „Vorab ein paar kurze Erklärungen, (ich suche hier jemanden, der den Brief in Deutschland einsteckt): Hierorts herrschen noch manche alte Methoden. Zum Beispiel wird noch immer die Post von Ausländern kontrolliert, geöffnet, Schecks rausgenommen, der Rest gründlich gelesen! So schnell geht das im Osten nicht mit der Demokratisierung. Das bedeutet für mich, die ich immer eine leidenschaftliche Briefeschreiberin war, daß ich nicht so spontan berichten kann, was ich gerade möchte." Novak, Helga M. an Witt, Hubert, [Durchschl.], Legbąd, 31.3.1993. In: DLA, A:Novak, Briefwechsel, Witt, Hubert.

823 Rita Jorek erklärt im Gespräch, dass Novak nach ihrer Ausweisung 1966 den Kontakt mit Personen aus der DDR vermied: „[S]ie hatte solche Angst davor, dass das alles Spitzel sind. Wenn jemand sich mit ihr in Verbindung setzte, fürchtete sie, dass das nur im Auftrag der Stasi passierte." Boltenstern/Jorek: Gespräch mit Rita Jorek am 16.4.2016 in Markkleeberg (unveröffentlicht). In Klaus Schlesingers Tagebuch heißt es in einem Rückblick auf das Jahr 1982: „HMs Verfolgungswahn – sie werde verfolgt von der Stasi, die sie töten wolle. Kurt sagt, er habe ebenfalls solche Anrufe bekommen." Schlesinger 2014: „Eine Art Beweisnotstand", S. 335. Novak selbst schreibt in einem Brief an ihre Schwägerin Margrét Rún: „Aber ich habe über Stasi- und Spitzelproblem Gedichte geschrieben, seit Mitte der 50er Jahre, und wurde lange Jahre des ‚Verfolgungswahns' bezicht[ig]t von den westdeutschen Linken. Niemand glaubte mir, oder wollte wahrhaben, wie es in der DDR wirklich lief." Novak, Helga M. an Rún, Margrét, [Durchschl.], Legbąd, 27.7.1996. In: DLA, A:Novak, Briefwechsel, Rún, Margrét. Aus den vorliegenden Stasi-Akten zu Novak geht hervor, dass Novak nach 1966 zwar in keinem großen Maße von dem MfS überwacht wurde, dieses aber bis 1987 noch vereinzelt Berichte zu ihr anfertigen ließ und vor allem Rezensionen und Zeitungsartikel zu der Autorin sammelte. Vgl. BArch, MfS, ZAIG, Nr. 24342, Biographie, Nr. 4282 (Novak, Helga M.). / BArch, MfS, HA XXII, 6106/9. Und: BArch, MfS, HA AXX /AP, Nr. 13823/92.

1989/90 nicht ab. Vielmehr verstärkten sich Novaks Rückzugstendenzen: Die Autorin reiste nur noch selten, empfing kaum Besuch und spricht von einem Vertrauensverlust: „Wo soll ich noch Vertrauen herholen! Umsonst wohne ich hier nicht in der Einsamkeit. Sag mir mal, wo ich noch Vertrauen herholen soll! Ich traue mir ja schon selber nicht mehr“[824], erklärt sie in dem Gespräch mit Monika Walther 1999 (vgl. 2.2.6.2).

Auch in ihren literarischen Texten finden sich vielfache Bezüge zu diesem Themenfeld. Das Spektrum reicht von der expliziten Darstellung des Einflusses der Staatssicherheit in der DDR bis hin zu der Kritik an Überwachungspraktiken in der Bundesrepublik. Die Gedichte „Tragoballade vom Spitzel Winfried Schütze in platten Reimen“[825], „Postwurfsendung“[826] und „Datenbank des BKA“[827] seien dafür beispielhaft genannt sowie die Erzählungen „Berenike ist weg“[828], „Josef in der Grube“[829] und „Das Gutachten“[830], in dem die Protagonistin, die „Gläserne Frau“ aus dem Hygienemuseum Dresden, von Journalisten während einer Pressekonferenz unter anderem zu ihrer Kindheit befragt wird: „Sie sagt, ich habe genascht. Die Journalisten lachen. Sie sagt, ich habe geschnüffelt. Die Journalisten klatschen. Sie sagt, ich habe gelogen. Pfui, rufen die Journalisten, pfui.“[831] Das Ende des Gesprächsverlaufs wird wie folgt geschildert:

> „Na und? fragen die Journalisten. Und jetzt gehöre ich dem Hygienemuseum als ‚Gläserne Frau‘. Ich werde, wie gesagt, oft außer Landes geschickt, wo man mich auf Industrieausstellungen zeigt. Ich bin in Havanna gewesen, in Tiflis, in Kairo. Ich werde überall befühlt, abgeklopft, durchschaut.“[832]

Ebenfalls exemplarisch erscheint der Prosatext „Monolog eines Buchhändlers“; erstmals abgedruckt in dem gesammelten Prosaband „Palisaden“

824 Novak in: Walther: Im Himmel ist Jahrmarkt und sei es auch nur in Gedanken. In: Deutschlandradio Kultur, 13.9.2000.

825 Tragoballade vom Spitzel Winfried Schütze in platten Reimen. In: Novak 1965: Ballade von der reisenden Anna, S. 78–82.

826 Postwurfsendung. In: Novak 1967: Colloquium mit vier Häuten, S. 69.

827 Am Ende des Gedichts heißt es: „die Datenbank führt Buch / über unsere verschütteten Träume / sie frißt und frißt / sie nimmt die heile Haut genauso wie die kaputte / und eine grasbewachsene Spur / ist ihr fast lieber als die frische Tat / sie frißt und frißt // ja es wird unser Fleisch / auf der Datenbank feilgeboten“. Datenbank des BKA. In: Novak 1978: Margarete mit dem Schrank, S. 53 f.

828 Berenike ist weg. In: Novak 1971: Aufenthalt in einem irren Haus, S. 29–46.

829 Josef in der Grube. In: Ebd., S. 173–193.

830 Das Gutachten. In: Novak 1968: Geselliges Beisammensein, S. 102–104.

831 Ebd., S. 102 f.

832 Ebd., S. 104.

von 1980 und der Angabe nach zwischen 1975 und 1978 entstanden,[833] jedoch schon 1976 unter dem gleichen Titel als Hörspiel[834] gesendet. In dem Prosatext münden eine empfundene Bedrängnis, widerständiges Verhalten sowie das Bedürfnis nach Versteck und schweigendem Rückzug in einer ausweglosen Situation. Der Erzählung vorangestellt ist die letzte, etwas variierte Strophe des Gedichts „wie diesen Regen überleben"[835], das in Fragmenten in den Gesamttext eingeflochten ist und nichts weniger als eine Existenzfrage aufwirft: „wie überleben?"[836].

In dem anschließenden Prosatext führt der Protagonist, ein Buchhändler – also eine Figur des Literaturbetriebs –, einen Monolog. Der Buchhändler hat aus einer an Verfolgungswahn grenzenden Furcht vor ‚unangenehmen Besuch' seinen Laden geschlossen und auch seine dazu gehörende Wohnung verbarrikadiert. Dessen ungeachtet versuchen ehemalige Kunden in das Geschäft zu gelangen, um in den Büchern ‚herumzuwühlen'. Während der Protagonist immer wieder den Globus studiert, seine Sachen zusammenpackt und plant, unbemerkt fortzugehen, spricht er zu sich selbst: „Ja, abgeschlossen! Ich will niemanden sehen und auch niemanden hören. [...] Dabei wünsche ich mir sehnsüchtig einen Gesprächspartner, einen, der zuhört, mir auf die Sprünge hilft – aber darauf kann ich lange warten."[837] Rückzug und Bedürfnis nach Austausch stehen unvereinbar nebeneinander und so bezieht sich der Monologisierende mitunter auf einen unbestimmten Adressaten in der zweiten Person Plural, der jedoch nicht zu Wort kommt. Erst nach einer gelungenen Selbstauseinandersetzung könnte das Gespräch geöffnet werden: „Soviel steht fest, ich habe euch ausgesperrt, um erst einmal mit mir zu Rate zu gehen, mich zu besinnen, mit mir ins Reine zu kommen – dann können wir weiterreden."[838] Doch wiederholtes Anklopfen und Rütteln an der Türklinke stören jedes In-sich-gehen, die eigenen Barrikaden wiederum verhindern das Sich-Fortstehlen. Die Situation wird verdoppelt durch Rückbezüge auf die eigene Vergangenheit und Erinnerungen an die Kindheit. Letztendlich beschließt der Buchhändler, der aus dem verriegelten Laden keinen Ausweg mehr findet und sich selbst eingesperrt hat, still auszuharren: „Und nun halte ich den Atem an und übe mich in Schweigen und erwarte die, die mich abklopfen werden, ausforschen, durchleuchten."[839] Die beschriebene Angst ist eine Furcht vor

833 Vgl. Monolog eines Buchhändlers. In: Novak 1980: Palisaden, S. 91–103.
834 Novak: Monolog eines Buchhändlers. In: WDR, 4.5.1976.
835 wie diesen Regen überleben. In: Novak 1975: Balladen vom kurzen Prozeß, S. 51 f.
836 Monolog eines Buchhändlers. In: Novak 1980: Palisaden, S. 91.
837 Ebd., S. 91 f.
838 Ebd., S. 92.
839 Ebd., S. 96.

der Untersuchung, der genauen Beobachtung durch Andere, der man ohnmächtig ausgeliefert ist – bei der man zum Objekt wird und kein selbstständig Sprechender mehr ist. Als letzte Konsequenz beschließt der Buchhändler Barrikaden zu bauen und Finten zu legen, die den Einbruch in den privaten Raum zumindest erschweren und dazu führen sollen, dass die Eindringlinge das, was sie vorfinden, selbst zerstören: „Die Verblüffung möchte ich sehen, wenn sie auf meine Hürden, Barrieren und Hindernisse stoßen, wenn sie mit zierlichen Feuerwehrbeilen blinde, Rupfen und Häcksel spuckende Löcher ins Mobiliar schlagen."[840]

Ohne den Text auf eine Lesart reduzieren sowie intertextuelle Parallelen zu Franz Kafkas Erzählung „Der Bau" bzw. Themen wie das Selbst- und Weltverhältnis oder die Rolle der Vergangenheit in der Gegenwart ausklammern zu wollen, soll der „Monolog eines Buchhändlers" an dieser Stelle als eine Art poetischer Kommentar zu Novaks Haltung zur literarischen Öffentlichkeit gelesen werden. An Klaus und Ida Schöffling schreibt die Autorin 1995: „Dass Euch Der Monolog eines Buchhändlers gefällt, gefällt mir auch. Es ist ein echtes Selbstporträt."[841] Ironisch an diesem Interpretationsangebot ist der Adressat, an den es sich richtet: Es ist der neue Verlag der Schriftstellerin nach ihrem Abschied von Luchterhand. Den Auftakt der Novak-Werkreihe bei Schöffling bildet eine Auswahl gesammelter Prosa, darin enthalten: „Der Monolog eines Buchhändlers"[842].

Die Selbstdarstellungen Novaks in Gesprächen, Archivmaterial und literarischen Texten vermitteln folglich ein von einem Widerspruch gekennzeichnetes Verhältnis zur literarischen Öffentlichkeit: Dem Bestreben nach Austausch sowie einer Werkpräsenz stehen eine distanziert-kritische Haltung und eine radikale Rückzugstendenz gegenüber, die sich mit den Mechanismen des Literaturbetriebs schwerlich vereinbaren lassen. Für die folgende Nachlassbeschreibung wird nun die Frage relevant, welche Rolle diese Trennung bei der Nachlasskonstituierung spielte. In diesem Zusammenhang wird das Recht auf Privatsphäre, das Novak in ihren privaten Aufzeichnungen, Briefen und lyrischen Texten einfordert, virulent: Die Vorlassgabe erscheint als ambivalenter Akt, der Fragen nach einem angemessenen Umgang mit den privaten Papieren aufwirft (vgl. 2.2.7.1).

---

840 Ebd., S. 103.

841 Novak, Helga M. an Schöffling & Co, Schöffling, Ida und Klaus, [Durchschl.], Legbąd, 14.9.1995. In: DLA, A:Novak, Nachtrag 2015, Briefwechsel, Schöffling.

842 Novak 1995: Aufenthalt in einem irren Haus, S. 256–268.

2.2.4 *Nachlassprofil*

Der Nachlass Helga M. Novaks befindet sich in seiner vorliegenden Gesamtheit seit 2015 im Deutschen Literaturarchiv Marbach. Ein Teil davon wurde dem Archiv schon 2012, zu Lebzeiten der Autorin, übergeben, doch waren Einsichtnahmen nicht möglich. Obwohl sich die Zugänglichkeit Ende 2013 mit Novaks Tod veränderte, entstanden vereinzelte, sich auf das Nachlassmaterial beziehende Forschungen erst im Rahmen der ersten internationalen Novak-Tagung 2017 in Danzig.[843]

In dieser Arbeit steht der ‚handschriftliche' Nachlass (A:Novak) im Fokus, der von April 2018 bis März 2019 im DLA Marbach feinerschlossen wurde. Da der Nachlass für diese Studie bereits im Januar und Februar 2017 im Gesamten gesichtet werden konnte, ist es möglich, auf verschiedene Erschließungsgrade Bezug zu nehmen und manche Transformationsprozesse des Nachlasses zwischen Hinterlassenschaft und Bestand zu rekonstruieren. Bevor jedoch die Genese im Fokus steht, soll der Gesamtbestand aus der Provenienz Novaks in seiner Zusammensetzung beschrieben und mit Fokus auf den in der Handschriftensammlung bewahrten Teil in seiner Beschaffenheit skizziert werden.

2.2.4.1 *Umfang und Zusammensetzung*

Der literarische Nachlass Helga M. Novaks setzt sich aus folgenden Bestandteilen zusammen (Stand 2021): 81 Kästen, die der Handschriftensammlung zugeordnet sind (A:Novak, Helga M.), eine 1.490 Bände umfassende Autorenbibliothek (G:Novak, Helga M.), sieben Kästen Fotografien in der Abteilung Bilder und Objekte (J:Novak, Helga M.), sieben von der Mediendokumentation bewahrte Kästen (H:Novak, Helga M.) sowie verschiedene Tonträger, die ebenfalls dieser Abteilung zugeordnet sind (H:Novak, Helga M.).[844]

Das früheste Zeugnis von Novak im Nachlass stammt von 1940,[845] die letzten Aufzeichnungen Novaks stammen aus dem Jahr 2013.[846] Darüber hinaus enthält der Nachlass Dokumente, die nach Novaks Tod, zwischen 2013 und 2015,

---

843 Vgl. u. a. Berbig 2018: Helga M. Novak und Robert Havemann, S. 101–119. / Boltenstern 2017: Briefeschreiben in Werk und Nachlass von Helga M. Novak, S. 61–72. / Brandt 2017: Semantiken von Legbąd, S. 160–170. / Nowotnick 2017: Helga M. Novak und die rumäniendeutsche Literatur, S. 81–89. / Tokarzewska 2017: Helga M. Novaks Wissenspoetik, S. 141–159.

844 Hinzu kommen elf Mappen mit Texten und Zeitungsartikeln von und zu Helga M. Novak, die nicht zu ihrem Nachlass gehören und von der Mediendokumentation gesammelt wurden (Z:Novak, Helga M.). Vgl. DLA, Bestände, Novak, Helga M. Unter: https://www.dla-marbach.de/katalog/bestaende/, zuletzt abgerufen am 16.11.2021.

845 Vgl. Novak, Helga M. an Esper, Hedwig, 1940. In: DLA, A:Novak, Briefe an Esper, Hedwig.

846 Vgl. u. a.: DLA, A:Novak, Nachtrag 2015, Gedichte, Entwürfe und Notizen 2010–2013.

entstanden sind, aber der gleichen Provenienz angehören.[847] Die Nachlassverwaltung obliegt Rita Jorek, die Urheberrechte sind nach dem Tod Novaks an ihre Kinder Nina Thorsdottir und Ragnar Alexander Thorsson übergegangen. Nachdem Ragnar Thorsson 2021 verstarb, sind nun auch Novaks Enkel Andri Ragnarsson, Helga Maria Ragnarsdóttir und Julia Sif LIljudóttir Inhaberinnen und Inhaber der Urheberrechte.

A:Novak, Helga M. – Nachlass, Handschriftenabteilung
Bei dem ‚handschriftlichen' Bestand handelt es sich um einen angereicherten Nachlass, der sich aus zwei Zugängen aus der Provenienz Novaks von 2012 und 2015 (HS.2012.0092 und HS.2012.0092, Nachtrag 2015) sowie aus drei Zugängen anderer Provenienz zusammensetzt (Stand 2020): 2015 kam der Briefwechsel mit Rita Jorek (HS.2015.0039), 2018 die Briefe von Helga M. Novak an Ruth Schillert[848] (HS.2018.0055) und die Briefe von Helga M. Novak an Marion Brandt[849] (HS.2018.0049 und 2018.0059) dazu, die aus der Provenienz der jeweiligen Korrespondenzpartnerin stammen. Durch weitere Zugänge kann der angereicherte Nachlass zukünftig anwachsen.

Auf die Ordnungskategorie „Werke" entfallen etwas mehr als 30 Kästen. Darunter sechs Kästen mit Gedichttyposkripten und -manuskripten, drei Kästen der Gattung „Dramatisches", in denen sich überwiegend Hörspielmanuskripte und andere Rundfunkarbeiten befinden, 13 Kästen Prosatyposkripte bzw. -manuskripte inklusive Reden, Essays und Übersetzungen sowie elf Kästen „Verschiedenes" mit Notizen, autobiografischem Material und Materialsammlungen.[850] Einige Projekte Novaks sind jedoch, wie es für die Arbeitsweise der Autorin typisch ist, nicht trennscharf nur einer dieser Gattungen zuzuordnen.[851]

Der Großteil der Manuskripte bzw. Typoskripte in der Gruppe Lyrik steht in einem engen Zusammenhang mit der Zusammenstellung der „Gesammelten Gedichte" (1999 und 2008) und weist damit verbundene Arbeitsspuren und

847 Vgl. DLA, A:Novak, Nachtrag 2015, Dokumente, Konv. Trauerfeier. / DLA, A:Novak, Nachtrag 2015, Briefe anderer, Jorek Rita, Kondolenz.

848 Die Briefe an Ruth Schillert, eine ehemalige Mitschülerin Novaks an der Landesoberschule Waldsieversdorf, stammen aus den Jahren 1954–1958. Vgl. DLA, A:Novak, Briefe an Schillert, Ruth.

849 Mit Brandt, Professorin für Germanistik an der Universität Gdánsk, korrespondierte Novak ab Mitte der 1990er Jahre.

850 Vgl. hierzu die Bestandslisten von 2017 (erstellt von Katrin von Boltenstern) und die „Kastenliste A:Novak (Bearbeitung Janet Dilger ab April 2018)", alle unveröffentlicht, letztere freundlicherweise von Janet Dilger zur Verfügung gestellt.

851 Vgl. dazu exemplarisch: DLA, A:Novak, Nachtrag 2015, Gedichte/ Dramatisches: Drama-Manuskript aus Gedichten.

Ordnungsstrukturen auf.[852] Die Typoskripte zu den vorangegangenen Gedichtbänden wurden in den meisten Fällen zu den Typoskripten der Gesamtausgabe sortiert, sodass die Originale der Erstausgaben und die Abschriften für die „Gesammelten Gedichte" nicht immer deutlich voneinander zu unterscheiden sind. Nur von den drei letzten eigenständigen Gedichtbänden „Legende Transsib"[853], „Märkische Feemorgana"[854] und „Silvatica"[855] liegen die Materialien zu den Erstausgaben als gesonderte Konvolute vor – mehrere Entwürfe und Fassungen eines Gedichts sind dabei selten. Darüber hinaus existieren zwei Mappen mit losen Typoskripten, Materialien, Fragmenten und erläuternden Texten zu verschiedenen Gedichten.[856] Außerdem sind eine Mappe mit späten, nicht zu Lebzeiten Novaks veröffentlichten Gedichten und Entwürfen[857] sowie die Druckfahnen zu dem Band „Helga M. Novak zum Gedächtnis" vorhanden, der 2014, nach dem Tod der Dichterin, erschien.[858]

Für die Ordnungsgruppen Dramatisches und Prosa lässt sich konstatieren, dass insbesondere zu Projekten, die nicht abgeschlossen wurden, umfangreiche Materialien zu finden sind: in erster Linie zu dem Featureprojekt „Konterbande",[859] dem Projekt „Eustachos"[860] (teilweise posthum veröffentlicht unter dem Titel: „Lebendiger Fund"[861]) und dem „Medea-Projekt", zu dem zwei Kästen mit Materialien vorhanden sind.[862] Und während der Großteil der Hörspiele als Typoskript im Nachlass erhalten ist (zum Teil in dem Bestand der Mediendokumentation H:Novak, Helga M.), finden sich zu publizierter Prosa bloß mehrere vereinzelte Typoskripte, wie zum Beispiel zu dem Text „Die Teppichweberei" aus dem Band „Geselliges Beisammensein",[863] Texte aus „Die Landnahme von Torre Bela"[864], die Vorlage für „Reise nach

852 Vgl. dazu die drei Kästen „Gedichte" aus dem Nachtrag 2015: DLA, A:Novak, Nachtrag 2015, Gedichte, Gesammelte Gedichte.

853 Vgl. DLA, A:Novak, Gedichte, Legende Transsib.

854 Vgl. DLA, A:Novak, Gedichte, Märkische Feemorgana.

855 Vgl. DLA, A:Novak, Gedichte, Silvatica.

856 Vgl. DLA, A:Novak, Gedichte, Notizen.

857 Vgl. DLA, A:Novak, Gedichte, Entwürfe und Notizen 2010–2013.

858 Vgl. DLA, A:Novak, Nachtrag 2015, Manuskripte anderer, Helga M. Novak zum Gedächtnis.

859 Vgl. DLA, A:Novak, Prosa, Konterbande, Feature.

860 Vgl. DLA, A:Novak, Prosa, Eustachos, Lebendiger Fund/ Der Fund.

861 Vgl. DLA, A:Novak, Nachtrag 2015, Prosa, Eustachos, Lebendiger Fund/ Der Fund, Entwürfe.

862 Vgl. dazu zwei Kästen mit verschiedenen Materialien zum Medea-Projekt, darunter auch Manuskripte für ein Hörspiel, ein Radioessay: DLA, A:Novak, Prosa, Medea.

863 Vgl. DLA, A:Novak, Prosa, Álafoss: Ein Bilderbericht von Helga für Sabine, Porträts aus der Teppichweberei.

864 Vgl. DLA, A:Novak, Prosa, Entwürfe und Notizen u. a. zu: Ballade, Dorfbeschreibung, Ende der Kriechspur. Roman in Briefen, Die Landnahme von Torre Bela, In der Luft hängen (bzw. Die Reisegesellschaft), La Marionette.

Rumänien“[865] sowie einige Manuskripte für Radiofeatures bzw. Landschafts-Porträts.[866] Die Mappe „Politische Texte“ enthält eine Vielzahl ungeordneter Prosatexte und -fragmente sowie Redemanuskripte, deren unterschiedlicher Kontext häufig nicht direkt ersichtlich wird.[867] Nur in wenigen Fällen – wie bei dem Konvolut zu der Erzählung „Porträt einer polnischen Greisin“[868] liegen mehrere Fassungen vor. Die große Ausnahme bilden die Materialien zu „Im Schwanenhals“, dem letzten autobiografischen Roman Novaks. Von 13 Kästen in der Gattung Prosa entfallen sieben auf dieses Projekt, davon ein Kasten mit Disketten.[869] Die Entstehung dieses Buches ist folglich, wie auch die vorangegangene letzte große Publikation Novaks, die „Gesammelten Gedichte“, sehr gut dokumentiert und dominiert die Gattung „Werke“.

Ein weiterer Kasten in dieser Ordnungsgruppe enthält Übersetzungen Novaks von Texten des isländischen Autors Guðbergur Bergsson, die die Autorin Mitte der 1960er Jahre anfertigte.[870] In den neun Kästen, die mit „Verschiedenes“ überschrieben sind, befinden sich dünne Notizhefte und lose Notizzettel,[871] Adresssammlungen[872] sowie Taschen- und Wandkalender.[873] Darüber hinaus sind Exzerpte und Sachkonvolute zu verschiedenen Themen wie Reisen bzw. Orten und Literaturpreisen[874] vorhanden, umfangreichere Materialsammlungen[875] sowie ein Konvolut zu Solidarność und weiterem politischem Engagement der 1970er und 1980er Jahre.[876] Bis auf einzelne Hefte oder Heftseiten mit autobiografischen Notizen existieren keine längeren Tagebücher im Nachlass.

865 Vgl. ebd.

866 Vgl. DLA, A:Novak, Prosa, Verschiedenes, darunter u. a.: Verbannung/ Verräterin (Notizen zu 1957/58), Osthafen-Westhafen, Weinernte in Dalmatien: Porträt einer jugoslawischen Landschaft, Porträt eines Dalmatinischen Weinbauern.

867 Vgl. DLA, A:Novak, Prosa, Reden u. Vorträge, Politische Texte.

868 Vgl. DLA, A:Novak, Prosa, Porträt einer polnischen Greisin.

869 Drei Kästen mit Materialien zu „Im Schwanenhals“ stammen aus dem Zugang von 2012, fünf Kästen aus dem Nachtrag von 2015. Vgl. DLA, A:Novak, Prosa, Im Schwanenhals. Und: DLA, A:Novak, Nachtrag 2015, Prosa, Im Schwanenhals.

870 Vgl. DLA, A:Novak, Übersetzungen.

871 Vgl. DLA, A:Novak, Verschiedenes, Notizen. Und: DLA, A:Novak, Nachtrag 2015, Notizen u. a. zu „Im Schwanenhals“.

872 Vgl. DLA, A:Novak, Verschiedenes, Adressen.

873 Vgl. DLA, A:Novak, Verschiedenes, Autobiographisches, Kalender.

874 Vgl. DLA, A:Novak, Verschiedenes, Konvolute. Und: DLA, A:Novak, Nachtrag 2015, Verschiedenes, Preise u. Notizen.

875 Vgl. DLA, A:Novak, Nachtrag 2015, Verschiedenes, Lemken 02, darin: Verschiedenes, Der Marder.

876 Vgl. DLA, A:Novak, Nachtrag 2015, Verschiedenes, Materialsammlung, Notizen, Solidarność, Politisches Engagement [ca. 1970–1989].

Zu der Ordnungskategorie „Briefe“ zählen mehr als 25 Kästen mit Korrespondenzen, die sich zum Teil zusammen mit Zeitungsausschnitten in Themenkonvoluten befinden,[877] mehrheitlich aber vom Archiv alphabetisch nach Korrespondenzpartnern geordnet wurden. Da knapp ein Drittel des gesamten handschriftlichen Bestands somit aus Briefen besteht, können diese als ein Kernstück bezeichnet werden. Umfangreiche Briefwechsel mit folgenden Personen blieben erhalten: dem ehemaligen Luchterhand-Verleger Hans Altenhein, der Tante Novaks Hedwig Esper, der Journalistin und Nachlassverwalterin Novaks Rita Jorek, dem Luchterhand Verlag, der schweizerischen Grafikerin Sabina Patt, der deutschen, in Island geborenen Filmregisseurin und Drehbuchautorin Margrét Rún, Novaks in Island lebendem Sohn Ragnar Thorsson, der in der ehemaligen Tschechoslowakei geborenen Grafikerin und Künstlerin Sigrid Valtingojer, die in Berlin und Reykjavík wohnte, dem Isländer und Lehrer Thor Vigfusson sowie dem polnischen Weltensegler Henryk Wolski. Als Besonderheit kommt hinzu, dass sich nicht nur die an die Autorin geschickten Briefe, sondern vielfach auch die Briefe von ihr im Original, als Durchschlag oder Kopie vorliegen.

Knapp zehn Kästen gehören zu der Kategorie „Dokumente“, dazu zählen Unterlagen zu Preisen und Auszeichnungen,[878] Dokumente zur VG Wort,[879] medizinische Dokumente,[880] zwei Kästen mit Finanz-Unterlagen,[881] ein Kasten mit Kopien der Stasi-Akten und diesbezüglichen Korrespondenzen,[882] ein Kasten mit Dokumenten zur Staatsbürgerschaft sowie andere Lebensdokumente wie Reisepässe und Scheidungsunterlagen.[883]

Weitere sechs Kästen enthalten Manuskripte, Briefe und Dokumente anderer – dabei bilden vier Mappen mit Manuskripten des Autors Horst Karasek[884] einen Schwerpunkt sowie ein Kasten, der ausschließlich Briefe und Dokumente von Marian und Marita Kirstein[885] enthält und einem

877 Vgl. DLA, A:Novak, Nachtrag 2015, Briefe, Themenkonvolute. Vgl. auch: DLA, A:Novak, Nachtrag 2015, Briefe, Institutionen. Und: DLA, A:Novak, Nachtrag 2015, Briefe, Verlage.

878 Vgl. DLA, A:Novak, Nachtrag 2015, Dokumente, Konv. zu Preisen.

879 Vgl. DLA, A:Novak, Nachtrag 2015, Dokumente, VG-Wort.

880 Vgl. DLA, A:Novak, Nachtrag 2015, Dokumente, Konv. Medizinisches.

881 Vgl. DLA, A:Novak, Nachtrag 2015, Briefe/ Dokumente, Konv. Finanzen.

882 Vgl. DLA, A:Novak, Nachtrag 2015, Briefe/ Dokumente, Stasi.

883 Vgl. DLA, A:Novak, Nachtrag 2015, Briefe/ Dokumente, Staatsbürgerschaft, Einbürgerung.

884 Vgl. DLA, A:Novak, Nachtrag 2015, Manuskripte anderer, Karasek, Horst.

885 Marian und Marita Kirstein gehörten zu der Jugendopposition in der DDR. In der Wohnung Marian Kirsteins wurde die Unterschriftensammlung gegen die Ausbürgerung Wolf Biermanns vorbereitet. Anschließend kam Marian Kirstein in Untersuchungshaft. Die Briefe, die er in dieser Zeit mit seiner Frau tauschte, sowie weitere Dokumente zur Untersuchungshaft befinden sich im Original bzw. als Kopie im Nachlass Novaks.

Kryptonachlass gleicht. In weiteren Kästen befinden sich neben Ordnungsmappen und losem Verpackungsmaterial Briefe zu Novak,[886] die Novaks Nachlassverwalterin Rita Jorek im Auftrag, im Sinne von oder mit Bezug auf die Autorin an andere Personen schickte. Mitunter liegen diese Briefe, die den Nachlass in besonderer Form prägen, auch bei den Korrespondenzkonvoluten Novaks, wenn sie in einem Kontext zu den Briefwechseln der Autorin stehen.

Das Verhältnis von zu Lebzeiten publizierten und unveröffentlichten Schriften Novaks geht aus dem Skizzierten bereits andeutungsweise hervor: Im Grunde genommen sind es vor allem die Vorarbeiten und Manuskripte zu „Im Schwanenhals", zu den „Gesammelten Gedichten" und zu einzelnen Prosatexten, zu denen im veröffentlichten Werk ein Pendant existiert. Die als Typoskripte im Nachlass vorhandenen Hörspiele wurden zwar in der Mehrzahl im Rundfunk ausgestrahlt, aber nie in Druckform publiziert. Andere wichtige Bücher Novaks wie die autobiografischen Romane „Die Eisheiligen", „Vogel federlos", die Prosabände im Gesamten sowie die Arbeit an den einzelnen Gedichtbänden schlagen sich im Nachlass kaum bzw. gar nicht nieder.[887] Demgegenüber befinden sich im Bestand die oben erwähnten, unabgeschlossenen Prosaprojekte sowie Reden und einzelne Prosatexte, die nicht veröffentlicht wurden. Auch die Briefwechsel Novaks sind bis auf Einzelbriefe noch unveröffentlicht. Abgesehen von dem Gedenkband „Helga M. Novak zum Gedächtnis"[888] und dem „Poesiealbum Nr. 320"[889], in denen späte Gedichte Novaks sowie die unvollendete Erzählung „Lebendiger Fund" veröffentlicht wurden, liegen bisher keine größeren posthumen Publikationen vor.[890]

Die Formation des Nachlasses zeichnet sich insbesondere durch die vielen Konvolute und Mappen aus, die zu Ordnungszwecken von der Bestandsbildnerin, der Nachlassverwalterin und anderen beteiligten Personen angelegt

---

Vgl. DLA, A:Novak, Nachtrag 2015, Briefe u. Dokumente anderer, Kirstein, Marian u. Marita. Vgl. dazu auch 2.2.5.1.

886 Vgl. DLA, A:Novak, Nachtrag 2015, Briefe zu Helga M. Novak.

887 Eine Ausnahme bilden einige Manuskriptseiten und Notizen von 1981/82 zu „Vogel federlos", die zusammen mit dem Hörspiel „Tragflächen" in Mappen zu „Im Schwanenhals" abgelegt sind. Das Hörspiel handelt von einer militärähnlichen Ausbildung an einer Segelfliegerschule in der DDR, die auch in „Vogel federlos" Thema ist. Vgl. DLA, A:Novak, Prosa, Im Schwanenhals, Notizen u. Entwürfe, darin: Vogel federlos u. Tragflächen, Hörspiel / Mappe 5. Auch als Briefbeilage finden sich 26 Blatt des Manuskripts von „Vogel federlos": DLA, A:Novak, Verschiedenes, Autobiographisches, Manuskripte: Vogel federlos, bei: Briefwechsel, Novak, Helga M. u. Wala, Anna, 2010.

888 o. V. 2014: Helga M. Novak zum Gedächtnis.

889 Novak 2015: Poesiealbum Nr. 320.

890 Aus dem Nachlass wurde 2018 eine Rede Novaks von 1988 veröffentlicht. Vgl. Boltenstern 2018: Helga M. Novaks Rede zur Rolle des Schriftstellers, S. 288–297.

und mit kurzen Titeln versehen wurden. Aus konservatorischen Gründen wurde im DLA nur der beschriftete Teil dieser Konvolute erhalten. Es handelte sich meist um polnische,[891] weiße Mappen aus weicherer Pappe mit einem Band zum verschnüren. Mitunter befanden sich die Materialien aber auch in anderen Mappen oder Umschlägen.

Ihre Manuskripte, Exzerpte, einzelne Textabschnitte und Briefe schrieb Novak überwiegend mit der Schreibmaschine, die das substantielle Medium ihres Schreibens darstellte. Ein Briefzitat von 1982 unterstreicht dies exemplarisch: „Bin sowieso nicht ansprechbar, weil meine Schreibmaschine kaputt ist. MUSS sie reparieren, meine einzige Basis – diese Klapperkiste."[892]

Notizen, erste Entwürfe und Pläne sowie einige wenige Briefe verfasste Novak handschriftlich, unverkennbar an ihrer markanten, großen und runden Schreibschrift, häufig mit buntem Filzstift geschrieben und ein Blatt schon nach wenigen Zeilen füllend. Neben überwiegenden Papieren im DIN-A-4-Format finden sich einige Papiere und Plakate in Übergröße sowie Notizzettel, die aus DIN-A-5-Schreibblöcken herausgerissen wurden. Teilweise befinden sich diese Hefte auch noch in Gänze im Nachlass. Charakteristisch für den Nachlass sind des Weiteren eine Vielzahl von Durchschlägen und Kopien, die von vielen der von Novak versendeten Briefe angefertigt wurden (ab 1998 besaß Novak einen eigenen Kopierer).[893] Einige der in mehrfacher Ausführung vorliegenden Kopien wurden jedoch als Dubletten durch die archivarische Kassation entfernt. Die Teile des Nachlasses, die aus dem Besitz Joreks stammen, befanden sich ursprünglich in Klarsichtfolien, die ebenfalls im Zuge der archivarischen Erschließung entfernt wurden.

G:Novak, Helga M., Nachlass – Bibliothek der Autorin

Die Autorinnenbibliothek Novaks gelangte 2015 ins DLA Marbach. Die 1.490 Bände sind alphabetisch nach Autoren und Sachtiteln geordnet und in zwei Listen (Stand 15.5.2017) verzeichnet: Liste 1 umfasst Monografien, das heißt Belletristik und Sachbücher, und Liste 2 Anthologien und Sammelwerke. Die Beschaffenheit der Bibliothek wird wie folgt zusammengefasst:

> „Lese- und Arbeitsbibliothek der Autorin. Überwiegend belletristische Literatur deutscher und fremdsprachiger Autoren des 19. und 20. Jahrhunderts. Unter den philosophischen Werken sind die Schriften von Ernst Bloch zu nennen. Zum

891 Viele der Mappen tragen die polnische, gedruckte Aufschrift „TECZKA": Akten.

892 Novak, Helga M. an Patt, Sabina, [Kopie, o. A.], 12.12.1988. In: A:Novak, Briefwechsel, Patt, Sabina, Kopien der Briefe Novaks.

893 Vgl. Novak, Helga M. an Jorek, Rita, Legbąd, 30.12.1998. In: DLA, A:Novak, Nachtrag 2015, HS 15.39, Briefwechsel, Jorek, Rita.

Bestand gehören auch Reiseführer, Wörterbucher [sic!], Stadtpläne und zahlreiche Landkarten."[894]

H:Novak, Helga M., Nachlass – Mediendokumentation
Die sieben Kästen in der Mediendokumentation enthalten die Teile des Nachlasses Novaks, die den Status veröffentlichter Drucktexte haben. Überwiegend gehören dazu mehrere Kästen mit Hörspieltyposkripten, die in die Zuständigkeit der Mediendokumentation fallen, sobald diese gesendet und durch einen Stempel von der Rundfunkanstalt als veröffentlicht gelten. In der Mehrzahl handelt es sich um Hörspiel- und Rundfunkmanuskripte, deren Urheberin Novak ist, zum Teil finden sich aber auch Hörspielmanuskripte anderer in der Mediendokumentation. Darüber hinaus wird in dem Bestandsteil „H:Novak" eine Mappe mit Drucktexten von ihr und über sie aufbewahrt sowie zahlreiche Mappen mit „zugehörigem Material", das heißt mit etlichen Zeitungsartikeln, Aufsätzen und Internetausdrucken, die die Autorin aufhob. Ob diese ursprünglich in thematischen Konvoluten aufbewahrt wurden, ist nicht ersichtlich. Es zeichnen sich aber Schwerpunkte hinsichtlich DDR-bezogener Themen sowie zu Jugoslawien, Polen und Jean-Paul Sartre ab. Des Weiteren werden in der Mediendokumentation Dokumente wie Informationshefte und Programmflyer, Kunstkarten und Broschüren zu Ferienunterkünften im Berliner Umland aufbewahrt. Außerdem ist eine Mappe mit „ungeordnetem Material" zu finden, die Texte enthält, die anlässlich des Todes Novaks verfasst wurden oder auf „Im Schwanenhals" Bezug nehmen[895]. Ein Unterbestand der Mediendokumentation enthält sieben Schallplatten, zwei Tonbänder, fünf CD's und drei Tonkassetten.[896]

J:Novak, Helga M., Nachlass – Bilder und Objekte
Die sieben Kästen mit Fotografien aus dem Nachlass Novaks umfassen einen Zeitraum ab ungefähr 1950 bis in die 2000er/2010er Jahre. Einige der Aufnahmen sind auf der Rückseite mit Jahreszahlen bzw. mit Angaben zu Ort, Anlass oder zu den abgebildeten Personen versehen. Eines der frühesten Bilder ist eine Fotografie Novaks von 1950, die laut Beschriftung auf der Rückseite während ihrer Konfirmation in Erkner entstanden ist. Auch ein Klassenbild von 1951, auf dessen Rückseite einige Namen der Abgebildeten notiert sind, ist vorhanden. Fotografien aus Novaks Kindheit existieren nicht. Neben

894 DLA, G:Novak, Helga M. (Bibliothek der Autorin), Unter: https://www.dla-marbach.de/katalog/bestaende/, zuletzt abgerufen am 16.11.2021.

895 Vgl. DLA, H:Novak.

896 Vgl. DLA, H:Novak, Bild- und Tonträger.

Bildern, die in der DDR und in der Bundesrepublik aufgenommen wurden, sind auch Bilder unter anderem aus Island, Polen, Rumänien, Portugal, China und Brasilien vorhanden.[897]

2.2.4.2 *Entstehungszusammenhang und Überlieferungsgeschichte Bestandserschließung*

Der literarische Nachlass aus der Provenienz Helga M. Novaks besteht aus zwei Zugängen: Der erste Teil, etwa 40 Kästen, wurde dem DLA Marbach 2012 als Vorlass übergeben, der zweite Teil, ca. 34 Kästen umfassend, gelangte 2015, nach dem Tod der Dichterin 2013, als Nachlass ins Archiv.

Zum Zeitpunkt der ersten Sichtung des gesamten ‚handschriftlichen Nachlasses' Anfang 2017 waren die beiden Zugänge separat bewahrt und erschlossen worden, sodass der ursprüngliche Vorlass von 2012 und der Nachlassteil von 2015 voneinander unterschieden werden konnten. Während der Zugang von 2012 zu diesem Zeitpunkt grob geordnet vorlag, wurde der Nachtrag 2015 von der Verfasserin dieser Arbeit im Januar und Februar 2017 grob erschlossen und zusammen mit dem ersten Teil in zwei Listen erfasst. Ein besonderes Augenmerk lag dabei darauf, die von der Bestandsbildnerin bzw. der Nachlassverwalterin angelegten und beschrifteten Konvolute, die den gesamten Nachlass prägen, mit ihrer originalen Mappen-Beschriftung zu verzeichnen.

Ein signifikanter Unterschied zwischen den zwei Nachlassteilen ist der Grad der Mitgestaltung durch die Nachlassverwalterin Rita Jorek. Spuren ihrer Arbeit finden sich zwar in beiden Zugängen, doch ist ihr Einfluss in dem Nachtrag von 2015 noch einmal deutlich dominanter.[898] Wesentlich mehr Mappen sind von Jorek beschriftet, offensichtlich von ihr geordnet, mit Kommentaren versehen oder mit weiteren Materialien angereichert – Beschriftungen Novaks sind zum Teil durchgestrichen oder durch weitere ergänzt worden (vgl. 2.2.8).[899]

Die Zusammenlegung und Integration der beiden Zugänge infolge der Feinerschließung 2018/2019 bedeutet insofern eine einschneidende Veränderung

---

897 Vgl. DLA, J:Novak.

898 Vgl. dazu auch die Darstellung Rita Joreks: „Das, was wir als Vorlass im Dezember 2012 nach Marbach gaben, blieb im Wesentlichen so in den Mappen und Kartons, wie Helga das zusammengepackt hatte, als sie noch in Legbąd war. Das stand also für die Arbeit am ‚Im Schwanenhals' nicht zur Verfügung." Vgl. Boltenstern/Jorek: Gespräch mit Rita Jorek am 16.4.2016 in Markkleeberg (unveröffentlicht).

899 Vgl. zum Beispiel folgende Mappen-Beschriftung: [Novak:] „1998 Rundfunk, WDR, Dtl. Radio", [Jorek:] „Typoskripte, Unveröffentlichtes?". In: DLA, A:Novak, Nachtrag 2015, Dramatisches, Hörspiele: Nachtwächter des Kapitals, Enthüllung des Prinzen. Und folgende Mappen-Beschriftung: [Novak:] „2.) Gedichte", [Jorek:] „unwirtliches Exil, ges. Gedichte S. 109–67". In: DLA, A:Novak, Nachtrag 2015, Gedichte, unwirtliches Exil.

des Bestands: Der ursprüngliche Vorlass und der originäre Nachlass sind nun nicht mehr klar voneinander zu unterscheiden.

Der Zugang von 2015 befand sich 2017 noch überwiegend in den Verpackungsmaterialien, in denen der Nachtrag dem Archiv übergeben wurde. Diese wurden bei der Groberschließung durch Archivmappen ausgetauscht, wobei Beschriftungen auf den originalen Mappendeckeln und -umschlägen in der Regel erhalten und den jeweiligen Archivkonvoluten vorangestellt wurden. Wie schon im Falle der Groberschließung des Zugangs von 2012 sollte auf diese Weise – gemäß dem Provenienzprinzip – die auf die Bestandsbildnerin zurückgehende Ordnung nachvollziehbar bleiben. Dieses Ziel gilt auch für die Feinerschließung, im Zuge derer die Dokumente einzeln verzeichnet wurden. Damit ging jedoch eine Auflösung der von der Bestandsbildnerin angelegten Briefkonvolute zu Sachthemen einher, die nun nach dem Schema der Gattung „Korrespondenzen“ geordnet vorliegen. Innerhalb aller Konvolute wurde eine chronologische Sortierung hergestellt.

Das Maß der Kassation lässt sich – sieht man von den erwähnten mehrfach vorliegenden Kopien, deren Dubletten entfernt wurden, und dem reduzierten Verpackungsmaterial ab – als gering beschreiben: Von dem vom Archiv übernommenen Materialien blieben, wie oben dargestellt, auch Kästen mit Arztbriefen, Krankenkassenbelegen, Abrechnungen, Quittungen und Finanz-Unterlagen bewahrt – also Dokumente deren Archivwürdigkeit zu diskutieren wäre.[900]

Die Übergaben an das DLA: der Vorlass aus Legbąd und die Hinterlassenschaft in Erkner

Seit 1998 bestand nachweislich ein Kontakt zwischen Novak und der Handschriftenabteilung des DLA (vgl. 2.2.7).[901] Die anschließenden Verhandlungen, die nicht weiter dokumentiert sind, übernahm – wie die gesamte Kommunikation mit dem Archiv – hauptverantwortlich Rita Jorek

900 Von Bülow erklärt: „Auch bei der späteren Ordnung können irrelevante Materialien gegebenenfalls noch aussortiert, zurückgegeben oder mit dem Einverständnis der Erben kassiert werden. In erster Linie betrifft das Dubletten oder Dokumente, die für die Forschung von geringem Interesse sind, wie Reparatur- und Arztrechnungen, Werbedrucksachen oder Steuerunterlagen.“ Bülow 2018: Papierarbeiter, S. 17 f. Obwohl diese Unterlagen nicht direkt Zeugnisse des literarischen Wirkens und Schreibens Novaks sind, ließe sich ihr Erhalt mit dem Argument rechtfertigen, dass die gesundheitliche und finanzielle Situation der Autorin ihre letzte Schaffensphase wesentlich prägte.

901 Bezüglich einer geplanten Lesung in Marbach im April 1995 hatten Novak und Ulrich von Bülow schon 1994 Kontakt. Die Lesung fand letztlich nicht statt. Vgl. Auskunft per E-Mail: Bülow, Ulrich von an Boltenstern, Katrin von, 25.3.2019.

als Nachlassverwalterin und Assistentin (vgl. 2.2.8).[902] Der Verkauf der Papiere und die Übergabe der ersten Tranche im Dezember 2012 sollte in einem Zusammenhang mit Novaks prekärem gesundheitlichen Zustand und ihrer dadurch bedingten finanziellen, sich mit zunehmendem Alter verschlechternden Notlage betrachtet werden. Da sie seit den 1960er Jahren als freischaffende Schriftstellerin gearbeitet hatte, über kein geregeltes Einkommen und als isländische Staatsbürgerin über keine Krankenversicherung in Polen verfügte, benötigte sie dringend Mittel, um die immer häufiger anfallenden Krankenhausaufenthalte finanzieren zu können. Dies belegen die vielen Briefe Novaks und Joreks ab Ende der 1990er Jahre, in denen beide versuchen, über Stipendien, Preise oder andere Förderungsmöglichkeiten den Lebensunterhalt der Autorin zu sichern.[903] Dass trotz des frühen Kontakts mit dem DLA die Übergabe des Vorlassteils vierzehn Jahre nach der ersten Anfrage erfolgte, fällt ins Auge. Ein Grund dafür wird unter anderem Novaks Arbeit an „Im Schwanenhals" gewesen sein, für die die Autorin verstärkt auf ihr literarisches Archiv zurückgriff (vgl. 2.2.9). In Reaktion auf einen Brief Novaks, im Nachlass nicht überliefert, schrieb der damalige Leiter der Handschriftenabteilung des DLA Jochen Meyer 1999: „Ich begreife gut, daß Sie Ihre Manuskripte und Briefschaften für die Arbeit an Ihrer Autobiographie brauchen. Sollten Ihnen aber eines Tages Teile der Materialien entbehrlich werden, dann denken Sie bitte an den Marbacher Wunsch."[904] Wann genau und für welchen Preis das literarische Archiv Novaks an das DLA verkauft wurde, ist aus rechtlichen Gründen nicht einsehbar.

Die Zweiteilung des Nachlasses in zwei ähnlich umfangreiche Hälften lässt sich ebenfalls auf die Entstehung von „Im Schwanenhals" und damit verbunden auf die zwei letzten Wohnorte Novaks zurückführen. 1989 begann die Autorin, sich ein Haus im polnischen Legbąd zu bauen und dort mit ihren Büchern und Papieren zu wohnen. Im Zuge ihrer Arbeit an ihrem letzten autobiografischen Roman mietete sie sich 2006 zusätzlich eine Wohnung in Erkner

902 Vgl. Boltenstern/Jorek: Gespräch mit Rita Jorek am 16.4.2016 in Markkleeberg (unveröffentlicht).

903 Vgl. zum Beispiel: Konv. Briefe, Bundespräsidialamt (Künstlerhilfe). In: DLA, A:Novak, Nachtrag 2015, Briefe. Rita Jorek beschreibt die Situation wie folgt: „Vor allem wegen der Nierenprobleme musste Helga immer wieder in die Klinik. [...] Ohne das Geld für den Vorlass wäre das schließlich nicht mehr zu bezahlen gewesen. Das Geld aus Honoraren und Literaturpreisen neigte sich dem Ende zu. Das war Rettung in letzter Not, ermöglichte dann auch die Trauerfeier, angemessene Grabgestaltung, den Besuch aus Island und vieles mehr." Vgl. Boltenstern/Jorek: Gespräch mit Rita Jorek am 16.4.2016 in Markkleeberg (unveröffentlicht).

904 DLA, Meyer, Jochen an Novak, Helga M., Marbach am Neckar, 11.2.1999. In: DLA, Bestandsakte Novak (intern).

bei Berlin und nahm einen Teil ihres persönlichen Archivs mit nach Deutschland. In Legbąd verbrachte sie weiterhin die Sommerzeit, konnte jedoch nach 2011 gesundheitsbedingt nicht mehr dorthin fahren. Einen Teil der in Polen liegenden Manuskripte, Notizen und Briefe ließ Rita Jorek nach Erkner bringen. Die anderen Papiere, auf die Novak nun nicht mehr zugreifen konnte und die außerhalb ihrer direkten Verfügungsgewalt lagen, wurden 2012 aus Polen ins DLA Marbach als Teil-Vorlass überführt. Zwei Personen waren bei der Vorbereitung dieses Archivtransfers federführend: die in Gdańsk lehrende Germanistik-Professorin Marion Brandt und Jorek. Beide Frauen unterstützten die Autorin bei der Vorordnung ihres Nachlasses, wobei Jorek schließlich eine größere, und im Nachlass auch sichtbarere Rolle zukam (vgl. dazu 2.2.8).

Die literarische Hinterlassenschaft Novaks formierte sich am 24. Dezember 2013 als Novak in einer Pflegeeinrichtung in Rüdersdorf verstarb. Das Buch „Im Schwanenhals“ war kurz zuvor, im August 2013, veröffentlicht worden. 2014 überführte Jorek mit ihrem Sohn eine restliche kleine Menge an Papieren, die in Legbąd verblieben war, nach Erkner, um sie gemeinsam mit dem dort vorgefundenen Nachlassteil für den Transfer nach Marbach vorzuordnen.[905] Für diese Vorbereitungen benötigte Jorek mehrere Monate – erst 2015 gelangte der sogenannte Nachtrag aus Erkner nach Marbach.

Die dort ebenfalls bewahrte Autorenbibliothek stammt zu weiten Teilen aus Legbąd und wurde 2015/2016 dem DLA übergeben. Im Sommer 2014 hatten Jorek, ihr Sohn und Brandt die Bücher in Polen gesichtet und – gemeinsam mit dem letzten kleinen, sich noch in Polen befindlichen, Nachlassteil – nach Deutschland gebracht. Einige Bücher behielt Jorek für ihre eigene Arbeit, der Großteil kam nach Marbach. Ein paar Kriminalromane und polnische Bücher blieben in Legbąd im Gartenhaus zurück und wurden von dem neuen Eigentümer des Hauses weggegeben.[906] Ein weiterer kleiner Teil, der vorerst ebenfalls nicht mitgenommen werden konnte, gelangte zunächst nach Gdańsk zu Brandt und wurde dort Anfang 2016 von einem Marbacher Kurier abgeholt.[907]

Zeitliche Perspektivierung

Für beide Teile des Nachlasses ist zu konstatieren, dass eine verhältnismäßig große Zahl von Manuskripten bzw. Typoskripten, Notizen, Dokumenten und

905 „Den in Erkner verbliebenen Teil des Nachlasses, ordnete ich erst, als Helga nicht mehr lebte. Nach ihrem Tod haben wir noch den letzten Teil aus Legbąd geholt. Sie hatte ja auch schon eine ganze Menge mitgebracht, das hatte ich ja auch schon vorher mit ihrer Zustimmung geordnet.“ Vgl. Boltenstern/Jorek: Gespräch mit Rita Jorek am 16.4.2016 in Markkleeberg (unveröffentlicht).

906 Vgl. ebd.

907 Vgl. E-Mail: Brandt, Marion an Boltenstern, Katrin von, 23.2.2017.

Briefen aus den 1990er und 2010er Jahren stammt – also aus den zwei letzten Lebensjahrzehnten Novaks, in denen sie in Legbąd und Erkner wohnte, Rita Jorek als organisatorische Unterstützung an ihrer Seite hatte sowie an „Silvatica", der Herausgabe der „Gesammelten Gedichte" und an „Im Schwanenhals" arbeitete.

Aus den 1950er Jahren sind nur einzelne Manuskriptseiten überliefert,[908] aus den 1960er und 1970er Jahren wenige Manuskripte und Typoskripte. Die Mehrzahl der Lyrikmanuskripte Novaks ist undatiert, zu keinem Gedichtband liegen originale Reinschriften und Materialien vollständig vor, doch nimmt die Materialdichte ab Mitte der 1980er in der Gattung Lyrik zu. Für den Zeitraum davor existieren nur vereinzelte Reinschriften der Gedichte – aus dem ersten Gedichtband „Ostdeutsch" sind beispielsweise fünf Gedichtreinschriften, nachträglich auf 1958 datiert, erhalten geblieben.[909] Neben kürzeren und undatierten Prosa-Typoskripten, die aus den 1960ern[910] und insbesondere aus den 1970er[911] Jahren stammen, blieb als größeres, frühes Konvolut die Sammlung der isländischen Übersetzungen, die Novak Mitte der 1960er anfertigte, erhalten.[912] Darüber hinaus sind mehrere Hörspiele aus den späten 1960er und den 1970er Jahren in den Beständen „H:Novak" und „A:Novak" zu finden, genauso wie die Hörspiele der 1980er und 1990er Jahre. Für den Zeitraum ab Mitte der 1980er Jahre nimmt der Umfang der bewahrten Materialien zu – ob es sich um das unabgeschlossene, in den 1970er Jahren begonnene Großprojekt „Medea",[913] die Materialien zu Polen,[914] die Materialsammlung

908 Zwei Blatt, auf jeder Seite handschriftlich von Novak beschrieben, eventuell von 1957, könnten zu einem Studienaufsatz Novaks gehören. Vgl. Novak, Helga M.: [zur Diktatur des Proletariats, ca. 1957]. In: DLA, A:Novak, Verschiedenes.

909 Vgl. DLA, A:Novak, Gedichte, Sammlung: Ballade von der reisenden Anna 02, 1959–1965.

910 Aus den 1960er Jahren stammen beispielsweise folgende Manuskripte bzw. Typoskripte: Novak, Helga M.: Anna die Fünfte [ca. 1968], Das Gutachten [ca. 1968], Entkommen [ca. 1968]. In: DLA, A:Novak, Prosa. Aber auch in folgendem Konvolut sind Typoskripte auf die 1960er Jahre datiert: DLA, A:Novak, Prosa, Reden u. Vorträge, Politische Texte.

911 Typoskripte und Typoskriptteile aus den 1970er Jahren finden sich u. a. in folgenden Konvoluten: DLA, A:Novak, Prosa, Bewegliche Habe auf Reichsmarkbasis (Notizen). / DLA, A:Novak, Prosa, Verschiedenes, Materialsammlung, Die Ballade [o.D.], Dorfbeschreibung [o.D. vermutlich 1980er], Ende der Kriechspur. Roman in Briefen [o.D.], Die Landnahme von Torre Bela [ca. 1976], In der Luft hängen (bzw. Die Reisegesellschaft) [ca. 1980] / DLA, A:Novak, Prosa, Reden u. Vorträge, Politische Texte. Darin zum Beispiel: Novak, Helga M.: Der Denunziant [ca. 1978].

912 Vgl. DLA, A:Novak, Übersetzungen, Guðbergur Bergsson.

913 Vgl. DLA, A:Novak, Prosa, Medea.

914 Vgl. DLA, A:Novak, Nachtrag 2015, Verschiedenes, Lemken 02, darin: Verschiedenes, Der Marder.

zum politischen Engagement[915] oder um die Manuskripte und Sammlungen zu den Gedichtbänden handelt, die ab 1985 veröffentlicht wurden.[916] Das Gesamtmanuskript für den Band mit „Gesammelter Prosa“ von 1995 fehlt jedoch.[917]

Die Briefe dokumentieren die verschiedenen Schaffensphasen Novaks etwas besser. Hier liegen auch einige Briefe von und an Novak aus den späten 1950er Jahren[918] und vermehrt auch aus den 1960ern im Nachlass[919] (teilweise als Kopie) sowie einige Themen- und Sachkonvolute aus dieser Zeit.[920] Die 1970er bis Mitte der 1980er Jahre, in denen Novak in Westdeutschland wohnte, sind, mit Ausnahme von einigen Jahres- und Themenkonvoluten[921] sowie einigen längeren Briefwechseln,[922] brieflich weniger gut dokumentiert. Dies ändert sich ab Mitte/Ende der 1980er Jahre: Ab diesem Zeitpunkt sind neben den Materialien zu den letzten großen Schreibprojekten insbesondere die Briefe vergleichsweise umfangreich erhalten.

---

915 Vgl. DLA, A:Novak, Nachtrag 2015, Verschiedenes, Materialsammlung, Notizen, Solidarność, Politisches Engagement [ca. 1970–1989].

916 Vgl. DLA, A:Novak, Gedichte, Legende Transsib. Und: DLA, A:Novak, Gedichte, Märkische Feemorgana. / DLA, A:Novak, Gedichte, Silvatica. / DLA, A:Novak, Gedichte, solange noch Liebesbriefe eintreffen. Gesammelte Gedichte. In beiden Nachlassteilen befinden sich Konvolute zu diesen Gedichtbänden.

917 Insbesondere durch die Mitarbeit von Rita Jorek ab Mitte der 1990er Jahre blieben zahlreiche Manuskripte erhalten. Da Jorek an der Herausgabe der „Gesammelten Prosa“ noch nicht beteiligt war, kann das Fehlen vermutlich auf diesen Umstand zurückgeführt werden. Vgl. 2.2.8.

918 Darunter die Kopien der Briefe Hedwig Espers sowie die Briefe an Wilfried Geißler und Rita Jorek.

919 Darunter u. a. Briefe von und an Sabina Patt, Thor Vigfusson, Robert Havemann, Luchterhand sowie u. a. von Heinz Czechowski, Sarah Kirsch und Eysteinn Thorvaldsson (nur Abschrift).

920 Darunter die Konvolute: DLA, A:Novak, Verschiedenes, Konv. Island, Schweden. / DLA, A:Novak, Verschiedenes, Konv. Nordamerika-Reisen. / DLA, A:Novak, Nachtrag 2015, Briefe, Konv. Briefe an sie, 50er u. 60er Jahre [nach Feinerschließung aufgelöst].

921 Darunter die Konvolute: DLA, A:Novak, Verschiedenes, Bibliografisches, Konv. Leihscheine [1973–1975]. / DLA, A:Novak, Nachtrag 2015, Briefe, Konv. Erbschaft 1971/73, Briefe die Adoptiveltern + Familie betreffend. / DLA, A:Novak, Nachtrag 2015, Briefe, Konv. Lcsungen Teil 1, Elnladungen u. Anfragen. Die letzten zwei Konvolute sowie die nach Jahren geordneten Konvolute mit Briefen an Novak von 1977, 1978 u. 1979 sowie das Konvolut „private Post 70er Jahre“ wurden nach der Feinerschließung aufgelöst.

922 Darunter z. B. Briefwechsel mit Sabina Patt (ca. 1966–1998), Ragnar Thorsson (ca. 1973–2009), Sigrid Valtingojer (ca. 1966–2008) und Thor Vigfusson (ca. 1959–1996).

Einige Briefwechsel umfassen eine Laufzeit von bis zu vier Jahrzehnten und zeichnen sich streckenweise durch einen regen und häufigen Austausch aus.[923] Viele andere Briefwechsel blieben nur lückenhaft erhalten.[924]

Texte oder Rezensionen zu Novaks Werken wurden vermehrt ab 2010 bewahrt – zu vorangegangenen Publikationen liegen vereinzelt Kritiken im Nachlass vor.[925]

Der Einfluss äußerer Faktoren und Zäsuren auf die Genese des literarischen Archivs

Entsprechend den vielen Lebensstationen und Wohnorten Novaks wurde die Genese ihres literarischen Archivs durch Umzüge, Reisen und plötzliche, unvorhergesehene Ortswechsel bestimmt. Der in Marbach bewahrte Archivbestand ist offenbar nur ein Teilstück einer großen Menge an Manuskripten und Briefen, die im Zuge des wechselhaften Lebens Novaks verstreut wurden. Mehrfach weist die Autorin in Briefen darauf hin, dass sie nur einen Bruchteil des einst Vorhandenen bewahren konnte: So spricht sie beispielsweise von den „kümmerlichen Reste[n] meiner Briefschaften“[926].

Die verschiedenen, in Abschnitt 2.2.1 skizzierten Lebensstationen sollen hier nicht noch einmal nachgezeichnet werden – dass die vielen Auf- und Umbrüche stets auch vom Verlust einiger Briefe und Manuskripte begleitet waren, muss vorausgesetzt werden. Wie entscheidend sich die Wohnsituation auf die Gestalt des literarischen Archivs ausgewirkt hat, verdeutlicht der zunehmende Umfang von Materialien ab Ende der 1980er Jahre: Als sich Novak an einem Ort und in einem eigenen Haus ansiedelte, konnte sie auch ihre Manuskripte und Briefe in größerer Zahl bewahren. Dass aus der Frankfurter und Berliner Zeit der Autorin nur wenige Zeugnisse vorhanden sind, mag auch mit der räumlichen Nähe zu Freunden, Bekannten und dem Verlag zusammenhängen – Briefeschreiben war unter diesen Umständen nicht unbedingt notwendig. Briefe, die die Autorin während ihrer Reisen schrieb,

---

923 Vgl. ebd.

924 Lückenhaft überliefert und vom Umfang her verhältnismäßig gering sind die Briefwechsel mit anderen Autorinnen und Autoren wie Wolf Biermann, Sarah Kirsch, Heinz Czechowski, Kurt Bartsch und Robert Havemann. In den Nachlässen von Sarah Kirsch (DLA, A:Kirsch, Sarah), Heinz Czechowski (DLA, A:Czechowski), Kurt Bartsch (Kurt-Bartsch-Archiv, AdK, Berlin), Klaus Schlesinger (Klaus-Schlesinger-Archiv, AdK Berlin) und Rainer Kirsch (Rainer-Kirsch-Archiv, AdK, Berlin) befinden sich Briefe Novaks in weit größerem Umfang.

925 Vgl. DLA, H:Novak.

926 Novak, Helga M. an Brandt, Marion, [Kopie], Legbąd, 17.12.1998. In: DLA, A:Novak, Nachtrag 2015, Briefwechsel, Brandt, Marion.

sind im Nachlass ebenfalls wenig vorhanden, da Novak unterwegs vermutlich selten oder gar keine Durchschläge ihrer Briefe anfertigte.

Einige der weiteren das literarische Archiv bestimmenden, äußeren Faktoren werden in manchen Texten oder Selbstzeugnissen Novaks explizit thematisiert und auf diese Weise exponiert. Diese Verweise können nicht nur helfen, die Genese des jetzigen Nachlasses zu rekonstruieren, sie deuten zugleich auch schon das Verhältnis der Autorin zu ihrem literarischen Archiv an.

Novaks Flucht 1957 aus der DDR nach Island markiert einen ersten Einschnitt: Einige Bücher und Zeitschriften blieben im Studentenwohnheim in Leipzig zurück und die 22-Jährige bat ihre Freundin Jorek in einem Brief vom 14. Januar 1958, diese Materialien an sich zu nehmen.[927] Da die Briefe Novaks aber vom Ministerium für Staatssicherheit abgefangen wurden und die Adressatin nicht erreichten, ist der Verbleib der Bücher ungewiss. Nach 1966 blieben weitere Bücher Novaks in der DDR zurück,[928] ein anderweitiger Verlust von Materialien ist nicht dokumentiert.

Allerdings halten Aufzeichnungen Novaks für das Jahr 1965 Folgendes fest: „1. Sept. 65 Anreise n. Lpz. mein Gepäck am Ostbahnhof aufgegeben: der gesamte Briefwechsel mit Concordia weg (Postkarten von 1940 an) + Bergur Bergssons Buch"[929]. Im Nachlass befindet sich jedoch der Briefwechsel von 1940 bis 1965 mit der Tante Hedwig Esper, der Novak in ihren autobiografischen Romanen mit der Figur Concordia ein Denkmal setzte.[930] Ob die Briefe also

---

927 „Du hast doch meine Briefe noch – heb sie gut für mich auf. Und in dieser Besenkammer im Kurt-Eisner Heim sind doch noch eine Menge Bücher + Zeitschriften von mir. Wenn Christine das bei ihrem Auszug ins August-Bebel-Heim nicht mitgenommen hat, kümmere Dich bitte darum und hole es zu Dir. Ich will das einfach nicht einbüßen + möchte, daß es bei irgendjemand gut aufbewahrt wird." Novak, Helga M. an Jorek, Rita, Reykjavík, 14.1.1958. In: DLA, A:Novak, Nachtrag 2015, HS 15.39, Briefwechsel, Jorek, Rita. In einem weiteren, in „Im Schwanenhals" abgedruckten Brief an Rita Jorek am 23.4.1958 wird diese Bitte wiederholt: „Was ist mit meinen Büchern in der Kammer im Kurt-Eisner-Heim? Ich bin ja ein armes Geschöpf, aber an diesen wenigen Büchern und Zeitschriften liegt mir viel." Novak 2013: Im Schwanenhals, S. 172. Vgl. auch: Novak, Helga M. an Jorek, Rita, Reykjavík, 23.4.1958. In: DLA, A:Novak, Nachtrag 2015, HS 15.39, Briefwechsel, Jorek, Rita.

928 Im Zuge der Ausweisung aus der DDR hinterließ Novak einige Bücher. Im Gespräch erläutert Rita Jorek: „Sie hatte mir noch aufgetragen, ein paar Bücher zu verschicken, an Kirschs und ich weiß nicht, an wen noch. Auch von der Bibliothek des Literaturinstituts waren ein paar Westausgaben dageblieben. Aber die habe ich damals nicht weggeben, die habe ich immer noch hier." Vgl. Boltenstern/Jorek: Gespräch mit Rita Jorek am 16.4.2016 in Markkleeberg (unveröffentlicht).

929 Novak, Helga M.: [Notiz, Notizbuch, o.D.]. In: DLA, A:Novak, Prosa, Eustachos 05, o.D., 1 Band.

930 Vgl. DLA, A:Novak, Briefwechsel, Esper, Hedwig.

wieder auftauchten, oder Novaks Notizen in diesem Fall unzuverlässig sind, bleibt offen.

Im Verlauf der Rekonstruktion ergibt sich eine weitere Widersprüchlichkeit, die ebenfalls markiert werden muss. In einem Brief an das Archiv der Akademie der Künste 1997 schreibt Novak, dass sie mit der Aufgabe ihrer Zweitwohnung in Westberlin, die sie bis in die 1990er Jahre hinein gemietet hatte, einen Teil der dort gelagerten Papiere einbüßen musste: „Auch habe ich vieles in Berlin verloren, weil ich meine Wohnung nicht mehr bezahlen konnte."[931] In einem Brief von 1995 berichtet die Autorin ihrem ehemaligen Verleger Hans Altenhein demgegenüber von dem erwarteten Zurückerhalt der Materialien aus besagter Wohnung.[932]

Es gibt jedoch ein Ereignis, das Novak in ihren Selbstzeugnissen Anfang der 1990er vermehrt aufgreift, welches sie stets in ähnlicher Weise beschreibt und auch in „Im Schwanenhals" thematisiert:[933] den Ausbruch der Jugoslawienkriege, speziell des Kroatienkriegs 1991. Dieser zwang Novak, ihre Wohnung auf Korčula schlagartig aufgeben zu müssen. In einem Brief an Hubert Witt schreibt sie 1993: „Was Jugoslawien angeht, hab ich noch 2.000 Bücher, ich war dort, während schon Krieg war, um Manuskripte und Briefschaften rauszuholen. Gott, wie weh das alles tut."[934] Auch anderen Adressaten schilderte Novak dieses Geschehen immer wieder. In einem Brief an Rita Jorek fügt sie in Bezug auf die in Jugoslawien verbliebenen Bücher 1995 hinzu: „Aber den Verlust von Büchern bin ich ja seit 1957 in Leipzig schon gewöhnt."[935] Im Nachlass dokumentieren weitere Zeugnisse, wie es Novak nach längerer Planung 1996 gelang, über verschiedene Bekannte einen Teil der Bücher von Korčula nach Legbąd zu holen (vgl. 2.2.5.1).[936]

Nicht zuletzt gilt es an dieser Stelle, auf Zeugnisse Novaks zu verweisen, die von anderen Personen bewahrt wurden und verloren gingen. Von solchen

---

931 Novak, Helga M. an AdK (Berlin), Trautwein, Wolfgang, [Durchschl.], Legbąd, 7.9.1997. In: DLA, A:Novak, Nachtrag 2015. Briefe von ihr an AdK (Berlin), Trautwein, Wolfgang. Vgl. zu diesem Brief auch 2.2.7.2.

932 Vgl. Novak, Helga M. an Altenhein, Hans, Legbąd, [Durchschl.], 28.2.1995. In: DLA, A:Novak, Nachtrag 2015, Briefwechsel, Altenhein, Hans.

933 „Als ich – schon während des Kriegs – nach Dalmatien gefahren war, um die wichtigsten Manuskripte, Briefe und Bücher herauszuholen und den Rest meiner Sachen einzupacken, da hatte ich keine Angst." Novak 2013: Im Schwanenhals, S. 342.

934 Novak, Helga M. an Witt, Hubert, [Durchschl.], Legbąd, 31.3.1993. In: DLA, A:Novak, Briefwechsel, Witt, Hubert.

935 Novak, Helga M. an Jorek, Rita, Legbąd, 29.1.1995. In: DLA, A:Novak, Nachtrag 2015, HS 15.39, A:Novak, Briefwechsel, Jorek, Rita.

936 Vgl. Novak, Helga M. an Jorek, Rita, Legbąd, 8.3.1996. In: DLA, A:Novak, Nachtrag 2015, HS 15.39, A:Novak, Briefwechsel, Jorek, Rita.

indirekten äußeren Einflüssen auf ihr literarisches Archiv berichtet Novak in einem Briefentwurf von 1995:

> „Augenblicklich versuche ich, meine alten Briefe zurückzukriegen. So habe ich denn an meine frühere alte Freundin Elisabeth Borchers geschrieben. [...] Also: meine Briefe sind alle in ihrem Keller verbrannt, weil dort irgendwelche Terroristen Feuer gelegt haben. Komischer Keller für Autorenbriefe. Selbst ich bin bei Kriege nach Jugoslawien gefahren, um Briefe, Papiere, Manuskripte rauszuholen."[937]

Damit wird deutlich, was aus der Beschaffenheit des Nachlasses ebenfalls hervorgeht: Das Bemühen, das eigene Archiv und die private Bibliothek zusammenzuhalten, steht den eigentlich widrigen Archivierungs-Umständen gegenüber. Obwohl plötzliche Ausreisen, Umzüge, Länderwechsel, die Balkankonflikte sowie eine finanziell nicht immer einfache Situation die Gestalt des literarischen Archivs beeinflusst haben, ist dieses trotz jener Faktoren relativ umfangreich, nicht nur in Bezug auf die Menge, sondern auch bezüglich der Zeitspanne, die es umfasst. Die Bedeutung der internen Faktoren für das literarische Archiv – das Bedürfnis nach Bewahrung sowie das briefliche Kommunizieren – soll im folgenden Unterkapitel ausführlicher dargestellt werden.

2.2.5 *Praktiken des literarischen Archivs*

Das literarische Archiv Novaks wurde – wie alle Autorenarchive – durch diverse Praktiken und Umgangsweisen geformt: unter anderem durch das literarische Schreiben, Notieren, Exzerpieren, Korrespondieren, Zusammenkleben von Manuskriptteilen, Sammeln von Zeitungsausschnitten sowie durch das Bewahren, Auflisten, (Vor-)Ordnen, Beschriften und Vernichten. Zugleich deutet das Vorangegangene bereits an, dass es zwei innere Faktoren gibt, die das literarische Archiv Novaks auf besondere Weise geprägt haben: zum einen das Bemühen, trotz widriger Umstände bestimmte Teile des Archivs zusammenzuhalten sowie dieses durch Rückforderungen der Korrespondenzen aufzustocken, und zum anderen das Briefeschreiben als ein wesentlicher Ausdruck des novakschen Schreibens.

---

937 Novak, Helga M. an Unbekannt, Legbąd, 21.9.1995. In: DLA, A:Novak, Briefe, Unbekannt. Vgl. dazu auch den Brief von Elisabeth Borchers, in dem sie von dem Keller-Brand berichtet: Borchers, Elisabeth an Novak, Helga M., 1.3.1995. In: DLA, A:Novak, Briefwechsel, Borchers, Elisabeth.

2.2.5.1 *„meine lebendige Unordnung“ – selektive Archivsorge, nachträgliche Rückforderungen und Ordnungsbemühen*

Helga M. Novaks ‚Unterwegssein‘, ihre Aufbrüche und Rückzüge führten schon früh zu verschiedenen Modi des Zurück- und Hinterlassens. Die Luchterhand-Lektorin Elisabeth Borchers spielt darauf in einem Brief vom Mai 1966 an, mit dem sie auf Novaks Entscheidung reagierte, sich nach der Ausweisung aus der DDR und der Tagung der Gruppe 47 in Princeton nicht in Westberlin niederzulassen, sondern vorerst nach Island zurückzugehen: „wo steckt die erzählung? bei deinen sachen? kann man die suchen, hierbehalten, abschreiben? dein neuer nachlassverwalter (pardon) könnte ja mal suchen gehn.“[938]

Wie aus der skizzierten Zusammensetzung des Nachlasses sowie einigen im vorherigen Abschnitt zitierten Selbstzeugnissen hervorgeht, entwickelte Novak schon früh etwas, was man als Bewahrungsbedürfnis oder Archivsorge bezeichnen könnte: Seit ihrer fluchtartigen Ausreise aus der DDR 1957 war die Autorin bemüht, bestimmte, ihr wichtige Materialien und insbesondere Briefe und Bücher zu bewahren oder gut aufbewahrt zu wissen. Zum Beispiel schreibt sie 1958 von Island aus an ihre Freundin Rita Jorek in Leipzig: „Du hast doch meine Briefe noch – heb sie gut für mich auf.“[939] Nicht nur in den Nachlassdokumenten, auch in „Im Schwanenhals“ finden sich zahlreiche Stellen, die das Nachsenden oder den Transport von Büchern, Manuskripten und Briefen thematisieren.[940] Über den Umzug von Island nach Westdeutschland heißt es beispielsweise: „Als ich 1968 nach Frankfurt am Main zog, verbargen sich in meinem Gepäck alle Briefe, die ich je an ihn [Örn, KvB] geschrieben hatte.“[941]

Hier ließe sich die Hypothese anschließen, dass die Bewahrungstendenz mit den Verlusterfahrungen und Diskontinuitäten in Novaks Lebensverlauf korrespondiert: als Versuch des Erhalts von Bezügen und Erinnerungen,

---

938 Luchterhand Verlag, Borchers, Elisabeth an Novak, Helga M., 6.5.[1966]. In: DLA, A:Novak, Briefe, Luchterhand Verlag, Borchers, Elisabeth. In einem früheren Brief heißt es, gemünzt auf Novaks langsames Schreibtempo: „Ich weiss, ich weiss – die Liebesgedichte werden Dein Nachlass sein (mach mal ein bisschen schneller, ich bin neugierig).“ Luchterhand Verlag, Borchers, Elisabeth an Novak, Helga M., 7.10.1965. In: Ebd. Vgl. auch: Luchterhand Verlag, Benseler, Frank an Novak, Helga M., 13.1.1967. In: DLA, A:Novak, Briefe, Luchterhand Verlag, Benseler, Frank.

939 Novak, Helga M. an Jorek, Rita, Reykjavík, 14.1.1958. In: DLA, A:Novak, Nachtrag 2015, HS 15.39, Briefwechsel, Jorek, Rita.

940 So schreibt zum Beispiel die Figur Örn, für die Thor Vigfusson als Vorlage diente, von Island an die Protagonistin in der DDR am 8.9.1965: „Außerdem liegen hier versandbereit: 3 Kartons Kleidung, 7 Kartons Manuskripte, 2 Kartons Gemälde. Das schicke ich demnächst von Reykjavík per Schiffspost ab.“ Novak 2013: Im Schwanenhals, S. 291.

941 Ebd., S. 271.

als Bestreben, Verlorenes zu bergen oder, wie es Aleida Assmann formuliert, als „Wunsch nach Vergangenheitsfixierung“ und „Wunsch nach Selbstvergewisserung im zeitlichen Wandel“[942] (vgl. 1.5.6).

Neben Kopien und Durchschlägen als einer Methode der Bewahrung der eigenen Briefe setzte Novak, wie oben schon angedeutet, auf ihre Briefempfänger als verlässliche Verwahrer. In Bezug auf ein Buch-Projekt aus Briefen schreibt sie 1963 aus Palermo an ihren damaligen Mann in Island, mit dem sie regelmäßig korrespondierte:

> „Neben diesen Briefen, die ich Dir Stück für Stück senden werde, schicke ich Dir extra die Gedichte mit, die ich hier und da schreibe. Hebe das doch gut auf, oder wenn Du einmal genug Zeit hast, schreibe es für mich mit der Schreibmaschine ab. Das ist natürlich viel verlangt und nicht nötig. Aber das alles aufzuheben, darum bitte ich Dich ganz herzlich.“[943]

Vergleichbare Anliegen enthalten auch spätere Zeugnisse. Dabei fällt auf, dass diese Bitten stets in einem engen Zusammenhang mit Novaks Schreibprojekten stehen (vgl. dazu 2.2.9.1). 1988 schreibt Novak zum Beispiel an die Künstlerin und gute Freundin Sigrid Valtingojer, die vor allem in Reykjavík und Berlin lebte: „‚Meine Briefe‘ – laß sie nur ruhen, nicht schicken, nicht herumtragen, schon gar nicht durch die DDR! Ich brauche sie vielleicht später, jetzt ist mein Buch ja ‚geplatzt‘ [gemeint ist evtl. ‚Die Marder‘ oder ‚Medea-Briefe‘, KvB]“[944].

Dass sich Novaks Briefe bei den meisten Adressaten in sichererer Obhut befanden als bei der umherziehenden Autorin, liegt nahe. Dennoch brachte Novak in einigen Fällen, überwiegend ab Ende der 1980er Jahre, die von ihr versendeten Originalbriefe wieder an sich.[945] In anderen Fällen beließ die Autorin

---

942 Assmann 2008: Sammeln, Sammlungen, Sammler, S. 345 f.

943 Novak, Helga M. an Vigfusson, Thor, Palermo, 21.12.1963. In: DLA, A:Novak, Briefwechsel, Vigfusson, Thor.

944 Novak, Helga M. an Valtingojer, Sigrid, [Kopie], Wewelsfleth, 9.4.1988. In: DLA, A:Novak, Briefwechsel, Valtingojer, Sigrid (u. Richard).

945 Belegen lässt sich das, wie durch das oben angeführte Zitat, im Falle der Briefe Thor Vigfussons, aber auch für die Briefe an Klaus Schlesinger, die sich in seinem Besitz befanden: In dem Korrespondenz-Konvolut „Klaus Schlesinger“ befinden sich bis auf einen Brief Schlesingers ausschließlich Originalbriefe Novaks, auch steht auf dem Umschlag in ihrer Handschrift unverfroren: „Briefe an Schlesinger zurück geklaut“. In: DLA, A:Novak, Nachtrag 2015, Briefe, Schlesinger, Klaus. Jedoch handelt es sich dabei nicht um alle Briefe, ein großer Teil Originalbriefe Novaks an Schlesinger befindet sich in seinem Nachlass im Archiv der Akademie der Künste. Vgl. AdK, Berlin, Klaus-Schlesinger-Archiv, Nr. 390. Im Nachlass Novaks befinden sich des Weiteren mehrere ihrer Originalbriefe u. a. auch in folgenden Korrespondenzkonvoluten (aus ihrer Provenienz): DLA, A:Novak, A:Novak, Briefwechsel, Wolski, Henryk. / DLA, A:Novak, Nachtrag 2015, Briefwechsel, Jezierski, Józef. / DLA, A:Novak, Briefwechsel, Esper, Hedwig. / DLA, A:Novak,

die von ihr verfassten originalen Briefe bei den Empfängern und Eigentümern, forderte diese aber verschiedentlich, nachweislich ab 1975,[946] als Leihgabe oder Kopie für literarische Arbeiten oder persönliche Erinnerungszwecke zurück. An die langjährige Freundin und zentrale Korrespondenz- und Reisepartnerin, die Schweizerin Sabina Patt heißt es 1986: „Die Briefe, die ich Dir von unterwegs [aus Rumänien, KvB] geschrieben habe – laß die mal fotokopieren, damit ich mich erinnere. Ich will das alles genau für mich protokollieren."[947] Und an ihren Sohn Ragnar Thorsson, ebenfalls ein wichtiger Briefpartner, schreibt die Autorin 1988: „Ich muß doch mal Horst [Karasek, KvB] und Schlesinger fragen, ob sie mir die Briefe fotokopieren, die ich ihnen aus China geschickt habe"[948].

Eine Besonderheit in diesem Zusammenhang bilden die oben erwähnten originalen Briefe zwischen Marian und Marita Kirstein, die das Ehepaar tauschte, nachdem Marian Kirstein infolge der Jenaer Unterschriftenaktion gegen die Biermann-Ausbürgerung inhaftiert wurde.[949] Seine Korrespondenz übergab der von der Bundesrepublik aus der Untersuchungshaft freigekaufte Kirstein zusammen mit weiteren Dokumenten in den 1980er Jahren Novak, die vermutlich ein Schreibprojekt dazu plante.[950]

Ab 1992 begann die Autorin, ihre eigenen Briefe systematisch – „rundum"[951], wie sie 1999 schreibt – zurückzufordern. Als Grund dafür gibt sie an einer Stelle den Umstand an, dass Briefe von ihr über Vorlässe von anderen Autorinnen und Autoren ins Literaturarchiv Marbach gelangt waren.[952] Mehrheitlich aber erklärt Novak ihren Wunsch mit der Arbeit an ihrer Autobiografie und richtet ihn unter anderem an folgende zentrale Korrespondenzpartner: an Hans Altenhein, mit der Frage wie sie alle ihre Briefe an den Luchterhand

Briefwechsel, Karasek, Horst. / DLA, A:Novak, Briefwechsel, Thorsson, Ragnar. / A:Novak, Briefwechsel, Valtingojer, Sigrid (u. Richard).

946 „Du hast ja von mir aus Portugal nicht viel Post gekriegt, ich glaube, nur einen einzigen Brief – den schick mir mal leihweise zurück. Das Buch wird nämlich über unseren Portugalaufenthalt, vornehmlich aus der Landkommune, wo wir kurz gearbeitet haben. Ich brauche den Brief aber zur besseren Erinnerung, obwohl ich dort ausführlich Tagebuch geschrieben habe." Novak, Helga M. an Patt, Sabina, [Kopie], Frankfurt a. M., 12.12.1975. In: DLA, A:Novak, Briefwechsel, Patt, Sabina.

947 Novak, Helga M. an Patt, Sabina, [Kopie], Korčula, 14.1.1986. In: Ebd.

948 Novak, Helga M. an Thorsson, Ragnar, Wewelsfleth, 17.1.1988. In: DLA, A:Novak, Briefwechsel, Thorsson, Ragnar.

949 Vgl. DLA, A:Novak, Nachtrag 2015, Briefe u. Dokumente anderer, Kirstein, Marian u. Marita.

950 Diese Auskunft geht auf ein Telefongespräch mit Marita Haller (vormals Kirstein) am 13.3.2019 zurück.

951 Novak, Helga M. an Jorek, Rita, Legbąd, 12.1.1999. In: DLA, A:Novak, Nachtrag 2015, Briefwechsel, Jorek, Rita.

952 „Wegen der im Schiller-Archiv abgelegten Briefe habe ich eine Briefaktion unternommen, rundum. Fordere meine Briefe inform von Kopien zurück". Ebd.

Literaturverlag kopiert zurückerhalten könne,[953] an Elisabeth Borchers,[954] ihren früheren Lektor Klaus Roehler,[955] Rita Jorek,[956] ihren früheren Freund und Kommilitonen Winfried Geißler,[957] an den früheren Geliebten Józef Jezierski,[958] Horst Karasek,[959] Sabina Patt und Sigrid Valtingojer.[960] Zudem bat sie das DLA um Kopien aller dort vorhandenen Briefe von ihr, insbesondere um Kopien der Briefe an Sarah Kirsch.[961]

Als Beispiel für Novaks Ansuchen soll hier aus dem Brief an Patt zitiert werden, der darüber hinaus belegt, dass die Autorin ausgewählte Korrespondenzpartnerinnen für eine dezentrale Archivierung nutzte:

> „Vor Jahren habe ich Dir paar persönliche Briefe in Verwahrung gegeben, ich glaube, Du hast sie dann bei Deiner Schwester deponiert. Jetzt sitze ich am 3. Teil meiner Autobiografie und brauche alles mögliche als Erinnerungshilfen. […] Zu alldem kommt noch mein Wunsch, mir Fotokopien von meinen Briefen an Dich zu senden. Ich weiss, es waren viele, sehr viele, und das wird teuer."[962]

---

953 Vgl. Novak, Helga M. an Altenhein, Hans, [Durchschl.], Legbąd, 17.3.1994 – 18.3.1994. In: DLA, A:Novak, Nachtrag 2015, Briefwechsel, Altenhein, Hans.

954 Vgl. Novak, Helga M. an Borchers, Elisabeth, [Durchschl.], Legbąd, 5.2.1995. In: DLA, A:Novak, Briefwechsel, Borchers, Elisabeth.

955 Vgl. Novak, Helga M. an Roehler, Klaus, [Kopie], Legbąd, 14.4.1999. In: DLA, A:Novak, Briefwechsel, Roehler, Klaus.

956 Vgl. Novak, Helga M. an Jorek, Rita, Legbąd, 29.1.1995. In: DLA, A:Novak, Nachtrag 2015, HS. 15/39, Briefwechsel, Jorek, Rita.

957 Vgl. Novak, Helga M. an Geißler, Wilfried, [Durchschl.], Legbąd, 5.12.1992. In: DLA, A:Novak, Briefwechsel, Geißler, Wilfried.

958 Vgl. Novak, Helga M. an Jezierski, Józef, Legbąd, 17.8.1992, [vermutlich nicht abgeschickt]. In: DLA, A:Novak, Nachtrag 2015, Briefwechsel, Jezierski, Józef.

959 Vgl. Novak, Helga M. an Karasek, Horst, [Durchschl.], Legbąd, 1.12.1993. In: DLA, A:Novak, Nachtrag 2015, Briefwechsel, Karasek, Horst.

960 Sigrid Valtingojer bat Novak zudem um alte Fotografien: „Vor längerer Zeit hast Du mir mal geschrieben, daß Du noch alte Briefe von und/ oder an mich gefunden hättest. Jetzt bin ich soweit und brauche sie. Dringend. Bitte, bitte sende sie mir hierher nach Polen. Sieh mal nach, ob Du noch alte Fotos oder Negative hast." Novak, Helga M. an Valtingojer, Sigrid, [Kopie], Legbąd, 18.6.2005. In: DLA, A:Novak, Nachtrag 2015, Briefwechsel, Valtingojer, Sigrid (u. Richard).

961 Die Sendung mit den Kopien ging aber scheinbar an das Literaturarchiv zurück. Vgl. Boltenstern/Jorek: Gespräch mit Rita Jorek am 16.4.2016 in Markkleeberg (unveröffentlicht).

962 Novak, Helga M. an Patt, Sabina, [Durchschl.], Legbąd, 1.1.1997. In: DLA, A:Novak, Nachtrag 2015, Briefwechsel, Patt, Sabina. Dass sich unter den verwahrten Briefen die Korrespondenz mit Sarah Kirsch befand, hatte Novak bereits vergessen: „Weisst Du, ich hatte ganz vergessen, dass Du die Briefe von Sarah und Rainer Kirsch hast. Wann und wo habe ich Dir die denn mal angedreht? Bin glücklich, sie wiederzuhaben. Aber ach, unsere Briefe, Deine und meine, die füllen ja Bände. Ich hab von Dir auch alles (hoffentlich alles) aufgehoben. Mich überflutet eine Fülle von wunderbaren Erinnerungen und Erlebnissen. Zuletzt noch meine jugoslawische Periode ist ohne Dich gar nicht denkbar. Seit 1962

Was Novak neben den Briefen außerdem sorgsam beisammenhielt und auch nach ihrem Tod bewahrt wissen wollte, sind ihre Bücher. Obwohl ihre Autorenbibliothek keinen bibliophilen Charakter hat, waren die Bücher für Novak von so großer Bedeutung, dass sie Mitte der 1990er Jahre keine Kosten und Mühen scheute, um ihre in Jugoslawien verbliebenen Bände über Umwege zu sich nach Polen zu holen (vgl. 2.2.4.2).

Bemerkenswert an dem hier Dargelegten ist, dass sich Novaks Bewahrungsbedürfnis offenkundig nur auf bestimmte Arten von Materialien bezog und man in diesem Sinne von einer selektiven Archivsorge sprechen kann: So befinden sich in Novaks Nachlass zwar viele Briefe, eine mühevoll erhaltene Autorenbibliothek, etliche Hörspielmanuskripte sowie umfangreiche Entwürfe zu unabgeschlossenen Projekten, aber fast keinerlei Manuskripte und Arbeitsmaterialien abgeschlossener Werke: Die Dichterin Novak gewinnt im Nachlass kaum Profil.

Novaks in einem Brief getroffene Aussage von 1997, sie habe ihre Manuskripte „immer weggeworfen, nachdem ein Buch erschienen ist“[963], passt zu dem Befund dieser Leerstelle. Sogar in den wenigen Gedichtkonvoluten, die von 1985 an erhalten blieben, befinden sich kaum Vorstufen und Entwürfe. Dies verdeutlicht exemplarisch eine Beschreibung Monika Tokarzewskas der Mappen zu dem Gedichtband „Legende Transsib“, die Novaks dichterische Arbeitsweise im Verhältnis zu den Materialien anderer Bände noch am besten dokumentieren:

> „Die Materialien in den Mappen müssen nachträglich, wohl noch von Novak selbst, ausgewählt, sortiert und geordnet worden sein. Es finden sich darin leider so gut wie kaum Skizzen und Ideen zu einzelnen Gedichten, die eine detaillierte Auskunft über die Entstehungsphasen des Bandes geben würden.“[964]

Demgegenüber umfangreich sind, wie oben erwähnt, die gescheiterten Projekte dokumentiert: Das Eustachos-Projekt, aus dem Rita Jorek später die Erzählung „Lebender Fund“ rekonstruierte (vgl. 2.2.8),[965] umfasst nach der Feinerschließung zehn Mappen mit Materialien, Manuskripten und

(Mokka.Kaffee) kannte ich Dich, jahrzehntelang, ein ganzes Leben liegt da zurück. Na, die kann mir keiner mehr nehmen.“ Novak, Helga M. an Patt, Sabina, [Kopie], Legbąd, 13.2.1997. In: Ebd.

963 Novak, Helga M. an AdK (Berlin), Trautwein, Wolfgang, [Durchschl.], Legbąd, 7.9.1997. In: DLA, A:Novak, Nachtrag 2015. Briefe von ihr an AdK (Berlin), Trautwein, Wolfgang.

964 Tokarzewska 2017: Helga M. Novaks Wissenspoetik, S. 144.

965 Vgl. Novak, Helga M.: Lebendiger Fund. In: o. V. 2014: Helga M. Novak zum Gedächtnis, S. 43–60. Vgl. DLA, A:Novak, Nachtrag 2015, Prosa/ Dramatisches, Eustachos, Lebendiger Fund/ Der Fund.

Entwürfen;[966] das Medea-Projekt besteht aus 14 Konvoluten[967] und fünf weitere Mappen enthalten Materialien zu dem Hörspiel-/Prosa- bzw. Fernsehfilmprojekt „Der Marder"[968].

Ob Novak neben den Manuskripten zu abgeschlossenen Projekten noch andere Materialien intendiert vernichtete, lässt sich kaum rekonstruieren. Einzig eine Szene aus „Im Schwanenhals" deutet auf ein Autodafé 1963 hin:

> „Wir verstauten alle Papiere, Drucke, Holzstücke, Aufzeichnungen, unvollendete und verworfene Manuskripte, Briefschaften, alte Zeitschriften, Hefte, Blöcke, alle Einfälle, Pläne, Skizzen, kaputtes Werkzeug in drei lädierte Koffer und fuhren mit dieser vornehmlich papiernen Ladung durch Reykjavík an den Strand. Dagur nannte unsere Unternehmung ‚Álfabrenna' (gesprochen: Aulwabrenna!); denn wir entzündeten ein rasches, aber großes Feuer – ein ‚Elfenfeuer' – und nahmen Abschied. Standen sowieso auf der Straße.
>
> Nie leuchteten meine poetischen Produkte so wie hier am Rand des Nordmeers, weder unter den glühenden Herdringen meiner Mutter, noch später in gedruckter Form in Deutschland."[969]

Versucht man, die von Jochen Meyer und Irmgard M. Wirtz entwickelten Nachlasstypologien auf Novak zu beziehen (vgl. 1.5.3), so erscheint sie nur in Bezug auf dieses vermutlich einmalige Ereignis sowie hinsichtlich der vernichteten Manuskripte als ‚Bestandsverminderin'. Hinsichtlich der Briefe ließe sich die Autorin demgegenüber als ‚Bestandserweiterin bzw. -verstärkerin' bezeichnen. Zudem erscheint ihr Archiv als ‚Korrespondenzen-Netzwerk', das zu einem großen Teil aus Briefschaften besteht und zugleich über sich und auf die an anderer Stelle liegenden Briefe der Autorin hinausweist. Zusätzlich können noch zwei weitere, eigentlich in einem Widerspruch zueinanderstehende Nachlasstypen auf Novaks Archiv angewandt werden: der Pedant, d.h. der ‚Nachlass als Registratur', und der ‚Typ Midas' bzw. der Chaotiker.[970]

Die Anlage des literarischen Archivs zeichnet sich durch beschriftete, mit zweckdienlichen Titeln versehene Konvolute aus und erscheint insofern als ein einigermaßen organisiertes und geordnetes Gebilde. Eine solche Selbst-Archivierung hängt – wie in Wirtz' Typologie beschrieben – auch bei Novak mit einem stark recherchegestützten und materialbasierten Arbeitsprozess

966 Vgl. DLA, A:Novak, Prosa/ Dramatisches, Eustachos.

967 Vgl. DLA, A:Novak, Prosa/ Dramatisches, Medea.

968 Vgl. DLA, A:Novak, Nachtrag 2015, Prosa/ Dramatisches, Der Marder.

969 Novak 2013: Im Schwanenhals, S. 243. Rita Jorek bestätigt im Gespräch, dass es ein solches Autodafé gegeben habe. Vgl. Boltenstern/Jorek: Gespräch mit Rita Jorek am 16.4.2016 in Markkleeberg (unveröffentlicht).

970 Vgl. Wirtz 2013: Der Eigensinn der Nachlässe, S. 77–88. Und: Meyer 2002: Pedanten und Chaoten, S. 52–58.

zusammen. Zugleich ist jedoch zu konstatieren, dass die so entstandenen thematischen Stapel und Konvolute in sich keiner ersichtlichen, von der Bestandsbildnerin intendierten Systematik folgen und ihre Einrichtung häufig eine provisorische blieb.[971] Einzig in wenigen Fällen markieren beschriftete Abschnittskärtchen verschiedene Teile der Konvolute.[972]

Das vielgestaltige Medea-Vorhaben verdeutlicht dabei exemplarisch, dass eine systematische Trennung verschiedener Textsorten und Projekte nicht unbedingt Novaks Arbeitsweise entsprach: Die zwei Kästen mit Konvoluten zu dem Medea-Projekt, an dem Novak vor dem Hintergrund des RAF-Terrorismus in den 1970er Jahren, aber auch in den 1980ern arbeitete, enthalten Materialien und Entwürfe zu verschiedenen Textsorten. Tatsächlich beendet und ausgestrahlt wurden das Hörspiel „Stadtgespräch Nr. 1" (1972) und der Radio-Essay „Essay zu Medea" (1989).[973] Begonnen, aber nicht abgeschlossen wurden „Medea im Taunus" – mal als Prosa, mal als weiteres Hörspiel geplant – und das Romanprojekt „Medea-Briefe". Angedacht waren auch mal ein Fernsehspiel und ein Theaterstück. In den Konvoluten überlagern sich mitunter die verschiedenen Notizen, Entwürfe und Fassungen, sodass sie nicht immer eindeutig voneinander abgrenzbar sind.[974] Die Überwindung von Gattungsgrenzen, die Novaks literarische Texte kennzeichnet (vgl. 2.2.2), spiegelt sich in der Ordnung bzw. Unordnung der Arbeitsmaterialien wider – auch auf der Reflexionsebene: In einem kurzen Text zu ihrem dichterischen Selbstverständnis, im Nachlass mit „Bewegliche Habe auf Reichsmarkbasis" betitelt,[975]

971 Vgl. hierzu ein Auszug aus einem Brief Novaks: „Die unveröffentlichten Gedichte, darunter welche noch aus den 50er Jahren lagen hier auf der Veranda in einem unsortierten Karton begraben. Ich mach mich mal ran, allerdings nicht sofort, denn augenblicklich ist hier das Pilzfieber ausgebrochen, und wir sammeln, suchen, säubern, sortieren, trocknen, – sind schon eine richtige kleine Werkstatt geworden." Novak, Helga M. an Jorek, Rita, [Durchschl.], Legbąd, 21.9.1995. In: DLA, A:Novak, Briefwechsel, Jorek, Rita. (Vgl. 2.2.5.2).

972 Vgl. zum Beispiel: Konvolut „I. Herbst + Sommer ('90)/ Anfang/ Ankunft Eustachos". In: DLA, A:Novak, Prosa/ Dramatisches, Eustachos, Lebendiger Fund/ Der Fund. Und: Konvolut „Nach der Eiszeit. Jagdgedichte (1. Fassung – Abschriften)". In: DLA, A:Novak, Nachtrag 2015, Gedichte, infolge der Eiszeit.

973 Vgl. Novak: Stadtgespräch Nr. 1. In: SDR, 14.1.1973. Und: Novak: Medea-Essay. In: SR, 19.2.1989. Vgl. dazu außerdem: Stephan 2006: Medea, S. 148–154.

974 Vgl. exemplarisch: DLA, A:Novak, Prosa, Medea, darunter Entwürfe für eine Funkerzählung (vermutl. Medea im Taunus), vermutl. auch zu Stadtgespräch Nr. 1 (Hörspiel) und Medea-Briefe (Roman-Projekt). Und: DLA, A:Novak, Prosa, Medea, Notizen u. Entwürfe, Medea heute. Funkessay/ Medea – Ewiges Scheusal oder Alma Mater?, Stadtgespräch Nr. 1 (Gesprächsthema Nr. 1) Hörspiel, Medea im Taunus.

975 Vgl. Novak, Helga M.: Bewegliche Habe auf Reichsmarkbasis. In: DLA, A:Novak, Prosa, Reden u. Vorträge, Politische Texte. Veröffentlicht unter: Novak: Sprache als Umgangsform. In: Stuttgarter Zeitung, 20.2.1971.

schreibt Novak 1971: „Und was die Gattungen betrifft, so sind sie mit Erfolg ineinander übergegangen.“[976]

Dass sich Novaks literarisches Archiv in ständiger Bewegung befand und die Autorin mit Hilfe anderer punktuell versuchte, die verschiedenen Auswüchse zu regulieren und ihren Manuskript- und Briefmassen eine Struktur zu implementieren, verdeutlichen nicht nur die zum Teil von verschiedenen Händen beschrifteten Konvolute, sondern auch einige Selbstzeugnisse:

> „Sie [Rita Jorek, KvB] war schon viermal hier und hat alle meine Papiere, Manuskripte, Briefe sortiert und mir eine Art Archiv angefertigt. Ist längst wieder alles in Unordnung, aber sie hat auch den Gedichtband zusammengesucht und zusammengestellt. Alleine hätte ich das nie fertiggebracht.“[977]

Die Teile des literarischen Archivs – wie die Konvolute zu den „Gesammelten Gedichten“ und der überwiegende Teil der Mappen zu „Im Schwanenhals“ –, deren Anlage Jorek verantwortete, sind im Vergleich zu anderen Manuskriptkonvoluten gut erhalten, übersichtlich beschriftet und geordnet sowie zum Teil datiert. Andere Manuskripte, Notizen und Aufzeichnungen sind in der Regel nicht datiert – die Ausnahme bilden die eigenen Briefe Novaks, die meist präzise mit Ort und Datum, mitunter auch mit mehreren Daten versehen oder nachdatiert sind.

Ein weiteres Ordnungselement des literarischen Archivs sind die Listen und Inhaltsverzeichnisse, die Novak ebenfalls mit Hilfe Dritter anlegte: So sind die Übersichten zu den „Gesammelten Gedichten“ vermutlich durch die Hilfe Joreks entstanden.[978] Eine umfangreiche Liste, die detailliert wichtige Briefwechsel und Aufzeichnungen Novaks verzeichnet und ihren Ort mit einer Mappennummerierung angibt, geht vielleicht auf die Unterstützung durch den Lektor Hubert Witt zurück.[979]

---

976 Ebd.

977 Novak, Helga M. an Altenhein, Hans, [Durchschl.], Legbąd, 28.1.1997 – 6.2.1997. In: DLA, A:Novak, Nachtrag 2015, Briefwechsel, Altenhein, Hans. Vgl. dazu auch: „Warte, ich muß ihren Brief raussuchen (mühselig alles, regt mich auf, aber ist ja meine Schuld), – ich finde den Brief einfach nicht, habe ihn irgendwo extra hingelegt, um ihn zu beantworten. Auf mein Archiv ist auch kein Verlaß.“ Novak, Helga M. an Rún, Margrét, [Durchschl.], Legbąd, 19.10.1995. In: DLA, A:Novak, Briefwechsel, Rún, Margrét.

978 Vgl. DLA, A:Novak, Nachtrag 2015, Gedichte, solange noch Liebesbriefe eintreffen, Gesammelte Gedichte, Inhaltsverzeichnisse und Titellisten.

979 Vgl. DLA, Bestandsakte Novak (intern), von Helga M. Novak angelegte Bestandslisten. Vgl. Boltenstern/Jorek: Gespräch mit Rita Jorek am 16.4.2016 in Markkleeberg (unveröffentlicht).

Im Nachtrag von 2015 existiert darüber hinaus eine handschriftliche und undatierte Liste, eventuell von Brandt angelegt, die auf 18 Blatt die „Bibliothek v. HMN“ verzeichnet.[980]

1999/2001 versuchte Novak mit der Europa-Universität Viadrina in Frankfurt (Oder), einer Institution mit Schwerpunkt auf der deutsch-polnischen Zusammenarbeit, eine Schenkung ihrer Bücher zu vereinbaren.[981] Eine Briefnotiz an Jorek von 2001 zeugt jedoch von Widerständen gegen die Vorbereitung einer solchen Übergabe: „Ich sehe keinen Weg, meine Bücher aufzulisten. Auch das eine Nervensache. Außerdem lebe ich noch und brauche dazu meine lebendige Unordnung. Bin zum Sterben + Packen noch nicht bereit.“[982]

Die Praktiken der Bewahrung, Selbstarchivierung und Ordnung, die das Archiv Novaks geformt haben, lassen sich also auf verschiedene, voneinander zu differenzierende Aspekte beziehen, die in den folgenden Unterkapiteln vertieft werden sollen: Dazu zählt die Archivsorge, in deren Kontext die Zeugnisse – insbesondere die Briefe – der Selbstkommunikation und -lektüre dienten oder für literarische Texte fruchtbar gemacht werden sollten (vgl. 2.2.5.2 und 2.2.9). Auch entstanden durch die selektive Bewahrung bestimmte Autorschaftsentwürfe (vgl. 2.2.6), die es genauso näher zu untersuchen gilt wie die Rolle anderer, das Archiv mitgestaltender Personen (vgl. 2.2.8). Nicht zuletzt aber stehen einige Ordnungsbemühungen Novaks, das unterstreicht das letzte Zitat, auch in einem Zusammenhang mit einem Nachlassbewusstsein (vgl. 2.2.7): Auflisten, Ordnen und Packen bedeutet auch, das Gehen, das Ableben vorzubereiten.

2.2.5.2 *„Briefe […], die jedes längere Tagebuch in den Schatten stellen“ – Briefeschreiben und (Selbst-)Kommunizieren*

Eine zentrale Form des Aufschreibens, die Novaks Archiv jenseits des literarischen Schreibens charakteristisch geprägt hat, ist das Briefeschreiben.[983] Das Nachlassprofil, die mengenmäßige Gewichtung der Zeugnisse sowie Novaks auf die Briefe bezogene Archivsorge unterstreichen dies. Die übrigen Aufzeichnungen und Notizen im Nachlass lassen sich in erster Linie als

980 Vgl. DLA, A:Novak, Nachtrag 2015, Dokumente, bibliografische Liste zur Bibliothek von Helga M. Novak.

981 Vgl. DLA, A:Novak, Nachtrag 2015, Briefwechsel, Europa Universität Viadrina (Schwan, Gesine u. Schlögel, Karl).

982 Novak, Helga M. an Jorek, Rita, Bad Freienwalde, 8.2.2001. In: A:Novak, Nachtrag 2015, HS 15.39, Briefwechsel, Jorek, Rita.

983 Dieser Abschnitt basiert auf einem 2017 veröffentlichten Aufsatz, aus dem einige Passagen übernommen und stark erweitert wurden. Vgl. Boltenstern 2017: Briefeschreiben in Werk und Nachlass von Helga M. Novak, S. 61–72.

zweckorientiert beschreiben. Es handelt sich überwiegend um projektbezogene Aufzeichnungen und Pläne[984] sowie Einkaufs-, Pack-, Bücher- oder Aufgabenlisten sowie Arbeits- und Tagespläne.[985] In Taschen- und Wandkalendern hielt Novak vereinzelt Termine, aber mitunter auch erhaltene und versendete Briefe fest.[986] Längere Tagebücher sind nicht vorhanden – einzig einige lose Notizzettel und dünne Notizhefte existieren, auf die flüchtig Gedanken, Erlebnisse, Erinnerungen oder Reiseeindrücke notiert wurden.[987]

Diesen meist sehr knappen, stets nur kurz und nicht systematisch geführten Aufzeichnungen stehen die vielen Briefe Novaks gegenüber, die sich häufig über mehrere Tage hinweg ausdehnen und oft tagebuchartige Formen annehmen. Sie stellen die einzige regelmäßige Schreibpraktik dar, die der Nachlass über einen längeren Zeitraum – über fünf Jahrzehnte hinweg – dokumentiert. Die Korrespondenzen wurden von der Bestandsbildnerin entweder nach Adressat, Sachthema oder Jahr in Mappen geordnet.

Sind die Briefe der späten 1950er und 1960er Jahre in der Regel handschriftlich verfasst, überwiegt ab den 1970ern das Medium Schreibmaschine. Den maschinenschriftlichen, zu versendenden Text ergänzte Novak handschriftlich um Ansprache, Unterschrift sowie ein PS. Bei Durchschlägen beschränkt sich diese Hinzufügung auf den mit einem Ausrufezeichen versehenen Namen des Adressaten. Im Nachlass vereinzelt vorhanden sind außerdem Briefentwürfe sowie Briefanfänge und nicht abgeschickte Briefe.

Parallel zu der Dominanz der Korrespondenzen im literarischen Archiv Novaks durchzieht das Motiv des Briefes auch ihr Werk: In den Gedichten, Erzählungen, Hörspielen und autobiografischen Romanen arbeitete die Autorin immer wieder, über alle Schaffensphasen hinweg, mit diesem Thema und seiner Form.[988] Die „Gesammelten Gedichte", die das dichterische Werk

984 Vgl. zum Beispiel die für Novaks Vorhaben typischen Pläne, die Figurenkonstellationen, die Fabel und Stichworte festhalten, in: DLA, A:Novak, Prosa, Eustachos 08, Lebendiger Fund/ Der Fund, Gliederung, Notizen u. Material zu Personen. Und: DLA, A:Novak, Prosa, Medea 09, Medea im Taunus, Personenaufstellung sowie Kapitelbeschreibung („logischer Aufbau der drei Szenengruppen").

985 Einkaufs-, Erledigungs-, und Bücherlisten sowie Brief- und Tagespläne finden sich u. a. in: DLA, A:Novak, Verschiedenes, Notizen 19.

986 Vgl. DLA, A:Novak, Nachtrag 2015, Verschiedenes, Autobiographisches, Kalender.

987 Vgl. beispielsweise: DLA, A:Novak, Nachtrag 2015, Verschiedenes, Lemken 02, darin: Verschiedenes, Der Marder. Und: DLA, A:Novak, Nachtrag 2015, Dokumente, Konv. Reiseunterlagen Jugoslawien. Außerdem: DLA, A:Novak, Nachtrag 2015, A:Novak, Verschiedenes, Notizen 03, Heft.

988 Vgl. u. a.: Novak: Ausflug. In: SDR, 19.2.1969. (In diesem Hörspiel sind Elemente der Erzählung „Kräftig Essen" (in: Novak 1968: Geselliges Beisammensein, S. 105–207) und der Erzählung „Hauptpost" (in: Novak 1980: Palisaden, S. 55 f.) enthalten, in denen ebenfalls

Novaks in einer Ausgabe bündeln, sind programmatisch mit der Verszeile „solange noch Liebesbriefe eintreffen" überschrieben.[989] Viele Gedichte und Erzählungen tragen ebenfalls den Brief im Titel oder haben ihn zum Gegenstand.[990] So wird beispielsweise in der „Bittschrift an Sarah" dem Brief eine Verbundenheit stiftende, existentielle Bedeutung zugeschrieben; in der letzten Strophe heißt es: „Sarah geht los – schaut ob ich noch Freunde habe / sagt ihnen – ich lebe ich sterbe ich lebe / um Himmels Willen / schreibt mir einen Brief von zu Hause."[991] Der Protagonist der Erzählung „Sizilianische Vesper in Briefen" wiederum berichtet brieflich von einem Palermo-Aufenthalt und konstatiert schlicht: „Die Grenzen der Briefe sind meine Grenzen"[992] (vgl. dazu 2.2.9.1).

Schreiben aus der Distanz

Das Medium Brief kann nicht nur räumliche Distanzen und nationale Grenzen überwinden, es ist zugleich bedingt und beschränkt durch Schriftlichkeit, Raumdifferenz, Zeitverzug und die Anwesenheit eines körperlich abwesenden Adressaten.[993] Spätestens mit Novaks Flucht aus der DDR nach Island 1957 wird das Kommunikationsmittel des Briefes zu einem wesentlichen Ausdruck ihres Schreibens. Der Brief steht für ein distanzüberwindendes Schreiben, für Austausch und Verbindung, ohne beieinander zu sein.

Exemplarisch dafür sind Novaks zahlreichen Briefe, die sie Ende 1957/1958 an ihre Freundin Rita Jorek und ihren Freund Wilfried Geißler von Island nach Leipzig schrieb. Einige dieser Briefe wurden in die Autobiografie „Im Schwanenhals" mit aufgenommen (vgl. 2.2.9.1), im Nachlass liegen die Briefe im Original[994] bzw. als Kopien[995] und als abgeschriebene Typoskripte vor. Eine weitere Besonderheit dieser Briefe ist außerdem, dass Novak 1957 nur die ersten von ihnen nach Leipzig schickte. Die Briefe wurden von der Stasi abgefangen und so wartete die 22-jährige Novak vergeblich auf Antwort, schrieb aber im

das Briefmotiv auftaucht.) Vgl. außerdem: Novak 1982: Die Verfehlung, S. 19–35. / Novak 1985: Brief aus China, S. 2. / Reise nach Rumänien. Brief an Hans Joachim Schädlich. In: Novak 1995: Aufenthalt in einem irren Haus, S. 287–300.

989 Vgl. Novak 2008: solange noch Liebesbriefe eintreffen.

990 Vgl. Brief an Koladoghbe. In: Novak 1967: Colloquium mit vier Häuten, S. 27 f. / Brief an Medea. In: Novak 1978: Margarete mit dem Schrank, S. 35. / Brief aus Spanien. In: Novak 2008: solange noch Liebesbriefe eintreffen, S. 396. / Post. In: Ebd., S. 439. / Hauptpost. In: Ebd., S. 443.

991 Bittschrift an Sarah. In: Ebd., S. 398.

992 Sizilianische Vesper in Briefen. In: Novak 1971: Aufenthalt in einem irren Haus, S. 123.

993 Vgl. Strobel 2006: Figuren der Autorschaft in der Briefkultur, S. 8.

994 Vgl. DLA, A:Novak, Nachtrag 2015, HS 15.39, Briefwechsel, Jorek, Rita.

995 Vgl. DLA, A:Novak, Briefwechsel, Geißler, Wilfried.

Tages- und Wochenabstand weitere Briefe, die sie zunächst nicht und dann gesammelt absendete (eine Praxis, die sich in ähnlicher Weise in den 1990er Jahren in Polen wiederholte).[996] Insbesondere an den frühen Briefen an Jorek wird deutlich, wie sehr die Korrespondenz trotz der räumlichen Ferne und körperlichen Distanz eine Möglichkeit der Verbindung in die Heimat,[997] die Möglichkeit des Austauschs und Gesprächs bedeutete. Der Privatbrief, wie ihn die Briefkultur des 18. Jahrhunderts hervorgebracht hat, erscheint auch hier als ‚Medium der Intimität':[998] „Ich muß einfach jemanden haben, dem ich alle Gedanken sagen kann"[999], heißt es beispielsweise. Durch die Ansprache wird die Abwesende zu einer Anwesenden, zu der sich die Schreibende hin öffnet. In der Vereinzelung und Abgeschiedenheit kann der Brief auf diese Weise Zugehörigkeit stiften und im Alleinsein die Hoffnung auf Verständigung und Gegenseitigkeit verkörpern. Am 14. Januar 1958 schreibt Novak aus Reykjavík an Jorek:

> „Nun bin ich wieder allein, und ich habe fast sehnsüchtig auf diesen Augenblick gewartet, weil ich Dir schreiben wollte. […] Von Dir ist noch immer kein Brief, kein Wort hierhergekommen. Ich warte so sehr auf Post und glaube nicht, daß Du mich ganz vergessen hast. Bestimmt bist Du im Arbeitseinsatz und hast meine Post noch nicht bekommen. Nicht wahr Rita – Du wirst mir schreiben. Du mußt es einfach tun, denn ich bin mit allen Empfindungen so nahe bei Euch – daß ich einfach eine Antwort von Dir brauche. Ich habe schon einige Post an Dich hier fertig zu liegen, und möchte sie erst abschicken, wenn die erste Nachricht von Dir kommt."[1000]

---

996 Aus Angst vor der polnischen Briefzensur verschickte Novak ihre Briefe an einen Adressaten oftmals nicht direkt, sondern gab sie bei Gelegenheit Besuch aus Deutschland gesammelt zum Verschicken mit (Vgl. 2.2.7.1).

997 Das Motiv der durch Briefe gestifteten Verbindung zum eigenen Herkunftsort, das in dem oben zitierten Gedicht „Bittschrift an Sarah" wiederkehrt, zeigt sich besonders explizit in einem Brief Novaks an ihre Tante Hedwig Esper, den sie in Reykjavík 1962 schreibt: „Deine Post habe ich immer erhalten, – und es ist für mich nicht vorstellbar, daß ich Deine dünnschriftig bekritzelten Briefe vermissen müßte. Sie sind mein festes Band zu Berlin und zu meinem Heimatboden. Und wenn Ihr nach Hamburg ziehen solltet – schreibe mir, ob daraus wirklich etwas wird – dann befürchte ich noch, Hamburg wird meine Heimat deshalb." Novak, Helga M. an Esper, Hedwig, Reykjavík, 4.9.1962. In: DLA, A:Novak, Briefwechsel, Esper, Hedwig.

998 Vgl. Strobel 2006: Figuren der Autorschaft in der Briefkultur, S. 7 f.

999 Novak, Helga M. an Jorek, Rita, Reykjavík, 3.1.1958. In: DLA, A:Novak, Nachtrag 2015, HS 15.39, Briefwechsel, Jorek, Rita. Vgl. auch den leicht veränderten Abdruck: Novak 2013: Im Schwanenhals, S. 131 f.

1000 Novak, Helga M. an Jorek, Rita, Reykjavík, 14.1.1958. In: DLA, A:Novak, Nachtrag 2015, HS 15.39, Briefwechsel, Jorek, Rita. Vgl. dazu: Novak 2013: Im Schwanenhals, S. 138.

Trotz der Not der Auf-Antwort-Wartenden kommt dem Schreiben der Briefe, der verschriftlichten Selbstmitteilung eine höhere Bedeutung zu als der Reaktion. Gleichzeitig geben erst das Nicht-vor-Ort-Sein und der nicht anwesende Andere den Anlass zum Schreiben – die stattfindende Selbstreflexion bleibt auf den Adressaten bzw. die Adressatin bezogen. In Anlehnung an Foucault ließen sich die Briefe Novaks deshalb als eine Form der Selbstsorge beschreiben, als eine Form „sich dem anderen und sich selbst zu zeigen."[1001] Wie der folgende Auszug zeigt, wird der wiederholten Artikulation im Briefeschreiben wie dem Ausdruck im literarischen Schreiben dabei die Möglichkeit des Trostes zugesprochen. In dem vorerst letzten Brief vom 4. März 1958 heißt es:

> „Liebe Rita!
> Warum ich Dir das alles noch einmal sage, weiß ich selbst nicht recht. […] Trotzdem ist es mir selbst Trost, wenn ich mich jetzt noch einmal ausspreche. Als ich im Januar oft an Dich geschrieben habe, war ich so hoffnungsfroh, wenigstens ein verständiges Ohr zu haben. Dann kam nie ein Wort von Dir, und ich habe die Briefe nicht mehr abgeschickt. Nun liegen sie immer noch vor mir, – meine langen Gespräche an Dich. Und wenn ich Dir sagen soll, welches das Grausamste war, das ich hier erlebt habe – dann war es das Erkennen, nicht mehr einen einzigen Menschen, einen einzigen Freund in Deutschland zu haben.
> […] Während ich hier die langen Nachmittage gesessen habe, hatte ich viel Zeit zum Schreiben. Auch darin, hatte ich früher gehofft, könnten wir beider Freunde bleiben – daß wir uns alles schicken, was wir schreiben. Dann habe ich es natürlich nicht mehr gewagt, Dir etwas anzubieten. Denn was man schreibt, liegt einem ja sehr am Herzen und man möchte doch nicht, daß es in den Ofen wandert. […] Ich werde nebenher nicht aufhören zu schreiben. Es ist mir das Schönste und Trostreichste geworden, was man erleben kann – wenn es auch literarisch wenig wertvoll ist."[1002]

Der Beschluss, nicht aufzuhören zu schreiben, steht in einer Analogie zum Schreiben der nicht abgesendeten Briefe. Unabhängig vom Zweck des Mediums erscheint das Weiterschreiben – sieben Jahre vor der Veröffentlichung von Novaks Debütband – als das Wesentliche. In der 1971 veröffentlichten Erzählung „Palisaden oder Aufenthalt in einem Irrenhaus" heißt es: „Nichts mehr zu schreiben haben, nichts mehr mitzuteilen. Nur die Tätigkeit gilt. Die Darstellung des Schreibens. Die Handhabung des Bleistiftes. Die

1001 Foucault 2005: Über sich selbst schreiben, S. 515.

1002 Novak, Helga M. an Jorek, Rita, Reykjavík, 4.3.1958. In: DLA, A:Novak, Nachtrag 2015, HS 15.39, Briefwechsel, Jorek, Rita. Vgl. die leichte Variation in: Novak 2013: Im Schwanenhals, S. 156 ff.

Buchstaben gelten, die Worte, die beschriebenen Seiten. Fortfahren. Weiterschreiben. Nicht aufhören."[1003]

Erleben und Schreiben: Tagebuchartige Briefe

In ihren seit Ende der 1950er Jahre geschriebenen Briefen schildert die viel gereiste Autorin, die in verschiedenen Ländern lebte, ihren Briefpartnern und -partnerinnen genauestens ihr Lebensumfeld, ihre Eindrücke und Beobachtungen, ihren Alltag oder gibt analytische Beschreibungen des gesellschaftspolitischen Geschehens um sie herum. Auch berichtet sie von ihren literarischen Vorhaben, bittet ihre Adressaten teilweise, sie bei ihrer Recherche zu unterstützen, Bücher zu senden oder bindet sie in die Organisation ihres freischaffenden Lebens mit ein. Den Charakter ihrer Briefe an den Luchterhand Literaturverlag skizziert Novak Hans Altenhein rückblickend, 1994, wie folgt:

> „Meine erste Lektorin war Elisabeth Borchers, später dann Klaus Roehler, dazwischen fungierte Burgel Geißler als Sekretärin, sowie später dann Christiane Gieselmann. Denen vier habe ich unendlich viel Zuneigung, Unterstützung und Freundschaft zu verdanken; und eben jene vie[r] Leute haben seit Jahrzehnten Briefe von mir bekommen, die jedes längere Tagebuch in den Schatten stellen. Meine Briefe an den Verlag sind ja immer auch sehr private Briefe gewesen, Erlebnisse, politische Erwägungen, Reisebeschreibungen, Betteleien um Geld usw."[1004]

Typisch an den diaristischen Briefen ist, dass ihr Inhalt sprunghaft wechseln kann, etwa von Erlebnisbericht zu Beschreibungen der literarischen Arbeit bis hin zu dem wiederkehrenden Einbruch des Alltäglichen. Vor allem in ihrer Zeit in Legbąd vermittelt Novak ihren Briefpartnern ein Bild von sich, als wären

1003 Palisaden oder Aufenthalt in einem irren Haus. In: Novak 1971: Aufenthalt in einem irren Haus, S. 203.

1004 Novak, Helga M. an Altenhein, Hans, [Durchschl.], Legbąd, 17.3.1994 – 18.3.1994. In: DLA, A:Novak, Nachtrag 2015, Briefwechsel, Altenhein, Hans. Bemerkenswert ist, dass der vierseitige, maschinenschriftliche Brief an Hans Altenhein selbst ein Zeugnis dessen ist, was er beschreibt. Auf den Brief, den Novak erst Ende Februar 1995 gesammelt mit weiteren Briefen fortschickte, antwortet der ehemalige Verleger: „Liebe Helga, Deine Tagebuch-Briefe aus dem letzten halben Jahr sind bei mir angekommen, ich habe sie mehrmals gelesen und versucht, mir aus den Teilen ein ganzes Bild von Deinem Leben zusammenzusetzen. Das geht natürlich nicht oder nur in Umrissen. Aber Deine ‚Stimme' ist deutlich zu erkennen." Altenhein, Hans an Novak, Helga, Bickenbach, 5.4.1995. In: DLA, A:Novak, Nachtrag 2015, Briefwechsel, Altenhein, Hans.

Schreiben und die tägliche autarke Selbstversorgung zwei gleichzeitige, miteinander verbundene Praktiken:[1005]

„Die unveröffentlichten Gedichte, darunter welche noch aus den 50er Jahren lagen hier auf der Veranda in einem unsortierten Karton begraben. Ich mach mich mal ran, allerdings nicht sofort, denn augenblicklich ist hier das Pilzfieber ausgebrochen, und wir sammeln, suchen, säubern, sortieren, trocknen, – sind schon eine richtige kleine Werkstatt geworden."[1006]

Vielfach schreibt sie ausführlich über ihren Garten, das Fischefangen, Holzhacken und Pilzsammeln. Ein Brief aus Berlin Anfang der 1980er Jahre treibt dieses Verfahren auf die Spitze, indem seitenlang und minutiös der Ablauf eines alltäglichen Morgens geschildert wird.[1007] Neben den Skizzen des Alltags finden sich in vielen Briefen Novaks ausführliche Überlegungen und Berichte zu der politischen Lage in ihren jeweiligen Aufenthaltsorten. Exemplarisch dafür ist das Vorhaben der Autorin von 1999 angesichts der damaligen Verhandlungen um einen EU-Beitritt Polens, die Transformationsprozesse der polnischen, von Kleinbauern dominierten Landwirtschaft brieflich zu dokumentieren. An Jorek schreibt sie:

„Also hab ich mich entschlossen, alles zu fotografieren, was noch vorhanden ist, bevor die Immobilien in deutsche und andre Hände übergehen. Alles Dir auch in Briefen zu schreiben, was mir auffällt und nahe, also überprüfbar berichtet wird, alles, was ich selber sehen kann. [...]

1005 Wie Brandt gezeigt hat, setzen andere nachgelassene Aufzeichnungen Schreiben und Kochen parallel. Vgl. Brandt 2017: Semantiken von Legbąd, S. 163. Wolf Biermann – auch ein Korrespondenzpartner Novaks – greift dieses Bild in seiner Autobiografie etwas überzeichnet auf, wenn er die Autorin wie folgt beschreibt: „Sie fällte Bäume und stapelte ihr gehacktes Holz, sie pflanzte sich Kartoffeln, schrieb Gedichte, köpfte Weißkohl, stampfte und presste ihr Sauerkraut, schrieb Briefe an die letzten Freunde, fütterte ihre Hühner und legte Salzgurken ein, hatte kein Geld für den Arzt." Biermann 2016: Warte nicht auf bessre Zeiten, S. 502.

1006 Novak, Helga M. an Jorek, Rita, [Durchschl.], Legbąd, 21.9.1995. In: DLA, A:Novak, Briefwechsel, Jorek, Rita.

1007 Vgl. Novak, Helga M. an Karasek, Horst, Berlin, [o.D., Anfang der 1980er]: „Nun, ich wollte Dir mal genau erzählen, wie mein Tag heute so aussieht, es ist vier Uhr früh, und ich bin schon auf. Als ich letzte Woche bei Sabine war, hab ich nichts anderes getan, als nachgedacht, welche Stunden ich täglich für mich zum Schreiben nehmen könnte. Und da habe ich mich entschlossen, jeden Morgen um vier aufzustehen, um die ersten zwei Stunden mit klarem Kopf an den Schreibtisch zu gehen. Jetzt ist es halb fünf: Küche aufräumen, abwaschen – eine Stunde. / Halbsechs: mit flinken, geübten, abgezirkelten, gar nicht hektischen, dabei aber flotten, schnellen, planvollen Bewegungen – / den Herd anwerfen und acht Brötchen aufbacken / zwei Eier anstechen, Wasser in den Topf lassen, Eier kochen [...]." In: DLA, A:Novak, Briefwechsel, Karasek, Horst.

> Ich allerdings wohne hier, wie ich in Jugoslawien gewohnt habe, auch in Island, und brauche in meinem Alter keine Rücksicht auf Karriere oder Außenpolitik mehr zu nehmen. So wird denn in diesen meinen Briefen ein[e] Art Sittengemälde entstehen. Mag man darüber hierorts und dorten denken, was man will. Es handelt sich um sporadische, spontane Bilder, einfach alles, was ich erlebe, sehe, was mir zu Ohren kommt. Selbstverständlich werden manche Mitteilungen einen ganz persönlichen Charakter haben, denn meine persönlichen Bindungen sind die beste Quelle für Informationen."[1008]

Spontanität, Subjektivität und Variabilität sind Attribute, die Novak immer wieder für ihre Briefe beansprucht, und die sich auch in ihrer direkten, unverstellten und impulsiven Schreibweise sowie in widersprüchlichen Aussagen widerspiegeln. Manches in den Korrespondenzen erscheint unbedacht, „[r] ausgehauen, rausgeplatzt, rausgebrüllt"[1009] – wie sie ihre literarischen Texte einmal beschrieben hat – und in jedem Fall nicht kontrolliert. Hans Altenhein gegenüber skizziert sie ihren Briefstil 1999 wie folgt:

> „Wenn Du Dich an meine Art, Briefe zu schreiben, erinnerst, wirst Du vielleicht bemerkt haben, – ich schreibe schnell, offen, ehrlich, direkt und spontan bis zur Unüberlegtheit. Ja, ich gebe zu, es sind das eher Gespräche, gegenwärtige Ansichten, politische und persönliche Reaktionen. Ich nehme mir nicht die Zeit, in Briefen herumzulügen. Ich verzichte auf Selbstdarstellung und irgendwelche Eitelkeiten. So war es immer."[1010]

1008 Novak, Helga M. an Jorek, Rita, Legbąd, um den 18./19.2.1999. In: DLA, A:Novak, Nachtrag 2015, HS 15.39, Briefwechsel, Jorek, Rita. Viele Diskussionen der politischen Situationen in verschiedenen Ländern und dazu geplante Schreibvorhaben finden sich u. a. in dem Briefwechsel, den Novak mit ihrem Sohn führte. Vgl. DLA, A:Novak, Briefwechsel, Thorsson, Ragnar.

1009 Reise nach Rumänien. Brief an Hans Joachim Schädlich. In: Novak 1995: Aufenthalt in einem irren Haus, S. 289.

1010 Novak, Helga M. an Altenhein, Hans, [Kopie], Legbąd, 21.3.1999. In: DLA, A:Novak, Nachtrag 2015, Briefwechsel, Altenhein, Hans. Vier Jahre zuvor bezieht Novak ihre Art, Briefe zu schreiben auf die im „SPIEGEL" veröffentlichte Dankesrede Martin Walsers anlässlich der Verleihung des Dolf-Sternberger-Preises 1994. Vgl. Walser: Über freie und unfreie Rede. In: Der Spiegel, 7.11.1994. Walser kritisiert hier die Einschränkung des spontanen Ausdrucks und der Meinungsfreiheit durch politische Korrektheit und teilt damit Argumentationsmuster der Neuen Rechten. Ob Novak mit Walser in allen Punkten übereinstimmt, geht aus ihrem Brief nicht hervor. Sie schreibt: „Dies wird ein sporadischer Brief, ich meine – unordentlich –. Ich schreibe in ‚freier Rede', ebenso wie es mir einfällt, vollkommen unkontrolliert. (Hast Du im ‚Spiegel' Walsers Beitrag über Freie Rede gelesen, eben das habe ich jahrzehntelang praktiziert.[)] Deshalb wird mein Brief aus Einfällen, Stücken, Assoziationen bestehen." Novak, Helga M. Novak an Jorek, Rita, Legbąd, 24.2.1995. In: DLA, A:Novak, Nachtrag 2015, HS 15.39, Briefwechsel, Jorek, Rita. Anders als Walser, der auf die öffentliche Rede abzielt, bezieht sich Novak hier explizit auf die private bzw. halböffentliche Rede im Brief.

Dieses direkte, scheinbar unvermittelte Schreiben im Brief korrespondiert mit einem Phänomen, das Novak ihrer Briefpartnerin Sigrid Valtingojer 1983 schildert, und das sie 1987 noch einmal ähnlich formuliert: die Aneignung fremder Umgebungen über Sprache und die schriftliche Umsetzung von neuen Sinneswahrnehmungen. In Bezug auf das Vorhaben „Die Marder“, das ein Porträt der Ost-Emigranten in Berlin (West) in fiktiven Briefen werden sollte,[1011] schreibt die seit 1980 in der Stadt wohnende, aber viel auf Reisen gewesene Novak: „Bei dieser Gelegenheit kann ich endlich mal West-Berlin kennenlernen, ich kenne die Stadt überhaupt nicht. [...] Es werden also neue Eindrücke sein, die sich am besten formulieren lassen. Immer, wenn ich irgendwo neu hinkomme, setzt sich alles in Sprache um. Eine gute Aneignungsform.“[1012]

Dass für solche Vorgänge nicht nur die Literatur, sondern dieser vorgeschaltet der Brief ein adäquates Medium darstellt, zeigt auch ein Schreiben von 1987, in dem die Dichterin den soeben aus Rumänien in die Bundesrepublik ausgereisten Autor Johann Lippet dazu ermuntert, sein Ankommen in West-Deutschland schriftlich zu dokumentieren:

> „Natürlich fällt es Dir schwer, darüber zu schreiben, dennoch solltest Du das versuchen, sei es als Tagebuch oder in Briefen, es muß nicht gleich als ‚Prosa‘ gedacht sein. Die Anfangs-Erlebnisse werden nie wieder dieselbe Tiefe erreichen, später werden diese wichtigen, harten, schwierigen SINNLICHEN Eindrücke vielleicht/ wahrscheinlich ersetzt durch Gefühlserlebnisse – so wie Erinnerungen, Sehnsüchte, alte Ängste, Träume, Freude allem entkommen sein. Jedenfalls Gefühle, ich rede noch lange nicht von Heimweh, das kommt erst Jahre später, mit dem Älterwerden Hand in Hand. Was ich sagen will, die ersten Eindrücke, die über Augen, Ohren, Nase, Haut gehen – bitte, schreib sie auf. Wenn Du nicht weißt WIE, dann schreib mir das in Briefen, aber haarklein, genau, bildlich, ich will es riechen!“[1013]

1011 „Die Marder – Berlin / das sind Freunde, Andre, die sich nicht integrieren, nicht assimilieren lassen / Konzentration auf Osteuropa [...] / Urban schreibt fleißig verrückte Brief[e] an Wanda: real + gelogen der Westen durch eine polnische Brille gesehen, so werden viele Briefe geschrieben, offizielle, denen die Zensur egal ist + inoffizielle, die mitgegeben werden, darin stehen dann haarsträubende Sachen [...]. Briefe über Deutschland und die Deutschen [...] / ein Geflecht aus Briefen erhellt die Selbstdarstellungen, die Meinungen über andere, die Reflektionen, die faktischen Unwahrheiten“. Novak, Helga M.: [Ringbuchnotiz, o.D.]. In: DLA, A:Novak, Verschiedenes, Lemken 02, darin: Verschiedenes, Der Marder.

1012 Novak, Helga M. an Valtingojer, Sigrid, Berlin, 23.7.1983 In: DLA, A:Novak, Briefe von ihr an, Valtingojer, Sigrid (u. Richard).

1013 Novak, Helga M. an Lippet, Johann, [Durchschl.], Čara/Korčula, 24.10.1987. In: DLA, A:Novak, Nachtrag 2015, Briefwechsel, Lippet, Johann [vormals Konv. Rumänien].

Die Möglichkeit des Briefes gegenüber literarischen Formen besteht demnach darin, singuläre Erlebnisse und Sinneseindrücke, die andernfalls verloren gehen bzw. überschrieben werden würden, so direkt wie möglich schriftlich umzusetzen und auf diese Weise fixieren und speichern zu können. Während Erlebnis und Schreiben also eng aneinander gebunden sind, zwingt der Adressat zu einer genauen Beschreibung. Zu einem späteren Zeitpunkt soll das auf diese Weise Erfasste, dies wird noch zu zeigen sein (vgl. 2.2.9.1), als Material und Erinnerungsdokument reaktiviert und für das literarische Schreiben fruchtbar gemacht werden. Angesichts einer Intensität an Eindrücken birgt das Briefeschreiben bei Novak also ein produktives Moment und erfüllt eine Art Archivfunktion.[1014] Die Briefe werden zur Schaltstelle zwischen Leben und Schreiben.

Selbst- und Fremdadressierung

Nach Martin Fontius ist der Brief in der Moderne „zum schriftlich fixierten Gedanken geworden", sodass der „Aspekt der Kommunikation zwischen Absender und Empfänger eigentümlich zurücktritt"[1015]. Wie im Vorangegangenen deutlich geworden ist, speist sich die Produktivität der Texterzeugung während des Briefeschreibens bei Novak einerseits aus einer gezielten Kommunikation, die konkret an einen Adressaten und nicht an eine diffuse Öffentlichkeit gerichtet ist. Andererseits spielen, wie unter anderem die frühen Briefe an Jorek gezeigt haben, auch die Selbstadressierung und die Selbstlektüre eine zentrale Rolle. Signifikant ist nun, dass sich diese Prozesse nicht nur exemplarisch in Novaks Briefpraxis zeigen, sondern dass die Autorin diese auch in verschiedenen unveröffentlichten Texten reflektierte. 1993 verfasst sie anlässlich der Verleihung des Gerrit-Engelke-Preises der Stadt Hannover einen kurzen Text über das Briefeschreiben und die Notwendigkeit eines Adressaten. Anhand der Briefe, die der „Arbeiterdichter" Gerrit Engelke während des 1. Weltkriegs aus dem Kriegsdienst an seine Geliebte schreibt, und mit Bezug auf die Briefe Franz Kafkas an Felice Bauer zeigt Novak, dass Briefe sich zuerst immer an den Briefeschreiber selbst wenden. Nicht unähnlich zu der hier vorgeschlagenen foucaultschen Lesart, dass Briefe einen Ausdruck der Selbstkonstitution und Selbstvergewisserung darstellen, bezieht sich Novak in ihrer Rede auf den Essay „Verteidigung des Briefes" von Pedro Salinas und zitiert:

1014 Sandro Zanetti spricht in diesem Zusammenhang auch von der ‚Archivfunktion' des Briefes. Vgl. Zanetti 2010: Spielräume der Adressierung, S. 46.

1015 Fontius 1995: Post und Brief, S. 275.

> „Sicher ist eines: kaum beleben die Worte des Briefes das weiße Blatt, fühlt der Schreibende sich schon darin leben und erkennt s i c h in diesen Worten wieder… . Das heißt: Gemütszustände des Schreibenden, Gefühle, die er mehr oder weniger verschwommen spürt, werden beim Schreiben des Briefes deutlicher. Die erste Wohltat, die erste Klarheit, die ein Brief vermittelt, wird dem Schreibenden zuteil; er erfährt als erster, was er sagen will, weil er auch der erste ist, dem er dies sagt."[1016]

In vielen Briefen, für deren Umfang sich die Autorin häufig entschuldigte, zeigt sich ein solcher Schreibgestus im Modus der Reflexion. So schreibt Novak beispielsweise 2009 an Jorek: „Liebe Rita, hab momentan das komische Gefühl, den Brief an mich selber zu schreiben, als müsse ich alles nochmal auf die Reihe kriegen. Dennoch wollte ich Deinen Brief beantworten. Also beides."[1017] Auch ein Prosa-Brief-Fragment im Nachlass, das mit „Prosa ein Brief an Sabine von 1975" betitelt ist, enthält einen monologartigen Text, an dessen Anfang und Ende die Frage des Adressaten gestellt wird:

> „Behaupte bitte nicht, daß der Brief eben doch an mich selber geschrieben sei, das wäre wirklich nicht richtig, denn ich stelle mir ja dauernd vor, was Du auf diese und jene Bemerkung hin sagen würdest und versuche dann, darauf zu antworten. Und wenn es doch ein Brief übers Briefeschreiben ist, so ist es dreist ein Brief."[1018]

Die tagebuchartigen Briefe entsprechen keinen Tagebucheinträgen. „Tagebücher kann ich nicht ausstehen"[1019], heißt es in „Die Eisheiligen". Die Briefe brauchen einen Adressaten, einen anderen, an den sie sich wenden können, sie suchen die Auseinandersetzung, das Gespräch und sie wollen gehört werden. In der nicht gehaltenen Gerrit-Engelke-Preisrede „Adressatin in Not" heißt es dementsprechend, vielleicht auch mit Seitenblick auf die frühen Island-Briefe:

1016 Zit. nach: Novak, Helga M: [Adressatin in Not, 1993]. In: DLA, A:Novak, Prosa, Reden u. Vorträge. Vgl. außerdem: Salinas 1983: Verteidigung des Briefes, S. 26. In einem Brief an Hans Altenhein nimmt Novak diesen Gedanken nochmals auf: „So ist es denn, wie Salinas in seiner ‚Verteidigung des Briefes' schreibt; der Absender hat sich zur Hälfte an sich selber gerichtet. Das wird Dich nicht kränken, denn die andere Hälfte ist immerhin an den Empfänger gerichtet, und der beantwortet sowieso nicht, was mich wirklich interessiert. Oder?" Novak, Helga M. an Altenhein, Hans, [Durchschl.], Legbąd, 12.1.1995. In: DLA, A:Novak, Nachtrag 2015, Briefwechsel, Altenhein, Hans.

1017 Novak, Helga M. an Jorek, Rita, [Kopie], Legbąd, 15.9.2009. In: DLA, A:Novak, Briefwechsel, Jorek, Rita.

1018 Novak, Helga M.: Prosa ein Brief an Sabine, 1975. In: DLA, A:Novak, Prosa, Reden u. Vorträge, Politische Texte.

1019 Novak 1979: Die Eisheiligen, S. 302.

„[...] weh dem, der in seiner Not keinen geneigten, verständnisvollen, mitfühlenden ‚Adressaten' hat!"[1020]

Novaks Praktik des Briefeschreibens, so lässt sich resümieren, dient zum einen der schriftlichen Umsetzung von Erlebtem und zum anderen der Suche nach Verbindung und Austausch bei gleichzeitiger Wahrung der Distanz. Diese Konstellation erinnert an einen Satz aus Theodor W. Adornos Porträt „Benjamin, der Briefschreiber", wo es heißt:

> „Der Brief war ihm darum so gemäß, weil er vorweg zur vermittelten, objektivierten Unmittelbarkeit ermutigt. Briefe schreiben fingiert Lebendiges im Medium des erstarrten Worts. Im Brief vermag man die Abgeschiedenheit zu verleugnen und gleichwohl der Ferne, Abgeschiedene zu bleiben."[1021]

2.2.6 *Selbstentwürfe – Leben und Schreiben*

Der an Selbstzeugnissen und Reflexionen reiche Nachlass birgt einige Selbstkommentierungen Novaks zu ihrem Schreiben und Wirken sowie umfangreiches autobiografisches Material, an dem sich mehrere komplexe biografische Selbstbilder der Autorin ablesen lassen. Angesichts der vielen Facetten dieser Selbstdarstellungen sollen in diesem Unterkapitel zwei Schwerpunkte auf die folgenden, prägnanten Aspekte gelegt werden: zum einen auf den Autorschaftsentwurf Novaks, im Zuge dessen das Schreiben der Literatur gegenübergestellt und die Diskussion poetischer Fragen der schriftlichen Auseinandersetzung mit Lebensrealitäten nachgeordnet wird. Zum anderen soll herausgearbeitet werden, welche Rolle Novaks DDR-Vergangenheit für ihre biografischen Selbstentwürfe und ihr Autorschaftsverständnis spielt und welche Bedeutung der Zäsur 1989/1990 in diesem Zusammenhang zukommt. Erschwert wird diese Rekonstruktion durch den zuvor analysierten, ambivalenten Charakter der brieflichen Selbstzeugnisse, deren Impulsivität und Widersprüchlichkeit dem Entwurf eines kohärenten, in sich schlüssigen Bildes entgegenstehen.

2.2.6.1 *Anarchisch, autobiografisch, politisch – „nie war mir die Literatur so wichtig, nur – daß ich schreiben darf, kann – wann und was ich will"*

Helga M. Novaks dichterische Tätigkeit, das wurde in Abschnitt 2.2.5.1 gezeigt, gewinnt im Nachlass der Autorin kaum Profil. Weder ihre lyrische Arbeitsweise noch ihr poetisches Selbstverständnis lässt sich aus den Materialien fundiert rekonstruieren. Obwohl eine solche Lücke nach Ulrich von Bülow

---

1020 Novak, Helga M: [Adressatin in Not, 1993]. In: Ebd. Aufgrund des schlechten Gesundheitszustands der Autorin wurde die Preisverleihung verschoben und die Rede nicht gehalten.

1021 Adorno 1996: Benjamin, der Briefschreiber, S. 584 f.

keinen Sonderfall darstellt,[1022] erscheint sie bei Novak doch als signifikant. Im Nachlass geht es nicht um die Gedichte und auch nicht um die Kurzprosa: Was es zu den veröffentlichten Texten zu sagen gibt, – so suggeriert die Beschaffenheit des Bestands – sagen jene Texte selbst. Unterstrichen wird diese Botschaft durch einen von Novak in einem Brief an Rita Jorek 2007 geäußerten Wunsch bezüglich der Neuauflage der „Gesammelten Gedichte". Auf die dem Gedichtband „Legende Transsib" beigefügte Nachbemerkung, die Texte seien nicht auf Basis einer realen, sondern auf Grundlage einer imaginären Reise entstanden, sollte nun verzichtet werden:

> „Nochwas, die ‚Erklärung', daß ich schlußendlich gar nicht mit der Transsib gefahren bin, soll diesmal draußen bleiben. Es war damals ein Anfall übertriebener Ehrlichkeit, wollte nichts vortäuschen. Jetzt will ich den Text weglassen, geht keinen etwas an, wie ich die Gedichte geschrieben habe."[1023]

Dadurch, dass in den meisten Fällen vermieden wird, die genaueren Entstehungshintergründe der veröffentlichten Texte im Nachlass offenzulegen, entsteht eine klare Verortung: Die abgeschlossenen und publizierten Bücher repräsentiert der Nachlass kaum – ihnen wird ein Platz außerhalb dieses Korpus zugewiesen, wohingegen das Unfertige und Unveröffentlichte im Nachlass eingefasst ist.[1024] Auffallend ist in diesem Zusammenhang auch, dass in den Selbstzeugnissen Novaks der Werkbegriff kaum verwendet und stattdessen in der Regel von Büchern gesprochen wird.

Dies wiederum korrespondiert mit einem den Nachlass konsistent durchziehenden Autorschaftsentwurf, der Autonomie und Freiheit als primäre Bedingungen des novakschen Schreibens setzt. Bezeichnend dafür ist unter anderem ein Ausschnitt einer undatierten, vermutlich im Verlauf der 1970er Jahre im Kontext der Frauenbewegung gehaltenen Rede. Einerseits verschreibt

---

1022 Vgl. Bülow 2018: Papierarbeiter, S. 27.

1023 Novak, Helga M. an Jorek, Rita, Erkner, 1.12.2007. In: DLA, A:Novak, Nachtrag 2015, HS 15. 39, Briefwechsel, Jorek, Rita. In der zweiten Auflage der „Gesammelten Gedichte" fehlt die Erklärung. Schon bei dem Erscheinen von „Silvatica" 1997 erklärte Novak ihrem Verlag, dass sie im Zusammenhang mit ihren Gedichten keine Selbstkommentierungen wünsche: „In dem Band, der mal wieder aussieht wie ein Brikett (dasselbe wars mit der Prosa) soll nichts enthalten sein, außer die Gedichte. Ich hasse Eigenwerbung. Wenn Ihr werben wollt, dann nicht mit meinen eigenen Kommentaren." Novak, Helga M. an Schöffling & Co, Schöffling, Klaus u. Ida, [Durchschl.], Legbąd, 22.6.1997. In: DLA, A:Novak, Nachtrag 2015, Briefwechsel, Schöffling.

1024 Die Ausnahme bilden die umfangreichen Materialien zu „Im Schwanenhals", die die Entstehung des Buches gut dokumentieren. Allerdings könnte in diesem Zusammenhang eingewandt werden, dass „Im Schwanenhals" zwar veröffentlicht, aber nicht abgeschlossen wurde. (Vgl. 2.2.9).

sich Novak hier einem humanistischen und einem eigenen ästhetischen Anspruch, erteilt aber andererseits jeden Vorgaben und Normen – seien sie inhaltlicher, formaler oder politischer Art – eine Absage:

> „Ich, und viele meiner weiblichen Kolleginnen, bin keiner Ideologie verhaftet; und die Emanzipationsbewegung versucht, uns zu strenger, antimännlicher Ideologie zu zwingen. […] Das geht gegen meinen Humanismus. Und Humanismus ist keine Ideologie[,] sondern eine Grundhaltung, der ich mich als Dichter verpflichtet fühle. Das zweite, was für mich wichtig ist, ist: die Kunst. Wir, Frauen und Männer, haben dieselbe Sprache zur Verfügung; unsere Muttersprache ist das einzige Volkseigentum, was wir haben. Damit zu arbeiten, so gut wir können, Gedichte und Romane zu schreiben, so gut wie möglich, – halte ich für meine Hauptaufgabe.
>
> Die von der Emanzipationsbewegung praktizierte Trennung von ‚Kopf und Bauch' erinnert mich an die fatale, dümmliche, repressive Diskussion um ‚Inhalt und Form', wie ich sie früher in der DDR erlebt habe. Tödlich für die Kunst! Für Vorschriften, Maxime und Grundsätze, WIE zu schreiben sei, habe ich weder Zeit noch Geduld; und ich lehne alles ab, was meine Fantasie und Freiheit einzuengen versucht."[1025]

Den Anspruch an die Kunst, den Novak in diesem maschinenschriftlichen Redemanuskript formuliert, richtet sich einzig nach dem vorhandenen Material, der Sprache, und der jeweiligen Kunst schaffenden Person. Fremdgesetzten ästhetischen Normvorstellungen, die zum Beispiel ein empathischer Werkbegriff implizieren würde, verweigert sich Novak genauso vehement wie der Entwicklung eines eigenen Regelwerks, einer Poetik. Das betont die Autorin gleich zu Beginn des hier schon mehrfach herangezogenen Artikels „Sprache als Umgangsform" („Bewegliche Habe auf Reichsmarkbasis") von 1971, der im Unterschied zu den anderen überlieferten Texten einen ausführlicheren Selbstkommentar Novaks zu ihrem Schreiben enthält. In der politisch-engagierten Stoßrichtung, der Abkehr von ästhetischen Debatten und der Hinwendung zu Thematiken wie der Arbeitswelt und dokumentarischen Schreibweisen spiegelt sich der zeitliche Kontext Ende der 1960er, Anfang der 1970er Jahre der Literatur in der Bundesrepublik.[1026] Der Theoretisierung der Literatur und der Verallgemeinerung von Regelwerken stellt Novak dabei den konkreten Einzelfall und die gesellschaftliche Verankerung von Sprache gegenüber:

> „Es liegt mir nicht daran, eine neue Poetik oder Literaturtheorie zu entwickeln. Und was die Gattungen betrifft, so sind sie mit Erfolg ineinander übergegangen.

1025 Novak, Helga M.: [Rede zur Emanzipationsbewegung in Westdeutschland, o.D.]. In: DLA, A:Novak, Prosa, Reden u. Vorträge, Politische Texte.

1026 Vgl. Beutin/Beilein et al. 2013: Deutsche Literaturgeschichte, S. 613–642.

Endlos den Tod der Gattungen diskutieren, heißt: mit formalistischen Auseinandersetzungen die politisch-ökonomischen Zusammenhänge zwischen Literatur und Gesellschaft verschleiern helfen.

Weder die geschriebene Sprache noch die gesprochene Sprache ist autonom. [...]

Nun steht der Schriftsteller mit jedem neuen Buch, das er schreiben will, vor neuen und anderen Aufgaben. Deshalb werde ich mich hüten, irgendwelche Losungen herauszugeben, die für mich oder andere oder gar künftige Schreiber verbindlich sein sollen. Axiome können zu Dogmen werden. [...]

Ich habe lange und in verschiedenen Fabriken gearbeitet, nicht um den Arbeiter zu studieren wie ein Zootier, sondern weil ich keinen bürgerlichen Beruf habe und Geld brauchte. Darüber werde ich auch in Zukunft schreiben, denn – ich habe es satt, mich von Fachgesimpel kirre machen zu lassen. Ich werde versuchen, mich an alle Gelegenheiten und Situationen zu erinnern, bei denen ich mich gegen die Verhältnisse gewehrt habe. Und nicht nur an die erfolgreichen werde ich mich erinnern, sondern auch an die mißlungenen Maßnahmen, die ich mit anderen zusammen oder alleine ergriffen habe, um meine Fesseln zu sprengen."[1027]

Dieser Text reagiert auf Marcel Reich-Ranickis Rezension des Gedichtbands „Geselliges Beisammensein" von 1968, in der er der novakschen Prosa den Rang von Literatur abspricht und fragt „Darstellung der Arbeitswelt – wozu?"[1028]. Im weiteren Verlauf des Textes „Sprache als Umgangsform" weist Novak ihr Schreiben wiederholt als Widerstandsform[1029] und gesellschaftliches Handeln aus und positioniert sich – durchaus zeittypisch – abseits eines traditionellen Ästhetik-Begriffs und im diskursiven Umfeld der Parole „Tod der Literatur", die im legendären Kursbuch 15 von 1968 eine zentrale Rolle spielt.[1030] Novak schreibt: „Es ist mir ganz egal, ob was ich schreibe als *Kunst* bezeichnet wird

1027 Novak: Sprache als Umgangsform. In: Stuttgarter Zeitung, 20.2.1971. Leicht variierend: Novak, Helga M.: Bewegliche Habe auf Reichsmarkbasis, [1970/71]. In: DLA, A:Novak, Prosa, Reden u. Vorträge, Politische Texte.

1028 Reich-Ranicki: Darstellung der Arbeitswelt – wozu? In: Die Zeit, 1.11.1968, S. 27.

1029 Vgl. dazu auch: Salzmann 1988: Die Kommunikationsstruktur der Autobiographie, S. 117–121.

1030 Vgl. Enzensberger 1968: Gemeinplätze, die Neueste Literatur betreffend, S. 187–197. „Heute liegt die politische Harmlosigkeit aller literarischen, ja aller künstlerischen Erzeugnisse überhaupt offen zutage: schon der Umstand, daß sie sich als solche definieren lassen, neutralisiert sie. Ihr aufklärerischer Anspruch, ihr utopischer Überschuß, ihr kritisches Potential ist zum bloßen Schein verkümmert." Ebd., S. 194. Und: „Diese Feststellungen nehmen sich lapidar aus. Umso dringender gebe ich zu bedenken, daß ein pauschales Urteil über die aktuelle literarische Produktion sich auf sie nicht stützen kann. [...] Wer Literatur als Kunst macht, ist damit nicht widerlegt, er kann aber auch nicht mehr gerechtfertigt werden." Ebd., S. 195.

oder nicht. Indem ich schreibe, setze ich mich zur Wehr."[1031] Während sie Reich-Ranicki als „bürgerliche[n] Schaumschläger"[1032] bezeichnet, entwirft Novak sich als explizit anti-bürgerliche Autorin – ein Bild, das bis in die späten Nachlassdokumente hinein fortgeschrieben wird.[1033]

Literatur und Schreiben erscheinen dabei bei Novak als zwei voneinander zu unterscheidende Begrifflichkeiten: Während das Schreiben die Möglichkeit einer freien, selbstbestimmten Tätigkeit beinhaltet, die sich gegen verschiedene Formen von Abhängigkeitsverhältnissen richtet, wird der Literaturbegriff mit Bewertung, Erfolg und Anerkennung verknüpft. Das Schreiben unabhängig von Maßgaben und äußeren Ansprüchen steht dabei, wie im vorangegangenen Abschnitt erwähnt, in einer Nähe zu einem naturnahen, autarken Lebensstil. In einem undatierten, nicht adressierten Brief- oder Prosaentwurf, vermutlich in den 1990er Jahren in Legbąd verfasst, heißt es:

> „Vielleicht ist Dir das nicht bewußt, daß es mir nie um den literarischen Ruhm zu tun war. Hier gelte ich was, und weißt Du warum? Ich kann mit 'nem elektrischen Bohrer, mit 'nem schnurlosen Schraubenzieher umgehen, ich weiß, wann die Bäume gefällt werden müssen, aus denen Dachstühle gebaut werden. Wer hat denn je diese meine Eigenschaften honoriert? Wo habe ich denn je Anerkennung gefunden mit dem, was ich über Natur und Bauarbeiten weiß? Das hat mir doch gefehlt. Nein, nie war mir die Literatur so wichtig, nur – daß ich

---

1031 Novak: Sprache als Umgangsform. In: Stuttgarter Zeitung, 20.2.1971. Leicht variierend: Novak, Helga M.: Bewegliche Habe auf Reichsmarkbasis, [1970/71]. In: DLA, A:Novak, Prosa, Reden u. Vorträge, Politische Texte. Ein Brief, zu einer ähnlichen Zeit entstanden, verdeutlicht dabei, dass Novak ihr Schreiben zwar als widerständig begreift, sich aber von einer politischen Instrumentalisierung distanziert: „Ich habe seit Oktober nichts mehr geschrieben. Jetzt fange ich gerade wieder an. Es ist mit dem Schreiben jetzt eine gemeine Zwickmühle, wie Ihr aus Zeitschriften und Zeitungen ersehen könnt. Keiner will mehr Kunst, und Agitprop habe ich früher mal gemacht. Alle Erkenntnisse über mein Geschreibe sind im Eimer, aber die SDS-Kunstdiktatur fällt mir auch auf den Wecker. Ich vertrage nicht einmal mehr diese soziologischen Bücher, sie kommen mir altbacken vor." Novak, Helga M. an Valtingojer, Sigrid, Frankfurt a. M., 13.1.1969. In: DLA, A:Novak, Briefe von ihr an Valtingojer, Sigrid (u. Richard).

1032 Novak: Sprache als Umgangsform. In: Stuttgarter Zeitung, 20.2.1971. Leicht variierend: Novak, Helga M.: Bewegliche Habe auf Reichsmarkbasis, [1970/71]. In: DLA, A:Novak, Prosa, Reden u. Vorträge, Politische Texte.

1033 Schon vor der Veröffentlichung ihres Debüt-Bands schreibt Novak in einem Brief 1964 an Thor Vigfusson: „Siehst Du, so schwer und spät wird man ein Mensch. In dem einen Jahr, das ich von Dir weg bin, habe ich endlich begriffen, daß ich ohne zu schreiben nicht leben kann. Ich bin vorher kaum ein Dichter gewesen, sondern ein Idiot. Aber jetzt schreibe ich und jetzt steht fest, daß ich nie eine bürgerliche Frau werde. Und da hat sich mein Geist zurechtgerückt und ich bin zur Ruhe gekommen." Novak, Helga M. an Vigfusson, Thor, Palermo, 23.1.1964. In: DLA, A:Novak, Briefwechsel, Vigfusson, Thor.

schreiben darf, kann – wann und was ich will. Der Lohn nicht. Hier die Forelle fangen, die Hechte, und die Wilddieberei, – das bin ich."[1034]

Wiederholt aufgerufen wird auch der Topos von Leben und Schreiben, den Novak in verschiedenen Selbstzeugnissen ebenfalls gegen den Literaturbegriff ausspielt und mit dem sie sich vom Literaturbetrieb distanzierte. In einer undatierten handschriftlichen Notiz, die eventuell um 1990 entstand und vielleicht ein Vorwort zu dem geplanten autobiografischen Buch „Briefe an Alexander" sein sollte, schreibt die Autorin:

> „Ich habe meine schreibenden Kollegen immer bewundert, war ich doch nicht in der Lage, Literatur zu machen. So habe ich immer nur geschrieben, was ich erlebt habe.
>
> Es ist ja viel kritisiert und gerätselt worden und viel zu ernstgenommen. Alle Maßstäbe waren unangemessen, denn der Literaturbetrieb ist auf Schwererziehbare nicht eingestellt. [...]
>
> Habe ich jemals angegeben? Doch, ja. Denn ich war Motorradfahrerin, Segelfliegerin, Seefahrerin, Meisterschützin, klar habe ich damit angegeben.
>
> Als Dichterin habe ich mich nie in den Vordergrund gespielt. Was das Schreiben angeht, war ich zeitlebens zurückhaltend und sehr bescheiden. Da kannte ich meine unsäglichen Mängel.
>
> Ich habe nunmal lieber getanzt und getrunken als geschrieben, obwohl ich ohne Schreiben nicht leben konnte."[1035]

Die Zurücknahme auf dem Gebiet des Literarischen und die Selbstdarstellung als Sonderfall signalisiert eine Zurückweisung von Erwartungen und Konventionen. Doch ergeben die zitierten Passagen kein einseitiges Bild, sondern rufen paradoxale Zuschreibungen auf: Ist das Etikett des autobiografischen und nichtliterarischen Schreibens symptomatisch für Entwürfe weiblicher

1034 Novak, Helga M.: [Brief-Entwurf, o.D.]. In: DLA, A:Novak, Verschiedenes, Autobiografisches.

1035 Novak, Helga M.: [Entwurf, o.D.]. In: DLA, A:Novak, Prosa, Im Schwanenhals 32, dabei: Verschiedenes, Autobiographisches. Demgegenüber erklärt Novak 1986 in einem Brief an Sabina Patt: „Vielleicht habe ich Dir nie richtig erklären können, warum ich diese Literaturveranstaltungen so meide. Es ist reine Feigheit. Und die bezieht sich nicht auf die Literatur, hat nichts mit Komplexen zu tun, daß meine Schreiberei nicht gut genug wäre. Ach, das ist ja längst vorbei. Diese Hemmungen habe ich nicht mehr so dominant. Nein, es sind die politischen Diskussionen. Ich bin nicht mehr die ‚westliche Linke', die ich so lange war, habe mir aber in den letzten Jahren zu oft einen Rechtsrutsch vorwerfen lassen müssen. Das kränkt mich, denn an Radikalität in meiner kritischen Auffassung habe ich ja nicht nachgelassen. Es ist dieser ewige Streit auch im westdeutschen Schriftstellerverband, der mich müde und mürbe macht." Novak, Helga M. an Patt, Sabina, [Kopie], Korčula, 25.4.1986. In: DLA, A:Novak, Nachtrag 2015, A:Novak, Briefwechsel, Patt, Sabina.

Autorschaft,[1036] so wird dieses Stigma in den beiden angeführten Zitaten durch die Aufzählung männlich-konnotierter und Verwegenheit vermittelnder Tätigkeiten konterkariert.

Novaks Neigung zum Alkohol findet dabei nur am Rande Erwähnung – ein Befund, der für den gesamten Nachlass gilt: Novaks Alkoholproblem wird in ihren Ego-Dokumenten nur nebenbei und kaum ausführlicher thematisiert.

Betrachtet man die Verbindung von Leben und Schreiben genauer, fällt auf: Das Schreiben wird zwar als Notwendigkeit für das Leben dargestellt – in etlichen Selbstzeugnissen wird das Schreiben als Therapieform, Selbsterhaltung und Überlebensstrategie ausgewiesen (vgl. 2.2.3) –[1037], doch geht das Leben nicht im Schreiben auf. Nicht ist beides das Gleiche, vielmehr sind Leben und Schreiben miteinander verschaltet im Sinne einer Interferenz: „Egal, wenn ich nur schreiben kann, dann ist alles richtig; mein Leben ist sowieso ‚literarisch', und meine Literatur ist wiederum Leben"[1038], schreibt Novak in Bezug auf das Buchprojekt „Die Marder" 1983 an Sigrid Valtingojer. Nur als Lebenskondensat hat der Literaturbegriff Geltung, sobald an ihn ästhetische Normen geknüpft sind, rückt die Autorin von ihm ab. Als Rita Jorek 2009 empfiehlt, „Im Schwanenhals" nicht als Autobiografie, sondern als Schlüsselroman zu apostrophieren, entgegnet Novak in brüskem Ton:

> „So ein Leben wie meins geht nicht als Schlüsselroman über die Theke, wie Du mir in Deinem Brief vorgeschlagen hast. Deine Begründung, (alles gut gemeint) eine ‚Autobiografie wird als literarisches Werk nicht so hoch geschätzt' gilt für mich nicht, ist mir egal, ich schreibe gar keine Literatur, ich versuche, Realität in schriftlicher Form zu bändigen, dabei die Wahrheit zu sagen, wie wohl mir bewußt ist, daß ich allerhand vergessen habe und anderes falsch erinnere, schließlich bin ich nicht unbefangen. Meine paar Leser, die ich in Jahrzehnten für mich habe interessieren können, sind belesen und haben Erfahrung mit der Darstellung autobiografischer Erinnerungen."[1039]

1036 Vgl. dazu: Rinnert 2001: Körper, Weiblichkeit, Autorschaft, S. 125. Vgl. außerdem: Keck/Günter 2001: Weibliche Autorschaft und Literaturgeschichte, S. 201–233.

1037 Dieses Bild, das Novak auch in Interviews häufig aufruft, wird in der Sekundärliteratur reproduziert: „Insofern hat das Schreiben therapeutische Funktion. Für Novak als Autorin hat Schreiben weitgehend dieselben Funktionen: Das Schreiben der Autobiographie hilft ihr – das dürfen wir unterstellen – bei der Suche nach ihrer Identität; im Schreiben objektiviert sie Erfahrungen, und Schreiben ist ihr Mittel zum Kampf." Salzmann 1988: Die Kommunikationsstruktur der Autobiographie, S. 116 f.

1038 Novak, Helga M. an Valtingojer, Sigrid, Berlin, 21.7.1983. In: DLA, A:Novak, Briefwechsel, Valtingojer, Sigrid (u. Richard).

1039 Novak, Helga M. an Jorek, Rita, [Kopie], Legbąd, 15.9.2009. In: DLA, A:Novak, Briefwechsel, Jorek, Rita.

Wiederkehrend und signifikant für Novaks Selbstzeugnisse – seien es Essayentwürfe, Briefe oder Interviews – ist die hier schon mehrfach zitierte Formel „es ist mir egal“, die den Unabhängigkeits-Gestus unterstreicht.[1040] In ihren Notizen zu „Im Schwanenhals“ heißt es beispielsweise, wieder in schroffabweisender Manier:

> „mir liegt an niemandem
> ich schreibe für niemanden
> und gegen niemanden
> egal, wen es interessiert
> ich habe keine Adressaten
> die Leser sind mir egal.“[1041]

Demgegenüber darf jedoch nicht unerwähnt bleiben, dass andere hinterlassene Äußerungen Novaks zugleich ein anspruchsvolles Verhältnis zur eigenen Autorschaft vermitteln, bei dem literarisches Renommee sowie der Blick auf die Leserschaft durchaus von Relevanz sind. 1997, wenige Jahre nachdem sie zu Schöffling & Co gewechselt war, schreibt die Autorin an Jorek:

> „Klar täte mir ein anderer Verlag besser, aber es muß ein Verlag 1. im Westen sein, denn dort habe ich meine Leser, 2. es muß ein bekannter Verlag sein, sonst ruiniere ich mein Ansehen, 3. es muß ein Verlag mit Geld sein, von dem ich weiß, daß er nicht gleich pleite geht und mir auch mi[t] Vorschüssen helfen kann. Somit kommt kein ehemaliger DDR-Verlag in frage.“[1042]

Neben der Suche nach dem richtigen Verlag spielt in dem Briefwechsel mit Jorek eine weitere Rahmung der Autorschaft eine wichtige Rolle: der Autorname. Waren in den unterschiedlichen Lebensdokumenten Novaks zahlreiche verschiedene Namen eingetragen – der Name Helga Maria Schmidt nach ihrer Geburt, Helga Maria Nowak nach der Adoption, Helga Maria Vigfusson nach ihrer Heirat, Maria Karlsdottir nach der Annahme der isländischen Staatsbürgerschaft –, so hielt die Autorin seit ihrem 1963 im Selbstverlag erschienen Gedichtband „Ostdeutsch“ konsequent an ihrem Künstlernamen

1040 Vgl. hierzu auch Novak in einem Gespräch von 2000: „Nein, eitel, weiß ich nicht ganz genau, was es ist. Ich war nicht genug ehrgeizig. Mir ist zu schnell was egal. [… M]ir ist zu schnell egal wie ich auf andere wirke. Ich brauch nicht die, die Zuwendung größerer Mengen. Das ist mir eher lästig.“ Novak in: Walther: Im Himmel ist Jahrmarkt und sei es auch nur in Gedanken. In: Deutschlandradio Kultur, 13.9.2000.

1041 Novak, Helga M.: [Notiz, o.D.]. In: DLA, A:Novak, Prosa, Im Schwanenhals, Autobiographie. Vgl. darüber hinaus: Surynt 2009: Leben als Exil, S. 179.

1042 Novak, Helga M. an Jorek, Rita, Legbąd, 19.6.1997. In: DLA, A:Novak, Nachtrag 2015, HS 15.39, Briefwechsel, Jorek, Rita.

Helga M. Novak fest.[1043] Diese Bestimmtheit zeigt sich auch in einem Brief an Jorek, ebenfalls von 1997 und ebenfalls forsch-entschlossen formuliert: „[S]eit über 30 Jahren bin ich als Autorin ‚Helga M. Novak', wie kommst Du nur darauf, mich jetzt unter Helga Maria aufzuführen? Das soll man nicht, die Leser denken sofort, es sei eine andere. Novak heißen sowieso schon zu viele. Nie die Signatur ändern!!!!!!!"[1044]

Das ausgeprägte Bewusstsein für die Bedeutung des Autornamens und die Wahl des Verlags korreliert mit einem souveränen Verständnis des literarischen Schreibens als eigenständigem Beruf, wie es schon in Zeugnissen ab 1964 deutlich wird.[1045] Eine veröffentlichte Äußerung Novaks unterstreicht dabei den selbstgesetzten Maßstab. In dem Gespräch mit Monica Streit von 1983, in dem Novak beschreibt, wie sie ihre Familie verließ, um Autorin zu werden, erklärt sie: „Und hinzu kamen eine Menge Schuldgefühl, schlechtes Gewissen, überlegen, war das nun richtig? Andere so zu verletzen? Um meiner Schreiberei willen? Die ich nie tiefer ansetze, als zu sagen, ich bin Schriftstellerin, und das ist etwas: Das bin ich."[1046]

Nicht zuletzt kommt zu dem selbstbewussten, anarchischen und unabhängigen Autorschaftsentwurf, den die hinterlassenen Selbstzeugnisse vermitteln und dem die öffentlichen Selbstdarstellungen entsprechen, eine weitere im Nachlass stark ausgeprägte Komponente hinzu: die politisch-kosmopolitische. Dies zeigt sich zum einen an der Materialzusammensetzung des Nachlasses, in der sich die Auseinandersetzung mit politischen Thematiken

1043 Vgl. Novak 1963: Ostdeutsch.

1044 Novak, Helga M. an Jorek, Rita, Legbąd, 6.5.1997. In: DLA, A:Novak, Nachtrag 2015, HS 15.39, Briefwechsel, Jorek, Rita. In Novaks erstem autobiografischen Roman, „Die Eisheilgen", bildet die Thematik des Namens im Zusammenhang mit dem Schreiben ein besonderes Motiv. Vgl. Novak 1979: Die Eisheiligen, S. 35 f. u. 321. Und: Salzmann 1988: Die Kommunikationsstruktur der Autobiographie, S. 113 ff.

1045 Noch bevor ein Verlag sich zur Veröffentlichung ihres ersten Gedichtbands entschloss, schreibt Novak 1964 an Thor Vigfusson von Palermo aus: „Ich arbeite doch auch, aber mich bezahlt keiner. Ist es ein Verbrechen, daß ich mich von den Zeitumständen nicht in einen anderen Beruf drängen lasse, mich nicht zu anderer Arbeit zwingen lasse, die nichts mit dem zu tun hat, wozu ich Lust habe? Schließlich bin ich zum Beispiel schon in [der] DDR und immer bereit gewesen, als Journalist zu arbeiten. Das ist mein Beruf. Aber ich hatte keine Möglichkeiten. Natürlich schreibe ich nun auf andere Weise. Und höre nicht auf, und wenn mir noch einmal irgendein sattes Schwein – wie [mir es] im vorigen Jahr in Reykjavik passierte, sagt, ich würde nicht arbeiten, – ich glaube – dem schlag ich aufs Maul. Früher habe ich mir das nämlich ruhig mitangehört. Das würde ich jetzt nicht mehr machen. Sei nicht böse, daß ich so schimpfe. Aber ich warte einfach sehnsüchtig auf eine vernünftige Antwort von den Verlagen und darauf, daß mir auch mal einer meine Arbeit bezahlt, – wie jedem anderen die Arbeit bezahlt wird." Novak, Helga M. an Vigfusson, Thor, Palermo, 6.3.1964. In: DLA, A:Novak, Briefwechsel, Vigfusson, Thor. Vgl. dazu auch: Lohnstufe Null. In: Novak 1965: Ballade von der reisenden Anna, S. 21.

1046 Novak in: Streit 1983: Gespräch mit der Schriftstellerin Helga M. Novak, S. 53.

dominant niederschlägt: beispielsweise an den vielen Zeitungsausschnitts- und Materialsammlungen zu den verschiedensten Themen – umfangreich zum Beispiel zu Solidarność und zu der Zwangsumsiedelung der Volksgruppe der Lemken 1945,[1047] genauso wie die Materialsammlung für ein unvollendetes Feature zum europäischen Schwarzmarkthandel Anfang der 1990er Jahre.[1048] Auch das von Novak mit „Politische Texte" betitelte Konvolut, das mehrheitlich Unveröffentlichtes enthält, deutet auf eine Mannigfaltigkeit an Themenfeldern hin:[1049] Neben Texten aus der frühen Frankfurter Zeit und „Notizen zu Hausbesetzern" aus der Westberliner Zeit der 1980er, finden sich gesellschaftspolitische Reiseaufzeichnungen unter anderem zum Sozialismus und Massengräbern in China oder kontaminierter Erde in Rumänien. Darüber hinaus beinhaltet die Mappe Reden wie beispielsweise die oben zitierte zur Emanzipationsbewegung oder eine Rede zur Rolle des Schriftstellers in Europa (vermutl. 1988).[1050] Das Themenspektrum der politischen Diskussionen in den Briefwechseln ist noch breiter und reicht unter anderem von der schriftlichen Auseinandersetzung mit der RAF, mit der Friedensbewegung und der westdeutschen Linken allgemein über Themen wie dem Matriarchat, der Bedeutung des kollektiven, alternativen Lebens, dem isländischen Fischfang, Ökologie bis hin zu der Beobachtung der Balkan-Konflikte oder der Landwirtschaft in Polen. Repräsentativ für diese Bandbreite steht ein Ende der 1990er angefangener, vermutlich nicht beendeter Brief an Jorek:

> „Natürlich verfolge ich Tag und Nacht die politische Entwicklung, den Kosovo betreffend, ebenso die Kurden betreffend. Vergiß nicht, liebe Rita, ich habe mehr als 20 Jahre politische Reportagen und Features gemacht (keine Kunst- oder Literaturkritik), rein global und inländische politische Sendungen. Die Hörspiele liefen daneben und sind alle auch politisch gewesen. Heute interessiert sich keiner mehr für die Manuskripte, es gibt sie aber noch.
>
> Neben anderen Süchten, bin ich immer noch Informations-süchtig und erlaube mir, da ich weit entfernt bin und dadurch unbeeinflußbar, ganz eigene Meinungen, Ansichten, Einschätzungen."[1051]

1047 Vgl. DLA, A:Novak, Nachtrag 2015, Verschiedenes, Lemken 02, darin: Verschiedenes, Der Marder. Und: Vgl. DLA, A:Novak, Nachtrag 2015, Verschiedenes, Materialsammlung, Notizen, Solidarność, Politisches Engagement [ca. 1970–1989]. Auch die – ursprünglich wohl nach Regionen geordnete – Autorenbibliothek Novaks enthält neben literarischen Werken auch zahlreiche Monografien und Sammelbände zu politischen und historischen Themen verschiedener Länder. Vgl. DLA, G:Novak.

1048 Vgl. DLA, A:Novak, Prosa/ Dramatisches, Konterbande. Feature.

1049 Vgl. DLA, A:Novak, Prosa, Reden u. Vorträge, Politische Texte.

1050 Vgl. Boltenstern 2018: Helga M. Novaks Rede zur Rolle des Schriftstellers, S. 288–297. Vgl. Novak, Helga M.: [Rede zur Rolle des Schriftstellers, vermutlich 1988]. In: DLA, A:Novak, Prosa, Reden u. Vorträge.

1051 Novak, Helga M. an Jorek, Rita, [Fragment, o.D.]. In: DLA, A:Novak, Prosa, Im Schwanenhals, Notizen u. Entwürfe.

Novak weist hier, sicherlich auch mit Blick auf die Adressatin und die Nachwelt, explizit auf die Existenz ihrer politischen und journalistischen Texte bzw. Manuskripte hin, fordert indirekt ihre Kenntnisnahme. Das Politische hat eine zentrale Bedeutung, doch zeigen einige hinterlassene Zeugnisse auch, dass das politische Engagement und das literarische Schreiben durchaus voneinander zu trennen sind und sich Letzteres auch von Ersterem nicht beschränken lässt. Bessen spricht in ihrem KLG-Aufsatz von „Novaks Absage an jede Form von politischem Dogmatismus, die ihr ganzes Werk durchzieht."[1052] In einem im Nachlass überlieferten Gespräch für die „Zagreber Wochenzeitung für Politik und Kultur" erklärt Novak 1988 auf die Frage hin, ob sie eine politische Autorin sei, dass sie „[m]it derartigen Definitionen [...] immer Schwierigkeiten gehabt" habe. Den Begriff der Autorschaft in Bezug auf das Politische explizit vermeidend, schlussfolgert Novak: „Das ist schwer zu erklären – ich bin ein politischer Mensch, das hat sehr früh begonnen."[1053]

Der Dreiklang aus Politik, (Zeit-)Geschichte und Literatur findet seinen Widerhall in dem für Novak so wichtigen Bild der Medea, dessen besondere Tragweite sich erst vor dem Hintergrund des Nachlasses und des großen, unabgeschlossenen Medea-Projekts erschließt.[1054] Dass Novak die mythologische Figur der Medea dabei als Folie für verschiedene Selbstentwürfe verstand, zeigen nicht nur ein an anderer Stelle bewahrter Brief an Franz Fühmann, den die Autorin mit Helga Medea unterschrieb,[1055] sondern auch die im Nachlass belegte intensive Auseinandersetzung mit dem Mythos und die damit zusammenhängenden Vorarbeiten für den „Medea-Essay"[1056]. In der am 19. Februar 1989 im Saarländischen Rundfunk ausgestrahlten Fassung heißt es:

> „Medea ließ mich nicht los. Aber welche Medea war es, die mir in Jahrzehnten ans Herz gewachsen ist? Die Gejagte? Die Vaterlandsverräterin? Die Giftreichende? Die aus dem Osten kommende, aus einem anderen sozialen Netz, mit anderem Denk- und Verhaltenssystem? War es die politisch Verfolgte? Die

---

1052 Bessen 2014: Novak, Helga M. Unter: http://www.munzinger.de/document/16000000424, zuletzt abgerufen am 16.11.2021.

1053 Novak, Helga M./Popović, Nenad: „Ich schreibe und höre nicht zu." Gespräch mit Helga Novak, [Typoskript, Danas. Zagreber Wochenmagazin für Politik und Kultur], 26.1.1988. In: DLA, A:Novak, Nachtrag 2015, Prosa, Interviews, „Ich schreibe und höre nicht zu" 1988.

1054 Vgl. dazu auch: Stephan 2006: Medea, S. 148–154.

1055 Vgl. Novak, Helga M. an Fühmann, Franz, Iowa City, 14.9.1983. In: AdK Berlin, Franz-Fühmann-Archiv, Nr. 1139.

1056 Vgl. DLA, A:Novak, Prosa/ Dramatisches, Medea. Darin: Medea-Texte heute [Funkessay, 1989].

> Kindermörderin? Oder die Ausländerin? Oder die Unbeherrschte, ihren Leidenschaften ausgelieferte Frau?
> Nicht gültig zu beantworten. Das schwankte, je nach eigener Lebenslage."[1057]

Mit dem Schwanken der Lebenslage, so suggeriert es dieses Zitat, wanken auch die Bilder und Selbstentwürfe, die, insbesondere was Novaks Nachlass betrifft, mit dem Wissen um genau diese Dynamik und Wechselhaftigkeit betrachtet werden müssen.

2.2.6.2 *Autorschaft und DDR – „Ich bin Schriftsteller und kein Richter"*

Wer im Nachlass von Helga M. Novak nach sich wiederholenden Narrativen und Motiven sucht, stößt unweigerlich auf das Thema DDR. Die Auseinandersetzung Novaks mit diesem Land, in dem sie wichtige Jahre ihres Lebens verbrachte, ist für den Nachlass zentral. Nichtsdestotrotz darf zweierlei bei der Beschreibung der sich daraus ergebenden Konstellation nicht aus den Augen verloren werden: Erstens, dass – wie im Vorangegangenen gezeigt wurde – auch viele andere Aspekte den Nachlass prägen und das Sujet DDR also nicht alleinig vorherrscht und zweitens, dass die punktuelle Dominanz des DDR-Themas konkrete Gründe hat. Im Nachlass überwiegen – aufgrund der einigermaßen stabilen Wohnsituation Novaks seit ihrem Umzug nach Polen – die Zeugnisse ab Ende der 1980er/Anfang der 1990er Jahre (vgl. 2.2.4.2). Das ist genau die Umbruchs-Zeit, in der das Thema DDR im öffentlichen Diskurs neu verhandelt wurde und während des deutsch-deutschen Literaturstreits und verschiedener anschließender Kontroversen die Rolle von Autorinnen und Autoren mit DDR-Vergangenheit und ihre Lebensläufe zur Diskussion standen.[1058] Es ist außerdem die Zeit, in der Novak ihr Mitte/Ende der 1980er gefasstes Vorhaben, ihre – wie sie es ausdrückt – „DDR-Autobiografie"[1059] zu schreiben, realisierte. Demzufolge lässt sich schlussfolgern, dass eine Nachlassformierung vor 1990 zu einem anderen, weniger DDR zentriertem Bild geführt hätte. Dennoch fällt eine erstaunliche zeitliche Kohärenz der Narrative auf, die sich sowohl in Zeugnissen vor als auch nach 1989/90 finden. Da der Nachlass – wie noch zu zeigen sein wird – zu Teilen als Archiv für die Arbeit an „Im Schwanenhals" diente, verwundert es nicht, dass viele der Thematiken auch in der Autobiografie verhandelt werden.

Mit dem Aufzeigen wiederkehrender Narrative verbindet sich die Frage nach Novaks Selbstverortung. Aufschlussreich ist dabei, dass Novak noch bis in

---

1057 Novak: Medea-Essay. In: SR, 19.2.1989.

1058 Vgl. Schöning 2013: Untergründige Koinzidenz, S. 265–284.

1059 Novak, Helga M. an Jorek, Rita, Erkner, 11.12.2007. In: DLA, A:Novak, Nachtrag 2015, Briefwechsel, Jorek, Rita.

die ausgehenden 1990er Jahre hinein in ihren Selbstzeugnissen von „uns DDR-Autoren“ spricht, teilweise aber das Wort „ehemalig“ davorsetzt.[1060] 2009, also mehr als ein Jahrzehnt später, nahm Novak das Faktum, dass ihre Bücher nur in Westdeutschland erscheinen konnten und in der DDR nicht zugänglich waren, zum Anlass, sich der Literaturwissenschaftlerin Surynt gegenüber anders zu positionieren. Surynt hatte 2007 erstmals einen Artikel zum novakschen Werk publiziert und sich seitdem nach und nach als erste Expertin auf dem Gebiet der Novak-Forschung etabliert. Entschieden betont Novak Anfang 2009:[1061]

> „Nächstes Thema: liebe Iza, mach mich unter gar keinen Umständen zu einer DDR-Schriftstellerin. Das bin ich nie gewesen. Ich bin immer nur im Westen gedruckt, verlegt, rezensiert und anerkannt worden. In der DDR ist nie ein Wort von mir erschienen, die Leute kennen mich bis heute nicht, es hat dort auch keiner Interesse an mir [und] ich habe auch kein Interesse mehr an den dortigen Lesern. Dort werden meine Bücher gar nicht gekauft. Ich habe ja auch nicht nur über DDR-Themen geschrieben. Viel mehr habe ich z. B. über Island geschrieben, und ich bin doch keine isl. Schriftstellerin. Ich war in der Gruppe 47 und habe in der BRD sehr viele Lit[e]raturpreise erhalten – das genügt doch!“[1062]

In ihren Publikationen verortet Surynt die Autorin „am Rande“[1063] und bezeichnet als zentrales Signum der Lyrik wie auch des novakschen Lebens den Zwischenraum und die Entwurzelung.[1064] Eine Deutung, die mit dem Selbstbild der Autorin durchaus in Übereinstimmung gebracht werden kann, in leicht anderer Nuancierung: In ihren Briefen entwirft sich Novak als eine durch Ost- und Südmitteleuropa Reisende[1065] mit einer starken Verbunden-

1060 „Ein Mal nur bin ich in Marburg gewesen, das ist mindestens acht Jahre her. Sie hatten uns ehemaligen DDR-Dichtern und Künstlern eine Tagung ausgerichtet.“ Novak, Helga M.: [Typoskript, o.D]. In: DLA Marbach, A:Novak, Verschiedenes, Autobiographisches. Außerdem: „Es ist dies alles nicht zu fassen, auch nicht das Theater in Westdeutschland gegen uns DDR-Autoren […].“ Novak, Helga M. an Altenhein, Hans, [Durchschl.], Legbąd, 6.3.1997. In: DLA, A:Novak, Nachtrag 2015, Briefwechsel, Altenhein, Hans.

1061 Im selben Jahr erschien ein Aufsatz Surynts zu Novak in dem von Walter Schmitz und Jörg Bernig herausgegebenen Sammelband „Deutsch-deutsches Literaturexil. Schriftstellerinnen und Schriftsteller aus der DDR in der Bundesrepublik.“ Vgl. Surynt 2009: Leben als Exil, S. 173–187.

1062 Novak, Helga M. an Surynt, Izabela, [Kopie], Legbąd, 16.1.2009. In: DLA, A:Novak, Briefwechsel, Surynt, Izabela.

1063 Surynt 2009: Leben als Exil, S. 180.

1064 Vgl. Surynt 2012: Unterwegs: das geteilte Leben von Helga M. Novak, S. 250. Und: Surynt 2011: Zwischenräume, S. 20.

1065 „Von mir gibt es rein nichts Neues zu berichten, ich pendle so durch Ost- und Südmitteleuropa und suche mich selber, dabei schreibe ich Gedichte.“ Novak, Helga M. an Lippet, Johann, [Durchschl.], Korčula, 24.10.1987. In: DLA, A:Novak, Nachtrag 2015, Briefwechsel, Lippet, Johann [vormals Konv. „Rumänien“].

heit zu östlichen Regionen. Dabei bezeichnet sie sich in einem 1986 verfassten und später von ihr selbst publizierten Brief an Hans Joachim Schädlich als „Ostmensch“[1066]. Besonders explizit thematisiert Novak ihre Zwischenposition in dem unveröffentlichten Vortrag „Philosophische Notizen zum Herrschaftsvertrag und zum Zivilen Ungehorsam“, den sie 1983 während ihrer Teilnahme am „International Writing Program“ in Iowa City, in den USA hielt. In den nur im Nachlass von Sarah Kirsch erhaltenen Briefen Novaks aus dieser Zeit geht hervor, dass Novak ihren Beitrag auf der Tagung ursprünglich in dem Panel vortragen wollte, das den mittel- und osteuropäischen Autoren zugedacht war. Da dieser Wunsch zu Konflikten führte, trat Novak schließlich gemeinsam mit den westeuropäischen Schriftstellern auf.[1067] Ihr auch in englischer Übersetzung im Nachlass vorliegendes Vortragsmanuskript hält fest:

> „Ich gehöre zu denen, die ihren ORT haben verlassen müssen, und das nicht freiwillig. Es war mir und meinen Leuten nicht möglich, unserer Regierung das Mandat zu entziehen, sie zur Vertragseinhaltung zu bewegen, immerhin hatte sie uns ein menschliches und sozialistisches Leben versprochen.
>
> Nun bin ich weder zu Ost- noch zu Westeuropa zu rechnen, dennoch sitze ich heute hier, weil das meiner Herkunft entspricht. Ich lebe in West-Berlin, das ist jener Knopf, den sie direkt auf die Naht genäht haben. Und wer weiß nicht, daß Knöpfe ganz plötzlich abreißen können und wegrollen und man dann lange und vergeblich danach suchen darf.“[1068]

Statt von Ländern und Nationen spricht Novak von Orten und von Europa. Sie positioniert sich dezidiert gesamteuropäisch, auf der Nahtstelle zwischen Ost- und West, sich der brüchigen Rahmung bewusst und von diesem, nicht fixierten Punkt aus schreibend, einer Suchbewegung gleich.

Dass sie sich gerade in ihren politischen Beiträgen dezidiert gesamteuropäisch positionierte,[1069] zeigt auch ihr Engagement während der legendären, von Hans Magnus Enzensberger 1988 in Westberlin organisierten Tagung „Traum von Europa“[1070]. Dort argumentierte die Autorin, die Sicht der

1066 Über eine Rumänienreise berichtend schreibt Novak: „Wenn ich schon nicht offen darüber berichte, weil die mir noch offene Grenze wichtiger ist, so muß ich es Dir doch (von Ostmensch zu Ostmensch) erzählen. Meine Westfreunde interessiert das ja kaum.“ Reise nach Rumänien. In: Novak 1995: Aufenthalt in einem irren Haus, S. 295 f.

1067 Vgl. Novak, Helga, M. an Kirsch, Sarah, Iowa, 11.10.1983. Und: Novak, Helga, M. an Kirsch, Sarah, Iowa, 21.10.1983. In: DLA, A:Kirsch, Sarah, Briefe an sie von Novak, Helga, M.

1068 Novak, Helga M: Philosophische Notizen zum Herrschaftsvertrag und zum Zivilen Ungehorsam, 1983. In: DLA, A:Novak, Prosa, Reden u. Vorträge, Politische Texte.

1069 Vgl. dazu vertiefend: Boltenstern 2018: Helga M. Novaks Rede zur Rolle des Schriftstellers, S. 288–297.

1070 Vgl. dazu: Buch 1988: Ein Traum von Europa.

Nachbarländer, insbesondere Polens vertretend, gegen eine deutsche Wiedervereinigung und damit gegen eine Vergrößerung Deutschlands.[1071] Eine Haltung, die sie später revidierte.[1072]

In den Briefen, die die Autorin während der Umbruchszeit 1989/90 aus Jugoslawien an Sabina Patt schickte, erscheint die DDR dann als Gegenstand beständiger Beschäftigung und Auseinandersetzung. Am 19. Dezember 1989 heißt es: „Nach Westen hab ich nun wieder gar keinen Draht, lockt mich nicht, wenn im Osten soviel los ist. DDR interessiert mich, wie Du ja aus den letzten 25 Jahren weißt."[1073] Wenige Wochen später betont Novak nachdrücklich: „Ich weiß ja nicht, ob ich ‚zurückgehe', aber jenes Land hält mich doch im Kopf besetzt!"[1074]

Dieses Besetztsein äußert sich im Nachlass durch die bereits erwähnte Wiederkehr von Narrativen, die in einem Zusammenhang mit Novaks DDR-Erfahrung stehen. Formen des Selbstgesprächs prägen dabei, wie in Abschnitt 2.2.5.2 erläutert, die Korrespondenzen. Zentrale Motive wie Heimweh, Einsamkeit, Bindungslosigkeit und der starke Bezug zu der märkischen Landschaft finden sich schon in den frühen überlieferten Dokumenten der 1960er Jahre, sowohl vor[1075] als auch nach[1076] der Ausweisung aus der

1071 Vgl. Novak, Helga M: [Redeentwurf, vermutlich für die Konferenz „Ein Traum von Europa", 1988]. In: DLA, A:Novak, Verschiedenes, Prosa, Reden u. Vorträge, Polen 01.

1072 „Noch auf dem großen Schriftstellertreffen in Berlin ‚Traum von Europa' war ich gegen die Wiedervereinigung. Begründung, – wir werden den Ausländern und unsern Nachbarn großes Unglück bringen. Darin hatte ich recht. Dennoch bin ich jetzt sehr froh, daß dem Stasi-Staat ein Ende gesetzt ist." Novak, Helga M. an Vaßen, Florian, [Durchschl.], Legbąd, 17.8.1993. In: DLA, A:Novak, Nachtrag 2015, Briefwechsel, Vaßen, Florian [vormals Konv. Literaturpreise].

1073 Novak, Helga M. an Patt, Sabina, [Kopie, o. A.], 19.12.1989: In: DLA, A:Novak, Briefwechsel, Patt, Sabina.

1074 Novak, Helga M. an Patt, Sabina, [Kopie], Zavalatica, 31.12. 1989 – 1.1.1990. In: Ebd.

1075 Beispielsweise schreibt Novak 1964 von Palermo aus an Thor Vigfusson: „Mich befällt von Zeit zu Zeit grenzenlose Menschenscheu. Am Anfang, als wir in Spitalastig wohnten, hatte ich das manchmal. Ich verspüre keine Lust, auf die Straße zu gehen. Ich möchte niemanden sehen, und es kostet mich Überwindung, überhaupt mit jemandem zu sprechen und alltägliche Fragen zu beantworten. Hinzu kommt ein scheußliches Heimweh nach Deutschland – und eben nach Ostdeutschland, wo ich doch genau weiß: dort kann ich jetzt nicht hin. Ich habe Lust, nach Erkner zu fahren, wo ich groß geworden bin und in jenen Wäldern herumzulaufen, alte Wege noch einmal und ganz neu zu gehen." Novak, Helga M. an Vigfusson, Thor, Palermo, 3.4.1964. In: DLA, A:Novak, Briefwechsel, Vigfusson, Thor.

1076 Unmittelbar nach der Ausweisung schreibt Novak handschriftlich an Sigrid und Richard Valtingojer: „Das Innenministerium hat mir nach langen Fragen und Reden die DDR-Staatsbürgerschaft entzogen und mir ein striktes Verbot ausgesprochen, je wieder die DDR oder Ostberlin (auch als künftiger Ausländer nicht) zu betreten. Was das für mich

DDR, und werden in späteren Briefen aufgegriffen, wiederholt und narrativ entfaltet.[1077]

Darüber hinaus reflektiert Novak ihre DDR-Vergangenheit in den folgenden Jahrzehnten in verschiedenen politischen Zusammenhängen. Zum Beispiel, wenn sie Patt 1975 aus Lissabon im Zuge der Nelken-Revolution schreibt und mit Erschrecken feststellt, dass sie sich während einer Veranstaltung der maoistischen portugiesischen Partei „mit einer beklemmenden Gewalt in meine eigene Geschichte, in meine ganz frühe und fanatische FDJ-Zeit zurückversetzt" fühlte. „[… E]s war ein seltsamer Haß, der mich dort gepackt hat, aber auch nicht nur Haß, auch ein bißchen Neid auf die Zeit, in der ich noch vollkommen identifiziert war mit meiner radikalen Rolle"[1078], schreibt Novak weiter und analysiert die einzelnen Aspekte dieser Parallele. In der europäischen Zeitgeschichte und als deren Beobachterin spiegelt Novak ihre eigenen persönlichen Erfahrungen, die auf diese Weise den DDR-Horizont überschreiten und zu allgemeinen gesellschaftlichen und historischen Fragen führen. Ähnlich verhält es sich auch bezüglich der Utopie einer kollektiven, alternativen Lebensweise, die sie immer wieder, zum Beispiel in Bezug auf die Startbahn West diskutierte. Ebenfalls an Patt heißt es 1986:

> „Die ‚Startbahn West' war das letzte belebende, gute, richtige, glückliche und selbstbewußte Unterfangen, an dem ich teilgenommen habe. Und ich sage Dir auch – warum: nicht wegen der Bäume, wir wußten genau, die fallen. Es war unsere letzte Chance, das ‚andere' Leben zu führen, zu praktizieren, auch

---

bedeutet, kann ich gar nicht beschreiben. Mit dem entsetzlichen Heimweh, das ich immer nach diesem Scheißland hatte." Novak, Helga M. an Valtingojer, Sigrid u. Richard, Berlin, 30.3.1966. In: DLA, A:Novak, Nachtrag 2015, Briefwechsel, Valtingojer, Sigrid (u. Richard).

1077 Beispielhaft dafür ist ein dreiseitiger maschinenschriftlicher Brief von 1986 an den Weltensegler Henryk Wolski: „Seit ich 15 war, mußte ich alleine über mich entscheiden. Und wieviel Fehler habe ich gemacht. […] Ohne Herkunft, Familie und persönliche Tradition, ohne Vertrauen und eigenes Wertsystem – mußte ich an jeder Kreuzung verharren und meine eigene Entscheidungen treffen. Dabei mein impulsiver Charakter, meine Spontaneität. Ich war nicht vernünftig. Darüber bin ich jetzt froh, daß ich mich nicht für Strategie und Taktik und Opportunismus geeignet habe. […] Konnte ich mich, nach Ausschwitz und Stalingrad, noch mit meinem Volk identifizieren? Nein. Auch da war nichts an Sicherheit zu holen, gar nichts, nur Scham. Ich wurde immer einsamer und immer freier. […] Was blieb nun übrig, woran ich mich halten konnte? Henryk, es war die Landschaft. Die Landschaft zwischen Berlin und Oder, zwischen Berlin und Ostsee. Dieser Landschaft galt meine Liebe. Die konnte mir keiner wegnehmen. Dachte ich." Novak, Helga M. an Wolski, Henryk, [Durchschl.], Korčula, 30.3.1986. In: DLA, A:Novak, Briefwechsel, Wolski, Henryk.

1078 Novak, Helga M. an Patt, Sabina, Lissabon, 13.10.1975. In: DLA, A:Novak, Briefwechsel, Patt, Sabina.

vorzuführen! Das war Gemeinschaft, Kollektiv, Abendmahl, Großfamilie, Kommune – nimm es, wie Du willst."[1079]

Die Entwicklungen nach 1990 schreiben sich als Zäsur in Novaks Nachlassdokumente ein. Stand die Autorin der neu anbrechenden Zeit, wie oben angedeutet, anfangs vorbehaltlos und erwartungsfroh gegenüber,[1080] veränderte sich diese Haltung eklatant im Zuge der Vorgänge zur Realisierung des Beitritts des Staatsgebiets der DDR zur Bundesrepublik, den Novak als zu überstürzt bewertete.[1081] Brieflich hielt die in Polen lebende, eine Beobachterposition einnehmende Autorin ihre subjektive, von persönlicher Betroffenheit gekennzeichnete Sicht auf diese Vorgänge fest. Ein langer, über mehrere Monate liegengebliebener Brief an Hans Altenhein ist darüber hinaus hinsichtlich der zuvor angesprochenen europäischen Perspektive bemerkenswert. Während Novak ihre Betroffenheit und ihr Ohnmachtsgefühl gegenüber den Entwicklungen in Ostdeutschland darstellt, geht sie fast nahtlos zu der Thematik der Jugoslawienkriege über, bezeichnet sich als Kosmopolitin. In einer Art Bewusstseinsstrom schreibt sie 1994:

> „Ich hab so viele Gedichte rumliegen, aber nichts ist fertig. Seit der Einigung bin ich wie tot. Wenn ich schon höre, wie man den Gutsbesitzern das Land in Mecklenburg zurückgeben will, obwohl sie Hunderttausende von ‚Lastenausgleich' eingestrichen haben, dann komme ich aus dem Fluchen gar nicht mehr raus.
>
> Inwieweit meine Kollegen ihre Ansichten revidieren, weiß ich kaum, habe ja nur Radio und seit zwei Tagen eine Parabolantenne. An den Sozialismus glaube ich ja auch nicht mehr, und fürs Nationale hatte ich nie viel Interesse. Ich habe mich seit je als Kosmopolit gesehen und auch danach gelebt. Der Krieg in Jugoslawien geht mir sehr nahe. Es war falsch, von Bonn aus so hemmungslos auf Kroatien zu setzen. Ich mit meinen wenigen Informationsquellen wußte schon vor zweieinhalb Jahren, daß sie Bosnien aufteilen wollen, Serbien UND Kroatien. Wieso wußte es unsre Regierung nicht?
>
> Zu Deutschland: Arbeitslose und Neofaschisten, – ich zerbreche mir tagtäglich den Kopf, was zu tun wäre, mir fällt nichts ein."[1082]

1079 Novak, Helga M. an Patt, Sabina, Korčula, 22.4.1986. In: Ebd.

1080 Vgl. dazu beispielsweise: „Wahrlich, die Stasie ist mein Thema nicht. Welch große Chance, was Neues zu beginnen, sich der Demokratie zu verschreiben, sie wirklich und ehrlich zu praktizieren!" Novak, Helga M. an Thorsson, Ragnar, o. D. [vermutl. nicht abgeschickt, Durchschl., um 1991/92]. In: DLA, A:Novak, Briefwechsel, Thorsson, Ragnar.

1081 Vgl. Novak, Helga M. an Kütle, Marit, [Kopie], Legbąd, 16.1.1995. In: DLA, A:Novak, Nachtrag 2015, Briefwechsel, Kütle, Marit.

1082 Novak, Helga M. an Altenhein, Hans, [Durchschl.], Legbąd, 17.3.1994 – 18.3.1994 . In: DLA, A:Novak, Nachtrag 2015, Briefwechsel, Altenhein, Hans.

Neben der Bestürzung über die Art und Weise, wie der Übergang des östlichen Deutschlands zu einer neuen Gesellschaftsordnung geregelt werden sollte, ist es zum anderen vor allem die Form der öffentlichen Aufarbeitung in den 1990er Jahren, die sich im Nachlass als krisenhaftes Moment niederschlägt. Die Thematiken, die in diesem Zusammenhang verhandelt werden, sind jedoch ebenfalls keine neuen, sondern durchziehen Novaks Werke – wie Surynt gezeigt hat – seit den Anfängen und erfahren nun eine Aktualisierung.[1083] Dazu zählt die Frage nach Schuld und Scham in Bezug auf die historischen Ereignisse: Wie ist das Festhalten an kommunistischen bzw. sozialistischen Idealen und Ideen trotz der Einsicht in die damit zusammenhängenden Verbrechen zu erklären? An ihren Sohn schreibt sie 1994 aus Legbąd:

> „Ich habe so unendlich viel gewußt und bin Kommunist geblieben. Daher meine Schuld, daher meine Scham. NACH Hitler habe ich gedacht, jetzt machen wir alles gut und richtig und besser. Ich habe mich diesen, neuen, menschlichen, kollektiven, guten Ideen ganz hingegeben, ganz verschworen. Aber ich habe auch in China Massengräber gesehen, jeweils 20.000 arme Leute untergebuddelt."[1084]

Auch den Aspekt der Erpressbarkeit von Individuen in diktatorischen Systemen greift Novak in ihren Briefen in Bezug auf ihre eigene Geschichte von 1957/58 wieder auf und schildert damit ihren Korrespondenzpartnern wiederholt den Stoff von „Im Schwanenhals" noch vor der eigentlichen Niederschrift. Damit verbunden findet sich in den Briefen auch das Motiv der Verschränkung von Täter- und Opfersein, das schon in der „Tragoballade vom Spitzel Winfried Schütze in platten Reimen" entfaltete wurde.[1085] Surynt erkennt darin eine „spezifische Viktimisierungsstrategie", mit der eine „Individualisierung der

1083 Vgl. dazu: Surynt 2017: Schuld – Scham – Schmerz im Werk Helga M. Novaks, S. 17–28.

1084 Novak, Helga M. an Thorsson, Ragnar, Legbąd, 18.2.1994. In: DLA, A:Novak, Briefwechsel, Thorsson, Ragnar. Vgl. auch Novak, Helga M. an Jorek, Rita, Erkner, 11.12.2007. In: DLA, A:Novak, Nachtrag 2015, Briefwechsel, Jorek, Rita.

1085 Zentral für all die genannten Punkte ist ein acht Seiten langer Brief, den Novak an Rita Jorek 1995 schrieb, nachdem sie wieder Kontakt zu der Freundin aufgenommen hatte: „Ich habe unterschreiben müssen im September 1957, und ich konnte es (schon wegen der Scham) nie vergessen. 6 Wochen später wurde ich aus der FDJ ausgeschlossen, exmatrikuliert und habe selber – wenn auch im Kotau-Ton' [–] meinen Austritt aus der Partei erklärt. [...] Warum ich rausgeschmissen worden bin, war: – ich habe die befohlenen, vorgeschriebenen Treffpunkte der Stasi nicht eingehalten, habe sie einfach ignoriert. [...] Weißt Du, Rita, was mich wahnsinnig macht? Daß wir alle Opfer und Täter zugleich sind. Das ist auf griechische Weise dramatisch, aber in Deutschland versteht das keiner. Die sind von moralischem Größenwahn besessen. Da sucht keiner bei sich selber." Novak, Helga M. an Jorek, Rita, Legbąd, 24.2.1995. In: DLA, A:Novak, Nachtrag 2015, HS 15.39, Briefwechsel, Jorek, Rita.

Täter“ und eine „Relativierung ihrer Schuld“ einhergingen, die „pauschale Verurteilungen“[1086] verunmögliche.

Aus den Nachlassmaterialien wird deutlich, dass sich Novak bei ihrer Forderung einer differenzierten Auseinandersetzung mit der Schuldproblematik sowie der Warnung vor einer Frontstellung und vor einer Fortsetzung eines denunziatorischen Gestus nach 1989/90 insbesondere auf die Literatur, auf die Autorinnen und Autoren bezieht: „Wenn wir Dichter nicht mehr differenzieren, wer dann?“[1087], heißt es auch in „Im Schwanenhals“. Wiederholt formuliert Novak den Anspruch an Autorinnen und Autoren, dass insbesondere sie sich gegen Verallgemeinerungen und Verfemung stellen und stattdessen – gemeinsam – zur Aufklärung beitragen sollten. Das zeigt sich unter anderem in den zahlreichen Zeugnissen, in denen die Autorin ihren an drei Schriftsteller gerichteten offenen Brief von 1991 retrospektiv diskutiert (vgl. 2.2.1).[1088] In einem undatierten, fragmentarischen, maschinenschriftlichen und mehrfach überarbeiteten Entwurf, der mit dem handschriftlichen Titel „Brief an Wolf über meinen ‚Offenen Brief‘“ überschrieben ist und absatzweise unterbrochen mehrere Erklärungsansätze formuliert, heißt es beispielsweise:

> „Da ich nie einen Menschen angezeigt, bespitzelt, verfolgt, observiert, rufmörderisch attackiert hatte, konnte ich es mir ~~leisten~~ [hs. erlauben], eine Brücke zu bauen, indem ich mich selbst bezichtige. […] Ich wollte den verdammt vielen meiner schreibenden Zunft einen Ausweg zeigen: ~~nämlich sich zu erklären~~ [hs. Jetzt, danach offen hervorzutreten und] zu Anstand und Aufrichtigkeit zurückzufinden. Dafür habe ich das einzige, was ich je besessen habe: mich selber, in die Waagschale geworfen.“[1089]

1086 Surynt 2017: Schuld – Scham – Schmerz im Werk Helga M. Novaks, S. 20.

1087 Novak 2013: Im Schwanenhals, S. 326.

1088 Das Thema „Offener Brief“ wiederholt sich nicht nur in den Korrespondenzen Novaks, auch ein von ihr angelegtes Konvolut verdeutlicht die nachhaltige Auseinandersetzung damit. Die Mappenbeschriftung lautet: „Offener Brief an den ‚Spiegel‘ (vom 22.10.1991)/ Gegendarstellungen Antworten auf Eysteinn + Thor“. Vgl. DLA, A:Novak, Nachtrag 2015, Prosa, Briefe, Verschiedenes, Offener Brief an den Spiegel 1991.

1089 Novak, Helga M.: Brief an Wolf über meinen ‚Offenen Brief‘ [Entwurf, o. D.]. In: DLA, A:Novak, Nachtrag 2015, Briefwechsel, Biermann, Wolf. [vormals: Prosa, Im Schwanenhals, Karla-Version, Notizen und Entwürfe]. Vgl. außerdem: „Meine eisgekühlte Bekenntnis sollte andere ermutigen, ihre ‚Wahrheit‘ zu sagen. Und sie kommen ja auch mittlerweile raus. Und es sollte Dir speziell klarmachen, daß man das Thema nicht mit göttlichem Zorn, sondern mit Differenzierung, mit Relativierung anpacken muß. Hüte Dich doch vor Menschenfeindlichkeit!“ Novak, Helga M.: [Briefentwurf, o. D.]. In: Ebd. Vgl. dazu: „Dieses Thema sollten wir nicht mit göttlichem Zorn, sondern mit Differenzierung und Verständnis anpacken.“ Novak 2013: Im Schwanenhals, S. 323. Sowie: „Meine eisgekühlte Bekenntnis sollte andere ermutigen, ihre ‚Wahrheit‘ zu sagen.“ Ebd., S. 324.

Signifikant ist, dass sich auch diese Haltung, in gefassterer Weise indes, schon in Novaks Aufzeichnungen vor 1990 finden lässt, zum Beispiel in dem Entwurf zu einer Rede, die sie vermutlich 1988 in Thessaloniki zur Rolle des Schriftstellers hielt.[1090] In ihren, nicht in den Vortragstext übernommenen Notizen warnt Novak vor Lagerbildung und Polarisierung unter Autorinnen und Autoren und plädiert für den Dialog und die Vermittlung:

> „Vergessen wir auch das nicht, es ist schier unmöglich, unsere Unschuld zu bewahren. So schwer wiegt das Wort. Es gilt da, von Fall zu Fall Verständnis aufzubringen. Lit. wird von Individuen gemacht + ein jedes hat seine Biografie, ~~auch~~ gegenseitig wieder sind Toleranz + Aufklärung geboten. Wir sind keine Partei, die sich durch Säuberungen regeneriert. Wir sind eine Ansammlung ziviler Individuen, die einander Freund ~~sich~~ sind, sich [und] ihre Länder kennenlernen und durch Sprache korrespondieren, vermitteln, anregen."[1091]

An diese Haltung knüpft außerdem die Formel „Ich bin Schriftsteller und kein Richter" an, die Novak in zahlreichen Briefen verwendet, und die in einem eindrucksvollen Brief an den polnischen Weltensegler Henryk Wolski Anfang 1985 entfaltet wird:

> „Ich bin Schriftsteller und kein Richter. Ich kann die Menschen nicht in bessere und schlechtere einteilen, weder mithilfe einer Partei oder Ideologie, noch mithilfe irgendeiner Religion oder Kirche. Das bedeutet nicht, daß ich zu allen eine kluge Distanz übe. Mir liegt das Elitäre nicht.
>
> Aber ich habe mich an ein paar Freiheiten gewöhnt, die viele im Osten nicht kennen und in ihrer Seele nie verwirklicht haben. Auch mir sind ‚meine Freiheiten' durchaus nicht geschenkt worden. Schon deshalb möchte ich sie nie aufgeben.
>
> Zu diesen Freiheiten gehört Presse- und Redefreiheit, Freiheit der künstlerischen Arbeit und des Reisens, zu diesen Freiheiten gehört aber auch eine unbedingte Toleranz. Nationalismus, Chauvinismus, Rassismus sind mir ein Grauen, genauso religiöse Bigotterie. Kein Volk ist von irgendeinem Gott auserwählt, und keiner kennt den Weg in die himmlische Seligkeit. Wie ich das sehe, hat jeder einzelne von uns im Laufe seines irdischen Lebens zu zeigen, welche Qualitäten, welches Maß an Humanismus in ihm steckt. Wir haben genug damit zu tun, über die Erde zu gehen, ohne Blut an den Händen. Wie könnte ich Bücher schreiben, ohne die Menschen zu kennen, sie zu lieben, sie zu verstehen, wenn ich durch Ideologie oder Religion oder Vorurteil sie ohne zu überprüfen in Böse und Bessere einteilen wollte."[1092]

1090 Vgl. Boltenstern 2018: Helga M. Novaks Rede zur Rolle des Schriftstellers, S. 288–297.

1091 Novak, Helga M.: [Notizen bei Rede zur Rolle des Schriftstellers, vermutlich 1988]. In: DLA, A:Novak, Prosa, Reden u. Vorträge.

1092 Novak, Helga M. an Wolski, Henryk, Worpswede, 8.1.1985. In: DLA, A:Novak, Briefwechsel, Wolski, Henryk.

Obwohl die Autorin ihre Meinung zu der Existenz des Guten und Bösen ein Jahr später, in einem weiteren Brief an Wolski von 1986 änderte,[1093] so zieht sich ihre Haltung, keine Urteile über andere Menschen fällen zu wollen, kontinuierlich durch ihre Korrespondenzen: 1994 schreibt sie an die Journalistin Doris Netenjakob: „Es ist nicht meine Aufgabe zu richten, in keinem Fall"[1094] und 1995 erklärt sie Brigitte Klump, die 1958 aus ähnlichen Gründen wie sie exmatrikuliert wurde: „Plötzlich spielen viele sich als Richter auf, während ich davon ausging, daß wir Dichter aber nicht Richter seien. Deshalb nun wende ich mich an Dich, denn ich werde/ muß meine Autobiographie in einem dritten Band fortsetzen."[1095] Zwei Jahre später, 1997, heißt es dann noch einmal in einem Brief an Siegmar Faust, den damaligen Landesbeauftragten zur Aufarbeitung der SED-Diktatur im Freistaat Sachsen, mit der für Novak charakteristischen Entschiedenheit: „Ich bin kein Richter, und ich bin kein Opfer, ich bin wirklich nur ein Dichter – und sonst gar nichts. Niemand benutzt mich."[1096]

In einer frühen Fassung des offenen Briefs taucht diese Figur ebenfalls auf. Wie in der Druckversion erklärt Novak in einem impulsiven Duktus, sie wolle lieber „im polnischen Wald verbluten", als sich „auf einen deutschen Richterstuhl" setzen. In der Fassung vom 22. Oktober 1991 schließt daran dann noch ein maschinenschriftlich hinzugefügtes Postskriptum an: „p.s. wir sind doch Dichter-Menschen, oder?"[1097] In „Im Schwanenhals" heißt es in Bezug auf die Begegnung mit Strafgefangenen: „Ich habe nicht paktiert, aber sie auch nicht ‚einer gerechten Strafe' zugeführt. Das ist einfach nicht mein Beruf. Ich bin Schriftstellerin und weiß zu wenig und weiß zu viel über Schuld und Schuldigkeit."[1098]

Dieses in „Im Schwanenhals" entworfene und im Nachlass konsequent und nachdrücklich aufrechterhaltene Selbstbild lässt sich mit einem Zitat Paul Ricœurs in Übereinstimmung bringen: „Urteil und Strafe sind Sache des Richters; der Kampf gegen das Vergessen und für eine wahrhaftige Erinnerung ist Sache des Bürgers; dem Historiker bleibt es vorbehalten, zu verstehen ohne

1093 Vgl. Novak, Helga M. an Wolski, Henryk, [Durchschl.], Korčula, 30.3.1986. In: Ebd.

1094 Novak, Helga M. an Netenjakob, Doris, [Durchschl.], Legbąd, 27.9.1994. In: DLA, A:Novak, Nachtrag 2015, Briefwechsel, Netenjakob, Doris.

1095 Novak, Helga M. an Klump, Brigitte, [Durchschl.], Legbąd, 16.1.1995. In: DLA, A:Novak, Briefwechsel, Klump, Brigitte.

1096 Novak, Helga M. an den Sächsischen Landesbeauftragten zur Aufarbeitung der SED-Diktatur, Faust, Siegmar, [Durchschl.], Legbąd, 14.5.1997. In: DLA, A:Novak, Briefwechsel, Faust, Siegmar.

1097 Novak, Helga M.: [Entwurf Offener Brief an Biermann, Wolf/Kirsch, Sarah/Fuchs, Jürgen, 22.10.1991]. In: DLA, A:Novak, Nachtrag 2015, Prosa, Offener Brief 1991.

1098 Novak 2013: Im Schwanenhals, S. 326.

zu verurteilen und ohne zu entschuldigen.“[1099] Die Dichter zählen, liest man Novaks Formel mit Ricœur, zu den Bürgern. Sie sind, auch nach Novaks obigem Zitat, ‚zivile Individuen‘. Als Teil der Gesellschaft tragen sie die Verantwortung für eine wahrhaftige, aufrichtige Erinnerung und für ein kulturelles Gedächtnis. Ihr Bereich ist dabei der der Literatur. Die Aufgabe, Urteile zu fällen, betrifft nicht ihre Zuständigkeit.

Ein undatiertes, einseitiges Typoskript illustriert diese Denkweise anhand einer Figur mit vielsagender Profession: Es geht um Novaks ehemaligen, rumäniendeutschen Geschichtslehrer im Internat Waldsieversdorf, der als Vorlage für den Lehrer Paruch in „Vogel federlos“ diente.[1100] Im Typoskript wird von einer Wiederbegegnung mit diesem Mann 1981 berichtet und seine Rolle reflektiert – der Text ist als Rückschau verfasst und könnte entweder von 1981 oder entsprechend den ursprünglich beiliegenden Notizen aus den 1990er Jahren stammen. Über den ehemaligen Geschichtslehrer heißt es:

> „Ein Rumäniendeutscher, der alle slawischen Sprachen beherrschte, hochgebildet, – der Lehrer hat mir begreiflich gemacht, was das ist: Europa. Unsere europäische Geschichte. Und er hat mich wirklich Geschichte gelehrt. In ganz großem Bogen. Ihm war Griechenland so nah wie Jugoslawien, wie Rumänien, wie Polen, wie Ungarn. Er war durch Geburt und Herkunft und Bildung ein Gesamteuropäer. Noch jetzt wünschte ich meinen Altersgenossen, besonders den Autoren, sie hätten einen solchen Geschichtslehrer gehabt, der sie wie mich, ich war siebzehn/ achtzehn Jahre alt, derart früh aufgeklärt hätte über Katyn, über den damaligen Internationalismus des Faschismus, über Deutschland, Italien, Ungarn, Kroatien, Rumänien, die Ukraine, aber auch über Skandinavien hinweg, reichend bis nach Kanton. […] Diesem Lehrer war kein Unterschied zwischen Hitlerfaschismus und Stalinfaschismus bewußt. Und eben diese Parallele hat er mich früh gelehrt. Und dennoch hat er geglaubt, wir würden es nunmehr besser machen. Es gäbe doch einen Ausweg, einen Lichtblick. Er war da sehr selbstkritisch, sehr vernünftig, ein echter Schüler Hegels.“[1101]

1099 Paul Ricœur: L'écriture de l'histoire et la représentation du passé. Zit. nach: Faulenbach 2006: Erinnerungskulturen in Mittel- und Osteuropa, S. 21. Eine andere Übersetzung lautet wie folgt: „Dem Richter kommt es zu, zu verurteilen und zu bestrafen, und dem Bürger, gegen das Vergessen und auch für die Gerechtigkeit der Erinnerung zu streiten; für den Historiker bleibt die Aufgabe, zu verstehen, ohne zu be- oder entschuldigen.“ Ricœur 2002: Geschichtsschreibung und Repräsentation der Vergangenheit, S. 42.

1100 Vgl. u. a. Novak 1982: Vogel federlos, S. 32 ff. Vgl. dazu außerdem: Nowotnick 2017: Helga M. Novak und die rumäniendeutsche Literatur, S. 81–89.

1101 Novak, Helga M.: [Typoskript, o.D.]. In: DLA, A:Novak, Verschiedenes, Autobiographisches. Der Text befand sich vor der Feinerschließung in einem Stapel Notizen, die sich in der Hauptsache auf nach 1989/90 datieren lassen und sich mit der Studienzeit Novaks befassen.

Ohne jene heikle Parallelisierung zwischen Nationalsozialismus und Stalinismus zu problematisieren, wird in dem Typoskript geschildert, wie der Lehrer im Zuge des Wiedersehens, fast dreißig Jahre nach Novaks Schulabschluss, seine frühere Mitgliedschaft bei der SS preisgibt, sowie von seiner späteren, erzwungenen „Inoffiziellen Mitarbeit" bei der Staatssicherheit der DDR erzählt. Im Typoskript wird die Biografie des Geschichtslehrers zu einem Zeugnis, das Lehren über die Geschichte enthält: „Ja, solche Menschen haben mich geprägt. Unglückliche? Verzweifelte? Hunde, die auf dem Rücken liegen und alle Viere von sich strecken, und die man deshalb nicht beißen darf? Oder Zeitzeugen, die Wahrheit verbreiteten?"[1102] Die Komplexität des skizzierten Lebensverlaufs scheint eine reflexartige Einordnung zu verunmöglichen und vielmehr auf die Paradoxien und Schrecknisse der Geschichte zu verweisen und sie sinnbildlich zu spiegeln. Zugleich stellt sich im Zuge des Beispiels die Frage nach einem angemessenen Umgang mit solchen Biografien und Personen. Eine Frage, die Novak nach 1990 in besonderer Weise umtrieb und die in einem Brief an ihren Sohn von 1991 in folgender, verzweifelter Weise zum Ausdruck kommt:

> „Wofür ich nochmal kämpfen würde (ich sage WOFÜR, nicht WOGEGEN), ich weiß es im Augenblick nicht. Dazu weiß ich zu viel.
>
> Nicht Schwamm drüber, und auch nichts vergessen! Aber auch keine Hexenjagd. Das Ausmaß der Verbrechen, der politischen Kriminalität ist zu groß. Da wird kein Ende."[1103]

Dass insbesondere innerhalb der Kreise kritischer Autorinnen und Autoren aus der DDR kein Zusammenschluss stattfand, legitimatorische Konflikte entstanden[1104] und eine gewisse, vorher gegebene gegenseitige Solidarität nach 1989/90 durch, wie es Wolfgang Emmerich formuliert, „wechselseitige Beschuldigungen, Zerwürfnisse oder: Berührungsangst und Schweigen"[1105] ersetzt wurde, markiert einen Bruch in Novaks Nachlass: Ab diesem Zeitpunkt werden Novaks Korrespondenzen zu Zeugnissen einer Krise, mit der eine

1102 Ebd.

1103 Novak, Helga M. an Thorsson, Ragnar, Legbąd, 24.12.1991. In: DLA, A:Novak, Briefwechsel, Thorsson, Ragnar.

1104 Vgl. Ludwig/Meuser 2009: Die Geschichte der DDR-Literatur in vier Generationen engagierter Literaten, S. 11.

1105 Aus diesen Gründen konstatiert Wolfgang Emmerich für die Zeit nach 1989/90 innerhalb der Autorengeneration der zwischen 1929 und 1939 Geborenen aus der DDR eine „zweite Spaltung der deutschen Literatur seit 1945". Vgl. Im Zeichen der Wiedervereinigung: die zweite Spaltung der deutschen Literatur. In: Emmerich 1994: Die andere deutsche Literatur, S. 208.

Stilisierung als zutiefst erschütterte und verunsicherte Person einhergeht. Die öffentliche Enttarnung von IMs, die Novak zufolge zum Teil verleumderische Züge annahm, ist dabei ein Aspekt, auf den sich die Autorin in ihren Selbstzeugnissen immer wieder bezog. In einem eklatanten Widerspruch zu ihrer Forderung eines aufrichtigen und differenzierten Umgangs mit Enttarnungen steht die sich auf falschen Behauptungen gründende Diffamierung Klaus Schlesingers 1991 (vgl. 2.2.1),[1106] die mit Novak in einen Zusammenhang gebracht wird. Anders als zu ihrem offenen Brief sind zu diesem Fall im Nachlass kaum Materialien vorhanden.[1107] Als einzige Positionierung findet sich ein nicht abgeschickter maschinenschriftlicher Briefentwurf, mit dem Novak auf einen verspätet bei ihr eingetroffenen Brief Schlesingers reagierte und in dem sie ihre Version der Vorgänge darlegt. Sie schreibt, vermutlich 1992:

> „Ich verstehe nicht, wieso Sarah Deinen Namen ins öffentliche Spiel bringt. Ich habe das nicht getan, habe überhaupt nie Namen genannt, schon gar nicht gegenüber Journalisten. Warum macht Ihr Euch da alle verrückt? Was soll das? Kein gutes Spiel!
>
> Was ich im Laufe von fast dreißig Jahren alles zu Sarah gesagt oder an sie geschrieben habe, KANN ich nicht erinnern. Was ich aber im Herbst vorigen Jahres zu Jürgen Serke am Telefon in Berlin gesagt habe, das erinnere ich sehr genau und kann es beschwören.
>
> Er rief mich an und berichtete, daß Sarah ihm gesagt hat, ich hätte ihr gegenüber behauptet, Du wärst ein Stasi-Mitarbeiter, (gewesen).
>
> Ich war im ersten Augenblick furchtbar erschrocken über diesen Anruf. Also sagte ich, – da muß ich besoffen gewesen sein. Ich habe das nie von Dir gesagt, ich kanns ihm nicht bestätigen, denn ich wüßte es gar nicht. Ich habe keine Ahnung, ob Du Kontakt zur Stasi hattest oder nicht!
>
> Das war alles.
>
> Ich weiß beim besten Willen nicht, warum Sarah das zu ihm gesagt hat. Ich verstehe es nicht.
>
> Im übrigen habe ich hier weder Telefon noch Zeitungen. Ihr könnt da alle erzählen, im Himmel sei Jahrmarkt. Ich werde nicht fragen, wo die Buden stehen.
>
> Ich habe früher nie jemanden denunziert, und werde das auch jetzt nicht tun. Fertig.“[1108]

Warum Novak diesen Brief weder abschickte noch öffentlich Stellung bezog, lässt sich genauso wenig rekonstruieren wie die tatsächlichen Vorgänge. Diesbezüglich bleibt eine Leerstelle, die als solche mit den damit

1106 Vgl. Schlesinger 2014: „Eine Art Beweisnotstand“, S. 323–343.

1107 Vgl. dazu die von Novak selbstangelegte Mappe „Zeitungsartikel, DDR ‚Stasi‘“. In: DLA, H:Novak. [Ggf. nach Feinerschließung aufgelöst].

1108 Novak, Helga M. an [vermutl. Schlesinger, Klaus, o.D., unabgeschickt]. In: DLA, A:Novak, Verschiedenes, Autobiographisches aus Briefen.

zusammenhängenden Widersprüchen nur benannt werden kann. Auffallend ist, dass Novak die Verleumdung Schlesingers in ihren Korrespondenzen nicht ausführlicher thematisierte, dagegen aber immer wieder auf ihren offenen Brief zusprechen kam. So erklärt sie noch fünf Jahre nach ihrem Bekenntnis in „Der Spiegel" in einem Brief an Fritz Rudolf Fries ihre damaligen Beweggründe sowie ihre daran geknüpfte, enttäuschte Hoffnung. An Fries, der sich 1996 zu seiner Tätigkeit als IM bekannt hatte, schreibt Novak im selben Jahr:

> „Ich dachte, ich könnte es mir, aufgrund meiner Biografie, leisten – so einen Offenen Brief zu schreiben. Und ich hoffte, – Ihr, Du, die betroffenen, die gemeinten DDR-Autoren würden mir beistehen (nicht mit ‚Geständnissen', sondern mit einer mutigen, offenen, ehrlichen Vorwärtsstrategie [])! Da kam gar nichts. Ich war plötzlich die Geständige, die Schuldige! Ihr habt alle gewartet und gedacht, es kommt vielleicht nix raus, vielleicht komme ich irgendwie so ungeschoren durch. So sehe ich das, verbessere mich, wenn Du kannst. Ich habe meine gesellschaftliche Ächtung riskiert für Euch alle, wer will was mehr?"[1109]

In Analogie zu solchen Briefpassagen verhandeln die letzten Kapitel von „Im Schwanenhals" die Angst vor dem Ausschluss aus der Gesellschaft und Ausgrenzung sowie die Furcht vor Vorverurteilungen, die ein Zuhören sowie eine Erklärung der Umstände und Begebenheiten nicht mehr zulassen.[1110] Die Zeit nach dem offenen Brief mündet in Novaks Selbstdarstellungen in einem radikalen Rückzug, immer wieder ist von einem Abbruch von Kontakten und von einem absoluten Alleinsein die Rede.[1111] An ihren Sohn schreibt sie im Februar 1992 in einem Gestus der Selbststilisierung: „Ich wohne in einem Haus, das mir nicht gehört, in einer Sprache, die ich nicht verstehe, in einem Wald, der mich verbirgt. Meinen polnischen Gefährten habe ich weggeschickt und bin alleine. Zeit zum Nachdenken."[1112] In weiteren, vermutlich nicht abgeschickten Briefseiten an ihren Sohn heißt es außerdem: „Wir alten Dissidenten waren mal eine verschworene Gemeinschaft. Und jetzt? Wir waren mal eine Familie auf Leben und TOD. Und jetzt?"[1113]. In anderen Briefwechseln spricht Novak, wie beispielsweise in der Korrespondenz mit Fries, 1996 von einem Verlust ihrer Menschenkenntnis, der ein Misstrauen gegen sich selbst

---

1109 Novak, Helga M. an Fries, Fritz Rudolf, [Durchschl.], Legbąd, 8.5.1996. In: DLA, A:Novak, Nachtrag 2015, Briefwechsel, Fries, Fritz Rudolf.

1110 Vgl. Novak 2013: Im Schwanenhals, S. 337–345.

1111 Vgl. Novak, Helga M. Novak an Jorek, Rita, Legbąd, 24.2.1995. In: DLA, A:Novak, Nachtrag 2015, HS 15.39, Briefwechsel, Jorek, Rita.

1112 Novak, Helga M. an Thorsson, Ragnar, [Durchschl.], Legbąd, 1.2.1992. In: DLA, A:Novak, Briefwechsel, Thorsson, Ragnar.

1113 Novak, Helga M. an Thorsson, Ragnar, o.D. [um 1991/92]. In: Ebd.

miteinschließt: „Dazu kann ich nur sagen, MEINE [Menschenkenntnis, KvB] ist total zusammengebrochen, ich kenne mich sogar selber nicht mehr."[1114]

Es ist vor allem diese fundamentale Verunsicherung, das Selbstmisstrauen, das viele der späteren Selbstzeugnisse kennzeichnet: Die Möglichkeit eines Miteinanders steht genauso in Frage wie die Integrität eines jeden Einzelnen – die eigene miteingeschlossen. Doch obwohl Novak ihren Glauben an Gemeinschaft und an Verständigung vielfach als erschüttert darstellte, sich als einsam und verlassen stilisierte und manche ihrer angefangenen Briefe nicht abschickte, brach sie ihre Korrespondenzen nicht vollkommen ab. Dass der Rückzug nach Legbąd dabei nicht nur als Bild für das Alleinsein und die wiedergefundene Landschaft, sondern, ähnlich wie ihre letzten Gedichtbände, auch als Metapher für eine neue Utopie interpretiert werden kann, suggeriert Novak dem Germanistikprofessor Florian Vaßen 1993:

> „Sie schreiben im Brief von Utopie-Verlust. Zurück zum Marxismus führt kein Weg, aber Utopien wird es weiterhin und wieder geben. Philosophie lebt so lange, wie es Menschen gibt. Der Traum vom anderen, besseren Leben im Diesseits hört nicht auf. Diesmal wird er sich vom Produktionsmittel weg und der Natur zu wenden, in unseren Breitengraden jedenfalls. Jetzt muß ich meine Beete gießen und verabschiede mich deswegen, ganz herzlich"[1115].

2.2.7 *„ich habe gar kein Archiv" – Ambivalenzen im Vorlass- und Nachlassbewusstsein*

Um die Bedeutung und Funktion des novakschen Nachlasses analysieren und einordnen zu können, ist es wichtig, zwischen verschiedenen Bezugspunkten zu differenzieren: Wo betreffen Novaks Vorkehrungen ihre Papiere in der Funktion als Archiv, in welchen Zusammenhängen zeigt sich ein explizites Nachlassbewusstsein und inwiefern unterscheidet sich dieses von Novaks Haltung dem Phänomen des Vorlasses gegenüber?

Dass eine selektive und früh beginnende Archivsorge ein wichtiges konstitutives Element des literarischen Archivs darstellt, wurde in Abschnitt 2.2.5.1 erläutert. In den folgenden zwei Unterkapiteln soll nun der Charakter des

1114 Novak, Helga M. an Fries, Fritz Rudolf, [Durchschl.], Legbąd, 4.8.1996. In: DLA, A:Novak, Nachtrag 2015, Briefwechsel, Fries, Fritz Rudolf. Vgl. außerdem: „Am Ende weiß ich nichts, verstehe gar nichts, bin ungerecht. Nochmal: es ist alles in diesen Diskussionen so lieblos, so unmenschlich. Wie schlecht sind nunmehr die Guten! Auch dies: die Prenzlauer Szene kann nicht gesteuert gewesen sein. Sie war iniziiert, sie war beobachtet, sie war kontrolliert, ABER SIE WAR!" Novak, Helga M. an Thorsson, Ragnar, o.D. [um 1991/92]. In: DLA, A:Novak, Briefwechsel, Thorsson, Ragnar.

1115 Novak, Helga M. an Vaßen, Florian, [Durchschl.], Legbąd, 17.8.1993. In: In: DLA, A:Novak, Nachtrag 2015, Briefwechsel Vaßen, Florian [vormals Konv. Literaturpreise].

Vor- und Nachlassbewusstseins nachgezeichnet und die damit verbundenen Zusammenhänge dargelegt werden.

Bis Mitte der 1990er Jahre lässt sich kein ausgeprägtes Nachlassbewusstsein Novaks nachweisen. Vor dieser Zeit findet die Thematik des Nachlasses nur vereinzelt Erwähnung: zum Beispiel im Zuge der ironischen, in Abschnitt 2.2.5.1 zitierten Bemerkungen von Elisabeth Borchers von 1966 in Bezug auf Novaks Praxis des Hinterlassens oder wenn Horst Karasek um 1980 bekräftigt, er werde Novaks Briefe in jedem Fall für die Nachwelt aufheben.[1116]

Darüber hinaus taucht die Nachlassthematik vor 1990 in zwei Hörspielmanuskripten Novaks auf – wenn auch nicht ganz in dem hier gemeinten Sinne. In dem Hörspiel „Das türkische Rezept oder Leichenschmaus mit Erinnerungen", das am 1. Dezember 1978 im Süddeutschen Rundfunk erstausgestrahlt wurde, wird als Lebenswerk und Nachlass das wertvolle, handgeschriebene und urheberrechtlich geschützte Kochbuch eines Konditors bezeichnet, der 1938 denunziert und verhaftet wurde. Nach seinem Verschwinden eignen sich einige Dorfbewohner die von ihm hinterlassene Rezeptsammlung an, nehmen sie auseinander und verkaufen die einzelnen Seiten – Formen der Nachlasszerstreuung und die Frage der widerrechtlichen Aneignung von hinterlassenen Papieren zählen damit zu den Themenfeldern des Hörspiels.[1117]

In dem autobiografisch geprägten, am 27. August 1989 erstmals und ebenfalls im Süddeutschen Rundfunk gesendeten Hörspiel „Nekropole" mietet sich eine westdeutsche Archäologin, Ines, Mitte der 1980er Jahre in einem Haus in Brandenburg ein, vorgeblich um zu einer frühgeschichtlichen Begräbnisstätte, einer Nekropole (griechisch nekrópolis, Totenstadt) zu recherchieren. Der Beruf der Protagonistin ist vielsagend: Sie erforscht die kulturgeschichtliche Entwicklung der Menschen anhand ihrer Hinterlassenschaften. „Neben der Erfahrung ist die Fantasie mein Werkzeug. Eine Totenstadt, ein Friedhof, eine Nekropole, – da denke ich an Dinge, die im Sand verlaufen sind und doch nicht verloren"[1118], erklärt Ines, und fügt hinzu: „~~Ich weiß nur~~, es ist schwere Arbeit: ständig graben und schippen und alles umwälzen!"[1119]

1116 Vgl. Karasek, Horst an Novak, Helga M. [vermutlich um 1980]. In: DLA, A:Novak, Nachtrag 2015, A:Novak, Briefwechsel, Karasek, Horst.

1117 Dies verdeutlicht zum Beispiel eine Aussage der Figur Frau Meißner: „Nicht ich habe mich an dem Nachlass vergriffen, sondern Fräulein Irene. Sie ist von Gemeinde zu Gemeinde gefahren und hat die einzelnen Seiten verkauft." Novak: Das türkische Rezept oder Leichenschmaus mit Erinnerungen. In: SDR, 3.12.1978, S. 12.

1118 Novak: Nekropole. In: SDR, 27.8.1989, S. 18.

1119 Ebd., S. 19. Die Streichungen im Typoskript des SDR sind vermutlich auf die Hörspielredaktion zurückzuführen.

Im Verlauf des Hörspiels gibt die Archäologin zu, dass sie selbst aus der Gegend stammt und in Brandenburg aufgewachsen ist. Nach 26 Jahren möchte sie wieder zurückkehren, vom Westen Deutschlands in den Osten, und das abgelegene Haus mit Garten ihrer 80-jährigen Vermieterin übernehmen.[1120] Zudem ist die Archäologin auf den Spuren eines verstorbenen lettischen Dichters, mit dem sie als 20-Jährige Mitte der 1950er Jahre eine Liebesbeziehung hatte und der sich zu jener Zeit in dem von ihr nun aufgesuchten Haus eingemietet hatte. Ines sucht in seinem früheren Zimmer die versteckten Notizen, die der Dichter über seine Autorenkollegen für das MfS anfertigte und die sie als „~~Traurige[n] Nachlaß~~"[1121] bezeichnet.[1122] Die Nachforschungen der Archäologin motiviert ein „brennende[s] Interesse"[1123] an dem Inhalt und am Fortleben der gesammelten Aufzeichnungen, die auch sie selbst betreffen könnten: „Und manche [der Betroffenen, KvB] leben noch. Genauso wie die gesammelten Akten noch leben."[1124] Die Suche danach bleibt jedoch vergeblich – die alte Vermieterin Alberta nimmt das Wissen über den Verbleib der Notizhefte mit ins Grab.

Ausgehend von einigen autobiografischen Motiven[1125] stellt das Hörspiel grundlegende Fragen: Es geht um den Umgang mit und den Missbrauch von privaten Informationen über andere Menschen. Der Text entwirft nicht nur eine Atmosphäre gegenseitigen Misstrauens angesichts einer von Denunziationen durchzogenen Gesellschaft,[1126] sondern thematisiert – im

1120 „Greta: Hat das Heimweh Sie hergetrieben? Ines: Die Archäologie und das Heimweh, aber das läßt sich kaum trennen." Ebd., S. 35.

1121 Ebd., S. 61.

1122 Die Art und Weise der Auseinandersetzung mit dieser Thematik entspricht dem im vorigen Abschnitt entfalteten Motiv des Nicht-richten-Wollens (Vgl. 2.2.6.2): „Ines: In den Fünfzigern wurden viele nach dem Westen geschickt. Anschließend mußten sie dann ihre Berichte schreiben. Greta: Sagen Sie mal, – Sie verteidigen das auch noch? Ines: Durchaus nicht, aber ich verurteile auch niemanden. Greta: Mir unbegreiflich. Er konnte doch nein sagen?! Von mir hat nie einer solche Sachen verlangt. Meine Kollegen bespitzeln, Berichte über andere Menschen schreiben, politische Ansichten ausforschen, – hat mir nie einer angetragen! Ines: Na, wen's eben trifft! Wer eine richtige Biografie hat, geht nicht wie Jesus über's Wasser!" Ebd., S. 56 f.

1123 Ebd., S. 61.

1124 Ebd., S. 62.

1125 Neben Jahrgang und Herkunft der Protagonistin gehören auch die Rückkehr in eine östlich liegende, einsame Gegend im Verlauf der 1980er Jahre sowie die Liebesbeziehung zu einem lettischen Dichter in den 1950er Jahren zu den autobiografischen Motiven des Hörspiels. In der Zeit, in der Boris Djacenko und Novak sich trafen, hatte der Dichter ein Sommerhaus in Kolberg in Brandenburg gemietet.

1126 Dabei werden verschiedene Konstellationen entworfen: Zu den zurückliegenden Spitzel-Diensten des verstorbenen Dichters kommt das Misstrauen der Nachbarin Greta hinzu gegenüber den Tätigkeiten der Archäologin sowie der Verdacht, die Vermieterin Alberta

Sommer 1989 – auch den Status der Aufzeichnungen, die „[w]eder für die Öffentlichkeit, noch für die Schublade gedacht“[1127] sind. Was passiert mit dieser Art von Hinterlassenschaften? Wem obliegt die Verfügungsgewalt und wem sollten die Akten zugänglich sein? Die Figur der Archäologin perspektiviert solche Fragen in Bezug auf die Bedeutung der Vergangenheit, stellt also das ‚ständige Graben, Schippen und Umwälzen‘ in den Fokus und verweist auf das Fortleben der Geschichte in der Gegenwart.

Dieser kurze Exkurs zu den Hörspielen ist nicht nur Beispiel für die Verwendung des Nachlassbegriffs innerhalb der novakschen Werke, sondern unterstreicht zugleich die Bedeutung eines anderen, für das Schaffen der Autorin wesentlich signifikanteren Terminus: dem der Archäologie. Ob als Leitbild des Gedichtbands „Märkische Feemorgana“[1128], in den Hörspielen oder als Figur in dem unabgeschlossenen „Eustachos“-Projekt,[1129] – das Motiv der Archäologie ist ein wiederkehrendes. Ohne darauf an dieser Stelle vertiefend eingehen zu können, bleibt darauf hinzuweisen, dass die Termini „Vor- und Nachlass“ in Novaks Werken zwar weniger prominent vertreten, in den Selbstzeugnissen jedoch von weitreichender Bedeutung sind. Wie im Folgenden gezeigt werden soll, erscheint Novaks Vorlassbewusstsein dabei wesentlich kritischer als ihr Nachlassbewusstsein.

2.2.7.1 *Vorlasskritik und das Recht auf Privatsphäre*

Konsistent in das in Abschnitt 2.2.3 nachgezeichnete Autorbild, das Novak in Bezug auf die literarische Öffentlichkeit von sich gezeichnet hat, fügt sich ihr Beharren auf Privatsphäre. Die Verteidigung dieses Rechts schlägt sich in mehreren Selbstzeugnissen Novaks nieder und kann hinsichtlich des „Vorlassbewusstseins“ der Autorin nicht außer Acht gelassen werden.

Im Januar des Jahres 2011 beschäftigte sich Novak in ihren Aufzeichnungen mit der Frage: „wer oder was ist eine ‚Öffentliche Person‘?“[1130] und diskutierte im Zuge dessen in einem Brief an Rita Jorek auch die Rolle von Autorinnen und Autoren als moralischer Instanz. Einige Monate zuvor war im Herbst 2010

---

habe ihren Bruder denunziert, um eine Zeit lang ungestört in ihrem gemeinsamen Haus wohnen zu können.

1127 Ebd., S. 61.

1128 Novak 1989: Märkische Feemorgana.

1129 Vgl. [Notizen, o.D.]. In: DLA, A:Novak, Nachtrag 2015, Prosa/ Dramatisches, Eustachos 02, Lebendiger Fund/ Lebendiger Fund, Konv. „I. Herbst + Sommer ('90)/ Anfang Ankunft Eustachos“.

1130 Novak, Helga M.: wer oder was ist eine „Öffentliche Person“? [Notiz, vermutlich 2011]. In: DLA, A:Novak, Nachtrag 2015, HS 15.39, Briefwechsel, Jorek, Rita.

bekannt geworden, dass Oskar Pastior sich in den 1960er Jahren zur Mitarbeit beim rumänischen Geheimdienst Securitate verpflichtet hatte. Novak schreibt:

> „Noch nie waren die Anfeindungen der Schriftsteller unter- und gegeneinander so hektisch und fundamentalistisch wie jetzt zur Zeit. Zuerst dachte ich darin eine Lösung zu finden, daß die Kollegen Autoren einfach mit der Wahrheit an die Öffentlichkeit gehen. Dann jedoch mußte ich erkennen, daß an Offenheit und Geständnis gar nicht zu denken ist. Die Betreffenden haben einfach vergessen und leugnen Stein und Bein. Und was würde es ihnen nützen, gar helfen, wenn sie die Wahrheit verkündeten? Gar nichts, man würde noch mehr auf ihnen herumhacken.
>
> Diese Fragen beschäftigen mich sehr. Jahrelang wurde von den Schriftstellern verlangt, der Wahrheit, der Aufklärung, der Toleranz, der Ethik zu dienen. Tja, warum eigentlich. Wer kann das verlangen und auch noch die Missetäter überführen? Es haben ja die Autoren, so wie alle anderen Leute, das Recht auf Geheimnis, auf Privatsphäre, das Recht zu schweigen. Warum sollen wir besser sein als der Tischler in seiner Werkstatt."[1131]

Novaks Überlegungen zu einem „Recht auf Geheimnis, auf Privatsphäre" erinnern an Ingeborg Bachmanns Formulierung vom „Recht auf das Private, das Geheimnis"[1132], das die österreichische Schriftstellerin in ihrem Text „Das Tremendum – Sylvia Plath: Die Glasglocke" in Bezug auf den Suizid von Sylvia Plath einfordert. Während Bachmann mit der Rücksicht auf nahestehende Personen argumentiert, bezieht sich Novak in ihren Aufzeichnungen auf den Schutz der Persönlichkeit. Welche Informationen sollte eine ‚öffentliche Person' von sich preisgeben und welche kann diese mit Recht verschweigen? An welcher Instanz bemisst sich der Umgang damit? Und welche Rolle spielen private Aufzeichnungen in diesem Kontext? Fragen, die nicht nur für Novak, sondern auch für die mit ihren Zeugnissen arbeitenden Wissenschaftlerinnen von Relevanz sind. Wie definiert sich Privatsphäre für die Autorin, was bedeutete dies für ihre einstige Vorlassgabe und veränderte sich dieses Verhältnis in Bezug auf den künftigen Nachlass? Anhaltspunkte finden sich in verschiedenen Ego-Dokumenten Novaks, an denen eine große Wertschätzung und Achtung des Rechts auf Privatsphäre deutlich wird. Als die Regisseurin

---

1131 Novak, Helga M. an Jorek, Rita, Erkner, 3.1.2011. In: Ebd. Als Günter Grass 2006 in seinem autobiografischen Buch „Beim Häuten der Zwiebel" seine Mitgliedschaft bei der Waffen-SS offenlegte, schreibt Novak einen offenen Brief für die Frankfurter Rundschau, um sich mit dem befreundeten Autor zu solidarisieren. Ihr Text wurde allerdings nicht abgedruckt. Den Entwurf sowie weitere damit in einem Zusammenhang stehende Dokumente sammelte Novak in einem eigens dafür angelegten Konvolut. Vgl. DLA, A:Novak, Verschiedenes, Autobiografisches, Konv. zur Debatte um die SS-Vergangenheit (Günter Grass).

1132 Bachmann 2000: Die Glasglocke / Das Tremendum, S. 181.

Margrét Rún, Novaks Schwiegertochter, der Autorin 1995 ihr Traumtagebuch schenken wollte, erklärt Novak entschieden:

> „Ich habe noch nie irgendeines Menschen Post, Papiere, Schreibtisch, Tagebuch untersucht oder gelesen. Das verbietet mir meine Diskretion. [...]
>
> Deine Träume gehören Dir. Sie sind Ausdruck Deiner Persönlichkeit, sie sind Dein Privateigentum, sie sind die Basis Deiner Individualität, sie sind Dein Potential! Das solltest du keinem schenken, auch mir nicht."[1133]

Bezeichnend ist, dass sich im novakschen Nachlass weder Tagebücher noch Traumnotate finden. Doch nicht nur Fragen der Intimsphäre wirft Novaks literarisches Archiv auf, es verbindet diese auch mit historischen, für die Autorin relevanten Kontexten. Wie schon in Abschnitt 2.2.3 angesprochen, findet die Thematik der Privatheit ein Pendant in der Biografie der Autorin, in die sich Überwachung und Missachtung des Privaten als persönliche Erfahrungen eingeprägt haben. Insbesondere in den Briefen, die Novak ab den 1990er Jahren aus Polen verschickte, stellt die Furcht vor Zensur ein wiederkehrendes Narrativ dar. Als ein Beispiel unter vielen soll aus einem Brief an Hans Altenhein von 1995 zitiert werden:

> „Ich bin hier, wegen der fortdauernden polnischen Postzensur, sehr gehemmt; so war ich es in Jugoslawien nie. Daher kommt es, daß meine sporadische, spontane, auch geschwätzige, doch eben immer aus dem Augenblick entstandene, daher ohne große Selbstkontrolle entstehende Post lange liegenbleibt, oder gar nie den Empfänger erreicht, oder einfach ruht und nicht fortgesetzt wird."[1134]

Wie noch zu zeigen sein wird, entsteht im Nachlass eine besondere Nähe der Themenfelder Privatsphäre, Zensur und Überwachung, Archivierung zu Lebzeiten und Einsicht Dritter in private Briefe. Zugleich markiert diese Nachlassformation deutlich den mit Novaks Schreibpraxis einhergehenden Widerspruch. Dem Medium des Briefes als dominierende schriftliche Ausdrucksform (vgl. 2.2.5.2) steht das ausgeprägte Bewusstsein für das Private in einem unauflöslichen Gegensatz gegenüber: „Denn im Moment der

1133 Novak, Helga M. an Rún, Margrét, [Durchschl.], Legbąd, 19.10.1995. In: DLA, A:Novak, Briefwechsel, Rún, Margrét.

1134 Novak, Helga M. an Altenhein, Hans, [Durchschl.], Legbąd, 28.2.1995. In: DLA, A:Novak, Nachtrag 2015, Briefwechsel, Altenhein, Hans. Noch 2008 schreibt Novak an Surynt: „Ich würde Dir gerne viel Privates von mir und meiner Umwelt hier berichten, Erlebnisse – über die ich mit niemanden sprechen kann, aber das ist unmöglich, weil ich fremde Leser befürchte. Da ich eine leidenschaftliche Briefeschreiberin bin/ war, fällt es mir sehr schwer, meinen Alltag richtiggehend verschweigen zu müssen." Novak, Helga M. an Surynt, Izabela, [Kopie], Legbąd, 11.12.2008. In: DLA, A:Novak, Briefwechsel, Surynt, Izabela.

Niederschrift entsteht der Brief nicht nur", wie Sandro Zanetti in seinem Aufsatz „Spielräume der Adressierung" betont, „er löst sich auch bereits von seinem Urheber und gewinnt in seiner schriftlichen Verfassung eine Selbständigkeit, die sich zum etwaigen Anspruch auf Intimität und Privatsphäre grundsätzlich spannungsvoll verhält."[1135] Ist der Brief einmal „geschrieben, verschlossen, eingeworfen, abgeschickt, entzieht er sich der Verfügungsgewalt des Absenders."[1136]

Verschiedene Äußerungen deuten darauf hin, dass Novak eine potentielle Öffentlichkeit ihrer Briefe zwar nicht durchweg befürwortete, doch aber zumindest mitdachte und sich den ‚Spielräumen der Adressierung' durchaus bewusst war. Zurückgekehrt von einer Rumänienreise schreibt sie 1988 an Sarah Kirsch: „Ich hoffe, das alles mal aufzuschreiben, oder der Verlag muß meine Briefe veröffentlichen, wenn ich tot bin. Hab immer Sabine alles brühwarm berichtet."[1137] 1994 heißt es in einem Brief an eine befreundete Journalistin: „Auch dieser Brief ist kein Geheimnis, – Du darfst ihn veröffentlichen, wo und wann Du willst. Es soll nur ja niemand hierherkommen."[1138] 1997 wiederum lenkt sie in einem anderen Briefwechsel ein und schreibt: „[... M]eine Berichte von hier [sind] ‚nicht für die Nachwelt' gedacht und schon gar nicht für die Öffentlichkeit jetzt."[1139] 2007 konkretisiert Novak diese Haltung noch einmal in einem Brief an die Literaturwissenschaftlerin Surynt:

> „Für heute nur dies: bitte! Zitieren Sie nichts aus meinen Briefen oder anderen Äußerungen. Meine Briefe sind private, spontane ‚Gespräche', die ich ganz persönlich mit Ihnen führe. Das geht andere Leute nichts an. Sowie Teile herausgeschnitten und zitiert werden, ist man öffentlich festgelegt, hat nicht mehr die Chance, sich zu korrigieren, wird man festgelegt. Das möchte ich vermeiden."[1140]

Das Changieren der Aussagen veranschaulicht die Problematik, die Novak im letzten Zitat anspricht: Die spontanen, vertraulichen Zeit- und Adressatgebundenen Brieftexte können unüberlegt sein und sich widersprechen, sie sind dem Augenblick verpflichtet und beziehen daraus ihre Freiheit. Sie

1135 Zanetti 2010: Spielräume der Adressierung, S. 42.

1136 Ebd.

1137 Novak, Helga M. an Kirsch, Sarah, Korčula, 29.11.1988. In: DLA, A:Kirsch, Briefe an sie von Novak, Helga M.

1138 Novak, Helga M. an Netenjakob, Doris, [Durchschl.], Legbąd, 27.9.1994. In: DLA, A:Novak, Nachtrag 2015, Briefwechsel, Netenjakob, Doris.

1139 Novak, Helga M. an Hans Altenhein, Legbąd, [Durchschl.], 28.1.1997 – 6.2.1997. In: DLA, A:Novak, Nachtrag 2015, Briefwechsel, Altenhein, Hans.

1140 Novak, Helga M. an Surynt, Izabela, [Durchschl.], Erkner, 5.11.2007. In: DLA, A:Novak, Briefwechsel, Surynt, Izabela.

beanspruchen für sich nicht das Definitivum, ihr Potential liegt in ihrem dynamischen Charakter. Sobald die Texte veröffentlicht werden, verändert sich dieser Rahmen und mit ihm die sich darin befindlichen Aussagen. Die Barrieren für Korrekturen, Widerrufe und Meinungsänderungen steigen. Vor allem den ungehinderten Zugriff Dritter akzentuiert Novak daher, insbesondere in den letzten zwei Jahrzehnten ihres Schaffens, als problematisch: Zitiert ein Anderer aus einer fremden Korrespondenz, so bestimmt dieser den neuen Rahmen für die darin enthaltenen Texte. Dass dies insbesondere bei Briefen wie jenen Novaks zu Schwierigkeiten führt, zeigt nicht zuletzt die vorliegende Studie: Ohne das überbordende, zügellose Temperament, die Stärke und die existenziellen Selbstzweifel zu berücksichtigen, die sich erst durch die Gesamtbriefwechsel vermitteln, wirken vor allem Zitate aus späteren Briefen Novaks zum Teil unbedacht, unkritisch oder pauschalisierend.

In dieses Spannungsfeld fügt sich die Thematik des Vorlasses, mit der die Autorin Ende der 1990er Jahre konfrontiert wurde. Wie in Abschnitt 2.2.4.2 dargelegt, war es eine Verletzung des Persönlichkeitsrechts, die Novak auf die Praxis des ‚Vorlassens' aufmerksam machte: 1998 wurde in einem Ausstellungskatalog ein inhaltlich sensibler Brief der Autorin aus dem Vorlass von Fritz Rudolf Fries veröffentlicht,[1141] ohne Novaks Publikationsgenehmigung einzuholen. Etwa zur gleichen Zeit erfuhr Novak, dass unter anderem auch ihre langjährige Korrespondenzpartnerin Sarah Kirsch ihren Vorlass nach Marbach gegeben hatte. Mehrfach kommentierte Novak in ihren Selbstzeugnissen diese Begebenheit und ließ dem DLA Marbach über Rita Jorek mitteilen, dass sie eine Einsicht Dritter in ihre Briefe nicht wünsche.[1142] Ein ausführlicher Brief an die Literaturwissenschaftlerin Brandt, die Novak in Polen bei der Ordnung

1141 Novak schildert in diesem Brief unter anderem private Angelegenheiten: „Inzwischen bin ich also kräftig beim SDS engagiert, habe eine Uni mitgestürmt und mitbesetzt, habe versucht mir das Leben zu nehmen, bin eine Weile im Irrenhaus gewesen, habe mein ganzes Geld versoffen und nichts, aber auch gar nichts geschrieben. Nun wirst Du wieder sagen, Literatur sei wichtiger als Revolution, aber wenn man eine solche Wut auf die Verhältnisse hat wie ich, geht man bei aller Angst oft doch lieber auf die Strasse." Vgl. Novak, Helga M. an Fries, Fritz Rudolf, 15.6.1968. In: Bentz/Brtnik et al. 1998: Protest!, S. 124.

1142 „Also, daß Sarah meine Briefe ans Schiller-Archiv gegeben hat, find' ich ja auch nicht sehr freundschaftlich. Sie hätte mich mindestens fragen können. Es hat sich ja rumgesprochen, daß ich an meiner Autobiografie sitze und die alten Briefe brauchen würde. Nun kramen andere darin herum. Ich erzählte dir ja, daß in einem Band über den 68er Protest ein Brief von mir an Fries zitiert wurde, in dem ich einen Selbstmordversuch und das Irrenhaus erwähne. Ist das nötig? Auch meine Briefe an Sarah sind immer sehr intim und genau und privat gewesen. Sowas aus dem Haus zu geben, schmerzt mich. Ich halte ihre Briefe jedenfalls in allen Ehren. Es ist ja nicht wahr, was der Mann aus Marbach schreibt, sonst hätten sie jenen Brief über die 68er Zeit, die Unibesetzung, den Selbstmord und das Irrenhaus ja gar nicht rausgefunden, wenn sie dort nicht heftig kramen und sortieren ihres Archivs unterstützte, kann in diesem Zusammenhang als ein Schlüsseltext betrachtet werden. Der Brief vom 17. Dezember 1998 liest sich wie eine auch an die Nachwelt adressierte Positionierung:

„Liebe Marion!

Dieser Brief wird sich für eine Weile hinziehen oder sozusagen in Fortsetzung bei Dir erscheinen.

Danke für Deine gute lange Post, bevor ich auf Deinen Brief eingehe, werde ich selber dies und das berichten. Reiner Egoismus, daß einem die eigenen Dinge mehr unter den Nägeln brennen, sorry!

Du kennst sicher das Marbacher Schillerinstitut, die sammeln Nachlässe und etwas, das sie nennen ‚Vorlässe'. Also in deren Briefen erscheint dauernd dieses Wort ‚Vorlässe', mir wars neu, hab das Wort nie gehört und gekannt, weiß jetzt zwar, was es bedeutet, dennoch ist es mir nicht nur fremd, unsympathisch, sondern auch sehr suspekt. Aber naja, es gibt viele Wörter, die ich nicht kenne, bin da lernfähig. Dafür kenne ich die uralte Jägersprache, die Seemannssprache und die vulgäre Strassensprache. Das macht eine Menge wett für einen Autor. Also über den Umfang meines Wortschatzes glaubte ich bisher nicht klagen zu müssen, des aktiven Wortschatzes. Ob das nun Archäologie, Geologie, Politik, Eisenverhüttung oder chemische Vorgänge betrifft, – die Wirklichkeit hat mich überholt mit dem Wort ‚Vorlässe'. Findste det schön?

Du hast hier wochenlang die kümmerlichen Reste meiner Briefschaften sortiert. Du hast miterlebt, wie ich sentimental, lachend, heulend, explosiv, selten gelassen auf die Erinnerungen reagiert habe, die jene alten Briefe in mir hervorgerufen haben. Wahrlich, ich hab Dir spontan vielfache Hintergründe zu diesen Briefen, Freunden, Beziehungen, Lieben usw. erzählt. Daran konntest Du nicht nur ermessen, sondern direkt erfahren, wie wichtig mir diese alten Briefe sind, welche Bedeutung sie für mich haben als Erinnerungsstützen, was für eine Flut von Bildern und Erinnerung sie in mir losgemacht haben. Alle Gefühlsetagen hast Du an mir erlebt.

Nun dies:

Eine Menge meiner früheren Bekannten und Freunde haben meine Briefe ohne mich zu kontaktieren, nach Marbach ans Schiller-Nationalmuseum/Deutsches Literatur-Archiv gegeben. Vielleicht gut gemeint, obwohl ja ein gewisses Desinteresse daraus hervorgeht, mich dorten ungefragt ‚abzulegen', wo ich doch noch lebe, erreichbar bin und selber seit Jahren meinen alten Briefen nachjage, eben wegen der Erinnerungsstützen. Dir fiel sicher auf, wie oft hier Packen rumliegen von Briefen, die ich mir zurückgestohlen habe. Nicht, weils da Geheimnisse oder was zu verbergen gab, nein diese alten Briefe sind für mich, was andere als ihre Tagebücher horten (und nicht selten verstecken).

Du erinnerst Dich auch daran, daß ich Dich bei Beginn Deiner Durchsichten um äußerste Diskretion gebeten habe.

Jetzt nun ist es HINZ und KUNZ möglich in meine intimen, seelisch und politisch spontanen Äußerungen herumzukramen und Ausschnitte zu nehmen

---

würden." Novak, Helga M. an Jorek, Rita, Legbąd, 10.12.1998. In: DLA, A:Novak, Nachtrag 2015, HS 15.39, A:Novak, Briefwechsel, Jorek, Rita.

und mich ganz nackend öffentlich zu machen. Isländisches Sprichwort: ‚Ein Dichter ist einer, der nackend auf dem Markt steht'. OK, aber meine Figur erlaubt es nun nicht mehr, vor 20 Jahren noch gerne.

Vor Jahren habe ich in Hannover, als ich irgendeinen Lit.Preis kriegte, eine Rede zum Thema Briefe-Schreiben gehalten. Weiß gar nicht, wo der Text abgeblieben ist. Jetzt würde ich das Thema gern erweitern um eigene Erfahrungen, z. B. warum ich fürderhin keine Briefe mehr schreibe.

[hs. Es ist mir von ehemaligen Freunden vergällt. Es ist ja mit den spontanen Briefen so: Da kannst Du nicht (wie im Gespräch) zurücknehmen, erklären differenzieren, erwägen, abschätzen, Dich verbessern!

Das ist es: es steht da!

Deine Helga]"[1143]

Dem Begriff des „Vorlasses" gegenüber wird in diesem Brief ein Misstrauen ausgesprochen, er erscheint allein deshalb verdächtig, weil er der Autorin trotz eines großen Wortschatzes nicht geläufig ist. Der Terminus „Nachlass" dagegen wird kommentarlos hingenommen. Es scheint vor allem das „Ablegen" zu Lebzeiten zu sein, das Irritation hervorruft und mit Novaks Verständnis von Privatsphäre nicht vereinbar ist. Definiert die Philosophin Beate Rössler etwas als privat, „wenn man selbst den Zugang zu diesem ‚etwas' kontrollieren kann"[1144], so sorgte sich Novak im Zuge der Vorlassgaben um den Verlust genau dieser Kontrolle und Verfügungsgewalt, der mit der halböffentlichen Zugänglichkeit der Briefe einhergeht. Weder über die Existenz ihrer Briefe im Archiv informiert noch im Vorfeld um Erlaubnis gefragt, ihren Brief von 1968 einzusehen und zu publizieren, sah sie ihr ‚Recht auf informationelle Selbstbestimmung' in Gefahr (vgl. 1.6). Darüber hinaus beruft sich Novak in dem Schreiben an Brandt auf die persönliche Bedeutung der Briefe und betont, wie in anderen Zitaten zuvor auch, den spontanen, impulsiven Charakter sowie die starke Kontextbezogenheit ihrer Briefschaften, die nicht einfach im öffentlich abgedruckten, fixierten Wort aufgehen können.

Wiederholt kam die Autorin in ihren Korrespondenzen auf die Vorlassgaben zu sprechen. Sie berichtete von einer zunehmenden Selbstzensur, beschloss kurzerhand, keine Briefe mehr zu schreiben, ohne diesen Beschluss tatsächlich umzusetzen.[1145] In einem Brief an Hans Altenhein zieht sie 1999 außerdem

1143 Novak, Helga M. an Brandt, Marion, [Kopie], Legbąd, 17.12.1998. In: DLA, A:Novak, Nachtrag 2015, Briefwechsel, Brandt, Marion.

1144 Rössler 2001: Der Wert des Privaten, S. 23.

1145 „Nochwas zum Briefeschreiben: daß meine Korrespondenzen in ein mehr oder weniger öffentliches Archiv gewandert sind, ist mir doch ein größerer Schock, als Du glauben wirst. Meine Briefe sind immer sehr spontan und konkret gewesen, was die Politik betrifft und auch persönliche Sachen, die wirklich nur für den Empfänger gedacht waren. Und bedenke, es sind ja ehemalige Freunde, die mich dort ‚abgelegt' haben. Ich kanns eine provokante Parallele zwischen der möglichen Zugänglichkeit ihrer Briefschaften und der durch das Stasi-Unterlagen-Gesetz geregelten Zugänglichkeit der Stasi-Akten:

> „Jetzt komme ich auf den Anfang meines Briefes vom März zurück, – warum ich keine Briefe mehr schreibe. Einige ehemals beste Freunde haben, ohne mich zu fragen, meine Briefe an sie dem Deutschen Literatur-Archiv übergeben. Deswegen schrieb ich anfangs, daß meine Briefe ja stets sehr intim gewesen seien. Warum auch nicht, wo ich doch immer so weit weg wohnte. Briefe waren für mich Vertrauenssache, waren! Meine Briefe der Öffentlichkeit preiszugeben, ist für mich schlimmer, als das – was ich in meinen Stasi-Akten lese. Bei letzteren weiß ich wenigstens, woher und warum, und schlecht gelogen ist es sowieso."[1146]

Wie auch schon der Brief an Brandt gezeigt hat, zielt die Frage, wer auf die Korrespondenzen zugreifen kann, auf Aspekte einer spezifischen Auffassung von Privatsphäre, die Verfügungsgewalt, Deutungshoheit und Selbstbestimmung im Umgang mit persönlichen Informationen betrifft (vgl. 2.2.9). So legt Novak ihrem ehemaligen Lektor Klaus Roehler 1999 brieflich dar, dass sie bestrebt sei, biografischen Kurzschlüssen vorzubeugen und die Darstellung ihrer eigenen Person eigenverantwortlich zu bestimmen und zu lenken. Die Veröffentlichung privater Briefe verknüpft Novak im Zuge dessen thematisch mit der Arbeit an ihrem dritten autobiografischen Roman „Im Schwanenhals". In Bezug auf Peter Handkes Stellungnahme in einem Fernseh-Interview zu der bevorstehenden NATO-Militärintervention im Kosovokrieg im Frühjahr 1999 schreibt Novak:[1147]

> „Darf ich mit Dir brieflich das Thema ‚Autobiographie' diskutieren?
>
> Letzthin, noch vor den Bombardierungen, hatte man in 3sat Peter Handke vor die Kamera gebeten, wo er seine Ansichten über den bevorstehenden Angriff auf Belgrad vorgetragen hat. Abgesehen davon, daß seine Meinung über Jugoslawien der meinen diametral entgegengesetzt ist, hat er eben gesagt, was er denkt zu dem Komplex.
>
> Der gesamte Kommentar des Kulturmoderators darnach lautete, – (über Handke) sein Großvater war Slowene, sein Vater war deutscher Soldat, sein Stiefvater ist Alkoholiker, und seine Mutter hat sich das Leben genommen!

gar nicht verkraften. Das Schlimmste, ich fange an, mir vorher zu überlegen, ob ich was sehr Persönliches in Briefen kundtue. Meine Einsamkeit in der Hinsicht wird immer schlimmer." Novak, Helga M. an Jorek, Rita, Legbąd, 8.–10.2.1999. In: DLA, A:Novak, Nachtrag 2015, HS 15.39, Briefwechsel, Jorek, Rita.

1146 Novak, Helga M. an Altenhein, Hans, [Kopie], Legbąd, 23.7.1999. In: DLA, A:Novak, Nachtrag 2015, Briefwechsel, Altenhein.

1147 Vgl. Becker: „Die Juden sind außer Kategorie". In: Der Tagesspiegel, 14.3.1999.

> Vielleicht verstehst Du, wenn ich nicht will, daß man solche Briefe wie jene an Fries und eben auch andere sehr private Äußerungen einfach veröffentlicht.
> Stell Dir dann deren Kommentar vor: Mutter hat ihr Kind weggeben, Vater zweifacher Frauenmörder, Ziehvater deutscher Soldat, wenn auch im I., die Novak Alkoholikerin, Anarchistin und auch ihre Kinder weggeben. Nee danke!
> Zugegeben, vieles davon habe ich selber veröffentlicht. Das ist dann aber meine eigene Sache, und jede Autobiographie ist natürlich das Risiko des Autors. Dazu stehe ich. Es sind die Methoden, die mir nicht passen."[1148]

Ob im Zusammenhang mit den Vorlassgaben befreundeter Kollegen, der Diskussion um die Stasi-Akten oder in Bezug auf die Arbeit an „Im Schwanenhals" – Novaks Vorbehalte gegenüber einer öffentlichen Zugänglichkeit ihrer privaten Zeugnisse zu Lebzeiten überlagern sich und sind in ihrem Nachlass vielfach dokumentiert. Eine diesbezügliche thematische Dichte betrifft die Jahre 1998 und 1999. Als paradox erscheint es deshalb, dass just in diesen Jahren, angestoßen durch Novaks Beschwerde beim DLA wegen der Veröffentlichung des Fries-Briefes, erste Verhandlungen bezüglich einer Übernahme des literarischen Archivs der Autorin initiiert wurden.[1149] Im Januar 1999 ließ Novak dem DLA über Jorek mitteilen, dass sie prinzipiell nichts dagegen einzuwenden hätte, wenn ihr literarisches Archiv nach Marbach gelangen würde, dass sie ihre Dokumente zunächst aber selbst für die Arbeit an ihrer Autobiografie benötige.[1150] Finanziell in Not gab Novak 2012 schließlich die Hälfte ihres literarischen Archivs als Vorlass nach Marbach – ohne über Sperrungen oder Einsichtsbeschränkungen zu verfügen, aber auch ohne zu Lebzeiten Einsichtnahmen in das literarische Archiv zu gewähren. Das zuvor Erörterte unterstreicht den prekären Status, der den Zeugnissen ab dem Moment der Archivübergabe zukommt: Das Archiv ist der Ort, an dem sich, wie Sigrid Weigel schreibt, „intime Mitteilungen in öffentliche Dokumente verwandeln"[1151]. Welche Rolle spielt der Tod im Hinblick auf diese Schwelle zwischen Privatsphäre und Öffentlichkeit?

1148 Novak, Helga M. an Roehler, Klaus, [Kopie], Legbąd, 14.4.1999. In: DLA, A:Novak, Briefwechsel, Roehler, Klaus.

1149 Vgl. DLA, Meyer, Jochen an Jorek, Rita, Marbach am Neckar, 1.12.1998. In: DLA, Bestandsakte Novak (intern).

1150 „In einem Brief an Frau Jorek hatte ich auch nach Ihrem eigenen literarischen Archiv gefragt. Und Sie antworten jetzt, daß Sie im Prinzip nichts dagegen haben. Dafür bin ich dankbar. Fühlen Sie sich aber bitte in keiner Weise gedrängt. Ich begreife gut, daß Sie Ihre Manuskripte und Briefschaften für die Arbeit an Ihrer Autobiographie brauchen. Sollten Ihnen aber eines Tages Teile der Materialien entbehrlich werden, dann denken Sie bitte an den Marbacher Wunsch." DLA, Meyer, Jochen an Novak, Helga M., Marbach am Neckar, 11.1.1999. In: DLA, Bestandsakte Novak (intern).

1151 Weigel 2006: Hinterlassenschaften, Archiv, Biographie, S. 46.

2.2.7.2 *Nachlassbewusstsein, nachlasspolitische Vorbereitungen, Nachleben*

Im Vergleich zu Novaks ambivalenter Haltung Vorlassgaben gegenüber erscheint ihr Nachlassbewusstsein wesentlich nüchterner – das Fundament dafür bildete sich drei Jahre vor der nicht autorisierten Veröffentlichung des Briefes an Fritz Rudolf Fries heraus. Nicht nur verwendete die Autorin ab ungefähr 1995 den Begriff „Nachlass" mehrfach und umstandslos für ihr literarisches Archiv, auch begann sie zu dieser Zeit, verschiedene nachlasspolitische Entscheidungen zu treffen. Dass die Nachlassthematik auch schon zuvor am Rande präsent gewesen sein muss, wurde zu Beginn des Abschnitts 2.2.7 aufgezeigt. Jedoch ging dieses frühe Nachlassbewusstsein vermutlich nicht vielmehr als über eine bloße Kenntnisnahme hinaus. In einem fragmentarischen Redemanuskript, das Novak vielleicht anlässlich der Verleihung des Marburger Literaturpreises 1990 verfasste, wird diese eher desinteressierte Haltung deutlich. Sich auf ihren Auftritt während der Marburger Literaturtage 1982 beziehend,[1152] erklärt Novak:

> „Ein Mal nur bin ich in Marburg gewesen, das ist mindestens acht Jahre her. Sie hatten uns ehemaligen DDR-Dichtern und Künstlern eine Tagung ausgerichtet. Vielleicht erinnert sich einer unserer damaligen Gastgeber daran, daß ich in einer heftigen Diskussion sagte, – hier sitzen hundert Jahre Gefängnis auf der Bühne! Ja, diese Einladung macht, daß ich mich gerne an Marburg erinnere. Ansonsten weiß ich wenig über Ihre Stadt, nur, – daß ich meine Handschriften und Briefschaften herschicken kann, wenn ich keinen Platz mehr zu Hause dafür habe."[1153]

Offenkundig verortet die Autorin in diesem maschinenschriftlichen Entwurf das Marbacher Literaturarchiv irrtümlich in Marburg. Obzwar es sich vermutlich um eine rasch dahingeschriebene, wenig bedachte Notiz handelt, so zeugt sie doch von einem Wissen um die Existenz des DLA, aber nicht von einer eingehenderen Beschäftigung damit.

Dieses latente Nachlassbewusstsein veränderte sich ab 1995 dergestalt, dass für dieses Jahr erstmals die Ordnung des literarischen Archivs nachgewiesen werden kann und weitere Zeugnisse aus den Folgejahren von wiederholten Ordnungsversuchen berichten. Zudem spricht Novak in diesem Zusammenhang nicht nur von „eine[r] Art Archiv"[1154], sondern verwendet auch explizit den Begriff Nachlass wie in einem Brief an Margrét Rún im September 1995,

1152 Vgl. o. V.: Ein hohes Maß an Denkfaulheit. In: Die Tageszeitung, 7.10.1982.

1153 Novak, Helga M: [Typoskript, o. D.]. In: DLA, A:Novak, Verschiedenes, Notizen, Autobiographisches.

1154 Novak, Helga M. an Altenhein, Hans, [Durchschl.], Legbąd, 28.1.1997 – 6.2.1997. In: DLA, A:Novak, Nachtrag 2015, Briefwechsel, Altenhein, Hans.

kurz nach ihrem 60. Geburtstag: „Wir haben tatsächlich den ganzen Nachlass geordnet […].“[1155] Die Vorbereitungen fallen in die Nachwendezeit, in der Novaks gesundheitliche Einschränkungen zunahmen und die Autorin sich nach Polen zurückzog. In literaturhistorischer und erinnerungskultureller Perspektive markiert das Jahr 1995 zugleich eine Veränderung der literarischen Erinnerungsarbeit, die durch den fünf bzw. sechs Jahre zurückliegenden politischen Umbruch von 1989/90 ebenso bestimmt wurde wie durch das sich zum 50. Mal jährende Ende des Zweiten Weltkrieges.[1156] In Bezug auf Novak scheint für den Zeitpunkt des Ordnungsbemühens mindestens vier Aspekte relevant: Zum einen traten Novak und ihre ehemalige Studienfreundin Rita Jorek 1995 wieder in Kontakt miteinander mit der Folge, dass Jorek die Autorin zu unterstützen begann. (vgl. 2.2.8). Zum anderen plante Novak im Januar 1995 eine, schließlich nicht realisierte, Lesung in Marbach am Neckar mit anschließendem Besuch des Literaturarchivs.[1157] Zudem starb Horst Karasek im November 1995 in Frankfurt am Main – Novak fuhr zu dessen Begräbnis.[1158] Nach dem Wechsel zu Schöffling & Co war 1995 aber nicht zuletzt das Jahr, in dem der Anfang gemacht wurde für eine umfassende Werkschau: Der Band „Gesammelte Prosa“ erschien, die Planung der „Gesammelten Gedichte“ wurde vorangetrieben und die Neuauflage der beiden ersten autobiografischen Bände erfolgte drei Jahre später. Auch das langjährige Projekt „Im Schwanenhals“ befand sind zu diesem Zeitpunkt schon in Vorbereitung. Wie eng sich Werk- und Nachlassbildung miteinander verbanden, unterstreicht ein Auszug aus einem Brief Novaks an den Schöffling-Verlag vom September 1995, der die beschriebene Koinzidenz illustriert:

> „Rita Jorek aus Leipzig war hier vierzehn Tage lang und hat alle Papiere, Briefe, Hörspiele, angefangene Manuskripte, Gedichte, Kritiken usw. usf. aus dreissig Jahren sortiert und nach Daten eingeordnet. Wir haben gearbeitet wie die Verrückten. Mehr als 100 Ordner hab ich gekauft, die stehen schön beschriftet in Kartons. Königlich. Es kommen in den Gedichtband also auch neuere und ältere unveröffentlichte Verse rein. Mit den Gedichten werde ich mir mehr Mühe geben [als bei der Prosa, KvB], denn DA liegt mein bisschen Ehrgeiz drin.“[1159]

1155 Novak, Helga M. an Rún, Margrét, [Durchschl.], Legbąd, 13.9.1995. In: DLA, A:Novak, Briefwechsel, Rún, Margrét.

1156 Vgl. Geisenhanslüke 2015: Gedächtnispolitik 1995, S. 31 f.

1157 Vgl. Novak, Helga M. an Bülow, Ulrich von, Legbąd, 14.4.1994. In: DLA, Bestandsakte Novak (intern).

1158 Vgl. Boltenstern/Jorek: Gespräch mit Rita Jorek am 16.4.2016 in Markkleeberg (unveröffentlicht).

1159 Novak, Helga M. an Schöffling & Co, Schöffling, Ida und Klaus, [Durchschl.], Legbąd, 14.9.1995. In: DLA, A:Novak, Nachtrag 2015, A:Novak, Briefwechsel, Schöffling.

Die enthaltene Beschreibung der prägnanten, sich durch beschriftete Pappmappen auszeichnenden Archivordnung, an der Rita Jorek maßgeblich beteiligt war, deutet auf Ambitionen Novaks hin, ihr Gesamtwerk zu bündeln und die eigene Selbstüberlieferung vorzubereiten. Tendenzen der Selbsthistorisierung zeichnen sich ab. Die sich anhand der Materialien vollziehende, chronologische Rückschau auf 30 Jahre, die die eigene Geschichtlichkeit vor Augen führt, wiederholte sich zwei Jahre später, diesmal jedoch als Retrospektive ortsgebundener Lebensetappen – sichtbar werdend an den verschiedenen Dokumentenstapeln. Anfang des Jahres 1997 berichtet Novak an Ida Schöffling: „Rita hatte ja in zwei früheren Aufenthalten bei mir alle Papiere, Manuskripte, Briefe usw. sortiert, ach – all die Pakete aus Jugoslawien, aus Frankfurt noch, aus Berlin und was sich in Polen angesammelt hatte."[1160] Auch an dem oben zitierten Brief an Brandt vom Dezember 1998 zeigt sich, dass die Ordnung der eigenen Briefe und Manuskripte mit einer zurückblickenden Selbstlektüre und einen durch die Materialien evozierten Erinnerungsprozess verbunden ist, der sich auf das Archiv als externalisiertes Gedächtnis stützt.

Mehrere Ordnungsvorgänge lassen sich anhand Novaks Korrespondenzen für die Jahre 1995 bis 1998 rekonstruieren: Mindestens drei bis vier Mal besuchte Jorek die Autorin in dieser Zeit, um sie bei der Systematisierung des literarischen Archivs zu unterstützen, mindestens einmal half ihr Brandt – für einen Ordnungsdurchgang veranschlagte Novak dabei ungefähr vierzehn Tage.[1161]

In der Kommunikation mit der Institution Literaturarchiv indes gab Novak zur gleichen Zeit vor, kein persönliches literarisches Archiv zu besitzen. In dem Antwortschreiben an die Akademie der Künste, die sich interessiert an Novaks Vorlass gezeigt hatte, schreibt die Autorin im September 1997, also ein Jahr vor ihrer Beschwerde in Marbach:

> „Was den Ankauf eines Archivs betrifft, habe ich erstmal viele Fragen. Was für ein Archiv sollte das sein?
>
> Ich habe gar kein Archiv.
>
> Meinen Sie damit Manuskripte? Die habe ich immer weggeworfen, nachdem ein Buch erschienen ist.
>
> Meinen Sie Briefe? Die liegen doch bei den jeweiligen Empfängern. Meinen Sie Briefe an mich? Da habe ich nur wenig. Mir ist ein Hausstand Anfang des Bosnien-Krieges in Korcula abhanden gekommen. Auch habe ich vieles in Berlin verloren, weil ich meine Wohnung nicht mehr bezahlen konnte. Obwohl

1160 Novak, Helga M. an Schöffling & Co, Schöffling, Ida, [Durchschl.], Legbąd, 7.1.1997. In: Ebd.

1161 „Was das Sortieren angeht, rechne ich mit mehr als zwei Wochen." Novak, Helga M. an Brandt, Marion, [Durchschl.], Legbąd, 20.11.1997. In: DLA, A:Novak, Nachtrag 2015, Briefwechsel, Brandt, Marion.

ich noch dort gemeldet bin, hat der Eigentümer sie untervermietet, ich weiß nichtmal an wen.

Wenn Sie Zeit finden und es nicht zu viel verlangt ist, dann schreiben Sie mir doch bitte, was Sie meinen, was Sie interessiert, was Sie in Ihrem Archiv sammeln."[1162]

Obwohl Novak, während sie diesen Brief schreibt, schon begonnen hatte, ihr Archiv in Mappen zu ordnen, gibt sie sich ahnungslos, aber nicht uninteressiert. Vielleicht deutete sich schon die skeptische Vorsicht gegenüber Vorlassgaben an, vielleicht sollte aber auch das Sammlungsinteresse des Literaturarchivs ausgelotet und die eigene Verhandlungsposition gestärkt werden. Möglich ist auch, dass Novak die Bedeutung ihres privaten Archivs zu diesem Zeitpunkt – unter anderem wegen der Lückenhaftigkeit – tatsächlich als gering einschätzte. Schon 1995 schreibt Novak an Hans Altenhein: „Viel gibt der Nachlass nicht her, aber geordnet ist nun alles."[1163]

Novaks nachlasspolitische Bemühungen, das Aufsetzen verschiedener Testamentsentwürfe und die Suche einer passenden Nachlassverwaltung ab 1995 veranschaulichen jedoch: Die Autorin bereitete dezidiert eine posthume Übergabe ihrer Papiere an ein Archiv vor, problematisierte dies aber im Gegensatz zu einer Überantwortung zu Lebzeiten kaum.

Im Herbst 1995 – parallel zur ersten Ordnung des Archivs – berichtete Novak ihrer Schwiegertochter Margrét Rún brieflich von ihrem Vorhaben, ein Testament aufzusetzen und ein Bestattungsinstitut zu kontaktieren, gleichzeitig bat sie Rún gemeinsam mit Jorek die Nachlassverwaltung zu übernehmen. Ihre auf Island wohnenden Kinder zog sie für dieses Amt nicht in Betracht, fasste aber auch keinen letztgültigen Entschluss.[1164] Erst für das Jahr 1999, als der erste Band der „Gesammelten Gedichte" erschien, finden sich weitere Quellen, die die Suche nach einer Nachlassverwalterin nicht nur belegen, sondern auch die damit verbundenen Interessen verdeutlichen: Mit Bedacht sollte eine Person ausgewählt werden, die die Autorin nach ihrem Tod vertritt, möglichst in ihrem Sinne und im Sinne der Texte über den zukünftigen Umgang mit den hinterlassenen Papieren entscheidet und Rechtsfragen klärt. Genau diese Konstellation skizzierte Brandt, nachdem Novak ihr im Sommer 1999 die Nachlassverwaltung angeboten hatte und die Literaturwissenschaftlerin

1162 Novak, Helga M. an AdK (Berlin), Trautwein, Wolfgang, [Durchschl.], Legbąd, 7.9.1997. In: DLA, A:Novak, Nachtrag 2015. Briefe von ihr an AdK (Berlin), Trautwein, Wolfgang.

1163 Novak, Helga M. an Altenhein, Hans, [Durchschl.], Legbąd, 16.8.1995 [hs. Sept.?]. In: DLA, A:Novak, Nachtrag 2015, Briefwechsel, Altenhein, Hans.

1164 Vgl. Novak, Helga M. an Rún, Margrét, [Durchschl.], Legbąd, 13.9.1995. In: DLA, A:Novak, Briefe, Rún, Margrét. Und: Novak, Helga M. an Rún, Margrét, [Durchschl.], Legbąd, 19.10.1995. In: Ebd.

schließlich aus privaten Gründen ablehnte.[1165] Im November fiel dann die Entscheidung auf Jorek als Nachlassverwalterin, ein Notartermin wurde verabredet, doch letzte Bedenken auf Seiten Novaks blieben. Handschriftlich fragt sie im selben Jahr die gleichaltrige Freundin: „Was passiert, wenn Dir was passiert, bevor mir was passiert? Beantworte mir das so genau wie überhaupt möglich, bitte!"[1166] Im Rahmen der getroffenen Vorkehrungen wurden folglich auch Eventualitäten bedacht, um den posthumen Kontrollverlust soweit wie möglich zu begrenzen.

Neben der Nachlassverwaltung war es vor allem der Verbleib der Privatbibliothek, den die Autorin im Rahmen ihrer Nachlasspolitik organisiert wissen wollte – dies ist in den vorangegangenen Abschnitten bereits angeklungen (vgl. 2.2.4.2. und 2.2.5). Während sich der Prozess der letztgültigen Beschlussfindung hinzog, stellte Novak die damit verbundenen Maßnahmen als notwendige Formalien dar, die, wie sie spöttisch in einem Brief an Jorek im Dezember 1999 anmerkt, in keinem Verhältnis stehen zu dem nahenden Tod, den sie betreffen:

> „Ich schlage mich hier herum mit den Testament-Problemen. Den Termin beim Notar habe ich verstreichen lassen, weil ich nicht weiss, wie die Sachen anpacken. Deswegen sende ich Dir jetzt den Brief vom Schlögel mit (er ist einer der ganz grossen berühmten Ost-Experten), nimm Kontakt mit ihm auf und frag, was und wie er sich die geringe Gabe meiner Bücher an seine Universität, namens Viadrina, vorstellt. Ich habe keine Zeit für seine Bedenken, entweder ich schenke ihm was, oder er will es nicht. Ich ‚habe mit dem Sterben zu tun' und nicht mit deutscher Bürokratie, sag ihm das. Ansonsten gilt ihm all meine Bewunderung."[1167]

Im Nachlass liegen zwei Testamentsentwürfe, ein undatierter, handschriftlich von Novak verfasster und ein computerschriftlicher Entwurf vom Juli 2011, den vermutlich Jorek anfertigte. Zudem existiert eine nicht datierte, handgeschriebene Notiz Novaks, die festhält: „Testamentarische Verfügung: / Privates! /Autobiografie – Rita + Margret / Erbe mein Sohn!"[1168] Diese Notiz, eventuell Mitte der 1990er Jahre entstanden, bezeugt die zeitweilige Erwägung einer doppelt besetzten Nachlassverwaltung. Bemerkenswert an dieser Notiz ist aber, dass das testamentarisch zu Regelnde hier als „Autobiografie" bezeichnet wird. Wenn damit alle dem Projekt „Im Schwanenhals" zuzurechnenden

---

1165 Vgl. Brandt, Marion an Novak, Helga M., Berlin, 7.8.1999. In: DLA, A:Novak, Nachtrag 2015, Briefwechsel, Brandt, Marion.

1166 Novak, Helga M. an Jorek, Rita, Legbąd, 6.11.1999. In: DLA, A:Novak, Nachtrag 2015, HS 15.39, Briefwechsel, Jorek, Rita.

1167 Novak, Helga M. an Jorek, Rita, Legbąd, um den 17.12.1999. In: Ebd.

1168 Novak, Helga M.: [Notiz, o.D.]. In: DLA, A:Novak, Verschiedenes, Notizen 03.

Materialien gemeint sind, stützt dies die später zu entfaltende These, dass Novak ihr literarisches Archiv ab den 1990er Jahren zu einem Archiv für ihre Autobiografie umgestaltete und diese im Zweifel posthum durch die Nachlassverwalterin abschließen lassen wollte (vgl. 2.2.9).

Der zweite handschriftlich in ein Heft geschriebene Testamentsentwurf, vielleicht von 1999, fällt umfangreicher aus als die vorangegangene Notiz. Systematisch werden Aspekte wie Wille, Besitz, personenbezogene Daten der Testierenden, die Erben sowie einzelne Bestandteile des literarischen Nachlasses aufgelistet.[1169] Ulrich von Bülows Kontextualisierung des deutschen Nachlassbegriffs im Zusammenhang von „Eigentum, Person und Wille"[1170] spiegelt sich in dieser Anlage exemplarisch wider. Novaks Entwurf hält außerdem fest, dass das Testament in drei Sprachen – Polnisch, Deutsch und Isländisch – vorliegen soll. Unter der Berufsbezeichnung „freiberufliche Schriftstellerin" steht vermerkt: „veröffentlicht: 14 Bücher (Prosa/ Poesie) in West-Deutschland (alte BRD)"[1171]. Liest man diese, letztlich nur Entwurf gebliebenen, Bemerkungen mit Ulrike Vedder als „vorgezogene letzte Worte"[1172], untermauert ihr Gewicht das Autorbild, das der Nachlass von Novak vermittelt und das sich von einer DDR-Autorschaft zunehmend distanziert (vgl. 2.2.6.2).

Unter dem literarischen Nachlass, den Novak in der Aufzählung ihres materiellen Vermögens an erster Stelle auflistet (es folgen: „Rente vom Bundespräsidenten, Tantiemen, Verlag, Bücher, Haushalt"[1173]), fasst die Autorin: „Manuskripte, Typoskripte, Dokumente, alle Briefe + Antwortbriefe, Fotos, Akten, Notizen"[1174]. Als Nachlassverwalterin wird Jorek bestimmt, das Erbe soll an ihre Kinder gehen. Die geplante Schenkung „aller Bücher"[1175] an die Europa-Universität Viadrina wird separat aufgeführt und kann, aufgrund des Schwerpunkts der Universität auf deutsch-polnische Zusammenarbeit, als weitere dezidiert europäische Positionierung Novaks begriffen werden. Novaks Nachlassverständnis offenbart sich in dem Entwurf als ein relativ differenziertes, das auch Bildmaterial miteinschließt. Ein Fokus liegt zusätzlich auf den

---

1169 Vgl. Novak, Helga M.: [Testamentsentwurf, ca. 1999/2000]. In: DLA, A:Novak, Verschiedenes, Notizen 07, Notizheft.

1170 Bülow 2016: Nachlässe, S. 146.

1171 Novak, Helga M.: [Testamentsentwurf, ca. 1999/2000]. In: DLA, A:Novak, Verschiedenes, Notizen 07, Notizheft.

1172 Vedder 2011: Das Testament als literarisches Dispositiv, S. 14.

1173 Novak, Helga M.: [Testamentsentwurf, ca. 1999/2000]. In: DLA, A:Novak, Verschiedenes, Notizen 07, Notizheft.

1174 Ebd.

1175 Ebd.

Briefen, da das Vorhandensein versendeter und empfangener Briefe explizit gemacht wird.

Der vermutlich von Jorek für Novak erstellte Testamentsentwurf vom Juli 2011 setzt deutlich andere Akzente: Er zielt auf die Überführung des gesamten Vermögens – den literarischen Nachlass, die Rechte am geistigen Eigentum und finanzielle Werte einbegriffen – in eine „Helga M. Novak-Stiftung“[1176]. Dieses Vorhaben verfolgte Jorek schon seit 2000. Sowohl dem Bundespräsidialamt als auch der Stiftung für deutsch-polnische Zusammenarbeit schlug die zukünftige Nachlassverwalterin vor, das Haus in Legbąd nach dem Tod Novaks als deutsch-polnische Begegnungsstätte zu erhalten und den Nachlass der Autorin dort zusammen mit ihrer Bibliothek zugänglich zu machen.[1177]

Novaks schließlich rechtswirksames, im Beisein von Jorek und Elisabeth Stoye-Balk am 23. August 2011 aufgesetztes, und am nächsten Tag notarisch beglaubigtes Testament fällt schlichter als beide Entwürfe aus und greift das Stiftungsvorhaben nicht auf. Das sich nicht im Nachlass befindliche, sondern bei Jorek bewahrte, handschriftliche Testament hält in wenigen Sätzen fest, dass Novaks zwei Kinder gleichberechtigt als Erben eingesetzt werden, während Rita Jorek als Nachlassverwalterin fungieren soll.[1178]

Ein Verkauf des literarischen Archivs an das DLA Marbach wird in dem Testament nicht erwähnt. Bis zu dem Zeitpunkt der Vorlassübergabe 2012, als es um Novaks Gesundheitszustand schon äußerst schlecht bestellt war, wollte die Autorin, folgt man der Darstellung Joreks, die Verfügungsgewalt über ihr literarisches Archiv nicht abgeben: „Sie hätte ja gar nicht ohne das arbeiten können. Und sie wollte, solange sie konnte, das Heft des Handelns in der Hand behalten.“[1179] Zugleich überließ Novak, vermutlich ab 1999, Jorek die Absprachen mit dem DLA Marbach. Die Nachlassverwalterin berichtet:

> „Ulrich von Bülow hatte versucht, mit Helga ins Gespräch zu kommen, aber sie hat das immer abgelehnt, auf seine Briefe nicht geantwortet. Mit ihrem Einverständnis nahm ich dann das Ganze in die Hände. Als Herr von Bülow uns im Herbst 2012 besuchte, wollte sie nicht mit ihm sprechen und überließ mir die

---

1176 Vgl. Jorek, Rita [?]: Testament von Helga M. Novak, Berlin, 6.7.2011. In: DLA, A:Novak, Nachtrag 2015, Verschiedenes, Dokumente.

1177 Vgl. Jorek, Rita an Bundespräsidialamt, Markkleeberg, 5.4.2000. In: DLA, A:Novak, Nachtrag 2015, Briefe anderer, Jorek, Rita. Und: Jorek, Rita an Stiftung für Deutsch-Polnische Zusammenarbeit, Markkleeberg, 15.7.2000. In: DLA, A:Novak, Nachtrag 2015, Briefe anderer, Jorek, Rita.

1178 Vgl. Novak, Helga M.: Testament, Erkner, 23.8.2011. Als Kopie dankenswerter Weise zur Verfügung gestellt von Rita Jorek.

1179 Boltenstern/Jorek: Gespräch mit Rita Jorek am 16.4.2016 in Markkleeberg (unveröffentlicht).

> Verhandlungen. […] Im Dezember wurde der erste Teil von Helgas Archiv nach Marbach geholt und am 27. März die Presse davon informiert."[1180]

Der Verlust des direkten Zugriffs auf das Archiv zu Lebzeiten verweist – so vermitteln es auch die bisher angeführten Quellen – unmittelbar auf den Tod. Im Rahmen des bereits Erörterten scheinen sich Novaks Vorlassskepsis und ihre nachlasspolitischen Vorkehrungen mehr auf ein selbstbestimmtes Leben und weniger auf eine konkrete Hoffnung auf ein Nachleben oder auf Nachruhm zu richten. Das mehrmals verschobene Testieren fokussiert die Grenze zwischen Leben und Tod, wobei das Formulieren des letzten Willens nur im Leben stattfinden kann und somit die eigene Souveränität zu Lebzeiten unterstreicht. Trotz der finanziellen Notlage der Autorin wurde der Verkauf des literarischen Archivs lange hinausgezögert: Von der Aufnahme der nachlasspolitischen Vorkehrungen ab 1995 und den ersten Verhandlungen mit Marbach 1999 sollten mehr als zehn Jahre vergehen bis zu letztgültigen Verfügungen 2012. Verfügungen über posthume Sperrungen oder andere Einsichtsbeschränkungen blieben dabei aus.

Das Verhältnis zum Tod, das sich in Novaks Nachlassformation abzeichnet, fügt sich in diese Konstellation insofern, als dass die Thematik nicht ausgespart wird, der Akzent aber vielmehr auf dem zu Ende gehenden Leben, der Vergänglichkeit liegt. Eine besondere Häufung der Thematik tritt in Novaks letzten Gedichten und Fragmenten auf, die zwischen 2010 und 2013 entstanden und die Jorek nach Novaks Tod teilweise veröffentlichte.[1181] Allerdings fehlt eine editorische Notiz, die ihre Transkriptionen in ein Verhältnis zur Textgrundlage setzten. Deshalb kann nicht genau nachvollzogen werden, inwieweit manche von Novaks Notizen abweichende Stellen auf eine eigenmächtige Redaktion Joreks zurückgehen oder sich auf andere, im Nachlass nicht vorhandene Fassungen der Autorin beziehen. Dies erschwert den Umgang mit den Texten, die jedoch im Zusammenhang mit dem Thema Tod nicht unberücksichtigt bleiben können.[1182]

Aus früherer Zeit finden sich im Nachlass, abgesehen von einigen Gedichtreinschriften,[1183] wenige Aufzeichnungen Novaks, die von einer tiefgehenden

---

1180 Ebd.

1181 Vgl. DLA, A:Novak, Nachtrag 2015, Gedichte, Verschiedenes, Herausgegebenes, Sammlung Gorgonenhaupt [2010–2013]. Vgl. außerdem: Novak, Helga M.: Gorgonenhaupt. Letzte Gedichte. In: o. V. 2014: Helga M. Novak zum Gedächtnis, S. 8–42.

1182 Im Folgenden wird mit den publizierten Fassungen gearbeitet und in den Anmerkungen auf Abweichungen hingewiesen.

1183 Zum Beispiel wird sich in Novaks Gedichtband „Silvatica" und dementsprechend auch in den dazugehörigen Typoskripten in einigen Gedichten mit dem Tod auseinandergesetzt. Vgl. dazu beispielhaft das Gedicht „zerfallen". In: DLA, A:Novak, Gedichte, Silvatica 01 u. 05.

Auseinandersetzung mit dem Tod zeugen. Eine Bemerkung aus Novaks Text „Sprache als Umgangsform" von 1971 ist dafür charakteristisch: „Es stimmt nicht, daß alle Unternehmungen und Ausbruchsversuche zum Scheitern verurteilt sind. Es stimmt nicht, daß wir gar nichts anderem entgegensehen als dem Tod. Der kommt sowieso. Und wer gern lebt, hat selten Angst vorm Sterben."[1184] Um den Möglichkeitsspielraum und den Aktionsradius des Lebens offenzuhalten, darf der Tod nicht dominieren – das durch ihn begrenzte Leben muss sich ihm stellen.

Die späten Gedichtentwürfe Novaks, meist handschriftlich auf dünne Schreibblöcke und lose Notizzettel notiert – dazwischen Bücher- und Medikamentenlisten –, widmen sich mehrheitlich den Themenfeldern Krankheit, Alter, Vergänglichkeit und Verfall.[1185] Damit rücken Phänomene in das Blickfeld, die auf die Endlichkeit des Daseins vorausweisen, während sie wesentlicher Bestandteil des Lebens sind. Der Titel „Gorgonenhaupt" sollte einige der Texte zu einem Gedichtzyklus oder einem Versepos verbinden und die der griechischen Mythologie entstammende Figur der Medusa als zentrales Bild setzen. Medusa gehörte zu den drei Gorgonen: Töchter der Meeresgottheiten Phorkys und Keto und weibliche Schreckgestalten mit Schlangenhaaren, Schuppenpanzern und langen Fangzähnen, die jeden zu Stein erstarren ließen, der sie anblickte.[1186] Der Erzählung Ovids nach war Medusa einst von außerordentlicher Schönheit und wurde erst zur Gorgo verwandelt, nachdem man sie bei einer Liaison mit Poseidon erwischte. Während die Mythenüberlieferungen in diesem Punkt variieren, wird Medusa stets als einzige sterbliche der drei Gorgonen dargestellt. Sie wurde von Perseus enthauptet und ihrer Wunde entsprangen, aus der Liebesnacht mit Poseidon hervorgegangen, Chrysaor und das geflügelte Pferd Pegasos.[1187] In der frühen Neuzeit entstand die Vorstellung von Pegasos als dem Dichterross.[1188]

„ihrem Kopf entstieg Pegasos / eben geboren flog er davon"[1189], heißt es am Ende von Novaks Gedichtentwurf „Gorgonenhaupt". Joreks Interpretation

1184 Novak: Sprache als Umgangsform. In: Stuttgarter Zeitung, 20.2.1971.

1185 Vgl. Jorek 2017: Suche nach Ursprung und Wahrheit in Helga M. Novaks letzten Texten, S. 105.

1186 Die mythologische Figur der Medusa korrespondiert bei Novak in gewisser Weise mit der für ihr Wirken zentralen Gestalt der Medea. In Novaks Medea-Essay heißt es: „Als Kind sah ich in Medea, deren Haare ich mir aus Kreuzottern vorstellte, einen lebendigen Menschen." Novak: Medea-Essay. In: SR, 19.2.1989, S. 4.

1187 Vgl. Harrauer/Hunger 2006: Lexikon der griechischen und römischen Mythologie, S. 182 ff.

1188 Vgl. ebd., S. 403.

1189 Gorgonenhaupt. Zit. nach: Jorek 2017: Suche nach Ursprung und Wahrheit in Helga M. Novaks letzten Texten, S. 111. Die Fassungen der von Jorek 2017 publizierten Gedichtfragmente befinden sich vermutlich noch im Privatbesitz der Nachlassverwalterin.

gemäß ist die Medusa in Novaks späten Texten „die Moribunde, die dem Tode Geweihte, das Alter Ego der Dichterin in ihren letzten Jahren"[1190]. Den davon fliegenden Pegasos liest sie entsprechend als Bild für den drohenden Verlust der Schöpferkraft, der im Alter parallel mit dem Tod näherrückt.[1191]

In Novaks Gedichtentwurf „Vanitas" wird das Haupt der Gorgo, ihr Schädel mit verkalkten, zu Korallen versteinerten Haaren, zum Bild für Vergänglichkeit. Es ist Medusa selbst, die hier versteinert und vor sich selbst erschrickt, vor ihrem eigenen Anblick.[1192] Ihr Floß, das seit Théodore Géricaults Gemälde „Floß der Medusa" als Motiv vielfach aufgegriffen wurde und Schiff- sowie Zivilisationsbruch, Todesangst, Gewalt und Überlebenswillen symbolisiert, trägt das lyrische Ich hinüber vom Leben in den Tod: „Korallen und Quallen Medusa / mein Floß der Moribunden / versteinertes Rot knotig knorrig verdreht / mit eins verkalkten ihre roten Haare". Zunehmende Versteinerung bedeutet Leblosigkeit, Stillstand und eine Einschränkung der Kräfte, auch der schöpferischen: „seitdem ihr statt Haare Korallen wachsen / kann sie die Wasserkrüge nicht mehr tragen / […] / ein Karren aus Treibholz zusammengeschustert / versinkt in Schlick und Morast nur halbvoll kann sie / die Tonkrüge füllen […]". Außerdem ist Medusa nicht mehr imstande aufzubegehren, sie kann sich nicht mehr auf-regen: „[…] rauf dir mal die Haare / wenn sie aus Korallen sind"[1193].

In dem Gedichtentwurf „Ende" tritt Gorgo ebenfalls auf, als „tollwütiger Köter" im Sand buddelnd, verortet „am Rande des Meeres", aggressiv und krank, aber noch lebendig, während Poseidon bzw. „Neptun erschlagen von Rache zernagt" daliegt. Vor dem Hintergrund dieser Szenerie treibt ein Floß fort: „alsdann auf und davon / mit einem Floß / eine flüchtige Alte in ihrer Blöße / wie hieß sie noch gleich?"[1194] Der Name der alten Frau, flüchtend, entblößt und im Verschwinden begriffen, ist in Vergessenheit geraten, an sie kann sich kaum noch jemand erinnern. Auch in einem weiteren Fragment, außerhalb des Gorgo-Themenkreises, knüpft an das Ende, die Überfahrt kein

1190 Ebd., S. 111.

1191 Vgl. ebd., S. 110 f.

1192 Vgl. ebd., S. 110.

1193 Vanitas. Zit. nach: Ebd., S. 112.

1194 Ende. In: o. V. 2014: Helga M. Novak zum Gedächtnis, S. 38. Allerdings heißt es dazu abweichend in den Notizen Novaks: „Ende: alsdann /mit einem Floß auf und davon / eine flüchtige Alte in ihrer Blöße / wie hieß er noch gleich? / Neptun erschlagen / um einer Rache willen". Novak, Helga M.: Ende. In: DLA, A:Novak, Nachtrag 2015, Gedichte, Verschiedenes, Herausgegebenes, Sammlung Gorgonenhaupt [2010–2013]. In dieser Fassung ist es der Geliebte, dessen Name in Vergessenheit geraten ist.

Nachleben an: „der letzte Weg führt / […] / unweigerlich ins Jenseits / keine Küsse mehr / kein Schulterschlag / ich hab genug gelebt / hilft alles nichts“[1195].

Die letzten, zu Lebzeiten nicht veröffentlichten Gedichte Novaks thematisieren den Übergang vom Leben in den Tod, das Abnehmen der Vitalität, das Alter, auch das Alleinsein im Moment des Sterbens. Das Danach, das ‚Jenseits‘ wird nicht näher beschrieben und bleibt im Dunkeln – es ist der Weg dorthin, um den es geht.

In Korrespondenz dazu lässt sich auch Novaks Verhältnis zu ihrem Nachlass lesen: Es erscheint als ein eigentümliches, das sich nicht nur als Sorge um den Nachruhm oder vorausschauende Werkpolitik beschreiben lässt. Vielmehr liegt der Akzent dieser Konstellation auf einer Nachlasspolitik, die sich in das Bestreben einer autonomen Lebensführung einfügt. Der Wunsch nach Selbstbestimmung zu Lebzeiten bedingt die Vorbereitungen des Nachlasses. Doch während die Einsicht und Verwendung des Archivmaterials durch Dritte bis zum Tod nicht gewollt waren, lockert sich diese Reglementierung mit der Perspektive auf den Nachlass – mit der autorisierten Archivübergabe geht ein prinzipielles Einverständnis mit der posthumen Verwendung einher. Diese durch spezifische Entscheidungen und Verfügungen vorzubereiten, um für einen angemessenen Umgang nach dem Tod vorzusorgen, entspricht Novaks souveränem Autorschaftsentwurf.

2.2.8 *Die Eigendynamik der Nachlasspolitik: die Nachlassverwalterin Rita Jorek*

Bestimmt ein Autor oder eine Autorin eine Nachlassverwaltung, um den Umgang mit dem künftigen literarischen Nachlass zu regeln, so trifft er oder sie eine wirkmächtige nachlasspolitische Entscheidung. Die Beschaffenheit, Sicherung und Zugänglichkeit eines literarischen Nachlasses hängt, wie in 1.5.4 erörtert, maßgeblich vom Agieren der Erben oder der jeweiligen Nachlassverwalter ab – ihr Handeln setzt die Vorzeichen für die spätere Rezeption des Autors bzw. der Autorin. Obwohl die Nachlassverwaltung Teil einer autorschaftlichen Nachlasspolitik ist, entfaltet diese – wie bereits erläutert (vgl. 1.5.4) – eine ganz eigene Dynamik und führt zu einer Nachlassverwalterpolitik mit eigenen Zielsetzungen.

1195 Novak, Helga M.: [Der letzte Weg]. In: o. V. 2014: Helga M. Novak zum Gedächtnis, S. 26. In dem entsprechenden Entwurf Novaks fehlt das Wort „führt“. Hier heißt es: „der letzte Weg / ob verschlungen oder ein Kurzstreckenlauf/ unweigerlich ins / Jenseits / ~~die Kü~~ keine Küsse / mehr kein Schulterschlag / ich habe genug gelebt / hilft alles nichts.“ Novak, Helga M.: [Gedicht, o.T.]. In: DLA, A:Novak, Nachtrag 2015, Gedichte, Verschiedenes, Herausgegebenes, Sammlung Gorgonenhaupt [2010–2013].

Wie es die vorangegangenen Ausführungen schon haben anklingen lassen, wird der Einfluss einer Nachlassverwaltung am Beispiel Helga M. Novaks besonders evident. Rita Joreks spezifische Rolle als Nachlassverwalterin zeichnet sich dabei nicht nur durch die Übernahme der Entscheidungsverantwortung nach Novaks Tod aus, sondern auch durch ein starkes Engagement für die novakschen Werke und das literarische Archiv zu Lebzeiten der Autorin. Deshalb soll im Folgenden Joreks Bedeutung für Novaks letzte Schaffensphase ebenso betrachtet werden wie ihre Mitgestaltung des Nachlasses. Zum einen ist das Augenmerk auf die Entstehungsgeschichte dieser Zusammenarbeit und die daran geknüpfte Interessenlage zu richten, zum anderen gilt es, den Einfluss Joreks auf die Nachlassüberlieferung und die daraus resultierenden eigendynamischen Entwicklungen herauszuarbeiten.

Dem vorangestellt sei eine kurze Bemerkung zur Person: Jorek wurde am 23. September 1935, also nur einige Tage nach Novak, in Berlin geboren und studierte Mitte der 1950er Jahre Journalistik sowie Kunst- und Literaturgeschichte in Leipzig. Sie arbeitete als Redakteurin unter anderem bei der Leipziger Volkszeitung, war 1982 an der Gründung der Kulturzeitschrift „Leipziger Blätter" beteiligt und arbeitete – bis zu dessen Auflösung 1990 – beim Verband Bildender Künstler der DDR. Von 1998 bis 2009 war sie Vorsitzende der GEDOK Leipzig, eines Netzwerks für Künstlerinnen aller Kunstgattungen, und initiierte 2008 den Aufbau der Isolde-Hamm-Stiftung mit. Seit 2010 ist sie Ehrenvorsitzende der GEDOK. In ihrer kulturellen und publizistischen Arbeit legt sie einen Schwerpunkt auf Künstlerinnen und Autorinnen mit Leipzig-Bezug. So war sie nicht nur an der Herausgabe der letzten Werke Novaks beteiligt, sondern veröffentlichte außerdem Artikel und Kataloge zu der Schriftstellerin Elsa Asenijeff (1867–1941, Lebensgefährtin von Max Klinger) und der bildenden Künstlerin und Grafikerin Isolde Hamm (1939–2006), deren Nachlässe sie auch betreute.[1196]

Diese knappe Skizze deutet an, was Novak und Jorek spezifisch verband und was für das novaksche Wirken folgenreich wurde: einige Parallelen in der Biografie, die genau die Zeit betreffen, mit der sich Novak ab Ende der 1980er Jahre literarisch und autobiografisch auseinanderzusetzen begann – die Zeit zwischen 1954 und 1966.

Beide Frauen befreundeten sich während des Studiums an der Universität Leipzig, teilten das Interesse für Kunst und Literatur sowie Ambitionen im literarischen Schreiben. Während Novaks konfliktreicher Zeit am Institut für Journalistik zog Jorek, wie diese retrospektiv berichtet, aus Solidarität mit

1196 Vgl. Zu den Autorinnen und Autoren. In: Brandt 2017: Unterwegs und zurückgesehnt, S. 234.

ihr zusammen. Auch als die Autorin 1965/66 am Literaturinstitut in Leipzig studierte, wohnte sie bei Jorek.[1197] Dass nach Novaks Ausweisung aus der DDR der Kontakt zwischen beiden Freundinnen abbrach, führt Jorek zurück auf die schwere Erreichbarkeit der Autorin sowie die Angst dieser vor Überwachung.[1198]

1994/95, infolge einer Fernsehsendung über Novak,[1199] nahmen die ehemaligen Kommilitoninnen wieder die Verbindung zueinander auf. Auszüge aus dem entstehenden Briefwechsel veranschaulichen die Zusammenhänge dieses Kontakts: Im Zentrum steht die literarische Auseinandersetzung mit der eigenen Vergangenheit, deren erinnerungskulturelle und kollektive Dimensionen es auszuloten galt. Verschiedene Formen der Erinnerung sowie unterschiedliche Perspektiven spielen dabei ebenso eine Rolle wie die gemeinsame Aufarbeitung. Die zwei zeitlichen Zäsuren, die Novaks autobiografisches Projekt „Im Schwanenhals" bestimmen, nennt die Autorin gleich in einem der ersten Briefe, Mitte Januar 1995, und lässt dabei auch ihre eigene, missliche Situation nicht unerwähnt:

> „Schreib mir Deinerseits, was Du noch alles im Kopf hast aus den 50er Jahren und dann auch von 1965, als ich am Literaturinstitut war. Deine Tochter schrieb mir, ich spielte in Deinen Stasi-Akten eine große Rolle. Welche? Wiefern? Machen wir einen neuen Anfang, aber schreib mir richtige Briefe, Informationen, die mich interessieren, kein Brimborium. Wie und wovon [le]bst Du jetzt? Ich für meinen Teil bin weder kranken- noch altersversichert und habe kein Geld. Immerhin bin ich noch eine deutsche Dichterin."[1200]

Jorek antwortete darauf ausführlich, schilderte in den folgenden Briefen die Vorkommnisse von 1965/66 genau und schickte eine Kopie ihrer Stasi-Akte,

1197 Vgl. Boltenstern/Jorek: Gespräch mit Rita Jorek am 16.4.2016 in Markkleeberg (unveröffentlicht). Vgl. außerdem Novak, Helga M. an Altenhein, Hans, [Durchschl.], Legbąd, 28.1.1997–6.2.1997. In: DLA, A:Novak, Nachtrag 2015, Briefwechsel, Altenhein, Hans.

1198 Vgl. Boltenstern/Jorek: Gespräch mit Rita Jorek am 16.4.2016 in Markkleeberg (unveröffentlicht).

1199 1994/95 produzierte Doris Netenjakob für den Ostdeutschen Rundfunk Brandenburg, ORB, einen Fernsehfilm über Novak, der am 3.7.1995 und am 4.7.1995 auch beim WDR ausgestrahlt wurde. Vgl. Netenjakob, Doris an Novak, Helga M., Köln 1.2.1995. In: DLA, A:Novak, Briefwechsel, Netenjakob, Doris. Und: Netenjakob, Doris an Novak, Helga M., Köln 21.6.1995. In: Ebd.

1200 Novak, Helga M. an Jorek, Rita, Legbąd, 16.1.1995. In: DLA, A:Novak, Nachtrag 2015, HS 15.39, A:Novak, Briefwechsel, Jorek, Rita.

die sich nun in Novaks Nachlass befindet.[1201] Resümierend schreibt Jorek am 18. Februar 1995 an Novak:

> „Es ist doch dieses ganze Leben, das mich immer dazu brachte in Dir jemand zu sehen, dem ich vertrauen, mich vielleicht auch anvertrauen könnte; denn unser Zusammensein hat meine Existenz sehr beeinflußt, Du ahnst es gar nicht.
>
> Natürlich besteht die Gefahr zu überfordern. Aber ich denke, ich kann Dir auch viel geben, nicht nur wegen der Erinnerungen, sondern weil ich tatsächlich noch einige wenige ‚Reliquien' unserer Gemeinsamkeit besitze. Dazu gehören Deine drei Briefe von 1957/58, von mir sehr gehütet."[1202]

Ende Februar folgt ein achtseitiger maschinenschriftlicher Brief Novaks, in dem sie von ihrem literarischen Projekt berichtet und Jorek um Mithilfe bittet:

> „Ich habe meine Akten noch nicht eingesehen, wollte das vorerst auch nicht. Denn ich habe mich auf mein Langzeit-Gedächtnis verlassen, das mir ja bei den ‚Eisheiligen' und ‚Vogel federlos' beigestanden hatte. Nunmehr sitze ich an der Fortsetzung meiner Autobiographie und seit fünf Jahren tue ich nichts anders, als Erinnerungsarbeit leisten. Es ist eine endlose Qual, ich träume gut oder schlecht, aber Tag und Nacht arbeite ich an diesen Erinnerungen, die ja in der Hauptsache Leipzig, meine zwei Studentenzeiten betreffen. Und ich bin mir sicher, Du kannst und wirst mir dabei helfen, denn Teile meiner Biographie sind auch Teile Deiner Biographie. Bitte!"[1203]

Anfang April 1995 schreibt Jorek, dass sie das Grundanliegen Novaks, die Erinnerung, Rekonstruktion und Befragung des Vergangenen, teilt:

> „Ja, um genau nichts andres geht es mir seit langem: Erinnern, wie wars, wie kams dazu, warum glaubte ich zu wissen, aber glaubte nur. Wo war ich warum schuldig geworden, aber wo auch nicht. [...]
>
> Jetzt höre ich auf, ahnend, wieder neue Probleme aufgerissen zu haben. Aber wir müssen durch. Ich muß wissen, wer und was ich bin und ob Du nicht eine Freundin haben kannst."[1204]

Im Juni, nachdem Novak erstmals Einsicht in ihre Stasi-Akten genommen und Jorek sie in Legbąd besucht hatte, wünschte die Autorin, das Begonnene fortzusetzen und sich gemeinsam mit Jorek mit der Zeit der 1950er und 1960er

---

1201 Vgl. Jorek, Rita an Novak, Helga M., Markkleeberg, 18.2.1995. In: Ebd. Und: Jorek, Rita an Novak, Helga, M., Markkleeberg, 2.4.1995. In: Ebd.

1202 Ebd.Ebd. Mit den ‚drei Briefen', sind drei Umschläge gemeint, die eine Sammlung von Briefen Novaks enthielten.

1203 Novak, Helga M. an Jorek, Rita, Legbąd, 24.2.1995. In: Ebd.

1204 Jorek, Rita an Novak, Helga M., Markkleeberg, 2.4.1995. In: Ebd.

Jahre in der DDR auseinanderzusetzen. In einem weiteren Brief, in dem Novak zugleich auf ihr Verhältnis zu Freundschaften hinweist, schreibt sie:

> „Ja, ich bin dermassen menschenscheu geworden, dass ich auf keine Freundschaft mehr ansprechbar gewesen bin. Habe nichts und an niemanden mehr geglaubt. [...]
>
> Ja, Du kommst in meinen Stasi-Akten viel vor, aber dennoch habe ich Dir mit meinem Misstrauen Unrecht getan, verzeih. Wir werden reden und alles aufarbeiten, oder? Am Ende war es, wie man so schön sagt, eine Freundschaft fürs Leben. Nur ich habe Schwierigkeiten mit Freundschaften. Du – nicht."[1205]

Der in Abschnitt 2.2.6.2 nachgezeichnete Selbstentwurf Novaks findet in diesem Brief einen Widerhall. Vermitteln Novaks Selbstzeugnisse der 1990er Jahre eine Situation des Vertrauensverlusts, so ergab sich mit der Kontaktaufnahme Joreks 1995 die Möglichkeit eines freundschaftlichen Gesprächs über genau diese Zusammenhänge des Misstrauens und die damit verbundenen Kontexte. Ein Brief an Margrét Rún vom November 1995 dokumentiert darüber hinaus die Erwägung Novaks, Jorek direkt in die Arbeit an ihrem autobiografischen Roman miteinzubeziehen, sodass verschiedene Arten von Quellenmaterial zur Verfügung stehen: „Rita Jorek wird mir helfen mit Texte abtippen und vielleicht auch Tonbänder abtippen, wir hatten ja schon 1957 zusammengewohnt, sie erinnert sich mehr als ich, hat auch stets Tagebuch geschrieben. Na, und dann haben wir ja auch noch unsere Stasi-Akten."[1206]

Formen kooperativen Schreibens haben Novaks literarisches Schaffen schon seit Ende der 1960er Jahre geprägt,[1207] wobei hierbei die Zusammenarbeit zwischen Novak und Horst Karasek in den 1970er Jahren im Rahmen von Radio-Features, journalistischen und dokumentarischen Texten maßgeblich ist (vgl. 2.2.2). Da der Prozess dieses gemeinsamen Schreibens jedoch nicht überliefert wurde, kann er kein Vergleichsmoment darstellen und so bleibt zu konstatieren, dass die Arbeit mit anderen für das Schreiben Novaks wiederholt wichtig und in ihrer letzten Lebensphase werkkonstituierend wurde.

Schon während des zweiten Besuchs von Jorek in Legbąd im September 1995 begannen beide auf den Vorschlag Novaks hin, das literarische Archiv der Autorin zu ordnen und dabei auch die unveröffentlichten Gedichte Novaks zu sortieren. Die Arbeit an der von Novak geplanten Herausgabe der „Gesammelten Gedichte", die Vorbereitung des Nachlasses sowie die Intention, die gemeinsame Geschichte im Rahmen des Projekts „Im Schwanenhals"

1205 Novak, Helga M. an Jorek, Rita, Legbąd, 10.6.1995. In: Ebd.

1206 Novak, Helga M. an Rún, Margrét, [Durchschl.], Legbąd, 23.11.1995. In: DLA, A:Novak, Briefe, Rún, Margrét.

1207 Vgl. Novak 1969: Schriftsteller im Kollektiv, S. 97 f.

aufzuarbeiten, laufen in dieser Tätigkeit zusammen (vgl. 2.2.7.2). Jorek, die ihre Mitarbeit anbot, wurde rasch in die verschiedenen Vorhaben Novaks integriert, transkribierte beispielsweise die frühen Gedichtmanuskripte am Computer, von dem Hinweis der Autorin begleitet, „kannst sie gleich dabei ‚verbessern', ich möchte sie aber autorisieren!!!!!!"[1208], und geriet zunehmend in die Position einer persönlichen Lektorin und Assistentin.[1209] Auf diese Weise prägte Jorek das literarische Archiv Novaks schon maßgeblich bevor sie als Nachlassverwalterin eingesetzt wurde. Zahlreiche bewahrte Dokumente belegen, dass Jorek vielfach organisatorische Korrespondenzen für Novak übernahm, Briefe in ihrem Name verfasste, die Autorin zum Beispiel bei ihrem Rehabilitationsantrag an der Universität Leipzig unterstützte sowie bei der Stipendienakquise zur Sicherung des Lebensunterhalts, zeitweise sogar für die Kontoführung verantwortlich war, die Bücher auf Novaks Lektürelisten besorgte und sich zuletzt auch um die Autorin bei Krankenhausaufenthalten und anderen pflegerischen Angelegenheiten kümmerte.[1210] Neben diesen Dokumenten finden sich im Nachlass Novaks auch Vortrags- und Aufsatzmanuskripte Joreks, die diese zu der Autorin verfasste.[1211] Für einen Teil ihrer Arbeit wurde Jorek entlohnt, insbesondere für die Mitarbeit an dem Gedichtband „Silvatica" und die Zusammenstellung der „Gesammelten Gedichte", die sie auf Novaks Bestreben hin herausgab. Joreks Mitarbeit an „Im Schwanenhals" wurde dagegen finanziell nicht honoriert.[1212]

Betrachtet man verschiedene Aussagen Joreks, zu unterschiedlichen Zeitpunkten in Briefen und im Gespräch getroffen, ergibt sich ein mehrdimensionales Bild, das die Hintergründe für ihr außergewöhnliches Engagement veranschaulicht. Mit Blick auf ihre publizistische Arbeit schreibt Jorek in einem Brief an Novak im November 1995: „Du mußt entschuldigen, Du bist mit mir an eine Person geraten, die eine manische Art entwickelt hat,

---

1208 Novak, Helga M. an Jorek, Rita, Legbąd, 26.10.1995 + 28.10.1995. In: DLA, A:Novak, Nachtrag 2015, HS 15.39, A:Novak, Briefwechsel, Jorek, Rita.

1209 Wie sehr sich Novak in ihrer Zeit in Polen auf die Hilfe von Freunden und Bekannten stützte, verdeutlichen unter anderem die vielen Vollmachten für Rita Jorek und andere Personen im Nachlass. Vgl. DLA, A:Novak, Verschiedenes, Dokumente, Vollmacht.

1210 Vgl. beispielsweise: DLA, A:Novak, Nachtrag 2015, Briefe anderer, Jorek, Rita. Vgl. außerdem: DLA, A:Novak, Nachtrag 2015, Briefe u. Dokumente, Rehabilitation Lit. Institut/Universität Leipzig. Und: DLA, A:Novak, Nachtrag 2015, Dokumente, Konv. Finanzen. Und: DLA, A:Novak, Nachtrag 2015, Dokumente, Konv. Medizinisches.

1211 Vgl. DLA, A:Novak, Manuskripte anderer, Jorek, Rita.

1212 Vgl. Novak, Helga M. an Schöffling & Co, Schöffling, Ida, [Durchschl.], Legbąd, 7.1.1997. In: DLA, A:Novak, Nachtrag 2015, Briefwechsel, Schöffling. Vgl. dazu: Boltenstern/Jorek: Gespräch mit Rita Jorek am 16.4.2016 in Markkleeberg (unveröffentlicht).

Verschüttetes oder was ins Vergessen zu sinken droht, ans Licht zu bringen."[1213] Als Anfang des Jahres 1997 das Vorhaben, die Gedichte in einer Gesamtausgabe herauszubringen, zu scheitern drohte, vermittelt ein Brief Joreks des Weiteren, wie sehr sie das Projekt als ein gemeinsames betrachtete, dessen Realisation ihr vor allem in Bezug auf eine ortsbezogene, (erinnerungs-)kulturelle Relevanz zu einem persönlichen Anliegen wurde:

> „Es war damit zu rechnen, daß Schöffling das Gesamtwerk erst einmal auf Eis legt, aber mich trifft das auch ganz hart, weil ich hier das Ganze brauchte, um es den Leuten um die Ohren zu hauen oder so. (Können wir ihm nicht beibringen, wie dringend das hier gebraucht wird. Ich fühle das fast körperlich)."[1214]

Auch rückblickend stellt Jorek ihre den Werken Novaks dienende Funktion in den Vordergrund, wenn es darum geht, ihr Engagement zu verorten – eine emanzipatorische Motivation führt sie dabei zusätzlich an:

> „Grundsätzlich unterstütze ich Künstlerinnen, Schriftstellerinnen. Es ist verdammt schwer, sich durchzusetzen, akzeptiert zu werden, vor allem für eine Frau. Ein schöpferisch arbeitender Mensch braucht andere, die ihm etwas von der Last und den Aufgaben des Alltags abnehmen, damit Zeit für die eigene eigentliche Arbeit bleibt, zusammenhängende Zeit. Für die Männer machen das meistens Frauen und wenn genug Geld vorhanden, andere dienstbare Geister. Auch auf diesem Gebiet sind Frauen meistens schlechter gestellt. Ich finde es wichtig, all das zu erhalten, was Helga schrieb, es geht mir nahe, die Art, die Auffassungen, die Themen. Mir ist es ein großes Anliegen, dass ihr Werk als ein bedeutendes in der Literaturrezeption erhalten bleibt."[1215]

Dass Joreks Ordnen, Zuarbeiten und Organisieren die Entstehung der Spätwerke „Silvatica", „Gesammelte Gedichte" und „Im Schwanenhals" essentiell und nachdrücklich befördert hat, sie oft die Impulsgeberin darstellte, lässt sich nicht nur an den Spuren im Nachlass nachvollziehen.[1216] Auch einige

1213 Jorek, Rita an Novak, Helga M., Markkleeberg, 5.11.1995. In: DLA, A:Novak, Nachtrag 2015, HS 15.39, A:Novak, Briefwechsel, Jorek, Rita.

1214 Jorek, Rita an Novak, Helga M., Markkleeberg, 13.2.1997. In: DLA, A:Novak, Nachtrag 2015, HS 15.39, Briefwechsel, Jorek, Rita.

1215 Boltenstern/Jorek: Gespräch mit Rita Jorek am 16.4.2016 in Markkleeberg (unveröffentlicht).

1216 Während der Arbeit an „Silvatica" schreibt Novak: „Du, wir machen ein Buch. Ich freue mich dumm und dämlich. Alleine hätte ich das nie getan, wäre mir egal gewesen. Na, sowas." Novak, Helga M. an Jorek, Rita, Legbąd, 14.1.1997. In: DLA, A:Novak, Nachtrag 2015, HS 15.39, Briefwechsel, Jorek, Rita. Im Zuge der Entstehung von „Im Schwanenhals" entwickelt Jorek Ideen für weitere Publikationen Novaks: „Weißt Du, wenn Das Buch fertig ist, sollten wir Deine ‚verstreuten Texte', die es nämlich gibt, zusammensammeln,

Widmungen Novaks, als Kopien zwischen den hinterlassenen Materialen platziert, weisen darauf hin. So ist in Novaks Nachlass zu finden, was beispielsweise in Joreks Ausgabe von „Silvatica" steht: „3.10.97 / Liebste Rita, ohne Dich hätte es dieses Buch nie gegeben – sei umarmt von Deiner Helga"[1217].

Andere Bemerkungen Novaks deuten zugleich darauf hin, dass Joreks Unterstützung im Zuge des Arbeitsprozesses zum Teil eine eigene Dynamik entfaltete und sich an einigen Stellen verselbstständigte.[1218] 2005 beispielsweise – in Kenntnis der Vorlassgabe von Sarah Kirsch – schrieb Novak eine Widmung an die befreundete Dichterin in den Gedichtband „wo ich jetzt bin". Die Auswahl hatte Michael Lentz im gleichen Jahr herausgegeben, das Widmungsexemplar befindet sich im DLA. Auf den Vorsatzblättern steht:

> „Sarah – das Gedicht S. 108 kanntest du nicht. Ich auch nicht. Das hat Rita Jorek als eindeutiges Fragment aus handschriftlichen Entwürfen gefischt + veröffentlicht ohne mich zu fragen. Aber nun ist es da, wie wir noch da sind. Danke für deine Karte neulich. Zu nem richtigen Brief reichts wohl nicht mehr? Für die nächsten 30 Jahre sei umarmt, Deine Helga"[1219].

Novak bezieht sich in der Widmung auf das Gedicht „Bittschrift an Sarah", das erstmals 1999 in der ersten Ausgabe der „Gesammelten Gedichte" veröffentlicht wurde:[1220] Das Gedicht, an „Sarah" adressiert, stellt eine Würdigung der Briefform dar (vgl. 2.2.5.2). Der Brief steht dabei für ein Zeugnis „von zu Hause"[1221]: Er wird zum Medium der kollektiven sowie individuellen Gedächtnisbildung und birgt die Möglichkeit der Stiftung von Zugehörigkeiten und Identität.

In der Widmung an Kirsch verweist Novak auf die Eigenmächtigkeit Joreks und schildert einen Umgang mit den Gedichtentwürfen, der diese schon als Nachlass behandelt. Gleichzeitig parallelisiert die Dichterin die Existenz des Gedichts, die durch die Publikation beginnt, mit der eigenen Existenz, wobei sie die Endlichkeit der Letzteren hervorhebt.

---

z. B. Deinen Aufsatz über Engelke, oder diese Agentengeschichte, die Du mir damals in Briefen erzähltest. Daraus lässt sich bestimmt etwas machen. Dann die Hörspiele. Und bestimmt ist noch mehr vorhanden." Jorek, Rita an Novak, Helga M., Markkleeberg, 19.7.2010. In: DLA, A:Novak, Nachtrag 2015, HS 15.39, A:Novak, Briefwechsel, Jorek, Rita.

1217 Novak, Helga M. an Jorek, Rita, 3.10.1997 [Kopie Widmung, Novak 1997: Silvatica]. In: DLA, A:Novak, Nachtrag 2015, HS 15.39, A:Novak, Briefwechsel, Jorek, Rita.

1218 Vgl. Novak, Helga M. an Jorek, Rita, [Kopie], Erkner, 1.12.2007. In: DLA, A:Novak, Nachtrag 2015, HS 15.39, Briefwechsel, Jorek, Rita (unveröffentlicht).

1219 Novak, Helga M. an Kirsch, Sarah, Legbąd, 6.6.2005 [Widmung in: Novak 2005: Wo ich jetzt bin, Schmutztitel] . In: DLA, Bibliotheksbestand, Signatur M. Für den Hinweis auf diese Widmung danke ich herzlich Janet Dilger vom DLA.

1220 Vgl. Bittschrift an Sarah. In: Novak 1999: solange noch Liebesbriefe eintreffen, S. 397 f.

1221 Ebd.

Dieses Widmungsbeispiel bildet eine Analogie zu der letzten Schaffensphase Novaks. Während der Arbeit an „Im Schwanenhals" gab Novak die Souveränität der eigenen Autorschaft zugunsten der Existenz des Textes mehr und mehr ab. Die Vorlass- bzw. Nachlassgabe erscheint dabei als letzter Schritt, der in seiner Notwendigkeit erst im Zuge der Betrachtung der Entstehung des letzten Werks Novaks deutlich wird (vgl. 2.2.9).

Obwohl Novak, wie oben erwähnt, schon ab 1995 erwog, Rita Jorek in die Arbeit an „Im Schwanenhals" miteinzubeziehen, richtete sich deren Unterstützung zunächst in erster Linie auf die Zusammenstellung der Gedichtbände und die organisatorische Hilfe.[1222] Als 2006 Novak die Wiedereinbürgerung in Deutschland verweigert wurde, für die sich Jorek wesentlich eingesetzt hatte, kam es aufgrund von Vorwürfen Novaks zu einem zwischenzeitlichen Kontaktabbruch. Novak bezog in dieser Zeit den früheren Reclam-Lektor Hubert Witt und seine Frau Elke Hüge stärker in ihre Arbeit mit ein, beide hatten der Autorin ebenfalls bereits seit Anfang der 1990er Jahre mitunter zugearbeitet und geholfen.[1223]

Als Jorek und Novak 2009 infolge der zweiten Auflage der „Gesammelten Gedichte" wieder in Kontakt zueinander traten und sich Novaks Gesundheitszustand weiter verschlechterte, begann Joreks intensive Mitarbeit an „Im Schwanenhals", die sich regelrecht zu einer Mitautorschaft entwickelte. Ein sechsseitiger Brief vom August 2009, der den Beginn dieser Zusammenarbeit dokumentiert, zeigt, dass Novak diese Allianz, wie schon Mitte 1990, unter das Zeichen der gemeinsamen ‚Erinnerungsarbeit' stellte mit dem vorgegebenen Ziel, aus Erinnerungskonkurrenzen resultierende Konflikte zu vermeiden:

> „Laß mich noch bei der Autobiografie ‚verweilen', denn Du mußt ja alles genau wissen und kennen, bevor Du Dich entscheidest, da mitzumachen. Ich habe jetzt 300 Seiten (unfertig, erste Fassung), und vor mir liegen noch zwei Kapitel: mein Aufenthalt mit Dagur in Palermo und das Jahr 1965 (inclusive Literaturinstitut, Robert Havemann und etliche Dichterfreunde und eben mein Wohnen bei Dir).

1222 Im Gespräch erklärt Jorek: „Sie wollte eigentlich schon früher, dass ich ihr bei ‚Im Schwanenhals' helfe, ohne richtig zu sagen, worum es ihr ging. Über geplante Projekte redete sie nicht oder eben nur andeutungsweise." Boltenstern/Jorek: Gespräch mit Rita Jorek am 16.4.2016 in Markkleeberg (unveröffentlicht).

1223 Vgl. DLA, A:Novak, Briefwechsel, Witt, Hubert. Im „Dank" des Buches werden noch weitere Personen, die die Arbeit an „Im Schwanenhals" unterstütz haben, aufgeführt: „Für Zu- und Mitarbeit geht unser Dank an Marion Brandt (Gdansk), Franziska Groszer und Katja Havemann (Berlin), Elke Hüge und Dr. Hubert Witt (Leipzig), Anneliese Parnitzke und Dr. Elisabeth Stoye-Balk (Erkner) sowie für technische Unterstützung an Jan Jorek und Andreas Stoye-Balk. Helga M. Novak und Rita Jorek". Novak 2013: Im Schwanenhals, S. 346.

> Ich sehe nur die eine Möglichkeit: diese letzten Abschnitte mit Dir gemeinsam zu entwickeln und zusammenzustellen, denn ich möchte auf jeden Fall Mißhelligkeiten, Auseinandersetzungen und Streitigkeiten vermeiden. Sollten wir, was sicher eintrifft, bestimmte Ereignisse allzu verschieden, unterschiedlich erinnern, so wollen wir beizeiten uns einig werden und nicht etwa erst nach dem Druck. Einverstanden? Ich freue mich sehr, sogar die Briefe noch zu haben, die ich Dir '57/'58 aus Reykjavik geschrieben hatte."[1224]

Jorek stieg in die Arbeit mit ein und stellte ihr Quellenmaterial zur Verfügung. Neben ihren Erinnerungen, die auf den 3. Oktober 2010 datiert in das Buch übernommen wurden,[1225] finden sich dort viele Zitate aus den von Jorek bewahrten und dann Novak überlassenen Briefen von 1957/58[1226] sowie ein längerer Auszug aus dem Tagebuch Joreks.[1227]

2010, im Zuge der Verleihung des Christian-Wagner-Preis, begann Jorek gleichzeitig, aus Novaks Manuskriptmaterial die Erzählung „Lebendiger Fund" zusammenzustellen und sie unter dem Namen Novaks für eine Veröffentlichung im parallel zum Preis erscheinenden Heft vorzubereiten.[1228] Sie schreibt am 7. Mai 2010:

> „Meine liebe Helga,
> wie findest Du diesen Text? Ich schrieb vor langer Zeit deine Manuskriptfragmente in meinen Computer, konnte sie – wie auch die Wilfriedbriefe wieder reanimieren, und hab daraus die ziemlich fertig gewesene Geschichte zu ende rekonstruiert [hs. Mit einigen Zwischensätzen von mir]. [...]
> Das wäre doch eine Geschichte für Warmbronn!?
> Gib mir die Korrekturen an, ich bringe das in die von Dir zu autorisierende Form."[1229]

Dieses geschilderte Verfahren übernahm Jorek auch bei ihrer Mitarbeit an „Im Schwanenhals". Manuskripte, Fragmente und Briefe Novaks schrieb Jorek ab und setzte sie, mithilfe eigener Hinzufügungen, zu einem überarbeiteten Fließtext zusammen, den sie Novak wiederum zur Durchsicht vorlegte. In einem Brief an Novak vom 25. Juni 2010 heißt es:

1224 Novak, Helga M. an Jorek, Rita, [Kopie], Legbąd, 22.8.2009. In: DLA, A:Novak, Briefwechsel, Jorek, Rita.

1225 Vgl. Novak 2013: Im Schwanenhals, S. 86–88.

1226 Vgl. ebd., S. 120–158.

1227 Vgl. ebd., S. 160–163.

1228 Posthum noch einmal in „Helga M. Novak zum Gedächtnis" erschienen. Vgl. Novak: Lebendiger Fund. Erzählung. In: o. V. 2014: Helga M. Novak zum Gedächtnis, S. 43–60.

1229 Jorek, Rita an Novak, Helga M., Markkleeberg, 7.5.2010. In: DLA, A:Novak, Briefwechsel, Jorek, Rita.

„Du musst natürlich anmerken, wo ich etwas nicht richtig eingeordnet habe. Von den Briefen, ich schrieb es Dir schon, hab ich manches als Erzählung verwendet. Immer hab ich möglichst nur Deine Worte gebraucht, selten einen eigenen Satz als Überleitung oder dort etwas aus meiner Erinnerung (Wohnung in der Karl-Liebknecht-Straße) eingefügt, wo Du mich darum batest. Ich will auf keinen Fall etwas unter den Tisch kehren oder glätten. Und wenn Dir mein Tagebuchzitat zu lang erscheint, kürze nur und schreib Anmerkungen dazu. Der Reflexionen und Betrachtungen kann es nicht genug sein! Das ist etwas, was ich Dir nicht abnehmen kann, denn es ist DEIN Buch, Deine Sicht. Ich darf nicht willkürlich etwas ändern oder dazu tun. Meines Erachtens ist es nicht vorteilhaft, Brief an Brief kommentarlos aneinanderzureihen. Dann hätte es eine Brief- und Dokumentensammlung sein müssen."[1230]

Beschreibt Jorek ihren Einfluss hier zwar als nicht beträchtlich und betont Novaks Rolle als alleinige Autorin nachdrücklich, so vermitteln die von ihr aufgezählten und durch den Nachlass belegbaren Eingriffe doch etwas anderes. Schon Joreks entschiedenes Veto gegen die Aneinanderreihung von Briefen und Dokumenten hat die Form der Autobiografie beeinflusst. Im Buch markiert nur ein Hinweis „unter Mitwirkung von Rita Jorek"[1231] im Impressum die Beteiligung Joreks. In welchem Maße die künftige Nachlassverwalterin den Arbeitsprozess an „Im Schwanenhals" mitbestimmte, wird ausschließlich im Rahmen einer Betrachtung des Nachlasses ersichtlich. Neben den vielen von Jorek abgetippten Manuskriptseiten, ihren Korrekturen, Mappenbeschriftungen und Textzusammenstellungen sowie dem mehrere Kästen umfassenden Briefwechsel mit Novak zeigt sich dies auch an Joreks Korrespondenz mit anderen, die sich ebenfalls im Nachlass befindet. Im Mai 2013, einige Monate vor der Publikation des Buches, schreibt Jorek an Schöffling & Co:

„Helga hätte das Buch gern insgesamt in der Hand, bevor die Auflage in Druck geht, und ich könnte es ihr im Zusammenhang vorlesen. Die letzten Kapitel kennt sie eigentlich gar nicht als Ganzes. Wenn auch alles ihr Text ist, so ist das Buch von mir zusammengestellt. Wird das ersichtlich sein? In der Vorankündigung steht kein Wort davon, was mich ziemlich erschreckt.

Vielleicht ist es von außen und mit der gegebenen Entfernung nicht erkennbar, was ich für Helga leiste und leistete, ebenso für die Herausgabe dieses Buches, auch für den Erhalt ihres Archives, das sich glücklicherweise in Sicherheit befindet. "[1232]

1230 Jorek, Rita an Novak, Helga M., Markkleeberg, 25.6.2010. In: Ebd.

1231 Novak 2013: Im Schwanenhals, S. 4.

1232 Jorek, Rita an Schöffling & Co, Schöffling, Ida, [Kopie], Erkner, 20.5.2013. In: DLA, A:Novak, Nachtrag 2015, Briefwechsel Schöffling.

Dass die letzten Kapitel, die sich in ihrer Anlage vom Rest des Buches grundlegend unterscheiden (vgl. 2.2.9), in ihrer letzten Form Novak erst kurz vor der Drucklegung vorgelegt bzw. vorgelesen werden sollten, wird an „Im Schwanenhals" nicht ersichtlich. Warum der Schöffling-Verlag diese letzten Kapitel nicht als von Jorek eigenständig zusammengestellte und bearbeitete markierte, und auch keine ausführlichere Darlegung der Entstehungshintergründe anfügte, lässt sich nur mutmaßen. Jorek indes verschwieg das Maß an Zusammenarbeit sowie die der Situation geschuldeten Mängel nicht. Ein Jahr nach dem Erscheinen des Buches und dem Tod Novaks schreibt sie 2014 an den Publizisten Hannes Schwenger:

> „Du – und auch andere – erwarteten [von] ‚Im Schwanenhals' wohl mehr, als wir haben bieten können. Wir; denn Helga konnte ihr Buch nicht mehr zu Ende bringen. Von ihr ist die Konzeption, sind die Texte, die sie immer wieder neu geschrieben hatte und hat von anderen abschreiben lassen, was die Sache nicht einfacherer machte. Ab Kapitel VII war ich auf das angewiesen, was ich hier [in Erkner, KvB] vorfand."[1233]

Das letzte Drittel des Buches erscheint vor diesem Hintergrund fast wie eine editorische, aber als solche nicht explizit gemachte Arbeit Joreks auf Grundlage des von Novak angelegten Archivs. Die zwei Schlusskapitel wurden dabei aus heterogenem Material zusammengesetzt, das zum Teil nicht direkt für die Autobiografie verfasst wurde. Neben Passagen aus unabgeschlossenen Prosa- und Gedichtentwürfen, deren Entstehungszusammenhang nicht rekonstruierbar ist, sind auch Auszüge aus fragmentarischen Briefentwürfen in den Text eingegangen, die Novak im Zusammenhang mit ihrem offenen Brief verfasste (vgl. 2.2.9). Ohne an dieser Stelle Joreks Zusammensetzungsprozess im Einzelnen nachzeichnen und Fragen der kollektiven Autorschaft diskutieren zu wollen, muss die zentrale und entscheidende Rolle Joreks für die Spätwerkbildung Novaks und die damit verknüpfte Nachlassbildung konstatiert werden.

Hervorzuheben ist dabei außerdem, dass die Nachlassbildung nicht mit dem Tod Novaks endete, sondern erst nach einer ungefähr einjährigen Weitergestaltung durch Jorek einen Abschluss fand. Nach Novaks Ableben Ende 2013 ordnete Jorek die in Erkner verbliebenen Materialien, um sie Ende März 2015 dem DLA zu übergeben. Dabei fügte sie nicht nur Konvolute zusammen und beschriftete diese neu, sondern versah auch Manuskripte und Briefe mit verschiedenen Hinweisen, Nachdatierungen oder kommentierenden

1233 Jorek, Rita an Schwenger, Hannes, [Kopie, o. A.], 26.11.2014. In: DLA, A:Novak, Nachtrag 2015, Briefe anderer, Jorek, Rita.

Ergänzungen. Jorek skizziert ihr Vorgehen, im Gespräch danach befragt, wie folgt:

> „Ich habe versucht, die Mappen, die da waren, zu ergänzen oder habe neue Mappen angelegt und dann zusammenhängende Vorgänge geordnet. Aber zum Beispiel alle Unterlagen zu den Gedichten habe ich zusammen gelassen, das war ein ganzer großer Karton. Ich brachte alles so zusammen, wie es meiner Auffassung nach auch zusammen gehört, ohne die vorhandene Ordnung zu stören."[1234]

Auffällig und vermutlich auf Joreks Nachlassverwalterbewusstsein zurückzuführen ist dabei, dass die Arbeit an „Im Schwanenhals" und die Zusammenstellung der „Gesammelten Gedichte" durch Nachlassmaterial besonders gut dokumentiert sind. Darüber hinaus ergänzte Jorek selbstständig Materialien, die Novak zu Lebzeiten gar nicht betrafen. Besonders eindrücklich wird dies an den Kondolenzbriefen, die Jorek erhielt und die sie gemeinsam mit Unterlagen der Trauerfeier und dem Manuskript zu dem Band „Helga M. Novak zum Gedächtnis" dem Nachlassteil von 2015 beifügte.[1235] Definiert man als Nachlass die Menge an Papieren, die nach dem Tod einer Person bei ihr vorgefunden wurden, so sprengen solche Hinzufügungen diese Begriffsbestimmung. Insofern ließe sich Jorek in Bezug auf den Nachlassteil von 2015 gewissermaßen als zweite Bestandsbildnerin betrachten, die das literarische Archiv bis zur Übergabe an das DLA weiter formte.

Nachdem der gesamte Nachlass dem DLA übergeben worden war, brach Joreks Engagement nicht ab. Sie publizierte Aufsätze zu Novak, organisierte Lesungen, initiierte den Band „Helga M. Novak zum Gedächtnis" und gab ein Heft in der Reihe „Poesiealbum" mit Gedichten Novaks, darunter auch nachgelassenen heraus.

So lässt sich festhalten, dass Novak mit Jorek eine aktive Nachlassverwalterin wählte, die sich rückhaltlos dem Gesamtwerk Novaks widmete, seine Gestalt aber zugleich auch maßgeblich mitbeeinflusste. Ihr wesentliches Verdienst ist es, dass „Silvatica", die „Gesammelten Gedichte" und „Im Schwanenhals" noch zu Lebzeiten der Autorin erschienen und Novaks Nachlass mitsamt der Bibliothek ins DLA gelangte. Dass Joreks liberale Nachlasspolitik in Bezug auf Einsichtnahmen und Rechtevergaben dabei eventuell nicht den

1234 Boltenstern/Jorek: Gespräch mit Rita Jorek am 16.4.2016 in Markkleeberg (unveröffentlicht).

1235 Vgl. DLA, A:Novak, Nachtrag 2015, Dokumente, Konv. Trauerfeier. / DLA, A:Novak, Nachtrag 2015, Briefe anderer, Jorek Rita, Kondolenz. Und: DLA, A:Novak, Nachtrag 2015, Manuskripte anderer, Helga M. Novak zum Gedächtnis.

nachlasspolitischen Vorstellungen der Autorin entspricht, ist der Nachlassverwalterin durchaus bewusst:

> „Wenn sie selber die Kraft gehabt hätte, das Ganze in die Hand zu nehmen und die Verhandlungen zu führen, dann hätte sie sicher alles erst einmal gesperrt. Dann hätte sie vielleicht diese Möglichkeit genutzt. Ich handele da also vielleicht nicht in ihrem Sinne, wenn ich voraussetze, dass man wissen sollte, wer sie war. Aus den persönlichen Dingen erfährt man ja doch viel mehr. Ein Teil des Gesamtwerkes ist der Mensch selbst."[1236]

Die Forschung zu Novak wird durch die Nachlassverwaltung nicht beschränkt, sondern vielmehr durch das Bereitstellen zusätzlicher Materialien unterstützt. Dabei darf jedoch der nachlasspolitische Einfluss der Nachlassverwalterin nicht unterschätzt werden: Mit dem Ziel, die Präsenz der Werke Novaks zu steigern, setzt Jorek eigene, von ihrem persönlichen Bezug geprägte Akzente, die insbesondere die Gestalt von „Im Schwanenhals" sowie die Nachlassformation signifikant beeinflusst haben (vgl. 2.2.9). Sie agierte im Zuge dessen nicht als Literaturwissenschaftlerin, sondern als Zeitzeugin und Wegbegleiterin. Deutlich wird dies auch an den späten, nachgelassenen Gedichten, die Jorek nach dem Tod Novaks ohne editorische Hinweise oder Kommentierungen in dem Gedächtnis-Band publizierte (vgl. 2.2.7.2).[1237] Hier lässt sich vor allem auf ein Versäumnis der Literaturwissenschaft hinweisen: Würde diese sich eingehender mit Novaks Werken und ihren nachgelassenen Schriften auseinandersetzen, so fielen beispielsweise editorische Arbeiten nicht allein der Nachlassverwalterin zu. Im Versuch, die fehlende Forschung zu kompensieren, ist Joreks Einfluss auf die Novak-Rezeption umso stärker.

2.2.9 *Werk-Archiv-Korrelationen: „Im Schwanenhals"*

Eine besondere Rolle im literarischen Nachlass Helga M. Novaks spielt ihr autobiografischer Roman „Im Schwanenhals" – Werk und Archiv stehen in einem engen Korrelationsverhältnis zueinander. So tragen weite Teile des erhaltenen Nachlasses Spuren der Arbeit an diesem letzten großen Schreibvorhaben vor Novaks Tod und zeugen davon, wie die Autorin ihre Briefe und Materialien mehr und mehr zu einem Archiv für ihre Autobiografie umgestaltete. In diesen Zusammenhang fallen auch Novaks Rückforderungen ihrer Briefe in den 1990er Jahren sowie die genaue Auflistung ihrer Briefe und Zeugnisse (vgl. 2.2.5.1). Umgekehrt sind Teile des Archivs in dem Buch aufgehoben: Dokumente und

1236 Boltenstern/Jorek: Gespräch mit Rita Jorek am 16.4.2016 in Markkleeberg (unveröffentlicht).

1237 Vgl. o. V. 2014: Helga M. Novak zum Gedächtnis, S. 7–42.

Selbstzeugnisse Novaks wurden mittels eines collagenartigen Prinzips in den literarischen Text integriert. Die Briefe bilden auf diese Weise das Zentrum einer autobiografischen Gesamtschau, die den Schlusspunkt der novakschen Werkbiografie bildet. Doch nicht nur aufgrund der engen Bindung an den Nachlass kommt „Im Schwanenhals" ein Sonderstatus zu. Als letztes, 2013 nach langer Krankheit veröffentlichtes Werk Novaks unterscheidet sich das Buch von den zwei autobiografischen Romanen, die ihm 1979 und 1982 vorausgegangen waren und an die es erzählerisch anknüpft. In Bezug auf Anlage und Qualität kann der dritte autobiografische Band nicht mit den ersten zwei Bänden mithalten. Nichtsdestotrotz ist „Im Schwanenhals" als Schlüssel für viele Texte Novaks von Bedeutung (vgl. 2.2.2) und nimmt im Schaffen der Autorin einen wichtigen Platz ein. Mit „Im Schwanenhals" verbindet sich der Versuch Novaks, in einer späten Schaffensphase einen zentralen, bisher unerzählten Teil ihres Lebens literarisch zu fassen. Surynt spricht in dieser Hinsicht von Novaks „Lebensbuch", entstanden „in einem Wettlauf mit der Zeit"[1238] auf der Suche nach einer subjektiven Wahrheit.[1239] Was das letztlich bedeutet und inwiefern sich „Im Schwanenhals" und das literarische Archiv Novaks bedingen, zeigt sich erst im Zuge einer Analyse ihres Verhältnisses. Im Folgenden soll deshalb zum einen die Funktion der Briefform für das literarisch-autobiografische Schreiben Novaks herausgearbeitet und in Verbindung damit zum anderen die spezifische Korrelation zwischen letztem Werk und Nachlass untersucht werden. Dem vorangestellt sei ein kurzer Exkurs zur Entstehungsgeschichte des Buches, an dem Novak in den 1990er und 2000er Jahren arbeitete.

Ein Brief an Sabina Patt von 1988 zeigt diesbezüglich nicht nur, dass die Idee zu dem Buch schon im Verlauf der 1980er Jahre entstand, sondern veranschaulicht auch die Unbedingtheit, mit der Novak dieses Vorhaben verfolgte:

> „Was ich vorhabe, vorhatte, war ja, – zwei, drei, vielleicht vier Jahre ungestört die Sommermonate in der Tucheler Heide zu verbringen, um meinen 3. Band der Autobiographie zu schreiben. [...] Ich habe lange genug über dieses Buch nachgedacht, jetzt bin ich dran, kann aber noch nicht richtig starten, zuviel lenkt mich ab. Als Titel habe ich jetzt ‚Preußische Berichte' gewählt. Ich muß meine Studentenjugend abarbeiten, die Zeit, als sie mich zur ‚Mitarbeiterin' der Staatssicherheit gepreßt haben. Schuldgefühle habe ich nicht, denn ich hab nie jemand denunziert, aber daß ich erpreßbar war, und wie das vor sich ging, muß raus! [...]

1238 Surynt 2017: Schuld – Scham – Schmerz im Werk Helga M. Novaks, S. 28.

1239 Vgl. ebd.

> Sollte ich gar nicht dazu kommen, diese ‚Preußischen Berichte' zu schreiben, werde ich alles auf Kassetten sprechen. Die gehen dann an Dich, nicht an Ragnar."[1240]

Am Anfang stand also nicht nur eine über Jahre hinweg unverändert bleibende Thematik und Rahmensetzung, sondern auch das nachdrückliche Bestreben, unabhängig von der Form eine eigene Darstellung der Studienzeit zu liefern. In den 1990er Jahren intensivierte Novak die Arbeit an dem Projekt, dessen Profil sich im Verlauf der Umbruchsprozesse schärfte. 1993 schreibt sie in einem Brief an Hubert Witt: „Zu meinem Buch, es [ist] kein Stasi-Buch und kein Rechtfertigungsbuch, sondern eine Autobiografie, wie die Eisheiligen und Vogel federlos, wenns je fertig wird. Nach allem, wie es gekommen ist, wirst Du mir allerdings zugestehen zu erinnern und zu trauern."[1241] 2009 unterstreicht die Autorin noch einmal diesen Wunsch und schreibt an Rita Jorek:

> „Ich habe schließlich nach meinem Rausschmiß in weit entfernten Ländern gelebt, war dann aktive Achtundsech[z]igerin, habe also eine Menge Leute aus der Leipziger Zeit vergessen, viele Vorkommnisse sind in den Hintergrund getreten, es war das alles nicht mehr meine Welt, bis ich in den Siebzigern wieder Havemann besucht habe und seit 1980 – als ich nach Westberlin zog – mit allen den DDR-Kollegen zusammen getroffen bin, die rausgeworfen, rausgekauft und rausgelassen worden sind. Ich lebte dann in Berlin mit ihnen zusammen, hörte all die Lebensläufe der ‚Jenaer' und der vielen Dichter und Künstler, die teilweise gerade aus den DDR-Gefängnissen kamen. Vergessen kann ich das alles nicht, es war ja mein Leben. Obwohl die ehemaligen DDR-Bürger massenhaft vergessen wollen, kann und will ich das eben nicht."[1242]

Im Gegensatz zu diesem sich kaum verändernden, grundlegenden Impetus variierten die Überlegungen zur Form des Textes im Laufe der Entstehungszeit stark – mehrfache Gattungsumschichtungen wurden durchgeführt oder zumindest erwogen. Ab ungefähr 1985 bis etwa 1994 arbeitete Novak an dem Stoff im Rahmen der „Briefe an Alexander", einem geplanten Buch, in dem die Protagonistin ihrem Sohn brieflich ihren Alltag, aber auch einen Teil ihrer zurückliegenden Biografie erzählt.[1243] Bei den Materialien zum „Eustachos-

---

1240 Novak, Helga M. an Patt, Sabina, Wewelsfleth, 5.5.1988. In: DLA, A:Novak, Briefwechsel, Patt, Sabina.

1241 Novak, Helga M. an Witt, Hubert, [Durchschl.], Legbąd, 24.12.1993. In: A:Novak, Briefwechsel, Witt, Hubert.

1242 Novak, Helga M. an Jorek, Rita, [Kopie], Legbąd, 15.9.2009. In: DLA, A:Novak, Briefwechsel, Jorek, Rita.

1243 Vgl. Novak, Helga M: Briefe an Alexander [Typoskript], Korčula, 1985. In: DLA, A:Novak, Prosa, Verschiedenes, Autobiografisches, Im Schwanenhals, bei: Preuschoff, Detlef an Novak, Helga M. Und: DLA, A:Novak, Nachtrag 2015, Prosa, Verschiedenes,

Projekt", das um 1990 herum entstand, finden sich ebenfalls Überschneidungen zu „Im Schwanenhals" wie zum Beispiel das Motiv der, aus der Jägersprache entnommenen, ‚Schwanenhals'-Tierfalle.[1244] 1995 entwickelte Novak die Idee, „den dritten Band meiner Autobiographie [...] in Form von Hörspielen"[1245] zu schreiben; das im August 1989 erstmals ausgestrahlte Hörspiel „Nekropole" könnte für diesen Plan als Vorbild gedient haben.[1246] Infolge der Suche nach möglichen Vorlagen für ihr Buch beabsichtigte Novak schließlich Ende des Jahres 1999, ihre Autobiografie als kommentierte Materialsammlung anzulegen. Brieflich wendet sie sich an Jorek und schreibt in dem für sie nicht untypischen Duktus der Übertreibung:

> „Wieder zurück zu meiner Autobiographie:
> Kauf Dir das Buch:
> [U]lrich Enzensberger
> ‚Georg Forster'
> Ein Leben in Scherben
> Eichborn Verlag 1996
> So will ich, dass meine Autobiographie gemacht wird. Ich hab nach hunderten von Büchern, die ich extra dafür gelesen habe, kein besseres Modell angetroffen."[1247]

Über Ulrich Enzensbergers kommentierte Textcollage zu dem Reiseschriftsteller, Naturforscher, Weltumsegler und Revolutionär Georg Forster (1754–1794) heißt es im Verlagstext zu der 1996 erschienenen Ausgabe:

> „Ulrich Enzensberger bringt in seinem Buch die Quellen zum Sprechen: Tagebücher, Aufzeichnungen, Briefe und zum Teil recht entlegene Dokumente. Forsters Leben sperrt sich gegen jede glatte Nacherzählung. Nur die irritierende

---

Autobiografisches, Im Schwanenhals 19, Konv. Briefe an Alexander. Vgl. außerdem: Novak, Helga M. an Thorsson, Ragnar, Legbąd, 23./24.1.1994. In: DLA, A:Novak, Briefwechsel, Thorsson, Ragnar.

1244 Vgl. dazu eine von Novak beschriftete Mappe, die Aufzeichnungen zum „Eustachos-Projekt" sowie Kopien aus der Fachliteratur zu Tierfallen enthält: Novak, Helga M. [Mappe]: „die Falle Schwanenhals (Tellereisen) ich bin da reingeraten – muß liegen, kann nicht gehen, Erinnerungen überkommen mich – mein Leben eine Falle?? Wer hat sie mir zw. d. Beine geworfen?". In: DLA, A:Novak, Prosa, Eustachos 9, ca. 1990. Vgl. auch: Novak: Lebendiger Fund. In: o. V. 2014: Helga M. Novak zum Gedächtnis, S. 58 f.

1245 Novak, Helga M. an Rún, Margrét, [Durchschl.], Legbąd, 30.7.1995, In: DLA, A:Novak, Briefwechsel, Rún, Margrét.

1246 Vgl. Novak: Nekropole. In: SDR, 27.8.1989.

1247 Novak, Helga M. an Jorek, Rita, Legbąd, irgendwie um den 17.12.1999. A:Novak, Nachtrag 2015, HS 15.39, Briefwechsel, Jorek, Rita.

> Form der Montage wird seiner ebenso unbeugsamen wie brüchigen Existenz gerecht."[1248]

Sieben Jahre nach dem Fund des Forster-Buches bekräftigte Novak 2006 in einem Brief an Hubert Witt ihren Plan, das Buch aus verschiedenen Zeugnissen zusammenzustellen. Doch entsprechen ihre brieflichen Äußerungen auch in diesem Fall keinen genauen, gewissenhaften Konzeptionen. Im Fluss der momenthaften Überlegung werden Gattungszuschreibungen angeführt, aber nur schablonenhaft, ohne tiefer durchdrungen zu werden:

> „Ich hatte aber für den 3. Band der Autobiografie längst geplant, ihn aus Briefen, Dokumenten, Zitaten, Akten und immer wieder Briefen ‚zusammenzusetzen'. Keine Fantasie-Geschichten, nur Daten und Tatsachen. Wie ich am Telefon gesagt habe, eher ein Sachbuch als ein Roman. Obwohl Briefe ja auch was Literarisches an sich haben."[1249]

Die Vorläufigkeit und Prozesshaftigkeit solcher diskutierten Modelle zeigt sich auch im weiteren Verlauf, in dem immer wieder andere Ansätze zu einer Bearbeitung des autobiografischen Stoffes entstanden. Sie wurden brieflich diskutiert und zugleich im Arbeitsprozess erprobt, das wird an den entsprechenden Manuskripten deutlich. 2006/2007 kam eine weitere Gattungserwägung hinzu: In dieser Zeit schrieb Novak gemeinsam mit Margrét Rún an einem Drehbuch,[1250] das ihre Geschichte filmisch erzählen sollte.[1251] Parallel spielte Novak mit dem Gedanken, ihre Autobiografie entlang des „Antrags auf Einbürgerung" zu schreiben, den sie zu diesem Zeitpunkt ausfüllte, um die deutsche Staatsbürgerschaft zurückzuerlangen. Die Ausreise 1957 und die Ausweisung aus der DDR 1966 sollte auf diese Weise mit der gescheiterten Wiedereinbürgerung 2006/2007 parallelisiert werden.[1252] 2008

1248 Vgl. Die Andere Bibliothek. Unter: https://www.die-andere-bibliothek.de/Originalausgaben/Georg-Forster::154.html, zuletzt abgerufen am 16.11.2021. Vgl. außerdem: Enzensberger 1996: Georg Forster.

1249 Novak, Helga M. an Witt, Hubert, [Kopie], Legbąd, 5.2.2006. In: DLA, A:Novak, Briefwechsel, Witt, Hubert.

1250 Vgl. DLA, A:Novak, Nachtrag 2015, Prosa, Dramatisches, Im Schwanenhals 07, 08, 28, Drehbuch.

1251 Vgl. Novak, Helga M. an Rún, Margrét, [Kopie], Legbąd, 5.7.2006. In: DLA, A:Novak, Briefwechsel, Rún, Margrét.

1252 „Mein Buch hat nun kurz und knapp gesagt, folgende Struktur: Ich habe die Formulare ‚Antrag auf Einbürgerung' vor mir liegen. Die einzelnen Kapitel sind vorgegeben. Und ich beantworte also den Fragebogen haargenau, ausführlich und ehrlich, sodaß am Ende eine Art Lebenslauf dabei herauskommt." Novak, Helga M. an Rún, Margrét, [Kopie], Legbąd, 1.5.2006. In: Ebd.

wiederum zog Novak in Betracht, ihre Autobiografie ähnlich Heiner Müllers Autobiografie „Krieg ohne Schlacht“ als Gesprächsband zu konzipieren,[1253] und ließ im Zuge dessen 16-seitige computerschriftliche Transkriptionen eines Gesprächs anfertigen, in dessen Verlauf sie ihre eigenen Aufzeichnungen aus den 1960er Jahren kommentierte.[1254]

Der Umfang der nachgelassenen Materialien zu „Im Schwanenhals“ ist, entsprechend den verschiedenen Ansätzen, auf denen aufbauend das Buch entstanden ist, groß. Zu jeder Idee finden sich Vorstufen, die wiederum für die weitere Arbeit an der Autobiografie verwendet wurden. Das veröffentlichte, „unter Mitwirkung von Jorek“ – wie es im Impressum heißt (vgl. 2.2.8) – fertiggestellte Buch gleicht einer Mischform: Überwiegend chronologisch und autodiegetisch wird von der Zeit zwischen Beginn des Studiums 1954 und der Ausweisung aus der DDR 1966 erzählt, einige wenige Prolepsen nehmen Bezug auf die Zeit danach, zum Beispiel auf die 1970er und 1980er Jahre. Wie bei vielen anderen nach 1989/90 entstandenen Autobiografien besteht eine große Nähe zwischen der Ich-Erzählerin und der Autorin.[1255] Zu dem Erzählten findet sich, soweit es sich nachprüfen lässt, eine Entsprechung in Novaks Biografie. Die Erzählebene oszilliert zwischen vorherrschender später Narration und plötzlich einsetzender gleichzeitiger Narration hin und her. Eingefügt in den Erzähltext sind Ausschnitte aus originalen Briefen von und an Novak sowie Auszüge aus Stasi-Akten und anderen Dokumenten. Diese Quellen, deren Wortlaut teilweise leicht überarbeitet wurde, sind als Fremdtext markiert und datiert, werden aber abgesehen von einem hinführenden Satz

1253 „Wenn ich den Tatsachen ins Gesicht sehe, ehrlich meine Krankheit in Betracht ziehe und die zu erwartenden Lebensbedingungen – dann muß ich zugeben, daß ich alleine es nicht schaffe, meine Autobiografie zu Ende zu bringen. Aufgeben und abbrechen will ich aber auch nicht. In diesem Zusammenhang fielen mir die Autobiografie von Heiner Müller und das Buch von Katja Havemann über Robert Havemann und Stasiverfolgungen ein. Diese beiden Bücher wurden per Bandaufnahme produziert. Was mir vorschwebt ist ungefähr: eine Mitarbeiterin zwischen 26 und 66 Jahren, die als Kollegin oder Germanistin oder Verlagsmitarbeiterin oder Feuilletonistin mich befragen, mir zuhören, meine Berichte aufnehmen und abschreiben könnte, um dann mit mir zusammen ein Buch (es geht um einen autobiografischen Roman) herstellen würde.“ Novak, Helga M. an Witt, Hubert, [Kopie], Legbąd, 4.8.2008. In: DLA, A:Novak, Briefwechsel, Witt, Hubert. In Heiner Müllers Buch heißt es in Bezug auf die ihm behilflichen Personen: „Sie haben mehr als tausend Seiten Gespräch, das über weite Strecken auch Geschwätz war, auf einen Text reduziert, den ich überarbeiten, wenn auch in der mir zur Verfügung stehenden Zeit nicht zu Literatur machen konnte.“ Müller 1994: Krieg ohne Schlacht, S. 366 f.

1254 Vgl. Novak, Helga M. u. o. V.: [Gesprächsprotokoll, 9.9.2008]. In: DLA, A:Novak, Nachtrag 2015, Prosa, Im Schwanenhals 06. [vormals: Im Schwanenhals, Karla-Version, Notizen und Entwürfe].

1255 Vgl. Grub 2003: ‚Wende‘ und ‚Einheit‘, S. 251.

nicht ausführlicher kommentiert. In den Quellen genannte Namen wurden, wenn es sich nicht um öffentlich bekannte Persönlichkeiten oder Amtsträger handelt, geändert, sodass sie den Namen der Figuren im Buch entsprechen, die mit den Namen ihrer realen Vorbilder nicht deckungsgleich sind.[1256] In den Text integriert sind – ähnlich wie bei „Die Eisheiligen“ und „Vogel federlos“ – außerdem szenenartige Dialoge und ein paar lyrische Sequenzen. Doch während sich die beiden Vorgängerbände durch eine konzise und unmittelbare Darstellung auszeichnen, die ihre Stilmittel der Montage und das Ineinander der Gattungen kunstvoll beherrscht, so weicht diese Spezifik in „Im Schwanenhals“ einer im Vergleich konventionell wirkenden Linearität. Tempuswechsel erscheinen nicht immer beabsichtigt und die direkte sowie gleichzeitig lyrische Sprache der Bücher von 1979 und 1982 wird vielfach durch einen nacherzählenden Gestus ersetzt. Verlässt sich das Buch damit weitestgehend auf die Chronologie, wird in den letzten zwei Kapiteln mit sprunghaftem Zeitraffer gearbeitet, sodass das Buch in zwei Teile zerfällt und ihm eine souverän durchgearbeitete Form fehlt. Unverbunden und atemlos werden in den Schlusskapiteln einzelne Begebenheiten dargestellt wie die Biermann-Ausbürgerung 1976, Begegnungen mit Robert Havemann Ende 1970/1980, ein Treffen mit der leiblichen Mutter, das Verfassen des offenen Briefs 1991 oder der Versuch der Wiedereinbürgerung 2006/2007. Die damit verwobenen Reflexionen münden in zwei lyrischen Passagen, eine beschließt das Kapitel IX „wund gestoßen“ und ist auf den 20.2.2013 datiert, die andere beinhaltet das „Porträt einer Angst“ von 1990/1991, mit dem das Buch endet.

Zusammen mit dem Dank ist im Anschluss vermerkt:

> „Editorische Notiz
> *Im Schwanenhals* entstand über einen langen Zeitraum. Dokumente, Tagebücher, Briefe, Akten und Behördenschreiben wurden hinzugezogen. Die Namen in den zitierten Dokumenten wurden geändert, sofern es sich nicht um öffentlich bekannte oder amtlich agierende Personen handelt. Tempuswechsel in den Kapiteln folgen den Intentionen der Autorin auch dort, wo sie normierte Wege verlassen.“[1257]

Mit dieser nachgereichten „Editorischen Notiz“ wird „Im Schwanenhals“ wie ein nicht selbstständig veröffentlichtes, sondern von anderen herausgegebenes Werk ausgestattet. Die Methode der Textherausgabe wird jedoch nicht offengelegt, geschweige denn im Text kenntlich. Wer der Autor dieser Notiz ist,

1256 Vgl. Novak 2013: Im Schwanenhals, S. 346.
1257 Ebd.

etwa der Verlag, bleibt unklar, der darauf folgende Dank ist mit den Namen „Helga M. Novak und Rita Jorek"[1258] unterschrieben.

Wie in Abschnitt 2.2.8. dargelegt, wurde insbesondere der letzte Teil des Buches weitestgehend selbstständig von Jorek zusammengestellt, allerdings nicht im Sinne einer wissenschaftlichen Aufbereitung, sondern als Fortschreibung des unter Novaks Autornamen veröffentlichten Textes. „Im Schwanenhals" ist deshalb gewissermaßen als veröffentlichtes Fragment, als unabgeschlossene Autobiografie Novaks zu betrachten. Die paradoxale Verschränkung der Abgabe der souveränen Autorschaft zugunsten einer Publikation zu Lebzeiten sowie die Rolle des literarischen Archivs dabei sollen im Folgenden im Fokus stehen. Hierfür ist die Entwicklung der Funktion der Briefform für Novaks Schreiben genauer zu betrachten.

2.2.9.1 *Der Brief als Ausgangs- und Endpunkt der literarischen Produktivität*

Nachdem im Abschnitt 2.2.5.2 Novaks Briefpraxis erörtert wurde, soll nun der Blick auf das Verhältnis von Briefeschreiben und literarischem Schreiben gerichtet und gezeigt werden, dass Novaks Briefe, indem sie eine Archivfunktion erfüllen, teilweise Vorstufen zum literarischen Schreiben darstellen, dabei zunächst aber nicht im Produkt, im veröffentlichten Buch aufgehen.[1259] Dieser Befund verbindet sich mit der These, dass sich das autobiografische Schreiben in Novaks privaten Selbstzeugnissen dezidiert vom autobiografisch geprägten Schreiben in ihrer selbstständig veröffentlichten Prosa unterscheidet. In der späten Phase des literarischen Schaffens Novaks, im Zuge des Verfassens von „Im Schwanenhals", beginnen sich dann die Formen zu vermischen.

Das Verhältnis vom autobiografischen Schreiben im Brief und den literarischen, autobiografisch geprägten Texten Novaks bis zu „Im Schwanenhals" ähnelt einer Konstellation wie sie im Klappentext zu Novaks erstem, 1968 veröffentlichten Prosaband beschrieben wird: „Doch in der Prosa dieser Autorin bleibt vom Lebenslauf nur das außerordentliche Gerüst zurück; es gibt wenige Autoren, die sich selbst so entschlossen scheinbar unterschlagen."[1260] In Analogie dazu zeigen verschiedene im Nachlass dokumentierte Vorhaben, dass die Autorin zwar vielfach ihre Biografie als Modell für ihre Texte verwendete, eine nach innen gewandte Subjektivität aber nach und nach herausstrich. So bildete das Briefeschreiben nicht selten Ausgangs- und Anfangspunkt der

---

1258 Ebd.

1259 In dieses Kapitel sind zwei Versatzstücke aus folgendem Aufsatz eingeflossen und stark überarbeitet worden: Boltenstern 2017: Briefeschreiben in Werk und Nachlass von Helga M. Novak, S. 61–72.

1260 Klappentext in: Novak 1968: Geselliges Beisammensein.

literarischen Arbeit Novaks, die darauf zielte, eine Distanz zwischen privatem Brief und literarischem Text aufzubauen – gelang dies nicht, wurde das Vorhaben abgebrochen.

Bei vielen Fragmenten und nicht realisierten Schreibvorhaben im Nachlass Novaks handelt es sich dementsprechend um Briefromane oder andere Brief-Projekte. Spuren unabgeschlossener Vorhaben bilden beispielsweise das undatierte Typoskript-Fragment „Ende der Kriechspur. Roman in Briefen"[1261] und ein umfangreicheres Vorhaben von Anfang der 1980er Jahre mit dem Titel „Die Marder" bzw. „Der Marder", das sich – bevor es schließlich als Hörspiel veröffentlicht wurde –[1262] verschiedengestaltig auswuchs und auch als „ein Geflecht aus Briefen"[1263] angedacht war.

Das am weitesten fortgeschrittene Brief-Projekt Novaks entstand aus der jahrelangen, bereits mehrfach erwähnten Auseinandersetzung mit dem Medea-Mythos, dessen literarische Verarbeitung in verschiedenen Texttypen erprobt wurde. Zu diesen Formen gehört der unvollendete Roman „Medea-Briefe", den die Autorin ab Anfang der 1970er Jahre zu planen begann und an dem sie zuletzt intensiv in Jugoslawien arbeitete.[1264] Wie aus den erhaltenen Skizzen und Entwürfen deutlich wird, verwendete Novak unter anderem ihre eigenen Korrespondenzen als Vorlage für den geplanten Roman.[1265] Doch die literarische Bearbeitung geriet bei der Suche nach der geeigneten Form ins Stocken. An Hans Altenhein schreibt die Autorin 1985 von Jugoslawien aus:

> „Ich hatte meine ‚Medea-Briefe' so konzipiert, daß 5 bis 6 Personen einander Briefe schreiben, auch übereinander. Doch habe ich dieses Konzept innerhalb der letzten 14 Tage umgestoßen, weil ich gemerkt habe, daß das Autobiographische und Subjektive bei mir zu stark ist, als daß ich fünf anderen Briefschreibern

1261 Vgl. DLA, A:Novak, Prosa, Verschiedenes, Materialsammlung, Ende der Kriechspur. Roman in Briefen. Das sechs Blatt umfassende, maschinenschriftliche Manuskript, zu dem ein Titelblatt gehört, enthält kurze Brieftexte der Figur Stella, die mit ihrem Sohn Alexander in der DDR wohnt und ihrem Geliebten Sebastian brieflich von ihrem Alltag berichtet.

1262 Vgl. Novak, Helga M.: Der Marder. In: SDR, 29.4.1984.

1263 Novak, Helga M.: [Ringbuchnotiz, o.D.]. In: DLA, A:Novak, Verschiedenes, Lemken 02, darin: Verschiedenes, Der Marder.

1264 „Was ich mache: ich möchte endlich (brüte und grüble noch) mein Medea-Buch schreiben, einen Briefroman. Daran sitze ich imgrunde schon seit 15 Jahren." Novak, Helga M. an Schädlich, Hans Joachim, [Durchschl.], Korčula, 14.12.1985. In: DLA, A:Novak, Nachtrag 2015, Briefwechsel, Schädlich, Hans Joachim. 1986 wurde ein Auszug von „Medea-Briefe" in der „Neuen Züricher Zeitung" vorabgedruckt. Vgl. Novak: Medea-Briefe. Aus dem Manuskript eines Briefromans. In: Neue Züricher Zeitung, 9./10.8.1986.

1265 Vgl. Novak, Helga M.: [Skizzen, o.D.]. In: DLA, A:Novak, Prosa, Dramatisches, Materialsammlung, Medea 04, 05, 06, 10, 11, 12, dabei: Entwürfe zu Medea-Briefe.

> Gerechtigkeit widerfahren lassen würde. […] Obwohl ich ungefähr 100 Seiten Briefe ‚Produziert' habe, ist das letzte halbe Jahr doch mit Probieren, Verwerfen und Brüten vergangen. Egal, ich bin dran, und meine Erklärungen dienen nur dazu, die beigelegten Briefe nicht als endgültige Fassung anzusehen. Sie werden so im Buch nie erscheinen."[1266]

Die Transformation der Vorstufen in einen für den Druck geeigneten Text gelang nicht – Briefe und Buchform waren nicht in Übereinstimmung zu bringen. Rückblickend schreibt Novak dementsprechend 1995 in einem Brief an den Schöffling-Verlag: „Ich habe vor bald zehn Jahren bei Luchterhand einen Vertrag unterschrieben ‚Medea-Briefe', das Buch ist nie fertiggeworden, obwohl in jener Zeit (in/ aus Jugoslawien) alle meine Briefe Medea-Briefe waren."[1267]

Doch schließt sich an das Scheitern Ende der 1980er Jahre bald ein weiteres, bereits erwähntes Brief-Projekt an: Briefe an Novaks Sohn, die fast zu einer Buchform anwachsen. „Briefe an Alexander", so der Titel der dazugehörigen Konvolute im Nachlass mit entsprechenden Skizzen und Konzepten. In den gesammelten Briefen versuchte die Autorin im Zuge der Umbruchszeit Anfang der 1990er, ihrem Sohn ihr Alltagsleben sowie ihre mit der DDR im Zusammenhang stehende Lebensgeschichte zu schildern.[1268] Viele der Texte kommen ohne Anrede und Schlussformel aus, sodass sich Brief- und Manuskriptform annähern und es sich weniger um Einzelbriefe und mehr um einen geplanten Briefkorpus handelt: „Hier liegen 30 Seiten ‚Brief' an Dich, aber ich bin nicht fertig und will es SO noch nicht abschicken. […] Wenn ich Zeit finde, dann schreibe ich weiter an meinem Bericht für Dich. Rechne dann, lieber Ragnar, mit 100 Seiten Brief."[1269]

Nicht nur thematisch erscheint dieses Briefprojekt als Vorläufer der Autobiografie „Im Schwanenhals". Auch die Skizzen und Manuskripte beider Vorhaben gehen teilweise ineinander über oder befinden sich in einem gemeinsamen

1266 Novak, Helga M. an Luchterhand Verlag, Altenhein, Hans, [Durchschl.], Zavalatica, 20.5.1986. In: DLA, A:Novak, Nachtrag 2015, Briefwechsel, Luchterhand Verlag.

1267 Novak, Helga M. an Schöffling & Co, Schöffling, Klaus, [Durchschl], Legbąd, 10.1.1995. In: DLA, A:Novak, Nachtrag 2015, Briefe, Schöffling.

1268 „Du hast so viele Fragen in Deinem Brief gestellt, daß ich nicht weiß – wo anfangen, und es fällt mir schwer, das alles in eine gewisse Ordnung zu bringen. Deshalb wird es ein Brief in Etappen sein. Und ein Tag wird nicht genügen, Dir alles zu schreiben." Novak, Helga M. an Thorsson, Ragnar, Legbąd, 4./5.12. 1991. In: DLA, A:Novak, Briefwechsel, Thorsson, Ragnar.

1269 Novak, Helga M. an Thorsson, Ragnar, Legbąd, 26.1.1992. In: Ebd.

Konvolut.[1270] Allerdings ging aus der spezifischen Kommunikationssituation im Briefwechsel eine Textsorte hervor, die nicht einfach als für die Öffentlichkeit bestimmtes Buch verwendet werden konnte. So schreibt Novak in Bezug auf die „Briefe an Alexander" 1994: „Schon bin ich auf die Idee gekommen, zwei Bücher zu schreiben. Eins für Dich persönlich, und eins/ ein anderes für den Verlag. Eine andere Möglichkeit sehe ich im Augenblick nicht."[1271]

Dennoch gab Novak das Verfahren des Briefeschreibens als Vorarbeit für ihre literarische Vorhaben nicht auf. Kurz vor einem Kuraufenthalt 1997 schreibt Novak an Jorek, sie „wittere [...] ein ‚Hörspiel'", und beschließt, „täglich tagebuchartige Briefe [zu] senden"[1272]. Einige Tage später erläutert Novak ihr Vorhaben genauer:

> „Es ist noch sehr früh, und ich habe an die 12 Umschläge an Dich adressiert, damit ich Dir von der Kur aus sehr schnell schreiben kann, was ich dort sehe und eventuell erlebe, ich mache keine Durchschläge, will nur die Seiten sofort aus dem Hause schaffen und in den Briefkasten. [...] Vielleicht kommt was dabei heraus, ich kanns nicht wissen. Eine systematische Beschreibung liefere ich aber auf jeden Fall, die kann man sicher mal verwerten."[1273]

Der Brief, als eine dem Erleben scheinbar nahe Gattung, dient einer raschen Verschriftlichung und Beschreibung des Wahrgenommenen und erfüllt auf diese Weise eine Art Archivfunktion.[1274] Zu einem späteren Zeitpunkt kann darauf zurückgegriffen werden. Jedoch entstand auf Grundlage der Briefe von 1997 auch in diesem Fall kein Hörspiel oder Prosatext.

Vielmehr ist ab Mitte der 1980er Jahre eine Entwicklung zu erkennen, im Zuge derer vereinzelte Briefe Novaks ohne stark überabeitet zu werden als oder im Rahmen von Publikationen erschienen. In dem gesammelten Prosaband „Aufenthalt in einem irren Haus" befinden sich zwei Texte, die die Autorin ursprünglich als Briefe verschickte: „Brief aus Kanton"[1275] und „Reise nach Rumänien. Brief an Hans-Joachim Schädlich"[1276]. Ersterer wurde bereits 1985

1270 Vgl. Konv. Briefe an Alexander. In: DLA, A:Novak, Prosa, Im Schwanenhals 19, dabei: Briefe an Alexander.

1271 Novak, Helga M. an Thorsson, Ragnar, Legbąd, 23/24.1.1994. In: DLA, A:Novak, Briefe, Thorsson, Ragnar.

1272 Novak, Helga M. an Jorek, Rita, Legbąd, 8.10.1997. In: DLA, A:Novak, Nachtrag 2015, HS 15.39, Briefwechsel, Jorek, Rita.

1273 Novak, Helga M. an Jorek, Rita, Legbąd, 19.10.1997. In: Ebd.

1274 Vgl. Zanetti 2010: Spielräume der Adressierung, S. 46.

1275 Brief aus Kanton. In: Novak 1995: Aufenthalt in einem irren Haus, S. 284–286.

1276 Reise nach Rumänien. In: Ebd., S. 287–300. Vgl. außerdem: „Jochen Schädlich hat einen langen Brief von mir, den ich ihm aus Jugoslawien geschrieben habe, über eine meiner Reisen nach Rumänien, Temeschwar!, als unsre deutschen Dichter noch dort waren und

und 1986 unter dem Titel „Brief aus China" publiziert,[1277] Letzteren forderte die Autorin für den Prosaband vom Adressaten zurück, um ihn zehn Jahre nach dem Versenden, minimal geändert und unkommentiert zu veröffentlichen. Der Brief rückt damit ins Prosawerk der Autorin, die Grenze zwischen privaten Ego-Dokumenten und literarischen, öffentlichen Texten verwischt zunehmend.

In besonderer Weise zeigt sich diese Wendung an „Im Schwanenhals" und den darin eingearbeiteten Dokumenten. Zugleich lässt sich mit Schwerpunkt auf dem Palermo-Kapitel „Lebendfänger" und der Erzählung „Sizilianische Vesper in Briefen" von 1971 exemplarisch nachweisen, wie sich Novaks literarischer Umgang mit ihren Selbstzeugnissen im Laufe der Zeit veränderte und wie die verschiedenen Formen schließlich in ihrem letzten Werk konvergieren. Den Anfang dieser komplexen Verschränkung zeigt ein Brief von 1963 an, den Novak im Dezember während ihrer Palermo-Reise an ihren damaligen Mann Thor Vigfusson nach Island schickte und in dem sie ein auf Korrespondenzen beruhendes Buch-Konzept entwirft:

> „Ich habe begonnen, ein Buch in Form von Briefen an Dich zu schreiben. Wie lang es wird, weiß ich noch nicht. Es wird ein Buch über alles, was ich hier sehe und erlebe, eingeflochten Erinnerungen aus meiner Kindheit und vieles Spätere. Du wirst ja sehen! Schließlich wird es ein Buch – mehr über meine Erlebnisse und Erinnerungen, die ich früher hatte, als über Italien. Palermo ist sozusagen nur der Rahmen, der Anlaß zu diesen Briefen. Auf jeden Fall wird es ein Buch, das ich Dir erzähle. Sachen, die Du schon kennst, Bekanntes und Unbekanntes, Wahres und Unwahres. Alles zusammen soll Dir ein Bild von mir geben, und das will ich verlegen lassen. Hast Du einmal von Rilke ‚Die Aufzeichnungen des Malte Laurids Brigge' gelesen [?]."[1278]

Das erste dokumentierte Schreibvorhaben der angehenden Autorin nach dem Gedichtband „Ostdeutsch" ist also ein autobiografisches Buch, das aus persönlichen Briefen hervorgehen sollte. Eventuell handelt es sich hierbei schon um einen frühen Versuch Novaks, den Auftaktband ihrer autobiografischen Romanreihe zu schreiben. Novak verwarf dieses erste Vorhaben bald,[1279] schrieb aber

---

unter der Diktatur leb[t]en. Eben DIESEN BRIEF (ca. 10–15 Seiten lang) hätte ich auch gerne mit in dem herbstlichen Prosaband. Ist mir wichtig! Den soll er unbedingt rausrücken! Versucht es bitte für mich!" Novak, Helga M. an Schöffling & Co, Schöffling, Ida, o. D., [Durchschl., ca. 1994/95]. In: DLA, A:Novak, Nachtrag 2015, Briefwechsel, Schöffling.

1277 Novak 1985: Brief aus China, S. 2. Sowie: Novak 1986: Brief aus China, S. 316 f.

1278 Novak, Helga M. an Vigfusson, Thor, Palermo, 21.12.1963. In: DLA, A:Novak, Briefwechsel, Vigfusson, Thor.

1279 „Ich hatte im Dezember angefangen, ein Buch über meine Kindheit zu schreiben, aber ich habe alles zerrissen. Dann begann ich wieder im Januar. Ich schreibe es doch nicht aus Palermo weiter etliche Briefe an ihren Mann. Die sich in diesem Briefwechsel manifestierende Beziehungskonstellation diente später als Vorlage für die 1971 erschienene Erzählung „Sizilianische Vesper in Briefen“[1280], die das Medium Brief en passant thematisiert. So wird die Möglichkeit, im Rahmen des brieflichen Dialogs in verschiedene Rollen zu schlüpfen,[1281] wie folgt reflektiert: „Entweder ich spiele Theater in der Rolle eines Briefeschreibers, oder Paula, Johanna und Georg simulieren ein Dreiecksverhältnis.“[1282] Auch die Dynamik des Briefeschreibens wird hervorgehoben: „Briefe schreiben ist – Bewegung reportieren in Ruhe.“[1283] Der Briefeschreiber erscheint in der Erzählung als das Handlungssubjekt, der Adressat dagegen ist dem Geschriebenen ausgeliefert: „Briefe schreiben ist – Erlebnisse, Wünsche, auch Fantasien reportieren in Ruhe. Briefe lesen ist – vollkommener Stillstand.“[1284]

Während Begebenheiten wie Ort, einzelne Figuren und Vorkommnisse des Briefwechsels von 1963/64 sich mit Inhalten der Erzählung decken, unterscheiden sich Form, Ausdruck und Anlage vollkommen. Nur vereinzelte, kurze Passagen wurden direkt in die Erzählung übernommen.[1285] Dieses Verhältnis lässt sich mit der Relation vergleichen, die Brandt für die verschiedenen Textschichten der 1995 veröffentlichten Erzählung „Portrait einer polnischen Greisin“ herausgearbeitet hat. Als erste Textschicht identifiziert Brandt tagebuchartige Aufzeichnungen sowie Brieffragmente.[1286] In der weiteren Bearbeitung wurde aus diesen, genau wie in dem Prosastück

---

in Form von Briefen. Die Form gefiel mir nicht.“ Novak, Helga M. an Vigfusson, Thor, Palermo, 13.1.1964. In: Ebd.

1280 Sizilianische Vesper in Briefen. In: Novak 1971: Aufenthalt in einem irren Haus, S. 114–135.

1281 Vgl. Strobel 2006: Figuren der Autorschaft in der Briefkultur, S. 12.

1282 Sizilianische Vesper in Briefen. In: Novak 1971: Aufenthalt in einem irren Haus, S. 115.

1283 Ebd., S. 130.

1284 Ebd., S. 119.

1285 Vgl. „Alle, die bei der Post sind, streiken. Alle, die bei der Bahn sind, streiken. Die Bäcker haben bisher achtzehntausend Lire im Monat verdient, das sind tausendzweihundert Kronen, das sind hundertzwanzig Mark. Also streiken alle Bäcker.“ Ebd., S. 119 f. Vgl. mit: „Sämtliche Postangestellte streiken jetzt. Es kommt keine Post an, und es geht keine weg. Die Bahn hat auch gestreikt, es ist ja auch ein lumpiger Lohn, für den die Leute hier arbeiten. Die Bäcker hatten z. B. bei 12 Std. täglich nur 18000 Lire im Monat [,] das sind 120 Mark, 1200 Kronen. Natürlich streiken sie.“ Novak, Helga M. an Vigfusson, Thor, Palermo, 20.2.1964. In: DLA, A:Novak, Briefwechsel, Vigfusson Thor. Und: „Kannst Du nicht irgendwo 100 Mark auftreiben und mir in Kohlepapier und Einschreibebrief schicken?“ Novak, Helga M. an Vigfusson, Thor, Palermo, 29.1.1964. In: Ebd. Vgl. mit: „Georg schreibt, liebe Paula, besorge mir wenigstens vier- oder fünfhundert Kronen. Ich habe seit einer Woche nicht richtig gegessen. Stecke das Geld einfach in einen Briefumschlag, aber zwischen Kohlepapier.“ Sizilianische Vesper in Briefen. In: Novak 1971: Aufenthalt in einem irren Haus, S. 128.

1286 Vgl. Brandt 2017: Semantiken von Legbąd, S. 162.

„Sizilianische Vesper in Briefen", das subjektive Erleben der Briefe- oder Tagebuchschreiberin, die ihre Eindrücke, Erlebnisse und Empfindungen schildert, herausgestrichen. Es kommt zu einem kompletten Perspektivwechsel: Erzählt wird in der Erzählung von 1971 aus den Perspektiven verschiedener Sprecherstimmern; im Zuge des direkten, verkürzten Stils, der Auslassungen, Einschübe und Rollenwechsel bleibt nur die Ausgangskonstellation des Briefwechsels als Zitat bestehen und wird so in den Fokus gerückt.[1287] Im Zentrum stehen also die Beziehung der isoliert erscheinenden Figuren zueinander sowie die Vorgänge, in die ihr Umgang miteinander eingebettet ist.[1288] Die Erzählung wird auf diese Weise zu einer Reflexion über die Korrespondenz und das Verhältnis von Beziehungen, Kommunikation und Ökonomie.

Für „Im Schwanenhals" griff die Autorin Jahrzehnte später nochmals auf die in Palermo verfassten Briefe zurück und ließ sie transkribieren, um mit ihnen arbeiten zu können. Dieses Vorgehen wird parallel in dem Buch reflektiert:

> „Während ich meine Erinnerungen an Palermo zusammenharke, stehen mir Briefe zur Verfügung, die ich damals aus Sizilien geschrieben habe. Vor mir liegen 120 Seiten, die ich abtippen ließ. Die handgeschriebenen Originale gehen in die Hunderte. Bei diesen Briefen, an meinen isländischen Mann gerichtet, handelt es sich um pure Bettelbriefe. Selbstverständlich berichte ich von meinem Alltag und von allerlei Begebenheiten aus Palermo. Doch vorherrschend flehe ich ihn um ein wenig Geld an und beschreibe ihm den Mangel, den ich leide."[1289]

Das Typoskript sowie die handschriftlichen Briefe liegen im Nachlass der Autorin und belegen das Beschriebene. Anders als in den anderen Kapiteln von „Im Schwanenhals" werden in dem Palermo-Kapitel „Lebendfänger" allerdings keine Direktzitate aus den Briefen als solche markiert, sondern einzig unter dem Datum „28.3.64/ Ostersonnabend"[1290] der entsprechende Briefinhalt kurz stichpunktartig wiedergegeben. Im Nachlass finden sich mehrere solcher Zusammenfassungen, die den Abschriften beiliegen. Die Spuren auf den Typoskripten der Palermo-Briefe, die Randkommentare, Unterstreichungen und ergänzten Jahreszahlen, zeigen dabei, wie Novak die Geschehnisse anhand des Briefmaterials rekonstruierte und auf Grundlage dessen beispielsweise

---

1287 Vgl. ebd., S. 164. In der Erzählung wird dieses Verfahren aufgegriffen: „An Stellen, die mir peinlich sind, verschreibe ich mich regelmäßig. Die Dialoge sind konstruiert. Ich hasse Schreibfehler. Sie machen mich wahnsinnig." Sizilianische Vesper in Briefen. In: Novak 1971: Aufenthalt in einem irren Haus, S. 128.

1288 Vgl. Brandt 2017: Semantiken von Legbąd, S. 164.

1289 Novak 2013: Im Schwanenhals, S. 270.

1290 Ebd., S. 259.

eine handschriftliche Liste mit den Stationen der Reise anlegte.[1291] Zudem kommentierte sie ihren Briefwechsel im Rahmen weiterer handschriftlicher Aufzeichnungen, „Kommentare: Briefe aus Palermo!“[1292] betitelt, notierte Reflexionen und ließ diese zum Teil in das Buch einfließen.

Auffällig ist darüber hinaus, dass im Nachlass verschiedene Fassungen einer Passage, zum Beispiel der Anreise von Hamburg nach Palermo über München, Rom und Neapel, vorliegen. In den Fassungen werden unterschiedlichste Akzente gesetzt und manches erzählt, was in der nächsten Fassung ausgelassen oder ganz anders dargestellt wird. In einer ersten Fassung heißt es:

> „Als wir mit unserem sperrigen Gepäck, Dagurs Malsachen stießen dauernd irgendwelche Passanten an, den Zug nach München bestiegen und ein ~~ganz~~ leeres Abteil gefunden hatten, interessierten mich nur noch die belegten Brötchen vom Kiosk und ein Bier. Dann zog ich den Sitz ~~mir~~ gegenüber aus und schlief, ohne einen Blick auf die mir fremde Bundesrepublik zu werfen.
>
> Obwohl der Waggon sich langsam füllte, hatte niemand mich geweckt. In München nahmen wir uns ein Zimmer für eine Nacht. Am nächsten Morgen suchte ich mir eine seriös wirkende Buchhandlung und erbat bei der Verkäuferin fünf Adressen, die sie mir freundlich heraussuchte. Was sie mir notierte, waren die Anschriften des Suhrkampverlages, des Fischerverlages, des Rowohltverlages, des Luchterhandverlages, und des Verlages DTV. Mehr Verlagsnamen aus Westdeutschland kannte ich nicht, und von DTV wußte ich nicht, daß sie nur Bücher nachdruckten und keine neuen Manuskripte annahmen. An diese Verlage schickte ich die fünf Exemplare meines Gedichtbandes ‚OSTDEUTSCH‘, nachdem wir in Palermo angekommen waren.“[1293]

Demgegenüber wird die Szene in der Buchhandlung in der folgenden Fassung so dargestellt:

> „Am nächsten Vormittag zogen wir eine Hauptstraße entlang, und ich fragte mich nach einer Buchhandlung durch. Ich fragte die Verkäuferin nach den fünf wichtigsten Literaturverlagen in Westdeutschland. Sie nannte mir Suhrkamp, Fischer, Luchterhand, Rowohlt und DTV. Darnach nahm ich meinen Mut zusammen und fragte sie nach all deren Adressen. Ich müsse nämlich was dorthin schicken.“[1294]

In der anschließenden Fassung taucht diese Episode, genauso wie im Buch, nicht mehr auf. Stattdessen heißt es:

1291 Vgl. Novak, Helga M.: Gulfoss, Okt. 1963, [Liste, o.D.]. In: DLA, A:Novak, Prosa, Im Schwanenhals 15.

1292 Novak, Helga M.: Kommentare: Briefe aus Palermo, [Aufzeichnungen, o.D.]. In: Ebd.

1293 Novak, Helga M.: [Typoskript, o.D.]. In: DLA, A:Novak, Prosa, Im Schwanenhals 15.

1294 Novak, Helga M.: [Typoskript, o.D.]. In: Ebd.

„Von Hamburg aus nahmen wir den Zug nach München. Dort übernachteten wir in einem Privatzimmer, wo der Vermieter die ganze Nacht durch einen Spalt unserer Zimmertür hereinschmulte.

Wir fuhren Tag und Nacht, aßen Brot und füllten unsere Wasserflasche beim Halt auf Bahnhöfen. Es wurde immer wärmer, und [ich] zog ein Kleidungsstück nach dem anderen aus. In Neapel hatten wir Zeit und stromerten durch die Straßen. Beide überwältigt von dem lautstarken Wirbel in den Häusern, auf den Balkonen, in den Gassen. Das Stimmengwirr hatte Reykjavik in Sekundenschnelle beiseitegestoßen. Auch uns gefiel es plötzlich, laut auf der Straße loszulachen."[1295]

Ein weiteres Typoskript beschreibt die Zwischenstation in Neapel grundlegend anders:

„Neapel

Berliner Schlagfertigkeiten

das ist es, wonach ich mich im maulfaulen Island gesehnt habe, und jetzt fürchte ich, dem lärmenden aufdringlichen Trubel nicht gewachsen zu sein. Schon am ersten Tag denke ich an die Ruhe und Unaufdringlichkeit der Isländer, ob auf der Straße noch [oder] im Kaffeehaus, überall kann man einen Gedanken zu ende denken, wird nicht angesprochen, gar aufdringlich genervt, wenn der Gesichtsausdruck es nicht herausforderte."[1296]

In dem Buch findet sich keine dieser Fassungen. Stattdessen wurde fast wortwörtlich, abgesehen von kleinen Änderungen und Ergänzungen, der Text aus einem Brief Novaks aus Palermo an Vigfusson vom 21.12.1963 eingefügt. In dem Brief heißt es wie zu Beginn des Kapitels „Lebendfänger":[1297]

„Von Hamburg sind wir nach München mit dem Zug gefahren, haben dort übernachtet und sind mit dem Zug weiter bis nach Palermo – Sizilien gefahren. Das erste Mal bin ich durch Deutschland und über die Alpen gefahren, und habe mir fast die Augen aus dem Leib gesehen. Kleine – an die Berge gedrückte Dörfer – viele einzelne Gehöfte hoch im Schnee und zwischen weißbedeckten Tannen.

1295 Novak, Helga M.: [Typoskript, o.D.]. In: Ebd.

1296 Novak, Helga M.: [Typoskript, o.D.]. In: Ebd.

1297 Vgl. „Von Hamburg fuhren wir nach München mit dem Zug, haben dort übernachtet und sind am nächsten Tag weiter bis nach Palermo gereist. Das erste Mal bin ich durch ganz Deutschland und über die Alpen gekommen und mir sind fast die Augen aus dem Gesicht gefallen. Kleine, an die Berge gedrückte Dörfer, viele einzelne Gehöfte hoch im Schnee und zwischen weiß bedeckten Tannen. Südlich der Alpen wurde es fühlbar wärmer, das bunte Laub haftete noch fest an den Weinstöcken und Obstbäumen, der Wind milde und leicht, die Sonne schien herbstlich, aber doch sehr angenehm. In Verona sind wir für vier Stunden ausgestiegen, alte hohe Stadtmauer, hell erleuchtete und belebte Märkte, überraschend viel mehr Menschen, als ich es in den letzten Jahren im Norden gewohnt war." Ebd., S. 245. Die anschließenden Passagen entsprechen sich ebenfalls.

Südlich der Alpen wurde es fühlbar wärmer. Das bunte Laub war noch fest an den Weinstöcken und Obstbäumen, der Wind milde und leicht, die Sonne schien herbstlich aber doch noch sehr warm. In Verona sind wir für 4 Stunden ausgestiegen. Alte hohe Stadtmauern, hellerleuchtete und belebte Märkte, plötzlich überall viel mehr Menschen, als ich es in den letzten zwei Jahren von Island gewohnt war.

Auch in Rom haben wir uns für einen Vormittag herumgetrieben. In so kurzer Zeit sieht man ja nicht viel; mich hat es wieder auf den Markt gezogen: voll Blumen, Gemüse, Obst, Konfektion, Geschirr, Fischen und lauter Krimskrams. ~~Und~~ Unter Passagen sitzen die Kastanienbrenner, Bettler, Weiber – die Heiligenbilder, Ketten und Strümpfe verkaufen. Dabei Weinstube neben Weinstube, Kaffeebar neben Kaffeebar.

Das nächste Mal sind wir in Neapel ausgestiegen. Es regnete fürchterlich. Ich war vollkommen übermüdet, meine Füße überanstrengt von immer denselben Schuhen. In jeder Nebenstraße von Neapel steht man meterhoch in Armut."[1298]

Der Brieftext wird in dem Buch nicht als solcher zitiert, sondern als Erzähltext übernommen. Mehrere Passagen aus diesem Brief und der folgenden Korrespondenz sind auf diese Weise in das Kapitel eingearbeitet worden. Ein ähnliches Verfahren hat die literaturwissenschaftliche Forschung für den in Tagebuchform verfassten Roman Rainer Maria Rilkes „Die Aufzeichnungen des Malte Laurids Brigge" belegt, den Novak in den 1960er Jahren als Vorbild für ihren damals geplanten Briefroman anführte.[1299]

Doch stützt sich Novaks Palermo-Kapitel nicht nur auf ihren Briefwechsel, wie es die Reflexion in „Im Schwanenhals" andeutet, sondern auch – und das bleibt unerwähnt – auf die Erzählung „Sizilianische Vesper in Briefen" von 1971. Ähnlich wie vom Briefwechsel existiert auch von der Erzählung ein vermutlich in den 2000ern entstandenes, eventuell von Jorek angefertigtes Computertyposkript, in dem zahlreiche Markierungen und handschriftliche Korrekturen Novaks zu finden sind.[1300] Einzelne Passagen aus der Erzählung wurden dementsprechend in den autobiografischen Roman montiert, in eine lineare Reihenfolge gebracht und durch weitere Ausführungen so ergänzt, dass sie nun

1298 Novak, Helga M. an Vigfusson Thor, Palermo 21.12.1963. In: DLA, A:Novak, Briefwechsel, Vigfusson, Thor.

1299 So übernahm Rilke Schilderungen von Pariser-Straßenszenen aus seinen Briefwechseln mit Lou Andreas-Salomé sowie Frau Clara. Vgl. Storck 2013: Das Briefwerk, S. 504 f. Ein weiteres, vergleichbares Beispiel ist Christa Wolf, die in ihre Erzählungen „Sommerstück" und „Was bleibt" Tagebuchmaterial einarbeitete. Vgl. Ankum 1992: Die Rezeption von Christa Wolf, S. 13 f.

1300 Vgl. Novak, Helga M.: Sizilianische Vesper in Briefen [Typoskript, o.D.]. In: DLA, A:Novak, Prosa, Sizilianische Vesper in Briefen.

einzig der Perspektive der Ich-Erzählerin zugeordnet werden können.[1301] Dabei übersteigt die Anzahl der aus der Erzählung eingearbeiteten Stellen die Zahl der indirekten Briefzitate. Dies mag damit zusammenhängen, dass der Großteil des originalen Briefwechsels tatsächlich in der Hauptsache Bitten um Geld und Zuneigungsbekundungen enthält, darin aber nur wenige Erlebnisse ausführlicher geschildert werden – der oben zitierte Brief bildet eine Ausnahme. Finden sich in dem Briefwechsel zu Erlebtem wie dem ‚Dynamitfischen' nur kurze Erwähnungen,[1302] sind dazu längere Passagen in „Sizilianische Vesper in Briefen"[1303] enthalten, die in „Im Schwanenhals" erweitert werden.[1304] Ähnlich wie es für die Beschreibung der Fahrt nach Palermo oben gezeigt werden konnte, wurden dabei Auszügen aus der Erzählung gegenüber neu verfassten Passagen der Vorzug gegeben.[1305]

Das Grundgerüst des Kapitels „Lebendfänger" bilden also Brieftexte von 1963/64 und ein von Briefen ausgehender Erzähltext von 1971. Dieser Aufbau scheint einem Befund geschuldet, den Novak 2006 Hubert Witt brieflich mitteilte: „Die Briefe sind jedenfalls hundertmal zuverlässiger als meine Erinnerungen."[1306] Der hier rekonstruierte Umgang mit den eigenen Selbstzeugnissen hängt folglich mit einer Situation zusammen, in der die Autorin sich selbst und ihren Erinnerungen zu misstrauen begann. Mehrfach bezeichnete sie ihre Korrespondenzen, vor allem im Rahmen ihrer Rückforderungen (vgl. 2.2.5.1), als „Erinnerungshilfe"[1307]. In einem weiteren Brief an Hubert Witt von 2006 beschreibt Novak diesen Vorgang genauer:

1301 Heißt es in der Erzählung beispielsweise: „Georg schreibt Briefe. Er schreibt, liebe Paula, es geht mir schlecht, kannst Du mir nicht etwas Geld schicken?" (Sizilianische Vesper. In: Novak 1971: Aufenthalt in einem irren Haus, S. 114), so steht in „Im Schwanenhals": „Ich schreibe, lieber Örn, es geht mir schlecht, kannst Du mir nicht etwas Geld schicken." (Novak 2013: Im Schwanenhals, S. 250). Vgl. außerdem: Sizilianische Vesper, S. 115 u. Im Schwanenhals, S. 249 f.; Sizilianische Vesper, S. 117 f. u. Im Schwanenhals, S. 258; Sizilianische Vesper, S. 118 u. Im Schwanenhals, S. 249. Sowie weitere Auszüge.

1302 „Jetzt sind heiße Tage, das Meer ruhig, und wir sind zu Bombenfischern herabgesunken." Novak, Helga M. an Vigfusson, Thor, Palermo, 27.4.1964. In: DLA, A:Novak, Briefwechsel, Vigfusson Thor.

1303 Vgl. Sizilianische Vesper in Briefen. In: Novak 1971: Aufenthalt in einem irren Haus, S. 121 f.

1304 Vgl. Novak 2013: Im Schwanenhals, S. 261–264.

1305 Vgl. Novak, Helga M.: [Typoskript, o.D.]. In: DLA, A:Novak, Prosa, Im Schwanenhals 15. Und dem gegenüber: Sizilianische Vesper in Briefen, S. 114. Und Novak 2013: Im Schwanenhals, S. 250.

1306 Novak, Helga M. an Witt, Hubert, [Kopie], Legbąd, 5.2.2006. In: DLA, A:Novak, Briefwechsel, Witt, Hubert.

1307 Novak, Helga M. an Patt, Sabina, [Durchschl.], Legbąd, 1.1.1997. In: DLA, A:Novak, Nachtrag 2015, Briefwechsel, Patt, Sabina. Vgl. z. B. auch: Novak, Helga M. an Schöffling & Co, [Durchschl.] Legbąd, 17.1.1995. In: DLA, A:Novak, Nachtrag 2015, Briefwechsel, Schöffling.

„Wie ich durchs verhaßte Telefon schon manchmal versucht habe, Dir zu erklären, plane ich so eine Art Briefroman, wobei ich mich eigener Kommentare, Erklärungen, Beschreibungen, gar Rechtfertigungen enthalten möchte. Ich weiß einfach, daß auf vierzigjährige Erinnerungen kein Verlaß ist. Nicht selten belügt man sich ja schon selber, während man was Einschneidendes erlebt.

Wenn ich aber alte Briefe und Akten lese, dann weiß ich ganz genau, was verdreht, und was gelogen ist. Ich versuche, MICH und meine Erlebnisse mit den Augen anderer zu sehen und wiederzugeben."[1308]

Die Beschreibung des vor vielen Jahren Erlebten wird als unzuverlässig eingeordnet; den sich ständig vergrößernden zeitlichen Abstand zu einem Erlebnis stellt Novak als Verzerrung der ohnehin schon ambivalenten Erinnerung dar.

An Stellen, an denen die Briefgrundlage fehlte, stützte sich Novak auf selbstverfasste Texte, die mit Bezug auf das zu beschreibende Ereignis entstanden sind, zu denen aber zum Zeitpunkt der Arbeit an „Im Schwanenhals" eine größere zeitliche Distanz bestand. So können weitere Textabschnitte des Buches angeführt werden, die aus minimal veränderten, zu Erzähltext gewordenen Briefen bestehen oder aus Texten, die mit diesem Medium zusammenhängen.[1309] Längere Passagen aus dem Kapitel „Leimruten", das von der Arbeit im Werk für Fernsehelektronik und der Geburt des Sohnes handelt, sind beispielsweise den Typoskripten der „Briefe an Alexander" entnommen, die pronominale Anrede wurde herausgestrichen.[1310] In das vorletzte Kapitel „wund gestoßen", von Rita Jorek maßgeblich zusammengesetzt, wurden nicht abgeschickte Briefentwürfe Novaks eingearbeitet – darunter ein undatierter Brief an Jürgen Fuchs und ein an Wolf Biermann gerichtetes Brieffragment.[1311] In der späten Schaffensphase Novaks, in der ihre literarische Produktivität gefährdet war und sich ihre Erinnerungen zunehmend als ambivalent erwiesen, veränderte sich die Rolle ihres literarischen Archivs – es

1308 Novak, Helga M. an Witt, Hubert, [Kopie], Legbąd, 20.3.2006. In: DLA, A:Novak, Briefwechsel, Witt, Hubert.

1309 Vgl. zum Beispiel: Novak 2013: Im Schwanenhals, S. 138. Und: Novak, Helga M. an Jorek, Rita, Reykjavík, 14.1.1958. In: DLA, A:Novak, Nachtrag 2015, HS 15.39, Briefwechsel, Jorek, Rita.

1310 Vgl. Novak 2013: Im Schwanenhals, S. 165 u. 196 f. Und: Novak, Helga M.: Briefe an Alexander, Korčula, 1985 [Typoskript]. In: DLA, A:Novak, Prosa, Im Schwanenhals 19, dabei: Briefe an Alexander.

1311 Vgl. Novak 2013: Im Schwanenhals, S. 321 f. Und: Novak, Helga M. an Fuchs, Jürgen, o.D. In: DLA, A:Novak, Nachtrag 2015, Briefwechsel, Fuchs, Jürgen. Sowie: Novak 2013: Im Schwanenhals, S. 323 f. u. 328 f. Und: Novak, Helga M.: [Briefentwurf, o. D.]. In: DLA, A:Novak, Nachtrag 2015, Briefwechsel, Biermann, Wolf. [vormals: Prosa, Im Schwanenhals, Karla-Version, Notizen und Entwürfe].

wird auf exemplarische Weise in seiner Funktion als materialisiertes Gedächtnis aktiviert.

2.2.9.2 *„Und wenn es mir noch so schwer fällt" – der Abschluss der Autobiografie als nachlasspolitische Strategie*

Auf den letzten, von Rita Jorek zusammengestellten Seiten des autobiografischen Romans „Im Schwanenhals" heißt es:

> „Es ist mit der Ehrlichkeit so schwierig wie mit der Wahrheit; unter Aufbietung aller Kraft bemühe ich mich und weiß doch, dass ich vielleicht manches verdrängt habe.
> Wie war es wirklich, frage ich mich dauernd.
> Was war wirklich los, frage ich mich dauernd.
> Fünfunddreißig Jahre liegt meine Ausbürgerung zurück, ich gebe mir alle Mühe.
> Ich prüfe mich, zerlege mich, nehme mich auseinander."[1312]

Rhetorisch, fast etwas floskelhaft, wird die Autobiografie hier als eine schonungslose Selbstbefragung ausgewiesen, die durch eine große zeitliche Distanz zu dem, was erinnert werden soll, sowie durch einen nahezu uneinlösbaren Wahrheitsanspruch flankiert wird. Im literarischen Nachlass Helga M. Novaks haben sich parallel dazu Spuren der Erinnerungsarbeit abgelagert,[1313] in deren Rahmen eine spezifische Rolle der Selbstzeugnisse und Dokumente im literarischen Archiv erkennbar wird. Auf welche Weise ist „Im Schwanenhals" als letztes großes Schreibprojekt vor Novaks Tod in ihrem Nachlass verankert? In welcher Hinsicht werden die nachgelassenen Zeugnisse im Prozess des Erinnerns bedeutsam?

Literatur und Erinnerung sind eng miteinander verknüpft und zwar auf mehrfache Weise: Während Erinnerung Gegenstand und Thema der Literatur sein kann, ist Literatur zugleich auch selbst Gedächtnismedium und trägt zur kollektiven Erinnerungsbildung bei.[1314] Diese Verbindung schlägt sich in ihren verschiedenen Facetten in den autobiografischen Romanen Novaks nieder.[1315] Sie sind „Zeugnisse der literarischen Arbeit, [...] zu schreiben ohne

1312 Novak 2013: Im Schwanenhals, S. 327.

1313 Vgl. zu dem von Novak selbst verwendeten Begriff der ‚Erinnerungsarbeit' 2.2.2 und 2.2.8.

1314 Vgl. Erll/ Nünning 2005: Literaturwissenschaftliche Konzepte von Gedächtnis, S. 1–9.

1315 Vgl. beispielsweise dazu die Analyseergebnisse Nauses zu „Die Eisheiligen": „Aus diesen Elementen resultiert die besprochene Unsentimentalität der Texte, die es ermöglicht, sich der eigenen Vergangenheit zu nähern und traumatische Szenen der eigenen Kindheit überhaupt erst zu erinnern, damit auch jene Erinnerungsarbeit leistend, die in der zu verdrängen oder zu vergessen"[1316]. Jedoch ist eine Akzentverschiebung von den ersten zwei Bänden „Die Eisheiligen" und „Vogel federlos" hin zu „Im Schwanenhals" zu beobachten. In den ersten beiden Büchern, die Oliver Sill 1991 als „radikalste Absage an das traditionelle autobiographische Erzählen"[1317] liest, wird der Vorgang des Erinnerns nicht direkt thematisiert:[1318]

> „Die Autobiographin weiß mithin um das Widerspiel von Erinnern und Vergessen, weiß um die Abhängigkeit der Erinnerung von der Subjektivität des erlebenden Ichs – ohne daß solches Wissen Anlaß wäre für eine von Zweifeln begleitete Reflexion über den Vorgang des Erinnerns selber."[1319]

Statt um Rekonstruktion und Gedächtnisbefragung geht es um die Gestaltung der Erinnerung.[1320] Wird folglich die Existenz von Erinnerungskonkurrenzen, von Vielstimmigkeit anschaulich und durch die „virtuose Handhabung unterschiedlichster Darstellungstechniken"[1321] der Erinnerungsvorgang sowie das subjektive Erleben der historischen Umstände ausgestellt,[1322] so überwiegt in „Im Schwanenhals" eine radikale Selbstbefragung, die in ihrer schonungslosen Offenheit stark einer Perspektive verhaftet bleibt. Im Fokus steht hier eine linear erzählte Lebensgeschichte, rekonstruiert anhand von Selbstzeugnissen, während in „Die Eisheiligen" und „Vogel federlos" eine bruchstückhafte Erzählung, zusammengesetzt aus Erinnerungssplittern, dominiert.[1323] In den beiden ersten Bänden werden zudem zeitgeschichtliche Fakten, wie Madeleine Salzmann bemerkt, „mit akribischer Genauigkeit wiedergegeben,

---

vorliegenden *Einleitung* als Arbeit am ‚kulturellen Gedächtnis' beschrieben worden ist." Nause 2002: Inszenierung von Naivität, S. 221.

1316 Ebd., S. 84.

1317 Sill 1991: Zerbrochene Spiegel, S. 481.

1318 Vgl. ebd., S. 468.

1319 Ebd.

1320 Vgl. ebd., S. 470. u. 479.

1321 Ebd., S. 474.

1322 Vgl. ebd.

1323 Was dies für die Rezeption bedeutet hat ebenfalls Sill gezeigt: „In noch entschiedenerer Weise erfordert ‚Die Eisheiligen' den mündigen Rezipienten. Der nahezu vollständige Verzicht auf explizit vorgenommene Reflexionen der Erzählerin entbindet den Leser sogar von der Aufgabe, in zustimmender oder ablehnender Weise Stellung zu beziehen zu der Sicht des erzählenden Ichs. Ihm allein ist es überlassen, jene Zusammenhänge aufzuspüren, die in der Werkstruktur angelegt sind. Freilich sollte er sich davor hüten, das gestaltete Geschehen mit schlüssigen, kausallogischen und -psychologischen Erklärungsmustern zu verstehen. Unternimmt der Rezipient dies dennoch, so bezeugt er damit einzig und allein sein Unverständnis für eine Erzählweise, die mit guten Gründen darauf verzichtet, vergangenes Dasein in Form eines geschlossenen Sinnzusammenhangs zu präsentieren." Ebd., S. 507.

so, als sei ein Historiker am Werk gewesen“[1324]. Insbesondere in „Vogel federlos“ gewinnen dabei historische Quellen an Bedeutung. Surynt erläutert:

> „Die von dem erzählenden Ich herbeigerufene Vergangenheit erscheint als eine Collage von mannigfaltigen, auf den ersten Blick scheinbar disparaten Fragmenten der eigenen Erinnerung, die durch die Heranziehung von ‚Zeitzeugen‘ (diese sind in der Regel Intertexte, z. B. Zitate aus literarischen Werken, Zeitungsartikeln, politischen Reden und Parteiprogrammen) beglaubigt werden und erst in der Rückperspektive ihren erzähllogischen Zusammenhang erkennen lassen.“[1325]

In „Vogel federlos“ wird auf diese Weise nicht nur die Singularität von Erinnerungen ausgestellt, sondern auch die retrospektive Narrativbildung in Abhängigkeit von der Anordnung und Zusammensetzung historischer Zeugnisse.

Hinsichtlich der spezifischen Situation in der DDR maß Novak, das unterstreichen mehrere ihrer Äußerungen, der Beziehung von Literatur und Geschichtsbildung eine besondere Bedeutung bei.[1326] 1982 erklärt sie in „Die Tageszeitung“ im Rahmen der Marburger Literaturtage in Bezug auf die aus der DDR kommenden Autorinnen und Autoren: „Wer soll die Geschichte der DDR schreiben außer uns? Wir schreiben ja nicht nur unsere Geschichten, wir schreiben die Geschichte eines Landes, die dort nirgends gedruckt wird. Wo es nur eine verlogene Geschichtsschreibung gibt. Warum sollen wir das nicht tun?“[1327]

Das Vakuum und die Lücken, die durch die politisch stark durchherrschte Fachdisziplin der DDR-Zeitgeschichte entstanden waren,[1328] sollten nach

---

1324 Salzmann 1988: Die Kommunikationsstruktur der Autobiographie, S. 108.

1325 Surynt 2017: Über die subversive Kraft des Erzählens im Werk Helga M. Novaks, S. 33.

1326 Ihre autobiografischen Romane betrachtete Novak als Beitrag zu einem kulturellen Gedächtnis. In ihren Briefen bringt sie dies wiederholt, impulsiv zum Ausdruck und scheut dabei keine laxen Formulierungen: „Warum z. B. die Ostdeutschen meine jugendliche Autobiographie nicht kaufen und lesen wollen, ist mir schleierhaft, denn eben DAS ist ja IHRE Vergangenheit.“ Novak, Helga M. an Jorek, Rita, 29.5.1999. In: DLA, A:Novak, Nachtrag 2015, HS 15.39, Briefwechsel, Jorek, Rita. Und zu „Die Eisheiligen“: „Meine Schulkameradinnen haben mich königlich empfangen. Sie alle haben sich sehr bedankt für die ‚Eisheiligen‘ damals, die sie mit Recht als Geschichtsbuch über Erkner und über unsere Generation gelesen haben.“ Novak, Helga M. an Altenhein, Hans, [Kopie], Legbąd, 5.12.2006. In: DLA, A:Novak, Briefwechsel, Altenhein, Hans.

1327 Novak in: Marburger Literaturtag. Im Fremden ungewollt zuhause. Diskussionsausschnitte. In: Die Tageszeitung, 7.10.1982.

1328 Vgl. dazu: Sabrow 2004: Die DDR-Geschichtswissenschaft und ihre Zeithistorie, S. 282.

Auffassung Novaks Autorinnen und Autoren auffüllen.[1329] In undatierten, maschinenschriftlichen und fragmentarischen Aufzeichnungen, die sich in einem Konvolut zu der Tagung „Ein Traum von Europa" von 1988 befinden und die sich ungefähr auf diese Zeit datieren lassen, unterstreicht sie diesen Ansatz:

> „Da es in DDR-Preußen seit vierzig Jahren keine ernstzunehmende Geschichtsschreibung gibt, haben das, bisweilen mit tödlicher Vehemenz, die Schriftsteller übernommen zu leisten. Von Uwe Johnson bis Jürgen Fuchs, ich rechne Erich Loest und mich auch dazu, haben wir viel Energie reingesteckt, unsere Vergangenheit und Gegenwart literarisch aufzuarbeiten, zu beschreiben."[1330]

Literatur gilt in den Kulturwissenschaften als ein wesentlicher Bestandteil der Erinnerungskultur und wird als ein Medium betrachtet, „über das in Form von narrativen Inszenierungen individuelle und generationsspezifische Erinnerungen für das kollektive Gedächtnis bereitgestellt werden."[1331] In Bezug auf die DDR und ihre jüngere Vergangenheit, deren offizielles Geschichtsbild den individuellen Erfahrungen der ostdeutschen Bürgerinnen und Bürger verbindungslos gegenüber stand,[1332] sah Novak die Autorinnen und Autoren in besonderer Weise in der Pflicht, gegenoffizielle Geschichten zu erzählen.[1333]

Mit dem politischen Umbruch 1989/90 modellierte Novak diese Forderung dahingehend, dass sie von Schriftstellerinnen und Schriftstellern, die in der DDR gelebt hatten, eine individuelle, schriftliche und aufrichtige Aufarbeitung ihrer verschiedenen Erfahrungen innerhalb der realsozialistischen Diktatur erwartete (vgl. 2.2.6.2). Obwohl nach 1990 eine beträchtliche Anzahl

---

1329 Diese Prämisse, die sich in den Nachlassmaterialien wiederholt, findet auch in „Im Schwanenhals" Erwähnung. Dort berichtet die Protagonistin über ihre Pläne kurz vor der Ausweisung aus der DDR 1966: „Mir schien es langsam Zeit zu sein, eine wahrheitsgemäße Geschichte der DDR zu schreiben." Novak 2013: Im Schwanenhals, S. 311.

1330 Novak, Helga M.: [Notiz, o.D.]. In: DLA, A:Novak, Verschiedenes, Konv. Polen 01, darunter vermutl. Beitrag für die Konferenz „Ein Traum von Europa", Berlin 1988.

1331 Gansel/Zimniak 2010: Zum „Prinzip Erinnerung" in der deutschsprachigen Gegenwartsliteratur, S. 13.

1332 Vgl. Leo 2006: Die DDR-Erinnerungskultur, S. 401.

1333 Vertiefend zur Bedeutung des Zeitzeugens in der deutschen Zeitgeschichte: Sabrow 2012: Der Zeitzeuge als Wanderer zwischen zwei Welten, S. 13–32. „Der Zeitzeuge im engeren Sinne hingegen beglaubigt nicht so sehr ein außerhalb seiner selbst liegendes Geschehnis, wie dies der klassische Tat- und Augenzeuge tut; er konstituiert vielmehr durch seine Erzählung eine eigene Geschehenswelt. Er bestätigt weniger durch sein Wissen fragliche Einzelheiten eines sich häufig ohne sein Zutun abspielenden Vorgangs, sondern dokumentiert durch seine Person eine raum-zeitliche Gesamtsituation der Vergangenheit; er autorisiert eine bestimme Sicht auf die Vergangenheit von innen als Träger von Erfahrung und nicht von außen als wahrnehmender Beobachter." Ebd., S. 14.

von Autobiografien zum Themenkomplex DDR erschien,[1334] beklagte die Dichterin im Sommer 1994 in einem Brief das Fehlen von solchen autobiografischen, selbstkritischen Texten, die die individuellen Rollen der Autorpersonen innerhalb des Systems beleuchten. Mit Bezug sowohl auf die exponierte Rolle der Literatur in der DDR als auch auf die in den 1990er Jahren stattfindenden Diskussionen um die Tätigkeiten Marcel Reich-Ranickis im polnischen kommunistischen Geheimdienst schreibt Novak an ihren Verlag:

> „Mich beschäftigt nur, warum solche Leute wie er und Hermlin und Christa Wolf und viele, viele andere Kollegen nicht ihre Biografien geschrieben und sich um Wahrheit bemüht haben. Wir DDR-Schriftsteller sind die einzige Institution für richtige Gegenwarts-Geschichts-Schreibung gewesen, und selbst da haben wir versagt. Die Leser waren verrückt nach uns, haben uns geglaubt, uns vertraut. Wie ist das bloß mit dem Vergessen? Bin schon selber ganz verunsichert und verzweifelt."[1335]

Das krisenhafte Misstrauen Novaks gegen sich selbst, die Ambivalenz der Erinnerung sowie der gleichzeitige Anspruch an die Autorinnen und Autoren, nach 1989/90 so aufrichtig wie möglich zu erinnern (vgl. 2.2.6.2), spiegeln sich in solchen Äußerungen genauso wieder wie der Kontext, in dem sie getroffen wurden.

Das Verhältnis zweier prominenter Autoren zur Staatssicherheit und ihr Umgang damit stand zum Zeitpunkt von Novaks Brief zur Diskussion: In seiner 1992 erschienenen Autobiografie „Krieg ohne Schlacht" hatte Heiner Müller seine Kontakte zur Stasi zunächst nicht thematisiert. Erst nachdem davon Ende 1992/Anfang 1993 öffentlich bekannt wurde, ergänzte er die zweite Auflage des Buches 1994 um ein ‚Dossier von Dokumenten des Ministeriums für Staatssicherheit der ehemaligen DDR'.[1336] Christa Wolf hatte fast zeitgleich im Januar 1993 in der Berliner Zeitung selbstständig bekannt gemacht, was aus ihren Stasi-Akten hervorging: dass sie von 1969 bis 1989 lückenlos von der Stasi überwacht worden war, zwischen 1959 und 1962 aber als GI bzw. IM selbst kurz im Kontakt mit der Stasi stand. Erst die Akte habe sie an diese von ihr offenbar

---

1334 Vgl. Grub 2003: ‚Wende' und ‚Einheit', S. 300.

1335 Novak, Helga M. an Schöffling & Co, Schöffling, Klaus, [Durchschl.], Legbąd, 1.8.1994. In: DLA, A:Novak, Nachtrag 2015, Briefwechsel, Schöffling. 1999 veröffentlichte Marcel Reich-Ranicki seine Autobiografie „Mein Leben", in der er auch seine Arbeit beim polnischen Geheimdienst thematisiert. Vgl. Reich-Ranicki 1999: Mein Leben.

1336 Vgl. Müller 1994: Krieg ohne Schlacht.

verdrängte Episode erinnert, erklärte Wolf in dem Zeitungsartikel und veröffentlichte ihre Akte daraufhin komplett.[1337]

Die Akteneinsicht sowie die Auseinandersetzung mit diesen und anderen Zeugnissen führten, wie solche Beispiele verdeutlichen, im Literaturbetrieb der 1990er Jahre zu einer erregten Gemengelage und evozierten Fragen nach einem angemessenen Umgang mit den Unterlagen des MfS. Ihren nachgelassenen Briefen aus dieser Zeit zufolge fand sich Novak zeitgleich in einer Situation der Verunsicherung wieder, die von den Debatten um die Informelle Mitarbeit von Autorinnen und Autoren beim MfS verstärkt wurde (vgl. 2.2.6.2). Den Stasi-Akten kommt dabei eine zweifache Rolle zu: Sie werden in Novaks Briefen einerseits als notwendige Grundlage der anstehenden Aufarbeitung ausgewiesen,[1338] andererseits wird hervorgehoben, dass die in den Akten zusammengetragenen Informationen als die eines ideologisch-repressiven Apparats zu bewerten sind.[1339] Nur wenige Monate nach der Publikation ihres offenen Briefs in „Der Spiegel" schreibt Novak im Dezember 1991 an ihren Sohn:

> „Wenn nun die Akten ausgewertet und gar veröffentlicht werden und die Leute das glauben, was sie da lesen, – na, da können wir uns alle aufhängen. Ich rechne mit dem Schlimmsten, auch deswegen bin ich Biermann gleich entgegengetreten, als

1337 Vgl. Wolf, Christa: Eine Auskunft. In: Berliner Zeitung, 21.1.1993. Vgl. außerdem: Grub 2003: ‚Wende' und ‚Einheit', S. 218–224.

1338 1997 betont Novak in Bezug auf die Büchner-Preis-Rede Wolf Biermanns (Vgl. 2.2.1) in einem Brief an Siegmar Faust, zu dieser Zeit Landesbeauftragter zur Aufarbeitung der SED-Diktatur im Freistaat Sachsen, nachdrücklich die Notwendigkeit von Dokumenten bei der Aufarbeitung der Vergangenheit: „Ihre Formulierung ‚Enttarnung Sascha Andersons' trifft die Sache recht ungenau, (ich meine die berühmte Arschloch-Rede). Mir war in dem Moment vollkommen egal, obs stimmt oder nicht. Es handelte sich in der Methode um Anschuldigungen ohne Beweise, ohne Fakten, ohne Aktenkunde. Der Redner verlangte einfach vom Hörer, ihm ohne weiteres zu glauben." Novak, Helga M. an den Sächsischen Landesbeauftragten zur Aufarbeitung der SED-Diktatur, Faust, Siegmar, [Durchschl.], Legbąd, 14.5.1997. In: DLA, A:Novak, Briefwechsel, Faust, Siegmar. Vgl. dazu auch: „Nein, es war eine Warnung, Bitte, Beschwörung an meine engsten Freunde (die Dissidenten), keine Hexenjagd zu veranstalten, nichts öffentlich zu quatschen, was sie nicht an Ort und Stelle dokumentarisch belegen könnten/ würden." Novak, Helga M. an Fries, Fritz Rudolf, [Durchschl.], Legbąd, 8.5.1996. In: DLA, A:Novak, Nachtrag 2015, Briefwechsel, Fries, Fritz Rudolf.

1339 Vgl. dazu u. a. die Fortsetzung des oben schon zitierten Briefs an Hubert Witt: „Es war ja stets eine der wichtigsten Stasi-Methoden, den ‚Gegner' zu erniedrigen und ihm jegliche Würde abzuerkennen. Wem ich das erst noch erklären muß, der braucht meine Bücher nicht in die Hand zu nehmen." Novak, Helga M. an Witt, Hubert, [Kopie], Legbąd, 20.3.2006. In: DLA, A:Novak, Briefwechsel, Witt, Hubert. Vgl. auch: Novak, Helga M. an Surynt, Izabela, Legbąd, 22.4.2009. In: DLA, A:Novak, Briefwechsel, Surynt, Izabela. Und: Novak, Helga M. an Altenhein, Hans, [Kopie], Legbąd, 23.7.1999. In: DLA, A:Novak, Nachtrag 2015, Briefwechsel, Altenhein.

er über einen Kollegen herzog in schlechtester Manier, ohne Genaues zu wissen. Wenn das so weitergeht, gibt es die nächsten zehn Jahre eine richtige Hexenjagd. Haben wir nichts Besseres zu tun? Sind wir nicht früher stolz gewesen auf unsere Menschlichkeit, auf unsere politische Moral?“[1340]

Im Entstehungsprozess von „Im Schwanenhals“ wurde Novaks Auseinandersetzung mit ihren Stasi-Akten bald zu einem wichtigen Bestandteil. An den Deutschen Literaturfonds Darmstadt, den sie über den Arbeitsprozess an dem von dieser Institution geförderten Buch unterrichtete, schreibt Novak 1994:

„Anfangs dachte ich, diese Aktenstudien gar nicht anzustrengen und mich allein auf mein Gedächtnis zu verlassen, doch jetztnun sehe ich, wie ja auch Falschmeldungen von dort u. a. an die Medien, also irgendwie herausdringen. Ich schreibe über die 50er und 60er Jahre und brauche meine Kontrolle darüber, inwieweit die Notizen der Stasie einer/ meiner Wahrheit entsprechen.“[1341]

Die von Novak daraufhin bei der Behörde des Bundesbeauftragten für die Unterlagen des Staatssicherheitsdienstes der ehemaligen DDR (BStU) angeforderten Kopien ihrer Stasi-Akten befinden sich in ihrem Nachlass. Sie belegen die Arbeit mit dem Material und sind an vielen Stellen mit Kommentierungen versehen. Die handschriftlichen Anmerkungen und Unterstreichungen Novaks veranschaulichen ihre Haltung zu den Dokumenten. Sie wies auf fehlerhafte Darstellungen hin, korrigierte Adressen und Ortsangaben, ergänzte teilweise Klarnamen bei Schwärzungen, zog Schlüsse aus den Berichten oder notierte Fragen.[1342] Auch wenn es sich nur um Details handelt, wird den Akten hier etwas entgegengesetzt, es wird Stellung bezogen und reagiert. Die Aufzeichnungen des MfS können nicht allein für sich stehen bleiben – so suggeriert es Novaks Umgang damit –, ihnen muss eine eigene Geschichte gegenübergestellt werden. Als Novak im Februar 1995 die Bundeszentrale für Stasi-Unterlagen um eine Kopie ihrer Akte bat, kommentiert sie das auf ihre schroffe Art wie folgt: „Ich brauche das alles, weil ich meine Autobiographie fortsetze. Im Gegensatz zu Stefan Hermlin kann ich es mir nämlich leisten, mein Leben aufzuschreiben, und das ist ein Teil der DDR-Geschichte.“[1343]

1340 Novak, Helga M. an Thorsson, Ragnar, Legbąd, 4.12.1991. In: DLA, A:Novak, Briefwechsel, Thorsson, Ragnar.

1341 Novak, Helga M. an Deutschen Literaturfonds Darmstadt, [Durchschl.], Legbąd, 19.10.1994. In: DLA, A:Novak, Nachtrag 2015, Briefwechsel, Deutscher Literaturfonds e.V.

1342 Vgl. DLA, A:Novak, Nachtrag 2015, Dokumente, Verschiedenes, Stasi-Akten, Kopien.

1343 Novak, Helga M. an BStU, [o. A.], [Durchschl.], Legbąd, 19.2.1995. In: DLA, A:Novak, Nachtrag 2015, Konv. Briefe u. Dokumente: BStU.

Die Anwerbung der Protagonistin als GI durch das MfS wird in „Im Schwanenhals“ über mehrere Seiten erzählt. Eingefügt sind vollständige, ungekürzte Berichte aus Novaks Stasi-Akte von 1957: der Vorschlag zur Anwerbung, die Verpflichtungserklärung, ein Ermittlungsbericht, verschiedene Gutachten sowie ein Treffbericht.[1344] Die Ich-Erzählerin unterschreibt aus Angst und ohne zu zögern, um der Situation zu entkommen: „Solche Gespräche im Hinterzimmer waren unheimlich. Ich sollte es nicht nur einmal erfahren – die Akten bestätigen es später –, sie fahndeten regelrecht nach mir.“[1345] Die Unmöglichkeit, die Unterschrift zu revidieren und die Zusammenarbeit mit dem MfS aufzukündigen, wird in dem autobiografischen Roman ebenfalls verhandelt: „Außerdem hatte ich gerade diese Signatur unterschätzt, denn ich ahnte nicht, dass sie vom Staatssicherheitsdienst als Freibrief behandelt werden würde, um mich in eine Art Leibeigenschaft zu überführen.“[1346] Die zweite in „Im Schwanenhals“ geschilderte Begegnung mit dem MfS 1959, nach der Rückkehr der Protagonistin in die DDR, deckt sich allerdings nicht mehr mit den Stasi-Akten Novaks – hier zeigt sich der Fiktionalisierungsgrad des Textes. Während Novak eine zweite Schweigeverpflichtung unterschrieb, zum Teil zu den angesetzten Treffen mit dem MfS erschien, indes mehrfach erklärte, sie werde nichts Negatives über andere Personen berichten und wolle auch keinen Auftrag in Westberlin erfüllen,[1347] handelt die Ich-Erzählerin in „Im Schwanenhals“ noch subversiver: „Da stand ich in meinem nassen weißen Kittel, sollte mich setzen, setzte mich und stellte fest, – ich habe keine Angst mehr vor ihnen! […] Ich sagte plötzlich mitten in ihre Fragen, – von mir ist nichts zu erwarten, ich unterschreibe nichts, lassen Sie mich in Ruhe!“[1348]

Einerseits, so wurde gezeigt, verband sich Novaks Arbeit mit den Stasi-Akten und den eigenen Briefen mit einer Selbstbefragung. Andererseits aber wurde darauf aufbauend in „Im Schwanenhals“ ein Narrativ entworfen, dass zwischen zwei Polen sich auffaltet: dem Ausgeliefertsein auf der einen und der Selbstbehauptung auf der anderen Seite. Einer umfänglichen politischen Repression steht ein gewisses Maß an Souveränität und Selbstbestimmtheit der Protagonistin gegenüber.

Die Arbeit an „Im Schwanenhals“ lässt sich in diesen Punkten mit zwei Formen des Antriebs vergleichen, die Günter de Bruyn in seinem Essay „Das

1344 Vgl. Novak 2013: Im Schwanenhals, S. 94–101. Vgl. in Übereinstimmung damit: BArch, MfS, AIM, Nr. 916/61, Bd. 1.

1345 Novak 2013: Im Schwanenhals, S. 96.

1346 Ebd., S. 102.

1347 Vgl. BArch, MfS, AIM, Nr. 916/61 Bd.2, (u. a. Treffbericht, GI Renate, Berlin, 21.11.1959, Bl. 18 / Treffbericht, GI Renate, Berlin, 1.12.1959, Bl. 19).

1348 Novak 2013: Im Schwanenhals, S. 193.

erzählte Ich" für das Schreiben von Autobiografien für wesentlich hält: „Der erste und dickste der Stränge ist der der Selbstauseinandersetzung, der Selbsterforschung und Selbsterklärung, auch der der Rechenschaftslegung vor einer nur mir bekannten Instanz."[1349] Der zweite Strang wiederum

> „[...] betrifft die Geschichte, und zwar nicht nur die eigne; es ist der Chronist im Schreiber, der sich hier regt. Hier gilt es, das Ich in die historischen Geschehnisse einzuordnen, es aus ihnen erklären, durch sie vielleicht auch bewerten zu können. Das Ich und Zeitläufe müssen aufeinander bezogen werden, in der Hoffnung, daß beide dadurch Konturen gewinnen und daß aus dem Einzelfall so etwas wie eine Geschichtsschreibung von unten entsteht."[1350]

Obwohl dieser zweite Strang in den beiden ersten autobiografischen Romanen Novaks anders hervortritt als in „Im Schwanenhals", so scheint er doch, das hat das Vorangegangene verdeutlicht, bei allen drei Bänden ein Schreibmovens darzustellen. Novak verwendet in diesem Zusammenhang in ihren Briefen vermehrt den Generationenbegriff, wie zum Beispiel 2007 in der Korrespondenz mit Rita Jorek: „Unsere Generation ist zum zweiten Mal in die Falle geraten. Und wenigstens das mußten wir lernen: wi[e] schwer es ist, einer Diktatur mitsamt ihrer Ideologie zu entrinnen. Deswegen will ich meine DDR-Autobiografie zu Ende schreiben. Und wenn es mir noch so schwer fällt."[1351]

Die Arbeit mit den eigenen Selbstzeugnissen, die den Entstehungsprozess von „Im Schwanenhals" im Unterschied zu „Die Eisheiligen" und „Vogel federlos" dominierte, ist vergleichbar mit einer Art Quellenstudium – die eigene Lebensgeschichte avancierte zum Untersuchungs- und Recherchegegenstand (vgl. 2.2.9.1). In Verbindung damit erscheint die erinnerungskulturelle Dimension von Novaks Nachlassbewusstsein wichtig, die sich an ihren Vorordnungen und testamentarischen Absicherungen abzeichnet (vgl. 2.2.7.2) und in einem Brief von 1994 an ihren Sohn explizit wird. Unter dem Eindruck der Jugoslawienkriege schreibt die Autorin vom polnischen Legbąd aus an Ragnar Thorsson nach Island:

> „Mein lieber Junge, schick mir auf keinen Fall meine alten Briefe hierher, niemals. Hier stecken noch die alten Apparatschiks in den versteckten Büros der Post, öffnen alles und zensieren und nehmen Schecks und Geld raus und lassen Briefsendungen einfach in ihren Zentralen verschwinden. Auch Sigrid hat viele, viele Briefe von mir (ich habe ja nie Tagebuch geschrieben), auch sie soll nichts aus

1349 Bruyn 1995: Das erzählte Ich, S. 18 f.

1350 Ebd., S. 19 f.

1351 Novak, Helga M. an Jorek, Rita, Erkner, 11.12.2007 [vermutl. nicht abgeschickt]. In: DLA, A:Novak, Nachtrag 2015, Briefwechsel, Jorek, Rita.

den Händen geben. Hier wird Krieg kommen, bei Dir nicht. Zuletzt haben wir überhaupt keine privaten oder politischen Zeitzeugnisse mehr. Denk nur daran, was alles von mir in Jugoslawien liegengeblieben ist. Briefe, noch und noch. Gott sei Dank mache ich seit Jahren von jedem, aber auch jedem Brief einen Durchschlag, aber eben diese Durchschläge liegen ja auch in Jugoslawien und hier in Polen. Also behalte, was Du hast, unbedingt."[1352]

Indem Novak ihre Korrespondenzen hier als Zeitzeugnisse bezeichnet, misst sie ihnen im Hinblick auf die Nachwelt eine historische Relevanz bei und suggeriert zugleich eine Unanfechtbarkeit. Darüber hinaus zeigt sich an dieser Briefstelle erneut, dass in einer Situation der zunehmenden Unsicherheit und Verunsicherung die Selbstzeugnisse an Bedeutung gewinnen. So illustriert die zu Beginn des Briefs geschilderte Furcht vor den Nachwirkungen polnischer Postzensur (vgl. 2.2.7.1) sowie die Angst vor einem nahenden Kriegsausbruch abermals Novaks Lebenssituation ab den 1990er Jahren: verzweifelt, zweifelnd und zum Teil ins Wahnhafte kippend.

Das Schlusskapitel von „Im Schwanenhals", „Porträt einer Angst", aus nicht abgeschlossenen Aufzeichnungen Novaks von Rita Jorek zusammengesetzt,[1353] thematisiert in Analogie dazu die Wiederkehr einer Angst:[1354] An Lebensstationen festgemacht, die im Buch zuvor entfaltet worden waren, ist die erste Erscheinungsform der Angst eine Angst vor Repression, Isolation, Ausschluss, Gewalt und Selbstaufgabe. Im „Jetzt" – datiert auf die Jahre 1990/91 – wird komplementär dazu eine Furcht vor der Konfrontation mit denjenigen beschrieben, die diese Angst früher erzeugten. Andererseits aber fürchtet die Ich-Erzählerin auch die „Gerechtsamen und Unschuldigen": „ich habe Angst vor den Urteilen / die sie fällen und Angst / dass sie fallen"[1355].

Diese Passage spiegelt den in Abschnitt 2.2.6.2 erörterten Selbstentwurf in umgekehrter Weise: Verweigerte sich Novak mit der in den späten Nachlasszeugnissen so präsenten Formel „Ich bin Schriftsteller und kein Richter" einem abschließenden Urteil gegenüber anderen Menschen, so scheut die Ich-Erzählerin in dem „Porträt einer Angst" ihrerseits das Urteil anderer und eine Vereinnahmung.

Eine weitere kurze, lyrische Passage aus dem vorletzten Kapitel „wund gestoßen", an das das Kapitel „Porträt einer Angst" anschließt und das unter anderem den Einbürgerungsantrag von 2006 verhandelt, stellt der Furcht vor

1352 Novak, Helga M. an Thorsson, Ragnar, Legbąd, 18.2.1994. In: DLA, A:Novak, Briefwechsel, Thorsson, Ragnar.

1353 Vgl. DLA, A:Novak, Nachtrag 2015, Prosa, Im Schwanenhals 18.

1354 Vgl. Novak 2013: Im Schwanenhals, S. 337–345.

1355 Ebd., S. 343.

Verurteilungen die Suche nach einem beglaubigten Schriftstück gegenüber. Am Ende des Kapitels „wund gestoßen“ wird das lebenslange Streben nach einem Pass beschrieben, der Wunsch, ein Dokument zu besitzen: „dass es mich dingfest macht / dass es meine Existenz bestätigt / das mich zusammenfügt und beurkundet / irgendein fraglos anerkanntes Papier / das mich berechtigt aufzutreten und zu sagen / ich bin die und diejenige“[1356]. Der Pass bzw. das Dokument erscheint hier als etwas, das eine Existenz bezeugen kann und diese als eine solche ausweist. Gesucht wird nach einem Ding bzw. einem Objekt aus Papier, in dem sich das eigene Leben manifestiert und zusammenfügt. Hier ließe sich ein Bezug zu dem Befund Sills herstellen, „warum der Erinnerung im autobiographischen Werk Helga M. Novaks überragendes Gewicht zukommt; vielleicht auch, warum es geschrieben wurde. Es ist von existentieller Bedeutung für eine Autorin, die, kaum anders als viele unmittelbar nach dem Krieg, ‚entwurzelt‘ worden ist.“[1357]

Bezieht man die in dieser Studie herausgearbeiteten Befunde wie Novaks speziellen Umgang mit ihren Selbstzeugnissen (vgl. 2.2.5 u. 2.2.9.1), die Zurückhaltung ihrer Person jenseits der literarischen Texte (vgl. 2.2.2) sowie ihre Vorlass-Skepsis und das Ringen um informationelle Selbstbestimmung (vgl. 2.2.7.1) mit ein, so ist daraus folgende These abzuleiten: Das Vorhaben, den autobiografischen Roman „Im Schwanenhals“ zu schreiben und diesen unter allen Umständen noch zu Lebezeiten fertigzustellen – und sei es mit Hilfe Dritter (vgl. 2.2.8) – fügt sich in einen Kampf um Deutungshoheit, der letztlich die Darstellung und Verortung der eigenen Person betrifft. Im Hinblick auf das literarische Archiv und Novaks ambivalente Haltung diesbezüglich ließe sich diese These noch erweitern. Zielte die Publikation von „Im Schwanenhals“ unter anderem darauf ab, die erste Version einer Erzählung vorzulegen, die eine zentrale Episode der Lebensgeschichte Novaks enthält, so ging es parallel auch darum, Dokumente wie die Stasi-Akten sowie Selbstzeugnisse aus dem Vorlass resp. Nachlass in ein selbstgewähltes Narrativ einzubetten: Das Buch erscheint in dieser Perspektive als nachlasspolitische Strategie.

Eine These, auf die in Teilen schon die biografische Materiallage hindeutet. So beschreibt Salzmann 1988, was auch heute noch zutrifft: „Im Fall von Helga M. Novak sind biographische Dokumente eher spärlich“[1358]. Abgesehen von einigen wenigen biografischen Kurzdarstellungen,[1359] existieren keine

1356 Ebd., S. 334.

1357 Sill 1991: Zerbrochene Spiegel, S. 480.

1358 Vgl. Salzmann 1988: Die Kommunikationsstruktur der Autobiographie, S. 102.

1359 Vgl. zum Beispiel: Bessen 2014: Novak, Helga M. Unter: http://www.munzinger.de/document/16000000424, zuletzt abgerufen am 16.11.2021. Und etwas ausführlicher, jedoch

Texte, die die spektakuläre Biografie der Autorin ausführlicher darstellen. Briefstellen Novaks geben Hinweise darauf, dass die Autorin die Entstehung von biografischen Materialien zu ihrer Person nicht gerade unterstützte und ihre literarischen autobiografischen Texte im Vergleich dazu bevorzugt wissen wollte. Die Unterscheidung der Gattungen Biografie und Autobiografie schien in diesem Kontext keine größere Rolle zu spielen. Beispielsweise bemerkt Novak nach einem Besuch einer Journalistin in Legbąd in einem Brief an Jorek 1997: „Die wollte sogar ne Biografie von mir schreiben, ich hab gesagt, ich lebe ja noch und vielleicht mach ich das alleine."[1360] Und an die Literaturwissenschaftlerin Surynt schreibt Novak 2009: „Was meine Biografie angeht, so sitze ich, wie Du weißt ja selber gerade an einer Autobiografie. Am besten wäre es, darauf zu warten und nicht überall und in Einzelheiten ‚vorzugreifen'."[1361] Ganz unabhängig von Autorschaft und Gattung beanspruchte Novak hier die erste Version einer Erzählung für sich, die sich – auf welche Weise auch immer – einer zentralen Episode ihres Lebens widmet. Weder dem Feuilleton noch der Wissenschaft sollte diese Erzählung in ihrer Erstfassung überlassen und stattdessen ein Bezugspunkt für alles Folgende geschaffen werden.

Auch die Entschiedenheit, mit der der Abschluss des autobiografischen Buches trotz des sich verschlechternden Gesundheitszustands, der knapp werdenden Zeit und zu Lasten des literarischen Werts vorangetrieben wurde,[1362] stützt diese These: Die Veröffentlichung des Buches zu Lebzeiten hatte in den letzten Jahren des literarischen Schaffens höchste Priorität. Die vielen verschiedenen Versuche Novaks, eine Form für „Im Schwanenhals" zu finden, zeigen dabei nicht nur, wie sehr das Projekt zu scheitern drohte, sondern auch, in welchem Maß sich die Autorin dessen bewusst war. Mehrfach

---

vielfach auf „Im Schwanenhals" als Quelle verweisend: Stoye-Balk 2016: Die Dichterin Helga M. Novak.

1360 Novak, Helga M. an Jorek, Rita, Legbąd, 6.5.1997. In: DLA, A:Novak, Nachtrag 2015, HS 15.39, Briefwechsel, Jorek, Rita.

1361 Novak, Helga M. an Surynt, Izabela, [Kopie], Legbąd, 16.1.2009. In: DLA, A:Novak, Briefwechsel, Surynt, Izabela.

1362 2006 betont Novak Hubert Witt gegenüber, dass die bis dahin vorliegenden Manuskriptseiten zu „Im Schwanenhals" kaum als Literatur betrachtet werden könnten, sondern zunächst Erinnertes festhalten: „Vor einigen Tagen habe ich Dir 66 Seiten Autobiografie gesendet. Diesmal habe ich mich wieder ums ‚ICH-Schreiben' gedrückt. Gib mir bitte ein Zeichen, ob ich auf diesem Weg weitermarschieren sollte?!?! Der Text ist, wie Du selber siehst, noch keine Literatur. Ich mußte erstmal alles aufschreiben, woran ich mich erinnere." Novak, Helga M. an Witt, Hubert, Legbąd, 6.10.2006. In: DLA, A:Novak, Briefwechsel, Witt, Hubert. Ob diese Manuskriptseiten in dieser Form, überarbeitet oder gar nicht von Jorek oder Novak in das Buch mitaufgenommen wurden, lässt sich nicht mehr nachvollziehen.

bezog sie Dritte, wie Hubert Witt, Margrét Rún und schließlich Rita Jorek, in den Arbeitsprozess mit ein und erwog dabei auch nicht-literarische, auf Zusammenarbeit basierende Formen wie einen Gesprächsband oder eine Dokumentensammlung (vgl. 2.2.9).

„Und wenn ich die letzte der Autobiografien nicht vollbringe, kriegt Rita den Nachlass (er ist ja nun geordnet), dann wird sie das zu Ende schreiben irgendwie“[1363], heißt es in einem Brief Novaks von 1995 an einen früheren Studienfreund. Mit diesem Vorsatz koppelte die Autorin ihre Nachlassgabe an den Abschluss und die Veröffentlichung von „Im Schwanenhals“ – unabhängig von ihrer Autorschaft, aber durch sie vorbereitet. Im Falle von Novaks Tod, so vermittelt es diese Sentenz, sollte der Zugänglichkeit des Nachlasses im Archiv der Abschluss des Buches durch die Nachlassverwalterin vorgelagert werden.

So wäre die Veröffentlichung von „Im Schwanenhals“ als eine nachlasspolitische Strategie zu bezeichnen, die den posthumen Umgang mit dem Nachlass bzw. seine Rezeption steuert. Das Buch präsentiert eine Auswahl der sich im literarischen Archiv befindlichen Zeugnisse in einer bestimmten Anordnung und verbindet sie mit einer Erzählung, die von den 1950er Jahren bis zur Mitte der 2000er reicht. Für einen Teil des Nachlasses stellt „Im Schwanenhals“ auf diese Weise eine Art Rahmung dar: Es lenkt die Betrachtung der Materialien und hält den lückenhaften, segmentierten Charakter des literarischen Archivs an vielen Stellen durch eine Narration zusammen.

Zu den Paradoxien dieser Konstellation gehört der Verlust der Werkherrschaft, den diese nachlasspolitische Vorsorge erforderte: Nur die Abgabe der souveränen Autorschaft zugunsten einer abschließenden Zusammenstellung und Bearbeitung durch Jorek ermöglichte die Veröffentlichung des Buches noch zu Novaks Lebzeiten. Überarbeitete die Nachlassverwalterin die erste Hälfte des Buches auf Grundlage der von Novak vorbereiteten Fassungen mit der Autorin gemeinsam, so setzte sie, als Novaks Gesundheitszustand nichts anderes mehr zuließ, die letzten drei Kapitel selbständig aus Teilen des literarischen Archivs zu einem Fließtext zusammen (vgl. 2.2.8).

Ungeachtet dieses Entstehungsprozesses und der damit verbundenen Folgen für das Buch, ist „Im Schwanenhals“ mittlerweile zu einem unhinterfragten Bezugspunkt für wissenschaftliche und journalistische Arbeiten zu Novaks Biografie geworden.[1364] Die weitere Novak-Forschung, insbesondere die

---

1363 Novak, Helga M. an Geißler, Wilfried, [Durchschl.], Legbąd, 25.9.1995. In: DLA, A:Novak, Briefwechsel, Geißler, Wilfried.

1364 Vgl. beispielsweise: Stoye-Balk 2016: Die Dichterin Helga M. Novak. Und: Schäfer-Newiger [o. J.]: Sprache. Freiheit. Melancholie. In: Signaturen. Unter: http://signaturen-magazin.de/ulrich-schaefer-newiger---sprache.-freiheit.-melancholie.-ueber-helga-m.-novak-als-dichterin.html, zuletzt abgerufen am 16.11.2021.

biografische, wird künftig jedoch weder den eigentümlichen Status des Buches ignorieren noch den Weg in das Archiv vermeiden können. Nicht zuletzt, weil die Frage der Autorschaft und die fragmentarische Anlage des Buches dies erfordern. Buch und Nachlass sind untrennbar aufeinander bezogen.

2.2.10 *Resümee: Der Nachlass als prekäres Zeugnis – „solange ihr noch in Gedanken / nach meinem Verbleib fahndet / ist nicht alles verloren"*

Möchte man den literarischen Nachlass Helga M. Novaks auf eine Formel bringen, dann bietet sich der von Sigrid Weigel verwendete Ausdruck der prekären Zeugnisse dafür an (vgl. 1.6).[1365] Die Gesamtbetrachtung zeigt den Nachlass als ein diffiziles und vielschichtiges Gebilde, das in seiner Fragilität Fragen des angemessenen Umgangs geradezu provoziert und die Arbeit mit den Materialien zu einem heiklen Unterfangen werden lässt. Insbesondere der ambivalente und variable Charakter der Briefe markiert ihren ungeschützten, unsicheren Status, der zum Teil in den Zeugnissen selbst direkt problematisiert wird, sodass die Schwelle zwischen persönlichem und öffentlichem Dokument umso deutlicher hervortritt. Novaks nachgelassenen Briefzeugnissen ist zwar das Wissen um die Möglichkeit eines unbestimmten Adressaten, einer mitlesenden Nachwelt inhärent, sie sind an diese auch gerichtet, gleichzeitig scheinen sie sich aber einer Einordnung entziehen zu wollen, geben sich widerständig und fragil zugleich. So wird in einer Zusammenschau der Briefe – die den literarischen Nachlass signifikant prägen – nicht nur ihr spontaner, situationsbedingter und sprunghafter Charakter evident, sondern zeichnen sich an ihnen auch die Umstände einer prekären Existenz ab, die die Korrespondenzen bedingte. Umbrüche und Aufbrüche, Überzeugungen und Zweifel, Realitätssinn und Wahn sowie eine fortwährende Suche haben sich in diese Zeugnisse eingeschrieben. Ihre Verschriftlichung setzt der Wechselhaftigkeit, von der sie zeugen, eine eigentümliche Beständigkeit gegenüber. Welche Bedeutung hat der literarische Nachlass Novaks innerhalb dieser Konstellation?

Die vorliegende Nachlassformation ist im Kontext von Novaks spezifischem Verhältnis zur literarischen Öffentlichkeit zu betrachten, das sich durch ein Paradoxon auszeichnet: Das Bestreben nach Werkpräsenz und politischem Austausch steht der Zurückhaltung der Autorperson, der Distanzierung vom Literaturbetrieb sowie zum Teil radikalen Rückzugstendenzen gegenüber. So wird die in literaturgeschichtlicher Hinsicht relativ verborgen gebliebene Autorin erst in ihrem Nachlass in all ihren verschiedenen Facetten richtig sichtbar. War Novak bisher vor allem als Lyrikerin und Autorin autobiografischer

1365 Vgl. Weigel 2006: Hinterlassenschaften, Archiv, Biographie, S. 46.

Prosa bekannt, rücken mit ihren hinterlassenen Zeugnissen auch ihre Hörspielwerke, ihre journalistischen Arbeiten sowie ihre gesellschaftspolitischen Texte und Reden in den Fokus.

Doch in erster Linie zeigt der im DLA bewahrte Bestand aus der Provenienz Novaks die Autorin als Briefeschreiberin vor einem gesamteuropäischen Hintergrund in der Zeit von 1956 bis 2013. Zahlreiche, teilweise unvorhergesehene Ortswechsel und Reisen sowie die Vernichtung der eigenen Manuskripte nach Veröffentlichung haben das novaksche Archiv zwar dezimiert, dennoch ist eine große Menge von Briefen, auch der von Novak verfassten im Original, als Kopie oder Durchschlag erhalten geblieben. Dies lässt sich auf die Praktiken der selektiven Archivsorge und brieflichen Selbstarchivierung zurückführen, die den grob von der Autorin vorgeordneten Nachlass geprägt haben und deren inhärente Bewahrungstendenz mit den Verlusterfahrungen und Diskontinuitäten in Novaks Lebensverlauf korrespondiert: als Versuch des Erhalts von Bezügen und Erinnerungen sowie als Bestreben, Verlorenes zu bergen. Die Praktik des Briefeschreibens erscheint dabei als ein Schreiben aus der Distanz und Vereinzelung, das Möglichkeiten des Austauschs, der Verbindung und vermittelten Zugehörigkeit eröffnet. Doch obwohl sich die Briefe Novaks an einen bestimmten, abwesenden Adressaten richten und ihrer Anlage nach auf diesen angewiesen sind, stehen sie zu allererst unter dem Zeichen der Selbstkommunikation und des diaristischen Schreibens. Sie kreisen vielfach um die Erfahrungen, Gedanken und Vorhaben des schreibenden Ichs, des imaginären Subjekts, das das Schriftgespräch mit anderen lebendig hält, um mit sich selbst im Gespräch zu bleiben. Die Form des Briefes begünstigt dabei eine momenthafte Schreibweise, die sich dem Augenblick mehr verpflichtet fühlt als der durchdachten Überlegung und in der extreme Schwankungen und zuspitzende Verkürzungen genauso einen Raum finden wie das Unausgegorene, Vorläufige, das nach Verschriftlichung drängt, ohne dass es festgeschrieben werden will.

Der Brief dient im Zuge dessen zum einen der stetigen Selbstvergewisserung und zum anderen der direkten und subjektiven Übersetzung von Erlebnissen und Eindrücken in Schrift. In diesem Sinne erfüllen die Korrespondenzen Novaks eine Archivfunktion: Sie verschriftlichen das vergangene Erlebte, übersetzen und speichern es und machen es sowohl für die persönliche Erinnerung als auch für das literarische Schreiben aktivierbar.

Die ganze Tragweite der Epistolografie für Novaks literarisches Schaffen zeigt sich also erst im Nachlass: Nicht nur prägt der Brief als Motiv und Thema etliche ihrer veröffentlichten Texte, auch stellt er häufig Ausgangspunkt verschiedener, vielfach nicht realisierter Schreibvorhaben dar. Die Rekonstruktion dieses Verhältnisses verdeutlicht, dass zwischen mindestens zwei Formen des autobiografischen Schreibens bei Novak zu differenzieren ist. Sind Novaks veröffentlichte Texte, Gedichte wie Prosa, oftmals autobiografisch grundiert, so unterscheidet sich diese Fundierung dezidiert von dem subjektiven, spontanen autobiografischen Schreiben im Brief. Am Beispiel der Kurzprosa konnte gezeigt werden, wie das brieflich Überlieferte im literarischen Text als bloßes Gerüst und Motivgeber zurückbleibt und die Ausstreichung des Subjektiven in der Prosa den Blick auf Beziehungsgefüge und andere Konstellationen lenkt.

Im Zuge der Betrachtung von Novaks Autorschafts- und Selbstentwürfen gewinnen ihr Umgang mit dem literarischen Archiv und die damit verbundene Bedeutung der Materialien an Kontur. Während der sich im Nachlass abzeichnende Selbstentwurf das freie und autonome Schreiben als Prämisse setzt, unabhängig von Ideologie, Politik und Nation sowie unabhängig von Poetologie, Literaturbegriff und -betrieb, geht damit nichtsdestoweniger ein souveräner Autorschaftsentwurf einher, der das Schreib- und Publikationsverhalten Novaks ebenso maßgeblich bestimmt hat wie ihr Nachlassbewusstsein. So ist die eigenverantwortliche Vorbereitung des Nachlasses ab 1995, das Verfassen von Testamenten sowie das Einsetzen einer Nachlassverwalterin nicht nur als eine auf ein Nachleben hin ausgerichtete Nachlasspolitik, sondern auch als Ausdruck selbstbestimmter Autorschaft zu verstehen, deren Verständnis die Zuständigkeit für den literarischen Nachlass miteinschließt: Diesem Entwurf nach obliegt einer Autorin des 20. Jahrhunderts die Regelung ihres literarischen Erbes. Doch während in Novaks Fall vor allem die Handlungsfähigkeit zu Lebzeiten entscheidend scheint und sich die posthume Zugänglichkeit des literarischen Archivs in ihren Autorschaftsentwurf einfügt, läuft ihre Vorlassgabe diesem zuwider.

So wird in den nachgelassenen Materialien der mögliche Zugriff Dritter auf die Briefe der Autorin zu deren Lebzeiten mehrfach als eine Form des Kontrollverlusts ausgewiesen, die auf den Tod vorausweist, die Privatsphäre, das heißt persönliche Rechte und Freiheiten, zu verletzen droht sowie die Deutungshoheit über biografische Selbstbilder einschränkt. Dass Novak trotz ihres kritischen Vorlassbewusstseins ihr literarisches Archiv zu Lebzeiten an ein Literaturarchiv verkaufen ließ, erscheint als ein, den finanziellen Nöten geschuldeter Widerspruch und unterstreicht ein weiteres Mal den prekären Status dieses Gebildes.

Auf weitere Art anschaulich wird dieser, wenn man Novaks Vorlassgabe in einen Kontext zu anderen im Nachlass präsenten Thematiken setzt, die ebenfalls die Frage der Privatsphäre berühren: unterschiedliche Ausprägungen von Zensur und Überwachung sowie die Rolle der Unterlagen des MfS nach 1990. In diesem größeren Kontext treten die Ambivalenzen des Gegenstands Vorlass/Nachlass, die Weigel in den Begriff der ‚prekären Zeugnisse' gefasst hat, prononciert hervor. Die Arbeit mit nachgelassenen Briefen beschreibt die Literatur- und Kulturwissenschaftlerin als eine Konfrontation mit Fragen des Briefgeheimnisses, der Zensur und des Persönlichkeitsschutzes – in ethischer wie rechtlicher Hinsicht.[1366] In Novaks Briefen, insbesondere in jenen, die sich mit der DDR und den dort erfahrenen Verletzungen des Briefgeheimnisses und der Privatsphäre befassen, finden diese Problematiken einen historischen Widerhall.

Markiert durch die Zäsuren 1957 und 1966 sind solche Erfahrungen in literarisierter Form auch in den autobiografischen Roman „Im Schwanenhals" eingegangen. Den Rahmen des Buches bilden zentrale Daten aus Novaks Biografie, von deren besonderen Verlauf bis 2013 nur der Beginn öffentlich ausführlicher thematisiert worden war, im Rahmen der literarischen Verarbeitung von Kindheit und Jugend in den autobiografischen Romanen „Die Eisheiligen" und „Vogel federlos". Durch diese beiden Bücher war die Autorin Ende der 1970er, Anfang der 1980er Jahre einem größeren Publikum bekannt geworden. Außerhalb ihrer literarischen und lyrischen Texte machte Novak ihre Biografie kaum zum Thema, auch nicht 1966, als ihr die Staatsbürgerschaft der DDR aberkannt worden war und sich ihr zahlreiche Möglichkeiten der medialen Inszenierung boten. Erst 1991, mit ihrem offenen Brief in „Der Spiegel", bezog sie in einem nicht-literarischen Text öffentlich und aufmerksamkeitswirksam Stellung zu ihren Erfahrungen in der DDR das Ministerium für Staatssicherheit betreffend. Hatte sich die Autorin in diesem offenen Brief nicht weiter erklärt, so setzte sie sich, wie ihr Nachlass zeigt, ab Ende der 1980er Jahre bis in die 2010er Jahre intensiv mit ihrer Anwerbung und Bespitzelung durch die Stasi, ihrer Ausweisung aus der DDR, der dazwischen liegenden Zeit und den Debatten um IMs nach 1989/90 auseinander. 2013, kurz vor ihrem Tod, wurde das literarische, in gewisser Weise Fragment gebliebene Zeugnis dieser autobiografischen Auseinandersetzung unter dem Titel „Im Schwanenhals" veröffentlicht.

Für die vorliegende Studie ist dieses letzte große Schreibprojekt zum einen deshalb von Relevanz, weil im Rahmen des Arbeitsprozesses auf einen beträchtlichen Teil des literarischen Archivs zurückgegriffen wurde. Zum anderen ist es aufgrund der Vehemenz bedeutsam, mit der die Autorin die Veröffentlichung des Buches forcierte und die dazu führte, dass „Im Schwanenhals" noch zu Lebzeiten Novaks von ihrer Nachlassverwalterin auf Grundlage des literarischen Archivs fertiggestellt wurde.

Schon Anfang, Mitte der 1990er Jahre hatte Novak begonnen, Teile ihres literarischen Archivs mehr und mehr zu einem Archiv für ihr autobiografisches

1366 Vgl. ebd., S. 47.

Projekt umzugestalten: Sie legte Verzeichnisse an und forderte ihre eigenen Briefe von den Adressaten zurück. Während sie verschiedene Gattungen und Formen für ihr Buch erwog, stützte sich die Autorin in ihrem Arbeitsprozess zunehmend auf ihre Briefe: als Möglichkeit der Selbsthistorisierung und der kritischen Selbstlektüre sowie schließlich als im Prozess des Erinnerns am verlässlichsten erscheinende Textform. Zeitlich parallel zu der Arbeit an „Im Schwanenhals" zeichnet sich an den Nachlassmaterialien der 1990er Jahre ein Selbstentwurf Novaks ab, der von einer grundlegenden Verunsicherung gekennzeichnet ist: So stellt die Autorin ihren Glauben an Gemeinschaft und Verständigung in den Briefen aus dieser Zeit immer wieder als erschüttert dar und berichtet, durchaus in einem Gestus der Selbstinszenierung, von einem gesteigerten Misstrauen gegenüber anderen und sich selbst. In dieser Spätphase des novakschen Schaffens, auf dem Gebiet der Prosa von einer stagnierenden literarischen Produktivität geprägt, gewannen die eigenen Selbstzeugnisse an Bedeutung: Sie wurden schließlich in Auszügen in den autobiografischen Text mit aufgenommen – zum Teil als Zitat erkennbar, zum Teil stillschweigend integriert.

Hatte Novak nach jeder ihrer Buchpublikationen die diesen entsprechenden Manuskripte, Entwürfe und Vorstufen in der Regel fast vollständig vernichtet, sodass veröffentlichte Werke und der literarische Nachlass wie zwei voneinander separierte Korpora erscheinen, ändert sich dieses Verhältnis mit dem Projekt „Im Schwanenhals". Die Überlieferungsintensität der Materialien zu der Arbeit an diesem autobiografischen Band ist im Vergleich zu allen anderen realisierten und nicht realisierten Schreibvorhaben am höchsten. Nicht ganz so umfangreich, aber doch in ähnlicher Überlieferungsdichte liegen, abgesehen von den Briefen, nur die unabgeschlossenen Projekte Novaks vor. Auch in dieser Hinsicht steht „Im Schwanenhals" folglich in einer Nähe zu den unvollendeten Werken der Autorin.

Das enge Korrelationsverhältnis zwischen dem letzten Schreibprojekt und dem literarischen Archiv liegt vor allem in der Art und Weise begründet, wie sowohl Novak als auch Jorek Materialien und Selbstzeugnisse mit verschiedensten Entstehungshintergründen in den autobiografischen Text einfügten und wie diese Integration auf den Nachlass zurückwirkt. Dabei zeigen sich folgende Funktionen der verwendeten Zeugnisse: eine Selbstbefragung und Selbstvergewisserung im Arbeitsprozess, die Beglaubigung des Geschehenen im Buch sowie die Funktion als Quelle bei der Rekonstruktion der eigenen Lebensgeschichte, anhand derer generationsspezifische Einsichten abgeleitet und in ein kulturelles Gedächtnis überführt werden sollen. Richtet man den Blick speziell auf die Nachwendezeit kommt eine weitere Funktion der brieflichen Selbstzeugnisse und der an ihnen entlang erzählten Autobiografie hinzu: Die Briefe, als Zeugnisse eines Lebens, das in Teilen in den Unterlagen des Ministeriums für Staatssicherheit der DDR schriftlich festgehalten wurde, stellen ein Pendant zu diesen, ideologisch beeinflussten Akten dar und bieten die Möglichkeit, ein Gegennarrativ zu ihnen zu entwerfen. Novaks Bestreben, die Deutungshoheit über ihre Selbstzeugnisse sowie ihre Lebensgeschichte zu bewahren, kann ebenfalls in diesem Zusammenhang betrachtet werden und scheint sich dabei dezidiert auf die Literaturgeschichtsschreibung zu richten. So lässt sich der Nachdruck, mit dem die Publikation des Buches „Im Schwanenhals" trotz der daraus resultierenden Defizite forciert wurde, auch als nachlasspolitische Strategie deuten: als Versuch, durch eine selbstgewählte narrative Rahmung die posthume Rezeption der im literarischen Archiv enthaltenen Materialien zu lenken und mithilfe des Buches die erste schriftliche Fassung einer Lebensgeschichte vorzulegen, die nach dem Tod der Autorin auf der Materialgrundlage des Nachlasses erstmals auch für Dritte erzählbar werden sollte.

Unabhängig davon, ob nachlasspolitisch intendiert oder nicht, gilt ganz zweifellos, dass mit der Publikation von „Im Schwanenhals" die enthaltene Auswahl an Selbstzeugnissen und ihre literarische Kommentierung als ein Bezugspunkt gesetzt wurden, den künftige Biografien nicht ignorieren können – aber durchaus werden hinterfragen müssen: aufgrund des kaschierten Status als autobiografisches Fragment, das es geblieben ist, und wegen der damit verbundenen Problematik der Autorschaft.

Denn auch dies hat die vorangegangene Nachlassanalyse gezeigt: dass die Nachlassverwalterin Rita Jorek nicht nur die Gestalt des im DLA liegenden Nachlasses von Novak wesentlich mitgeformt hat, sondern dass sie auch an den letzten Publikationen der Autorin einen maßgeblichen Anteil hatte, der im Falle von „Im Schwanenhals" einer Mitautorschaft gleicht.

Überarbeitete Jorek die erste, in verschiedenen Fassungen schon vorliegende Hälfte des Buches noch mit Novak gemeinsam, so setzte sie, als Novak gesundheitlich nicht mehr dazu in der Lage war, die letzten drei Kapitel selbstständig aus Teilen des literarischen Archivs zu einem Fließtext zusammen. Dieses Konglomerat aus unabgeschlossenen Manuskripten, Gedichtfragmenten, autobiografischen Aufzeichnungen und Briefentwürfen selbst noch einmal zu bearbeiten, war Novak nicht mehr möglich. Und so gehört es zu den Paradoxien der gesamten Nachlasskonstellation, dass der souveräne Autorschaftsentwurf Novaks in der Spätphase ihres Schaffens ausgehebelt wurde und zwar zugunsten einer Textveröffentlichung, die von ihr vorbereitet worden war, auf deren finale Form sie jedoch in der letzten Phase des Arbeitsprozesses kaum Einfluss mehr hatte. Unterschiedliche Aspekte an der Rolle Joreks für das novaksche Spätwerk sind in dieser Hinsicht relevant:

Unterstützte sie die Entstehung des Gedichtbands „Silvatica“ und die Herausgabe der „Gesammelten Gedichte“ eminent und ermöglichte damit zwei Veröffentlichungen, die Novaks Werkprofil im Bereich der Lyrik konsolidierten und komplementierten, so trug sie auch durch die Mitarbeit an „Im Schwanenhals“ dazu bei, eine Lücke in Novaks autobiografischer Prosa zu schließen. Parallel zog insbesondere mit dieser letzten Zusammenarbeit eine beträchtliche Eigendynamik ins Werk ein, die Souveränität der Autorschaft in gewisser Weise unterlaufend und für die spätere Rezeption nicht folgenlos. Vergleichbares lässt sich auch für den literarischen Nachlass konstatieren: Stellte Jorek als Nachlassverwalterin eine umfangreiche, geordnete Überlieferung des literarischen Nachlasses und die Übergabe ans DLA Marbach sicher, so schrieb sie sich zugleich in hohem Maße in die Materialien ein und gestaltete das Gebilde als zweite Bestandsbildnerin nach Novaks Tod weiter. Ihre Prägung ist dabei keine literaturwissenschaftliche mit archivarischer bzw. editorischer Vorsicht, sondern eine freundschaftliche, mit persönlich-involviertem Bezug.

Auch in diesem Punkt, der nachlasspolitischen Strategie einer Nachlassverwaltung, scheint die prekäre Anlage des Nachlasses auf. Ungeachtet des Versuchs, die Verfügungsgewalt über die Papiere posthum zu verlängern, bleiben die nachgelassenen Materialien, was sie ihrem Wesen nach sind: eine nach dem Ableben des Autors bzw. der Autorin zurückgelassene Menge an losen, in ihrer Zusammensetzung variablen (Schrift)-Zeugnissen, den Eingriffen, philologischen Entscheidungen und Interessen der Nachwelt ausgesetzt.

Obzwar das Wissen um diese Potenz der Nachwelt in der vorliegenden Nachlassformation Eingang gefunden hat, ist sie an die Nachwelt adressiert: sowohl als ästhetische als auch als historiografische Sendung, die Zeugnis über eine spezifische, exzeptionelle Autorinnenbiografie im 20. Jahrhundert ablegen kann und neben der Literaturgeschichte des geteilten und vereinten Deutschlands auch die europäische Zeitgeschichte berührt. Sichtbar wird durch sie eine den Zeitläufen ausgelieferte, aber gleichzeitig selbstbestimmte, nach Unabhängigkeit strebende Existenz, sich schreibend positionierend und selbstbehauptend und im Schreiben auf der Suche nach Halt und Verbindung.

So könnte das Gedicht, das Novaks „Gesammelten Gedichten“ den Titel gibt und damit der Bündelung ihres dichterischen Werks voransteht, auch als Vorwort zu ihrem Nachlass gelesen werden:

> „solange noch Liebesbriefe eintreffen
>
> solange noch Liebesbriefe eintreffen
> ist nicht alles verloren
> solange noch Umarmungen und Küsse
> ankommen und sei es in Briefen

ist nicht alles verloren
solange ihr noch in Gedanken
nach meinem Verbleib fahndet
ist nicht alles verloren“[1367]

Die Überschrift dieses Gedichts und damit auch der Titel der Lyrik-Gesamtausgabe „solange noch Liebesbriefe eintreffen“ bezieht sich nicht auf Gedichte, sondern auf das Medium des Briefs. Und dieser steht in den oben zitierten Versen für die Möglichkeit einer Verbindung, eines Zueinanderkommens, für die Möglichkeit einer Berührung, genauso wie für Hoffnung und Trost. Der Verlust ist dabei allgegenwärtig, dreifach durchschneidet er in Wiederholungen das Gedicht und beschließt es. Der Vers, dass „nicht alles verloren“ ist, besagt in seiner Schlichtheit, wie viel schon verloren ist: irrgelaufen, von Verlust bedroht, verschwunden oder in Gefahr, sich zu verlieren. Dreierlei kann diesem dauerhaft präsenten, sich ständig wiederholenden Verlust etwas entreißen, ein Stück des sich im Verschwinden Begriffenen festhalten: zum einen der ‚Liebesbrief‘, der seinen Adressaten erreicht, und der für die zugeneigte, schriftliche Botschaft bzw. empfangene Sendung steht; zum anderen ‚Umarmungen und Küsse‘, die in direkter oder vermittelter Form Kontakt, Nähe, Berührung und Vertrautheit bedeuten. Zuletzt aber ist es das ‚Fahnden nach meinem Verbleib in Gedanken‘, das dem Verlust und der Leere entgegensteht: das Andenken, Nachforschen und Erinnern.

1367 solange noch Liebesbriefe eintreffen. In: Novak 2008: solange noch Liebesbriefe eintreffen, S. 444.

KAPITEL 3

Schlussbetrachtung

Erst im 19. Jahrhundert begann sich der literarische Nachlass als epistemische Formation herauszubilden. Seine voraussetzungsreiche Geschichte ist wechselseitig an die Entwicklung der Neuphilologie und die Entstehung des Literaturarchivs gebunden. Doch während sich der literarische Nachlass in der Kultur, im Literaturbetrieb sowie in der Literaturwissenschaft als feste und selbstverständliche Größe etablierte, erfuhr der Terminus selbst keine wesentliche Konkretisierung und ist bis heute unscharf geblieben. Wer mit dem schwer ein- und abgrenzbaren Gebilde arbeitet, ist deshalb auf eine pragmatische und funktionale Definition angewiesen, die den literarischen Nachlass in Bezug auf seine Entstehungsbedingungen, das heißt hinsichtlich des ihn bestimmenden institutionellen Kontextes fasst: als Ansammlung vorwiegend schriftlicher Dokumente gemeinsamer Provenienz, die ein Schriftsteller nach seinem Tod hinterlässt und die eine Institution wie ein Literaturarchiv als Auswahl aus der Gesamtheit der aufgefundenen Materialien übernimmt. Infolge dieses Übertragungsaktes wird der literarische Nachlass als ein stabiles Gebilde konstituiert; zu ihm können Werkmanuskripte, Korrespondenzen, (Lebens-) Dokumente und autobiografische Aufzeichnungen sowie Sammlungen und Objekte gehören. Die Entscheidung, welche Bestandteile als literarischer Nachlass übernommen und welche kassiert werden, obliegt letztlich dem Ermessensspielraum der Literaturarchive. Ihre Erschließungskriterien orientieren sich dabei zum einen an der bibliothekarischen Kategorie des Autors sowie zum anderen an archivarischen Prinzipien, die Herkunft und Entstehungszusammenhänge betreffen.

Neben der begrifflichen Bestimmung und Eingrenzung ergibt sich für den literarischen Nachlass eine weitere definitorische Problematik. Die Termini Werk und Nachlass stehen in einem korrelativen Verhältnis zueinander und sind begriffsgeschichtlich miteinander verbunden, aber in welcher Hinsicht sie sich voneinander unterscheiden, wurde in der Literaturwissenschaft bisher kaum erörtert. Vorgeschlagen wurde in dieser Untersuchung daher folgende Differenzierung: Von der Gesamtheit der Einzelwerke eines Autors ist der literarische Nachlass als ein aus unikalen Zeugnissen zusammengesetztes Gebilde singulärer und nicht reproduzierbarer Materialität abzugrenzen. Posthum, nach dem Ableben des Autors, kann es unter bestimmten Voraussetzungen von einem beschränkten Kreis an Personen eingesehen werden

 | DOI:10.30965/9783846766934_004

und ist insofern auch durch seine Zugänglichkeit vom publizierten Einzelwerk unterscheidbar.

Mithilfe der Perspektivierung des Überbegriffs ‚Nachlass' im Zusammenhang mit den bedeutungsähnlichen Termini ‚literarisches Archiv', ‚literarische Hinterlassenschaft', ‚Bestand' und ‚literarisches Erbe' wurden in dieser Untersuchung unterschiedliche Aspekte der Nachlassthematik akzentuiert: Der Begriff des literarischen Archivs lenkt den Blick auf die Arbeitsprozesse des Autors, auf seine Tätigkeit des Archivierens und seine aktive Formung der Materialien. Als Hinterlassenschaft lässt sich die bloße Ansammlung von Papieren eines Autors vor der Archivübergabe bezeichnen. Der Begriff markiert diese Schwelle und unterstreicht, dass bestimmte Übertragungsprozesse und Bedeutungszuschreibungen den Nachlass in seiner institutionalisierten Form hervorbringen. Der Nachlass im Archiv kann auch Bestand genannt werden. Damit werden die Eingliederung in das archivische Ordnungssystem und die daran geknüpften Eingriffe hervorgehoben. Bezeichnet man einen Nachlass als literarisches Erbe, liegt der Akzent auf dem Zusammenspiel von Weitergabe, Weiterwirken und Bewahrung. Gleichzeitig wird der Bezug zu den Erben herausgestellt, die als eine wichtige Gruppe von Akteuren im Prozess der Überlieferung auftreten und diesen wesentlich beeinflussen.

Wird also ein literarischer Nachlass oder werden die in ihm enthaltenen Zeugnisse zum Forschungsgegenstand, schließt daran notwendigerweise eine Reflexion seiner Formation, seiner Überlieferungsgeschichte und seiner Strukturen an: Ein Nachlass ist ein gewordenes, geformtes sowie ein auf Leben und Werk eines Autors bezogenes Gebilde und sollte auch als ein solches betrachtet werden. Um einen Nachlass als ein Gesamtgefüge analysierbar und seine Formationsprinzipen beschreibbar zu machen, wurde in dieser Arbeit deshalb ein Arsenal an möglichen, flexibel einsetzbaren Zugängen aufgezeigt.

Ein wesentlicher Punkt stellt die Rekonstruktion der Entstehung der Formation dar. Die Genese eines literarischen Nachlasses wird von formgebenden Praktiken des Autors, seiner Arbeitsweise und anderen autorbezogenen Faktoren ebenso bestimmt wie durch den Todeszeitpunkt des Hinterlassenden, durch externe Einflüsse, Überlieferungswege, dritte Personen wie Nachlassverwalter sowie durch die Übernahmepraxis und Erschließung der Literaturarchive.

Ein weiterer Zugang zu der jeweilig vorliegenden Nachlassformation ergibt sich, wenn diese als bewusst hinterlassen verstanden und das werk- und nachlasspolitische Gefüge, in das sie eingebettet ist, sowie ihre Nachweltadressierung einer kritischen Analyse unterzogen wird. Begreift man den Nachlass als personen- und autorzentriert, geht dies einher mit der Untersuchung des Selbst- und Autorschaftsentwurfs, der sich in der Anlage der

Materialien abzeichnet. Dies ermöglicht es, den Nachlass in das Umfeld von Biografie und Werk einzuordnen. Nicht zuletzt ist der Nachlass ein Zeugnis: ein vorwiegend schriftliches Zeugnis des literarischen Schaffens sowie des Lebens eines Autors innerhalb eines spezifischen historischen Kontextes. In dieser Perspektive kann der Nachlass als ein externalisiertes Gedächtnis betrachtet werden, das ein bestimmtes Verhältnis des Autors zu Zeitlichkeit und Tod ausdrückt. Zudem wird in dieser Hinsicht, gekoppelt an die Koordinaten von Nach- und Fortleben, die erinnerungskulturelle Dimension des literarischen Archivs sichtbar.

Bei der Frage nach dem Gesamtwerk eines Autors gilt es, diese verschiedenen Zugangsweisen zu berücksichtigen. Die Analyse eines Nachlasses und der ihm eigenen Logiken kann, setzt man ihn in ein Verhältnis zu der Gesamtheit der veröffentlichten Einzelwerke, die Perspektive auf das Schreiben und Wirken eines Autors komplettieren, modifizieren oder gänzlich verändern.

Richard Leising und Helga M. Novak stellen zwei solche Fälle dar: Denn ohne die Betrachtung ihrer literarischen Archive gewinnt man von diesem Autor und dieser Autorin kein vollständiges Bild. So werden Forschungen zu Leisings veröffentlichten Gedichten nicht umhinkommen, seinen literarischen Nachlass zur Kenntnis zu nehmen: die darin enthaltenen Ansätze zu einer Poetik, die verschiedenen gültigen, zu einem Gedicht vorliegenden Fassungen oder die unveröffentlichten Aufzeichnungen, die um Kernthemen seines Schreibens wie Tod, Un-Abhängigkeit, Macht und Ohnmacht kreisen. Darüber hinaus fordert es der Eigenwert des Nachlasses geradezu heraus, dass man ihn gesondert betrachtet. Leisings Nachlass ist nicht nur reich an verschiedenen Textformen und wurde offenkundig mit Blick auf die Nachwelt vorbereitet, er steht auch in einem frappierenden Gegensatz zu den wenigen zu Lebzeiten veröffentlichten Gedichten des Lyrikers. Als ein eigenständig gestaltetes und komponiertes Gebilde angelegt, erfüllen die überlieferten Aufzeichnungen und Reflexionen, die Merk- und Zeitungsbücher eine Funktion als Werkersatz.

Um zu bewerten, wie der literarische Nachlass dabei innerhalb Leisings Œuvres genau zu verorten ist, sind mehrere Aspekte relevant. Zunächst ist zu konstatieren, dass sich nach Leisings Verständnis sein Gesamtwerk und sein Nachlass nicht gleichsetzen lassen, da sein Werkideal nicht der Unabgeschlossenheit und Disparatheit der Nachlassaufzeichnungen entspricht. Für den Rezipienten hingegen erscheint der Nachlass zweifellos als Teil von Leisings Gesamtwerk, obgleich der Status des literarischen Archivs in diesem und für dieses Gefüge kein eindeutiger ist. So kann man dem gezielt gestalteten Nachlass aufgrund seiner artifiziellen Züge einerseits eine gewisse Werkförmigkeit attestieren. Andererseits aber funktionieren die Mehrzahl der sich im Nachlass befindlichen Aufzeichnungen in erster Linie als Nachlasstexte. Eben da sie in dem Grenzbereich zwischen Leben und Werk angesiedelt sind, können die kurzen, unfertigen Texte unter der Prämisse ihres Nachlassstatus bestehen. Der Nachlass ermöglicht die Adressierung einer literarischen Öffentlichkeit über Umwege, konserviert die Beweglichkeit und Divergenz des Materials, ohne es auf eine Form hin festzuschreiben, und lässt das Unvollkommene, das Unfertige gelten. Was Leising zu Lebzeiten nicht zur Publikation freigab, durfte und sollte posthum unter dem Vorzeichen ‚Nachlass' der Öffentlichkeit zugänglich werden. Während die Bezeichnung ‚aus dem Nachlass' für diese Aufzeichnungen also wichtig ist, sind sie in ihrer Gesamtheit gleichwohl als dem veröffentlichten Werk gegenüber gleichwertig anzusehen. Offenbar wird mit ihnen ein Schreiben, das in seiner Form und Vielfalt über die publizierten Gedichte hinausgeht und eine eigene Betrachtung für sich verlangt. Der Nachlass als Werkersatz fungiert dabei weniger als Basis einer posthumen Werkbildung, sondern er erscheint vielmehr als Zeugnis eines Werkscheiterns, dessen Umstände er überliefert und das er darüber hinaus kompensieren soll.

Obwohl sich der Nachlass Novaks signifikant von dem Leisings unterscheidet, gilt auch für diesen: Er kann von der Forschung zur Autorin nicht unbeachtet bleiben. Lediglich künftige, unbedingt erforderliche Studien zu den Gedichten rechtfertigen zum Teil eine Aussparung, da sich zur Lyrik – abgesehen von der Arbeit an den „Gesammelten Gedichten" – nur vereinzelte Berührungspunkte im Nachlass finden. Doch wer zu Novaks letztem autobiografischen Roman bzw. zu ihrem autobiografischen Schreiben, zum Motiv des Briefes oder der Archäologie, zu ihren Hörspielen, Features und Reportagen, der Medeafigur oder ihren politischen Reden arbeitet, wird sich stets auch ihrem literarischen Archiv zuwenden müssen. Vor allem aber ist es ihre Biografie, die ohne Einsicht in den Nachlass nicht geschrieben werden kann und eine besondere Auseinandersetzung mit dem Gesamtgebilde des Nachlasses und seinen Bedingungen erfordert. Die Gesamtbetrachtung zeigt den Nachlass als ein diffiziles und vielschichtiges Gebilde, das in seiner Fragilität Fragen des angemessenen Umgangs geradezu provoziert und die Arbeit mit den Materialien zu einem heiklen Unterfangen werden lässt. Insbesondere der ambivalente und variable Charakter der Briefe markiert ihren ungeschützten, unsicheren Status, der zum Teil in den Zeugnissen selbst direkt problematisiert wird, sodass die Schwelle zwischen privatem und öffentlichem Dokument umso deutlicher hervortritt. Dementsprechend wird auch bei der Konzeption von Briefausgaben zu überlegen sein, ob und welche Konsequenzen aus dem Status des Nachlasses als ‚prekäres Zeugnis' zu ziehen sind.

Das Verhältnis von Werken und Nachlass ist in Novaks Fall ein dynamisches. Hatte die Autorin nach jeder ihrer Buchpublikationen die entsprechenden

Manuskripte, Entwürfe und Vorstufen in der Regel fast vollständig vernichtet, sodass veröffentlichte Werke und der literarische Nachlass in weiten Teilen wie zwei voneinander separierte Korpora erscheinen, ändert sich dieses Verhältnis mit dem Projekt „Im Schwanenhals" und der sich wandelnden Funktion der Briefe für ihr Schaffen. Schon bevor Novak als Autorin öffentlich hervortrat, hatten Korrespondenzen eine eminente Bedeutung für ihr Schreiben, nicht nur als Form des (Selbst-)Gesprächs und Möglichkeit der Verbindung, sondern auch als Vorstufe literarischer Texte. Dies änderte sich bei Novaks letztem Schreibprojekt: Zu einem Zeitpunkt, an dem die literarische Produktivität der Autorin an ihre Grenzen geriet, wurden die Briefe selbst Teil des literarischen Textes. Durch die Art und Weise wie Materialien und Selbstzeugnisse zum Teil als Zitat erkennbar, zum Teil stillschweigend in den autobiografischen Text eingefügt wurden, ist ein enges Korrelationsverhältnis zwischen „Im Schwanenhals" und dem literarischen Archiv entstanden, das eine nachlasspolitische Kraft entfaltet. So wurde mit der Publikation von „Im Schwanenhals" die enthaltene Auswahl an Selbstzeugnissen und ihre literarische Kommentierung als ein unumgänglicher Bezugspunkt für künftige Novak-Biografien gesetzt, der allerdings kritisch zu beleuchten ist.

Erscheint der Nachlass in Bezug auf „Im Schwanenhals" im Zuge einer solchen, kritischen Betrachtung einerseits als Zeugnis einer diffizilen Werkentstehung, so stellt er andererseits auch die Autonomie dieses Werks infrage, indem er den kaschierten Status des Buches als autobiografisches Fragment sowie die damit verbundene Problematik der Autorschaft offenlegt.

Obwohl sich die Rolle der Briefe für Novaks literarisches Schreiben im Laufe ihres Schaffens wandelte, behielten die Briefwechsel eine gleichbleibende, essenzielle Bedeutung für die Autorin. Dies hat die Gesamtschau des Nachlasses gezeigt. Zwischen Nachweltadressierung und Privatheit oszillierend, bilden die Briefe eine Konstante in Novaks Schreiben und rahmen, gekoppelt an ihr Leben, ihr Schaffen. Im novakschen Œuvre nehmen die Briefe folglich eine zentrale Position ein. Der Nachlass insgesamt ist in dieser Konstellation als Zeugnis einer schriftstellerischen Existenz zu bezeichnen: Vor dem Hintergrund der wechselhaften Zeitläufe des 20. Jahrhunderts zeugt er von den Auf- und Umbrüchen eines Lebens und stellt diesen die Beständigkeit des Schreibens gegenüber.

Während eine Nachlassanalyse also das Bild des Schaffens von Helga M. Novak und Richard Leising schärft, lassen sich anhand ihrer Nachlassbetrachtungen gleichzeitig auch aufschlussreiche nachlasstheoretische Rückschlüsse ziehen: Im Rahmen der Novak-Fallstudie wird beispielsweise deutlich, wie notwendig eine Unterscheidung zwischen Vorlass- und Nachlassgabe ist – insbesondere dann, wenn sich auch im Nachlassbewusstsein des betreffenden Autors oder der betreffenden Autorin eine Differenzierung zwischen beiden Formen der Übertragung abzeichnet. Dabei ist die sukzessive Übergabe der Papiere in einzelnen Tranchen, die in Literaturarchiven immer gebräuchlicher wird, zu reflektieren und sollte daher auch von institutioneller Seite transparent gemacht werden. Des Weiteren hat sich am Beispiel Leising gezeigt, dass mit nur einer Nachlassformation verschiedene Weisen der Nachlasspolitik zusammenhängen können: Ein Teil seiner Nachlasspolitik ist werkpolitisch ausgerichtet und bezieht sich auf die für eine Veröffentlichung vorbereiteten Gedichte und ihre posthume Edition, ein anderer Teil zielt auf den Nachlass als solchen und seine Überlieferung als Werkersatz. Die Eigendynamik der Nachlasspolitik veranschaulicht der Fall Novak, bei der das Bestreben um posthume Deutungshoheit paradoxerweise mit einer Abgabe an autorschaftlicher Souveränität zu Lebzeiten einhergeht.

Darüber hinaus ist bereits im Zuge der Analyse von nur zwei Nachlässen erkennbar geworden, wie breit das Spektrum ihrer Funktionen sein kann. In ihrer Vielfalt kristallisieren sich diese heraus, wenn das Gebilde sowohl als literarisches Archiv als auch als Nachlass untersucht wird: Erstere Perspektive ermöglicht es, den Tod des Schriftstellers nicht als Fluchtpunkt der Betrachtungen zu setzen, sodass Formen des Schreibens sowie Archivierungspraktiken unabhängig von einer Nachweltadressierung in den Blick geraten. Die zweite Perspektive legt den Akzent auf das Posthume und das Nachlassbewusstsein in seinen verschiedenen Facetten: Es kann, wie anhand der Beispiele gezeigt wurde, auf Nachruhm und Nachleben gerichtet sein genauso wie auf eine Form von Zeugenschaft. Es kann aber auch eine kritische Konnotation besitzen oder mit dem Verhältnis des Autors zur literarischen Öffentlichkeit zusammenhängen bzw. mit seinem Verhältnis zum Publizieren zu Lebzeiten. In dieser Hinsicht sind die Gegebenheiten des jeweiligen Literaturbetriebs relevant, Marktzwänge wie politische Reglementierungen sowie der Bereich der Privatsphäre, die Sichtbarkeit der Autorperson in der Öffentlichkeit oder die Rolle von Freiheit und Unabhängigkeit.

Ein weiterer Punkt, der durch die theoretische Diskussion und die Fallstudien noch einmal unterstrichen wurde, ist die Verantwortung der Wissenschaft im Umgang mit literarischen Nachlässen. Genauso wie die Praktiken der Autorinnen und Autoren und der Literaturarchive formt auch die Arbeit der Philologie den Gegenstand des literarischen Nachlasses. Welche Fragen die Literaturwissenschaft an literarische Archive stellt, wie sie diese in ihre Forschungen einbindet und welche Regeln sie im Umgang damit etabliert, trägt dazu bei, wie sich der literarische Nachlass und der Vorlass als epistemische und kulturelle Formationen zukünftig entwickeln werden. Darüber hinaus gestalten Wissenschaftlerinnen und Editoren im Zuge ihrer Arbeit mit literarischen Nachlässen auch Autorbilder mit und schreiben diese fort. Da die Zugänglichkeit und edierte Erscheinungsform von Nachlassmaterialien in einem hohen Maße von einer wissenschaftlichen Aufbereitung abhängt, kann dieser Einfluss erheblich sein. Um sichtbar zu machen, dass die Philologie in diesem Gefüge also nicht nur eine beschreibende, textkritische und interpretierende Rolle einnimmt, sondern selbst auch Akteur ist, wurde im Vorangegangenen eine reflexive Selbstverortung vorgeschlagen und erprobt. Zudem wäre sicherlich eine internationale Perspektive lohnenswert: Eine Kulturgeschichte europäischer bzw. internationaler Literaturarchive, die zugleich das Verhältnis zu Autoren und Philologie in den Blick nimmt, könnte den Diskussionsraum in dieser Hinsicht erweitern.

Auch eine noch ausstehende kontroversere Erörterung der Phänomene Vorlass und Nachlass ließe sich damit verbinden. So sollte der Umgang mit literarischen Archiven breiter diskutiert werden, zum Beispiel in Bezug auf Selektionsentscheidungen bei der Archivübernahme sowie hinsichtlich der Frage nach dem Schutz der Persönlichkeitsrechte des Nachlassers bzw. Vorlassers. Lässt sich beispielsweise die Verteidigung des Rechts auf private Kommunikation mit der immer gebräuchlicher werdenden Sammlung von literarischen Vorlässen sowie mit dem in den USA von Archiven und Bibliotheken zunehmend unterstützte ‚Personal Digital Archiving' vereinbaren? Begrüßenswert wäre ein interdisziplinärer Austausch, der archiv-, geschichts-, und literaturwissenschaftliche sowie philosophische und soziologische Sichtweisen miteinander verbindet.

Neben solchen Desiderata hat diese Untersuchung aufgezeigt, auf welche Weise ein archiv- und nachlassbasierter Ansatz die Forschungen zur Literatur im geteilten Deutschland bereichern kann. Ein flexibel anwendbares Arsenal an Zugängen und Herangehensweisen ermöglicht es, das Nachlassmaterial systematisch zu erfassen und dieses orientiert an spezifischen Gesichtspunkten in seiner Singularität zu analysieren, ohne es im Vorhinein zu kategorisieren. Fremdzuschreibungen von DDR-Autorschaft lassen sich in Beziehung setzen zu einem, sich im Nachlass abzeichnenden autorschaftlichen Selbstentwurf, der, wie im Falle Novaks, zur Aushebelung schematischer Zuweisungen führen kann. Darüber hinaus kommt der Untersuchung eines nichtöffentlichen bzw. halböffentlichen Schreibens vor dem historischen Hintergrund der deutschen Zweistaatlichkeit eine besondere Bedeutung zu: Im Privaten situiert verbinden sich Medien wie das Tage- oder Notizbuch bzw. der Brief mit einer besonderen Ausdrucksfreiheit und bieten die Möglichkeit einer Verschriftlichung, die sich den Regeln des offiziellen Literaturbetriebs nicht unterwerfen muss. Die beiden durchgeführten Fallstudien können in Bezug auf diese Thematik zwar nicht als repräsentativ gelten. Doch sind die Parallelen, die sich im Zuge der Analyse der zwei literarischen Archive herauskristallisiert haben, bemerkenswert – und das auch deshalb, da es sich um eine Autorin und einen Autor mit ganz unterschiedlichen Lebensverläufen, Werkprofilen und Nachlässen handelt. Gemein ist beiden Fällen, dass die Formen des nichtöffentlichen und halböffentlichen Schreibens, die Novak und Leising jeweils kultivierten, in ihrer Verwendung von einer erstaunlichen Kontinuität gekennzeichnet sind. Ein spezifischer Gebrauch des Mediums Brief bzw. Merkbuch ist bei beiden ab Mitte der 1950er Jahre festzustellen. Beide halten daran bis kurz vor ihrem Tod fest. Auch sind diese Formen des Schreibens bei Novak und Leising von einem Anspruch auf Unabhängigkeit und Autonomie gekennzeichnet, der sich über gesellschaftliche Systemwechsel hinweg fortsetzt und der sich nicht allein aus den politischen Verhältnissen heraus erklären lässt. Ähnlich ins Allgemeine zielt auch Novaks Prämisse des Privaten, das sie für bestimmte Weisen ihres Schreibens beansprucht und das für sie in ganz unterschiedlicher Hinsicht an Relevanz gewinnt – in Bezug auf Überwachungspraktiken genauso wie in Bezug auf den Literaturbetrieb und auf Literaturarchive. Eine weitere Verbindung zwischen Leisings und Novaks unveröffentlichtem Schreiben besteht in der Auseinandersetzung mit Fragen der deutschen Zeitgeschichte seit dem Nationalsozialismus. Wiederkehrende Themen ihrer Aufzeichnungen und Korrespondenzen sind die Rolle des Einzelnen in der Geschichte, das Wissen um geschehene Verbrechen und die Folgen daraus, das Schuldigwerden durch Nichtstun, Rückzug oder Erpressbarkeit sowie die Frage der Aufarbeitung.

Das vollständige Ausmaß und die individuelle Bedingtheit solcher und anderer nachgelassenen Reflexionen lassen sich erst dann entdecken, wenn sie im Kontext der Vielgestaltigkeit eines literarischen Archivs betrachtet werden. Eingeschrieben haben sich in einen Nachlass und in die dazugehörigen Manuskripte, Aufzeichnungen und Korrespondenzen die besonderen Lebens- und Schreibumstände, aus denen ein Werk oder ein Werkscheitern hervorgegangen ist. In ihrer individuellen Schichtung und Materialität, in ihrem Bezug zu verschiedenen Zeitebenen ergeben diese schriftlichen Ablagerungen eine singuläre Formation.

Dank

Das Vorhaben zu dieser Dissertation entstand im Kontext eines Forschungsprojektes an der Humboldt-Universität zu Berlin. Professor Dr. Roland Berbig, der jenes Projekt mit dem Seminar „DDR-Literatur archiviert" initiierte und den daraus resultierenden Sammelband „Auslaufmodell ‚DDR-Literatur'" herausgab, gilt mein herzlichster Dank. Er hat meine Promotionsschrift von der ersten Idee bis hin zur Disputation betreut, mit wertvollen wissenschaftlichen Hinweisen bereichert und durch beständigen, konstruktiven Austausch begleitet.

Für eine umsichtige und freundliche Unterstützung danke ich außerdem ganz herzlich meinem Zweitgutachter Professor Dr. Carlos Spoerhase. Mein Dank gilt ebenfalls Professor Dr. Steffen Martus – für weiterführende Anregungen und das dritte Gutachten. Auch Dr. Michaela Nowotnick, die mir während meiner Arbeit verlässlich zur Seite stand, bin ich für Rat und Zuspruch sehr dankbar.

Gefördert und somit ermöglicht wurde diese Promotion durch Stipendien der Stiftung der Deutschen Wirtschaft und der Studienstiftung des deutschen Volkes – allerbesten Dank!

Rita Jorek und Kristof Wachinger (†) gilt ebenfalls ein großer und aufrichtiger Dank: für die langen, unvergesslichen Gespräche über Helga M. Novak und Richard Leising sowie für die Genehmigungen, mit deren literarischen Nachlässen arbeiten zu dürfen. Bei Renate Leising sowie Nina Thorsdottir, Ragnar Thorsson (†), Andri Ragnarsson, Helga Maria Ragnarsdóttir und Julia Sif LIljudóttir bedanke ich mich ganz herzlich für das Einverständnis, aus den jeweiligen Nachlässen zitieren zu können und die umstandslose Unterstützung.

Zu danken ist des Weiteren dem Deutschen Literaturarchiv Marbach, das mich im Rahmen meiner Forschungsaufenthalte förderte; Professor Dr. Marcel Lepper und Dr. Anna Kinder für ihre Beratung von Seiten des Forschungsreferats, Dorit Krusche für die Betreuung der Groberschließung des Nachlasses von Helga M. Novak und Janet Dilger, die mir half, wichtige Dokumente zu finden und zahlreiche Fragen zu klären. Dafür, dass sie mir Materialien aus ihren privaten Archiven zur Verfügung stellten, danke ich dem früheren Leiter der Handschriftenabteilung des DLA Dr. Jochen Meyer und dem Schulfreund Richard Leisings Wolfgang Schmidt. Auch danke ich den zahlreichen Korrespondenzpartnerinnen und -partnern von Helga M. Novak und Richard Leising für das Einverständnis, Einsicht in die jeweiligen Briefe im DLA Marbach nehmen und Zitate daraus verwenden zu dürfen, namentlich: der Akademie der Künste (Berlin), Professor Dr. Hans Altenhein, Professorin

 | DOI:10.30965/9783846766934_005

Dr. Marion Brandt, Dr. Ulrich von Bülow, Siegmar Faust, Moritz Kirsch, Brigitte Klump, Johann Lippet, Renate Luderer, Dr. F.C. Delius, Doris Netenjakob, Sabina Patt, Margrét Rún, Schöffling & Co., Professorin Dr. Izabela Surynt, Professor Dr. Siegfried Thiele, Professor Dr. Florian Vaßen und Henryk Wolski.

Zu Isabel Haberkorn, die zeitgleich eine Dissertation zu Richard Leising an der Universität Rostock verfasst hat, bestand von Beginn des Projekts an ein verlässlicher Kontakt – vielen Dank für die Hilfsbereitschaft und den vertrauensvollen Austausch!

Für ihre Anmerkungen danke ich den ersten Leserinnen Julia Kemp, Cornelia Siebert, Vanessa Briese und Theresa Michel. Masetto Bonitz, Moritz Thörner und Kathrin Zöller danke ich von Herzen für ihren außergewöhnlichen Beistand und fachlichen Rat in und außerhalb der Bibliothek. Nicht zuletzt danke ich meinen Eltern, Thure von Boltenstern und ganz besonders Regina Schult: für die sorgsamen Korrekturen und den beständigen Rückenwind.

Berlin 2021

Literatur- und Quellenverzeichnis

Archivbestände

Archiv der Akademie der Künste, Berlin (AdK)
Kurt-Bartsch-Archiv
Franz-Fühmann-Archiv
Rainer-Kirsch-Archiv
Klaus-Schlesinger-Archiv

Deutsches Literaturarchiv Marbach (DLA)
DLA Marbach, A:Czechowski, Heinz
DLA Marbach, A:Fries, Fritz Rudolf
DLA Marbach, A:Kirsch, Sarah
DLA Marbach, A:Leising, Richard
DLA Marbach, DOK:Leising, Richard
DLA Marbach, H:Leising, Richard
DLA Marbach, J:Leising, Richard
DLA Marbach, Z:Leising, Richard
DLA Marbach, A:Novak, Helga M.
DLA Marbach, DOK:Novak, Helga M.
DLA Marbach, G:Novak, Helga M.
DLA Marbach, H:Novak, Helga M.
DLA Marbach, J:Novak, Helga M.
DLA Marbach, Z:Novak, Helga M.

Bundesarchiv, Stasi-Unterlagen-Archiv
BArch, MfS, AIM, Nr. 916/61, Bd.1.
BArch, MfS, AIM, Nr. 916/61, Bd. 2.
BArch, MfS, BV Berlin, KD Lichtenberg, Nr. 2800.
BArch, MfS, BV Berlin, KD Lichtenberg, Nr. 18650/82.
BArch, MfS, AP, Nr. 45425/92.
BArch, MfS, HA AXX / AP, Nr. 13823/92.
BArch, MfS, HA XX II, Nr. 18996.
BArch, MfS, HA XXII, 6106/9.
BArch, MfS, KK, HA XX/9.
BArch, MfS, ZAIG, Nr. 24342, Biographie, Nr. 4282.

Unveröffentlichte Texte und Quellen

Boltenstern, Katrin von/Jorek, Rita: Gespräch mit Rita Jorek am 16.4.2016 in Markkleeberg [Unveröffentlichte, von Rita Jorek im November 2018 überarbeitete und ergänzte Transkription].

Haberkorn, Isabel: „Ich weiß keinen Weg, und den gehe ich." Der Lyriker Richard Leising, [Dissertation an der Universität Rostock, einzelne Kapitel vorab zugänglich gemacht durch Isabel Haberkorn, im Erscheinen].

Jorek, Rita: Helga M. Novak – Biographie, [Tabellarische Biografie 2014/15, als Dokument zugänglich gemacht durch Rita Jorek, unveröffentlicht].

Kastenliste A: Novak, DLA, (Bearbeitung Janet Dilger ab April 2018), [Bearbeitunsgverzeichnis der Feinerschließung, unveröffentlicht].

Leising, Richard: Testament; eröffnet durch das Amtsgericht Lichtenberg am 7.7.1997, [Als Kopie zugänglich gemacht durch Kristof Wachinger, unveröffentlicht].

Leising, Richard: [Prosa und Lyrik-Sammlung, Dezember 1951]. In: Privatbesitz, Schmidt, Wolfgang.

Leising, Richard an Schmidt, Wolfgang, [undatiert, ungefähr Nov. oder Dez. 1959]. In: Privatbesitz, Schmidt, Wolfgang.

Leising, Richard an Schmidt, Wolfgang, 27.1.1961. In: Privatbesitz, Schmidt, Wolfgang.

Meyer, Jochen: Verabredung zum Nachlaß, 21.7.1997. In: Privatbesitz, Meyer, Jochen.

Meyer, Jochen: Notiz, Nachlaß Richard Leising, 17.12.2001. In: Privatbesitz, Meyer, Jochen.

Novak, Helga M.: Testament, Erkner, 23.8.2011, [Als Kopie dankenswerter Weise zur Verfügung gestellt von Rita Jorek, unveröffentlicht].

ORDNUNG von NACHLÄSSEN und AUTOGRAPHEN, DLA, Stand: 1.8.2016. Freundlicherweise vom DLA Marbach zur Verfügung gestellt.

Primär- und Sekundärtexte sowie veröffentlichte Quellen

Adorno, Theodor W.: Benjamin, der Briefschreiber. In: Theodor W. Adorno: Gesammelte Schriften, Bd. 11: Noten zur Literatur. Hrsg. v. Tiedemann, Rolf. 4. Aufl. Frankfurt am Main: Suhrkamp 1996, S. 583–590.

Agde, Günter (Hg.): Kahlschlag. Das 11. Plenum des ZK der SED 1965. Studien und Dokumente. Berlin: Aufbau 1991.

Albert, Claudia: „Zwei getrennte Literaturgebiete"? Neuere Forschungen zu ‚DDR'- und ‚Nachkriegswende'-Literatur. In: Internationales Archiv für Sozialgeschichte der deutschen Literatur (IASL), 34 (2009) H. 1, S. 184–223.

Altenhofer, Rosemarie: Helga Novak im Gespräch mit Rosemarie Altenhofer. In: HR, 20.10.1979.

Ankum, Katharina von: Die Rezeption von Christa Wolf in Ost und West. Von Moskauer Novelle bis „Selbstversuch" (= Amsterdamer Publikationen zur Sprache und Literatur 98). Amsterdam, Atlanta: Rodopi 1992.

Anz, Thomas: Generationskonstrukte. Zu ihrer Konjunktur nach 1989. In: Kontinuitäten, Brüche, Kontroversen. Deutsche Literatur nach dem Mauerfall. Hrsg. v. Białek, Edward/Wolting, Monika (= Orbis linguarum 105). Dresden: Neisse 2012, S. 83–96.

Arendt, Hannah: Vita activa oder Vom tätigen Leben. München: Piper 1967.

Assmann, Aleida: Erinnerungsräume. Formen und Wandlungen des kulturellen Gedächtnisses. München: C.H.Beck 1999.

Assmann, Aleida: Vier Grundtypen von Zeugenschaft. In: Zeugenschaft des Holocaust. Zwischen Trauma, Tradierung und Ermittlung. Hrsg. v. Elm, Michael/Kößler, Gottfried (= Jahrbuch zur Geschichte und Wirkung des Holocaust 2007). Frankfurt am Main, New York: Campus 2007, S. 33–51.

Assmann, Aleida: Sammeln, Sammlungen, Sammler. In: Erleben, Erleiden, Erfahren. Die Konstitution sozialen Sinns jenseits instrumenteller Vernunft. Hrsg. v. Junge, Kay/Šuber, Daniel/Gerber, Gerold. Bielefeld: transcript 2008, S. 345–353.

Atze, Marcel: „Und kaum blieb etwas verschont." Reale und fiktive Autoren als Zerstörer eigener Texte. In: Verbergen – Überschreiben – Zerreißen. Formen der Bücherzerstörung in Literatur, Kunst und Religion. Hrsg. v. Körte, Mona/Ortlieb, Cornelia (= Allgemeine Literaturwissenschaft – Wuppertaler Schriften 9). Berlin: ESV 2007, S. 91–105.

Atze, Marcel/Hansel, Michael/Degener, Thomas/Kaukoreit, Volker (Hg.): Akten-kundig? Literatur, Zeitgeschichte und Archiv (= Sichtungen 10/11). Wien: Praesens 2008.

Atze, Marcel/Degener, Thomas: Historische Rekonstruktion mit den Mitteln der Archive und der Phantasie. In: Akten-kundig? Literatur, Zeitgeschichte und Archiv. Hrsg. v. Atze, Marcel/Hansel, Michael/Degener, Thomas/Kaukoreit, Volker (= Sichtungen 10/11). Wien: Praesens 2008, S. 11–39.

Auerbach, Thomas/Hinkeldey, Wolfgang/Kirstein, Marian/Lehmann, Gerd/Markowsky, Bernd/Sallmann, Michael: DDR – konkret. Geschichten und Berichte aus einem real existierenden Land. Berlin: Olle und Wolter 1978.

Aulls, Katharina: Verbunden und gebunden. Mutter-Tochter-Beziehungen in sechs Romanen der siebziger und achtziger Jahre (= German studies in Canada 3). Frankfurt am Main: Peter Lang 1993.

Bachmann, Ingeborg: Die Glasglocke / Das Tremendum (über Sylvia Plath). In: „Über die Zeit schreiben" 2. Literatur- und kulturwissenschaftliche Essays zum Werk Ingeborg Bachmanns. Hrsg. v. Albrecht, Monika/Göttsche, Dirk. Würzburg: Königshausen & Neumann 2000, S. 181–183.

Baier, Lothar: Schreckensbilder aus der Kindheit. Jugendjahre in Nazi-Deutschland und nach dem Krieg. Helga M. Novak: „Die Eisheiligen". In: Die Zeit, 14.9.1979.

Barck, Simone/Langermann, Martina/Lokatis, Siegfried: „Jedes Buch ein Abenteuer". Zensur-System und literarische Öffentlichkeiten in der DDR bis Ende der sechziger Jahre (= Zeithistorische Studien 9). Berlin: Akademie Verlag 1997.

Barck, Simone: Nachdichtungen 1. Verfemte Poeten und die sächsische Dichterschule. In: Fenster zur Welt. Eine Geschichte des DDR-Verlages Volk und Welt. Hrsg. v. Barck, Simone/Lokatis, Siegfried. Berlin: Ch. Links 2003, S. 314–315.

Barck, Simone: Die „Anthologitis" – ein Phänomen des Literaturbetriebs in der DDR. In: Literatur in der DDR im Spiegel ihrer Anthologien. Ein Symposion der Deutschen Buchwissenschaftlichen Gesellschaft. Hrsg. v. Häntzschel, Günter (= Buchwissenschaftliche Forschungen 5). Wiesbaden: Harrassowitz 2005, S. 1–14.

Barthes, Roland: Der Tod des Autors. In: Roland Barthes: Kritische Essays 4: Das Rauschen der Sprache. Frankfurt am Main: Suhrkamp 2006, S. 57–63.

Barthes, Roland: Vom Werk zum Text. In: Roland Barthes: Kritische Essays 4: Das Rauschen der Sprache. Frankfurt am Main: Suhrkamp 2006, S. 64–72.

Bartsch, Kurt: Der Bauch und andere Songspiele. Berlin, Weimar: Aufbau 1977.

Bathrick, David: Die Intellektuellen und die Macht. Die Repräsentanz des Schriftstellers in der DDR. In: Schriftsteller als Intellektuelle. Politik und Literatur im Kalten Krieg. Hrsg. v. Hanuschek, Sven (= Studien und Texte zur Sozialgeschichte der Literatur 73). Tübingen: Max Niemeyer 2000, S. 235–248.

Bathrick, David: Öffentlichkeit. In: Metzler-Lexikon DDR-Literatur. Autoren – Institutionen – Debatten. Hrsg. v. Opitz, Michael/Hofmann, Michael. Stuttgart: Metzler 2009, S. 241–243.

Baumann-Eisenack, Barbara: Nachlaß. In: Reallexikon der deutschen Literaturwissenschaft, Bd. 2: H–O. 3., von Grund auf neu erarb. Aufl. Hrsg. v. Fricke, Harald. Berlin, New York: de Gruyter 2007, S. 672–674.

Baumgart, Hans: Ein großes literarisches Erbe liebevoll bewahrt und lebendig. Akademie der Künste der DDR pflegt Nachlaß von Anna Seghers. In: Neues Deutschland, 27.8.1985.

Becker, Peter: „Die Juden sind außer Kategorie". In: Der Tagesspiegel, 14.3.1999.

Becker-Grüll, Sibylle: Die neue Stadtschreiberin von Bergen-Enkheim: Helga M. Novak. Interview. In: HR, 31.08.1979.

Beikúfner, Uta: „Wer Melancholie nicht kennt, weiß nur die Hälfte". Die Dichterin Helga M. Novak über Heimat, Sozialismus und die Magie zugefallener Wörter. In: Berliner Zeitung, 29.12.2005.

Bellettini, Lorenzo: Das „Handbuch des perfekten Rezensenten". Arthur Schnitzlers Zeitungsausschnittsammlung als zeithistorisches Archiv. In: Akten-kundig? Literatur, Zeitgeschichte und Archiv. Hrsg. v. Atze, Marcel/Hansel, Michael/Degener, Thomas/Kaukoreit, Volker (= Sichtungen 10/11). Wien: Praesens 2008, S. 188–200.

Benjamin, Walter: Gesammelte Briefe, Bd. II: 1919–1924. Hrsg. v. Gödde, Christoph/ Lonitz, Henri. Frankfurt am Main: Suhrkamp 1996.

Benjamin, Walter: Das Kunstwerk im Zeitalter seiner technischen Reproduzierbarkeit [Dritte Fassung 1936]. In: Walter Benjamin: Werke und Nachlaß. Kritische Gesamtausgabe. Bd.16: Das Kunstwerk im Zeitalter seiner technischen Reproduzierbarkeit. Hrsg. v. Lindner, Burkhardt. Berlin: Suhrkamp 2013, S. 96–141.

Benne, Christian: Die Erfindung des Manuskripts. Zur Theorie und Geschichte literarischer Gegenständlichkeit. Berlin: Suhrkamp 2015.

Benne, Christian: „kein Einfall sollte untergehen". Nachlassbewusstsein und Nachlass-Selbstbewusstsein bei Jean Paul. In: Nachlassbewusstsein. Literatur, Archiv, Philologie 1750–2000. Hrsg. v. Sina, Kai/Spoerhase, Carlos (= marbacher schriften 13). Göttingen: Wallstein 2017, S. 217–246.

Bentz, Ralf/Brtnik, Sabine/König, Christoph/Luckscheiter, Roman/Ott, Ulrich/Raitz, Brigitte (Hg.): Protest! Literatur um 1968. Eine Ausstellung des Deutschen Literaturarchivs in Verbindung mit dem Germanistischen Seminar der Universität Heidelberg und dem Deutschen Rundfunkarchiv im Schiller-Nationalmuseum Marbach am Neckar (= Marbacher Katalog 51). Marbach am Neckar: Deutsche Schillergesellschaft 1998.

Berbig, Roland (Hg.): Stille Post. Inoffizielle Schriftstellerkontakte zwischen West und Ost. Von Christa Wolf über Günter Grass bis Wolf Biermann. Berlin: Ch. Links 2005.

Berbig, Roland/Blackmore, Sabine: DDR-Literatur: im Osten entstanden, im Westen gedruckt. Gespräch mit Yaak Karsunke am 15. Juli 2003 in Berlin. In: Stille Post. Inoffizielle Schriftstellerkontakte zwischen West und Ost. Von Christa Wolf über Günter Grass bis Wolf Biermann. Hrsg. v. Berbig, Roland. Berlin: Ch. Links 2005, S. 188–203.

Berbig, Roland/Tuch, Geesa: Kulturaustausch im Bereich der Ringbahn. Gespräch mit Friedrich Christian Delius am 17. September 2003 in Berlin. In: Stille Post. Inoffizielle Schriftstellerkontakte zwischen West und Ost. Von Christa Wolf über Günter Grass bis Wolf Biermann. Hrsg. v. Berbig, Roland. Berlin: Ch. Links 2005, S. 172–187.

Berbig, Roland: Das Archiv des „Tunnel über der Spree". Nachlass-Willen und -Profil eines literarischen Vereins. In: Nachlassbewusstsein. Literatur, Archiv, Philologie 1750–2000. Hrsg. v. Sina, Kai/Spoerhase, Carlos (= marbacher schriften 13). Göttingen: Wallstein 2017, S. 313–331.

Berbig, Roland (Hg.): Auslaufmodell „DDR-Literatur". Essays und Dokumente (= Forschungen zur DDR-Gesellschaft). Berlin: Ch. Links 2018.

Berbig, Roland: DDR-Literatur – archiviert. Neues zu einem alten Thema? In: Auslaufmodell „DDR-Literatur". Essays und Dokumente. Hrsg. v. Berbig, Roland (= Forschungen zur DDR-Gesellschaft). Berlin: Ch. Links 2018, S. 17–44.

Berbig, Roland: Eine anarchische Begegnung im DDR-Niemandsland. Helga M. Novak und Robert Havemann. In: Auslaufmodell „DDR-Literatur". Essays und Dokumente. Hrsg. v. Berbig, Roland (= Forschungen zur DDR-Gesellschaft). Berlin: Ch. Links 2018, S. 101–119.

Berbig, Roland: DDR-Demontage mit Schere und Stift. Zeitungsausschnitte in Franz Fühmanns Taschenkalendern. In: Auslaufmodell „DDR-Literatur". Essays und Dokumente. Hrsg. v. Berbig, Roland (= Forschungen zur DDR-Gesellschaft). Berlin: Ch. Links 2018, S. 164–176.

Berendse, Gerrit-Jan: Die „Sächsische Dichterschule". Lyrik in der DDR der sechziger und siebziger Jahre. Frankfurt am Main et al.: Peter Lang 1990.

Berendse, Gerrit-Jan: Subversiver Realismus in der DDR. Die konspirative Lyrik der Sächsischen Dichterschule in den 1960er Jahren. In: Sozialistischer Realismus. Lyrik des 20. Jahrhunderts in Ost-Mittel-Europa II. Hrsg. v. Kliems, Alfrun/Raßloff, Ute/Zajac, Peter (= Literaturwissenschaft 6). Berlin: Frank & Timme 2006, S. 39–61.

Berendse, Gerrit-Jan: Die Überlebensfigur Sächsische Dichterschule. In: German Life and Letters, 63 (2010) H. 3, S. 280–294.

Bernard, Andreas/Raulff, Ulrich (Hg.): Briefe aus dem 20. Jahrhundert. Frankfurt am Main: Suhrkamp 2005.

Bessen, Ursula: Novak, Helga M. In: Munzinger Online/KLG – Kritisches Lexikon zur deutschsprachigen Gegenwartsliteratur, Stand 2014. Unter: http://www.munzinger.de/document/16000000424, zuletzt abgerufen am 16.11.2021.

Beutin, Wolfgang/Beilein, Matthias/Ehlert, Klaus/Emmerich, Wolfgang/Kanz, Christine/Lutz, Bernd/Meid, Volker/Opitz, Michael/Opitz-Wiemers, Carola/Schnell, Ralf/Stein, Peter/Stephan, Inge: Deutsche Literaturgeschichte. Von den Anfängen bis zur Gegenwart. 8., aktual. u. erw. Aufl. Stuttgart, Weimar: Metzler 2013.

Biermann, Wolf an Helga M. Novak. In: Die Tageszeitung, 15.4.1981.

Biermann, Wolf: Der gräßliche Fatalismus der Geschichte. Büchnerpreisrede 1991. Unter: https://www.deutscheakademie.de/de/auszeichnungen/georg-buechner-preis/wolf-biermann/dankrede, zuletzt abgerufen am 16.11.2021.

Biermann, Wolf: Laß, o Welt, o laß mich sein! Rede zum Eduard-Mörike-Preis. In: Die Zeit, 15.11.1991.

Biermann, Wolf: Warte nicht auf bessre Zeiten! Die Autobiographie. Berlin: Propyläen 2016.

Boden, Ragna: Steuerung der Nachlassübernahme mittels Übernahmekriterien. In: Archivarbeit – die Kunst des Machbaren. Ausgewählte Transferarbeiten des 39. und 40. wissenschaftlichen Kurses an der Archivschule Marburg. Hrsg. v. Hirsch, Volker (= Veröffentlichungen der Archivschule Marburg 47). Marburg: Archivschule Marburg 2008, S. 47–79.

Bohnenkamp, Anne/Wiethölter, Waltraud (Hg.): Der Brief – Ereignis & Objekt. Frankfurt am Main, Basel: Stroemfeld 2010.

Bohnenkamp, Björn: Doing Generation. Zur Inszenierung von generationeller Gemeinschaft in deutschsprachigen Schriftmedien. Bielefeld: transcript 2011.

Boltenstern, Katrin von: „Mein Schreiben". Richard Leisings kleine Poetologie aus dem Nachlass. In: DDR-Literatur. Eine Archivexpedition. Hrsg. v. Bülow, Ulrich von/Wolf, Sabine. Berlin: Ch. Links 2014, S. 148–150.

Boltenstern, Katrin von: „Briefe, die kein Ende finden". Briefeschreiben in Werk und Nachlass von Helga M. Novak. In: Unterwegs und zurückgesehnt. Studien zum Werk von Helga M. Novak. Mit Erinnerungen an die Dichterin. Hrsg. v. Brandt, Marion (= Studia Germanica Gedanensia 36). Gdańsk: Wydawnictwo Uniwersytetu Gdańskiego 2017, S. 61–72.

Boltenstern, Katrin von: „Wie es morgen war". Der kommentierte Zeitungsausschnitt bei Richard Leising. In: Auslaufmodell „DDR-Literatur". Essays und Dokumente. Hrsg. v. Berbig, Roland (= Forschungen zur DDR-Gesellschaft). Berlin: Ch. Links 2018, S. 188–197.

Boltenstern, Katrin von: „Ich spreche für Europa". Helga M. Novaks Rede zur Rolle des Schriftstellers. In: Auslaufmodell „DDR-Literatur". Essays und Dokumente. Hrsg. v. Berbig, Roland (= Forschungen zur DDR-Gesellschaft). Berlin: Ch. Links 2018, S. 288–297.

Boltenstern, Katrin von: „Meine Art Schreiben ist meine Freiheit". Richard Leising – ein Nachlassporträt. In: Auslaufmodell „DDR-Literatur". Essays und Dokumente. Hrsg. v. Berbig, Roland (= Forschungen zur DDR-Gesellschaft). Berlin: Ch. Links 2018, S. 399–412.

Boltenstern, Katrin von: „Niemals Germanisten ranlassen". Problematiken der Arbeit mit literarischen Nachlässen. In: Ins Archiv, fürs Archiv, aus dem Archiv. Hrsg. v. Töteberg, Michael/Vasa, Alexandra (= Text + Kritik: Sonderband 2021). München: edition text + kritik 2021, S. 18–27.

Bonner, Withold: Die Gegenwart der Vergangenheit oder Die Grenzen des Sagbaren. Briefe, Tagebücher und fiktionale Texte von DDR-Autoren um 1970. In: Interlitteraria, 18 (2013) H. 2, S. 425–443.

Borck, Cornelius (Hg.): Was vom Forschen übrig blieb: Vorlass, Nachlass, Archiv. Berichte zur Wissenschaftsgeschichte 37 (2014) H. 3.

Borowsky, Peter: Die DDR in den sechziger Jahren. In: Informationen zur politischen Bildung. Zeiten des Wandels Deutschland 1961–1974, 258 (1998), S. 22–31.

Bosse, Heinrich: Autorisieren. Ein Essay über Entwicklungen heute und seit dem 18. Jahrhundert. In: Zeitschrift für Literaturwissenschaft und Linguistik, 11 (1981) H. 42, S. 120–134.

Bosse, Heinrich: Autorschaft ist Werkherrschaft. Über die Entstehung des Urheberrechts aus dem Geist der Goethezeit. Neue Aufl. Paderborn: Fink 2014.

Böttcher, Philipp: „Wer sein eignes Beet besorgt, der lacht zuletzt." Nachlassbewusstsein, Werkpraktiken und poetische Selbstreflexion bei Peter Rühmkorf. In: Nachlassbewusstsein. Literatur, Archiv, Philologie 1750–2000. Hrsg. v. Sina, Kai/Spoerhase, Carlos (= marbacher schriften 13). Göttingen: Wallstein 2017, S. 364–408.

Brachmann, Botho: „Tua res agitur!" Außensichten auf Archive und archivarisches Selbstverständnis. In: Archiv und Geschichte. Festschrift für Friedrich P. Kahlenberg. Hrsg. v. Oldenhage, Klaus/Schreyer, Hermann/Werner, Wolfgang (= Schriften des Bundesarchivs 57). Düsseldorf: Droste 2000, S. 17–39.

Brandt, Marion (Hg.): Unterwegs und zurückgesehnt. Studien zum Werk von Helga M. Novak. Mit Erinnerungen an die Dichterin (= Studia Germanica Gedanensia 36). Gdańsk: Wydawnictwo Uniwersytetu Gdańskiego 2017.

Brandt, Marion: Zugänge zum Werk von Helga M. Novak. In: Unterwegs und zurückgesehnt. Studien zum Werk von Helga M. Novak. Mit Erinnerungen an die Dichterin. Hrsg. v. Brandt, Marion (= Studia Germanica Gedanensia 36). Gdańsk: Wydawnictwo Uniwersytetu Gdańskiego 2017, S. 7–13.

Brandt, Marion: Semantiken von Legbąd. Zur Genese von Helga M. Novaks Erzählung „Portrait einer polnischen Greisin". In: Unterwegs und zurückgesehnt. Studien zum Werk von Helga M. Novak. Mit Erinnerungen an die Dichterin. Hrsg. v. Brandt, Marion (= Studia Germanica Gedanensia 36). Gdańsk: Wydawnictwo Uniwersytetu Gdańskiego 2017, S. 160–170.

Braun, Matthias: Drama um eine Komödie. Das Ensemble von SED und Staatssicherheit, FDJ und Ministerium für Kultur gegen Heiner Müllers „Die Umsiedlerin oder Das Leben auf dem Lande" im Oktober 1961. 2., durchges. Aufl. (= Analysen und Dokumente 4). Berlin: Ch. Links 1996.

Braun, Matthias: Stasi-Akten und Literaturgeschichtsschreibung. In: Aus den Giftschränken des Kommunismus. Methodische Fragen zum Umgang mit Überwachungsakten in Zentral- und Südosteuropa. Hrsg. v. Kührer-Wielach, Florian/ Nowotnick, Michaela (= Veröffentlichungen des Instituts für deutsche Kultur und Geschichte Südosteuropas an der Ludwig-Maximilians-Universität München 136). Regensburg: Friedrich Pustet 2018, S. 219–232.

Brecht, Bertolt: Kriegsfibel. Hrsg. v. Berlau, Ruth. Berlin: Eulenspiegel 1955.

Bredemeyer, Reiner: Gedanken – Gedichte. Für Singstimme und Klavier. Dichter. Abschied von Kochberg. Leipzig, Frankfurt am Main: Edition Peters 1983.

Breuer, Ulrich/Sandberg, Beatrice: Einleitung. In: Grenzen der Identität und der Fiktionalität. Hrsg. v. Breuer, Ulrich/Sandberg, Beatrice (= Autobiographisches Schreiben in der deutschsprachigen Gegenwartsliteratur 1). München: Iudicium 2006, S. 9–16.

Brinkmann, Rolf Dieter: Rom, Blicke. Reinbek bei Hamburg: Rowohlt 1979.

Brohm, Holger: Die Koordinaten im Kopf. Gutachterwesen und Literaturkritik in der DDR in den 1960er Jahren. Fallbeispiel Lyrik. Berlin: Lukas 2001.

Brohm, Holger: „Junge Lyrik" – Zur Konstituierung von Generationenzusammenhängen und deren Funktion im literarischen Feld der DDR. In: Literarisches Feld DDR. Bedingungen und Formen literarischer Produktion in der DDR. Hrsg. v. Wölfel, Ute. Würzburg: Königshausen & Neumann 2005, S. 209–222.

Bruyn, Günter de: Das erzählte Ich. Über Wahrheit und Dichtung in der Autobiographie. Frankfurt am Main: Fischer 1995.

Buch, Hans Christoph (Hg.): Literaturmagazin 4. Die Literatur nach dem Tod der Literatur. Bilanzierung der Politisierung. Reinbek bei Hamburg: Rowohlt 1975.

Buch, Hans Christoph (Hg.): Ein Traum von Europa. Reinbek bei Hamburg: Rowohlt 1988.

Buchholz, Matthias: Von der Ohnmacht unterdrückter Autorinnen und Autoren und der retrospektiven Macht der Archive. Das Archiv unterdrückter Literatur in der DDR. In: Wie mächtig sind Archive? Perspektiven der Archivwissenschaft. Hrsg. v. Hering, Rainer/Schenk, Dietmar (= Veröffentlichungen des Landesarchivs Schleswig-Holstein 104). Hamburg: Hamburg University Press 2013, S. 165–187.

Bülow, Ulrich von: Beobachter oder Spieler? Literaturarchive im literarischen Feld. In: Zukunft der Literatur. Hrsg. v. Dittberner, Hugo (= Text + Kritik: Sonderband 2013). München: edition text + kritik 2013, S. 141–147.

Bülow, Ulrich von/Wolf, Sabine (Hg.): DDR-Literatur. Eine Archivexpedition. Berlin: Ch. Links 2014.

Bülow, Ulrich von/Wolf, Sabine: Vorwort. In: DDR-Literatur. Eine Archivexpedition. Hrsg. v. Bülow, Ulrich von/Wolf, Sabine. Berlin: Ch. Links 2014, S. 9–12.

Bülow, Ulrich von: Typisch ostdeutsch? Strukturelle Merkmale von Archivalien aus der DDR. In: DDR-Literatur. Eine Archivexpedition. Hrsg. v. Bülow, Ulrich von/Wolf, Sabine. Berlin: Ch. Links 2014, S. 92–113.

Bülow, Ulrich von: Nachlässe. In: Handbuch Archiv. Geschichte, Aufgaben, Perspektiven. Hrsg. v. Lepper, Marcel/Raulff, Ulrich. Stuttgart: Metzler 2016, S. 143–152.

Bülow, Ulrich von: Der Nachlass als materialisiertes Gedächtnis und archivarische Überlieferungsform. In: Nachlassbewusstsein. Literatur, Archiv, Philologie 1750–2000. Hrsg. v. Sina, Kai/Spoerhase, Carlos (= marbacher schriften 13). Göttingen: Wallstein 2017, S. 75–91.

Bülow, Ulrich von: Papierarbeiter. Autoren und ihre Archive. Göttingen: Wallstein 2018.

Bürger, Jan: [Kommentar]. Richard Leising an Siegfried Baumgart, [16. August 1990]. In: Briefe aus dem 20. Jahrhundert. Hrsg. v. Bernard, Andreas/Raulff, Ulrich. Frankfurt am Main: Suhrkamp 2005, S. 300–305.

Bürger, Peter: Theorie der Avantgarde. Göttingen: Wallstein 2017.

Campe, Rüdiger: Affekt und Ausdruck. Zur Umwandlung der literarischen Rede im 17. und 18. Jahrhundert (= Studien zur deutschen Literatur 107). Berlin: de Gruyter 1990.

Campe, Rüdiger: Die Schreibszene, Schreiben. In: Paradoxien, Dissonanzen, Zusammenbrüche. Situationen offener Epistemologie. Hrsg. v. Gumbrecht, Hans Ulrich/Pfeiffer, Karl Ludwig. Frankfurt am Main: Suhrkamp 1991, S. 759–772.

Canetti, Elias: Das Gewissen der Worte. Essays. 2. erw. Aufl. München, Wien: Hanser 1976.

Cepl-Kaufmann, Gertrude: Der Zeitzeuge Günter Grass im Spiegel seiner Archive. In: Akten-kundig? Literatur, Zeitgeschichte und Archiv. Hrsg. v. Atze, Marcel/Hansel, Michael/Degener, Thomas/Kaukoreit, Volker (= Sichtungen 10/11). Wien: Praesens 2008, S. 176–187.

Červenka, Miroslav: Textologie und Semiotik. In: Texte und Varianten. Probleme ihrer Edition und Interpretation. Studienausg. Hrsg. v. Martens, Gunter/Zeller, Hans. München: C.H.Beck 1971, S. 143–163.

Chartier, Roger: Die Hand des Autors. Literaturarchive, Kritik und Edition. In: Jahrbuch der Deutschen Schillergesellschaft, 54 (2010), S. 496–511.

Conrady, Karl Otto (Hg.): Der Neue Conrady. Das große deutsche Gedichtbuch von den Anfängen bis zur Gegenwart. Erw. u. aktual. Neuausg. Düsseldorf, Zürich: Artemis & Winkler 2000.

Corino, Karl: Melancholisches Poesiealbum. Alles aus dem Kern gearbeitet. Der DDR-Lyriker Richard Leising. In: Deutsche Zeitung Christ und Welt, 19.8.1977.

Cudré-Mauroux, Stéphanie/Wirtz, Irmgard M. (Hg.): Literaturarchiv – Literarisches Archiv. Zur Poetik literarischer Archive (= Beide Seiten 3). Göttingen, Zürich: Wallstein 2013.

Czechowski, Heinz: Die Pole der Erinnerung. Autobiographie. Düsseldorf: Grupello 2006.

Dachs, Karl: Erschließung von Nachlässen unter Verwendung bibliothekarischer und archivarischer Methoden. In: Bibliotheksforum Bayern, 10 (1982) H. 1, S. 3–24.

Dahlke, Birgit: Die DDR im Tagebuch. Am Beispiel von Christa Wolf, Volker Braun, Erwin Strittmatter und Manfred Krug. In: Zeitschrift für Germanistik, 26 (2016) H. 2, S. 316–331.

Dahlke, Birgit: Kanonkämpfe und Deutungskonkurrenzen nach 1989. Sich wandelnde Perspektiven auf ostdeutsche Literatur im geteilten Deutschland. In: Verbindungen. Frauen – DDR – Literatur. Festschrift für Ilse Nagelschmidt. Hrsg. v. Erdbrügger, Torsten/Probst, Inga (= Literaturwissenschaft 70). Berlin: Frank & Timme 2018, S. 235–247.

Dallinger, Petra-Maria/Hofer, Georg/Judex, Bernhard (Hg.): Archive für Literatur. Der Nachlass und seine Ordnungen (= Literatur und Archiv 2). Berlin, Boston: de Gruyter 2018.

Dallinger, Petra-Maria/Hofer, Georg (Hg.): Logiken der Sammlung. Das Archiv zwischen Strategie und Eigendynamik (= Literatur und Archiv 4). Berlin, Boston: de Gruyter 2020.

Damm, Sigrid: Der Kopierstift hinter dem Ohr des Soldaten ... Schriftsteller und Archiv. In: Literaturarchiv und Literaturforschung. Aspekte neuer Zusammenarbeit. Hrsg. v. König, Christoph/Seifert, Siegfried (= Literatur und Archiv 8). München et al.: Saur 1996, S. 21–37.

Danneberg, Lutz/Gilbert, Annette/Spoerhase, Carlos (Hg.): Das Werk. Zum Verschwinden und Fortwirken eines Grundbegriffs (= Revisionen 5). Berlin: de Gruyter 2019.

Danneberg, Lutz/Gilbert, Annette/Spoerhase, Carlos: Zur Gegenwart des Werks. In: Das Werk. Zum Verschwinden und Fortwirken eines Grundbegriffs. Hrsg. v.

Danneberg, Lutz/Gilbert, Annette/Spoerhase, Carlos (= Revisionen 5). Berlin: de Gruyter 2019, S. 3–26.

Deecke, Klara: „… jede Familie sollte ihr Archiv haben." Die Grimm'sche Nachlasspolitik und der Bestand 340 Grimm im Staatsarchiv Marburg. In: Die Brüder Grimm in Marburg. Hrsg. v. Hedwig, Andreas (= Schriften des Hessischen Staatsarchivs Marburg Bd. 25). Marburg: Hessisches Staatsarchiv Marburg 2013, S. 89–110.

Demski, Eva: Allerleirauh. Nachwort. In: Helga M. Novak: solange noch Liebesbriefe eintreffen. Gesammelte Gedichte. Hrsg. v. Jorek, Rita. 2. Aufl. Frankfurt am Main: Schöffling 2008, S. 781–787.

Dernedde, Renate: Mutterschatten – Schattenmütter. Muttergestalten und Mutter-Tochter-Beziehungen in deutschsprachiger Prosa. Frankfurt am Main: Peter Lang 1994.

Derrida, Jacques: Dem Archiv verschrieben. Eine Freudsche Impression. Berlin: Brinkmann & Bose 1997.

Derrida, Jacques: Genesen, Genealogien, Genres und das Genie. Die Geheimnisse des Archivs. Hrsg. v. Engelmann, Peter. Wien: Passagen 2006.

Detering, Heinrich (Hg.): Autorschaft. Positionen und Revisionen (= DFG-Symposion 2001). Stuttgart, Weimar: Metzler 2002.

Di Fabio, Udo: GG Art. 2 Abs. 1 Rn. 226, 227. In: Maunz/Dürig Grundgesetz-Kommentar. Hrsg. v. Herzog, Roman/Scholz, Rupert/Herdegen, Matthias/Klein, Hans H. 83. EL. München: C.H.Beck 2018.

Die Andere Bibliothek. Unter: https://www.die-andere-bibliothek.de/Originalausgaben/Georg-Forster::154.html, zuletzt abgerufen am 16.11.2021.

Die Mitarbeiter des Schiller-Nationalmuseums und Deutschen Literaturarchivs (Hg.): Marbach. Das Ganze ist mehr als die Summe seiner Teile. Zur Geschichte des Schiller-Nationalmuseum und des Deutschen Literaturarchivs 1979–1999 (= Marbacher Magazin Extra-Ausgabe). Marbach am Neckar: Deutsche Schillergesellschaft 1999.

Digitale Bestandserhaltung. Unter: https://www.dla-marbach.de/digitale-bestandserhaltung/, zuletzt abgerufen am 16.11.2021.

Dilthey, Wilhelm: Archive für Literatur. In: Wilhelm Dilthey. Gesammelte Schriften, Bd. 15: Zur Geistesgeschichte des 19. Jahrhunderts. Portraits und biographische Skizzen, Quellenstudien und Literaturberichte zur Theologie und Philosophie im 19. Jahrhundert. 3. Aufl. Hrsg. v. Herrmann, Ulrich. Göttingen: Vandenhoeck & Ruprecht 1991, S. 1–16.

DLA Marbach, Bestände. Unter: https://www.dla-marbach.de/katalog/bestaende/, zuletzt abgerufen am 16.11.2021.

Dreier, Thomas: UrhG § 6 Rn. 11. In: Urheberrechtsgesetz. Hrsg. v. Dreier, Thomas/Schulze, Gernot. 6. Aufl. München: C.H.Beck 2018.

Dreiocker, Bernd: Leben im Wald. Die Schriftstellerin Helga M. Novak. In: Börsenblatt für den Deutschen Buchhandel, 165 (1998) H. 22, S. 26–27.

DWDS: Hinterlassenschaft. Unter: http://www.dwds.de/?qu=hinterlassenschaft, zuletzt abgerufen am 16.11.2021.

Ebeling, Knut/Günzel, Stephan (Hg.): Archivologie. Theorien des Archivs in Philosophie, Medien und Künsten (= Kaleidogramme 30). Berlin: Kadmos 2009.

Eich, Günter: Der Schriftsteller vor der Realität (1956). In: Günter Eich: Gesammelte Werke. Bd. IV: Vermischte Schriften. Hrsg. v. Schafroth, Heinz F. Frankfurt am Main: Suhrkamp 1973, S. 441–442.

Eke, Norbert Otto: „Nach der Mauer der Abgrund“? (Wieder-)Annäherungen an die DDR-Literatur. In: „Nach der Mauer der Abgrund“? (Wieder-)Annäherungen an die DDR-Literatur. Hrsg. v. Eke, Norbert Otto (= Amsterdamer Beiträge zur neueren Germanistik 83). Amsterdam: Rodopi 2013, S. 7–25.

Ellmenreich, Maja: Im Gespräch mit Ulrich Raulff. Eine Käfersammlung schreibt Literaturgeschichte. In: Deutschlandfunk, 11.7.2018.

Emmerich, Wolfgang: Ein Lyriker ist zu entdecken: Richard Leising. In: Die Zeit, 4.10.1991.

Emmerich, Wolfgang: Die andere deutsche Literatur. Aufsätze zur Literatur aus der DDR. Opladen: Westdeutscher Verlag 1994.

Emmerich, Wolfgang: Kleine Literaturgeschichte der DDR. Erw. Neuausg. Leipzig: Gustav Kiepenheuer 1996.

Emmerich, Wolfgang (Hg.): „Bewundert viel und viel gescholten …“. Der Bremer Literaturpreis 1954–1998. Reden der Preisträger und andere Texte. Eine Dokumentation der Rudolf-Alexander-Schröder-Stiftung. Bremerhaven: Wirtschaftsverlag NW 1999.

Emmerich, Wolfgang: Das Generationsparadigma in der DDR-Literaturgeschichte. Die Jahrgänge 1933–1935. In: Die DDR im Spiegel ihrer Literatur. Beiträge zu einer historischen Betrachtung der DDR-Literatur. Hrsg. v. Huberth, Franz (= Zeitgeschichtliche Forschungen 24). Berlin: Duncker & Humblot 2005, S. 61–80.

Emmerich, Wolfgang: Generationen – Archive – Diskurse. Wege zum Verständnis der deutschen Gegenwartsliteratur. In: Gedächtnis und Identität. Die deutsche Literatur nach der Vereinigung. Hrsg. v. Cambi, Fabrizio. Würzburg: Königshausen & Neumann 2008, S. 15–29.

Emmerich, Wolfgang: Richard Leising, der leise Poet. In: Literarisches Chemnitz. Autoren, Werke, Tendenzen. Hrsg. v. Emmerich, Wolfgang/Leistner, Bernd. Chemnitz: Heimatland Sachsen 2008, S. 111–114.

Emmerich, Wolfgang: Die Bedeutung von Generationen in 50 Jahren DDR-Literatur – und der Jahrgang 1929. In: Was bleibt? Christa Wolf y los temas literarios de la reunificación alemana. Hrsg. v. Jané, Jordi/Siguan, Marisa. Barcelona: SGE 2010, S. 15–29.

Encke, Julia: Herrndorfs Revolver. In: Frankfurter Allgemeine Zeitung, 13.7.2016.

Endler, Adolf/Mickel, Karl (Hg.): In diesem besseren Land. Gedichte der Deutschen Demokratischen Republik seit 1945. Halle an der Saale: Mitteldeutscher Verlag 1966.

Endler, Adolf: DDR-Lyrik Mitte der Siebziger. Fragment einer Rezension. In: Zur Literatur und Literaturwissenschaft der DDR. Hrsg. v. Labroisse, Gerd (= Amsterdamer Beiträge zur neueren Germanistik 7). Amsterdam: Rodopi 1978, S. 67–95.

Endler, Adolf: Über die Lyrik Walter Werners (Dezember, 1977). In: Walter Werner: Die verführerischen Gedanken der Schmetterlinge. Gedichte. Leipzig: Reclam 1979, S. 105–125.

Endler, Adolf: Die Auskunft des Poeten. Drei neue Texte. In: Französische Zustände. Impressionen und Interviews. Erzählungen und Essays. Hrsg. v. Lüdke, Martin/Schmidt, Detlef (= Literaturmagazin 28). Reinbek bei Hamburg: Rowohlt 1991, S. 12–20.

Engelmeier, Hanna: Selbsteinlieferung oder: Vorlass nach Marbach! In: Merkur. Deutsche Zeitschrift für europäisches Denken, 72 (2018) H. 830, S. 33–46.

Engels, Friedrich/Marx, Karl: Gesamtausgabe (MEGA), Abt. I, Bd. 5: Deutsche Ideologie. Manuskripte und Drucke. Text. Hrsg. v. der Internationalen Marx-Engels-Stiftung. Berlin, Boston: de Gruyter 2017.

Enzensberger, Hans Magnus: Gemeinplätze, die Neueste Literatur betreffend. In: Kursbuch, 15 (1968), S. 187–197.

Enzensberger, Ulrich: Georg Forster. Ein Leben in Scherben (= Die andere Bibliothek 139). Frankfurt am Main: Eichborn 1996.

Erll, Astrid/Nünning, Ansgar: Literaturwissenschaftliche Konzepte von Gedächtnis. Ein einführender Überblick. In: Gedächtniskonzepte der Literaturwissenschaft. Theoretische Grundlegung und Anwendungsperspektiven. Hrsg. v. Erll, Astrid/Nünning, Ansgar (= Media and cultural memory 2). Berlin: de Gruyter 2005, S. 1–9.

Ernst, Wolfgang: Das Rumoren der Archive. Ordnung aus Unordnung. Berlin: Merve 2002.

Ernst, Wolfgang: Das Gesetz des Gedächtnisses. Medien und Archive am Ende (des 20. Jahrhunderts). Berlin: Kadmos 2007.

Ernst, Wolfgang: Das Archiv als Gedächtnisort. In: Archivologie. Theorien des Archivs in Philosophie, Medien und Künsten. Hrsg. v. Ebeling, Knut/Günzel, Stephan (= Kaleidogramme 30). Berlin: Kadmos 2009, S. 177–200.

Farge, Arlette: Der Geschmack des Archivs. Göttingen: Wallstein 2011.

Faulenbach, Bernd: Erinnerungskulturen in Mittel- und Osteuropa als wissenschaftliches und geschichtspolitisches Thema. Überlegungen zu Thema und Fragestellungen. In: „Transformationen" der Erinnerungskulturen in Europa nach 1989. Hrsg. v. Faulenbach, Bernd/Jelich, Franz-Josef (= Geschichte und Erwachsenenbildung 21). Essen: Klartext 2006, S. 11–21.

Fetz, Bernhard: Der Stoff, aus dem das (Nach)-Leben ist. Zum Status biographischer Quellen. In: Die Biographie – Zur Grundlegung ihrer Theorie. Hrsg. v. Fetz, Bernhard. Berlin, New York: de Gruyter 2009, S. 103–154.

Fischer, Susanne: Reste und Ränder. „Nichtiges Zeug" im Nachlass-Archiv Arno Schmidts. In: Ins Archiv, fürs Archiv, aus dem Archiv. Hrsg. v. Töteberg, Michael/Vasa, Alexandra (= Text + Kritik: Sonderband 2021). München: edition text + kritik 2021, S. 37–45.

Flach, Willy: Literaturarchive. In: Archivmitteilungen, 5 (1955) H. 4, S. 4–10.

Fontius, Martin: Post und Brief. In: Materialität der Kommunikation. 2. Aufl. Hrsg. v. Gumbrecht, Hans Ulrich/Pfeiffer, Karl Ludwig. Frankfurt am Main: Suhrkamp 1995, S. 267–279.

Foucault, Michel: Archäologie des Wissens. Frankfurt am Main: Suhrkamp 1973.

Foucault, Michel: Über sich selbst schreiben. In: Michel Foucault: Schriften in vier Bänden. Dits et Ecrits, Bd. IV: 1980–1988. Hrsg. v. Defert, Daniel/Ewald, Francois. Frankfurt am Main: Suhrkamp 2005, S. 503–521.

Foucault, Michel: Technologien des Selbst. In: Michel Foucault: Schriften in vier Bänden. Dits et Ecrits, Bd. IV: 1980–1988. Hrsg. v. Defert, Daniel/Ewald, Francois. Frankfurt am Main: Suhrkamp 2005, S. 966–999.

Foucault, Michel: Was ist ein Autor? In: Michel Foucault: Schriften in vier Bänden. Dits et Ecrits, Bd. I: 1954–1969. Hrsg. v. Defert, Daniel/Ewald, Francois. Frankfurt am Main: Suhrkamp 2007, S. 1003–1041.

Franke, Konrad: Ratlos ermattet. In: Süddeutsche Zeitung, 6.2.1999.

Franz, Eckhart G.: Einführung in die Archivkunde. 8. Aufl. (= Die Geschichtswissenschaft). Darmstadt: WBG 2010.

Friedrich, Markus: Die Geburt des Archivs. Eine Wissensgeschichte. Berlin, Boston: de Gruyter 2013.

Frohn, Julia: Literaturaustausch im geteilten Deutschland. 1945–1972 (= Forschungen zur DDR-Gesellschaft). Berlin: Ch. Links 2014.

Fromm, Erich: Das Menschenbild bei Marx. Mit den wichtigsten Teilen der Frühschriften von Karl Marx. 10., überarb. Aufl. Frankfurt am Main: Europäische Verlagsanstalt 1980.

Fuchs, Jürgen: Die mit dem dünnen Fell. Die mit den weichen Augen. Die mit dem derben Maul. Helga M. Novaks Gedichte 1955–1980. In: Helga M. Novak: Grünheide Grünheide. Gedichte 1955–1980. Darmstadt, Neuwied: Luchterhand, S. 5–15.

Fuchs, Jürgen: Landschaften der Lüge. In: Der Spiegel, 25.11.1991.

Fühmann, Franz: Zweiundzwanzig Tage oder Die Hälfte des Lebens. 2. Aufl. Rostock: Hinstorff 1974.

Fulbrook, Mary: Life Writing and Writing Lives: Eco Documents in Historical Perspective. In: German life writing in the twentieth century. Hrsg. v. Dahlke, Birgit/

Tate, Dennis/Woods, Roger (= Studies in German literature, linguistics and culture). Rochester, New York: Camden House 2010, S. 25–38.

Gansel, Carsten: Archivöffnung als Aufstörung. Literatur aus der DDR als Irritation für die Literaturgeschichtsschreibung und das kulturelle Gedächtnis. In: Aktenkundig? Literatur, Zeitgeschichte und Archiv. Hrsg. v. Atze, Marcel/Hansel, Michael/Degener, Thomas/Kaukoreit, Volker (= Sichtungen 10/11). Wien: Praesens 2008, S. 139–162.

Gansel, Carsten/Zimniak, Pawel: Zum „Prinzip Erinnerung“ in der deutschsprachigen Gegenwartsliteratur nach 1989 – Vorbemerkungen. In: Das „Prinzip Erinnerung“ in der deutschsprachigen Gegenwartsliteratur nach 1989. Hrsg. v. Gansel, Carsten/Zimniak, Pawel (= Deutschsprachige Gegenwartsliteratur und Medien 3). Göttingen: V & R Unipress 2010, S. 11–15.

Gärtner, Marcus/Passig, Kathrin: Zur Entstehung dieses Buches. In: Wolfgang Herrndorf: Bilder deiner großen Liebe. Ein unvollendeter Roman. Hrsg. v. Gärtner, Marcus/Passig, Kathrin. Berlin: Rowohlt 2014, S. 133–141.

Geisenhanslüke, Achim: In der Erinnerung. Gedächtnispolitik 1995. In: Wendejahr 1995. Transformationen der deutschsprachigen Literatur. Hrsg. v. Geisenhanslüke, Achim/Tommek, Heribert/Galli, Matteo (= Spectrum Literaturwissenschaft Bd. 51). Berlin, Boston: de Gruyter 2015, S. 31–49.

Gelberg, Johanna Maria: Poetik und Politik der Grenze. Die Literatur der deutsch-deutschen Teilung seit 1945. Bielefeld: transcript 2018.

Genette, Gérard: Paratexte. Das Buch vom Beiwerk des Buches. Frankfurt am Main, New York: Campus 1989.

Gerlach, Harald: Nirgends und zu keiner Stunde. Gedichte. Berlin: Aufbau 1998.

Gfrereis, Heike (Hg.): Grundbegriffe der Literaturwissenschaft. Stuttgart, Weimar: Metzler 1999.

Gillett, Robert: Leising, Richard. In: Killy-Literaturlexikon. Autoren und Werke des deutschsprachigen Kulturraumes, Bd. 7: Kräm–Marp. 2., vollst. überarb. Aufl. Hrsg. v. Kühlmann, Wilhelm. Berlin, New York: de Gruyter 2010, S. 319–320.

Gillett, Robert: „Schlicht, nicht einfach“. Translating Richard Leising's „Wendegedichte“. In: German Life and Letters, 67 (2014) H. 1, S. 87–97.

Gisi, Lucas Marco/Meyer, Urs/Sorg, Reto (Hg.): Medien der Autorschaft. Formen literarischer (Selbst-)Inszenierung von Brief und Tagebuch bis Fotografie und Interview. München: Fink 2013.

Giuriato, Davide/Stingelin, Martin/Zanetti, Sandro (Hg.): „Schreibkugel ist ein Ding gleich mir: Von Eisen“. Schreibszenen im Zeitalter der Typoskripte (= Zur Genealogie des Schreibens 2). Paderborn, München: Fink 2005.

Giuriato, Davide/Stingelin, Martin/Zanetti, Sandro: Einleitung. In: „Schreiben heißt: sich selber lesen“. Schreibszenen als Selbstlektüren. Hrsg. v. Giuriato, Davide/

Stingelin, Martin/Zanetti, Sandro (= Zur Genealogie des Schreibens 9). Paderborn, München: Fink 2008, S. 9–17.

Gleimhaus. Museum der deutschen Aufklärung. Unter: https://www.gleimhaus.de/sammlungen.html, zuletzt abgerufen am 16.11.2021.

Goethe, Johann Wolfgang von: Archiv des Dichters und Schriftstellers. In: Goethes Werke. Weimarer Ausgabe, Abt. I, Bd. 41.2: Literatur. Über Kunst und Alterthum. Mittheilungen im vierten bis sechsten Bande 1823–1832. (ND Böhlau: Weimar 1887–1919). Hrsg. im Auftrag der Großherzogin Sophie von Sachsen. München: dtv 1987, S. 25–28.

Goethe, Johann Wolfgang von: Dichtung und Wahrheit. Zweiter Theil. In: Goethes Werke. Weimarer Ausgabe, Abt. I, Bd. 31.1. (ND Böhlau: Weimar 1887–1919). Hrsg. im Auftrag der Großherzogin Sophie von Sachsen. München: dtv 1987.

Gold, Helmut/Holm, Christiane/Bös, Eva/Nowak, Tine (Hg.): Absolut privat!? Vom Tagebuch zum Weblog (= Kataloge der Museumsstiftung Post und Telekommunikation 26). Heidelberg: Edition Braus 2008.

Graduiertenkolleg 1681/2 „Privatheit und Digitalisierung" an der Universität Passau. Unter: http://www.privatheit.uni-passau.de/, zuletzt abgerufen am 16.11.2021.

Grasser, Peter: Autobiographie und Autofiktion. Einige begriffskritische Bemerkungen. In: „... all diese fingierten, notierten, in meinem Kopf ungefähr wieder zusammengesetzten Ichs". Autobiographie und Autofiktion. Hrsg. v. Pellin, Elio/Weber, Ulrich (= Centre Dürrenmatt Neuchâtel: Sommerakademie Bd. 3). Göttingen, Zürich: Wallstein, Chronos 2012, S. 13–27.

Grésillon, Almuth: Über die allmähliche Verfertigung von Texten beim Schreiben. In: Kulturelle Perspektiven auf Schrift und Schreibprozesse. Elf Aufsätze zum Thema Mündlichkeit und Schriftlichkeit. Hrsg. v. Raible, Wolfgang (= ScriptOralia 72). Tübingen: Narr 1995, S. 1–36.

Grésillon, Almuth: Literarische Handschriften. Einführung in die „critique génétique" (= Arbeiten zur Editionswissenschaft 4). Bern et al.: Peter Lang 1999.

Gretz, Daniela/Pethes, Nicolas (Hg.): Archiv/Fiktionen. Verfahren des Archivierens in Literatur und Kultur des langen 19. Jahrhunderts (= Litterae Bd. 217). Freiburg i. Br. et al.: Rombach 2016.

Grisko, Michael: Literaturarchiv. In: Metzler Lexikon Literatur. Begriffe und Definitionen. 3. völlig neu bearb. Aufl. Hrsg. v. Burdorf, Dieter/Fasbender, Christoph/Moennighoff, Burkhard. Stuttgart, Weimar: Metzler 2007, S. 445–446.

Grond-Rigler, Christine: Im Dialog mit der Nachwelt. Auktoriale Inszenierung in Vorlässen. In: Archive für Literatur. Der Nachlass und seine Ordnungen. Hrsg. v. Dallinger, Petra-Maria/Hofer, Georg/Judex, Bernhard (= Literatur und Archiv 2). Berlin, Boston: de Gruyter 2018, S. 163–180.

Grub, Frank Thomas: ‚Wende' und ‚Einheit' im Spiegel der deutschsprachigen Literatur. Ein Handbuch, Bd. 1: Untersuchungen. Berlin, New York: de Gruyter 2003.

Grubmüller, Klaus: Überlieferung. In: Reallexikon der deutschen Literaturwissenschaft, Bd. 3: P–Z. 3., von Grund auf neu erarb. Aufl. Hrsg. v. Müller, Jan-Dirk. Berlin, New York: de Gruyter 2007, S. 717–720.

Grundmann, Uta/Michael, Klaus/Seufert, Susanna (Hg.): Revolution im geschlossenen Raum. Die andere Kultur in Leipzig 1970–1990. 2., überarb. und aktual. Aufl. Leipzig: Faber und Faber 2002.

Gunnarsdóttir, Soffía: ‚Á meðan þið í huganum spyrjið um afdrif mín'. Skáldkonan Helga Novak. In: Tímarit Máls og menningar, 77 (2016) H. 3, S. 54–59.

Günther, Felicitas: Schaustücke der Literatur? Archivarische und museale Praktiken der Werkkonstituierung (= Ludwig-Uhland-Institut für Empirische Kulturwissenschaft: Untersuchungen Bd. 121). Tübingen: TVV 2018.

Hahn, Barbara: Brief und Werk. Zur Konstitution von Autorschaft um 1800. In: Autorschaft. Genus und Genie in der Zeit um 1800. Hrsg. v. Schabert, Ina (= Geschlechterdifferenz & Literatur 1). Berlin: ESV 1994, S. 145–156.

Hähner, Johanna: Sammeln gegen „gestockte Widersprüche". Franz Fühmanns Zeitungsdokumentationen. In: Auslaufmodell „DDR-Literatur". Essays und Dokumente. Hrsg. v. Berbig, Roland (= Forschungen zur DDR-Gesellschaft). Berlin: Ch. Links 2018, S. 177–187.

Hamm, Peter (Hg.): Aussichten. Junge Lyriker des deutschen Sprachraums. München: Biederstein 1966.

Hanuschek, Sven: Karasek, Horst. In: Killy Literaturlexikon. Autoren und Werke des deutschsprachigen Kulturraums, Bd. 6: Huh–Kräf. 2. Aufl. Hrsg. v. Kühlmann, Wilhelm. Berlin, New York: de Gruyter 2009, S. 294–295.

Harrauer, Christine/Hunger, Herbert: Lexikon der griechischen und römischen Mythologie. Mit Hinweisen auf das Fortwirken antiker Stoffe und Motive in der bildenden Kunst, Literatur und Musik des Abendlandes bis zur Gegenwart. 9., vollst. neu bearb. Aufl. Purkersdorf: Hollinek 2006.

Hartung, Harald: Keinen Weg gehen. Zum Tod des Dichters Richard Leising. In: Frankfurter Allgemeine Zeitung, 30.5.1997.

Hartung, Harald: Spitzel mit hausgemachter Soße. Kehrgericht im Lande Sta: Helga M. Novak in allen ihren Versen. In: Frankfurter Allgemeine Zeitung, 30.11.1999.

Hay, Louis: Die dritte Dimension der Literatur. Notizen zu einer critique génétique. In: Poetica, 16 (1984), S. 307–323.

Heesen, Anke te: Der Zeitungsausschnitt. Ein Papierobjekt der Moderne. Frankfurt am Main: Fischer 2006.

Hegel, Georg Wilhelm Friedrich: Werke, Bd. 15: Vorlesungen über die Ästhetik III. Frankfurt am Main: Suhrkamp 1986.

Heinze, Carsten: „Das Private wird politisch". Interdisziplinäre Perspektiven auf autobiografisches Schreiben im Horizont von Erinnerungskulturen und Zeitgeschichte. In: FQS. Forum qualitative Sozialforschung 12 (2011) H.2. Unter: http://www.

qualitative-research.net/index.php/fqs/article/view/1681/3206, zuletzt abgerufen am 16.11.2021.

Helbig, Holger: Zum ewigen Frieden. Wackersteine, Lichtgefieder. Statt eines längeren Loblieds auf Leising. In: ndl. Zeitschrift für deutschsprachige Literatur und Kritik, 48 (2000) H. 3, S. 167–168.

Helbig, Holger: Der imaginäre Freund. Erinnerung an Richard Leising. In: Akzente. Zeitschrift für Literatur, 51 (2004) H. 5, S. 435–450.

Helbig, Holger: Zauberschwarze Welt, bewohnt. Zu Richard Leisings Gedicht „Der Rabe". Ebenhausen bei München: Langewiesche-Brandt 2006.

Helbig, Holger: Uwe Johnson hält eine Rechnung offen. Versuch, eine Mentalität zu erklären. In: Johnson-Jahrbuch, 20 (2013), S. 251–281.

Helen und Kurt Wolff-Archiv. Unter: https://www.dla-marbach.de/archiv/exil-helen-und-kurt-wolff-archiv/, zuletzt abgerufen am 16.11.2021.

Hempel, Leon: Maurer, Georg. In: Metzler-Lexikon DDR-Literatur. Autoren – Institutionen – Debatten. Hrsg. v. Opitz, Michael/Hofmann, Michael. Stuttgart: Metzler 2009, S. 217–218.

Hempel, Leon: Stillstand und Bewegung. Hoher Stil in der Lyrik Ost- und Westdeutschlands. Berlin: GegenSatz 2011.

Hepfer, Harald (Hg.): Leonberger Christian-Wagner-Preis. 1992 und 1994 (= Warmbronner Schriften 5). Warmbronn: Christian-Wagner-Gesellschaft 1995.

Herrmann, Ulrich: Was ist eine „Generation"? Methodologische und begriffsgeschichtliche Explorationen zu einem Idealtypus. In: Die DDR aus generationengeschichtlicher Perspektive. Eine Inventur. Hrsg. v. Schüle, Annegret/Ahbe, Thomas/Gries, Rainer. Leipzig: Leipziger Universitätsverlag 2006, S. 23–39.

Herrndorf, Wolfgang: Arbeit und Struktur. 3. Aufl. Berlin: Rowohlt 2013.

Heukenkamp, Ursula: Staat und Lyrik. Die DDR-Lyrikdebatten der 1960er Jahre. In: Benutzte Lyrik. Hrsg. v. Grimm, Gunter E./Korte, Hermann (= Text + Kritik 173). München: edition text + kritik 2007, S. 81–92.

Hischenhuber, Heinz: Gesellschaftsbilder im deutschsprachigen Hörspiel seit 1968. Wien: VWGÖ 1985.

Hobbs, Catherine: The Character of Personal Archives. Reflections on the Value of Records of Individual. In: Archivaria, 52 (2001), S. 126–135.

Hobbs, Catherine: Personal Ethics: Being an Archivist of Writers. In: Basements and attics, closets and cyberspace. Explorations in Canadian women's archives. Hrsg. v. Schagerl, Jessica/Morra, Linda M. (= Life writing series). Waterloo (Ontario): Wilfrid Laurier University Press 2012, S. 181–192.

Hofmann, Fritz/Schreck, Joachim/Wolter, Manfred (Hg.): Über die großen Städte. Gedichte 1885–1967. Berlin, Weimar: Aufbau 1968.

Hollmann, Michael: Bestandspolitik. In: Handbuch Archiv. Geschichte, Aufgaben, Perspektiven. Hrsg. v. Lepper, Marcel/Raulff, Ulrich. Stuttgart: Metzler 2016, S. 199–206.

Hughes, Peter (Hg.): Schreibprozesse (= Zur Genealogie des Schreibens 7). Paderborn, München: Fink 2008.

Hurlebusch, Klaus: Zur Aufgabe und Methode der philologischen Forschung, verdeutlicht am Beispiel der historisch-kritischen Edition. Eine Auseinandersetzung mit Hermeneutik und Historismus. In: Texte und Varianten. Probleme ihrer Edition und Interpretation. Studienausg. Hrsg. v. Martens, Gunter/Zeller, Hans. München: C.H.Beck 1971, S. 117–142.

Hurlebusch, Klaus: Den Autor besser verstehen. Aus seiner Arbeitsweise. Prolegomenon zu einer Hermeneutik textgenetischen Schreibens. In: Textgenetische Edition. Hrsg. v. Zeller, Hans/Martens, Gunter (= Beihefte zu editio 10). Berlin: de Gruyter 1998, S. 7–51.

Jaegle, Dietmar (Hg.): Ordnung. Eine unendliche Geschichte (= Marbacher Katalog 61). Marbach am Neckar: Deutsche Schillergesellschaft 2007.

Jäger, Andrea: Schriftsteller aus der DDR. Ausbürgerungen und Übersiedlungen von 1961 bis 1989, Bd. 1: Autorenlexikon (= Schriften zur Europa- und Deutschlandforschung 1). Frankfurt am Main et al.: Peter Lang 1995.

Jäger, Andrea: Schriftsteller aus der DDR. Ausbürgerungen und Übersiedlungen von 1961 bis 1989, Bd. 2: Studie (= Schriften zur Europa- und Deutschlandforschung 2). Frankfurt am Main et al.: Peter Lang 1995.

Janke, Pia/Kovac, Teresa: Publikationsformen und Werküberlieferung. In: Jelinek-Handbuch. Hrsg. v. Janke, Pia. Stuttgart, Weimar: Metzler 2013, S. 27–34.

Janke, Pia: Elfriede Jelineks Werk und Wirkung. Eine Überforderung. Unter: https://fpjelinek.univie.ac.at/fileadmin/user_upload/proj_ejfz/PDF-Downloads/vortrag-janke-2015-hp.pdf, zuletzt abgerufen am 16.11.2021.

Jannidis, Fotis/Lauer, Gerhard/Martinez, Matias/Winko, Simone (Hg.): Rückkehr des Autors. Zur Erneuerung eines umstrittenen Begriffs (= Studien und Texte zur Sozialgeschichte der Literatur 71). Tübingen: Max Niemeyer 1999.

Jentzsch, Bernd/Sommer, Klaus Dieter (Hg.): Auswahl 66. Neue Lyrik, neue Namen. Berlin: Neues Leben 1966.

Jentzsch, Bernd (Hg.): Das Wort Mensch. Ein Bild vom Menschen in deutschsprachigen Gedichten aus drei Jahrhunderten. Halle an der Saale: Mitteldeutscher Verlag 1972.

Jentzsch, Bernd/Schubert, Holger J. (Hg.): Auswahl 74. Neue Lyrik, neue Namen. Berlin: Neues Leben 1974.

Johannsen, Anja: To pimp our minds sachwärts. Ein Plädoyer für eine praxeologische Gegenwartsliteraturwissenschaft. In: Zukunft der Literatur. Hrsg. v. Dittberner, Hugo (= Text + Kritik: Sonderband 2013). München: edition text + kritik 2013, S. 179–186.

Johnson, Uwe: Versuch, eine Mentalität zu erklären. In: Ich bin Bürger der DDR und lebe in der Bundesrepublik. 12 Interviews. Hrsg. v. Grunert-Bronnen, Barbara. München: Piper 1970, S. 119–129.

Jorek, Rita: Helga M. Novak – Biographie. In: Helga M. Novak zum Gedächtnis. Hrsg. v. o. V. Frankfurt am Main: Schöffling 2014, S. 113–118.

Jorek, Rita: Suche nach Ursprung und Wahrheit in Helga M. Novaks letzten Texten. In: Unterwegs und zurückgesehnt. Studien zum Werk von Helga M. Novak. Mit Erinnerungen an die Dichterin. Hrsg. v. Brandt, Marion (= Studia Germanica Gedanensia 36). Gdańsk: Wydawnictwo Uniwersytetu Gdańskiego 2017, S. 105–116.

Jost, Roland: Journale. In: Brecht-Handbuch, Bd. 4: Schriften, Journale, Briefe. Hrsg. v. Knopf, Jan. Stuttgart, Weimar: Metzler 2003, S. 424–440.

Jürgensen, Christoph/Kaiser, Gerhard: Schriftstellerische Inszenierungspraktiken. Heuristische Typologie und Genese. In: Schriftstellerische Inszenierungspraktiken – Typologie und Geschichte. Hrsg. v. Jürgensen, Christoph/Kaiser, Gerhard (= Beihefte zum Euphorion 62). Heidelberg: Winter 2011, S. 9–30.

Jussen, Bernhard/Weigel, Sigrid/Willer, Stefan: Erbe, Erbschaft, Vererbung. Eine aktuelle Problemlage und ihr historischer Index. In: Erbe. Übertragungskonzepte zwischen Natur und Kultur. Hrsg. v. Jussen, Bernhard/Weigel, Sigrid/Willer, Stefan. Berlin: Suhrkamp 2013, S. 7–36.

Kahl, Paul: Die Erfindung des Dichterhauses. Das Goethe-Nationalmuseum in Weimar. Eine Kulturgeschichte. Göttingen: Wallstein 2015.

Kamińska-Ossowska, Ewelina: Nachgetragene Biografien. Auf der Spurensuche nach Helga M. Novaks Wurzeln. In: Unterwegs und zurückgesehnt. Studien zum Werk von Helga M. Novak. Mit Erinnerungen an die Dichterin. Hrsg. v. Brandt, Marion (= Studia Germanica Gedanensia 36). Gdańsk: Wydawnictwo Uniwersytetu Gdańskiego 2017, S. 119–133.

Kammer, Stephan: Figurationen und Gesten des Schreibens. Zur Ästhetik der Produktion in Robert Walsers Prosa der Berner Zeit (= Hermaea 102). Tübingen: Max Niemeyer 2003.

Kanning, Julian: Schriftstellerverband der DDR. In: Metzler-Lexikon DDR-Literatur. Autoren – Institutionen – Debatten. Hrsg. v. Opitz, Michael/Hofmann, Michael. Stuttgart: Metzler 2009, S. 301–302.

Kanzog, Klaus: Einführung in die Editionsphilologie der neueren deutschen Literatur (= Grundlagen der Germanistik 31). Berlin: ESV 1991.

Karasek, Horst: Das Dorf im Flörsheimer Wald. Eine Chronik vom alltäglichen Widerstand gegen die Startbahn West. Darmstadt, Neuwied: Luchterhand 1981.

Karasek, Horst: Das Haus an der Grenze. Eine Fluchtgeschichte. Darmstadt, Neuwied: Luchterhand 1987.

Karasek, Horst: Schreiend davon gelaufen. Leserbrief zum offenen Brief von Helga M. Novak. Wolf Biermann contra Sasha Anderson. In: Der Spiegel, 11.11.1991.

Kastberger, Klaus/Maurer, Stefan (Hg.): Die Werkstatt des Dichters. Imaginationsräume literarischer Produktion (= Literatur und Archiv 1). Berlin, Boston: de Gruyter 2017.

Kastberger, Klaus: Nachlassbewusstsein, Vorlass-Chaos und die Gesetze des Archivs. Am Beispiel von Friederike Mayröcker. In: Nachlassbewusstsein. Literatur, Archiv,

Philologie 1750–2000. Hrsg. v. Sina, Kai/Spoerhase, Carlos (= marbacher schriften 13). Göttingen: Wallstein 2017, S. 409–427.

Kastberger, Klaus/Maurer, Stefan/Neuhuber, Christian (Hg.): Schauplatz Archiv. Objekt – Narrativ – Performanz (= Literatur und Archiv 3). Berlin, Boston: de Gruyter 2019.

Kastberger, Klaus/Neuhuber, Christian (Hg.): Archive in/aus Literatur. Wechselspiele zweier Medien (= Literatur und Archiv 5). Berlin, Boston: de Gruyter 2021.

Katins-Riha, Janine: Nachlassbewusstsein, Nachlasspolitik und Nachlassverwaltung bei Gerhart Hauptmann (= Veröffentlichungen der Gerhart-Hauptmann-Gesellschaft e.V 16). Berlin: ESV 2017.

Katzer, Georg: Lieder nach Leising. 6 Lieder und 1 Gedicht. Für Singstimme (mittel), Flöte, Klarinette, Violoncello, Schlagzeug und Klavier, 1983. Leipzig: DMV 1985.

Kaufmann, Dorothea/Tewarson, Heidi Thomann (Hg.): Willkommen und Abschied. Thirty-five years of German writers-in-residence at Oberlin College (= Studies in German literature, linguistics and culture). Rochester, NY: Camden House 2005.

Keck, Annette/Günter, Manuela: Weibliche Autorschaft und Literaturgeschichte. Ein Forschungsbericht. In: Internationales Archiv für Sozialgeschichte der deutschen Literatur (IASL), 26 (2001) H. 2, S. 201–233.

Kirsch, Rainer: Georg Maurer zum 60. Geburtstag (Februar 1967). In: Ordnungen im Spiegel. Essays, Notizen, Gespräche. Leipzig: Reclam 1985, S. 259–261.

Kirsch, Rainer: Über Richard Leising. In: Ordnungen im Spiegel. Essays, Notizen, Gespräche. Leipzig: Reclam 1985, S. 281.

Kirsch, Sarah: Linkshänder. Richard Leisings Gedichte. In: Frankfurter Allgemeine Zeitung, 13.11.1990.

Kirsch, Sarah: DB 1979/2. In: DDR-Schriftsteller sprechen in der Zeit. Eine Dokumentation. Hrsg. v. Labroisse, Gerd/Wallace, Ian (= German monitor 27). Amsterdam, Atlanta: Rodopi 1991, S. 69–79.

Kittler, Friedrich A.: Aufschreibesysteme 1800/1900. München: Fink 1985.

Klaska, Frauke: Kollektivschuldthese. In: Lexikon der „Vergangenheitsbewältigung" in Deutschland. Debatten- und Diskursgeschichte des Nationalsozialismus nach 1945. 3., überarb. und erw. Aufl. Hrsg. v. Fischer, Torben/Lorenz, Matthias N. Bielefeld: transcript 2015, S. 45–49.

Klausnitzer, Ralf: Literaturwissenschaft. Begriffe, Verfahren, Arbeitstechniken. 2. überarb. Aufl. Berlin, Boston: de Gruyter 2012.

Klemperer, Victor: Ich will Zeugnis ablegen bis zum letzten. Tagebücher 1933–1945, Bd. 1–2. Hrsg. v. Nowojski, Walter. 5. Aufl. Berlin: Aufbau 1996.

Klinkenbusch, Ira: „Wie kämpft man gegen Väter?". Briefe zwischen Peter Hacks, Alfred Kurella und Bernt von Kügelgen 1961/62. In: Auslaufmodell „DDR-Literatur". Essays und Dokumente. Hrsg. v. Berbig, Roland (= Forschungen zur DDR-Gesellschaft). Berlin: Ch. Links 2018, S. 246–258.

Klump, Brigitte: Das rote Kloster. Eine deutsche Erziehung. Hamburg: Hoffmann und Campe 1978.

Klump, Brigitte: Das rote Kloster. Als Zögling in der Kaderschmiede des Stasi. Neu durchges., erw. Ausg. München: Herbig 1991.

Knott, Marie Luise: Nomaden der Mehrsprachigkeit. In: Frankfurter Allgemeine Zeitung, 8.2.2020.

Köhler, Astrid: Novak, Helga M. In: Metzler-Lexikon DDR-Literatur. Autoren – Institutionen – Debatten. Hrsg. v. Opitz, Michael/Hofmann, Michael. Stuttgart: Metzler 2009, S. 240–241.

Köhnen, Ralph: Selbstpoetik 1800 / 1900 / 2000. Ich-Identität als literarisches Zeichenrecycling. In: Selbstpoetik 1800 – 2000. Ich-Identität als literarisches Zeichenrecycling. Hrsg. v. Köhnen, Ralph. Frankfurt am Main et al.: Peter Lang 2001, S. 7–18.

Kölbel, Martin: Das literarische Werk. Zur Geschichte eines Grundbegriffs der Literaturtheorie. In: Text. Kritische Beiträge, 10 (2005), S. 27–44.

Kölbl, Andrea Pia: Der Ort der Literaturarchive in Deutschland zwischen Bibliotheken und Archiven. In: Archivalische Zeitschrift, 91 (2009) H. 1, S. 351–376.

König, Christoph: Verwaltung und wissenschaftliche Erschließung von Nachlässen in Literaturarchiven. Österreichische Richtlinien als Modell (= Literatur und Archiv 1). München et al.: Saur 1988.

König, Christoph: Literaturwissenschaft und Wissenschaftsgeschichte in einem Literaturarchiv. In: Literaturarchiv und Literaturforschung. Aspekte neuer Zusammenarbeit. Hrsg. v. König, Christoph/Seifert, Siegfried (= Literatur und Archiv 8). München et al.: Saur 1996, S. 39–48.

König, Christoph: Literaturarchiv. In: Reallexikon der deutschen Literaturwissenschaft, Bd. 2: H–O. 3., von Grund auf neu erarb. Aufl. Hrsg. v. Fricke, Harald. Berlin, New York: de Gruyter 2007, S. 448–451.

König, René: Schriften, Bd. 1: Die naturalistische Ästhetik in Frankreich und ihre Auflösung. Ein Beitrag zur systemwissenschaftlichen Betrachtung der Künstlerästhetik. Hrsg. v. Thurn, Hans Peter. Opladen: Leske + Budrich 1998.

Konzen, Niklas/Trosse, Barbara: Bestand. In: Terminologie der Archivwissenschaft. Erstellt von der Archivschule Marburg, 21.9.2015. Unter: http://www.archivschule.de/uploads/Forschung/ArchivwissenschaftlicheTerminologie/Terminologie.html, zuletzt abgerufen am 16.11.2021.

Korn, Uwe Maximilian: Nachlassbewusstsein – Literatur, Archiv, Philologie. (Wissenschaftliche Tagung in Marbach v. 4. – 6. September 2013), Tagungsbericht. In: Zeitschrift für Germanistik, 24 (2014) H. 2, S. 377–380.

Korte, Hermann: Deutschsprachige Lyrik seit 1945. 2., völlig neu bearb. Aufl. Stuttgart, Weimar: Metzler 2004.

Koselleck, Reinhart: Vergangene Zukunft. Zur Semantik geschichtlicher Zeiten. Frankfurt am Main: Suhrkamp 1989.

Košenina, Alexander: „Der wahre Brief ist seiner Natur nach poetisch". Vom Briefschreiber zum Autor – am Beispiel Hofmannsthals. In: Autorschaft. Positionen und Revisionen. Hrsg. v. Detering, Heinrich (= DFG-Symposion 2001). Stuttgart, Weimar: Metzler 2002, S. 241–257.

Kraft, Helga W./Kosta, Barbara: Das Angstbild der Mutter. Versuchte und verworfene Selbstentwürfe. In: Mütter – Töchter – Frauen. Weiblichkeitsbilder in der Literatur. Hrsg. v. Kraft, Helga W./Liebs, Elke. Stuttgart, Weimar: Metzler 1993, S. 215–242.

Krämer, Sybille: Vertrauen schenken. Über Ambivalenzen der Zeugenschaft. In: Politik der Zeugenschaft. Zur Kritik einer Wissenspraxis. Hrsg. v. Schmidt, Sibylle/Krämer, Sybille/Voges, Ramon (= Edition Moderne Postmoderne). Bielefeld: transcript 2011, S. 117–139.

Kraus, Karl: Schriften, Bd. 8: Aphorismen. Hrsg. v. Wagenknecht, Christian. Frankfurt am Main: Suhrkamp 1986.

Kreknin, Innokentij: Poetiken des Selbst. Identität, Autorschaft und Autofiktion am Beispiel von Rainald Goetz, Joachim Lottmann und Alban Nikolai Herbst (= Studien zur deutschen Literatur 206). Berlin, Boston: de Gruyter 2014.

Krusenstjern, Benigna von: Was sind Selbstzeugnisse? Begriffskritische und quellenkundliche Überlegungen anhand von Beispielen aus dem 17. Jahrhundert. In: Historische Anthropologie. Kultur – Gesellschaft – Alltag, 2 (1994) H. 3, S. 462–471.

Kührer-Wielach, Florian/Nowotnick, Michaela (Hg.): Aus den Giftschränken des Kommunismus. Methodische Fragen zum Umgang mit Überwachungsakten in Zentral- und Südosteuropa (= Veröffentlichungen des Instituts für deutsche Kultur und Geschichte Südosteuropas an der Ludwig-Maximilians-Universität München 136). Regensburg: Friedrich Pustet 2018.

Kührer-Wielach, Florian/Nowotnick, Michaela: Einführung. In: Aus den Giftschränken des Kommunismus. Methodische Fragen zum Umgang mit Überwachungsakten in Zentral- und Südosteuropa. Hrsg. v. Kührer-Wielach, Florian/Nowotnick, Michaela (= Veröffentlichungen des Instituts für deutsche Kultur und Geschichte Südosteuropas an der Ludwig-Maximilians-Universität München 136). Regensburg: Friedrich Pustet 2018, S. 9–16.

Kutschera, Franziska: Hessenschau. Helga M. Novak – Stadtschreiberin von Bergen-Enkheim. In: hr fernsehen, 26.7.1979.

Küveler, Jan: Christian Krachts Nachlass. Eine erste Expedition ins Archiv. In: Die Welt, 10.12.2019.

Lamprecht, Helmut: Die Preisträgerin ging davon. In: Frankfurter Allgemeine Zeitung, 29.1.1968.

Lauer, Gerhard: Einführung. In: Literaturwissenschaftliche Beiträge zur Generationsforschung. Hrsg. v. Lauer, Gerhard (= Göttinger Studien zur Generationsforschung 3). Göttingen: Wallstein 2010, S. 7–21.

Lauer, Gerhard/Ruhrberg, Christine (Hg.): Lexikon Literaturwissenschaft. Hundert Grundbegriffe. Stuttgart: Reclam 2011.

Leader, Zachary: Cultural Nationalism and Modern Manuscripts: Kingsley Amis, Saul Bellow, Franz Kafka. In: Critical Inquiry, 40 (2013) H. 1, S. 160–193.

Leader, Zachary: Introduction. In: On life-writing. Hrsg. v. Leader, Zachary. Oxford: Oxford University Press 2015, S. 1–6.

Leising, Richard/Hammer, Hannelore/Hoffman, Ludwig (Hg.): Roter November. Material zur Feiergestaltung anlässlich des 40. Jahrestages der Novemberrevolution in Deutschland. Leipzig: Hofmeister 1958.

Leising, Richard: Galgenspiel. Leipzig: Hofmeister 1958.

Leising, Richard nach Aleksandr V. Ul'janinskij: Wenn der Zug kommt. Leipzig: Hofmeister 1959.

Leising, Richard nach Wadim Korostylew: Wenn ein Heini König wird. Berlin: Henschel 1962.

Leising, Richard: Die Dramatik Bertolt Brechts bis 1933. In: Proletarisch-revolutionäre Literatur. 1918–1933. Ein Abriss. Hrsg. v. Kollektiv für Literaturgeschichte. Berlin: Volk und Wissen 1962, S. 266–273.

Leising, Richard: Bearbeitet und mit Musik versehen. In: Theater der Zeit, 19 (1964) H. 15, S. 16–17.

Leising, Richard: Die neue Pastete. (Operettenrevuen). In: Theater der Zeit, 19 (1964) H. 20, S. 15–17.

Leising, Richard: Kleine Formen importiert. (Pantominenbühne Bratislava, Prager Rokoko-Theater). In: Theater der Zeit, 19 (1964) H. 21, S. 16–17.

Leising, Richard: Williams Witz. (Inszenierungen von Shakespeare Komödien). In: Theater der Zeit, 19 (1964) H. 24, S. 16–20.

Leising, Richard: Poesiealbum Nr. 97. Hrsg. v. Bernd Jentzsch. Berlin: Neues Leben 1975.

Leising, Richard: Gebrochen deutsch. Gedichte. Ebenhausen bei München: Langewiesche-Brandt 1990.

Leising, Richard: Ausnahmsweise Prosa. In: Langewiesche-Brandt-Bibliographie 1954–1989. Hrsg. v. Wachinger, Kristian/Peter, Christiane/Ziegler, Dorothee/Ziegler, Felix/Wachinger, Michael/Wachinger, Gisela. Ebenhausen bei München: Langewiesche-Brandt 1990, S. 14.

Leising, Richard: Hedera Helix. Eine Veröffentlichung zur Verleihung des Leonberger Christian-Wagner-Preises an Richard Leising am 4. September 1992. Warmbronn: Keicher 1992.

Leising, Richard: Dank. In: Leonberger Christian-Wagner-Preis. 1992 und 1994. Hrsg. v. Hepfer, Harald (= Warmbronner Schriften 5). Warmbronn: Christian-Wagner-Gesellschaft 1995, S. 19–27.

Leising, Richard: Die Rotzfahne. Gedichte und kleine Prosa. Hrsg. v. Wachinger, Kristof. Ebenhausen bei München: Langewiesche-Brandt 1998.

Leising, Richard: Van de snelle man. Hrsg. v. Braun, Ilja (= Poëzie perdu 12). Amsterdam: Uitg. Perdu 2001.

Leising, Richard nach Carlo Gozzi: Der Rabe. Tragikomische Legende. Hrsg. v. Wachinger, Kristof. Ebenhausen bei München: Langewiesche-Brandt 2006.

Lejeune, Philippe: Der autobiographische Pakt. Frankfurt am Main: Suhrkamp 1994.

Lentz, Michael: Herkunft Heimat. Eine Lektüre. Zu den Gedichten von Helga M. Novak. In: Wo ich jetzt bin. Gedichte. Hrsg. v. Lentz, Michael. Frankfurt am Main: Schöffling 2005, S. 213–226.

Lentz, Michael: Herkunft Heimat. Helga M. Novak. In: Textleben. Über Literatur, woraus sie gemacht ist, was ihr vorausgeht und was aus ihr folgt. Hrsg. v. Winkels, Hubert. Frankfurt am Main: Fischer 2011, S. 328–339.

Leo, Annette: Die DDR-Erinnerungskultur und die Frage, was von ihr nach 1989/90 geblieben ist. In: „Transformationen" der Erinnerungskulturen in Europa nach 1989. Hrsg. v. Faulenbach, Bernd/Jelich, Franz-Josef (= Geschichte und Erwachsenenbildung 21). Essen: Klartext 2006, S. 399–409.

Lepper, Marcel: Ruhm oder Relevanz? Dichter- und Philologennachlässe im Archiv. In: Der Dichter und sein Germanist. Symposium in Memoriam Wendelin Schmidt-Dengler. Hrsg. v. Kurz, Stefan/Rohrwasser, Michael/Strigl, Daniela (= Zur neueren Literatur Österreichs 26). Wien: New Academic Press 2012, S. 64–69.

Lepper, Marcel/Raulff, Ulrich (Hg.): Handbuch Archiv. Geschichte, Aufgaben, Perspektiven. Stuttgart: Metzler 2016.

Leuenberger, Stefanie: Zwischen Medium der Autorschaft und Zeugnis. Walter Benjamins „Deutsche Briefe". In: Medien der Autorschaft. Formen literarischer (Selbst-)Inszenierung von Brief und Tagebuch bis Fotografie und Interview. Hrsg. v. Gisi, Lucas Marco/Meyer, Urs/Sorg, Reto. München: Fink 2013, S. 131–138.

Liessmann, Konrad Paul: Ruhm, Tod und Unsterblichkeit. Über den Umgang mit der Endlichkeit. In: Ruhm, Tod und Unsterblichkeit. Über den Umgang mit der Endlichkeit. Hrsg. v. Liessmann, Konrad Paul (= Philosophicum Lech 7). Wien: Zsolnay 2004, S. 7–19.

Lindenberger, Thomas: Eigen-Sinn, Herrschaft und kein Widerstand, Version: 1.0. In: Docupedia-Zeitgeschichte, 2.9.2014. Unter: http://docupedia.de/zg/lindenberger_eigensinn_v1_de_2014, zuletzt abgerufen am 16.11.2021.

Loschütz, Gert: „Ich war anders verletzt". Über Helga M. Novak. In: Helga M. Novak zum Gedächtnis. Hrsg. v. o. V. Frankfurt am Main: Schöffling 2014, S. 81–101.

Loyen, Ulrich von: Archivproliferation. In: Handbuch Archiv. Geschichte, Aufgaben, Perspektiven. Hrsg. v. Lepper, Marcel/Raulff, Ulrich. Stuttgart: Metzler 2016, S. 99–106.

Lübbe, Hermann: Im Zug der Zeit. Verkürzter Aufenthalt in der Gegenwart. Berlin et al.: Springer 1992.

Lübbe, Hermann: Modernisierung und Folgelasten. Trends kultureller und politischer Evolution. Berlin, Heidelberg: Springer 1997.

Luckscheiter, Roman: Maos mediale Absorption. Helga Novaks Hörspiel Fibelfabel aus Bibelbabel (1972) im Kontext. In: IASLonline, 16.9.2007. Unter: http://www.iaslonline.de/index.php?vorgang_id=2695, zuletzt abgerufen am 16.11.2021.

Ludwig, Janine/Meuser, Mirjam: In diesem besseren Land. Die Geschichte der DDR-Literatur in vier Generationen engagierter Literaten. In: Literatur ohne Land? Schreibstrategien einer DDR-Literatur im vereinten Deutschland. Hrsg. v. Ludwig, Janine/Meuser, Mirjam. Freiburg: FWPF 2009, S. 11–71.

Lundius, Wiebke: Die Frauen in der Gruppe 47. Zur Bedeutung der Frauen für die Positionierung der Gruppe 47 im literarischen Feld. Basel: Schwabe 2017.

Lütteken, Anett: Das Literaturarchiv – Vorgeschichte(n) eines Spätlings. In: Archive für Literatur. Der Nachlass und seine Ordnungen. Hrsg. v. Dallinger, Petra-Maria/Hofer, Georg/Judex, Bernhard (= Literatur und Archiv 2). Berlin, Boston: de Gruyter 2018, S. 63–88.

Magenau, Jörg im Gespräch mit Bülow, Ulrich von: Ein Reim auf Erich Honecker. Literaturarchiv Marbach beherbergt interessante Nachlässe und Privatarchive von DDR-Autoren. In: Deutschlandradio Kultur, 31.10.2014.

Magenau, Jörg: Princeton 66. Die abenteuerliche Reise der Gruppe 47. Stuttgart: Klett-Cotta 2015.

Mannheim, Karl: Das Problem der Generationen. In: Karl Mannheim. Wissenssoziologie. Auswahl aus dem Werk. Hrsg. v. Wolff, Kurt H. (= Soziologische Texte 28). Neuwied, Berlin: Luchterhand 1964, S. 509–565.

Martens, Gunter: Was ist – aus editorischer Sicht – ein Text? Überlegungen zur Bestimmung eines Zentralbegriffs der Editionsphilologie. In: Zu Werk und Text. Beiträge zur Textologie. Hrsg. v. Scheibe, Siegfried. Berlin: Akademie Verlag 1991, S. 135–156.

Martens, Gunter: Das Werk als Grenze. Ein Versuch zur terminologischen Bestimmung eines editorischen Begriffs. In: editio, 18 (2004), S. 175–186.

Martini, Mario: Der digitale Nachlass und die Herausforderung postmortalen Persönlichkeitsschutzes im Internet. In: JuristenZeitung, 67 (2012) H. 23, S. 1145–1156.

Martus, Steffen: Werkpolitik. Zur Literaturgeschichte kritischer Kommunikation vom 17. bis ins 20. Jahrhundert. Mit Studien zu Klopstock, Tieck, Goethe und George (= Historia Hermeneutica. Series Studia 3). Berlin, New York: de Gruyter 2007.

Martus, Steffen/Spoerhase, Carlos: Praxeologie der Literaturwissenschaft. In: Geschichte der Germanistik, 35/36 (2009), S. 89–96.

Martus, Steffen/Spoerhase, Carlos: Die Quellen der Praxis. Probleme einer historischen Praxeologie der Philologie. Einleitung. In: Zeitschrift für Germanistik, 23 (2013) H. 2, S. 221–225.

Martus, Steffen: Die Praxis des Werks. In: Das Werk. Zum Verschwinden und Fortwirken eines Grundbegriffs. Hrsg. v. Danneberg, Lutz/Gilbert, Annette/Spoerhase, Carlos (= Revisionen 5). Berlin: de Gruyter 2019, S. 93–129.

Maurer, Georg: Die Form und die Wirklichkeit. In: Georg Maurer: Werke in zwei Bänden, Bd. I. Hrsg. v. Hartinger, Walfried/Hartinger, Christel/Maurer, Eva. Halle an der Saale, Leipzig: Mitteldeutscher Verlag 1987, S. 472–478.

Max, Katrin: Zur Standortbestimmung der gegenwärtigen DDR-Literatur-Forschung. In: Tendenzen und Perspektiven der gegenwärtigen DDR-Literatur-Forschung. Hrsg. v. Max, Katrin. Würzburg: Königshausen & Neumann 2016, S. 11–33.

McGill, Robert: Biographical Desire and the Archives of Living Authors. In: a/b: Auto/Biography Studies, 24 (2009) H. 1, S. 129–145.

Mehring, Reinhard: „Ein Wichtigeres für die Zukunft weiß ich nicht". Nachlasspolitik bei Heidegger und Carl Schmitt. In: Adressat: Nachwelt. Briefkultur und Ruhmbildung. Hrsg. v. Schöttker, Detlev. Paderborn, München: Fink 2008, S. 107–123.

Mehring, Reinhard: Heideggers „große Politik". Die semantische Revolution der Gesamtausgabe. Tübingen: Mohr Siebeck 2016.

Meid, Volker (Hg.): Sachlexikon Literatur. München: dtv 2000.

Meisner, Heinrich Otto: Archivalienkunde vom 16. Jahrhundert bis 1918. Göttingen: Vandenhoeck & Ruprecht 1969.

Melberg, Arne: Exile and the modernist writing of the self: Anaïs Nin, Gombrowicz, Canetti, Sebald. In: Grenzen der Fiktionalität und der Erinnerung. Autobiographisches Schreiben in der deutschsprachigen Gegenwartsliteratur Bd. 2. Hrsg. v. Parry, Christoph/Platen, Edgar. München: Iudicium 2007, S. 86–97.

Mellmann, Katja: Vom ‚Andenken für Freunde' zur autobiografischen Auskunft über ‚Dichtung und Wahrheit'. Vier Stichproben zur Nachlasspraxis bei Romanschriftstellerinnen des Realismus (Marie Nathusius, E. Marlitt, Wilhelmine von Hillern, Gabriele Reuter). In: Nachlassbewusstsein. Literatur, Archiv, Philologie 1750–2000. Hrsg. v. Sina, Kai/Spoerhase, Carlos (= marbacher schriften 13). Göttingen: Wallstein 2017, S. 270–293.

Meyer, Jochen: Pedanten und Chaoten. Notizen zu einer Nachlass- und Nachlasser-Typologie. In: Zeitschrift für Bibliothekswesen und Bibliographie, 2 (2002) H. 49, S. 52–58.

Meyer, Urs: Tagebuch, Brief, Journal, Interview, Autobiografie, Fotografie und Inszenierung. Medien der Selbstdarstellung von Autorschaft. In: Medien der Autorschaft. Formen literarischer (Selbst-)Inszenierung von Brief und Tagebuch bis Fotografie und Interview. Hrsg. v. Gisi, Lucas Marco/Meyer, Urs/Sorg, Reto. München: Fink 2013, S. 9–15.

Michaelis, Rolf: Waldgesänge, Wildgeschrei. In: Die Zeit, 17.10.1997.

Mickel, Karl: Eisenzeit. Halle an der Saale: Mitteldeutscher Verlag 1975.

Mickel, Karl: Odysseus in Ithaka. Gedichte 1957–1974. Leipzig: Reclam 1976.

Mickel, Karl: Richard Leising. In: Drehpunkt. Die Schweizerische Literaturzeitschrift, 31 (1999) H. 103, S. 55–56.

Miessgang, Thomas: Der Vorlasshandel. In: Die Zeit, 9.4.2015.

Miethke, Nora: Vergebliche Versuche. Über das Schicksal Ostberliner Literaturgedenkstätten. In: Neue Zeit, 1.2.1991.

Mittermayer, Manfred: Die Autobiographie im Kontext der ‚Life-Writing'-Genres. In: Die Biographie – Zur Grundlegung ihrer Theorie. Hrsg. v. Fetz, Bernhard. Berlin, New York: de Gruyter 2009, S. 69–101.

Mommsen, Wolfgang A.: Die Nachlässe in den deutschen Archiven. Teil 1: Einleitung und Verzeichnis. Boppard am Rhein: Boldt 1971.

Moritz, Karl Philipp: Über die bildende Nachahmung des Schönen. In: Karl Philipp Moritz: Werke in zwei Bänden, Bd. 2: Popularphilosophie, Reisen, Ästhetische Theorie. Hrsg. v. Hollmer, Heide/Meier, Albert. Frankfurt am Main: Deutscher Klassiker Verlag 1997, S. 958–991.

Müller, Birgit: Erinnerungskultur in der DDR. In: bpb. Dossier Geschichte und Erinnerung (2008). Unter: https://www.bpb.de/geschichte/zeitgeschichte/geschichte-und-erinnerung/39817/erinnerungskultur-ddr?p=all, zuletzt abgerufen am 16.11.2021.

Müller, Harald: Rechtsprobleme bei Nachlässen in Bibliotheken und Archiven (= Arbeitshefte der Arbeitsgemeinschaft für Juristisches Bibliotheks- und Dokumenationswesen 8). Hamburg, Augsburg: AjBD 1983.

Müller, Heiner: Krieg ohne Schlacht. Leben in zwei Diktaturen. Eine Autobiographie. Erw. Neuausg. mit einem Dossier von Dokumenten des Ministeriums für Staatssicherheit der ehemaligen DDR. Köln: Kiepenheuer & Witsch 1994.

Müller, Inge: Wenn ich schon sterben muss. Gedichte. Hrsg. v. Richard Pietraß. Berlin, Weimar: Aufbau 1985.

Müller, Lothar: Das Ungedruckte Autorisieren. Wie die Wahrheit zu Papier kommt. In: Zeitschrift für Ideengeschichte (2010) H. 4, S. 14–23.

Müller, Lothar: Weiße Magie. Die Epoche des Papiers. München: dtv 2014.

Müller-Christmann, Bernd: BGB, § 1922 Rn. 11. In: Beck'scher Online-Kommentar BGB. Hrsg. v. Bamberger, Heinz Georg/Roth, Herbert/Hau, Wolfgang/Poseck, Roman. 52. Edition. München: C.H.Beck 2019.

Müller-Enbergs, Helmut: Geheimer Informator (GI). In: Das MfS-Lexikon. Begriffe, Personen und Strukturen der Staatssicherheit der DDR. 3., aktual. Aufl. Hrsg. v. Engelmann, Roger/Florath, Bernd/Heidemeyer, Helge/Münkel, Daniela/Polzin, Arno/Süß, Walter. Berlin: Ch. Links 2016, S. 103.

Musil, Robert: Nachlaß zu Lebzeiten. Reinbek bei Hamburg: Rowohlt 1962.

Musil, Robert: Vorwort IV. In: Robert Musil: Gesammelte Werke, Bd. 7: Kleine Prosa, Aphorismen, Autobiographisches. 2., verb. Aufl. Hrsg. v. Frisé, Adolf. Reinbek bei Hamburg: Rowohlt 1981, S. 965–974.

Nagelschmidt, Ilse: Identitätsdiskurse im Spannungsfeld der Generationen in Ostdeutschland. In: Identitätskonstruktionen in der deutschen Gegenwartsliteratur. Hrsg. v. Wolting, Monika (= Deutschsprachige Gegenwartsliteratur und Medien 23). Göttingen: V & R Unipress 2017, S. 37–48.

Nause, Tanja: Inszenierung von Naivität. Tendenzen und Ausprägungen einer Erzählstrategie der Nachwendeliteratur. Leipzig: Leipziger Universitätsverlag 2002.

Nebrig, Alexander: Expressionistische Nachlassgeburten. Georg Heyms postume Autorschaft. In: Nachlassbewusstsein. Literatur, Archiv, Philologie 1750–2000. Hrsg. v. Sina, Kai/Spoerhase, Carlos (= marbacher schriften 13). Göttingen: Wallstein 2017, S. 346–363.

Netenjakob, Doris: Sag ihnen – ich lebe ich sterbe ich lebe. Ein Besuch bei der Schriftstellerin Helga M. Novak. Feature. In: Deutschlandfunk, 9.9.2005.

Netzwerk Literatur im geteilten Deutschland. Unter: https://www.literatur.hu-berlin.de/de/forschung/forschungsprojekte/literatur-im-geteilten-deutschland/literatur-im-geteilten-deutschland-1, zuletzt abgerufen am 16.11.2021.

Neumann, Gerhard: Schreiben und Edieren. In: Literaturwissenschaft. Einführung in ein Sprachspiel. 2., überarb. Aufl. Hrsg. v. Bosse, Heinrich/Renner, Ursula (= Rombach-Grundkurs 3). Freiburg i. Br., Berlin, Wien: Rombach 2010, S. 339–364.

Noll, Natascha: Nachlass. In: Terminologie der Archivwissenschaft. Erstellt von der Archivschule Marburg, 21.9.2015. Unter: http://www.archivschule.de/uploads/Forschung/ArchivwissenschaftlicheTerminologie/Terminologie.html, zuletzt abgerufen am 16.11.2021.

Normann, Miriam: Kultur als politisches Werkzeug? Das Zentralhaus für Laien- bzw. Volkskunst in Leipzig 1952–1962. In: Kulturation. Online Journal für Kultur, Wissenschaft und Politik, 1 (2008). Unter: http://www.kulturation.de/ki_1_thema.php?id=113, zuletzt abgerufen am 16.11.2021.

Novak, Helga M.: Albert John Luthuli. Guðsmaðurinn óhlýðni. In: Tímarit Máls og menningar, 23 (1962) H. 3, S. 255–259.

Novak, Helga M.: Ostdeutsch. Gedichte von 1956–1962. Reykjavik 1963.

Novak, Helga M.: Undir mórberjatrénu. In: Tímarit Máls og menningar, 25 (1964) H. 3, S. 288.

Novak, Helga M.: Ballade von der reisenden Anna. Gedichte. Neuwied, Berlin: Luchterhand 1965.

Novak, Helga M.: Gedichte (Sommeraugenblick, Meine Sprache, Hundstreue, Kain und Abel). In: Merkur. Deutsche Zeitschrift für europäisches Denken, 19 (1965), S. 539–541.

Novak, Helga M.: Colloquium mit vier Häuten. Gedichte und Balladen. Neuwied, Berlin: Luchterhand 1967.

Novak, Helga M.: Geselliges Beisammensein. Prosa. Neuwied, Berlin: Luchterhand 1968.

Novak, Helga M.: Schriftsteller im Kollektiv. Eine erfolgreich misslungene Unternehmung. (Zu einer Kollektivarbeit junger Schriftsteller in Duderstadt). In: Der Literat. Fachzeitschrift für Literatur und Kunst, 11 (1969), S. 97.

Novak, Helga M.: Ausflug. In: SDR, 19.2.1969.

Novak, Helga M./Karasek, Horst: Nachmittag eines Aufsässigen. Ein dokumentarischer Bericht. In: HR, 29.7.1969.

Novak, Helga M./Karasek, Horst: Kaffeestunde in Frankfurt. In: SDR, 5.8.1969.

Novak, Helga M.: Aus den Hauptstädten der Welt. Herbst in Oslo. In: Die Zeit, 14.11.1969.

Novak, Helga M.: Demokratie ist für alle da. Meine Auseinandersetzung mit den „Bottroper Protokollen". In: Die Zeit, 28.11.1969.

Novak, Helga M./Karasek, Horst: Wohnhaft im Westend. Dokumente, Berichte, Konversation. Neuwied, Berlin: Luchterhand 1970.

Novak, Helga M.: Kollektivet. Stockholm: Bonnier 1970.

Novak, Helga M.: Aus den Hauptstädten der Welt. Das Kopenhagen der Kinder. In: Die Zeit, 23.1.1970.

Novak, Helga M.: Aus den Hauptstädten der Welt. Ein Flugblatt über Reykjavik. In: Die Zeit, 13.2.1970.

Novak, Helga M.: Palisaden oder Aufenthalt in einem irren Haus. In: HR, 4.6.1970.

Novak, Helga M./Karasek, Horst: Peter Kropotkin – der sanfte Anarchist. Essay. In: SDR, 6.7.1970.

Novak, Helga M./Karasek, Horst: Eduard Zimmermann. XY-Jäger und XY-Gejagte. In: Die Zeit, 9.10.1970.

Novak, Helga M.: Aufenthalt in einem irren Haus. Erzählungen. Neuwied, Berlin: Luchterhand 1971.

Novak, Helga M.: Sprache als Umgangsform. Zur Poetik der Gegenwart. In: Stuttgarter Zeitung, 20.2.1971.

Novak, Helga M.: Auf der Suche nach Berinike. In: SDR/HR, 10.3.1971.

Novak, Helga M./Karasek, Horst: Nachtwächter des Kapitals. Unterwegs mit der Frankfurter Wach- und Schließgesellschaft KG. Bericht, [Feature]. In: SDR, 12.5.1971.

Novak, Helga M./Karasek, Horst: Am laufenden Band oder Monolog eines Vorarbeiters mit Unterbrechungen. In: SR, 26.5.1971.

Novak, Helga M./Karasek, Horst: Folterkammer für Dicke. Bericht über eine Abmagerungskur, [Feature]. In: SDR, 14.7.1971.

Novak, Helga M. nach Bergsson, Guðbergur: Tomas schreibt sich durch die Finsternis. In: SDR, 28.11.1971

Novak, Helga M./Karasek, Horst (Hg.): Eines Tages hat sich die Sprechpuppe nicht mehr ausziehen lassen. Texte zur Emanzipation zur Mündigkeit (= Lesebuch 3). München, Gütersloh, Wien: Bertelsmann 1972.

Novak, Helga M./Goebel, Wulf: Von einer Hand in die andere. Feature. In: HR, 6.10.1972.

Novak, Helga M.: Ballade von der kastrierten Puppe. In: WDR, 19.12.1972.

Novak, Helga M.: Stadtgespräch Nr. 1. In: SDR, 14.1.1973.

Novak, Helga M.: Seltsamer Bericht aus einer alten Stadt. Kinderbuch. Bilder von Dorothea Nosbisch. Hannover: Fackelträger 1973.

Novak, Helga M.: Balladen vom kurzen Prozeß. Berlin: Rotbuch 1975.

Novak, Helga M.: Der Fortschritt des Grauens. Helga M. Novak über Enzensberger „Mausoleum". In: Der Spiegel, 6.10.1975.

Novak, Helga M.: Wenn ich nicht trinke, bin ich noch einsamer. Feature. In: HR, 26.11.1975.

Novak, Helga M.: Die Landnahme von Torre Bela. Prosa. Berlin: Rotbuch 1976.

Novak, Helga M.: Die Landnahme von Torre Bela. Feature. In: HR, 2.4.1976.

Novak, Helga M.: Monolog eines Buchhändlers. In: WDR, 4.5.1976.

Novak, Helga M.: „... schlimmer als Schweigen". Offener Brief an die 110 Schriftsteller, die der Entschließung der Berliner Parteiorganisation des Schriftstellerverbandes der DDR zugestimmt haben'. In: Frankfurter Rundschau, 29.11.1976.

Novak, Helga M.: Ballade von der Minenwippe. In: SDR, 27.7.1976.

Novak, Helga M.: Warum bohrt ihr Löcher bei meines Vaters Grab? 1888 – Protokoll einer preußisch-afrikanischen Verhandlung in Namibia. In: HR, 29.10.1976.

Novak, Helga M./Fried, Erich/Initiativgruppe P.P. Zahl (Hg.): Am Beispiel Peter-Paul Zahl. Eine Dokumentation. 2. geringfügig verb. Aufl. Frankfurt am Main: Sozialistische Verlagsauslieferung 1977.

Novak, Helga M.: Der Dichter im Kreidekreis. Helga M. Novak über die neue Hölderlin-Ausgabe im Verlag ‚Roter Stern'. In: Der Spiegel, 13.6.1977.

Novak, Helga M.: Grabfeld – schönes Land im Regenschatten. Porträt einer deutschen Landschaft, [Feature]. In: HR, 14.10.1977.

Novak, Helga M.: Grüneburgpark im Herbst, Grüneburgpark im Winter, [Feature]. In: HR, 30.12.1977.

Novak, Helga M.: Margarete mit dem Schrank. Gedichte. Berlin: Rotbuch 1978.

Novak, Helga M.: Bilder von den schwarzen Inseln. Ein Bericht über die Vestmannaeyjar, südlich Islands, [Feature]. In: HR, 29.9.1978.

Novak, Helga M.: Das türkische Rezept oder Leichenschmaus mit Erinnerungen. In: SDR, 3.12.1978.

Novak, Helga M.: Die Eisheiligen. Darmstadt, Neuwied: Luchterhand 1979.

Novak, Helga M.: Lyrikstimmen. Die Bibliothek der Poeten. Autorenlesung. In: HR, (o.D.) 1979.

Novak, Helga M.: Palisaden. Erzählungen 1967–1975. Darmstadt, Neuwied: Luchterhand 1980.

Novak, Helga M.: Ein Roman wie ein Gedicht. Hans Flesch-Brunningen: „Die Frumm". In: Die Zeit, 25.1.1980.

Novak, Helga M.: Unordentliche Zeiten. In: SDR, 11.5.1980.

Novak, Helga M.: Ishelgener. Koppenhagen: Hekla 1981.

Novak, Helga M.: Järnnätterna. Stockholm: Alba 1981.

Novak, Helga M. an Wolf Biermann. In: Die Tageszeitung, 15.4.1981.

Novak, Helga M.: Lob der Drucker. In: Die Tageszeitung, 4.6.1981.

Novak, Helga M.: Vogel federlos. Darmstadt, Neuwied: Luchterhand 1982.

Novak, Helga M.: Die Verfehlung. Hörspiel nach Briefen und Tatsachenmaterial. In: die horen, 3 (1982), S. 19–35.

Novak, Helga M.: Tragflächen. In: SDR, 6.6.1982.

Novak, Helga M.: Grünheide Grünheide. Gedichte 1955–1980. Darmstadt, Neuwied: Luchterhand 1983.

Novak, Helga M.: Fågel vinglös. Stockholm: Alba 1984.

Novak, Helga M.: Legende Transsib. Darmstadt, Neuwied: Luchterhand 1985.

Novak, Helga M.: Novak, Helga M.: Brief aus China. In: Luchterhand-Literaturzeitung, Herbst (1985), S. 2.

Novak, Helga M.: Brief aus China. In: Zeitschrift für Kulturaustausch/Institut für Auslandsbeziehungen, 36 (1986), S. 316–317.

Novak, Helga M.: Medea-Briefe. Aus dem Manuskript eines Briefromans. In: Neue Züricher Zeitung, 9./10.8.1986.

Novak, Helga M.: Troll-Kata und das vergessene Datum. In: SDR/NDR, 20.12.1987.

Novak, Helga M.: Märkische Feemorgana. Gedichte. Frankfurt am Main: Luchterhand 1989.

Novak, Helga M.: Selected poetry and prose of Helga Novak. Hrsg. v. Chappel, Allen H. New York: Peter Lang 1989.

Novak, Helga M.: Medea-Essay. In: SR, 19.2.1989.

Novak, Helga M.: Weinernte in Dalmatien. Porträt einer jugoslawischen Landschaft, [Feature]. In: HR, 12.4.1989.

Novak, Helga M.: Nekropole. In: SDR, 27.8.1989.

Novak, Helga M.: Volava un uccello senza piume (= Astrea 29). Firenze: Giunti 1990.

Novak, Helga M.: Landleben mit Josefa. Porträt einer polnischen Greisin. Feature. In: HR, 3.1.1990.

Novak, Helga M.: Ingimar Findling bei den Verbannten. In: SDR, 18.3.1990.

Novak, Helga M: Offener Brief an Wolf Biermann, Sarah Kirsch und Jürgen Fuchs. In: Der Spiegel, 28.10.1991.

Novak, Helga M.: Wo Wald noch Wildnis ist. Reportage über den polnischen Nationalpark Bialowieska. In: Die Zeit/Magazin, 7.2.1992.

Novak, Helga M.: Aufenthalt in einem irren Haus. Gesammelte Prosa. Frankfurt am Main: Schöffling 1995.

Novak, Helga M.: Silvatica. Gedichte. Frankfurt am Main: Schöffling 1997.

Novak, Helga M.: solange noch Liebesbriefe eintreffen. Gesammelte Gedichte. Hrsg. v. Jorek, Rita. Frankfurt am Main: Schöffling 1999.

Novak, Helga M.: Aus Wut. Gedichte. Mit Lithographien von Dieter Goltzsche. Berlin: Edition Mariannenpresse 2005.

Novak, Helga M.: Wo ich jetzt bin. Gedichte. Hrsg. v. Lentz, Michael. Frankfurt am Main: Schöffling 2005.

Novak, Helga M.: C'est là que je suis. Paris: Buchet-Chastel 2007.

Novak, Helga M.: solange noch Liebesbriefe eintreffen. Gelesen von Doris Wolters. Hrsg. v. Heidenreich, Gert. Stuttgart: Griot Hörbuchverlag 2007.

Novak, Helga M.: solange noch Liebesbriefe eintreffen. Gesammelte Gedichte. Hrsg. v. Jorek, Rita. 2. erw. Aufl. Frankfurt am Main: Schöffling 2008.

Novak, Helga M.: Liebesgedichte. Hrsg. v. Scheuermann, Silke. Frankfurt am Main: Schöffling 2010.

Novak, Helga M.: Im Schwanenhals. Frankfurt am Main: Schöffling 2013.

Novak, Helga M.: Chaque pierre orphéline. Paris: Hochroth 2014.

Novak, Helga M.: Poesiealbum Nr. 320. Auswahl v. Jorek, Rita. Wilhelmshorst: Märkischer Verlag 2015.

Novak, Helga M.: Finchè arrivano lettere d'amore. Poesie 1956–2004. Milano: Effigie Edizioni 2017.

Nowotnick, Michaela: „Die Wurzeln sind ausgerissen. Man ist nackt und fremd". Helga M. Novak und die rumäniendeutsche Literatur. In: Unterwegs und zurückgesehnt. Studien zum Werk von Helga M. Novak. Mit Erinnerungen an die Dichterin. Hrsg. v. Brandt, Marion (= Studia Germanica Gedanensia 36). Gdańsk: Wydawnictwo Uniwersytetu Gdańskiego 2017, S. 81–89.

Nünning, Ansgar/Nünning, Vera: Wege zum Ziel. Methoden als planvoll und systematisch eingesetzte Problemlösungsstrategien. In: Methoden der literatur- und kulturwissenschaftlichen Textanalyse. Ansätze – Grundlagen – Modellanalysen. Hrsg. v. Nünning, Vera/Nünning, Ansgar. Stuttgart, Weimar: Metzler 2010, S. 1–27.

Nutt-Kofoth, Rüdiger: Konzepte der Fragmentedition und ihre Probleme. In: Fragment und Gesamtwerk. Relationsbestimmungen in Edition und Interpretation. Hrsg. v. Berning, Matthias/Jordans, Stephanie/Hans, Kruschwitz. Kassel: Kassel University Press 2015, S. 13–27.

Nutt-Kofoth, Rüdiger: Zum Verhältnis von Nachlasspolitik und Editionskonzeption. In: Nachlassbewusstsein. Literatur, Archiv, Philologie 1750–2000. Hrsg. v. Sina, Kai/ Spoerhase, Carlos (= marbacher schriften 13). Göttingen: Wallstein 2017, S. 92–111.

o. V. (Hg.): Helga M. Novak zum Gedächtnis. Frankfurt am Main: Schöffling 2014.

o. V.: „Sowjetische Lyrik" im Berliner Ensemble. In: Neues Deutschland, 23.11.1972.

o. V.: Das Archiv für DDR-Literatur und DDR-Germanistik. In: Die deutsche Teilung im Spiegel der Literatur. Beiträge zur Literatur und Germanistik der DDR. Hrsg. v. Lamers, Karl. Stuttgart: Bonn Aktuell 1978, S. 146.

o. V.: Ein hohes Maß an Denkfaulheit. Interview mit Helga M. Novak. In: Die Tageszeitung, 7.10.1982.

o. V.: Genau kalkuliert. In: Der Spiegel, 27.02.1989.

o. V.: Helga M. Novak. Gespräch. In: SDR, 26.10.1979.

o. V.: Marbacher Chronik 1953–1979. In: Marbacher Chronik. Zur Geschichte der Deutschen Schillergesellschaft, des Schiller-Nationalmuseums und des Deutschen Literaturarchivs 1953–1979. Bernhard Zeller zum 19. September 1979. 2. durchges. Aufl. Hrsg. v. den Mitarbeiter des Schiller-Nationalmuseums und Deutschen Literaturarchivs. Marbach am Neckar: Deutsche Schillergesellschaft 1979, S. 18–239.

o. V.: Marburger Literaturtag. Im Fremden ungewollt zuhause. Diskussionsausschnitte. In: Die Tageszeitung, 7.10.1982.

o. V.: Novak, Helga M. In: Munzinger Online/Personen – Internationales Biographisches Archiv. Unter: http://www.munzinger.de/document/00000015920, zuletzt abgerufen am 16.11.2021.

o. V.: Staatsgrenze West. In: Neue Zeit, 7.3.1965.

o. V.: Viehisches Gefecht. In: Der Spiegel, 28.10.1991.

o. V.: Zur Geschichte des Schiller-Nationalmuseums 1946–1953. In: Marbacher Chronik. Zur Geschichte der Deutschen Schillergesellschaft, des Schiller-Nationalmuseums und des Deutschen Literaturarchivs 1953–1979. Bernhard Zeller zum 19. September 1979. 2. durchges. Aufl. Hrsg. v. den Mitarbeiter des Schiller-Nationalmuseums und Deutschen Literaturarchivs. Marbach am Neckar: Deutsche Schillergesellschaft 1979, S. 8–15.

Opitz, Michael/Hofmann, Michael (Hg.): Metzler-Lexikon DDR-Literatur. Autoren – Institutionen – Debatten. Stuttgart: Metzler 2009.

Opitz, Michael: Hymnen und Abgesänge. [Rezension: Buchwald, Christoph/Wagenbach, Klaus (Hrsg.): 100 Gedichte aus der DDR. Berlin: Wagenbach 2009.] In: Deutschlandradio Kultur, 27.4.2009.

Ostheimer, Michael: Chronotopographie der DDR-Literatur. In: Tendenzen und Perspektiven der gegenwärtigen DDR-Literatur-Forschung. Hrsg. v. Max, Katrin. Würzburg: Königshausen & Neumann 2016, S. 345–357.

Paefgen, Elisabeth Katharina (Hg.): Echtermeyer. Deutsche Gedichte. Von den Anfängen bis zur Gegenwart. Auswahl für Schulen. 19. Aufl. Berlin: Cornelsen 2005.

Papritz, Johannes: Archivwissenschaft. Einführung, Grundbegriffe, Terminologie. Marburg: Archivschule Marburg 1976.

Pareigis, Christina: Hinterlassenschaften. In: Trajekte, 30 (2015), S. 40–51.

Parnes, Ohad/Vedder, Ulrike/Willer, Stefan: Das Konzept der Generation. Eine Wissenschafts- und Kulturgeschichte. Frankfurt am Main: Suhrkamp 2008.

Pellin, Elio/Weber, Ulrich (Hg.): „… all diese fingierten, notierten, in meinem Kopf ungefähr wieder zusammengesetzten Ichs". Autobiographie und Autofiktion

(= Centre Dürrenmatt Neuchâtel: Sommerakademie Bd. 3). Göttingen, Zürich: Wallstein, Chronos 2012.

Pellin, Elio/Weber, Ulrich: Einführung. In: „… all diese fingierten, notierten, in meinem Kopf ungefähr wieder zusammengesetzten Ichs“. Autobiographie und Autofiktion. Hrsg. v. Pellin, Elio/Weber, Ulrich (= Centre Dürrenmatt Neuchâtel: Sommerakademie Bd. 3). Göttingen, Zürich: Wallstein, Chronos 2012, S. 7–11.

Pessoa, Fernando: Das Buch der Unruhe des Hilfsbuchhalters Bernardo Soares. Hrsg. u. übers. v. Lind, Georg Rudolf. 3. Aufl. Zürich: Ammann 1986.

Petrarca, Francesco: Brief an die Nachwelt. In: Petrarca: Dichtungen, Briefe, Schriften. Hrsg. v. Eppelsheimer, Hanns W. Frankfurt am Main: Fischer 1956, S. 25–34.

Plachta, Bodo: Editionswissenschaft. Eine Einführung in Methode und Praxis der Edition neuerer Texte. Stuttgart: Reclam 1997.

Pollack, Detlef: Auf dem Weg zu einer Theorie des Staatssozialismus. In: Historical Social Research, 28 (2003) 1/2, S. 10–30.

Puchalová, Ingrid: Identität und Sprache. Einige Bemerkungen zur Konstituierung des weiblichen literarischen Ich anhand der Werke von Helga Novak und Anna Mitgutsch. In: Sprach- und Literaturwissenschaftliche Brückenschläge. Vorträge der 13. Jahrestagung der GESUS im Szombathely 12.–14. Mai 2004. Hrsg. v. Balaskó, Maria/Szatmári, Petra (= Edition Linguistik 59). München: Lincom 2007, S. 147–158.

Pudelek, Jan-Peter: Werk. In: Ästhetische Grundbegriffe, Bd. 6: Tanz, Zeitalter, Epoche. Hrsg. v. Barck, Karlheinz/Fontius, Martin/Schlenstedt, Dieter/Steinwachs, Burkhart/Wolfzettel, Friedrich. Stuttgart, Weimar: Metzler 2005, S. 520–588.

Quadrelli, Paola: „Ihr habt die Hereros ausgerottet!“ Der deutsche Kolonialismus in Südwestafrika im Werk von Helga M. Novak. In: Unterwegs und zurückgesehnt. Studien zum Werk von Helga M. Novak. Mit Erinnerungen an die Dichterin. Hrsg. v. Brandt, Marion (= Studia Germanica Gedanensia 36). Gdańsk: Wydawnictwo Uniwersytetu Gdańskiego 2017, S. 48–57.

Rachowski, Utz: Wie ich die große Dichterin Helga M. Novak verpasste … In: Unterwegs und zurückgesehnt. Studien zum Werk von Helga M. Novak. Mit Erinnerungen an die Dichterin. Hrsg. v. Brandt, Marion (= Studia Germanica Gedanensia 36). Gdańsk: Wydawnictwo Uniwersytetu Gdańskiego 2017, S. 186–188.

Radisch, Iris: Belletristik. In: Die Zeit, 24.6.1999.

Raulff, Ulrich: Der unsichtbare Augenblick. Zeitkonzepte in der Geschichte (= Göttinger Gespräche zur Geschichtswissenschaft 9). Göttingen: Wallstein 1999.

Raulff, Ulrich: Sie nehmen gern von den Lebendigen. Ökonomien des literarischen Archivs. In: Archivologie. Theorien des Archivs in Philosophie, Medien und Künsten. Hrsg. v. Ebeling, Knut/Günzel, Stephan (= Kaleidogramme 30). Berlin: Kadmos 2009, S. 223–232.

Raulff, Ulrich: Nachlass und Nachleben. Literatur aus dem Archiv. In: Literaturarchiv – Literarisches Archiv. Zur Poetik literarischer Archive. Hrsg. v. Cudré-Mauroux,

Stéphanie/Wirtz, Irmgard M. (= Beide Seiten 3). Göttingen, Zürich: Wallstein 2013, S. 17–34.

Regeln zur Erschließung von Nachlässen und Autographen (RNA). Betreut von der Staatsbibliothek zu Berlin – Preußischer Kulturbesitz und der Österreichischen Nationalbibliothek Wien. Stand: 4.2.2010. Unter: https://www.onb.ac.at/koop-litera/standards/RNA-R2015-20151013.pdf, zuletzt abgerufen am 16.11.2021.

Rehfeld, Thomas: Richard Pietraß. Vom Lyrikclub Pankow ins Schriftstellerlexikon. In: Der Lyrikclub Pankow. Literarische Zirkel in der DDR. Hrsg. v. Berbig, Roland. Berlin: Ch. Links 2000, S. 151–176.

Reich-Ranicki, Marcel: Darstellung der Arbeitswelt – wozu? Heringe und anderes in einem Buch von Helga M. Novak. In: Die Zeit, 1.11.1968.

Reich-Ranicki, Marcel: Mein Leben. Stuttgart: DVA 1999.

Reich-Ranicki, Marcel (Hg.): 1400 Deutsche Gedichte und ihre Interpretationen. Frankfurt am Main: Insel 2002.

Reichwein, Marc: Rühmkorf – der Riester unter den Dichtern. In: Die Welt, 10.09.2013.

Reinecke, Thomas: „Ich weiß keinen Weg, und den gehe ich". Der Lyriker Richard Leising. In: Marginalien. Zeitschrift für Buchkunst und Bibliophilie, 213 (2014) H. 1, S. 31–36.

Renne, Berndt: [Laudatio]. In: Leonberger Christian-Wagner-Preis. 1992 und 1994. Hrsg. v. Hepfer, Harald (= Warmbronner Schriften 5). Warmbronn: Christian-Wagner-Gesellschaft 1995, S. 5–18.

Renne, Berndt: Leising und Gozzi. In: Leising, Richard nach Carlo Gozzi: Der Rabe. Tragikomische Legende. Hrsg. v. Wachinger, Kristof. Ebenhausen bei München: Langewiesche-Brandt 2006, S. 83–94.

Ressourcenerschließung mit Normdaten in Archiven und Bibliotheken (RNAB) für Personen-, Familien-, Körperschaftsarchive und Sammlungen. Richtlinie und Regeln. Vorgelegt von Österreichische Nationalbibliothek (Wien), Schweizerische Nationalbibliothek (Bern), Staatsbibliothek zu Berlin – Preußischer Kulturbesitz (Berlin). Version 1.0 (Januar 2019). Unter: https://d-nb.info/1186104252/34, zuletzt abgerufen am: 16.11.2021.

Reusch, Jutta: Ein Geschenk, dem Freunde vom Freunde gegeben. In: Antike in Sicht. Strandgut aus dem Deutschen Literaturarchiv. Hrsg. v. Meyer, Jochen (= Marbacher Magazin 107). Marbach am Neckar: Deutsche Schillergesellschaft 2004, S. 92–95.

Reuß, Roland: Text, Entwurf, Werk. In: Text. Kritische Beiträge, 10 (2005), S. 1–12.

Richter, Sandra: Eine Weltgeschichte der deutschsprachigen Literatur. München: C. Bertelsmann 2017.

Ricœur, Paul: Geschichtsschreibung und Repräsentation der Vergangenheit (= Konferenzen des Centre Marc Bloch (Berlin) 1). Münster, Hamburg, London: LIT 2002.

Riedel, Volker: Die Literatur-Archive der Akademie der Künste der DDR und ihre Aufgaben bei der Wahrung und Pflege des kulturellen Erbes. In: Zentralblatt für Bibliothekswesen, 95 (1981) H. 5, S. 208–211.

Rinnert, Andrea: Körper, Weiblichkeit, Autorschaft. Eine Inspektion feministischer Literaturtheorien (= Frankfurter feministische Texte : Literatur und Philosophie 5). Königstein im Taunus: Ulrike Helmer 2001.

Röger, Maren: „Gnade der späten Geburt". In: Lexikon der „Vergangenheitsbewältigung" in Deutschland. Debatten- und Diskursgeschichte des Nationalsozialismus nach 1945. 3., überarb. und erw. Aufl. Hrsg. v. Fischer, Torben/Lorenz, Matthias N. Bielefeld: transcript 2015, S. 247–248.

Roos, Peter (Hg.): Exil. Die Ausbürgerung Wolf Biermanns aus der DDR. Eine Dokumentation. Köln: Kiepenheuer & Witsch 1977.

Rössler, Beate: Der Wert des Privaten. Frankfurt am Main: Suhrkamp 2001.

Rössler, Beate: Autonomie. Ein Versuch über das gelungene Leben. Berlin: Suhrkamp 2017.

Rüdenauer, Ulrich: „Was vom Dichter bleibt". Literarische Vor- und Nachlässe – und der Nachruhm der Autoren. In: Deutschlandradio Kultur, 21.11.2014.

Rudnick, Carola S.: Doppelte Vergangenheitsbewältigung. In: Lexikon der „Vergangenheitsbewältigung" in Deutschland. Debatten- und Diskursgeschichte des Nationalsozialismus nach 1945. 3., überarb. und erw. Aufl. Hrsg. v. Fischer, Torben/Lorenz, Matthias N. Bielefeld: transcript 2015, S. 303–307.

Rudolph, Ekkehart: Begegnungen. Die Schriftstellerin Helga M. Novak im Gespräch mit Ekkehart Rudolph. In: SDR, 16.11.1984.

Sabrow, Martin: Die DDR-Geschichtswissenschaft und ihre Zeithistorie. In: Geschichte und Gesellschaft. Sonderheft, 20 (2004), S. 257–282.

Sabrow, Martin: Der Zeitzeuge als Wanderer zwischen zwei Welten. In: Die Geburt des Zeitzeugen nach 1945. Hrsg. v. Sabrow, Martin/Frei, Norbert. Göttingen: Wallstein 2012, S. 13–32.

Salinas, Pedro: Verteidigung des Briefes. Ein Essay. Frankfurt am Main: Ullstein 1983.

Salzmann, Madeleine: Die Kommunikationsstruktur der Autobiographie. Mit kommunikationsorientierten Analysen der Autobiographien von Max Frisch, Helga M. Novak und Elias Canetti (= Zürcher germanistische Studien 11). Bern: Peter Lang 1988.

Sandberg, Beatrice: Unter Einschluss der Öffentlichkeit oder das Vorrecht des Privaten. In: Auto(r)fiktion. Literarische Verfahren der Selbstkonstruktion. Hrsg. v. Wagner-Egelhaaf, Martina. Bielefeld: Aisthesis 2013, S. 355–377.

Schäfer-Newiger, Ulrich: Sprache. Freiheit. Melancholie. Über Helga M. Novak als Dichterin. In: Signaturen. Forum für autonome Poesie. Unter: http://signaturen-magazin.de/ulrich-schaefer-newiger---sprache.-freiheit.-melancholie.-ueber-helga-m.-novak-als-dichterin.html, zuletzt abgerufen am 16.11.2021.

Schaffner, Ingrid/Winzen, Matthias (Hg.): Deep storage. Arsenale der Erinnerung. Sammeln, Speichern, Archivieren in der Kunst. München, New York: Prestel 1997.

Schaffrick, Matthias/Willand, Marcus (Hg.): Theorien und Praktiken der Autorschaft (= spectrum Literaturwissenschaft / spectrum Literature 47). Berlin: de Gruyter 2014.

Schaffrick, Matthias/Willand, Marcus: Autorschaft im 21. Jahrhundert. In: Theorien und Praktiken der Autorschaft. Hrsg. v. Schaffrick, Matthias/Willand, Marcus (= spectrum Literaturwissenschaft / spectrum Literature 47). Berlin: de Gruyter 2014, S. 3–148.

Scheibe, Siegfried: Zu einigen Grundprinzipien einer historisch-kritischen Ausgabe. In: Texte und Varianten. Probleme ihrer Edition und Interpretation. Studienausg. Hrsg. v. Martens, Gunter/Zeller, Hans. München: C.H.Beck 1971, S. 1–44.

Scheibe, Siegfried: Editorische Grundmodelle. In: Zu Werk und Text. Beiträge zur Textologie. Hrsg. v. Scheibe, Siegfried. Berlin: Akademie Verlag 1991, S. 23–48.

Scheibe, Siegfried: Werk und Edition. Aus dem Eröffnungsreferat zum ‚Internationalen Editionskolloquium Berlin 1989'. In: Zu Werk und Text. Beiträge zur Textologie. Hrsg. v. Scheibe, Siegfried. Berlin: Akademie Verlag 1991, S. 11–22.

Scheibe, Siegfried: Die Arbeitsweise des Autors als Grundkategorie der editorischen Arbeit. In: editio, 12 (1998), S. 18–27.

Scheibe, Siegfried: Variantendarstellung in Abhängigkeit von der Arbeitsweise des Autors und von der Überlieferung seiner Werke. In: Textgenetische Edition. Hrsg. v. Zeller, Hans/Martens, Gunter (= Beihefte zu editio 10). Berlin: de Gruyter 1998, S. 168–176.

Schemmert, Christian M./Siemens, Daniel: Die Leipziger Journalistenausbildung im „Roten Kloster" in der Ära Ulbricht. In: Presse in der DDR. Beiträge und Materialien, 15.7.2014. Unter: https://pressegeschichte.docupedia.de/wiki/Leipziger_Journalistenausbildung_Version_1.html, zuletzt abgerufen am 16.11.2021.

Schenk, Dietmar: Kleine Theorie des Archivs. Stuttgart: Steiner 2008.

Schenk, Dietmar: Getrennte Welten? Über Literaturarchive und Archivwissenschaft. In: Archive für Literatur. Der Nachlass und seine Ordnungen. Hrsg. v. Dallinger, Petra-Maria/Hofer, Georg/Judex, Bernhard (= Literatur und Archiv 2). Berlin, Boston: de Gruyter 2018, S. 13–29.

Scheuermann, Silke: Ein Zuhause im Wald. In: Frankfurter Allgemeine Zeitung, 24.7.2010.

Schiffermüller, Isolde/Conterno, Chiara (Hg.): Briefkultur. Transformationen epistolaren Schreibens in der deutschen Literatur. Würzburg: Königshausen & Neumann 2015.

Schlesinger, Klaus: „Eine Art Beweisnotstand". Aus dem Tagebuch 1991. Mit einer Vorbemerkung von Astrid Köhler. In: Sinn und Form, 66 (2014) H. 3, S. 323–343.

Schmidt, Dörte: „Nachlass zu Lebzeiten". (Selbst-)Archivierung als auf Dauer gestellte künstlerische Selbstvergewisserung. In: Archive zur Musikkultur nach 1945. Verzeichnis und Texte. Hrsg. v. Kalcher, Antje/Schenk, Dietmar/Schipperges, Thomas/Schmidt, Dörte (= Kontinuitäten und Brüche im Musikleben der Nachkriegszeit). München: edition text + kritik 2016, S. 21–37.

Schmitz, Helmut: Kraft aus der Unruhe. „Augenmerk auf die Alten". Helga Novak, die neue Berge-Enkheimer Stadtschreiberin, lebt in Frankfurt. Ärger in der Rhön. In: Frankfurter Rundschau, 27.7.1979.

Schoch, Julia: Lebe abenteuerlich. In: Die Welt, 14.12.2013.

Schoeller, Wilfried F./Laemmle, Peter: Kultur aktuell: Für Leser. Ein Bücherjournal. Helga M. Novak: Balladen vom kurzen Prozeß. In: hr fernsehen, 9.12.1975.

Schoeller, Wilfried F./Laemmle, Peter: Den preußischen Geist begraben. Im Gespräch: Helga M. Novak mit Peter Laemmle. In: hr fernsehen, 27.9.1979.

Schöning, Matthias: Untergründige Koinzidenz. Christa Wolf, der „Deutsch-deutsche Literaturstreit" und die Bezugnahmen auf die „Große Kontroverse". In: „Nach der Mauer der Abgrund"? (Wieder-)Annäherungen an die DDR-Literatur. Hrsg. v. Eke, Norbert Otto (= Amsterdamer Beiträge zur neueren Germanistik 83). Amsterdam: Rodopi 2013, S. 265–284.

Schöpf, Alois: Wenn Dichter nehmen. Über das Vorlass-Kartell. Essay. Innsbruck: Limbus 2014.

Schöttker, Detlev: Ruhm und Rezeption. Unsterblichkeit als Voraussetzung der Literaturwissenschaft. In: Literaturwissenschaft und Wissenschaftsforschung. Hrsg. v. Schönert, Jörg (= DFG-Symposion 1998, Germanistische-Symposien-Berichtsbände 21). Stuttgart: Metzler 2000, S. 427–487.

Schöttker, Detlev: Der Autor als Star der Nachwelt. In: Stars. Annäherungen an ein Phänomen. Hrsg. v. Ullrich, Wolfgang/Schirdewahn, Sabine. Frankfurt am Main: Fischer 2002, S. 248–265.

Schöttker, Detlev: Der literarische Souverän. Autorpräsenz als Voraussetzung von Kanonpräsenz. In: Literarische Kanonbildung. Hrsg. v. Arnold, Heinz Ludwig/Korte, Hermann (= Text + Kritik: Sonderband 2002). München: edition text + kritik 2002, S. 277–290.

Schöttker, Detlev: Die Bewunderung des Autors. Zur Theorie des literarischen Ruhms. In: Geschichte der Germanistik, 31/32 (2007), S. 34–42.

Schöttker, Detlev (Hg.): Adressat: Nachwelt. Briefkultur und Ruhmbildung. Paderborn, München: Fink 2008.

Schöttker, Detlev: Archive der Subjektivität. Modelle brieflicher Überlieferung bei Goethe, Ernst Jünger und Walter Kempowski. In: Adressat: Nachwelt. Briefkultur und Ruhmbildung. Hrsg. v. Schöttker, Detlev. Paderborn, München: Fink 2008, S. 19–36.

Schöttker, Detlev: Was ist bei Benjamin „Werk“, was „Nachlass“? Zu den archivarischen Voraussetzungen der „Kritischen Gesamtausgabe“. In: Benjamin-Studien, 2 (2011), S. 341–347.

Schöttker, Detlev: Von der Wiege bis zur Bahre begleiten uns die Archivare. In: Frankfurter Allgemeine Zeitung, 25.9.2013.

Schöttker, Detlev: Vom mythischen ins digitale Alexandria. Autorschaft und Archivbewusstsein. In: Akzente. Zeitschrift für Literatur, 61 (2014) H. 3, S. 277–286.

Schöttker, Detlev: Posthume Präsenz. Zur Ideengeschichte des literarischen Archivs. In: Handbuch Archiv. Geschichte, Aufgaben, Perspektiven. Hrsg. v. Lepper, Marcel/Raulff, Ulrich. Stuttgart: Metzler 2016, S. 237–246.

Schreyer, Hermann: Das staatliche Archivwesen der DDR. Ein Überblick unter Berücksichtigung der politischen und fachlichen Besonderheiten. In: Neue Strukturen – bewährte Methoden? Was bleibt vom Archivwesen der DDR. Beiträge zum 15. Archivwissenschaftlichen Kolloquium der Archivschule Marburg. Hrsg. v. Becker, Irmgard Christa/Hirsch, Volker/Wenz-Haubfleisch, Annegret (= Veröffentlichungen der Archivschule Marburg 53). Marburg: Archivschule Marburg 2011, S. 29–53.

Schulz, Kristin: In diesem besseren Land. Gedichte der Deutschen Demokratischen Republik seit 1945. In: Metzler-Lexikon DDR-Literatur. Autoren – Institutionen – Debatten. Hrsg. v. Opitz, Michael/Hofmann, Michael. Stuttgart: Metzler 2009, S. 134–135.

Schulz, Kristin: Leising, Richard. In: Metzler-Lexikon DDR-Literatur. Autoren – Institutionen – Debatten. Hrsg. v. Opitz, Michael/Hofmann, Michael. Stuttgart: Metzler 2009, S. 187–189.

Schulz, Kristin: Rotzfahne auf Halbmast. Richard Leisings lyrisches Minimum. In: „Die Mauer wurde wie nebenbei eingerissen“. Zur Literatur in Deutschland und Mittelosteuropa nach 1989/90. Hrsg. v. Partzsch, Friederike/Krause, Stephan. Berlin: Frank & Timme 2012, S. 229–241.

Schulze, Winfried: Ego-Dokumente: Annäherung an den Menschen in der Geschichte? Vorüberlegungen für die Tagung „EGO-DOKUMENTE“. In: Ego-Dokumente. Annäherung an den Menschen in der Geschichte. Hrsg. v. Schulze, Winfried (= Selbstzeugnisse der Neuzeit 2). Berlin: Akademie Verlag 1996, S. 11–30.

Schwarzkopf, Oliver/Rusch, Beate (Hg.): Wolf Biermann: Ausgebürgert. Fotografien von Roger Melis. Mit abschweifenden Anmerkungen und wichtigen Nichtigkeiten von Wolf Biermann. Berlin: Schwarzkopf & Schwarzkopf 1996.

Schweizerisches Literaturarchiv: Editorial. In: Literaturarchive. Archives litteraires = Archivi letterari = Archivs litterars. Hrsg. v. Wirtz, Irmgard (= Quarto Nr. 33/34). Genève: Éditions Slatkine 2011, S. 7–8.

Schwilk, Heimo: Marbach. Im Endlager der deutschen Literatur. In: Die Welt, 29.12.2010.

Serke, Jürgen: Zu Hause im Exil. Dichter, die eigenmächtig blieben in der DDR. München: Piper 1998.

Siemens, Daniel: Kaderschmiede der Stasi? Die Leipziger Journalistenausbildung im „Roten Kloster" in der Ära Ulbricht. In: Militarisierung von Staat und Gesellschaft in der DDR. Hrsg. v. Klose, Joachim (= Belter Dialoge Band 6). Leipzig: Leipziger Universitätsverlag 2015, S. 31–46.

Sill, Oliver: Zerbrochene Spiegel. Studien zur Theorie und Praxis modernen autobiographischen Erzählens (= Quellen und Forschungen zur Sprach- und Kulturgeschichte der germanischen Völker 98 (222)). Berlin, New York: de Gruyter 1991.

Sina, Kai/Spoerhase, Carlos: Nachlassbewusstsein. Zur literaturwissenschaftlichen Erforschung seiner Entstehung und Entwicklung. In: Zeitschrift für Germanistik, 23 (2013) H. 3, S. 607–623.

Sina, Kai: Kafkas Nachlassbewusstsein. Über Autorschaft im Zeitalter des Literaturarchivs. In: KulturPoetik. Zeitschrift für kulturgeschichtliche Literaturwissenschaft (2013) H. 2, S. 218–235.

Sina, Kai/Spoerhase, Carlos (Hg.): Nachlassbewusstsein. Literatur, Archiv, Philologie 1750–2000 (= marbacher schriften 13). Göttingen: Wallstein 2017.

Sina, Kai/Spoerhase, Carlos: „Gemachtwordenheit": Über diesen Band. In: Nachlassbewusstsein. Literatur, Archiv, Philologie 1750–2000. Hrsg. v. Sina, Kai/Spoerhase, Carlos (= marbacher schriften 13). Göttingen: Wallstein 2017, S. 7–17.

Sina, Kai: Die vergangene Zukunft der Literatur. Zeitstrukturen und Nachlassbewusstsein in der Moderne. In: Nachlassbewusstsein. Literatur, Archiv, Philologie 1750–2000. Hrsg. v. Sina, Kai/Spoerhase, Carlos (= marbacher schriften 13). Göttingen: Wallstein 2017, S. 49–74.

Sommerfeld, Beate: Zwischen Augenblicksnotat und Lebensbilanz. Die Tagebuchaufzeichnungen Hugo von Hofmannsthals, Robert Musils und Franz Kafkas (= Studien zur Germanistik, Skandinavistik und Übersetzungskultur 5). Frankfurt am Main: Peter Lang 2013.

Spoerhase, Carlos: Autorschaft und Interpretation. Methodische Grundlagen einer philologischen Hermeneutik (= Historia Hermeneutica. Series Studia 5). Berlin: de Gruyter 2007.

Spoerhase, Carlos: Was ist ein Werk? Über philologische Werkfunktionen. In: Scientia Poetica, 11 (2007), S. 276–344.

Spoerhase, Carlos: Postume Papiere. Nachlass und Vorlass in der Moderne. In: Merkur. Deutsche Zeitschrift für europäisches Denken, 68 (2014) H. 781, S. 502–511.

Spoerhase, Carlos: Neuzeitliches Nachlassbewusstsein. Über die Entstehung eines schriftstellerischen, archivarischen und philologischem Interesses an postumen Papieren. In: Nachlassbewusstsein. Literatur, Archiv, Philologie 1750–2000. Hrsg. v. Sina, Kai/Spoerhase, Carlos (= marbacher schriften 13). Göttingen: Wallstein 2017, S. 21–48.

Sprecher, Thomas: Literarische Archive. In: Im Geiste der Genauigkeit. Das Thomas-Mann-Archiv der ETH Zürich 1956–2006. Hrsg. v. Sprecher, Thomas (= Thomas-Mann-Studien 35). Frankfurt am Main: Klostermann 2006, S. 19–41.

Sprengel, Marja-Christine: Der Lektor und sein Autor. Vergleichende Fallstudien zum Suhrkamp Verlag (= Buchwissenschaftliche Beiträge 94). Wiesbaden: Harrassowitz 2016.

Städtke, Klaus: Auktorialität. Umschreibungen eines Paradigmas. In: Spielräume des auktorialen Diskurses. Hrsg. v. Städtke, Klaus/Kray, Ralph (= Literaturforschung). Berlin: Akademie Verlag 2003, S. VII–XXVI.

Stahl, Enno: Zeitmaschinen. Literaturarchive als kulturelle Erinnerungskorridore. In: Akten-kundig? Literatur, Zeitgeschichte und Archiv. Hrsg. v. Atze, Marcel/Hansel, Michael/Degener, Thomas/Kaukoreit, Volker (= Sichtungen 10/11). Wien: Praesens 2008, S. 163–175.

Stephan, Inge: Medea. Multimediale Karriere einer mythologischen Figur. Köln, et al.: Böhlau 2006.

Stingelin, Martin (Hg.): „Mir ekelt vor diesem tintenklecksenden Säkulum". Schreibszenen im Zeitalter der Manuskripte (= Zur Genealogie des Schreibens 1). Paderborn, München: Fink 2004.

Stingelin, Martin: „Schreiben". Einleitung. In: „Mir ekelt vor diesem tintenklecksenden Säkulum". Schreibszenen im Zeitalter der Manuskripte. Hrsg. v. Stingelin, Martin (= Zur Genealogie des Schreibens 1). Paderborn, München: Fink 2004, S. 7–21.

Stopka, Katja/Macht, Sascha/Lehn, Isabelle: Das Institut für Literatur „Johannes R. Becher". Eine Institution im Wandel von vier Dekaden DDR-Literaturgeschichte. In: Zeitschrift für Germanistik, 26 (2016) H. 3, S. 485–501.

Storck, Joachim W.: Das Briefwerk. In: Rilke-Handbuch. Leben – Werk – Wirkung. Hrsg. v. Engel, Manfred. Stuttgart, Weimar: Metzler 2013, S. 498–506.

Stoye-Balk, Elisabeth: Die Dichterin Helga M. Novak. Erkners verlorene und heimgekehrte Tochter (= Erkneraner Heft Nr. 22). Erkner: Heimatverein Erkner 2016.

Streit, Monica: Die Eis-Heilige. Gespräch mit der Schriftstellerin Helga M. Novak. In: aktuelle frauenzeitung courage, 8 (1983) H. 5, S. 50–53.

Stritzke, Nadyne: Nachlass. In: Metzler Lexikon Literatur. Begriffe und Definitionen. 3. völlig neu bearb. Aufl. Hrsg. v. Burdorf, Dieter/Fasbender, Christoph/Moennighoff, Burkhard. Stuttgart, Weimar: Metzler 2007, S. 527.

Strobel, Jochen (Hg.): Vom Verkehr mit Dichtern und Gespenstern. Figuren der Autorschaft in der Briefkultur (= Beiträge zur neueren Literaturgeschichte 229). Heidelberg: Winter 2006.

Strobel, Jochen: Vom Verkehr mit Dichtern und Gespenstern. Figuren der Autorschaft in der Briefkultur. In: Vom Verkehr mit Dichtern und Gespenstern. Figuren der Autorschaft in der Briefkultur. Hrsg. v. Strobel, Jochen (= Beiträge zur neueren Literaturgeschichte 229). Heidelberg: Winter 2006, S. 7–32.

Strohschneider, Peter: Fragment. In: Reallexikon der deutschen Literaturwissenschaft, Bd. 1: A–F. 3., von Grund auf neu erarb. Aufl. Hrsg. v. Weimar, Klaus. Berlin, New York: de Gruyter 2007, S. 624–625.

Surynt, Izabela: „so verletzt, so erniedrigt, so elend, so mißhandelt, so verwundbar, so ungeschützt". Zur Problematik von Identität und Gewalt im Werk Helga M. Novaks. In: Convivium. Germanistisches Jahrbuch Polen (2007), S. 119–143.

Surynt, Izabela: Leben als Exil. Zum Schaffen von Helga M. Novak. In: Deutsch-deutsches Literaturexil. Schriftstellerinnen und Schriftsteller aus der DDR in der Bundesrepublik. Hrsg. v. Schmitz, Walter/Bernig, Jörg. Dresden: Thelem 2009, S. 173–187.

Surynt, Izabela: Zwischenräume. Helga M. Novaks polnische Phantasien. In: Jabłonowski-Preis 2009. Hrsg. v. Tomicka-Krumrey, Ewa. Leipzig: Leipziger Universitätsverlag 2011, S. 13–39.

Surynt, Izabela: Unterwegs: das geteilte Leben von Helga M. Novak. In: Kontinuitäten, Brüche, Kontroversen. Deutsche Literatur nach dem Mauerfall. Hrsg. v. Białek, Edward/Wolting, Monika (= Orbis linguarum 105). Dresden: Neisse 2012, S. 247–269.

Surynt, Izabela: „Jeder ist erpressbar". Schuld – Scham – Schmerz im Werk Helga M. Novaks. In: Unterwegs und zurückgesehnt. Studien zum Werk von Helga M. Novak. Mit Erinnerungen an die Dichterin. Hrsg. v. Brandt, Marion (= Studia Germanica Gedanensia 36). Gdańsk: Wydawnictwo Uniwersytetu Gdańskiego 2017, S. 17–28.

Surynt, Izabela: Der Schriftsteller als „Geheimagent der Wahrheit". Über die subversive Kraft des Erzählens im Werk Helga M. Novaks. In: Gegen den Strich. Das Subversive in der deutschsprachigen Literatur nach 1945. Hrsg. v. Sepp, Arvi/Martens, Gunther (= Literatur. Forschung und Wissenschaft 26). Berlin: LIT 2017, S. 23–38.

Szczebak, Elżbieta: „Neue Welle" und „Sächsische Dichterschule". Gruppen-Phänomene in der polnischen und deutschen Lyrik der sechziger und siebziger Jahre. Essen: Die Blaue Eule 2000.

Teitge, Hans-Erich: Literarische Nachlässe. In: Zentralblatt für Bibliothekswesen, 86 (1972), S. 131–152.

Thaler, Jürgen: Zur Geschichte des Literaturarchivs. Wilhelm Diltheys Archive für Literatur im Kontext. In: Jahrbuch der Deutschen Schillergesellschaft, 55 (2011), S. 361–374.

Thaler, Jürgen: Vom Rohen zum Gekochten. Zur Ordnung des Nachlasses. In: Archive für Literatur. Der Nachlass und seine Ordnungen. Hrsg. v. Dallinger, Petra-Maria/Hofer, Georg/Judex, Bernhard (= Literatur und Archiv 2). Berlin, Boston: de Gruyter 2018, S. 89–101.

Thierse, Wolfgang: „Das Ganze aber ist das, was Anfang, Mitte und Ende hat". Problemgeschichtliche Beobachtung zur Geschichte des Werkbegriffs. In: Ästhetische Grundbegriffe. Studien zu einem historischen Wörterbuch. Hrsg. v. Barck,

Karlheinz/Fontius, Martin/Thierse, Wolfgang (= Literatur und Gesellschaft). Berlin: Akademie Verlag 1990, S. 378–414.

Thomé, Horst: Werk. In: Reallexikon der deutschen Literaturwissenschaft, Bd. 3: P–Z. 3., von Grund auf neu erarb. Aufl. Hrsg. v. Müller, Jan-Dirk. Berlin, New York: de Gruyter 2007, S. 832–834.

Thüring, Hubert/Jäger-Trees, Corinna/Schläfli, Michael (Hg.): Anfangen zu schreiben. Ein kardinales Moment von Textgenese und Schreibprozess im literarischen Archiv des 20. Jahrhunderts (= Zur Genealogie des Schreibens 11). Paderborn, München: Fink 2009.

Thüring, Hubert: Philologische Produktivität. In: Handbuch Archiv. Geschichte, Aufgaben, Perspektiven. Hrsg. v. Lepper, Marcel/Raulff, Ulrich. Stuttgart: Metzler 2016, S. 258–271.

Tokarzewska, Monika: Helga M. Novaks Wissenspoetik in der Legende Transsib. In: Unterwegs und zurückgesehnt. Studien zum Werk von Helga M. Novak. Mit Erinnerungen an die Dichterin. Hrsg. v. Brandt, Marion (= Studia Germanica Gedanensia 36). Gdańsk: Wydawnictwo Uniwersytetu Gdańskiego 2017, S. 141–159.

Törne, Dorothea von: Rasereien im Unterholz. Helga M. Novak in ihren Gedichten. Wildes Weib und Herrin des Waldes. In: Der Tagesspiegel, 7.12.1997.

Töteberg, Michael/Vasa, Alexandra (Hg.): Ins Archiv, fürs Archiv, aus dem Archiv. Hrsg. v. Töteberg, Michael/Vasa, Alexandra (= Text + Kritik: Sonderband 2021). München: edition text + kritik 2021.

Töteberg, Michael: Ein Gang durchs Archiv. In: Ins Archiv, fürs Archiv, aus dem Archiv. Hrsg. v. Töteberg, Michael/Vasa, Alexandra (= Text + Kritik: Sonderband 2021). München: edition text + kritik 2021, S. 5–17.

Trautwein, Wolfgang: Die Künstlerarchive der Akademie – eine Erwerbungsgeschichte. In: Archiv-Blätter, 13 (2005), S. 10–51.

Trautwein, Wolfgang: Ein neues, gesamtdeutsches Archiv der Künste. In: Aufbrüche in die Moderne. Das Archiv der Akademie der Künste. Hrsg. v. Trautwein, Wolfgang/Bernhard, Julia. Berlin: Akademie der Künste 2013, S. 8–23.

Ullrich, Gisela: West-östliche Bazillenträger. Viertes Literaturgespräch in Bremen (1). In: Stuttgarter Nachrichten, 27.1.1978.

Ulmer, Konstantin: Die totale Autobiografie. Aus dem Leben einer Beirrbaren: Die Autorin Helga M. Novak legt nun mit „Im Schwanenhals" Teil drei ihrer Erinnerungen vor. In: Der Freitag, 5.9.2013.

Ulmer, Konstantin: Ungebunden, ungehorsam, ungezügelt. Zum Leben und Werk der Dichterin Helga M. Novak. In: Deutschland Archiv Online, 7.3.2014. Unter: http://www.bpb.de/180114, zuletzt abgerufen am 16.11.2021.

Ulmer, Konstantin: VEB Luchterhand? Ein Verlag im deutsch-deutschen literarischen Leben. Berlin: Ch. Links 2016.

Umlauf, Konrad: Archive und Bibliotheken. In: Handbuch Literaturwissenschaft: Gegenstände – Konzepte – Institutionen, Bd. 3: Institutionen und Praxisfelder. Hrsg. v. Anz, Thomas. Stuttgart, Weimar: Metzler 2007, S. 209–218.

Ungeheuer, Natascha: Ölbilder. Berlin: Ararat 1985.

Vaßen, Florian: „Der Traum vom anderen Leben“. Skizzen zu vergessenen Texten – Laudatio für Helga M. Novak. Anläßlich der Verleihung des ‚Gerrit-Engelke-Preises,‘ der Stadt Hannover 1995 (für 1993). In: die horen, 41 (1996) H. 181, S. 21–31.

Vedder, Ulrike: Testamente schreiben, eröffnen, vollstrecken. Zur rechtlichen und ästhetischen Organisation der Todesgrenze in der Literatur des 19. und 20. Jahrhunderts. In: Krankheit, Sterben und Tod im Leben und Schreiben europäischer Schriftsteller, Bd.1: Das 18. und 19. Jahrhundert. Hrsg. v. Berbig, Roland/Faber, Richard/Müller-Busch, Hans-Christof. Würzburg: Königshausen & Neumann 2017, S. 67–84.

Vedder, Ulrike: Das Nachleben der Toten. Testament und Kulturgeschichte. In: 10 Jahre Zentrum für Literatur- und Kulturforschung. Hrsg. v. Weigel, Sigrid. Berlin: Zentrum für Literatur- und Kulturforschung 2006, S. 17–18.

Vedder, Ulrike/Kalff, Sabine: Tagebuch und Diaristik seit 1900. Einleitung. In: Zeitschrift für Germanistik, 26 (2016) H. 2, S. 235–242.

Vedder, Ulrike: Das Nachleben der Toten. In: Nachleben der Toten. Autofiktion. Hrsg. v. Yamamoto, Hiroshi/Japanische Gesellschaft für Germanistik. München: Iudicium 2017, S. 102–113.

Vedder, Ulrike: Das Testament als literarisches Dispositiv. Kulturelle Praktiken des Erbes in der Literatur des 19. Jahrhunderts (= Trajekte). Paderborn: Fink 2011.

Verdofsky, Jürgen: „Gebrochen deutsch“ – Richard Leisings Gedichte. In: NDR 3 [Texte und Zeichen], 24.2.1991.

Verdofsky, Jürgen: Ein Ereignis. Der erste Gedichtband des Richard Leising. In: Frankfurter Rundschau, 25.6.1991.

Verdofsky, Jürgen: Ein König, der alle Reiche verloren hat. In: Berliner Zeitung, 24.10.1998.

Vormweg, Heinrich: Literatur und Veränderungen am Radio-Essay. Realitäten – Studiogäste: Helga Novak und Dieter Wellershoff. In: SDR, 16.7.1970.

Wachinger, Kristof: [Nachwort]. In: Leising, Richard: Die Rotzfahne. Gedichte und kleine Prosa. Hrsg. v. Wachinger, Kristof. Ebenhausen bei München: Langewiesche-Brandt 1998., S. 59–63.

Wachinger, Kristian: Zur Geschichte des Verlages LANGEWIESCHE-BRANDT. Ebenhausen bei München: Langewiesche-Brandt 2006.

Wagenbach, Klaus (Hg.): Lesebuch. Deutsche Literatur der sechziger Jahre, Bd. 2. Berlin: Wagenbach 1972.

Wagner-Egelhaaf, Martina: Autobiographie. Stuttgart: Metzler 2000.

Wagner-Egelhaaf, Martina: Einleitung: Was ist Auto(r)fiktion. In: Auto(r)fiktion. Literarische Verfahren der Selbstkonstruktion. Hrsg. v. Wagner-Egelhaaf, Martina. Bielefeld: Aisthesis 2013, S. 7–21.

Wagner-Egelhaaf, Martina: Autobiographie-Forschung. Alte Fragen – neue Perspektiven (= Vorträge: Nordrhein-Westfälische Akademie der Wissenschaften und der Künste, Geisteswissenschaften 452). Paderborn: Ferdinand Schöningh 2017.

Wahl, Volker: Unter dem Dach der NFG. Der Beitrag des Goethe- und Schiller-Archivs unter Willy Flach zur Fundierung von Theorie und Praxis der Literaturarchive 1954 bis 1957. In: „Forschen und Bilden". Die Nationalen Forschungs- und Gedenkstätten der klassischen deutschen Literatur in Weimar 1953–1991. Hrsg. v. Ehrlich, Lothar. Köln: Böhlau 2005, S. 19–52.

Walser, Martin: Über freie und unfreie Rede. In: Der Spiegel, 7.11.1994.

Walser, Robert: Eine Art Erzählung. In: Robert Walser: Sämtliche Werke in Einzelausgaben, Bd. 20: Für die Katz. Prosa aus der Berner Zeit 1928–1933. Hrsg. v. Greven, Jochen. Frankfurt am Main: Suhrkamp 1986, S. 322–326.

Walther, J. Monika: Im Himmel ist Jahrmarkt und sei es auch nur in Gedanken. Die Dichterin Helga M. Novak. Feature. In: Deutschlandradio Kultur, 13.9.2000.

Walther, Joachim: Sicherungsbereich Literatur. Schriftsteller und Staatssicherheit in der Deutschen Demokratischen Republik. Durchges. Ausg. Berlin: Ullstein 1999.

Walther, Joachim: Das „Archiv unterdrückter Literatur in der DDR" als mnemonisches Therapeutikum gegen die grassierende Diktatur-Amnesie. In: Gedächtnis und Literatur in den „geschlossenen Gesellschaften" des Real-Sozialismus zwischen 1945 und 1989. Hrsg. v. Gansel, Carsten (= Formen der Erinnerung 29). Göttingen: V & R Unipress 2007, S. 265–276.

Weber, Horst: „Werk" und „Zeugnis". Von Quellen zur Geschichte emigrierter Musiker. In: Kulturelle Räume und ästhetische Universalität. Musik und Musiker im Exil. Hrsg. v. Koepke, Wulf/Krohn, Claus-Dieter/Rotermund, Erwin/Schmidt, Dörte/Winckler, Lutz (= Exilforschung. Ein internationales Jahrbuch 26). München: edition text + kritik 2008, S. 8–26.

Wegmann, Nikolaus: Archiv. In: Gedächtnis und Erinnerung. Ein interdisziplinäres Lexikon. Hrsg. v. Pethes, Nicolas/Ruchatz, Jens. Reinbek bei Hamburg: Rowohlt 2001, S. 53–55.

Weigel, Sigrid: Die Stimme der Medusa. Schreibweisen in der Gegenwartsliteratur von Frauen. Dülmen-Hiddingsel: Tende 1987.

Weigel, Sigrid: Ingeborg Bachmann. Hinterlassenschaften unter Wahrung des Briefgeheimnisses. München: dtv 2003.

Weigel, Sigrid: Genea-Logik. Vom Phantasma des Fort- und Nachlebens im Erbe. In: Ruhm, Tod und Unsterblichkeit. Über den Umgang mit der Endlichkeit. Hrsg. v. Liessmann, Konrad Paul (= Philosophicum Lech 7). Wien: Zsolnay 2004, S. 224–243.

Weigel, Sigrid: An-Archive. Archivtheoretisches zu Hinterlassenschaften und Nachlässen. In: Trajekte, 10 (2005), S. 4–7.

Weigel, Sigrid: Genea-Logik. Generation, Tradition und Evolution zwischen Kultur- und Naturwissenschaften. München: Fink 2006.

Weigel, Sigrid: Hinterlassenschaften, Archiv, Biographie. Am Beispiel von Susan Taubes. In: Spiegel und Maske. Konstruktionen biographischer Wahrheit. Hrsg. v. Fetz, Bernhard/Schweiger, Hannes (= Profile Bd. 13). Wien: Zsolnay 2006, S. 33–48.

Weisbrod, Dirk: Was ist ein persönliches Archiv? Überlegungen zu einer Positionierung des Phänomens innerhalb des Archivbegriffs. In: Archivar, 69 (2016) H. 2, S. 142–146.

Weisbrod, Dirk: Prospektiv statt retrospektiv. Einige Gedanken zur Entstehung des Vorlass-Erwerbs und seine Bedeutung für die Langzeitarchivierung digitaler Nachlässe in Literaturarchiven. In: o-bib. Das offene Bibliotheksjournal, 5 (2018) H. 1, S. 19–30.

Werle, Dirk: Mythos und Ruhm. Zur Funktion zweier Konzepte des kulturellen Gedächtnisses in Gedichten um 1800 (Hölderlin, Goethe, Schiller). In: Gedächtnis und kultureller Wandel. Erinnerndes Schreiben – Perspektiven und Kontroversen. Hrsg. v. Klinger, Judith/Wolf, Gerhard. Tübingen: Max Niemeyer 2009, 201-216.

Wieland, Magnus: Werkgenesen: Anfang und Ende des Werks im Archiv. In: Das Werk. Zum Verschwinden und Fortwirken eines Grundbegriffs. Hrsg. v. Danneberg, Lutz/Gilbert, Annette/Spoerhase, Carlos (= Revisionen 5). Berlin: de Gruyter 2019, S. 213–235.

Willer, Stefan: Die Schreibszene des Nachlasses bei Goethe und Musil. In: „Schreiben heißt: sich selber lesen". Schreibszenen als Selbstlektüren. Hrsg. v. Giuriato, Davide/Stingelin, Martin/Zanetti, Sandro (= Zur Genealogie des Schreibens 9). Paderborn, München: Fink 2008, S. 67–82.

Willer, Stefan: Kulturelles Erbe. Tradieren und Konservieren in der Moderne. In: Erbe. Übertragungskonzepte zwischen Natur und Kultur. Hrsg. v. Jussen, Bernhard/Weigel, Sigrid/Willer, Stefan. Berlin: Suhrkamp 2013, S. 160–201.

Willer, Stefan: Erbfälle. Theorie und Praxis kultureller Übertragung in der Moderne (= Trajekte). Paderborn: Fink 2014.

Winzen, Matthias: Sammeln – so selbstverständlich, so paradox. In: Deep storage. Arsenale der Erinnerung. Sammeln, Speichern, Archivieren in der Kunst. Hrsg. v. Schaffner, Ingrid/Winzen, Matthias. München, New York: Prestel 1997, S. 10–19.

Wirtz, Irmgard M.: Wie der Nachlass Friedrich Dürrenmatts den klassischen Werkbegriff sprengt und was das von Philologen und Interpreten einfordert. In: „Zeitenwende – die Germanistik auf dem Weg vom 20. ins 21. Jahrhundert". Akten des X. Internationalen Germanistenkongresses Wien 2000, Bd. 8: Kanon und Kanonisierung als Probleme der Literaturgeschichtsschreibung. Hrsg. v. Wiesinger, Peter (= Jahrbuch für internationale Germanistik: Reihe A, Kongressberichte 60). Bern et al.: Peter Lang 2003, S. 351–356.

Wirtz, Irmgard: Elias Canettis „Aufzeichnungen". Kein Anfang, kein Ende. In: Anfangen zu schreiben. Ein kardinales Moment von Textgenese und Schreibprozess im literarischen Archiv des 20. Jahrhunderts. Hrsg. v. Thüring, Hubert/

Jäger-Trees, Corinna/Schläfli, Michael (= Zur Genealogie des Schreibens 11). Paderborn, München: Fink 2009, S. 173–180.

Wirtz, Irmgard (Hg.): Literaturarchive. Archives litteraires = Archivi letterari = Archivs litterars (= Quarto Nr. 33/34). Genève: Éditions Slatkine 2011.

Wirtz, Irmgard M.: Autobiographie als Autofiktion: Urs Widmers Archiv im SLA. In: „... all diese fingierten, notierten, in meinem Kopf ungefähr wieder zusammengesetzten Ichs". Autobiographie und Autofiktion. Hrsg. v. Pellin, Elio/Weber, Ulrich (= Centre Dürrenmatt Neuchâtel: Sommerakademie Bd. 3). Göttingen, Zürich: Wallstein, Chronos 2012, S. 193–203.

Wirtz, Irmgard M.: Der Eigensinn der Nachlässe. Zur Poetik des Archivs. In: Literaturbetrieb. Zur Poetik einer Produktionsgemeinschaft. Hrsg. v. Theisohn, Philipp/Weder, Christine. München: Fink 2013, S. 77–88.

Wirtz, Irmgard: Einführung. In: Literaturarchiv – Literarisches Archiv. Zur Poetik literarischer Archive. Hrsg. v. Cudré-Mauroux, Stéphanie/Wirtz, Irmgard M. (= Beide Seiten 3). Göttingen, Zürich: Wallstein 2013, S. 7–10.

Wirtz, Irmgard M./Weber, Ulrich/Wieland, Magnus (Hg.): Literatur – Verlag – Archiv (= Beide Seiten 4). Göttingen, Zürich: Wallstein, Chronos 2015.

Wirtz, Irmgard M.: Lebenslang und danach. Literatur im Archiv. In: Lebenslang Lebenslust. Der Lebensbegriff in den Literaturen, Künsten und Wissenschaften. Hrsg. v. Ette, Ottmar/Sánchez, Yvette/Sellier, Veronika (= Potsdamer inter- und transkulturelle Texte 15). Berlin: edition tranvía – Walter Frey 2015, S. 203–217.

Wirtz, Irmgard M./Wieland, Magnus (Hg.): Paperworks. Literarische und kulturelle Praktiken mit Schere, Leim, Papier (= Beide Seiten 5). Göttingen, Zürich: Wallstein, Chronos 2017.

Woesler, Winfried: „... bin verloren ohne Wald". Laudatio auf Helga M. Novak anlässlich der Verleihung des Meersburger Droste-Preises (2012). In: Natur im Blick. Hrsg. v. Schwarzbauer, Franz/Woesler, Winfried. Bern: Peter Lang 2017, S. 251–262.

Wolf, Birgit: Sprache in der DDR. Ein Wörterbuch. Berlin, New York: de Gruyter 2000.

Wolf, Gerhard (Hg.): Bekanntschaft mit uns selbst. Gedichte junger Menschen. Halle an der Saale: Mitteldeutscher Verlag 1961.

Wolf, Sabine: Einladung ins Literaturarchiv. In: Künstler.Archiv. Neue Werke zu historischen Beständen = Artist.Archive / Akademie der Künste. Hrsg. v. Adkins, Helen. Köln: König 2005, S. 43–49.

Wolf, Sabine: Literaturarchiv. In: Aufbrüche in die Moderne. Das Archiv der Akademie der Künste. Hrsg. v. Trautwein, Wolfgang/Bernhard, Julia. Berlin: Akademie der Künste 2013, S. 203–204.

Wolf, Sabine: Berliner Bestände zur DDR-Literatur. Zuschreibungen und Problematik. In: DDR-Literatur. Eine Archivexpedition. Hrsg. v. Bülow, Ulrich von/Wolf, Sabine. Berlin: Ch. Links 2014, S. 80–91.

Woods, Roger: Introduction. The Purposes and Problems of German Life Writing in the Twentieth Century. In: German life writing in the twentieth century. Hrsg. v. Dahlke, Birgit/Tate, Dennis/Woods, Roger (= Studies in German literature, linguistics and culture). Rochester, New York: Camden House 2010, S. 1–24.

Zanetti, Sandro: Spielräume der Adressierung. Kleist, Goethe, Mallarmé, Celan. In: Der Brief – Ereignis & Objekt. Hrsg. v. Bohnenkamp, Anne/Wiethölter, Waltraud. Frankfurt am Main, Basel: Stroemfeld 2010, S. 42–57.

Zanetti, Sandro: Einleitung. In: Schreiben als Kulturtechnik. Grundlagentexte. 2. Aufl. Hrsg. v. Zanetti, Sandro. Berlin: Suhrkamp 2015, S. 7–34.

Zeller, Bernhard: Archive für Literatur (= Abhandlungen der Klasse der Literatur 1973/74,3). Mainz, Wiesbaden: Akademie der Wissenschaften und der Literatur 1974.

Zeller, Bernhard: Autor, Nachlaß, Erben. Probleme der Überlieferung von Literatur (= Abhandlungen der Klasse der Literatur 1981/82,2). Mainz: Akademie der Wissenschaften und der Literatur 1981.

Zeller, Bernhard: Marbacher Memorabilien. Vom Schiller-Nationalmuseum zum Deutschen Literaturarchiv 1953–1973. Marbach am Neckar: Deutsche Schillergesellschaft 1995.

Zeller, Hans/Martens, Gunter (Hg.): Textgenetische Edition (= Beihefte zu editio 10). Berlin: de Gruyter 1998.

Zeller, Bernhard: Marbacher Memorabilien II. Aus der Museums- und Archivarbeit 1972–1986. Marbach: Deutsche Schillergesellschaft 2000.

Zeller, Bernhard: Monumente des Gedenkens. Briefliteratur und ihre Editionen. In: Adressat: Nachwelt. Briefkultur und Ruhmbildung. Hrsg. v. Schöttker, Detlev. Paderborn, München: Fink 2008, S. 37–52.

Zipfel, Frank: Autofiktion. In: Handbuch der literarischen Gattungen. Hrsg. v. Lamping, Dieter. Stuttgart: Kröner 2009, S. 31–36.

Register